한국세무사회 주관 국가공인자격시험 대비

케이렙 **KcLep**에 의한

POINT 2025
전산세무 1급

이성노 지음

경영과회계

기업의 회계처리와 세무업무가 전산화되면서 회계 담당자들은 이론적으로 회계와 세무업무를 익히는 것만이 아니라 전산업무도 숙지하는 것이 필수가 된지 오래되었다. 모든 분야의 전산화가 회계분야에도 지대한 변화를 가져오고 그 변화에 따라 한국세무사회의 국가공인 전산세무회계 검정시험이 도입되었다.

전산세무회계 검정시험은 회계와 세무에 대한 이론만으로 되는 것도 아니고 컴퓨터를 아는 것만으로도 될 수 없다. 전산세무회계 검정시험을 준비하는 것은 회계와 세무에 관한 이론을 숙지하고 그 이론을 바탕으로 전산실무를 익혀야 된다. 따라서 본서는 이론편에서 기초이론정리와 평가문제 및 다양한 연습문제를 통하여 충분한 학습을 할 수 있게 하고, 실무편은 다음과 같은 단계의 학습으로 반복 정리하여 실무시험의 적응력을 최대한 높이려 하였다.

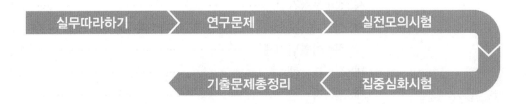

전산세무회계 자격시험이 KcLep[케이 렙]으로 변화하는 것에 발맞춰 본서도 새로운 내용으로 채우기 위하여 노력하였다. 새로운 내용의 반영으로 빡빡한 일정에도 불구하고 본서가 출간되기까지 지원을 아끼지 않으신 경영과회계 사장님과 편집실에 감사를 드린다.

저자 이성노

차례

이론편

능력단위명	능력단위요소명	회계-회계감사/회계-세무
0203020204 원천징수	01 근로소득원천징수하기	[이론] Part 1. - 제4장 소득세 정리 　제 4 절　근로소득 • 217 [실무] Part 1. - 제4장 원천징수 　제 1 절　근로소득 관리 • 134
	02 퇴직소득원천징수하기	[이론] Part 1. - 제4장 소득세 정리 　제 5 절　퇴직소득 • 222 [실무] Part 1. - 제4장 원천징수 　제 3 절　퇴직소득의 원천징수 • 161
	03 이자소득원천징수하기	[이론] Part 1. - 제4장 소득세 정리 　제 7 절　원천징수와 연말정산 • 240
	04 배당소득원천징수하기	[이론] Part 1. - 제4장 소득세 정리 　제 7 절　원천징수와 연말정산 • 240
	05 연금소득원천징수하기	[이론] Part 1. - 제4장 소득세 정리 　제 2 절　금융소득과 연금소득 및 기타소득 • 204
	06 사업소득원천징수하기	[실무] Part 1. - 제4장 원천징수 　제 2 절　사업소득의 원천징수 • 160
	07 기타소득원천징수하기	[이론] Part 1. - 제4장 소득세 정리 　제 2 절　금융소득과 연금소득 및 기타소득 • 204 [실무] Part 1. - 제4장 원천징수 　제 4 절　기타소득의 원천징수 • 164
0203020205 부가가치세신고	01 세금계산서 발급·수취하기	[이론] Part 1. - 제3장 부가가치세 정리 　제 3 절　공급시기와 세금계산서 • 152 [실무] Part 1. - 제1장 전산세무회계프로그램의 시작 　제 4 절　전표입력 • 31 [실무] Part 1. - 제2장 부가가치세 　제 2 절　세금계산서합계표 • 76 　제 3 절　계산서 합계표 • 77
	02 부가가치세부속서류 작성하기	[이론] Part 1. - 제3장 부가가치세 정리 　제 4 절　영세율과 면세 • 159 　제 5 절　과세표준 및 매출세액 • 164 　제 6 절　매입세액 공제와 납부세액 계산 • 170 　제 7 절　납부세액과 신고·납부 • 178 　제 8 절　간이과세 • 186 [실무] Part 1. - 제2장 부가가치세 　제 4 절　신용카드매출전표등 수령명세서(갑)(을) • 78 　제 6 절　부동산임대공급가액명세서 • 80 　제 7 절　의제매입세액공제신고서 • 82 　제 8 절　대손세액공제신고서 • 86 　제10절　건물등 감가상각자산취득명세서 • 91

2025년도 시험일정 및 시험시간

회 차	종목 및 급수	원서접수	시험일자	합격자 발표
제118회	전산세무 1·2급 전산회계 1·2급	01.02 ~ 01.08	02.09(일)	02.27(목)
제119회		03.06 ~ 03.12	04.05(토)	04.24(목)
제120회		05.02 ~ 05.08	06.07(토)	06.26(목)
제121회		07.03 ~ 07.09	08.02(토)	08.21(목)
제122회		08.28 ~ 09.03	09.28(일)	10.23(목)
제123회		10.30 ~ 11.05	12.06(토)	12.24(수)

* 원서접수 마지막 날의 마감시간은 18:00시까지임

등 급	전산세무1급	전산세무2급	전산회계1급	전산회계2급
시험시간	15 : 00 ~ 16 : 30 90분	12 : 30 ~ 14 : 00 90분	15 : 00 ~ 16 : 00 60분	12 : 30 ~ 13 : 30 60분

시험종목 및 평가범위

종목	등 급		평 가 범 위
전산 세무 회계	전산세무 1급	이 론	재무회계(10%), 원가회계(10%), 세무회계(10%)
		실 무	재무회계및원가회계(15%), 부가가치세(15%), 원천제세(10%), 법인세무조정(30%)
	전산세무 2급	이 론	재무회계(10%), 원가회계(10%), 세무회계(10%)
		실 무	재무회계및원가회계(35%), 부가가치세(20%), 원천제세(15%)
	전산회계 1급	이 론	회계원리(15%), 원가회계(10%), 세무회계(5%)
		실 무	기초정보의등록·수정(15%), 거래자료의입력(30%), 부가가치세(15%), 입력자료및제장부조회(10%)
	전산회계 2급	이 론	회계원리(30%)
		실 무	기초정보의등록·수정(20%), 거래자료의입력(40%), 입력자료및제장부조회(10%)

시험방법

▸ 이론(30%) : 객관식 4지선다형 필기시험
▸ 실무(70%) : PC에 설치된 전산세무회계프로그램을 이용한 실기시험

시험응시 및 합격자 발표

▸ 응시자격기준 : 제한이 없으나, 신분증 미소지자는 시험에 응시할 수 없음.
▸ 접수 및 문의 : 한국세무사회 국가공인자격시험 홈페이지(license.kacpta.or.kr), ☎ 02) 521-8398
▸ 합격자 결정기준 : (이론과 실무시험을 합하여) 100점 만점에 70점 이상 합격
▸ 합격자 발표 : 한국세무사회 국가공인자격시험 홈페이지

PART

01

기본이론정리

01 재무회계 정리

SECTION 01 | 회계의 기초

1 회계의 개념

구 분	내 용
회계의 의의	정보이용자들이 합리적인 의사결정을 할 수 있도록 기업실체(경제적 실체)의 경제적 활동을 측정·기록하고 이에 관한 정보를 수집·요약하여 정보이용자에게 전달하는 과정
회계의 목적	회계정보이용자의 합리적 의사결정에 유용한 정보를 제공
회계정보이용자	경영자, 주주, 채권자, 정부, 종업원, 미래의 투자자 등의 이해관계자

2 재무제표

재무제표는 재무상태표, 손익계산서, 현금흐름표, 자본변동표로 구성되며, 주석을 포함한다. 전달하고자 하는 정보의 성격을 충실히 나타내는 범위 내에서 재무제표의 명칭이 아닌 다른 명칭을 보충적으로 병기할 수 있다.

① 재무제표 작성과 표시의 일반원칙

구 분	내 용
계속기업	경영진이 기업을 청산하거나 경영활동을 중단할 의도를 가지고 있지 아니하거나 청산 또는 경영활동의 중단 외에 다른 현실적 대안이 없는 경우가 아니면 계속기업을 전제로 재무제표를 작성한다.
재무제표의 작성 책임과 공정한 표시	재무제표의 작성과 표시에 대한 책임은 경영진에 있으며 경제적 사실과 거래의 실질을 반영하여 공정하게 표시하여야 하며, 일반기업회계기준에 따라 적정하게 작성된 재무제표는 공정하게 표시된 재무제표로 본다.
재무제표 항목의 구분과 통합표시	중요한 항목은 재무제표의 본문이나 주석에 그 내용을 가장 잘 나타낼 수 있도록 구분하여 표시하며, 중요하지 않은 항목은 유사한 항목과 통합하여 표시할 수 있다.
비교재무제표의 작성	기간별 비교가능성을 제고하기 위하여 전기 재무제표의 계량정보와 비계량정보를 당기와 비교하는 형식으로 표시한다.

구 분	내 용
재무제표 항목의 표시와 분류의 계속성	재무제표의 기간별 비교가능성을 제고하기 위하여 재무제표 항목의 표시와 분류는 원칙적으로 매기 동일하여야 한다.
재무제표의 보고양식	재무제표는 이해하기 쉽도록 간단하고 명료하게 표시하여야 하며, 일반기업 회계기준에 예시된 재무제표의 양식을 참조하여 작성한다. 각 재무제표의 명칭과 함께 ㉠ 기업명, ㉡ 보고기간종료일 또는 회계기간, ㉢ 보고통화 및 금액단위를 기재한다.

② 재무상태표

㉠ **재무상태표의 목적**

재무상태표는 일정 시점 현재 기업이 보유하고 있는 경제적 자원인 자산과 경제적 의무인 부채, 그리고 자본에 대한 정보를 제공하는 재무보고서로서, 정보이용자들이 기업의 유동성, 재무적 탄력성, 수익성과 위험 등을 평가하는 데 유용한 정보를 제공한다.

㉡ **재무상태표의 기본구조**

재무상태표의 구성요소인 자산, 부채, 자본은 각각 다음과 같이 구분하고, 자산과 부채는 유동성이 큰 항목부터 배열하는 것을 원칙으로 한다.

① 자산은 유동자산과 비유동자산으로 구분한다. 유동자산은 당좌자산과 재고자산으로 구분하고, 비유동자산은 투자자산, 유형자산, 무형자산, 기타비유동자산으로 구분한다.
② 부채는 유동부채와 비유동부채로 구분한다.
③ 자본은 자본금, 자본잉여금, 자본조정, 기타포괄손익누계액 및 이익잉여금(또는 결손금)으로 구분한다.

㉢ **자산과 부채의 유동성과 비유동성 구분(1년 기준)**

다음과 같은 자산은 유동자산으로 분류하고, 그 밖의 모든 자산은 비유동자산으로 분류한다.

① 사용의 제한이 없는 현금및현금성자산
② 기업의 정상적인 영업주기 내에 실현될 것으로 예상되거나 판매목적 또는 소비목적으로 보유하고 있는 자산
③ 단기매매 목적으로 보유하는 자산
④ 이외에 보고기간종료일로부터 1년 이내에 현금화 또는 실현될 것으로 예상되는 자산

다음과 같은 부채는 유동부채로 분류하고, 그 밖의 모든 부채는 비유동부채로 분류한다.

① 기업의 정상적인 영업주기 내에 상환 등을 통하여 소멸할 것이 예상되는 매입채무와 미지급비용 등의 부채
② 보고기간종료일로부터 1년 이내에 상환되어야 하는 단기차입금 등의 부채
③ 보고기간 후 1년 이상 결제를 연기할 수 있는 무조건의 권리를 가지고 있지 않은 부채. 이 경우 계약상 대방의 선택에 따라, 지분상품의 발행으로 결제할 수 있는 부채의 조건은 그 분류에 영향을 미치지 아니한다.

② 자본의 분류

① 자본금은 법정자본금으로 한다.
② 자본잉여금은 증자나 감자 등 주주와의 거래에서 발생하여 자본을 증가시키는 잉여금이다. 예를 들면, 주식발행초과금, 자기주식처분이익, 감자차익 등이 포함된다.
③ 자본조정은 당해 항목의 성격으로 보아 자본거래에 해당하나 최종 납입된 자본으로 볼 수 없거나 자본의 가감 성격으로 자본금이나 자본잉여금으로 분류할 수 없는 항목이다. 예를 들면, 자기주식, 주식할인발행차금, 주식선택권, 출자전환채무, 감자차손 및 자기주식처분손실 등이 포함된다.
④ 기타포괄손익누계액은 보고기간종료일 현재의 매도가능증권평가손익, 해외사업환산손익, 현금흐름위험회피 파생상품평가손익 등의 잔액이다.
⑤ 이익잉여금(또는 결손금)은 손익계산서에 보고된 손익과 다른 자본항목에서 이입된 금액의 합계액에서 주주에 대한 배당, 자본금으로의 전입 및 자본조정 항목의 상각 등으로 처분된 금액을 차감한 잔액이다.

⑰ 재무상태표 항목의 구분과 통합표시

자산, 부채, 자본 중 중요한 항목은 재무상태표 본문에 별도 항목으로 구분하여 표시한다. 중요하지 않은 항목은 성격 또는 기능이 유사한 항목에 통합하여 표시할 수 있으며, 통합할 적절한 항목이 없는 경우에는 기타항목으로 통합할 수 있다. 이 경우 세부 내용은 주석으로 기재한다.

⑱ 자산과 부채의 총액표시

자산과 부채는 원칙적으로 상계하여 표시하지 않는다. 다만, 기업이 채권과 채무를 상계할 수 있는 법적 구속력 있는 권리를 가지고 있고, 채권과 채무를 순액기준으로 결제하거나 채권과 채무를 동시에 결제할 의도가 있다면 상계하여 표시한다.

매출채권에 대한 대손충당금 등은 해당 자산이나 부채에서 직접 가감하여 표시할 수 있으며, 이는 상계에 해당하지 아니한다.

③ 손익계산서

㉠ 손익계산서의 목적

손익계산서는 일정 기간 동안 기업의 경영성과에 대한 정보를 제공하는 재무보고서이다. 손익계산서는 당해 회계기간의 경영성과를 나타낼 뿐만 아니라 기업의 미래현금흐름과 수익창출능력 등의 예측에 유용한 정보를 제공한다.

㉡ 손익계산서의 기본구조

손익계산서는 다음과 같이 구분하여 표시한다. 다만, 제조업, 판매업 및 건설업 외의 업종에 속하는 기업은 매출총손익의 구분표시를 생략할 수 있다.

일반기업회계기준에 의하면 손익계산서의 구분표시는 중단사업손익이 있는 경우와 중단사업손익이 없는 경우로 다음과 같이 표시한다.

중단사업손익이 있는 경우	중단사업손익이 없는 경우

• 매출총손익 = 매출액 - 매출원가
• 영업손익 = 매출총손익 - 판매비와관리비
• 법인세비용차감전계속사업손익
  = 영업손익 + 영업외수익 - 영업외비용
• 계속사업손익
  = 법인세비용차감전계속사업손익
  - 계속사업손익법인세비용
 	
• 당기순손익
  = 계속사업손익 - 중단사업손익(법인세효과 차감후)
	• 매출총손익 = 매출액 - 매출원가
	• 영업손익 = 매출총손익 - 판매비와관리비
	• 법인세비용차감전순손익
	  = 영업손익 + 영업외수익 - 영업외비용
	• 당기순손익
	  = 법인세비용차감전순손익 - 법인세비용

ⓒ 수익과 비용의 총액표시

수익과 비용은 각각 총액으로 보고하는 것을 원칙으로 한다. 다만, 일반기업회계기준에서 수익과 비용을 상계하도록 요구하는 경우에는 상계하여 표시하고, 허용하는 경우에는 상계하여 표시할 수 있다.

④ **현금흐름표**

현금흐름표는 기업의 현금흐름을 나타내는 표로서 현금의 변동내용을 명확하게 보고하기 위하여 당해 회계기간에 속하는 현금의 유입과 유출내용을 적정하게 표시하여야 한다. 현금흐름표는 영업활동으로 인한 현금흐름, 투자활동으로 인한 현금흐름, 재무활동으로 인한 현금흐름으로 구분하여 표시하고, 이에 기초의 현금을 가산하여 기말의 현금을 산출하는 형식으로 표시한다. 현금흐름표에서 현금이라 함은 현금및현금성자산을 말한다.

⑤ **자본변동표**

자본변동표는 자본의 크기와 그 변동에 관한 정보를 제공하는 재무보고서로서, 자본을 구성하고 있는 자본금, 자본잉여금, 자본조정, 기타포괄손익누계액, 이익잉여금(또는 결손금)의 변동에 대한 포괄적인 정보를 제공한다.

⑥ **주 석**

㉠ 구 조

주석은 다음의 사항을 포함한다.

① 재무제표 작성기준 및 유의적인 거래와 회계사건의 회계처리에 적용한 회계정책
② 일반기업회계기준에서 주석공시를 요구하는 사항
③ 재무상태표, 손익계산서, 현금흐름표 및 자본변동표의 본문에 표시되지 않는 사항으로서 재무제표를 이해하는 데 필요한 추가 정보

㉡ 이익잉여금처분계산서

상법 등 관련 법규에서 이익잉여금처분계산서(또는 결손금처리계산서)의 작성을 요구하는 경우에는 재무상태표의 이익잉여금(또는 결손금)에 대한 보충정보로서 이익잉여금처분계산서(또는 결손금처리계산서)를 주석으로 공시한다.

ⓒ 배당정보의 공시

이익잉여금처분예정액으로서 주식의 종류별 주당배당금액, 액면배당률, 배당성향, 배당액의 산정내역을 주석으로 기재한다.

③ 기본가정과 개념체계

① 기본가정

기본가정이란 회계이론을 논리적으로 전개하고 재무제표 작성에 필요한 공리적 명제로서 회계원칙의 기초가 되는 것을 말한다.

㉠ 기업실체의 가정

기업실체의 가정이란 기업을 소유주와는 독립적으로 존재하는 회계단위로 간주하고 이 회계단위의 관점에서 그 경제활동에 대한 재무정보를 측정, 보고하는 것을 말한다. 일반적으로 개별 기업은 하나의 독립된 회계단위로서 재무제표를 작성하는 기업실체에 해당한다. 그러나 기업실체 개념은 법적 실체와는 구별되는 개념이다.

㉡ 계속기업의 가정

계속기업의 가정이란 기업실체는 그 목적과 의무를 이행하기에 충분할 정도로 장기간 존속한다고 가정하는 것을 말한다. 즉, 기업실체는 그 경영활동을 청산하거나 중대하게 축소시킬 의도가 없을 뿐 아니라 청산이 요구되는 상황도 없다고 가정된다. 그러나 기업실체의 중요한 경영활동이 축소되거나 기업실체를 청산시킬 의도나 상황이 존재하여 계속기업을 가정하기 어려운 경우에는 계속기업을 가정한 회계처리방법과는 다른 방법이 적용되어야 하며, 이때 적용된 회계처리방법은 적절히 공시되어야 한다.

㉢ 기간별보고의 가정

기간별 보고의 가정이란 기업실체의 존속기간을 일정한 기간 단위로 분할하여 각 기간별로 재무제표를 작성하는 것을 말한다. 기업실체의 이해관계자는 지속적으로 의사결정을 해야 하므로 적시성이 있는 정보가 필요하고 이러한 정보수요를 충족시키기 위하여 기간별 보고가 도입될 필요가 있다.

② 발생주의 회계

재무제표는 발생기준에 따라 작성된다. 발생주의 회계는 재무회계의 기본적 특징으로서 재무제표의 기본요소의 정의 및 인식, 측정과 관련이 있다. 다만, 현금흐름표는 발생기준에 따라 작성되지 않는다.

발생주의 회계의 기본적인 논리는 발생기준에 따라 수익과 비용을 인식하는 것으로 발생과 이연의 개념을 포함한다. 발생기준은 기업실체의 경제적 거래나 사건에 대해 관련된 수익과 비용을 그 현금유출입이 있는 기간이 아니라 당해 거래나 사건이 발생한 기간에 인식하는 것을 말한다.

③ 재무회계 개념체계

재무회계 개념체계란 기업실체의 재무보고 목적을 명확히 하고, 이를 달성하는 데 유용한 재무회계의 기초개념을 제공하는 것을 목적으로 한다. 개념체계에서 재무보고라 함은 다양한 외부정보이용자의 공통된 정보요구를 충족시키기 위한 일반목적 재무보고를 의미한다.

개념체계는 회계기준원의 기업회계기준 제정 근거, 재무제표 이용자와 작성자 및 외부감사인 등에게 회계기준이 미비 된 경우 일관된 지침을 제공한다. 개념체계는 회계기준이 아니므로 구체적 회계처리방법이나 공시에 관한 기준을 정하는 것을 목적으로 하지 않는다. 따라서 개념체계의 내용이 특정 회계기준과 상충되는 경우에는 그 회계기준이 개념체계에 우선한다.

④ 질적 특성

질적 특성이란 재무제표를 통해 제공되는 정보가 이용자에게 유용하기 위해 갖추어야 할 주요 속성을 말하며, 회계정보의 유용성의 판단기준이 된다. 회계정보가 갖추어야 할 가장 중요한 질적특성은 목적적합성(또는 관련성)과 신뢰성이다. 목적적합성과 신뢰성 중 어느 하나가 완전히 상실된 경우 그 정보는 유용한 정보가 될 수 없다.

TIP K-IFRS의 질적 특성

구 분	구성요소	포괄적 제약요인
근본적 질적 특성	목적적합성, 충실한 표현(신뢰성)	원가
보강적 질적 특성	비교가능성, 검증가능성, 적시성, 이해가능성	

⑤ 목적적합성

목적적합한 재무정보는 정보이용자의 의사결정에 차이가 나도록 할 수 있다. 회계정보가 정보이용자의 의사결정에 유용하기 위해서는 그 정보가 의사결정 목적과 관련되어야 한다.

ⓐ 예측가치

정보이용자가 기업실체의 미래 재무상태, 경영성과, 순현금흐름 등을 예측하는 데에 그 정보가 활용될 수 있는 능력을 의미한다. 예를 들어, 반기 재무제표에 의해 발표되는 반기 이익은 올해의 연간 이익을 예측하는 데 활용될 수 있다.

ⓑ 피드백가치

제공되는 회계정보가 기업실체의 재무상태, 경영성과, 순현금흐름, 자본변동 등에 대한 정보이용자의 당초 기대치(예측치)를 확인 또는 수정되게 함으로써 의사결정에 영향을 미칠 수 있는 능력을 말한다.

ⓒ 적시성

회계정보가 정보이용자에게 유용하기 위해서는 그 정보가 의사결정에 반영될 수 있도록 적시에 제공되어야 한다. 적시성 있는 정보라 하여 반드시 목적적합성을 갖는 것은 아니나, 적시에 제공되지 않은 정보는 주어진 의사결정에 이용할 수 없으므로 목적적합성을 상실하게 된다. 그러나 적시성 있는 정보를 제공하기 위해 신뢰성을 희생해야 하는 경우가 있으므로 경영자는 정보의 적시성과 신뢰성간의 균형을 고려해야 한다.

⑥ 신뢰성

회계정보가 정보이용자의 의사결정에 유용하기 위해서는 신뢰할 수 있는 정보이어야 한다.

㉠ 표현의 충실성

회계정보가 신뢰성을 갖기 위해서는 기업실체의 경제적 자원과 의무, 그리고 이들의 변동을 초래하는 거래나 사건을 충실하게 표현하여야 한다. 표현의 충실성을 확보하기 위해서는 회계처리대상이 되는 거래나 사건의 형식보다는 그 경제적 실질에 따라 회계처리하고 보고하여야 한다.

㉡ 검증가능성

회계정보가 신뢰성을 갖기 위해서는 객관적으로 검증가능하여야 한다. 검증가능성이란 동일한 경제적 사건이나 거래에 대하여 동일한 측정방법을 적용할 경우 다수의 독립적인 측정자가 유사한 결론에 도달할 수 있어야 함을 의미한다. 그러나 검증가능성이 높다는 것이 표현의 충실성을 보장하는 것은 아니며, 또한 반드시 목적적합성이 높다는 것을 의미하지도 않는다.

㉢ 중립성

회계정보가 신뢰성을 갖기 위해서는 편의 없이 중립적이어야 한다. 의도된 결과를 유도할 목적으로 회계기준을 제정하거나 재무제표에 특정 정보를 표시함으로써 정보이용자의 의사결정이나 판단에 영향을 미친다면 그러한 회계정보는 중립적이라 할 수 없다.

⑦ 질적특성간의 상충관계

회계정보의 질적특성은 서로 상충될 수 있다. 예를 들어, 유형자산을 역사적원가로 평가하면 일반적으로 검증가능성이 높으므로 측정의 신뢰성은 제고되나 목적적합성은 저하될 수 있으며, 시장성 없는 유가증권에 대해 역사적원가를 적용하면 자산가액 측정치의 검증가능성은 높으나 유가증권의 실제 가치를 나타내지 못하여 표현의 충실성과 목적적합성이 저하될 수 있다. 또한, 정보를 적시에 제공하기 위해 거래나 사건의 모든 내용이 확정되기 전에 보고하는 경우, 목적적합성은 향상되나 신뢰성은 저하될 수 있다.
상충되는 질적특성간의 선택은 재무보고의 목적을 최대한 달성할 수 있는 방향으로 이루어져야 하며, 질적특성간의 상대적 중요성은 상황에 따라 판단되어야 한다.

⑧ 비교가능성

기업실체의 재무상태, 경영성과, 현금흐름 및 자본변동의 추세 분석과 기업실체간의 상대적 평가를 위하여 회계정보는 기간별 비교가 가능해야 하고 기업실체간의 비교가능성도 있어야 한다. 즉, 유사한 거래나 사건의 재무적 영향을 측정·보고함에 있어서 영업 및 재무활동의 특성이 훼손되지 않는 범위 내에서 기간별로 일관된 회계처리방법을 사용하여야 하며 기업실체 간에도 동일한 회계처리방법을 사용하는 것이 바람직하다.

비교가능성은 단순한 통일성을 의미하는 것은 아니며, 발전된 회계기준의 도입에 장애가 되지 않아야 한다. 또한, 목적적합성과 신뢰성을 제고할 수 있는 회계정책의 선택에 장애가 되어서도 안된다.

회계정보의 비교가능성은 목적적합성과 신뢰성만큼 중요한 질적특성은 아니나, 목적적합성과 신뢰성을 갖춘 정보가 기업실체간에 비교가능하거나 또는 기간별 비교가 가능할 경우 회계정보의 유용성이 제고될 수 있다.

⑨ 회계정보의 제약요인

㉠ 비용과 효익

비용과 효익은 재무보고로 제공될 수 있는 정보에 대한 포괄적 제약요인이다. 회계정보가 정보이용자에게 유용하기 위해서는 목적적합성과 신뢰성을 가져야 한다. 그러나 정보 제공 및 이용에 소요될 사회적 비용이 정보 제공 및 이용에 따른 사회적 효익을 초과한다면 그러한 정보 제공은 정당화될 수 없다.

㉡ 중요성

목적적합성과 신뢰성이 있는 정보는 재무제표를 통해 정보이용자에게 제공되어야 한다. 그러나 재무제표에 표시되는 항목에는 또한 중요성이 고려되어야 하므로, 목적적합성과 신뢰성을 갖춘 모든 항목이 반드시 재무제표에 표시되는 것은 아니다. 특정 정보가 생략되거나 잘못 표시된 재무제표가 정보이용자의 판단이나 의사결정에 영향을 미칠 수 있다면 개념적으로 볼 때 그러한 정보는 중요한 정보이다. 중요성은 일반적으로 당해 항목의 성격과 금액의 크기에 의해 결정된다. 그러나 어떤 경우에는 금액의 크기와는 관계없이 정보의 성격 자체만으로도 중요한 정보가 될 수 있다.

CHECK POINT   목적적합성과 신뢰성의 상충관계

목적적합성과 신뢰성을 모두 갖추어야 회계정보의 유용성을 갖는다. 그러나 두 가지 특성은 서로 상충될 때가 많다. 하나의 특성이 강조되면 다른 특성이 희생되는 것을 의미한다. 이러한 상충이 일어나면 현대 회계는 목적적합성을 강조하는 추세에 있다. 목적적합성과 신뢰성의 상충관계를 예시하면 다음과 같다.

구 분	목적적합성	신뢰성
자산의 측정기준	현행가치(공정가치)	역사적원가
인식기준	발생주의	현금주의
공사수익의 인식	진행기준	완성기준
투자주식	지분법	원가법
재무보고	중간보고(반기재무제표)	연차보고(결산재무제표)

4 재무제표의 기본요소

① 재무상태표

구 분	정 의
자산	과거사건의 결과로 기업이 통제하고 있고 미래경제적효익이 유입될 것으로 기대되는 자원
부채	과거사건에 의하여 발생하였으며 경제적효익을 갖는 자원이 기업으로부터 유출됨으로써 이행될 것으로 기대되는 현재의무
자본	기업의 자산에서 모든 부채를 차감한 후의 잔여지분이다. 자본총액은 그 기업이 발행한 주식의 시가총액 또는 순자산을 나누어서 처분하거나 기업 전체로 처분할 때 받을 수 있는 대가와 일치하지 않는 것이 일반적이다.

② 손익계산서

구 분	정 의
수익	자산의 유입이나 증가 또는 부채의 감소에 따라 자본의 증가를 초래하는 특정 회계기간 동안에 발생한 경제적효익의 증가로서, 지분참여자에 의한 출연과 관련된 것은 제외한다.
비용	자산의 유출이나 소멸 또는 부채의 증가에 따라 자본의 감소를 초래하는 특정 회계기간 동안에 발생한 경제적효익의 감소로서, 지분참여자에 대한 분배와 관련된 것은 제외한다.
포괄손익	기업실체가 일정기간 동안 기업의 소유주(주주)와의 자본거래를 제외한 거래나 사건에서 인식한 자본의 변동

▶ 한국채택국제회계기준에 의하면 당기에 발생한 재평가잉여금, 매도가능증권평가손익, 해외사업환산손익 등은 포괄손익계산서에 표시하고, 그 누계액은 기타포괄손익누계액으로 재무상태표의 자본에 표시한다.

③ 현금흐름표

구 분	내 용
영업활동	영업활동은 매출과 매입 및 판매관리에 관련한 활동을 말하며, 이와 관련한 자산과 부채는 매출채권, 재고자산, 미수수익, 선급비용, 매입채무, 선수수익, 미지급비용 등이다.
투자활동	투자활동은 영업활동과 관계있는 자산을 제외한 나머지 자산의 증감으로서 현금의 대여와 회수활동, 유가증권·투자자산·유형자산 및 무형자산의 취득과 처분활동 등을 말한다.
재무활동	재무활동은 영업활동과 관계있는 부채를 제외한 부채와 자본의 증감으로서 현금의 차입 및 상환활동, 신주발행이나 배당금의 지급활동 등과 같이 부채 및 자본계정에 영향을 미치는 거래를 말한다.

▶ 이익잉여금 중 당기순이익은 영업활동에 의한 현금의 유입이고, 배당금의 지급은 재무활동에 의한 현금의 유출이다.

④ **자본변동표**

구 분	내 용
자본금의 변동	유상증자(감자), 무상증자(감자)와 주식배당 등에 의하여 발생하며, 자본금은 보통주자본금과 우선주자본금으로 구분하여 표시한다.
자본잉여금의 변동	유상증자(감자), 무상증자(감자), 결손금처리 등에 의하여 발생하며, 주식발행초과금과 기타자본잉여금으로 구분하여 표시한다.
자본조정의 변동	자기주식은 구분하여 표시하고 기타자본조정은 통합하여 표시할 수 있다.
기타포괄손익누계액의 변동	매도가능증권평가손익, 해외사업환산손익 및 현금흐름위험회피 파생상품 평가손익은 구분하여 표시하고 그 밖의 항목은 그 금액이 중요할 경우에는 적절히 구분하여 표시할 수 있다.
이익잉여금의 변동	하단 별도 표시

▶ 자본변동표에서 전기에 이미 보고된 이익잉여금(또는 결손금)의 금액이 당기에 발생한 회계정책의 변경이나 중대한 전기오류수정으로 인하여 변동된 경우에는 전기에 이미 보고된 금액을 별도로 표시하고 회계정책 변경이나 오류수정이 매 회계연도에 미치는 영향을 가감한 수정후 기초이익잉여금을 표시한다.

⑤ **이익잉여금의 변동은 다음과 같은 항목으로 구분하여 표시한다.**

ㄱ 회계정책의 변경으로 인한 누적효과
ㄴ 중대한 전기오류수정손익
ㄷ 연차배당(당기 중에 주주총회에서 승인된 배당금액으로 하되 현금배당과 주식배당으로 구분하여 기재)과 기타 전기말 미처분이익잉여금의 처분
ㄹ 중간배당(당기 중에 이사회에서 승인된 배당금액)
ㅁ 당기순손익
ㅂ 기타 : ㄱ 내지 ㅁ 외의 원인으로 당기에 발생한 이익잉여금의 변동으로 하되, 그 금액이 중요한 경우에는 적절히 구분하여 표시한다.

▶ 자본변동표상 이익잉여금의 변동내용은 이익잉여금처분계산서와 동일하다. 따라서 기업회계기준은 이익잉여금 처분계산서를 주석사항으로 하고 있다.

5 재무제표 요소의 인식

인식이란 재무제표 요소의 정의에 부합하고, 다음의 인식기준을 모두 충족하는 항목을 재무상태표와 손익계산서에 통합하는 과정이다.

① 그 항목과 관련된 미래경제적효익이 유입되거나 또는 유출될 가능성이 높고

② 그 항목의 원가 또는 가치를 신뢰성 있게 측정할 수 있다.

구 분	요소별 인식기준
자 산	자산은 미래경제적효익이 기업에 유입될 가능성이 높고 해당 항목의 원가 또는 가치를 신뢰성 있게 측정할 수 있을 때 재무상태표에 인식한다. 지출이 발생하였으나 당해 회계기간 후에는 관련된 경제적효익이 기업에 유입될 가능성이 높지 않다고 판단되는 경우에는 재무상태표에 자산으로 인식하지 아니한다. 대신에 그러한 거래는 손익계산서에 비용으로 인식한다.
부 채	부채는 현재 의무의 이행에 따라 경제적효익이 내재된 자원의 유출 가능성이 높고 결제될 금액에 대해 신뢰성 있게 측정할 수 있을 때 재무상태표에 인식한다.
수 익	수익은 자산의 증가나 부채의 감소와 관련하여 미래경제적효익이 증가하고 이를 신뢰성 있게 측정할 수 있을 때 손익계산서에 인식한다. 이는 실제로 수익의 인식이 자산의 증가나 부채의 감소에 대한 인식과 동시에 이루어짐을 의미한다. 예를 들면, 재화나 용역의 매출에 따라 자산의 순증가가 인식되며 미지급채무의 면제에 따라 부채의 감소가 인식된다.
비 용	비용은 자산의 감소나 부채의 증가와 관련하여 미래경제적효익이 감소하고 이를 신뢰성 있게 측정할 수 있을 때 손익계산서에 인식한다. 이는 실제로 비용의 인식이 부채의 증가나 자산의 감소에 대한 인식과 동시에 이루어짐을 의미한다.

6 재무제표 요소의 측정

측정이란 재무상태표와 손익계산서(또는 포괄손익계산서)에 인식되고 평가되어야 할 재무제표 요소의 화폐금액을 결정하는 과정이다. 이러한 측정을 위한 측정기준에는 역사적 원가, 현행원가, 실현가능(이행)가치, 현재가치가 있다. 재무제표를 작성할 때 가장 보편적인 측정기준은 역사적원가이다.

SECTION 02 | 당좌자산

- ●NCS 능력단위 : 0203020102자금관리 　　능력단위요소 : 01현금시재관리하기
- 1.1 회계 관련 규정에　따라 당일 현금 수입금을 수입일보에 기재하고 금융기관에 입금할 수 있다.
- 1.2 회계 관련 규정에 따라 출금 시 증빙서류의 적정성 여부를 판단할 수 있다.
- 1.3 출금할 때 정액자금 전도제에 따라 소액현금을 지급·관리할 수 있다.
- 1.4 회계 관련 규정에 따라 입·출금 전표 및 현금출납부를 작성하고 현금 시재를　일치시키는 작업을 할 수 있다.

- ●NCS 능력단위 : 0203020102자금관리 　　능력단위요소 : 02예금관리하기
- 2.1 회계 관련 규정에 따라 예·적금을 구분·관리할 수 있다.
- 2.2 자금운용을 위한 예·적금 계좌를 예치기관별·종류별로 구분·관리할 수 있다.
- 2.3 은행업무시간 종료 후 회계 관련 규정에 따라 은행잔고를 대조 확인할 수 있다.
- 2.4 은행잔고의 차이 발생시 그 원인을 규명할 수 있다.

- ●NCS 능력단위 : 0203020102자금관리 　　능력단위요소 : 03법인카드관리하기
- 3.1 회계 관련 규정에 따라 금융기관으로부터 법인카드를 발급·해지할 수 있다.
- 3.2 회계 관련 규정에 따라 법인카드 관리대장을 작성·관리할 수 있다.
- 3.3 법인카드의 사용범위를 파악하고 결제일 이전에 대금이 정산될 수 있도록 회계처리　할 수 있다.

- ●NCS 능력단위 : 0203020102자금관리 　　능력단위요소 : 04어음·수표관리하기
- 4.3 관련 규정에 따라 어음·수표를 발행·수령할 때 회계처리하고 어음관리대장에 기록·관리할 수 있다.
- 4.4 관련 규정에 따라 어음·수표의 분실 및 부도가 발생한 때 대처하여 해결방안을　수립할 수 있다.

---

① 현금및현금성자산

현 금	통화 및 통화대용증권
	요구불예금 : 당좌예금, 보통예금 등으로 만기가 없이 수시로 입출금이 자유로운 예금
현금성자산	㉠ 큰 거래비용이 없으면서 현금으로 전환이 용이하고 ㉡ 이자율 변동에 따른 가치 변동의 위험이 중요하지 않은 금융상품으로 ㉢ 취득당시 만기(또는 상환일)가 3개월 이내인 단기금융상품

- ▶ 통화대용증권에는 타인발행수표, 자기앞수표, 가계수표, 송금수표, 우편환증서, 국고송금통지서, 만기가 도래한 어음, 만기가 도래한 공사채이자표, 배당금통지서, 대체저금환급증서, 일람출급어음 등이 있다.
- ▶ 단기금융상품은 취득일 현재 상환일까지 기간이 3개월 이내인 상환우선주, 3개월 이내에 환매조건인 환매채, 취득일 현재 3개월 내에 만기가 도래하는 단기금융상품(정기예금, CD, MMF, MMDA 등) 등을 말한다.

② 단기투자자산

단기투자자산이란 회사가 단기적인 투자목적으로 보유하고 있는 단기예금, 단기매매증권, 단기대여금과 유동자산으로 분류되는 1년 내에 만기가 도래하거나 처분될 예정인 매도가능증권, 만기보유증권 등을 말한다.

재무상태표에 공시할 때에 이들을 각각 단기매매증권, 매도가능증권, 만기보유증권으로 개별표시하거나, 단기투자자산으로 통합하여 표시할 수 있다.

③ 매출채권

매출채권이란 회사의 주된 영업활동인 상품, 제품의 판매 또는 서비스의 제공으로 발생한 외상채권인 외상매출금과 어음상 채권인 받을어음을 말한다. 외상매출금과 받을어음을 합해서 재무상태표에는 매출채권으로 표시하게 된다.

④ 대손충당금의 설정

대손충당금을 설정하는 때에 기말 결산 전에 대손충당금 잔액이 있으면 그 대손충당금 잔액과 대손예상액을 비교하여 차액만 회계처리 하여야 한다. 결산 전 대손충당금 잔액이 대손예상액보다 적으면 부족분을 대손상각비 계정으로 처리하고 결산 전 대손충당금잔액 이 대손예상액보다 많으면 초과분을 대손충당금환입 계정으로 처리한다.
대손충당금은 매출채권의 평가성 항목이므로 재무상태표 상 매출채권에서 차감하는 형식 으로 표시하는 것이 원칙이나 매출채권에 대한 대손충당금은 해당 매출채권에서 직접 차감 하여 표시할 수 있다.

⑤ 대손상각비와 대손충당금환입

대손상각비는 매출채권에서 발생한 것은 판매비와관리비로, 미수금 등의 기타채권에서 발생한 것은 영업외비용으로 처리한다. 그리고 대손충당금환입은 매출채권에서 발생한 것은 판매관리비의 차감으로 표시하고, 기타채권은 영업외수익으로 표시한다.

⑥ 기타의 당좌자산

기타의 당좌자산에는 미수금, 선급금, 미수수익, 선급비용, 이연법인세자산 등이 있다. 미수금은 상품이외의 자산을 처분하고 발생한 채권을 말하고, 선급금은 상품을 주문하고 계약금 등으로 미리 지급한 금액을 말한다.
이연법인세자산은 발생 원인별로 유동자산에 해당되는 이연법인세자산과 비유동자산에 해당되는 이연법인세자산으로 구분한다.

SECTION 03 | 재고자산

1 재고자산의 취득

재고자산은 외부에서 매입하는 재고자산인 상품, 원재료 등과 자가제조하는 제품, 재공품 등으로 구분할 수 있다. 재고자산의 취득원가는 다음과 같이 계산한다.

구 분	취 득 원 가
외부매입	매입금액＋매입부대비용
자가제조	직접재료비＋직접노무비＋제조간접비

▶ 재고자산의 매입금액이란 총매입금액에서 매입할인액, 매입에누리액 및 매입환출액을 차감한 순매입액을 말한다.

▶ 매입부대비용이란 매입운임, 매입수수료, 하역비, 보험료 등을 말한다. 이러한 매입부대비용을 판매자가 부담하는 경우에는 취득원가에 가산할 수 없고 판매자의 판매비로 처리한다.

2 기말재고자산의 평가

기말 재고자산의 평가는 재고자산 수량(실제 수량)에 단위당원가(단가)를 곱해서 구한다. 재고 자산의 단가는 취득원가에 의하는 것이 원칙이지만, 재고자산의 시가가 취득원가보다 하락했다면 시가를 적용하여야 한다.

① 계속기록법과 실지재고조사법

구 분	내 용
계속기록법	기중에 재고자산의 입출고에 의한 변동을 빠짐없이 기록하여 장부에 의하여 재고자산의 수량을 파악하는 방법 ▎ 기초재고수량＋당기매입수량－당기판매수량＝기말재고수량 ▎
실지재고조사법	상품의 입출고를 모두 기록하는 것이 아니라 입고만 기록한 후 보고기간종료일에 남아있는 재고자산의 수량을 직접 조사해서 재고수량을 파악한 후 판매가능수량에서 차감하여 당기판매수량을 파악하는 방법 ▎ 기초재고수량＋당기매입수량－기말재고수량＝당기판매수량 ▎

▶ 판매가능수량＝기초재고수량＋당기매입수량

② **계속기록법과 실지재고조사법의 비교**

구 분	계속기록법	실지재고조사법
재고수량	상품재고장의 기록에 의하여 파악	기말재고의 실지조사를 통하여 파악
장 점	장부에 의하여 재고자산 수량을 항상 파악할 수 있다.	재고자산의 출고에 대한 기록을 하지 않기 때문에 간편하다.
단 점	• 재고자산의 입출고를 빠짐없이 기록유지하는 것이 번거롭고 비용이 과다하다. • 매출원가로 기록한 금액 이외에는 기말재고로 간주하므로, 재고감모손실이 기말재고원가에 포함된다.	• 실지조사에 포함되지 않은 부분은 모두 판매된 것으로 가정하므로 재고자산감모손실이 매출원가에 포함되어 매출원가가 과다계상 된다.

▶ 파손, 도난, 분실, 증발 등의 원인에 의한 장부재고수량과 실지재고수량의 차이(재고자산감모손실)를 파악하기 위하여 일반적으로 계속기록법과 실지재고조사법을 병행한다.

③ **기말재고자산의 단가 산정**

판매가능상품원가(기초재고액 + 매입액)를 매출원가와 기말재고액으로 배분하는 원가흐름의 가정에 의하여 산출한 결과 기말재고액이 커지면 매출원가가 작아지므로 이익이 커지고, 반대의 경우 기말재고액이 작아지면 매출원가가 커지므로 이익이 작아진다. 결국 어느 원가흐름가정을 적용하느냐에 따라 재고자산금액과 이익이 달라진다.

구 분	내 용
개별법	각 재고자산별로 매입원가 또는 제조원가를 결정하는 방법 원가흐름과 실물흐름이 일치하는 방법으로 수익 비용 대응의 관점에서 우수하나 재고자산의 종류가 많거나 거래가 빈번하면 현실적으로 적용이 불가능하다. 귀금속이나 자동차매매업 등에서 제한적으로 사용한다.
선입선출법	먼저 매입한 상품이 먼저 판매된 것으로 가정하여 원가를 배분하는 방법이다.
후입선출법	나중에 매입한 상품이 먼저 판매된 것으로 가정하여 원가를 배분하는 방법이다.
가중평균법	먼저 매입한 상품과 나중에 매입한 상품이 평균적으로 판매된다고 가정하는 방법
소매재고법	매출가격환원법이라고도 하는 것으로 판매가격으로 평가한 기말재고금액에 원가율을 적용하는 방법으로 백화점 등의 유통업종에서만 사용할 수 있다.

▶ 후입선출법은 한국채택국제회계기준에서는 인정하지 않는 방법이다.
▶ 평균법은 단순평균법과 가중평균법으로 구분하고, 가중평균법은 총평균법과 이동평균법으로 구분한다.
▶ 일반기업회계기준은 표준원가에 의한 재고자산 평가는 인정하지만 기준재고법, 화폐가치후입선출법, 매출총이익율법 등은 인정하지 않는다.

④ **각 방법의 비교**

재고자산의 가격이 지속적으로 상승하는 인플레이션시에 기말재고자산 금액의 크기는 선입선출법, 이동평균법, 총평균법, 후입선출법의 순서로 되고, 매출원가는 반대로 후입선출법이 가장 크게 나타난다. 이러한 관계를 동일한 매출액을 놓고 비교하면 다음과 같다.

구 분	후입선출법	총평균법	이동평균법	선입선출법
매출액	10,000원	10,000원	10,000원	10,000원
기말재고	1,500원	1,700원	1,800원	2,000원
매출원가	7,500원	7,300원	7,200원	7,000원
매출이익(순이익)	2,500원	2,700원	2,800원	3,000원

⑤ 재고자산의 저가법 적용

다음과 같은 사유로 재고자산의 시가가 취득원가보다 하락한 경우에는 저가법을 사용하여 재고자산의 재무상태표금액을 결정한다. 재고자산을 저가법으로 평가하는 경우 재고자산의 시가는 순실현가능가치를 말하며 매 회계기간말에 추정한다.

> ㉠ 손상을 입은 경우
> ㉡ 보고기간말로부터 1년 내에 판매되지 않았거나 생산에 투입할 수 없어 장기체화된 경우
> ㉢ 진부화하여 정상적인 판매시장이 사라지거나 기술 및 시장 여건 등의 변화에 의해서 판매가치가 하락한 경우
> ㉣ 완성하거나 판매하는 데 필요한 원가가 상승한 경우

▶ 재고자산 평가를 위한 저가법은 항목별로 적용하여야 하며 총액기준으로 적용할 수 없다.
▶ 그러나 경우에 따라 서로 유사하거나 관련있는 항목들을 통합하여 적용하는 조별기준이 적절할 수 있다.
▶ 저가법을 서로 유사하거나 관련있는 항목들을 통합하여 적용하는 경우에는 계속성을 유지하여야 한다.

3 재고자산감모손실과 평가손실

① 재고자산감모손실

기말 재고자산의 실제 수량과 장부상 수량의 차이가 나는 경우 이를 재고자산 감모손실이라고 한다. 재고자산의 장부상 수량과 실제 수량과의 차이에서 발생하는 감모손실의 경우 정상적으로 발생한 감모손실은 매출원가에 가산하고 비정상적으로 발생한 감모손실은 영업외비용으로 분류한다.

② 재고자산평가손실

재고자산의 시가가 장부금액 이하로 하락하여 발생한 평가손실은 재고자산의 차감계정으로 표시하고 매출원가에 가산한다. 저가법의 적용에 따른 평가손실을 초래했던 상황이 해소되어 새로운 시가가 장부금액보다 상승한 경우에는 최초의 장부금액을 초과하지 않는 범위 내에서 평가손실을 환입한다. 재고자산평가손실의 환입은 매출원가에서 차감한다.

> • 상품, 제품 등의 시가는 순실현가능가치로 한다.
> • 순실현가능가치는 정상판매금액에서 추정 판매비를 차감하여 구한다.

4 기말 재고자산 포함 여부

보고기간종료일 현재 기업이 보유하고 있는 재고자산을 재무상태표에 표시하여야 한다. 그러나 보유하고 있지 하더라도 기업의 재고자산인 것이 있고, 가지고 있더라도 기업의 재고자산이 아닌 것이 있을 수 있다. 그 구분을 다음과 같이 요약한다.

구 분		내 용
미착품 (운송중인 자산)	선적지인도기준	선적이 되면 매입자의 재고자산
	도착지인도기준	매입자가 도착지에서 인도받는 때에 매입자의 재고자산이고, 보고기간종료일 현재 운송 중인 재고자산은 판매자의 재고자산
저당상품		담보를 제공한 자의 재고자산
할부판매상품	인도기준	판매시점에 매입자의 재고자산
	회수기일도래기준	회수기일 미도래분은 판매자의 재고자산
위탁상품(적송품)		수탁자가 가지고 있는 적송품은 위탁자의 재고자산
시송품		매입자가 구매의사를 밝히는 때에 판매가 이루어지므로 구매의사를 밝히지 않은 것은 판매자의 재고자산

▶ 중소기업기본법에 의한 중소기업은 회수기간이 1년 이상인 할부매출은 할부금회수기일에 수익을 인식할 수 있다.

SECTION **04** | 유형자산

1 유형자산의 개념

유형자산은 재화의 생산이나 용역의 제공, 타인에 대한 임대 또는 자체적으로 사용할 목적으로 보유하고 있으며 물리적형태가 있는 자산으로 1년을 초과하여 사용할 것이 예상되는 자산을 말한다.

재무상태표에 표시하는 방법은 토지, 설비자산, 건설중인자산, 기타의 유형자산으로 분류하되 업종의 특성을 반영하여 신설 통합할 수 있다. 예를 들어 건물, 구축물, 기계장치를 통합하여 설비자산으로 하거나 기타의 유형자산을 차량운반구, 비품, 공구기구, 선박 등으로 세분하는 것이다.

2 유형자산의 인식

① 유형자산의 인식조건

유형자산으로 인식되기 위하여 다음의 인식조건을 모두 충족하여야 한다.

① 자산으로부터 발생하는 미래 경제적 효익이 기업에 유입될 가능성이 매우 높다.
② 자산의 원가를 신뢰성 있게 측정할 수 있다.

ⓐ 구입하는 경우

유형자산을 기업 외부로부터 구입하는 경우의 취득원가는 구입대금에 취득부대비용 및 복구비용을 가산한다. 취득부대비용이란 유형자산이 본래의 기능을 할 수 있기까지 발생한 비용으로 취득세, 소유권이전비용, 매입수수료, 운송비, 하역비, 설치비, 시운전비, 토지의 구획정리비용 등을 말한다. 또한 유형자산의 취득과 관련하여 국공채 등을 불가피하게 매입하는 경우, 채권의 매입금액과 일반기업회계기준에 따라 평가한 현재가치와의 차액도 취득원가에 가산한다.

ⓑ 자가건설하는 경우

유형자산을 외부로부터 구입하지 않고 자가건설 또는 제작하는 경우에는 건설 및 제작에 들어간 재료비, 노무비 등의 원가에 취득부대비용을 가산하여 취득원가를 결정한다. 이때 소요된 원가는 해당 유형자산이 완성되어 사용이 가능할 때까지 건설중인자산계정으로 처리하였다가 완성되면 해당 유형자산계정으로 대체한다.

ⓒ 자산의 교환으로 취득

ⓐ 이종자산의 교환

다른 종류의 자산과의 교환으로 취득한 유형자산의 취득원가는 교환을 위하여 제공한 자산의 공정가치로 측정한다. 다만, 교환을 위하여 제공한 자산의 공정가치가 불확실한 경우에는 교환으로 취득한 자산의 공정가치를 취득원가로 할 수 있다.

ⓑ 동종자산의 교환

동일한 업종 내에서 유사한 용도로 사용되고 공정가치가 비슷한 동종자산과의 교환으로 유형자산을 취득하거나, 동종자산에 대한 지분과의 교환으로 유형자산을 매각하는 경우에는 교환으로 받은 자산의 원가는 교환으로 제공한 자산의 장부금액으로 한다. 따라서 동종자산의 교환은 유형자산처분손익을 인식하지 않는다.

ⓓ 그 밖의 경우

ⓐ 정부보조에 의한 취득

정부보조 등에 의해 유형자산을 무상 또는 공정가치보다 낮은 대가로 취득한 경우 그 유형자산의 취득원가는 취득일의 공정가치로 한다. 정부보조금은 유형자산의 취득원가에서 차감하는 형식으로 표시하고 그 자산의 내용연수에 걸쳐 감가상각액과 상계하며, 해당 유형자산을 처분하는 경우에는 그 잔액을 처분손익에 반영한다.

❖ 정부로부터 보조금 10,000원을 받으면

(차) 현　금	10,000	(대) 정부보조금 10,000
		(현금의 차감계정)

❖ 공정가치 30,000원의 기계장치를 취득하면

(차) 기계장치	30,000	(대) 현　금 30,000
정부보조금	10,000	정부보조금 10,000
(현금의 차감계정)		(기계의 차감계정)

* 재무상태표에 표시할 때에는 기계장치에서 정부보조금을 차감하는 형식으로 표시한다.

❖ 기계장치에 대한 감가상각비를 계상하면(정액법, 내용연수 5년, 잔존가치 없음)

(차) 감가상각비	6,000	(대) 감가상각누계액 6,000
정부보조금	2,000	감가상각비 2,000
(기계의 차감계정)		

* 감가상각비를 계상하는 비율만큼 정부보조금을 감가상각비와 상계하여야 한다.

ⓑ 기존건물의 철거비용

건물을 신축하기 위하여 사용중인 기존 건물을 철거하는 경우 그 건물의 장부금액은 제거하여 처분손실로 반영하고, 철거비용은 전액 당기비용으로 처리한다.

다만, 새 건물을 신축하기 위하여 기존 건물이 있는 토지를 취득하고 그 건물을 철거하는 경우 기존 건물의 철거 관련 비용에서 철거된 건물의 부산물을 판매하여 수취한 금액을 차감한 금액은 토지의 취득원가에 포함한다.

ⓒ 현물출자

현물을 제공받고 주식을 발행한 경우에는 제공받은 유형자산의 공정가치를 취득금액으로 한다.

ⓓ 일괄취득과 무상취득

여러개의 유형자산을 일괄하여 취득한 경우 각 유형자산의 취득원가는 각각의 상대적 공정가치 비율에 따라 안분하여 결정하여야 한다. 그리고 유형자산을 무상으로 증여받은 경우에는 공정가치를 취득금액으로 한다.

❸ 유형자산의 감가상각

① 감가상각의 개념

감가상각이란 유형자산의 감가상각대상금액을 경제적 효익이 발생하는 기간에 걸쳐 체계적이고 합리적인 방법으로 배분하는 과정이다. 감가상각대상금액은 취득원가에서 잔존가치를 차감하여 구한다. 감가의 요인에는 사용하거나 시간이 경과하는 것에 의한 물리적원인과 진부화 또는 부적응에 의한 기능적 원인이 있다.

② 감가상각의 기본요소

감가상각을 결정하는 기본요소는 취득원가, 잔존가치, 내용연수이다. 이중에서 취득원가는 실제 값이지만 잔존가치와 내용연수는 추정치에 의한다. 잔존가치는 법인세법이 0원으로 하고 있어 회계실무에서 그대로 적용하는 것이 보통이다. 다만 정률법에서 정률을 구하기 위하여 잔존가치를 취득원가의 5%로 적용한다.

③ 감가상각비의 계산방법

구 분	내 용
정 액 법	㉠ 매기 동일한 금액을 감가상각하는 방법 ㉡ 감가상각비 = (취득원가 - 잔존가치) × $\dfrac{1}{\text{내용연수}}$
정률법	㉠ 유형자산의 취득원가에서 감가상각누계액을 차감한 미상각잔액에 정률을 곱하여 연도별 감가상각비를 구하는 방법 ㉡ 감가상각비 = (취득원가 - 감가상각누계액) × 정률 = 미상각잔액 × 상각률
이중체감법	㉠ 정액법의 배법으로 미상각잔액(장부금액)에 정액법 상각률의 2배를 곱하여 감가상각비를 구하는 방법 ㉡ 감가상각비 = (취득원가 - 감가상각누계액) × (정액법 상각률 × 2)
연수합계법	㉠ 초기에 감가상각을 많이 계상하는 가속상각법의 하나로 내용연수의 합계에서 내용연수의 역순비율로 감가상각비를 구하는 방법 ㉡ 감가상각비 = (취득원가 - 잔존가치) × $\dfrac{\text{내용연수의 역순}}{\text{내용연수의 합계}}$
생산량비례법	㉠ 감가상각대상액을 생산량이나 채굴량에 비례하여 감가상각비를 계산하는 방법 ㉡ 감가상각비 = (취득원가 - 잔존가치) × $\dfrac{\text{당기실제생산량}}{\text{예상총생산량}}$

④ 신규 취득자산과 기중 처분자산의 감가상각비

신규 취득한 유형자산의 감가상각비는 취득일부터 결산일까지 분할하여 상각하고, 회계기간 중에 처분한 유형자산에 대하여는 기초부터 처분시점까지 감가상각비를 계상하여야 한다.

4 유형자산의 취득후 지출

① 자산처리(자본적지출)

유형자산을 취득한 이후 보유하고 있는 동안에 일어난 지출이 유형자산의 가치가 증가하거나 내용연수가 증가하면 자본적지출이라 하고 유형자산의 원가로 처리한다. 자산으로 처리하는 예로 엘리베이터, 냉난방장치 등의 증설이나 용도변경, 개량, 증축 등을 들 수 있다.

② 비용처리(수익적지출)

유형자산을 취득한 이후에 지출한 효과가 원상회복이나 능률의 현상유지에 그치는 것으로 유형자산의 원가를 구성하지 않고 비용으로 처리한다. 수익적지출을 자산으로 처리하면 자산의 과대계상과 비용의 과소계상으로 이익을 과대 계상하는 분식회계가 되고, 자본적지출을 비용으로 처리하면 이익이 과소 계상되어 비밀적립금이 발생한다.

5 유형자산의 손상차손

유형자산의 손상징후가 있다고 판단되고, 당해 유형자산의 사용 및 처분으로부터 기대되는 미래의 현금흐름총액의 추정액이 장부금액에 미달하는 경우에는 장부금액을 회수가능액으로 조정하고 그 차액을 손상차손으로 처리한다. 다만, 차기 이후에 감액된 자산의 회수가능액이 장부금액을 초과하는 경우에는 그 자산이 감액되기 전의 장부금액의 감가상각 후 잔액을 한도로 하여 그 초과액을 손상차손환입으로 처리한다.

❖ 유형자산의 손상차손이 발생하면
  (차) 유형자산손상차손   ×××   (대) 손상차손누계액   ×××
❖ 유형자산의 손상차손이 회복되면
  (차) 손상차손누계액   ×××   (대) 유형자산손상차손환입   ×××

---

6 차입원가 자본화

① 차입원가 자본화의 개념

차입원가는 기간비용으로 처리하는 것을 원칙이나 유형자산, 무형자산 및 투자부동산과 제조, 매입, 건설 또는 개발이 개시된 날로부터 의도된 용도로 사용되거나 판매할 수 있는 상태가 될 때까지 1년 이상의 기간이 소요되는 재고자산의 취득을 위한 자금에 차입금이 포함된다면 이러한 차입금에 대한 차입원가는 그 자산의 취득에 소요되는 원가로 회계처리할 수 있다.

② 차입원가의 범위

차입원가에는 장단기 차입금과 사채의 이자비용과 기타 유사한 비용을 포함한다. 기타 유사한 비용에는 사채할인발행차금상각액(환입액), 현재가치할인차금상각액, 외화차입금에 대한 환율변동손익(외화환산손익, 외환차손익) 및 차입과 직접적으로 관련하여 발생한 수수료 등이 있다.

SECTION 05 | 무형자산

1 무형자산의 개념

무형자산은 재화의 생산이나 용역의 제공, 타인에 대한 임대 또는 관리에 사용할 목적으로 기업이 보유하고 있는 물리적형체가 없는 자산이다. 이러한 무형자산은 비화폐성자산으로 취득원가의 측정이 가능하고 기업이 통제하고 있는 식별가능한 자원으로 미래의 경제적 효익이 있어야 한다. 무형자산은 영업권, 산업재산권, 개발비, 기타로 구분하여 재무상태표에 표시한다.

2 무형자산의 취득원가

① 매수 등에 의한 취득

매수에 의한 무형자산의 취득원가는 구입금액에 등록비, 제세공과금 등의 부대비용을 더한 금액으로 한다. 사업결합에 의한 취득은 공정가치로 한다. 그리고 자산의 교환에 의한 취득은 유형자산의 교환에 의한 취득과 동일하게 이종자산과 교환으로 취득한 자산은 제공한 자산의 공정가치로 하고, 동종자산과 교환으로 취득한 자산은 제공한 자산의 장부금액을 취득금액으로 한다.

② 내부적으로 창출한 무형자산

내부적으로 창출한 무형자산이 인식기준에 부합하는지를 평가하기 위하여 무형자산의 창출과정을 연구단계와 개발단계로 구분한다. 무형자산을 창출하기 위한 내부 프로젝트를 연구단계와 개발단계로 구분할 수 없는 경우에는 그 프로젝트에서 발생한 지출은 모두 연구단계에서 발생한 것으로 본다.

㉠ 연구단계

프로젝트의 연구단계에서는 미래경제적효익을 창출할 무형자산이 존재한다는 것을 입증할 수 없기 때문에 연구단계에서 발생한 지출은 무형자산으로 인식할 수 없고 발생한 기간의 비용으로 인식한다.

㉡ 개발단계

개발단계에서 발생한 지출은 다음의 조건을 모두 충족하는 경우에만 무형자산으로 인식하고, 그 외의 경우에는 발생한 기간의 비용으로 인식한다.

> ⓐ 무형자산을 완성시킬 수 있는 기술적 실현가능성을 제시할 수 있다.
> ⓑ 무형자산을 완성해 그것을 사용하거나 판매하려는 기업의 의도가 있다.
> ⓒ 완성된 무형자산을 사용하거나 판매할 수 있는 기업의 능력을 제시할 수 있다.
> ⓓ 무형자산이 어떻게 미래경제적효익을 창출할 것인가를 보여줄 수 있다.
> ⓔ 무형자산의 개발을 완료하고 그것을 판매 또는 사용하는 데 필요한 기술적, 금전적 자원을 충분히 확보

하고 있다는 사실을 제시할 수 있다.

ⓕ 개발단계에서 발생한 무형자산 관련 지출을 신뢰성있게 구분하여 측정할 수 있다.

ⓒ 내부적으로 창출한 무형자산의 원가

내부적으로 창출한 무형자산의 원가는 인식기준을 최초로 충족한 이후에 발생한 지출 금액으로 한다. 내부적으로 창출한 무형자산의 원가는 그 자산의 창출, 제조, 사용준비에 직접 관련된 지출과 합리적이고 일관성있게 배분된 간접 지출을 모두 포함한다.

3 무형자산의 종류

① 영업권

사업결합을 하는 경우 이전대가의 공정가치가 취득자산과 인수부채의 순액을 초과하는 경우 그 초과하는 금액이 영업권의 취득금액이 된다. 반면, 순자산금액보다 더 적은 금액을 지불하는 경우에는 염가매수차익으로 회계처리하고, 당기손익으로 인식한다. 기업회계기준에서 내부창출영업권은 자산으로 인정하지 않고 매수영업권만 재무상태표에 무형자산으로 계상할 수 있다.

> 영업권 = 이전대가의 공정가치 - (취득자산 - 인수부채)

② 산업재산권

산업재산권은 법률에 의하여 등록하고 일정기간 독립적, 배타적으로 이용할 수 있는 다음의 권리를 말한다.

구 분	내 용
특 허 권	신규 발명품에 대한 특허 등록을 하고 독점적으로 얻은 권리
실용실안권	산업상 이용할 수 있는 물품의 형상구조 또는 조합에 관한 신규의 고안을 등록하고 얻은 권리
디 자 인 권	물품에 대한 새로운 디자인을 고안하여 등록하고 얻은 권리(의장권)
상 표 권	특정상표를 등록하여 독점적으로 이용하는 권리

③ 개발비

새로운 제품이나 기술의 개발 또는 개량을 위하여 지출한 금액으로 미래의 경제적효익의 유입 가능성이 매우 높고 취득원가를 신뢰성 있게 측정할 수 있는 경우에 무형자산인 개발비로 처리한다. 경제적효익의 유입가능성이 없거나 취득원가의 측정이 되지 않아 무형자산으로 식별가능성이 없는 지출은 경상개발비로 판매비와관리비에 해당한다.

④ 기타의 무형자산

구 분	내 용
라 이 선 스	국가나 허가권자로부터 인 허가과정을 거쳐 확보한 사업허가권으로서 방송사업권이나 통신사업권이 여기에 해당한다.
프 랜 차 이 즈	체인본사와 가맹점간의 계약에 의하여 일정 지역에서 특정 상표, 상호의 상품이나 용역을 독점적으로 생산 판매할 수 있는 권리
저 작 권	저작자가 자기의 저작물을 복제, 출판, 전시, 번역, 방송, 공연 등에 이용할 수 있는 권리
컴퓨터소프트웨어	컴퓨터에서 사용되는 소프트웨어의 구입에 지출한 금액
임 차 권 리 금	토지와 건물 등을 임차하는 경우 그 이용권을 갖는 대가로 보증금이외의 금액을 지급하는 것을 임차권리금이라 한다.
광 업 권	일정한 광구에서 광물을 독점적 배타적으로 채굴할 수 있는 권리
어 업 권	일정한 수역에서 독점적 배타적으로 어업을 할 수 있는 권리

4 무형자산의 감가상각

① 무형자산의 상각

무형자산의 상각은 경제적효익이 소비되는 것을 반영한 합리적인 방법으로 그 자산의 추정내용연수동안 상각하여야 한다. 합리적인 방법은 유형자산의 감가상각방법과 동일한 정액법, 정률법, 연수합계법, 생산량비례법 등이 있는데 합리적인 상각방법을 정할 수 없는 경우에는 정액법에 의한다.

무형자산의 내용연수는 법령이나 계약에 의하여 정하여진 경우를 제외하고 20년을 초과할수 없으며 잔존가치는 없는 것을 원칙으로 한다. 실무에서는 세법을 적용하여 특허권은 10년으로 나머지 무형자산은 5년의 내용연수를 적용한다. 무형자산의 감가상각에 대한 회계처리는 직접법으로 하거나, 감가상각누계액계정을 사용할 수 있으며 재무상태표에는 감가상각누계액을 차감하여 표시한다.

② 한국채택국제회계기준에 의한 영업권 상각

한국채택국제회계기준에 따르면 무형자산 중 영업권은 내용연수가 비한정인 자산이므로 정기적인 상각을 하지 않는다. 다만, 영업권에 손상징후가 있을 때에 손상검사를 실시하여 손상차손을 인식하거나, 매회계기간의 보고기간 말에 손상여부를 검토하여 손상차손을 인식한다.

| 투자자산과 유가증권 및 기타비유동자산

1 투자자산

투자자산이란 다른 회사를 지배하거나 통제할 목적 또는 투자이윤을 얻을 목적으로 장기간 투자하는 자산을 말한다. 유형자산과 다른 점은 기업의 고유 사업목적을 위한 자산이 아니라는 것이다.

한국채택국제회계기준의 투자자산은 임대수익을 목적으로 하는 자산도 투자자산으로 구분한다.

구 분	내 용
투 자 부 동 산	투자목적으로 보유하거나 영업활동에 사용하지 않는 토지, 건물 및 기타의 부동산
매 도 가 능 증 권	유가증권 중 단기매매증권과 만기보유증권 및 지분법적용투자주식으로 분류되지 않는 것
만 기 보 유 증 권	만기가 확정된 채무증권으로 상환금액이 확정되었거나 확정이 가능하고 만기까지 보유할 적극적인 의도와 능력이 있는 것
지분법적용투자주식	피투자회사에 중대한 영향력을 행사할 수 있는 주식으로 지분법 평가 대상의 것
장 기 대 여 금	유동자산에 속하지 않는 대여금으로 대여기간이 결산일로부터 1년 이상인 것
장 기 성 예 금 (장기금융상품)	정기예금, 정기적금 및 기타 정형화된 금융상품으로 만기가 결산일로부터 1년 이상인 것

2 유가증권

① 유가증권의 분류

유가증권은 취득한 후에 만기보유증권, 단기매매증권, 그리고 매도가능증권 중의 하나로 분류한다. 그리고 투자자산에 해당하는 지분법적용투자주식이 있다.

계정과목	보유목적	지분증권	채무증권	재무상태표 표시
만기보유증권	만기보유 목적	×	○	투자자산 중 장기투자증권
단기매매증권	단기간의 매매차익	○	○	당좌자산 중 단기투자자산
매도가능증권	단기매매증권이나 만기보유증권 이외	○	○	당좌자산 중 단기투자자산 또는 투자자산 중 장기투자증권

㉠ 만기보유증권

만기가 확정된 채무증권으로서 상환금액이 확정되었거나 확정이 가능한 채무증권을 만기까지 보유할 적극적인 의도와 능력이 있는 경우에는 만기보유증권으로 분류한다.

ⓒ 단기매매증권과 매도가능증권

지분증권 및 만기보유증권으로 분류되지 아니하는 채무증권은 단기매매증권과 매도가능증권 중의 하나로 분류한다.

구 분	내 용
단기매매증권	주로 단기간 내의 매매차익을 목적으로 취득한 유가증권으로서 매수와 매도가 적극적이고 빈번하게 이루어지는 것
매도가능증권	단기매매증권이나 만기보유증권으로 분류되지 아니하는 유가증권

ⓒ 지분법적용투자주식(관계기업투자주식)

투자자산에 해당하는 지분법적용투자주식이란 투자회사가 피투자회사의 경영에 중대한 영향력을 행사하거나 지배력을 행사할 목적으로 보유하는 투자주식을 말한다. 투자기업이 피투자기업의 발행주식을 20% 이상 취득하면 특별한 사유가 없는 한 중대한 영향력이 있는 것으로 본다. 한국채택국제회계기준에서는 관계기업투자주식이라 하고, 개별기업의 재무제표 작성에서는 지분법을 적용하지 않고 연결재무제표를 작성할 때 지분법을 적용한다.

② **유가증권의 최초 인식과 측정(취득과 평가)**

㉠ 단기매매증권

단기매매증권을 취득하는 경우 최초 인식 시에는 공정가치로 측정한다. 최초 인식 시 공정가치는 일반적으로 거래가격(제공하거나 수취한 대가의 공정가치)이다. 이때 거래비용은 별도의 비용으로 처리하여야 한다.

㉡ 매도가능증권과 만기보유증권

매도가능증권과 만기보유증권은 취득과 직접 관련되는 거래원가는 최초 인식하는 공정가치에 가산한다. 즉, 취득시 거래비용은 취득원가에 가산하여야 한다.

구 분	차 변		대 변	
단기매매증권의 취득	단기매매증권 수수료비용	××× ×××	현 금	×××
매도가능증권의 취득	매도가능증권 (수수료비용 포함)	×××	현 금	×××

▶ 유가증권의 최초 인식 시기는 금융상품의 계약당사자가 되는 때(매매계약 체결일)에 재무상태표에 인식한다. 유가증권시장 또는 코스닥시장에서는 매매계약 체결 후 일정일 이후(예 : 현재 3일째)에 결제가 이루어지는데, 이 경우 주식매매거래의 인식시점은 매매계약 체결일로 본다.

ⓒ 유가증권의 측정(평가)

단기매매증권과 매도가능증권은 공정가치로 측정(평가)하여 재무상태표에 표시하고 만기보유증권은 상각후원가로 측정(평가)하여 재무상태표에 표시한다.

일반기업회계기준은 유가증권에 대하여는 한국채택국제회계기준과 같이 공정가치로 평가한다. 다만, 시장성 없는 지분증권(매도가능증권)을 신뢰성 있게 측정할 수 없는 경우에는 취득원가로 평가한다. 그러나 한국채택국제회계기준에서는 명백히 부적절한 경우가 아닌 한, 시장성없는 지분증권도 공정가치로 평가할 것을 요구하고 있다.

ㄹ 평가와 평가손익의 처리

유가증권의 공정가치 변동으로 인한 평가손익인 미실현보유손익은 다음과 같이 처리한다.

구 분	측정(평가)	평가손익의 처리
단기매매증권	공정가치로 측정(평가)	당기손익항목으로 처리(영업외손익)
매도가능증권	공정가치로 측정(평가)	기타포괄손익누계액으로 처리 * 당해 유가증권에 대한 기타포괄손익누계액은 그 유가증권을 처분하거나 손상차손을 인식하는 시점에 일괄하여 당기손익에 반영한다.
만기보유증권	상각후원가로 측정	상각후원가로 평가하여 재무상태표에 표시 * 만기보유증권을 상각후원가로 측정할 때에는 장부금액과 만기액면금액의 차이를 상환기간에 걸쳐 유효이자율법에 의하여 상각하여 취득원가와 이자수익에 가감한다.

③ 손상차손

㉠ 손상차손의 발생

손상차손의 발생에 대한 객관적인 증거가 있는지는 보고기간말마다 평가하고 그러한 증거가 있는 경우에는 손상이 불필요하다는 명백한 반증이 없는 한 회수가능액을 추정하여 손상차손을 인식하여야 한다. 손상차손 금액은 당기손익에 반영한다.

㉡ 손상차손의 회복

손상차손의 회복이 손상차손 인식 후에 발생한 사건과 객관적으로 관련된 경우에는 다음과 같이 회계처리한다.

구 분	회 계 처 리
만기보유증권 취득원가로 평가하는 매도가능증권	회복된 금액을 당기이익으로 인식하되, 회복 후 장부금액이 당초에 손상차손을 인식하지 않았다면 회복일 현재의 상각후원가(매도가능증권의 경우는 취득원가)가 되었을 금액을 초과하지 않도록 한다.
공정가치로 평가하는 매도가능증권	이전에 인식하였던 손상차손 금액을 한도로 하여 회복된 금액을 당기이익으로 인식한다.

④ 유가증권의 재분류

유가증권의 보유의도와 보유능력에 변화가 있어 재분류가 필요한 경우에는 다음과 같이 처리한다.

> ㉠ 단기매매증권은 다른 범주로 재분류할 수 없으며, 다른 범주의 유가증권의 경우에도 단기매매증권으로 재분류할 수 없다. 다만, 드문 상황에서 더 이상 단기간 내의 매매차익을 목적으로 보유하지 않는 단기매매증권은 매도가능증권이나 만기보유증권으로 분류할 수 있으며, 단기매매증권이 시장성을 상실한 경우에는 매도가능증권으로 분류하여야 한다.
> ㉡ 매도가능증권은 만기보유증권으로 재분류할 수 있으며 만기보유증권은 매도가능증권으로 재분류할 수 있다.
> ㉢ 유가증권과목의 분류를 변경할 때에는 재분류일 현재의 공정가치로 평가한 후 변경한다.

3 비유동자산과 기타비유동자산

① 기타비유동자산의 개념

기타비유동자산은 비유동자산 중에서 투자자산, 유형자산, 무형자산으로 분류되지 않는 자산들로 이연법인세자산, 임차보증금, 장기선급비용, 장기선급금 및 장기미수금 등이 있다.

② 기타비유동자산의 재무제표 표시

기타비유동자산을 재무상태표에 표시할 때에는 이연법인세자산과 기타로 구분한다. 기타에는 임차보증금, 장기선급비용, 장기선급금, 장기미수금 등을 포함한다. 투자수익이 없고 다른 자산으로 분류가 어려운 자산은 기타로 통합하여 표시하는 것이 원칙이지만 항목이 중요한 경우에는 별도로 표시한다.

구 분	내 용
이연법인세자산	기업회계와 세무회계의 차이로 인하여 차감할 일시적차이와 이월공제가 가능한 세무상 결손금, 세액공제 및 소득공제 등으로 인하여 미래에 경감될 법인세부담액을 말한다. * 결산일로부터 1년 이내에 경감될 법인세부담액은 유동자산으로 1년 초과는 비유동자산으로 분류한다.
장 기 매 출 채 권 장 기 미 수 금	정상적인 영업주기를 지나서 회수가 예상되는 일반적 상거래에서 발생한 장기의 외상매출금, 받을어음 및 미수금이다.
임 차 보 증 금 등	전세권, 전신전화가입권, 임차보증금, 영업보증금 및 회원권 등이 있다.
기　　　타	투자수익이 없고 다른 자산으로 분류가 어려운 장기선급비용과 장기선급금을 기타로 통합 표시한다. * 다만 이들 항목이 중요한 때에는 별도로 표시한다.

▶ 한국채택국제회계기준에서는 이연법인세자산을 비유동항목으로 분류하며 이연법인세부채와 상계한 후의 잔액만 표시한다.

SECTION **07** 이연법인세

1 의의

이연법인세 회계는 기업회계의 입장에서 정확한 순이익을 산정하여 재무제표이용자에게 유용한 정보를 제공하기 위하여 한다. 정확한 순이익의 산정이란 세법으로 인한 일시적차이를 제거하여 산출한 법인세를 기업회계 상의 법인세비용으로 계상하는 것을 말한다. 이때의 법인세에는 국내 및 국외에서 법인의 과세소득에 기초하여 부과되는 모든 세금이 포함된다.

① 회계상의 이익과 과세소득

회계상의 이익과 과세소득은 조세정책적 목적, 손익인식기준의 차이, 자산평가방법의 차이, 회계상의 이익과 과세소득의 개념상 차이 등으로 일치하지 않는다. 이러한 차이에는 일시적인차이와 영구적차이가 있다.

일시적차이는 일정한 회계연도가 지나면 차이가 없어지는 것으로 이연법인세 회계의 대상이고, 영구적차이는 세법상 접대비한도, 기부금한도처럼 기업회계와 세법의 차이가 영구히 조정되지 않는 차이로 이연법인세 회계의 대상이 아니다.

② 자산·부채의 세무기준액

자산의 세무기준액은 해당 자산이 세무상 자산으로 인정되는 금액이고, 부채의 세무기준액은 해당 부채가 세무상 부채로 인정되는 금액이다.

2 인 식

① 당기법인세부채와 당기법인세자산의 인식

회사가 납부하여야 할 법인세부담액 중 아직 납부하지 않은 금액은 부채(당기법인세부채)로 인식하여야 한다. 그리고 납부하여야 할 금액을 초과해서 납부한 금액은 자산(당기법인세자산)으로 인식하여야 한다.

② 이연법인세부채와 이연법인세자산의 인식

자산·부채의 장부금액과 세무기준액의 차이인 일시적차이에 대하여 원칙적으로 이연법인세를 인식하여야 한다.

㉠ 가산할 일시적차이

모든 가산할 일시적차이에 대하여 이연법인세부채를 인식하여야 한다.

㉡ 차감할 일시적차이

차감할 일시적차이에 대하여 인식하는 이연법인세자산은 향후 과세소득의 발생가능성이 매우 높은 경우에 인식한다.

구 분	내 용
공정가치로 평가된 자산	자산의 장부금액을 공정가치로 평가 후 그 장부금액이 세무기준액보다 작아진 경우에는 차감할 일시적차이가 존재
이연법인세자산의 실현가능성	차감할 일시적차이는 미래기간의 과세소득을 감소시킨다. 미래기간의 과세소득이 충분하여 차감할 일시적차이가 활용될 수 있는 가능성이 매우 높은 경우에만 이연법인세자산을 인식하여야 한다.
세무상결손금과 세액공제	이월공제가 가능한 세무상결손금과 세액공제에 따라 인식하는 이연법인세자산은 결손금공제 등이 활용될 수 있는 미래의 과세소득이 예상되는 범위 안에서 인식하여야 한다.

❸ 측 정

구 분	측 정 기 준
매기 회사가 납부할 법인세부담액	각 보고기간말 현재의 세율과 세법을 적용하여 측정
이연법인세자산 (이연법인세부채)	보고기간말 현재까지 확정된 세율에 기초하여 당해 자산이 회수되거나 부채가 상환될 기간에 적용될 것으로 예상되는 세율을 적용하여 일시적차이의 소멸 등으로 인하여 미래에 경감될(추가적으로 부담할) 법인세로 측정한다.

▶ 이연법인세자산과 부채는 현재가치로 할인하지 않는다.
▶ 이연법인세자산의 실현가능성은 보고기간말마다 재검토되어야 한다.

① 손익계산서

당기법인세부담액(환급액)과 이연법인세는 손익계산서상 법인세비용의 계산에 반영되어야 한다. 이 경우 전기이전의 기간과 관련된 법인세부담액(환급액)을 당기에 인식한 금액(법인세 추납액 또는 환급액)은 당기법인세부담액(환급액)으로 하여 법인세비용에 포함한다.

> 법인세비용 = 당기법인세부담액(환급액) + 이연법인세

② 자본에 직접 가감되는 항목

자본에 직접 가감되는 항목과 관련된 당기법인세부담액과 이연법인세는 자본에 직접 가감되어야 한다. 회계상의 평가와 무관하게 세법의 변경 등으로 인하여 세무기준액이 변경되는 경우에는 그에 따른 법인세효과는 당기손익에 반영한다.

4 표 시

① 법인세자산과 법인세부채

> ㉠ 법인세관련 자산과 부채는 재무상태표의 다른 자산이나 부채와 구분하여 표시되어야 한다. 이연법인세자산 과 이연법인세부채는 당기법인세자산과 당기법인세부채로부터 구분되어야 한다.
> ㉡ 이연법인세자산(이연법인세부채)은 관련된 자산항목 또는 부채항목의 재무상태표상 분류에 따라 재무상태 표에 유동자산(유동부채) 또는 기타비유동자산(기타비유동부채)으로 분류한다.
> ㉢ 세무상결손금에 따라 인식하게 되는 이연법인세자산의 경우처럼 재무상태표상 자산항목 또는 부채항목과 관련되지 않은 이연법인세자산과 이연법인세부채는 세무상결손금 등의 예상소멸시기에 따라서 유동항목과 기타비유동항목으로 분류한다.

② 상계

당기법인세부채와 당기법인세자산 그리고 동일한 유동 및 비유동 구분내의 이연법인세자산과 이연법인세부채가 동일한 과세당국과 관련된 경우에는 각각 상계하여 표시한다.

③ 법인세비용

손익계산서에서 계속사업손익과 관련된 법인세비용은 법인세비용차감전계속사업손익에 서 차감하는 형식으로 기재하고, 중단사업손익과 관련된 법인세비용은 해당 손익에 직접 반영 한 후 해당 손익항목을 법인세비용 반영후 금액으로 기재한다.

SECTION **08** | 부 채

1 부채의 개념

부채는 과거 사건이나 거래의 결과 현재 부담하여야 하는 경제적의무로 미래에 현금, 상품 등의 경제적효익을 희생하여야 할 것을 말한다. 부채는 1년을 기준으로 유동부채와 비유동부채 로 분류한다.

구 분	내 용
유 동 부 채	단기차입금, 매입채무, 미지급법인세, 미지급금, 미지급비용, 선수금, 선수수익, 예수금, 유동성장기부채, 이연법인세부채
비 유 동 부 채	사채, 신주인수권부사채, 전환사채, 장기차입금, 장기매입채무, 충당부채(퇴직급 여충당부채, 장기제품보증충당부채 등), 이연법인세부채

② 유동부채

보고기간말일부터 만기가 1년 이내 도래하는 부채를 유동부채라 한다. 다만, 정상적인 영업주기내에 소멸할 것으로 예상되는 매입채무와 미지급비용 등은 1년 이내에 결제되지 않더라도 유동부채로 분류한다.

③ 비유동부채

비유동부채는 만기가 1년 이후에 도래하는 부채로 장기차입금, 사채, 장기성매입채무, 퇴직급여충당부채 등이 있다.

① 사 채

㉠ 사채의 발행과 발행금액 결정

사채는 액면금액의 현재가치와 액면이자의 현재가치를 합계한 금액으로 발행금액을 결정하게 된다. 결국 사채의 발행금액은 액면이자율과 시장이자율의 차이에 의하여 나타나게 된다.

액면이자율은 사채권에 표시된 이자율로 발행회사가 이자를 지급하기 위하여 적용하는 이자율이고, 시장이자율은 자본시장의 수요 공급에 의하여 결정된 이자율을 말한다. 액면이자율과 시장이자율이 같으면 액면으로 발행하고, 액면이자율이 시장이자율보다 낮으면 할인발행하고 반대이면 할증 발행한다.

㉡ 사채발행의 회계처리

할인 발행할 때의 사채할인발행차금은 사채의 상환기간 동안 유효이자율법에 의하여 계산한 상각액을 이자비용에 가산하여 처리하고 재무상태표에는 사채에서 차감하는 형식으로 표시한다. 할증 발행할 때의 사채할증발행차금은 사채의 상환기간 동안 유효이자율법에 의하여 계산한 환입액을 이자비용에서 차감하여 처리하고 재무상태표에는 사채에 가산하는 형식으로 표시한다. 사채발행에 직접적으로 발생한 사채권인쇄비, 광고비, 발행수수료 등의 사채발행비는 별도의 계정으로 처리하지 않고 사채할인발행차금에 가산하거나 사채할증발행차금에서 차감한다.

발행방법과 금액 (액면 10,000원)	회계처리			
	차변과목	금 액	대변과목	금 액
액면발행(10,000원)	당 좌 예 금	10,000	사 채	10,000
할인발행(9,000원)	당 좌 예 금 사채할인발행차금	9,000 1,000	사 채	10,000
할증발행(12,000원)	당 좌 예 금	12,000	사 채 사채할증발행차금	10,000 2,000

ⓒ 사채이자와 차금상각

사채이자는 사채의 액면에 대하여 약정된 이자율과 기간을 적용한 액면이자와 사채발행차금의 상각액을 가감하여 이자비용으로 처리한다. 할인 발행한 경우에는 사채할인발행차금을, 할증 발행한 경우에는 사채할증발행차금을 유효이자율법에 의하여 상각한다. 사채할인발행차금의 상각액은 이자비용에 가산하고, 사채할증발행차금의 상각액은 이자비용에서 차감한다.

유효이자율법에 의하면 사채의 장부금액(사채액면 ± 사채발행차금)에 유효이자율을 적용하여 구한 이자액이 이자비용이 되고, 이자비용에서 액면이자를 차감한 금액이 사채발행차금의 상각액이 된다.

필수예제 비유동부채

다음 거래를 분개하시오.
1월 1일 　액면 총액 10,000,000원의 사채(상환기한 3년, 액면이자율 연 8%)를 9,600,000원에 발행하고 납입금은 사채발행비 97,000원을 제외하고 전액 당좌예입한다. 단, 이자지급과 결산은 연 1회, 12월 31일이고, 유효이자율은 연 10%를 적용한다.
12월31일 　이자지급일에 사채이자를 현금으로 지급하다. 단, 유효이자율법에 의한 사채할인발행차금은 상각액은 150,300원이다.

풀이

번호	차변과목	금 액	대변과목	금 액
①	당 좌 예 금 사 채 할 인 발 행 차 금	9,503,000 497,000	사　　　　　채	10,000,000
②	이 자 비 용	950,300	현　　　　　금 사 채 할 인 발 행 차 금	800,000 150,300

- 사채이자 = 액면이자 + 사채할인발행차금 상각액 = 유효이자
- 액면이자 : 10,000,000 × 8% = 800,000원
- 사채할인발행차금 상각액 = 유효이자 − 액면이자
- 매기말 사채의 장부금액 = 최초발행금액(장부금액) + 차금상각액
- 할인발행시의 유효이자율법에 의한 차금상각액 계산표

회계년도	장부금액	유효이자(A)	액면이자(B)	차금상각액(A − B)
제1기초	9,503,000			
제1기말	9,653,300	950,300	800,000	150,300
제2기말	9,818,630	965,330	800,000	165,330
제3기말	10,000,000	981,863	800,000	181,863
		2,897,493	2,400,000	497,493

- 유효이자는 매기말에 기초의 장부금액을 기준으로 계산한다.
  유효이자 = 기초 장부금액 × 유효이자율(화살표방향으로 유효이자율 적용)
  제1기말 유효이자 ⇒ 9,503,000 × 10% = 950,300원
- 유효이자율법을 적용하는 경우 사채발행차금의 상각액은 할인발행과 할증발행의 구분과 관계없이 매년 증가한다.

ⓔ 사채의 상환

　　ⓐ 만기상환

　　　사채 발행시에 약정한 만기에 사채권과 교환으로 액면금액을 지급하여 상환하는 것을 만기상환이라 한다.

　　ⓑ 만기전 상환

　　　만기전에 상환하는 방법에는 연속상환과 수시상환이 있다. 연속상환은 발행조건에 분할 상환을 약정한 것으로 사채상환손익이 발생하지 않는다. 수시상환은 상환일이 도래하기 이전에 발행회사의 판단에 의하여 자기 발행 사채를 매입하여 상환하는 것으로 사채상환손익이 발생한다. 사채상환손익은 사채의 장부금액과 상환금액의 차액으로 영업외손익으로 분류한다.

② 장기차입금

은행 등으로부터 1년 이상의 기간동안 돈을 빌린 경우 이를 장기차입금이라고 한다.

③ 기타 비유동부채

구 분	내 용
이연법인세부채	기업회계와 세법의 일시적 차이(유보)로 인하여 법인세비용이 법인세법에 의하여 납부할 금액을 초과하는 경우 그 초과하는 금액
장기매입채무	매입금액을 지급하기로 한 시기가 1년 이상 남은 장기의 매입채무

④ 유동성장기부채

비유동부채의 만기가 보고기간말일 현재 1년 이내에 도래하는 경우에는 유동성장기부채의 과목으로 재분류하여 유동부채에 포함시켜야 한다. 이것은 자산에 대해서도 적용되는 것으로 비유동자산의 만기가 결산일로부터 1년 이내에 도래하게 되는 때에 유동자산으로 분류하여야 한다.

4 전환증권

전환증권이란 증권의 소유자가 보통주청구 권리를 행사하면 보통주가 추가로 발행되는 금융상품 또는 기타 계약으로 그 예는 다음과 같다.

① 전환사채, 신주인수권부사채, 전환우선주
② 신주인수권
③ 자기주식으로 교환되는 교환사채
④ 기타 일정한 조건에 따라 보통주가 발행되는 계약

이하에서는 전환사채와 신주인수권부 사채에 대한 설명을 한다.

① 전환사채

    ⊙ 의 의

      전환사채는 사채에 주식의 성질을 가미한 것으로 전환사채를 소유한 채권자의 선택에 의하여 채무증권에서 주식으로 전환할 수 있는 채권증서를 말한다. 전환되는 때에 발행한 회사는 사채가 자본으로 전환되는 것이므로 부채는 감소되고 같은 금액의 자본은 증가하게 된다.

    ⊙ 회계처리

거래의 구분	차 변		대 변	
전환사채의 발행	현 금 전환권조정	××× ×××	전환사채 전환권대가 상환할증금	××× ××× ×××
이자지급	이자비용	×××	현 금 전환권조정	××× ×××
주식으로 전환시	전환사채 상환할증금 전환권대가	××× ××× ×××	전환권조정 자본금 주식발행초과금	××× ××× ×××
상환시	전환사채 상환할증금	××× ×××	현 금	×××

    ⊙ 용어의 정리

구 분	내 용
전환권조정	전환권 대가와 상환할증금의 합계액으로 전환사채에서 차감하는 형식으로 기재하고 유효이자율법으로 상각하여 이자비용으로 처리한다. 전환권조정 = 전환권대가 + 상환할증금
전환권대가	사채에서 주식으로 전환하는 것에 대한 가치(전환권가치)로 전환사채의 발행금액에서 전환권 없는 사채의 현재가치를 차감하여 계산한다. 기타자본잉여금으로 처리한 후 권리행사시 주식발행초과금으로 대체 전환권대가 = 전환사채 발행금액 - 사채의 원리금과 상환할증금의 현재가치
상환할증금	전환을 하지 않는 경우 전환사채를 상환할 때 액면에 추가하여 지급할 금액으로 전환사채에 가산하는 형식으로 기재한다. 전환을 하는 경우에는 지급할 의무가 없으므로 장부금액에서 제외한다.
이자비용	액면이자비용과 유효이자율법에 의한 전환권조정 상각액의 합계액이다.

② 신주인수권부 사채

    ⊙ 의 의

      신주인수권부 사채는 사채에 신주인수권을 부여하여 발행하는 전환증권을 말한다. 채권의 소유자가 사채에 부여된 신주인수권을 행사하고 주금의 납입을 통하여 주식을 취득할 수 있다. 발행회사의 입장에서는 신주인수권의 행사를 하여도 사채는 그대로 있으며, 신주인수권의 행사에 의한 증자를 하게 된다.

ⓒ 회계처리

거래의 구분	차 변		대 변	
신주인수권부사채의 발행	현 금 신주인수권조정	××× ×××	신주인수권부사채 신주인수권대가 상환할증금	××× ××× ×××
이자지급	이자비용	×××	현 금 신주인수권조정	××× ×××
신주인수권 행사시	현 금 상환할증금 신주인수권대가	××× ××× ×××	신주인수권조정 자본금 주식발행초과금	××× ××× ×××
상환시	신주인수권부사채 상환할증금	××× ×××	현 금	×××

③ **전환사채와 신주인수권부 사채의 비교**

전환사채를 보유하고 있는 투자자가 보통주로의 전환을 청구하는 경우에는 전환사채에서 주식으로 전환된다. 이때에 전환사채의 장부금액이 주식의 발행금액이 되므로 전환으로 인한 손익은 전혀 발행하지 않는다. 동시에 부채의 장부금액이 그대로 자본이 되므로 부채의 감소와 자본의 증가가 일어나므로 총자산에는 영향이 없다.

그러나 신주인수권부사채는 신주인수권의 행사를 통하여 채권자가 주금을 납입하므로 자산과 자본이 증가하고, 부채(사채)는 변하지 않는다. 따라서 신주인수권부사채는 신주인수권을 행사하여도 사채는 존속하므로 만기에 사채의 상환의무가 존재한다.

5 충당부채와 우발부채

① **의 의**

채무의 지급시기와 지급해야 할 금액이 정해져있는 매입채무, 차입금 등의 대부분의 부채를 확정부채라 한다. 이와 달리 의무의 존재여부가 불확실한 경우 즉 미래에 어떤 사건이 발생하거나 발생하지 않음으로 의무가 확정되는 우발상황에서 발생하는 부채를 충당부채와 우발부채로 구분한다.

자원 유출 가능성	신뢰성 있는 추정 가능	신뢰성있는 추정 불가
매우 높음	충당부채로 인식	우발부채로 주석 공시
어느 정도 있음	우발부채로 주석 공시	우발부채로 주석 공시
거의 없음	공시없음(미인식)	공시없음(미인식)

② 충당부채

과거의 사건이나 거래의 결과로 인한 현재의무로서 지출의 시기 또는 금액이 불확실하지만 그 의무를 이행하기 위하여 자원이 유출될 가능성이 매우 높고 그 금액을 신뢰성있게 추정할 수 있는 의무를 충당부채라 한다. 충당부채의 예로 제품보증충당부채, 하자보수충당부채, 마일리지충당부채를 들 수 있다.

수선충당금은 수선유지비의 지출이 기업의 경영의사결정에 따라 영향을 받으므로 기업회계기준에서 충당부채로 보지 않는다.

충당부채는 다음 요건을 모두 충족하는 경우에 인식한다.

> ㉠ 과거사건이나 거래의 결과로 현재의무가 존재한다.
> ㉡ 해당의무를 이행하기 위하여 자원이 유출될 가능성이 매우 높다.
> ㉢ 그 의무이행에 소요되는 금액을 신뢰성있게 추정할 수 있다.

▶ 한국채택국제회계기준은 자원유출가능성이 매우 높을 때(80% 이상)가 아닌 높을 때(50% 이상)에 충당부채를 인식한다.

③ 우발부채

우발부채는 다음에 해당하는 부채로 재무제표에 부채로 인식하지 않는다. 의무를 이행하기 위하여 자원이 유출될 가능성이 아주 낮지 않은 한 우발부채를 주석으로 기재한다.

> ㉠ 과거사건은 발생하였으나 기업이 전적으로 통제할 수 없는 불확실한 미래사건의 발생여부에 의해서만 존재가 확인되는 잠재적 의무
> ㉡ 과거사건이나 거래의 결과로 인한 현재 의무이나 그 의무이행을 위하여 자원이 유출될 가능성이 매우 높지 않거나, 가능성은 매우 높으나 이행할 금액을 신뢰성 있게 추정할 수 없는 경우

④ 우발자산

우발자산은 예측이나 예상을 할 수 없는 사건에 의하여 자원의 유입가능성이 있는 것을 말한다. 상황이 확정되기 전에는 자산으로 계상하지 않고 자원의 유입가능성이 매우 높으면 주석으로 기재한다. 예를 들어 기업이 손해배상 청구소송을 제기하였으나 그 결과가 불확실한 경우는 우발자산으로 처리하고, 상황의 변화로 이익의 실현이 확정되는 때에는 자산으로 인식한다.

6 퇴직연금

① 퇴직연금 제도의 개념

퇴직연금제도는 근로자의 퇴직시 지급할 퇴직급여를 기업 외부의 금융회사에 예치하여 운용하고 퇴직 시에 연금이나 일시금으로 지급하는 제도를 말한다.

㉠ 확정급여형퇴직연금(DB : Defined Benefit)

근로자가 퇴직 후에 지급받을 급여의 수준이 사전에 이미 확정되어 있는 퇴직연금으로 근로자는 퇴직 후 일정금액을 정기적으로 받을 수 있다. 그러나 기업은 퇴직급여와

관련된 적립금의 운용을 책임지므로 부담금의 운용실적에 따라 기업이 부담해야 하는 기여금이 변동하게 된다.

ⓒ 확정기여형퇴직연금제도(DC : Defined Contribution)

퇴직급여의 지급을 위하여 기업이 부담하여야 할 부담금의 수준이 사전에 결정되어있는 퇴직연금으로 근로자가 적립금의 운용에 대한 책임을 진다. 기업은 부담금을 지급할 때 퇴직급여로 처리하면 된다.

② 인식과 측정

㉠ 확정기여제도

당해 회계기간에 대하여 기업이 납부하여야 할 부담금(기여금)을 퇴직급여(비용)로 인식하고, 퇴직연금운용자산, 퇴직급여충당부채 및 퇴직연금미지급금은 인식하지 아니한다.

일정기간 종업원이 근무용역을 제공하였을 때 기업은 확정기여제도에 납부해야 할 기여금에서 이미 납부한 기여금을 차감한 후 부채(미지급비용)로 인식한다. 이미 납부한 기여금이 납부하여야 하는 기여금을 초과하는 경우에는 자산(선급비용)으로 인식한다.

> ❖확정기여형 퇴직연금 부담금을 납부하면
> (차) 퇴직급여 　　　　×××　　　　(대) 현금및현금성자산 　　×××
> ❖보고기간기말에 확정기여형 퇴직연금 부담금 미지급금이 발생하면
> (차) 퇴직급여 　　　　×××　　　　(대) 미지급비용 　　×××

㉡ 확정급여제도

ⓐ 퇴직급여충당부채

퇴직급여충당부채는 보고기간말 현재 전종업원이 일시에 퇴직할 경우 지급하여야 할 퇴직금에 상당하는 금액으로 한다. 급여규정의 개정과 급여의 인상으로 퇴직금소요액이 증가되었을 경우에는 당기분과 전기 이전분을 일괄하여 당기비용으로 인식한다.

> ❖결산 기말에 퇴직급여충당부채를 설정하면(퇴직금추계액 – 퇴직급여충당부채잔액)
> (차) 퇴직급여 　　　　×××　　　　(대) 퇴직급여충당부채 　　×××
> ❖종업원의 퇴직금(일시금)을 지급하면
> (차) 퇴직급여충당부채 　　×××　　　　(대) 현　　금 　　×××
> ❖종업원의 퇴직하면서 연금수령을 선택하면
> (차) 퇴직급여충당부채 　　×××　　　　(대) 퇴직연금미지급금 　　×××

▶ 퇴사하는 종업원이 퇴직연금의 수령을 선택한 경우 보고기간말 이후 퇴직 종업원에게 지급하여야 할 예상퇴직연금합계액의 현재가치를 측정하여 '퇴직연금미지급금'으로 인식한다.
▶ 예상퇴직연금합계액은 퇴직 후 사망률과 같은 보험수리적 가정을 사용하여 추정하고, 그 현재가치를 계산할 때에는 보고기간말 현재 우량회사채의 시장수익률에 기초하여 할인한다.
▶ 퇴직연금미지급금 중 보고기간말로부터 1년 이내의 기간에 지급되는 부분이 있더라도 유동성대체는 하지 아니한다.
▶ 확정급여형퇴직연금제도의 규약에서 종업원이 연금수령을 선택할 때 기업이 퇴직일시금 상당액으로 일시납 연금상품을 구매하도록 정하는 경우에는 기업은 퇴직일시금을 지급함으로써 종업원이 퇴직한 이후에는 기업이 연금지급에 대한 책임을 부담하지 않으므로 일시금 지급과 같은 회계처리를 한다.

ⓑ 퇴직연금운용자산 등

확정급여형퇴직연금제도에서 운용되는 자산은 기업이 직접 보유하고 있는 것으로 보아 회계처리한다. 재무상태표에는 운용되는 자산을 하나로 통합하여 '퇴직연금운용자산'으로 표시하고, 그 구성내역을 주석으로 공시한다. 퇴직급여와 관련된 자산과 부채를 재무상태표에 표시할 때에는 퇴직급여와 관련된 부채(퇴직급여충당부채와 퇴직연금미지급금)에서 퇴직급여와 관련된 자산(퇴직연금운용자산)을 차감하는 형식으로 표시한다. 퇴직연금운용자산이 퇴직급여충당부채와 퇴직연금미지급금의 합계액을 초과하는 경우에는 그 초과액을 투자자산의 과목으로 표시한다.

> ❖확정급여형 퇴직연금부담금을 납부하면
> (차) 퇴직연금운용자산 ×××　　(대) 현금및현금성자산 ×××

③ 퇴직금제도와 확정급여형퇴직연금제도가 병존하는 경우

퇴직금제도와 확정급여형퇴직연금제도가 병존하는 경우에는 각 제도의 퇴직급여충당부채는 합산하여 재무상태표에 표시한다.

④ 퇴직급여제도의 변경

㉠ 기존의 퇴직금제도에서 확정기여형퇴직연금제도로 변경하는 경우

　ⓐ 퇴직급여제도를 변경하면서 기존 퇴직급여충당부채를 정산하는 경우에는 기존 퇴직급여충당부채의 감소로 회계처리한다.

　ⓑ 확정기여형퇴직연금제도가 장래근무기간에 대하여 설정되어 과거근무기간에 대하여는 기존 퇴직금제도가 유지되는 경우에는 임금수준의 변동에 따른 퇴직급여충당부채의 증감은 퇴직급여(비용)로 인식한다.

㉡ 기존의 퇴직금제도에서 확정급여형퇴직연금제도로 변경하는 경우

기존의 퇴직금제도에서 과거근무기간을 포함하여 확정급여형 퇴직연금제도로 변경하는 경우, 기존 퇴직급여충당부채에 대해 부담금 납부의무가 발생하더라도 이는 사내적립액을 사외적립액으로 대체할 의무에 지나지 않으므로 별도의 추가적인 부채로 인식하지 아니하고 납부하는 시점에 퇴직연금운용자산으로 인식한다.

1 자본의 개념

자본은 기업의 자산에서 부채를 차감한 후의 잔여지분을 나타내며, 주주로부터의 납입자본에 기업활동을 통하여 획득하고 기업의 활동을 위해 유보된 금액을 가산하고, 기업활동으로부터의 손실 및 소유자에 대한 배당으로 인한 주주지분감소액을 차감한 잔액이다.

일반기업회계기준에 의하면 자본은 자본금, 자본잉여금, 자본조정, 기타포괄손익누계액, 이익잉여금으로 구분하나 한국채택국제회계기준에서는 자본금, 이익잉여금, 기타자본구성요소로 구분한다.

① 주식회사의 설립

주식회사를 설립할 때에 발행하는 주식 전부를 발기인이 인수하면 발기설립이라 하고, 발기인이 일부를 인수하고 나머지를 일반투자자를 대상으로 모집하면 모집설립이라 한다.

> ❖주식을 공모하고 청약금을 받으면
>   (차) 별단예금   ×××   (대) 신주청약증거금   ×××
> ❖청약자에게 주식을 배정하면
>   (차) 신주청약증거금   ×××   (대) 자본금   ×××
>   당좌예금   ×××   별단예금   ×××

▶ 신주청약증거금은 자본금에 대체하기 전까지는 재무상태표의 자본조정항목에 표시한다.

② 주식의 발행

㉠ 금전출자

주식을 발행하고 주주로부터 현금을 받는 것으로 액면금액과 발행금액이 같은 경우는 액면발행이라고 하고, 발행금액이 액면금액보다 큰 경우는 할증발행, 액면 이하로 발행하는 경우는 할인발행이라고 한다.

주식을 할증발행할 때 나타나는 주식발행초과금은 자본잉여금이고, 할인 발행할 때 나타나는 주식할인발행차금은 자본조정에 해당한다. 주식발행초과금이 있는 경우, 주식발행초과금의 범위 내에서 상계처리하고 상계한 후의 잔액에 대하여 상각하고 동 상각액은 이익잉여금의 처분으로 한다.

㉡ 현물출자

주식의 대금은 현금이 원칙이지만 현금 이외의 자산으로 납입하는 것을 현물출자라 한다. 기업이 현물을 받고 주식을 발행한 경우에도 제공받은 현물의 공정가치를 주식의 발행금액으로 한다.

> ❖공정가치가 12,000원인 토지를 현물출자로 받고, 액면금액 10,000원의 주식을 발행교부하면
>
> | (차) 토 지 | 12,000 | (대) 자본금 | 10,000 |
> |---|---|---|---|
> | | | 주식발행초과금 | 2,000 |

ⓒ 주식발행비용의 회계처리

주식발행비용은 주식(지분상품)을 발행하는 과정에서 등록비 및 기타 규제 관련 수수료, 법률 및 회계자문 수수료, 주권인쇄비 및 인지세와 같은 여러 가지 비용을 말한다. 이러한 주식발행비용은 주식발행초과금에서 차감하거나 주식할인발행차금에 가산한다. 중도에 포기한 자본거래 비용은 당기손익으로 인식한다.

③ **자본잉여금**

자본잉여금은 주식발행을 통한 증자 또는 감자 등 주주와의 거래(자본거래)에서 발생하여 자본을 증가시키는 잉여금을 말한다.

㉠ 유상증자와 무상증자

유상증자는 실질적 증자라고도 하는 것으로 신주를 발행하고 주식 대금을 주주로부터 납입 받으므로 자본금이 증가하는 만큼 순자산이 실질적으로 증가한다.

무상증자는 신주발행에 대한 주식대금의 납입이 없어 형식적 증자라고도 한다. 잉여금을 자본에 전입하여 자본금이 증가하는 것으로 주주에게 발행주식을 무상으로 교부하므로 순자산의 증가는 일어나지 않는다.

㉡ 유상감자와 무상감자

유상감자는 실질적감자라고 하며 자기주식을 매입하여 소각시키는 방법으로 자본을 감소시키는 것을 말한다. 무상감자는 형식적감자라고 하며 회사의 누적된 결손금을 보전하기 위하여 발행주식의 일부를 소각하여 발행주식수를 줄이거나, 액면금액을 감액하는 방법으로 자본금을 감소시키고 그 대가를 지급하지 않는 것을 말한다.

㉢ 주식발행초과금

주식발행초과금은 주식의 할증발행시에 주식발행금액이 액면금액을 초과하는 부분을 말한다.

㉣ 자기주식처분이익

자기주식을 일시적으로 취득한 경우에는 가급적 빠른 시일 내에 처분하여야 하고, 처분시의 매각이익을 자기주식처분이익이라 한다. 자기주식처분이익은 자기주식처분손실이 발생하는 경우 상계하고, 잔액은 이익잉여금의 처분으로 처리한다.

▶ 자기주식처분이익은 자본잉여금에 해당하지만 자기주식처분손실은 자본조정의 차감항목에 해당한다.

④ **자본조정**

자본조정은 당해 항목의 성격으로 보아 자본거래에 해당하나 최종 납입된 자본으로 볼 수 없거나 자본의 가감성격으로 자본금이나 자본잉여금으로 분류할 수 없는 항목이다.

구 분	자본조정 항목
자본에서 차감할 항목	자기주식, 주식할인발행차금, 감자차손, 자기주식처분손실
자본에 가산할 항목	미교부주식배당금, 신주청약증거금, 출자전환채무, 주식매수청구권

㉠ 자기주식

회사가 이미 발행한 자기회사의 주식을 매입 소각하여 감자를 하거나 재발행할 목적 등으로 취득한 경우에 자기주식으로 처리하고, 자본조정으로 구분한다. 자기주식을 일시적으로 취득한 경우에는 가급적 빠른 시일 내에 처분하여야 한다.

㉡ 주식할인발행차금

주식을 액면금액 이하로 발행한 경우에 액면금액에 미달하는 금액을 주식할인발행차금이라 한다. 주식발행초과금과 우선 상계하고 남은 잔액을 이익잉여금의 처분으로 상각하여야 한다. 주식할인발행차금의 상각은 이익잉여금의 처분항목이므로 손익계산서에 표시하는 것이 아니라 이익잉여금처분계산서에 표시한다.

㉢ 감자차손

자본금을 감자하는 경우에 나타나는 것으로 매입 소각하는 주식의 취득금액이 액면금액보다 큰 경우에 그 차액이 감자차손이다. 자본에서 차감하는 형식으로 표시하여야 하는 감자차손은 감자차익이 발생한 경우 우선 상계하고 잔액은 주주총회 결의에 의한 이익잉여금처분으로 상각한다.

② 자기주식처분손실

일시적으로 취득한 자기주식을 처분하는 경우에 나타나는 매각손실을 자기주식처분손실이라 한다. 자기주식처분손실을 자기주식처분이익의 범위 내에서 상계처리하고, 미상계 된 잔액이 있는 경우에는 자본조정의 자기주식처분손실로 회계처리 한다. 이익잉여금처분으로 상각되지 않은 자기주식처분손실은 향후 발생하는 자기주식처분이익과 우선적으로 상계한다.

⑩ 미교부주식배당금

미교부주식배당금은 배당을 주식으로 하는 경우 배당지급일까지 임시로 처리하는 계정으로 자본에 가산하는 항목이다. 배당하는 주식의 액면금액으로 계상하고, 배당지급일이 되어 주식을 교부하면 자본금계정에 대체한다.

⑪ 신주청약증거금

청약에 의한 방법으로 주식을 발행하는 경우에 받은 청약금을 처리하는 임시계정으로 주식을 발행하여 교부하면 자본금계정에 대체되어 소멸한다.

⑤ **기타포괄손익누계액**

기타포괄손익이란 일정기간동안 주주와의 자본거래를 제외한 모든 거래와 사건으로 발생한 모든 순자산(자본)의 변동(포괄손익)에서 당기순손익에 반영하는 것을 제외한 것으로 보고기간 종료일 현재의 잔액을 재무상태표의 자본을 구성하는 기타포괄손익누계액으로 구분한다.

㉠ 매도가능증권평가손익

매도가능증권으로 분류된 지분증권이나 채무증권을 공정가치로 평가할 때에 나타나는 평가손익이다. 매도가능증권의 평가손익을 기타포괄손익누계액으로 처리한 금액은 매도가능증권이 처분되는 시점에 매도가능증권처분손익에 가감하여야 한다.

㉡ 재평가잉여금(재평가차익)

재평가잉여금(또는 재평가차익)은 유형자산을 유형별로 보고기간 종료일 현재 공정가치로 재평가를 하는 경우 장부금액을 초과하는 부분을 처리하는 계정으로 기타포괄손익에 해당한다. 재무상태표의 기타포괄손익누계액으로 처리한 재평가잉여금은 재평가잉여금(또는 재평가차익)이 있는 유형자산을 처분할 때에 재평가잉여금환입액(영업외수익)으로 대체한다.

❖장부금액 100,000,000원의 토지를 400,000,000원으로 재평가하면			
(차) 토 지	300,000,000	(대) 재평가잉여금	300,000,000
❖위 토지를 500,000,000원에 처분하고 현금을 받으면			
(차) 현 금	500,000,000	(대) 토 지	400,000,000
		유형자산처분이익	100,000,000
재평가잉여금	300,000,000	재평가잉여금환입액	300,000,000

ⓒ 해외사업환산손익

해외지점, 해외사무소, 해외 소재 지분법적용 대상회사의 외화로 표시된 재무제표를 기능통화로 환산하는 과정에 나타나는 환산손익을 말한다. 재무상태표의 기타포괄손익누계액으로 처리한 해외사업환산손익은 해외지사 등을 처분하거나 철수하면 소멸되어 당기손익에 반영한다.

ⓔ 현금흐름위험회피 파생상품평가손실

현금흐름의 위험을 회피하기 위하여 투자한 파생상품에서 발생한 평가손익으로 재무상태표의 기타포괄손익누계액으로 처리한 경우에는 파생상품의 손익을 인식하는 시점에 당기손익에 반영한다. 파생상품에는 선도, 선물, 스왑, 옵션 등이 있다.

⑥ **이익잉여금**

이익잉여금은 기업의 영업활동이나 재무활동의 결과 축적된 이익으로 사내에 유보된 부분이다.

㉠ 이익준비금

상법 제458조에 의하여 회사는 매 결산기마다 금전에 의한 배당금의 10% 이상을 자본금의 $\frac{1}{2}$에 달할 때까지 이익준비금으로 적립하여야 한다.

㉡ 임의적립금

임의적립금은 회사의 정관 또는 주주총회의 결의에 의하여 회사가 임의로 이익을 내부에 유보하여 적립하는 것을 말한다. 임의적립금은 장래에 투자재원이나 손실을 대비하여 적립하는 것으로 명칭도 회사가 임의로 정하는 것이다. 적립의 목적에 따라 적극적 적립금과 소극적 적립금으로 구분한다.

㉢ 미처분이익잉여금

미처분이익잉여금은 전기이월미처분이익잉여금과 당기순이익을 합한 것으로 배당이나 다른 잉여금으로 처분되지 않고 있는 잉여금이다. 당기순이익이 발생하면 손익계정에서 미처분이익잉여금으로 대체되고, 당기순손실이 발생하면 손익계정에서 미처리결손금계정으로 대체한다.

㉣ 주식배당

상법상 배당은 재무상태표 상의 순자산액에서 자본금, 자본준비금(자본잉여금과 자본조정) 및 이익준비금을 공제한 금액을 한도로 할 수 있다. 주식으로 배당하는 경우에는 발행주식의 액면금액을 배당액으로 하여 자본금의 증가와 이익잉여금의 감소로 회계처리한다. 이때 주식배당을 받는 주주(투자자)는 주식 발행회사의 순자산에 변동이 없으므로 이익으로 인식하지 않는다(회계처리 필요없고 단지 주식수와 1주당 단가만 조정).

```
❖주식배당을 결의하면(주주총회일)
   (차)  미처분이익잉여금            ×××        (대)  미교부주식배당금           ×××
❖그 주식을 교부하면(주식 교부일)
   (차)  미교부주식배당금            ×××        (대)  자본금                    ×××
```

▶ 상법상 배당한도액=순자산액−(자본금+자본잉여금+자본조정+이익준비금)

⑦ 이익잉여금 처분과 결손금 처리

㉠ 이익잉여금처분계산서

미처분이익잉여금은 이익준비금, 기타법정적립금, 임의적립금 등으로 사내유보(적립)되거나 배당, 상여 등을 통해 사외유출되고, 잔액은 차기로 이월된다. 이러한 미처분이익잉여금의 처분 및 변동 내역을 요약하여 보고하는 것이 이익잉여금처분계산서이다. 미처분이익잉여금 처분은 결산일이 아니라 주주총회 결의일에 확정되므로 이익잉여금의 처분 내역은 재무상태표에 반영되지 않는다.

㉡ 결손금처리계산서

결손금처리계산서는 미처리결손금을 처리한 사항을 명확히 보고하기 위한 재무제표 주석사항의 하나로 결손금의 처리내용을 표시한다. 결손금의 처리는 임의적립금이입액, 기타법정적립금이입액, 이익준비금이입액, 자본잉여금이입액 등으로 한다. 이익잉여금처분계산서와 마찬가지로 결산일 이후 다음 회계연도 초에 주주총회에서 확정되므로 결손금의 처리 사항은 재무상태표에 반영하지 않고 미처리결손금으로 표시된다.

■ 수 익

① 수익의 개념

수익은 자산의 유입이나 증가 또는 부채의 감소에 따라 자본의 증가를 초래하는 특정
회계기간 동안에 발생한 경제적효익의 증가로서, 지분참여자에 의한 출연과 관련된 것은
제외한다. 기업의 경영활동과 관련하여 재화를 판매하거나 용역을 제공하는 대가로 인하여
자산의 증가 또는 부채의 감소로 인하여 자본이 증가하는 것을 수익이라 한다.

② 수익 거래의 구분

수익 거래는 재화의 판매나 용역의 제공으로부터 발생하는 수익과, 이자·배당금·로열티와
같이 자산을 타인에게 사용하게 함으로써 발생하는 수익으로 구분한다.

구 분	내 용
이자수익	현금이나 현금성자산 또는 받을 채권의 사용대가
배당금수익	지분투자에 대하여 받는 이익의 분배금액
로열티수익	산업재산권이나 컴퓨터 소프트웨어 등과 같은 무형자산의 사용대가

③ 수익의 측정

수익은 재화의 판매, 용역의 제공이나 자산의 사용에 대하여 받았거나 또는 받을 대가
즉 판매대가의 공정가치로 측정한다. 매출에누리와 할인 및 환입은 수익에서 차감한다.
판매대가가 장기간에 걸쳐 유입되는 경우에는 그 공정가치가 미래에 받을 금액의 합계액인
명목금액보다 작을 수 있다. 이 때 공정가치는 명목금액의 현재가치로 측정하며, 공정가치
와 명목금액과의 차액은 현금회수기간에 걸쳐 이자수익으로 인식한다. 현재가치의 측정에
사용되는 할인율은 신용도가 비슷한 기업이 발행한 유사한 금융상품(예: 회사채)에 적용되
는 일반적인 이자율과 명목금액의 현재가치와 제공되는 재화나 용역의 현금판매금액을
일치시키는 유효이자율 중 보다 명확히 결정될 수 있는 것으로 한다.
성격과 가치가 유사한 재화나 용역간의 교환은 수익을 발생시키는 거래로 보지 않는다.
그러나 성격과 가치가 상이한 재화나 용역간의 교환은 수익을 발생시키는 거래로 본다.
이때 수익은 교환으로 취득한 재화나 용역의 공정가치로 측정하되, 현금 또는 현금성자산
의 이전이 수반되면 이를 반영하여 조정한다.

④ 거래의 식별

수익인식기준은 일반적으로 각 거래별로 적용한다. 그러나 거래의 경제적 실질을 반영하기
위하여 하나의 거래를 2개 이상의 부분으로 구분하여 각각 다른 수익인식기준을 적용할

필요가 있는 경우가 있다. 예를 들어, 제품판매가격에 제품 판매 후 제공할 용역에 대한 대가가 포함되어 있고 그 대가를 식별할 수 있는 경우에는 그 금액을 분리하여 용역수행기간에 걸쳐 수익으로 인식한다. 그러나 둘 이상의 거래가 서로 연계되어 있어 그 경제적 효과가 일련의 거래 전체를 통해서만 파악되는 경우에는 그 거래 전체에 대하여 하나의 수익인식기준을 적용한다.

재화와 용역을 함께 제공하는 경우에는 적합한 회계처리를 위해서 먼저 거래의 주목적을 식별하여야 한다. 거래의 주목적을 식별하기 위한 기준은 다음과 같다.

구 분	내 용
재화판매거래	용역의 제공여부가 총거래가격에 영향을 미치지 않고 재화판매에 부수적으로 수반된다는 내용이 계약상 명시되어 있는 거래 * 품질보증조건으로 재화를 판매하는 거래는 재화판매거래로 분류
용역제공거래	재화의 제공여부가 총거래가격에 영향을 미치지 않고, 용역제공에 부수적으로 수반된다는 내용이 계약상 명시되어 있는 거래 * 부품공급을 포함한 설비유지보수계약이 확정가격으로 체결되는 거래는 용역제공거래로 분류

⑤ **수익의 인식**

　㉠ 재화의 판매

　　재화의 판매로 인한 수익은 다음 조건이 모두 충족될 때 인식한다.

> • 재화의 소유에 따른 유의적인 위험과 보상이 구매자에게 이전된다.
> • 판매자는 판매한 재화에 대하여 소유권이 있을 때 통상적으로 행사하는 정도의 관리나 효과적인 통제를 할 수 없다.
> • 수익금액을 신뢰성 있게 측정할 수 있다.
> • 경제적 효익의 유입 가능성이 매우 높다.
> • 거래와 관련하여 발생했거나 발생할 원가를 신뢰성 있게 측정할 수 있다.

　㉡ 용역의 제공

　　용역의 제공으로 인한 수익은 조건이 모두 충족되어 용역제공거래의 성과를 신뢰성 있게 추정할 수 있을 때 진행기준에 따라 인식한다.

> • 거래 전체의 수익금액을 신뢰성 있게 측정할 수 있다.
> • 경제적 효익의 유입 가능성이 매우 높다.
> • 진행률을 신뢰성 있게 측정할 수 있다.
> • 이미 발생한 원가 및 거래의 완료를 위하여 투입하여야 할 원가를 신뢰성 있게 측정할 수 있다.

용역제공거래에서 이미 발생한 원가와 그 거래를 완료하기 위해 추가로 발생할 것으로 추정되는 원가의 합계액이 해당 용역거래의 총수익을 초과하는 경우에는 그 초과액과 이미 인식한 이익의 합계액을 전액 당기손실로 인식한다.

용역제공거래의 성과를 신뢰성 있게 추정할 수 없는 경우에는 발생한 비용의 범위 내에서 회수가능한 금액을 수익으로 인식한다. 용역제공거래의 성과를 신뢰성 있게 추정할 수 없고 발생한 원가의 회수가능성이 낮은 경우에는 수익을 인식하지 않고 발생한 원가를 비용으로 인식한다. 거래의 성과를 신뢰성 있게 추정하는 것을 어렵게 만들었던 불확실성이 해소된 경우에는 수익을 인식한다.

ⓒ 이자수익, 로열티수익 및 배당수익

자산을 타인에게 사용하게 함으로써 발생하는 이자, 배당금, 로열티 등의 수익은 다음 조건을 모두 충족하는 경우에 인식한다.

> • 수익금액을 신뢰성 있게 측정할 수 있다.
> • 경제적 효익의 유입 가능성이 매우 높다.

이자수익, 배당금수익, 로열티수익은 다음의 기준에 따라 인식한다.

ⓐ 이자수익은 원칙적으로 유효이자율을 적용하여 발생기준에 따라 인식한다.
ⓑ 배당금수익은 배당금을 받을 권리와 금액이 확정되는 시점에 인식한다.
ⓒ 로열티수익은 관련된 계약의 경제적 실질을 반영하여 발생기준에 따라 인식한다.

ⓓ 기타의 수익

재화의 판매, 용역의 제공, 이자, 배당금, 로열티로 분류할 수 없는 기타의 수익은 다음 조건을 모두 충족할 때 발생기준에 따라 합리적인 방법으로 인식한다.

> • 수익가득과정이 완료되었거나 실질적으로 거의 완료되었다.
> • 수익금액을 신뢰성 있게 측정할 수 있다.
> • 경제적 효익의 유입 가능성이 매우 높다.

⑥ **구체적 수익인식 기준**

수익인식의 구체적 기준에는 진행기준, 완성기준, 인도기준, 회수기준 등이 있다. 진행기준과 완성기준은 주로 용역제공에 대한 수익인식기준이고, 인도기준과 회수기준은 상품판매 등과 관련한 수익인식기준이다.

구 분	인 식 기 준
일반매출	인도기준
공사수익	수입금액을 신뢰성있게 측정할 수 있는 경우에는 진행기준 적용
용역매출	* 진행기준을 적용할 수 없는 경우에는 회수가능성이 매우 높은 발생원가의 범위내에서만 인식. 이때 원가는 발생한 회계기간의 비용으로 인식
위탁판매	수탁자가 판매한 날
시용판매	매입의사를 표시한 날
장기할부판매	인도기준. 다만, 이자상당액은 기간경과에 따라 수익으로 인식
부동산의 처분	잔금청산일·소유권이전등기일·매입자의 사용가능일 중 가장 빠른 날에 인식

② 비 용

① 비용의 의의

비용은 자산의 유출이나 소멸 또는 부채의 증가에 따라 자본의 감소를 초래하는 특정 회계기간 동안에 발생한 경제적효익의 감소로서, 지분참여자에 대한 분배와 관련된 것은 제외한다. 기업의 전반적인 수익창출 활동을 위한 지출이나 손실 등으로서 매출원가, 판매비와관리비, 영업외비용, 법인세비용으로 구분한다.

② 비용인식기준

비용은 자산의 감소나 부채의 증가와 관련하여 미래경제적효익이 감소하고 이를 신뢰성 있게 측정할 수 있을 때 손익계산서에 인식한다.

수익비용의 대응	내 용
㉠ 직접적인 관련성	비용은 발생된 원가와 특정 수익항목의 가득 간에 존재하는 직접적인 관련성을 기준으로 손익계산서에 인식한다. 수익에 원가를 대응시키는 과정에는 동일한 거래나 그 밖의 사건에 따라 직접 그리고 공통으로 발생하는 수익과 비용을 동시에 또는 통합하여 인식하는 것이 포함된다. * 재화의 판매에 따라 수익이 발생됨과 동시에 매출원가를 구성하는 다양한 비용요소가 인식
㉡ 포괄적·간접적인 관련성	경제적효익이 여러 회계기간에 걸쳐 발생할 것으로 기대되고 수익과의 관련성이 단지 포괄적으로 또는 간접적으로만 결정할 수 있는 경우 비용은 체계적이고 합리적인 배분절차를 기준으로 손익계산서에 인식된다. * 유형자산, 영업권, 특허권과 상표권 같은 자산을 사용하는 과정과 관련된 비용인 감가상각비 또는 상각비의 인식을 위해 일반적으로 그 같은 절차가 필요하다.
㉢ 즉시 비용 인식	미래경제적효익이 기대되지 않은 지출이거나, 미래경제적효익이 기대되더라도 재무상태표에 자산으로 인식되기 위한 조건을 원래 충족하지 못하거나 더 이상 충족하지 못하는 부분은 즉시 손익계산서에 비용으로 인식되어야 한다. 또한 제품보증에 따라 부채가 발생하는 경우와 같이 자산의 인식을 수반하지 않는 부채가 발생하는 경우에는 손익계산서에 비용을 동시에 인식한다.

③ 건설형 공사계약

① 의 의

건설형 공사계약은 사전에 확정된 계약에 따라 총공사수익과 총공사원가의 추정이 가능하기 때문에 이익을 공사진행 정도에 따라 인식한다. 건설형 공사계약에는 청약을 받아 분양하는 아파트 등 예약매출에 의한 건설공사계약을 포함한다. 그러나 한국채택국제회계기준은 아파트 분양 등의 예약매출에 대하여 인도기준을 원칙으로 한다.
중소기업은 1년 이내의 기간에 완료되는 용역매출 및 건설형 공사계약에 대하여는 완성기준으로 수익을 인식할 수 있다.

② 공사수익

공사수익은 다음의 항목으로 구성된다.

㉠ 최초에 합의된 계약금액
㉡ 건설공사내용의 변경이나 보상금 또는 장려금의 지급에 따라 추가될 수익 중 발생가능성이 매우 높고 신뢰성 있는 측정이 가능한 금액

③ 공사원가

공사원가는 특정공사에 관련된 공사직접원가와 여러 공사활동에 배분될 수 있는 공사공통원가 및 기타 특정공사원가 항목으로 구성된다. 특정공사에 관련된 공사직접원가의 예는 다음과 같다.

•건설공사에 사용된 재료원가	•현장인력의 노무원가
•설계와 기술지원비	•외주비
•생산설비와 건설장비의 감가상각비, 운반비, 임차료	
•공사종료시점에서 추정한 하자보수와 보증비용	

④ 공사수익과 비용의 인식

공사결과를 신뢰성 있게 추정할 수 있을 때는 진행기준을 적용하여 공사수익을 인식한다. 당기공사수익은 공사계약금액에 보고기간종료일 현재의 공사진행률을 적용하여 인식한 누적공사수익에서 전기말까지 계상한 누적공사수익을 차감하여 산출한다.

공사진행률은 실제공사비 발생액을 토지의 취득원가와 자본화대상 금융비용 등을 제외한 총공사예정원가로 나눈 비율로 계산함을 원칙으로 한다.

$$공사진행률 = \frac{누적공사원가발생액}{총공사예정원가}$$

당기공사수익 = 공사계약금액 × 보고기간 종료일 현재 공사진행률
- 전기까지 계상한 누적공사수익

당기공사원가 = 당기발생비용 + 공사손실충당부채전입액 - 공사손실충당부채환입액 ± 타계정대체액

⑤ 추정의 변경

진행기준하에서는 매 회계기간마다 누적적으로 공사수익과 공사원가를 추정한다. 따라서 공사수익 또는 공사원가에 대한 추정치 변경의 효과는 회계추정의 변경으로 회계처리한다. 변경된 추정치는 변경이 이루어진 회계기간과 그 이후 회계기간의 손익계산서상 인식되는 수익과 비용의 금액 결정에 사용된다.

1 회계변경

회계변경이란 회계정책의 변경과 회계추정의 변경을 말한다.

① 회계정책의 변경

㉠ 회계정책의 변경의 개념

기업이 재무제표를 작성 표시하기 위하여 적용하는 회계기준을 변경하는 것을 회계정책의 변경이라 한다. 회계정책의 변경은 일반기업회계기준에서 변경을 요구하거나, 회계정책의 변경을 하는 것이 회계정보의 신뢰성과 충실한표현을 향상시키는 경우에 적용한다.

기업회계기준에서 인정하지 않은 회계정책을 적용하다가 기업회계기준이 인정하는 회계정책으로 변경하는 것은 회계정책의 변경이 아닌 오류의 수정에 해당한다.

회계변경	일반적으로 인정된 회계원칙(GAAP)→일반적으로 인정된 회계원칙(GAAP)
오류수정	인정되지 않는 회계원칙(NON - GAAP)→일반적으로 인정된 회계원칙(GAAP)

㉡ 회계정책의 변경의 예

ⓐ 재고자산평가방법의 변경 – 선입선출법에서 평균법으로 변경
ⓑ 유가증권의 취득단가 산정방법의 변경
ⓒ 유형자산에 대하여 재평가모형을 최초로 적용하는 경우는 회계정책의 변경으로 보지 않고, 재평가모형에서 원가모형으로 변경하는 것은 회계정책의 변경이다.

㉢ 회계정책변경의 회계처리

회계정책의 변경이 발생하면 회계변경의 누적효과를 소급법으로 회계처리하는 것이 원칙이고 누적효과를 결정하기 어려운 경우에는 예외적으로 전진적으로 처리할 수 있다. 소급법은 변경된 회계정책을 소급하여 적용하여 그 누적효과를 이익잉여금에 반영하는 방법이다.

② 회계추정의 변경

㉠ 회계추정의 개념

회계추정이란 기업의 활동이 갖고 있는 불확실성으로 인하여 자산의 미래효익이나 부채의 부담을 정확히 측정할 수 없어 합리적 방법으로 미래의 재무적 결과를 사전적으로 예측하는 것을 말한다. 회계추정의 예는 다음과 같다.

ⓐ 매출채권 등에 대한 대손추정
ⓑ 감가상각방법의 변경 및 상각대상자산의 내용연수 또는 잔존가치 추정

ⓒ 재고자산의 진부화(순실현가치의 추정)
ⓓ 우발부채의 추정

ⓛ 회계추정의 변경과 회계처리

기업의 환경변화, 새로운 정보의 취득, 경험의 축적에 따라 지금까지 사용하던 회계적 추정치의 근거와 방법을 바꾸는 것을 회계추정의 변경이라 한다. 회계추정의 변경이 발생하면 전진법으로 회계처리한다. 전진법은 회계추정 변경의 효과를 당기와 당기 이후의 기간에 반영한다.

회계정책의 변경과 회계추정의 변경이 동시에 이루어지는 경우에는 회계정책의 변경에 의한 누적효과를 먼저 계산하여 소급적용한 후 회계추정의 변경효과를 전진적으로 적용한다. 그 효과를 구분하기가 불가능한 경우에는 이를 회계추정의 변경으로 본다.

❖ 취득원가 1,000,000원의 유형자산에 대하여 정액법, 내용연수 5년으로 제 2기까지 감가상각을 적용하던 기업이 회계추정의 변경으로 제3기 결산일에 총내용연수를 4년으로 변경하면(잔존가치 0, 제2기까지 감가상각누계액 400,000원)

(차) 감가상각비   300,000   (대) 감가상각누계액   300,000

* 제3기의 감가상각비 $= (1,000,000 - 400,000) \times \dfrac{1}{4-2} = 300,000$원

③ 회계변경의 회계처리

회계변경을 회계처리하는 방법으로는 소급법, 당기일괄처리법, 전진법이 있다. 기업회계 기준에서는 회계정책의 변경은 소급법으로 처리하고, 회계추정의 변경은 전진법으로 처리 하도록 하고 있다.

ⓖ 소급법

소급법은 변경된 회계정책을 소급하여 적용하여 그 누적효과를 이익잉여금에 반영하는 방법이다. 회계변경의 누적효과를 회계변경이 일어난 회계연도의 기초이월이익잉여금 (전기이월미처분이익잉여금)에 가감하여 수정하고 전기 재무제표를 재작성한다. 소급 법은 기간별비교가 가능하다는 장점이 있다.

ⓛ 당기일괄처리법

당기일괄처리법은 회계변경의 누적효과를 회계변경이 일어난 회계기간의 손익계산서 에 보고하도록 하고 있다. 이 방법은 비교목적으로 작성하는 전기 재무제표를 새로 채택된 회계처리방법으로 수정하지 않으므로 기간별비교가능성이 떨어지는 단점이 있 으나 전기 재무제표를 수정하지 않으므로 신뢰성을 높이는 장점이 있다. 또한 회계변경 으로 인한 영향을 손익계산서에 계상하므로 회계변경의 중요성을 부각시킬 수 있는 효과가 있다.

ⓒ 전진법

전진법은 장부상의 기초잔액을 수정하지 않고 회계변경의 효과를 당기와 당기 이후의 기간에 반영한다. 즉, 회계변경 이후의 회계기간에만 변경된 회계처리방법을 적용하는 방법이다. 전진법은 회계변경의 누적효과를 산출할 필요도 없고 전년도 재무제표를 재작성할 필요도 없으므로 가장 간편한 회계처리방법이다.

ⓔ 회계변경의 누적효과

회계변경의 누적효과란 회계변경이 발생하기 이전의 회계기간에 회계변경한 방법을 적용하였을 경우와 회계변경 전의 방법을 적용하였을 경우의 순이익에 미치는 영향의 차액을 말한다. 예를 들어 감가상각방법을 정액법에서 정률법으로 변경한 경우의 누적 효과는 처음부터 변경한 방법인 정률법으로 감가상각하였을 경우의 비용과 변경전의 방법인 정액법으로 감가상각한 경우의 비용의 차이를 의미한다.

② 오류수정

① 오류수정의 개념

오류는 계산상의 실수, 기업회계기준의 잘못된 적용, 사실판단의 잘못, 부정, 과실 또는 사실의 누락 등으로 인해 발생한다. 오류수정은 전기 또는 그 이전의 재무제표에 포함된 회계적 오류를 당기에 발견하여 이를 수정하는 것을 말한다. 오류 중에서 중대한 오류는 재무제표의 신뢰성을 심각하게 손상할 수 있는 매우 중요한 오류를 말한다.

② 오류수정의 회계처리

당기에 발견한 전기 또는 그 이전기간의 오류는 당기 손익계산서에 영업외손익 중 전기오류수정손익으로 보고한다. 다만, 전기 이전기간에 발생한 중대한 오류의 수정은 자산, 부채 및 자본의 기초금액에 반영한다(소급법 적용). 비교재무제표를 작성하는 경우 중대한 오류의 영향을 받는 회계기간의 재무제표항목은 재작성한다.

③ 오류의 유형

⊙ 순이익에 영향을 미치지 않는 오류

재무상태표에만 영향을 주는 오류와 손익계산서에만 영향을 주는 오류는 순이익에 영향을 미치지 않는 오류이다. 재무상태표 오류는 매출채권을 미수금으로 하거나 유동부채를 비유동부채로 분류하는 등의 오류이고, 손익계산서 오류는 대손상각비를 감가상각비로 하거나 접대비를 기부금으로 회계 처리하는 등의 오류로 당기순이익에는 영향을 주지 않는다. 이러한 오류는 분개를 통하여 올바른 계정으로 재분류 대체하면 된다.

ⓛ 순이익에 영향을 미치는 오류
　ⓐ 자동조정적 오류
　　자동조정적 오류는 두 개의 회계기간을 통하여 오류의 효과가 자동적으로 조정되는 오류를 말한다. 선급비용, 선수수익, 미지급비용, 미수수익 및 재고자산 등의 과대 또는 과소 계상과 매출액, 매입액의 회계기간 오류 등을 들 수 있다. 오류가 발생한 연도에 발견하면 반대분개를 하여 수정하고 다음 연도에 발견하면 전기손익수정손익에 반영하지만 2개 회계연도가 지난 후에 발견하면 이미 자동적으로 오류가 조정되었으므로 수정할 필요가 없다.
　ⓑ 비자동조정적 오류
　　비자동조정적 오류는 2개의 회계연도가 지나도 자동조정되지 않는 오류이다. 대표적인 오류가 자본적지출과 수익적지출의 구분 오류, 감가상각비의 과대계상 또는 과소계상인데 감가상각대상 자산을 처분하거나 상각이 완료되어 폐기하여야 조정될 수 있다.
　　비자동조정적 오류는 재무상태표의 자산금액을 적정한 가액으로 수정하고 오류 발견시까지의 손익의 차이를 영업외손익인 전기오류수정손익으로 처리하거나, 중대한 오류인 경우 이익잉여금의 증가 또는 감소로 처리하여야 한다.

구　분	회계처리	비교표시 전기재무제표
중대한 오류	이익잉여금의 증감으로 회계처리	수정함
중대하지 않은 오류	전기오류수정손익(영업외손익)	수정하지 않음

1 외화환산회계

① 의 의

외화환산회계는 영업활동이 이루어지는 주된 경제환경의 통화(기능통화)가 아닌 외화로 표시된 자산이나 부채의 금액을 변동된 환율을 사용하여 다른 통화로 환산할 때 생기는 차이를 처리하는 것을 말한다.

② 기업회계기준상 용어의 정리

구 분	내 용
기능통화	영업활동이 이루어지는 주된 경제 환경의 통화
표시통화	재무제표를 표시할 때 사용하는 통화
외화	기능통화 이외의 다른 통화
환율	두 통화 사이의 교환비율
마감환율	보고기간말의 현물환율
현물환율	즉시 인도가 이루어지는 거래에서 사용하는 환율
외환차이	특정 통화로 표시된 금액을 변동된 환율을 사용하여 다른 통화로 환산할 때 생기는 차이(외화환산손익과 외환차손익)

③ 외화환산손익

외화환산손익은 보고기간말에 화폐성외화자산 또는 화폐성외화부채를 환산하는 경우 환율의 변동으로 인하여 발생하는 환산손익으로 당기손익으로 처리한다.

④ 외환차손익

외환차손익은 외화자산의 회수 또는 외화부채의 상환시에 발생하는 차손익으로 모두 당기손익으로 처리한다. 다만, 비화폐성항목에서 발생한 손익을 기타포괄손익으로 인식하는 경우에 그 손익에 포함된 환율변동효과도 기타포괄손익으로 인식한다. 그러나 비화폐성항목에서 발생한 손익을 당기손익으로 인식하는 경우에는 그 손익에 포함된 환율변동효과도 당기손익으로 인식한다.

⑤ 화폐성항목과 비화폐성항목의 비교

구 분	화폐성 항목	비화폐성 항목
의 의	보유하는 화폐단위들과 확정되었거나 결정가능한 화폐단위 수량으로 회수하거나 지급하는 자산부채	화폐성 항목이 아닌 항목
해당 자산 부채	현금, 장단기금융상품, 매출채권, 만기보유증권, 장단기대여금, 미수금, 미수수익, 대부분의 부채	재고자산, 선급비용, 매도가능증권, 유형자산, 무형자산, 선수금, 선수수익, 자본
적용환율	마감환율로 환산한다.	역사적원가로 측정하는 외화항목은 거래일의 환율
		공정가치로 측정하는 외화항목은 공정가치가 결정된 날의 환율

2 중간재무제표

① 의 의

중간재무제표는 재무상태표, 손익계산서, 현금흐름표, 자본변동표 및 주석을 포함하고 연차재무제표와 동일한 양식으로 작성함을 원칙으로 한다. 다만, 정보이용자를 오도하지 않는 범위 내에서 계정과목을 요약 또는 일괄 표시할 수 있다.

② 중간재무제표의 대상기간과 비교형식

㉠ 재무상태표는 중간보고기간말과 직전 연차보고기간말을 비교하는 형식으로 작성한다.
㉡ 손익계산서는 중간기간과 누적중간기간을 직전 회계연도의 동일기간과 비교하는 형식으로 작성한다.
㉢ 현금흐름표 및 자본변동표는 누적중간기간을 직전 회계연도의 동일기간과 비교하는 형식으로 작성한다.

③ 인식과 측정

중간재무제표는 연차재무제표에 적용하는 것과 동일한 회계정책을 적용하여 작성한다. 회계정책의 변경이 있는 경우에는 변경된 회계정책을 적용한다. 중간재무제표의 작성을 위한 측정은 누적중간기간을 기준으로 한다. 따라서 연차재무제표의 결과는 중간재무제표의 작성빈도에 따라 달라지지 않는다. 예를 들면, 손익 항목의 각 중간기간별 금액의 합계는 연간금액과 일치해야 한다.

❸ 보고기간후사건의 회계처리

① 보고기간후사건

'보고기간후사건'은 보고기간말과 재무제표가 사실상 확정된 날 사이에 발생한 기업의 재무상태에 영향을 미치는 사건이다. '재무제표가 사실상 확정된 날'은 정기주주총회 제출용 재무제표가 이사회에서 최종 승인된 날을 말하며, 다만 주주총회에 제출된 재무제표가 주주총회에서 수정·승인된 경우에는 주주총회일을 말한다.

② 인식과 측정

㉠ 수정을 요하는 보고기간후사건

수정을 요하는 보고기간후사건은 보고기간말 현재 존재하였던 상황에 대한 추가적 증거를 제공하는 사건으로서 재무제표상의 금액에 영향을 주는 사건을 말하며, 그 영향을 반영하여 재무제표를 수정한다. 재무제표에 이미 인식한 추정치는 그 금액을 수정하고, 재무제표에 인식하지 아니한 항목은 이를 새로이 인식한다.

수정을 요하는 보고기간후사건의 예는 다음과 같다.

> ⓐ 보고기간말 현재 이미 자산의 가치가 하락되었음을 나타내는 정보를 보고기간말 이후에 입수하는 경우, 또는 이미 손상차손을 인식한 자산에 대하여 계상한 손상차손금액의 수정을 요하는 정보를 보고기간 후에 입수하는 경우
> ⓑ 보고기간말 이전에 존재하였던 소송사건의 결과가 보고기간 후에 확정되어 이미 인식한 손실금액을 수정하여야 하는 경우
> ⓒ 보고기간말 이전에 구입한 자산의 취득원가 또는 매각한 자산의 금액을 보고기간 후에 결정하는 경우
> ⓓ 보고기간말 현재 지급하여야 할 의무가 있는 종업원에 대한 이익분배 또는 상여금지급 금액을 보고기간 후에 확정하는 경우
> ⓔ 전기 또는 그 이전기간에 발생한 회계적 오류를 보고기간 후에 발견하는 경우

㉡ 수정을 요하지 않는 보고기간후사건

수정을 요하지 않는 보고기간후사건은 보고기간말 현재 존재하지 않았으나 보고기간 후에 발생한 상황에 대한 증거를 제공하는 사건을 말하며 그 사건에 대해서는 재무제표상의 금액을 수정하지 아니한다.

수정을 요하지 않는 보고기간후사건의 예는 다음과 같다.

> ⓐ 유가증권의 시장가격이 보고기간말과 재무제표가 사실상 확정된 날 사이에 하락한 경우
> ⓑ 보고기간 후에 배당을 선언한 경우

4 중소기업회계처리 특례

① 의 의

중소기업회계처리 특례는 이해관계자가 적은 중소기업의 회계처리 부담을 완화하기 위하여 기업회계기준의 인식·측정기준 및 공시사항과 달리 적용할 수 있도록 한 것을 말한다. 주식회사의 외부감사에 관한 법률의 적용대상 기업 중 중소기업기본법에 의한 중소기업의 회계처리에 적용할 수 있다. 한국채택국제회계기준에는 특례규정이 없다.

② 특례의 내용

구 분	특 례
현재가치평가 제외	장기연불조건의 매매거래 및 장기금전대차거래 등에서 발생하는 채권·채무는 현재가치평가를 하지 않을 수 있다.
단기공사의 완성기준적용	1년 내의 기간에 완료되는 용역매출 및 건설형 공사계약에 대하여는 완성기준으로 수익을 인식할 수 있다.
장기할부판매 회수기일도래기준 적용	1년 이상의 기간에 걸쳐 이루어지는 할부매출은 할부금회수기일이 도래한 날에 실현되는 것으로 할 수 있다.
토지등 장기할부처분이익 회수기일도래기준 적용	토지, 건물 등을 장기할부조건으로 처분하는 경우 당해 자산의 처분이익을 할부금회수기일이 도래한 날에 실현되는 것으로 할 수 있다.
내용연수 및 잔존가치의 법인세법 준용	유형자산과 무형자산의 내용연수 및 잔존가치의 결정은 법인세법의 규정에 따를 수 있다.
법인세비용의 기간배분 적용 제외	법인세비용은 법인세법 등의 법령에 의하여 납부하여야 할 금액으로 할 수 있다(이연법인세회계를 적용하지 않는다).
시장성이 없는 지분증권의 취득원가 평가	시장성이 없는 지분증권은 취득원가로 평가할 수 있다. 다만, 손상차손에 대하여는 제외한다.
지분법 적용 제외	유의적인 영향력을 행사할 수 있는 지분증권에 대하여 지분법을 적용하지 아니할 수 있다. 다만, 연결재무제표 작성 범위인 종속기업은 제외
주식결제형 주식기준보상거래 회계처리 보류	주식결제형 주식기준보상거래가 있는 경우에는 부여한 지분상품이 실제로 행사되거나 발행되기까지는 별도의 회계처리를 아니할 수 있다.
파생상품 평가 보류	정형화된 시장에서 거래되지 않아 시가가 없는 파생상품에 대하여는 계약시점 후 평가에 관한 회계처리를 아니할 수 있다.
중단 사업부문	중단된 사업부문의 정보는 주석으로 기재하지 아니할 수 있다.

5 재무비율

●NCS 능력단위 : 0203020106재무분석   능력단위요소 : 01재무비율분석하기
1.1 재무제표를 이용하여 재무성과를 나타내는 수익성을 분석할 수 있다.
1.2 재무제표를 이용하여 재무적 위험을 분석할 수 있다.
1.3 재무제표를 이용하여 성장성을 분석할 수 있다.
1.4 재무제표를 이용하여 기타 재무비율을 분석할 수 있다.

① 유동성비율

기업의 단기채무에 대한 지급능력을 나타낸다. 유동성비율에는 유동비율, 당좌비율, 방어기간 등이 있다.

구 분	계산식	내 용
유동비율	$유동비율 = \dfrac{유동자산}{유동부채}$	단기채무를 상환할 수 있는 유동자산이 얼마나 되는가를 나타내는 비율로 일반적으로 2이상이면 바람직하다고 본다.
당좌비율	$당좌비율 = \dfrac{유동자산 - 재고자산}{유동부채}$	단기채무지급능력을 평가하는 비율로 일반적으로 1이상이면 양호하다고 본다.

② 수익성비율

수익성 비율은 일정기간 동안의 기업의 경영성과를 나타내는 비율로 매출액이익률, 자본이익률, 주가수익률 등이 있다.

구 분	계 산 식	
매출액이익률	$•매출총이익률 = \dfrac{매출총이익}{매출액}$	$•매출액순이익률 = \dfrac{당기순이익}{매출액}$
자본이익률	$•총자본이익률 = \dfrac{당기순이익}{평균총자본(총자산)}$	$•자기자본이익률 = \dfrac{당기순이익}{평균자기자본}$
주가수익률	$•주가수익률 = \dfrac{1주당시장가격}{주당순이익}$	

③ 안전성비율

안전성비율은 기업이 타인자본인 부채에 의존하는 정도를 측정하는 비율로 레버리지비율이라고도 한다. 안전성비율에는 부채비율, 자기자본비율, 이자보상비율 등이 있다.

구 분	계 산 식	내 용
부채비율	$\dfrac{총부채}{자기자본}$	채권자의 위험을 평가하는 지표로 사용된다. 부채비율이 높으면 기업의 지급능력이 악화될 가능성이 높아 채권자의 위험이 증가한다.
자기자본비율	$\dfrac{자기자본}{총자본}$	총자본(자기자본+타인자본=총자산) 중에서 자기자본이 차지하는 비중을 표시하는 비율로 기업의 안정성을 판단한다.

구 분	계 산 식	내 용
이자보상비율	이자비용+법인세비용차감전순이익 / 이자비용	비율이 높을수록 이자지급능력이 높은 것으로 안전도가 높다고 본다.

SECTION **13** | 내부통제제도와 내부회계관리제도

• NCS 능력단위 : 0203020107회계감사   능력단위요소 : 01내부감사 준비하기
1.1 내부감사 관련규정, 계획, 절차 등을 파악할 수 있다.
1.2 회계관련규정에 따라 부정·오류를 방지할 수 있다.
1.3 부정·오류를 방지하기 위하여 내부회계관리제도의 환류체계를 구축할 수 있다.
1.4 내부감사 결과에 따라 사후조치를 취할 수 있다.

• NCS 능력단위 : 0203020107회계감사   능력단위요소 : 02외부감사 준비하기
2.1 회계관련규정에 따라 회계감사에 필요한 자료를 준비할 수 있다.
2.2 회계관련규정에 따라 보고기간 말의 재고·현금실사를 준비할 수 있다.
2.3 회계관련규정에 따라 회계감사 후 수정된 최종 재무제표를 작성할 수 있다.

1 내부통제제도

① 내부통제제도의 의의와 목적

내부통제제도는 다음의 세 가지 목적달성에 대한 합리적 확신을 제공하기 위하여 조직의 이사회, 경영진 및 여타 구성원에 의해 지속적으로 실행되는 일련의 과정이다.

목 적		합리적 확신의 내용
운영목적	기업운영의 효율성 및 효과성 확보	회사가 업무를 수행함에 있어 자원을 효과적이고 효율적으로 사용하고 있다.
보고목적	보고 정보의 신뢰성 확보	회사는 내부 및 외부 보고를 위해 정확하고 신뢰할 수 있는 재무정보와 비재무정보의 작성 및 보고체계를 유지하고 있다.
법규준수목적	관련 법규 및 정책의 준수	회사의 모든 활동은 관련 법규, 감독규정, 내부정책 및 절차를 준수하고 있다.

② **내부통제의 구성요소와 원칙**

내부통제제도는 통제환경, 위험평가, 통제활동, 정보 및 의사소통, 모니터링 활동의 5가지
구성요소와 각 구성요소별로 달성되어야 할 원칙으로 이루어진다.

구성요소	원 칙
통제환경	내부통제제도의 기반을 이루는 구성요소로 도덕성과 윤리적 가치에 대한 태도를 기반으로 이사회 및 감사 및 감사위원회를 포함한 내부통제제도 관련 조직의 책임을 명확히 하고 해당 업무를 수행할 수 있는 조직 체계의 구성, 교육을 포함한 인력 운용 및 성과평가와의 연계가 이뤄질 수 있는 체계를 포함한다.
위험평가	내부통제제도의 목적 달성을 저해하는 위험을 식별하고 평가 및 분석하는 활동을 의미한다. 구체적이고 명확한 목적을 설정하여 관련된 위험을 파악하고, 파악된 위험의 중요도(심각성) 정도를 평가한다. 동 절차에서 부정위험 평가를 포함하여 고려하고, 회사의 중요한 변화사항을 고려하여 기존에 평가한 위험을 지속적으로 유지·관리하는 것을 포함한다.
통제활동	조직 구성원이 이사회와 경영진이 제시한 경영방침이나 지침에 따라 업무를 수행할 수 있도록 마련된 정책 및 절차가 준수될 수 있는 통제활동이 선택 및 구축될 수 있는 체계를 포함한다. 통제활동은 경영진의 업무성과 검토, 정보기술 일반통제, 승인, 대사 및 물리적 통제 등 다양한 방법이 포함된다.
정보 및 의사소통	조직 구성원이 내부통제제도의 책임을 수행할 수 있도록 신뢰성 있는 정보를 활용할 수 있는 체계를 구비하고 4가지 통제 구성요소에 대한 대·내외 의사소통이 원활하게 이뤄질 수 있는 체계를 포함한다.
모니터링 활동	내부통제제도의 설계와 운영의 효과성을 평가하고 유지하기 위해 상시적인 모니터링과 독립적인 평가 또는 두 가지의 결합을 고려한 평가를 수행하고 발견된 미비점을 적시에 개선할 수 있는 체계를 포함한다.

③ **통제 미비점**

'통제 미비점(Internal control deficiency)'은 내부통제 목적을 달성함에 있어 하나의
구성요소 또는 복수의 구성요소 및 원칙들에 결함이 존재함을 뜻하며, '중요한 미비점
(Major Deficiency)'은 내부통제 목적 달성을 중대하게 저해하는 하나의 통제 미비점
또는 여러 통제 미비점들의 결합을 말한다.

④ **내부통제제도의 효과와 한계**

효과적인 내부통제제도는 경영진이 업무성과를 측정하고, 경영의사결정을 수행하며, 업무
프로세스를 평가하고, 위험을 관리하는데 기여함으로써 회사의 목표를 효율적으로 달성하
고 위험을 회피 또는 관리할 수 있도록 한다. 그리고 직원의 위법 및 부당행위(횡령, 배임
등) 또는 내부정책 및 절차의 고의적인 위반행위뿐만 아니라 개인적인 부주의, 태만, 판단
상의 착오 또는 불분명한 지시에 의해 야기된 문제점들을 신속하게 포착함으로써 회사가
시의적절한 대응조치를 취할 수 있게 해 준다. 또한, 효과적인 내부통제제도는 정보의
신뢰성을 향상시킨다.

그러나 아무리 잘 설계된 내부통제제도라고 할지라도 제도를 운영하는 과정에서 발생하는
집행위험은 피할 수 없다. 즉, 최상의 자질과 경험을 지닌 사람도 부주의, 피로, 판단 착오

등에 노출될 수 있으며, 내부통제제도도 이러한 사람들에 의해 운영되므로 내부통제제도가 모든 위험을 완벽하게 통제할 수는 없다.

⑤ 합리적 확신 제공

효과적인 내부통제제도는 경영진과 이사회에 회사의 목적 달성에 관한 합리적 확신을 제공한다. "절대적 확신"이 아닌 "합리적 확신"이라는 개념은 모든 내부통제제도에 한계가 존재하고, 정확하게 예측할 수 없는 불확실성과 위험이 존재한다는 것을 인정하는 것이다. 이러한 한계로 인해 경영진과 이사회는 회사의 목적 달성에 대한 절대적인 확신을 갖지 못하게 된다. 즉, 내부통제제도는 합리적 확신을 제공하며, 절대적 확신을 제공하지 못한다.

2 내부회계관리제도

① 내부회계관리제도의 의의

내부회계관리제도는 회사의 재무제표가 일반적으로 인정되는 회계처리기준에 따라 작성·공시되었는지에 대한 합리적 확신을 제공하기 위해 설계·운영되는 내부통제제도의 일부분으로서 회사의 경영진과 이사회를 포함한 모든 구성원들에 의해 지속적으로 실행되는 과정을 의미한다.

② 내부회계관리제도의 범위

내부회계관리제도는 내부통제제도의 보고정보의 신뢰성 확보목적 중 외부에 공시되는 재무제표의 신뢰성 확보를 목적으로 하며, 여기에는 자산의 보호 및 부정방지 프로그램이 포함된다. 또한, 운영목적이나 법규준수목적 등 다른 목적과 관련된 내부통제제도가 재무제표의 신뢰성 확보와 관련된 경우 해당 내부통제제도는 내부회계관리제도의 범위에 포함된다.

자산의 보호와 관련된 통제라 함은 재무제표에 중요한 영향을 미칠 수 있는 승인되지 않은 자산의 취득, 사용, 처분을 예방하고 적시에 적발할 수 있는 체계를 의미한다. 예를 들어, 경영진의 권한남용 및 통제 무시(management override) 위험 등에 대한 적절한 부정방지 프로그램이 존재하지 않는 경우 이는 내부회계관리제도상 중요한 취약점으로 분류될 수 있다.

③ 효과적인 내부회계관리제도

내부회계관리제도는 내부통제제도의 일반적인 구성요소와 각 구성요소별 원칙을 모두 고려하여 설계하고, 이사회, 경영진, 감사(위원회) 및 중간관리자와 일반 직원 등 조직 내 모든 구성원들에 의해 운영된다. 효과적인 내부회계관리제도는 외부 재무보고의 신뢰성 확보라는 목적 달성을 저해할 수 있는 위험을 합리적인 수준에서 감소시킬 수 있으며, 그러한 목적은 다음의 요건이 모두 충족될 때 달성될 수 있다.

① 내부회계관리제도의 각 구성요소와 관련 원칙이 존재하고 기능한다.
② 내부회계관리제도의 구성요소가 연계되어 통합적으로 운영된다.

> "구성요소 및 원칙이 존재한다" 함은 내부회계관리제도 구성요소 및 관련 원칙이 설계 및 구축되어 있다고 판단할 수 있어야 함을 의미하고 "구성요소 및 원칙이 기능한다" 함은 내부회계관리제도 구성요소 및 관련 원칙이 계속적으로 운영되고 있다고 판단할 수 있어야 함을 의미한다.

④ 원칙 달성을 위한 통제

경영진은 내부회계관리제도의 5가지 구성요소(통제환경, 위험평가, 통제활동, 정보 및 의사소통, 모니터링 활동)와 관련 원칙을 달성하기 위해 구성요소 내에 통제를 설계하고 구축한다. 어떤 통제를 설계 및 운영할 것인가는 회사의 다양한 특성을 고려한 경영진의 결정 사항이다. 다만 경영진은 구성요소와 관련 원칙이 존재하고 기능하고 있다는 결론을 뒷받침하기 위해 설득력 있는 근거를 갖추어야 하며, 이를 위해 구성요소 및 원칙과 관련된 통제를 고려하여야 한다.

⑤ 내부회계관리제도 미비점

내부회계관리제도의 미비점은 재무제표 왜곡표시의 발생가능성 및 금액적 중요성에 따라 단순한 미비점, 유의한 미비점, 중요한 취약점(미비점)으로 구분된다.
내부회계관리제도 미비점이 내부회계관리제도의 설계 및 운영의 효과성에 미치는 영향은 구성요소별 통제 미비점을 종합하여 판단하여야 한다. 구성요소 또는 관련 원칙이 존재하고 기능하거나 구성요소들이 통합적으로 연계되어 운영됨에 있어 중요한 취약점이 존재할 때에는 회사가 효과적인 내부회계관리제도의 요구사항을 충족하고 있다고 볼 수 없다.

⑥ 문서화

회사는 내부회계관리제도와 관련된 문서화를 수행하여야 한다. 문서화는 사업 수행에 필요한 정책 및 절차를 준수하는데 일관성을 높일 수 있는 명확한 권한과 책임을 제시한다. 또한, 통제의 설계를 확인하고 통제 수행자, 수행 방식 등을 전달하며 수행의 기준과 기대사항을 수립하는 데 유용하다. 이는 임직원의 교육에도 유용할 뿐 아니라, 내부회계관리제도의 일부로 통제 운영의 증거를 제공하고 내부회계관리제도의 평가를 가능하게 한다.

⑦ 내부회계관리제도 관련 법규의 고려

회사는 내부회계관리제도 설계 및 운영 시 외감법 등 관련 법규의 요구사항을 준수하여야 한다. 경영진은 내부회계관리규정에 내부회계관리제도를 관리하고 운영하는 조직의 구성, 내부회계관리자의 지정 등 내부회계관리제도 설계 및 운영과 관련된 제반 사항을 반영하고 적용하여 신뢰할 수 있는 회계정보의 작성과 공시를 위한 체계를 갖추어야 한다.

⑧ 중소기업에 대한 적용

내부회계관리제도 구성요소 및 원칙은 중소기업에도 동일하게 적용된다. 단, 중소기업의 경우 경영여건을 감안하여 본 설계·운영 개념체계를 세부적으로 적용하는 과정에서 대기업보다는 유연한 방식으로 내부회계관리제도를 설계 및 운영할 수 있다.

3 내부회계관리제도의 구성요소 및 원칙

내부회계관리제도의 5가지 구성요소(통제환경, 위험평가, 통제활동, 정보 및 의사소통, 모니터링 활동) 및 17가지 원칙은 효과적인 내부회계관리제도의 필수적인 요구사항이며, 원칙달성을 위한 중점 고려사항은 회사의 상황에 따라 적절히 조정하여 적용할 수 있다.

내부회계관리제도의 구성요소와 원칙은 모든 기업에 적용된다. 원칙은 각 내부회계관리제도 구성요소와 관련된 근본적인 개념으로 각 구성요소가 존재하고 기능하는데 중대한 영향을 미친다. 따라서 관련된 원칙이 존재·기능하지 않는 경우 해당 내부회계관리제도 구성요소가 존재·기능할 수 없다. 그러나 관계 법령, 산업 및 운영환경 상의 특성에 따라 특정 원칙이 적용 가능하지 않다고 경영진이 판단할 수 있는 극히 예외적인 경우가 있을 수 있다.

① 통제환경

원 칙	중점고려사항
(원칙 1. 도덕성과 윤리적 가치에 대한 책임) 회사는 도덕성과 윤리적 가치에 대한 책임을 강조한다.	경영진과 이사회의 의지 : 경영진과 이사회는 내부회계관리제도가 효과적으로 기능할 수 있도록 지침, 조치, 행동을 통해 도덕성과 윤리적 가치의 중요성을 강조한다.
	윤리강령 수립 : 회사의 윤리강령은 도덕성과 윤리적 가치에 관한 이사회와 고위 경영진의 기대사항을 반영하고 있으며, 회사의 모든 임직원, 외부서비스제공자 및 협력업체가 이를 숙지하고 있다.
	윤리강령 준수 평가 : 윤리강령의 준수에 대한 개인과 팀의 성과를 평가하는 프로세스가 수립되어 있다.
	윤리강령 위반사항의 적시 처리 : 윤리강령의 위반사항은 적시에 일관된 방식으로 식별되고 개선된다.
(원칙 2. 내부회계관리제도 감독 책임) 이사회는 경영진으로부터 독립성을 유지하며 내부회계관리제도의 설계 및 운영을 감독한다.	이사회의 감독 책임 정립 : 이사회는 수립된 요구사항 및 기대사항과 관련된 감독 책임을 인지하고 수용한다. 단, 이사회는 외감법 등 법률에서 정하는 사항과 내부회계관리제도, 내부감사 및 부정방지 프로그램 등의 감독 책임을 감사(위원회)에 위임할 수 있다.
	이사회의 전문성 확보 : 이사회는 이사회 구성원에게 필요한 기술과 전문지식을 정의하고, 유지하며, 주기적으로 평가한다. 이를 통해 이사회 구성원들이 고위 경영진에게 면밀한 질문을 하고 상응하는 조치를 취할 수 있게 한다.
	이사회의 독립적 운영 : 이사회는 경영진의 의사결정을 평가하고 감독함에 있어 경영진으로부터 독립적이며 객관성을 갖춘 충분한 인력을 보유한다.
	내부회계관리제도 감독 수행 : 이사회는 경영진의 내부회계관리제도 설계, 구축 및 운영에 대한 감독 책임을 가진다.

원 칙	중점고려사항
(원칙 3. 조직구조, 권한 및 책임 정립) 경영진은 내부회계관리제도의 목적을 달성하기 위해 이사회의 감독을 포함한 조직구조, 보고체계 및 적절한 권한과 책임을 정립한다.	조직구조 고려 : 경영진과 이사회는 회사의 목적 달성을 지원하기 위해 다양한 조직구조(운영단위, 법적 실체, 지역적 분포, 외부서비스제공자 포함)를 고려한다.
	보고체계 수립 : 경영진은 각각의 조직이 권한과 책임을 이행하고 정보교류가 가능한 보고체계를 설계하고 평가한다.
	권한과 책임의 정의, 부여 및 제한 : 경영진과 이사회는 권한을 위임하고 책임을 정의하며 적절한 프로세스와 기술을 활용하여 조직의 다양한 수준의 필요성에 따라 책임을 부여하고 업무를 분장한다.
	이사회 : 중요한 의사결정 권한 보유 및 경영진이 부여한 권한과 책임의 적정성 검토
	고위 경영진 : 임직원이 내부회계관리제도와 관련된 책임을 이해하고 이행할 수 있도록 방향성 제시, 지침 및 통제 수립
	경영진 : 고위 경영진의 지침과 통제가 회사 및 하위 조직 내에서 실행될 수 있도록 실무지침을 제시하고 지원
	직원 : 윤리강령, 위험 요소, 조직 각 계층의 통제활동, 정보 및 의사소통 흐름, 모니터링 활동에 대한 이해
	외부서비스제공자 : 모든 외부 직원의 권한 및 책임 범위에 대해 경영진이 정한 사항의 준수
(원칙 4. 적격성 유지) 회사는 내부회계관리제도 목적에 부합하는 적격성 있는 인력을 선발, 육성하고 관리한다.	정책 및 실무절차 수립 : 정책 및 실무절차는 내부회계관리제도 목적 달성 지원을 위해 필요한 적격성의 기대사항을 반영한다.
	적격성 평가 및 보완 : 경영진과 이사회는 정책 및 실무절차에 의거하여 조직 구성원 및 외부서비스제공자들의 적격성을 평가하고, 평가 결과 파악된 미비사항을 보완하기 위해 필요한 조치를 취한다
	인력 선발, 육성 및 유지 : 회사는 내부회계관리제도 목적 달성을 지원하기 위해, 충분하고 적격성 있는 인력 및 외부서비스제공자를 선발, 육성하고 유지하는 데 필요한 교육과 훈련을 제공한다.
	승계계획 및 준비 : 고위 경영진과 이사회는 내부회계관리제도상 중요한 책임에 관한 승계계획을 수립한다.
(원칙 5. 내부회계관리제도 책임 부여) 회사는 조직 구성원들에게 내부회계관리제도의 목적을 달성하기 위해 필요한 책임을 부여한다.	조직구조, 권한 및 책임을 통한 내부회계관리제도 책임 부여 : 경영진과 이사회는 조직 전체 구성원들과 내부회계관리제도 수행에 관한 책임에 대해 의사소통을 하고, 그들에게 책임을 부여하며 필요한 경우 개선활동을 이행하도록 하는 체계를 수립한다.
	성과평가 및 보상정책 수립 : 경영진과 이사회는 장단기 목적 달성의 균형을 고려하고, 조직 전체 구성원의 내부회계관리제도 책임 이행에 적합한 성과평가와 보상정책을 수립한다.
	성과평가 및 보상정책과의 연계 : 경영진과 이사회는 내부회계관리제도 목적 달성을 위해 내부회계관리제도 책임 이행과 그에 따른 성과평가 및 보상을 연계한다.
	과도한 압박 고려 : 경영진과 이사회는 조직 구성원들에게 책임을 부여하고 성과평가지표를 수립하고 평가할 때 관련된 압박이 존재하는지를 평가하고 조정한다.
	개인의 성과평가, 보상 또는 징계조치 : 경영진과 이사회는 내부회계관리제도 책임 이행(윤리강령의 준수 및 적격성의 기대 수준 충족 포함)에 대한 성과를 평가하고, 그 결과에 따라 보상하거나 필요 시 징계조치를 취한다.

② 위험평가

원 칙	중점고려사항
(원칙 6. 구체적인 목적 수립) 회사는 관련된 위험을 식별하고 평가할 수 있도록 내부회계관리제도의 목적을 명확하게 설정한다.	적합한 회계기준의 준수 : 신뢰할 수 있는 외부 재무제표를 작성할 때, 경영진은 회사에 적용되는 회계기준을 고려한다. 또한 경영진은 회사의 상황과 목적에 적합한 회계원칙을 채택하고 일관성 있게 적용한다.
	회사 활동의 실질 반영 : 외부 재무보고는 재무정보의 질적 특성과 경영자 주장을 뒷받침할 수 있는 기초 거래와 사건을 반영한다.
	중요성 고려 : 경영진은 재무제표 표시에 있어 중요성을 고려한다.
(원칙 7. 위험 식별 및 분석) 회사는 목적 달성에 영향을 미치는 위험을 전사적으로 식별하고, 위험 관리 방안을 수립하기 위해 위험을 분석한다.	회사 내 다양한 조직 수준 고려 : 회사는 회사, 종속회사, 부문, 운영 팀 및 기능 단위 등 회사 전체 조직 단위에서 목적 달성과 관련된 위험을 식별하고 평가한다.
	외부 재무보고에 영향을 미치는 내부 및 외부 요인 분석 : 내부 및 외부 요인과 그 요인들이 외부에 공시되는 재무제표의 신뢰성을 확보하는 목적을 달성하는데 미치는 영향을 고려한다.
	적절한 수준의 경영진 참여 : 적절한 수준의 경영진이 참여하는 효과적인 위험평가체계를 구축한다.
	식별된 위험의 중요성 평가 : 회사는 해당 위험의 잠재적인 중요성을 평가하는 절차를 포함한 프로세스를 통해 식별된 위험을 분석한다.
	위험 대응 방안 결정 : 위험평가 결과 식별된 재무제표 왜곡표시 위험에 대하여는 적절한 위험 대응 방안을 결정하여 시행한다.
(원칙 8. 부정위험 평가) 내부회계관리제도 목적 달성에 대한 위험 평가 시 잠재적인 부정 가능성을 고려한다.	다양한 부정의 유형 고려 : 부정위험 평가 시 다양한 방식의 부정과 비리 행위로부터 비롯되는 부정한 재무보고, 자산의 잠재적 손실, 부패 등을 고려한다.
	유인과 압력의 평가 : 부정위험 평가 시 유인(incentive)과 압력(pressure)으로 인한 부정의 발생가능성을 고려한다.
	기회 평가 : 부정위험 평가 시 취약한 통제활동 등으로 인해 승인되지 않은 자산의 취득·사용·처분, 재무보고기록의 변경, 기타 부적절한 행위 등 부정을 저지를 수 있는 기회가 발생할 수 있는 가능성을 고려한다.
	태도와 합리화에 대한 평가 : 부정위험 평가 시 임직원이 어떻게 부적절한 행위에 연관되는 지와 어떻게 부적절한 행위를 정당화 하는지를 고려한다.
(원칙 9. 중요한 변화의 식별과 분석) 회사는 내부회계관리제도에 중요한 영향을 미치는 변화를 식별·분석하여 내부회계관리제도를 유지·관리한다.	외부 환경 변화의 평가 : 위험을 식별하는 과정에서 사업과 관련된 규제의 변화, 경제적인 변화, 물리적 환경의 변화 등이 내부회계관리제도에 미치는 영향을 고려한다.
	사업모델 변화의 평가 : 새로운 사업영역이나 기존 사업구성의 급격한 변화, 기업인수나 사업양수도, 급격한 성장, 해외 의존도의 변화, 새로운 기술 등이 내부회계관리제도에 미치는 영향을 고려한다.
	리더십 변화의 평가 : 회사는 경영진의 변경과, 이에 따른 경영진의 태도 및 철학의 변화가 내부회계관리제도에 미치는 영향을 고려한다.

③ 통제활동

원 칙	중점고려사항
(원칙 10. 통제활동의 선택과 구축) 회사는 내부회계관리제도의 목적 달성을 저해하는 위험을 수용 가능한 수준으로 줄일 수 있는 통제활동을 선택하고 구축한다.	위험평가와의 통합 : 위험평가 결과 확인된 위험을 관리하고 줄일 수 있는 통제활동을 마련한다.
	회사의 고유한 요인 고려 : 경영진은 통제활동 선택 및 구축 시, 회사의 고유한 특성뿐만 아니라 사업 환경, 복잡성, 성격 및 범위 등의 영향을 고려한다.
	관련 있는 업무프로세스 결정 : 경영진은 통제활동이 필요한 관련 있는 업무프로세스를 결정한다.
	통제유형의 조합 : 위험을 완화시키기 위해 다양한 속성을 결합한 균형 잡힌 통제활동을 고려한다(수동통제와 자동통제, 예방통제와 적발통제 등).
	다양한 수준의 통제활동 적용 고려 : 경영진은 회사 내 다양한 수준의 통제활동을 고려한다.
	업무분장 고려 : 경영진은 양립할 수 없는 직무를 분리하되, 업무분장 적용이 가능하지 않을 경우 대체적인 통제활동을 선택하고 구축한다.
(원칙 11. 정보기술 일반통제의 선정과 구축) 회사는 내부회계관리제도 목적 달성을 지원하는 정보기술 일반통제를 선정하고 구축한다.	업무프로세스에서 사용되는 정보기술과 정보기술 일반통제간 의존도 결정 : 경영진은 업무프로세스 및 자동통제와 정보기술 일반통제간의 의존성과 연관성을 이해하고 결정한다.
	정보기술 인프라 통제활동 수립 : 경영진은 정보처리의 완전성, 정확성 및 이용가능성을 확보하기 위한 정보기술 인프라에 대한 통제활동을 선택하고 구축한다.
	보안관리 프로세스에 대한 통제활동 수립 : 경영진은 업무 책임에 상응하는 정보기술 접근권한을 허가된 담당자로 제한하고, 외부의 위협으로부터 회사의 자산을 보호하기 위한 보안 관련 통제활동을 선택하고 구축한다.
	정보기술의 취득, 개발 및 유지보수 프로세스에 대한 통제 수립 : 경영진은 내부회계관리제도 목적 달성을 위하여 정보기술 및 인프라의 취득, 개발, 유지보수 활동에 대한 통제활동을 선정하고 구축한다.
(원칙 12. 정책과 절차를 통한 실행) 회사는 기대사항을 정한 정책과 그 정책을 실행하기 위한 절차를 통하여 통제활동을 적용한다.	경영진의 지침 전달을 지원하기 위한 정책 및 절차 수립 : 경영진은 기대사항을 정한 정책과 이를 실행 가능한 구체적 절차로 제시하여 업무프로세스 및 구성원의 일상적인 활동에 통제활동이 내재화되도록 한다.
	정책과 절차의 적용을 위한 책임 확립과 담당자의 지정 : 경영진은 관련 위험이 존재하는 사업단위 또는 부서의 경영진(또는 지정된 인원)과 함께 통제활동에 대한 책임을 확립하고 담당자를 지정한다.
	통제활동의 적시 수행 : 통제활동별로 지정된 담당자가 정책과 절차에 정해진 대로 통제활동을 적시에 수행한다.
	개선조치 이행 : 통제활동 수행 결과 식별된 문제점에 대하여 책임 있는 담당자가 조사하고 조치를 취한다.
	적격성 있는 담당자의 수행 : 충분한 권한을 가진 적격성 있는 담당자가 지속적인 관심과 주의를 기울여 통제활동을 수행한다.
	정책, 절차 및 통제활동의 주기적인 재평가 : 경영진은 정책, 절차 및 통제활동이 지속적으로 적정한지 판단하기 위하여 주기적으로 검토하고, 필요 시 정책, 절차 및 통제활동을 개정 또는 개선한다.

④ 정보 및 의사소통

원 칙	중점고려사항
(원칙 13. 관련 있는 정보의 사용) 회사는 내부회계관리제도의 운영을 지원하기 위하여 관련 있는 양질의 정보를 취득 또는 생산하고 사용한다.	정보 요구사항의 식별 : 회사의 내부회계관리제도 목적 달성과 내부회계관리제도 구성요소들의 기능을 지원하기 위해 필요하고 요구되는 정보를 식별하는 절차가 수립되어 있다.
	내부 및 외부의 데이터 원천 포착 : 정보시스템은 내부 및 외부의 데이터 원천을 포착한다.
	관련 있는 데이터를 의미 있는 정보로 변환 : 정보시스템은 관련 있는 데이터를 처리하여 의미 있는 정보로 변환한다.
	정보 처리 과정에서 품질의 유지·관리 : 정보시스템은 시의적절하고, 최신의, 정확하고, 완전하고, 접근가능하고, 보호되고, 검증가능한 정보를 생산하고 유지하며 동 정보가 내부회계관리제도 구성요소 지원에 적절한 정보인지 검토한다.
	비용과 효익 고려 : 의사소통 대상이 되는 정보의 성격, 양, 상세한 정도는 회사의 내부회계관리제도 목적에 부합하고, 목적 달성을 지원한다.
(원칙 14. 내부 의사소통) 회사는 내부회계관리제도의 운영을 지원하기 위하여 필요한 내부회계관리제도에 대한 목적과 책임 등의 정보에 대해 내부적으로 의사소통한다.	내부회계관리제도 정보에 대한 의사소통 : 모든 직원이 내부회계관리제도 책임을 이해하고 이행하기 위해 필요한 정보를 교환하는 프로세스가 존재한다.
	경영진과 이사회 간의 의사소통 : 경영진과 이사회는 회사의 내부회계관리제도 목적과 관련한 각자의 역할 수행을 위해 요구되는 정보를 얻을 수 있도록 양자 간에 의사소통한다.
	별도의 의사소통 라인 제공 : 통상적인 의사소통 채널이 비효과적인 경우를 대비하여 익명 또는 비밀이 보장된 의사소통이 가능하도록 내부고발제도 같은 별도의 의사소통 채널이 갖추어져 있다.
	적절한 의사소통 방법 선택 : 시기, 대상자 및 정보의 성격을 고려하여 의사소통의 방법을 선택한다.
(원칙 15. 외부 의사소통) 회사는 내부회계관리제도의 운영에 영향을 미치는 사항에 대해 외부 관계자와 의사소통 한다.	외부 관계자와의 의사소통 : 주주, 협력업체, 소유주, 규제기관, 고객, 재무분석가 등 외부 관계자와 관련 있는 정보를 적시에 의사소통할 수 있는 프로세스가 구축되어 있다.
	외부로부터의 의사소통 : 고객, 소비자, 공급자, 외부감사인, 규제기관, 재무분석가 등 외부 관계자의 의견을 수렴하여 경영진과 이사회에 관련 있는 정보를 제공할 수 있는 개방된 의사소통 채널을 마련한다.
	이사회와의 의사소통 : 외부 관계자가 수행한 평가로부터 도출된 관련 있는 정보는 이사회와 의사소통된다.
	별도의 의사소통 라인 제공 : 통상적인 의사소통 채널이 작동하지 않거나 비효과적인 경우를 대비하여 익명 또는 비밀이 보장된 의사소통이 가능하도록 내부고발제도와 같은 별도의 의사소통 채널이 갖추어져 있다.
	적절한 의사소통 방법 선택 : 의사소통의 시기, 대상, 성격뿐만 아니라 법률, 규제, 주주 및 이해관계자의 요구사항 및 기대를 고려하여 의사소통 방법을 선택한다.

⑤ 모니터링 활동

원 칙	중점고려사항
(원칙 16. 상시적인 모니터링과 독립적인 평가 수행) 회사는 상시적인 모니터링과 독립적인 평가 방안을 수립하여 내부회계관리제도 설계 및 운영의 적정성을 평가한다.	상시적인 모니터링과 독립적인 평가의 결합 고려 : 경영진은 상시적인 모니터링과 독립적인 평가의 균형을 고려한다.
	변화의 정도 고려 : 경영진은 상시적인 모니터링과 독립적인 평가를 선택하고 구축할 때, 업무와 업무프로세스의 변화의 정도를 고려한다.
	출발점(Baseline)의 설정 : 내부회계관리제도의 설계와 현재 상태는 상시적인 모니터링과 독립적인 평가를 위한 출발점을 수립하는데 활용된다.
	충분한 지식을 갖춘 인력 활용 : 상시적인 모니터링과 독립적인 평가를 수행하는 평가자들은 평가 대상에 대한 충분한 지식을 보유하고 있다.
	업무프로세스와의 통합 : 상시적인 모니터링은 업무프로세스에 내재되고 변화하는 상황에 따라 조정된다.
	범위와 빈도 조정 : 경영진은 위험의 중요성에 따라 독립적인 평가의 범위와 빈도를 달리 한다.
	객관적인 평가 : 객관적인 피드백을 제공하기 위해 주기적으로 독립적인 평가가 수행된다.
(원칙 17 미비점 평가와 개선활동) 회사는 내부회계관리제도의 미비점을 평가하고 필요한 개선활동을 적시에 수행한다.	결과 평가 : 경영진과 이사회는 상시적인 모니터링과 독립적인 평가 결과에 대해 적절히 평가한다.
	미비점 의사소통 : 내부회계관리제도의 미비점은 개선활동을 수행할 책임이 있는 담당자와 책임자(일반적으로 차상위자, 필요시 고위 경영진과 이사회 포함), 이사회와 적절하게 의사소통 된다.
	개선활동에 대한 모니터링 활동 : 경영진은 통제 미비점들이 적시에 개선되는지 확인한다.

●NCS 능력단위 : 0203020109비영리회계   능력단위요소 : 01비영리대상판단하기

1.1 비영리조직에 관한 일반적 정의에 의거하여 비영리조직 여부를 판단할 수 있다.

1.2 비영리조직 관련 규정에 따라 비영리법인 여부를 판단할 수 있다.

1.3 비영리조직 관련 규정에 따라 회계단위를 구분할 수 있다.

●NCS 능력단위 : 0203020109비영리회계   능력단위요소 : 02비영리회계처리하기

2.1 비영리조직 관련 규정에 따라 영리활동으로 인한 거래와 비영리활동으로 인한 거래를 구분할 수 있다.

2.2 비영리활동으로 인한 거래가 발생하면 해당 비영리조직의 개별적인 특성에 따라 회계처리할 수 있다.

2.3 비영리활동으로 인한 거래가 발생하면 복식부기 기반의 발생주의회계를 사용하여 회계처리할 수 있다.

●NCS 능력단위 : 0203020109비영리회계 능력단위요소 : 03비영리회계보고서작성하기

3.1 비영리조직 관련 규정에 따라 재무상태표를 작성할 수 있다.

3.2 비영리조직 관련 규정에 따라 운영성과표를 작성할 수 있다.

3.3 비영리조직의 고유목적사업준비금과 그 전입액·환입액을 재무상태표 운영성과표에   표시할 수 있다.

3.4 비영리조직 관련 규정에 따라 현금흐름표를 작성할 수 있다.

3.5 비영리조직 관련 규정에 따라 재무제표에 대한 주석사항을 표시할 수 있다.

1 비영리조직

① 비영리조직의 의의

비영리조직(또는 비영리단체, 비영리기관)은 소유주나 주주를 위해서 자본의 이익을 추구하지 않는 대신에 그 자본으로 어떠한 목적을 달성하는 조직으로서 다음 두 가지 유형으로 나눌 수 있다.

목적에 따른 구분	비영리조직의 사례
영리를 목적으로 하지 않고, 사회 전체의 이익을 목적으로 하는 단체	조직 : 사회적지원활동단체, 학교·병원·간호시설·직업훈련시설·묘지 등의 운영단체 등
	법인 : 재단법인, 사단법인, 학교법인, 사회복지법인, 직업훈련법인, 종교법인 등
영리를 목적으로 하지 않고, 공동의 이익을 목적으로 하는 단체	조직 : 동창회, 동호회, 사업자단체 등
	법인 : 중간법인(中間法人), 의료법인, 사업조합 등

② 법률에 따른 비영리조직의 구분

관련법	명 칭	내 용
민법	비영리법인	학술, 종교, 자선, 기예, 사교 기타 영리 아닌 사업을 목적으로 하는 사단 또는 재단으로서 주무관청의 허가를 얻고 그 주된 사무소의 소재지에서 설립등기를 함으로써 성립한 법인(제32조, 제33조)
법인세법	비영리법인	① 민법 제32조에 따라 설립된 법인 ② 사립학교법이나 그 밖의 특별법에 따라 설립된 법인으로서 민법 제32조에 규정된 목적과 유사한 목적을 가진 법인(대통령령으로 정하는 조합법인 등이 아닌 법인으로서 그 주주·사원 또는 출자자에게 이익을 배당할 수 있는 법인은 제외) ③ 국세기본법 제13조에 따른 법인으로 보는 다음의 단체 　㉠ 법인이 아닌 사단, 재단, 그 밖의 단체 중 주무관청의 허가 또는 인가를 받아 설립되어 법령에 따라 주무관청에 등록하였지만 법인으로 등기는 되지 아니한 것 　㉡ 법인이 아닌 사단, 재단, 그 밖의 단체 중 주무관청의 허가·인가·등록도 필요치는 않았지만 소정의 요건을 충족하고 대표자나 관리인이 관할 세무서장에게 신청하여 승인을 받은 것
상속세및 증여세법	공익법인	<table><tr><td>공익유형</td><td>설립근거법</td></tr><tr><td>교육</td><td>사립학교법 등</td></tr><tr><td>학술·장학</td><td>공익법인의 설립·운영에 관한 법률</td></tr><tr><td>사회복지</td><td>사회복지사업법</td></tr><tr><td>의료</td><td>의료법</td></tr><tr><td>문화예술</td><td>문화예술진흥법</td></tr><tr><td>종교</td><td>민법, 기타 특별법 등</td></tr></table>
공익법인의 설립·운영에 관한법률	공익법인	재단법인이나 사단법인으로서 사회 일반의 이익에 이바지하기 위하여 학자금·장학금 또는 연구비의 보조나 지급, 학술, 자선에 관한 사업을 목적으로 하는 법인

② 비영리회계기준 제정 원칙

① 일반목적 재무제표

현행의 비영리조직 재무보고는 감독기관이나 정보분석력이 있는 고액기부자의 정보수요를 충족시키는데 치중되어 있지만, 비영리조직에 금전을 대여하거나, 재화나 용역을 공급하거나, 소액기부금이나 회비를 납부하거나, 심지어 비영리조직 취직에 관심이 있는 이 등 여러 종류의 이해관계자들도 재무정보의 이용자가 될 수 있으므로, 이들 이해관계자들의 정보수요를 공통적으로 충족시킬 수 있는 필요 최소한의 기본정보를 체계적이고 이해 가능한 방식으로 제공하는데 초점을 맞춘 일반목적 재무보고가 필요하다.

현재 비영리조직의 재무제표 작성목적이 감독기관에 대한 제출용도에 치중되어 있으며, 일반목적의 재무제표는 실제 작성되지 아니하는 실정이다. 비영리조직회계기준의 제정목적은 일반목적의 재무보고도 함께 이루어지도록 하기 위해 모든 비영리조직에 공통적으로 적용 가능한 회계기준을 제시하는 데 있다.

② 조직전체에 대한 재무제표

감독목적 재무보고에서 비영리조직 내 회계단위가 복수로 구분되는 것은 존중될 필요가 있지만, 일반목적 재무보고에서는 비영리조직 전체에 대한 재무제표를 제공함으로써 일반정보이용자의 이해가능성과 비영리조직간 비교가능성을 제고시킬 수 있다. 다만, 필요하다면 기존에 구분된 회계단위별 재무보고 정보도 영리기업의 부문별공시와 마찬가지로 비영리조직의 일반목적 재무보고에서 선택적 주석사항으로 기재하는 것을 허용하고 있다.

③ 복식부기 기반의 발생주의회계

사회복지기관의 경우 관련 법규상 복식부기가 의무화되지 아니하여 단식부기를 기반으로 결산업무를 수행하는 기관이 많으며, 종교단체(기독교)의 경우 복식부기를 기반으로 회계기준이 마련되어 있으나 실무에서 널리 적용되지 않고 있는 실정이다. 비교적 간단한 업무프로세스를 가지고 영세한 규모로 운영되는 비영리조직의 경우 쉽고 간편하다는 점과 비영리회계의 특수성을 이유로 단식부기를 선호할 수 있으나, 조직이 일정 규모를 초과할 경우 단식부기 기반에서 생산되는 재무정보는 관리목적(부외자산 관리, 채권채무 관리, 적절한 기간손익 확인 등)상으로도 한계가 있다. 비영리회계기준에서는 재무제표 공시에 의한 재무보고를 위해서는 복식부기 기반의 발생주의회계를 채택한다.

④ 재무제표 종류와 명칭 통일

각 단체별로 작성하는 재무제표의 종류와 명칭 및 포맷 등이 서로 상이하여 비영리조직간 재무제표의 비교가능성이 원천적으로 어려운 것을 영리기업과 유사하게 재무상태표, 운영성과표, 현금흐름표, 주석으로 통일하였다. 자본의 구성이 다양한 영리기업과 달리 비영리조직의 경우 순자산 구성이 상대적으로 단순하며 순자산별 변동내용을 운영성과표에 함께 나타낼 수 있으므로 비영리조직에서 자본변동표는 불필요하다.

⑤ 일반기업회계기준의 참조

비영리조직회계기준에서는 '비영리조직의 재무제표 작성 및 표시에 관한 기준과 비영리조직 회계에서 특별히 고려되어야 할 사항'*에 대해서만 자세한 기준을 규정하고, 그외 자산, 부채, 수익, 비용의 인식과 측정에 관한 회계처리는 대략적인 원칙(발생주의, 손상 등)만 제시하고 구체적인 회계처리방법은 일반기업회계기준을 참조하도록 한다.

⑥ 조문식 회계기준

비영리조직 재무제표 작성자들은 관련 법규 등에서 제시한 조문식 회계규칙에 익숙하므로 비영리조직회계기준도 조문식으로 제정된다면 이들의 회계기준 이해도를 높일 수 있을 것으로 기대하여 비영리조직회계기준을 조문식으로 제정하였다.

❸ 비영리회계기준의 내용

① 비영리회계기준의 제정과 시행

비영리조직의 공익사업활성화와 이를 뒷받침하는 건전한 기부문화 조성을 위해서는 비영리조직의 회계투명성 제고가 필요하다는 사회적 인식이 확산되면서, 모든 비영리 조직에 일반적으로 적용될 수 있는 통일된 비영리조직회계기준이 제정되어야 한다는 사회적 요구가 높아졌다. 이러한 사회적 요구에 부응하기 위해 회계기준원은 비영리 조직회계기준 제정 작업에 착수하고 회계기준위원회가 2017년 7월에 비영리조직회계 기준을 최종 의결하였다. 이 기준은 2018년 1월 1일 이후 최초로 시작되는 회계연 도부터 적용하되 조기 적용할 수도 있다. 이 기준을 조기 적용하는 경우에는 그 사실 을 공시한다.

② 비영리조직의 범위

비영리조직회계기준은 모든 비영리조직에 공통적으로 적용되는 일반원칙을 수립하는 데 의의가 있으므로 비영리 특성을 갖는 모든 조직이 적용할 수 있도록 회계기준 적 용대상 비영리조직의 범위를 일반적 정의에 근거하여 설정하였다. 일반적 정의에 의 하면 법인격 유무에 관계없이 영리를 목적으로 하지 않고 사회 전체의 이익이나 공 동의 이익을 목적으로 하는 모든 형태의 비영리조직이 대상이다.

③ 현금흐름표 작성 여부

영리기업과 마찬가지로 비영리조직의 경우에도 재무상태와 운영성과를 나타내는 재무 제표에 더하여 현금의 유출입에 관한 정보를 제공하는 재무제표가 일반정보이용자에 게 제공된다면 의사결정에 유용한 정보를 제공할 수 있으므로, 원칙적으로 현금흐름 표 작성을 요구하고 영리기업과 마찬가지로 비영리조직이 직접법과 간접법 중에서 선 택할 수 있도록 한다. 다만, 아직 우리나라 비영리회계실무에서 특히 소규모 비영리 조직들은 현금흐름표가 아직 생소하여 작성에 부담을 느끼고 있는 것이 현실이므로, 이들이 정보소실(사업활동, 투자활동, 재무활동 현금유출입에 대한 합계정보 등)로 인 한 비용과 실무편익을 함께 고려하여 수지계산서로써 현금흐름표를 갈음할 수 있도록 허용하고 있다.

④ 재무상태표상 순자산의 구분

비영리조직 마다 순자산을 구분하여 표시하는 방법이 제각각인 것을 제약의 유무에 따라 순자산을 제약이 없는 순자산과 제약이 있는 순자산으로 구분한다. 기부금이나 보조금·지원금 등을 받을 때 이를 제공한 자나 관련 법률에 의해 사용 및 처분에 제 약이 가해지는 경우가 있는바, 이에 관한 정보는 비영리조직이 단기적인 공익사업 수 요에 적시성 있게 대처할 능력이 얼마나 있는지, 장기적인 공익사업을 안정적으로 수 행할 능력이 확보되어 있는지 등을 정보이용자에게 알릴 수 있어 유용하다.

순자산의 구분	내 용
제약이 없는 순자산	기부자나 법령에 의해 사용이나 처분에 제약이 없는 순자산
제약이 있는 순자산	기부자나 법령에 의해 사용이나 처분이 제약된 순자산으로서, 제약의 성격에 따라 기부자나 법령이 명시한 용도로 사용하거나 일정기간이 경과함으로써 제약이 소멸되는 일시적 제약이 있는 순자산과 영구적으로 소멸되지 않는 영구적 제약이 있는 순자산으로 세분화한다.

⑤ 운영성과표상 기능별 비용보고

비영리조직은 영리기업처럼 단일의 성과지표(당기순이익)를 산출해 내는 것이 중요한 것이 아니라, 고유목적사업에 대한 활동노력과 그 성과에 관한 정보, 즉 비용집행내용을 공시하는 것이 더 중요하다. 비영리조직의 고유목적사업과 관련된 비용은 아래와 같이 최소한 '사업수행비용'과 '지원비용'은 서로 구분하며, 지원비용 중에서도 '모금비용'이 중요한 부분을 차지한다면 '일반관리비용'과 별도로 구분하여 정보를 제공하여야한다.

구 분	내 용
사업수행비용	비영리조직이 추구하는 본연의 임무나 목적을 달성하기 위해 수혜자, 고객, 회원 등에게 재화나 용역을 제공하는 활동에서 발생하는 비용
지원비용	사업수행과 직접 관련되어 있지는 않지만 이를 지원하는 활동에서 발생하는 비용 ㉠ 일반관리비용 : 기획, 인사, 재무, 감독 등 제반 관리활동에서 발생하는 비용 ㉡ 모금비용 : 모금행사, 기부자리스트관리, 모금고지서 발송 등의 모금활동에서 발생하는 비용

비영리조직의 필요에 따라서는 사업수행비용 내에서 세부사업별로 계정구분을 하여 재무제표 본문에 표시하거나 주석으로 기재하는 것이 가능하다. 예를 들어, 각 업종별로 다음과 같이 사업수행비용 세분이 가능할 수 있다.

문화예술단체	사립대학	사회복지기관	의료기관	종교단체	학술장학기관
· 공연 · 전시	· 강의 · 연구 · 환자진료 · 학생서비스	· 여성복지 · 노인복지 · 장애인복지	· 환자진료 · 연구	· 목회 · 교육 · 자선	· 멘토링 · 배움터지원 · 글로벌장학

⑥ 재무제표 본문표시와 주석기재

재무제표에는 결국 기능별 비용구분(사업수행비용 - 일반관리비용 - 모금비용)과 성격별 비용구분(인력비용 - 시설비용 - 기타비용)에 관한 정보가 함께 제공되어야 하는데, 기능별 비용구분이 일반정보이용자에게 더 유용한 정보라고 보여 지므로 이를 재무제표 본문에 표시하고, 성격별 비용구분은 주석으로 기재하는 것을 원칙으로 한다. 위 기준에 따라 기능별 비용구분과 성격별 비용구분에 관한 정보를 제공하려면 사실상 다음과 같은 표가 주석으로 기재되어야 한다. 아래 예시에서는 모금비용이 중요하여 지원비용을 일반관리비용과 모금비용으로 구분되어 표시되는 경우를 가정한다.

	인력비용	시설비용	기타비용	합 계
사업수행비용	xxx	xxx	xxx	xxx
일반관리비용	xxx	xxx	xxx	xxx
모금비용	xxx	xxx	xxx	xxx
합계	xxx	xxx	xxx	xxx

⑦ 공통비용 배분

어떤 비용항목이 하나의 특정 활동에만 직접 관련된 경우에는 비용구분이 용이하지만, 복수의 활동에 관련되는 경우에는 활동 간 비용배분이 필요할 수 있다. 예를 들어 사회복지관의 한 직원이 노인에게 지원금을 지급하고 안부를 살피기 위해 가가호호 방문을 하는 것을 주된 업무로 하지만 당해 기관의 경리업무와 모금업무도 함께 하는 경우, 당해 직원의 인건비는 사업수행비용, 일반관리비용, 모금비용 간에 배분되어야 할 것이다.

공통비용을 여러 활동들 간에 배분하기 위해서는 각 비영리조직의 사업성격 및 운영방법에 맞추어 합리적인 배분기준을 수립하여 일관되게 적용하는 것이 중요하다.

구 분	배분기준
인력비용	당해 인력이 각 활동별로 투입한 업무시간에 기초하여 배분하는 것이 적절하며, 이를 위해서는 적절한 수준에서의 업무시간기록자료를 만들어 관리하는 것이 필요
시설비용	각 활동별로 관련되는 시설 면적이나 사용빈도가 직접적으로 구분될 수 있다면 그 면적이나 사용빈도 기준에 따라 배분하며, 직접적으로 구분될 수 없다면 다른 적절한 배분기준을 수립할 필요(예: 각 활동별 인력비용에 비례하여 배분)
기타비용	각 활동별 인력비용이나 시설비용에 대체로 비례하는 항목들은 그 기준에 따라 배분하며 그 외에는 다른 적절한 배분기준을 수립할 필요

⑧ 운영성과표의 구조

㉠ 순자산 구분별로 수익과 비용을 집계

제약없는순자산과 제약있는순자산의 각 구분별로 수익과 비용을 표시하며(각 구분 간 대체 포함), 각각 제약없는순자산의 변동, 제약있는순자산의 변동으로 표시한다. 각 구분별 수익과 비용의 순합계액은 제약없는순자산의 증가(감소), 제약있는순자산의 증가(감소)로 표시한다.

재무상태표상 순자산 구분에 따르면 제약있는순자산을 다시 세분하여 일시제약순자산과 영구제약순자산으로 표시할 수 있다고 하였는바, 이 경우 운영성과표상 수익과 비용을 집계할 때에도 동일한 방식으로 세분화하여 표시할 수 있다. 다만, 제약있는순자산이 없는 비영리조직은 제약없는순자산의 변동 내용만을 표시할 수 있다. 비영리조직회계기준에서 요구하는 운영성과표는 성격상 기존 비영리회계실무에서 작성되는 손익계산서와 유사하므로, 이러한 실무관행과의 연계성을 높이기 위해 제약없는순자산의 증가(감소)는 제약있는순자산이 있는지 여부에 관계없이 당기순이익(손실)으로 표시할 수 있도록 허용한다.

ⓛ 일시제약이 해제된 순자산의 표시

제약이 해제된 순자산이 있는 경우에는 그 성격에 따라 당해 연도 운영성과표의 제약없는순자산의 변동 부분에서 사업수익이나 사업외수익의 일부로 직접 반영한다. 이 때 제약이 해제된 순자산이 사업수익이나 사업외수익 내 어떤 항목에 포함되면 별도로 표시되지 않기 때문에 정보이용자가 그러한 내용을 파악하기 어려울 것이므로 해당 정보를 주석에 기재하여야 한다.

제약이 해제된 순자산 자체가 당해 연도 사업수익이나 사업외수익의 성격을 지니게 될 것이므로 이를 사업수익, 사업외수익과 별도로 표시할 경우 오히려 재무제표의 이해가능성과 목적적합성을 해칠 수 있으므로 그 성격에 따라 당해 연도 사업수익이나 사업외수익에 반영하여야 한다.

ⓒ 사업과 사업외 항목의 구분

수익과 비용을 사업항목과 사업외항목으로 분류하여 표시하여야 한다. 수익의 경우 기부금, 보조금, 회비, 등록금, 공연수익, 환자진료수익 등은 사업수익으로, 예금이자, 유형자산처분이익, 투자자산처분이익 등은 사업외수익으로 분류한다.

유가증권 투자가 많은 학술장학재단의 경우 투자자산수익(이자수익 및 배당수익)이나 평가이익·처분이익이 고유목적사업활동의 주된 원천이라고 할 수 있다면 사업수익에 포함하여야 하고, 비용의 경우 사업수행비용과 지원비용(일반관리비용, 모금비용)은 사업비용으로, 이자비용과 유형자산처분손실 등은 사업외비용으로 분류하여야 한다.

ⓓ 고유목적사업과 수익사업의 구분

비영리조직의 회계와 관련된 각종 법규에서 공통적으로 고유목적사업과 수익사업의 구분경리를 요구하고 있으며, 회계 관행도 이에 맞추어 오랫동안 유지되어 온 것을 반영하여 수익사업에서 발생하는 수익과 비용은 각각 하나로 합산하여 사업수익과 사업비용 내에 별도로 표시하여야 한다.

운영성과표상 사업수익을 크게 고유목적사업수익과 수익사업수익으로 나누어 표시하고 고유목적사업수익은 다시 업종별 특성을 반영하여 기부금수익, 보조금수익, 회비수익 등으로 적절하게 구분하여 표시한다. 수익사업수익은 더 이상의 구분정보가 요구되지 않지만 비영리조직이 필요하다고 판단하는 경우 구분정보를 주석으로 기재할 수 있도록 허용할 필요가 있다. 예를 들어, 임대료수익과 기타수익으로 구분하는 정보를 주석으로 기재할 수 있다.

운영성과표상 사업비용을 크게 고유목적사업비용과 수익사업비용으로 나누어 표시하고, 고유목적사업비용은 다시 사업수행비용, 일반관리비용(모금비용 포함)으로 구분하여 표시한다. 수익사업비용은 더 이상의 구분정보를 표시할 것이 요구되지 않지만, 고유목적사업비용과 마찬가지로 성격별 비용(인력비용 - 시설비용 - 기타비용)으로 분석한 정보를 주석으로 기재하도록 요구할 수 있다.

ⓜ 법인세비용의 표시

많은 비영리조직은 법인세를 부담하지 않으나, 수익사업을 영위하는 일부 비영리조직이 법인세를 부담하는 경우가 있다. 이처럼 법인세를 부담하는 경우에는 법인세비용이 비영리조직에서 차지하는 중요성을 고려하여 일반기업회계기준 제22장 '법인세회계'와 제31장 '중소기업 회계처리 특례'의 법인세 회계처리 중 하나를 선택할 수 있도록 한다. 즉 이연법인세 회계를 적용하지 않고, 법인세비용을 법인세법 등의 법령에 의하여 납부하여야 할 금액으로 할 수 있다.

⑨ 기타 표시·인식·측정 기준

㉠ 현금기부금 수익인식 기준

기본적으로 현행 회계실무의 현금주의 수익인식을 인정하되, 납부가 강제되는 회비 등에 대해서는 발생주의에 따라 회수가 확실해 지는 시점에 수익을 인식하고 그에 상응하는 미수금을 인식하여야 한다. 기부자가 기부약정을 한 경우에도 발생주의에 따른 수익 인식을 고려할 수 있으나, 자발적 약정은 후속적으로 번복이 가능할 수도 있음을 감안할 때 미래에 현금이 유입될 가능성이 높다는 합리적 확신을 가지기는 어려울 것이므로, 기부약정에 대해서는 발생주의에 따른 수익인식기준을 적용하지 않고 실제 현금이 유입될 때 수익으로 인식한다.

㉡ 비현금기부금 수익인식 기준

현물을 기부 받을 때에는 그 공정가치로 수익을 인식하며 서비스를 기부 받을 때에는 수익을 인식하지 아니한다. 공정가치는 합리적인 판단력과 거래의사가 있는 독립된 당사자 사이의 거래에서 자산이 교환되거나 부채가 결제될 수 있는 금액을 말하는데 일반인의 무료봉사활동은 서비스기부에 해당하며 비영리조직에게 효익을 주는 것임이 명확하지만 그 가치를 충분히 신뢰성 있게 측정하기가 어려우므로 수익인식 대상에서 제외하는 것이 바람직하다.

〈현금 및 비현금 기부금 수익인식기준 요약〉

구 분	인식시점
현금및현금성자산	기부받은 시점
기타자산(현물기부) ☞ 공정가치로 측정	
회비(비강제)	
회비(강제)	권리발생 시점

㉢ 유·무형자산의 (감가)상각

유·무형자산에 대하여 감가상각을 하는 것을 원칙으로 한다. 다만, 전시·교육·연구 등의 목적으로 보유중인 예술작품 및 유물과 같은 역사적 가치가 있는 자산은 일반적으로 시간이 경과하더라도 가치가 감소하지 않으므로 예외적으로 감가상각을 인식하지 아니한다.

ⓡ 유형자산의 재평가

기업회계기준에서 유형자산의 재평가를 허용하고 있는바, 기왕에 비영리조직 관련 법령에서 재평가를 허용하고 있는 상황에서 기업회계와 달리 기준을 설정할 이유는 없다. 따라서 비영리조직에 대해서도 유형자산 재평가를 허용한다. 다만, 관련 법규에서 임의적 재평가를 허용하고 있음에도 불구하고 회계기준이 엄격한 주기적 재평가를 요구할 경우 비영리조직이 과도한 부담 때문에 사실상 법규에 따른 재평가를 선택하지 못하는 부작용이 발생할 수 있으므로 비영리조직이 필요하다고 판단하는 시점에 재평가를 할 수 있도록 재량을 부여하고 있다.

ⓜ 투자유가증권의 표시

투자유가증권을 국공채, 회사채, 수익증권, 주식으로 구분하는 정보를 재무상태표 본문에 표시하거나 주석으로 기재하여야 한다. 유동성과 위험 면에서 성격이 다른 투자유가증권을 구분하는 정보가 제공된다면 일반정보이용자의 의사결정에 유용한 정보가 될 수 있다. 투자유가증권 보유금액이 크지 않은 비영리조직에 대해서도 투자유가증권 구분정보를 재무상태표 본문에서 구분 표시할 것을 요구한다면 정보효익은 크지 않은데 비해 복잡성만 더 늘어나 일반정보이용자의 이해가능성을 저해할 수 있으므로, 비영리조직이 자신의 상황에 맞추어 재무상태표 본문표시와 주석 기재 중에서 선택할 수 있도록 하고 있다.

ⓗ 투자유가증권의 평가

시장성 있는 투자유가증권 등 신뢰성 있는 공정가치를 용이하게 얻을 수 있는 투자유가증권은 공정가치로, 그렇지 않은 투자유가증권은 취득원가로 평가한다. 일반정보이용자에게는 공정가치가 가장 관련성이 높은 정보이므로 이를 용이하게 얻을 수 있음에도 불구하고 취득원가로 평가할 이유는 없다. 다만, 일반적으로 비영리조직이 영리기업에 비해 회계처리역량이 낮다는 점을 고려할 때, 신뢰성 있는 공정가치를 용이하게 얻을 수 없는 투자유가증권(예: 비상장주식)의 경우 공정가치 결정을 위해 추가로 노력을 투입함에 따르는 비용이 일반정보이용자에게 제공될 정보효익을 초과할 가능성이 높으므로 예외적으로 취득원가로 평가하는 것을 허용한다.

ⓢ 고유목적사업준비금과 그 전입액의 인식

고유목적사업준비금과 고유목적사업준비금전입액은 재무회계개념체계상 각각 부채와 비용의 정의에 부합하지 않으므로 재무제표에 인식하지 않는 것을 원칙으로 한다.

ⓞ 정부보조금의 회계처리

비영리조직이 중앙정부나 지방정부로부터 받는 보조금에 대해서는 정부보조금에 관한 기업회계기준의 적용을 배제하며, 원칙적으로 모든 유형의 정부보조금을 사업수익으로 회계처리한다. 다만, 정부보조금에 일시제약이나 영구제약이 있는 경우에는 사업수익이 아니라 제약있는순자산의 증가로 회계처리하여야 한다.

⑩ 주석기재

재무제표 전반을 이해하는데 도움을 줄 수 있는 비영리조직의 개황이나 주요사업내용을 주석으로 기재하여야 한다. 재무제표 항목에 대한 설명정보, 상세구분정보 및 분석정보 등을 주석으로 기재하면 정보이용자가 재무제표를 이해하는 데 도움이 되는 정보를 제공할 수 있다. 또한 재무제표 본문에 표시되지 않은 거래나 회계사건으로서 재무제표에 중요한 영향을 미치는 사항에 관한 정보를 주석으로 기재하여 재무제표의 한계를 보완하는 정보를 제공할 수 있다. 예를 들어, 계류중인 소송이나 담보·보증제공에 관한 내용을 주석으로 기재하여야 한다.

필수적 주석사항은 다음과 같다.

구 분	내 용
필수적 주석기재사항	1. 비영리조직의 개황, 주요사업 내용 2. 비영리조직이 채택한 회계정책(자산부채의 평가기준, 수익과 비용의 인식기준을 포함한다) 3. 순자산에 제약이 있는 경우에 그 성격 4. 질권 등이 설정된 현금및현금성자산의 내용 5. 차입금 등 현금 등으로 상환하여야 하는 부채의 주요 내용 6. 현물기부의 내용 7. 제공하거나 제공받은 담보·보증의 주요 내용 8. 특수관계인(법인세법 시행령 제87조의 정의에 따른다)과의 중요한 거래의 내용 9. 회계연도 말 현재 진행 중인 소송 사건의 내용, 소송금액, 진행 상황 등 10. 그 밖에 일반기업회계기준에서 정하는 주석기재사항 중 비영리조직에 관련성이 있고 그 성격이나 금액이 중요한 사항

01 재무제표 항목의 표시와 분류는 매기 동일하여야 한다. 이에 대한 예외조항에 해당하지 않는 것은?

① 일반기업회계기준에 의하여 재무제표 항목의 표시와 분류의 변경이 요구되는 경우
② 사업결합 또는 사업중단 등에 의해 영업의 내용이 유의적으로 변경된 경우
③ 재무제표 항목의 표시와 분류를 변경함으로써 기업의 재무정보를 더욱 적절하게 전달할 수 있는 경우
④ 세법 등의 타 법률 용어와 일치시키기 위해 변경하는 경우

> **해설** 타 법률 용어와 일치시키기 위한 변경은 예외에 해당하지 않는다.

02 다음 중 유동자산에 해당하지 않는 것은?

① 판매목적 또는 투자목적으로 보유하고 있는 자산
② 사용의 제한이 없는 현금및현금성자산
③ 보고기간종료일로부터 1년 이내에 현금화 또는 실현 될 것으로 예상되는 자산
④ 장기미수금이나 투자자산에 속하는 매도가능증권으로 1년 이내에 실현되는 부분

> **해설** 투자목적으로 보유하고 있는 자산은 비유동자산으로 분류된다.

03 다음 중 재무보고에 관한 설명으로 적절하지 못한 것은?

① 재무보고의 대표적 수단인 재무제표는 기업실체의 경제적 자원과 의무, 그리고 자본과 이들의 변동에 관한 정보를 제공하며 주석을 포함한다.
② 재무보고는 기업실체 외부의 다양한 이해관계자의 경제적 의사결정을 위해 유용한 재무정보를 제공하는 것을 목적으로 한다.

③ 재무보고는 투자자 및 채권자들이 합리적인 의사결정을 할 수 있도록 기업실체에 관한 과거의 현금흐름의 크기, 시기 및 불확실성을 평가하는데 유용한 정보를 제공하여야 한다.
④ 재무보고는 기업실체의 재무상태, 경영성과, 현금흐름 및 자본변동에 관한 정보를 제공하여야 한다.

> **해설** 재무보고는 투자자 등이 합리적 의사결정을 할 수 있도록 기업실체에 관한 미래현금흐름에 대한 정보를 제공하여야 한다.

04 다음 중 재무제표 정보의 특성과 한계를 설명하는 것으로 가장 적합하지 않은 것은?

① 재무제표는 주로 화폐단위로 측정된 정보를 제공한다.
② 재무제표는 대부분 과거에 발생한 거래 및 사건에 대한 정보를 나타낸다.
③ 재무제표는 추정에 의한 측정치를 포함하지 않는다.
④ 재무제표는 정보이용자의 정보요구를 충족시키기 위한 하나의 수단이다.

> **해설** 재무제표는 추정에 의한 측정치를 포함하고 있다.

05 일반기업회계기준에 의한 재무제표 작성과 표시의 일반원칙으로 맞는 것은?

① 재무제표는 재무상태표, 손익계산서, 현금흐름표, 자본변동표로 구성되며 주석을 제외한다.
② 재무제표의 작성과 표시에 대한 책임은 감사에게 있다.
③ 재무제표 본문과 주석에 적용하는 중요성에 대한 판단기준은 서로 같다.
④ 일반기업회계기준에 의하여 재무제표의 항목의 표시와 분류의 변경이 요구되는 경우에는 재무제표 항목의 표시와 분류의 계속성을 지키지 않아도 된다.

재무제표에는 주석을 포함하며, 재무제표의 작성과 표시에 대한 책임은 감사가 아닌 경영자에게 있다. 재무제표 본문과 주석에 적용하는 중요성에 대한 판단기준은 서로 다를 수 있다. 예를 들어 재무제표 본문에는 통합하여 표시하는 항목이라 할지라도 주석에는 이를 구분하여 표시할 만큼 중요한 항목이 되면 재무제표 본문에 통합하여 표시한 항목의 세부내용을 주석으로 기재한다.

06 다음 중 재무보고의 목적과 관계가 적은 것은?

① 재무상태, 경영성과 및 현금흐름에 관한 정보의 제공
② 자원의 효율적 배분에 관한 정보의 제공
③ 투자 및 신용의사결정에 유용한 정보의 제공
④ 경영자의 수탁책임 평가에 유용한 정보의 제공

자원의 효율적 배분은 경제학의 영역이고, 회계는 미래의 현금흐름을 예측하는 데 유용한 정보의 제공을 목적으로 한다.

07 재무정보가 가져야할 근본적 질적특성 중에는 목적적합성과 신뢰성이 있으며 정보의 속성상 이 정보들은 상충되는 경우가 있다. 재무보고의 목적을 최대한 달성할 수 있도록 제공되어야 하는 재무정보 중에서 이러한 목적적합성과 신뢰성의 상충관계를 비교하는 사례가 아닌 것은?

① 자산평가 : 역사적원가, 현행원가법
② 공사손익인식 : 공사진행기준, 공사완성기준
③ 재무제표보고시점 : 연차재무제표, 반기보고
④ 재고자산의 원가흐름 : 선입선출법, 후입선출법

선입선출법과 후입선출법은 단순한 재고자산의 원가흐름의 방법일 뿐 목적적합성과 신뢰성의 관계를 판별할 수 있는 사항이 아니다.

08 다음 중 재무제표의 작성과 표시에 대한 설명으로 틀린 것은?

① 정상영업주기 내에 판매되는 재고자산은 보고기간종료일부터 1년 이내에 실현되지 않더라도 유동자산으로 분류된다.
② 상계금지의 원칙에 따라 매출채권에 대한 대손충당금은 매출채권에서 직접 차감하여 표시할 수 없다.
③ 손익계산서 작성 시 제조업, 판매업 및 건설업 외의 업종에 속하는 기업은 매출총손익의 구분표시를 생략할 수 있다.
④ 자본은 자본금, 자본잉여금, 자본조정, 기타포괄손익누계액 및 이익잉여금(또는 결손금)으로 구분한다.

매출채권에 대한 대손충당금 등은 해당 자산이나 부채에서 직접 가감하여 표시할 수 있으며, 이는 문단 2.41의 상계에 해당하지 아니한다.(일반기업회계기준 2.43)

09 다음 중에서 현금및현금성자산 총액의 변동을 초래하지 않는 거래는?

① 이자비용 500,000원을 현금으로 지급하였다.
② 외상매출금 500,000원을 타인발행수표로 받았다.
③ 외상매입금 500,000원을 당좌수표를 발행하여 지급하였다.
④ 물품대로 받은 타인발행수표 500,000원을 보통예금에 예입하였다.

타인발행수표나 보통예금은 현금및현금성자산으로 분류되므로 당해 계정과목간의 교환은 현금및현금성자산의 총액의 변동을 초래하지 않는다.

10 다음은 (주)대구의 20x1년 회계연도말의 자료이다. 기말재무상태표에 보고될 현금및현금성자산은 얼마인가?

•당좌예금	80,000원
•우편환증서	60,000원
•지점 전도금	25,000원
•당좌차월	5,000원
•정기적금(만기 2년 이내)	5,000원
•국세환급통지서	20,000원
•양도성예금증서(180일 만기)	5,000원
•환매채(90일 환매조건)	15,000원

① 140,000원　　② 160,000원
③ 180,000원　　④ 200,000원

해설　당좌예금 80,000+지점 전도금 25,000+우편환증서 60,000+국세환급통지서 20,000+환매채 15,000 =200,000원

11 다음 거래와 관련하여 20x1년 3월 31일 (주)광개의 회계처리 중 옳은 것은?

•(주)광개는 20x1년 3월 31일 회수예정인 매출채권 1,000,000원을 현금 유동성을 확보하기위해, 20x1년 3월 1일 매각거래 조건으로 백제은행에 양도하였으며, 연리 12%를 적용한 수수료를 차감한 금액을 당좌예금 하였다.
•양도한 매출채권은 20x1년 3월 31일 무사히 결제되었다.

① (차) 단기차입금　　1,000,000
　　 (대) 매출채권　　　　1,000,000
② (차) 단기차입금　　990,000
　　 (대) 매출채권　　　　1,000,000
③ 분개없음
④ (차) 매출채권　　1,000,000
　　 (대) 당좌예금　　　　1,000,000

해설　양도 시 권리와 의무가 실질적으로 이전되는 매각거래 조건이므로 양도시 회계처리 하며, 만기일에는 회계처리를 하지 않음.

12 다음 중 현금성자산으로 분류할 수 있는 금융상품에 속하지 않는 것은?

① 취득 당시 만기가 3개월 이내에 도래하는 국공채
② 취득 당시 상환일까지의 기간이 3개월 이내인 상환우선주
③ 투자신탁의 계약기간이 3개월 이하인 초단기 수익증권
④ 보고기간말 현재 만기가 3개월 이내인 정기적금

해설　보고기간말 현재 만기가 3개월 이내인 정기적금은 단기금융상품으로 구분한다.

13 재고자산을 저가법으로 평가하는 경우 시가로 현행대체원가를 이용하여야 하는 것은?

① 상　품　　② 원재료
③ 재공품　　④ 제　품

해설　재고자산을 저가법으로 평가하는 경우 제품, 상품, 재공품의 시가는 순실현가능가치를 의미한다.

14 안국상사의 기말재고자산의 실사결과 실제 재고수량은 800개로 확인이 되었다. 재고와 관련된 내역이 다음과 같을 때, 저가법으로 평가한 재고자산 평가손실액은?

장부상 재고	1,000개	취득원가 (장부금액)	@100원
추정판매금액	@120원	추정판매비용	@30원

① 5,000원　　② 7,000원
③ 8,000원　　④ 10,000원

해설　재고자산 평가손실은 실제 재고수량에 시가가 장부금액보다 하락한 금액을 곱한 것이다.
• 순실현가능가치(NRV)=추정판매금액−추정판매비용
• 재고자산 단위당 순실현가능가치 : 120−30=90원
• 재고자산평가손실 : 재고자산장부금액(실제 재고)
　−재고자산의 순실현가능가치
　=800개×(100−90)=8,000원

15 다음은 (주)정상실업이 보유하고 있는 재고자산과 관련된 자료들이다. 이들 자료를 기초할 경우 기말 재무상태표상 재고자산의 장부금액은 얼마인가?

구 분	장부금액	현행대체원가	순실현가능가액
제 품	300,000원	280,000원	260,000원
재 공 품	40,000원	35,000원	42,000원
원 재 료	200,000원	180,000원	150,000원

① 540,000원   ② 520,000원
③ 500,000원   ④ 480,000원

 해설   판매목적으로 보유하고 있는 상품, 제품, 재공품, 반제품은 순실현가능가액을 시가로 간주하여 장부금액과의 차이를 평가손실로 인식하고, 사용목적으로 보유하고 있는 원재료는 현행대체원가를 시가로 간주하여 재고자산을 평가한다.
기말 재무상태표상 재고자산의 장부금액은 저가법에 의한 재고자산 평가액을 말한다.
260,000(제품)+40,000(재공품)+180,000(원재료)
=480,000원

16 (주)한국은 매출총이익률을 순매출액의 30%로 하고 있다. 다음 자료에 의하여 기말 재고자산은 얼마인가?

•총 매 출 액	20,000,000원
•매 출 환 입	1,000,000원
•총 매 입 액	15,000,000원
•매 출 할 인	1,000,000원
•매 입 환 출	1,000,000원
•기초재고자산	2,500,000원

① 3,800,000원   ② 3,900,000원
③ 4,000,000원   ④ 4,100,000원

해설   • 매출총이익 : (20,000,000−1,000,000−1,000,000)
　　×0.3=5,400,000원
• 매출원가 : 18,000,000−5,400,000=12,600,000원
• 기말재고자산 : 2,500,000+15,000,000−1,000,000
　−12,600,000=3,900,000원

17 도매업을 하고 있는 (주)전라도산업의 4월의 상품에 대한 거래 기록이다. 회사가 재고자산에 대해 원가의 흐름은 총평균법을 적용하고 재고시스템을 계속기록법을 적용할 경우, 4월의 매출원가는 얼마인가? (단, 소수점이하에서 반올림한다)

거래일자	적요	수량	단가
4. 1	기초재고	500개	1,500
4. 5	매출	400개	
4.20	매입	1,100개	1,200
4.25	매출	1,200개	
4.28	매입	700개	1,250

① 2,048,000원   ② 2,068,000원
③ 2,088,000원   ④ 2,108,000원

해설   평균단가 : (500×1,500+1,100×1,200
　+700×1,250)÷(500+1,100+700)=1,280원
매출원가 : (400+1,200)×1,280=2,048,000원

18 다음 중 재고자산과 관련된 설명으로 틀린 것은?

① 실지재고조사법은 장부정리가 간편하고 외부보고목적에 충실하다는 장점이 있다.
② 소매재고법은 판매가기준으로 평가한 기말재고금액에 구입원가, 판매가 및 판매가변동액에 근거하여 산정한 원가율을 적용하여 기말재고자산의 원가를 결정하는 방법이다.
③ 재고자산의 시가가 취득원가보다 하락한 경우에는 저가법을 사용한다.
④ 물가가 지속적으로 상승하고, 기말재고수량이 기초재고수량보다 증가하며, 빈번하게 매입매출이 이루어지는 경우 당기순이익의 크기는 후입선출법>평균법>선입선출법의 순서가 된다.

해설   선입선출법>평균법>후입선출법

19 다음 자료에 의하여 기말 재고자산의 회계처리로 가장 바른 것은?

- 장부상 재고자산 500개 @1,200원
- 조사에 의한 실제재고수량 450개
- 재고자산의 순 실현가능가액에 의한 단위당 평가액 @1,100원
- 재고자산의 현행원가에 의한 단위당 평가액 @1,150원
- 재고감모손실의 30%는 비정상적 발생

① (차) 매출원가　　　　　42,000
　　　재고자산평가손실　45,000
　　　재고자산감모손실　18,000
　　　(판매비와관리비)
　　　　　(대) 재고자산　　　　　60,000
　　　　　　　재고자산평가충당금　45,000

② (차) 매출원가　　　　　42,000
　　　재고자산평가손실　22,500
　　　재고자산감모손실　18,000
　　　(영업외비용)
　　　　　(대) 재고자산　　　　　60,000
　　　　　　　재고자산평가충당금　22,500

③ (차) 매출원가　　　　　42,000
　　　재고자산감모손실　22,500
　　　　　(대) 재고자산　　　　　60,000
　　　　　　　재고자산평가충당금　22,500
　　　　　　　재고자산평가손실　18,000
　　　　　　　(영업외비용)

④ (차) 매출원가　　　　　42,000
　　　재고자산평가손실　45,000
　　　재고자산감모손실　18,000
　　　(영업외비용)
　　　　　(대) 재고자산　　　　　60,000
　　　　　　　재고자산평가충당금　45,000

해설
- 재고자산 감모손실 : (500개-450개)×@1,200
　=60,000원
- 비정상적 감모손실 60,000×30%=18,000원(영업외비용)
- 재고자산 평가손실 : 450개×(@1,200-@1,100)
　=45,000원

20 다음 자료에 의하여 3차년도의 유형자산손상차손에 대한 회계처리로 가장 올바른 것은?

〈1차년도〉
- 유형자산 취득원가 1,200,000원
- 내용연수　5년
- 잔존가치　200,000원
- 정액법에 의하여 매년 말 감가상각

〈2차년도〉
- 기말 결산시점에서 동 유형자산의 회수가능가액 740,000원

〈3차년도 말〉
- 동 유형자산의 회수가능가액이 620,000원으로 회복

① (차) 유형자산손상차손누계액　60,000
　　　　　(대) 유형자산손상차손환입　60,000

② (차) 유형자산손상차손　180,000
　　　　　(대) 유형자산손상차손누계액　180,000

③ (차) 유형자산손상차손　200,000
　　　　　(대) 유형자산손상차손누계액　200,000

④ (차) 유형자산손상차손누계액　40,000
　　　　　(대) 유형자산손상차손환입　40,000

해설
- 2차년도까지 감가상각누계액 : (1,200,000-200,000)×2/5=400,000원
- 2차년도 말 손상차손=유형자산 장부금액-회수가능가액
　800,000-740,000=60,000원
- 3차년도 손상차손 환입액 계산
　-3차년도 감가상각비 :
　(740,000-200,000)×1/3=180,000원
　∴ 유형자산의 장부금액 :
　740,000-180,000=560,000원
　-손상차손 없이 정상적 감가상각시 장부금액
　1,200,000-(1,200,000-200,000)×3/5
　=600,000원
　-손상차손환입액 : 560,000-600,000
　=-40,000원(600,000원 한도)

21 다음은 기업회계기준에 의한 유형자산 손상에 대한 회계처리에 대한 설명이다. 이 중 가장 옳지 않은 것은?

① 유형자산의 사용강도나 사용방법에 현저한 변화가 있거나, 심각한 물리적 변형이 오면 손상차손을 검토하여야 한다.

② 유형자산의 사용 및 처분으로부터 기대되는 미래의 현금흐름총액의 추정액이 장부금액에 미달할 경우에는 손상차손을 인식한다.

③ 손상차손누계액은 재무상태표의 부채로 표시한다.

④ 유형자산의 회수가능가액은 순매각금액과 사용가치 중 큰 금액을 말한다.

> 해설 손상차손누계액은 유형자산의 취득금액에서 차감하는 형태로 표시한다.

22 유형자산의 폐기 및 처분에 관한 사항으로 옳은 것은?

① 유형자산의 폐기 및 처분과 관련하여 처분손익은 자본계정에서 처리한 후 추후 손익계산서의 영업외손익으로 반영한다.

② 폐기 또는 처분으로 발생하는 손익은 처분금액에서 취득원가를 차감한 차액으로 결정한다.

③ 유형자산의 처분시점을 결정할 때에는 수익인식에 관한 기업회계기준 중 재화의 판매에 관한 수익인식기준을 적용한다.

④ 유형자산을 영구적으로 폐기하여 미래의 경제적 효익을 기대할 수 없을 경우 재무상태표에서 제거하며, 반드시 주석으로 해당사항을 공시한다.

> 해설 유형자산의 폐기 및 처분과 관련하여 처분손익은 처분금액에서 취득원가에 감가상각누계액을 차감한 차액으로 하고 처분손익은 손익계산서의 영업외손익으로 반영한다.

23 다음은 한국회사의 기계장치에 관련된 자료는 다음과 같다. 기계장치와 관련된 순현금유입액은 얼마인가?

• 당기매각자산 감가상각누계액	150,000원
• 당기감가상각비	28,000원
• 당기매각자산 취득원가	214,000원
• 유형자산(기계장치)처분이익	12,000원

① 52,000원   ② 64,000원

③ 76,000원   ④ 88,000원

> 해설 기계장치의 처분의 회계처리는 다음과 같다.
> (차) 현   금   76,000 (대) 기계장치   214,000
>   감가상각누계액 150,000   (취득원가)
>   유형자산처분이익 12,000

24 (주)한라는 공장에서 사용하던 기계장치(A)를 매각하였다. 기계장치(A)와 관련된 자료가 다음과 같을 경우 (주)한라가 인식하여야 할 처분손익은 얼마인가? 단, 기계장치(A)의 내용년수는 5년이며 감가상각방법은 정액법으로 월할 상각한다.

• 기계장치(A)의 취득원가	50,000,000원
• 기계장치(A)의 전기말 감가상각누계액	25,000,000원
• 처 분 일 : 20x1년 6월 30일(회계기간 1월 1일– 12월 31일)	
• 양도금액 : 15,000,000원	
• 당해 자산의 잔존가치는 없는 것으로 한다.	

① 5,000,000원 손실

② 10,000,000원 손실

③ 5,000,000원 이익

④ 10,000,000원 이익

> 해설 • 20x1년 6월 30일 현재 장부금액
> $(50,000,000 - 25,000,000 - 5,000,000) =$ 20,000,000원
> • 처분손익 : $20,000,000 - 15,000,000 = 5,000,000$원(손실)
> 20x1년 6월 30일 처분하였으므로 1월 1일부터 처분한 날까지 감가상각비를 계상하여야 한다.
> $(50,000,000 \times 1/5 \times 6/12 = 5,000,000$원$)$

25 수익적 지출로 처리하여야 할 것을 자본적 지출로 잘못 회계 처리한 경우 재무제표에 미치는 영향이 아닌 것은?

① 현금 유출액이 과대 계상된다.

② 당기순이익이 과대 계상된다.

③ 자본이 과대 계상된다.

④ 자산이 과대 계상된다.

> 해설 비용을 자산으로 계상하게 되면 자산과 당기순이익이 과대 계상되고 자본이 과대 계상된다. 그러나 현금 유출액은 동일하다.

26 (주)대한산업은 보유중인 기계장치(A)를 동업종을 영위하는 (주)세무의 동종의 기계장치(B)로 교환하였으며, 기계장치에 대한 공정가치의 차액에 대하여는 추가로 현금을 지급하였다. (주)대한산업의 입장에서 기계장치(B)의 취득원가는?

항 목	기계장치(A)	기계장치(B)
취득원가	2,500,000원	4,800,000원
잔존가치	0원	0원
감가상각방법	정액법	정액법
내용연수	5년	8년
전기말 상각누계액	1,300,000원	
매각시점 감가상각누계액		2,700,000원
공정가치	700,000원	1,700,000원
교환일자	201X년 6월 30일	

① 950,000원   ② 1,200,000원
③ 1,700,000원   ④ 1,950,000원

해설 동종 유형자산을 교환에 의하여 취득하는 경우 교환으로 받은 자산의 원가는 교환으로 제공한 자산의 장부금액으로 한다.
- 기계장치(A)의 장부금액 : 취득원가−교환시점의 감가상각누계액
- 교환시점의 감가상각누계액 : 1,300,000+250,000 =1,550,000원
- 장부금액 : 2,500,000−1,550,000=950,000원
- 기계장치(B)의 취득원가 : 기계장치(A)의 장부금액+현금지급액
 950,000+1,000,000=1,950,000원

27 다음 자료에 의하여 보유하고 있는 유형자산을 타사가 보유하고 있는 동종의 유형자산과 교환하려 한다. 교환시 가장 바른 회계처리는?

- 동일한 업종 내에서 유사한 용도로 사용되는 자산의 교환
- 교환일 현재 보유 유형자산의 상각누계액 공제 전 장부금액 3,000,000원(동 자산의 감가상각누계액 200,000)
- 타사로부터 교환에 의하여 제공받는 자산의 공정가치는 2,400,000원으로 평가

① (차) 유형자산손상차손   400,000
    (대) 유형자산손상차손누계액   400,000

② (차) 유형자산   2,400,000
    유형자산감가상각누계액   600,000
    (대) 유형자산   3,000,000

③ (차) 유형자산손상차손   400,000
    유형자산   2,400,000
    유형자산손상차손누계액   600,000
    (대) 유형자산손상차손누계액   400,000
    유형자산   3,000,000

④ (차) 유형자산손상차손   400,000
    유형자산   2,400,000
    유형자산감가상각누계액   200,000
    유형자산손상차손누계액   400,000
    (대) 유형자산손상차손누계액   400,000
    유형자산   3,000,000

해설
- 교환으로 받은 자산의 공정가치에 비추어 제공한 자산에 손상차손이 발생하였음을 알 수 있을 경우에는 손상차손을 먼저 인식하고 손상차손 차감 후의 장부금액을 수취한 자산의 취득원가로 회계처리
- 손상차손 인식전 장부금액
 3,000,000−200,000=2,800,000원
- 손상차손=장부금액−교환으로 받는 자산의 공정가치
 2,800,000−2,400,000=400,000원

28 기업회계기준상 유형자산의 취득원가에 대한 설명이다. 바르지 못한 것은?

① 취득원가는 구입원가 또는 제작원가와 자산을 사용할 수 있도록 준비하는데 직접 관련이 있는 설치비, 외부 운송비, 취득과 관련된 제세공과금 등을 포함한다.

② 증여로 취득한 경우에는 공정가액을 취득원가로 한다.

③ 유형자산의 취득과 관련하여 국·공채 등을 불가피하게 매입하는 경우 당해 채권의 매입가액과 기업회계기준에 의해 평가한 현재가치와의 차액은 유형자산의 취득원가에 포함한다.

④ 건물을 신축하기 위하여 사용 중인 기존 건물을 철거하는 경우 그 건물의 장부가액과 철거비용은 취득원가에 포함한다.

해설 건물을 신축하기 위하여 사용 중인 기존 건물을 철거하는 경우, 그 건물의 장부금액은 제거하여 처분손실로 반영하고 철거비용은 전액 당기비용으로 처리

29 (주)한국은 20x1년 1월 1일 연구용 기계장치를 5,000,000원에 취득하였다. 취득자금 중 4,000,000원은 정부로부터 받은 보조금이다. 동 기계장치의 내용년수는 5년이며, 정액법을 적용하고, 잔존가치는 없는 것으로 예상된다. 20x1년 (주)한국이 손익계산서상 이익에 동 기계장치의 감가상각이 미치는 영향은?

① 1,000,000원 이익을 감소시킨다.

② 200,000원 이익을 감소시킨다.

③ 1,000,000원 이익을 증가시킨다.

④ 200,000원 이익을 증가시킨다.

해설 정부보조금은 취득자산에서 차감하는 형식으로 표시하며 그 상각액은 감가상각비와 상계한다.
- 기계장치의 감가상각비 : 5,000,000 × 1 / 5 =1,000,000원
- 정부보조금의 상각액 : 4,000,000 × 1/5 =800,000원
- 이익에 미치는 영향 : 1,000,000 − 800,000 =200,000원(감소)

30 (주)서울산업은 20x1년 7월1일에 공장용 토지 건물을 200,000,000원에 일괄 구입하면서 국민주택채권(액면금액 30,000,000원)을 함께 매입하였다. 채권은 만기까지 보유할 예정이고 채권 및 건물에 대한 조건이 다음과 같이 주어졌을 때 20x1년의 감가상각비와 이자수익은 얼마인가? (단, 소수점 첫째자리에서 반올림한다)

- 국민주택채권 : 만기 3년, 액면이자율 4%, 시장이자율 10%, 액면금액 30,000,000원
- 이자율 10%이고 기간이 3년인 경우의 정상연금 1원의 현재가치는 2.4869이고, 1원의 현재가치는 0.7513이다.
- 건물의 내용연수 40년, 상각방법 정액법, 잔존가치 없음
- 일반기업회계기준상 취득금액의 60%는 토지의 취득원가이다.

	감가상각비	이자수익
①	1,022,384원	1,276,164원
②	1,022,384원	1,350,564원
③	1,276,164원	1,350,564원
④	1,276,164원	1,386,164원

해설 채권의 매입금액과 시가(현재가치)의 차액은 유형자산의 취득원가에 산입한다.

- 채권의 현재가치(시가) : $30,000,000 \times 0.7513 + 1,200,000 \times 2.4869 = 25,523,280$원
- 토지 건물의 취득금액 : $200,000,000 + (30,000,000 - 25,523,280) = 204,476,720$원
- 건물의 감가상각비 : $(204,476,720 - 0) \times (1 - 60\%) \times \dfrac{1}{40} \times \dfrac{6월}{12월} = 1,022,384$원
- 이자수익 : $25,523,280 \times 10\% \times \dfrac{6월}{12월} = 1,276,164$원

31 다음 중 무형자산의 회계처리에 대한 설명으로 가장 바른 것은?

① 당해 무형자산의 공정가치 또는 회수가능가액이 증가하면 증가분만큼 신 무형자산의 취득으로 간주하여 변경된 취득원가를 상각한다.

② 무형자산의 미래 경제적 효익과 법적 권리의 갱신이 확실하게 보장되더라도 내용연수가 법적권리의 기간을 초과할 수 없다.

③ 무형자산의 창출을 위한 개발단계에서도 일정 요건을 충족하면 무형자산으로 회계처리가 가능하다.

④ 무형자산으로 인식되기 위해서는 당해 자산으로부터 발생하는 경제적 효익이 기업에 유입될 가능성이 매우 높고 자산의 취득원가를 목적적합하게 측정할 수 있어야 한다.

해설 ① 증가분을 취득원가로 산정 및 상각 불가
② 갱신이 실질적으로 거의 확실한 경우 법적권리 초과 가능
④ 신뢰성 있는 측정이어야

32 다음 자료에 의하여 무형자산의 합계액은 얼마인가?

- 연구단계에서 발생한 지출   25,000원
- 공작기계를 제어할 수 있는 소프트웨어로 공작기계의 일부로 볼 수 있는 자산   3,000원
- 창업비   10,000원
- 기업결합에서 발생한 식별 불능 영업권 12,000원
- 숙련된 종업원으로부터 미래에 창출될 경제적 효익   15,000원

① 0원   ② 25,000원

③ 35,000원   ④ 78,000원

해설 모두 무형자산 인식기준 위배

33 다음 중 무형자산 상각에 대한 설명으로 옳지 않은 것은?

① 무형자산의 감가상각시 합리적인 상각방법을 정할 수 없을 경우에는 정률법을 사용한다.

② 원칙적으로 상각기간은 관련법령이나 계약에 정해진 경우를 제외하고는 20년을 초과할 수 없다.

③ 무형자산의 잔존가치는 없는 것을 원칙으로 한다.

④ 무형자산 중 컴퓨터소프트웨어 등과 같이 기술적 진부화의 영향을 받아 경제적 효익이 매우 단기로 예상되는 경우에는 경제적 실질이 가장 충실히 반영되는 내용연수동안 상각한다.

> **해설** 무형자산의 상각방법은 합리적인 방법이어야 한다. 다만, 합리적인 상각방법을 정할 수 없는 경우에는 정액법을 사용한다.

34 동서상사는 남북회사가 20x1년 1월 1일 발행한 액면금액 100,000원의 사채(액면이자율 : 반기별 6%, 이자지급 : 매년 6월 30일, 12월 31일, 만기 : 3년)를 20x1년 5월 1일에 현금 98,000원(기간경과분 이자 포함)에 단기시세차익목적으로 구입하였다. 올바른 분개는?

① (차) 미수이자   4,000   (대) 현   금   98,000
　　　단기매매증권 94,000

② (차) 단기매매증권 98,000 (대) 현   금   98,000

③ (차) 이 자 수 익   4,000   (대) 현   금   98,000
　　　단기매매증권 94,000

④ (차) 이 자 비 용   4,000   (대) 현   금   98,000
　　　단기매매증권 94,000

> **해설** 기간 경과분 액면이자 : 100,000 × 6% × 4/6 = 4,000원
> 단기매매증권의 취득금액 : 98,000 − 4,000 = 94,000원

35 (주)서울의 단기매매증권과 관련된 내용 중 틀린 것은?

종 목	20x1년 취득	20x1년말 공정가치	20x2년말 공정가치
단기매매증권(유동자산)	3,000,000원	2,500,000원	3,100,000원

① 20x1년말 단기매매증권평가손실은 500,000원이다.

② 20x2년말 재무상태표상 단기매매증권 금액은 3,100,000원이다.

③ 20x2년말 단기매매증권평가이익은 100,000원이다.

④ 단기매매증권평가손익은 당기손익에 반영한다.

> **해설** 20x2년말 단기매매증권평가이익 :
> 3,100,000 − 2,500,000 = 600,000원

36 (주)백두는 20x1년 3월 1일에 코스피 상장업체의 주식을 500,000원에 취득하고 매도가능증권으로 계정 분류하였다. 당해 주식의 20x1년 12월 31일(보고기간 말) 시장가격이 550,000원이 되었다. 이 경우 기업회계기준에 따라 재무제표를 작성할 때 재무제표에 미치는 영향으로 옳은 것은?

① 유동자산이 증가함

② 자산총액이 불변임

③ 자본이 증가함

④ 비유동자산은 불변임

> **해설** 매도가능증권은 공정가치에 따라 평가하고 미실현손익은 자본항목으로 처리하도록 하고 있다.

37 다음은 만기까지 채무증권을 보유할 적극적 의도가 없는 경우이다. 이에 해당하지 않는 것은?

① 만기까지 보유 여부를 분명히 정하고 있지 아니한 경우

② 채무증권의 발행자가 채무증권의 상각후 취득원가보다 현저하게 낮은 금액으로 중도상환권을 행사할 수 있는 경우

③ 합리적으로 예상할 수 없는 비반복적인 상황변동에 대응하여 매도하는 경우 제외하고, 시장이자율 또는 위험의 변동 등의 이유로 매도할 의도가 있는 채무증권의 경우

④ 채무증권의 발행자가 중도상환권을 가지고 있으나 만기 또는 중도 상환 때까지 이를 보유할 의도와 능력을 가지고 있고 장부금액의 대부분을 회수할 수 있는 경우

> **해설** 채무증권의 발행자가 중도상환권을 가지고 있는 경우에도 채무증권의 보유자가 만기 또는 중도 상환 때까지 이를 보유할 의도와 능력을 가지고 있고 장부금액의 대부분을 회수할 수 있다면, 그 채무증권은 만기보유증권으로 분류한다.

38 다음 중 (주)기창의 20x2년 매도가능증권의 처분손익은 얼마인가?

> •20x1년 3월1일, (주)기창은 매도가능증권을 취득하였다.
> •20x1년 12월31일, 관련 계정잔액 부분표시
>
> **재무상태표**
>
> | 매도가능증권 | 1,500,000 | 매도가능증권평가이익 | 300,000 |
> |---|---|---|---|
>
> •20x2년 9월30일, 매도가능증권(50%)을 800,000원에 처분하였다.

① 200,000원 손실   ② 200,000원 이익
③ 300,000원 손실   ④ 300,000원 이익

> **해설** 처분손익 : 800,000-(1,500,000-300,000)×50%
> =200,000원(이익)

39 다음 중 지분법적용투자주식의 분류와 평가에 대한 설명으로 틀린 것은?

① 지분법피투자회사의 순자산금액 변동이 당기순손익과 전기이월이익잉여금을 제외한 자본의 증가 또는 감소로 인하여 발생한 경우 지분변동액은 기타포괄손익누계액(지분법자본변동)으로 처리한다.

② 투자회사가 지분법피투자회사의 손실을 반영하여 지분법적용투자주식의 장부금액이 '0'이하가 되면 지분변동액에 대한 인식을 중지하고 지분법적용투자주식을 '0'으로 처리한다.

③ 일반적으로 투자회사가 직간접적으로 피투자회사의 의결권 있는 주식의 30% 이상을 보유한 경우 중대한 영향력이 있는 것으로 본다.

④ 투자기업은 지분법 피투자회사가 배당금 지급을 결의한 시점에 투자기업이 수취하게 될 배당금 금액을 지분법적용투자주식에서 직접 차감한다.

> **해설** 일반적으로 투자회사가 직간접적으로 피투자회사의 의결권 있는 주식의 20% 이상을 보유한 경우 중대한 영향력이 있는 것으로 본다.

40 다음 중 기업회계기준에 의한 우발손실(우발이득) 회계처리에 대한 설명으로 가장 옳지 않은 것은?

① 우발이득의 금액이 합리적으로 추정가능하며 그 발생이 99.9% 확실한 경우에도 재무제표에 자산으로 계상하지 않으며, 다만 내용 등을 주석으로 공시한다.

② 우발손실의 발생이 거의 확실하고, 그 금액을 합리적으로 추정할 수 있는 경우에는 재무제표에 우발부채를 인식하면 되고 별도로 그 내용 등을 주석으로 공시할 필요는 없다.

③ 우발손실의 금액이 일정범위로 추정되는 경우에는 가장 합당한 추정치로 계상하되, 그 금액을 추정할 수 없는 경우에는 최소금액으로 계상한다.

④ 우발손실의 발생가능성이 거의 없더라도 중요한 계류 중인 소송사건에 대한 내용은 별도로 주석으로 공시되어야 한다.

> **해설** 우발손실의 발생이 거의 확실하고, 그 금액을 합리적으로 추정할 수 있는 우발부채라도 재무제표에 부채로 인식하지 않고 그 내용을 주석으로 공시해야 한다.

41 다음 사채와 관련된 설명 중 가장 잘못된 것은?

① 사채발행차금은 유효이자율법에 의하여 상각(환입)하도록 되어 있다.

② 사채가 할인발행되면 매년 인식하는 이자비용은 감소한다.

③ 사채의 시장이자율이 액면이자율보다 높은 경우에 사채는 할인발행된다.

④ 사채의 발행금액은 사채의 미래현금흐름을 발행당시의 시장이자율로 할인한 현재가치로 결정된다.

> **해설** 사채가 할인발행되면 매년 인식하는 이자비용은 증가한다.

42 다음 (가)에 들어갈 말로 알맞은 것은?

> 과거의 사건이나 거래의 결과에 의한 현재의무로서, 지출의 시기 또는 금액이 불확실하지만 그 의무를 이행하기 위하여 자원이 유출될 가능성이 매우 높고 또한 당해 금액을 신뢰성있게 추정할 수 있는 의무를 (가)라 한다.

① 유동부채   ② 우발부채
③ 충당부채   ④ 손실부담계약

43 다음 자료에 의하여 사채의 조기상환에 따른 사채상환손실은?

> • 사채발행 액면금액   10,000,000원
> • 사채발행일   20x1년 1월 1일
>   (만기 3년, 이자지급일 12월 31일)
> • 할인발행액   9,600,000원
> • 표시이자율   8%
> • 유효이자율   10%
> • 1년 경과에 대한 사채이자는 현금으로 지급하고 할인발행차금을 상각했음.
> • 사채이자의 현금 지급과 할인발행에 대한 회계처리 직후, 현금 9,800,000원으로 사채를 조기상환함.

① 20,000원   ② 30,000원
③ 40,000원   ④ 50,000원

해설
• 20x1년 유효이자 : 9,600,000 × 10% = 960,000원
• 20x1년 액면이자 : 10,000,000 × 8% = 800,000원
• 20x1년 차금상각액 960,000 − 800,000 = 160,000원
• 20x1년 말 사채의 장부금액 : 9,600,000 + 160,000 = 9,760,000원
• 조기상환 시 사채발행차금 일시상각액 : 10,000,000 − 9,760,000 = 240,000원
• 사채상환손실 : 9,760,000 − 9,800,000 = 40,000원

44 안동상사는 20×1년 1월 1일에 액면 100,000원의 사채를 액면이자율 8%, 유효이자율 12%를 적용하여(만기 3년) 90,394원에 발행하였다. 안동상사가 발행시부터 만기까지 부담해야 할 총이자비용은 얼마인가?

① 18,000원   ② 19,606원
③ 24,000원   ④ 33,606원

해설 사채의 이자비용은 현금이자와 사채할인발행차금의 총합계이다.
(100,000 × 8% × 3년) + (100,000 − 90,394) = 33,606원

45 충당부채, 우발부채, 우발자산에 대한 설명으로 틀린 것은?

① 자원의 유출가능성이 거의 없으면 충당부채와 우발부채는 원칙적으로 공시하지 않는다.
② 자원의 유출가능성이 어느 정도 있으나 미래에 발생될 금액의 추정이 불가능하면 우발부채로 주석에 기재한다.
③ 우발자산은 자원유입가능성이 매우 높지 않으면 미래에 발생될 금액의 추정가능여부에 관계없이 공시하지 않는다.
④ 자원의 유입가능성이 매우 높고 미래에 발생될 금액의 추정이 불가능하면 우발자산으로 공시하지 않는다.

해설 자원의 유입가능성이 매우 높고 미래 발생될 금액의 추정이 불가능하면 우발자산으로 주석에 기재한다.

46 사채가 할인발행되고 유효이자율법이 적용되는 경우에 대한 설명 중 틀린 것은?

① 사채할인발행차금 상각액은 매기 증가한다.
② 사채의 장부금액은 기간이 지날수록 금액이 커진다.
③ 매기간 계상되는 사채이자비용은 기간이 지날수록 금액이 커진다.
④ 사채발행시점에 발생한 사채발행비는 당기 비용으로 처리한다.

해설 사채발행시점에 발생한 사채발행비는 비용 처리하지 않고 사채발행차금에 가감하여 사채의 만기 동안의 기간에 걸쳐 유효이자율법을 적용하여 상각한다.

47 알통상회는 20x1년 1월 1일, 액면금액 100,000원의 사채를 발행하고 다음과 같이 회계 처리하였다. 20x1년 12월 31일, 동 사채의 40%를 37,000원에 상환하였다면 사채상환손익은 얼마인가?

- 20x1. 1. 1
  (차) 보통예금 96,000 (대) 사 채 100,000
  사채할인발행차금 4,000
- 20x1. 12. 31
  (차) 이자비용 9,750 (대) 보통예금 8,400
  사채할인발행차금 1,350

① 상환이익 1,060원   ② 상환이익 1,940원
③ 상환손실 1,060원   ④ 상환손실 1,940원

20x1년 12월 31일 40% 사채상환시 분개
(차) 사 채 40,000 (대) 보통예금 37,000
            사채할인발행차금 1,060
            사채상환이익 1,940
- 사채발행차금 상각액 : (4,000−1,350)×40%=1,060원

48 다음 자료는 자본항목을 열거한 것이다. 이 중 자본조정항목은 얼마인가?

- 주식발행초과금   50,000원
- 이익준비금   30,000원
- 자기주식처분손실   40,000원
- 기업합리화적립금   30,000원
- 재무구조개선적립금   30,000원
- 감자차손   20,000원

① 40,000원   ② 60,000원
③ 80,000원   ④ 90,000원

자본조정항목 : 자기주식처분손실, 감자차손

49 자본거래에 대한 다음 설명 중 옳은 것은?
① 무상증자는 발행주식수가 증가하고 주식병합은 그 수가 감소하나, 모두 총 자본에 영향은 없다.
② 자기주식을 처분시 발생하는 자기주식처분손익은 영업외손익으로 처리한다.
③ 주식분할은 총 자본에 영향을 주지 않지만, 주식배당은 총 자본을 증가시킨다.
④ 주식을 할인발행하는 경우에는 실질적으로 자본이 감소한다.

자기주식처분손실은 자본조정항목이며, 주식배당은 총자본에 영향을 끼치지 않는다. 주식을 할인 발행하는 경우에도 자본은 증가한다.

50 다음 자료에 의하여 재무상태표의 자본총계를 바르게 구한 것은?

- 자본금   10,000,000원
- 주식발행초과금   1,200,000원
- 매도가능증권평가이익   300,000원
- 해외사업환산이익   800,000원
- 자기주식처분손실   600,000원
- 매도가능증권처분손실   200,000원

① 11,200,000원   ② 11,500,000원
③ 11,700,000원   ④ 11,900,000원

- 매도가능증권처분손실은 손익계산서의 영업외항목
- 자본총계=자본금+주식발행초과금+매도가능증권평가이익+해외사업환산이익−자기주식처분손실

51 (주)기창의 20x1년 자본과 자기주식 내역은 아래와 같다. 다음 설명 중 틀린 것은?

- 20x1. 1. 1 : 자본금 50,000,000원, 감자차손 100,000원
- 20x1. 3.15 : 자기주식을 1,500,000원(주식수 500주, 액면단가 5,000원, 취득단가 3,000원)에 취득하다.
- 20x1. 9.20 : 자기주식 중 100주를 소각하다.

① 기말 현재 자기주식은 1,200,000원이 계상된다.
② 기말 현재 자본금은 49,500,000원이다.
③ 기말 현재 감자차익은 200,000원이다.
④ 자본잉여금은 100,000원이 계상된다.

감자차익은 감자차손과 먼저 상계하여야 한다.
- 3월 15일
  (차) 자기주식 1,500,000 (대) 현금등 1,500,000
- 9월 20일
  (차) 자본금 500,000 (대) 자기주식 300,000
            감자차손 100,000
            감자차익 100,000

52 금융비용의 자본화에 있어서 자본화 기간의 개시시점에 필요한 조건이 아닌 것은?
① 차입원가(금융비용)의 발생
② 자본화대상 적격자산을 의도된 용도로 사용하거나 판매하기 위한 취득활동이 진행 중일 것
③ 자본화 대상 적격자산에 대한 지출 발생

④ 자본화 대상 적격자산의 물리적인 제작이 완료됨

자본화 대상 자산의 물리적인 제작이 완료된 경우 자본화를 종료한다.

53 다음 중 수익의 인식기준에서 재화매출, 용역매출, 이자수익, 배당금수익, 로열티 수익의 인식요건에 공통으로 적용되는 요건은?

> 1. 소유에 따른 위험과 효익의 대부분 구매자에 이전된다.
> 2. 경제적효익의 유입가능성이 매우 높다.
> 3. 진행률을 신뢰성있게 측정할 수 있다.
> 4. 수익금액을 신뢰성있게 측정할 수 있다.
> 5. 거래와 관련하여 발생할 거래원가와 관련비용을 신뢰성있게 측정할 수 있다.

① 2, 5   ② 1, 2
③ 2, 4   ④ 3, 5

공통 인식기준은 경제적 효익의 유입가능성과 수익금액의 신뢰성 있는 측정이다.

54 다음 중 금융비용 자본화에 대한 기업회계기준의 내용과 가장 일치하는 것은?

① 일반차입금에 대하여 자본화할 차입원가는 당해 자금의 일시적 운용에서 생긴 수익을 차감하지 아니한다.
② 일반차입금에 대한 차입원가를 먼저 자본화한 후 특정차입금에 대한 차입원가를 자본화한다.
③ 특정차입금에 대하여 자본화할 차입원가는 당해 자금의 일시적 운용에서 생긴 수익을 차감하지 아니한다.
④ 특정외화차입금의 경우 외환차이는 한도 없이 전액을 자본화한다.

특정차입금에 대한 차입원가를 먼저 자본화하고, 일반차입금과 달리 특정차입금에서 발생한 차입원가에서 자금의 일시적 운용에서 생긴 수익을 차감한 금액을 자본화한다. 외화차입금에 대한 차입원가에 외환차이를 가감한 금액이 유사한 조건의 원화차입금에 대한 이자율 또는 원화차입금의 가중평균이자율을 적용하여 계산한 차입원가를 초과하지 않는 범위 내에서만 외환차이를 자본화한다.

55 다음 중 수익으로 인식하는 경우는?

① 인도된 재화의 결함에 대하여 정상적인 품질보증범위를 초과하여 책임을 지는 경우
② 거래이후 판매자가 소유에 따른 위험을 일부 부담하더라도 위험의 크기가 별로 중요하지 않은 경우
③ 판매대금의 회수가 구매자의 재판매에 의해 결정되는 경우
④ 구매자가 판매계약에 따라 구매를 취소할 권리가 있고, 해당 재화의 반품가능성을 예측하기 어려운 경우

56 일반기업회계기준의 수익인식기준에 대한 설명이다. 이 중 잘못된 수익인식기준은?

① 배당금수익은 받을 권리와 금액이 확정되는 시점에 인식한다.
② 예술공연 등에서 발생하는 입장료수익은 행사가 개최되는 시점에 인식한다.
③ 상품권을 판매하는 경우 판매하는 때에 매출을 인식한다.
④ 이자수익은 원칙적으로 유효이자율을 적용하여 발생기준에 따라 인식한다.

상품권을 판매하는 경우 판매시에는 선수금의 계정으로 처리하고, 물품 등을 판매하여 상품권을 회수하는 때에 매출을 인식한다.

57 다음 자료에 의한 장기할부판매액의 명목가치와 공정가치의 차액에 대한 회계처리로 바른 것은?

> • 상품의 정상적 판매대가   5,000,000원
> • 매출에누리   100,000원
> • 매출환입   50,000원
> • 할부판매에 의한 장기간 명목유입액의 합계액
>   5,150,000원

① 명목가치 5,150,000원 중 현금 유입 발생 시마다 수익으로 인식
② 명목가치와 공정가치의 차액 300,000원을 판매보증충당금으로 처리
③ 명목가치와 공정가치의 차액 150,000원을 이자수익으로 처리
④ 명목가치와 공정가치의 차액 300,000원을 이자수익으로 처리

해설 매출에누리와 환입은 수익에서 차감하여야 하므로 공정가치는 4,850,000원이다.
그리고 공정가치가 명목가액보다 작은 경우 차액 300,000원은 이자수익으로 인식한다.

58 다음 중 이연과 발생(예상)의 예로 알맞은 것은?

	이연	발생(예상)
①	선수수익, 선급비용	미수수익, 미지급비용
②	선급비용, 미지급비용	미수수익, 선급비용
③	미수수익, 미지급비용	선수수익, 선급비용
④	선급비용, 미수수익	선수수익, 미지급비용

59 기업회계기준에 따라 현재가치에 의해 평가되어야 할 채권 또는 채무에 해당하지 않는 것은?

① 장기의 선급금과 선수금
② 장기금전대차거래에서 발생하는 채권과 채무
③ 장기연불조건의 매매거래에서 발생하는 채권과 채무
④ 리스회계에 있어서의 금융리스부채

해설 선급금과 선수금은 비화폐성자산 및 부채에 해당하므로 현재가치평가를 하지 않는다.

60 다음 중 수익인식에 대한 설명으로 옳은 것은?

① 수출대행회사에 있어서의 수익은 수출대금 전체를 수익으로 인식한다.
② 백화점 등에 입점한 매점의 매출액 전체를 백화점수익으로 인식한다.
③ 거래의 중개만을 목적으로 하는 인터넷쇼핑몰 운영회사는 재화판매대금에 대한 수수료만을 수익으로 인식한다.
④ 임대업을 영위하는 회사는 임대매장에서 발생하는 임차인의 판매금액도 수익으로 인식한다.

해설 기업이 재화의 소유에 따른 위험과 효익을 가지지 않고 타인의 대리인 역할을 수행하여 재화를 판매하는 경우에는 판매금액 총액을 수익으로 계상할 수 없으며 판매수수료만을 수익으로 인식해야 한다.

61 (주)백두의 당해연도 회계자료는 다음과 같다. (주)백두가 손익계산서에 보고하여야 할 영업이익은 얼마인가?

기 초 상 품	1,200,000원	기 말 상 품	2,450,000원
매 출 액	95,930,000원	당기 매입액	83,500,000원
급 여	10,475,000원	매 출 채 권 대손상각비	182,500원
감가상각비	80,000원	배당금 수익	100,000원
자 기 주 식 처 분 이 익	200,000원	이 자 비 용	335,000원
단 기 매 매 증권처분이익	300,000원	잡 이 익	300,000원

① 2,657,500원   ② 2,877,500원
③ 2,942,500원   ④ 3,068,000원

해설
• 매출액 : 95,930,000원
• 매출원가 : 1,200,000+83,500,000−2,450,000
　　　　　=82,250,000원
• 판매비와관리비 : 10,475,000+182,500+80,000
　　　　　=10,737,500원
• 영업이익 : 95,930,000−82,250,000−10,737,500
　　　　　=2,942,500원

62 다음 거래상황에서 가구제조업체 (주)대한산업의 수익인식의 시점은?

부엌가구를 제조하는 (주)대한산업은 대형아파트 단지에 부엌가구를 납품하기로 하다. 한국건설회사의 검사결과에 따라 대금을 지급받는 조건으로 약정하여 계약을 체결하고 (ㄱ)일에 가구 설치를 완료하였다. 한국건설회사는 (ㄴ)일에 해당 검사가 정상적으로 완료되었음을 통보하였고 이후 (ㄷ)일에 대금을 3개월 후 만기의 어음으로 결제받았다.

① (ㄱ)일
② (ㄴ)일
③ (ㄷ)일
④ (ㄷ)일에서 3개월이 경과한 시점

63 (주)낙동강산업은 20x1년 영업과 관련하여 거래처로부터 700,000원을 현금으로 회수하고 450,000원의 영업비를 현금으로 지출하였다. (주)낙동강산업의 현금주의 순이익이 250,000원이라고 할 때, 다음 관련된 자료를 이용하여 (주)낙동강산업의 발생주의 순이익을 계산하면 얼마인가?

구분	기초(1/1)	기말(12/31)
매출채권	40,000원	15,000원
재고자산	7,800원	13,000원
매입채무	17,000원	12,000원

① 205,200원   ② 215,200원

③ 225,200원   ④ 235,200원

 해설

발생주의 당기순이익	?
가산(차감) :	
매출채권 감소	25,000
재고자산 증가	-5,200
매입채무 감소	-5,000
현금주의 당기순이익	250,000

발생주의 당기순이익 :
250,000 - (25,000 - 5,200 - 5,000) = 235,200원

64 다음 중에서 회계추정의 변경에 해당하는 것은?

① 재고자산의 평가방법을 선입선출법에서 후입선출법으로 변경함.

② 감가상각방법을 정액법에서 정률법으로 변경함.

③ 단기건설공사의 수익인식기준을 진행기준에서 완성기준으로 변경함.

④ 유가증권의 취득단가산정방법의 변경

65 (주)해원이 제3기 1월 1일에 기계장치를 2,500,000원에 취득하여 내용연수 5년, 잔존가치 없이 정액법으로 감가상각하다가 제5기 1월 1일에 기계장치에 대한 자본적 지출 300,000원을 지출하여 기계장치에 대한 내용연수가 잔존가치 없이 제8기 12월 31일까지로 연장되었다. 제5기 기계장치에 대한 감가상각비는 얼마인가?(회계기간은 매년 1월 1일부터 12월 31일까지로 한다)

① 380,000원   ② 400,000원

③ 430,000원   ④ 450,000원

해설 ④ 제3기~제4기 감가상각비 = 2,500,000원 / 5년×2년 = 1,000,000원
제5기 감가상각비 = (2,500,000원 - 1,000,000원 + 300,000원) / 4년 = 450,000원
회계추정의 변경(내용연수의 변경)은 전진적으로 처리하여 그 효과를 당기와 당기이후의 기간에 반영한다.(일반기업회계기준 5.14)

66 다음 각 계정과목의 환율자료를 이용하여 20x1년 손익계산서에 표시되어야 할 외화환산손익은 얼마인가?

구 분	마감환율	거래일의 환율
• 매출채권	370,000원	320,000원
• 선급비용	60,000원	55,000원
• 미수수익	50,000원	46,000원
• 투자주식	200,000원	210,000원
• 미지급비용	70,000원	68,000원

① 외화환산이익 52,000원

② 외화환산이익 54,000원

③ 외화환산이익 59,000원

④ 외화환산이익 64,000원

해설 일반기업회계기준은 화폐성 외화자산·부채에 대하여 마감환율로 환산하고 외화환산손익은 그 외환차이가 발생한 회계기간의 손익으로 인식한다. 역사적원가로 측정하는 비화폐성항목은 거래일의 환율로 환산하고, 공정가치로 측정하는 비화폐성항목은 공정가치가 결정된 날의 환율로 환산한다.
매출채권, 미수수익 및 미지급비용은 화폐성항목이므로 마감환율을 적용하여야 하며, 이때 외화환산손익이 발생한다.

	마감환율	거래일의 환율	외화환산손익
• 매출채권(자산)	370,000	320,000	50,000(이익)
• 미수수익(자산)	50,000	46,000	4,000(이익)
• 미지급비용(부채)	70,000	68,000	2,000(손실)
합 계			52,000(이익)

67 기업회계기준서상 이연법인세에 대한 설명으로 틀린 것은?

① 이연법인세자산과 부채는 현재가치로 할인하지 않는다.

② 동일한 유동 및 비유동 구분 내의 이연법인세자산과 이연법인세부채가 동일한 과세당국과 관련된 경우에는 각각 상계하여 표시한다.

③ 자산과 부채의 장부금액과 세무기준액의 차이인 일시적차이에 대하여 원칙적으로 이연법인

세를 인식하여야 한다.

④ 당해연도의 법인세율과 차기 이후부터 입법화된 세율이 서로 상이한 경우 이연법인세 자산, 부채의 인식은 당해연도의 법인세율과 차기 이후부터 입법화된 세율의 평균세율을 적용하여 측정한다.

이연법인세자산과 부채는 보고기간말 현재까지 확정된 세율에 기초하여 당해 자산이 회수되거나 부채가 상환될 기간에 적용될 것으로 예상되는 세율을 적용하여 측정하여야 한다.

68 중간재무제표에 관한 내용 중 옳지 않은 것은?

① 중간재무제표는 재무상태표, 손익계산서, 현금흐름표, 자본변동표 및 주석을 포함한다.

② 중간재무제표는 연차재무제표와 동일한 양식으로 작성함을 원칙으로 한다.

③ 손익계산서는 중간기간과 누적중간기간을 직전 회계연도의 동일기간과 비교하는 형식으로 작성한다.

④ 재무상태표는 중간보고기간말과 직전 중간보고기간말을 비교하는 형식으로 작성한다.

재무상태표는 중간보고기간말과 직전 연차보고기간말을 비교하는 형식으로 작성한다.

69 보고기간말과 재무제표가 사실상 확정된 날 사이에 발생한 기업의 재무상태에 영향을 미치는 사건은 당해 재무제표를 수정하는 사건과 수정을 요하지 않는 사건으로 구분할 수 있다. 다음 중 당해 재무제표를 수정하여야 하는 것이 아닌 것은?

① 전기부터 진행 중이던 소송에 대한 확정판결로 손해배상금을 10억원을 지급하여야 한다.

② 회사가 보유한 단기매매증권의 시장가격이 10% 하락하였다.

③ 기중에 시송품으로 반출된 제품에 대한 재고금액 5억원이 누락된 것을 발견하였다.

④ 보고기간 후의 매출처 파산으로 보고기간말 현재의 매출채권에 손실이 발생하였음을 확인하였다.

시장가격의 하락은 재무제표일 현재의 상황과 관련된 것이 아니라 그 이후에 발생한 상황이 반영된 것으로서 재무제표를 수정할 수 없다.

70 다음 중 중간재무제표 작성시, 회계처리의 인식과 측정 내용으로 가장 틀린 것은?

① 동일 회계연도 내의 이후 중간기간 중에 연간 법인세율의 변경이 있는 경우 변경효과를 그 기간에 모두 반영하여야 한다.

② 중간기간 중에 회계추정의 변경이 있을 때는 누적중간기준을 기준으로 계산한 회계변경의 효과를 회계추정의 변경이 있었던 중간기간에 모두 반영한다.

③ 중간재무정보의 적시성 확보를 위하여 시간과 비용이 많이 소요되는 평가방법이지만 정교하면 생략할 수 없다.

④ 계절적, 주기적 또는 일시적으로 발생하는 수익이라 할지라도 다른 중간기간 중에 미리 인식하거나 이연하지 않는다.

평가방법이 정교하지만 시간과 비용이 소요되는 평가방법은 생략할 수 있다.

정답 | 68 ④ 69 ② 70 ③

PART 01 **기본이론정리** | **107**

02 원가회계 정리

SECTION 01 | 원가와 원가계산

● NCS 능력단위 : 0203020103원가계산   능력단위요소 : 01원가요소분류하기
1.1 회계 관련 규정에 따라 원가를 다양한 관점으로 분류할 수 있다.

① 원가의 개념

원가의 특징	내 용
㉠ 경제적 가치의 소비	원가는 금전의 지출 여부와 관계없이 제품의 생산과정에서 일어나는 경제적가치의 소비이어야 한다.
㉡ 제품의 생산과 관련한 소비	원가는 소비된 경제적가치가 제품의 생산에 관련되어야 한다. 이자비용 등의 기간비용은 생산과 관련없는 것으로 원가에서 제외한다.
㉢ 정상적인 경제자원의 소비	원가는 정상적인 경영활동에서 나타나는 경제자원의 소비를 말하는 것으로 파업이나 재해로 인한 것은 원가로 보지 않는다.

② 원가의 분류

㉠ 원가의 발생형태에 의한 분류

원가의 발생형태별 분류는 재료비, 노무비, 제조경비로 구분한다.

㉡ 원가행태에 의한 분류

구 분	내 용
ⓐ 변동비(변동원가)	조업도의 증감에 따라 변하는 원가 (예) 직접재료비, 직접노무비 등
ⓑ 고정비(고정원가)	조업도의 증감에 관계없이 관련범위 내에서 항상 일정하게 발생하는 원가 (예) 감가상각비, 공장임차료, 화재보험료, 재산세 등

㉢ 의사결정 관련성에 따른 원가의 분류

구 분	내 용
ⓐ 기회원가	원가요소를 차선의 다른 용도로 사용하였을 때에 얻을 수 있는 최대의 효익
ⓑ 매몰원가	이미 발생한 원가로 의사결정에 영향을 줄 수 없는 원가
ⓒ 차액원가	선택 가능한 의사결정대안에서의 원가의 차이 금액
ⓓ 관련원가	의사결정에 영향을 미치는 원가
ⓔ 비관련원가	의사결정에 영향을 미치지 않는 원가

② 기타의 분류

분류기준	구 분	내 용
자산화 여부	제품원가	제조한 제품이나 구입한 상품에 대한 매출원가
	기간원가	제품의 매출원가가 아닌 것으로 비용 처리
경제적효익의 소멸여부	소멸원가	경제적자원의 희생에 의한 용역잠재력이 소멸하여 더 이상 경제적효익을 제공할 수 없으리라 예상되는 원가(매출원가)
	미소멸원가	경제적자원의 희생이 미래의 경제적효익을 제공할 수 있을 것으로 기대되는 원가로 자산으로 인식(재고자산)
통제가능성	통제가능원가	단기간에 있어 특정한 경영자가 원가 발생액에 대하여 영향을 미칠 수 있는 원가(직접재료비)
	통제불능원가	특정한 경영자가 원가 발생액에 대하여 영향을 미칠 수 없는 원가(임차료, 감가상각비)
추적가능성	직접비	특정 제품과 직접적인 관계가 있어 추적이 가능한 원가
	간접비	여러 종류의 제품의 생산에 공통으로 소비되는 원가
제조활동과의 관련성	제조원가	제품을 제조하기 위하여 소비된 경제적가치의 소비액
	비제조원가	판매활동과 일반관리활동에서 발생하는 원가

CHECK POINT 변동비와 고정비의 비교

구 분	조업도 증가		조업도 감소	
	총원가	단위당 원가	총원가	단위당 원가
변동원가	증가	일정	감소	일정
고정원가	일정	감소	일정	증가

CHECK POINT

정상조업도	정상적인 유지 및 보수 활동에 따른 조업중단을 감안한 상황 하에서 평균적으로 달성할 수 있을 것으로 기대하는 생산수준
고정제조간접원가	공장건물 또는 공장설비의 감가상각비나 공장관리비와 같이 생산량에 관계없이 거의 일정하게 발생하는 제조간접원가
변동제조간접원가	간접재료비 또는 간접노무비와 같이 생산량에 비례하여 발생하는 제조간접원가

③ 원가계산

㉠ 원가계산 단계

원가계산은 원가요소별 계산, 부문별 계산, 제품별 계산의 3단계로 한다.

원가요소별계산 → 부문별계산 → 제품별계산

ⓛ **원가계산의 종류**

구분기준	원가계산 종류	내 용
원가계산 시기	사전원가계산	제품의 생산을 위하여 원가 요소를 소비하는 시점에 사전적으로 예정가격이나 표준가격 등을 사용하여 원가를 계산하는 방법으로 신속한 경영의사결정을 할 수 있게 한다.
	실제원가계산 (사후원가계산)	제품의 생산이 완료된 후에 원가요소의 실제 소비량과 실제가격을 적용한 실제발생액을 이용하여 원가를 계산하는 방법이다.
생산형태	개별원가계산	다른 종류의 제품을 개별적으로 생산하는 경우에 사용한다. * 주문생산이 많은 건설업, 조선업, 기계제조업 등에서 사용
	종합원가계산	성능, 규격이 같은 동일 종류의 제품 또는 여러 종류의 제품을 연속하여 반복적으로 생산하는 경우에 사용한다. * 대량 생산하는 제분업, 제당업, 제지업, 정유업 등에서 사용
원가계산 범위	전부원가계산	직접노무비, 변동직접비 등의 변동비와 고정비인 고정간접비 모두를 제품의 원가에 포함한다. * 일반적인 재무제표 작성에 사용되는 원가정보를 얻기 위한 원가계산
	직접(변동)원가 계산	직접재료비, 직접노무비, 변동직접비 등의 변동비만을 원가계산의 대상으로 한다. * 고정비는 제품의 원가를 구성하지 않고 기간비용으로 처리

ⓒ **원가의 흐름 계산식**

구 분	계산식
직접원가(기초원가)	직접재료비 + 직접노무비 + 직접제조경비
전환원가(가공원가)	직접노무비 + 제조간접비
제 조 간 접 비	간접재료비 + 간접노무비 + 간접제조경비
당 월 총 제 조 비 용	직접재료비 + 직접노무비 + 직접제조경비 + 제조간접비 = 직접재료비 + 전환원가(가공비)
당 월 제 품 제 조 원 가	월초재공품원가 + 당월총제조비용 - 월말재공품재고액
매 출 원 가	월초제품재고액 + 당월제품제조원가 - 월말제품재고액

④ **원가회계의 흐름**

재료비, 노무비, 제조경비계정에서 월차손익계정까지 일련의 원가 관련 계정의 대체과정을 원가의 흐름이라 한다.

재료비, 노무비, 제조경비의 소비액이 직접비와 간접비로 구분되어 직접비는 재공품계정으로 대체하고 간접비는 제조간접비계정으로 대체한다. 제조간접비계정에 집합한 간접비는 적정한 배부기준에 의하여 개별 제품에 배부하여야 하는데, 이것이 계정별원장에서는 제조간접비계정에서 재공품계정으로 대체하는 것이다. 제품 생산에 투입한 제조원가를 집계한 재공품계정에서 기말재공품을 차감한 제품의 제조원가는 제품계정으로 대체한다. 제품계정에서 기말제품재고액을 차감한 매출원가는 매출원가계정에 대체하고 매출원가계정에서 월차손익계정으로 대체한다. 월차손익계정에는 매출계정에서 대체된 매출액과 매출원가계정에서 대체된 매출원가 및 판매비와관리비가 집합한다.

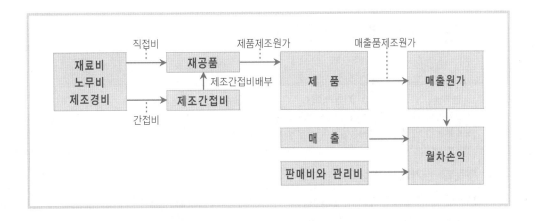

| 재료소비액 = 월초재료재고액 + 당월재료매입액 - 월말재료재고액 |
| 노무비소비액 = 노무비지급액 - 전월미지급액 + 당월미지급액 |
| 제조경비소비액 = 제조경비 지급액 + 전월선급액 + 당월미지급액 - 전월미지급액 - 당월선급액 |

⑤ 제조원가명세서의 작성

제조원가명세서는 당기완성품제조원가를 보고하기 위하여 작성하는 재무제표의 부속명세서이다.

제조원가명세서에서 당기총제조비용은 재료비, 노무비, 경비로 구분하는 것이 보통이지만 개별원가계산제도를 채택하는 경우에는 직접재료비, 직접노무비, 제조간접비로 구분할 수 있다. 노무비와 경비는 제조부 또는 공장에서 사용한 것만 표시하고 판매부 또는 본사에서 사용한 부분은 손익계산서에 표시하여야 한다.

| 당기총제조비용 = 재료비 + 노무비 + 경비 |
| 당기제품제조원가 = 당기총제조비용 + 기초재공품원가 - 기말재공품원가 - 타계정대체액 |

▶ 타계정대체액은 완성된 제품을 판매 이외의 목적으로 사용하는 경우 해당계정으로 대체되는 금액을 표시한다.

●NCS 능력단위 : 0203020103원가계산   능력단위요소 : 02원가배부하기
2.3 보조부문의 개별원가와 공통원가를 집계할 수 있다.
2.4 보조부문의 개별원가와 공통원가를 배부할 수 있다.

① 부문별 원가계산의 의의

부문별 원가계산은 일정규모 이상의 기업에서 원가 통제와 관리를 위한 정보와 원가부문별 발생원가의 낭비 및 비효율을 파악할 수 있게 한다. 또한 특정한 보조부문을 계속 유지할 것인가 보조부문을 폐지하고 외부에서 구입할 것인가를 결정하는 판단 근거를 제공하기도 한다.

② 원가부문의 설정

원가부문은 제품의 제조활동을 직접 담당하는 제조부문과 제조부문의 제조활동을 지원하기 위한 용역을 제공하는 보조부문으로 구분한다.

부 문		내 용
제조부문		제품 제조 공정의 주요한 과정을 말하는 것으로 주물부문, 절단부문, 선반부문, 조립부문, 연마부문 등으로 구분
보조부문	보조용역부문	동력부문, 수선부문, 검사부문 등
	공장관리부문	구매, 노무관리, 공장사무부문 등

③ 부문별 원가계산의 절차

부문비 계산절차	내 용
㉠ 부문별 원가의 집계	원가 요소의 소비액을 비목별로 구분하여 특정 부문에서만 사용된 부문개별비를 각각의 부문에 부과
	원가요소 소비액 중 둘 이상의 부문에 공통으로 사용된 부문공통비를 적절한 배부기준에 의하여 각각의 부문에 배부
㉡ 보조부문비를 제조부문에 대체	직접배부법 또는 단계배부법 또는 상호배부법에 의하여 대체
㉢ 제조부문비를 제품에 배부	공장전체 배부율 또는 부문별 배부율에 의하여 배부

④ 보조부문비의 배부(보조부문비배부표의 작성)

보조부문은 제품의 제조를 직접하는 것이 아니고, 제조부문의 작업에 일정한 용역을 제공하는 것이므로 보조부문 원가는 용역 제공 정도를 가장 적정히 반영할 수 있는 배부기준을 사용하여 제조부문에 배부한다.

㉠ 단일배분율법

단일배분율법은 보조부문비를 고정원가와 변동원가로 구분하지 않고 하나의 기준으로

배부하는 방법을 말한다. 이 방법은 사용하기는 간편하지만 원가행태에 따른 구분이 없으므로 정확한 원가배분이 이루어지지 않는다. 부문별 의사결정이 최적이라 하더라도 전체로는 최적의 의사결정이 되지 않는 문제점을 가지고 있다.

ⓒ 이중배분율법

이중배분율법은 보조부문비를 고정원가와 변동원가로 구분하여 각각의 다른 배부기준을 적용하여 배부하는 방법을 말한다. 고정원가는 제조부문에서 사용이 가능한 최대사용량을 기준으로 배부하고, 변동원가는 제조부문이 실제 사용한 용역사용량을 기준으로 배부한다. 고정원가는 제조부문에 용역을 제공하는 설비에 관련된 것이지만 변동원가는 설비와 관계없이 용역의 실제제공량과 관련이 있기 때문이다.

필수예제 이중배분율법

(주)형설의 보조부문에서 발생한 변동제조간접비는 1,500,000원이고 고정간접원가는 3,000,000원이다. 이중배분율법에 의하여 보조부문의 제조간접원가를 제조부문에 배부할 경우 절단부문에 배부할 제조간접원가를 구하시오.

구분	실제기계시간	최대기계시간
절단부문	2,500시간	7,000시간
조립부문	5,000시간	8,000시간

풀이

- 변동제조간접원가 : $1,500,000원 \times \dfrac{2,500시간}{7,500시간} = 500,000원$

- 고정제조간접원가 : $3,000,000원 \times \dfrac{7,000시간}{15,000시간} = 1,400,000원$

- 절단부문에 배부할 제조간접원가 : 500,000원 + 1,400,000원 = 1,900,000원

* 변동원가는 실제기계시간을 기준으로 배부하고 고정원가는 최대기계시간을 기준으로 배부하여야 한다.

① 개별원가계산

개별원가계산은 성능, 규격, 품질 등이 다른 여러 종류의 제품을 주문에 의하여 소량을 개별적으로 생산하는 건설업, 기계제조업, 항공기제조업, 가구제조업, 조선업 등에서 사용하는 원가계산제도로 제품별로 부과된 직접비와 간접비 배부액을 집계하는 방법으로 개별 제품의 원가를 계산한다.

개별원가계산은 직접비와 간접비의 구분이 필요하고, 제품의 원가계산을 정확히 하기 위하여 제조간접비 배부액의 계산은 매우 중요하다. 그리고 특정 제품의 원가계산표에 집계된 원가 중 완성된 것은 제품의 원가이지만 완성되지 않은 것은 기말(월말)재공품의 평가액이 된다.

구 분	용어의 정리
제조지시서	주문에 따라 생산부서에서 작업현장으로 제품의 생산을 위하여 발행하는 문서로 작업지시서라고도 하며, 제품별로 제조번호, 작성일, 제품의 명칭, 규격, 수량, 제조착수일, 완성일 등이 기재된다.
특정제조지시서	개별원가계산 하에서 특정 제품의 생산을 위해 개별적으로 발행되는 지시서 (제품의 직접원가를 구성한다)
계속제조지시서	종합원가계산 하에서 동일한 제품을 계속 반복하여 대량 생산할 때 발행되는 지시서
원가계산표	제조지시서에 근거하여 작성하는 것으로 각 제품의 제조과정에서 발생하는 제조원가를 집계
원가원장	원가계산표를 모아서 철해 놓은 것으로 재공품계정의 보조원장

② 공장전체율과 부문배부율

㉠ 공장전체배부율

제조간접비 발생액을 부문별로 구분하지 않고 전체 공장을 하나의 부문으로 보고 배부율을 구하는 방법이다.

$$공장전체배부율 = \frac{공장\ 전체\ 제조간접비\ 총액}{공장\ 전체\ 배부기준\ 합계}$$

$$제조간접비\ 배부액 = 공장전체배부율 \times 제품별배부기준$$

ⓛ 부문별배부율

제조간접비 발생액을 부문별로 배부하여 부문별 집계된 간접비를 각각의 부문별로 배부율을 구하는 방법이다. 공장전체배부율은 제조부문별 특성이 반영되지 않으나 부문별 배부율은 제조부문별로 상이한 배부기준을 반영하므로 좀 더 정교한 원가정보를 제공할 수 있다.

$$부문별배부율 = \frac{부문별\ 제조간접비\ 총액}{부문별\ 배부기준\ 합계}$$

$$제조간접비\ 배부액 = 부문별배부율 \times 제품별배부기준$$

③ 제조간접비 예정 배부

제조간접비의 실제 발생액을 제품에 배부하는 방법은 신속한 원가정보를 얻을 수 없고, 제품원가에 실제 간접비를 반영하므로 조업도의 변화에 따라 제품 원가에 등락이 나타나는 문제가 있다. 이러한 문제를 해소하기 위하여 예정배부를 한다.

예정배부율의 계산에서 예정배부기준합계는 예정기계작업시간총시간이나 예정직접노동시간총시간 등을 말한다. 예정배부액은 예정배부율에 실제의 기계작업시간 또는 직접노동시간 등을 곱하여 계산한다.

$$제조간접비\ 실제배부율 = \frac{실제\ 제조간접비\ 총액}{배부기준\ 합계}$$

$$제조간접비\ 배부액 = 실제배부율 \times 제품별실제배부기준$$

④ 제조간접비 예정배부의 회계처리

제조간접비의 예정배부는 실제 발생한 제조간접비를 제품에 배부하지 않고 예정배부율에 의한 예정배부액을 제품에 배부하고 실제발생액과 예정배부액의 차이는 제조간접비배부차이계정을 설정하여 처리한다.

제조간접비의 예정배부액을 제조간접비계정의 대변에서 재공품계정의 차변에 대체한다. 실제로 발생된 제조간접비는 원가요소계정 대변에서 제조간접비계정의 차변에 대체한다. 이때에 나타나는 제조간접비의 예정배부액과 실제발생액의 차이는 제조간접비계정에서 제조간접비배부차이계정으로 대체한 후 제조간접비계정을 마감한다.

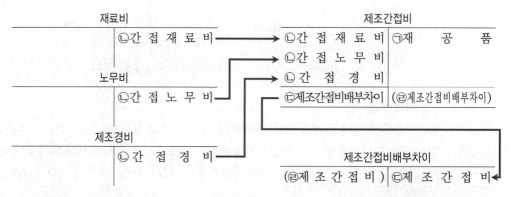

구 분	차변과목	금 액	대변과목	금 액
㉠ 제조간접비의 예정배부	재　공　품	×××	제　조　간　접　비	×××
㉡ 제조간접비 실제 발생액	제　조　간　접　비	×××	재　　료　　비 노　　무　　비 제　조　경　비	××× ××× ×××
㉢ 제조간접비차이(과다배부)	제　조　간　접　비	×××	제조간접비배부차이	×××
㉣ 제조간접비차이(과소배부)	제조간접비배부차이	×××	제　조　간　접　비	×××

⑤ 제조간접비배부차이 처리

제조간접비배부차이계정에서 제조간접비배부차이를 처리하는 방법에는 제조간접비배부차이 전부를 매출원가계정에 대체하는 매출원가처리법과 재공품, 제품, 매출원가계정에 포함한 총원가(또는 간접원가)에 비례하여 안분하는 안분법 및 영업외손익으로 처리하는 방법이 있다.

㉠ 매출원가처리법

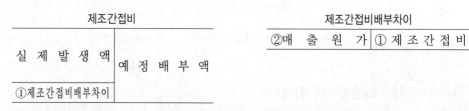

구 분	차변과목	금액	대변과목	금액
① 배부차이 발생(과대배부)	제　조　간　접　비	×××	제조간접비배부차이	×××
② 매출원가에 대체	제조간접비배부차이	×××	매　출　원　가	×××

㉡ 안분법

제조간접비

실 제 발 생 액	예 정 배 부 액
	①제조간접비배부차이

제조간접비배부차이

① 제 조 간 접 비	②재공품·제품·매출원가

구 분	과소배부(실제배부액 〉 예정배부액)			
	차변과목	금액	대변과목	금액
① 배부차이 발생	제조간접비배부차이	×××	제 조 간 접 비	×××
② 재공품, 제품, 매출원가에 안분하여 대체	재　　　공　　　품 제　　　　　　　품 매　출　원　가	×××	제조간접비배부차이	×××

PART 01 / PART 02 / PART 03 / PART 04

필수예제 제조간접비 배부차이의 처리(안분법)

제조간접비의 예정배부를 하는 개성공업은 제조간접비배부차이를 안분법(비례배분법)으로 처리한다. 다음 자료에 의하여 예정배부와 실제발생액의 분개를 하여 제조간접비배부차이계정에 기입 마감하고, 안분후의 재공품, 제품, 매출원가의 금액을 계산하시오.

① 제조간접비 : 예정배부액　　450,000원　　　　실제발생액　　470,000원
　　　　　　　재 료 비　　100,000원　　　　노 무 비　　150,000원
　　　　　　　제조경비　　220,000원
② 기말재고액 : 재 공 품　　100,000원　　　　제 　 품　　200,000원
③ 매 출 원 가 :　　　　700,000원

풀이

제조간접비 배부차이

제조간접비	20,000	제좌	20,000

구 분	차변과목	금액	대변과목	금액
제조간접비 예정배부액	재　　　공　　　품	450,000	제 조 간 접 비	450,000
제조간접비 실제발생액	제 조 간 접 비	470,000	재　　　료　　　비 노　　　무　　　비 제　　　조　　　경　　　비	100,000 150,000 220,000
제조간접비 배부차이	제조간접비배부차이	20,000	제 조 간 접 비	20,000
배부차이의 안분	재　　　공　　　품 제　　　　　　　품 매　출　원　가	2,000 4,000 14,000	제조간접비배부차이	20,000

• 안분액 계산 = 재 공 품 : $20,000 \times \dfrac{100,000}{100,000+200,000+700,000}=2,000$원

　　　　　　　제 　 품 : $20,000 \times \dfrac{200,000}{100,000+200,000+700,000}=4,000$원

　　　　　　　매출원가 : $20,000 \times \dfrac{700,000}{100,000+200,000+700,000}=14,000$원

• 안분 후의 금액 = 재 공 품 : 100,000+2,000=102,000원
　　　　　　　　제 　 품 : 200,000+4,000=204,000원
　　　　　　　　매출원가 : 700,000+14,000=714,000원

* 제조간접비 과소배부시에는 안분 후의 재공품, 제품, 매출원가의 금액이 증가하지만 과대배부시에는 반대로 금액이 감소한다.

● NCS 능력단위 : 0203020103원가계산   능력단위요소 : 03원가계산하기
3.3 업종 특성에 따라 종합원가계산을 할 수 있다.

① **종합원가계산의 의의**

종합원가계산은 동종의 제품을 연속된 공정에서 계속적 반복적으로 생산하므로 발생원가를 공정별 또는 부문별로 집계하여 완성품과 미완성품에 배부하여 완성품제조원가와 기말재공품원가를 산출한다. 종합원가계산에서 제품의 원가는 평준화되는 것으로 가정하여 일정기간별로 집계한 총원가투입액을 총산출량으로 나누어 단위당원가를 구한다.

② **종합원가계산과 개별원가계산의 비교**

구 분	종합원가계산	개별원가계산
생산형태	동종 제품의 연속 대량 생산	다품종 소량의 주문 생산
적용대상업종	정유업, 제분업, 제당업, 방직업, 철강업, 제지업, 화학품제조업	건설업, 조선업, 인쇄업, 기계제작업, 항공기제조업, 회계서비스업
제조지시서	계속제조지시서	특정제조지시서
원가계산방법	공정별 기간별원가계산을 하므로 직접재료비와 가공비의 구분과 완성품 환산량의 계산이 중요	제조지시서별 원가계산을 위하여 직접비·간접비의 구분과 제조간접비의 배부가 중요
기말재공품의 평가	제조원가를 완성품원가와 기말재공품으로 분배하는 절차가 필요하고 기말재공품 완성품환산량에 단위당원가를 곱하여 계산한다.	별도의 기말재공품 평가가 불필요하고 미완성된 제조지시서의 원가를 집계하면 된다.
완성품단위당원가	완성품제조원가(= 기초재공품원가 + 당기제조원가투입액 − 기말재공품원가)를 완성수량으로 나눈다.	완성된 제품의 원가계산표의 합계액을 완성수량으로 나누어 구한다.
원가계산의 정확성	상대적으로 정확성이 떨어진다.	제품별 정확한 원가계산이 가능
원가계산의 비용	상대적으로 덜 복잡하여 비용이 많이 들지 않는다.	상세한 기록이 필요하여 원가계산비용이 많이 소요된다.

③ 종합원가계산의 절차

종합원가계산은 다음과 같은 다섯 단계에 의하여 이루어진다.

> 1단계 : 물량의 흐름을 파악한다.
> 2단계 : 원가요소별로 완성품환산량을 계산한다.
> 3단계 : 원가요소별로 발생한 원가를 집계한다.
> 4단계 : 원가요소별로 완성품환산량 단위당원가를 산출한다.
> 5단계 : 완성품제조원가와 기말재공품원가를 계산한다.

④ 기말재공품의 평가

㉠ 평균법

평균법은 기초재공품도 당기에 투입한 것으로 가정하여 기초재공품원가와 당기투입원가를 구분하지 않고 가중평균하여 완성품과 기말재공품에 안분하는 방법이다.

아래 T계정의 모양에서 검토하면 차변의 기초재공품과 투입원가의 합을 대변의 완성량과 기말재공품환산량의 합으로 나누어 평균단가를 구한다. 이 평균단가를 완성품환산량단위당원가라 하고 기말재공품환산량에 곱하면 기말재공품 평가액이 된다. 기초재공품은 당기투입원가와 동일하게 기초에 투입한 것으로 보므로 완성도를 고려할 필요가 없다.

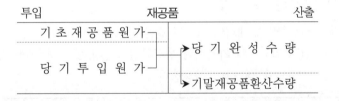

> 완성품환산량 = 당기완성수량 + 기말재공품환산량
>
> 완성품환산량단위당원가 = $\dfrac{\text{기초재공품원가} + \text{당기투입원가}}{\text{완성품 환산량}}$
>
> 기말재공품원가 = 완성품환산량단위당원가 × 기말재공품환산량
> * 기말재공품 평가는 직접재료비와 가공비를 구분하여 구한 후 합산한다.

㉡ 선입선출법

선입선출법은 전기에 투입된 기초재공품이 먼저 완성품이 되고 당기에 투입한 원가가 완성품과 기말재공품이 된다는 원가흐름을 가정하므로 배분대상 원가는 당기투입원가가 되고, 완성품환산량은 당기투입원가에 대응하는 것을 구하여야 한다.

아래 T계정의 모양에서 검토하면 완성수량은 기초재공품과 당기투입원가의 일부로 구성되고 기말재공품은 당기투입원가에 의하여 결정된다. 따라서 완성품환산량단위당원가를 구하려면 차변의 당기투입원가를 이에 대응하는 완성품환산량으로 나누어야 한다.

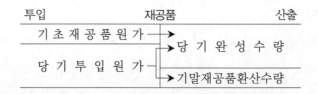

완성품환산량 = 당기완성수량 - 기초재공품환산량 + 기말재공품환산량
　　　　　　 = 기초재공품수량 × (1 - 완성도) + 당기제조착수수량 중 완성수량 + 기말재공품환산량

$$완성품환산량단위당원가 = \frac{당기투입원가}{완성품환산량}$$

기말재공품원가 = 완성품환산량단위당원가 × 기말재공품환산량
* 기말재공품 평가는 직접재료비와 가공비를 구분하여 구한 후 합산한다.

⑤ 완성품제조원가의 계산

완성품제조원가는 기초재공품원가에 당기투입원가를 가산하고 기말재공품원가를 차감하여 구한다.

기말재공품원가 = 기말재공품수량 × 완성품환산량 단위당원가
완성품제조원가 = 기초재공품원가 + 당기투입원가 - 기말재공품원가

⑥ 평균법과 선입선출법의 비교

평균법과 선입선출법에 대하여 다음과 같은 비교를 할 수 있다. 선입선출법이 이론적으로는 우수하지만 투입요소의 가격이나 생산과정이 안정적인 경우 평균법과 별 차이가 없어 실무적으로 평균법을 더 많이 사용한다.

구 분	평균법	선입선출법
배분대상원가	기초재공품원가와 당기투입원가의 합계액이 배분대상원가	기초재공품은 먼저 완성되는 것으로 가정하므로 당기투입원가가 배분대상원가
기초재공품의 완성도	기초재공품을 당기투입원가와 같이 당기에 투입한 것으로 보므로 완성도를 적용할 필요가 없다.	완성품환산량 계산을 위하여 기초재공품과 당기투입원가를 구분하여야 하므로 기초재공품의 완성도가 필요하다.
완성품환산량	당기완성수량 + 기말재공품환산량	당기완성수량 - 기초재공품환산량 + 기말재공품환산량
완성품 제조원가	완성수량에 완성품환산량단위당 원가를 곱한 금액	당기투입분 중 완성수량에 완성품환산량단위당원가를 곱한 금액과 기초재공품원가의 합계액
장단점	계산 절차가 간단하나 전기분 원가와 당기투입원가가 혼합되어 원가정보의 유용성이 낮다.	계산 절차는 복잡하지만 당기분원가만 반영하므로 원가정보의 유용성이 크다.

필수예제 월말 재공품 평가(평균법)

종합원가계산을 채택하고 있는 평창공업의 원가자료에 의하여 평균법으로 월말재공품의 평가액을 계산하고 재공품계정을 완성하시오. 직접재료 1,400개는 제조 착수 시에 전부 투입되고, 가공비는 완성도에 비례하여 투입된다.

재 공 품

전월이월	137,000	
직접재료비	449,000	
가공비	156,000	

- 월초재공품 수량 : 500개(완성도 40%)
  직접재료비 83,000원   가 공 비 54,000원
- 월말 재공품 수량 : 각자 계산(완성도 50%)
- 완성품 수량 : 1,600개

풀이

1. 물량의 흐름(단위 : 개)

재 공 품

차변(투입)	직접재료비	가공비	대변(산출)	직접재료비	가공비
월초재공품	500	200	완성품수량	1,600	1,600
제조착수량	1,400	1,550	월말재공품	300	150
	1,900	1,750		1,900	1,750

월말재공품 수량은 문제에서 주지 않더라도 물량의 흐름을 파악하면 계산할 수 있다.

2. 완성품환산량 계산 : 직접재료비 : 1,600＋300＝1,900개
   가 공 비 : 1,600＋150＝1,750개

3. 완성품환산량 단위당원가 : 직접재료비 : (83,000＋449,000) ÷ 1,900＝280원
   가 공 비 : (54,000＋156,000) ÷ 1,750＝120원

4. 월말재공품 평가 : 직접재료비 : 300개 × 280＝84,000원
   가 공 비 : 150개 × 120＝18,000원

   월말재공품 원가 : 84,000＋18,000＝102,000원

5. 재공품계정

재 공 품

전월이월	137,000	제품	640,000
직접재료비	449,000	차월이월	102,000
가공비	156,000		
	742,000		742,000

월말 재공품 평가(선입선출법)

종합원가계산을 채택하고 있는 재수공업의 원가자료에 의하여 기말재공품을 선입선출법으로 평가액을 계산하고 재공품계정을 완성하시오. 직접재료는 공정초에 전량 투입되고, 가공비는 공정 진행에 따라 소비된다.

재 공 품

전월이월	244,200	
직접재료비	735,000	
가공비	404,000	

- 기초재공품 : 700개(완성도 60%)
    - 직접재료비   163,500원
    - 가 공 비   80,700원
- 당기투입원가 : 직접재료비   735,000원
    - 가 공 비   404,000원
- 완성품 : 2,200개
- 기말재공품 : 600개(완성도 40%)

풀이

1. 물량의 흐름(단위 : 개)

재 공 품

	직접재료비	가공비		직접재료비	가공비
월초재공품	700	420	완성품수량	2,200	2,200
제조착수량	2,100	2,020	월말재공품	600	240
	2,800	2,440		2,800	2,440

2. 완성품환산량 계산 : 직접재료비 : 2,200−700+600=2,100개
    가공비   : 2,200−420+240=2,020개
3. 완성품환산량 단위당원가 : 직접재료비 : 735,000 ÷ 2,100=350원
    가공비   : 404,000 ÷ 2,020=200원
4. 월말재공품 평가 : 직접재료비 : 600개 × 350=210,000원
    가공비   : 240개 × 200=48,000원
    월말재공품원가 : 210,000+48,000=258,000원
5. 재공품계정

재 공 품

전 월 이 월	244,200	제 품	1,125,200	
직접재료비	735,000	차 월 이 월	258,000	
가 공 비	404,000			
	1,383,200		1,383,200	

▶ **완성품환산량 계산의 별해(선입선출법)**

구 분	물량의 흐름	완성품환산량	
		직접재료비	가공비
기초재공품−완성	700개(완성도 60%)	0	280[주1]
당기착수분−완성	1,500개	1,500	1,500
기말재공품	600개 (완성도 40%)	600	240
완성품환산량		2,100	2,020

주1) 700 × (1−60%) = 280개

⑦ 공손과 감손

    ㉠ 공손과 감손의 개념

        공손이란 재료의 불량, 작업기술의 미숙, 기계 등의 정비불량 등으로 가공과정에 실패한 불합격품을 말한다.

        감손은 제조과정에서 재료의 유실, 증발, 가스화하여 제품화되지 않은 부분을 말한다.

    ㉡ 공손품이 있는 경우 종합원가계산

        공손이 정상적인 원인에 의한 경우에는 제조원가로 처리하고, 비정상적인 원인에 의한 공손인 경우에는 영업외비용으로 처리한다.

        제조원가로 처리하는 정상적인 공손의 경우에는 ⓐ 완성품에만 부담시키는 방법과 ⓑ 완성품과 기말재공품에 안분하는 방법이 있다.

구 분		처리방법
정상 공손원가	제조원가로 처리	기말재공품이 검사시점을 통과하지 못한 경우 : 완성품에만 배부
		기말재공품이 검사시점을 통과한 경우 : 완성품과 기말재공품에 안분
비정상 공손원가	영업외비용으로 처리	

      ⓐ 완성품에만 부담시키는 방법

          정상공손품의 검사시점이 기말재공품의 완성도 이후에 해당하는 경우에는 정상공손품이 모두 완성품에서만 나타난 것이므로 기말재공품과는 아무 관련이 없게 된다. 따라서 공손품 원가는 모두 완성품에만 부담시켜야 한다.

      ⓑ 완성품과 기말재공품에 안분하는 방법

          정상공손품의 검사시점이 기말재공품의 완성도 이전에 해당하는 경우에는 완성품과 기말재공품에 안분하여 부담시켜야 한다.

필수예제 공손수량의 계산(완성수량 기준)

다음과 같은 물량의 흐름에서 공손 중 정상공손은 완성수량의 10%이고, 나머지는 비정상 공손이라 가정하고 각각의 경우 정상공손과 비정상공손을 계산하면?

•물량의 흐름

•기초재공품수량	300개(30%)	•당기착수수량	1,700개
•당기공손수량	300개	•기말재공품수량	100개(50%)

풀이

• 물량의 흐름 분석

기초재공품	300개	완성수량	1,600개
당기착수량	1,700개	공손수량	300개
		기말재공품	100개
	2,000개		2,000개

• 정상공손수량 : 1,600 × 10% = 160개
  비정상공손수량 : 300 − 160 = 140개

필수예제 사례 : 공손품이 있는 경우의 기말재공품 평가

다음 자료에 의해 제품계정에 대체되는 원가 중 가공원가를 구하면? 공손품 중 합격품의 10%는 정상적인 것으로 간주하며, 공손은 공정의 50% 시점에서 발생된다. 가공원가는 공정전반에 걸쳐 일정하게 발생하고 기말재공품은 선입선출법에 의하여 평가한다. 추가적으로 공손품의 검사를 80%에서 실시하는 경우 합격품의 수량과 정상공손수량 및 비정상공손수량을 계산하시오.

• 월초재공품 수량	70개	• 월말재공품 수량	60개
• 월초재공품 완성도	30%	• 월말재공품 완성도	70%
• 완성품 수량	300개	• 공손품 수량	50개
• 완성품 단위당 가공원가	80원		

풀이

• 정상공손 수량 : (300개 + 60개) × 10% = 36개
• 정상공손 가공원가 : 36개 × 50% × 80원 = 1,440원
• 완성품 가공원가 : 300단위 × 80원 = 24,000원
• 정상공손 가공원가 배부액 : 1,440원 × 300/360 = 1,200원(완성품)
• 공손원가 배부후 완성품 가공원가 : 24,000 + 1,200 = 25,200원

* 물량의 흐름 분석

기초재공품	70개	완성수량	300개
당기착수량	340개	공손수량	50개
		기말재공품	60개
	410개		410개

* 합격품과 공손 수량의 계산

구 분	물 량	검사시점 50%	검사시점 80%
기초재공품 중 – 완성품	70개(30%)	70개	70개
당기착수 중 – 완성품	230개	230개	230개
기말재공품	60개(70%)	60개	0개
합격품 수량		360개	300개
정상공손수량(합격품의 10%)		36개	30개
비정상공손수량		14개	20개
공손수량 계		50개	50개

↳ 10%

• 검사시점이 80%에서 이루어지면 합격품은 300개이고, 정상공손은 30개 비정상공손은 20개이다.

• 기말재공품의 완성도가 70%인데 검사시점이 공정의 80%에 해당하는 때에는 기말재공품은 합격품이 될 수 없다.

⑧ 결합원가계산

㉠ 결합원가의 개념

결합원가란 결합제품을 일정 공정까지 함께 생산하다가 분리되는 분리점에 도달하기까지 발생한 제조원가를 말한다.

연산품은 분리점까지는 동일한 제조공정에서 생산을 하다가 분리점에 도달하면 별개의 제품으로 구분되는 것을 말한다. 연산품의 대표적인 예로 정유업의 휘발유, 등유, 경유 등을 들 수 있다. 연산품원가계산은 동일재료에 의하여 동일 공정에서 생산된 두 종류 이상의 다른 제품이면서 상대적 판매가치의 차이가 없어 주산물과 부산물의 명확한 구분이 곤란한 경우에 적용한다.

㉡ 결합원가의 배분

구 분	내 용
상대적 판매가치법	분리점에서의 각 제품의 상대적판매가치를 기준으로 결합원가를 각 제품에 배부하는 방법 * 원가 부담능력을 고려한 방법으로 이론적으로 타당하지만 분리점에서의 판매가치를 산정하는 것이 어렵다.
물량기준법	결합제품의 수량, 중량, 부피, 면적 등과 같은 물리적 단위를 기준으로 결합원가를 배부하는 방법
순실현가치법	분리점에서의 순실현가치를 기준으로 결합원가를 배부하는 방법 * 상대적판매가치를 추정하기 어려운 경우 적용 * 순실현가치 = 개별제품의 최종판매가치 − 추가가공비 − 판매비 등

㉢ 부산물과 작업폐물의 처리

동일한 공정에서 생산된 결합제품으로 주산물과 비교하여 그 가치나 수량에서 상대적으로 중요도가 적은 제품을 부산물이라 한다. 부산물의 회계처리는 판매시점에 잡이익으로 처리하는 방법과 생산시점에 부산물의 순실현가치를 계산하여 재고자산으로 처리하는 방법이 있다.

부산물과 유사한 작업폐물은 원재료를 가공하는 과정에 생기는 조각이나 찌꺼기를 말하는 것으로 목재소의 톱밥이나 철공장의 철부스러기 등을 예로 들 수 있다. 작업폐물의 회계처리는 작업폐물을 처분시에 잡이익으로 처리한다.

● NCS 능력단위 : 0203020103원가계산   능력단위요소 : 03원가계산하기
3.4 업종 특성에 따라 표준원가계산을 할 수 있다.

① 표준원가계산의 개념

표준원가계산은 사전에 과학적 방법과 통계적 방법에 의하여 가격과 수량의 표준을 사용하여 원가를 예측하고 이를 토대로 하는 원가계산이다. 이때의 표준이란 정상적이고 경영이 효율적으로 수행될 때에 달성 가능한 원가로 관리불가능한 정상적인 공손이나 기계의 고장 등을 반영한 원가를 의미한다.

② 표준원가계산제도의 유용성

㉠ 제품원가와 매출원가 및 재고자산의 계산을 신속하고 간편하게 할 수 있다.
㉡ 표준원가와 실제원가의 차이를 분석하여 계속적인 원가통제와 수정을 할 수 있다.
㉢ 자금조달계획, 원료구입계획 등의 예산 설정이 용이하다.

③ 표준원가의 설정

표준원가는 가격표준과 수량표준으로 구성되고 원가요소별, 부문별, 제품별로 설정할 수 있다.

구 분	표준원가 설정액
직접재료비	표준직접재료수량(SQ) × 재료단위당 표준가격(SP)
직접노무비	표준작업시간(SH) × 시간당 표준임률(SR)
제조간접비	제품단위당 허용표준조업도(SH) × 표준간접비배부율(f+v) 표준간접비배부율(f+v) = 정상조업도하의 간접비예산 ÷ 정상조업도

▶ 제조간접비의 표준은 변동비와 고정비로 구분하여 설정하고, 설정 방법은 고정예산인 경우와 변동예산인 경우로 구분한다. 조업도는 작업시간이 가장 많이 사용된다.

④ 원가차이 분석

표준원가와 실제발생원가의 차이 분석은 원인을 파악하고 원가관리에 사용한다. 표준원가와 비교하여 실제원가가 적으면 유리한 차이라 하고, 실제원가가 많으면 불리한 차이라 한다.

㉠ 직접재료비 차이

> 재료비총차이 = 표준직접재료비(SQ × SP) - 실제직접재료비(AQ × AP)
> 가격차이 = (SP - AP) × AQ
> 수량(능률)차이 = (SQ - AQ) × SP
>   (AP : 실제가격,   AQ : 실제수량,   SP : 표준가격,   SQ : 표준수량)

가격차이는 차이의 분리시점에 따라 구입가격차이와 사용가격차이로 구분한다.

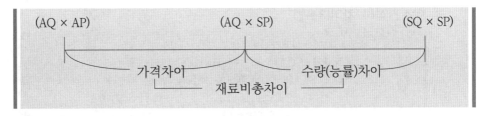

ⓛ **직접노무비 차이**

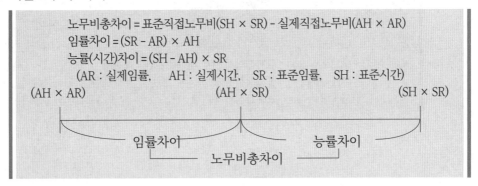

ⓒ **제조간접비 차이(4분법)**

$$간접비총차이 = 표준제조간접비((f+v) \times SH) - 실제제조간접비(M)$$
(SH : 실제생산량에 허용된 표준작업시간, $(f+v)$: 표준간접비 배부율,
AH : 실제조업도하의 작업시간, NH : 정상조업도하의 작업시간)

ⓐ **변동제조간접비 차이**

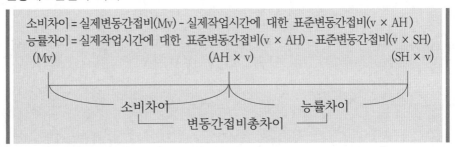

ⓑ **고정제조간접비 차이**

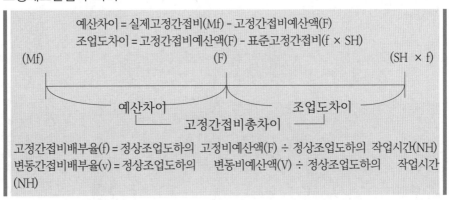

고정간접비배부율(f) = 정상조업도하의 고정비예산액(F) ÷ 정상조업도하의 작업시간(NH)
변동간접비배부율(v) = 정상조업도하의 변동비예산액(V) ÷ 정상조업도하의 작업시간
(NH)

ㄹ 제조간접비 차이(3분법)

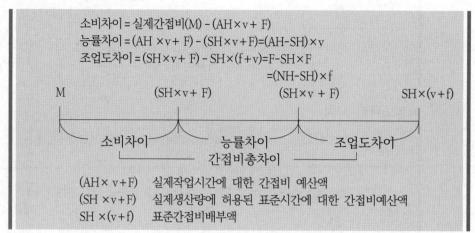

(AH× v+F)	실제작업시간에 대한 간접비 예산액
(SH ×v+F)	실제생산량에 허용된 표준시간에 대한 간접비예산액
SH ×(v+f)	표준간접비배부액

02 평가문제

POINT 전산세무1급

PART 01
PART 02
PART 03
PART 04

01 다음 중에서 고정비와 변동비에 관한 설명 중 옳지 않은 것은?

① 관련범위 내에서 변동비는 조업도의 증감에 따라 원가총액이 일정하다.

② 관련범위 내에서 고정비는 조업도의 증감에 불구하고 원가총액이 일정하다.

③ 관련범위 내에서 변동비는 조업도의 증감에 불구하고 단위당 원가가 일정하다.

④ 관련범위 내에서 고정비는 조업도의 증감에 불구하고 단위당 원가가 반비례한다.

해설 일반적으로 변동비는 조업도의 증감에 원가총액이 비례하여 변동한다.

02 가공비 항목이 아닌 것은?

① 공장의 생산직근로자의 인건비
② 공장장의 인건비
③ 제품생산과 관련한 공장창고의 수선비
④ 가구 생산공장의 목재구입비

해설 가공비는 직접노무비+제조간접비이다. 이중 가구생산공장의 재료인 목재 구입비는 직접재료비이다.

03 사무용가구를 생산하는 대한산업의 비용 항목 중 성격이 다른 것은?

① 지급시기가 일정하지 않은 공장근로자의 특별상여금
② 목재절단용 기계설치와 시운전에 필요한 보험료
③ 공장확장을 위한 설계용역비
④ 공장건물 신축과 관련한 차입금의 이자비용

해설 나머지 항목은 전부 자산항목이며, 공장근로자의 특별상여금은 제조원가에 해당한다.

04 다음의 원가에 대한 설명 중 틀린 것은?

① 회피가능원가는 현재의 의사결정에 반드시 고려되어야 한다.
② 매몰원가는 현재의 의사결정에 반드시 고려되어야 한다.
③ 기회원가는 현재의 의사결정에 반드시 고려되어야 한다.
④ 관련원가는 현재의 의사결정에 반드시 고려되어야 한다.

해설 매몰원가는 과거에 발생한 원가로 현재의 의사결정과정에 영향을 미치지 않는다.

05 글로벌자동차(주) 광주공장은 중형승용차를 생산하는데, 기준조업도 생산시에는 공장유지비가 10,000,000원, 기준조업도 초과 생산시는 20,000,000원으로 일정하게 유지된다. 중형승용차 1대 생산시 발생하는 직접재료비는 50,000원, 직접노무비는 직접재료비의 20%이다. 10월 생산량이 350대라면, 10월 중형승용차 생산량의 총원가는 얼마인가?(공장 기준조업도는 월 300대이며, 이 외 경비는 고려하지 않기로 한다.)

① 21,000,000원   ② 27,500,000원
③ 37,500,000원   ④ 41,000,000원

해설 총원가=직접재료비+직접노무비+공장유지비
(50,000×350대)+(50,000×20%×350대)
+20,000,000=41,000,000원

06 다음 중 조업도의 증감에 관계없이 최대조업도 범위 내에서 그 총액이 항상 일정하게 발생하는 원가요소는?

① 전력비   ② 동력비
③ 수도광열비   ④ 임차료

해설 고정비는 조업도의 변동과 관계없이 원가총액이 변동하지 않고 일정하게 발생하는 원가를 말한다. 보기 중 동력비, 수도광열비, 전력비는 변동비에 해당한다.

07 다음 자료를 참고하여 원재료의 당기매입액을 계산하면?

원가명세서 자료	재 료 비	·기초원재료 : 1,600,000원
		·기말원재료 : 1,300,000원
	노 무 비	·발 생 액 : 2,800,000원
	제조경비	·발 생 액 : 1,250,000원
	재 공 품	·기초재공품 : 550,000원
		·기말재공품 : 900,000원
손익계산서 자료		·기 초 제 품 : 2,000,000원
		·기 말 제 품 : 1,500,000원
		·제품매출원가 : 8,200,000원

① 3,500,000원   ② 3,700,000원
③ 4,000,000원   ④ 4,200,000원

해설
- 제품매출원가=기초제품+당기제품제조원가−기말제품
- 당기제품제조원가=기초재공품+당기총제조원가−기말재공품
- 당기총제조원가=재료비+노무비+제조경비
- 재료비=기초원재료+원재료 당기매입액−기말원재료
- 당기제품제조원가 : 8,200,000+1,500,000 −2,000,000=7,700,000원
- 당기총제조원가 : 7,700,000+900,000−550,000 =8,050,000원
- 재료비 : 8,050,000−2,800,000−1,250,000 =4,000,000원
- 원재료 당기매입액 : 4,000,000+1,300,000 −1,600,000 =3,700,000원

08 (주)통일산업의 제조와 관련하여 발생한 경비 항목이다. 당기 제품제조원가는 얼마인가?

· 기초원재료재고액	500,000원
· 공장근로자의 인건비	2,600,000원
· 원재료 당기매입액	3,450,000원
· 기계장치 감가상각비	1,800,000원
· 기말원재료재고액	860,000원
· 제품의 외주가공비	530,000원
· 기초재공품재고액	400,000원
· 공장의 전력비	410,000원
· 기말재공품재고액	450,000원
· 공장건물 임차료	130,000원
· 사무실 전기요금	110,000원
· 생산직사원 퇴직금지급액	610,000원

① 8,560,000원   ② 9,120,000원
③ 9,170,000원   ④ 9,280,000원

해설
- 재료비=기초원재료재고액+원재료 당기매입액 −기말원재료재고액
- 노무비=공장근로자의 인건비+생산직사원 퇴직금 지

급액
- 제조경비=기계장치 감가상각비+제품의 외주가공비+ 공장전력비+공장건물임차료
- 당기총제조원가 : 재료비+노무비+제조경비 3,090,000+3,210,000+2,870,000=9,170,000원
- 당기제품제조원가=기초재공품재고액+당기 총제조원가 −기말재공품재고액 400,000+9,170,000−450,000=9,120,000원

09 다음은 (주)한국의 제조원가명세서를 요약한 것이다. 이에 대한 설명으로 잘못된 것은?

과 목	금 액	
재 료 비		(가)
기초 재료 재고액	100,000원	
당기 재료 매입액	1,600,000원	
기말 재료 재고액	200,000원	
직접노무원가		800,000원
제조간접원가		250,000원
(나)		(다)
기초재공품재고		150,000원
기말재공품재고		200,000원
(라)		2,500,000원

① (가)에 해당하는 금액은 1,500,000원이다.
② (나)에 해당하는 과목은 당기총제조원가이다.
③ (다)에 해당하는 금액은 2,550,000원이다.
④ (라)에 해당하는 과목은 당기매출원가이다.

해설 (라)에 해당하는 과목은 당기제품제조원가이다.

10 (주)한라의 제품 제조에 관한 자료는 다음과 같을 때 재무상태표에 표시될 원재료, 재공품, 제품의 합계 금액은 얼마인가?

· 당기총제조원가	10,000,000원
· 당기제품제조원가	8,500,000원
· 기말 원재료 재고액	1,000,000원
· 당기 매출원가	7,500,000원
· 기초 재고자산은 없다.	

① 3,000,000원   ② 3,500,000원
③ 4,000,000원   ④ 4,500,000원

해설
- 기말 재공품 : 10,000,000−8,500,000=1,500,000원
- 기말 제품 : 8,500,000−7,500,000=1,000,000원
- 기말 원재료 : 1,000,000원 1,000,000+1,500,000+1,000,000=3,500,000원

11 (주)둥이는 개별원가계산제도를 채택하고 있다. 제품A의 제조와 관련한 다음의 자료를 토대로 당기에 발생한 제품A의 직접재료원가를 구하면 얼마인가?

- 당기총제조원가 : 6,000,000원
- 당기제품제조원가 : 4,900,000원
- 제조간접가는 직접노무원가의 60%가 배부되었는데 이는 당기총제조원가의 25%에 해당한다.

① 2,000,000원 ② 3,600,000원
③ 4,125,000원 ④ 4,500,000원

[해설]
- (1) 제조간접원가 = 6,000,000×0.25=1,500,000원
- (2) 제조간접원가 = 직접노무원가×0.6→직접노무원가

$$= \frac{1,500,000}{0.6} = 2,500,000원$$

∴ 직접재료원가 = 6,000,000 - 2,500,000 - 1,500,000
= 2,000,000원

12 다음 자료는 KH사의 10월 중 발생한 제조경비 관련 자료이다. KH회사의 10월 중 제조경비 발생액은 얼마인가?

(1) 수선비	당월 지급액	10,000원
	당월 미지급액	2,500원
(2) 세금과 공과	당월 지급액	8,900원
(3) 임차료	당월 지급액	15,000원
	전월 미지급액	1,900원
	당월 미지급액	1,400원
(4) 보험료	당월 지급액	13,200원
	당월 선지급액	2,700원

① 41,400원 ② 46,400원
③ 42,200원 ④ 47,100원

[해설]
(1) 수선비 : 10,000+2,500	=12,500
(2) 세금과 공과 :	=8,900
(3) 임차료 : 15,000-1,900+1,400	=14,500
(4) 보험료 : 13,200-2,700	=10,500
합 계	46,400원

13 다음은 (주)전주산업의 재고자산의 원가자료이다. (주)전주산업의 당기제품제조원가는 얼마인가?

- 원 재 료   기초 160,000원 / 기말 80,000원
- 재 공 품   기초 200,000원 / 기말 150,000원
- 원재료 매입액   1,250,000원
- 직접노무비   1,130,000원
- 공장건물감가상각비   300,000원
- 생산설비수선유지비   250,000원
- 영업직 성과급   300,000원

① 3,060,000원 ② 3,160,000원
③ 3,260,000원 ④ 3,360,000원

 [해설]
- 원재료비 : 160,000 + 1,250,000 - 80,000 = 1,330,000원
- 제조간접비 : 300,000 + 250,000 = 550,000원
- 당기제품제조원가 = 기초재공품 + 당기총제조원가 - 기말재공품
  200,000 + (1,330,000 + 1,130,000 + 550,000) - 150,000 = 3,060,000원

14 다음 자료에 의하여 재공품 계정에 대체된 3월의 노무비 투입액은 얼마인가?

- 3월 노무비 현금 지급액   170,000원
- 3월 미지급노무비   110,000원
- 3월 노무비 현금 지급액 170,000원 중 오류로 2월 노무비 미지급액 지급분 10,000원을 포함하여 지급
- 3월에 노동을 했으나 2월에 선급노무비 150,000원 선 지급
- 3월 노무비 현금 지급액 170,000원 중, 오류로 4월 노무비 선급분 20,000원을 포함하여 지급

① 400,000원 ② 410,000원
③ 430,000원 ④ 450,000원

[해설]

노무비 계정(3월)			
현 금	170,000	2월 미지급노무비	10,000
2월미지급노무비	110,000	3월 선급노무비	20,000
2월선급노무비	150,000	재공품	400,000
	430,000		430,000

15 다음 중 성격이 다른 경비항목은?

① 정상적 재료감모손실
② 외주가공비
③ 공장보험료
④ 기계장치 수선비

16 재무제표의 부속명세서 중 하나인 제조원가 명세서에 대한 설명으로 틀린 것은?

① 당기제품제조원가는 기초원가와 가공원가의 총액을 의미한다.
② 당기제품제조원가는 손익계산서상 매출원가에 직접적인 영향을 미친다.
③ 당기총제조원가는 직접재료비, 직접노무비, 제조간접비를 합하여 계산한다.
④ 당기제품제조원가는 당기총제조원가에서 기초 재공품금액을 가산하고 기말 재공품금액을 차 감하여 계산한다.

17 (주)한국의 보조부문에서 발생된 제조간접비와 용역제공비율은 아래와 같다. 상호배분법에 의하여 배부할 경우 조립부문과 절단부문에 배부되는 보조부문의 제조간접비 총액은 얼마인가?

		보조부문		제조부문	
		수선부문	관리부문	조립부문	절단부문
제조간접비		100,000원	205,000원	400,000원	500,000원
부문별 배부율	수선부문		30%	20%	50%
	관리부문	20%		40%	40%

① 400,000원   ② 350,000원
③ 305,000원   ④ 265,000원

18 보조부문원가를 제조부문에 배부하는 것에 대한 설명으로 올바른 것은?

① 직접배분법은 일정한 순서에 따라 보조부문의 원가를 제조부문에 배부한다.
② 단계배분법은 보조부문의 원가를 변동원가와 고정원가로 구분하여 보조부문의 용역수수관계를 고려하지 않고 제조부문에 배부한다.

③ 상호배분법은 보조부문 상호간 용역수수 관계를 인정하여 각 보조부문의 원가를 그 보조부문이 제공하는 용역을 소비하는 다른 모든 부분에 배분한다.
④ 직접배분법은 보조부문 상호간의 용역수수관계가 중요한 경우에 사용하기 적절한 방법이다.

19 다음 중 보조부문원가를 제조부문에 배분할 때의 문제점이 아닌 것은?

① 보조부문에서 발생하는 모든 원가를 제품원가에 반영시켜야 한다.
② 보조부문 상호간의 인과관계를 잘못 반영하면 제품원가 계산이 부정확해 진다.
③ 보조부문 원가 발생과의 인과관계를 가지는 배부기준의 설정이 어려운 경우가 있다.
④ 보조부문의 비능률이 제조부문에 전가되어 제조부문의 공정한 성과평가가 어렵게 될 수 있다.

20 (주)경북은 두 개의 제조부문인 P1, P2와 보조부문인 S1, S2를 두고 있다. 보조부문의 제조부문에 대한 용역제공비율은 다음과 같다. S1의 원가는 160,000원, S2의 원가는 200,000원이었다면 단계배부법에 의하고 S1의 원가를 먼저 배부하는 경우 보조부문 S2에서 배분되어야 할 금액은 얼마인가?

	보조부문		제조부문	
	S1	S2	P1	P2
S1	0	40%	20%	40%
S2	30%	0	40%	30%

① 160,000원   ② 200,000원
③ 264,000원   ④ 360,000원

21 다음 자료에 의하여 제조부문의 당월(9월) 제조간접비 배부차액으로 바른 것은?

• 당년도 제조간접비 예산	1,200,000원
• 당년도 추정노동시간	1,200시간
• 당년도 추정기계시간	1,000시간
• 당월의 노동시간	100시간
• 당월의 기계시간	80시간
• 당년도 공장 1년간 재산세	240,000원
• 하반기(6개월) 공장 감가상각비	300,000원
• 당월 공장 수선유지비	24,000원

* 조업도 기준은 기계시간

① 2,000원(초과배부) ② 2,000원(부족배부)

③ 4,000원(초과배부) ④ 4,000원(부족배부)

해설
- 제조간접비 예정배부율 : 1,200,000 / 1,000시간=1,200원
- 제조간접비 예정배부액 : 1,200×80시간=96,000원
- 제조간접비 실제발생액 :
  (240,000/12)+(300,000/6)+24,000=94,000원
- 초과배부액 : 96,000-94,000=2,000원

22 직접노동시간 기준으로 제조간접비를 예정 배부하는 강동실업은 20x1년 제조간접비 예산 액을 2,500,000원으로 설정하고 예정조업도 를 2,000 직접노동시간으로 설정하였다. 그러나 20x1년 말에 실제 발생된 제조간접비는 2,600,000원이었고 실제 직접노동시간은 2,100시간이었다면 20x1년 제조간접비 배부 차이는 얼마인가?

① 배부차이는 발생하지 않는다.
② 25,000원 과대배부
③ 50,000원 과대배부
④ 100,000원 과대배부

해설
- 제조간접비 예정배부율 : $\dfrac{2,500,000}{2,000시간}$
  =1,250원/시간
- 예정배부액 : 1,250×2,100시간=2,625,000원
- 제조간접비 배부차이 : 2,625,000-2,600,000=25,000원 (과대배부)

23 (주)파동산업은 개별원가계산제도를 채택하고 있다.제조간접비 예정배부율은 직접노무비의 200%이다. 제조간접비 배부차액은 결산시 매출원가계정에서 조정한다. (주)파동 산업의 20x1년 추가정보를 이용하여 당기 중에 생산된 제품의 원가를 계산하면 얼마인가?

1) 1월 1일 현재 작업중인 작업지시서는 #101이 며, 원가정보는 다음과 같다.

직접재료비	50,000원
직접노무비	40,000원
제조간접비 배부액	80,000원
	170,000원

2) 당기에 시작된 작업지시서는 #102, #103이다.
3) 당기에 소비된 직접재료비는 350,000원이다.
4) 당기에 발생된 직접노무비는 440,000원이다.
5) 당기의 제조간접비 실제발생은 850,000원이다.
6) 당기말 현재 작업 중인 작업지시서는 #102뿐이 며 직접재료비 40,000원, 직접노무비 35,000원 이다.

① 1,695,000원 ② 1,705,000원

③ 1,715,000원 ④ 1,725,000원

해설
- 제조간접비 배부차이는 매출원가에서 조정하므로 당기 제품제조원가에는 영향을 미치지 아니한다.
- 당기제조간접비 예정배부액 : 440,000×200%=880,000원
- 기말재공품원가 : 40,000+35,000+35,000×200% =145,000원

재 공 품

기초재공품	170,000	당기제품제조원가	1,695,000
당기투입		기말재공품	145,000
직접재료비	350,000		
직접노무비	440,000		
제조간접비배부액	880,000		
	1,840,000		1,840,000

∴ 당기제품제조원가 : 1,840,000-145,000
=1,695,000원

24 (주)기계는 PCB제품을 전문적으로 생산하는 업체로서, 제조간접비를 기계시간을 기준으로 제품에 배부하고 있으며 배부차이를 매출 원가에서 가감하고 있다. 다음의 자료를 이용 할 경우 맞는 회계처리는?

- 20x1년의 예산자료 : 제조간접비 예산 95,000 원, 추정기계시간 500시간
- 20x1년의 실제자료 : 실제제조간접비 97,000원, 실제기계시간 510시간

① (차) 매출원가   2,000
     (대) 제조간접비   2,000
② (차) 매출원가   100
     (대) 제조간접비   100
③ (차) 제조간접비   2,000
     (대) 매출원가   2,000

④ (차) 매출원가   1,000
   (대) 제조간접비   1,000

• 예정배부율 : 95,000÷500=190원
• 20x1년 예정 배부액 : 190×510=96,900원
• 20x1년 실제 발생액 : 97,000원
• 과소배부액 : 96,900−97,000=−100원

25 정상개별원가계산에 의한 제조간접원가배부차이를 매출원가(640,000원), 기말재공품(270,000원), 기말제품(90,000원)에 비례배부하여 처리한 결과 기말제품이 86,850원으로 수정되었다면, 제조간접원가배부차이는 얼마인가?

① 20,000원(과대배부)
② 35,000원(과대배부)
③ 15,000원(과소배부)
④ 25,000원(과소배부)

• 기말제품수정액=90,000−86,850=3,150원(과대배부)
• 기말제품수정액=제조간접원가배부차이×90,000
  /(640,000+270,000+90,000) = 3,150원
• 제조간접원가배부차이=35,000원(과대배부)

26 제조간접비 배부차이를 총원가비례배분법으로 조정하고 있는 정상원가계산에서 배부차이 전액을 매출원가계정에서 조정한다면 영업이익의 변화에 대한 설명으로 옳은 것은?

• 과대배부액	900,000원
• 기말재공품	1,000,000원
• 기말제품	2,000,000원
• 매출원가	2,000,000원

① 540,000원 증가   ② 360,000원 감소
③ 900,000원 증가   ④ 변화없음

• 총원가비례배분법 : 매출원가비율(0.4)×900,000원=360,000원 감소
• 매출원가조정법 : 900,000원 감소
• 매출원가가 추가 540,000원 감소하므로 영업이익은 540,000원 증가

27 (주)경기의 20x1년 5월의 총원가 및 제조지시서 No.101의 제조에 실제로 발생한 원가는 다음과 같다.

	총원가	제조지시서 No.101
직접재료원가	4,000,000원	200,000원
직접노무원가	5,000,000원	260,000원
제조간접원가	1,500,000원	?

당월 중에 실제 발생한 직접노동시간은 5,000시간이었고, 이 중 제조지시서 No. 101의 제조에 투입된 시간은 540시간이다. (주)경기가 제조간접원가를 직접노동시간을 기준으로 실제배부율을 사용하는 경우 제조지시서 No.101에 배부되는 금액으로 맞는 것은?

① 750,000원   ② 162,000원
③ 156,000원   ④ 150,000원

• 실제배부율 : 1,500,000/5,000시간=300
• 제조간접비 배부액(실제) : 300×540시간=162,000원

28 (주)금강은 종합원가계산 제도를 채택하고 있다. 다음 자료에 의한 당기 기말재공품의 원가는?

• 원가흐름의 가정을 선입선출법을 선택하고 있으며 원가는 전 공정에서 균등하게 발생한다.
• 기초 재공품은 5,000단위(완성도 50%)이다.
• 당기 중 30,000단위를 새로이 투입하였다.
• 기말 재공품은 9,000단위(완성도 50%)이다.
• 당기 총 발생원가는 840,000원이다.

① 135,000원   ② 108,000원
③ 148,235원   ④ 126,000원

• 완성품 환산량 : (5,000단위×0.5)+21,000단위
  +(9,000단위×0.5)=28,000단위
• 완성품 환산량 단위당 원가 :
  840,000/28,000단위=30원
• 기말재공품 원가 : 9,000단위×0.5×30=135,000원

29 다음 자료에 의하여 종합원가계산시 선입선출법에 의한 직접재료비와 가공비의 당월 제조비용으로 바른 것은?

- 월초재공품 재고액 : 70,000원(직접재료비 40,000원, 가공비 30,000원)
- 월초재공품 수량 : 200단위(가공비 완성도 60%)
- 당월 직접재료비의 단위원가 : 300원
- 당월 가공비의 단위원가 : 200원
- 당월완성수량 : 900단위
- 월말재공품 수량 : 100단위(가공비 완성도 70%)
- 직접재료는 작업시점에서 모두 투입

	직접재료비	가공비
①	240,000원	170,000원
②	280,000원	200,000원
③	240,000원	200,000원
④	280,000원	170,000원

해설
- 직접재료 완성품환산량=당월완성수량−월초완성품 환산량+월말완성품환산량
  900단위−200단위+100단위=800단위
- 가공비 완성품환산량=당월완성수량−월초완성품 환산량+월말완성품 환산량
  900단위−200단위×60%+100단위×70%=850단위
- 직접재료비의 단위원가=$\frac{\text{당월 직접재료투입액(X)}}{\text{완성품환산량}}$
  당월 직접재료투입액(X) : 800 단위×300=240,000원
- 가공비의 단위원가=$\frac{\text{당월 가공비투입액(Y)}}{\text{완성품환산량}}$
  당월 가공비투입액(Y) : 850 단위×200=170,000원

30 종합원가계산시 평균법 적용에 대한 설명으로 가장 부적절한 것은?

① 평균법은 마치 기초재공품 모두를 당기에 착수, 완성한 듯이 가정한다.
② 기초재공품원가의 일부는 기말재고자산에 배분될 수 있다.
③ 가중평균법은 착수 및 원가발생 시점에 관계없이 당기완성량의 평균적원가를 계산한다.
④ 선입선출법에 비해 평균법은 당기의 성과를 이전의 기간과 독립적으로 평가할 수 있는 보다 적절한 성과평가 기회를 제공한다.

해설
선입선출법은 평균법에 비해 당기의 성과만을 평가하기에 이전의 기간과 독립적으로 평가할 수 있다.

31 개별원가계산과 종합원가계산에 대한 설명으로 가장 적합하지 않은 것은?

① 개별원가계산은 소량, 주문생산하는 경우에 적합하고, 종합원가계산은 연속적으로 대량생산하는 경우에 적합하다.
② 개별원가계산은 완성품환산량계산이 핵심이며, 종합원가계산은 제조간접비배부가 핵심이다.
③ 개별원가계산은 비용이 많이 소요되고, 종합원가계산은 일반적으로 비용이 작게 소요된다.
④ 개별원가계산은 제품별 수익성분석이 가능하나 종합원가계산은 불가능하다.

해설
개별원가계산은 제조간접비배부가 핵심이며, 종합원가계산은 완성품환산량계산이 핵심이다.

32 다음 중 종합원가계산의 회계처리 과정에서 발생하는 내용으로 가장 틀린 내용은?

① 기초재공품재공액과 기말재공품재공액이 동일한 경우 당기총제조비용과 당기제품제조원가는 동일하다.
② 누적법에 의한 공정별 종합원가계산에서 공정의 수가 1개씩 증가할수록 전공정대체액의 원가요인은 1개씩 증가한다.
③ 연산품원가계산에서 생산되는 복수종류의 제품의 판매가격이 상이한 상황에서, 물량기준에 의한 결합원가의 배분은 각 제품별 이익을 다르게 나타낸다.
④ 누적법에 의한 공정별 종합원가계산은 반제품 입고가 없는 한, 전공정대체액의 완성도는 100%로 처리한다.

해설
누적법에 의한 공정별 종합원가계산에서 공정의 수가 증가해도 전공정대체액의 원가요인이 증가하진 않는다.

33 종합원가계산하에서 선입선출법과 평균법에 대한 설명 중 틀린 것은?

① 선입선출법은 실제물량흐름을 반영하며 원가통제 등에 더 유용한 정보를 제공한다.

② 선입선출법은 완성품환산량 계산시 순수한 당기발생작업량만으로 계산한다.

③ 기초재공품이 없다면 선입선출법과 평균법의 결과는 차이를 보이지 않는다.

④ 선입선출법은 기초재공품원가와 당기발생원가를 구분하지 않고 모두 당기발생원가로 가정하여 완성품과 기말재공품에 배분한다.

> **해설** 선입선출법은 당기발생원가만을 완성품과 기말재공품에 배분하고, 기초재공품원가는 완성품 원가에 가산한다.

34 전자제품을 생산하는 제조기업인 (주)대한산업의 경우 재료는 초기에 전량투입되고 가공비는 생산의 진행에 따라 균일하게 발생한다. 다음 자료를 통하여 선입선출법에 의한 기말재공품의 가공비 단위당 원가? 단위당 원가의 계산시 원단위 이하에서 반올림하여 계산하시오.

기초재공품	·수　량 : 100개(완성도 30%)
	·재료비 : 120,000원
	·가공비 : 230,000원
당기 완성품	·수　량 : 1,400개
당기 발생 제조비용	·재료비 : 1,710,000원
	·가공비 : 2,940,000원
기말재공품	·수　량 : 220개(완성도 40%)
※ 파손품이나 공손품은 없는 것으로 간주한다.	

① 2,000원 　　② 2,016원

③ 2,151원 　　④ 2,219원

> **해설**
> · 완성품환산량 :
> 　1,400개−(100개×30%)+(220개×40%)=1,458개
> · 가공비 완성품환산량 단위당원가 :
> 　2,940,000 ÷ 1,458개=2,016원

35 다음은 (주)기창산업의 제조활동과 관련하여 발생한 자료이다. 당사는 종합원가계산 하에서 선입선출법을 사용하고 있다. 당기 중에 발생한 정상공손의 수량은? (단, 검사시점은 50%공정이며, 정상공손은 당기 검사를 통과한 수량의 10%이다)

·기초재공품	150개	(55%)
·기말재공품	200개	(70%)
·당기착수량	2,100개	
·당기완성수량	1,800개	

① 165개 　　② 175개

③ 180개 　　④ 185개

> **해설** 정상공손=[(1,800개−150개)+200개]×10%=185개

36 다음 중 기초와 기말 제품재고가 없다고 가정할 경우 정상공손원가 전액을 하나의 방법으로 회계처리 할 경우 매출원가를 가장 높이는 방법은 무엇인가?

① 완성품에 부담

② 완성품과 재공품에 안분

③ 재공품에 부담

④ 영업외비용으로 처리

> **해설** 정상공손원가를 전부 완성품에 부담할 경우 매출원가가 높아지게 된다.

37 다음 중 공손에 대한 설명으로 틀린 것은?

① 공손은 생산과정에서 나오는 원재료의 찌꺼기를 말한다.

② 정상공손원가는 완성품 혹은 기말재공품에 배분한다.

③ 비정상공손원가는 영업외비용으로 처리한다.

④ 공손품의 처분가치가 있는 경우 정상공손원가는 순실현가치를 차감한 금액만을 합격품에 배부한다.

> **해설** 생산과정에서 나오는 원재료의 찌꺼기는 작업폐물을 말한다.

38 (주)인베트로는 동일한 원재료를 투입하여 동일한 공정에서 제품 A, B, C 세 가지의 등급품을 생산하고 있다. 세 가지 제품에 공통적으로 투입된 결합원가가 1,000,000원이라고 할 때, 순실현가치법에 의하여 제품 A에 배부될 결합원가 금액은 얼마인가?

구 분	A	B	C
생산수량	70개	80개	20개
분리점에서 단위당 판매가격	@500원	@300원	@800원
추가가공원가	3,000원	1,000원	
최종판매가격(단위당)	@800원	@400원	

① 840,000원   ② 530,000원
③ 310,000원   ④ 160,000원

해설 •

구분	순실현가치	배부비율	결합원가 배부액
A	70개×@800원−3,000원 = 53,000원	53/100	530,000원
B	80개×@400원−1,000원 = 31,000원	31/100	310,000원
C	20개×@800원 = 16,000원	16/100	160,000원
합계	100,000원	100%	1,000,000원

39 (주)대한산업은 가구류를 생산하는 제조기업으로 재료는 초기에 전량투입되고 가공비는 생산의 진행에 따라 균일하게 발생한다. 평균법에 의한 기말재공품 금액은? 단위당 원가의 계산시 원단위 이하에서 반올림하여 계산하시오.

- 기초재공품 : 수량 500개(완성도 50%)
   재료비   800,000원
   가공비   460,000원
- 당기 착수량 : 3,200개
- 당기 발생 제조비용
   재료비   5,600,000원
   가공비   3,150,000원
- 기말재공품수량 : 700개(완성도 60%)
※ 파손품이나 공손품은 없는 것으로 간주한다.

① 1,318,670원   ② 1,351,980원
③ 1,654,520원   ④ 1,690,130원

해설 • 당기완성품수량 : 기초재공품+당기착수량−기말재공품 =3,000개
- 가공비 완성품환산량 : 3,000개+420개=3,420개
- 가공비 완성품환산량 단위당원가 : (460,000+3,150,000)÷3,420개=1,056원
- 재료비 완성품환산량 : 3,000개+700개=3,700개
- 재료비 완성품 환산량 단위당원가 : (800,000+5,600,000)÷3,700개=1,730원
- 기말재공품원가 : (1,730×700개)+(1,056×420개) =1,654,520원

40 종합원가계산을 채택하고 있는 (주)한국의 당기 중 생산자료는 다음과 같다. (주)한국이 검사시점을 통과한 수량의 10%를 정상공손으로 간주하는 경우 검사를 50%에서 실시하면 정상공손수량과 비정상공손수량은?

- 기초 재공품 : 400개(완성도 30%)
- 당기 착수량 : 1,600개
- 당기 완성량 : 1,200개
- 기말 재공품 : 500개(완성도 70%)

	정상공손수량	비정상공손수량
①	130개	170개
②	170개	130개
③	200개	100개
④	100개	200개

해설 • 공손품의 수량=300개
- 정상공손수량=(기초재공품+당기착수완성분+기말재공품)×10% (400개+800개+500개)×10%=170개
- 비정상공손수량=300개−170개=130개

41 다음은 무엇을 설명하는 것인가?

원유를 정제하는 경우, 원재료의 특성상 투입원재료가 100% 완제품으로 생산되지 않는다. 공정의 특성상 완성품이 되기 위하여 부피나 무게 등이 줄어드는 등과 같이 원재료의 감소가 이루어지는 것을 말한다.

① 공손   ② 부산물
③ 작업폐물   ④ 감손

해설 감손은 공정상의 완성품이 되기 위하여 부피나 무게 등이 줄어드는 원재료의 감소를 말한다.

42 대한산업은 유리공예품을 생산하고 있다. 원재료는 동일하고 A제품과 B제품으로 구별하여 투입하며, 동일한 공정을 거쳐 생산한다. 당사는 등급별원가계산을 이용하며, 품질에 따른 등가계수를 A제품 : B제품＝1 : 0.8로 적용하고 있다. 다음 자료를 토대로 A제품의 당기제조원가는?

• 당기 제조원가	3,600,000
• A제품 당기 시작수량	1,200개
• B제품 당기 시작수량	1,000개

① 1,440,000원 ② 1,860,000원
③ 2,120,000원 ④ 2,160,000원

<u>해설</u>

품목	등가계수	시작수량	적수 (등가비율)	당기 제조원가
A제품	1	1,200	1,200	2,160,000원
B제품	0.8	1,000	800	1,440,000원
계			2,000	3,600,000원

43 동일한 원재료를 투입하여 동일공정에서 생산되는 결합제품들의 결합원가를 배분하는 방법이 가장 적합한 업종에 해당하는 것은?

① 조선업 ② 석유 정제업
③ 자동차 제조업 ④ 항공기 제조업

<u>해설</u> 조선업, 항공기 제조업은 개별원가계산, 자동차 제조업은 종합원가계산 또는 개별원가계산이 적합한 원가계산방법이다.

44 트렁크(주)는 제1공정에서 A, B 제품을 생산하고 있다. 제공정은 결합공정이며 결합원가는 1,500,000원(직접재료비 500,000원, 가공비는 1,000,000원)이다. A제품은 제1공정을 거친 후에 곧바로 판매가능하며, B제품은 추가로 제2공정을 거친다면 C제품으로 전환되어 판매될 수 있다. 제2공정의 추가가공비는 500,000원이다. A제품의 판매가격은 1,000,000,원 C제품의 판매가격이 2,000,000원일 경우 순실현가치법에 의한 C제품에 배분될 결합원가는 얼마인가?

① 500,000원 ② 600,000원
③ 900,000원 ④ 1,500,000원

<u>해설</u>

제품	순실현가치	배분 비율	결합원가 배분액
A	1,000,000	40%	600,000
C	1,500,000	60%	900,000
합계	2,500,000	100%	1,500,000

• C제품의 순실현가치 : 2,000,000－500,000＝1,500,000원

45 다음은 원재료(A)를 사용하여 두가지의 제품을 생산하고 있는 (주)한국의 자료이다. (주)한국이 이익을 극대화하기 위하여 추가가공해야 할 제품은 어느 것인가?

• 분리점까지의 결합생산원가는 총 180,000원이다. 회사는 분리시점에서의 총매출가격을 기준으로 결합원가를 연산품에 배부하며 그 자료는 다음과 같다.

제 품	판매가격/단위당	생산량
B	5,000원	20개
C	10,000원	20개

각 제품은 분리점 이후 추가가공이 모두 가능하다. 각 제품의 추가가공원가와 가공후 단위당 판매가격은 다음과 같다.

제 품	판매가격/단위당	추가가공원가
B	7,000원	30,000원
C	12,000원	50,000원

① B
② C
③ B, C
④ 어느 것도 추가가공하지 않는다.

<u>해설</u> • 분리점에서 각 제품의 순실현가치
B : (7,000－5 000)×20－30,000＝10,000원
C : (12,000－10,000)×20)－50,000＝－10,000원
따라서 제품B만 추가가공할 때 회사의 이익이 극대화 된다.

46 연산품과 관련된 설명으로 틀린 것은?

① 동일재료로 동일공정에서 둘이상의 다른 제품을 생산하는 경우
② 주산물과 부산물을 구별하기 어려운 둘 이상의 생산품을 생산하는 경우
③ 원유정제시 휘발유, 등유, 경유 등을 생산하는 경우
④ 통조림제조업에서 여러 종류의 과일통조림을 생산하는 경우

해설 　통조림제조업은 조별원가계산에 해당한다.

47 (주)한국은 9,000kg의 원료를 이용하여 결합 생산공정으로부터 다음과 같이 제품A와 제품 B를 생산하고 있다. 순실현가액방법을 이용 하여 제품A에 배부된 결합원가는 1,000,000 원이다. 분리점 이전의 결합원가는 얼마인 가?

제품	생산량	분리점에서의 단위당 가격	단위당 추가가공원가	단위당 최종판매가격
A	3,000kg	400원	–	400원
B	6,000kg	300원	100원	700원

① 2,500,000원 　　② 3,000,000원
③ 4,000,000원 　　④ 4,500,000원

해설 　• 분리점에서의 순실현가치
　　A : 400 × 3,000kg=1,200,000원
　　B : (700−100) × 6,000kg=3,600,000 원
　• 결합원가 : 1,000,000 × (4,800,000 / 1,200,000)
　　=4,000,000원

48 다음 중 종합원가계산 방법에 대한 설명으로 틀린 것은?

① 하나의 제품만을 하나의 공정에서 제조하는 경 우 단일종합원가계산을 사용한다.
② 동일한 재료를 투입하여 동일한 공정에서 서로 다른 종류의 제품을 생산하는 경우 연산품 종 합원가계산을 사용한다.
③ 동일한 재료를 투입하여 동일한 공정에서 서로 다른 등급의 동종제품을 생산하는 경우 등급별 종합원가계산을 사용한다.
④ 동일한 종류의 제품들을 조별로 구분하여 유사 한 생산공정에서 반복적이고 연속적으로 대량 생산해 내는 경우 조별 종합원가계산을 사용한 다.

해설 　조별 종합원가계산은 종류가 다른 여러 제품들을 조별로 구분하여 동일 또는 유사한 생산공정에서 연속적반복적 으로 대량생산하는 경우에 사용한다.

49 당사는 선입선출법에 의한 종합원가계산을 적용하고 있다. 당기 가공원가에 대한 완성품 환산량단위당원가가 7원인 경우 다음 자료에 의하여 당기 가공원가발생액을 계산하면 얼 마인가?

• 기초재공품 : 300단위, 완성도 30%
• 기말재공품 : 600단위, 완성도 40%
• 당기착수수량 : 3,200단위
• 당기완성수량 : 2,900단위

① 20,270원 　　② 21,350원
③ 22,260원 　　④ 23,450원

해설 　• 당기가공원가발생액=(당기완성수량−기초재공품환산량 +기말재공품환산량)×완성품환산량단위당원가=(2,900 단위−300단위×30%+600단위×40%)×7원=21,350원

50 다음은 종합원가계산에서 2공정에 관한 자료 이다. 선입선출법에 의한 원가요소별 완성품 환산량은 얼마인가?

• 기초재공품수량　1,200단위(가공비완성도 60%)
• 당기제조투입수량　　　　　　　　7,400단위
• 당기완성수량　　　　　　　　　　7,000단위
• 기말재공품수량　1,600단위(가공비완성도 80%)
• 직접재료는 공정의 끝에서 모두 투입

	전공정대체액	직접재료비	가공비
①	7,400	7,000	7,560
②	7,000	7,000	7,800
③	7,000	7,400	7,560
④	7,400	7,560	7,000

해설 　• 선입선출법에 의한 완성환산량=완성수량−기초환산 량+기말환산량
　• 전공정대체액 완성품환산량 : 7,000단위−1,200단위+ 1,600단위=7,400단위
　• 직접재료비 완성품환산량 : 7,000단위−0단위+0단위 =7,000단위
　• 가공비 완성품환산량 : 7,000단위−720단위+1,280단위 =7,560단위

51 다음 중 제조업의 원가계산에서 나타나는 행태로 가장 틀린 것은?

① 생산량과 판매량이 동일한 경우 전부원가계산방식과 변동원가계산방식의 이익이 동일하게 나타난다.

② 종합원가계산시 첫 회계기간에는 선입선출법에 의한 제조원가와 평균법에 의한 제조원가가 동일하게 나타난다.

③ 기초제품재고액과 기말제품재고액이 동일하면 당기제품제조원가와 당기제품매출원가가 동일하다.

④ 연산품원가계산에서 분리점 이후의 2제품에 대한 단위당 순실현가능가액이 동일하면 순실현가능가액 기준에 의한 2제품의 결합원가배분액도 동일하다.

> 해설 • 연산품원가계산에서 분리점 이후의 2제품에 대한 단위당 순실현가능가액이 동일하더라도 제품별 생산량에 차이가 나타나면 결합원가배분액은 다르게 나타난다.

52 다음 자료에 의하여 표준원가계산을 적용하는 (주)정밀기계의 변동제조간접비 능률차이를 계산하면 얼마인가?

> (1) 제품단위당 표준원가자료
> : 변동제조간접비 3시간 × @500원=1,500원
> (2) 당기 실제생산량 1,300단위에 대한 실제발생 원가자료
> : 변동제조간접비 2,080,000원
> (작업시간 4,200시간)

① 능률차이 150,000원(불리)

② 능률차이 110,000원(유리)

③ 능률차이 130,000원(불리)

④ 능률차이 140,000원(불리)

> 해설 • 변동제조간접비 능률차이 :
> (4,200시간−1,300단위×3시간)×@500원
> =150,000원(불리)

53 표준원가계산시 배합차이와 수율차이의 설명으로 바른 것은?

① 단일 종류의 직접재료비를 사용할 경우에 발생한다.

② 직접재료비의 배합차이와 수율차이의 합계는 능률차이(수량차이)이다.

③ 직접노무비에서는 배합차이와 수율차이가 발생할 수 없다.

④ 직접노무비의 수율차이는 노동의 투입비율을 분석하는 것이다.

> 해설 • 배합차이+수율차이=능률차이

54 다음은 제주회사의 직접재료비에 대한 자료이다. 직접재료비의 능률차이는 얼마인가?

> • 예상생산량   4,000개
> • 실제생산량   5,000개
> • 직접재료의 실제구입가격   500원/kg
> • 제품 단위당 표준투입량   3kg/개
> • 직접재료의 표준가격   400원/kg
> • 직접재료비 가격차이   1,600,000원 불리

① 400,000원 유리   ② 400,000원 불리

③ 600,000원 유리   ④ 600,000원 불리

> 해설 • 가격차이=(표준가격−실제가격)×실제소비량
> • 능률차이(수량차이)=(표준소비량−실제소비량)×표준가격
> • 표준소비량=실제생산량×제품 단위당 표준투입량
> • 실제소비량=가격차이/(표준가격−실제가격)
> • 표준소비량 : 5,000×3kg=15,000kg
> • 실제소비량 : −1,600,000/(400−500)=16,000kg
> • 능률차이 :
> (15,000kg−16,000kg)×400=−400,000(불리)

55 다음 자료에 의하여 총 실제발생 직접노무비는 얼마인가?

• 직접노무비의 표준임률	50원
• 실제조업도	3,300시간
• 실제 제품생산량	1,000단위
• 제품단위당 표준조업도	3시간
• 직접노무비의 실제원가와 표준원가의 총차이	13,500원(유리)

① 136,500원 ② 138,000원
③ 139,500원 ④ 140,000원

해설
• 임률차이
 =(표준임률－실제임률)×실제시간(조업도)
 =(표준임률×실제시간)－(실제임률×실제시간)
 =(표준임률×실제시간)－실제노무비
• 능률차이(시간차이)
 =(표준시간－실제시간)×표준임률
• 총차이
 =표준노무비－실제노무비=임률차이+능률차이
• 표준노무비=표준조업도×표준임률
• 실제 직접노무비=실제조업도×실제임률
• 표준조업도(표준시간)
 =제품생산량×제품 단위당 표준조업도
• 표준조업도(표준시간) :
 1,000단위×제품 1단위당 3시간=3,000시간
• 시간(능률)차이
 =(3,000시간－3,300시간)×50
 =－15,000원(불리)
• 임률차이=13,500－(－15,000)=28,500원(유리)
• 실제발생 직접노무비 :
 (50×3,300시간)－28,500(유리)=136,500원

56 표준원가계산의 장·단점의 설명이 틀린 것은?

① 원가 목표를 설정하고 실제발생액을 비교해서 원가능률을 높일 수 있다.
② 사전에 설정된 표준원가를 적용함으로서 예산 편성시간을 절약할 수 있다.
③ 적정원가의 산정에 객관성이 힘들고 많은 비용이 든다.
④ 표준원가는 수시로 수정할 필요가 없어서 미래 원가계산에 대하여 왜곡이 없다.

해설
• 표준원가는 수시로 수정해야 하는 원가이다. 업데이트를 하지 않으면 미래원가계산이 왜곡될 수 있다.

57 다음 자료에 의하여 실제고정제조간접비 발생액은 얼마인가?

• 고정제조간접비 예산	300,000원
• 기준(정상)조업도	3,000시간
• 제품생산량	500단위
• 제품단위당 표준조업도	5시간
• 고정제조간접비의 실제원가와 표준원가의 총차이	75,000원(불리)

① 310,000원 ② 315,000원
③ 320,000원 ④ 325,000원

해설
• 표준조업도=제품생산량×제품단위당 표준조업도
• 고정비배부율=고정제조간접비 예산/기준조업도
• 조업도차이
 =(기준조업도－표준조업도)×고정비배부율
• 예산차이
 =실제고정제조간접비(X)－고정제조간접비예산
• 총차이=조업도차이+예산차이
• 고정비배부율 : 300,000/3,000시간=100원
• 조업도차이 : (3,000시간－2,500시간)×100원
 =50,000원(불리)
• 예산차이 : 75,000－50,000=25,000(불리)
• 실제 고정제조간접비 : 300,000+25,000=325,000원

58 당사는 표준원가계산제도를 적용하고 있으며 당월 제품생산량은 4,800단위이다. 직접노무시간당 실제임률은 3,000원, 표준임률은 2,800원이며, 제품단위당 표준직접노무시간이 4시간이라면, 당월의 직접노무원가 능률차이는 얼마인가? 단, 당월 직접노무원가발생액은 60,000,000원이고 재공품은 없다.

① 2,240,000원(불리)
② 2,130,000원(불리)
③ 2,320,000원(유리)
④ 2,040,000원(유리)

해설
• 직접노무원가발생액=실제임률×실제직접노무시간=3,000원×실제직접노무시간=60,000,000원
• 실제직접노무시간=20,000시간
• 직접노무원가능률차이=표준임률×(실제직접노무시간－표준직접노무시간)=2,800원×(20,000시간－4,800단위×4시간)=2,240,000원(불리)

03 부가가치세 정리

SECTION 01 | 부가가치세법 총칙

1 부가가치세의 개념

부가가치세(VAT : Value Added Tax)는 소비를 과세대상으로 하는 소비세로 생산자가 재화나 용역을 생산·유통하는 각 단계에서 창출한 부가가치를 과세대상으로 한다.

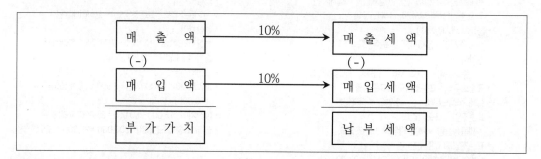

2 부가가치세의 특징

구 분	내 용
국 세	국가가 과세권을 행사하는 국세이면서, 부가가치세 감면세액 및 공제세액을 빼고 가산세를 더한 세액의 25.3%를 지방소비세로 전환
간접세	납세의무자는 재화나 용역을 공급하는 사업자로 하고, 담세자는 최종소비자
일반소비세	모든 재화나 용역의 소비행위를 과세대상으로 하는 일반소비세
다단계거래세	재화 또는 용역이 거래되는 모든 단계마다 과세
전단계세액공제법	매출액에 세율을 곱하여 매출세액을 계산한 후 매입단계에서 부담한 매입세액을 차감하여 부가가치세를 계산하는 방법
소비지국 과세원칙	국가간 이중과세를 조정하기 위하여 소비지국에서 과세하고 생산지국은 과세하지 않는다. 수입재화에 대하여는 세관장이 내국물품과 동일하게 부가가치세를 과세하고, 수출하는 재화는 영세율을 적용한다.
소비형부가가치세	국민소득 중 투자액을 제외한 소비액만을 대상으로 부가가치를 과세
면세 제도	부가가치세의 역진성 완화 목적, 소비자의 세부담 경감
사업장단위과세	사업장단위 과세를 원칙으로 하나, 예외적으로 주사업장총괄납부제도와 사업자단위 과세제도 적용

③ 납세의무자

부가가치세의 납세의무자는 사업자 및 재화를 수입하는 자이다. 사업자는 다음의 요건을 충족하여야 한다.

사업자의 요건	내 용
영리목적 유무와 무관	사업목적이 영리이든 비영리이든 관계없이 사업자이면 납세의무자가 되므로 국가·지방자치단체 등도 사업자에 포함한다.
사업성	재화 또는 용역의 공급을 계속·반복적으로 하여야 한다. 일시적·우발적 공급자는 사업자에 포함하지 않는다.
독립성	근로자처럼 고용된 지위에서 공급하는 자는 사업자에 포함하지 않는다.

④ 사업자등록

① 사업자등록

사업을 신규로 개시하는 자는 사업개시일부터 20일 이내에 사업장마다 사업장관할 세무서장에게 사업자등록을 하여야 한다. 사업자등록의 신청은 사업장관할 세무서장이 아닌 다른 세무서장에게도 할 수 있다. 이 경우 사업장관할 세무서장에게 사업자등록을 신청한 것으로 본다. 사업자단위과세사업자는 해당 사업자의 본점 또는 주사무소에 대하여 관할 세무서장에게 사업자등록을 하여야 한다. 다만, 신규로 사업을 개시하고자 하는 자는 사업개시일전이라도 등록할 수 있다.

구 분	사 업 개 시 일
제조업	제조장별로 재화의 제조를 개시하는 날
광 업	사업장별로 광물의 채취·채광을 개시하는 날
그 밖의 사업	재화 또는 용역의 공급을 개시하는 날

▶ 사업자가 사업자등록을 하지 않으면 사업자등록 신청 전의 매입세액을 공제받지 못하고, 미등록 가산세 부과 대상이 된다. 다만, 공급시기가 속하는 과세기간이 끝난 후 20일 이내에 등록을 신청한 경우 등록신청일부터 공급시기가 속하는 과세기간 기산일까지 역산한 기간 내의 매입세액은 공제한다.

② 사업자등록증의 발급

사업자등록의 신청을 받은 사업장 관할세무서장은 신청일부터 2일 이내(공휴일·토요일 또는 근로자의 날은 제외)에 등록번호가 부여된 사업자등록증을 신청자에게 발급하여야 한다. 다만, 사업장시설이나 사업현황을 확인하기 위하여 국세청장이 필요하다고 인정하는 경우에는 발급기한을 5일 이내(공휴일·토요일 또는 근로자의 날은 제외)에서 연장하고 조사한 사실에 따라 사업자등록증을 발급할 수 있다.

③ 등록거부 및 직권등록

세무서장은 사업개시전 사업자등록을 신청 한 자가 사실상 사업을 개시하지 않을 것으로 인정되는 때에는 등록을 거부할 수 있다. 또한 사업자가 신청에 의해 등록을 하지 않은 경우에는 관할세무서장이 조사하여 직권으로 등록시킬 수 있다.

④ 사업자등록의 정정사유와 재발급기한

등 록 정 정 사 유	재발급기한
① 상호를 변경하는 때	신청일 당일
② 통신판매업자가 사이버몰의 명칭 또는 인터넷 도메인이름을 변경하는 때	
③ 법인 또는 법인 아닌 단체의 대표자를 변경하는 때	신청일로부터 3일 이내
④ 사업의 종류에 변경이 있는 때	
⑤ 사업장(사업자단위과세사업자의 경우에는 사업자단위과세적용사업장)을 이전하는 때	
⑥ 상속으로 인하여 사업자의 명의가 변경되는 때	
⑦ 공동사업자의 구성원 또는 출자지분의 변경이 있는 때	
⑧ 임대인, 임대차 목적물 및 면적, 보증금, 임대차기간의 변경이 있거나 새로이 상가건물을 임차한 때	
⑨ 사업자단위과세사업자가 사업자단위과세적용사업장을 변경하는 때	
⑩ 사업자단위과세사업자가 종된 사업장을 신설 또는 이전하는 때	
⑪ 사업자단위과세사업자가 종된 사업장의 사업을 휴업하거나 폐업하는 때	

⑤ 휴업과 폐업

사업자는 휴업 또는 폐업하거나, 사업개시 전에 등록한 자가 사실상 사업을 시작하지 않게 되는 때에는 지체없이 휴업(폐업)신고서에 사업자등록증과 폐업신고확인서를 첨부하여 사업장관할세무서장에게 휴업 또는 폐업의 신고를 하여야 한다.

다만, 사업자가 폐업일이 속하는 달의 다음달 25일까지 부가세확정신고서에 폐업연월일 및 사유를 적고 사업자등록증과 폐업신고확인서를 첨부하여 제출하는 경우에는 폐업신고서를 제출한 것으로 본다.

⑥ 사업자등록의 말소

사업장관할세무서장은 사업자가 폐업하거나, 사업개시전에 등록한 후 사실상 사업을 시작하지 않게 되는 때에는 지체없이 그 등록을 말소하여야 한다. 이 경우 관할세무서장은 지체없이 사업자등록증을 회수하여야 하며, 이를 회수할 수 없는 경우에는 등록말소의 사실을 공시하여야 한다.

5 과세기간과 신고납부기한

> • NCS 능력단위 : 0203020205부가가치세신고   능력단위요소 : 03부가가치세신고하기
> 3.1 부가가치세법에 따른 과세기간을 이해하여 예정·확정신고를 할 수 있다.

① 계속사업자

계속사업자의 과세기간과 신고납부기한은 다음과 같다. 다만, 간이과세자는 1월1일부터 12월31일까지를 1과세기간으로 하며 신고납부는 다음연도 1월25일까지 하여야 한다.

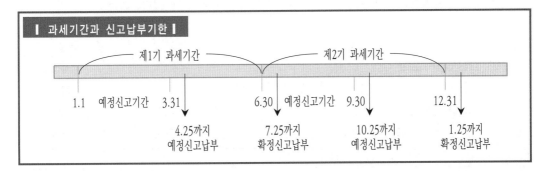

② 예외적인 경우

신규사업자와 폐업자 및 간이과세 포기자의 과세기간은 다음과 같으며, 신고납부는 그 과세기간이 끝난 후 25일 이내에 하여야 한다. 다만, 폐업자는 폐업일이 속한 달의 다음달 25일 이내에 신고·납부하여야 한다.

구 분	과 세 기 간
신규사업자	사업개시일 또는 등록일~해당 과세기간 종료일
폐업자	해당 과세기간 개시일~폐업일
간이과세를 포기한 경우	다음의 기간을 각각 1과세기간으로 한다. ① 해당 과세기간 개시일~포기신고일이 속하는 달의 말일 ② 포기신고일이 속하는 달의 다음달 1일~해당 과세기간 종료일
간이과세자	1월1일~12월31일

6 납세지

● NCS 능력단위 : 0203020205부가가치세신고   능력단위요소 : 03부가가치세신고하기
3.2 부가가치세법에 따라 납세지를 결정하여 상황에 맞는 신고를 할 수 있다.

① 사업장별 과세원칙

사업장별 과세원칙이란 사업장 소재지를 납세지로 하여, 사업자등록부터 세금계산서의 발급과 신고·납부 및 경정 등이 사업장별로 이루어지는 것을 말한다. 사업장별 과세원칙의 예외로 주사업장총괄납부 및 사업자단위과세사업자 제도가 있다.

② 사업장

㉠ 업종별 사업장

사업장이란 사업자 또는 그 사용인이 상시 주재하여 거래의 전부 또는 일부를 행하는 장소를 말한다. 다음의 업종별 사업장 이외의 장소도 사업장으로 등록할 수 있으나, 무인자동판매기를 통하여 재화 또는 용역을 공급하는 사업의 경우에는 그러하지 아니하다.

구 분	사 업 장	
광 업	광업사무소의 소재지	
제조업	최종 제품을 완성하는 장소(따로 제품의 포장만을 하거나 용기에 충전만을 하는 장소 및 저유소는 제외)	
건설업·운수업·부동산매매업	법인	법인의 등기부상의 소재지(지점소재지 포함)
	개인	업무를 총괄하는 장소
부동산임대업	부동산의 등기부상 소재지	
비거주자 또는 외국법인의 경우	법인세법 및 소득세법상의 국내사업장	
무인자동판매기	사업에 관한 업무를 총괄하는 장소	
통신판매업	부가통신판매사업자의 주된사업장 소재지	
다단계판매원	다단계판매원이 등록한 다단계판매업자의 주된 사업장	
사업장을 설치하지 아니한 경우	사업자의 주소 또는 거소	

㉡ 직매장, 하치장 및 임시사업장

구 분	내 용	사업장 해당 여부
직 매 장	사업자가 자기의 사업과 관련하여 생산 또는 취득한 재화를 직접 판매하기 위하여 특별히 설치한 장소	사업장 ○
하 치 장	사업자가 재화의 보관·관리시설만을 갖추고 판매는 이루어지지 않는 장소	사업장 ×
임시사업장	사업자가 기존사업장 외에 각종 경기대회·박람회 등의 행사가 개최되는 장소에서 임시로 개설한 사업장	기존사업장에 포함

▶ 직매장은 사업자등록을 하여야 하나 하치장과 임시사업장은 별도의 사업자등록이 필요없다.

③ 주사업장 총괄납부

주사업장 총괄납부란 둘 이상의 사업장을 가지고 있는 사업자가 주된 사업장 관할세무서장에게 과세기간 개시 20일 전까지 신청을 하고 각 사업장의 납부세액 또는 환급세액을 주된 사업장에서 통산하여 납부하거나 환급받는 것을 말한다. 주된 사업장은 법인은 본점 또는 지점 중 선택한 곳이 되고 개인은 주사무소가 된다.

납부 또는 환급만 주사업장에서 하고, 사업자등록, 신고, 세금계산서 발급 등은 사업장별로 하여야 한다. 주사업장 총괄납부의 신청을 한 사업자가 판매를 목적으로 타사업장에 반출한 재화는 간주공급으로 보지 않는다.

④ 사업자단위과세

사업자단위과세란 둘 이상의 사업장을 가지고 있는 사업자가 사업자단위과세적용사업장(법인은 본점, 개인은 주사무소)에서 모든 사업장의 부가가치세를 신고·납부하는 것을 말한다.

㉠ 등 록

사업장이 둘 이상인 사업자(간이과세자 포함)는 사업자단위로 해당 사업자의 본점 또는 주사무소 관할 세무서장에게 등록할 수 있다. 사업장 단위로 신고한 사업자가 사업자단위로 등록하려면 사업자단위과세적용사업장의 관할세무서장에게 사업자단위과세제도를 적용받으려는 과세기간의 개시 20일 전까지 등록하여야 한다.

사업장이 하나인 사업자가 추가로 사업장을 개설하면서 추가사업장의 사업개시일에 속하는 과세기간부터 사업자단위과세사업자로 적용받으려는 경우에는 추가사업자의 사업개시일부터 20일 이내(추가사업장의 사업개시일이 속하는 과세기간 이내로 한정)에 변경등록을 신청하여야 한다.

㉡ 사업자등록번호

등록번호는 사업장마다 부여하는 것이 원칙이나 사업자단위과세를 등록한 경우에는 개별사업장이 아닌 사업자단위과세적용사업장에 대하여 하나의 등록번호를 부여한다.

㉢ 사업자단위과세제도의 효력

ⓐ 그 사업자의 본점 또는 주사무소에서 각 사업자의 부가가치세를 총괄하여 신고·납부할 수 있다.
ⓑ 각 사업장은 별도의 신고·납부가 없고 사업자등록을 할 필요도 없다.
ⓒ 각 사업장별로 세금계산서 및 영수증을 수령하거나 발급할 필요가 없다.
ⓓ 직매장 반출 재화 등 내부거래에 대하여 재화의 공급으로 보지 않는다.

㉣ 사업자단위 과세제도의 포기

사업자단위과세제도를 적용받는 자가 각 사업장별로 신고·납부하거나 주사업장 총괄납부를 하려는 경우에는 그 납부하려는 과세기간이 시작하기 전 20일 전에 사업자단위과세포기신고서를 관할세무서장에게 제출하여야 한다.

사업자단위과세를 포기한 경우에는 그 포기한 날이 속하는 과세기간의 다음 과세기간부터 각 사업장별로 신고·납부하거나, 주사업장총괄납부를 하여야 한다.

• NCS 능력단위 : 0203020205부가가치세신고   능력단위요소 : 03부가가치세신고하기
3.4. 부가가치세법에 따른 부가가치세의 과세대상인 재화의 공급과 용역의 공급의 범위를 판단 할 수 있다.

1 일반적인 과세거래

① 재화의 공급

㉠ 재 화

재화란 재산적 가치가 있는 물건과 권리를 말한다. 재산적 가치가 없는 물, 공기 등과 수표·어음 등의 화폐대용증권 및 주식·채권·상품권 등의 유가증권은 재화에 해당하지 않는다.

구 분	내 용
물건	상품, 제품, 원료, 기계, 건물 등 모든 유체물 전기, 가스, 열 등 관리할 수 있는 자연력
권리	광업권, 특허권, 저작권 등 물건 외에 재산적 가치가 있는 모든 것

㉡ 공 급

공급이란 계약상 또는 법률상의 모든 원인에 의하여 재화를 인도 또는 양도하는 것으로 구체적인 내용은 다음과 같다.

구 분	내 용
매매계약	현금판매, 외상판매, 할부판매, 장기할부판매, 조건부 및 기한부판매, 위탁판매 및 기타 매매계약에 이하여 재화를 인도 또는 양도하는 것
가공계약	자기가 주요자재의 전부 또는 일부를 부담하고 상대방으로부터 인도받은 재화에 공작을 가하여 새로운 재화를 만드는 가공계약에 의하여 재화를 인도하는 것
교환계약	재화의 인도대가로서 다른 재화를 인도받거나 용역을 제공받는 교환계약에 의하여 재화를 인도 또는 양도하는 것
기 타	경매, 수용, 현물출자 및 기타 계약상 또는 법률상의 원인에 의하여 재화를 인도 또는 양도하는 것

㉢ 재화의 공급으로 보지 않는 것

다음에 해당하는 경우에는 계약상 또는 법률상의 원인으로 재화를 인도 또는 양도하는 것이라도 재화의 공급으로 보지 않는다.

구 분	내 용
담보로 제공	질권, 저당권 또는 양도담보의 목적으로 동산, 부동산 및 부동산상의 권리를 제공하는 것
사업의 양도	사업장별로 그 사업에 관한 모든 권리와 의무를 포괄적으로 승계시키는 사업의 포괄양도(다만, 그 사업을 양수받는 자가 대가를 지급하는 때에 그 대가를 받은 자로부터 부가가치세를 징수하여 납부한 경우는 제외)
조세의 물납	사업용 자산을 상속세및증여세법, 지방세법에 따라 물납 하는 것
공매 및 경매	국세징수법에 따른 공매, 민사집행법에 따른 경매에 따라 재화를 인도하거나 양도하는 것
수 용	도시 및 주거환경정비법, 공익사업을 위한 토지 등의 취득 및 보상에 관한 법률 등에 따른 수용절차에서 수용대상 재화의 소유자가 수용된 재화에 대한 대가를 받는 경우
위탁가공원자재의 국외반출	사업자가 위탁가공을 위하여 원자재를 국외의 수탁가공 사업자에게 대가 없이 반출하는 것(영세율이 적용되는 것은 제외)

② 용역의 공급

㉠ 용 역

용역이란 재화 외의 재산적 가치가 있는 모든 역무와 그 밖의 행위를 말한다. 그러나 전·답·과수원·목장용지·임야 또는 염전 등의 임대와 공익사업을 위한 토지 등의 취득 및 보상에 관한 법률에 따른 공익사업과 관련해 지역권·지상권(지하 또는 공중에 설정된 권리를 포함)을 설정하거나 대여하는 사업은 용역의 범위에 포함되지 않는다. 용역의 범위에서 제외되는 것은 부가가치세법상 과세대상이 아니라는 의미이다.

- 건설업　　　　　　　　• 숙박 및 음식점업　　　　　　　• 운수 및 창고업
- 정보통신업(출판업과 영상 오디오 기록물 제작 및 배급업 제외)
- 금융 보험업　　　　　　• 부동산업(전답 등과 공익관련 지역권 지상권의 임대 제외)
- 전문, 과학, 기술서비스업과 사업시설관리, 사업지원 및 임대서비스업
- 공공행정, 국방 및 사회보장 행정　• 교육서비스업
- 보건업 및 사회복지 서비스업　　• 예술, 스포츠 및 여가관련 서비스업
- 협회 및 단체, 수리 및 기타 개인서비스업과 제조업 중 산업용기계 및 장비 수리업
- 가구내 고용활동 및 달리 분류되지 않은 자가소비 생산활동　• 국제 및 외국기관의 사업

㉡ 공 급

용역의 공급은 계약상 또는 법률상의 모든 원인에 역무를 제공하거나 재화시설물 또는 권리를 사용하게 하는 것을 말하며, 대가를 받지 않는 용역의 무상제공은 원칙적으로 공급으로 보지 않는다. 다만 사업자가 특수관계에 있는 자에게 사업용 부동산의 임대용역을 무상으로 공급하는 경우에는 과세대상인 용역의 공급으로 본다.

CHECK POINT 재화의 공급과 용역의 공급의 구분 비교	

거래의 내용	공급의 구분
주요자재를 전혀 부담하지 않고 단순히 가공만 하는 가공계약	용역의 공급
주요자재의 전부 또는 일부를 부담하여 가공하는 가공계약	재화의 공급
특허권 등의 권리 대여	용역의 공급
특허권 등의 권리 양도	재화의 공급
건설업이 주요자재의 전부 또는 일부를 부담하는 경우	항상 용역의 공급

③ 재화의 수입

재화의 수입이란 다음의 물품을 우리나라의 영토 및 우리나라가 행사할 수 있는 권리가 미치는 곳에 반입하는 것(보세구역을 거치는 것은 보세구역에서 반입하는 것)을 말한다.

> ㉠ 외국에서부터 우리나라에 들어온 물품(외국의 선박에 의하여 공해에서 채취되거나 잡힌 수산물 포함)
> ㉡ 수출신고가 수리된 물품

② 부수재화 또는 용역

① 과세·면세의 판단기준

부수재화 또는 용역의 공급이 과세인지 면세인지의 판단은 주된 거래 또는 주된 사업의 과세·면세 여부에 따라 결정된다. 예외적으로 주된 사업과 관련하여 우발적 또는 일시적으로 공급되는 재화 또는 용역이 면세대상인 경우에는 주된 사업의 과세·면세 여부에 관계없이 항상 면세이다.

② 주된 거래에 부수하여 공급되는 경우의 과세·면세 여부

주된 재화·용역	부수 재화·용역	과세·면세 여부
과세	과세대상	과　세
	면세대상	과　세
면세	과세대상	면　세
	면세대상	면　세

③ 주된 사업에 부수하여 공급되는 경우의 과세·면세 여부

㉠ 우발적 또는 일시적으로 공급하는 경우(면세우선주의)

주된 사업	부수 재화·용역	과세·면세 여부
과세	과세대상	과　세
	면세대상	면　세
면세	과세대상	면　세
	면세대상	면　세

ⓛ 부산물

주된 재화의 생산에 필수적으로 부수하여 생산되는 재화인 부산물은 주산물과 동일하게 주산물이 과세이면 과세, 주산물이 면세이면 면세가 된다. 예를 들어 참치통조림생산과정에서 나오는 참치알은 주산물인 참치통조림이 과세재화이므로 부산물인 참치알도 과세재화가 되는 것이다.

3 재화의 공급특례(간주공급)

자기생산·취득재화(자기의 과세사업과 관련하여 생산하거나 취득한 재화로서 매입세액이 공제된 재화)를 다음과 같이 사용하거나 소비하는 경우 재화의 공급으로 본다. 단 판매할 목적으로 자기의 다른 사업장에 반출하는 경우에는 매입세액 공제 여부와 관계없이 공급으로 간주하여 과세한다.

① 자가공급

구 분	분 류
㉠ 면세사업에 사용	사업자가 자기생산·취득재화를 자기의 면세사업을 위하여 직접 사용하거나 소비하는 것
㉡ 개별소비세 과세대상 자동차로 사용, 소비	사업자가 자기생산·취득재화를 매입세액이 매출세액에서 공제되지 아니하는 개별소비세 과세대상 자동차로 사용 또는 소비하거나 그 자동차의 유지를 위하여 사용 또는 소비하는 것
㉢ 운수업, 자동차판매업 등이 직접 영업에 사용하지 않는 개별소비세 과세대상 자동차	운수업, 자동차판매업, 자동차임대업, 운전학원업 및 기계경비업(출동차량에 한함)을 경영하는 사업자가 자기생산·취득재화 중 개별소비세 과세대상 자동차와 그 자동차의 유지를 위한 재화를 해당 업종에 직접 영업으로 사용하지 아니하고 다른 용도로 사용하는 것
㉣ 판매할 목적으로 자기의 다른 사업장에 반출	사업장이 둘 이상인 사업자가 자기의 사업과 관련하여 생산 또는 취득한 재화를 판매 목적으로 자기의 다른 사업장에 반출하는 것. 단 사업자단위과세사업자 또는 주사업장 총괄납부의 경우에는 제외

② 개인적 공급

사업자가 자기생산·취득재화를 사업과 직접적인 관계없이 자기의 개인적인 목적이나 그 밖의 다른 목적을 위하여 사용·소비하거나 그 사용인 또는 그 밖의 자가 사용·소비하는 것으로서 사업자가 그 대가를 받지 아니하거나 시가보다 낮은 대가를 받는 경우는 시가와 받은 대가의 차액을 재화의 공급으로 본다. 다만 사업자가 실비변상적이거나 복리후생적인 목적으로 제공하는 다음의 경우는 재화의 공급으로 보지 아니한다.

③ 사업상 증여

사업자가 자기생산 · 취득재화를 자기의 고객이나 불특정 다수에게 증여하는 경우는 재화의 공급으로 본다. 그 예로 고객에게 판매장려금을 현금이 아닌 현물로 제공하는 경우를 들 수 있다. 다만, 주된 거래인 재화의 공급대가에 포함된 증정품, 무상으로 인도하는 견본품, 특별재난지역에 공급하는 물품 및 자기적립마일리지 등으로만 전부를 결제 받고 공급하는 재화의 경우에는 사업상 증여에 해당하지 않는다.

④ 폐업 시 남아있는 재화

사업자가 폐업할 때 자기생산 · 취득재화 중 남아 있는 재화는 자기에게 공급하는 것으로 본다. 사업 개시일 이전에 사업자등록을 신청한 자가 사실상 사업을 시작하지 아니하게 되는 경우에도 또한 같다. 사업의 포괄양도에 의한 사업의 양수자가 폐업하는 경우 사업양도자가 매입세액공제를 받은 재화는 폐업 시 남아있는 재화로 본다.

SECTION 03 | 공급시기와 세금계산서

❶ 공급시기

① 재화의 공급시기

㉠ 일반원칙

재화의 공급시기는 재화의 이동이 필요한 경우에는 재화가 인도되는 때, 재화의 이동이 필요하지 않은 경우에는 재화가 이용가능하게 되는 때이며 그 외의 경우는 재화의 공급이 확정되는 때이다.

㉡ 거래형태별 공급시기

구 분	공 급 시 기
ⓐ 현금판매 · 외상판매 · 할부판매	재화가 인도되거나 이용가능하게 되는 때
ⓑ 장기할부판매 · 중간지급조건부공급 · 완성도기준지급공급 · 전력 기타 공급단위를 구획할 수 없는 재화를 계속적으로 공급하는 경우	대가의 각 부분을 받기로 한 때

구 분	공 급 시 기
ⓒ 재화의 간주공급	재화가 사용·소비되는 때 (폐업시 남아있는 재화는 폐업하는 때)
ⓓ 반환조건부·동의조건부 기타 조건부 및 기한부 판매	조건이 성취되거나 기한이 경과되어 판매가 확정되는 때
ⓔ 재화의 공급으로 보는 가공의 경우	가공된 재화를 인도하는 때
ⓕ 무인판매기를 이용하여 재화를 공급하는 경우	무인판매기에서 현금을 인취하는 때
ⓖ 수 출 a. 내국물품의 국외반출 및 중계무역방식의 수출	수출재화의 선적일 또는 기적일
b. 원양어업 및 위탁판매수출	수출재화의 공급가액이 확정되는 때
c. 위탁가공무역방식의 수출 및 외국인도수출	외국에서 해당 재화가 인도되는 때
ⓗ 수입재화를 보세구역 내에서 보세구역 외의 국내 에 공급하는 경우	수입신고수리일
ⓘ 위탁매매(또는 대리인에 의한 매매)	수탁자(또는 대리인)의 공급을 기준으로 거 래형태별 공급시기 규정 적용
ⓙ 폐업 전에 공급한 재화의 공급시기가 폐업일 이후에 도래하는 경우	그 폐업일
ⓚ 그 밖의 경우	재화가 인도되거나 인도가능한 때

ⓒ 거래 형태별 요건

구 분	내 용
ⓐ 장기할부판매	재화를 공급하고 대가를 월부 그 밖의 부불방법에 따라 받는 거래로 2 회 이상으로 분할하여 대가를 받고, 해당 재화의 인도일의 다음날부터 최종의 부불금의 지급기일까지의 기간이 1년 이상의 요건을 충족한 거래
ⓑ 중간지급조건부 공급	계약금을 받기로 한 날의 다음날부터 재화를 인도하는 날 또는 재화를 이용 가능하게 하는 날까지의 기간이 6개월 이상인 경우로서 그 기간 이내에 계약금 외의 대가를 분할하여 받는 거래
ⓒ 완성도기준지급 공급	재화의 완성비율에 따라 대가를 지급받기로 약정한 거래(기간의 제한을 받지 않음)

② **용역의 공급시기**

용역의 공급시기는 역무가 제공되거나 재화·시설물 또는 권리가 사용되는 때가 된다. 거래
형태별 공급시기는 다음과 같다.

구 분	공 급 시 기
㉠ 통상적인 공급의 경우	역무의 제공이 완료되는 때
㉡ 장기할부·중간지급조건부·완성도기준지급 또는 기타 조건부로 용역을 공급하거나 그 공급단위를 구획할 수 없는 용역을 계속적으로 공급하는 경우	대가의 각 부분을 받기로 한 때
㉢ 간주임대료	예정신고기간 또는 과세기간의 종료일
㉣ 2 과세기간 이상에 걸쳐 부동산임대용역을 공급하고 그 대가를 선불 또는 후불로 받는 경우	예정신고기간 또는 과세기간의 종료일

구 분	공 급 시 기
⑩ 폐업 전에 공급한 용역의 공급시기가 폐업일 이후에 도래하는 경우	폐업일
⑪ 위의 기준을 적용할 수 없는 경우	역무의 제공이 완료되고, 그 공급가액이 확정되는 때

2 세금계산서

● NCS 능력단위 : 0203020205부가가치세신고   능력단위요소 : 01세금계산서발급·수취하기
1.1 세금계산서의 발급방법에 따라 세금계산서를 발급하고 발급명세를 국세청에 전송할 수 있다.
1.2 수정세금계산서 발급사유에 따라 세금계산서를 수정 발행할 수 있다.
1.3 부가가치세법에 따라 세금계산서 및 계산서 합계표를 작성할 수 있다.

① 세금계산서의 개념

세금계산서란 일반과세자인 사업자가 재화 또는 용역을 공급하면서 부가가치세를 거래징수한 사실을 증명하기 위하여 공급받는 자에게 발급하는 증명서류로서 주요 기능은 다음과 같다.

㉠ 거래송장	㉡ 대금청구서 또는 영수증
㉢ 거래의 증명 및 과세자료	㉣ 매입장·매출장 등의 장부의 역할
㉤ 부가가치세 거래징수에 대한 영수증 또는 확인서로 매입세액공제의 근거 자료	

② 세금계산서의 필요적 기재사항과 임의적 기재사항

필요적 기재사항이 전부 또는 일부가 기재되지 아니하거나 사실과 다르게 기재된 때에는 공급자는 세금계산서 불성실가산세(공급가액의 1%)가 적용되고, 공급받는 자는 매입세액 공제를 받을 수 없게 된다. 다만, 착오 기재의 경우로서 그 밖의 필요적 기재사항 또는 임의적 기재사항으로 보아 거래사실이 확인되는 경우에는 그 효력을 인정한다.
임의적 기재사항은 기재하지 아니하였거나 오류가 발생한 경우에도 가산세나 매입세액 불공제 등의 불이익을 받지 아니한다.

필요적 기재사항		임의적 기재사항	
㉠ 공급하는 자의 등록번호와 성명 또는 명칭		㉠ 공급받는 자의 상호·성명·주소	
㉡ 공급받는 자의 등록번호		㉡ 공급하는 자와 공급받는 자의 업태와 종목	
㉢ 공급가액과 부가가치세액		㉢ 공급품목	㉣ 단가와 수량
㉣ 작성연월일		㉤ 공급연월일	㉥ 거래의 종류

③ 세금계산서의 발급시기

㉠ 원 칙

세금계산서는 재화 또는 용역의 공급시기에 발급하여야 한다. 다만 공급시기 도래전에 대가를 수령한 경우에는 그 받은 대가에 대하여 공급시기가 도래하기 전에 세금계산서를 발급할 수 있다.

㉡ 예외 : 선발급 세금계산서

대가를 전혀 받지 않고 공급시기가 도래하기 전에 세금계산서를 발급하는 것은 다음을 제외하고 인정하지 않는다.

> ⓐ 장기할부판매하는 재화 또는 용역
> ⓑ 전력·통신 등 그 공급단위를 구획할 수 없는 재화 또는 용역을 계속적으로 공급하는 경우

㉢ 세금계산서 발급특례

ⓐ 다음달 10일 발급

다음의 경우에는 세금계산서를 공급시기에 발급하지 않고 공급시기가 속하는 달의 다음 달 10일까지 발급할 수 있다. 다만, 발급일이 토요일 또는 공휴일인 경우에는 그 다음날을 발급기한으로 한다.

> • 거래처별로 1역월(1일부터 말일까지) 공급가액을 합계하여 해당 월의 말일자를 작성연월일로 하여 세금계산서를 발급하는 경우(월합계세금계산서)
> • 거래처별로 1역월 이내에서 거래관행상 정하여진 기간의 공급가액을 합계하여 그 기간의 종료일자를 작성연월일로 하여 세금계산서를 발급하는 경우
> • 관계증명서류 등에 의하여 실제 거래사실이 확인되는 경우로서 해당 거래일자를 작성연월일로 하여 세금계산서를 발급하는 경우

ⓑ 선발급 후 대가 수령(7일 이내)

사업자가 재화 또는 용역의 공급시기가 되기 전에 세금계산서를 발급하고 그 세금계산서의 발급일부터 7일 이내에 대가를 받으면 해당 세금계산서를 발급한 때를 재화 또는 용역의 공급시기로 본다.

ⓒ 선발급 후 대가 수령(7일 이후)

사업자가 다음 중 어느 하나에 해당하는 경우에는 재화 또는 용역을 공급하는 사업자가 그 재화 또는 용역의 공급시기가 되기 전에 세금계산서를 발급하고 그 세금계산서 발급일부터 7일이 지난 후 대가를 받더라도 해당 세금계산서를 발급한 때를 재화 또는 용역의 공급시기로 본다.

> • 거래 당사자 간의 계약서·약정서 등에 대금 청구시기(세금계산서 발급일을 말한다)와 지급 시기를 따로 적고, 대금 청구시기와 지급시기 사이의 기간이 30일 이내인 경우
> • 재화 또는 용역의 공급시기가 세금계산서 발급일이 속하는 과세기간 내(조기환급을 받은 경우에는 세금계산서 발급일부터 30일 이내)에 도래하는 경우

④ 수정세금계산서

수정사유	작성일자	비고란	수정세금계산서 발급 방법
⊙ 공급한 재화가 환입된 경우	환입된 날	처음작성일	붉은색 글씨 또는 음(-)의 표시를 하여 발급
○ 계약의 해제로 재화 또는 용역이 공급되지 아니한 경우	계약해제일		
© 계약의 해지 등으로 공급가액에 추가 또는 차감되는 금액이 발생한 경우	증감사유가 발생한 날	-	추가되는 금액은 검은색 글씨로 쓰고 차감되는 금액은 붉은색 글씨로 쓰거나 음(-)의 표시를 하여 발급
② 재화 또는 용역을 공급한 과세기간 종료 후 25일 이내에 내국신용장 등이 개설된 경우 **(2부 발행)**	처음작성일	내국신용장 등 개설일	영세율 적용분은 검은색 글씨로 작성하여 발급하고, 처음에 발급한 세금계산서의 내용대로 세금계산서를 붉은색 글씨 또는 음의 표시를 하여 발급
⑩ 필요적 기재사항 등이 착오로 잘못 적힌 경우 **(2부 발행)**	처음작성일	-	처음에 발급한 세금계산서의 내용대로 붉은색 글씨로 작성발급, 수정 발급 세금계산서는 검은색 글씨로 작성발급
⑭ 필요적 기재사항 등이 착오 외의 사유로 잘못 적힌 경우 -공급일이 속하는 과세기간의 확정신고기한 다음날부터 1년까지 세금계산서 작성 **(2부 발행)**	처음작성일	-	처음에 발급한 세금계산서의 내용대로 붉은색 글씨 또는 음(-)의 표시를 하여 발급, 수정 발급하는 세금계산서는 검은색 글씨로 작성하여 발급
⊗ 착오로 전자세금계산서를 이중으로 발급한 경우	처음작성일	-	처음에 발급한 세금계산서의 내용대로 붉은색 글씨 또는 음(-)의 표시를 하여 발급
⊙ 면세등 발급대상이 아닌 거래에 대하여 발급한 경우	처음작성일	-	
⊗ 세율을 잘못 적용하여 발급한 경우 **(2부 발행)** (영세율 ⇄ 10%세율)	처음작성일	-	처음에 발급한 세금계산서의 내용대로 붉은색 글씨 또는 음(-)의 표시를 하여 발급, 수정 발급하는 세금계산서는 검은색 글씨로 작성 발급
⊛ 일반에서 간이로 또는 반대로 과세유형 전환 후 수정세금계산서 발급	처음작성일	사유발생일	추가되는 금액은 검은색 글씨로 쓰고 차감되는 금액은 붉은색 글씨로 쓰거나 음(-)의 표시를 하여 발급

⑤ **세금계산서합계표의 제출**

과세사업자는 매출처별세금계산서합계표 및 매입처별세금계산서합계표를 예정신고 또는 확정신고시 제출하여야 한다. 예정신고시 제출하지 못한 매출·매입처별세금계산서합계표는 해당 예정신고기간이 속하는 과세기간의 확정신고시에 함께 제출하여야 한다. 부가가치세 납세의무가 없는 면세사업자도 매입처별세금계산서합계표를 과세기간 종료 후 25일 이내에 제출하여야 한다.

⑥ **영수증**

　㉠ **영수증의 의의**

　영수증이란 공급받는 자의 등록번호와 부가가치세액을 별도로 구분하여 기재하지 않고 세금계산서를 대신하여 발급하는 것을 말한다. 다만, 영수증 발급대상자가 신용카드기 또는 직불카드기 등 기계적 장치(금전등록기 제외)에 의하여 영수증을 발급하는 때에는 영수증에 공급가액과 세액을 별도로 구분하여 적어야 한다.

　영수증으로는 매입세액공제를 받을 수 없는 것이 원칙이나, 신용카드매출전표등을 받은 경우에는 공제가 가능하다. 또한 영수증으로 신용카드매출전표 등을 발급한 경우에는 세금계산서를 발급할 수 없다. 다만, 자동차 판매시에 영수증 발급 후라도 사업자가 세금계산서 발급을 요구하는 때에는 세금계산서 발급을 허용한다.

　㉡ **영수증 발급대상**

　직전연도의 공급대가 합계액이 4,800만원 미만인 간이과세자, 신규로 사업을 개시한 간이과세자와 주로 사업자가 아닌 자에게 재화 또는 용역을 공급하는 사업자로서 다음의 사업을 영위하는 사업자는 영수증을 발급하여야 한다.

> ⓐ 소매업과 음식점업(다과점업 포함) 및 숙박업
> ⓑ 미용·욕탕 및 유사서비스업, 여객운송업, 입장권을 발행하여 경영하는 사업
> ⓒ 변호사, 공인회계사, 세무사, 의사 등 전문적 인적용역을 공급하는 사업(사업자에게 공급하는 경우 제외)
> ⓓ 우편법에 의한 선택적 우편업무 중 소포우편물을 방문접수하여 배달하는 용역
> ⓔ 미용·성형 등 과세되는 의료용역과 수의사가 제공하는 과세대상 진료용역
> ⓕ 무도학원과 자동차운전학원 및 전자서명인증사업자가 인증서를 발급하는 사업
> ⓖ 간편사업자등록을 한 사업자가 국내에 전자적 용역을 공급하는 사업
> ⓗ 도정업, 양복점업, 부동산중개업, 자동차제조 및 판매업, 주거용건물 수리·보수 및 개량업 등

　㉢ **세금계산서의 발급의무 면제**

　다음의 거래는 세금계산서의 발급의무가 면제된다.

　　ⓐ 택시운송·노점·행상·무인판매기를 이용하여 재화를 공급하는 사업

　　ⓑ 소매업(공급받는 자가 세금계산서를 요구하지 않는 경우만), 미용, 욕탕 및 유사서비스업을 경영하는 자가 공급하는 재화 또는 용역

　　ⓒ 재화의 간주공급(총괄납부승인을 받지 않은 사업자가 판매목적으로 직매장 등에 반출하는 경우는 제외)

　　ⓓ 부동산임대보증금에 대한 간주임대료

ⓔ 다음의 경우를 제외한 영세율 적용거래
  • 내국신용장, 구매확인서에 의하여 공급하는 재화 및 수출재화임가공 용역
  • 한국국제협력단, 한국국제보건의료재단 및 대한적십자사에 공급하는 재화
ⓕ 전자서명인증사업자가 인증서를 발급하는 용역(공급받는자가 세금계산서 발급을 요구하는 경우에는 제외)
ⓖ 간편사업자등록을 한 사업자가 국내에 공급하는 전자적 용역

CHECK POINT 영수증 발급대상업종의 세금계산서 발급기준

구 분	세금계산서의 발급 요구시 발급 여부
영수증 발급대상 업종	세금계산서 발급
미용·욕탕 및 유사서비스업 전세버스를 제외한 여객운송업 입장권을 발행하여 영위하는 사업 과세되는 의료용역(미용·성형) 수의사가 제공하는 과세용역 무도학원과 자동차운전학원	① 원칙 : 세금계산서 발급 불가 ② 예외 : 감가상각자산 또는 해당사업 외의 용역의 공급인 경우 세금계산서 발급

⑦ 매입자발행세금계산서

㉠ 매입자발행세금계산서의 개념

세금계산서 발급의무가 있는 사업자가 재화 또는 용역을 공급하고 공급시기에 세금계산서를 발급하지 아니한 경우 또는 부도·폐업 등으로 매출자가 수정세금계산서 발행이 어려운 경우에는 그 재화 또는 용역을 공급받은 자는 발급시가가 속하는 과세기간 종료일부터 6개월 이내에 관할세무서장의 확인을 받아 세금계산서를 발행할 수 있다. 이러한 매입자발행세금계산서에 기재된 부가가치세액은 공제할 수 있는 매입세액으로 본다.

㉡ 발행자 및 상대방 사업자

매입자발행 세금계산서를 발행할 수 있는 사업자는 면세사업자를 포함한 모든 사업자이다. 그리고 재화 또는 용역을 공급한 상대방 사업자는 세금계산서를 발급할 수 있는 일반과세자이어야 한다.

㉢ 대상거래

매입자가 발행할 수 있는 거래는 거래건당 공급대가 10만원 이상으로 제한한다.

⑧ 전자세금계산서

㉠ 전자세금계산서 발급

법인과 직전년도의 사업장별 과세공급가액과 면세공급가액의 합계액이 8천만원 이상인 개인사업자(그 이후 8천만원 미만이 된 사업자 포함)은 재화 또는 용역의 공급시기가

속하는 달의 다음달 10일까지 전자세금계산서를 발급하여야 한다.

개인사업자의 전자세금계산서 의무발급은 사업장별 재화 및 용역의 공급가액의 합계액이 8천만원 이상인 해의 다음해 제2기 과세기간부터 공급가액이 감소하여도 계속 적용한다. 수정신고 또는 결정·경정에 의해 8천만원 이상이 되는 경우에는 수정신고등을 한 날이 속하는 과세기간 다음 과세기간부터 의무발급자가 된다.

ⓛ 전송

발급한 전자세금계산서는 발급일의 다음날까지 국세청에 전송하여야 하며, 전송분에 대하여는 세금계산서합계표 제출 및 세금계산서 보관의무를 면제한다.

ⓒ 가산세와 세액공제

전자세금계산서를 공급시기가 속하는 과세기간 종료일이 속하는 달의 다음달 11일까지 전송하지 아니하면 미전송가산세 0.5%를 적용하고, 전자세금계산서의 작성일이 속하는 달의 다음달 11일 이후부터 공급시기가 속하는 과세기간 종료일이 속하는 달의 다음달 11일까지 전송한 경우는 지연전송가산세 0.3%를 적용한다.

반면에 직전연도의 사업장별 재화와 용역의 공급가액 합계액이 3억원 미만인 개인사업자는 전자세금계산서 발급건수당 200원의 세액공제(연 100만원 한도)를 적용한다.

SECTION 04 | 영세율과 면세

● NCS 능력단위 : 0203020205부가가치세신고   능력단위요소 : 02부가가치세부속서류작성하기
2.1 부가가치세법에 따라 수출실적명세서를 작성 할 수 있다.

1 영세율제도

① 영세율제도의 개념

영세율 제도는 특정한 재화 또는 용역을 공급하는 경우 그 공급가액에 0%의 세율을 적용하여 매출세액이 0(zero)이 되게 하고, 그 재화 또는 용역을 매입할 때 부담한 매입세액을 전액 공제(환급)하여 주는 방법이다. 이와 같이 영세율 제도를 적용받는 사업자는 부가가치세 부담이 전혀 없게 되므로 영세율 제도는 완전면세제도에 해당한다.

② 영세율 적용대상 사업자

영세율을 적용할 수 있는 사업자는 면세사업자를 제외한 과세사업자로 간이과세자를 포함한다. 면세사업자는 영세율을 적용하지 않는 것이 원칙이지만 면세를 포기하면 적용이

가능하다.

영세율은 사업자가 거주자 또는 내국법인인 경우에만 적용하는 것으로 비거주자 또는 외국법인은 영세율을 적용하지 않는다. 다만, 비거주자 또는 외국법인이라도 상호면세주의에 따라 우리나라의 거주자 내국법인에게 동일한 면세를 적용하는 국가의 비거주자 또는 외국법인에게는 영세율을 적용한다.

③ 영세율 적용대상거래

㉠ 수출하는 재화

ⓐ 내국물품(우리나라 선박에 의하여 채취되거나 잡힌 수산물 포함)을 외국으로 반출하는 것
　＊ 대행수출의 경우에는 수출품 생산업자의 수출에 대하여 영세율을 적용하지만 수출업자의 수출대행수수료는 10%의 부가가치세를 과세한다.
ⓑ 국내의 사업장에서 계약과 대가수령 등 거래가 이루어지는 것으로서 대외무역법에 의한 중계무역 방식의 수출, 위탁판매수출, 외국인도수출, 위탁가공무역 방식의 수출, 위탁가공을 위한 원료의 국외 무상반출, 수입신고 수리전 보세구역내 물품의 외국반출.
ⓒ 국내에서 내국신용장 또는 구매확인서에 의하여 공급하는 재화(금지금은 제외). 내국신용장 등이 공급시기 이후에 개설되더라도 공급시기가 속하는 과세기간 종료일 후 25일 이내에 개설하는 경우에는 영세율을 적용한다.
　＊ 내국신용장 또는 구매확인서에 의하여 공급하는 재화는 공급된 이후 당해 재화를 수출용도에 사용하였는지 여부에 불구하고 영세율을 적용한다.
ⓓ 사업자가 한국국제협력단, 한국국제보건의료재단 및 대한적십자사에 공급하는 재화(한국국제협력단 등이 사업을 위하여 해당 재화를 외국에 무상으로 반출하는 경우에 한함).

㉡ 국외에서 제공하는 용역

거주자 또는 내국법인이 국외에서 제공하는 용역의 경우에는 거래상대방 및 대금결제 방법에 상관없이 영세율을 적용한다.

㉢ 선박 또는 항공기의 외국항행용역

외국항행용역이란 선박 또는 항공기에 의하여 여객이나 화물을 국내에서 국외로, 국외에서 국내로 또는 국외에서 국외로 수송하는 것을 말한다. 외국항행사업자가 자기의 사업에 부수하여 행하는 재화 또는 용역의 공급도 포함한다.

㉣ 기타 외화획득 재화 또는 용역

기타 외화획득을 위한 재화 또는 용역의 거래는 국내에서 이루어지는 거래이지만 수출과 동일한 경제적 효과를 유발한다는 측면에서 영세율을 적용한다.

ⓐ 국내에서 국내사업장이 없는 비거주자 또는 외국법인에게 제공하는 다음의 재화 또는 용역으로서 그 대금을 외국환은행에서 원화로 받는 것
　• 비거주자 등이 지정하는 국내사업자에게 인도되는 재화로 과세사업에 사용되는 재화
　• 전문·과학 및 기술서비스업, 임대업 중 무형재산권 임대업, 통신업(소포송달업은 제외), 컨테이너수리업, 운수업 중 해운대리점업, 해운중개업 및 보세구역내의 창고업 등
ⓑ 국내 사업장이 있는 비거주자 또는 외국법인에게 공급하는 'ⓐ'의 재화·용역으로서 국외의 비거주자 등과 직접계약에 의하여 공급되고 그 대금을 국외의 비거주자 등으로부터 외국환은행을 통하여 원화로 받는 것
ⓒ 수출업자와 직접 도급계약에 의하여 공급하는 수출재화임가공용역(수출재화염색임가공용역 포함)과 내국신용장 또는 구매확인서에 의하여 공급하는 수출재화임가공용역

ⓓ 관광진흥법에 의한 일반여행업자가 공급하는 관광알선용역으로 그 대가를 외국환은행에서 원화로 받는 것
ⓔ 외국을 항행하는 선박 및 항공기 또는 원양어선에 공급하는 재화 또는 용역
ⓕ 우리나라에 상주하는 외교공관·영사기관·국제연합과 이에 준하는 국제기구 등에 공급하는 재화 또는 용역

④ 영세율 첨부서류의 제출

영세율이 적용되는 경우에는 예정신고 또는 확정신고시 영세율 대상거래임을 증명하는 수출실적명세서, 소포수령증(소포우편으로 수출한 경우), 외화입금증명서, 내국신용장이나 구매확인서 등의 서류를 첨부하여 제출하여야 한다. 영세율 첨부서류를 제출하지 않았어도 영세율 대상임이 확인되는 경우에는 영세율은 적용하지만, 영세율 과세표준 신고불성실가산세가 부과된다.

② 면 세

① 면세제도

면세제도는 특정한 재화 또는 용역의 공급에 대하여 부가가치세 납세의무를 면제시켜 주는 제도를 말한다. 면세사업자는 부가가치세법상 납세의무가 없으므로 매출세액이 발생되지 아니하고, 매입하는 때에 부담한 매입세액은 공제(환급)되지 아니한다.

면세대상 재화 또는 용역의 공급에 해당하는 매출세액은 면세되는 반면, 매입시 사업자가 부담한 매입세액은 환급(공제)받지 못하기 때문에 부분면세제도라 한다.

② 면세대상 재화 또는 용역

㉠ 기초생활필수품 관련 면세항목

ⓐ 식용에 공하는 농·축·수·임산물과 소금(식품위생법에 따른 천일염 및 재제소금)으로서 가공되지 아니하거나 원생산물의 본래의 성질이 변하지 아니하는 정도의 탈곡·정미·정맥·제분·정육·건조·냉동·염장·포장 등의 1차 가공을 거친 것 (외국산 포함)

ⓑ 우리나라에서 생산된 식용에 공하지 아니하는 농·축·수·임산물로서 원생산물 또는 원생산물의 본래의 성상이 변하지 아니하는 정도의 원시가공을 거친 것

ⓒ 수돗물(전기는 과세), 연탄과 무연탄(유연탄, 갈탄, 착화탄은 과세)

ⓓ 여객운송용역(항공기, 고속버스, 전세버스, 택시, 특수자동차, 특종선박, 고속철도에 의한 여객운송용역과 삭도·유람선 등 관광목적의 운송수단은 과세)

ⓔ 여성용 생리처리 위생용품

㉡ 국민후생 및 문화관련 재화 또는 용역

ⓐ 의료보건용역과 혈액(약사의 조제용역은 면세, 약품판매는 과세)

㉮ 수의사가 제공하는 면세되는 동물의 진료용역은 가축, 수산동물, 장애인 보조견, 국민기초생활수급자가 기르는 동물에 대한 진료와 질병예방 및 치료목적의 예방접종, 병리검사와 농식품부장관이 고시하는 100여개 다빈도 질병에 대한

진료용역으로 한정한다.

㉯ 의사, 치과의사, 한의사, 조산사 또는 간호사가 제공하는 용역. 다만, 국민건강보험법에 따라 요양급여의 대상에서 제외되는 다음의 진료용역은 과세한다.

> ㉠ 쌍꺼풀수술, 코성형수술, 유방확대·축소술(유방암 수술에 따른 유방 재건술은 제외), 지방흡인술, 주름살제거술, 안면윤곽술, 치아성형(치아미백, 라미네이트와 잇몸성형술) 등 성형수술(성형수술로 인한 후유증 치료, 선천성 기형의 재건수술과 종양 제거에 따른 재건수술은 제외)과 악안면 교정술(치아교정치료가 선행되는 악안면 교정술은 제외)
> ㉡ 색소모반·주근깨·흑색점·기미 치료술, 여드름 치료술, 제모술, 탈모치료술, 모발이식술, 문신술 및 문신제거술, 피어싱, 지방융해술, 피부재생술, 피부미백술, 항노화치료술 및 모공축소술

㉰ 혈액에는 치료·예방·진단 목적으로 조제한 동물의 혈액을 포함한다.

㉱ 산후조리원에서 분만 직후의 임산부나 영유아에게 제공하는 급식·요양용역

㉲ 사회적기업 또는 사회적협동조합이 직접 제공하는 간병·산후조리·보육용역

ⓑ 주무관청의 허가 또는 인가를 받거나 주무관청에 등록 또는 신고된 학교, 학원, 강습소 등 교육용역(다음의 교육용역은 과세)

㉮ 체육시설의 설치·이용에 관한 법률상의 무도학원

㉯ 자동차운전학원

ⓒ 도서(실내도서 열람 및 도서대여용역 포함), 신문(인터넷신문 포함), 잡지, 관보 및 뉴스통신(광고는 과세)

ⓓ 예술창작품(골동품 제외), 예술행사, 문화행사 및 비직업운동경기

ⓔ 도서관, 과학관, 박물관, 미술관, 동물원 또는 식물원에의 입장(오락·유흥시설과 함께 있는 동·식물원 및 해양수족관은 과세)

ⓒ 주택 및 주택부수 토지의 임대용역

주택이란 상시 주거용(사업을 위한 주거용 제외)으로 사용하는 건물을 말하는 것으로 주택과 그 주택의 부수토지의 임대용역은 면세이다. 부수토지는 일정한 한도가 있다.

ⓐ 주택 부수토지의 면세면적의 한도

> Max(a, b)
> a. 주택의 정착면적 × 5배(도시지역 이외는 10배)
> b. 주택의 연면적의 1배

ⓑ 겸용주택의 경우

구 분	건 물	부수토지
주택의 면적＞주택이외의 면적	전부 주택	전부를 주택의 부수토지로 본다.
주택의 면적≦주택이외의 면적	주택만 주택	전체 부수토지 × 주택의 정착면적비율

ⓒ 겸용주택이 2층 이상인 경우

$$\text{주택 정착면적} = \text{건물정착면적} \times \frac{\text{주택연면적}}{\text{건물연면적}}$$

▶ 정착면적은 건물이 토지와 닿아 있는 부분의 면적을 말한다.
▶ 연면적은 건물 각 층의 면적을 모두 합한 면적을 말한다.

ⓔ 부가가치의 구성요소에 해당하는 재화 또는 용역

> ⓐ 토지
> ⓑ 금융·보험용역
> ⓒ 저술가, 작곡가 등이 직업상 제공하는 법 소정의 인적용역
>> ㉮ 개인이 물적시설 없이 근로자를 고용하지 아니하고 독립된 자격으로 용역을 공급하고 대가를 받는 인적용역
>> ㉯ 개인·법인 또는 법인 아닌 단체가 독립된 자격으로 용역을 공급하고 대가를 받는 학술연구용역, 국선변호인 등의 인적용역

ⓜ 기타의 재화 또는 용역

> ⓐ 국가·지방자치단체·지방자치단체조합이 공급하는 재화 또는 용역은 면세 대상이나 다음의 재화 또는 용역은 면세대상에서 제외한다.
>> ㉮ 우정사업조직이 소포우편물을 방문 접수하여 배달하는 용역과 우편주문판매 대행 용역
>> ㉯ 고속철도여객운송용역
>> ㉰ 부동산임대업, 도·소매업, 음식·숙박업, 골프장·스키장운영업, 기타 운동시설운영업
> ⓑ 국가·지방자치단체·지방자치단체조합 또는 일정한 공익단체에 무상으로 공급하는 재화 또는 용역(단, 유상공급은 과세)
> ⓒ 우표(수집용 우표는 제외)·인지·증지·복권과 공중전화
> ⓓ 담배 중 판매가격이 200원 이하이거나 담배사업법상 특수용 담배 중 영세율이 적용되지 아니하는 것
> ⓔ 종교·자선·학술·구호 기타 공익을 목적으로 하는 단체가 공급하는 일정한 재화 또는 용역

ⓗ 조세특례제한법상 주요 면세대상

> ⓐ 국민주택 및 국민주택의 건설용역(허가·면허 등을 갖춘 설계·전기공사·소방공사, 리모델링 용역 등 포함)
> ⓑ 정부업무대행단체가 그 고유목적사업으로서 공급하는 일정한 재화·용역
> ⓒ 영유아용 기저귀와 분유(액상형 분유 포함)
> ⓓ 온실가스 배출권과 외부사업 온실가스 감축량 및 상쇄배출권

CHECK POINT 부동산의 공급 및 임대용역에 대한 과세여부

구 분	부동산의 공급		부동산의 임대	
건 물	국민주택	면세	주택의 임대	면세
	국민주택이외	과세	주택이외의 임대	과세
토 지	면 세		일반적인 경우	과세
			주택의 부수토지	면세

ⓢ 재화의 수입에 대한 면세

구 분	면 세 대 상
부가가치세법	미가공 식료품(식용에 공하는 농축수임산물 포함), 도서·신문 및 잡지, 기타 관세가 무세이거나 감면되는 일정한 재화
조세특례제한법	무연탄, 과세사업에 사용하기 위한 선박과 관세법에 의한 보세건설물품 및 농민이 직접 수입하는 일정한 농업용·축산업용 기자재와 어민이 직접 수입하는 일정한 어업용 기자재 등

③ 면세포기

㉠ 면세포기의 개념

면세사업자는 매입세액을 공제받지 못하므로 면세재화를 수출하거나 소비자와 직접
거래하지 아니하는 중간단계 사업자인 경우 매입세액을 원가에 산입하여 비용화하여야
하므로 경쟁상 불리한 경우가 발생하게 된다. 이러한 경우 면세를 포기하고자 하는
사업자는 관할세무서장에게 면세포기신고를 하여야 한다. 면세포기는 승인의 요건이
없고, 신고기한도 없으므로 언제든지 가능하다.

㉡ 면세포기 대상

ⓐ 영세율 적용대상인 재화·용역
ⓑ 학술연구단체와 기술연구단체가 학술·기술연구와 관련 실비 또는 무상으로 공급하는 재화 또는 용역

㉢ 면세포기의 효력

면세되는 2 이상의 사업 또는 종목을 영위하는 사업자는 면세포기 하고자 하는 재
화 또는 용역의 공급만을 구분하여 포기할 수 있고, 영세율이 적용되는 재화·용역을
면세포기한 사업자가 국내에 공급하는 재화 또는 용역에 대하여는 면세포기의 효력
이 없다.

면세포기신고를 한 사업자는 신고한 날로부터 3년간은 면세를 적용받을 수 없고, 면세
포기신고를 한 날로부터 3년이 경과한 후 다시 면세를 받고자 하는 때에는 면세적용신
고를 하여야 한다. 면세적용신고를 하지 않은 경우에는 계속하여 면세를 포기한 것으로
간주한다.

SECTION 05 | 과세표준 및 매출세액

1 과세표준의 계산

① 과세표준

재화 또는 용역의 공급에 대한 부가가치세의 과세표준은 해당 과세기간에 공급한 재화
또는 용역의 공급가액을 합한 금액으로 한다.

공급가액은 대금, 요금, 수수료, 그 밖에 어떤 명목이든 상관없이 재화 또는 용역을 공급받는 자로부
터 받는 금전적 가치 있는 모든 것을 포함하되, 부가가치세는 포함하지 아니한다.

사업자가 재화 또는 용역을 공급하고 그 대가로 받은 금액에 부가가치세가 포함되어 있는
지가 분명하지 아니한 경우에는 그 대가로 받은 금액에 110분의 100을 곱한 금액을 공급
가액으로 한다.

② 재화 또는 용역의 공급에 대한 공급가액

㉠ 일반적인 공급가액

구 분	공 급 가 액
ⓐ 금전으로 대가를 받은 경우	받은 대가
ⓑ 금전 이외의 대가를 받는 경우	공급한 재화 또는 용역의 시가
ⓒ 재화 또는 용역의 공급에 대하여 부당하게 낮은 대가를 받거나 받지 않은 경우	공급한 재화 또는 용역의 시가
ⓓ 대가를 외화로 받아 공급시기 도래 전에 원화로 환가한 경우	환가한 금액
ⓔ 대가를 외화로 받아 공급시기 이후까지 외국통화 기타 외국환의 상태로 보유하거나, 공급시기 이후에 지급받는 경우	공급시기의 기준환율 또는 재정환율에 의하여 환산한 금액

▶ 부당하게 낮은 대가를 받은 경우란 특수관계자와 거래에 있어서 재화와 용역의 공급가액을 시가보다 낮은 대가로 수령하여 조세의 부담을 부당하게 감소시킬 것으로 인정되는 경우를 의미한다. 따라서 특수관계 없는 자와의 거래에서 낮은 대가를 받은 경우에는 그 받은 대가가 공급가액이 된다.

㉡ 거래형태별 공급가액

구 분	공 급 가 액
ⓐ 외상판매 및 할부판매	공급한 재화의 총 가액
ⓑ 장기할부판매, 중간지급조건부, 공급완성도기준지급, 공급·전력, 기타 공급단위를 구획할 수 없는 재화를 계속적으로 공급하는 경우	계약에 따라 받기로 한 대가의 각 부분

㉢ 공급가액에 포함하는 것

공급가액에는 장기할부판매 또는 할부판매의 이자상당액과 대가의 일부로 받는 운송보험료·산재보험료·운송비·포장비·하역비 등을 포함하고, 개별소비세, 교통·에너지·환경세 및 주세가 과세되는 재화 또는 용역은 해당 개별소비세, 교통·에너지·환경세, 주세와 그에 대한 교육세 및 농어촌특별세를 포함한다. 마일리지 등으로 대금의 전부 또는 일부를 결제받은 경우 마일리지 등 외의 수단으로 결제받은 금액과 자기적립마일리지 등 외의 마일리지 등으로 결제받은 부분에 대하여 재화 또는 용역을 공급받는 자 외의 자로부터 보전받았거나 보전받을 금액을 공급가액에 포함한다.

▶ 자기적립마일리지 등이란 당초 재화 또는 용역을 공급하고 마일리지 등을 적립하여 준 사업자에게 사용한 마일리지를 말한다.

㉣ 공급가액에 포함하지 않는 것

다음은 재화 또는 용역의 공급과 무관한 것으로 공급가액에 포함하지 않는다.

ⓐ 매출에누리·매출환입·매출할인
ⓑ 계약 등에 의하여 확정된 대가의 지급지연으로 인하여 지급받는 연체이자
ⓒ 재화 또는 용역의 공급과 직접 관련되지 않는 국고보조금과 공공보조금
ⓓ 공급받는 자에게 도달하기 전에 파손·훼손 또는 멸실된 재화의 가액
ⓔ 자기적립마일리지 등으로 결제받은 부분
ⓕ 용기 또는 포장의 회수를 보장하기 위하여 받는 보증금

ⓙ 음식·숙박용역 등의 대가와 함께 받는 종업원의 봉사료 중 대가와 구분하여 기재하고 봉사료를 종업원에 지급한 사실이 확인되는 봉사료로서 사업자의 수입금액으로 계상하지 않은 금액(소득세법 상 봉사료가 공급가액의 20%를 초과하면 5% 원천징수 대상이다)

▶ 자기적립마일리지 등으로만 전부 결제받고 공급하는 재화 또는 용역은 재화 또는 용역의 공급으로 보지 않는다. 따라서 해당 마일리지등은 과세표준에 포함하지 않는다.

ⓜ 과세표준에서 공제하지 않는 것

재화나 용역을 공급한 후에 지급하는 금액은 공급시기에 확정된 대가에 반영되지 않은 것이므로 과세표준에서 공제하지 않는다.

ⓐ 판매장려금(현물로 지급하면 사업상증여로 보아 과세표준에 포함한다.)
ⓑ 대손금
ⓒ 하자보증금

③ 재화의 수입

수입재화의 과세표준은 그 재화에 대한 관세의 과세가격과 관세·개별소비세·주세·교육세·농어촌특별세 및 교통·에너지·환경세를 합한 금액으로 한다. 세관장이 과세표준에 세율을 적용하여 수입자에게 부가가치세를 징수한다.

> 과세표준 = 관세의 과세가격 + 관세 + 개별소비세, 주세, 교통·에너지·환경세 + 교육세, 농어촌특별세

④ 재화의 간주공급에 대한 공급가액

간주공급에 해당하는 자가공급, 개인적공급, 사업상증여, 폐업시 남아있는 재화에 대한 공급가액은 해당 재화의 시가에 의한다. 해당 재화가 감가상각자산인 경우에는 다음의 산식에 의하여 해당 재화의 시가를 계산한다.
간주공급 중 판매목적의 직매장반출의 공급가액은 해당 재화의 취득가액이 되나 취득가액에 일정액을 가산하여 공급하는 경우에는 일정액을 더한 금액을 공급가액으로 본다.

> 공급가액 = 취득가액 × (1 - 상각률 × 경과된 과세기간의 수)

㉠ 상각률

상각률은 1과세기간에 건물과 구축물은 5%를 적용하고, 기타의 감가상각자산은 25%를 적용한다.

㉡ 경과된 과세기간의 계산

과세기간의 개시일 후에 감가상각자산을 취득하거나 해당 재화가 공급된 것으로 의제하는 경우에는 그 과세기간의 개시일에 해당 재화를 취득하거나 해당 재화가 공급된 것으로 보고 경과된 과세기간의 수를 계산하여야 한다.

2 공급가액계산 특례

① 공통사용재화를 공급하는 경우

㉠ 공급가액

과세사업과 면세사업(부가가치세가 과세되지 아니하는 재화 또는 용역을 공급하는 사업 포함)을 겸영하는 사업자가 과세사업과 면세사업에 공통으로 사용되는 재화를 공급하는 경우 과세되는 공급가액은 직전과세기간의 총공급가액과 과세공급가액을 기준으로 다음과 같이 안분 계산한다. 휴업 등으로 인하여 직전 과세기간의 공급가액이 없는 경우에는 그 재화를 공급한 날에 가장 가까운 과세기간의 공급가액에 의한다.

$$공급가액 \times \frac{직전\ 과세기간의\ 과세공급가액}{직전\ 과세기간의\ 총공급가액}$$

㉡ 안분계산을 생략하는 경우

다음의 경우에는 안분계산을 생략하고 공급가액 전액을 과세표준으로 한다.

ⓐ 직전 과세기간의 면세공급가액 비율이 5% 미만인 경우. 다만, 해당 재화의 공급가액이 5천만원 이상이면 안분계산을 하여야 한다.
ⓑ 재화의 건별 공급가액이 50만원 미만인 경우
ⓒ 신규로 사업을 개시하여 직전 과세기간이 없는 경우

② 토지와 건물 등을 일괄 공급하는 경우

토지와 건물 등을 일괄 공급하는 경우 건물 등의 공급가액은 실지거래가액의 구분이 명확하면 그에 따라 계산하여야 한다. 다만, 실지거래가액이 불분명한 경우이거나, 사업자가 실지거래가액으로 구분한 토지와 건물 또는 구축물 등의 가액이 감정가액, 기준시가 등에 따른 안분가액과 30%이상 차이나는 경우에는 다음의 기준에 따라 안분 계산한다.

구 분		안 분 기 준
감정평가가액이 있는 경우		감정평가가액
감정평가가액이 없는 경우	기준시가가 모두 있는 경우	기준시가
	하나 이상의 자산이 기준시가가 없는 경우	1단계 : 장부가액으로 안분(장부가액이 없으면 취득가액)
		2단계 : 기준시가가 있는 자산만 기준시가로 안분 계산
	기준시가가 없는 경우	장부가액으로 안분(장부가액이 없으면 취득가액)

▶ 감정가액은 공급시기가 속하는 과세기간의 직전 과세기간 개시일부터 공급시기가 속하는 과세기간의 종료일까지 감정평가법인이 평가한 감정가액을 말한다.

③ 부동산임대용역의 경우

⊙ 부동산 임대용역의 공급가액

부동산 임대용역의 공급가액은 임대료와 관리비수입 등의 대가에 전세금 또는 임대보증금에 대한 간주임대료를 합하여 계산한다. 2개의 과세기간 이상에 걸쳐 부동산임대용역을 공급하고 그 대가를 선불 또는 후불로 받는 경우에는 다음과 같이 계산한다.

$$선불 \ 또는 \ 후불 \ 임대료 \times \frac{해당 \ 과세기간의 \ 임대월수}{총계약기간의 \ 월수}$$

▶ 월수 계산은 역에 의해 계산하되 개시월이 1월 미만이면 1월로 보고, 종료월이 1월 미만이면 1월로 보지 않는다.

⊙ 전세금 또는 임대보증금에 대한 간주임대료의 계산

사업자가 부동산임대용역을 공급하고 받은 전세금 또는 임대보증금은 금전이외의 대가를 받은 것으로 보아 다음 산식에 의하여 계산한 금액을 간주임대료라고 한다.

$$보증금 \ 등 \ 적수 \times 정기예금이자율 \times \frac{1}{365(윤년은 \ 366)}$$

▶ 보증금 등 적수는 전세금 또는 임대보증금에 과세대상기간의 임대일수를 곱하여 구한다.
▶ 임대일수의 계산에서 임대개시일을 포함한다.
▶ 계약기간 1년의 정기예금이자율은 3.5%(2024.1.1. 이후)이다.

⊙ 과세 면세 겸용주택의 경우

과세되는 부동산임대용역과 면세되는 주택임대용역을 함께 공급하여 과세와 면세의 임대 구분이나 임대료의 귀속이 불분명한 경우에는 다음의 순서에 의하여 공급가액을 계산한다. 아래의 산식을 적용함에 있어 토지가액 또는 건물가액은 예정신고기간 또는 과세기간 종료일 현재의 소득세법에 의한 기준시가에 의한다.

구 분	계산식
ⓐ 토지분 임대료	$(임대료+간주임대료) \times \dfrac{토지가액}{토지가액+건물가액}$
ⓑ 건물분 임대료	$(임대료+간주임대료) \times \dfrac{건물가액}{토지가액+건물가액}$
ⓒ 과세분 토지임대료	$토지분임대료 \times \dfrac{과세되는 \ 토지임대면적}{총토지임대면적}$
ⓓ 과세분 건물임대료	$건물임대료 \times \dfrac{과세되는 \ 건물임대면적}{총건물임대면적}$

③ 매출세액

구 분		과세표준	세 율	세 액
과 세	세금계산서발급분	×××	10%	×××
	매입자발행세금계산서	×××	10%	×××
	신용카드 현금영수증 발행분	×××	10%	×××
	기타(정규영수증외 매출분)	×××	10%	×××
영세율	세금계산서발급분	×××	0%	0
	기타	×××	0%	0
예정신고누락분				×××
대손세액가감				×××
합 계(매출세액)				×××

▶ 과세의 기타란은 영수증 발급분및 간주공급분(직매장반출 제외)을 기입한다.
▶ 영세율의 기타란은 세금계산서를 발급하지 않은 영세율공급분을 기입한다.

① 매출세액의 계산

사업자의 매출세액은 다음과 같이 계산하며 공급시기가 속하는 과세기간의 신고기한 내에 신고하여야 한다.

> 매출세액 = 과세표준 × 10%(영세율은 0%) + 예정신고누락분 ± 대손세액가감

② 예정신고누락분

예정신고누락분이란 예정신고시 누락된 매출세액을 확정신고시 신고하는 금액을 말하며, 예정신고누락분이 있는 경우에는 신고불성실가산세 및 납부지연가산세 등이 부과될 수 있다.

③ 대손세액공제

> ● NCS 능력단위 : 0203020205부가가치세신고   능력단위요소 : 02부가가치세부속서류작성하기
> 2.2 부가가치세법에 따라 대손세액공제신고서를 작성하여 세액공제를 받을 수 있다.

㉠ 대손세액공제제도

과세 재화 또는 용역을 공급한 사업자가 거래상대방의 부도, 파산 등의 사유로 거래 징수하지 못한 부가가치세액을 해당 사업자의 매출세액에서 차감할 수 있도록 하여 기업의 자금 부담을 완화하도록 한 것이 대손세액 공제제도이다.

부가가치세를 포함한 외상매출금과 기타 매출채권의 전부 또는 일부가 대손되어 회수 할 수 없는 경우 채권에 포함된 부가가치세를 대손세액으로 하여 그 대손이 확정된 날이 속하는 과세기간의 확정신고시에 매출세액에서 차감한다.

> 대손세액 = 대손금액(부가가치세 포함) × $\dfrac{10}{110}$

ⓛ 대손요건

부가가치세법상 대손사유는 소득세법 및 법인세법의 대손사유와 동일하다.

ⓒ 대손확정기한

대손확정은 재화 또는 용역의 공급일로부터 10년이 되는 날이 속하는 과세기간에 대한 확정신고기한까지 하여야 한다. 대손확정기한을 경과하여 대손이 확정된 경우에는 대손세액공제를 받을 수 없다.

ⓔ 대손세액 처리방법

구 분	공급하는 사업자	공급받는 사업자
대손 확정시	매출세액에서 차감	매입세액에서 차감
대손금 회수시	매출세액에 가산	매입세액에 가산

SECTION 06 | 매입세액 공제와 납부세액 계산

● NCS 능력단위 : 0203020205부가가치세신고   능력단위요소 : 02부가가치세부속서류작성하기
2.3 부가가치세법에 따라 매입세액 불공제분에 대한 계산근거서류를 작성 할 수 있다.
2.4 부가가치세법에 따라 신용카드매출전표등 수령금액 합계표를 작성해 매입세액을 공제받을수 있다.
2.7 부가가치세법에 따라 의제매입세액공제신고서를 작성하여 의제매입세액공제를 받을 수 있다.

구 분	세 액
① 세금계산서 ─ 일반매입	×××
수취분 └ 고정자산매입	×××
② 예정신고누락분	×××
③ 매입자발행 세금계산서	×××
④ 그 밖의 공제 매입세액	×××
㉠ 신용카드매출전표 등 수령명세서제출분(일반, 고정)	
㉡ 의제매입세액	
㉢ 재활용폐자원 등 매입세액	
㉣ 과세사업전환매입세액	
㉤ 재고매입세액	
⑤ 공제받지 못할 매입세액	(×××)
⑥ 차감계(매입세액)	×××

▶ 신고서의 매입세액란에는 매입세액 공제 여부를 구분하지 않고 수취한 모든 세금계산서의 매입세액을 표시하고 공제받지 못할 매입세액은 별도로 표시하여 차감한다.

1 세금계산서 수취분 매입세액

사업자가 재화·용역을 공급받거나 재화를 수입할 때 거래징수당한 매입세액 중 세금계산서를 수취한 것으로 다음의 요건을 충족하면 매입세액으로 공제한다.

> ㉠ 자기의 사업을 위하여 사용되었거나 사용될 재화 또는 용역의 공급 및 재화의 수입에 대한 세액이어야 한다.
> ㉡ 세금계산서를 수취하여야 한다.
> ㉢ 매입처별세금계산서합계표를 제출하여야 한다.

2 기타 공제 매입세액

① 신용카드매출전표 등 수령 명세서 제출분

사업과 관련하여 부가가치세액을 별도로 기재한 신용카드매출전표등(신용카드, 기명식선불카드, 직불카드, 현금영수증)을 받은 경우에는 세금계산서를 발급받은 것으로 보아 매입세액을 공제한다. 다만, 미용·욕탕 및 유사서비스업, 여객운송업(전세버스 제외), 입장권을 발행하여 경영하는 사업, 과세 의료용역 등 세금계산서 발급의무가 면제되는 사업자와 간이과세자 중 신규사업자 및 직전년도 공급대가 합계액이 4,800만원 미만인 사업자 등에서 받은 것은 제외한다.

신용카드매출전표등으로 매입세액을 공제받으려면 신용카드매출전표등 수령명세서를 제출하여야 하고, 확정신고를 한 때로부터 5년간 신용카드매출전표등을 증명자료로 보관하여야 한다.

② 의제매입세액

㉠ 취 지

의제매입세액이란 환수효과와 누적효과를 완화하기 위한 목적으로 과세사업자가 면세로 공급받은 농·축·수·임산물을 원재료로 하여 제조·가공한 재화 또는 창출한 용역의 공급이 과세되는 경우에 면세 매입가액의 일정금액을 매입세액으로 공제하는 것을 말한다.

㉡ 의제매입세액의 공제

의제매입세액공제는 면세 농산물 등을 매입한 날이 속하는 예정신고기간 또는 확정신고기간에 공제한다. 의제매입세액공제를 받으려면 의제매입세액공제신고서와 면세농산물 등을 공급받은 사실을 증명하는 서류를 제출하여야 한다. 다만, 제조업을 영위하는 사업자는 작물재배업, 축산업, 어업, 임업 등 종사자로부터 직접 공급을 받은 경우 증명서류 없이 농어민의 인적사항과 면세매입내역을 신고하는 것만으로 공제받을 수 있다.

> 의제매입세액 = 면세농산물 등의 매입가액 × 공제율

구 분		공제율
음식점업	과세유흥장소	2/102
	개인사업자	8/108 (과세표준 2억원 이하인 일반사업자는 9/109)
	법인사업자	6/106
제조업 중 중소기업 및 개인사업자		4/104
과자점, 도정업, 제분업, 떡방앗간 경영개인사업자		6/106
그 외		2/102

ⓒ 공제한도

의제매입세액으로서 공제할 수 있는 금액의 한도는 해당과세기간에 해당 사업자가 면세농산
물등과 관련하여 공급한 과세표준에 다음의 한도율을 곱하여 계산한 금액에 공제율을 곱한
금액으로 한다.

해당 과세기간 과세표준	개 인		법 인
	음식점	기타업종	
2억원 초과	60 %	55 %	50 %
1억원 초과 2억원 이하	70 %	65%	
1억원 이하	75 %		

ⓓ 의제매입세액의 통산

제조업을 영위하는 사업자로서 제1기 또는 제2기 과세기간에 공급받은 면세농산물등
의 가액의 비율이 75% 이상인 경우 제2기 과세기간에 대한 납부세액을 확정신고할
때, 1역년(歷年)에 공급받은 면세농산물 등의 가액을 통산하여 공제율을 적용한 금액에
서 제1기 과세기간에 의제매입세액으로 공제받은 금액을 차감한 금액을 의제매입세액
으로 공제할 수 있다.

③ 재활용폐자원 등에 대한 매입세액

재활용폐자원 및 중고품을 수집하는 사업자가 국가·지방자치단체 기타 부가가치세 과세사
업을 영위하지 아니하는 자(면세사업과 과세사업을 겸업하는 경우 포함)와 간이과세자로부
터 재활용폐자원 및 중고품을 취득하여 제조 또는 가공하거나 이를 공급하는 경우에는 다음과
같이 계산한 금액을 매입세액으로 공제받을 수 있다.

$$재활용폐자원 \ 매입가액 \times \frac{3}{103} \ (중고자동차는 \ \frac{10}{110})$$

▶ 재활용폐자원의 매입가액은 세금계산서를 발급받은 금액을 포함하여 과세표준의 80%를 초과할 수 없다.

④ 과세사업 전환 매입세액

과세사업과 면세사업은 겸영하는 사업자가 면세사업에 사용하여 매입세액이 공제되지 아니한 감가상각자산을 과세사업에 사용하거나 소비하는 때에는 다음의 금액을 그 과세사업에 사용하거나 소비하는 날이 속하는 과세기간의 매입세액으로 공제할 수 있다.

> 과세사업 전환 매입세액 = 면세 매입세액불공제액 × (1 − 상각률 × 경과된 과세기간의 수)

▶ 상각률은 건물과 구축물은 5%, 기타 감가상각자산은 25%를 적용하고, 경과된 과세기간은 과세기간의 개시일 후에 취득한 감가상각자산은 그 과세기간의 개시일에 해당 재화를 취득한 것으로 보고 계산하여야 한다.

3 공제받지 못할 매입세액

다음의 매입세액은 매출세액에서 공제되지 않는다.

① 사업자등록을 하기 전의 매입세액

사업자등록을 신청하기 전의 매입세액은 공제되지 않는다. 다만 공급시기가 속한 과세기간이 끝난 후 20일 이내에 사업자등록을 신청한 경우 등록신청일부터 공급시기가 속하는 과세기간 개시일(1월 1일 또는 7월 1일)까지 역산한 기간 내의 매입세액은 공제한다. 이때에는 해당 사업자의 주민등록번호 또는 법인등록번호 및 법인 대표의 주민등록번호를 기재한 세금계산서를 발급받은 경우에만 매입세액을 공제한다.

② 세금계산서 미수취·부실기재분 매입세액

재화 또는 용역의 공급을 받으면서 세금계산서를 발급받지 않거나, 발급받은 세금계산서의 필요적 기재사항이 누락되거나 사실과 다른 경우의 매입세액(공급가액이 사실과 다르게 적힌 경우에는 실제 공급가액과 사실과 다르게 적힌 금액의 차액에 해당하는 매입세액)은 공제되지 않는다. 다만, 다음의 경우로서 그 거래사실이 확인되는 경우에는 공제한다.

> ㉠ 필요적 기재사항 중 일부가 착오로 기재되었으나 그 밖의 필요적 기재사항 또는 임의적 기재사항으로 보아 거래사실이 확인되는 경우
> ㉡ 공급시기 이후에 발급받은 세금계산서로서 해당 공급시기가 속하는 과세기간에 대한 확정신고기한까지 발급받은 경우에는 가산세는 부과하지만 매입세액은 공제된다.
> ㉢ 공급시기가 속한 과세기간에 대한 확정신고기한 후 발급받은 세금계산서로서 해당 공급시기가 속하는 과세기간에 대한 확정신고기한 다음날부터 1년 이내에 발급받은 경우로서 수정신고, 경정청구 또는 경정결정시 제출하는 경우(공급자는 미발급가산세 2%, 공급받는자는 지연수취 0.5% 가산세)
> ㉣ 발급받은 전자세금계산서로서 전송되지 아니하였으나 발급한 사실이 확인되는 경우
> ㉤ 전자세금계산서 외의 세금계산서로서 재화나 용역의 공급시기가 속하는 과세기간에 대한 확정신고기한까지 발급받았고 그 거래사실도 확인되는 경우

③ 매입처별세금계산서합계표 미제출·부실 기재분 매입세액

매입처별세금계산서합계표를 제출하지 않거나, 제출한 매입처별세금계산서합계표에 거래처별 사업자 등록번호를 미기재하거나 사실과 다르게 기재한 경우와 공급가액의 전부 혹은 일부를 미기재하거나 사실과 다르게 기재하는 등의 부실기재분 매입세액은 공제되지 않는다.

다만 매입처별세금계산서합계표의 거래처별 등록번호 또는 공급가액이 착오로 사실과 다르게 기재되었으나 발급받은 세금계산서에 의하여 거래사실이 확인되는 경우에는 매입세액으로 공제한다.

④ 기타 불공제 매입세액

> ⓐ 사업과 직접 관련없는 지출에 대한 매입세액
> ⓑ 영업 외의 용도로 사용되는 개별소비세 과세대상 자동차의 구입과 임차 및 유지에 관한 매입세액
> ⓒ 기업업무추진비(종전의 접대비) 관련 매입세액
> ⓓ 면세사업 관련 매입세액
> ⓔ 토지 관련 매입세액

▶ 매입세액 불공제되는 자동차는 운수업, 자동차판매업, 자동차임대업, 무인경비업의 출동차량 및 운전학원업에서와 같이 자동차를 직접 영업에 사용하는 것 이외의 목적으로 사용하는 자동차로 개별소비세법 제1조제2항제3호에 따라 개별소비세 과세대상이 되는 정원 8인 이하의 자동차(배기량 1,000cc 이하 경차 제외)를 말한다.

4 공통매입세액의 안분계산

과세사업과 면세사업을 겸영하고 있는 사업자가 과세사업과 면세사업에 공통으로 사용되는 재화 또는 용역을 구입하는 경우 매입세액은 실지귀속에 따라 과세사업의 매입세액과 면세사업의 매입세액으로 구분하여야 한다. 그러나 실지귀속을 구분할 수 없는 공통매입세액에 대해서는 면세사업에 관련된 매입세액을 안분 계산하여야 한다.

① 공통매입세액 안분계산

공통매입세액 중 면세사업에 관련된 매입세액은 공통사용재화를 매입한 과세기간의 예정신고 또는 확정신고를 하는 때에 다음과 같이 계산하여 공제받지 못할 매입세액에 가산한다.

$$\text{면세사업 관련 매입세액(매입세액불공제액)} = \text{공통매입세액} \times \frac{\text{해당 과세기간의 면세공급가액}}{\text{해당 과세기간의 총공급가액}}$$

▶ 예정신고기간 중에 매입한 자산에 대하여 예정신고시에는 해당 예정신고기간(3개월)의 공급가액을 기준으로 안분계산하고, 확정신고시에 해당 과세기간(6개월)의 공급가액으로 정산하여야 한다.
▶ 해당 과세기간에 매입한 재화를 해당 과세기간에 공급하는 경우에는 직전과세기간의 공급가액을 안분기준으로 공통매입세액을 계산한다.

② 안분계산을 생략하는 경우

다음의 경우에는 안분계산을 생략하고 공통매입세액 전액을 공제한다.

> ⓐ 해당 과세기간의 면세공급가액비율이 5% 미만인 경우. 다만, 공통매입세액이 500만원 이상인 경우는 제외하고 안분계산을 하여야 한다.
> ⓑ 해당 과세기간의 공통매입세액 합계액이 5만원 미만인 경우
> ⓒ 해당 과세기간에 신규로 사업을 개시한 사업자가 해당 과세기간에 공급한 공통사용재화에 대한 매입세액

③ 공급가액의 전부 또는 일부가 없는 경우의 안분계산

당해과세기간 중 과세사업과 면세사업의 공급가액이 없거나 그 어느 한 사업의 공급가액이 없는 경우에는 다음 순서에 의해 선택한 방법으로 안분 계산한다. 다만, 건물을 신축 또는 취득하여 과세사업과 면세사업에 제공할 예정면적을 구분할 수 있는 경우에는 'ⓒ'를 먼저 적용하고 'ⓐ와 ⓑ'의 순서로 적용한다.

> ⓐ 공통매입가액을 제외한 총매입가액에 대한 면세사업관련 매입가액의 비율
> ⓑ 총예정공급가액에 대한 면세사업관련 예정공급가액의 비율
> ⓒ 총예정사용면적에 대한 면세사업 관련 예정사용면적의 비율

▶ 건물 등에 대하여 예정사용면적비율을 적용하여 공통매입세액 안분계산을 하였을 때에는 그 후 과세사업과 면세사업의 공급가액이 모두 있게 되어 일반적인 경우의 공통매입세액 안분규정에 따라 공통매입세액을 계산할 수 있는 경우에도 과세사업과 면세사업의 사용면적이 확정되기 전의 과세기간까지는 예정사용면적비율을 적용하고, 과세사업과 면세사업의 사용면적이 확정되는 과세기간에는 확정사용면적비율에 따라 공통매입세액을 정산하여야 한다.

④ 공통매입세액의 정산

공통매입세액의 정산 유형은 세 가지로 다음과 같다.

구 분	정산의 시기
ⓐ 예정신고 시 공통매입세액 안분계산	확정신고시 과세기간(6개월)의 면세비율로 정산
ⓑ 과세사업과 면세사업의 공급가액이 없거나 어느 한 사업의 공급가액이 없는 경우의 안분계산	면세매입가액이나 예정공급가액, 예정사용면적의 비율로 안분계산한 후 공급가액 또는 사용면적이 확정되는 과세기간에 대한 납부세액을 확정신고하는 때에 정산
ⓒ 건물·구축물등 감가상각자산의 공통매입세액 안분계산(납부·환급세액의 재계산에서 설명)	공통매입세액을 안분계산하여 매입세액을 공제한 후에 면세비율이 5% 이상 증가 또는 감소하는 과세기간에 대한 납부(환급)세액을 확정신고하는 때에 정산

㉠ 예정신고 시 공통매입세액 안분계산한 경우의 정산(유형1)

예정신고를 하는 때에는 예정신고기간에 있어서 총공급가액에 대한 면세공급가액의 비율에 의하여 안분계산하고, 확정신고를 하는 때에 과세기간(6개월)의 총공급가액에 대한 면세공급가액의 비율에 의하여 정산한다.

㉡ 공급가액의 전부 또는 일부가 없는 경우의 안분계산에 대한 정산(유형2)

과세사업과 면세사업의 공급가액이 없거나 그 어느 한 사업의 공급가액이 없어 면세매입가액이나 예정공급가액, 예정사용면적의 비율로 안분계산한 경우에는 과세사업과 면세사업의 공급가액 또는 사용면적이 확정되는 과세기간에 대한 납부세액을 확정신고하는 때에 다음과 같이 정산하여야 한다.

$$\text{가산 또는 공제되는 세액} = \text{총공통 매입세액} \times \left(1 - \text{확정된 과세기간의 면세비율}\right) - \text{기공제세액}$$

▶ 위의 계산 결과 (+)가 나오면 매입세액에 가산하고 (−)가 나오면 공제대상 매입세액에서 차감한다.

▶ 확정된 과세기간의 면세비율 계산방법은 아래와 같다.

① 당초에 매입가액 또는 예정공급가액의 비율로 안분계산한 경우	$\dfrac{\text{확정되는 과세기간의 면세공급가액}}{\text{확정되는 과세기간의 총공급가액}}$
② 당초에 예정사용면적의 비율로 안분계산한 경우	$\dfrac{\text{확정되는 과세기간의 면세사용면적}}{\text{확정되는 과세기간의 총사용면적}}$

⑤ 납부·환급세액의 재계산(유형 : 3)

㉠ 개 요

납부·환급세액의 재계산이란 감가상각자산에 대한 공통매입세액을 안분계산하여 매입세액으로 공제된 후 면세비율이 당초의 면세비율보다 5% 이상 증가하거나 감소하는 경우 매입세액 불공제액을 재계산하여 납부세액 또는 환급세액을 다시 계산하는 것을 말한다. 납부세액 또는 환급세액의 재계산은 예정신고시에는 하지 아니하고 확정신고시에만 한다.

㉡ 재계산 요건

납부·환급세액의 재계산은 다음의 요건을 모두 충족한 경우에 적용한다.

ⓐ 과세사업과 면세사업을 겸영하는 사업자가 공통으로 사용하는 재화로서 공통매입세액의 안분계산방법에 의하여 매입세액을 공제받은 감가상각자산이어야 한다.
ⓑ 총공급가액에 대한 면세공급가액의 비율 또는 총사용면적에 대한 면세사용면적의 비율과 해당 자산의 취득일이 속하는 과세기간의 면세비율간의 차이가 5% 이상이어야 한다.
＊ 취득일이 속하는 과세기간 이후에 재계산을 한 때에는 그 재계산한 과세기간의 면세비율과 비교한다.

㉢ 재계산 방법

다음의 금액을 납부세액에 가산 또는 공제하거나 환급세액에 가산 또는 공제한다.

구 분	계산식
건물과 구축물	공통매입세액 × (1 – 5% × 경과된 과세기간의 수) × 증가 또는 감소된 면세비율
기타의 감가상각자산	공통매입세액 × (1 – 25% × 경과된 과세기간의 수) × 증가 또는 감소된 면세비율

▶ 경과된 과세기간의 수는 간주공급의 감가상각자산과 같다.
▶ 면세비율이 증가한 경우에는 납부세액에 가산하거나 환급세액에서 공제한다.

㉣ 납부·환급세액의 재계산 배제

다음의 경우는 납부·환급세액의 재계산을 적용하지 아니한다.

ⓐ 과세사업에 사용하던 감가상각자산이 간주공급(자가공급·개인적 공급·사업상 증여·폐업시 남은 재화)에 해당되어 과세되는 경우
ⓑ 과세사업과 면세사업에 공통으로 사용하는 재화(감가상각자산)를 공급하는 경우

① 안분계산

공통사용재화의 매입	공통사용재화의 공급
면세관련 매입세액의 계산 원칙 $$공통매입세액 \times \frac{당기면세공급가액}{당기총공급가액}$$	과세표준의 계산 원칙 $$공급가액 \times \frac{직전기과세공급가액}{직전기총공급가액}$$
예외 $$공통매입세액 \times \frac{직전기면세공급가액}{직전기총공급가액}$$	*예외란 공통사용재화의 매입과 공급이 동일한 과세기간에 이루어지는 경우 안분기준을 일치시키기 위하여 매입과 공급을 모두 직전기를 기준으로 안분한다.

② 공급가액의 전부 또는 일부가 없는 경우의 안분계산

과세사업과 면세사업의 공급가액이 없거나 어느 한 사업의 공급가액이 없는 경우의 안분계산 기준은 다음의 순서로 적용한다.

공통사용재화의 매입	공통사용재화의 공급
㉠ 매입가액비율 ㉡ 예정공급가액비율	
㉢ 예정사용면적비율	$$과세표준 = 공급가액 \times \frac{직전기과세사용면적}{직전기총사용면적}$$

* 다만, 건물을 신축 또는 취득하여 과세사업과 면세사업에 제공할 예정면적을 구분할 수 있는 때에는 ㉢ 예정사용면적비율, ㉠ 매입가액비율, ㉡ 예정공급가액비율의 순서로 안분계산 한다.
* 토지를 제외한 건물 또는 구축물에 대하여 예정사용면적비율로 공통매입세액 안분 계산을 하였을 때에는 그 후 과세사업과 면세사업등의 공급가액이 모두 있게 되어 공급가액기준에 따라 공통매입세액을 계산할 수 있는 경우에도 과세사업과 면세사업등의 사용면적이 확정되기 전의 과세기간까지는 예정사용면적비율을 적용하고, 과세사업과 면세사업등의 사용면적이 확정되는 과세기간에 확정사용면적비율에 따라 공통매입세액을 정산한다.
* 공통매입세액을 예정사용면적비율으로 안분계산한 재화를 공급하는 경우에는 공통사용재화의 공급도 사용면적비율에 의한다.

③ 안분계산 생략

다음의 경우에는 안분계산을 생략하고 공통매입세액 전액을 매입세액 공제하고, 공급가액 전액을 과세표준으로 한다.

공통사용재화의 매입	공통사용재화의 공급
㉠ 해당 과세기간의 총공급가액 중 면세공급가액이 5% 미만인 경우. 다만, 공통매입세액이 500만원 이상인 경우에는 제외	㉠ 직전과세기간의 총공급가액 중 면세공급가액이 5% 미만인 경우. 다만, 해당 재화의 공급가액이 5,000만원 이상인 경우는 제외
㉡ 해당 과세기간의 공통매입세액이 5만원 미만인 경우	㉡ 재화의 공급단위별 공급가액이 50만원 미만인 경우
㉢ 해당 과세기간에 신규로 사업을 개시한 사업자가 해당 과세기간에 매입한 재화를 그 과세기간에 공급한 경우 공통사용재화에 대한 공통매입세액	㉢ 공급한 날이 속하는 과세기간에 신규로 사업을 개시하여 직전 과세기간이 없는 경우

* '㉢' 은 신규로 사업을 개시한 사업자가 최초 과세기간에 공통사용재화를 매입하고 공급한 경우를 말한다.

● NCS 능력단위 : 0203020205부가가치세신고　　　능력단위요소 : 03부가가치세신고하기
3.5　부가가치세신고요령에 따른 부가가치세 신고서를 작성 할 수 있다.

매　출　세　액	…	과세표준 × 세율, 예정신고누락분, 대손세액공제
(-)매　입　세　액	…	세금계산서상 매입세액, 기타 공제 매입세액
납　부(환　급)세　액		
(-)경 감·공 제 세 액	…	신용카드매출전표 등 발행세액공제, 전자신고세액공제 등
(-)예 정 신 고 미 환 급 세 액	…	일반환급의 경우 예정신고기간에 대한 환급세액은 환급하지 않고 확정신고시 납부세액에서 차감한다.
예 정 고 지 세 액	…	기납부세액의 성격으로 보아 납부세액에서 차감한다.
(+)가　　산　　세		
차 가 감 납 부 할 세 액 (환 급 받 을 세 액)	…	차가감납부할 세액의 25.3%는 지방소비세에 해당한다.

1 납부할세액의 계산

① 경감·공제세액

㉠ 신용카드매출전표 등 발행세액공제

ⓐ 공제대상

법인사업자와 직전 연도의 재화 또는 용역의 공급가액의 합계액이 10억원을 초과하는 개인사업자를 제외한 부가가치세법상의 일반과세자 중 영수증발급의무가 있는 사업자와 간이과세자가 과세되는 재화 또는 용역을 공급하고 세금계산서의 발급시기에 신용카드매출전표, 직불카드영수증, 결제대행업체를 통한 신용카드매출전표, 선불카드(실지명의가 확인되는 것에 한함) 및 현금영수증발급장치에 의한 현금영수증을 발급하거나 전자화폐 등의 전자적 결제수단에 의하여 대금을 결제받는 경우에는 세액공제를 받을 수 있다.

ⓑ 공제금액

신용카드매출전표 등의 발급금액 또는 결제금액의 1.3%에 상당하는 금액을 연간 1,000만원을 한도로 납부세액에서 공제한다. 신용카드매출전표등발급세액공제는 납부할 세액을 한도로 하여 공제하므로 납부할 세액을 초과한 환급은 있을 수 없다. 이때 납부할 세액은 부가가치세법이나 조세특례제한법에 의한 공제 또는 가산할 세액을 가감하고 가산세를 제외한 세액이며 납부할 세액을 계산한 결과 음수(-)인 경우에는 '0'으로 본다.

ⓒ 전자신고세액공제

납세자가 직접 전자신고방법에 의하여 부가가치세 확정신고를 하는 경우에는 해당 납부세액에서 1만원을 공제하거나 환급세액에 가산한다. 매출가액과 매입가액이 없는 일반과세자에 대해서는 전자신고세액공제를 적용하지 않는다.

② 예정신고 미환급세액

부가가치세의 환급은 매입세액이 매출세액을 초과하면 나타난다. 그러나 조기환급 대상인 영세율과 사업설비투자의 경우를 제외하고는 환급세액은 확정신고기한 경과 후 30일내에 환급한다. 따라서 예정신고기간 중에 발생한 환급세액은 바로 환급되지 않고 확정신고시의 납부세액에서 공제하여야 한다.

③ 예정고지세액

예정신고의무가 면제된 개인사업자와 영세법인사업자는 직전과세기간 납부세액의 1/2에 상당하는 금액을 세무서장이 결정하여 고지한 세액을 납부하도록 되어 있다. 예정고지세액에 1,000원 미만의 단수가 있을 때에는 그 단수금액을 버리고 결정하여 예정신고기한까지 징수한다. 다만, 징수하여야 할 금액이 50만원 미만이거나 간이과세자에서 해당과세기간 개시일 현재 일반과세자로 변경된 경우에는 이를 징수하지 않는다. 예정고지세액은 납세자가 납부하였는지의 여부와 관계없이 확정신고시 납부세액에서 공제한다.

④ 가산세

㉠ 신고불성실가산세

구 분		내 용
무신고가산세	일반무신고	무신고한 납부할세액 × 20%
	부정무신고	부정행위에 의하여 무신고한 납부할세액 × 40%
과소신고·초과 환급가산세	일반과소신고	과소신고한 납부할세액 × 10%
	부정과소신고	부정행위에 의하여 과소신고한 납부할세액 × 40%

▶ 납부세액 = 매출세액 − 매입세액 − 경감·공제세액(예정고지, 신용카드세액공제, 의제매입세액공제 등)
▶ 국제거래에서 발생한 부정행위로 무신고하거나 과소신고를 한 경우에는 60%를 적용한다.
▶ 영세율 과세표준의 무신고, 과소신고 시에는 영세율과세표준의 5%를 가산세로 추가 부과한다.

㉡ 납부지연가산세

ⓐ 미납부·과소납부세액(또는 초과환급세액) × 기간(일수) × $\dfrac{2.2}{10,000}$

ⓑ 법정납부기한까지 미납부·과소납부세액 × 3%

▶ ⓐ의 기간은 법정납부기한(또는 환급받은 날)의 다음날부터 납부일까지의 일수(납세고지일부터 납세고지서에 따른 납부기한까지의 기간은 제외)
▶ ⓑ는 국세를 납세고지서에 따른 납부기한까지 완납하지 아니한 경우에 한정

㉢ 미등록가산세

사업개시일로부터 20일 이내에 사업자등록을 신청하지 않은 경우(공급가액의 1%)와

타인의 명의로 사업자등록을 하고 실제 사업을 영위하는 것으로 확인되는 경우(공급가액의 2%)에 미등록가산세를 부과한다. 사업자의 배우자 및 기타 기획재정부령에서 정하는 자는 타인으로 보지 않는다.

사업자등록을 신청하지 않은 경우에는 사업개시일로부터 등록을 신청한 날의 직전일까지의 공급가액에 대하여 적용하고, 타인의 명의로 사업자등록을 한 경우에는 사업개시일로부터 실제 사업을 영위하는 것으로 확인되는 날의 직전일까지의 공급가액에 대하여 적용한다.

단, 상속으로 인해 피상속인의 사업을 승계받는 경우에는 상속개시일로부터 상속세 신고기한까지 피상속인 명의로 사업하더라도 가산세를 부과하지 않는다.

㉣ 세금계산서불성실가산세

ⓐ 세금계산서 발급시기를 지난 후 공급시기가 속하는 과세기간에 대한 확정신고 기한까지 발급하는 경우(지연발급), 세금계산서의 필요적 기재사항의 전부 또는 일부가 착오 또는 과실로 적혀 있지 아니하거나 사실과 다른 경우(부실기재)와 전자세금계산서 의무발급자가 세금계산서 발급시기에 전자 이외의 세금계산서를 발급한 경우(종이세금계산서 발급) 및 둘 이상의 사업장을 가진 사업자가 재화 또는 용역을 공급한 사업장이 아닌 자신의 다른 사업장 명의로 세금계산서를 발급한 경우 공급가액의 1%를 가산세로 부과한다.

ⓑ 다음의 경우에는 해당 공급가액 또는 기재금액의 2%를 가산세로 부과한다.

- 세금계산서의 발급시기가 지난 후 해당 재화 또는 용역의 공급시기가 속하는 과세기간에 대한 확정신고기한까지 세금계산서를 발급하지 아니하는 경우(세금계산서 미발급)
- 재화 또는 용역을 공급하고 실제로 재화 또는 용역을 공급하는 자가 아닌 자 또는 실제로 재화 또는 용역을 공급받는 자가 아닌 자의 명의로 세금계산서 등(세금계산서 또는 신용카드매출전표 등을 말한다. 이하 같다)을 발급한 경우(위장세금계산서 발급)
- 재화 또는 용역을 공급받고 실제로 재화 또는 용역을 공급하는 자가 아닌 자의 명의로 세금계산서 등을 발급받은 경우(위장세금계산서 수취)
- 재화 또는 용역을 공급하고 세금계산서 등의 공급가액을 과다하게 기재하는 경우(공급가액 과다기재 세금계산서 발급) : 실제보다 과다하게 기재한 부분에 대한 공급가액
- 재화 또는 용역을 공급받고 공급가액을 과다하게 기재한 세금계산서 등을 발급받은 경우(공급가액 과다가재 세금계산서 수령) : 실제보다 과다하게 기재한 부분에 대한 공급가액

ⓒ 다음의 경우에는 해당 공급가액 또는 기재금액의 3%를 가산세로 부과한다.

- 재화 또는 용역을 공급하지 아니하고 세금계산서 등(세금계산서 또는 신용카드매출전표 등을 말한다. 이하 같다)을 발급한 경우(가공세금계산서 발급)
- 재화 또는 용역을 공급받지 아니하고 세금계산서 등을 발급받은 경우(가공세금계산서 수취)
- 사업자가 아닌 자가 재화 또는 용역을 공급하지 아니하고 세금계산서를 발급하거나 재화 또는 용역을 공급받지 아니하고 세금계산서를 발급받으면 그 세금계산서를 발급하거나 발급받은 자에게 사업자등록증을 발급한 세무서장이 가산세로 징수한다. 이 경우 납부세액은 0으로 본다.

ⓓ 전자세금계산서 관련 가산세

　전자세금계산서 전송기한이 지난 후 재화 또는 용역의 공급시기가 속하는 과세기간 말의 다음 달 11일까지 국세청장에게 전자세금계산서 발급명세를 전송하는 경우(지연전송) 그 공급가액의 0.3퍼센트를 가산세로 부과하고, 전자세금계산서 전송기한이 지난 후 재화 또는 용역의 공급시기가 속하는 과세기간 말의 다음 달 11일까지 국세청장에게 전자세금계산서 발급명세를 전송하지 아니한 경우(미전송) 그 공급가액의 0.5퍼센트를 가산세로 부과한다.

㉤ 매출처별 세금계산서합계표 제출 불성실가산세

매출처별 세금계산서합계표를 미제출하거나 합계표의 기재사항 중 거래처별 등록번호 또는 공급가액의 전부 또는 일부가 기재되지 않거나 부실기재(착오에 의한 기재는 제외)한 경우에는 미제출 또는 부실기재분 공급가액의 0.5%를 가산세로 부과한다.
매출처별 세금계산서합계표를 예정신고를 할 때 제출하지 못하여 해당 예정신고기간이 속하는 과세기간에 확정신고를 할 때 매출처별 세금계산서합계표를 제출하는 경우에는 지연제출한 공급가액의 0.3%를 가산세로 부과한다.

㉥ 매입처별 세금계산서합계표 제출 불성실가산세

세금계산서 발급시기 이후 당해 공급시기가 속하는 과세기간에 대한 확정신고기한까지 또는 확정신고기한 다음날부터 1년 이내에 발급받은 세금계산서로 매입세액공제를 받는 경우(지연수취)와 매입처별세금계산서합계표를 예정신고 또는 확정신고시 제출하지 않고 경정 시 제출한 세금계산서 등(신용카드매출전표등 포함)을 경정기관의 확인을 거쳐 매입세액공제를 받는 경우 및 매입세액을 과다 기재한 경우(착오에 의한 기재는 제외)에는 공급가액의 0.5%를 가산세로 부과한다.

㉦ 대리납부 불성실가산세

대리납부의무자가 대리납부세액을 납부하지 않은 경우 미달납부한 대리납부세액의 10%를 한도로 미달납부액의 3%와 미달납부액×미납일수×2.2/10,000를 합한 금액을 부과한다.

㉧ 영세율 과세표준신고 불성실가산세

영세율 과세표준을 과소신고하거나 무신고하는 경우와 영세율 첨부서류를 제출하지 아니하는 경우 영세율 공급가액의 0.5%를 가산세로 부과한다.

㉨ 현금매출명세서 등 제출 불성실가산세

현금매출명세서 또는 부동산임대공급가액명세서 제출대상자가 이를 제출하지 아니하거나 제출한 내용이 사실과 다르게 기재된 경우 제출하지 아니한 수입금액 또는 제출한 수입금액과 실제 수입금액과의 차액의 1%를 가산세로 부과한다.

㉩ 가산세의 중복적용 배제

ⓐ 미등록가산세가 적용되는 경우 세금계산서지연발급가산세(1%), 전자세금계산서지연전송가산세(0.3%), 전자세금계산서미전송가산세(0.5%), 세금계산서부실기재가

산세(1%), 신용카드매출전표등 경정시 제출 가산세(0.5%) 및 매출처별 세금계산서
합계표 가산세(0.5%, 0.3%)는 적용하지 않는다.

ⓑ 세금계산서지연발급가산세(1%)와 세금계산서미발급가산세(2%) 및 전자 이외 세금
계산서발급가산세(1%)가 적용되는 부분은 전자세금계산서지연전송가산세(0.3%)
와 전자세금계산서 미전송가산세(0.5%) 및 세금계산서부실기재가산세(1%)를 적용
하지 아니한다.

ⓒ 세금계산서 부실기재 가산세가 적용되는 부분은 전자세금계산서지연전송가산세
(0.3%)와 미전송가산세(0.5%)를 적용하지 아니한다.

ⓓ 세금계산서지연발급가산세(1%), 전자세금계산서지연전송가산세(0.3%), 전자세금
계산서미전송가산세(0.5%), 세금계산서부실기재가산세(1%) 또는 신용카드매출전
표등 경정시 제출가산세(0.5%)가 적용되는 경우 매출처별 세금계산서합계표 가산
세(0.5%, 0.3%)는 적용하지 않는다.

ⓔ 세금계산서미발급가산세(2%), 전자이외 세금계산서 발급가산세(1%), 가공세금계
산서 가산세(3%), 위장세금계산서가산세(2%) 또는 공급가액 과다기재 세금계산서
가산세(2%)가 적용되는 경우 미등록가산세(1%), 매출처별세금계산서합계표가산세
(0.5% 또는 0.3%분) 및 매입처별세금계산서합계표가산세(0.5%)는 적용하지 않는다.

ⓕ 세금계산서등의 공급가액 과다기재 가산세(2%)를 적용하는 경우 세금계산서부실기
재 가산세(1%)를 적용하지 아니한다.

ⓖ 예정신고와 관련한 신고불성실가산세(영세율과세표준신고불성실가산세 포함) 및
납부지연가산세가 적용되는 경우 확정신고와 관련한 신고관련가산세 및 납부지연
가산세는 적용하지 않는다.

ⓗ 법인세법 또는 소득세법에 의한 현금영수증 의무발급 대상자가 현금영수증 미발급
에 대한 가산세(20%)를 적용하는 경우 세금계산서 미발급등가산세(2%, 1%)와 매출
처별 세금계산서합계표불성실가산세(0.5%)를 적용하지 아니한다.

㉠ 가산세의 감면

ⓐ 법정신고기한이 지난 후 다음 기한 내에 수정신고 한 경우 다음의 비율로 가산세를 감면한다(과세표준과
세액을 경정할 것을 미리 알고 수정신고서를 제출한 경우는 제외).

수정신고기한	과소신고·초과환급신고가산세 감면비율
1개월 이내	90%
1개월 초과 3개월 이내	75%
3개월 초과 6개월 이내	50%
6개월 초과 1년 이내	30%
1년 초과 1년 6개월 이내	20%
1년 6개월 초과 2년 이내	10%

ⓑ 법정신고기한이 지난 후 다음 기한 내에 기한후 신고를 한 경우 다음의 금액을 감면한다(과세표준과 세액을
결정할 것을 미리 알고 기한후 과세표준신고서를 제출한 경우는 제외).

기한후 신고	감면세액
1개월 이내	무신고가산세의 50%
1개월 초과 3개월 이내	무신고가산세의 30%
3개월 초과 6개월 이내	무신고가산세의 20%

ⓒ 제출, 신고, 가입, 등록, 개설의 기한이 지난 후 1개월 이내에 해당 제출 등의 의무를 이행하는 경우 해당 가산세액의 50%에 상당하는 금액을 감면한다.

ⓓ 예정신고기한까지 예정신고를 하였으나 과소신고하거나 초과신고한 경우로서 확정신고기한까지 과세표준을 수정하여 신고한 경우 해당 기간에 부과되는 과소신고ㆍ초과환급신고가산세의 50%를 감면한다. 다만, 과세표준과 세액을 경정할 것을 미리 알고 과세표준신고를 하는 경우는 제외한다(3개월 이내에 확정신고하면 75% 감면 적용).

ⓔ 예정신고기간까지 예정신고를 하지 아니하였으나 확정신고기한까지 과세표준신고를 한 경우 해당 기간에 부과되는 무신고가산세의 50%를 감면한다. 다만, 과세표준과 세액을 경정할 것을 미리 알고 과세표준신고를 하는 경우는 제외한다.

ⓔ 가산세의 한도

다음의 가산세는 그 의무위반의 종류별로 각각 1억원(중소기업은 5천만원)을 한도로 한다. 다만, 해당 의무를 고의적으로 위반한 경우에는 적용하지 않는다.

ⓐ 미등록가산세(간이과세자 포함)	ⓓ 매입처별세금계산서합계표불성실가산세
ⓑ 세금계산서불성실가산세(1%에 한함)	ⓔ 부동산임대공급가액명세서불성실가산세
ⓒ 매출처별세금계산서합계표불성실가산세	ⓕ 현금매출명세서제출불성실가산세

2 신고ㆍ납부 및 환급절차

① 예정신고납부와 예정고지

㉠ 예정신고납부

법인사업자(직전과세기간 공급가액이 1억5천만원 미만인 영세법인사업자 제외)는 예정신고기간에 대한 과세표준과 납부세액(또는 환급세액)을 예정신고기간 종료 후 25일 이내에 신고ㆍ납부하여야 한다.

구 분	예정신고기간	예정신고납부기한
제1기 예정신고	1월 1일~3월 31일	예정신고기간 종료일부터 25일 이내
제2기 예정신고	7월 1일~9월 30일	

㉡ 예정고지

개인사업자와 영세법인사업자는 각 사업장관할세무서장이 예정신고기간마다 직전 과세기간에 대한 납부세액의 1/2에 상당하는 금액(1천원 미만의 단수가 있을 때에는 그 단수금액을 버림)을 결정하여 예정고지하고 예정신고기한 내에 징수한다. 이때 예정고지세액이 50만원 미만인 경우에는 징수하지 않는다.

휴업 또는 사업부진으로 각 예정신고기간의 공급가액 또는 납부세액이 직전 과세기간의 공급가액 또는 납부세액의 1/3에 미달하는 자와 각 예정신고기간분에 대해 조기환급을 받고자 하는 자는 예정신고ㆍ납부를 할 수 있다. 예정고지에 따라 납부한 세액은 해당 과세기간(6개월)에 대한 확정신고 시 납부할세액에서 공제한다.

② 확정신고와 납부

사업자는 각 과세기간에 대한 과세표준과 납부세액(또는 환급세액)을 그 과세기간이 끝난 후 25일 이내에 각 사업장 관할세무서장에게 신고·납부하여야 한다. 다만, 폐업하는 경우에는 폐업일이 속하는 달의 다음달 25일 이내에 신고·납부하여야 한다.

예정신고 및 조기환급신고에 있어서 이미 신고한 내용은 확정신고대상에서 제외한다. 대손세액공제, 일반환급, 납부세액 및 환급세액의 재계산 및 가산세는 예정신고에는 적용되지 않고 확정신고에만 적용된다.

구 분	과 세 기 간	확정신고납부기한
제1기 확정신고	1월 1일 ~ 6월 30일	과세기간이 끝난 후 25일 이내
제2기 확정신고	7월 1일 ~ 12월 31일	
폐업하는 경우	폐업일이 속하는 과세기간 개시일 ~ 폐업(신고)일	폐업일이 속한 달의 다음달 25일 이내

③ 재화의 수입에 대한 신고와 납부

재화를 수입하는 자가 관세법에 따라 관세를 신고·납부하는 경우에는 재화의 수입에 대한 부가가치세를 함께 신고·납부하여야 한다.

④ 환 급

㉠ 일반환급

일반환급이란 매출세액보다 매입세액이 많은 경우로서 각 과세기간별로 해당 과세기간에 대한 환급세액을 확정신고기간 종료일로부터 25일내에 신고하고, 그 확정신고기한 경과 후 30일 이내에 사업자에게 환급하는 것을 말한다. 일반환급의 경우 예정신고기간의 환급세액은 환급되지 아니하고 확정신고시 납부세액에서 차감한다.

㉡ 조기환급

조기환급이란 각 과세기간별·예정신고기간별 또는 조기환급기간별(매월 또는 매2월 단위)로 환급세액을 확정신고기한·예정신고기한 또는 조기환급신고기한 경과 후 15일 이내에 환급하는 것을 말한다.

조기환급신고를 한 부분은 예정신고 및 확정신고의 대상에서 제외한다.

다음에 해당하는 경우에만 조기환급대상이 된다.

ⓐ 영세율을 적용받는 경우
ⓑ 사업설비(감가상각자산)를 신설·취득·확장 또는 증축하는 경우
ⓒ 재무구조개선계획을 이행 중인 경우

CHECK POINT 일반환급과 조기환급의 비교

구 분	일 반 환 급	조 기 환 급
환급대상	제한없음	영세율 또는 사업설비의 취득 등
환급세액의 계산	각 과세기간별	각 과세기간, 예정신고기간 또는 조기환급기간(매월 또는 매2월 단위)
환급기한	확정신고기한 경과후 30일 이내	확정신고기한, 예정신고기한 또는 조기환급신고기한 경과후 15일 이내

⑤ 결정·경정

납세의자가 부가가치세를 신고하지 않거나 신고한 내용이 사실과 다른 경우 사업장 관할세무서장이 결정 또는 경정을 하고 국세청장이 특히 중요하다고 인정하는 경우에는 관할지방국세청장 또는 국세청장이 결정한다.

정부가 결정 경정하는 경우 사업자가 경정기관의 확인을 거쳐 세금계산서를 제출하면 매입세액은 공제받을 수 있으나 매입처별세금계산서합계표 불성실가산세는 적용한다.

⑥ 현금매출명세서와 부동산임대공급가액명세서 제출

변호사업, 심판변론인업, 변리사업, 법무사업, 공인회계사업, 세무사업, 경영지도사업, 기술지도사업, 감정평가사업, 손해사정인업, 통관업, 기술사업, 건축사업, 도선사업, 측량사업, 예식장, 산후조리원, 부동산중개업, 수의사, 의료업, 기타 이와 유사한 사업서비스업을 영위하는 사업자는 현금매출명세서를 예정신고 또는 확정신고와 함께 제출하여야 한다. 또한 부동산임대업자는 부동산임대공급가액명세서를 예정신고 또는 확정신고와 함께 제출하여야 한다.

● NCS 능력단위 : 0203020205부가가치세신고   능력단위요소 : 03부가가치세신고하기
3.3 부가가치세법에 따른 일반과세자의 간이과세자 여부를 판단할 수 있다

1 간이과세제도

① 간이과세제도의 취지

간이과세제도는 사업규모가 영세한 사업자의 보호와 납세편의를 위해 도입된 제도로 연간 공급대가가 8,000만원(130% 범위에서 시행령으로 정할 수 있음) 미만인 사업자에 대하여 일반과세자와는 다른 방법으로 납세의무를 이행하도록 하는 제도이다.

② 간이과세제도의 특징

㉠ 납부세액은 공급대가에 업종별 부가가치율을 곱한 금액에 세율을 적용한다.

㉡ 매입세액 공제는 매입세액 전액을 공제받을 수 없고 세금계산서등을 발급받은 매입액 (공급대가)의 0.5%를 납부세액을 한도로 공제한다.

㉢ 간이과세자의 과세기간은 1월 1일부터 12월 31일까지 1년이며, 원칙적으로 예정신고 의무는 없으며 확정신고만 하면 된다.

③ 간이과세자의 세금계산서 발급의무

간이과세자는 원칙적으로 세금계산서를 발급하여야 한다. 다만, 아래의 경우에는 세금계산서를 발급할 수 없고, 영수증을 발급하여야 한다. 다만, 소매업, 음식점업, 숙박업 등은 공급받는 자가 요구하는 경우 세금계산서를 발급하여야 한다.

㉠ 간이과세자로 신규사업자와 직전연도 공급대가 합계액이 4,800만원 미만인 사업자

㉡ 소매업, 음식점업, 숙박업, 미용, 욕탕 및 유사서비스업, 여객운송업(전세버스 제외) 등 주로 사업자가 아닌 자에게 재화나 용역을 공급하는 사업자

2 간이과세자의 범위

① 적용대상자

간이과세를 적용 받을 수 있는 사업자는 직전 1역년의 재화와 용역의 공급대가(부가가치세 포함)가 8,000만원(부동산임대업 또는 과세유흥장소를 경영하는 사업자는 4,800만원) 미만인 개인사업자로서 간이과세 적용 배제 대상이 아니어야 한다.

② 적용배제

다음의 경우에는 간이과세의 적용을 배제한다.

> ㉠ 간이과세가 적용되지 않는 다른 사업장을 보유하고 있는 사업자
> ㉡ 재화의 공급으로 보지 않는 사업의 양도를 통하여 일반과세자로부터 양수받은 사업자
> ㉢ 소득세법에 따른 복식부기의무자가 영위하는 사업
> ㉣ 둘 이상의 사업장이 있는 사업자가 영위하는 사업으로서 그 둘 이상의 사업장의 공급대가의 합계액이 8,000만원 (부동산임대업과 과세유흥장소는 4,800만원) 이상인 경우
> ㉤ 다음의 업종을 영위하는 사업자. 단, 제조업 중 주로 최종소비자에게 직접 재화를 공급하는 사업으로서 과자 점업 · 도정업 · 제분업 · 양복점업 · 양장점업 · 양화점업 및 자기가 공급하는 재화의 50% 이상을 최종소비자 에게 공급하는 사업으로서 국세청장이 정하는 것은 간이과세의 적용이 가능하다.
> ⓐ 광업, 제조업, 도매업(소매업 겸영 포함), 상품중개업, 건설업, 전기 · 가스 · 증기 및 수도사업
> ⓑ 부동산매매업, 일정 규모 이상의 부동산 임대업, 국세청장이 고시하는 지역에서의 개별소비세가 과세되는 과세유흥장소를 영위하는 사업
> ⓒ 변호사, 공인회계사, 세무사, 변리사, 법무사, 감정평가사, 손해사정인, 통관업, 기술사, 건축사, 도선사, 공 인노무사, 의사, ·약사, 한약사, 수의사 등의 사업과 이와 유사한 사업서비스업
> ⓓ 사업장의 소재지, 사업의 종류·규모 등을 감안하여 국세청장이 정하는 기준에 해당하는 사업

③ 신규사업자의 간이과세 적용

신규로 사업을 개시하는 개인사업자(간이과세 적용 배제대상 제외)는 직전 1역년의 공급대 가가 없으므로 사업자등록 신청시 간이과세적용신고서를 제출한 경우에 한하여 최초의 과세기간에 있어서 간이과세를 적용한다.

④ 미등록사업자의 간이과세 적용

사업자등록을 하지 않은 개인사업자로서 사업을 개시한 날이 속하는 1역년에 있어서 공급 대가의 합계액이 기준금액에 미달하는 경우에는 최초의 과세기간에 있어서 간이과세자로 한다.

③ 과세유형의 변경과 간이과세 포기

① 과세유형의 변경

과세유형의 변경이란 일반과세자가 간이과세자로, 간이과세자가 일반과세자로 과세유형 이 바뀌는 것을 말한다. 과세유형이 변경되는 사업장의 관할세무서장은 변경되는 과세기간 개시 20일 전까지 그 사실을 통지하여야 하며, 사업자등록증을 정정하여 과세기간 개시일 전까지 발급하여야 한다.

㉠ 간이과세자가 일반과세자로 변경되는 경우

간이과세자가 일반과세자로 변경되는 경우에는 통지를 받은 날이 속하는 과세기간까지 는 간이과세가 적용되고 그 다음 과세기간부터 일반과세자로 변경된다.

ⓛ 일반과세자가 간이과세자로 변경되는 경우

일반과세자가 간이과세자로 변경되는 경우에는 통지에 관계없이 간이과세가 적용된다.
그러나 부동산임대업을 영위하는 일반과세자는 간이과세자로의 변경되는 경우 사업장
관할세무서장으로부터 통지를 받은 날이 속하는 과세기간까지는 일반과세자에 관한
규정을 적용한다.

② 간이과세의 포기

간이과세자가 일반과세를 적용받고자 하는 때에는 계속사업자는 그 적용받고자 하는 달의
전달 말일까지, 신규사업자는 사업자등록을 신청할 때에 간이과세포기신고서를 관할세무
서장에게 제출하여야 한다. 간이과세포기를 한 사업자는 신고일 익월부터 일반과세를 적용
하며 적용을 받고자 하는 달의 1일부터 3년이 되는 날이 속하는 과세기간까지는 간이과세
의 적용을 받지 못한다. 직전연도의 공급대가의 합계액이 4천8백만원 이상 8천만원 미만
인 개인사업자는 간이과세 재적용 제한기간 3년 이전이라도 과세기간 개시 10일 전까지
납세지 관할 세무서장에게 신고하면 간이과세자에 관한 규정을 적용받을 수 있다.
간이과세 재적용 제한기간이 경과한 후 간이과세적용을 받고자 하는 사업자는 간이과세를
적용받고자 하는 과세기간 개시 10일전까지 간이과세적용신고서를 사업장 관할세무서장
에게 제출하여야 한다.

4 간이과세자의 납부세액과 신고 · 납부

구 분	금 액	부가가치율	세 율	세 액
과세표준 및 매출세액				
과세분(공급대가)	×××	(15%~40%)	10%	×××
영세율적용분(공급대가)	×××		0%	–
재고납부세액	–			×××
합　　계	×××			×××
공제세액				
매입세금계산서등수취세액공제(0.5%)	×××			×××
매입자발행세금계산서세액공제(0.5%)	×××			×××
전자신고세액공제	–			10,000
신용카드매출전표등발행세액공제	×××			×××
전자세금계산서발급세액공제	×××			×××
합　　계	×××			×××
가산세	–			×××
차감납부할세액	–			×××

* 공제세액합계는 매출세액합계를 한도로 하여 공제한다.

① 매출세액 계산

> 납부세액 = 과세표준 × 업종별 부가가치율 × 10%(영세율은 0%) + 재고납부세액

㉠ 과세표준

간이과세자의 과세표준 계산은 일반과세자의 과세표준 계산규정을 준용하지만, 일반과세자와는 달리 부가가치세를 포함한 가격인 공급대가를 과세표준으로 한다.

> 공급대가 = 공급가액 + 부가가치세

㉡ 업종별 부가가치율

구 분	부가가치율
ⓐ 소매업, 재생용 재료수집 및 판매업, 음식점업	15%
ⓑ 제조업, 농업·임업 및 어업, 소화물 전문 운송업	20%
ⓒ 숙박업	25%
ⓓ 건설업, 그 밖의 운수업, 창고업, 정보통신업, 그 밖의 서비스업	30%
ⓔ 금융 및 보험 관련 서비스업, 전문·과학 및 기술 서비스업(인물사진 및 행사용 영상 촬영업 제외), 사업시설관리·사업지원 및 임대 서비스업, 부동산 관련 서비스업, 부동산임대업	40%

② 공제세액

㉠ 매입세금계산서 등 수취세액공제

간이과세자가 과세사업과 관련하여 다른 사업자로부터 세금계산서·신용카드매출전표 등을 발급받고 매입처별세금계산서합계표 또는 신용카드매출전표등수령명세서를 사업장관할세무서장에게 제출하거나, 경정시 경정기관의 확인을 거쳐 세금계산서·신용카드매출전표 등을 사업장관할세무서장에게 제출한 경우에는 공급대가에 0.5%를 곱한 금액을 공제한다.

㉡ 신용카드매출전표 등 발급세액공제

간이과세자가 부가가치세가 과세되는 재화 또는 용역을 공급하고 세금계산서의 발급시기에 신용카드매출전표, 직불카드영수증, 결제대행업체를 통한 신용카드매출전표, 선불카드(실지명의가 확인된 것에 한함) 및 현금영수증발급장치에 의한 현금영수증을 발급하거나 전자적 결재수단에 의하여 대금을 결제받는 경우에는 연간 1,000만원을 한도로 그 발급금액 또는 결제금액의 1.3%를 납부세액에서 공제한다.

㉢ 전자신고세액공제

간이과세자가 직접 전자신고방법에 의하여 부가가치세 확정신고를 하는 경우에는 해당 납부세액에서 1만원을 공제한다.

③ 가산세

구 분	가산세	
미등록 또는 허위등록 가산세 (공급대가 기준)	미등록	1%
	타인 명의·허위등록	2%
매출세금계산서 관련 가산세 (공급가액 기준)	지연발급, 부실기재	1%
	미발급	2%
	재화 용역의 공급 없이 가공 발급	3%
	실제로 재화 용역을 공급받는 자가 아닌 자에게 위장 발급	2%
	공급가액을 과다하게 기재하여 발급 또는 수취	2%
매입세금계산서 관련 가산세	세금계산서 미수취(**공급대가 기준**)	0.5%
	미제출로 공제받지 아니한 세금계산서를 경정기관의 확인 후 매입세액공제(공급가액 기준)	
매출처별세금계산서합계표 관련 가산세(공급가액 기준)	미제출 또는 부실기재(공급가액 기준)	0.5%
	예정신고시 미제출분을 확정신고시 제출	0.3%

*신고불성실가산세와 영세율과세표준신고불성실가산세 및 납부지연가산세는 일반과세자와 동일하다.

④ 신고·납부

㉠ 신고와 납부

간이과세자는 과세기간(1년)의 과세표준과 납부세액을 그 과세기간 종료일(폐업하는 경우에는 폐업일이 속하는 달의 말일)부터 25일 이내에 사업장 관할세무서장에게 신고·납부하여야 한다. 간이과세자는 발급받은 세금계산서에 대한 매입처별세금계산서합계표를 확정신고와 함께 제출하여야 하며, 제출하지 않은 경우에는 매입세금계산서 등 수취세액공제가 적용되지 않는다.

㉡ 예정부과와 납부

ⓐ 사업장 관할세무서장은 직전과세기간 납부세액 1/2의 금액을 예정부과기간(1월1일~6월30일)까지 결정하여 예정부과기한(예정부과기간이 끝난 후 25일 이내)까지 징수한다.

ⓑ 이 경우 징수할 금액이 50만원 미만이거나 과세기간 개시일 현재 일반과세자에서 간이과세자로 변경된 경우에는 이를 징수하지 아니한다.

ⓒ 간이과세자는 휴업, 사업부진 등으로 예정부과기간의 공급가액 또는 납부세액이 직전과세기간의 공급가액 또는 납부세액의 $\frac{1}{3}$에 미달하는 경우 예정부과기한까지 신고할 수 있다.

ⓓ 예정부과기간에 세금계산서를 발급한 간이과세자는 예정부과기간의 과세표준과 납부내역을 예정부과기한까지 사업장 관할 세무서장에게 신고하여야 한다.

⑤ 납부의무의 면제

간이과세자의 해당 과세기간의 공급대가가 4,800만원 미만인 경우에는 해당 과세기간에 대한 납부세액에 대하여 납부의무를 면제한다. 이 경우 재고납부세액은 면제대상에 포함되지 않으므로 납부하여야 한다.

납부의무 면제 규정을 적용함에 있어 해당 과세기간에 신규로 사업을 개시한 간이과세자에 대하여는 그 사업 개시일부터 그 과세기간 종료일까지의 공급대가의 합계액을 12개월로 환산한 금액을 기준으로 한다. 그리고 휴업자, 폐업자 및 과세기간 중 과세유형을 전환한 간이과세자에 대하여는 그 과세기간 개시일부터 휴업일, 폐업일 및 과세유형 전환일까지의 공급대가의 합계액을 12개월로 환산한 금액으로 한다. 이 경우 1개월 미만의 단수가 있는 때에는 이를 1개월로 한다.

납부할 의무가 면제되는 간이과세자가 자진납부한 사실이 확인되는 경우에는 관할세무서장은 환급 청구 여부와 관계없이 이를 환급하여야 한다.

5 재고매입세액 및 재고납부세액

① 대상 자산

간이과세자가 일반과세자로 변경되는 경우에는 재고매입세액을 공제하고, 일반과세자가 간이과세자로 변경되는 경우에는 재고납부세액을 납부세액에 더하여야 한다. 재고매입세액 또는 재고납부세액의 적용대상 자산은 과세유형이 변경되는 날 현재 보유하고 있는 다음의 재고품과 건설중인 자산 및 감가상각자산이다.

구 분	내 용
㉠ 재고품	상품, 제품(반제품 및 재공품 포함), 재료(부재료 포함)
㉡ 건설중인 자산	건설중인 자산과 관련하여 매입세액을 공제받은 것에 한한다.
㉢ 감가상각자산	ⓐ 건물·구축물 : 취득·건설·신축 후 10년 이내의 것에 한한다.
	ⓑ 기타의 감가상각자산 : 취득·제작 후 2년 이내의 것에 한한다.

② 재고매입세액과 재고납부세액의 계산

구 분	재고매입세액	재고납부세액
대상사업자	간이과세자가 일반과세자로 변경된 경우 일반과세자인 경우 받았을 매입세액과 간이과세자로 공제받은 금액의 차액을 공제	일반과세자가 간이과세자로 변경된 경우 매입세액공제 받은 금액과 간이과세자로 받을 수 있는 매입세액의 차액을 납부
재고품	재고금액 $\times \dfrac{10}{110} \times (1 - 0.5\% \times \dfrac{110}{10}\ )$	재고금액 $\times \dfrac{10}{110} \times (1 - 0.5\% \times \dfrac{110}{10}\ )$
외부매입 감가상각자산	$\dfrac{\text{취득}}{\text{가액}} \times \left(1 - \text{상각률} \times \dfrac{\text{경과과세}}{\text{기간수}}\right) \times \dfrac{10}{110} \times \left(1 - 0.5\% \times \dfrac{110}{10}\right)$	$\dfrac{\text{취득}}{\text{가액}} \times \left(1 - \text{상각률} \times \dfrac{\text{경과과세}}{\text{기간수}}\right) \times \dfrac{10}{100} \times \left(1 - 0.5\% \times \dfrac{110}{10}\right)$
자가제작 감가상각자산	자가제작관련매입세액 $\times (1 - \text{상각률} \times \text{경과과세기간수}) \times (1 - 0.5\% \times \dfrac{110}{10})$	
건설중인 자산	해당 건설중인 자산과 관련된 공제대상 매입세액 $\times (1 - 0.5\% \times \dfrac{110}{10})$	

▶ 재고매입세액을 계산시에 적용하는 상각률은 건물 구축물은 10%, 그 밖의 감가상각자산은 50%를 적용하고, 재고납부세액을 계산시에 적용하는 상각률은 5%, 25%를 적용한다.

01 부가가치세법상 납부의무에 대한 설명 중 가장 옳지 않은 것은?

① 지방자치단체는 비과세법인이므로 부가가치세의 납세의무가 없다.
② 새마을금고가 사업상 독립적으로 부가가치세가 과세되는 재화를 공급하는 경우에는 납세의무가 있다.
③ 청산중에 있는 내국법인이 사실상 사업을 계속하는 경우에는 부가가치세의 납세의무가 있다.
④ 사업자가 사업자등록 없이 부가가치세 과세대상인 재화와 용역을 공급하는 경우에도 부가가치세의 납세의무를 진다.

> **해설** 지방자치단체도 부가가치세가 과세되는 재화 또는 용역을 공급하면 공급받는 자로부터 부가가치세를 거래 징수하여 납부하여야 한다.

02 다음 부가가치세법상 사업자등록의 신청에 관한 설명 중 옳지 않은 것은?

① 법인의 경우에는 법인의 설립등기 전에는 사업자등록을 신청할 수 없다.
② 신규로 사업을 개시하려는 자는 사업개시일 전이라도 등록할 수 있다.
③ 신규로 사업을 개시하는 자는 사업장마다 사업개시일부터 20일 이내에 사업장 관할세무서장에게 등록하여야 한다.
④ 사업자등록을 하려는 자는 사업장관할세무서장에게 사업자등록신청서와 첨부서류를 제출하여야 한다.

> **해설** 법인은 법인의 설립등기 전이라도 사업자등록을 할 수 있다.

03 다음 부가가치세법상 사업자단위과세제도에 관한 설명 중 옳지 않은 것은?

① 사업자단위과세란 한 사업자가 둘 이상의 사업장을 가지고 있는 경우 각 사업장의 부가가치세를 통산하여 주된 사업장에서 신고 납부하는 제도이다.
② 사업자단위과세를 적용받으려는 자는 과세기간 개시 20일 전에 주된 사업장의 관할세무서장에게 신청하여야 한다.
③ 사업자단위과세는 납부 및 환급만을 주사업장에서 총괄납부 한다는 의미이므로 세금계산서 발급 및 부가가치세 신고 등 제반 의무는 각 사업장별로 행하여야 한다.
④ 사업자단위과세제도의 주된 사업장은 법인은 본점, 개인은 주사무소이므로 법인의 경우 지점은 주된 사업장으로 신청할 수 없다.

> **해설** 주사업장총괄납부제도에 대한 설명이다.

04 다음은 부가가치세법상 사업자등록의 정정에 관한 사항이다. 다음 중 재발급기한이 다른 하나는?

① 상호를 변경하는 때
② 사업의 종류에 변동이 있는 때
③ 법인의 대표자를 변경하는 때
④ 상속으로 인하여 사업자의 명의가 변경되는 때

> **해설** ①은 신청일 당일, 나머지는 신청일부터 2일 내 재발급하여야 한다.

05 다음은 부가가치세법상 사업장에 대한 내용이다. 다음 중 옳지 않은 것은?

① 광업에 있어서는 광업사무소의 소재지. 이 경우에 광업사무소가 광구 밖에 있는 때에는 그 광업사무소에서 가장 가까운 광구에 대한 광업원부의 초두에 등록된 광구소재지에 광업사무소가 있는 것으로 본다.

② 제조업에 있어서는 최종제품을 완성하는 장소. 다만, 따로 제품의 포장만을 하거나 용기에 충전만을 하는 장소는 제외한다.

③ 무인자동판매기를 통하여 재화용역을 공급하는 사업에 있어서는 무인자판기 소재지

④ 수자원을 개발하여 공급하는 사업에 있어서는 그 사업에 관한 업무를 총괄하는 장소

무인판매기를 통하여 재화용역을 공급하는 사업의 사업장은 그 사업에 관한 업무를 총괄하는 장소

06 부가가치세법상 재화공급의 범위에 포함되지 않는 것은?

① 건설업에 있어서 건설업자가 건설자재의 전부 또는 일부를 부담하는 것

② 자기사업과 관련한 취득한 재화를 자기사업을 위하여 직접사용하는 것

③ 재화의 인도대가로서 다른 재화를 인도받는 것

④ 법률상의 원인에 의하여 재화를 인도받는 것

건설업은 자재의 부담정도와 무관하게 항상 용역의 공급에 해당된다.

07 다음은 부가가치세법상 재화의 공급시기에 관한 설명이다. 다음 중 옳지 않은 것은?

① 현금판매·외상판매 또는 할부판매의 경우에는 재화가 인도되거나 이용가능하게 되는 때

② 상품권 등을 현금 또는 외상으로 판매하고 그 후 해당 상품권 등이 현물과 교환되는 경우에는 재화가 실제로 인도되는 때

③ 장기할부판매의 경우에는 대가의 각 부분을 받기로 한 때

④ 무인판매기를 이용하여 재화를 공급하는 경우에는 당해 재화를 무인판매기에서 인취되었을 때

무인판매기를 이용하여 재화를 공급하는 경우에는 무인판매기에서 현금을 인취하는 때가 공급시기이다.

08 다음은 부가가치세법상 사업자의 분류에 따라 규정하고 있는 내용을 설명하고 있다. 옳지 않은 것은?

① 과세사업자 중 영세율적용사업자는 조기 환급을 받을 수 있다.

② 간이과세자는 원칙적으로 세금계산서를 발급할 수 있다.

③ 면세사업자는 매입세액공제를 받을 수 없다.

④ 간이과세자는 법인 및 개인 모두 가능하다.

법인은 간이과세자가 될 수 없다.

09 다음 중 부가가치세법상 재화의 공급으로 보지 아니하는 것은?

① 위탁판매에 의하여 재화를 인도 또는 양도하는 것

② 용역을 제공받는 교환계약에 의하여 재화를 인도 또는 양도하는 것

③ 법률상의 원인에 의하여 재화를 인도 또는 양도하는 것

④ 임치물의 반환이 수반되지 않고 조달청장이 발행한 창고증권을 양도하는 것

10 다음은 부가가치세법상 부수공급에 관한 사례이다. 다음 중 부가가치세가 과세되는 것은?

① 조경공사업체가 조경공사에 포함하여 수목을 공급하는 경우

② 인가받은 미술학원에서 미술교육용역에 포함하여 실습자재를 공급하는 경우

③ 제조업체가 제조업에 사용하던 토지를 양도하는 경우

④ 은행이 은행업에 사용하던 건물을 양도하는 경우

조경업이 과세이므로 조경업과 함께 면세되는 수목을 공급하는 경우 부수재화의 공급으로 보아 수목도 과세한다.

11 부가가치세법상 세금계산서 및 영수증 발급 의무의 면제대상이 아닌 것은?

① 사업상증여
② 부동산임대용역 중 간주임대료
③ 택시운송사업자
④ 구매확인서에 따라 공급하는 재화

해설 구매확인서에 따라 공급하는 재화는 수출하는 재화로서 영세율대상이지만 국내거래이므로 세금계산서를 발급하여야 한다.

12 다음 상황에서 부가가치세법상 원칙적인 공급시기와 공급가액으로 짝지어진 것 중 가장 올바른 것은?

가람건설(주)는 태양건설(주)에게 2025년 1월 1일에 건물을 8억원에 매각하기로 하였다. 잔금청산과 함께 소유권이 이전되며 동일자로 사용가능하다. 대금결제방법은 다음과 같다.

계약금	중도금	잔금
2억(2025년 1월 1일)	3억(2025년 3월 1일)	3억(2025년 5월 20일)

	공급시기	공급가액
①	2025년 5월 20일	8억
②	2025년 1월 1일	2억
③	2025년 3월 1일	3억
④	2025년 5월 20일	3억

해설 재화의 인도 이전에 계약금 외의 대가를 분할하여 지급하나, 계약금을 받기로 한 날부터 재화를 인도하기로 한 날이 6개월 미만이므로 중간지급조건부에 해당하지 아니한다. 따라서 재화 인도시점인 2025년 5월 20일이 공급시기가 되며, 공급가액은 8억원이 된다.

13 다음 자료를 보고 부가가치세법상 재화와 용역의 공급시기를 맞게 연결한 것은?

	중간지급조건부의 재화의 공급	단기할부판매의 재화의 공급
①	조건이 성취되는 때	대가의 각 부분을 받기로 한 때
②	재화가 인도되는 때	재화가 인도되는 때
③	대가의 각 부분을 받기로 한 때	재화가 인도되는 때
④	예정(확정)신고기간이 종료되는 때	대가의 각 부분을 받기로 한 때

14 부가가치세법상 재화 또는 용역의 공급이 다음과 같을 때, 세금계산서 발급가능 대상에 해당하는 공급가액의 합계액은 얼마인가?

(1) 외국으로 직수출액 : 5,000,000원
(2) 구매확인서에 의한 수출액 : 20,000,000원
(3) 견본품 제공
  (시가 6,000,000원, 장부가액 5,000,000원)
(4) 공급시기 전 선수금을 받은 그 대가 : 4,000,000원
(5) 부동산임대에 따른 보증금에 대한 간주임대료 : 500,000원

① 24,000,000원   ② 24,500,000원
③ 34,500,000원   ④ 35,500,000원

해설 (2), (4)는 세금계산서 발급가능하다.

15 다음 중 일반과세자로서 부가가치세법상 세금계산서를 발급할 수 없는 업종이 아닌 것은?

① 미용 · 욕탕 및 유사서비스업
② 여객운송업(전세버스 제외)
③ 자동차운전학원
④ 소매업

해설 일반과세자가 경영하는 소매업의 경우 거래상대방이 사업자등록증을 제시하고 세금계산서 발급을 요구하면 세금계산서를 발급하여야 한다.

16 다음 중 부가가치세법상 면세와 영세율에 대한 설명 중 틀린 것은?

① 영세율적용대상자는 부가가치세법상 사업자등록의무가 있으나, 면세 적용대상자는 그러하지 않는다.

② 면세포기신고를 한 사업자는 2년간 부가가치세의 면세를 받지 못한다.

③ 영세율에 대하여는 조기환급이 가능하다.

④ 면세사업자는 대리납부의무가 있다.

> 해설 | 면세포기신고를 한 사업자는 3년간 면세를 받지 못한다.

17 다음 중 부가가치세법상 면세인 의료보건용역이 아닌 것은?

① 물리치료사가 제공하는 물리치료용역

② 약사가 제공하는 의약품 판매용역

③ 안마사가 제공하는 안마용역

④ 산후조리원에서 제공하는 급식·요양 등의 용역

18 부가가치세법상 공제받을 수 있는 매입세액에 해당하는 것은?

① 변제대손세액

② 개별소비세 과세대상 자동차의 구입에 따른 매입세액

③ 면세사업과 관련된 매입세액

④ 기업업무추진비 관련 매입세액

> 해설 | 변제대손세액은 공제받을 수 있는 매입세액에 해당된다.

19 다음 중 부가가치세법상 틀린 설명은?

① 대리납부 불이행시에는 국세기본법상 신고불성실 가산세를 징수한다.

② 국가도 부가가치세 납세의무자에 포함된다.

③ 간이과세자는 재고매입세액공제를 받을 수 있다.

④ 공급자가 대손세액공제를 받은 후 대손금의 일부가 회수된 경우에는 회수한 날이 속하는 과세기간의 매출세액에 가산한다.

> 해설 | 재고매입세액공제는 간이과세자가 일반과세자로 과세유형 변경시에 적용된다.

20 부가가치세법상 직접 수출이 아니더라도 수출하는 재화에 포함되는 것으로 보아 영세율을 적용하는 것이 아닌 것은?

① 사업자가 내국신용장 또는 구매확인서에 의하여 공급하는 재화. 단, 금지금은 제외한다.

② 사업자가 국제예술교류회법에 의해 국제예술교류회에 공급하는 재화로 그 목적사업을 위하여 당해 재화를 외국에 무상으로 반출하는 경우

③ 사업자가 한국국제협력단법에 의한 한국국제협력단에 공급하는 재화로 그 목적사업을 위하여 당해 재화를 외국에 무상으로 반출하는 경우

④ 사업자가 대한적십자사조직법에 따른 대한적십자사에 공급하는 재화로 그 목적 사업을 위하여 해당 재화를 외국에 무상으로 반출하는 경우

21 부가가치세법과 관련한 다음 설명 중 틀린 것은?

① 의제매입세액공제는 예정신고기간에도 적용된다.

② 대손세액공제신청은 확정신고할 때에 가능하고, 예정신고할 때에는 신청할 수 없다.

③ 수입한 면세농산물은 의제매입세액공제 대상이 되지 아니한다.

④ 면세포기로 영세율이 적용되는 경우에는 의제매입세액공제를 적용하지 아니한다.

> 해설 | 수입농산물도 의제매입세액공제 대상임

22 다음 부가가치세법상 면세포기에 대한 설명 중 틀리는 것은?

① 면세되는 둘 이상의 사업을 하는 사업자는 면세포기대상이 되는 재화 또는 용역의 공급 중에서 면세를 포기하고자 하는 재화 또는 용역만을 구분하여 면세포기 할 수 있다.

② 부가가치세의 면세를 받지 아니하고자 하는 사업자는 면세포기신고서를 과세기간 중 언제나 제출할 수 있다

③ 부가가치세의 면세를 포기하고자 하는 사업자는 세무서장의 승인을 얻어야 한다.

④ 면세포기신고를 한 사업자는 신고한 날로부터 3년간은 부가가치세의 면세를 받지 못한다.

 면세포기는 신고를 요건으로 하므로 세무서장의 승인을 얻을 필요는 없다.

23 다음 자료에 의하여 부가가치세 매출세액을 계산하면 얼마인가?

> ① 과세되는 공급가액 : 52,000,000원
> ② 매출환입 : 2,000,000원
> ③ 매출할인 : 3,000,000원
> ④ 대손처리된 채권 : 7,700,000원(이 중 세법상 대손요건을 충족하지 못한 채권 2,200,000원을 포함하고 있으며, 채권금액은 공급대가이다)

① 4,300,000원 ② 4,200,000원
③ 4,100,000원 ④ 4,000,000원

 • 과세표준 : 52,000,000−(2,000,000+3,000,000) =47,000,000원
• 대손세액공제 : 5,500,000×10/110=500,000원
• 매출세액 : 47,000,000×10%−500,000=4,200,000원

24 부가가치세법상 과세표준에 대한 다음 설명 중 옳지 않은 것은?

① 재화를 공급한 후의 그 공급가액에 대한 할인액, 대손금 또는 장려금은 과세표준에서 공제하지 아니한다.

② 재화의 공급에 대하여 부당하게 낮은 대가를 받거나 대가를 받지 아니하는 경우에는 자기가 공급한 재화의 시가를 과세표준으로 한다.

③ 장기할부판매의 경우에는 계약에 따라 받기로 한 대가의 각 부분을 과세표준으로 한다.

④ 폐업시 남아 있는 재화에 대하여는 시가를 과세표준으로 한다.

 매출할인액은 과세표준에 포함하지 아니한다.

25 다음의 사업자가 공제받을 수 있는 부가가치세법상 매입세액은 얼마인가?

사업부문	공급가액	매입세액
과세부문	40,000,000원	2,000,000원
면세부문	80,000,000원	6,000,000원
과세·면세 공통부문	30,000,000원	3,000,000원

① 2,000,000원 ② 3,000,000원
③ 4,000,000원 ④ 5,000,000원

 • 공통매입세액 중 과세부문 매입세액 계산 :
$$3,000,000 \times \frac{40,000,000}{40,000,000+80,000,000}=1,000,000원$$
• 공제받을 수 있는 매입세액 : 2,000,000+1,000,000 =3,000,000원

26 다음은 부가가치세법상 의제매입세액공제에 대한 설명이다. 옳지 않은 것은?

① 의제매입세액으로 공제받기 위해서는 면세농산물 등을 원재료로 하여 제조·가공한 재화가 과세되어야 한다.

② 의제매입세액공제는 누적효과와 환수효과를 제거 또는 완화시켜주기 위한 제도이다.

③ 면세농산물 등을 그대로 양도하는 경우 공제받은 매입세액은 납부세액에 가산하여야 한다.

④ 제조업을 영위하는 개인사업자는 의제매입세액 공제율이 102분의 2이다.

 제조업을 영위하는 개인사업자는 공제율이 104분의 4이다.

27 다음 중 부가가치세법상 매입세액불공제가 되는 것이 아닌 것은?

① 면세 관련 매입세액

② 접대비 관련 매입세액

③ 개별소비세 과세대상 승용차의 구입에 관련된 매입세액

④ 복리후생비 관련 매입세액

해설
• 복리후생과 관련된 매입세액은 불공제 대상이 아님
• 접대비를 세법에서는 기업업무추진비로 표현한다.

28 다음 중 부가가치세법상 공제되지 아니하는 부가가치세 매입세액은?

① 발급받은 전자세금계산서로서 국세청장에게 전송되지 않았으나 발급한 사실이 확인되는 경우

② 재화의 공급시기 이후에 발급받은 세금계산서로서 당해 공급시기가 속하는 과세기간의 확정신고기한 이후에 발급받은 경우

③ 사업자등록을 신청한 사업자가 사업자등록증 신청일로부터 발급일까지 거래에 대하여 대표자의 주민등록번호를 기재하여 발급받은 경우

④ 발급받은 세금계산서의 필요적 기재사항 중 일부 착오로 기재되었으나 해당 세금계산서의 그 밖의 기재사항으로 보아 거래사실이 확인되는 경우

29 다음 중 부가가치세법상 각 예정신고기간에 대한 과세표준과 세액을 신고·납부할 수 있는 경우는?

① 각 예정신고기간분에 대해 조기환급을 받고자 하는 일반과세자(개인)

② 신규로 사업을 개시한 간이과세자(개인)

③ 예정신고기간에 간이과세자에서 일반과세자로 변경된 개인사업자

④ 사업자단위과세사업자의 등록을 한 개인사업자

해설
개인사업자가 조기 환급받고자 하는 경우 예정신고납부를 할 수 있는 것이다.

30 다음 자료에 의하여 2025년 12월 1일에 폐업한 일반과세자의 폐업시 재고재화에 대한 부가가치세 과세표준을 계산하면?

구분	취득일	취득가액	시가
건물	2021년 12월 20일	100,000,000원	70,000,000원
상품	2025년 6월 15일	3,000,000원	3,400,000원

① 72,500,000원 ② 62,250,000원

③ 63,400,000원 ④ 103,000,000원

해설
• 건물과세표준=(감가상각자산)
  =100,000,000×(1−5% ×8기) = 60,000,000원
• 상품과세표준 = 시가 = 3,400,000원
• 과세표준=60,000,000+3,400,000=63,400,000원

31 다음 중 부가가치세법상 재화의 공급특례(공급의제)로, 거래징수 없이 납부한 부가가치세 예수금인 매출세액의 회계처리에 대한 설명으로 가장 부적합한 것은?

① 개인적 공급의 경우 : 인출금 또는 급여 등에 산입한다.

② 사업상 증여의 경우 : 기업업무추진비 등에 산입한다.

③ 자가공급의 경우 : 상여에 산입한다.

④ 폐업시 잔존재화의 경우 : 해당 자산의 취득가액에 가산한다.

해설
• 해당 자산의 취득가액에 가산한다.

32 다음 중다음 중 부가가치세법상 간이과세자에 대한 설명으로 가장 옳지 않은 것은?

① 간이과세자는 세금계산서를 발행할 수 없다.

② 간이과세자는 간이과세 포기제도를 통해서 일반과세자로 전환될 수 있다.

③ 간이과세자가 음식점업을 영위하는 경우 의제매입세액공제를 받을 수 없다.

④ 간이과세자가 세금계산서를 수취한 경우 업종별 부가가치율과 무관하게 공급대가의 0.5%를 공제한다.

해설
직전과세기간 공급대가 합계액이 4,800만원을 초과하는 간이과세자는 세금계산서를 발행하여야 한다.

04 소득세 정리

SECTION 01 | 소득세법 총칙

> ● NCS 능력단위 : 0203020206종합소득세신고　　능력단위요소 : 01사업소득세무조정하기
> 1.1　소득세법의 열거주의의 기본개념을 파악하여, 법령에 따른 세무조정의 절차를 수행할 수 있다.

1 소득세의 특징

특 징	내 용
과세대상소득	소득원천설을 원칙으로 하고 부분적으로 순자산증가설을 수용
	열거주의 : 법령에 열거된 소득에 한하여 과세하는 것이 원칙
	유형별 포괄주의 : 이자소득과 배당소득에 대하여는 법령에 열거되지 않은 것이라도 유사한 소득에 대하여 과세
분류과세	종합소득, 퇴직소득, 양도소득으로 구분하여 별도의 과세체계를 갖는 분류과세방식을 채택
종합과세와 분리관세	이자소득, 배당소득, 사업소득, 근로소득, 연금소득, 기타소득의 대부분은 합산하여 종합과세하고, 일부는 원천징수로 과세를 종결하는 분리과세
인적공제 제도	부양가족에 따른 조세부담을 고려하여 인적공제제도를 갖고 있는 인세
개인단위과세	개인을 과세단위로 하므로 부부나 가족의 소득을 합산하여 과세하지 않는 것이 원칙
초과누진세율	소득 증가에 비하여 세금이 더 많이 증가하는 8단계 초과 누진세율 적용

2 소득의 분류와 과세방법

① 종합과세와 분리과세

분류소득	내 용
종합소득	이자소득, 배당소득, 사업소득, 근로소득, 연금소득, 기타소득의 대부분은 합산하여 종합과세하고, 일부는 원천징수로 과세를 종결하는 분리과세 적용
퇴직소득 양도소득	장기간에 걸쳐 발생하는 퇴직소득과 양도소득은 종합소득과 합산하지 않고 별개의 과세체계에 의하여 개별적으로 과세한다.

② 원천징수

　㉠ 완납적 원천징수

　　완납적 원천징수는 원천징수로 별도의 확정신고 없이 과세가 종결되는 경우를 말한다. 종합소득 중 분리과세대상소득 및 퇴직소득에 대한 원천징수가 여기에 해당한다.

　㉡ 예납적 원천징수

　　예납적원천징수는 원천징수 후에도 추가적으로 확정신고의무를 지는 경우의 원천징수를 의미하며, 확정신고시 원천징수세액을 기납부세액으로 공제한다. 근로소득에 대한 연말정산과 같이 종합소득 중 종합과세대상 소득의 원천징수가 여기에 해당한다.

CHECK POINT 거주자의 분리과세대상 소득

① 이자소득과 배당소득
　• 무조건 분리과세대상 금융소득
　• 조건부 종합과세대상 금융소득 중 무조건 종합과세대상 금융소득과의 합산액이 2천만원 이하인 경우
② 근로소득 : 일용근로자의 급여
③ 연금소득 : 사적연금소득(연 1,500만원 이하 선택적 분리과세)
④ 기타소득
　• 복권당첨소득 등
　• 기타소득금액이 3백만원 이하인 경우로서 원천징수가 적용되는 소득(선택적 분리과세)
⑤ 사업소득 : 총수입금액 2천만원 이하의 주택임대소득(선택적 분리과세)

---

3 납세의무자

① 거 주 자

거주자는 국내에 주소를 두거나, 183일 이상 거소를 둔 개인을 말하며 국내원천소득과 국외원천소득 전체에 대하여 무제한 납세의무를 진다. 거소는 주소 이외의 장소 중 상당기간 거주하나 주소와 같은 밀접한 일정한 생활관계가 형성되지 않는 장소를 말한다. 다음의 경우에는 국내에 주소가 있는 것으로 보아 거주자로 간주한다.

㉠ 계속하여 183일 이상 국내에 거주할 것을 통상 필요로 하는 직업을 가진 자
㉡ 국내에 생계를 같이하는 가족이 있고, 그 직업 및 자산상태에 비추어 계속하여 183일 이상 국내에 거주할 것으로 인정되는 자
㉢ 외국을 항행하는 선박 또는 항공기의 승무원은 그 승무원과 생계를 같이하는 가족이 거주하는 장소가 국내이거나, 그 승무원이 근무기간 외의 기간 중 통상 체재하는 장소가 국내에 있는 때
㉣ 국외에서 근무하는 공무원 또는 거주자나 내국법인의 국외사업장 등에 파견된 임직원

② 비거주자

비거주자는 거주자 이외의 개인을 말하며 국내원천소득만 소득세를 과세하므로 제한납세의무라 한다.

비거주자는 국내원천소득만 과세하므로 인적공제에서 기본공제와 추가공제는 본인에 대한 공제만 가능하고 배우자공제 부양가족공제 등은 받을 수 없다. 또한 특별소득공제, 자녀세액공제 및 특별세액공제도 적용하지 아니한다.

③ 법인 아닌 단체

국세기본법에 따라 법인으로 보는 단체를 제외한 법인 아닌 단체는 국내에 주사무소 또는 사업의 실질적 관리장소를 둔 경우에는 거주자로, 그 밖의 경우에는 비거주자로 보아 소득세법을 적용한다.

거주자 또는 비거주자로 보는 법인 아닌 단체의 구분은 다음의 방법을 적용한다.

구 분	적 용
구성원간 이익의 분배방법이나 분배비율이 정하여져 있거나 사실상 이익이 분배되는 경우	해당 구성원이 공동으로 사업을 영위하는 것으로 보아 법을 적용
구성원간 이익의 분배방법이나 분배 비율이 정하여져 있지 아니하거나 확인되지 아니하는 경우	1거주자 또는 1비거주자로 보아 법을 적용

4 과세기간과 납세지

① 과세기간

소득세의 과세기간은 매년 1월 1일부터 12월 31일까지가 원칙이다. 거주자가 사망하거나 출국으로 인하여 비거주자가 된 경우에는 1월 1일부터 사망일 또는 출국일까지를 과세기간으로 한다.

② 납세지

거주자의 소득세의 납세지는 주소지로 하고, 주소지가 없는 경우에는 거소지로 한다. 비거주자는 국내사업장 소재지가 납세지이며, 국내사업장이 없는 경우에는 국내원천소득이 발생하는 장소를 납세지로 한다.

5 종합소득세 계산구조

① 소득금액계산

소득별 소득금액계산은 다음과 같다.

㉠ 소득별 필요경비

이자소득과 배당소득은 필요경비를 인정하지 않는다. 사업소득은 총수입금액에 대응하는 실제 비용을 필요경비로 인정한다.

근로소득과 연금소득은 실제의 필요경비를 적용하지 않고 근로소득공제와 연금소득공제로 대신한다. 기타소득은 실제 증명서류에 의한 비용을 필요경비로 인정하는 것을 원칙으로 하고, 일부 특정한 기타소득은 총수입금액의 60~90%를 필요경비로 인정한다.

㉡ 결손금과 이월결손금

결손금은 소득별 필요경비가 총수입금액보다 큰 경우에 발생하는 것으로 필요경비를 인정하는 사업소득에서만 인정한다.

사업소득에서 발생한 결손금은 해당연도의 다른 소득금액에서 다음의 순서로 공제한다. 당해연도에 공제되지 못한 결손금은 이월결손금이라 하며 15년간 이월하여 종합소득금액에서 다음의 순서로 공제한다.

> ① 사업소득금액 ② 근로소득금액 ③ 연금소득금액
> ④ 기타소득금액 ⑤ 이자소득금액 ⑥ 배당소득금액

다만, 사업소득 중 부동산임대업에서 발생한 결손금은 다른 소득금액에서 공제하지 않고, 15년간 이월하여 부동산임대업의 사업소득금액에서만 공제한다. 예외적으로 주거용건물임대업에서 발생한 결손금은 다른 소득금액에서 공제할 수 있다.

② **과세표준 및 세액의 계산구조**

```
        종 합 소 득 금 액
(-)  종 합 소 득 공 제
        종 합 소 득 과 세 표 준
×   세                          율
        종 합 소 득 산 출 세 액
(-)  세      액      감      면 … 소득세법 또는 조세특례제한법상 세액감면과 세액공제
(-)  세      액      공      제
        종 합 소 득 결 정 세 액
(+)  가              산              세
(+)  추 가 납 부 세 액
        합                          계
(-)  기   납   부   세   액 … 중간예납세액, 원천징수세액, 수시부과세액
        자 진 납 부 할 세 액
```

㉠ **종합소득 과세표준**

종합소득금액에서 종합소득공제를 빼서 종합소득 과세표준을 계산한다. 종합소득공제는 개개인의 인적사정에 대한 배려와 여러 가지 조세정책적인 목적으로 공제하는 금액이다.

> 종합소득 과세표준 = 종합소득금액 – 종합소득공제

㉡ **종합소득 산출세액**

종합소득 과세표준에 기본세율(초과누진세율 6~45%)을 곱하여 산출세액을 계산한다.

㉢ **종합소득 결정세액**

산출세액에서 세액공제와 세액감면을 빼서 결정세액을 계산한다.

㉣ **자진납부할 세액**

결정세액에 가산세와 추가납부세액을 더하고 기납부세액을 빼서 납부할 세액을 계산한다.

SECTION 02 | 금융소득과 연금소득 및 기타소득

> 금융소득 = 이자소득 + 배당소득

1 이자소득

① 이자소득의 범위

> ㉠ 채권·증권의 이자와 할인액
> ㉡ 예금의 이자
> ㉢ 만기 10년 미만의 단기저축성보험의 보험차익
> ㉣ 직장공제회 초과반환금(1999.1.1 이후 최초로 직장공제회에 가입분)
> ㉤ 비영업대금의 이익
> ㉥ 위의 소득과 유사한 소득으로서 금전의 사용에 따른 대가의 성격이 있는 것

② 이자소득의 수입시기

구 분		수입시기
채권·증권의 이자와 할인액	무기명 채권 등	그 지급을 받은 날
	기명 채권 등	약정에 의한 지급일
	채권 등의 환매조건부 매매차익	약정에 의한 환매수일·환매도일. 다만, 기일 전에 환매수·환매도하는 경우에는 그 환매수일 또는 환매도일
보통예금·정기예금·적금 또는 부금의 이자	원칙	실제로 이자를 지급받는 날
	원본 전입의 특약이 있는 이자	특약에 의한 원본전입일
	해약으로 인하여 지급되는 이자	그 해약일
	계약기간을 연장하는 경우	그 연장하는 날
	통지예금의 이자	인출일
저축성보험의 보험차익		보험금 또는 환급금의 지급일. 다만, 기일전에 해지하는 경우에는 그 해지일
직장공제회 초과반환금		약정에 의한 공제회 반환금의 지급일
비영업대금의 이익	원칙	약정에 의한 이자지급일
	약정이 없거나, 약정에 의한 지급일전에 이자를 받는 경우	이자지급일
이자소득이 발생하는 재산이 상속 또는 증여되는 경우		상속개시일 또는 증여일
유형별 포괄주의에 따른 이자소득		약정에 의한 상환일. 다만, 기일 전에 상환하는 경우에는 그 상환일

2 배당소득

① 배당소득의 범위

> ㉠ 이익이나 잉여금의 배당 또는 분배금과 건설이자의 배당
> ㉡ 의제배당(잉여금의 자본전입으로 수령한 무상주와 감자·해산·합병으로 인한 이익)
> ㉢ 인정배당(법인세법에 의하여 배당으로 소득처분된 금액)
> ㉣ 국내 또는 국외에서 받는 집합투자기구(펀드)로부터의 이익
> ㉤ 위와 유사한 소득으로서 수익분배의 성격이 있는 것(신종펀드의 배당)

② 배당소득의 수입시기

구 분		수 입 시 기
일반적인 배당과 인정배당	잉여금의 처분에 의한 이익배당	잉여금 처분결의일
	무기명주식의 이익배당	실제 지급을 받은 날
	출자공동사업자 배당	과세기간 종료일
법인세법상 소득처분에 의한 배당(인정배당)		해당 사업연도의 결산확정일
의제배당	무상주 의제배당(잉여금 자본전입)	자본전입 결의일
	감자(퇴사탈퇴)시 의제배당	감자 결의일(퇴사탈퇴일)
	해산시 의제배당	잔여재산가액 확정일
	합병·분할시 의제배당	합병·분할등기일
집합투자기구로부터의 이익	원칙	이익을 지급받은 날
	원본에 전입의 특약이 있는 경우	원본전입일

3 연금소득

> ● NCS 능력단위 : 0203020204원천징수   능력단위요소 : 05연금소득원천징수하기
> 5.1 연금의 납입형태에 따른 과세체계에 따라 소득을 구분할 수 있다.
> 5.2 세법에 의한 과세 연금소득 비과세 연금소득 공적연금소득 공적연금소득 외 소득을 구분하여 연금소득을 계산할 수 있다.
> 5.3 연금소득에 대한 원천징수세액을 산출하여 공제 후 지급할 수 있다.

① 연금소득의 범위

㉠ 연금소득의 구분

구 분	내 용
공적연금	공적연금 관련법(국민연금법, 공무원연금법, 군인연금법, 사립학교교직원연금법, 별정우체국법 또는 국민 연금과 직역연금의 연계에 관한 법률)에 따라 받는 각종 연금 2002. 1. 1 이후 납입분을 기초로 지급받는 것부터 과세

구 분	내 용
연금계좌 연금수령소득	연금계좌(연금저축계좌와 퇴직연금계좌)에서 연금수령하는 경우의 그 연금 ① 이연퇴직소득 : 퇴직소득의 과세이연규정에 따라 원천징수되지 아니한 퇴직소득 ② 연금계좌에 납입한 금액(공적연금 제외) 중 연금계좌세액공제를 받은 금액 ③ 운용수익 : 연금계좌의 운용실적에 따라 증가된 금액 ④ 그 밖에 연금계좌에 이체 또는 입금되어 해당 금액에 대한 소득세가 이연된 소득. 2013. 1. 1 이후 가입하는 연금계좌부터 적용(2013. 1. 1 이전에 가입 또는 계약한 퇴직보험, 연금저축 또는 연금 등의 계좌는 연금계좌로 본다)

ⓒ 연금소득의 과세체계

구 분	연금수령	연금외수령	연금보험료 본인불입액
공 적 연 금	연금소득	퇴직소득	연금보험료 소득공제(한도없음)
연 금 계 좌			
① 퇴직급여		퇴직소득	-
② 연금계좌 본인불입액	연금소득	기타소득	연금계좌세액공제 12% 또는 15% (불입액 한도 900만원)
③ 운용수익		기타소득	

② 연금계좌 연금수령

ⓐ 연금계좌의 종류

@ 법소정 금융회사와의 계약에 따라 연금저축이라는 명칭으로 설정하는 계좌

ⓑ 근로자퇴직급여 보장법에 따른 확정기여형퇴직연금(DC)에 가입하여 설정하는 계좌
와 개인형퇴직연금(IRP)에 가입하여 설정한 계좌

ⓒ 과학기술인 공제회법에 따른 퇴직연금급여를 지급하기 위해 설정하는 계좌

ⓒ 연금수령의 요건

연금수령이란 연금계좌에서 다음의 요건을 모두 갖추어 연금형태로 인출하는 것을 말하며
연금수령 외의 인출은 연금외수령이라 한다.

@ 가입자가 55세 이후 연금계좌취급자에게 연금수령개시를 신청한 후 인출할 것

ⓑ 연금계좌의 가입일부터 5년이 경과된 후에 인출할 것. 다만, 이연퇴직소득이 연금계
좌에 있는 경우에는 그러하지 아니한다.

ⓒ 과세기간개시일 현재 다음의 연금수령한도 이내에서 인출할 것.

$$연금수령한도 = \frac{연금계좌의\ 평가액}{11-연금수령연차} \times 120\%$$

③ 비과세 연금소득

    ㉠ 공적연금 관련법에 따라 지급받는 유족연금, 장애연금, 장해연금, 상이연금, 연계노령유
       족연금 또는 연계퇴직유족연금

    ㉡ 산업재해보상보험법에 의하여 지급받는 각종 연금

    ㉢ 국군포로의 송환 및 대우 등에 관한 법률에 따른 국군포로가 지급받는 연금

④ **연금소득금액의 과세**

    ㉠ 연금소득금액의 계산구조

> 연금소득금액 = 총연금액(비과세소득과 분리과세소득 제외) - 연금소득공제

    ㉡ 총연금액

        ⓐ 공적연금소득

        공적연금소득은 2002년 1월 1일(과세기준일)을 기준으로 지급자별로 다음의 산식
        에 따라 계산한 금액으로 한다.

구 분	총연금액	
국민연금 및 연계노령연금	총수령액 × $\dfrac{\text{과세기준일 이후 납입기간의 환산소득누계액}}{\text{총납입기간의 환산소득누계액}}$	- 과세제외기여금
그 밖의 공적연금소득	총수령액 × $\dfrac{\text{과세기준일 이후 기여금 납입월수}}{\text{총 기여금 납입월수}}$	- 과세제외기여금

        ⓑ 연금계좌 연금수령(사적연금)

        연금계좌에서 연금으로 수령하는 금액을 총연금액으로 보고, 연금계좌에서 일부
        금액을 인출하는 경우에는 다음의 금액을 순서에 따라 인출하는 것으로 본다.

연금계좌의 인출순서	① 과세제외금액 ② 이연퇴직소득 ③ 그 밖에 연금계좌에 있는 금액

    ▶ 과세제외금액이란 연금계좌에서 연금수령시 과세대상에 해당하지 아니하는 금액으로 연금계좌 본인불
      입액 중 소득공제를 받지 못한 금액을 의미한다.
    ▶ 인출한 금액이 연금수령한도를 초과하는 경우에는 연금수령분을 먼저 인출하고 그 다음으로 연금외수
      령분을 인출한 것으로 본다.

    ㉢ 연금소득공제

    연금소득이 있는 거주자에 대하여는 해당 과세기간에 받은 총연금액(분리과세연금소득
    은 제외)에서 다음의 연금소득공제를 한다. 다만, 공제액이 900만원을 초과하는 경우에
    는 연 900만원을 공제한다.

총연금액	공제액
350만원 이하	총연금액
350만원 초과　700만원 이하	350만원 + (총연금액 - 350만원)×40%
700만원 초과　1,400만원 이하	490만원 + (총연금액 - 700만원)×20%
1,400만원 초과	630만원 + (총연금액 -1,400만원)×10%

㉣ 연금소득의 수입시기

구 분	수입시기
공적연금소득	공적연금 관련법에 따라 연금을 지급받기로 한 날
연금계좌 연금수령소득	연금수령한 날
그 밖의 연금소득	해당 연금을 지급받은 날

㉤ 연금소득의 원천징수

ⓐ 공적연금

공적연금소득의 지급자는 매월 연금소득 지급시 연금소득간이세액표에 의해 원천징수를 해야하며, 다음연도 1월분 연금소득 지급시 연말정산을 해야한다.

ⓑ 연금계좌

연금계좌 연금소득의 지급자는 소득금액 지급시 다음의 원천징수세율에 의한 세액을 원천징수 하여야 한다.

구 분		원천징수세율	
① 연금소득자의 연금수령일 현재 나이	70세 미만	5%	①②가 동시에 적용되는 경우 낮은 세율 적용
	70세 이상 80세 미만	4%	
	80세 이상	3%	
② 사망할 때까지 연금수령하는 법소정 종신계약에 따라 받는 연금소득		4%	
③ 이연퇴직소득을 연금수령하는 연금소득		연금외수령 원천징수세율의 70%	

㉥ 소득의 귀속자

ⓐ 종합과세

연금소득의 귀속자는 종합과세 함을 원칙으로 한다. 다만, 공적연금소득 외의 소득이 없는 경우 확정신고를 생략할 수 있다.

ⓑ 무조건 분리과세

다음의 연금소득은 종합소득과세표준을 계산할 때 합산하지 아니한다.

• 이연퇴직소득을 연금수령하는 연금소득
• 연금계좌세액공제를 받은 연금계좌 납입액 및 운용수익을 사회재난으로 15일 이상 입원, 의료목적, 천재지변 등 부득이한 사유로 인출하는 연금소득

ⓒ 선택적 분리과세

사적연금소득의 합계액이 1,500만원 이하인 경우 분리과세가 선택 가능하다.

4 기타소득

• NCS 능력단위 : 0203020204원천징수   능력단위요소 : 07기타소득원천징수하기
7.1 세법에 의한 원천징수 대상 기타소득을 구분할 수 있다.
7.2 세법에 의한 기타소득의 과세소득과 비과세소득을 구분하여 수입금액을 계산할 수 있다.
7.3 세법에 의한 기타소득의 필요경비를 계산한 후 소득별 원천징수세율을 구분할 수 있다.
7.4 기타소득에 대한 원천징수세액을 산출하여 공제 후 지급할 수 있다.

① 기타소득의 범위

기타소득은 일시적, 우발적으로 나타나는 소득으로 이자소득·배당소득·사업소득·근로소득·연금소득·퇴직소득·양도소득에 해당하지 않는 다음에 열거된 소득을 말한다.

구 분	기타소득
㉠ 일시적 인적용역을 제공하고 얻은 소득	ⓐ 고용관계 없이 다수인에게 강연을 하고 받은 강연료와 방송 등을 통하여 해설·계몽 또는 연기의 심사 등을 하고 받은 보수 ⓑ 고용관계 없이 용역을 제공하고 받는 수당 또는 이와 유사한 성질의 대가(고용관계가 있으면 근로소득)
㉡ 일시적 문예 창작 소득	문예·학술·미술·음악 또는 사진에 속하는 창작품에 대한 원작자로서 받는 소득으로서 원고료, 저작권사용료인 인세, 미술·음악 또는 사진에 속하는 창작품에 대하여 받는 대가
㉢ 권리 및 자산 등의 대여·양도로 인한 소득	ⓐ 저작자 또는 실연자·음반제작자·방송사업자 외의 자가 저작권 또는 저작인접권의 양도 또는 사용의 대가로 받는 금품(저작권료를 저작자 본인이 받으면 사업소득) ⓑ 공익사업관련 지역권·지상권을 설정 또는 대여하고 받는 금품 ⓒ 광업권·어업권·산업재산권 및 산업정보, 산업상 비밀, 영업권(점포임차권 포함), 그 밖에 이와 유사한 자산이나 권리를 양도하거나 대여하고 그 대가로 받는 금품 ▶ 사업용고정자산과 함께 양도하는 영업권은 양도소득에 해당 ⓓ 물품(유가증권 포함) 또는 장소를 일시적으로 대여하고 사용료로서 받는 금품 ⓔ 가상자산을 양도하거나 대여함으로써 발생하는 소득(2023.1.1. 시행)
㉣ 상금·현상금·복권 당첨금, 승마투표권환급금 등	상금·현상금, 복권 등의 당첨금, 승마투표권·승자투표권 등의 구매자가 받는 환급금, 슬러트머신의 당첨금품 및 유실물의 습득 또는 매장물의 발견으로 받는 보상금 또는 소유권 취득자산
㉤ 기 타	ⓐ 계약의 위약 또는 해약으로 인하여 받는 위약금과 배상금 및 부당이득 반환시 지급받는 이자 ⓑ 재산권에 관한 알선수수료, 사례금 ⓒ 법인세법의 규정에 의하여 기타소득으로 처분된 소득 ⓓ 퇴직 전에 부여받은 주식매수매수선택권을 퇴직 후에 행사하거나 고용관계 없이 주식매수선택권을 부여받아 이를 행사함으로써 얻는 이익 ⓔ 종업원등 또는 대학의 교직원이 퇴직한 후에 지급받는 직무발명보상금

구 분	기타소득
⑪ 기 타	ⓕ 뇌물과 알선 및 배임수재에 의하여 받는 금품 ⓖ 서화·골동품의 양도로 발생하는 소득으로 개당·점당 또는 조당 양도가액이 6천만원 이상인 것(사업장을 갖추고 거래를 위한 사업자등록을 한 경우를 제외하고 계속 반복적 거래의 경우에도 기타소득으로 구분) ⓗ 종교인소득(기타소득과 근로소득중 선택적용 가능) ⓘ 소기업·소상공인 공제부금의 폐업 전 해지일시금

② 비과세 기타소득

㉠ 국가유공자등 예우 및 지원에 관한 법률에 의하여 받는 보훈급여금·학습보조비 및 북한 이탈주민의 보호 및 정착지원에 관한 법률에 의하여 받는 정착금·보로금 및 기타 금품

㉡ 국가보안법 및 상훈법에 의하여 받는 상금 등

㉢ 국군포로의 송환 및 대우 등에 관한 법률에 따라 국군포로가 받는 위로지원금과 그 밖의 금품

㉣ 종업원 또는 교직원이 퇴직후 받거나 대학생이 산학협력단에서 받는 500만원 이하의 직무발명보상금

㉤ 문화재보호법에 따라 국가지정문화재로 지정된 서화·골동품의 양도로 발생하는 소득

③ 기타소득금액의 과세

㉠ 기타소득금액의 계산

기타소득금액의 계산은 비과세, 분리과세 대상 기타소득을 제외한 총수입금액에서 필요경비를 차감하여 구한다.

> 기타소득금액 = 총수입금액(비과세소득과 분리과세소득 제외) - 필요경비

ⓐ 무조건 분리과세 기타소득

다음의 기타소득은 무조건 분리과세한다.

> • 복권당첨소득과 승마투표권·승자투표권·소싸움경기투표권·체육진흥투표권의 환급금
> • 슬러트머신 등을 이용하는 행위에 참가하여 받는 당첨금품 등
> • 서화·골동품의 양도로 발생하는 소득
> • 연금계좌에서 연금외 수령한 자기불입분 및 운용수익

ⓑ 선택적 분리과세

기타소득 중 뇌물, 알선 및 배임수재에 의하여 받는 금품을 제외한 기타소득금액이 300만원 이하인 경우에는 분리과세를 선택할 수 있다.

㉡ 필요경비

기타소득의 필요경비는 실제 발생한 비용으로 하는 것이 원칙이지만 다음의 기타소득은 Max [실제 소요비용, 수입금액×일정률]을 필요경비로 할 수 있다.

구 분	일정률
• 공익법인이 주무관청의 승인을 얻어 시상하는 상금 및 부상 • 다수의 사람이 순위경쟁을 통하여 상금이 주어지는 대회에서 입상자가 받는 상금 및 부상 • 위약금과 배상금 중 주택입주 지체상금	80%
• 광업권·산업재산권 등 권리의 양도 대여 대가 • 공익사업과 관련하여 지역권·지상권의 설정 대여 소득 • 일시적 문예창작소득과 일시적 인적용역을 제공하고 얻은 소득 • 통신판매중개업자를 통한 수입금액이 연500만원 이하인 물품·장소의 대여(예 : 에어비엔비)	60%
서화·골동품의 양도로 발생하는 소득	1억원 이하 90% 초과분 80% (10년 이상 보유 90%)

ⓒ 종교인소득의 과세

종교관련 종사자가 종교의식을 집행하는 등 종교관련 종사자로서의 활동과 관련하여 종교단체로부터 받은 소득을 종교인소득이라 한다. 종교인소득을 지급하는 종교단체는 다음의 종교인소득의 필요경비를 차감하고 종교인소득 간이세액표를 적용하여 원천징수를 하여야 한다. 그리고 해당 과세기간의 다음 연도 2월분의 종교인소득을 지급할 때(2월분의 종교인소득을 2월 말일까지 지급하지 아니하거나 2월분의 종교인소득이 없는 경우에는 2월 말일) 또는 해당 종교관련종사자와의 소속관계가 종료되는 달의 종교인소득을 지급할 때 연말정산을 하여야 한다.

종교관련 종사자가 받은 금액	필요경비
2천만원 이하	80%
2천만원초과 4천만원 이하	1600만원 + 2천만원 초과분의 50%
4천만원 초과 6천만원 이하	2600만원 + 4천만원 초과분의 30%
6천만원 초과	3200만원 + 6천만원 초과분의 20%

ⓔ 기타소득의 수입시기

구 분	수입시기
ⓐ 일반적인 기타소득	지급을 받은 날
ⓑ 법인세법에 의하여 소득처분 된 기타소득	결산확정일이 속한 사업연도
ⓒ 산업재산권 등 각종 권리를 양도하고 대가로 받는 금품	그 대금을 청산한 날, 자산을 인도한 날 또는 사용수익일 중 빠른 날
ⓓ 계약금이 위약금·배상금으로 대체되는 기타소득	계약의 위약 또는 해약이 확정된 날
ⓔ 기타소득으로 분류되는 연금계좌에서 연금 외 수령한 소득	연금 외 수령한 날

ⓜ 기타소득의 과세방법

분리과세대상 기타소득을 제외한 이외의 기타소득은 종합과세한다. 기타소득의 지급자는 기타소득금액의 20%를 원천징수하여 그 다음달 10일까지 원천징수세액을 신고 납부하여야 한다.

구 분	원천징수세율
ⓐ 복권당첨소득	3억원까지 : 소득금액 × 20% 3억원 초과분 : 30%
ⓑ 뇌물과 알선수재 및 배임수재에 의하여 받은 금품	원천징수 하지 않음
ⓒ 계약의 위약 또는 해약으로 인하여 받는 위약금과 배상금 및 부당이득 반환시 지급받는 이자	
ⓓ 종교인 소득	종교인소득 간이세액표에 의하여 원천징수
ⓔ 기타소득으로 분류되는 연금계좌에서 연금외 수령한 소득	15%
ⓕ 그 밖의 기타소득	소득금액 × 20%

▶ 원작자가 받은 원고료, 고용관계 없이 다수인에게 강연을 하고 받는 강연료 및 라디오·텔레비전 방송 등을 통하여 해설·계몽 또는 연기의 심사 등을 하고 받는 보수로서 100만원 이하를 지급할 때에는 지급받는 자가 원천징수영수증의 발급을 요구하는 경우 외에는 발급하지 아니할 수 있다(단, 지급자는 원천징수 납부하여야 함).

ⓗ 과세최저한

구 분	과세최저한
ⓐ 승마투표권·승자투표권·소싸움경기 투표권·체육진흥투표권의 환급금	건별로 승마투표권 또는 승자투표권의 권면에 표시된 금액의 합계액이 10만원 이하이고 다음 중 어느 하나에 해당하는 경우 • 적중한 개별투표당 환급금이 10만원 이하인 경우 • 단위투표금액당 환급금이 단위투표금액의 100배 이하이면서 적중한 개별투표당 환급금이 200만원 이하인 경우
ⓑ 슬롯머신 등을 이용하는 행위에 참가하여 받는 당첨금품 등	건별로 200만원 이하인 경우
ⓒ 복원 당첨금	
ⓓ 가상자산의 양도 또는 대여소득	소득금액 250만원 이하(2025. 1. 1. 이후)
ⓔ 그 밖의 기타소득금액	건별로 5만원 이하인 경우

▶ 과세최저한의 기타소득금액은 총수입금액에서 필요경비를 차감한 금액을 기준으로 한다.
▶ 연금계좌에서 발생하는 기타소득은 과세최저한(건별 5만원)을 적용하지 않는다.

1 사업소득의 범위

사업소득이란 소득세법에 열거한 다음의 업종의 사업 활동에서 발생하는 소득을 말한다.

① 농업(작물재배업 중 곡물 및 기타 식량 작물재배업 제외) 및 임업, ② 어업, ③ 광업, ④ 제조업, ⑤ 전기, 가스, 증기 및 수도사업, ⑥ 하수·폐기물처리, 원료재생 및 환경복원업, ⑦ 건설업, ⑧ 도매 및 소매업, ⑨ 운수업, ⑩ 숙박 및 음식점업, ⑪ 출판, 영상, 방송통신 및 정보서비스업, ⑫ 금융 및 보험업, ⑬ 부동산업 및 임대업(지역권 등 대여소득 제외), ⑭ 전문, 과학 및 기술서비스업, ⑮ 사업시설관리 및 사업지원서비스업, ⑯ 교육서비스업, ⑰ 보건업 및 사회복지서비스업, ⑱ 예술, 스포츠 및 여가관련서비스업, ⑲ 협회 및 단체, 수리 및 기타 개인서비스업, ⑳ 가구내 고용활동 ㉑ 복식부기의 무자가 사업용 유형고정자산을 양도함으로써 발생하는 소득, 다만, 양도소득에 해당하는 토지 또는 건물의 양도로 발생하는 소득은 제외한다.

▶ 위에서 열거된 소득과 유사한 소득으로서 영리를 목적으로 자기 계산과 책임 하에 계속반복적으로 행하는 활동을 통하여 얻는 소득을 사업소득으로 한다는 포괄적 규정을 두고 있다.
▶ 사업용 유형고정자산 : 차량 및 운반구, 공구, 기구, 비품, 선박, 항공기, 기계 및 장치, 동물과식물, 그 밖에 이와 유사한 유형고정자산 등 감가상각자산

CHECK POINT **부동산임대업 소득의 범위**

① 부동산 또는 부동산상의 권리의 대여로 인한 소득
   건물 옥상 등을 광고용으로 사용하게 하고 받는 대가와 부동산을 타인에게 담보로 제공하고 받는 대가는 부동산임대소득이나 지상권과 지역권의 대여로 인한 소득은 기타소득이다.
② 공장재단 또는 광업재단의 대여로 인한 소득
   공장재단과 분리하여 기계 등의 시설을 별도로 임대한 경우 공장재단 대여소득은 부동산임대업소득이나 기계 등의 시설 대여소득은 임대업의 사업소득이다.
③ 광업권자조광권자 또는 덕대가 채굴에 관한 권리를 대여함으로 인한 소득

---

2 비과세 사업소득

다음의 사업소득은 비과세한다.

① 논·밭을 작물생산에 이용하게 함으로 인하여 발생하는 소득
② 1주택 소유자의 주택임대소득(기준시가 12억원 초과 고가주택 및 국외소재주택은 주택 수에 관계없이 과세)
③ 농·어민이 경영하는 농가부업 규모의 축산에서 발생한 소득과 고공품제조·민박·음식물판매·특산물제조·전통차제조·양어 등에서 발생한 연 3,000만원 이하의 농가부업소득
④ 수도권밖의 읍·면지역에서 소득금액이 연 1,200만원 이하인 전통주의 제조소득(1,200만원 초과 시 전액 과세)
⑤ 연 600만원 이하의 조림기간 5년 이상 임지의 임목을 벌채 또는 양도로 인하여 발생하는 소득
⑥ 작물재배업에서 발생하는 소득으로 해당 과세기간의 수입금액이 10억원 이하인 소득(수입금액이 10억원을 초과하는 작물재배업은 10억원 초과분에 해당하는 소득은 과세)
⑦ 연근해어업과 내수면어업 및 양식어업에서 발생한 5,000만원 이하의 소득

③ 사업소득금액의 계산

① 사업소득금액계산의 구조

손 익 계 산 서 상 의 당 기 순 이 익
(＋)총수입금액산입·필요경비불산입
(－)총수입금액불산입·필요경비산입
차 가 감 소 득 금 액
(＋)기 부 금 한 도 초 과 액
(－)기부금한도초과이월액필요경비산입
사 업 소 득 금 액

사업소득금액 계산은 소득세법상 아래의 방법으로 규정되어 있으나 법인과 동일하게 손익계산서상의 당기순이익을 기초로 하여 세무조정하여 계산된다. 이러한 계산방법은 사업소득뿐만 아니라 부동산임대업의 사업소득에도 동일하게 적용된다.

> 사업소득금액 = 총수입금액(비과세소득 제외) - 필요경비

② 부동산임대업의 총수입금액

구 분	내 용
임대료	㉠ 일반적인 경우 : 약정액 ㉡ 선세금*의 경우 : 선세금 $\times \dfrac{\text{당기 임대기간 월수}}{\text{계약기간 월수}}$ (초월산입·말월불산입) * 임대계약기간 전체에 대하여 선불로 수령한 금액을 말한다.
간주임대료	(보증금 등 적수 - 건설비 적수)×이자율× $\dfrac{1}{365(\text{윤년}366)}$ - 금융수익(수입이자, 배당금수입) •추계결정·경정하는 경우에는 건설비적수와 금융수익을 차감하지 않는다. •주택과 그 부수토지의 임대는 3주택 이상을 소유하고 전세보증금의 합계액이 3억원을 초과하는 경우에만 간주임대료를 계산한다(3억원 초과분의 60%).
관리비	㉠ 임대료 이외의 청소, 난방과 관련한 관리비는 총수입금액에 산입한다. ㉡ 청소난방 등의 사업이 부동산임대업과 객관적으로 구분되면 사업소득으로 본다.
공공요금	총수입금액 불산입(다만, 공공요금 납부액을 초과하는 금액은 총수입금액 산입)

4 법인세법과 소득세법상 소득금액 계산의 비교

구 분	법인세법상 각사업년도소득금액	소득세법상 사업소득금액
1) 유가증권 처분손익	익금산입·손금산입	총수입금액불산입·필요경비불산입 ① 상장사 대주주와 장외양도 주식은 양도소득 과세 ② 비상장주식과 특정주식은 양도소득 과세
2) 유형자산처분손익 무형자산처분손익	익금산입·손금산입	총수입금액불산입·필요경비불산입 단, 복식부기의무자의 사업용 유형고정자산(양도소득세 과세대상제외)의 양도가액은 총수입금액산입, 양도당시 장부가액은 필요경비 산입 ① 부동산의 처분이익은 양도소득 과세 ② 산업재산권 등의 처분이익은 기타소득 과세

3) 자산수증이익· 채무면제이익	익금산입
	* 이월결손금의 보전에 사용하면 익금불산입
		① 사업과 관련된 경우 : 총수입금액산입
		  * 이월결손금의 보전에 사용하면 총수입금액불산입
		② 사업과 무관한 경우 : 총수입금액불산입
		  * 증여세 과세

4) 지급이자의 부인 순서	① 채권자 불분명 사채이자 ② 비실명채권·증권이자 ③ 건설자금이자 ④ 업무무관자산이자	① 채권자 불분명 사채이자 ② 건설자금이자 ③ 초과인출금이자 ④ 업무무관자산이자
5) 기업업무추진비	법인 전체 사업장에 대하여 기업업무추진비 한도 계산	각 사업장별로 기업업무추진비 한도계산(감면이 다른 사업장별로 구분경리한 경우)
6) 대표자의 인건비와 퇴직금	손금산입	필요경비불산입 * 해당 사업에 종사하고 있는 대표자 가족의 인건비 등은 필요경비에 산입할 수 있다.
7) 대손충당금 설정대상채권	대여금과 고정자산처분미수금 포함	대여금과 수익에 직접적인 관련이 없는 선급금·미수금 등은 제외
8) 가지급금인정이자	대표자를 포함	대표자를 제외
9) 기부금 한도	① 특례기부금 : 50% ② 우리사주 조합기부금 : 30% ③ 일반기부금 : 10%	① 특례기부금 : 100% ② 우리사주조합기부금 : 30% ③ 일반기부금 : 30%(종교단체기부금 10%)
10) 업무용승용차 관련비용	① 업무전용자동차보험에 가입한 법인 : 업무사용금액 손금산입 (미사용액은 불산입) (업무사용금액 = 업무용승용차 관련비용×업무사용비율) ② 업무전용자동차보험에 가입하지 않은 법인 : 미가입 일수에 비례하여 손금불산입 * 업무사용비율은 운행기록 등에 따라 확인되는 총 주행거리 중 업무용 사용거리가 차지하는 비율	복식부기의무자는 업무사용금액만 손금산입 업무사용비율의 계산은 법인과 동일하지만 업무전용자동차보험의 가입은 업무용승용차 중 1대를 제외한 나머지 차량만 가입하면 된다.

5 사업소득의 수입시기와 과세방법

① 사업소득의 수입시기(권리의무 확정주의)

구 분		수입시기
재고자산(매매목적부동산 제외)	일반판매	상품 등을 인도한 날
	시용판매	매입자가 매입의사표시를 한 날
	위탁판매	수탁자가 위탁품을 판매한 날
재고자산 이외의 자산(부동산 포함)		대금청산일·소유권이전등기일·사용수익일 중 빠른 날
장기할부판매	원칙	상품 등을 인도한 날
	결산에 반영한 경우	현재가치 평가 또는 회수기일도래기준 회계처리를 인정
건설·제조 기타 용역의 제공	단기건설	진행기준 원칙. 완성기준 적용 가능
	장기건설	진행기준
부동산임대업	지급일이 정해진 경우	지급을 약정한 날
	지급일이 정해지지 않은 경우	실제 지급을 받은 날
인적용역의 제공		용역대가를 지급받기로 한 날 또는 용역의 제공을 완료한 날 중 빠른 날

② 사업소득의 과세방법

㉠ 원천징수

대부분의 사업소득은 원천징수가 적용되지 않지만, 의료보건용역 및 부가가치세 면세대상 인적용역과 봉사료수입금액에 대하여는 원천징수를 적용한다. 의료보건용역 및 부가가치세 면세대상 인적용역은 3%(외국인 직업운동가가 프로스포츠구단과의 계약에 따라 용역을 제공하고 받는 소득은 20%), 음식·숙박용역 등의 공급가액의 20%를 초과하는 구분 기재한 봉사료로서 종업원 등에게 지급되는 봉사료는 5%를 원천징수한다.

㉡ 종합과세

사업소득 중 총수입금액 2000만원 이하의 주택임대소득은 선택적 분리과세 대상으로 원천징수세율 14%를 적용하여 과세하거나 다른 소득과 합산하여 종합과세를 적용할 수 있다. 그 밖의 사업소득은 원천징수 여부에 상관없이 분리과세 되지 않으며, 비과세소득을 제외한 모든 사업소득은 종합과세한다.

단, 간편장부대상자인 보험모집인·방문판매원·음료품배달원의 사업소득은 연말정산을 하며, 연말정산된 사업소득 외의 다른 소득이 없는 경우에는 종합소득확정신고 의무가 면제된다.

● NCS 능력단위 : 0203020204원천징수   능력단위요소 : 01근로소득원천징수하기
1.3 세법에 의한 임직원 및 일용근로자의 급여액에 대한 근로소득금액을 과세 근로소득과 비과세 근로소득
으로 구분하여 계산할 수 있다.

---

1 근로소득의 범위

근로소득이란 근로계약 등에 의하여 제공하는 근로의 반대급부로 지급받는 대가를 말한다.
봉급·급료·세비·임금·수당·상여금 등 명칭이나 형식 여부에 관계없이 근로제공의 대가성
에 따라 근로소득 포함 여부를 판단한다. 퇴직급여 지급을 위하여 적립되는 급여(퇴직연금납입
액)는 근로소득에 포함하지 아니한다.

① 근로소득에 포함되는 것

㉠ 근로의 제공으로 인하여 받는 봉급·급료·보수·세비·임금·상여·수당
㉡ 법인의 주주총회·사원총회 등의 결의에 의하여 받는 상여
㉢ 법인세법에 의하여 상여로 처분된 금액
㉣ 법인세법 상 임원퇴직금 한도초과로 손금에 산입되지 아니하는 퇴직급여
㉤ 종업원등 또는 대학의 교직원이 지급받는 직무발명보상금
㉥ 업무를 위하여 사용된 것이 분명하지 아니한 기밀비(판공비 포함)·교제비
㉦ 종업원이 받는 공로금, 위로금, 학자금, 장학금(종업원의 자녀가 받는 학자금 등 포함)
㉧ 근로수당, 가족수당, 급식수당, 주택수당, 벽지수당, 해외근무수당, 기술수당, 연구수당, 시간외근무수당, 통근
   수당 등의 각종수당
㉨ 휴가비와 연액 또는 월액으로 받는 여비
㉩ 주택을 제공받음으로써 얻는 이익과 종업원이 주택의 구입·임차에 소요되는 자금을 저리 또는 무상으로 대
   여 받음으로써 얻는 이익
㉠ 종업원이 계약자이거나 종업원 또는 종업원의 가족을 수익자로 하는 보험 등과 관련하여 사용자가 부담하는 보
   험료 등과 계약기간 만료 전 또는 만기에 종업원에게 귀속되는 단체환급부보장성보험의 환급금
㉡ 임원의 퇴직소득금액(2011.12.31. 이전 근속기간에 대한 퇴직금은 제외한 금액)이 다음의 금액을 초과하는
   경우 그 초과하는 금액을 근로소득으로 본다.

> 2019년 이전 3년간 평균급여 × 1/10 × 2012년~2019년 근속연수 × 3배
> + 퇴직전 3년간 평균급여 × 1/10 × 2020년 이후 근속연수 × 2배

㉪ 주식매수선택권을 근무기간 중 행사함으로써 얻은 이익
㉫ 공무원이 국가 또는 지방자치단체로부터 공무 수행과 관련하여 받는 상금과 부상

② 근로소득에 포함되지 않는 것

㉠ 퇴직급여로 지급되기 위하여 적립되는 퇴직보험(퇴직일시금신탁, 퇴직연금 포함)의 보험료
㉡ 사업자가 근로자에게 지급한 경조금 중 사회통념상 타당하다고 인정되는 범위 안의 금액
㉢ 소액주주인 우리사주조합원이 우리사주조합을 통하여 취득한 해당 법인의 주식의 취득금액과 시가와의 차액
   으로 인하여 발생하는 소득
㉣ 사내근로복지기금에서 근로자 또는 근로자의 자녀가 받는 장학금과 무주택근로자가 받는 주택보조금

② 비과세 근로소득

① 실비변상적 급여

> ㉠ 선원법에 의하여 받는 식료와 일직료, 숙직료, 여비로서 실비변상정도의 금액
> ㉡ 종업원 소유(또는 임차)차량을 종업원이 직접 운전하여 업무수행에 이용하고 소요된 실제여비를 받는 대신에 지급기준에 따라 받는 월 20만원이내의 금액
> ㉢ 제복을 착용하여야 하는 자가 받는 제복·제모 및 제화와 병원·시험실 등과 공장·광산에서 근무하는 사람 또는 특수한 작업에 종사하는 사람이 받는 작업복이나 그 직장에서만 착용하는 피복
> ㉣ 특수분야에 종사하는 군인과 경찰공무원 및 경호공무원이 받는 각종 위험수당 및 경호수당
> ㉤ 선원법에 의한 선원이 받는 월 20만원 이내의 승선수당과 경찰 및 소방공무원이 받는 함정근무수당 등
> ㉥ 광산근로자가 받는 입갱수당 및 발파수당
> ㉦ 초중고 대학의 교원, 연구원 등이 받는 연구보조비 또는 연구활동비 중 월 20만원 이내의 금액
> ㉧ 국가 또는 지방자치단체가 지급되는 보육교사의 처우개선을 위한 지급하는 근무환경개선비, 사립유치원 교사의 인건비 및 전공의에게 지급하는 수련보조수당
> ㉨ 방송, 뉴스통신, 신문의 기자가 취재활동과 관련하여 받는 취재수당 중 월 20만원이내의 금액
> ㉩ 근로자가 벽지에 근무함으로 인하여 받는 월 20만원 이내의 벽지수당
> ㉪ 근로자가 천재·지변 기타 재해로 인하여 받는 급여
> ㉫ 수도권 외로 이전하는 공공기관의 소속 공무원 등에게 지급하는 월 20만원 이내의 이전지원금
> ㉬ 종교관련종사자가 종교 활동을 위하여 통상적으로 사용할 목적으로 지급 받은 금액 및 물품

② 복리후생적 급여

> ㉠ 주주 또는 출자자가 아닌 임원, 소액주주인 임원, 임원이 아닌 종업원이 사택을 제공 받음으로써 얻는 이익(국가 또는 지방자치단체로부터 근로소득을 받는 사람 포함)
> ㉡ 중소기업의 종업원이 주택의 구입·임차에 소요되는 자금을 저리 또는 무상으로 대여 받음으로써 얻는 이익
> ㉢ 종업원이 계약자이거나 종업원 또는 종업원의 가족을 수익자로 하는 다음 보험의 보험료 등
>   ⓐ 종업원의 사망·상해를 보험금의 지급사유로 하고 종업원을 피보험자와 수익자로 하는 단체순수보장성보험과 단체환급부보장성보험의 보험료 중 연 70만원 이하의 금액
>   ⓑ 임직원의 고의(중과실을 포함한다) 외의 업무상 행위로 인한 손해의 배상청구를 보험금의 지급사유로 하고 임직원을 피보험자로 하는 보험의 보험료
> ㉣ 공무원이 공무 수행과 관련하여 받는 상금과 부상 중 연 240만원 이내의 금액

③ 생산직 근로자가 받는 연장수당등

월정액급여 210만원 이하로서 직전 과세기간의 총급여액이 3천만원 이하인 근로자(일용근로자를 포함)로서 공장 또는 광산, 어업, 운전, 청소, 경비 및 일정 서비스 관련 종사자가 받는 연장, 야간, 휴일근로수당으로 다음 금액 이내는 비과세한다.

> ㉠ 연장근로·야간근로 또는 휴일근로를 하여 통상임금에 더하여 받는 급여 중 연 240만원 이하의 금액(광산근로자와 일용근로자는 해당 급여총액)
> ㉡ 어업에 종사하는 근로자가 선원법에 의하여 받는 생산수당 중 연 240만원 이내의 금액

월정액급여의 계산은 다음과 같이 하며 월정액급여가 210만원을 초과하는 달에 받은 연장, 야간, 휴일수당은 비과세하지 않으므로 주의가 필요하다.

$$\text{월정액급여} = \text{매월 받는 급여총액} - \text{상여 등 부정기적 급여} - \text{실비변상적 급여} - \text{연장, 야간, 휴일근로수당}$$

④ **근로자 본인의 학자금**

학교(외국의 유사 교육기관 포함) 또는 직업능력개발훈련시설의 입학금·수업료·수강료, 그 밖의 공납금 중 다음의 요건을 모두 갖춘 학자금을 비과세한다.

> ㉠ 종사하는 사업체의 업무와 관련 있는 교육·훈련일 것
> ㉡ 종사하는 사업체의 정해진 규칙 등에 의하여 정하여진 지급기준에 따라 받을 것
> ㉢ 교육·훈련기간이 6월 이상인 경우 교육·훈련 후 해당 교육기간을 초과하여 근무하지 않으면 지급받은 금액을 반납하는 조건일 것

⑤ **식사 또는 식사대**

> ㉠ 근로자가 사내급식 등으로 제공받는 식사 기타 음식물
> ㉡ 식사 또는 음식물을 제공받지 않는 근로자가 받는 월 20만원 이하의 식사대

▶ 식사와 식대를 동시에 제공받는 경우 식사는 비과세, 식대는 과세

⑥ **국외근로소득**

구 분	비과세 한도
국외(국외등을 항행하는 항공기에서 근로를 제공하는 것을 포함) 또는 북한지역에서 근로를 제공하고 받는 보수	월 100만원
원양어업 선박, 국외등을 항행하는 선박 또는 국외 등의 건설현장 등에서 근로(설계 및 감리 업무 포함)를 제공하고 받는 보수	월 300만원
공무원 등이 국외 등에서 근무하고 받는 수당 중 해당 근로자가 국내에서 근무할 경우에 지급받을 금액 상당액을 초과하여 받는 금액 중 실비변상적 성격의 급여	외교부장관이 기획재정부장관과 협의하여 고시하는 금액

⑦ **출산 보육 수당**

근로자 또는 그 배우자의 출산과 보육 관련하여 사용자로부터 받는 출산지원금과 보육수당

> ㉠ 출산지원금 – 근로자(사용자와 특수관계에 있는 자는 제외) 또는 그 배우자의 출산과 관련하여 자녀의 출생일 이후 2년 이내에 사용자로부터 최대 두 차례에 걸쳐 지급받는 급여 전액
> *2021년 1월 1일 이후 출생한 자녀에 대하여 2024년 1월 1일부터 2024년 12월 31일 사이에 지급받은 급여를 포함한다.
> ㉡ 보육수당 – 근로자 또는 그 배우자의 해당 과세기간 개시일을 기준으로 6세 이하인 자녀의 보육과 관련하여 사용자로부터 지급받는 급여로서 월 20만원 이내의 금액

⑧ **직무발명보상금**

종업원등이 사용자로부터 발명진흥법에 따른 직무발명으로 받는 보상금과 대학의 교직원 또는 대학과 고용관계가 있는 학생이 소속 대학에 설치된 산학협력단으로부터 받는 보상금으로서 연 700만원 이하의 금액은 비과세한다.

⑨ **법에 따라 사용자가 부담하는 부담금**

국민건강보험법, 고용보험법 또는 노인장기요양보험법에 따라 국가, 지방자치단체 또는 사용자가 부담하는 보험료

⑩ **기타의 비과세**

> ㉠ 장학금 중 대학생이 근로를 대가로 지급받는 장학금(대학에 재학하는 대학생에 한정한다)
> ㉡ 외국정부 또는 국제기관에서 근무하는 사람이 받는 급여(다만, 그 외국정부가 그 나라에서 근무하는 우리나라 공무원 급여에 대하여 소득세를 과세하지 아니하는 경우만 해당)
> ㉢ 산업재해보상보험법에 따라 받는 요양급여 등, 근로기준법 또는 선원법에 따라 받는 요양보상금 및 고용보험법에 따라 받는 실업급여, 육아휴직 급여, 산전후 휴직급여 등
> ㉣ 국민연금법에 따라 받는 반환일시금 및 사망일시금과 공무원연금법 등에 따라 받는 공무상요양비 · 요양급여 · 장해일시금 및 질병으로 인한 휴직기간에 받는 급여
> ㉤ 복무 중인 병이 받는 급여와 작전임무를 수행하기 위하여 외국에 주둔 중인 군인 · 군무원이 받는 급여 및 법률에 따라 동원된 사람이 그 동원 직장에서 받는 급여
> ㉥ 국군포로가 받는 보수 및 퇴직일시금
> ㉦ 국가유공자 또는 보훈보상대상자가 받는 보훈급여금과 학습보조비
> ㉧ 사업자가 그 종업원에게 지급한 경조금 중 사회통념상 타당하다고 인정되는 범위 내의 금액

❸ 근로소득에 대한 과세

① **근로소득금액의 계산**

> 근로소득금액 = 총급여액(비과세소득과 분리과세소득 제외) - 근로소득공제

㉠ 근로소득공제

총 급여액		공제액
	500만원 이하	총 급 여 액 × 70%
500만원 초과	1,500만원 이하	350만원+(총급여액 - 500만원) × 40%
1,500만원 초과	4,500만원 이하	750만원+(총급여액 - 1,500만원) × 15%
4,500만원 초과	1억원 이하	1,200만원+(총급여액 - 4,500만원) × 5%
1억원 초과		1,475만원+(총급여액 - 1억원) × 2%

▶ 근로소득공제액이 2천만원을 초과하는 경우에는 2천만원을 공제한다.

㉡ 일용근로자의 근로소득금액

일용근로자의 소득금액은 급여액에서 1일 15만원의 근로소득공제를 차감하여 구한다.
일용근로자는 다음의 요건을 모두 충족하여야 한다.

구 분	일용근로자의 요건
ⓐ 대가의 수령	일당 또는 시간당으로 근로대가 수령
ⓑ 고용기간	동일한 고용주에게 3개월(건설공사 종사자 등은 1년)이상 고용되어 있지 않는 자

② 근로소득의 과세방법

　㉠ 연말정산대상 근로소득

　　확정신고대상이 아닌 모든 근로소득은 지급자에게 원천징수의무가 있으며, 연말정산을 하여야 한다. 근로소득을 지급하는 때에 근로소득간이세액표에 의하여 원천징수하여 징수일의 다음달 10일까지 원천징수이행상황신고서를 세무서에 제출하고 납부하여야 한다. 근로소득자는 근로소득 이외의 소득이 없다면 연말정산으로 과세가 종결되지만, 이외의 종합과세되는 소득이 있다면 근로소득과 합산하여 확정신고하여야 한다.

　㉡ 확정신고대상 근로소득

　　다음의 근로소득은 원천징수없이 다른 소득과 합산하여 확정신고하는 것이 원칙이다. 그러나 납세조합에 가입한 경우 근로소득에 대한 소득세를 매월 원천징수하여 다음달 10일까지 납부하여야 한다. 이때에는 납세조합세액공제(세액의 10%)를 적용받는다.

> ⓐ 외국기관 또는 우리나라에 주둔하는 국제연합군(미국군 제외)으로부터 받는 금액
> ⓑ 국외에 있는 외국인 또는 외국법인으로부터 받는 급여(국내지점에서 받는 급여는 제외)

　㉢ 분리과세대상 근로소득

　　분리과세대상 근로소득인 일용근로자의 소득은 원천징수로 과세가 종결된다.

> 일용근로자의 원천징수세액 = (일급여액 - 근로소득공제) × 세율 - 근로소득세액공제
> 　　　　　　　　　　　　　　　　　　(1일 15만원)　　(6%)　(산출세액의 55%)

③ 근로소득의 수입시기

근로소득의 수입시기는 다음과 같다.

구　분	수입시기
㉠ 급여	근로를 제공한 날
㉡ 잉여금처분에 의한 상여	해당 법인의 잉여금처분 결의일
㉢ 법인세법상 소득처분에 의한 상여(인정상여)	근로를 제공한 날이 속하는 사업연도
㉣ 임원의 퇴직급여 중 소득세법상 한도초과액	지급받거나 받기로 한 날
㉤ 주식매수선택권	주식매수선택권을 행사한 날

▶ 인정상여와 관련하여 월평균금액을 계산한 것이 2개 사업연도에 걸친 때에는 각각 해당 사업연도 중 근로를 제공한 날로 한다.

④ 근로소득 원천징수시기 특례

근로소득을 지급하여야 할 원천징수의무자는 다음과 같은 때에 근로소득을 지급한 것으로 보아 소득세를 원천징수한다.

구 분		원천징수시기
1월부터 11월까지 근로소득을 해당 과세기간의 12월 31일까지 지급하지 않은 경우		12월 31일
12월분 근로소득을 다음연도 2월 말일까지 지급하지 않은 경우		다음연도 2월 말일
잉여금처분이 1월 1일부터 11월 30일 사이에 결정된 경우로서 지급하지 않은 경우		잉여금처분결의일부터 3개월 되는 날
잉여금처분이 11월 1일부터 12월 31일 사이에 결정된 경우로서 다음연도 2월말까지 지급하지 않은 경우		다음연도 2월 말일
법인세법상 소득처분에 의한 상여(인정상여)	법인세 과세표준을 신고하는 경우	그 신고일 또는 수정신고일
	정부가 결정·경정하는 경우	소득금액변동통지서를 받은 날

SECTION 05 | 퇴직소득

● NCS 능력단위 : 0203020204원천징수　　　　능력단위요소 : 02퇴직소득원천징수하기
2.2　세법에 따른 퇴직소득과 근로소득을 구분하여 퇴직소득금액을 계산할 수 있다.
2.3　세법에 따라 퇴직금의 산출된 세액을 공제 후 지급할 수 있다.

1 퇴직소득의 범위

① 공적연금 관련 퇴직급여

공적연금 관련법에 따라 받는 일시금으로 과세대상 퇴직소득은 다음과 같이 계산한다.

> 과세대상 일시금 = Min(①, ②)
> 　　① 과세기준일(2002. 1. 1.) 이후 납입한 연금보험료(사용자부담분 포함)의 누계액과 이에 대한 이자 및 가산이자
> 　　② 실제 지급받은 일시금 - 과세기준일 이전에 납입한 연금보험료

▶ 과세대상 일시금의 계산시 과세제외기여금 등이 있는 경우에는 연금소득의 계산규정을 준용하여 과세제외기여금등을 뺀 금액을 퇴직소득으로 한다.
▶ 공적연금 관련법에 따라 받는 일시금 퇴직소득을 지급하는 자가 퇴직소득의 일부 또는 전부를 지연하여 지급하면서 지연지급에 대한 이자를 함께 지급하는 경우 해당 이자도 퇴직소득으로 본다.

② 기타 퇴직급여

> ⓐ 사용자 부담금을 기초로 하여 현실적인 퇴직을 원인으로 지급받는 소득
> ⓑ 과학기술인공제회법에 따라 지급받는 과학기술발전장려금
> ⓒ 건설근로자의 고용개선 등에 관한 법률에 따라 지급받는 퇴직공제금

▶ 사용자로부터 받는 대가의 명칭여하에 관계없이 퇴직을 원인으로 지급받은 대가는 모두 포함한다.

2 퇴직판정의 특례

① 현실적 퇴직의 선택

다음의 어느 하나에 해당하는 사유가 발생하였으나 퇴직급여를 실제로 받지 아니한 경우에는 퇴직으로 보지 아니할 수 있다.
㉠ 종업원이 임원이 된 경우
㉡ 합병분할 등 조직변경, 사업양도 또는 직간접으로 출자관계에 있는 법인으로의 전출 또는 동일한 사업자가 경영하는 다른 사업장으로의 전출이 이루어진 경우
㉢ 법인의 상근임원이 비상근임원이 된 경우

② 퇴직소득중간지급

퇴직소득을 중간지급(계속근로기간 중에 다음의 어느 하나에 해당하는 사유로 퇴직급여를 미리 지급받은 경우를 의미하며, 임원인 근로소득자를 포함)한 경우에는 그 지급받은 날에 퇴직한 것으로 본다.

> ㉠ 근로자퇴직급여 보장법에 따른 퇴직금 중간정산사유에 해당하는 경우
> ㉡ 근로자 퇴직급여 보장법에 따라 퇴직연금제도가 폐지되는 경우

3 비과세 퇴직소득

① 국민연금법에 따라 받는 반환일시금(사망으로 받는 것만 해당)과 사망일시금
② 비과세 근로소득과 동일(비과세 근로소득에 해당하는 소득 중 퇴직시 또는 퇴직 이후에 받는 소득은 비과세 퇴직소득에 해당함)

4 퇴직소득금액

퇴직소득금액은 필요경비를 인정하지 아니하고 퇴직급여에서 비과세소득을 제외한 금액을 퇴직소득금액으로 한다. 다만, 임원의 퇴직소득금액(공적연금법에 따라 받는 일시금은 제외) 중 다음 금액을 초과하는 경우 그 초과하는 금액은 근로소득으로 본다.

$$\begin{array}{l} \text{퇴직한 날부터 소급하여 3년[*1] 동안} \\ \text{지급받은 총급여의 연평균환산액} \end{array} \times \frac{1}{10} \times \frac{2012.1.1. \text{ 이후의 근속기간[*2]}}{12} \times \begin{array}{l} \text{3배수[*3]} \\ \text{(또는 2배수)} \end{array}$$

▶ *1. 근무기간이 3년 미만인 경우에는 해당 근속기간으로 함
▶ *2. 근무기간은 개월 수로 계산하며, 1개월 미만의 기간이 있는 경우에는 이를 1개월로 봄
▶ *3. 2011년 12월 31일까지 퇴직금은 적용하지 않고 2012년 1월 1일부터 2019년 12월 31일까지 근속기간에는 3배
수를 적용하고 2020.1.1 이후 근속기간에는 2배수를 적용한다.

5 퇴직소득 과세표준과 세액

① 계산구조

```
   환 산 급 여  …  (퇴직소득금액 - 근속연수공제) ÷ 근속연수 × 12
(-) 환산급여공제  …  환산급여에 따른 차등공제
퇴직소득과세표준
(×) 세      율  …  12배수로 환산한 연분연승법 적용
퇴직소득산출세액
(-) 외국납부세액공제
   퇴직소득결정세액
```

② 근속연수공제

퇴직소득이 있는 거주자에 대해서는 해당 과세기간의 퇴직소득금액에서 다음의 금액을 공제
한다.

근속연수		근속연수공제액
	5년 이하	100만원 × 근속연수
5년 초과	10년 이하	500만원 + 200만원 × (근속연수 - 5년)
10년 초과	20년 이하	1,500만원 + 250만원 × (근속연수 - 10년)
20년 초과		4,000만원 + 300만원 × (근속연수 - 20년)

③ 환산급여공제

근속연수공제 후 그 금액을 근속연수(1년 미만의 기간이 있는 경우에는 이를 1년으로 본다)로
나누고 12를 곱한 후의 금액에서 아래의 금액을 공제한다.

환산급여		공제액
	8백만원 이하	환산급여의 100%
8백만원 초과	7천만원 이하	8백만원 + (환산급여 - 800만원) × 60%
7천만원 초과	1억원 이하	천520만원 + (환산급여 - 7,000만원) × 55%
1억원 초과	3억원 이하	6천170만원 + (환산급여 - 1억원) × 45%
3억원 초과		1억5천170만원 + (환산급여 - 3억원) × 35%

④ **퇴직소득산출세액**

퇴직소득산출세액 = 퇴직소득과세표준 × 기본세율 × 근속연수 × 1/12

⑤ **외국납부세액공제**

거주자의 퇴직소득에 국외원천소득이 포함되어 있는 경우에 국외원천소득에 대한 외국납부세액이 있는 때에는 다음과 같이 외국납부세액공제를 한다. 단, 이월공제는 적용되지 않는다.

외국납부세액공제 = MIN(①, ②)
① 외국납부세액
② 퇴직소득산출세액 × $\dfrac{국외원천퇴직소득금액}{퇴직소득금액}$

6 퇴직소득의 수입시기

구 분	수입시기
원칙	퇴직한날
공적연금 관련법 중 국민연금법에 따른 일시금 및 건설근로자의 고용개선 등에 관한 법률에 따라 지급받는 퇴직공제금	소득을 지급받는 날

7 퇴직소득의 과세방법

① **퇴직소득의 원천징수**

원천징수의무자가 퇴직소득을 지급할 때에는 퇴직소득 과세표준에 기본세율을 적용하여 계산한 소득세를 징수한다.

② **퇴직금의 연금계좌 이체시 과세이연**

거주자의 퇴직소득이 다음 중 어느 하나에 해당하는 경우에는 해당 퇴직소득에 대한 소득세를 연금외수령하기 전까지 원천징수하지 않는다.

① 퇴직일 현재 연금계좌에 있거나 연금계좌로 지급되는 경우
② 지급받은 날부터 60일 이내에 연금계좌에 입금되는 경우

③ **퇴직소득의 신고**

㉠ 퇴직소득 과세표준 확정신고

해당 과세기간의 퇴직소득금액이 있는 거주자는 퇴직소득과세표준을 그 과세기간의 다음 연도 5월1일부터 5월 31일까지 납세지 관할 세무서장에게 신고하여야 한다. 해당

과세기간의 퇴직소득 과세표준이 없을 때에도 신고하여야 한다. 퇴직소득은 종합소득에 합산하지 않고 별도로 분류과세한다.

ⓒ 확정신고의 예외

퇴직소득에 대한 원천징수 규정에 따라 소득세를 납부한 자에 대해서는 과세표준 확정신고 의무를 면제한다.

SECTION 06 | 종합소득 과세표준 및 세액의 계산

- NCS 능력단위 : 0203020206종합소득세신고   능력단위요소 :   03종합소득세신고하기
3.1 법령 절차에 따라 종합소득세 과세표준 확정신고 및 납부계산서를 작성 할 수 있다.
3.2 법령에 따라 소득공제신고서를 작성 할 수 있다.

1 종합소득공제

구 분		종 류
① 인적공제	기본공제	거주자 본인과 배우자 및 부양가족 1인당 150만원
	추가공제	경로우대자, 장애인, 부녀자, 한부모공제
② 연금보험료공제		공적연금 관련법에 따른 기여금 또는 개인부담금 납입액
③ 특별소득공제		• 건강보험료, 고용보험료, 노인장기요양보험료 공제 • 청약저축등 불입액, 주택임차자금 차입금의 원리금상환액, 장기주택 저당차입금 이자상환액에 대한 공제
④ 기타공제		• 신용카드 등 사용금액에 대한 소득공제(근로소득자만) • 중소기업창업투자조합 출자 등에 대한 소득공제

① 인적공제

기본공제와 추가공제를 인적공제라 한다. 인적공제의 합계액이 종합소득금액을 초과하는 경우 그 초과하는 공제액은 없는 것으로 한다.

ⓐ 기본공제

기본공제는 기본공제대상자 1인당 150만원을 공제한다. 기본공제대상자가 되려면 다음과 같은 연령과 소득금액의 판정 요건을 충족하여야 한다. 장애인은 연령의 요건은 적용받지 않지만, 소득금액의 요건은 충족하여야 한다.

구 분	기 본 공 제 대 상 자	요 건	
		연 령	소득금액
본 인	해당 거주자	-	-
배우자	거주자의 배우자	-	100만원 이하
부양가족	해당 거주자(배우자 포함)와 생계를 같이 하는 부양가족 ⓐ 직계존속 ⓑ 직계비속과 입양자 ⓒ 형제자매 ⓓ 국민기초생활보장법에 의한 수급자	60세 이상 20세 이하 20세 이하/60세 이상	100만원 이하 100만원 이하 100만원 이하 100만원 이하
부양가족	ⓔ 아동복지법에 따른 6개월 이상 직접 양육한 위탁아동(보호기간이 연장된 20세 이하 위탁아동 포함)	18세 미만	100만원 이하

▶ 소득금액은 소득세법상 종합소득금액, 퇴직소득금액 및 양도소득금액의 합계액으로 비과세소득과 분리과세 소득은 포함하지 않는다.
▶ 생계를 같이하는 부양가족이란 주민등록표상의 동거가족으로서 해당 거주자의 주소 또는 거소에서 현실적으로 생계를 같이하는 자를 말하며 배우자의 직계존속·형제자매도 부양가족에 포함한다.

CHECK POINT 부양가족 판정기준

① 직계존속과 배우자 및 직계비속·입양자는 주거의 형편에 따라 별거하고 있는 경우에도 생계를 같이하는 부양가족으로 본다.
② 거주자 또는 동거가족(배우자 및 직계비속·입양자 제외)이 취학, 질병의 요양, 근무상 또는 사업상의 형편 등으로 본래의 주소 또는 거소를 일시 퇴거한 경우에도 생계를 같이하는 부양가족으로 본다.
③ 직계비속 또는 입양자의 배우자는 부양가족이 아니지만 직계비속 또는 입양자가 장애인이고 그 배우자가 장애인에 해당되는 경우에는 그 배우자도 공제대상부양가족으로 보고 추가공제도 적용된다.
④ 직계존속이 재혼(사실혼은 제외)한 경우에도 그 배우자를 직계존속으로 보며 거주자가 재혼한 경우 재혼한 그 배우자가 종전의 배우자와 혼인 중에 출산한 자도 직계비속으로 본다.
⑤ 직계존속이 재혼한 배우자를 직계존속 사후에도 부양하는 경우 직계존속으로 본다.

ⓛ 추가공제

추가공제는 거주자의 기본공제 대상자가 다음의 요건에 해당하면 적용한다.

구 분	요 건	공제금액
경로우대공제	기본공제대상자가 70세 이상인 경우	1인당 100만원
장애인공제	기본공제대상자가 장애인인 경우(연령의 제한 없음)	1인당 200만원
부녀자공제 (종합소득금액 3천만원 이하인 자)	• 배우자가 있는 여성인 경우 • 배우자가 없는 여성으로서 기본공제대상인 부양가족이 있는 세대주인 경우	연 50만원
한부모공제	배우자가 없는 사람으로서 기본공제대상자인 직계비속 또는 입양자가 있는 경우	연 100만원

▶ 부녀자공제는 종합소득금액 3천만원 이하인 자만 적용하며 한부모공제와 중복되는 경우 한부모공제만 적용한다.

© 인적공제대상자의 판정기준

공제대상 부양가족의 판정은 과세기간 종료일 현재를 기준으로 한다. 다만 과세기간 종료일 전에 사망한 경우에는 사망일 전일을 기준으로 하고 과세기간 종료일 전에 장애가 치유된 경우에는 치유일 전일을 기준으로 판정한다.

또한 부양가족공제 또는 자녀세액공제를 적용함에 있어서 해당 과세기간 중에 해당 나이에 해당되는 날이 있는 경우에 공제대상자로 본다.

② 2인 이상의 공제대상가족에 해당하는 경우

거주자의 배우자 또는 부양가족이 동시에 다른 거주자의 공제대상가족에 해당되는 경우에는 소득공제신고서에 기재된 바에 따라 그 중 1인의 공제대상 가족으로 한다. 2이상의 거주자가 서로 자기의 공제대상가족으로 하여 신고서에 기재한 때에는 ⓐ 부양가족보다 배우자 우선, ⓑ 직전년도 공제 우선, ⓒ 종합소득금액 많은 자 우선의 순서로 적용한다.

② **연금보험료공제**

종합소득이 있는 거주자가 공적연금 관련법에 따른 기여금 또는 개인부담금(국민연금, 공무원연금 등의 연금보험료)을 납입한 경우에는 해당 과세기간의 종합소득금액에서 그 과세기간에 납입한 금액을 공제한다. 인적공제, 연금보험료공제, 특별소득공제 및 조세특례제한법상 기타소득공제의 합계액이 종합소득금액을 초과하는 경우 그 초과하는 금액을 한도로 연금보험료공제를 받지 아니한 것으로 본다.

③ **특별소득공제**

⊙ 보험료 특별소득공제

근로소득이 있는 거주자(일용근로자는 제외)가 해당 과세기간에 근로자가 부담하는 건강보험료, 고용보험료, 노인장기요양보험료를 지급한 경우 그 금액을 해당 과세기간의 근로소득금액에서 공제한다.

▶ 건강보험료·고용보험료·노인장기요양보험료의 사용자 부담분은 근로자의 소득으로 보지 않지만 근로자 부담금을 사용자가 대신 납부한 경우의 그 금액은 근로자의 근로소득에 포함하고, 동액을 보험료특별소득공제액으로 한다.

⊙ 주택자금 특별소득공제

ⓐ 근로소득자로 총급여액이 7천만원 이하인 무주택 세대주가 해당 과세기간에 청약저축 또는 주택청약종합저축에 납입한 금액(연간 납입액 300만원 한도)의 40%를 공제한다.

ⓑ 무주택세대주(세대구성원도 가능)로서 국민주택규모 이하의 주택(오피스텔 포함)을 임차하기 위하여 차입한 주택임차자금 차입금의 원리금상환액의 40%를 공제한다.

ⓒ 무주택자 또는 1주택 세대주(세대구성원도 가능)로서 주택(취득당시 기준시가 6억원 이하)을 취득하기 위하여 그 주택에 저당권을 설정하고 금융회사 또는 주택도시기금으로부터 상환기간을 15년 이상으로 차입한 자가 상환하는 장기주택

저당차입금에 대한 이자 전액을 공제한다.

ⓓ 주택자금특별공제와 그 한도는 다음과 같다.

공제 금액	공제율	공제 한도	
ⓐ 청약저축등 불입액	40%	ⓐ, ⓑ를 합하여 400만원 한도	ⓐ, ⓑ, ⓒ를 합하여 800만원 한도*
ⓑ 주택임차자금 차입금의 원리금상환액	40%		
ⓒ 장기주택저당차입금 이자상환액	100%		

▶ ⓐ+ⓑ+ⓒ의 한도: 차입금의 상환기간이 15년 이상인 경우 800만원, 차입금 상환기간이 15년 이상으로 이자를 고정금리방식으로 지급하면서 차입금 상환이 비거치식 분할상환방식이면 2,000만원, 차입금 상환기간이 15년 이상으로 이자를 고정금리로 지급하거나 그 차입금을 비거치식 분할상환으로 상환하는 경우 1,800만원, 차입금 상환기간이 10년 이상으로 이자를 고정금리로 지급하거나 그 차입금을 비거치식 분할상환으로 상환하는 경우 600만원을 한도로 한다.

ⓒ 특별소득공제 한도

보험료 특별소득공제와 주택자금 특별소득공제는 해당 거주자가 신청한 경우에 적용하며, 공제액이 그 거주자의 해당 과세기간의 합산과세되는 종합소득금액을 초과하는 경우 그 초과하는 금액은 없는 것으로 한다.

④ **기타공제**

㉠ 개인연금저축 소득공제

2000년 12월 31일 이전에 개인연금저축에 가입한 거주자는 개인연금저축의 40%(한도 72만원)를 소득공제한다.

㉡ 소기업·소상공인 공제부금공제

소기업·소상공인 공제에 가입하여 납부하는 공제부금에 대해서는 해당 연도의 공제부금 납부액을 아래의 금액을 한도로 해당 사업년도의 사업소득금액(법인의 대표자로서 해당과세기간의 총급여액이 7천만원 이하인 거주자의 경우에는 근로소득금액)에서 공제한다.

해당 과세기간의 사업소득금액 (법인의 대표자는 근로소득금액)	공제 한도
4천만원 이하	500만원
4천만원 초과 ~ 1억원 이하	300만원
1억원 초과	200만원

㉢ 신용카드 등 사용금액에 대한 소득공제

근로소득이 있는 거주자(일용근로자 제외)가 법인(외국법인의 국내사업장 포함) 또는 사업자(비거주자의 국내사업장 포함)로부터 2025년 12월 31일까지 재화나 용역을 제공받고 신용카드등(신용카드, 현금영수증, 직불카드등)사용금액이 총급여액의 25%(최저사용금액)를 초과하여 사용하는 경우에는 일정액을 해당 과세기간의 근로소득금액에서 공제한다.

ⓐ 신용카드 등의 범위

- 여신전문금융업법에 따른 신용카드, 현금영수증
- 직불카드, 기명식 선불카드, 직불전자지급수단, 기명식 선불전자지급수단, 기명식 전자화폐 사용액

▶ 신용카드등사용금액 = 신용카드사용액+현금영수증사용액+직불카드사용액+선불카드사용액

ⓑ 신용카드 등의 사용자

신용카드 등 사용금액에 대한 소득공제를 적용할 때 사용금액은 근로자 본인의 사용금액에 다음에 해당하는 자(나이제한 없음, 형제자매 제외)의 사용금액을 포함한다.

- 거주자의 배우자로서 연간 소득금액의 합계액이 100만원 이하인 자
- 생계를 같이하는 직계존비속으로서 연간 소득금액의 합계액이 100만원 이하인 자

ⓒ 공제액과 한도

소득공제 = Min(A, B)

A 공제대상액 = ①+②+③+④-⑤

① 전통시장·대중교통사용분×전통시장·대중교통 공제율(40%)
② 도서·공연사용분×도서·공연공제율(30%)
③ 직불카드등사용분×직불카드등공제율(30%)
④ 신용카드사용분×신용카드공제율(15%)
⑤ 공제제외금액 = a, b, c 중 해당하는 금액

   a. 최저사용금액≤신용카드사용분인 경우 : 최저사용금액×신용카드공제율

   b. 신용카드사용분〈최저사용금액≤신용카드사용분+직불카드등사용분인 경우 : 신용카드사용분×신용카드공제율+(최저사용금액-신용카드사용분)×직불카드등공제율

   c. 최저사용금액〉신용카드사용분+직불카드등사용분

    i) 총급여액≤7천만원 : 신용카드사용분×신용카드공제율+(직불카드등사용분+도서·공연사용분)×도서·공연공제율+(최저사용금액-신용카드사용분-직불카드등사용분-도서·공연사용분)×전통시장공제율

    ii) 총급여액〉7천만원 : 신용카드사용분×신용카드공제율+직불카드등사용분×직불카드등공제율+(최저사용금액-신용카드사용분-직불카드등사용분)×전통시장공제율

B 한도 : (1) + (2)

(1) 일반한도 : 총급여액에 따라 구분하여 적용한다.

해당과세연도 총급여액	일반한도
7천만원 이하	300만원
7천만원 초과	250만원

(2) 추가한도 : Min(①, ②)

   ① 일반한도 초과액 : 공제대상액 - 일반한도

   ② Min{(전통시장사용분×40%+대중교통이용분×40%+도서공연등×30%), 300만원}

    * 일반한도 초과액이 발생하지 않거나 전통시장사용분, 대중교통이용분 및 도서·공연사용분이 모두 없는 경우에는 추가한도를 적용하지 않는다.

    * 총급여액이 7천만원을 초과하는 경우에는 도서·공연등사용분을 제외하고 추가한도 비교액을 200만원으로 적용한다.

▶ 신용카드사용분
  = 신용카드등사용액의 합계액−(전통시장사용분+대중교통이용분+직불카드등사용분+도서·공연사용분)
▶ 직불카드등사용분
  = 현금영수증사용분+직불카드·선불카드사용분−(전통시장사용분+대중교통이용분+도서·공연사용분)
▶ 최저사용금액 = 총급여액 × 25%
▶ 도서·신문·공연·박물관·미술관 사용액에 대한 공제는 총급여 7천만원 이하자만 적용한다.

ⓓ 공제 배제

다음의 신용카드 등 사용금액은 신용카드 등 사용금액에 대한 소득공제를 적용하지 않는다.

- 사업소득과 관련된 비용 또는 법인의 비용에 해당하는 경우
- 물품 또는 용역의 거래 없이 이를 가장하거나 실제 매출을 초과하여 발행하는 신용카드 등의 사용액과 다른 가맹점 명의로 거래가 이루어지는 것을 알고도 거래하는 하는 경우의 사용액
  * 상호가 실제와 달리 기재된 매출전표를 발급받은 때에는 그 사실을 알고 거래한 것으로 본다.
- 신규로 출고되는 자동차를 신용카드 등으로 구입하는 경우
- 그 밖에 시행령에서 정한 경우

CHECK POINT 그 밖의 신용카드 등 사용금액에 대한 소득공제를 적용하지 않는 경우

- 건강보험료·노인장기요양보험료·고용보험료·연금보험료 및 생명보험·손해보험 등의 보험료(의료비는 공제대상)
- 유치원, 초·중·고등학교, 대학교 등 및 영유아 보육시설에 납부하는 수업료·입학금·보육비용 기타 공납금(사설학원비는 공제대상)
- 정부 또는 지방자치단체에 납부하는 국세·지방세, 전기료·수도료·가스료·전화료(정보사용료·인터넷이용료 등 포함)·아파트관리비·텔레비전시청료(종합유선방송의 이용료 포함) 및 도로통행료
- 상품권 등 유가증권 구입비와 리스료(자동차대여사업의 자동차대여료를 포함)
- 지방세법에 의하여 취득세 또는 등록면허세가 부과되는 재산의 구입비용(부동산, 골프장회원권 등)
  * 중고차의 경우 구입금액의 10%는 공제적용대상이다.
- 외국에서의 신용카드 사용액
- 부가가치세 과세 업종 외의 업무를 수행하는 국가지방자치단체 또는 지방자치단체조합에 지급하는 사용료·수수료 등의 대가(여권발급수수료, 공영주차장 주차료, 휴양림이용료 등)
- 차입금 이자상환액, 증권거래수수료 등 금융·보험용역과 관련한 지급액, 수수료, 보증료 및 이와 비슷한 대가
- 정당에 신용카드 또는 직불카드로 결제하여 기부하는 정치자금(정치자금세액공제 및 기부금세액공제를 적용받은 경우에 한함)과 월세세액공제를 받은 월세액
  * 월세에 대하여 현금영수증을 받고 월세세액공제를 받으면 신용카드 등 사용금액에 대한 소득공제를 받을 수 없지만 월세세액공제를 받지 않은 경우에는 신용카드 등 사용액에 대한 소득공제를 받을 수 있다.

---

⑤ 종합소득공제의 한도

거주자의 종합소득에 대한 소득세를 계산할 때 다음의 어느 하나에 해당하는 공제금액 및 필요경비의 합계액이 2,500만원을 초과하는 경우에는 그 초과 금액은 없는 것으로 한다.

ⓐ 소득세법상 특별공제 중 주택자금소득공제(보험료소득공제는 제외)
ⓑ 중소기업창업투자조합 출자 등에 대한 소득공제
ⓒ 소기업·소상공인 공제부금에 대한 소득공제
ⓓ 청약저축 및 주택청약종합저축에 대한 소득공제
ⓔ 우리사주조합 출자에 대한 소득공제
ⓕ 장기집합투자증권저축 소득공제

ⓖ 성실사업자가 공제받는 월세액 소득공제

ⓗ 신용카드 등 사용금액에 대한 소득공제

⑥ 종합소득공제 등의 배제

분리과세이자소득, 분리과세배당소득, 분리과세연금소득과 분리과세기타소득만이 있는 자에 대해서는 종합소득공제를 적용하지 아니한다. 종합소득세 과세표준 확정신고시 소득 공제를 증명하는 서류를 제출하지 않은 경우에는 기본공제 중 거주자 본인에 대한 기본공 제 150만원과 표준세액공제만을 공제한다. 그러나 과세표준 확정신고 여부에 관계없이 소득공제를 증명하는 서류를 나중에 제출한 경우에는 종합소득공제 등을 적용한다.

2 종합소득세의 계산

```
    종 합 소 득 과 세 표 준
×   세              율 … 6%에서 45%의 8단계 초과누진세율
    종 합 소 득 산 출 세 액
(-) 세 액 감 면 세 액 공 제 … 소득세법 및 조세특례제한법상 세액감면·세액공제
    종 합 소 득 결 정 세 액
(+) 가              산        세
    종 합 소 득 총 결 정 세 액
(-) 기 납 부 세 액 … 중간예납세액, 예정신고세액. 원천징수세액, 수시부과세액
    자 진 납 부 할 세 액
```

① 종합소득산출세액

종합소득산출세액 = 종합소득과세준 × 기본세율	
종합소득 과세표준	기본세율
1,400만원 이하	과세표준 × 6%
1,400만원 초과 5,000만원 이하	84만원 + 1,400만원 초과액 × 15%
5,000만원 초과 8,800만원 이하	624만원 + 5,000만원 초과액 × 24%
8,800만원 초과 1억5,000만원 이하	1,536만원 + 8,800만원 초과액 × 35%
1억5,000만원 초과 3억원 이하	3,706만원 + 1억5,000만원 초과액 × 38%
3억원 초과 5억원 이하	9,406만원 + 3억원 초과액 × 40%
5억원 초과 10억원 이하	1억 7,406만원 + 5억원 초과액 × 42%
10억원 초과	3억8,406만원 + 10억원 초과액 × 45%

② 배당세액공제

금융소득 종합과세가 적용되는 경우 종합소득 과세표준에 배당소득이 포함되어 있으면 배당소득에 대한 이중과세를 조정하기 위하여 종합소득산출세액에서 배당세액공제를 적 용한다. 배당세액공제는 배당소득가산액(10%)을 공제하는 것이 원칙이나 금융소득종합과

세 방식에 의하여 계산한 일반산출세액과 분리과세방식에 의하여 계산한 비교산출세액의 차액을 한도로 한다.

③ 기장세액공제

간편장부대상자가 과세표준확정신고시 복식부기에 따라 기장하여 소득금액을 계산하고 신고서를 제출하는 경우 산출세액에 종합소득금액에서 장부에 의하여 계산한 사업소득금 액이 차지하는 비율을 곱한 금액의 20%를 세액공제한다. 간편장부대상자가 복식장부를 하면 다음의 기장세액공제를 적용하고 그 한도는 100만원으로 한다.

$$종합소득산출세액 \times \frac{기장된\ 사업소득금액}{종합소득금액} \times 20\%$$

CHECK POINT **복식부기의무자와 간편장부대상자**

- 신규사업자와 직전연도수입금액이 다음의 업종별 기준금액 미만인 사업자는 간편장부대상자이고, 이외의 사업자는 복식부기의무자이다.

업 종 구 분	기준금액
농업·임업 및 어업, 광업, 도매 및 소매업, 부동산매매업, 그 밖에 아래에 해당하지 않는 사업	3억원
제조업, 숙박 및 음식점업, 전기·가스·증기 및 수도사업, 하수·폐기물처리, 원료재생 및 환경복원업, 건설업(주거용 건물 개발 및 공급업을 포함한다), 운수업, 출판, 영상, 방송통신 및 정보서비스업, 금융 및 보험업, 상품중개업	1억5천만원
부동산임대업, 부동산관련서비스업, 임대업, 전문, 과학 및 기술서비스업, 사업시설관리 및 사업지원서비스업, 교육서비스업, 보건 및 사회복지서비스업, 예술·스포츠 및 여가관련 서비스업, 협회 및 단체, 수리 및 기타 개인서비스업, 가구내고용활동	7천5백만원

- 변호사업,심판변론인업,변리사업,법무사업,공인회계사업,세무사업,경영지도사업,기술지도사업,감정평가사업,손해사정인업,통관업,기술사업,건축사업,도선사업,측량사업,공인노무사업,약사업,한약사업,수의사업,의료업등 전문직 사업자는 업종별 기준금액에 관계없이 복식부기의무자에 해당한다.

④ 전자계산서 발급 전송에 대한 세액공제

직전 과세기간의 사업장별 총수입금액이 3억원 미만인 사업자가 전자계산서를 2027년 12월 31일까지 발급하고 전자계산서 발급명세를 국세청장에게 전송하는 경우 전자계산서 발급 건 당 200원의 세액공제를 적용한다. 해당 과세기간의 사업소득에 대한 종합소득산 출세액에서 공제할 수 있으며 공제한도는 연간 100만원으로 한다.

⑤ 외국납부세액공제

거주자의 종합소득금액 또는 퇴직소득금액에 국외원천소득이 있는 경우에는 그 국외원천 소득에 대하여 외국에서 외국소득세를 납부하였거나 납부할 것이 있는 때에는 외국납부세 액을 산출세액에서 공제(한도 적용)할 수 있다. 한도초과액은 10년간 이월공제를 받을 수 있으며 이월공제기간 종료시까지 공제받지 못한 경우 이월공제기간 종료일 다음날이 속하는 사업연도에 필요경비에 산입할 수 있다.

$$\text{공제한도액 : 종합소득산출세액} \times \frac{\text{국외원천소득금액}}{\text{종합소득금액}}$$

⑥ 재해손실세액공제

사업소득자가 천재지변이나 재해로 사업용 자산의 20% 이상을 상실하여 납세가 곤란하다고 인정되는 경우에 사업소득세에 재해상실비율을 곱한 금액을 공제한다. 상실된 자산의 가액을 한도로 공제한다.

$$① \text{ 공제대상 소득세} \times \text{재해상실비율}$$
$$② \text{ 재해상실비율} = \frac{\text{상실된 자산가액}}{\text{상실전 자산가액}}$$

⑦ 근로소득세액공제

근로소득금액이 있는 거주자에 대한 근로소득세액공제와 한도액은 다음과 같다. 일용근로자는 산출세액의 55%를 적용하고 한도가 없다.

근로소득에 대한 산출세액	근로소득세액공제
130만원 이하	근로소득 산출세액 × 55%
130만원 초과	715,000 + (근로소득 산출세액 - 1,300,000) × 30%

총급여액	세액공제한도
3,300만원 이하	740,000원
3,300만원 초과 7,000만원 이하	740,000 - [(총급여액 - 3,300만원) × 8/1,000] 위 한도금액이 66만원보다 적은 경우에는 66만원으로 한다.
7,000만원 초과 1억2,000만원 이하	660,000 - [(총급여액 - 7,000만원) × 1/2] 위 한도금액이 50만원보다 적은 경우에는 50만원으로 한다.
1억2,000만원 초과	500,000 - [(총급여액 - 1억 2,000만원) × 1/2] 위 한도금액이 20만원보다 적은 경우에는 20만원으로 한다.

근로소득 이외의 다른 종합소득금액이 있는 경우 근로소득 산출세액은 다음과 같이 계산한다.

$$\text{근로소득 산출세액} = \text{종합소득 산출세액} \times \frac{\text{근로소득금액}}{\text{종합소득금액}}$$

⑧ 자녀세액공제

종합소득이 있는 거주자의 기본공제대상자에 해당하는 손자녀(입양자 및 위탁아동 포함)의 수에 따라 다음의 금액을 종합소득산출세액에서 공제한다.

구 분	자녀세액공제
㉠ 8세이상 손자녀에 대한 세액공제	1명인 경우 : 연 25만원 2명인 경우 : 연 55만원 3명 이상인 경우 : 연 55만원+초과 1명당 40만원
㉡ 출산·입양에 따른 세액공제	첫재 : 연 30만원 둘째 : 연 50만원 셋째 이상 : 연 70만원

⑨ **연금계좌세액공제**

종합소득이 있는 거주자가 연금계좌(연금저축계좌와 퇴직연금계좌)에 납입한 금액에서 다음의 금액을 제외한 납입액에 대하여 연금계좌세액공제로 종합소득산출세액에서 공제한다.

> ㉠ 소득세가 원천징수되지 아니한 퇴직소득 등 과세가 이연된 소득
> ㉡ 연금계좌에서 다른 연금계좌로 계약을 이전함으로써 납입되는 금액

연금계좌세액공제의 연금계좌 납입액 한도와 공제율은 다음과 같다.

소득기준		연금계좌 불입한도		공제율
종합소득금액	총급여액*	연금저축	퇴직연금	
4천5백만원 이하	5천5백만원 이하	600만원	900만원 (연금저축 포함)	15%
4천5백만원 초과	5천5백만원 초과			12%

▶ 총급여액은 근로소득만 있는 경우에 적용하는 기준이다.

연금계좌세액공제액의 계산은 다음과 같이 한다.

> 연금계좌 중 연금저축계좌에 납입한 금액이 연 600만원*을 초과하는 경우에는 그 초과하는 금액은 없는 것으로 하고, 연금저축계좌에 납입한 금액 중 600만원 이내의 금액과 퇴직연금계좌에 납입한 금액을 합한 금액이 연 900만원**을 초과하는 경우에는 그 초과하는 금액은 없는 것으로 한다.
> 　연금저축만 있는 경우 : Min[연금계좌 납입액, 600만원*]×12% (또는 15%)
> 　연금저축과 퇴직연금이 함께 있는 경우 : Min[①+②, 900만원**]×12% (또는 15%)
> 　① Min[연금저축 납입액, 600만원*]　　② 퇴직연금 납입액

⑩ **보험료등 특별세액공제**

근로소득이 있는 자(일용근로자 제외)는 특별소득공제와 보험료, 의료비, 교육비, 기부금 지급액에 대한 세액공제(보험료 등 특별세액공제) 및 월세액세액공제를 받거나 표준세액공제 13만원을 선택할 수 있다.

㉠ 보험료 세액공제

보험료 세액공제는 기본공제대상자(나이와 소득금액 요건 충족)를 피보험자로 하는 일반보장성보험료는 근로소득이 있는 거주자가 지급한 보험료의 12%에 해당하는 금액을 종합소득산출세액에서 공제하고, 기본공제대상자 중 장애인을 피보험자로 하는 장애인전용보장성보험료는 근로소득자가 지급한 보험료의 15%에 해당하는 금액을 종합소득산출세액에서 공제한다. 다만, 보험료별로 그 합계액이 각각 연 100만원을 초과하는 경우 그 초과하는 금액은 없는 것으로 한다.

▶ 일반보장성보험료란 만기에 환급되는 금액이 납입보험료를 초과하지 아니하는 생명보험·상해보험 등으로서 보험계약 또는 보험료납입영수증에 보험 공제대상임이 표시된 보험을 말한다.
▶ 장애인전용보장성보험료는 기본공제대상자 중 장애인을 피보험자 또는 수익자로 하는 보험으로 보험계약 또는 보험료납입영수증에 장애인전용보험으로 표시된 것을 말한다.

㉡ 의료비세액공제

ⓐ 의료비세액공제액의 계산

기본공제대상자(나이와 소득금액의 제한을 받지 않음)을 위하여 해당 과세기간에 지급한 의료비(실손의료보험금 수령액 제외) 중 거주자 본인과 과세기간 개시일 현재 6세 이하인 자, 과세기간 종료일 현재 65세 이상자 및 장애인 등을 위하여 지급한 의료비는 15%의 세액공제를 적용하고, 미숙아 및 선천성 이상아를 위한 의료비는 20%, 난임시술비는 30%의 세액공제를 적용한다. 기타 부양가족의 의료비는 총급여의 3%를 초과하는 금액(700만원 한도)에 대하여 15%를 세액공제한다. 기타 부양가족의 의료비가 총급여의 3%에 미달하는 경우에는 해당 미달액을 700만원 한도를 적용하지 아니하는 본인 등의 의료비, 미숙아 의료비, 난임시술비 등의 지출액에서 차례로 차감하여 적용한다.

의료비 특별세액공제액 : (①+④) × 15%+②×20%+③×30%
① 본인·6세 이하인 자·65세 이상인 자·장애인을 위한 의료비와 건강보험 산정특례자에 해당하는 중증질환자, 희귀난치성질환자, 결핵환자 의료비
② 미숙아 및 선천성 이상아를 위한 의료비
③ 난임시술비
④ ①②③을 제외한 기타 부양가족의 의료비 중 총급여의 3% 초과분 :
   Min(기타 부양가족의 의료비 - 총급여 × 3%, 700만원)

▶ 총급여액은 비과세소득을 제외한 금액이다.
▶ 실손보험에 가입하여 실손보험금을 수령한 경우 지출한 의료비에서 차감하여야 한다.
▶ 의료비지출액이 총급여액의 3%를 초과하지 아니하면 의료비세액공제 받을 금액은 없다.

ⓑ 세액공제 대상 의료비

거주자가 기본공제대상자를 위하여 해당 과세기간에 지급한 다음의 의료비를 대상으로 한다. 세액공제 대상 의료비에는 건강검진비용을 포함하고 미용·성형수술을 위한 비용 및 건강증진을 위한 의약품 구입비용은 포함하지 아니한다.

- ㉠ 진찰·치료·질병예방을 위하여 의료법에 따른 의료기관(국외의료기관 제외)에 지급한 비용
- ㉡ 치료·요양을 위하여 약사법에 따른 의약품(한약 포함)을 구입하고 지급하는 비용
- ㉢ 장애인 보장구 및 의료기기(의사·치과의사·한의사 등의 처방에 따른 것)를 직접 구입 또는 임차하기 위하여 지출한 비용
- ㉣ 시력보정용안경 또는 콘택트렌즈 구입을 위하여 지출한 비용으로서 기본공제대상자(연령 및 소득금액의 제한을 받지 아니한다) 1명당 연 50만원 이내의 금액
- ㉤ 보청기를 구입하기 위하여 지출한 비용
- ㉥ 노인장기요양보험법에 따라 실제 지출한 본인일부부담금
- ㉦ 장애인활동지원급여 비용 중 실제 지출한 본인부담금
- ㉧ 모자보건법에 따른 산후조리원에 산후조리 및 요양의 대가로 지급하는 비용으로서 출산 1회당 200만원 이내의 금액

ⓒ 교육비 세액공제

ⓐ 교육비 세액공제액의 계산

본인과 기본공제대상자(나이 제한을 받지 않고, 소득금액 제한은 받음)인 배우자 및 부양가족(직계존속 제외)를 위하여 지급한 교육비의 15%를 세액공제한다.

ⓑ 세액공제대상 교육비

세액공제대상 교육비는 수업료·입학금·보육비용·수강료 및 그 밖의 공납금을 말하며, 영·유치원, 학교 등에 지급한 급식비와 학교에서 구입한 교과서대, 교복(1명당 연 50만원 한도), 방과 후 수강료와 교재대, 체험학습비(1명당 연 30만원 한도), 대학입학전형료 및 수능응시료를 포함한다.

구 분	본 인	부양가족
유치원, 초·중·고등학교, 대학에 지급한 교육비	공제	공제 (대학원 제외)
평생교육시설, 전공대학, 원격대학, 학위취득과정 교육비	공제	공제
국외교육기관에 지급한 교육비	공제	공제
취학전 아동의 영유아보육시설과 학원 및 체육시설의 교육비	해당없음	공제
대학원의 1학기 이상에 해당하는 교육과정과 시간제 과정 교육비	공제	해당없음
근로자직업능력개발훈련 수강료에서 근로자수강지원금을 차감한 금액	공제	해당없음
학자금대출의 원리금 상환시 지출하는 금액	공제	해당없음

▶ 학자금 대출의 경우 대출금의 상환 연체로 인하여 추가로 지급하는 금액은 제외한다.
▶ 취학전 아동의 학원 및 체육시설 교육비는 학원, 체육시설업자가 운영하는 체육시설, 국가 지방자치단체 또는 청소년수련시설로 허가 등록된 자가 운영하는 체육시설에서 월 단위 실시하는 교습과정(1주 1회 이상 실시하는 과정만 해당)의 수강료이어야 한다.
▶ 취학전 아동이 아닌 경우 학원과 체육시설 수강료는 교육비공제 대상이 아니다.

ⓒ 공제한도

세액공제대상 교육비는 소득세 또는 증여세가 비과세되는 학자금·장학금을 차감한 교육비로 다음의 한도를 적용한다.

구 분		공제한도
본 인	한도 없음	
배우자 및 부양가족 (직계존속 제외)	• 대학교	1인당 900만원(대학원은 제외)
	• 초·중·고등학교 • 유치원, 영유아보육시설, 취학전 아동을 위한 학원 등	1인당 300만원
장애인(직계존속 포함)	장애인 재활교육	한도 없음

▶ 소득세 또는 증여세가 비과세되는 학자금장학금이란 사내금로복지기금, 재학 중인 학교, 직장 등 각종 단체로부터 받는 장학금 등을 말한다.

▶ 장애인 재활교육을 위한 사회복지시설 및 비영리법인에 지급하는 특수교육비는 연령 및 소득금액의 제한을 받지 않고 전액이 세액공제 대상이나, 장애인 발달재활서비스 제공기관에 지출되는 비용은 18세 미만자만 적용한다.

㉣ 보험료 등 특별세액공제의 한도

보험료, 의료비, 교육비 등에 대한 공제세액의 합계액인 보험료등특별세액공제액이 그 거주자의 해당 과세기간의 근로소득에 대한 종합소득산출세액을 초과하는 경우 그 초과하는 금액은 없는 것으로 한다.

㉤ 기부금세액공제

거주자(사업소득만 있는 자는 제외하되 연말정산 대상 사업소득이 있는 자는 포함)가 지급한 기부금뿐만 아니라, 기본공제대상자에 해당하는 배우자 및 부양가족(나이의 제한을 받지 않고 소득금액의 제한은 받음)이 지급한 기부금도 거주자의 기부금에 포함하여 거주자의 기부금 세액공제를 적용한다.

> **기부금 세액공제액**
> ① 정치자금기부금 : 10만원 이하 100/110, 초과분 15%(3천만원 초과 25%)
> ② 고향사랑기부금 : 10만원 이하 100/110, 초과분 15%
> ③ 특례기부금 한도 내 금액
> ④ 우리사주조합기부금 한도 내 금액
> ⑤ 일반기부금 한도 내 금액
>
> (③+④+⑤)×15%(1천만원 초과분은 30%)
>
> ① **정치자금 기부금 한도** : 기준소득금액×100%
> ② **고향사랑기부금 한도** : (기준소득금액-①)×100%(연간 한도 2000만원)
> ③ **특례기부금 한도** : (기준소득금액-①-②)×100%
> ④ **우리사주조합기부금 한도** : (기준소득금액-①-②-③)×100%
> ⑤ **일반기부금 한도**
> ⓐ 종교단체 기부금이 없는 경우 : [기준소득금액-①-②-③-④]×30%
> ⓑ 종교단체 기부금이 있는 경우 : A+B
> A = [기준소득금액-①-②-③-④]×10%
> B = min{[기준소득금액-①-②-③-④]×20%, 종교단체 외 일반기부금]
> * 기준소득금액=종합소득금액-사업소득금액을 계산시 필요경비에 산입한 기부금-원천징수세율을 적용받는 금융소득

ⓐ 정치자금 기부금

거주자가 정치자금법에 따라 정당(후원회 및 선거관리위원회 포함)에 기부한 정치자금은 이를 지출한 해당 과세연도의 소득금액에서 10만원까지는 그 기부금액의 110분의 100을 세액공제하고, 10만원을 초과한 금액에 대해서는 특례기부금에 포함하여 종합소득산출세액에서 공제한다. 다만, 사업자인 거주자가 정치자금을 기부한 경우 10만원을 초과한 금액에 대해서는 이월결손금을 뺀 후의 소득금액의 범위에서 손금에 산입한다.

ⓑ 고향사랑기부금

거주자가 지방자치단체에 기부한 고향사랑기부금은 10만원 이하는 기부금의 110분의 100을 세액공제하고 10만원 초과 2천만원 이하 기부금은 15%를 세액공제한다. 사업자인 거주자의 경우 10만원 이하의 금액에 대해서는 세액공제하되, 10만원을 초과하는 금액에 대해서는 이월결손금을 뺀 후의 소득금액의 범위에서 손금에 산입한다.

ⓒ 기부금특별세액공제의 이월공제

보험료등특별세액공제액과 기부금특별세액공제액의 합계액이 그 거주자의 해당 과세기간의 합산과세되는 종합소득산출세액을 초과하는 경우 그 초과하는 금액은 없는 것으로 한다. 다만, 그 초과한 금액에 기부금특별세액공제액이 포함되어 있는 경우 해당 기부금과 한도액을 초과하여 공제받지 못한 지정기부금은 해당 과세기간의 다음 과세기간의 개시일부터 10년 이내에 끝나는 각 과세기간에 이월하여 기부금특별세액공제액을 계산하여 그 금액을 종합소득산출세액에서 공제한다. 이전 과세기간에 발생하여 이월된 기부금부터 세액공제하고 해당 과세기간에 발생한 기부금에 대한 세액공제를 한다. 이 경우 먼저 발생하여 이월된 기부금부터 차례로 세액공제한다.

⑪ 결혼세액공제

거주자가 2026년 12월 31일 이전에 혼인신고를 한 경우에는 1회에 한정하여 혼인신고를 한 날이 속하는 과세기간의 종합소득산출세액에서 50만원을 공제한다.

▶ 혼인신고 후 그 혼인이 무효가 된 경우로 혼인무효의 소에 대한 판결이 확정된 날이 속하는 달의 다음 달부터 3개월이 되는 날까지 수정신고 또는 기한 후 신고를 한 경우는 가산세는 부과하지 아니하되 이자상당액을 소득세에 가산하여 부과한다.

⑫ 월세액 세액공제

과세기간 종료일 현재 무주택세대주(세대주가 주택자금공제를 받지 않는 경우 세대원도 가능)로서 총급여액이 8천만원 이하인 근로소득자(종합소득금액 7천만원 초과자 제외)가 주택을 임차하고 지급하는 월세액의 15%를 종합소득산출세액에서 공제한다. 해당 과세기간의 총급여액이 5,500만원 이하인 근로소득자(종합소득금액 4,500만원 초과자 제외)의 경우에는 세액공제율을 17%를 적용한다. 단, 월세액은 연간 1천만원을 한도로 하며, 기본공제대상자가 월세계약을 체결한 경우에도 공제가능하다. 주택은 국민주택 규모의 주택이거나 기준시가 4억원 이하의 주택이어야 하며, 주택에는 오피스텔과 고시원을 포함한다.

⑬ 표준세액공제

근로소득이 있는 거주자로서 특별소득공제와 특별세액공제 및 월세세액공제에 대한 신청을 하지 아니한 사람에 대해서는 연 13만원을 종합소득산출세액에서 표준세액공제로 공제하고, 사업용계좌의 신고 등 대통령령으로 정하는 요건에 해당하는 성실사업자에 대해서는 연 12만원을 종합소득산출세액에서 표준세액공제로 공제한다.

근로소득이 없는 거주자로서 종합소득이 있는 사람(성실사업자는 제외)에 대해서는 연 7만원을 종합소득산출세액에서 표준세액공제로 공제한다. 다만, 해당 과세기간의 합산과세되는 종합소득산출세액이 공제액에 미달하는 경우에는 그 종합소득산출세액을 공제액으로 한다.

●NCS 능력단위 : 0203020204원천징수   능력단위요소 : 03이자소득원천징수하기
3.2 세법에 의한 원천징수세율 구분 적용에 따라 산출된 이자소득에 대한 원천징수세액을 공제 후 지급할 수 있다.

●NCS 능력단위 : 0203020204원천징수   능력단위요소 : 04배당소득원천징수하기
4.2 세법의 원천징수세율에 따라 산출된 배당소득에 대한 원천징수세액을 공제 후 지급할 수 있다.

1 원천징수

① 원천징수의 개념

원천징수란 세법에 의한 원천징수의무자가 소득 또는 수입금액을 지급할 때에 세금을 징수하여 납부하는 것을 말한다. 원천징수제도를 시행하는 이유는 다음과 같다.

㉠ 징수절차의 간소화로 국가는 징세비용을 줄이고, 납세자는 납세의무를 간편하게 이행할 수 있다.
㉡ 수많은 납세의무자에 대한 과세자료의 수집과 세원 관리를 용이하게 하여 탈세를 방지할 수 있다.
㉢ 소득이 발생할 때마다 원천징수를 하여 정부의 조세수입이 조기에 이루어지고 재정수입의 평준화를 가져오므로 재정운용의 안정성이 높아지고 납세자는 조세 부담을 분산할 수 있는 장점이 있다.

② 원천징수대상소득과 원천징수세율

소득의 구분	원천징수대상소득	원천징수세율
이자소득금액	㉠ 일반적인 이자소득 ㉡ 비영업대금의 이익 ㉢ 직장공제회초과반환금 ㉣ 비실명이자소득	14% 25% 기본세율(연분연승법) 90%(45%)
배당소득금액	㉠ 일반적인 배당소득(배당가산액 제외) ㉡ 출자공동사업자의 배당소득	14% 25%
사업소득금액	㉠ 의료보건용역 및 면세대상 인적용역 ㉡ 접대부 등의 봉사료 수입금액 ㉢ 외국인 직업운동가	3% 5% 20%
근로소득금액	㉠ 일반근로자 ㉡ 일용근로자	간이세액표 적용 원천징수 후 연말정산 6%
연금소득금액	㉠ 공적연금소득 ㉡ 연금계좌(사적연금)	간이세액표 적용 원천징수 후 연말정산 3% ~ 5%
기타소득금액	㉠ 일반적인 기타소득 ㉡ 복권당첨소득	소득금액의 20% 소득금액의 20%(3억원 초과분 30%)
퇴직소득금액	원천징수대상 근로소득이 있는 근로자만	12배수 적용 기본세율(연분연승법)

③ 원천징수액의 신고 납부와 원천징수시기 특례

㉠ 원천징수액의 신고 납부

원천징수액의 신고 납부는 일반적인 경우 그 징수일이 속하는 달의 다음달 10일까지, 반기별 납부자는 그 징수일이 속하는 반기의 마지막 달의 다음 달 10일까지 하여야 한다.

구 분	신고 납부기한
반 기 별 납 부 자	1월 1일부터 6월 30일까지 징수액 ⇒ 7월 10일
	7월 1일에서 12월 31일까지 징수액 ⇒ 다음연도 1월 10일
월 별 납 부 자	원천징수일이 속하는 달의 다음달 10일

㉡ 원천징수시기 특례

원천징수는 지급하는 때에 하여야 하지만 일정 시점까지 소득을 지급하지 않은 경우에는 다음에 해당하는 날에 소득을 지급한 것으로 보아 소득세를 원천징수하여야 한다.

소득구분	원천징수대상	원천징수시기
이자소득	정기예금 연결 정기적금의 이자	해약일 또는 저축기간 만료일
	중개어음, 표지어음의 이자와 할인액	할인매출일 또는 만기일
배당소득	미지급된 잉여금 처분에 의한 배당소득	처분결의일로부터 3개월이 되는 날
	출자공동사업자의 배당소득	과세기간 종료 후 3개월이 되는 날
근로소득과 퇴직소득	미지급된 근로, 퇴직소득(1월~11월분)	12월31일
	미지급된 근로, 퇴직소득(12월분)	다음연도 2월 말일
	미지급된 잉여금 처분에 의한 근로·퇴직소득	처분결의일로부터 3개월이 되는 날
	잉여금처분이 11월 1일부터 12월 31일 사이에 결정된 것으로 다음연도 2월말까지 미지급근로·퇴직소득	다음연도 2월 말일
법인세법상 소득처분에 의한 배당·상여·기타소득 (반기별 납부에서 제외)	법인이 신고한 경우	그 신고일 또는 수정신고일
	정부가 결정·경정한 경우	소득금액변동통지서 수령일

④ 특정소득에 대한 원천징수

㉠ 부가가치세 면세대상 사업소득의 원천징수

국내에서 거주자나 비거주자에게 부가가치세 면세대상인 다음에 해당하는 용역의 공급에서 발생하는 소득을 지급하는 자는 해당 수입금액의 3%를 원천징수하여 그 징수일이 속하는 달의 다음달 10일까지 납부하여야 한다.

> ⓐ 의료보건용역(수의사의 용역을 포함)
> ⓑ 저술가·작곡자 등이 제공하는 인적용역
>   (접대부·댄서와 기타 이와 유사한 인적용역은 ⇨ 봉사료수입금액에 대한 원천징수 규정을 적용)

㉡ 외국인 직업운동가에 대한 원천징수

외국인 직업운동가가 프로스포츠구단과의 계약에 따라 용역을 제공하고 받는 소득에 대해서는 20%를 원천징수하여야 한다.

ⓒ 봉사료 수입금액에 대한 원천징수

부가가치세가 면제되는 접대부·댄서 등에게 지급하는 다음의 봉사료 수입금액에 대하여는 해당 수입금액의 5%를 원천징수하여야 한다.

> ⓐ 사업자가 다음에 해당하는 용역을 제공하고 공급가액과 봉사료를 세금계산서, 신용카드매출전표 등에 구분하여 기재할 것
> ㉮ 음식 · 숙박용역, 개별소비세가 과세되는 과세유흥 장소에서 제공하는 용역
> ㉯ 안마시술소 · 이용원 · 스포츠마사지업소 및 기타 이와 유사한 장소에서 제공하는 용역
> ⓑ 구분 기재한 봉사료금액이 공급가액(간이과세자는 공급대가)의 20%를 초과할 것
> ⓒ 사업자가 봉사료를 자기의 수입금액으로 계상하지 않을 것

⑤ 원천징수이행상황신고서의 제출

원천징수의무자가 원천징수대상 소득을 지급하고 그 소득에 대하여 원천징수를 하는 경우 징수일 속한 달의 다음달 10일(반기별 납부자는 반기 다음달 10일)까지 원천징수이행상황신고서를 작성 제출하여야 한다.

2 연말정산

연말정산이란 일정한 소득을 지급하는 자가 소득을 지급받는 자의 연간 소득세 부담액을 계산한 후 이미 원천징수하여 납부한 세액과 그 부담액을 비교하여 차액을 추가로 원천징수하거나 환급하는 절차를 말한다.

① 연말정산 대상소득

연말정산 대상 소득은 다음과 같다.

> ㉠ 원천징수대상 근로소득과 납세조합에 가입한 근로소득
> ㉡ 간편장부대상자인 보험모집인·방문판매원 및 음료품 배달원의 사업소득
> ㉢ 공적연금소득(공적연금소득지급액이 연 600만원 이하인 경우 제외)

② 근로소득의 연말정산

총 급 여 액	‥ 해당연도 1월 ~ 12월까지의 총급여액, 비과세 제외
(-)근 로 소 득 공 제	
근 로 소 득 금 액	
(-)종 합 소 득 공 제	
과 세 표 준	
× 기 본 세 율	
산 출 세 액	
(-)세 액 공 제	‥ 근로소득세액공제 및 보험료 등 특별세액공제
결 정 세 액	
(-)기 납 부 세 액	‥ 해당연도 1월 ~ 12월까지의 원천징수세액
차 감 징 수 세 액	‥ (+)의 금액일 경우에는 추가 징수하며, (-)의 금액일 경우에는 환급함

㉠ 연말정산시기

연말정산의 시기는 일반적인 경우 다음년도 2월분 근로소득을 지급할 때 하여야 한다. 2월분 급여를 2월말까지 지급하지 못한 경우에는 2월말에 지급한 것으로 보아 연말정

산을 하여야 한다. 예외적으로 근로소득자가 퇴직하는 경우의 연말정산은 퇴직하는 달의 근로소득을 지급할 때 하여야 한다.

그리고 반기별 납부를 승인 받은 경우에도 2월분 근로소득을 지급하는 때에 연말정산을 하고, 신고 납부는 반기별 신고 납부기한인 7월 10일까지 한다. 근로소득에 대한 지급명세서인 원천징수영수증은 3월 10일까지 제출하여야 한다.

ⓛ 소득·세액공제신고서의 제출

근로소득자는 연말정산 전까지 원천징수의무자에게 근로소득자 소득·세액공제신고서를 제출하여야 한다.

ⓒ 연말정산의 효과

연말정산된 소득만 있는 납세의무자는 연말정산으로 모든 납세의무가 종결되므로 확정신고 의무가 면제된다. 그러나 연말정산된 소득 외의 종합과세대상인 다른 종합소득이 있는 경우에는 확정신고의무가 면제되지 않는다.

SECTION 08 | 소득세 신고 납부 및 결정

1 과세표준확정신고와 자진납부

① 과세표준확정신고

해당연도의 종합소득금액·퇴직소득금액이 있는 거주자는 그 과세표준을 다음 연도 5월 1일부터 5월 31일까지 납세지관할세무서장에게 신고하여야 한다. 이러한 과세표준확정신고는 해당연도의 과세표준이 없거나 결손금이 있는 경우에도 하여야 한다.

복식부기의무자가 기업회계기준을 준용하여 작성한 재무상태표, 손익계산서, 합계잔액시산표 및 조정계산서를 제출하지 아니한 경우에는 무신고로 보아 신고불성실가산세를 적용한다.

② 확정신고의무 면제

다음의 경우에는 확정신고의무가 면제되지만 연말정산대상소득 및 퇴직소득이 있는 자에 대하여 원천징수의무자가 연말정산 또는 원천징수에 의하여 소득세를 납부하지 아니한 경우에는 확정신고의무가 있다.

ⓐ 근로소득만 있는 자
ⓛ 퇴직소득만 있는 자
ⓒ 연말정산 되는 사업소득만 있는 자
ⓔ 국민연금 등의 공적연금소득만 있는 자
ⓜ 분리과세소득만 있는 경우

③ 확정신고 납부기한

거주자는 다음의 기한 내에 과세표준 확정신고와 함께 납부를 하여야 한다.

구 분	확정신고기한
일반적인 경우	다음 연도 5월 1일부터 5월 31일까지
거주자가 사망한 경우	상속개시일이 속하는 달의 말일부터 6개월이 되는 날까지
거주자가 국외이전을 위하여 출국하는 경우	출국일 전날까지
세무서장이 과세표준의 결정 또는 경정함에 있어 배당·상여·기타소득의 소득처분으로 소득금액에 변동이 생긴 경우	해당 법인이 소득금액변동통지서를 받은 날이 속하는 달의 다음 다음달 말일까지
법인이 법인세 과세표준을 신고함에 있어 배당·상여·기타소득의 소득처분으로 소득금액에 변동이 생긴 경우	해당 법인의 법인세 신고기일이 속하는 달의 다음 다음달 말일까지

▶ 1월 1일과 5월 31일 사이에 사망한 거주자가 사망일이 속하는 과세기간의 직전과세기간에 대한 과세표준확정신고를 하지 아니한 경우에는 상속개시일이 속하는 달의 말일부터 6개월이 되는 날까지 확정신고를 하여야 한다.

④ 분 납

자진 납부할 세액 또는 중간예납세액이 1,000만원을 초과하는 경우에는 다음의 금액을 납부기한 경과 후 2개월 이내에 분납할 수 있다.

구 분	분납할 수 있는 금액
납부할 세액이 2,000만원 이하인 경우	1,000만원을 초과하는 금액
납부할 세액이 2,000만원을 초과하는 경우	납부할 세액의 50% 이하 금액

⑤ 소액부징수

다음에 해당하는 경우에는 소득세를 징수하지 아니한다.

구 분	기준금액
㉠ 원천징수세액(이자소득과 부가가치세 면세대상 인적용역소득은 제외)	1천원 미만
㉡ 납세조합 징수세액	
㉢ 거주자의 분리과세대상소득에 대한 원천징수세액	
㉣ 중간예납세액	50만원 미만

▶ 기타소득금액에 대하여 일정기준에 따라 과세하지 않는 것은 과세최저한이라 한다.

② 중간예납

사업소득이 있는 거주자는 1월1일부터 6월 30일까지의 기간에 대하여 11월 30일까지 중간예납을 하여야 한다. 중간예납세액은 직전연도 종합소득에 대한 소득세로 납부하였거나 납부하여야 할 세액(중간예납기준액)의 1/2을 계산하여 11월 1일부터 15일까지 중간예납세액을 고지하고, 11월 30일까지 납부하여야 한다.

다음에 해당하는 자는 해당연도 중간예납기간 실적 기준으로 계산된 중간예납세액을 11월 1일부터 11월 30일까지 신고 납부하여야 한다.

① 중간예납기준액이 없는 자로서 해당연도의 중간예납기간 중 종합소득이 있는 거주자
② 중간예납추계액(해당 연도 중간예납기간의 실적을 기준으로 계산한 중간예납세액)이 중간예납기준액의 30%에 미달하여 신고납부를 선택한 자

③ 결정과 경정

① 실지조사결정(원칙)

실지조사 결정이란 과세표준신고서 및 그 첨부서류에 의하거나 비치·기장된 장부 기타 증명서류에 의하여 과세표준과 세액을 결정 또는 경정하는 것을 말한다.

② 추계조사결정(예외)

과세표준을 조사 결정함에 있어 장부와 증명서류가 없거나, 중요한 부분이 미비하거나, 기장의 내용이 시설규모 종업원수 등에 비추어 허위임이 명백하여 장부 또는 증명서류에 의하여 과세표준과 세액을 결정할 수 없는 경우에 경비율 또는 동업자권형에 의하여 결정하는 것을 추계조사결정이라 한다.

④ 지급명세서등의 제출

① 지급명세서

소득세 납세의무가 있는 개인에게 이자소득, 배당소득, 원천징수대상 사업소득, 근로소득 또는 퇴직소득, 연금소득, 기타소득, 봉사료, 장기저축성보험의 보험차익을 국내에서 지급하는 자(법인 포함)는 지급명세서를 그 지급일이 속하는 과세기간의 다음 연도 2월 말일(원천징수대상 사업소득과 근로소득 또는 퇴직소득, 기타소득 중 종교인소득 및 봉사료의 경우에는 다음 연도 3월 10일, 휴업, 폐업 또는 해산한 경우에는 휴업일, 폐업일 또는 해산일이 속하는 달의 다음다음 달 말일)까지 원천징수 관할 세무서장, 지방국세청장 또는 국세청장에게 제출하여야 한다. 다만, 일용근로자의 근로소득의 경우에는 그 지급일이 속하는 달의 다음 달 말일까지 지급명세서를 제출하여야 한다. 단, 휴업, 폐업 또는 해산한 경우에는 휴업일, 폐업일 또는 해산일이 속하는 달의 다음 달 말일까지 지급명세서를 제출하여야 한다.

지급명세서를 기한 내에 제출하지 않았거나 제출된 지급명세서가 불분명한 경우에는 미제출 또는 불분명한 지급금액에 대하여 1%(일용근로소득은 0.25%)의 가산세를 적용한다.

② 간이지급명세서

소득세 납세의무가 있는 개인에게 원천징수대상 사업소득과 기타소득(인적용역)을 지급하는 자(법인 포함)는 근로소득간이지급명세서를 그 지급일이 속하는 달의 다음달 말일(휴업·폐업 또는 해산한 경우에는 휴업일·폐업일 또는 해산일이 속하는 달의 다음달 말일)까지 원천징수 관할 세무서장, 지방국세청장 또는 국세청장에게 제출하여야 한다. 상용근로소득(일용근로소득 제외)은 반기 동안 지급한 소득에 대하여 반기의 마지막 달의 다음 달 말일까지 제출하여야 한다(2026년 1월 1일 이후 매월 제출). 간이지급명세서를 제출기한까지 제출하지 아니하거나 불분명한 경우 미제출 또는 불분명 지급금액에 대하여 0.25%의 가산세를 적용한다.

5 가산세

가산세란 세법에 규정한 의무의 성실한 이행을 확보하기 위하여 그 의무를 위반한 자에게 부과하는 행정벌을 말한다.

① 신고불성실가산세

납세자가 법정신고기한까지 세법에 따른 소득세 신고를 하지 않거나 과소하게 신고한 경우 납부할 세액에 가산하거나 환급받을 세액에서 공제한다. 복식부기의무자는 납부할세액기준과 수입금액기준 중 큰 금액을 적용한다.

구 분		내 용	
		납부할세액 기준	수입금액 기준
무신고	일반	납부할세액 × 20%	무신고 수입금액 $\times \dfrac{7}{10,000}$
	부정	납부할세액 × 40%	무신고 수입금액 $\times \dfrac{14}{10,000}$
과소신고 초과환급	일반	납부할세액 × $\dfrac{\text{일반과소신고과세표준}}{\text{과세표준}}$ ×10%	해당 없음
	부정	납부할세액 × $\dfrac{\text{부정과소신고과세표준}}{\text{과세표준}}$ ×40%	부정과소신고 수입금액 $\times \dfrac{14}{10,000}$

▶ 과세표준이 0보다 적은 경우에는 0으로 본다.
▶ 국제거래에서 발생한 부정행위로 무신고하거나 과소신고·초과신고한 경우에는 60%를 적용한다.

② 납부지연가산세

$$\text{ⓐ 미납부·과소납부세액(또는 초과환급세액)} \times \text{기간(일수)} \times \frac{2.2}{10,000}$$

$$\text{ⓑ 법정납부기한까지 미납부·과소납부세액} \times 3\%$$

- ▶ ⓐ의 기간은 법정납부기한(또는 환급받은 날)의 다음날부터 납부일까지의 일수(납세고지일부터 납세고지서에 따른 납부기한까지의 기간은 제외)
- ▶ ⓐ는 체납된 국세의 납세고지서별·세목별 세액이 150만원 미만인 경우에는 적용하지 아니한다.
- ▶ ⓑ는 국세를 납세고지서에 따른 납부기한까지 완납하지 아니한 경우에 한정한다.

③ 장부의 기록보관불성실가산세(무기장가산세)

장부를 비치·기록하지 아니하였거나 비치·기록한 장부에 따른 소득금액이 기장하여야 할 금액에 미달한 경우에는 소규모사업자를 제외하고 모두 적용한다. 산출세액에 곱해지는 비율이 1보다 큰 경우에는 1로, 0보다 작은 경우에는 0으로 한다. 신고불성실가산세와 동시에 적용되는 때에는 큰 금액에 해당하는 가산세만 적용하고, 가산세액이 같은 경우에는 신고 관련 가산세를 적용한다.

$$\text{산출세액} \times \frac{\text{무기장·미달기장소득금액}}{\text{종합소득금액}} \times 20\%$$

④ 기타의 가산세

종 류	가산세액
지급명세서등 제출 불성실가산세	지급명세서 미제출·불분명 금액 × 1%(일용근로소득은 0.25%) 제출기한 경과후 3개월(일용은 1개월) 이내 제출 : 0.5%(일용은 0.125%)
간이지급명세서 불성실가산세	간이지급명세서 미제출·불분명금액×0.25% 제출기한 경과후 1개월 이내 제출 : 0.125%
계산서 등 제출 불성실가산세 (소규모사업자 제외)	㉠ 계산서의 불분명 공급가액 × 1% ㉡ 계산서 미발급, 위장·가공의 계산서 발급 및 수취 공급가액 × 2% ㉢ 전자계산서 의무발급자가 종이계산서를 발급한 경우 1% ㉣ 계산서의 지연발급(과세기간 말의 다음달 25일까지 발급) 1% ㉤ 전자계산서 지연전송(0.3%), 미전송(0.5%) ㉥ 매출매입처별계산서합계표 미제출·불분명 공급가액 × 0.5% * 제출기한 경과후 1월 이내 제출하는 경우 : 0.3%
증명서류 수취불성실가산세	소규모 사업자 및 추계로 소득을 계산하는 경우를 제외한 모든 사업자가 적격증명서류 미수취한 금액 × 2%
영수증수취명세서 불성실가산세	소규모 사업자 및 추계로 소득을 계산하는 경우를 제외한 모든 사업자가 확정신고시 영수증수취명세서를 미제출하거나 불분명한 금액 × 1% (제출기한 경과후 1월 이내 제출하는 경우 : 0.5%)
사업장현황신고 불성실가산세	사업장현황신고를 무신고·미달신고 시 미달신고 수입금액 × 0.5% (의사·치과의사·한의사·수의사·약사에 한함)

종 류	가산세액
공동사업장등록 불성실가산세	㉠ 공동사업자 미등록, 허위등록시 각 과세기간의 총수입금액 × 0.5% (등록기한 경과 후 1월 이내 등록하는 경우 : 0.25%) ㉡ 공동사업자 신고의무 불이행시 각 과세기간의 총수입금액 × 0.1%
사업용계좌불성실가산세 (복식부기의무자에 한한다)	㉠ 미사용가산세 : 사업용계좌 미사용금액 × 0.2% ㉡ 미신고가산세 : 미신고한 기간에 해당하는 총수입금액 × 0.2% * 사업용계좌 미신고시에는 미신고가산세와 미사용가산세 중 큰 금액 적용
신용카드매출전표 발급불성실가산세	발급 거부금액 또는 사실과 다른 금액과의 차액 × 5% (건별로 계산한 금액이 5천원에 미달하는 경우에는 5천원)
현금영수증가산세 (5천원 미만 제외)	㉠ 현금영수증가맹점으로 가입하지 아니한 기간의 총수입금액 × 1% (가입기한 경과후 1월 이내 가입하는 경우 : 0.5%) ㉡ 발급 거부금액 또는 사실과 다른 금액과의 차액 × 5% (건별로 계산한 금액이 5천원에 미달하는 경우에는 5천원)
현금영수증 미발급가산세	현금영수증 의무발행자의 현금영수증 미발급금액 × 20% 거래대금을 받은 날부터 10일 이내에 자진신고·자진발급시 가산세 10% 적용
기부금영수증가산세	㉠ 사실과 다르게 발급된 기부금 영수증 차이금액 × 5% ㉡ 기부자별 발급내역을 작성·보관하지 아니한 금액 × 0.2%
원천징수등 납부지연가산세	① 미납부·과소납부 원천징수세액 × 3% ② 미납부·과소납부 원천징수세액 × 기간 × $\dfrac{2.2}{10,000}$
납세조합불납가산세	가산세 : ①+②(한도액 : 미납부·과소납부 원천징수세액 × 10%) * 기간은 납부기한의 다음날부터 자진납부일 또는 납세고지일까지로 한다. * 체납된 국세의 납부고지서별·세목별 세액이 150만원 미만인 경우에는 ②의 가산세를 적용하지 아니한다.

CHECK POINT **소규모사업자의 범위**

① 해당 과세기간에 신규로 사업을 개시한 사업자
② 직전 과세기간의 사업소득의 수입금액이 4,800만원에 미달하는 사업자
③ 연말정산되는 사업소득만 있는 사업자(보험모집인, 방문판매업자)

01 소득세법상 납세의무자에 대한 설명이다. 가장 옳지 않은 것은?

① 거주자는 국내에 주소를 두거나 183일 이상 거소를 둔 개인을 말한다.

② 비거주자는 원칙적으로 소득세 납세의무가 있다.

③ 계속하여 1년 이상 국내에 거주할 것을 통상 필요로 하는 직업을 가진 때는 국내에 주소를 가진 것으로 본다.

④ 거주자는 국내원천소득과 국외원천소득 모두에 대하여 소득세 납세의무를 진다.

> **해설** 비거주자는 국내원천소득에 대하여 소득세 납세의무가 있다. 1년 이상 → 183일 이상

02 다음은 소득세 납세의무와 관련된 설명이다. 옳지 않은 것은?

① 소득세법상 과세소득은 소득원천설을 도입하고 있으며 일부 소득에 대해서는 유형별포괄주의를 채택하고 있다.

② 기계장치를 처분하는 경우 그 처분이익은 소득세의 과세대상이 되지 아니한다.

③ 근로소득은 분리과세대상소득이 없다.

④ 거주자의 사업소득에 대한 신고 및 납부는 주소지 관할 세무서장에게 하여야 한다.

> **해설** 근로소득은 일용근로자에 대해 분리과세 하도록 하고 있다.

03 다음 중 소득세법상 합산과세되는 종합소득이 아닌 것은?

① 이자소득　　② 기타소득
③ 연금소득　　④ 양도소득

> **해설** 양도소득은 분류과세 된다.

04 다음 중 소득세법상 이자소득으로 과세되는 것은?

① 물품을 매입할 때 대금의 결제방법에 따라 에누리되는 금액

② 외상매입금을 약정기일 전에 지급함으로써 받는 할인액

③ 장기할부판매 조건으로 판매하고 통상적인 대금의 결제방법에 의한 경우보다 추가로 받는 금액

④ 외상매출금을 소비대차로 전환하여 주고 추가로 받는 금액

> **해설** 소비대차로 전환하는 것은 매출채권이 대여금으로 바뀐 것이다. 따라서 추가로 받는 금액은 비영업대금의 이익에 해당되므로 이자소득으로 과세한다.

05 다음은 소득세법상 국내에서 지급받은 이자배당 소득으로 무조건 분리과세 되는 이자배당소득이다. 이에 해당하지 않는 것은?

① 출자공동사업자의 배당소득
② 직장공제회 초과반환금
③ 비실명 이자배당소득
④ 법원보관금의 이자소득

> **해설** 출자공동사업자의 배당소득은 당연종합과세대상이고 나머지는 분리과세대상 금융소득이다.

06 다음은 소득세법상 이자소득 및 배당소득의 수입시기와 관련된 설명이다. 가장 옳지 아니한 것은?

① 기명채권의 이자 : 실제 이자지급일
② 정기예금의 이자 : 실제 이자지급일
③ 직장공제회초과반환금 : 약정에 의한 지급일
④ 집합투자기구로부터의 이익 : 이익을 지급받은 날

> **해설** 기명채권의 이자는 약정에 의한 지급일이 수입시기이다.

정답 | 1 ③　2 ③　3 ④　4 ④　5 ①　6 ①

07 다음의 자료를 이용하여 소득세법상 A씨의 의제배당을 계산하면 얼마인가?

> 1. 하나(주) 100주(액면가액 @5,000원, 취득가액 @10,000원)보유
> 2. 하나(주)는 인천(주)에 흡수합병됨.
> 3. A씨가 인천(주)로부터 받은 합병교부금의 내역은 다음과 같다.
>   - 인천(주)의 주식 200주(액면가액 @5,000원, 공정가치 @6,000원)
>   - 합병에 따른 현금보상을 실시하였는데, 하나(주)의 주식 1주당 3,000원
>   - 단, 합병대가로 받은 주식은 액면가액으로 평가하는 것으로 가정한다.

① 300,000원 ② 500,000원
③ 700,000원 ④ 800,000원

해설
- 합병으로 취득한 자산가액 : 200주×5,000+100주×3,000=1,300,000원
- 주식을 취득하기 위하여 소요된 금액 : 100주×10,000 =1,000,000원
- 의제배당액 : 1,300,000−1,000,000=300,000원

08 다음은 소득세법상 부동산임대업의 소득금액에 대한 설명이다. 다음 설명 중 옳지 않은 것은?

① 부동산임대업의 수입시기 중 계약에 의하여 지급기일이 정해진 경우에는 그 정해진 날을 수입시기로 한다.
② 1세대 1주택의 경우 임대주택이 고가주택이라고 하더라도 간주임대료는 과세되지 않는다.
③ 2주택 이상의 경우 월 임대료는 과세대상 임대소득이다.
④ 보증금 등의 합계액이 2억 이상인 3주택 이상자의 간주임대료는 과세대상 임대소득이다.

해설
보증금 등의 합계액이 3억 이상인 3주택 이상자의 간주임대료가 과세대상 임대소득이다.

09 다음 자료에 의해 복식부기의무자로 가정하고 소득세법상 사업소득금액을 계산하면 얼마인가?

> (1) 손익계산서상 당기순이익 : 100,000,000원
> (2) 손익계산서에 반영된 금액
>   - 본인급여   40,000,000원
>   - 세금과공과 중 벌금   1,000,000원
>   - 이자수익   500,000원
>   - 기계장치처분이익   100,000원

① 140,000,000원 ② 140,400,000원
③ 140,500,000원 ④ 141,000,000원

해설 소득금액=당기순이익+본인급여+벌금−이자수익

10 다음 중 소득세법상 주택임대소득에 대한 설명으로 틀린 것은?

① 1개의 주택을 소유하는 자의 주택임대소득은 고가주택이 아니면 비과세한다.
② 주택수 계산에 있어서 임차한 주택을 전대하는 경우에는 해당 임차한 주택을 임차인의 주택으로 계산한다.
③ 주택임대소득의 과세기준이 되는 고가주택은 실거래가액이 9억원을 초과하는 경우를 말한다.
④ 주택임대소득 계산에서의 주택 수의 계산은 본인과 배우자가 각각 주택을 소유한 경우 이를 합산한다.

해설 고가주택은 기준시가가 12억원 초과하는 경우를 말한다.

11 소득세법상 사업소득금액을 계산할 때 총수입금액에 산입되는 것은?

① 사업과 무관한 채무면제이익
② 소득세환급가산금
③ 사업자가 자기가 생산한 제품을 다른 제품의 원재료로 사용한 금액
④ 거래상대방으로부터 받는 장려금

해설
거래상대방으로부터 받은 장려금은 총수입금액에 산입하며 판매장려금 및 판매수당등을 판매관련 부대비용을 지급한 경우 필요경비에 산입한다.

12 다음 자료에 의하여 소득세법상 사업소득총
수입금액을 계산하라.

> 1. 총매출액 : 55,000,000원(부가가치세 예수금 5,000,000원 포함)
> 2. 매출에누리액 : 2,000,000원
> 3. 매출할인액 : 1,000,000원
> 4. 매입할인액 : 3,000,000원
> 5. 매출장려금 수입액 : 3,000,000원
> 6. 국세과오납금에 대한 환급금 이자 : 1,000,000원

① 50,000,000원   ② 52,000,000원

③ 55,000,000원   ④ 58,000,000원

해설 • 총수입금액=총매출액−부가가치세 예수금−매출에누리−매출할인+장려금
55,000,000−5,000,000−2,000,000−1,000,000 +3,000,000=50,000,000원

13 다음 중 소득세법상 규정된 금액으로 틀린
것은?

① 일시적인 인적용역 제공에 따른 기타소득금액의 과세최저한 : 10만원 이하

② 원천징수 소액부징수 : 1천원 미만(이자소득과 부가가치세 면세 인적용역소득 제외)

③ 일용근로자의 근로소득공제액 : 일당 15만원

④ 중간예납세액의 소액부징수 : 50만원 미만

해설 기타소득금액이 5만원 이하인 경우에 소득세를 과세하지 아니한다.

14 소득세법상 거주자 이소룡은 신인연예인으
로서 (주)멋대로 프로덕션과 2025년 1월에
20년 전속계약을 체결하고 1억원 전속계약금
을 일시불로 받았다. 이에 대한 실제필요경비
가 전혀 없다고 가정할 때 당 전속계약금에
대한 다음 설명 중 올바른 것은?

① 전속계약금은 기타소득으로서, 2025년 귀속되는 총수입금액은 5,000,000원이므로 분리과세를 선택할 수 있다.

② 거주자 이소룡은 2025년 종합소득세 확정신고 시 전속계약금의 1/20을 사업소득금액으로 하여 다른 종합소득과 합산신고 하여야 한다.

③ (주)멋대로 프로덕션이 4,400,000원을 원천징수하고 차액인 95,600,000원을 지급한다.

④ 전속계약금은 사업소득으로서, 2025년 귀속되는 총수입금액은 1억원이다.

해설 연예인 및 직업운동선수 등이 사업활동과 관련하여 받는 전속계약금은 기타소득이 아니고 사업소득에 해당하며, 연예인 및 직업운동선수 등이 계약기간 1년을 초과하는 일신전속계약에 대한 대가를 일시에 받는 경우에는 계약기간에 따라 균등하게 안분한 금액을 각 과세기간 종료일에 수입한 것으로 한다. 따라서 1억원을 20년으로 안분한 5,000,000원이 2025년 귀속 사업소득의 수입금액이며, 필요경비가 전혀 없으므로 그 5,000,000원이 사업소득의 소득금액이 된다.

15 소득세법상 일용근로자의 근로소득에 대한
설명으로 옳지 않은 것은?

① 일용근로자는 근로소득 세액공제가 적용되지 않는다.

② 일용근로자는 6%의 최저세율이 적용된다.

③ 일용근로자가 연 100만원 이상의 부동산임대소득금액이 발생하는 경우에도, 일용근로자 근로소득은 합산하여 과세되지 아니한다.

④ 일용근로소득은 완납적 원천징수로서 납세의무가 종결된다.

해설 근로소득세액공제가 적용됨

16 소득세법상 근로소득에는 다양한 비과세소
득을 두고 있다. 다음 중 근로소득의 비과세소
득에 해당하지 아니하는 것은?

① 근로자 김홍국 대리가 리스차량을 이용하여 회사업무를 수행함으로써 받는 월 20만원의 자가운전보조금

② 근로자 이휘재 과장이 받는 월 20만원의 식사대 (음식물 제공 없음)

③ 근로자 유재석 부장이 받는 월 10만원의 6세 이하 자녀보육급여

④ 중소기업(법인)의 김구라 이사가 주택 구입 자금을 무상으로 대여받은 이익 100만원

해설 주택의 구입 임차에 소요되는 자금을 저리 또는 무상으로 대여받은 이익은 중소기업의 종업원이 받은 경우 비과세이지만 법인의 임원인 이사가 받는 경우는 해당하지 아니한다.

17 다음은 소득세법상 비과세근로소득에 관한 사항이다. 비과세 급여에 대한 설명 중 옳지 않는 것은?

① 방송기자가 받는 취재수당 월 20만원

② 직전년도 총급여 3,000만원 이하이면서 월정액급여 210만원 이하인 생산직 근로자가 받는 초과근로수당 중 연 240만원 이내의 금액

③ 발명진흥법에 따른 직무발명보상금으로서 연 700만원 이내의 금액

④ 업무와 관련하여 지출한 통신비를 정산받지 아니하는 근로자가 받는 월 10만원 이하의 정액 통신비

해설 근로자가 지급받는 정액 통신비는 비과세 근로소득에 해당하지 아니한다.

18 다음 중 소득세법상 납세의무자가 분리과세와 종합과세를 선택할 수 있는 것은?

> a. 총연금액이 1,500만원 이하의 연금소득(사적연금)
> b. 일당 15만원 이하의 일용근로소득
> c. 연간 2,000만원 이하의 금융소득
> d. 연간 1,000만원 이하의 출자공동사업자의 이익분배액
> e. 연간 300만원 이하의 기타소득금액

① a, e   ② a, c
③ b, e   ④ c, d

해설 총 연금액이 1,500만원 이하의 사적연금소득과 연간 300만원 이하의 기타소득금액은 선택적 분리과세대상이다.

19 다음 중 원천징수되는 소득세가 가장 적은 것은?

① 로또 복권 5장을 5,000원에 구입하여 그 중 1장이 1,800,000원에 당첨되었다.

② 공익지상권을 대여하고 1,000,000원을 받았다.

③ 대학생이 신문사에 글을 기고하고 원고료로 200,000원을 받았다.

④ 대학교수가 TV토론회에 출연하고 출연료 500,000원을 받았다.

해설 복권 당첨금은 건별로 200만원 미만인 경우 기타소득의 과세최저한에 해당하여 원천징수 세금은 없다(소법 84조).

② (1,000,000−600,000)×20%=80,000원

③ (200,000−120,000)×20%=12,000원

④ (500,000−300,000)×20%=40,000원

20 거주자 이강세는 우연히 다음과 같은 소득이 발생하였다. 소득세법 적용에 대한 설명으로 틀린 것은?

> ㉮ 5월 10일 다수인에게 강연을 하고 받은 강연료 : 5,000,000원
> ㉯ 현대백화점에서 경품추첨에 당첨이 되어 시가 10,000,000원 상당의 자동차를 받았다.
> ㉰ 로또복권에 당첨되어 50,000,000원을 받았다.

① ㉮의 소득은 고용관계여부에 따라 소득구분이 달라질 수 있다.

② ㉰의 경우 원천징수세율이 30%가 적용된다.

③ 모두 기타소득이라면 종합과세 할 수 있는 기타소득금액은 12,000,000원이다.

④ 모두 기타소득이라면 12,400,000원이 원천징수세액이다(지방소득세 별도).

해설 강연료는 필요경비 60%가 적용되므로 기타소득금액은 2,000,000원이며 나머지 기타소득은 필요경비가 없으므로 수입금액이 기타소득금액이 된다. 원천징수세율은 20% 이다.
• 원천징수세액 : (2,000,000+10,000,000 +50,000,000)×20%=12,400,000원

21 소득세법상 공동사업에 관한 다음 설명 중 옳은 것은?

① 공동사업장의 접대비 한도액 중 기초금액은 공동사업자의 인원수에 따라 달라진다.

② 공동사업자는 다른 공동사업자의 사업소득의 소득세 미납액에 대한 연대납세의무를 지는 것이 원칙이다.

③ 공동사업장을 1거주자로 보아 기장의무 규정을 적용한다.

④ 공동사업장의 원천징수불성실가산세는 원천징수업무를 담당하는 공동사업자에게 부과한다.

해설 공동사업장의 접대비 한도액 계산시 공동사업자를 1거주자로 보므로 기초금액에 공동사업자의 인원수를 곱하면 안 된다. 공동사업자는 다른 공동사업자의 사업소득의 소득세 미납액에 대한 연대납세의무를 지지 않는 것이 원칙이다. 공동사업장의 원천징수불성실가산세는 손익분배비율에 따라 분배하여 각 공동사업자가 부담한다.

22 소득세법상 공동사업에 대한 소득금액 계산의 특례에 대한 설명 중 옳지 않은 것은?

① 공동사업장의 수입금액과 필요경비에 대하여는 공동사업자별로 각각 구분하여 장비를 비치·기록하여 계산한 소득금액을 각 공동사업자별로 과세한다.

② 공동사업에서 발생한 소득금액은 해당공동사업을 경영하는 각 거주자 간에 약정된 손익분배비율에 의하여 분배되었거나 분배될 소득금액에 따라 각 공동사업자별로 분배한다.

③ 사업소득이 발생하는 사업을 공동으로 경영하고 그 손익을 분배하는 공동사업의 경우에는 해당사업을 경영하는 장소를 1거주자로 보아 공동사업장별로 그 소득금액을 계산한다.

④ 거주자 1인과 그와 특수 관계에 있는 자가 공동사업자에 포함되어 있는 경우로서 손익분배비율을 허위로 정하는 사유가 있는 때에는 당해 특수관계자의 소득금액은 그 손익분배비율이 큰 공동사업자의 소득금액으로 본다.

공동사업장을 1거주자로 보아 장부를 비치·기록하여 계산한 소득금액을 각 공동사업자별로 분배하여야 하고, 각 공동사업자는 자기의 다른 소득과 합산하여 소득세를 신고 납부한다.

23 다음 중 소득세법상 부당행위계산부인규정과 관련이 없는 소득은?

① 기타소득   ② 양도소득
③ 근로소득   ④ 사업소득

근로소득은 부당행위계산부인 규정과 관련이 없다.

24 다음은 소득세법상 종합소득공제 및 세액공제에 대한 설명이다. 가장 옳지 않은 것은?

① 소득이 없는 장애인은 연령에 제한 없이 기본공제대상자가 될 수 있다.

② 기본공제대상에 해당하는 지의 여부의 판정은 원칙적으로 과세기간종료일 현재의 상황에 따른다.

③ 근로소득이 없는 자로서 성실 사업자가 아닌 자는 특별세액공제를 받지 못하고 12만원의 표준세액공제를 적용받는다.

④ 거주자의 직계존속이 있는 경우 주거형편상 별거하고 있는 경우에도 부양가족으로 볼 수 있다.

근로소득이 없는 자는 7만원의 표준세액공제를 적용받는다. 단, 성실사업자의 경우 12만원의 표준세액공제를 적용받는다.

25 다음은 소득세법상 특별공제 중 근로소득자의 의료비세액공제에 대한 설명이다. 다음 중 옳지 않은 것은?

① 실손의료보험에 가입하여 실손보험금을 수령하면 반드시 의료비 지출액에서 차감하고 의료비세액공제를 적용하여야 한다.

② 의료비세액공제는 기본공제 대상자의 연령 및 소득의 제한을 받지 않는다.

③ 의료비세액공제는 난임시술비의 경우 20%, 그 외의 공제대상의료비의 경우 15%를 세액공제한다.

④ 의료비세액공제는 본인, 6세 이하자, 65세 이상자, 장애인, 중증질환자, 미숙아 등 의료비, 난임시술비 등을 제외한 의료비는 연 700만원을 한도로 공제한다.

의료비 세액공제는 난임시술비 30%, 미숙아 및 선천성 이상아를 위한 의료비 20%, 그 외의 공제대상 의료비는 15%를 세액공제한다.

26 다음 자료를 참고로 하여 거주자 윤찬호씨의 2025년 귀속 종합소득세 산출세액을 계산하면?

> 1. 종합소득금액
>   (1) 사업소득금액 : 23,000,000원
>   (2) 근로소득금액 : 35,000,000원
>   (3) 기타소득금액 : 18,000,000원
> 2. 종합소득공제액
>   (1) 기본공제   : 6,000,000원
>   (2) 추가공제   : 5,000,000원
>   (3) 특별공제   : 7,000,000원
> 3. 세율(속산표)
>   (1) 1,400만원 이하 : 과세표준×6%
>   (2) 5,000만원 이하 :
>   과세표준×15% − 1,260,000원
>   (3) 8,800만원 이하 :
>   과세표준×24% − 5,760,000원
>   (4) 1억 5천만원 이하 :
>   과세표준×35% − 15,440,000원
>   (5) 3억원 이하 :
>   과세표준×38% − 19,940,000원
>   (6) 5억원 이하 :
>   과세표준×40% − 25,940,000원

① 7,700,000원   ② 8,000,000원

③ 8,160,000원   ④ 8,700,000원

해설
• 종합소득금액=23,000,000+35,000,000
  　　　　　+18,000,000=76,000,000원
• 종합소득공제=6,000,000+5,000,000+7,000,000
  　　　　　=18,000,000원
• 산출세액=58,000,000×24%−5,760,000
  　　　　　=8,160,000원

27 다음의 거주자 중 반드시 종합소득세 과세표준 확정신고를 하여야 하는 자는 어느 것인가?

① 분리과세배당소득과 퇴직소득만이 있는 자

② 근로소득과 연말정산되는 사업소득만이 있는 자

③ 근로소득과 퇴직소득만이 있는 자

④ 일용근로소득만 있는 자

해설
원천징수되는 소득이라 하더라도 종합소득금액에 포함되는 소득이 둘 이상 있는 경우에는 확정신고를 하여야 한다.

28 다음 중 소득세법상 퇴직소득으로 과세되는 것은?

① 국민연금법에 따라 받는 유족연금

② 사립학교교직원연금법에 따라 사망자의 유족이 받는 급여

③ 근로제공으로 인한 부상과 관련하여 근로자가 받는 위자료 성질이 있는 급여

④ 교육공무원에게 지급되는 명예퇴직수당

29 다음 (가), (나), (다)에 들어갈 말로 옳은 것은?

> 소득세법상 간편장부대상자가 2025년 귀속분 종합소득 과세표준확정신고를 함에 있어서 간편장부에 의하여 기장한 경우엔 (가)를, 복식부기에 의하여 기장한 경우에는 (나)를 기장세액공제를 하며 그 한도액은 (다)이다.

	(가)	(나)	(다)
①	0%	20%	100만원
②	10%	20%	100만원
③	5%	20%	300만원
④	5%	10%	300만원

해설
기장세액 공제는 간편장부대상자가 복식장부에 의하여 기록하는 경우에만 20%를 공제한다(한도 100만원).

30 종합소득금액이 1억원을 초과하는 거주자로 가정하고, 다음 중 연금계좌세액공제대상 연금계좌납입액의 한도로 틀린 것은?

	연금저축납입액	퇴직연금납입액	세액공제대상금액
①	7,000,000원	7,000,000원	9,000,000원
②	0원	7,000,000원	7,000,000원
③	7,000,000원	2,000,000원	9,000,000원
④	7,000,000원	0원	6,000,000원

해설
연금저축납입액이 600만원을 초과하면 600만원이 공제대상이 되고 퇴직연금은 연금저축과 합하여 900만원까지 추가공제가 가능하다.
따라서 한도액은
6,000,000 + 2,000,000 = 8,000,000원

05 법인세 정리

SECTION 01 | 법인세법 총칙

1 법인세의 과세대상과 납세의무자

① 법인세의 과세대상

법인의 과세대상 소득은 각사업연도소득과 청산소득 및 토지등양도소득의 세 가지로 구분한다.

구 분	각사업연도소득	청산소득	토지등양도소득
의 의	1회계기간(사업연도) 동안 법인의 익금총액에서 손금총액을 차감하여 산출한 금액	법인이 해산 또는 합병, 분할을 하는 경우 잔여재산가액(또는 합병대가, 분할대가)에서 세무상 자기자본 총액을 공제하여 산출한 금액	법인세법이 규정하는 주택과 비사업용토지를 양도하는 경우 부동산의 양도가액에서 장부가액을 공제하여 산출한 금액
계산구조	익 금 총 액 - 손 금 총 액 각사업연도소득	잔 여 재 산 가 액 - 자 기 자 본 총 액 과 세 표 준	양 도 가 액 - 장 부 가 액 과 세 표 준
신고납부	사업연도 종료일이 속하는 달의 말일부터 3개월 이내에 신고·납부	잔여재산가액 확정일이 속하는 달의 말일부터 3개월 이내 신고·납부	각사업연도소득에 대한 법인세와 함께 신고·납부

② 법인 유형별 납세의무

법인의 유형별 납세의무는 다음과 같다.

법인유형		각사업연도소득	청산소득	토지 등 양도소득	미환류 소득
내국법인	영리법인	국내외 모든 소득	○	○	○
	비영리법인	국내외 수익사업소득	×	○	×
외국법인	영리법인	국내원천 모든 소득	×	○	×
	비영리법인	국내원천 수익사업소득	×	○	×
국가 지방자치단체 등		비과세	비과세	비과세	비과세

▶ 외국의 정부와 지방자치단체는 비영리외국법인에 해당한다.

2 사업연도

① 사업연도

일정기간의 법인의 소득에 대하여 법인세를 과세하기 위한 시간적 단위를 사업연도라 한다. 1사업연도는 원칙적으로 1년을 초과할 수 없다.

구 분	사업연도
법령·정관 등에 정한 경우	법령·정관 등에 정해진 사업연도 적용
정관 등에 정하지 않은 경우	법인 설립신고나 사업자등록 시에 신고한 내용대로 적용
사업연도를 신고하지 않은 경우	1.1부터 12.31까지

② 신설법인의 사업연도 개시일

ⓐ 내국법인 : 설립등기일
ⓑ 외국법인 : 국내사업장을 가지게 된 날(국내사업장이 없는 경우에는 부동산소득·양도소득이 최초로 발생한 날)

③ 사업연도의 변경

사업연도를 변경하고자 하는 법인은 직전 사업연도 종료일로부터 3개월 이내에 사업연도 변경신고를 하여야 하며, 신고기한 경과 후 변경신고서를 제출한 경우에는 다음 사업연도부터 사업연도가 변경된다.
종전 사업연도 개시일부터 변경된 사업연도 개시일 전일까지의 기간을 1사업연도로 하며, 그 기간이 1개월 미만인 경우에는 변경된 사업연도에 그 기간을 포함한다.

3 각 사업연도소득과 납세지

① 각 사업연도소득의 과세범위

구 분	과세대상	규정방법
순자산증가설 (법인세법)	법인의 순자산을 증가시키는 모든 소득으로 일시적, 우발적 소득도 과세대상	포괄주의
소득원천설 (소득세법)	일정한 원천에서 발생한 소득으로 계속적·반복적인 소득만 과세대상	열거주의

② 납세지

내국법인의 법인세 납세지는 등기부상 본점 또는 주사무소 소재지로 한다. 내국법인이 국내에 본점 또는 주사무소가 소재하지 않는 경우에는 사업의 실질적 관리장소의 소재지를 납세지로 한다. 외국법인의 법인세 납세지는 국내사업장 소재지로 하고, 국내사업장이 없는 외국법인으로서 부동산소득, 양도소득이 있는 경우에는 각각 그 자산의 소재지를 납세지로 한다.

4 법인세 계산구조

결 산 서 상 당 기 순 이 익	
(+)익 금 산 입 및 손 금 불 산 입	소득금액조정합계표상 금액
(-)손 금 산 입 및 익 금 불 산 입	
차 가 감 소 득 금 액	
(+)기 부 금 한 도 초 과 액	
(-)기부금한도초과이월액손금산입 …	기부금 10년 이월공제
각 사 업 연 도 소 득 금 액	
(-)이 월 결 손 금 …	15년 이내에 발생한 세무상 결손금
(-)비 과 세 소 득	(2019.12.31. 이전 개시 사업연도 발생분은 10년)
(-)소 득 공 제	
과 세 표 준	
× 세 율 …	• 2억원까지 9%
산 출 세 액	• 2억원 초과 200억원 이하분 19%
(-)세 액 감 면 · 공 제	• 200억원 초과 3,000억원 이하분 21%
(+)가 산 세	• 3,000억원 초과분 24%
(+)감 면 분 추 가 납 부 세 액	
총 부 담 세 액	
(-)기 납 부 세 액 …	중간예납, 원천납부, 수시부과세액
차 감 납 부 세 액	

▶ 성실신고확인서 제출 대상 법인 중 부동산임대업이 주업인 법인에게 적용하는 세율은 과세표준 200억원 초과는 동일하지만 200억원 이하는 19%를 적용한다.

5 세무조정

> • NCS 능력단위 : 0203020207법인세신고　　능력단위요소 : 01각사업년도소득세무조정하기
> 1.1　법인세법의 포괄주의의 기본개념을 파악하여 법령에 따른 세무조정의 절차를 수행 할 수 있다.
> 1.6　법령에 따른 소득처분 항목을 구분 할 수 있다.

① 세무조정의 개념

㉠ 세무조정의 의미

세무조정이란 넓은 의미로는 과세표준과 세액을 계산하고 세무조정계산서를 작성하여 법인세를 신고·납부하는 제반 절차를 말하고, 좁은 의미로는 결산서상 당기순이익으로부터 법인세법상 각사업연도소득금액을 산출하는 과정을 말한다.

ⓛ 세무조정 방법

좁은 의미의 세무조정인 각사업연도소득금액을 계산하는 방법을 법인세법은 익금에서 손금을 차감하여 구하는 것으로 되어 있으나 실질적으로는 기업회계상의 당기순이익에 익금산입·손금불산입 항목을 더하고 손금산입·익금불산입 항목을 빼서 구한다.

기업회계상 손익계산서	세무조정	법인세법
수 익 ┄┄➤	(+)익금산입(-)익금불산입 ┄┄➤	익 금
- 비 용 ┄┄➤	(+)손금산입(-)손금불산입 ┄┄➤	- 손 금
당 기 순 이 익 ⟶	(+)익금산입, 손금불산입 (-)손금산입, 익금불산입	각사업연도소득금액 ▼

▶ 법인세법은 각 사업연도의 소득금액을(┄➤)의 방향으로 계산하는 것으로 규정되어 있지만 실무상 (⟹)의 방향으로 계산한다.

② **결산조정과 신고조정**

㉠ 결산조정항목

결산서에 계상되어 있는 경우에 한해서 법인세법상 손금으로 인정되는 비용 항목을 결산조정항목이라 한다. 법인이 결산에 반영한 비용을 법인세법이 허용하는 한도 내에서 손금으로 인정한다. 결산에 반영하지 않은 비용은 법인세법상 손금으로 인정되지 않을 뿐만 아니라 경정청구의 대상도 되지 않는다.

구 분	내 용
자산의 상각	• 고정자산의 감가상각비(국제회계기준적용 법인과 세액감면시 신고조정 허용) • 시설개체나 기술낙후로 인한 생산설비의 폐기손실(1,000원 공제한 금액) • 대손금의 일부(대손사유 중 결산조정대상)
자산의 감액손실	• 파손·부패 등으로 인한 재고자산의 감액손실 • 천재·지변 등으로 파손, 멸실된 고정자산의 감액손실 • 주식을 발행한 법인이 부도 또는 파산한 경우 해당 주식의 감액손실(1,000원 공제)
충당금 및 준비금	• 대손충당금의 설정 • 퇴직급여충당금의 설정 • 일시상각충당금 및 압축기장충당금의 설정(신고조정 허용) • 준비금의 설정(외부감사를 받는 비영리내국법인의 고유목적사업준비금과 국제회계기준 적용 보험업법인의 비상위험준비금 및 조세특례제한법상 준비금은 잉여금처분에 의한 신고조정 허용)

㉡ 신고조정항목

신고조정항목은 결산서에 비용으로 계상하였는지 여부와 관계없이 법인세법상 손금으로 인정되는 비용항목을 말한다. 결산조정 항목 이외의 모든 손금항목으로 결산서에 비용으로 계상하는 방법과 세무조정에 의해 손금에 산입하는 방법이 모두 인정된다. 신고조정항목은 결산조정과 달리 법인세법에서 규정하고 있는 귀속시기를 임의로 선택할 수 없고, 손금에 반영하지 않은 경우 경정청구의 대상에 해당한다.

다음의 항목은 결산에 반영하거나 세무조정으로 손금에 산입하여야 하는 강제조정항목이다.

- 세액감면 받은 법인의 감가상각비   • 퇴직연금충당금의 손금산입
- 업무용 승용차에 대한 감가상각비(내용연수 5년, 연 800만원 한도)

6 소득처분

① 소득처분의 의의

소득처분이란 법인세법 상의 소득이 사내에 유보되었는지 사외로 유출되었는지를 밝히고, 사외로 유출된 경우 소득의 귀속자를 명확하게 하는 절차를 말한다. 법인세법 상의 소득은 당기순이익과 세무조정에 의한 증감액으로 구성되는데 당기순이익은 기업회계의 이익처분의 절차에 따라 귀속이 확인되었으므로 세무조정에서 나타난 것만 소득의 귀속을 밝히면 된다.

② 소득처분의 유형

㉠ 사외유출

세무조정으로 당기순이익에 가산되는 익금산입, 손금불산입 금액이 사외로 유출되어 특정인의 소득을 구성하는 경우에는 해당 소득의 귀속자에 따라서 네 가지 유형의 사외유출이 나타난다. 다만 사외유출 된 금액이 출자임원에게 귀속되는 경우에는 배당으로 처분하지 않고 상여로 처분한다.

소득의 귀속자	소득처분	귀속자에 대한 과세
출자자(출자임원 제외)	배 당	소득세법상 배당소득으로 원천징수
임원 또는 사용인	상 여	소득세법상 근로소득으로 원천징수
법인이나 사업을 하는 개인	기타사외유출	원천징수 의무 없음
위 이외의 자	기타소득	소득세법상 기타소득으로 원천징수

㉡ 유 보

유보의 소득처분은 세무조정의 결과 사외유출 되지 않고 법인 내부에 남아 회계상자본(자산 – 부채)과 세무상자본(자산 – 부채)의 차이가 나타나는 경우에 하는 처분이다. 당기순이익에 가산되는 익금산입, 손금불산입 금액은 회계상자본보다 세무상자본이 크게 되므로 유보로 처분하고, 당기순이익에서 차감하는 손금산입, 익금불산입 금액은 회계상자본보다 세무상자본이 작게 되므로 △유보로 처분한다. 회계상자본에 유보액을 더하거나 △유보액을 차감하면 세무상자본이 된다.

유보 또는 △유보로 소득처분 된 금액은 해당 자산 또는 부채와 함께 이월되다가 그 자산 또는 부채가 소멸할 때 당초의 세무조정과 반대되는 세무조정을 하여 유보를 소멸시킨다. 유보는 △유보로, △유보는 유보로 소멸하는 세무조정을 추인이라 하고, 이때에 회계상자본과 세무상자본이 일치하게 된다. 또한 당초의 세무조정으로 인하여

발생한 회계상 이익과 세무상 소득금액의 차이가 소멸된다. 유보는 발생하면 자본금과 적립금조정명세서(을)에서 계속적으로 이월하면서 관리를 하여야 하고, 차기 이후에 일정 사유가 발생하면 반대의 세무조정을 통하여 소멸시켜야 한다.

소득처분	회계상자본과 비교	세무조정	세무조정 사례
유 보	회계상자산 < 세무상자산 회계상부채 > 세무상부채 회계상자본 < 세무상자본	익금산입 손금불산입	감가상각비 부인액 대손충당금 한도 초과액 퇴직급여충당금 한도 초과액 기말재고자산의 평가감
△유 보	회계상자산 > 세무상자산 회계상부채 < 세무상부채 회계상자본 > 세무상자본	손금산입 익금불산입	기말재고자산의 평가증 외화자산 평가이익의 부인액

ⓒ 기 타

세무조정으로 당기순이익에 가산 또는 차감된 금액이 사외유출 되지도 않고 회계상자본과 세무상자본의 차이를 유발하지도 않는 경우에는 기타로 소득처분한다. 기타로 소득처분 된 경우는 회계상자본과 세무상자본의 구성항목만 차이가 있을 뿐 자본총액은 서로 같다.

③ 특수한 경우의 소득처분

특수한 경우		소득처분
추계조사결정	장부나 그 밖의 증명서류의 불비	결정된 과세표준과 장부상 법인세비용 차감전 순이익과의 차액을 **대표자에 대한 상여**로 처분
	천재지변 등에 따른 장부의 멸실	결정된 과세표준과 장부상 법인세비용 차감전 순이익과의 차액을 **기타사외유출**로 처분
소득의 귀속자가 불분명한 경우		**대표자에 대한 상여**로 처분

④ 무조건 기타사외유출로 처분하는 경우

ㄱ 기부금 한도초과액과 기업업무추진비 한도초과액ⓞⓞⓞ
ㄴ 업무무관 자산과 가지급금 관련 지급이자 손금불산입액
ㄷ 채권자 불분명 사채이자, 비실명 채권·증권의 이자에 대한 원천징수세액 상당액
ㄹ 업무용승용차의 처분손실로 800만원 초과하는 금액과 업무용승용차 중 임차한 차량의 감가상각비 상당액 중 연 800만원 초과분
ㅁ 임대보증금의 간주익금 익금산입액
ㅂ 익금에 산입한 금액의 귀속이 불분명하여 대표자에 대한 상여로 처분한 경우 해당 법인이 그 처분에 따른 소득세 등을 대납하고 이를 비용으로 계상한 금액과 그 대표자와의 특수관계가 소멸될 때까지 회수하지 아니함에 따라 익금에 산입한 금액
ㅅ 부당행위계산부인 대상인 자본거래로 특수관계인인 다른 주주등에게 이익을 분여한 경우 익금에 산입한 금액으로서 귀속자에게 상속세 및 증여세법에 의하여 증여세가 과세되는 금액
ㅇ 천재지변과 기타 불가항력에 따른 장부의 멸실로 인하여 추계결정 또는 추계경정하는 경우

SECTION **02** | **익금과 손금**

● NCS 능력단위 : 0203020207법인세신고　　　 능력단위요소 : 01각사업년도소득세무조정하기
1.3　법령에 열거한 익금산입과 익금불산입 항목을 구분 할 수 있다.
1.4　법령에 열거한 손금산입과 손금불산입 항목을 구분 할 수 있다.
1.5　법인세법과 기업회계기준 차이에 따른 손금범위 한도초과액을 계상할 수 있다.

---

1 익금과 익금불산입

① 익 금

익금은 자본 또는 출자의 납입 및 법인세법에서 익금불산입 항목으로 규정하는 사항을 제외하고 해당 법인의 순자산을 증가시키는 거래로 인하여 발생하는 수익의 금액을 말한다.

② 익금항목

다음은 법인세법에서 익금으로 예시하고 있는 것으로 여기에 해당하지 않아도 법인의 순자산을 증가시키는 것이라면 익금에 해당한다.

> ㉠ 사업수입금액(매출액을 의미하고 매출에누리와 매출환입 및 매출할인은 제외된다.)
> ㉡ 자산의 양도금액(자기주식의 양도금액)
> ㉢ 자산의 임대료
> ㉣ 보험업법 등 법률에 의한 자산의 평가이익(임의평가이익은 제외한다.)
> ㉤ 자산수증이익과 채무면제이익
> ㉥ 손금에 산입한 금액 중 환입된 금액
> ㉦ 특수관계가 소멸되는 날까지 회수하지 아니한 가지급금과 특수관계인에 대한 가지급금의 이자를 이자발생일이 속하는 사업연도 종료일부터 1년이 되는 날까지 회수하지 아니한 경우 그 이자
> ㉧ 임대보증금의 간주임금
> ㉨ 의제배당
> ㉩ 국고보조금 및 공사부담금
> ㉪ 외국법인세액으로 세액공제의 대상이 되는 금액
> ㉫ 특수관계자인 개인으로부터 유가증권을 시가보다 낮은 가액으로 매입하는 경우 시가와 그 매입가액의 차액
> ㉬ 그 밖의 수익으로서 그 법인에 귀속되었거나 귀속될 금액

③ 익금불산입 항목

다음의 항목은 법인의 순자산을 증가시키지만 특정 목적에 의하여 익금에서 제외한다.

목 적	내 용
자본충실화	㉠ 주식발행초과금 ㉡ 감자차익 ㉢ 합병차익 및 분할차익 ㉣ 자산수증이익과 채무면제이익으로 이월결손금 보전에 충당된 금액

목 적	내 용
이중과세방지	⑩ 이월익금(이미 과세된 금액을 수익으로 계상한 금액) ⑪ 손금불산입된 금액의 환입액(법인세환급액) ⑫ 수입배당금액 중 일정액
기 타	⑬ 국세와 지방세 과오납금에 대한 환급금 이자 ⑭ 부가가치세 매출세액 ⑮ 자산의 임의 평가이익 ⑯ 상법에 따라 자본준비금을 감액하여 받는 배당

▶ 국고보조금·공사부담금·보험차익은 익금이 원칙이나 법인세법의 요건을 충족하면 일시상각충당금 또는 압축기장
충당금을 설정하여 익금불산입한다.
▶ 자산수증이익에는 국고보조금을 제외한다.

② 손금과 손금불산입

① 손 금

손금은 자본 또는 출자의 환급, 잉여금의 처분 및 법인세법에서 손금불산입 항목으로 규정
하는 사항을 제외하고 해당 법인의 순자산을 감소시키는 거래로 인하여 발생하는 손비의
금액으로 한다.

② 손금항목

손금은 해당 법인의 사업과 관련하여 발생하거나 지출된 손실 또는 비용이거나, 일반적으
로 인정되는 통상적인 것이거나, 수익과 직접 관련된 것이어야 한다.

㉠ 판매한 상품 또는 제품에 대한 원료의 매입가액(매입에누리 및 매입할인을 제외)과 그 부대비용
㉡ 판매한 상품 또는 제품의 보관료, 포장비, 운반비, 판매장려금 및 판매수당 등 판매와 관련된 부대비용(판매장
려금 및 판매수당의 경우 사전약정 없이 지급하는 경우를 포함)
㉢ 양도한 자산의 양도당시의 장부가액
㉣ 인건비
㉤ 유형자산의 수선비와 유형자산 및 무형지산의 감가상각비
㉥ 자산의 임차료, 차입금이자
㉦ 회수할 수 없는 부가가치세 매출세액미수금(부가가치세법상 대손세액공제를 받지 않은 것)
㉧ 자산의 평가차손, 제세공과금
㉨ 영업자가 조직한 단체로서 법인이거나 주무관청에 등록된 조합 또는 협회에 지급한 회비
㉩ 식품등의 제조업·도매업 또는 소매업을 영위하는 내국법인이 해당 사업에서 발생한 잉여 식품등을 사회복
지사업 등에 무상으로 기증하는 경우 기증한 잉여 식품등의 장부가액(50% 한도 기부금에 포함하지 아니한
다)
㉪ 업무와 관련 있는 해외시찰·훈련비
㉫ 근로자복지기본법에 의하여 우리사주조합에 출연하는 자사주의 장부가액 또는 금품
㉬ 장식·환경미화 등의 목적으로 사무실·복도 등 공간에 항상 전시하는 미술품의 취득가액을 손금으로 계상
한 경우 그 취득가액(거래단위별로 1,000만원 이하인 것으로 한정)
㉭ 그 밖의 손비로서 그 법인에 귀속되었거나 귀속될 금액

③ 손금불산입 항목

　㉠ 자본거래 등

> ⓐ 주식할인발행차금 및 감자차손
> ⓑ 잉여금의 처분을 손비로 계상한 금액

　㉡ 과다경비 등

> ⓐ 임원 또는 사용인이 아닌 지배주주 등에게 지급한 여비 또는 교육훈련비
> ⓑ 공동경비 중 법정 기준(법인세법시행령 48조)에 의한 분담금액을 초과하는 금액

　㉢ 업무무관 비용

> ⓐ 해당 법인이 직접 사용하지 않고 다른 사람(주주 등이 아닌 임원과 소액주주인 임원 및 사용인은 제외)이 주로 사용하는 장소·건축물·물건 등의 유지비·관리비·사용료와 이에 관련되는 지출금
> 　＊ 소액주주란 지분율 1% 미만의 주식·지분율을 소유한 주주 또는 출자자(지배주주 등과 특수관계에 있는 자는 제외)를 말한다.
> ⓑ 해당 법인의 주주 등(소액주주는 제외) 또는 출연자인 임원 또는 그 친족이 사용하고 있는 사택의 유지비·관리비·사용료와 이에 관련되는 지출금
> ⓒ 업무무관 자산을 취득·관리함으로써 생기는 비용, 유지비, 수선비 및 이와 관련되는 비용(감가상각비 포함). 단, 취득부대비용은 취득원가에 산입한다.
> ⓓ 업무무관 자산을 취득하기 위하여 지출한 자금의 차입과 관련되는 비용
> ⓔ 해당 법인이 공여한 형법상 뇌물(외국공무원에 대한 뇌물 포함)에 해당하는 금전과 금전이외의 자산 및 경제적 이익의 합계액

　㉣ 기　타

> ⓐ 자산의 임의 평가손실
> ⓑ 제세공과금, 인건비, 기업업무추진비, 기부금, 지급이자, 감가상각비 등의 비용항목에 대해서 법인세법 규정에 의해 손금으로 인정되는 범위 이외의 금액

④ 손금의 입증책임

　㉠ 손금 인정을 위한 증명서류

　　법인은 사업과 관련된 모든 거래에 관한 증명서류를 작성 또는 수취하여 과세표준신고기한이 경과한 날부터 5년간 보관하여야 한다. 단 이월결손금을 5년 이상 이월하여 공제하고자 하면 공제하는 사업연도의 신고기한부터 1년이 되는 날까지 이를 보관하여야 한다.

　　증명서류에는 세금계산서, 계산서, 신용카드매출전표, 직불카드영수증, 기명식선불카드영수증, 현금영수증, 원천징수영수증 등이 있다. 또한 세금계산서를 발급받지 못한 경우 부가가치세법에 따른 '매입자발행세금계산서'를 발행하여 보관하는 때에도 법정증명을 갖춘 것으로 본다.

ⓛ 법정증명서류 이외에 영수증 등을 수취한 경우

법인이 지출한 비용에 대한 증명서류는 3만원(기업업무추진비 중 경조사비는 20만원)을 초과하는 경우 법정증명서류를 받아야 하고 이를 받지 않으면 다음과 같이 가산세 또는 손금불산입의 불이익을 받는다.

구 분	기준금액 이하	기준금액 초과
기업업무추진비	기업업무추진비로 인정(한도초과액 부인)	손금불산입
기타 업무관련지출	손금 인정	손금 인정, 가산세 부과

3 인건비

① 일반사항

인건비는 근로의 대가로 근로자에게 지급하는 일체의 금품으로 급여, 상여금, 퇴직금 및 복리후생비를 포함한다.

② 손금불산입하는 인건비

㉠ 과다지급 인건비

ⓐ 비상근임원에게 지급하는 보수 중 부당행위계산의 부인에 해당하는 금액
ⓑ 지배주주 및 그와 특수관계자인 임직원에게 정당한 사유 없이 동일 직위의 다른 임직원에게 지급하는 금액을 초과하여 지급한 인건비

㉡ 임원상여금 한도초과액

상여금은 급여와 마찬가지로 손금이 원칙이나 임원상여금은 정관·주주총회·사원총회 또는 이사회 결의에 의해 결정된 급여지급기준을 초과하는 경우 손금불산입한다.

㉢ 임원퇴직급여

임원에게 지급하는 퇴직급여는 정관 또는 정관에서 위임한 규정에 정하여진 금액을 한도로 손금에 산입한다. 임원의 퇴직급여에 대한 규정이 없는 경우에는 다음의 법인세법상 한도액을 적용하여 한도초과분은 손금불산입한다.

임원퇴직급여 한도액 = 퇴직 직전 1년간 총급여액 × 10% × 근속연수

▶ 총급여액은 손금불산입하는 상여와 비과세 근로소득을 제외하고, 근속연수는 역년에 의하여 계산하고 1년 미만의 기간은 월수로 계산하되 1개월 미만의 기간은 없는 것으로 한다.

㉣ 임원퇴직급여에 대한 원천징수

임원에게 지급하는 퇴직금 중 2011년 이전 분은 전액 퇴직소득으로 원천징수하고, 2012년 1월1일 이후 퇴직급여는 정관 또는 정관에서 위임한 규정에 정하여진 금액 중 3배수(2020.1.1. 이후는 2배수) 이내의 금액은 퇴직소득으로 원천징수하고 3배수(또는 2배수)를 초과하는 퇴직급여는 근로소득으로 원천징수를 하여야 한다. 임원 퇴직소득 한도의 계산은 다음의 산식에 의한다.

$$2019년\ 이전\ 3년간\ 평균급여 \times \frac{1}{10} \times 2012년\sim2019년\ 근속연수 \times 3배$$

$$+퇴직전\ 3년간\ 평균급여 \times \frac{1}{10} \times 2020년\ 이후\ 근속연수 \times 2배$$

▶ 퇴직금지급 규정 내의 금액이므로 어떤 소득으로 원천징수를 하거나 전액 법인의 손금에 산입하는 것이다.

ⓜ 이익처분에 의하여 지급하는 상여금

법인이 임원 또는 직원에게 이익처분에 의하여 지급하는 상여금은 손금에 산입하지 아니한다. 노무출자사원에게 지급하는 보수는 이익처분에 의한 상여로 보아 손금불산입한다.

③ 복리후생비

법인이 임원 또는 직원 및 파견근로자를 위하여 지출한 복리후생비로서 다음에 해당하는 비용만 손금에 산입하고, 해당하지 않는 비용은 손금에 산입하지 않는다.

ⓐ 직장체육비와 직장문화비 및 직장회식비
ⓑ 우리사주조합의 운영비
ⓒ 국민건강보험법, 노인장기요양보험법 및 고용보험법에 의한 사용자 부담의 보험료 및 부담금
ⓓ 영유아보육법에 의하여 설치된 직장어린이집의 운영비
ⓔ 임직원에게 사회통념상 타당한 범위 내에서 지급하는 경조사비 등

4 세금과 공과금

① 세금과 공과금

세금과 공과금 중 손금에 산입하는 것과 손금불산입하는 것을 다음과 같이 구분한다.

구 분	내 용
손금산입 대상	• 주민세(균등분, 재산분, 종업원분), 재산세, 종합부동산세, 자동차세 등은 손금 • 취득세 : 자산의 취득원가를 구성한 후 감가상각이나 처분과정을 거치며 손금 • 교통유발부담금, 폐기물처리부담금 등의 공과금은 손금
손금불산입 대상	• 법인세비용(법인세에 부가되는 법인지방소득세와 농어촌특별세 포함), 부가가치세 매입세액, 개별소비세, 주세, 교통·에너지·환경세, 가산세 등 의무불이행으로 인한 세액, 폐수배출부담금, 장애인고용부담금

② 벌과금 등

다음의 벌과금 등은 손금불산입 항목이다. 그러나 사적인 계약 위반에 따라 부담하는 지체상금, 연체이자, 연체료 및 연체가산금 등은 손금항목이다.

> ㉠ 법령 위반에 따라 부과되는 벌금, 과료, 과태료, 가산금 및 체납처분비
> ㉡ 법령에 따라 의무적으로 납부하는 것이 아닌 공과금
> ㉢ 법령에 따른 의무불이행 또는 금지·제한 등의 위반에 대한 제재로서 부과하는 공과금

③ 부가가치세 매입세액 불공제분의 처리

매입세액 불공제 사유	법인세법상 처리
• 면세사업관련 매입세액 • 비영업용 소형승용차의 구입·유지 관련 매입세액 • 영수증 수취분 매입세액	자본적 지출 : 자산원가(추후손금) 수익적 지출 : 즉시 손금 인정
• 기업업무추진비 관련 매입세액	기업업무추진비에 포함하여 시부인
• 토지관련 매입세액	토지의 취득원가를 구성 : 처분시 손금
• 세금계산서 미수취·부실기재분 매입세액 • 매입처별 세금계산서 합계표 미제출·부실기재분 매입세액 • 사업과 관련없는 매입세액	자산의 취득원가와 해당 사업연도 손금 모두 부인됨

▶ 회계상 접대비를 세법은 기업업무추진비로 규정한다. 따라서 회계프로그램도 접대비를 기업업무추진비로 변경하였다.

④ 징벌적 목적의 손해배상금

내국법인이 지급한 손해배상금 중 실제 발생한 손해액을 초과하여 지급하는 금액으로서 다음의 금액은 손금에 산입하지 아니한다.

> ㉠ 가맹사업거래의 공정화에 관한 법률, 개인정보 보호법, 공익신고자 보호법, 기간제 및 단시간근로자 보호 등에 관한 법률, 대리점거래의 공정화에 관한 법률, 신용정보의 이용 및 보호에 관한 법률, 정보통신망 이용촉진 및 정보보호 등에 관한 법률, 제조물 책임법, 파견근로자보호 등에 관한 법률, 하도급거래 공정화에 관한 법률의 규정에 따른 손해배상액 중 실제 발생한 손해액을 초과하는 금액
> ㉡ 외국의 법령에 따라 지급한 손해배상액 중 실제 발생한 손해액을 초과하여 손해배상금을 지급하는 경우 실제 발생한 손해액을 초과하는 금액

▶ 위의 규정을 적용할 때 실제 발생한 손해액이 분명하지 아니한 경우에는 내국법인이 지급한 손해배상금의 3분의 2에 해당하는 금액을 손금불산입 대상 손해배상금으로 한다.

1 손익의 귀속사업연도

① 기본원칙 – 권리의무확정주의

법인세법상 내국법인의 각 사업연도의 익금과 손금의 귀속사업연도는 그 익금과 손금이 법률적으로 확정된 날이 속하는 사업연도로 한다. 이를 기업회계의 발생주의 및 실현주의에 대응하는 개념으로 권리의무확정주의라 한다. 손익의 귀속시기는 법인세법을 우선 적용하고, 법인세법에서 규정하지 않은 사항은 기업회계기준을 따른다.

② 자산 판매손익의 귀속사업연도

ⓐ 일반원칙

구 분	귀속시기
ⓐ 재고자산 (부동산 제외)	일반적인 판매 : 인도한 날
	시용판매 : 상대방이 그 상품 등에 대한 구입의 의사표시를 한 날
	위탁매매한 경우 : 수탁자가 그 위탁자산을 매매한 날
ⓑ 위 이외의 자산	대금청산일, 소유권이전등기(등록)일, 인도일, 사용수익일 중 빠른 날

▶ 주의 : 부동산매매업의 부동산은 재고자산으로 보지 아니하고 ⓑ를 적용한다.

ⓒ 할부판매

구 분	귀속시기
단기할부판매	일반판매와 동일하게 인도기준
장기할부판매	인도기준이 원칙
	결산서에 계상한 경우 : 회수기일 도래기준 인정
	중소기업은 신고조정에 의하여 회수기일 도래기준 적용 가능

▶ 기업회계기준에 따라 장기할부판매의 채권을 현재가치법으로 계상하는 경우 법인세법이 수용한다.

법인세법상의 장기할부판매는 다음의 조건에 해당하여야 한다.

> ⓐ 판매금액 또는 수입금액을 월부·연부 등의 방법에 따라 2회 이상 분할하여 수입하는 것
> ⓑ 해당 목적일의 인도일의 다음날부터 최종 할부금 지급기일까지의 기간이 1년 이상인 것

③ 용역의 제공 등에 의한 손익의 귀속사업연도

건설·제조, 기타 용역(도급공사 및 예약매출을 포함한다)의 제공으로 인한 익금과 손금은 그 목적물의 건설등의 착수일이 속하는 사업연도부터 그 목적물이 인도되는 사업연도까지 작업진행률을 기준으로 하여 계산한 수익과 비용을 각각 해당 사업연도의 익금과 손금에 산입한다. 다만, 중소기업인 법인이 수행하는 계약기간 1년 미만인 건설 등의 제공으로

인한 익금과 손금의 귀속사업연도는 그 목적물의 인도일이 속하는 사업연도로 할 수 있다. 비치·기장한 장부가 없거나 내용이 충분하지 아니하여 실제 소요된 총 공사비 누적액을 확인할 수 없는 경우에는 진행기준을 적용하지 않고 그 목적물의 인도일을 귀속시기로 한다. 그리고 진행률 산정에 있어서 원가기준 외에 작업시간, 작업일수, 기성공사의 물량이나 면적 등의 기준도 인정된다.

$$공사수익 = 계약금액 \times 작업진행율 - 직전사업연도말까지의 익금$$

$$작업진행률 = \frac{해당사업연도말까지 발생한 총공사비 누적액}{총공사예정비}$$

④ **이자수익과 이자비용의 귀속사업연도**

㉠ 이자수익

일반법인의 이자수익의 귀속시기는 소득세법상 이자소득의 수입시기가 속하는 사업연도로 한다. 금융보험업을 영위하는 법인의 경우에는 실제로 수입된 날로 하되, 선수입이자는 제외한다.

구 분	귀속시기	선수이자	미수이자
일반법인	소득세법상 이자소득 귀속시기	인정하지 아니함	계상한 경우에 인정 (원천징수대상 제외)
금융보험업법인	실제로 수입된 날	수입금액에서 제외	

㉡ 이자비용

이자비용의 귀속시기는 소득세법 상 이자수익의 귀속시기와 같지만 이미 경과한 기간에 대하여 미지급이자를 결산서에 계상한 경우에는 그 계상한 사업연도의 손금으로 인식한다.

⑤ **임대료와 배당소득의 귀속사업연도**

㉠ 임대료

자산의 임대료는 계약 등에 의하여 지급일이 정하여져 있으면 약정상 지급일이 속하는 사업연도를 귀속시기로 한다. 약정상 지급일이 없는 경우에는 실제지급일이 속하는 사업연도를 귀속시기로 한다. 기간 경과분 임대료를 미수수익으로 결산에 반영한 경우와 자산의 임대기간이 1년을 초과하는 경우에는 발생주의에 의한 미수수익을 익금으로 인식한다.

㉡ 배당금수익

배당소득의 귀속사업연도는 소득세법상 배당소득의 수입시기가 속하는 사업연도로 한다.

2 자산 · 부채의 평가

① 취득가액의 결정

자산의 취득가액의 결정은 다음과 같이 한다.

구 분	취득가액
타인으로부터 매입	매입가액＋취득세 및 부대비용
자가제조·건설	제작원가＋부대비용
무상취득	취득 당시의 시가
특수관계자로부터 고가매입	
단기매매증권	매입가액(부대비용 제외)

② 자산부채의 평가 원칙

법인세법은 원칙적으로 자산과 부채의 임의평가를 인정하지 않지만 재고자산, 유가증권, 외화자산 등과 보험업법 등에 의한 고정자산의 평가이익 및 특정한 경우에 계상한 감액손실에 대하여는 예외적으로 별도의 평가방법을 규정하고 있다.

㉠ 재고자산의 평가

제품과 상품(부동산매매업자가 매매를 목적으로 소유하는 부동산을 포함하며 유가증권을 제외한다), 반제품과 재공품, 원재료, 저장품 등의 재고자산의 평가방법에는 원가법과 저가법이 있다. 재고자산의 평가는 자산별로 구분하여 종류별·영업장별로 각각 다른 방법에 의하여 평가할 수 있다.

구 분	평가방법	
재고자산 (매매목적 부동산 포함)	• 원가법	개별법, 선입선출법, 후입선출법, 총평균법, 이동평균법, 매출가격환원법(소매재고법)
	• 저가법	
유가증권	• 원가법(개별법, 총평균법, 이동평균법)만 적용	

▶ 평가방법의 최초신고는 해당 법인의 설립일이 속하는 사업연도의 법인세과세표준 신고기한까지 하여야 하고, 변경신고는 변경할 평가방법을 적용하고자하는 사업연도의 종료일 이전 3개월이 되는 날까지 신고하여야 한다(무신고한 법인이 그 평가방법을 변경하고자 하는 경우에도 동일하다).

▶ 최초의 신고를 기한을 경과하여 신고한 경우에는 그 신고일이 속하는 사업연도까지는 무신고로 간주하며, 신고한 평가방법은 그 다음 사업연도부터 적용한다.

▶ 평가방법을 신고하지 않은 무신고시의 평가방법은 선입선출법(매매목적의 부동산은 개별법)으로 한다.

▶ 당초에 평가방법을 신고한 법인이 임의로 평가방법을 변경하면 무신고시 평가방법과 당초 신고한 평가방법 중 큰 금액으로 평가한다.

ⓒ 유가증권의 평가

유가증권의 평가방법은 주식 등은 원가법 중 총평균법과 이동평균법을 채권은 원가법 중 개별법과 총평균법 및 이동평균법을 적용한다. 유가증권의 평가방법에 대한 최초신고와 변경신고는 재고자산평가방법의 신고와 같다.

평가방법을 신고하지 않은 무신고시의 평가방법은 총평균법으로 한다. 당초에 평가방법을 신고한 법인이 임의로 평가방법을 변경하면 무신고시 평가방법과 당초 신고한 평가방법 중 큰 금액으로 평가한다.

ⓒ 외화자산·부채의 평가

법인이 보유하는 화폐성 외화자산·부채와 환위험회피 통화선도·통화스왑 및 환변동보험은 다음 중 관할세무서장에게 신고한 방법으로 평가하여야 한다.

대 상	평가방법의 선택
화폐성 외화자산·부채	ⓐ 취득일 또는 발생일(계약체결일) 현재의 매매기준율 등
환위험회피용 통화선도·통화스왑 및 환변동보험의 계약내용 중 외화자산·부채	ⓑ 사업연도 종료일 현재의 매매기준율 등

▶ 위의 ⓑ 사업연도 종료일 현재의 매매기준율등을 평가방법으로 최초로 적용하려는 법인은 법인세확정신고와 함께 화폐성 외화자산부채 등 평가방법신고서를 제출하여야 하고, 그 후의 사업연도에도 계속하여 적용하여야 한다. 다만, 5년을 경과하면 다른 방법으로 신고하여 변경된 평가방법을 적용할 수 있다.
▶ 평가방법에 대한 신고가 없으면 ⓐ의 방법을 적용한다.
▶ ⓑ의 방법을 선택한 경우 평가손익은 해당 사업연도의 손금 또는 익금에 산입한다.

ⓔ 자산의 평가손실

다음의 자산에 대하여 사업연도 종료일의 시가로 평가함에 따른 감액손실은 해당 감액사유가 발생한 사업연도의 손금으로 결산서에 계상하는 경우에 한하여 손금으로 한다 (결산조정사항).

ⓐ 재고자산이 파손·부패 등의 사유로 인하여 정상가격으로 판매할 수 없게 된 것
ⓑ 재고자산의 평가방법을 저가법으로 신고한 경우 발생하는 재고자산, 평가손실
ⓒ 고정자산이 천재·지변·화재·수용·폐광 등의 사유로 인하여 파손 또는 멸실된 것
ⓓ 상장법인 또는 특수관계 없는 비상장법인이 발행한 주식으로 그 발행법인이 부도가 발생한 경우의 해당 주식(1,000원 제외)
ⓔ 주식 등을 발행한 법인이 파산한 경우의 해당 주식(1,000원 제외)

SECTION 04 | 기업업무추진비, 기부금 및 지급이자

1 기업업무추진비

① 기업업무추진비의 범위

기업업무추진비는 접대비 및 교제비, 사례금 기타 명목여하에 불구하고 법인이 업무와 관련하여 지출한 금액을 말한다. 주주·사원 또는 출자자나 임원 또는 사용인이 부담하여야 할 성질의 기업업무추진비를 법인이 지출한 것은 기업업무추진비로 보지 아니한다. 기업업무추진비의 범위에는 다음의 지출을 포함한다.

> ㉠ 사용인이 조직한 법인인 조합이나 단체에 지출한 복리시설비. 단 해당 조합이나 단체가 법인이 아닌 때에는 법인 경리의 일부로 본다.
> ㉡ 약정에 의해 포기한 채권의 전부 또는 일부. 단 채무자의 부도 등으로 불가피한 사유가 있어 채권의 조기회수를 위하여 포기하는 경우에는 기업업무추진비로 보지 않고 전액 손금(대손상각비)으로 한다.
> ㉢ 사업상 증여의 경우에 법인이 부담한 부가가치세 매출세액과 기업업무추진비 관련 부가가치세 매입세액

CHECK POINT 기업업무추진비와 광고선전비 및 기부금의 비교

구 분		종 류	세무상 처리
업무와 관련있는 지출	불특정 다수를 위한 지출	광고선전비	전액 손금
	특정인을 위한 지출	기업업무추진비	한도 내 손금
업무와 관련없는 지출		기 부 금	

* 광고선전 목적으로 고객 등 특정인에게 기증한 연간 5만원 이내의 물품은 기업업무추진비로 보지 아니하고 전액 손금으로 한다. 단 개당 3만원 이하의 물품의 구입비용은 5만원 한도를 적용하지 않는다.

---

② 현물기업업무추진비의 평가와 귀속시기

기업업무추진비를 금전 이외의 자산으로 제공한 경우에는 제공한 때의 시가(시가가 원가보다 낮은 경우에는 원가)를 기업업무추진비로 본다. 그리고 기업업무추진비는 접대행위가 이루어진 날이 속하는 사업연도의 손금으로 보아 시부인한다(발생주의).

③ 기업업무추진비에 대한 세무조정 절차

㉠ 지출증명서류 미수취 기업업무추진비 등의 직부인

ⓐ 개인적 비용과 지출증명이 없는 기업업무추진비 등의 직부인 대상을 먼저 손금불산입한다. 직부인 대상 중 주주 또는 임직원이 사용한 개인적인 비용은 귀속자에 대한 배당 또는 상여로 소득처분하고, 지출증명이 없는 기업업무추진비는 대표자에 대한 상여로 소득처분한다.

ⓑ 건당 3만원(경조사비는 20만원)을 초과하는 기업업무추진비에 대하여 법정 지출증 명서류를 수취하지 않은 경우 손금불산입하고 기타사외유출로 소득처분한다.

ⓛ 기업업무추진비 한도액의 계산

ⓐ 기업업무추진비 한도액은 기본한도액과 수입금액기준 한도액의 합으로 한다.

$$기본한도 = 1,200만원(중소기업은 3,600만원) \times \frac{해당 \ 사업연도 \ 월수}{12}$$

$$수입금액기준 = 일반수입금액 \times 적용률 + 특정수입금액 \times 적용률 \times 10\%$$

▶ 해당 사업연도 월수는 역에 따라 계산하며 1월 미만의 월수는 1월로 한다.
▶ 수입금액은 기업회계기준에 의하여 계산한 매출액으로 하며, 특정수입금액은 특수관계인과의 거래에서 발생한 수입금액을 말한다.

ⓑ 수입금액에 대한 적용률

수입금액에 대한 적용률은 다음과 같으며 일반수입금액과 특정수입금액이 함께 있는 경우에는 일반수입금액에 대해서 높은 적용률을 먼저 적용한다.

수입금액	적용률
100억원 이하	0.3%
100억원 초과 500억원 이하	0.2%
500억원 초과	0.03%

④ **문화비로 지출한 기업업무추진비**

㉠ 문화비의 범위

문화비란 국내 문화관련 지출로서 다음의 용도로 지출한 기업업무추진비를 말한다.

ⓐ 문화예술의 공연이나 전시회 또는 박물관 및 문화재의 관람을 위한 입장권 구입
ⓑ 체육활동의 관람을 위한 입장권의 구입
ⓒ 비디오물, 음반, 음악영상물, 간행물 및 1백만원 이하의 미술품 구입
ⓓ 문화예술 강연의 입장권 구입과 초빙강사의 강연료

㉡ 문화비 특례

2025년 12월 31일까지 지출한 문화비의 경우 기업업무추진비 한도액의 20%에 상당 하는 금액의 범위 안에서 추가로 기업업무추진비 한도액을 인정하여 손금에 산입한다.

⑤ **전통시장에서 지출한 기업업무추진비**

2025년 12월 31일 이전에 전통시장에서 다음의 요건을 모두 갖추고 지출한 기업업무추진 비는 기업업무추진비 한도액의 100분의 10에 상당하는 금액의 범위에서 손금에 산입한다.

ⓐ 신용카드등사용금액에 해당할 것
ⓑ 소비성서비스업 등을 경영하는 법인 또는 사업자에게 지출한 것이 아닐 것

2 기부금

① 기부금의 범위

㉠ 일반적인 기부금

기부금은 특수관계자 외의 자에게 해당 법인의 사업과 직접 관계없이 무상으로 지출하는 재산적 증여의 가액을 말한다. 기부금을 기업업무추진비와 비교하면 업무 관련성이 있으면 기업업무추진비이고 업무관련성이 없으면 기부금이다. 또한 특수관계 있는 자에게 무상 증여하면 기부금이 아니라 부당행위계산부인의 대상이 된다.

㉡ 의제 기부금

법인이 특수관계자 외의 자에게 정당한 사유없이 자산을 정상가액보다 낮은 가액으로 양도하거나 높은 가액으로 매입함으로써 그 차액 중 실질적으로 증여한 것으로 인정되는 금액은 기부금으로 본다. 정상가액이란 시가에 시가의 30%를 가산하거나 30%를 차감한 범위 안의 가액을 말한다.

② 기부금의 구분

㉠ 특례기부금(종전 법정기부금)

ⓐ 국가나 지방자치단체에 무상으로 기증하는 금품의 가액(다만, 기부금품의 모집 및 사용에 관한 법률의 적용을 받는 기부금품은 동법에 따라 접수하는 것만 해당)

ⓑ 국방헌금과 국군장병 위문금품의 가액

ⓒ 천재지변으로 생기는 이재민을 위한 구호금품의 가액(천재지변에는 특별재난지역으로 선포된 경우 그 선포의 사유가 된 재난을 포함)

ⓓ 다음의 기관(병원은 제외)에 시설비·교육비·장학금 또는 연구비로 지출하는 기부금

> 사립학교, 비영리 교육재단, 기능대학, 평생교육시설, 특별법에 따라 설립된 외국교육기관 및 비영리법인이 운영하는 국제학교, 산학협력단, 한국과학기술원·광주과학기술원·대구경북과학기술원, 울산과학기술대학교, 서울대학교, 인천대학교 및 대통령령으로 정하는 이와 유사한 학교, 기획재정부장관이 지정·고시하는 재외국민의 교육지원 등에 관한 법률에 따른 한국학교, 한국장학재단

ⓔ 다음의 병원에 시설비·교육비 또는 연구비로 지출하는 기부금

국립대학병원, 국립대학치과병원, 서울대학교병원, 서울대학교치과병원, 사립학교가 운영하는 병원, 국립암센터, 지방의료원, 국립중앙의료원, 대한적십자사가 운영하는 병원, 한국보훈복지의료공단이 운영하는 병원, 한국원자력의학원, 국민건강보험공단이 운영하는 병원, 산업재해보상보험법에 따른 의료기관

ⓕ 사회복지사업, 그 밖의 사회복지활동의 지원에 필요한 재원을 모집·배분하는 것을 주된 목적으로 하는 비영리법인으로서 법정요건을 갖춘 법인에 지출하는 기부금

㉮ 사회복지공동모금회   ㉯ 바보의 나눔

ⓛ 우리사주조합 기부금

법인이 우리사주조합에 지출하는 기부

ⓒ 일반기부금(종전 지정기부금)

ⓐ 비영리법인의 고유목적사업비로 지출하는 기부금

다음의 비영리법인 또는 단체에 대하여 고유목적사업비로 지출하는 기부금은 일반기부금으로 본다. 고유목적사업비라 함은 해당 비영리법인 또는 단체에 관한 법령 또는 정관에 규정된 설립목적을 수행하는 사업으로서 수익사업(보건업 및 사회복지서비스업 중 보건업은 제외)외의 사업에 사용하기 위한 금액을 말한다.

㉮ 사회복지사업법에 따른 사회복지법인, 「영유아보육법」에 따른 어린이집
㉯ 유치원, 초등학교, 중고등학교, 대학교, 기능대학 또는 평생교육시설 및 원격대학
㉰ 의료법에 따른 의료법인
㉱ 종교의 보급, 그 밖에 교화를 목적으로 문화체육관광부장관 또는 지방자치단체의 장의 허가를 받아 설립한 비영리법인(그 소속 단체를 포함)
㉲ 민법상 비영리법인, 비영리외국법인, 협동조합 기본법에 따라 설립된 사회적협동조합, 공공기관의 운영에 관한 법률에 따른 공공기관(공기업은 제외) 또는 법률에 따라 직접 설립된 기관 중 법정 요건을 모두 충족한 것으로서 기획재정부장관이 지정하여 고시한 법인에 지출하는 기부금(지정일이 속하는 연도의 1월 1일부터 6년간)

ⓑ 특정용도로 지출하는 기부금

㉮ 유아교육법에 따른 유치원의 장, 초·중등교육법 및 고등교육법에 의한 학교의 장, 근로자직업능력 개발법에 의한 기능대학의 장 또는 평생교육법에 따른 전공대학 형태의 평생교육시설 및 원격대학 형태의 평생교육시설의 장이 추천하는 개인에게 교육비·연구비 또는 장학금으로 지출하는 기부금
㉯ 상속세 및 증여세법 시행령 제14조 제1항의 요건을 갖춘 공익신탁으로 신탁하는 기부금
㉰ 사회복지·문화·예술·교육·종교·자선·학술 등 공익목적으로 지출하는 기부금으로서 기획재정부령이 지정하여 고시하는 기부금(일부 사례)

• 의료취약지역에서 비영리법인이 행하는 의료사업의 사업비 · 시설비 · 운영비
• 국민체육진흥기금으로 출연하는 기부금
• 전쟁기념사업회에 전쟁기념관 또는 기념탑의 건립비용으로 지출하는 기부금
• 근로자복지진흥기금 · 발명진흥기금 · 과학기술진흥기금으로 출연하는 기부금
• 중소기업공제사업기금 또는 소기업 · 소상공인공제에 출연하는 기부금
• 국제체육대회 또는 세계선수권대회의 경기종목에 속하는 경기와 씨름 · 국궁 및 택견의 기능향상을 위하여 지방자치단체나 대한체육회가 추천하는 자에게 지출하거나 대한체육회에 운동선수양성, 단체경기비용, 생활체육진흥 등을 위하여 지출하는 기부금
• 공공단체에 근로자훈련사업비로 지출하는 기부금

    ㉐ 법인으로 보는 단체 중 지정기부금대상단체를 제외한 단체의 수익사업에서 발생한 소득을 고유목적사업비로 지출하는 금액

  ⓒ 특정 시설, 기관, 기구 등에 대한 기부금

    ㉮ 사회복지사업법에 따른 사회복지시설 중 무료 또는 실비로 이용할 수 있는 것으로서 다음에 해당하는 시설 등에 기부하는 금품의 가액

• 아동복지시설	• 노인복지시설
• 장애인복지시설	• 한부모가족복지시설
• 정신요양시설 및 정신재활시설	• 성매매피해상담소
• 가정폭력 관련 상담소 및 보호시설	• 성폭력피해상담소 및 성폭력피해자보호시설
• 사회복지관과 부랑인 · 노숙인 시설	• 재가장기요양기관
• 다문화가족지원센터	

    ㉯ 다음의 요건을 모두 갖춘 국제기구로서 기획재정부장관이 지정하여 고시하는 국제기구에 지출하는 기부금

• 사회복지, 문화, 예술, 교육, 종교, 자선, 학술 등 공익을 위한 사업을 수행할 것
• 우리나라가 회원국으로 가입하였을 것

  ㉣ 기타기부금(손금 불산입 기부금)

세법에서 일정한도를 손금으로 인정하는 기부금 이외의 기타기부금은 종전의 비지정기부금으로서 손금으로 인정되지 않는다. 기타기부금의 예로 동창회·종친회·향우회에 대한 기부금, 신용협동조합이나 새마을금고에 지출하는 기부금 등이 있다.

③ 기부금에 대한 세무조정

㉠ 세무조정 구조

기부금의 세무조정은 순서가 매우 중요하다. 특례기부금을 먼저 조정하고, 다음으로 일반기부금의 세무조정을 하여야 한다. 특례기부금, 일반기부금의 한도초과액은 손금불산입 기타사외유출로 처분하고, 기타기부금은 전액 손금불산입 기타사외유출로 처분한다.

㉡ 기부금의 손금산입 한도

구 분	손금산입 한도액
특 례 기 부 금	(기준소득금액-이월결손금) × 50%
우리사주조합기부금	(기준소득금액-이월결손금 - 특례기부금 손금산입액) × 30%
일 반 기 부 금	(기준소득금액-이월결손금 - 특례·우리사주기부금 손금산입액) × 10%

▶ 기준소득금액=차가감소득금액+특례기부금과 일반기부금의 손금산입액
▶ 차가감소득금액은 기부금 한도초과액에 대한 세무조정만을 제외한 모든 세무조정을 반영한 소득금액을 말한다.
▶ 기준소득금액에서 차감하는 이월결손금은 과세표준 계산에 있어서 공제대상이 되는 세무상 이월결손금으로 기준소득금액의 80%를 한도로 한다.

ⓒ 한도초과액의 이월손금산입

특례기부금 및 일반기부금 한도초과액은 해당 사업연도의 다음 사업연도 개시일부터 10년 내에 종료하는 사업연도에 이월하여, 이월된 사업연도의 각 기부금 손금산입한도액의 범위에서 손금에 산입한다. 이월된 금액을 해당 사업연도에 지출한 기부금보다 먼저 손금에 산입한다. 이 경우 이월된 금액은 먼저 발생한 이월금액부터 손금에 산입한다.

④ 현물기부금의 평가

현물로 기부한 특례기부금과 특수관계 아닌 자에게 현물로 기부한 일반기부금은 장부가액으로 평가하고, 그 외의 현물로 기부한 경우에는 시가와 장부가액 중 큰 금액으로 평가한다. 법인이 현물기부금 가액을 세무상 규정과 다르게 평가한 경우에도 이에 대한 직접적인 세무조정은 필요하지 않다.

⑤ 기부금의 귀속시기(현금주의)

기부금을 지출하였으나 가지급금 등으로 이연 처리한 경우에는 이를 그 지출한 사업연도의 기부금으로 하고, 기부금을 미지급금 등으로 계상한 경우에는 실제로 이를 지출할 때까지는 기부금으로 보지 아니한다. 법인세법상 기부금은 현금주의에 따라 귀속이 결정된다. 따라서 어음으로 지급한 기부금은 해당 어음의 결제일이 귀속시기가 되고, 수표로 지급한 기부금은 해당 수표의 교부일이 귀속시기가 된다.

③ 지급이자

다음에 해당하는 지급이자는 그 순서에 따라 손금불산입하고 소득처분을 한다.

구 분	소득처분
① 채권자 불분명 사채이자	대표자상여
② 지급받은 자 불분명 채권·증권이자	대표자상여
③ 건설자금이자(특정차입금이자와 일반차입금이자)	유보
④ 업무무관자산 등에 대한 지급이자	기타사외유출

▶ 상여로 소득처분한 소득에 대한 원천징수세액은 기타사외유출로 소득처분 한다.

① 채권자 불분명 사채이자

채권자 불분명 사채(私債)이자는 다음 중 하나에 해당하는 차입금의 이자로 손금불산입하고 대표자에 대한 상여로 소득처분 하되, 원천징수세액은 기타사외유출로 소득처분 한다.

ⓐ 채권자의 주소 및 성명을 확인할 수 없는 차입금
ⓑ 채권자의 능력 및 자산상태로 보아 금전을 대여한 것으로 인정할 수 없는 차입금
ⓒ 채권자의 금전거래사실 및 거래내용이 불분명한 차입금

② 지급받은 자 불분명 채권·증권의 이자

채권·증권의 이자와 할인액 또는 차익을 해당 채권 또는 증권의 발행법인이 직접 지급하는 경우 그 지급사실이 객관적으로 인정되지 아니하는 이자 등을 지급받은 자가 불분명한 채권·증권의 이자라 한다. 이러한 비실명의 채권·증권이자는 전액 손금불산입하고 대표자에 대한 상여로 소득처분하되, 원천징수세액은 기타사외유출로 소득처분한다.

③ 건설자금에 충당한 차입금이자

㉠ 특정차입금이자와 일반차입금이자

건설자금에 충당한 차입금이자는 그 명목 여하에 불구하고 사업용 유형자산 및 무형자산의 매입·제작 또는 건설에 소요되는 차입금에 대한 지급이자와 이와 유사한 성질의 지출금을 말한다. 자산의 건설 등에 사용된 것이 분명한 특정차입금이자는 전액 손금불산입하고, 자산의 건설 등에 사용되었는지 불분명한 일반차입금이자는 내국법인이 다음의 금액을 손금에 산입하지 아니할 수 있다(차입원가의 선택적 자본화).

$$손금불산입액 = 일반차입금이자 \times \frac{건설비\ 적수 - 특정차입금\ 적수}{일반차입금\ 적수}$$

㉡ 특정차입금이자의 세무조정

건설 등이 준공된 날까지의 특정차입금이자는 자본적 지출로 유형자산 및 무형자산의 취득원가에 가산하고 차입금의 일시예금에서 생기는 수입이자는 취득원가에 가산하는 자본적 지출금액에서 차감한다. 지급이자에 포함된 특정차입금이자의 세무조정은 손금불산입하고 유보로 소득처분한다.

건설자금의 일부를 운영자금에 전용한 경우에는 그 부분에 상당하는 지급이자와 건설자금의 명목으로 차입한 것으로서 그 건설 등이 준공된 후에 남은 차입금에 대한 이자는 이를 손금으로 한다. 그리고 차입한 건설자금의 연체로 인하여 생긴 지급이자를 원본에 가산한 경우 그 가산한 금액은 이를 해당 사업연도의 자본적지출로 하고, 그 원본에 가산한 금액에 대한 지급이자는 이를 손금으로 한다.

④ 업무무관자산 등에 대한 지급이자

㉠ 손금불산입액의 계산

업무무관자산 등에 대한 지급이자는 업무무관자산과 업무무관 가지급금을 취득·보유하고 있는 내국법인이 지급한 차입금의 이자 중 다음 산식에 따라 계산한 금액을 손금불산입하고 기타사외유출로 소득처분한다.

$$업무무관자산\ 등에\ 대한\ 지급이자 = 지급이자 \times \frac{업무무관자산\ 적수 + 가지급금\ 적수}{총\ 차입금\ 적수}$$

ⓐ 업무무관자산 적수와 가지급금 적수의 합은 총 차입금 적수를 한도로 한다.

ⓑ 지급이자와 총차입금 적수는 채권자 불분명 사채이자, 지급받은 자 불분명 채권·증

권이자, 건설자금에 충당한 특정차입금이자와 법인이 손금불산입한 일반차입금이
자 등 선순위 손금불산입 된 지급이자와 해당 차입금 적수를 제외하여야 한다.

ⓒ **지급이자의 범위**

지급이자는 손금불산입 규정을 적용하는 이자와 적용하지 않는 이자로 구분할 수 있다.

지급이자에 포함되는 것	지급이자에 포함되지 않는 것
금융어음의 할인료 사채할인발행차금 상각액 금융리스료 중 이자상당액	상업어음의 할인료 현재가치할인차금 상각액 연지급수입이자(延支給輸入利子) 기업구매자금 대출금 이자

ⓒ **가지급금의 범위**

가지급금은 명칭 여하에 불구하고 해당 법인의 업무와 관련 없이 특수관계인에게 지급
한 대여금을 말한다. 가지급금(업무무관 대여금)에 대하여 적정한 이자를 수령할지라도
지급이자 손금불산입 대상 가지급금에 포함한다. 동일인에 대한 가지급금 등과 가수금
이 함께 있는 경우에는 이를 상계한 금액으로 하되, 각각 상환기간 및 이자율 등에
관한 약정이 있어 이를 상계할 수 없는 경우에는 하지 아니한다.

다음에 해당하는 자금 대여액은 지급이자 손금불산입 대상 가지급금으로 보지 않는다.

ⓐ 지급한 것으로 보는 배당금과 상여금의 미지급소득에 대한 소득세 대납액
ⓑ 국외에 자본을 투자한 내국법인이 해당 국외투자법인에 종사하거나 종사할 자의 여비·급료 기타 비용을
대신하여 부담하고 이를 가지급금 등으로 계상한 금액
ⓒ 우리사주조합 또는 그 조합원에게 해당 법인의 주식취득에 소요되는 자금을 대여한 금액
ⓓ 국민연금법에 의하여 근로자가 지급받은 것으로 보는 퇴직금전환금
ⓔ 귀속자가 불분명하여 대표자에게 상여 처분한 금액에 대한 소득세를 법인이 납부하고 이를 가지급금으
로 계상한 금액
ⓕ 직원에 대한 월정급여액의 범위 안에서의 일시적인 급료의 가불금
ⓖ 직원에 대한 경조사비 또는 학자금(자녀의 학자금을 포함한다)의 대여액
ⓗ 조특법상 중소기업 직원(지배주주인 직원 제외)에 대한 주택구입 또는 전세자금의 대여액

ⓒ **업무무관자산의 범위**

업무무관자산은 다음의 자산으로 법령에 의하여 사용이 금지되거나 제한된 부동산
등은 제외한다.

ⓐ 법인의 업무에 직접 사용하지 않는 부동산
ⓑ 서화, 골동품. 다만 장식, 환경미화를 목적으로 여러 사람이 볼 수 있는 공간에 상시 비치하는 것은 제외
한다.
ⓒ 업무에 직접 사용하지 않는 자동차, 선박 및 항공기

SECTION 05 | 감가상각비

1 감가상각 제도

기업회계 상 감가상각이란 기간손익의 계산을 위하여 유형자산 및 무형자산의 사용 또는 시간의 경과로 인한 가치의 감소분을 내용연수에 걸쳐 비용으로 계상하는 것이다. 법인세법은 조세형평과 국가 정책적 목적으로 감가상각방법과 감가상각요소 등에 대하여 규정하고 있다.

① 법인세법상 감가상각제도의 특징

㉠ 임의상각제도

법인세법상 감가상각비는 결산조정항목이므로 감가상각은 법인의 판단에 따라 임의로 할 수 있다. 법인은 각 사업연도의 상각 범위액 내에서 감가상각비의 손금산입 시기와 그 금액을 자유롭게 정할 수 있다. 따라서 감가상각 범위액은 감가상각비를 손금에 산입할 수 있는 최고 한도액을 의미하는 것에 불과하다. 다만, 국제회계기준을 적용하는 법인의 경우 신고조정으로 손금에 산입하는 예외를 두고 있다.

㉡ 감가상각 결정요소와 상각방법의 법정화

법인세법은 상각 범위액을 산정하기 위하여 필요한 요소인 취득원가, 내용연수, 잔존가치와 상각방법을 규정하여 모든 법인에 동일한 기준을 적용하게 하고 있다.

② 감가상각 대상자산

감가상각 대상 자산은 건물(부속설비 포함) 및 구축물, 차량 및 운반구, 공구, 기구 및 비품, 선박 및 항공기, 기계 및 장치 등의 유형자산과 영업권, 개발비, 산업재산권 등의 무형자산이다.

③ 감가상각 제외 자산

토지와 다음의 고정자산은 감가상각을 하지 않는다.

㉠ 사업에 사용하지 않는 고정자산(유휴설비를 제외한다)
㉡ 건설 중인 고정자산
㉢ 시간의 경과에 따라 그 가치가 감소되지 아니하는 고정자산

▶ 사용하던 중 철거하여 사업에 사용하지 않는 기계장치나 취득 후 사용하지 않고 보관 중인 기계장치 등은 감가상각대상이 아니다.
▶ 일시적인 조업 중단으로 인한 유휴설비는 감가상각대상에 포함된다.

2 상각범위액 결정요소

① 취득가액

㉠ 일반원칙

자산의 취득가액의 결정은 다음과 같이 한다.

구 분	취득가액
타인으로부터 매입	매입가액 + 취득세 및 부대비용
자가제조·건설	제작원가 + 부대비용
무상취득	취득 당시의 시가
특수관계자로부터 고가매입	

㉡ 취득원가에 포함되는 항목

ⓐ 건설자금이자와 취득일 이후의 자본적지출액
ⓑ 유형고정자산과 함께 매입하는 국·공채의 매입가액과 현재가치의 차액을 취득원가로 계상한 금액

㉢ 취득원가에 포함되지 않는 항목

ⓐ 장기할부조건으로 취득한 자산에 대하여 취득가액과 구분하여 계상한 현재가치할인차금
ⓑ 특수관계자로부터 고가 매입한 자산의 시가초과분으로 부당행위계산의 부인에 해당하는 금액
ⓒ 특수관계자 이외의 자로부터 고가로 매입한 자산의 정상가액 초과분(기부금)

② 잔존가치

법인세법상 감가상각자산의 잔존가치는 "0"으로 상각범위액을 계산하여야 한다. 다만 정률법에 의하여 상각범위액을 계산하는 경우에는 취득가액의 5%를 잔존가치로 한다. 그 금액은 해당 감가상각자산에 대한 미상각잔액이 최초로 취득가액의 5% 이하가 되는 사업연도의 상각범위액에 가산한다.

감가상각이 종료되는 감가상각자산에 대하여는 취득가액의 5%와 1,000원 중 적은 금액을 해당 감가상각자산의 장부가액으로 남겨 두어야 하고, 동 금액은 해당 자산을 처분할 때 손금에 산입한다.

③ 내용연수

㉠ 내용연수의 의미

내용연수는 고정자산이 법인의 영업활동을 위하여 사용이 가능한 기간을 예상한 것이다. 법인세법의 내용연수는 실제 고정자산의 사용가능기간의 의미보다 감가상각 범위액을 계산하기 위한 상각률 산정의 기준으로 사용된다.

ⓛ 기준내용연수

기준내용연수는 법인세법 시행규칙 별표에서 건축물 등의 자산과 업종별자산에 대하여 자산의 종류와 업종을 감안하여 정한 법정내용연수를 말한다.

ⓒ 신고내용연수

시험연구용 자산과 무형자산을 제외한 고정자산에 대하여 기준내용연수에 기준내용연수의 25%를 가감한 내용연수범위 안에서 법인이 선택하여 신고한 내용연수를 신고내용연수라 한다. 법인이 신고한 신고내용연수가 있으면 감가상각 범위액을 계산할 때에 이를 적용하여야 한다. 내용연수를 신고하지 않은 법인은 기준내용연수를 적용하여 감가상각 범위액을 계산하여야 한다.

ⓔ 내용연수의 신고

구 분	신고기한
신설법인과 새로 수익사업을 개시한 비영리 내국법인	영업개시일이 속하는 사업연도의 법인세 과세 표준 신고기한까지
기준내용연수가 다른 고정자산을 새로 취득한 경우	그 자산을 취득한 날 또는 사업을 개시한 날이 속하는 사업연도의 법인세 과세표준 신고기한 까지
새로운 업종의 사업을 개시한 경우	

ⓜ 내용연수의 환산

사업연도가 1년 미만인 경우에는 다음과 같이 환산내용연수를 계산하여 해당 상각률을 적용하여야 한다.

$$\text{환산내용연수} = \text{본래의 내용연수} \times \frac{12}{\text{사업연도 월수}}$$

▶ 결산이 연 2회인 법인에서 본래의 내용연수가 5년인 자산의 내용연수는 10년으로 계산하여 상각률을 적용하여야 한다.

③ 감가상각 시부인 계산

① 감가상각 시부인의 원리

감가상가비의 세무조정은 개별자산별로 회사가 계상한 감가상각비와 상각범위액을 비교하여 시부인한다. 개별자산별로 시부인하여야 하므로 한 자산의 상각부인액과 다른 자산의 시인부족액을 상계할 수 없다.

구 분	명 칭	세무조정
회사계상액 〉 상각범위액	상각부인액	손금불산입(유보)
회사계상액 〈 상각범위액	시인부족액	세무조정 없이 소멸

▶ 시인부족액이 발생한 경우 전기부인액이 있으면 시인부족액을 한도로 손금에 산입하고 △유보로 소득처분한다.

② 감가상각 범위액의 계산

㉠ 감가상각비의 계산방법

감가상각비의 계산은 자산별로 선택 가능한 방법 중에서 법인이 신고한 방법으로 하여야 하고, 감가상각방법을 신고하지 않으면 자산별로 법인세법이 정한 방법으로 상각하여야 한다.

구 분		신고하는 경우 상각방법	무신고시 상각방법
유 형 자 산	건 축 물	정액법	정액법
	광 업 용 유형자산	정액법·정률법·생산량비례법	생산량비례법
	이 외 의 유형자산	정액법·정률법	정률법
무 형 자 산	개 발 비	20년 이내의 기간에서 신고한 내용연수에 의하여 월할 상각	5년 동안 균등액 상각
	광 업 권	정액법·생산량비례법	생산량비례법
	사 용 수 익 기 부 자 산	사용수익기간에 균등한 금액을 상각	좌 동
	이 외 의 무 형 자 산	정액법	정액법

㉡ 상각범위액의 계산식

구 분	계산식
ⓐ 정액법	취득가액 × 정액법상각률 $\left(\dfrac{1}{\text{내용연수}}\right)$
ⓑ 정률법	미상각잔액 × 정률법상각률
ⓒ 생산량비례법	취득가액 × $\dfrac{\text{당기 중 해당 광구의 채굴량}}{\text{해당 광구의 총채굴예정량}}$

▶ 정액법의 취득가액은 세무상 취득가액으로 장부상 취득가액에 즉시상각의제 누계액을 더한다.
▶ 미상각잔액 = 장부상취득가액 − 장부상기초감가누계액 + 상각부인액(유보잔액) + 당기분즉시상각의제액
= 기말장부가액(B/S) + 당기계상 감가상각비(I/S) + 상각부인액(유보잔액) + 당기분 즉시상각의제액

㉢ 상각범위액 계산시 주의할 사항

ⓐ 신규 취득자산과 양도한 자산

해당 사업연도 중에 취득하여 사업에 사용한 감가상가자산에 대한 상각범위액은 다음과 같이 월할 계산한다. 이 경우 월수는 역에 따라 계산하되 1월 미만의 일수는 1월로 한다. 사업연도 중에 양도한 자산에 대한 감가상각비는 기업회계기준에 의하면 양도일까지 월할 상각하는 것이 원칙이지만 법인세법상은 상각하지 않아도 된다. 양도자산에 대한 감가상각을 한 경우에 감가상각비와 유형자산처분손익을 가감하면 과세소득이 동일하게 된다.

$$\text{상각범위액} = \text{일반적인 상각범위액} \times \dfrac{\text{해당 사업연도에 사용한 월수}}{\text{해당 사업연도의 월수}}$$

ⓑ 일시적으로 사업연도가 1년 미만이 된 경우

정관상 사업연도는 1년이지만 사업연도의 변경·의제 규정에 의해 일시적으로 1년 미만이 된 경우의 상각범위액은 다음과 같이 계산한다. 이 경우 월수는 역에 따라 계산하되 1월 미만의 일수는 1월로 한다.

$$상각범위액 = 사업연도가\ 1년인\ 경우의\ 상각범위액 \times \frac{해당\ 사업연도의\ 월수}{12}$$

ⓒ 자본적 지출이 있는 경우

고정자산에 대하여 자본적 지출이 발생한 경우에는 취득원가에 가산하고, 내용연수를 변경하지 않고 감가상각한다. 자본적지출의 발생시점을 고려하지 않고 모두 기초에 발생한 것으로 간주하여 월할 상각하지 않고 상각범위액을 계산한다.

③ 회사계상 감가상각비

회사가 계상한 감가상각비는 결산서상 감가상각비와 전기오류수정손실 등으로 계상한 감가상각비 및 즉시상각의제액의 총합이다.

> 결산서상 감가상각비 + 전기오류수정손실 등 계상 감가상각비 + 즉시상각 의제

㉠ 결산서상 감가상각비

감가상각 대상자산에 대하여 결산서에 감가상각비로 계상한 금액으로 판매비와관리비, 제조원가, 공사원가 등에 계상된 금액을 모두 포함한다.

㉡ 전기오류수정손실 등 계상 감가상각비

기업회계기준에 따라 유형자산 및 무형자산에 대해 자산감액손실(손상차손)을 계상한 경우와 전기 과소계상 감가상각비를 당기에 전기오류수정손실로 영업외비용에 계상한 경우 등으로 감가상각 대상자산에 대하여 그 장부가액을 감소시키고 비용으로 계상한 금액은 명칭과 관계없이 이를 모두 회사가 계상한 감가상각비로 본다.

㉢ 즉시상각의 의제

법인이 감가상각자산의 취득가액과 자본적 지출에 해당하는 금액을 손금으로 계상한 경우에는 감가상각한 것으로 보아 상각범위액을 계산한다. 즉시상각의제에 해당하는 금액은 상각범위액 계산시 상각기초가액(취득가액)에 이를 가산하여야 하며, 동시에 회사가 계상한 감가상각비에도 가산하여야 한다. 다만, 다음에 해당하는 경우에는 지출한 사업연도에 손금으로 계상한 것에 한하여 그 사업연도의 손금에 산입한다.

구 분	내 용
소액자산	취득가액이 거래단위별로 100만원 이하인 자산. 단, 다음의 경우는 제외한다. ⓐ 고유업무의 성질상 대량으로 보유하는 자산 ⓑ 사업의 개시 또는 확장을 위하여 취득한 자산
단기사용자산	ⓐ 어업에 사용되는 어구(어선용구 포함) ⓑ 영화필름, 공구(금형 제외), 가구, 전기기구, 가스기기, 가정용 기구·비품, 시계, 시험기기, 측정기기 및 간판 ⓒ 대여사업용 비디오테이프 및 음악용 CD로서 취득가액 30만원 미만인 것 ⓓ 전화기(휴대용전화기 포함) 및 개인용 컴퓨터(그 주변기기를 포함)
소액수선비	ⓐ 개별자산별로 수선비로 지출한 금액이 600만원 미만인 경우 ⓑ 개별자산별로 수선비로 지출한 금액이 직전 사업연도 종료일 현재 재무상태표상 감가상각누계액을 차감한 자산가액의 5%에 미달하는 경우 ⓒ 3년 미만의 기간마다 주기적인 수선을 위하여 지출하는 경우

▶ 금형은 모든 업종이 동일하게 공구비품의 내용연수 5년을 적용하여 감가상각 하여야 한다.

4 감가상각의제

① 감가상각의제의 개요

각 사업연도 소득에 대하여 법인세를 면제받거나 감면받은 법인은 개별자산의 감가상각비가 상각범위액 이상이 되도록 감가상각비를 손금으로 계상하거나 손금에 산입하여야 한다.

② 감가상각의제의 신고조정

법인세의 면제 또는 감면을 받는 법인은 반드시 감가상각비를 결산상 손금으로 계상하거나 세무조정으로 손금에 산입하여야 한다.

2011.1.1. 이후 개시하는 사업년도부터 결산에 반영하지 않은 경우에는 강제신고조정으로 손금산입을 반드시 하여야 한다.

③ 추계시 감가상각의제

법인이 장부 또는 증명서류가 없거나 미비 또는 허위로 인하여 추계에 의한 결정·경정을 하는 경우 감가상각 범위액에 상당하는 금액을 법인이 손금에 산입한 것으로 본다.

1 업무용승용차 관련비용의 손금불산입

　내국법인이 업무용승용차를 취득하거나 임차하여 해당 사업연도에 손금에 산입하거나 지출한 감가상각비, 임차료, 유류비 등 업무용승용차 관련비용 중 업무용 사용금액에 해당하지 아니하는 금액은 손금불산입하고 귀속자에 따른 상여, 배당 등으로 소득처분을 한다.

① 업무용승용차

　업무용승용차란 개별소비세 과세대상 승용자동차를 말하는 것으로 1,000cc 이하의 경차를 제외하고, 대부분의 부가가치세법상 매입세액불공제 대상 승용차가 여기에 해당한다. 다음에 해당하는 승용차는 업무용승용차에서 제외한다.

> 운수업, 자동차판매업, 자동차 임대업, 운전학원업, 기계경비업무를 하는 경비업 등에서 사업에 직접 사용하는 승용자동차와 장례식장 및 장의관련 서비스업을 영위하는 법인이 소유하거나 임차한 운구용 승용차, 연구개발목적의 자율주행자동차

② 업무용승용차 관련비용

　업무용승용차에 대한 감가상각비, 임차료(리스료, 렌탈비용), 유류비, 보험료, 수선비, 자동차세, 통행료 및 금융리스부채에 대한 이자비용 등 업무용승용차의 취득·유지를 위하여 지출한 비용을 말한다.

③ 업무용사용금액

업무전용자동차보험 가입 여부	업무용사용금액(손금인정액)
가입한 경우	업무용승용차 관련비용에 업무사용비율을 곱한 금액
가입하지 아니한 경우	불인정. 단 일부기간 가입하면 가입일수 비례 손금인정

▶ 법인의 업무용승용차(자가, 리스, 1년이상 임차)는 취득가액 8000만원 이상이면 연녹색의 전용번호판을 부착하여야 하며, 만일 해당하는 업무용승용차에 전용번호판을 부착하지 아니한 경우 업무용사용금액은 0원으로 한다.

④ 업무사용비율

　업무사용비율은 운행기록을 작성·비치한 경우에는 운행기록 등에 따라 확인되는 총 주행거리 중 업무용 사용거리가 차지하는 비율로 한다. 이때 업무용 사용거리란 제조·판매시설 등 해당 법인의 사업장 방문, 거래처·대리점 방문, 회의 참석, 판촉 활동, 출·퇴근 등 직무와 관련된 업무수행을 위하여 주행한 거리를 말한다. 업무용승용차별로 운행기록을 작성·비치하여야 하며, 납세지 관할 세무서장이 요구할 경우 이를 즉시 제출하여야 한다. 만일 운행기록 등을 작성·비치하지 아니한 경우에는 해당 업무용승용차의 업무사용비율은 다음

과 같이 계산한다.

업무용승용차 관련비용	업무사용비율의 계산
1,500만원 이하인 경우	100분의 100
1,500만원을 초과하는 경우	1,500만원을 업무용승용차 관련비용으로 나눈 비율

▶ 해당 사업연도가 1년 미만인 경우에는 1,500만원에 해당 사업연도의 개월수를 곱하고 이를 12로 나누어 산출한 금액을 말한다.
▶ 부동산임대업이 주업인 내국법인은 1,500만원을 500만원으로 적용한다.

② 업무용승용차의 감가상각비

2016년 1월 1일 이후 취득하는 업무용승용차는 정액법을 상각방법으로 하고 내용연수를 5년으로 하여 계산한 금액을 감가상각비로 하여 반드시 손금에 산입하여야 한다. 업무용승용차를 리스 또는 렌탈한 경우에는 임차료 중에서 보험료, 자동차세, 수선유지비 등을 차감한 금액을 감가상각비 상당액으로 한다. 수선유지비를 별도로 구분하기 어려운 경우에는 임차료(보험료와 자동차세를 차감한 금액)의 7%를 수선유지비로 할 수 있다.

① 감가상각비 한도액

업무용승용차별 감가상각비 또는 임차료 중 감가상각비 상당액에 업무사용비율을 곱하여 산출한 금액이 해당 사업연도에 각각 800만원(해당 사업연도가 1년 미만인 경우 800만원에 해당 사업연도의 월수를 곱하고 이를 12로 나누어 산출한 금액을 말한다)을 초과하는 경우 그 초과하는 금액은 손금불산입하고 이월하여 손금에 산입한다. 이때 소득처분은 자가취득한 업무용승용차에 대한 감가상각비 초과액은 유보로 하고, 리스 또는 렌탈한 업무용승용차에 대한 감가상각비 초과액은 기타사외유출로 한다.

② 감가상각비 한도초과액의 이월공제

자가취득한 업무용승용차별 감가상각비 이월액은 해당 사업연도의 다음 사업연도부터 해당 업무용승용차의 업무사용금액 중 감가상각비가 800만원에 미달하는 경우 그 미달하는 금액을 한도로 하여 손금으로 추인(유보)한다.
리스 또는 렌탈한 업무용승용차별 임차료 중 감가상각비 상당액 이월액은 해당 사업연도의 다음 사업연도부터 해당 업무용승용차의 업무사용금액 중 감가상각비 상당액이 800만원에 미달하는 경우 그 미달하는 금액을 한도로 손금에 산입하고 기타로 소득처분한다.

③ 부동산임대업이 주업인 법인의 감가상각비

부동산 임대업이 주업인 법인은 업무용승용차별 감가상각비 상당액이 400만원을 초과하는 경우 손금불산입하고 다음 사업년도부터 해당 업무용승용차의 업무사용금액 중 감가상각비가 400만원에 미달하는 경우 미달하는 금액을 한도로 손금에 산입한다.
부동산 임대업이 주업인 법인의 조건은 다음과 같다.
㉠ 지배주주등이 보유한 주식등의 지분율이 50%를 초과할 것

ⓒ 부동산 또는 부동산상의 권리의 대여로 인하여 발생하는 수입금액, 이자소득금액, 배당
  소득금액이 매출액의 50% 이상일 것

ⓒ 상시근로자 수가 5명 미만일 것

3 업무용승용차 관련비용의 세무조정

① 업무사용비율 미달분에 대한 세무조정

업무용승용차 관련비용을 감가상각비와 기타비용으로 구분하여 업무사용비율이 90%이라
면 감가상각비의 10%와 기타비용의 10%에 해당하는 금액에 대하여 손금불산입하고 귀속
자(차량 사용자)에 대한 상여 또는 배당으로 소득처분을 한다.

② 업무사용분 감가상각비에 대한 세무조정

업무용승용차의 감가상각비로 업무사용비율에 해당하는 금액 중 800만원을 초과하는 금
액에 대하여 손금불산입하고 유보로 소득처분한다. 리스 또는 렌탈한 업무용승용차의 임차
료 중 감가상각비 상당액은 업무사용비율에 해당하는 금액 중 800만원 초과분에 대하여는
손금불산입하고 기타사외유출로 소득처분한다.

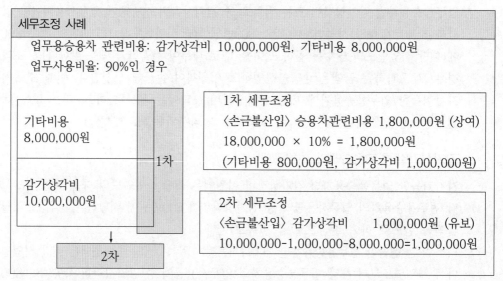

세무조정 사례

업무용승용차 관련비용: 감가상각비 10,000,000원, 기타비용 8,000,000원
업무사용비율: 90%인 경우

기타비용
8,000,000원

감가상각비
10,000,000원

1차

2차

1차 세무조정
〈손금불산입〉 승용차관련비용 1,800,000원 (상여)
18,000,000 × 10% = 1,800,000원
(기타비용 800,000원, 감가상각비 1,000,000원)

2차 세무조정
〈손금불산입〉 감가상각비   1,000,000원 (유보)
10,000,000-1,000,000-8,000,000=1,000,000원

③ 업무용승용차 관련비용 명세서 미제출 가산세

업무용승용차 관련비용 등을 손금에 산입한 내국법인이 업무용승용차 관련비용 등에 관한
명세서를 제출하지 아니하거나 사실과 다르게 제출한 경우에는 업무용승용차 관련비용
등으로 손금에 산입한 금액 또는 손금에 산입한 금액 중 사실과 다르게 적은 금액의 1%를
가산세로 해당 사업연도의 법인세액에 더하여 납부하여야 한다. 동 가산세는 산출세액이
없는 경우에도 적용한다.

4 업무용승용차의 처분손실

업무용승용차의 처분손실은 업무용승용차별로 800만원(해당 사업연도가 1년 미만인 경우 800만원에 해당 사업연도의 월수를 곱하고 이를 12로 나누어 산출한 금액)을 초과하는 금액은 손금불산입하고 기타사외유출로 소득처분한다. 업무용승용차를 처분한 사업연도의 다음 사업연도부터 800만원을 균등하게 손금에 산입하고 남은 금액이 800만원 미만인 사업연도에는 남은 금액을 모두 손금에 산입하고 기타로 소득처분한다. 부동산 임대업이 주업인 법인은 800만원을 400만원으로 적용한다.

SECTION 07 | 충당금과 준비금

1 퇴직급여충당금

① 퇴직급여충당금의 설정

㉠ 설정한도액(=Min(①, ②)

> ① 총급여액 기준
> 퇴직급여의 지급대상이 되는 임원 또는 직원에게 지급한 총급여액 × 5%
> ② 퇴직금추계액 기준
> 퇴직금추계액 × 0%+퇴직금전환금기말잔액 - 세무상 퇴직급여충당금 잔액

▶ 퇴직금추계액은 일시퇴직기준 퇴직금추계액과 보험수리적기준 퇴직금추계액 중 큰 금액으로 한다.

ⓐ 총급여액

총급여액은 소득세법상 근로소득으로 과세되는 급료, 임금, 상여, 수당 등의 인건비로 하되, 법인세법에 의해 상여로 처분된 금액처럼 손금으로 인정되지 않는 금액은 제외한다. 회사의 퇴직급여지급규정에 1년 미만 근속자에 대해서도 퇴직급여를 지급하기로 되어 있다면 이들에 대한 인건비도 총급여액에 포함된다. 확정기여형 퇴직연금 등(개인퇴직계좌 포함)이 설정된 임원 또는 직원에 대해서는 퇴직급여충당금을 설정할 수 없으므로 이들에 대한 인건비는 총급여액에서 제외된다.

ⓑ 퇴직급여추계액

해당 사업연도 종료일 현재 재직하는 임원 또는 직원(확정기여형 퇴직연금 등이 설정된 자 제외)의 전원이 퇴직할 경우에 퇴직급여로 지급되어야 할 금액의 추계액과 확정급여형 퇴직연금제도 가입자의 보험수리기준 퇴직급여추계액에 확정급여형 퇴직연금제도 미가입자 및 가입자로서 재직기간 중 미가입기간이 있는 자의 일시퇴직기준 퇴직급여추계액을 더한 추계액 중 큰 금액으로 한다.

ⓒ 퇴직금전환금

국민연금법에 의한 퇴직금전환금의 재무상태표상 기말잔액을 말한다.

ⓓ 세무상 퇴직급여충당금 잔액

당기의 퇴직급여충당금을 설정하기 직전의 세무상 퇴직급여충당금 잔액으로 다음과 같이 계산한다.

$$\text{세무상 퇴직급여충당금 잔액} = \left(\text{전기말 충당금 잔액} - \text{당기 충당금 감소액}\right) - \text{퇴직급여충당금 부인액 누계}$$

ⓛ 세무조정

퇴직급여충당금의 설정은 결산조정항목에 해당하므로 한도미달액에 대한 세무조정은 없으며, 한도초과액은 손금불산입(유보) 한다. 퇴직급여충당금의 세무계산상 부인액(유보 잔액)이 있는 법인이 퇴직급여 지급액을 퇴직급여충당금과 상계함에 있어서 세무상 퇴직급여충당금을 초과하여 상계하는 경우에는 상계액을 한도로 유보금액을 손금산입(△유보)한다.

② **퇴직급여 지급시의 처리**

퇴직급여충당금을 손금에 산입한 내국법인이 임원 또는 직원에게 퇴직급여를 지급하는 경우에는 해당 퇴직급여충당금에서 먼저 지급(상계)하여야 한다. 직전 사업연도 종료일 현재 1년 미만 근속자로 퇴직급여충당금을 설정하지 아니한 임원 또는 직원이 당기에 퇴사하여 퇴직급여를 지급하는 경우에는 퇴직급여충당금과 상계하지 않고 직접 해당 사업연도의 손비로 처리할 수 있다.

③ **퇴직급여 지급액의 손금인정 범위**

법인이 임원 또는 사용인에게 지급하는 퇴직급여는 임원 또는 사용인이 현실적으로 퇴직하는 경우에 지급하는 것에 한하여 이를 손금에 산입한다.

현실적인 퇴직에 해당하는 경우	현실적인 퇴직에 해당하지 않는 경우
㉠ 직원이 임원으로 취임한 경우	㉠ 임원이 연임된 경우
㉡ 근로자퇴직급여 보장법에 의해 퇴직급여를 중간정산하여 지급한 경우	㉡ 상근임원이 비상근임원으로 된 경우
㉢ 임원 또는 직원이 그 법인의 조직변경·합병·분할 또는 사업양도에 의하여 퇴직한 경우	㉢ 법인의 대주주 변동으로 인하여 계산의 편의, 기타 사유로 전직원에게 퇴직급여를 지급한 경우
㉣ 정관 또는 정관에서 위임된 퇴직급여지급규정에 따라 장기 요양 등 기획재정부령으로 정하는 사유로 그 때까지의 퇴직급여를 중간정산하여 임원에게 지급한 때(중간정산시점부터 새로 근무연수를 기산하여 퇴직급여를 계산하는 경우에 한정한다)	㉣ 외국법인의 국내지점 종업원이 본점으로 전출하는 경우
	㉤ 정부투자기관 등이 민영화됨에 따라 전 종업원의 사표를 일단 수리한 후 재 채용한 경우
	㉥ 퇴직급여를 중간정산하기로 하였으나 이를 실제로 지급하지 않은 경우

▶ 중간정산하는 퇴직급여는 중간정산 시점부터 새로이 근속연수를 기산하여 중간정산 이후 퇴직급여를 계산하는 경우에 한하여 현실적인 퇴직으로 본다.

2 퇴직연금충당금

① 퇴직연금제도

㉠ 퇴직연금제도의 개요

퇴직연금은 확정기여형과 확정급여형으로 구분되는데 그 내용은 다음과 같다.

구 분	확정급여형(DB : Defined Benefit)	확정기여형(DC : Defined Contribution)
개 념	근로자가 퇴직할 때 지급받는 연금급여액이 사전에 결정되어 있는 퇴직연금	연금급여의 지급을 위해 사용자가 부담할 연금부담금이 사전에 결정되어 있는 퇴직연금
적립금 운용	적립금 운용에 따른 수익과 손실이 사용자에게 귀속됨	적립금 운용에 따른 수익과 손실이 근로자에게 귀속됨
수령방법	일시금 또는 연금	일시금 또는 연금

㉡ 회계처리와 세무조정

확정기여형은 불입액을 모두 손금으로 인정하므로 세무조정이 없지만 확정급여형은 세무조정이 필요하다.

구 분	확정급여형(DB : Defined Benefit)	확정기여형(DC : Defined Contribution)
회계처리	연금부담금을 퇴직연금운용자산으로 계상하고 퇴직급여충당금의 차감항목으로 표시	연금부담금 불입액을 전액 당기 비용(퇴직급여)으로 처리
세무조정	퇴직급여추계액에서 세무상 퇴직급여충당금을 차감한 잔액에 대해서 연금부담금의 사외적립을 전제로 손금에 산입	전액 해당 사업연도 손금으로 인정. 다만, 임원에 대한 부담금은 퇴직시까지 부담한 부담금의 합계액을 퇴직급여로 보아 한도초과액이 있으면 손금불산입

② 확정급여형 퇴직연금충당금의 설정

㉠ 설정한도액

> 퇴직연금충당금 설정한도액 = Min(ⓐ, ⓑ) − 세무상 퇴직연금충당금 잔액
> ⓐ 퇴직급여추계액 − 세무상 퇴직급여충당금 잔액
> ⓑ 퇴직연금운용자산 기말잔액

ⓐ 퇴직급여추계액

해당 사업연도 종료일 현재 재직하는 임원 또는 직원이 전원 퇴직할 경우의 퇴직급여(일시퇴직기준 퇴직금추계액)와 근로자퇴직급여보장법에 따라 매사업연도 말일 현재 급여에 소요되는 비용예상액의 현재가치와 부담금수입예상액의 현재가치를 추정하여 산정된 금액(보험수리기준 퇴직급여추계액) 중 큰 금액을 적용한다.

ⓑ 세무상 퇴직연금충당금 잔액

당기분 퇴직연금충당금을 설정하기 직전의 세무상 잔액으로서 다음과 같이 계산한다.

$$\text{세무상 퇴직연금충당금 잔액} = \left(\begin{array}{c} \text{장부상 기초} \\ \text{충당금 잔액} \end{array} - \begin{array}{c} \text{장부상 당기} \\ \text{충당금 감소액} \end{array} \right) - \begin{array}{c} \text{충당금 설정전} \\ \text{유보(△유보는 가산)} \end{array}$$

ⓒ 세무상 퇴직급여충당금 잔액

결산 수정사항을 모두 반영한 장부상 퇴직급여충당금 잔액에서 퇴직급여충당금 부인 누계액을 차감한다.

ⓛ 세무조정

퇴직연금충당금의 설정은 강제조정항목에 해당한다. 따라서 한도미달액은 손금산입(△유보)으로, 한도초과액은 손금불산입(유보)으로 세무조정하여야 한다.

③ 퇴직급여 지급시의 처리

확정급여형 퇴직연금에 가입한 법인의 임원 또는 직원이 퇴직한 경우 이들에게 지급해야 할 퇴직급여 중에서 퇴직연금 운용회사에서 지급하는 금액은 퇴직연금충당금과 먼저 상계하고 퇴직급여충당금과 상계하여야 한다.

> ㉠ 퇴직연금충당금과 상계(퇴직연금부분) → ㉡ 퇴직급여충당금과 상계 → ㉢ 퇴직급여(비용)

④ 확정급여형 퇴직연금의 회계처리와 손금산입

확정급여형 퇴직연금에 가입하고 회사가 부담한 퇴직연금부담금에 대한 회계처리는 퇴직연금충당금을 설정하는 경우와 설정하지 않는 신고조정의 경우로 구분할 수 있다. 본 교재에서는 퇴직연금충당금을 설정하지 아니하는 신고조정의 방법만 설명하기로 한다.

퇴직급여충당금 설정액 1,000,000원(추계액 1,000,000원, 한도액 0원), 퇴직연금 불입액 700,000원을 가정한 퇴직연금충당금을 설정하지 않는 경우(신고조정)의 회계처리와 손금산입액은 다음과 같다.

회계처리	(차) 퇴직급여 1,000,000 (대) 퇴직급여충당금 1,000,000 퇴직연금운용자산 700,000 현 금 700,000		
세무조정	〈손금불산입〉 퇴직급여충당금 1,000,000원(유보) 〈손금산입〉 퇴직연금충당금 700,000원(△유보)		
	구 분	퇴직급여충당금	퇴직연금충당금
	회사설정액	1,000,000	0
	손금산입 한도액	0	700,000
	한도초과(미달)	1,000,000	(700,000)

▶ 퇴직연금충당금 손금산입 한도액 : 퇴직급여충당금 한도초과액과 퇴직연금불입액 중 적은 금액
▶ 퇴직연금충당금을 설정하지 않은 경우에는 신고조정으로 손금에 산입하여야 한다.

❸ 대손금 및 대손충당금

① 대손금

법인이 외상매출금, 받을어음, 미수금, 대여금 등의 채권이 대손되면 한도액의 제한 없이 손금에 산입한다. 다만 부도발생일로부터 6월 이상 경과한 수표 또는 어음상의 채권 및 외상매출금의 경우는 사업연도 종료일 현재 회수되지 아니한 해당 채권의 금액에서 1천원을 공제한 금액을 대손금으로 한다. 공제한 1천원은 소멸시효가 완성된 사업연도의 손금이 된다.

② 대손금의 요건(대손사유)

㉠ 신고조정항목

다음의 대손사유는 신고조정항목으로 해당 대손사유가 발생한 날이 속하는 사업연도의 손금으로 인정하고 이후에는 손금으로 인정하지 아니한다. 비용으로 회계처리를 한 경우에는 세무조정이 필요 없지만, 비용으로 회계처리를 하지 않은 경우에는 세무조정으로 손금산입하고 △유보로 소득처분 한다. 만일 비용으로 회계처리하지 않고 세무조정까지 누락하면 경정청구를 하여야만 손금산입 할 수 있다.

> ⓐ 상법, 어음법, 수표법, 민법에 의해 소멸시효가 완성된 채권
> ⓑ 채무자 회생 및 파산에 관한 법률에 따른 회생계획인가의 결정 또는 법원의 면책결정에 따라 회수불능으로 확정된 채권
> ⓒ 민사집행법 규정에 의해 채무자의 재산에 대한 경매가 취소된 압류채권
> ⓓ 재판상 화해 및 화해 권고 결정에 따라 회수불능으로 확정된 채권

㉡ 결산조정항목

대손사유가 발생한 날 이후 법인이 손금으로 계상한 날이 속하는 과세기간의 손금이다.

> ⓐ 채무자의 파산, 강제집행, 형의 집행, 사업의 폐지, 사망, 실종, 행방불명으로 인하여 회수할 수 없는 채권
> ⓑ 부도발생일로부터 6월 이상 경과한 수표 또는 어음상의 채권 및 외상매출금(수표와 어음은 1,000원을 공제한 금액만 대손금으로 하며 중소기업의 외상매출금으로 부도발생일 이전의 것에 한한다). 다만, 해당 법인이 채무자의 재산에 대하여 저당권을 설정하고 있는 경우를 제외한다.
> ⓒ 회수기일이 6개월 이상 지난 채권 중 채무자별 채권가액이 30만원 이하의 채권
> ⓓ 중소기업의 외상매출금으로서 회수기일로부터 2년이 경과한 외상매출금 및 미수금(특수관계인과의 거래로 인한 채권은 제외)
> ⓔ 금융회사의 채권 중 금융감독원장으로부터 대손금으로 승인받은 것과 대손처리를 요구한 것
> ⓕ 중소기업창업투자회사의 창업자에 대한 채권으로서 중소기업청장이 정한 기준에 해당한다고 인정한 것

③ 대손충당금

㉠ 한도액

> 대손충당금 손금산입한도액 = 대손충당금 설정대상채권 장부가액* × 설정률
> * 설정대상채권의 장부가액 = 장부상 수취채권 ± 수취채권관련 유보잔액 - 설정제외채권

ⓛ 설정대상 채권

대손충당금 설정 대상 채권은 매출채권(선일자수표 포함), 미수금, 대여금, 선급금과 기타 기업회계기준에 의한 대손충당금 설정대상이 되는 채권이다. 동일 거래처에 대한 채권과 채무는 당사자 간에 상계 약정이 없는 한 상계하지 아니하고 수취채권 전액에 대해서 대손충당금을 설정할 수 있다.

ⓒ 설정제외채권

다음에 해당하는 채권은 대손충당금 설정대상에서 제외한다.

> ⓐ 채무보증으로 발생한 구상채권
> ⓑ 특수관계자에 대한 업무무관 가지급금
> ⓒ 특수관계자에게 자산을 고가 양도하는 경우에 발생한 채권 중 시가초과분
> ⓓ 할인어음, 배서양도한 어음 등

ⓔ 대손충당금 설정률

대손충당금 설정률은 1%와 대손실적률 중 큰 비율을 적용한다.

$$대손실적률 = \frac{해당 \ 사업연도의 \ 세무상 \ 대손금}{직전 \ 사업연도 \ 종료일 \ 현재의 \ 채권잔액}$$

ⓜ 세무조정

대손충당금의 설정은 결산조정항목에 해당하므로 한도미달액에 대한 세무조정은 없다. 그러나, 대손충당금 한도초과액은 손금불산입으로 세무조정하고 유보로 소득처분한다. 당기 대손충당금 설정한도액과 장부상 대손충당금 기말잔액과 비교하여 시부인 계산하고, 전기 이월된 기초 대손충당금 유보잔액은 무조건 전액 손금산입(△유보)하고 추인한다.

4 일시상각충당금과 압축기장충당금

① 의 의

일시상각충당금이란 특정익금의 과세시기를 이연시키기 위하여 해당 익금으로 취득한 감가상각자산을 일시에 상각하여 손금에 산입하는 목적으로 설정하는 충당금이고, 압축기장충당금은 비상각자산을 취득한 경우에 설정하는 충당금이다.

일시상각충당금과 압축기장충당금을 설정할 수 있는 대상은 다음과 같다.

> ⓐ 국고보조금·공사부담금·보험차익
> ⓑ 합병평가차익, 분할평가차익
> ⓒ 물적분할, 현물출자, 교환으로 인한 양도차익

② 일시상각충당금 등 손금산입의 적용대상

일시상각충당금(비상각자산은 압축기장충당금)으로 손금산입이 가능한 국고보조금 등의 범위는 다음에 열거된 경우에만 적용한다.

구 분	적용대상
국고보조금	보조금관리에관한법률, 지방재정법, 농어촌전기공급사업촉진법, 전기사업법, 사회기반시설에대한민간투자법, 한국철도공사법, 농어촌정비법, 도시및주거환경정비법, 산업재해보상보험법, 환경정책기본법에 따라 국가 또는 지방자치단체로부터 받는 보조금
공사부담금	전기·도시가스사업, 액화석유 충전·공급·판매사업, 집단에너지공급사업, 초고속연결지능정보통신기반구축사업, 수도사업을 하는 법인이 받는 공사부담금
보험차익	보험차익이 발생하는 법인

③ 손금산입시기와 손금산입액

㉠ 손금산입시기

일시상각충당금 등의 손금산입시기는 국고보조금 등을 지급받은 사업연도로 한다.

㉡ 손금산입액

손금산입액은 다음과 같다.

구 분	내 용
국고보조금	국고보조금 등으로 취득한 사업용 유형자산, 무형자산과 석유류의 금액
공사부담금	사업용 자산의 취득에 소요된 금액
보험차익	보험차익으로 취득한 유형자산의 가액

④ 손금산입 요건

국고보조금과 공사부담금을 지급받아 그 지급받은 날이 속하는 사업연도와 다음사업연도 개시일부터 1년 이내에 사업용자산을 취득·개량하는데 사용한 경우 또는 사업용자산을 취득·개량하고 사후에 국고보조금 등을 받은 경우 일시상각충당금 등으로 손금에 산입할 수 있다.

보험차익은 사후에 받는 경우는 해당하지 아니하며 2년 이내에 취득·개량하면 손금산입할 수 있다.

⑤ 손금산입방법

일시상각충당금(압축기장충당금)은 결산조정사항이므로 법인이 장부에 계상하여야 손금인정을 하는 것이 원칙이다. 그러나 일시상각충당금 등을 기업회계기준이 인정하지 않아 외부감사대상법인은 일시상각충당금 등을 설정할 수 없으므로 법인세법은 신고조정으로 손금에 산입하는 것을 허용한다.

필수예제 국고보조금의 회계처리와 세무조정

다음의 사례로 신고조정과 결산조정을 비교한다.
사업연도가 1.1~12.31인 법인이 전산장비의 취득을 목적으로 국고보조금 10,000,000원을 3월에 수령하고, 당해 연도에 국고보조금을 포함하여 전산장비를 48,000,000원에 취득하였다. 그리고 동 장비를 다음연도에 45,000,000원에 매각하였다(내용연수 5년이며 정액법 상각으로 관할세무서에 신고되었다).

풀이

① 신고조정의 경우

구 분	분 개			
	차 변		대 변	
㉠ 국고보조금을 수령했을 때	현 금	10,000,000	국고보조금 (현금차감 계정)	10,000,000
㉡ 전산장비 매입했을 때	기계장치 국고보조금 (현금차감 계정)	48,000,000 10,000,000	현 금 국고보조금 (기계장치 차감계정)	48,000,000 10,000,000
㉢ 결산시	감가상각비 국고보조금 (기계장치 차감계정)	8,000,000 1,666,666	감가상각누계액 감가상각비	8,000,000 1,666,666
세무조정	〈익금산입〉 국고보조금　　　　10,000,000원 (기타) 〈손금산입〉 일시상각충당금　10,000,000원 (△유보) 〈손금불산입〉 일시상각충당금　1,666,666원 (유보) * 기계장치 취득가액에서 국고보조금으로 취득한 부분에 대한 감가상각비는 일시상각충당금의 환입액으로 보아 감가상각비 계상액에서 차감하여야 한다. * 국고보조금 1,666,666의 계산 근거 　감가상각비 8,000,000 × $\dfrac{\text{국고보조금수령액 10,000,000}}{\text{기계장치 48,000,000}}$			
재무상태표의 표시 (자산항목)	기계장치　　　48,000,000 　　국고보조금　　−8,333,334 　　감가상각누계액　−8,000,000　　31,666,666			
㉣ 자산의 매각시	현 금 국고보조금 감가상각누계액	45,000,000 8,333,334 8,000,000	기계장치 유형자산처분이익	48,000,000 13,333,334
세무조정	〈익금산입〉 일시상각충당금		8,333,334원	(유보)

② 결산조정의 경우

구 분	분 개			
	차 변		대 변	
㉠ 국고보조금을 수령했을 때	현 금	10,000,000	국고보조금 (영업외수익)	10,000,000
㉡ 전산장비 매입했을 때	기계장치 일시상각충당금전입	48,000,000 10,000,000	현 금 일시상각충당금	48,000,000 10,000,000
㉢ 결산시	감가상각비 일시상각충당금	8,000,000 1,666,666	감가상각누계액 감가상각비	8,000,000 1,666,666
세무조정	세무조정 없음 * 국고보조금은 영업외수익으로 익금으로 처리하였고 일시상각충당금을 설정 의 회계처리를 하였으므로 별도의 손금산입도 필요없다. * 결산시에 일시상각충당금과 감가상각비를 상계하였으므로 일시상각충당금 의 환입에 대하여 별도의 익금산입의 세무조정이 필요없다.			
재무상태표의 표시 (자산항목)	기계장치　　　　48,000,000 일시상각충당금　　−8,333,334 감가상각누계액　−8,000,000　　31,666,666			
㉣ 자산의 매각시	현 금 일시상각충당금 감가상각누계액	45,000,000 8,333,334 8,000,000	기계장치 유형자산처분이익	48,000,000 13,333,334
세무조정	세무조정 없음 * 일시상각충당금과 유형자산처분이익을 상계하였으므로 별도의 익금산입의 세무조정이 필요없다.			

* 계정과목은 법인세법에 맞춰 국고보조금을 사용하였으나 기업회계기준은 정부보조금계정을 사용한다.

5 준비금

① 준비금의 개요

준비금은 충당부채 성격의 계정으로 미래에 지출될 금액을 현재시점에 미리 손금에 산입하여 배당가능이익을 감소시킴으로써 미래에 지출할 재원 충당을 목적으로 한다. 준비금의 손금산입액은 일정기간 이후에 다시 환입되어 익금으로 과세됨으로써 준비금을 설정하는 과세기간에는 조세 부담이 줄어들지만 환입하는 과세기간에는 조세 부담이 늘어나게 되어 과세가 이연되는 효과가 있다.

② 종류 및 성격

준비금 종류	대상법인	세무조정
책임준비금, 비상위험준비금	보험업 법인	결산조정원칙
고유목적사업준비금	비영리 법인	잉여금처분에 의한 신고조정을 허용

▶ 국제회계기준을 적용하는 보험업법인은 비상위험준비금을 잉여금처분에 의한 신고조정을 할 수 있다.
▶ 고유목적사업준비금은 외부감사를 받는 비영리법인에 한하여 신고조정이 가능하다.

③ 세무조정 구조(잉여금처분에 의한 신고조정)

⊙ 준비금의 손금산입

준비금의 손금 산입을 결산조정으로 하는 경우에는 장부상에 손금을 계상하여야 하고, 신고조정으로 준비금을 설정하고자 하는 경우에는 미처분이익잉여금의 처분을 통하여 준비금을 임의적립금 항목으로 적립하여야 한다.

구 분	결산조정	신고조정
장부상분개	(차) ○○준비금 전입액(비용계정) ××× (대) ○○준비금(부채계정) ×××	(차) 미처분이익잉여금 ××× (대) ○○준비금 ×××
세무조정	한도초과액 손금불산입(유보)	법정 한도액 손금산입 (△유보)

ⓒ 준비금의 환입

신고조정에 의하여 준비금을 설정한 경우에는 법정 요건에 따라 환입하는 시점에 익금 산입(유보)의 세무조정을 해야 하며 이 경우 익금에 산입한 금액까지는 과거에 적립한 적립금을 미처분이익잉여금으로 이입할 수 있다.

구 분	결산조정하는 경우	신고조정하는 경우
장부상분개	(차) ○○준비금(부채계정) ××× (대) ○○준비금 환입액(수익계정) ×××	(차) ○○준비금 ××× (대) 미처분이익잉여금 ×××
세무조정	환입한도 초과액 익금불산입(△유보)	법정 환입한도액 익금산입 (유보)

SECTION 08 | 부당행위계산부인

1 부당행위계산부인의 개요

① 부당행위계산부인

부당행위계산부인이란 법인의 행위 또는 소득금액의 계산이 특수관계인과의 거래로 인하여 그 법인의 소득에 대한 조세의 부담을 부당히 감소시킨 것으로 인정되는 경우에 그 법인의 행위 또는 소득금액의 계산을 부인하고 그 법인의 각 사업연도의 소득금액을 계산하는 것을 말한다. 이것은 조세회피의 방지 및 공평과세를 실현하기 위하여 국세기본법상의 실질과세원칙을 구체화한 규정이다.

부당행위계산의 부인은 다음 두 가지의 요건을 충족하여야 한다.

⊙ 해당 법인과 특수관계인과의 거래이어야 한다.
ⓒ 그 거래로 인하여 법인의 조세가 부당히 감소한 것으로 인정되어야 한다.

② 특수관계자의 범위

특수관계자의 범위는 다음과 같으며, 행위당시를 기준으로 판단한다.

> ㉠ 임원의 임면권의 행사, 사업방침의 결정 등 당해 법인의 경영에 대하여 사실상 영향력을 행사하고 있다고 인정되는 자(상법에 의하여 이사로 보는 자 포함)와 그 친족
> ㉡ 주주등(소액주주등은 제외)과 그 친족
> ㉢ 법인의 임원·사용인 또는 주주등의 사용인(주주등이 영리법인인 경우에는 그 임원을, 비영리법인인 경우에는 그 이사 및 설립자를 말한다)이나 사용인외의 자로서 법인 또는 주주 등의 금전 기타 자산에 의하여 생계를 유지하는 자와 이들과 생계를 함께 하는 친족
> ㉣ 해당 법인이 직접 또는 그와 '㉠~㉢'에의 관계에 있는 자를 통하여 어느 법인의 경영에 대하여 지배적인 영향력을 행사하고 있는 경우 그 법인
> ㉤ 해당 법인이 직접 또는 그와 '㉠~㉣'의 관계에 있는 자를 통하여 어느 법인의 경영에 대하여 지배적인 영향력을 행사하고 있는 경우 그 법인
> ㉥ 당해 법인에 100분의 30 이상을 출자하고 있는 법인에 100분의 30 이상을 출자하고 있는 법인이나 개인
> ㉦ 당해 법인이 독점규제 및 공정거래에 관한 법률에 의한 기업집단에 속하는 법인인 경우 그 기업집단에 소속된 다른 계열회사 및 그 계열회사의 임원
>
> 다음에 해당하는 경우 해당 법인의 경영에 대하여 지배적인 영향력을 행사하고 있는 것으로 본다.
>
> | 영리법인 | 가. 법인의 발행주식총수 또는 출자총액의 100분의 30 이상을 출자한 경우
나. 임원의 임면권, 사업방침의 결정등 법인의 경영에 사실상 영향력을 행사하고 있다고 인정되는 경우 |
> | --- | --- |
> | 비영리법인 | 가. 법인의 이사의 과반수를 차지하는 경우
나. 법인의 출연재산(설립시 출연재산만)의 100분의 30 이상을 출연하고 그 중 1인이 설립자인 경우 |

> **CHECK POINT** 소액주주 등
>
> 소액주주 등이란 발행주식총수 또는 출자총액의 1%에 미달하는 주식 또는 출자지분을 소유한 주주 또는 출자자를 말하며, 해당 법인의 지배주주 등과 특수관계에 있는 자는 소액주주 등으로 보지 아니한다.

③ 부당행위계산의 유형

㉠ 자산을 시가보다 높은 가액으로 매입 또는 현물출자받았거나 그 자산을 과대상각한 경우

㉡ 자산을 무상 또는 시가보다 낮은 가액으로 양도 또는 현물출자한 경우

㉢ 금전, 그 밖의 자산 또는 용역을 무상 또는 시가보다 낮은 이율·요율이나 임대료로 대부하거나 제공한 경우. 다만 비출자임원(소액주주 임원포함) 및 사용인에게 사택(법정 임차사택 포함)을 제공하는 경우는 제외한다.

㉣ 금전, 그 밖의 자산 또는 용역을 시가보다 높은 이율·요율이나 임차료로 차용하거나 제공받은 경우

㉤ 불공정 합병·증자·감자 등의 자본거래로 인하여 특수관계인인 다른 주주 등에게 이익을 분여한 경우

ⓑ 무수익 자산을 매입 또는 현물출자 받았거나 그 자산에 대한 비용을 부담한 경우

ⓒ 불량자산을 차환하거나 불량채권을 양수한 경우

ⓞ 출연금을 대신 부담한 경우

ⓩ 파생상품의 권리를 행사하지 아니하거나 그 행사기간을 조정하는 등의 방법으로 이익을 분여하는 경우

ⓩ 기타 'ⓐ~ⓩ'에 준하는 행위 또는 계산 및 그 외에 법인의 이익을 분여하였다고 인정되는 경우

② 부당행위계산부인의 세무조정

① 세무조정

부당한 거래로 감소한 법인의 소득을 익금산입(또는 손금불산입)하고 그 소득을 분여받은 귀속자 등에게 배당, 상여 등의 사외유출 소득처분을 한다.

② 부당행위계산의 판정기준

위의 부당행위 계산의 유형 중 ⓐⓑⓒⓓ에 해당하는 자산의 고가매입·저가양도 및 금전대차·자산임대차·용역제공의 부당거래에 대한 부당행위계산부인은 시가와 거래가액의 차액이 3억원 이상이거나, 시가의 5%에 상당하는 금액 이상인 경우에 한하여 적용한다. 시가의 산정기준은 다음과 같다.

ⓐ 일반적인 시가

해당 거래와 유사한 상황에서 해당 법인이 특수관계인 외의 불특정다수인과 계속적으로 거래한 가격 또는 특수관계인이 아닌 제3자간에 일반적으로 거래된 가격을 시가로 한다. 시가가 불분명한 경우에는 감정평가법인의 감정가액이 있으면 감정가액으로, 감정가액이 없으면 상속세 및 증여세법 상의 보충적 평가방법에 의한 가액을 시가로 한다.

ⓑ 금전대차거래의 시가

금전의 대여 또는 차용의 경우에는 가중평균차입이자율을 시가로 한다. 다만, 다음의 경우에는 당좌대출이자율을 시가로 한다.

구 분	시 가
ⓐ 가중평균차입이자율의 적용이 불가능한 경우	해당 사업연도에 한정하여 당좌대출이자율 적용
ⓑ 해당 법인이 법인세과세표준과 세액을 신고하는 때에 당좌대출이자율을 선택하여 신고하는 경우	당좌대출이자율을 시가로 하여 선택한 사업연도와 이후 2개 사업연도는 당좌대출이자율을 적용

③ 자산의 고가매입·저가양도

자산의 고가매입·저가양도의 거래 상대방이 특수관계인이면 시가와의 차액이 부당행위계산부인에 해당하고, 특수관계인이 아니면 정상가액(시가에 시가의 30%를 가감한 금액)과의 차액이 기부금에 해당한다.

㉠ 자산의 고가매입

부당행위계산부인에 해당하는 고가매입의 경우 취득가액과 시가의 차액만큼 세무상 자산이 과대계상 된 것이므로 자산을 감액하는 세무조정으로 손금산입하고 △유보로 소득처분한다. 동시에 손금산입한 금액만큼을 손금불산입 하면서 귀속자에 대한 사외유출로 소득처분하는 이중세무조정을 하게 된다. 소득처분은 특수관계인이 주주 또는 출자자이면 배당으로, 임원이나 사용인이면 상여로 처분한다.

㉡ 자산의 저가양도

부당행위계산부인에 해당하는 저가양도의 세무조정은 시가와 처분가액의 차이를 익금 산입하고 귀속자에 대한 사외유출로 처분한다.

④ 가지급금 인정이자

㉠ 가지급금의 범위

법인이 특수관계인에게 금전을 무상이나 낮은 이율로 대여한 경우 자금의 대여액을 명칭여하에 불구하고 가지급금이라 한다. 가지급금에 대하여 법인세법이 정한 적정이 자율로 계산한 이자를 가지급금 인정이자라 한다.

가지급금 인정이자는 전액 익금산입하고 귀속자에 대한 사외유출로 소득처분한다. 만일 자금의 대여에 관련하여 상환기간 및 이자율에 대한 약정이 있는 경우에는 가지급금 인정이자에서 약정이자를 차감한 금액을 익금산입 한다.

업무무관 자산관련 지급이자 손금불산입에서 가지급금으로 보지 않는 것은 부당행위계 산부인 대상 가지급금으로 보지 않는다.

㉡ 인정이자의 계산

$$가지급금적수 \times 인정이자율 \times \frac{1}{365(윤년은\ 366)} - 이자수령\ 약정액$$

㉢ 가지급금적수

가지급금적수의 계산은 업무무관자산 등 관련 지급이자 손금불산입 규정의 가지급금적 수의 계산과 동일하다. 동일인에 대한 가지급금과 가수금이 함께 있는 경우에는 이를 상계한 금액으로 하되, 각각 상환기간 및 이자율 등에 관한 약정이 있어 이를 상계할 수 없는 경우에는 하지 아니한다.

㉣ 인정이자율

가지급금 인정이자를 계산하기 위한 이자율은 다음과 같이 계산한 가중평균차입이자율 을 적용한다. 다만, 가중평균차입이자의 적용이 불가능한 경우에는 해당 사업연도에 한하여 당좌대출이자율(4.6%)을 적용하고, 과세표준신고와 함께 당좌대출이자율을 시 가로 선택하여 신고한 경우에는 선택한 사업연도와 이후 2개 사업연도는 당좌대출이자 율을 적용한다.

$$\text{가중평균차입이자율} = \frac{\Sigma(\text{개별차입금잔액} \times \text{해당 차입금이자율})}{\text{차입금잔액의 총액}}$$

ⓜ 미수이자와 가지급금의 세무조정

상환기간 및 이자율에 대한 약정이 있는 경우의 가지급금에 대한 미수이자는 발생일이 속하는 사업년도 종료일로부터 1년이 되는 날까지 정당한 사유없이 회수하지 아니한 경우에는 1년이 되는 날에 미수이자를 익금불산입하고 △유보로 소득처분한다. 동시에 동액을 다시 익금산입하여 사외유출(배당, 상여 등)로 소득처분 하여야 한다.

가지급금을 특수관계가 소멸되는 시점까지 회수되지 않으면 가공자산으로 보아 전액 익금불산입하고 △유보로 소득처분하고, 특수관계자에게 지출한 금액이므로 동액을 다시 익금산입하고 귀속자에 대한 사외유출(배당, 상여 등)로 소득처분한다.

> **CHECK POINT** 지급이자 손금불산입과 가지급금 인정이자
>
> 지급이자 손금불산입 규정과 달리 적정한 이자를 수령하는 가지급금은 부당행위계산부인에 해당하지 않으므로 인정이자를 계산할 필요가 없지만 적정한 이자를 수령하더라도 지급이자 손금불산입 규정은 적용된다.

SECTION 09 | 과세표준 및 세액의 계산

1 과세표준

① 과세표준의 계산

```
    각 사 업 연 도 소 득 금 액
(-)이   월   결   손   금 … 15년 이내에 발생한 세무상 결손금(80% 또는 100%)
(-)비   과   세   소   득
(-)소   득   공   제
    과    세    표    준
```

▶ 이월결손금, 비과세소득, 소득공제는 순서대로 차감하여야 한다.

② **이월결손금**

　㉠ **결손금 이월공제**

　　법인의 각사업연도의 소득을 계산함에 있어 익금총액보다 손금총액이 많으면 그 차액을 결손금이라 한다. 동 결손금은 이후 사업연도로 이월되어 각사업연도소득금액의 범위내에서 공제된다. 이것을 이월결손금이라 한다.

　　각사업연도소득금액의 계산에서 공제하는 이월결손금은 해당 사업연도 개시일 전 15년(2019. 12. 31. 이전 개시 사업연도 발생분은 10년) 이내에 개시한 사업연도에서 발생한 세법상 결손금이 공제대상이다. 공제대상 결손금은 법인세 확정신고 또는 과세관청의 결정·경정에 포함되거나, 국세기본법에 의한 수정신고한 과세표준에 포함된 결손금만 해당한다.

　　발생연도를 달리하는 이월결손금이 있는 경우에는 먼저 발생한 이월결손금부터 순차적으로 공제한다. 이미 공제받은 이월결손금과 소급공제를 받은 결손금 및 자산수증이익·채무 면제이익의 익금불산입으로 보전한 결손금은 제외한다. 또한 법인세를 추계결정·경정하는 경우에는 이월결손금을 공제할 수 없다. 다만 천재지변 등으로 장부 기타 증거서류가 멸실되어 추계하는 경우는 제외한다.

　　이월결손금은 중소기업과 법인세법 시행령에서 열거하는 회생계획을 이행 중인 기업 및 사업재편계획을 이행 중인 법인 등의 경우 각 사업연도 소득금액의 100% 범위에서 공제하며, 그 외의 법인의 경우 각 사업연도 소득금액의 80%의 범위에서 공제한다.

　㉡ **중소기업의 결손금 소급공제**

　　중소기업은 해당 사업연도에 결손금이 발생한 경우 그 결손금을 직전 사업연도의 과세표준에서 소급공제하여 직전 사업연도의 법인세를 환급 신청할 수 있다. 직전 사업연도와 결손금이 발생한 사업연도의 소득에 대한 법인세를 신고기한에 신고를 하여야 하고, 결손금이 발생한 사업연도 과세표준신고기한 내에 납세지관할세무서장에게 신청하여야 한다.

　　결손금 소급공제로 법인세를 환급받은 기업이 결손금이 발생한 사업연도의 법인세를 경정함으로써 결손금이 감소된 경우와 결손금이 발생한 사업연도의 직전 사업연도에 대한 법인세의 과세표준과 세액을 경정함으로써 환급세액이 감소된 경우 및 중소기업에 해당하지 않는 법인이 법인세를 환급받은 경우에는 환급액과 이에 대한 이자상당액을 추징한다.

$$\text{ⓐ 환급대상액} = \frac{\text{직전 사업연도}}{\text{법인세산출세액}} - \left\{ \left(\frac{\text{직전 사업연도}}{\text{과세표준}} - \frac{\text{소급공제}}{\text{결손금}} \right) \times \frac{\text{직전 사업연도}}{\text{법인세율}} \right\}$$

$$\text{ⓑ 한 도 액} = \frac{\text{직전 사업연도}}{\text{법인세산출세액}} - \frac{\text{직전 사업연도}}{\text{공제감면세액}}$$

③ 비과세소득

비과세소득이란 국가가 과세권을 포기한 것으로 법인세법상 공익신탁의 신탁재산에서 생기는 소득과 조세특례제한법상의 중소기업창업투자회사 등이 창업자 또는 벤처기업에 출자한 주식 또는 출자지분의 양도차익과 배당소득이 있다. 비과세소득은 각사업연도 소득금액에서 이월결손금을 먼저 공제한 잔액에서 공제하고 남는 금액은 이월되지 않고 소멸한다.

④ 소득공제

소득공제는 법인세 부담을 경감해 주기 위하여 조세정책적 목표로 하는 것이다. 법인세법상 유동화전문회사 등으로부터 받은 배당과 조세특례제한법상 자기관리부동산투자 회사의 국민주택임대소득의 50%를 소득공제한다.

> CHECK POINT 결손금의 세무상 처리방법 요약

구　분	발생시점	소멸여부
㉠ 결손금 소급공제	해당연도 발생분	소멸
㉡ 이월결손금 공제	15년 이내 발생분	소멸
㉢ 자산수증이익·채무면제이익에 의한 보전	제한 없음	소멸
㉣ 기부금한도 계산시 기준소득금액에서 차감	10년 이내 발생분	미소멸

② 산출세액의 계산

① 세　율

세율은 다음과 같다.

과세표준		세　율
2억원 이하		과세표준의 9%
2억원 초과	200억원 이하	1천8백만원＋2억원 초과금액의 19%
200억원 초과	3천억원 이하	37억8천만원＋200억원 초과금액의 21%
3천억원 초과		625억8천만원＋3천억원 초과금액의 24%

▶ 법인지방소득세는 법인세와 동일한 과세표준에 세율을 동일한 구간별로 0.9%, 1.9%, 2.1%, 2.4%를 적용하며, 법인세와 달리 조세특례제한법상 세액공제감면을 적용하지 않는다.
▶ 성실신고확인서 제출대상 법인 중 부동산임대업이 주업인 법인은 과세표준 2억원 이하 구간을 적용하지 아니하고 200억원 이하 19%의 세율부터 적용한다.

② 산출세액의 계산

산출세액의 계산에서 세율은 사업연도 월수가 1년인 경우에 적용하는 것이므로 사업연도 월수가 1년 미만인 경우에는 다음과 같이 계산하여야 한다. 사업연도 월수는 역에 따라 계산하되, 1월 미만의 일수는 1월로 한다.

구 분	산출세액
사업연도가 1년인 경우	과세표준 × 세율
사업연도가 1년 미만인 경우	$\left(과세표준 \times \dfrac{12}{사업연도\ 월수} \times 세율\right) \times \dfrac{사업연도\ 월수}{12}$

3 차감납부세액의 계산

	산 출 세 액	…토지 등 양도소득에 대한 법인세 산출세액 포함
(-)	공 제 · 감 면 세 액	…최저한세 적용대상과 최저한세 적용 제외 대상으로 구분
(+)	가 산 세	
(+)	감면분추가납부세액	
(=)	총 부 담 세 액	…지방소득세(소득분)=총부담세액 × 10%
(-)	기 납 부 세 액	…중간예납세액, 원천징수세액, 수시부과세액
	차 감 납 부 세 액	…각사업연도종료일이 속하는 달의 말일부터 3개월 이내 신고·납부

① 세액공제

㉠ 외국납부세액공제

내국법인의 과세표준에 국외원천소득이 포함되어 있는 경우, 국외원천소득의 이중과세를 방지하기 위하여 외국납부세액공제 제도를 두고 있다. 국외원천소득에 대하여 납부하였거나 납부할 외국법인세액은 다음의 한도액 이내에서 외국납부세액공제를 받을 수 있다. 외국납부세액이 공제한도를 초과하는 경우 그 초과하는 금액은 해당 사업연도의 다음 사업연도부터 10년 이내에 종료하는 사업연도에 이월하여 그 이월된 사업연도의 세액공제한도 범위 내에서 공제받을 수 있다.

이월공제기간에 공제받지 못한 외국법인세액은 이월공제기간의 종료일 다음 날이 속하는 사업연도의 손금에 산입할 수 있다.

$$세액공제한도액 = 법인세산출세액 \times \dfrac{국외원천소득의\ 과세표준}{해당\ 사업연도\ 과세표준}$$

▶ 추계결정 또는 경정하는 경우에는 외국납부세액공제를 적용하지 않는다. 다만, 천재지변 등으로 장부 기타 증명서류가 멸실되어 그 과세표준을 추계하는 경우에는 적용한다.

㉡ 재해손실세액공제

법인이 각 사업연도 중 천재·지변 기타 재해로 인하여 사업용 자산총액의 20% 이상을 상실하여 납세가 곤란하다고 인정되는 경우에는 상실된 자산가액을 한도로 다음의 금액을 법인세산출세액에서 공제받을 수 있다.

재해손실세액공제를 받고자 하는 법인은 일정기한 내에 재해손실세액공제신청서를 납세지 관할세무서장에게 제출하여야 한다.

$$\boxed{\text{재해손실세액공제} = \text{공제대상 법인세} \times \text{재해상실비율}}$$

ⓐ 공제대상 법인세

> ㉮ 재해발생일 현재 부과되지 아니한 법인세(가산세 및 가산금 포함)
> ㉯ 부과된 법인세로서 미납된 법인세(가산세 및 가산금 포함)
> ㉰ 재해발생일이 속하는 사업연도의 소득에 대한 법인세(가산세는 포함하고 공제감면세액은 차감)

ⓑ 재해상실비율

재해상실비율은 재해발생일 현재 장부가액에 의하여 계산한다. 장부가 소실·분실되어 장부가액을 알 수 없는 경우에는 납세지 관할세무서장이 조사하여 확인한 가액에 의한다.

$$\text{재해상실비율} = \frac{\text{상실된 자산가액}}{\text{상실전의 사업용자산총액}}$$

> ▶ 상실전의 사업용 자산총액에는 토지는 제외하고, 타인 소유의 자산으로서 상실로 인한 변상책임이 해당 법인에게 있는 것은 포함한다.
> ▶ 재해상실자산에 대한 보험금을 수령한 경우에도 상실된 자산가액에서 보험금을 차감하지 아니한다.

ⓒ 사실과 다른 회계처리에 기인한 경정에 따른 세액공제

사실과 다른 회계처리에 기인한 경정에 따른 세액공제란 내국법인이 사실과 다른 회계처리로 인하여 경정을 받은 경우에 일반적인 과다납부세액과 같이 환급결정일로부터 30일 이내에 환급하지 않고, 그 경정일이 속하는 사업연도부터 각 사업연도의 법인세액에서 과다납부한 세액을 공제한다. 이 경우 각 사업연도별로 공제하는 금액은 과다납부한 세액의 20%를 한도로 하고 공제후 남아있는 과다 납부한 세액은 이후 사업연도에 이월하여 공제한다.

ⓔ 조세특례제한법상 세액공제

ⓐ 연구 및 인력개발비에 대한 세액공제

내국법인이 각 과세연도에 연구 및 인력개발비를 지출한 경우에는 다음의 금액을 법인세 산출세액에서 공제받을 수 있다.

㉮ 중소기업인 경우 다음의 금액 중 많은 금액을 공제한다.(Max a, b)

> a. 증가금액기준 : (해당연도 발생액 - 직전년도 발생액) × 50%(중견 40%)
> b. 해당연도기준 : 해당연도 연구·인력개발비 발생액 × 25%

> ▶ 중소기업업종을 영위하며 상호출자제한기업집단 소속이 아닌 기업으로 직전3년 평균매출액이 5천억원 미만인 중견기업은 b. 해당연도 발생액에 공제율을 3년까지 15%, 이후 2년 10%, 5년 경과 후 8%를 적용한다.

㉯ 중소기업이 아닌 경우 다음의 금액 중 많은 금액을 공제한다.(Max a, b)

> a. 증가금액기준 : (해당연도 발생액-직전년도 발생액) × 25%
> b. 해당연도기준 : 해당연도 발생액×$\text{Min}\left\{ \left(\frac{\text{연구인력개발비}}{\text{수입금액}} \times 50\% \right), \ 2\% \right\}$

> ▶ 직전 4년간 연구개발비가 발생하지 아니하거나, 직전과세연도에 발생한 연구개발비가 직전4년간 발생한 연구개발비의 연평균 발생액보다 적은 경우에는 증가금액 기준은 적용하지 않는다.

ⓓ 연구인력개발비 중 신성장·원천기술연구개발비가 있는 경우 중소기업은 지출액의 30%(중견기업은 20~25%, 일반기업은 20%)와 매출액 대비 신성장 연구개발비 비중의 3배수(10% 또는 15% 한도)를 공제한다.

ⓔ 국가전략기술연구비는 중소기업은 지출액의 40%(일반기업은 30%)와 매출액 대비 국가전략기술연구비 비중의 3배수(10% 한도)를 세액공제한다.

ⓕ 최저한세의 적용여부

　연구인력비세액공제를 받은 법인이 중소기업이면 최저한세를 적용하지 않는다. 중소기업이 아닌 경우에는 최저한세 적용대상이다.

ⓖ 농어촌특별세

　농어촌특별세는 중소기업 구분없이 비과세한다.

ⓑ 통합투자세액공제

투자세액공제란 투자촉진을 위하여 기계장치 등 사업용 유형자산에 투자한 투자금액에 일정비율을 곱하여 계산한 기본공제금액과 추가공제금액의 합계금액을 산출세액에서 공제하는 제도를 말한다. 원칙적으로 중고품에 대한 투자는 투자세액공제가 적용되지 않는다.

투자세액공제를 받은 자산을 투자완료일로부터 5년이 경과되기 전에 해당 자산을 다른 목적으로 전용하는 경우에는 공제세액에 이자상당액을 가산하여 징수한다.

구 분	기준금액	중소기업	중견기업	일반기업
기본공제	해당 과세연도에 투자한 금액	10%	5%	1%
	신성장사업화시설에 투자한 금액	12%	6%	3%
	국가전략기술사업화시설 투자액	25%	15%	
추가공제	해당 과세연도에 투자한 금액이 해당 과세연도의 직전 3년간 연 평균 투자 또는 취득금액을 초과하는 경우에는 그 초과하는 금액의 10%에 상당하는 금액 ▶ 추가공제금액 기본공제금액의 2배를 한도로 한다.			

ⓒ 통합고용세액공제

통합고용세액공제는 2025년 12월 31일이 속하는 과세연도까지 상시근로자의 수가 직전 과세연도의 상시근로자의 수보다 증가한 경우와 정규직 근로자로 전환한 근로자와 육아휴직 복귀자에 적용한다. 다음의 금액을 해당 과세연도와 해당 과세연도의 종료일부터 1년(중소기업 및 중견기업의 경우에는 2년)이 되는 날이 속하는 과세연도까지 소득세 또는 법인세에서 공제한다.

구분	증가(또는 전환, 복귀) 인원 1명당 공제액			
	중소기업		중견기업	일반기업
	수도권	수도권 밖		
청년등 상시근로자	1,450만원	1,550만원	800만원	400만원
청녀등 외 상시근로자	850만원	950만원	450만원	-
정규직 근로자로의 전환	1,300만원		900만원	-
육아휴직 복귀자	1,300만원		900만원	-

▶ 청년등 상시근로자 : 청년정규직근로자, 장애인근로자, 60세이상근로자, 경력단절여성근로자
▶ 증가 인원 수는 전체 상시근로자의 증가 인원 수를 한도로 한다.
▶ 최초로 공제를 받은 과세연도의 종료일부터 2년이 되는 날까지의 기간 중 청년등 또는 상시근로자가 감소하는 경우에는 적용하지 아니하고, 공제받은 세액을 납부하여야 한다.

ⓓ 기타의 세액공제

종 류	적용대상	세액공제액
전자신고세액공제	법인세과세표준신고를 법인이 직접 전자신고하는 경우	신고건당 2만원
성실신고확인비용에 대한 세액공제	성실신고확인서를 제출하는 경우	성실신고확인비용의 60% 한도 150만원

② **세액감면**

㉠ 세액감면 개요

세액감면이란 감면대상 소득에 대한 산출세액의 전액 또는 일정한 비율만큼 경감해 주는 것을 말한다. 세액감면은 조세특례제한법에만 규정되어 있고 법인세법에는 규정되어 있지 않으며, 일정한 기간 적용되는 감면과 기간제한 없이 적용되는 감면으로 나눌 수 있다. 해당연도 산출세액에서 차감되지 않은 세액감면에 대하여는 이월감면이 적용되지는 않는다.

감면세액은 특별한 규정이 있는 경우를 제외하고는 다음과 같이 계산한다.

$$\text{감면세액} = \text{법인세산출세액} \times \frac{\text{감면대상소득}}{\text{과세표준}} \times \text{감면비율}$$

ⓐ 법인세산출세액은 토지등양도소득에 대한 법인세를 포함하지 않은 금액을 말한다.
ⓑ 감면대상소득이란 과세표준을 의미하므로 해당 소득금액에서 이월결손금·비과세소득 및 소득공제를 공제한 금액으로 한다. 이월결손금이 감면사업에서 발생한 것인지의 여부가 불분명한 경우에는 소득금액에 비례하여 안분 계산한 금액으로 한다. 감면소득이 있는 법인은 감면분 소득과 감면대상이 아닌 기타분 소득을 구분하기 위하여 소득구분계산서를 작성하여야 한다.

㉡ 감면 기간이 없는 세액감면

종 류	감면대상			감면비율
중소기업 특별세액감면 (감면한도 1억원)	수도권	소기업	•도매, 소매, 의료업 등 경영	10%
			•기타의 업종	20%
		중기업	•지식기반산업 경영	10%
	수도권 이외의 지역	•도매, 소매, 의료업 등 경영 중소기업		소기업10%, 중기업 5%
		•기타의 업종 경영 중소기업		소기업30%, 중기업15%

▶ 소기업은 업종별로 매출액이 중소기업기본법에서 규정한 일정액 이하인 기업을 말한다.
▶ 고용인원 감소시 1인당 500만원씩 공제한도를 축소한다.

ⓒ 감면 기간이 있는 세액감면

ⓐ 창업중소기업등에 대한 세액감면(2027년 12월 31일 이전 창업)

감면대상법인		감면기간과 감면율	
2025년 이전 창업	수도권과밀억제권역 외에서 창업한 청년창업중소기업	최초로 소득이 발생한 과세연도와 그 후 4년간	100%
	수도권과밀억제권역에서 창업한 청년창업중소기업		50%
	수도권과밀억제권역 외에서 창업한 창업중소기업		
2026년 이후 창업	수도권 외의 지역 또는 수도권의 인구감소지역에서 창업한 청년창업중소기업	*사업 개시일부터 5년이 되는 날이 속하는 과세연도까지 소득이 발생하지 아니하는 경우에는 5년이 되는 날이 속하는 과세연도를 최초로 소득이 발생한 과세연도로 본자.	100%
	수도권(수도권과밀억제권역과 인구감소지역은 제외)에서 창업한 청년창업중소기업		75%
	수도권과밀억제권역에서 창업한 청년창업중소기업과 수도권 외의 지역 또는 수도권의 인구감소지역에서 창업한 창업중소기업		50%
	수도권(수도권과밀억제권역과 인구감소지역은 제외)에서 창업한 창업중소기업		25%
창업보육센터사업자로 지정받은 사업자			50%
벤처기업 확인받은 창업벤처중소기업(2027년 12월 31일까지)			50%

ⓑ 수도권 밖으로 공장을 이전하는 기업에 대한 세액감면

감면대상법인	감면기간과 감면율	
수도권과밀억제권역에 3년(중소기업은 2년) 이상 계속하여 공장시설을 갖추고 사업을 한 기업이 공장시설의 전부를 수도권 밖(중소기업은 수도권의 인구감소지역)으로 이전하여 2025년 12월 31일까지 사업을 개시하는 경우	최초로 소득이 발생한 과세연도부터 5년(위기지역, 성장촉진지역 또는 인구감소지역 7년, 성장촉진지역 10년)간	100%
	그 이후 2년(위기지역, 성장촉진지역 또는 인구감소지역 3년)간	50%

ⓒ 수도권 밖으로 본사를 이전하는 법인에 대한 세액감면

감면대상법인	감면기간과 감면율	
수도권과밀억제권역에 3년 이상 계속하여 본사를 둔 법인이 본사를 수도권 밖으로 이전하여 2025년 12월 31일까지 사업을 개시하는 법인	최초로 소득이 발생한 과세연도부터 5년(위기지역, 성장촉진지역 또는 인구감소지역 7년, 성장촉진지역 10년)간	100%
	그 이후 2년(위기지역, 성장촉진지역 또는 인구감소지역 3년)간	50%

③ 세액공제·감면의 적용순서 및 중복적용 배제

○ 세액공제·감면의 적용순서

세액공제와 세액감면이 동시에 적용되는 때에는 다음의 순서에 의한다. '@과 ⓑ'를 합한 금액이 법인이 납부할 법인세액(토지등 양도소득에 대한 법인세 및 가산세 제외)을 초과하는 경우 그 금액은 없는 것으로 한다.

> @ 세액감면
> ⓑ 이월공제가 인정되지 않는 세액공제
> ⓒ 이월공제가 인정되는 세액공제
> ⓓ 사실과 다른 회계처리에 기인한 경정에 따른 세액공제

○ 세액공제의 이월공제

해당 과세연도에 납부할 세액이 없거나, 최저한세의 적용으로 인하여 공제받지 못한 금액은 해당 과세연도의 다음 과세연도 개시일부터 5년 이내에 종료하는 사업연도의 법인세에서 이를 공제한다. 각 사업연도에 발생한 세액공제 금액과 이월된 미공제세액이 중복되는 경우에는 이월된 미공제세액을 먼저 공제하고, 이월된 미공제세액이 중복되는 경우에는 먼저 발생한 것부터 순차로 공제한다.

○ 중복적용의 배제

@ 투자세액공제 상호간의 중복적용 배제

투자한 자산에 대하여 여러 가지 투자세액공제 규정이 동시에 적용되는 경우에는 그중 하나만을 선택하여 적용을 받을 수 있다.

동일한 과세연도에 고용창출투자세액공제와 청년고용을 증대시킨 기업에 대한 세액공제가 동시에 적용되거나, 고용창출투자세액공제와 중소기업 고용증가인원에 대한 사회보험료 세액공제가 동시에 적용되는 경우에는 그중 하나만 선택하여 적용받을 수 있다.

ⓑ 세액감면과 투자세액공제의 중복적용 배제

동일한 과세연도에 감면기간이 있는 세액감면(외국인 투자에 대한 세액감면 제외)과 중소기업에 대한 특별세액감면이 각종 투자세액공제와 동시에 적용받을 수 있는 경우에는 그중 하나만을 선택하여 적용받을 수 있다. 동일한 사업장에 대하여 동일한 과세연도에 감면기간이 있는 세액감면과 중소기업에 대한 특별세액감면 중 둘 이상이 적용되는 경우 그중 하나만을 선택하여 적용받을 수 있다.

④ 최저한세

○ 최저한세 제도

최저한세제도는 정책목적상 조세특례의 혜택을 받더라도 세부담의 형평성 및 안정적인 재정확보의 측면에서 일정한 소득이 있으면 최소한의 세금을 부담하여야 한다는 취지로 만들었다. 감면후 세액이 최저한세에 미달하는 경우 최저한세에 해당하는 세액만큼은 조세부담이 될 수 있도록 조세특례를 배제한다.

ⓛ 최저한세 적용대상 조세특례

최저한세가 적용되는 조세특례는 대부분의 조세특례제한법상 익금불산입, 특별감가상각비, 비과세, 소득공제, 세액공제 및 세액감면 등이다. 다만, 조세특례제한법상의 조세특례라고 할지라도 일부의 조세특례는 최저한세를 적용하지 않는다.

ⓒ 최저한세의 계산구조

감면 후 세액과 최저한세를 비교하여 감면 후 세액이 최저한세에 미달하면 그 금액에 해당하는 최저한세 대상 조세특례를 배제한다.

ⓐ 감면후세액

감면후 세액은 최저한세 적용 대상인 조세특례를 적용한 과세표준에 법인세율을 적용하여 계산한 세액에서 최저한세 대상 세액공제·감면을 차감한 세액이다.

> 감면 후 세액 = 감면 후 과세표준 × 세율 − 최저한세 대상 세액공제·감면

ⓑ 최저한세

최저한세 대상 조세특례를 적용하지 않은 과세표준에 최저한세율을 적용한다.

> 최저한세 = 감면 전 과세표준 × 최저한세율

▶ 최저한세율은 중소기업은 7%, 비중소기업은 10%(과세표준 100억원 초과분은 12%, 과세표준 1,000억원 초과분은 17%)를 적용한다. 중소기업이 최초로 중소기업에 해당하지 않게 된 경우에는 처음 3년은 8%, 이후 2년은 9%를 적용한다.
▶ 개인사업소득자의 최저한세율은 감면전 산출세액 3천만원 이하는 35%, 감면전 산출세액 3천만원 초과분은 45%로 한다.

ⓒ 조세특례의 배제

감면 후 세액이 최저한세에 미달하는 경우에는 감면 후 세액이 최저한세의 금액이 되도록 최저한세 적용대상 조세특례를 배제한다. 최저한세가 적용되는 조세특례의 배제순서는 납세의무자가 신고(수정신고 포함)하는 경우에는 납세의무자가 임의로 선택하고, 과세관청이 경정하는 경우에는 다음의 순서에 의한다.

㉮ 연구·인력개발준비금 및 특별감가상각비
㉯ 손금산입 및 익금불산입
㉰ 세액공제
㉱ 세액감면
㉲ 소득공제 · 비과세

ⓒ 최저한세 적용 후 총부담세액

감면후세액이 최저한세보다 많은 경우	감면후세액이 최저한세보다 적은 경우
감 면 후 과 세 표 준	⋮
(×) 세 율	
산 출 세 액	감 면 전 과 세 표 준
(−) 최저한세 대상 세액감면·공제	× 최 저 한 세 율
감 면 후 세 액	최 저 한 세
(−) 최저한세 적용제외 세액감면·공제	(−) 최저한세 적용제외 세액감면·공제
(+) 가산세 및 감면분추가납부세액	(+) 가산세 및 감면분추가납부세액
총 부 담 세 액	총 부 담 세 액

⑤ **농어촌특별세**

농어촌특별세란 농어업의 경쟁력 강화와 농어촌산업기반시설의 확충 및 농어촌 지역개발 사업을 위하여 필요한 재원을 확보하기 위하여 2034년 6월 30일까지 과세하는 목적세이며 다른 조세에 부가하여 과세하는 부가세의 일종이다.

법인세에 대한 농어촌특별세는 비과세대상을 제외하고, 조세특례제한법에 의한 법인세 감면세액에 20%의 세율을 적용한다. 법인세를 신고·납부(중간예납 제외)하는 때에 법인세에 대한 농어촌특별세도 함께 신고·납부하여야 하며, 법인세와 동일한 방법으로 회계처리하여야 한다.

① 사업연도 중의 신고·납부

① 중간예납

㉠ 중간예납의 대상

각 사업연도의 기간이 6개월을 초과하는 법인은 해당 사업연도 개시일부터 6개월간을 중간예납기간으로 하고 중간예납기간 종료일로부터 2개월 이내에 중간예납세액을 납부하여야 한다. 중간예납세액이 1천만원을 초과하는 경우에는 분납할 수 있다. 다만 다음의 법인은 중간예납세액을 납부할 의무가 없다.

> ⓐ 새로 설립된 법인의 최초 사업연도(합병이나 분할에 의하여 설립된 법인은 제외)
> ⓑ 사립학교를 경영하는 학교법인, 서울대학교, 인천대학교, 산학협력단
> ⓒ 직전 사업연도의 중소기업으로서 해당 중간예납기간의 법인세액을 기준으로 하는 방법에 따라 계산한 중간예납 금액이 50만원 미만인 내국법인

㉡ 중간예납세액의 계산방법

중간예납세액의 계산은 다음 두 가지 방법 중 하나를 선택하여 적용할 수 있다.

ⓐ 직전 사업연도 법인세실적 기준

직전사업연도의 법인세 산출세액에는 가산세를 포함하고 토지 등 양도소득에 대한 법인세는 제외한다. 중간예납기간 중에 세율이 변동되는 경우에도 직전 사업연도 법인세로서 확정된 산출금액을 기준으로 하는 것이 원칙이다.

$$\left(\begin{array}{l}\text{직전사업연도의} \\ \text{법인세산출세액}\end{array} - \begin{array}{l}\text{직전사업연도의} \\ \text{공제·감면세액}\end{array} - \begin{array}{l}\text{직전사업연도의} \\ \text{원천납부세액·} \\ \text{수시부과세액}\end{array}\right) \times \frac{6}{\text{직전사업연도의 월수}}$$

ⓑ 해당 사업연도 중간예납기간의 실적기준(가결산 방법)

직전 사업연도의 법인세로서 확정된 산출세액이 없는 법인은 중간예납기간을 1사업연도로 보아 중간예납세액을 계산할 수 있다. 이때에 세액의 계산은 중간예납기간의 과세표준을 1년으로 환산하여 세율을 적용한 세액을 기준으로 하여야 한다.

$$\left(\begin{array}{l}\text{중간예납기간의} \\ \text{과세표준}\end{array} \times \frac{12}{6} \times \text{세율}\right) \times \frac{6}{12} - \begin{array}{l}\text{중간예납기간의 공제감면세액} \\ \text{·원천납부세액·수시부과세액}\end{array}$$

② 원천징수

㉠ 원천징수 대상소득

내국법인에게 이자소득금액과 투자신탁의 이익을 지급하는 자는 법인세를 원천징수하여야 한다. 원천징수세율은 14%이고 이자소득금액 중 비영업대금의 이익은 25%이다.

ⓛ 원천징수세액의 납부

원천징수세액은 일반적인 경우는 징수일이 속하는 달의 다음달 10일까지 납부하여야 하고 반기별 납부 승인을 받은 자는 징수일이 속하는 반기의 마지막 달의 다음달 10일 (1월 10일 또는 7월 10일)까지 납부하여야 한다.

반기별 납부 승인대상자는 직전연도 1월부터 12월까지의 매월 말일 현재의 상시 고용 인원의 평균 인원수가 20인 이하인 원천징수의무자로서 원천징수 관할세무서장의 승인을 얻거나 국세청장이 정하는바에 따라 지정을 받은 자를 말한다. 법인세의 원천징수에 대해서도 소득세의 경우와 같이 법인지방소득세를 특별징수 한다.

③ **수시부과**

법인이 법인세 포탈의 우려가 있다고 인정되는 다음의 사유가 있는 경우에는 조세채권의 조기확보를 위하여 수시로 법인세를 부과할 수 있다. 수시부과를 한 경우에도 각 사업연도 소득에 대한 정기분 과세표준신고는 하여야 한다.

> ㉠ 신고를 하지 않고 본점 등을 이전한 경우
> ㉡ 사업부진 기타 사유로 인하여 휴업 또는 폐업상태에 있는 경우
> ㉢ 기타 조세를 포탈할 우려가 있다고 인정되는 상당한 이유가 있는 경우

② 법인세의 신고 · 납부

① **법인세 과세표준의 신고**

㉠ 신고기한

납세의무가 있는 법인은 각 사업연도 종료일이 속하는 달의 말일부터 3개월 이내에 그 사업연도의 소득에 대한 법인세의 과세표준과 세액을 납세지 관할세무서장에게 신고하여야 한다. 이는 각 사업연도의 소득금액이 없거나 결손금이 있는 법인도 신고하여야 한다.

㉡ 제출서류

과세표준의 신고는 법인세 과세표준 및 세액신고서에 다음의 서류를 첨부하여야 한다. 필수첨부서류를 제출하지 않은 경우에는 무신고로 본다.

구 분	종 류
필수 첨부서류	ⓐ 재무상태표, 포괄손익계산서(또는 손익계산서) ⓑ 이익잉여금처분계산서(또는 결손금처리계산서) ⓒ 세무조정계산서(법인세과세표준 및 세액조정계산서)
기타 첨부서류	ⓓ 세무조정계산서 부속서류 ⓔ 현금흐름표(외부감사대상법인에 한함) ⓕ 합병·분할한 경우 합병·분할등기일 현재 피합병법인 등의 재무상태표와 승계한 자산부채의 명세서 및 그 밖에 필요한 사항이 기재된 서류

▶ 국제회계기준을 적용하지 아니하는 법인으로서 포괄손익계산서를 작성하지 않는 경우에는 손익계산서를 제출하면 된다.

② 성실신고확인서 제출

다음의 내국법인은 성실한 납세를 위하여 세무사등이 과세표준금액의 적정성을 확인한 성실신고확인서를 납세지 관할 세무서장에게 제출하여야 한다. 내국법인이 성실신고확인서를 제출하는 경우에는 법인세의 과세표준과 세액을 각 사업연도의 종료일이 속하는 달의 말일부터 4개월 이내에 납세지 관할 세무서장에게 신고하여야 한다. 다만, 외부회계감사를 받은 내국법인은 이를 제출하지 아니할 수 있다.

> ㉠ 상시근로자 5명 미만으로 지배주주와 특수관계자가 보유한 주식등의 합계가 발행주식총수의 50%를 초과하고, 부동산 임대업을 주된 사업으로 하거나 부동산 또는 부동산상의 권리의 대여소득, 이자소득, 배당소득의 합계가 매출액의 50% 이상인 내국법인
> ㉡ 소득세법에 따른 성실신고확인대상사업자(전환하는 사업연도 또는 직전사업년도 기준)가 사업용고정자산을 현물출자 또는 사업양수도 방식으로 내국법인으로 전환한 경우 그 내국법인(사업연도 종료일 현재 법인으로 전환한 후 3년 이내의 내국법인으로 한정한다)

③ 법인세의 자진납부

㉠ 납부기한

법인은 각 사업연도의 소득에 대한 법인세 산출세액에서 감면세액과 기납부세액(중간예납세액, 수시부과세액, 원천징수된 세액)을 공제한 금액을 과세표준신고기한 내에 납세지 관할세무서, 한국은행(그 대리점 포함) 또는 체신관서에 납부하여야 한다.

㉡ 분 납

자진납부할 세액(가산세 제외)이 1천만원을 초과하는 경우에는 다음의 금액을 납부기한이 경과한 날부터 1개월(중소기업의 경우에는 2개월) 이내에 분납할 수 있다.

구 분	분납할 수 있는 금액
납부할 세액이 2천만원 이하인 경우	1천만원을 초과하는 금액
납부할 세액이 2천만원을 초과하는 경우	납부할 세액의 50% 이하의 금액

> **CHECK POINT** 외부감사 미종결로 인한 신고기한의 연장과 납부
>
> ① 신고기한 연장
> 주식회사의 외부감사에 관한 법률에 따라 감사인의 감사를 받아야 하는 내국법인이 해당 사업연도의 감사가 종결되지 않아 결산이 확정되지 않은 경우 신고기한의 종료일 3일 전까지 신고기한의 연장을 신청하면 1개월의 범위에서 그 신고기한을 연장할 수 있다.
> ② 가산 납부액
> 감사 미종결로 신고기한이 연장된 내국법인이 세액을 납부할 때는 기한연장일수에 기획재정부령으로 정한 이자율로 계산한 금액을 가산하여 납부하여야 한다. 기한연장일수의 계산은 법정신고기한의 다음날부터 신고 및 납부가 이루어진 날 또는 연장된 날까지의 일수로 한다.

③ 결정과 경정

① 결정과 경정의 개요

㉠ 결 정

납세지 관할세무서장 또는 관할지방국세청장은 법인이 과세표준신고를 하지 아니한 때에는 그 법인의 각 사업연도의 소득에 대한 법인세의 과세표준과 세액을 과세표준 신고기한으로부터 1년 이내에 결정한다.

㉡ 경 정

납세지관할세무서장 또는 관할지방국세청장은 과세표준신고를 한 법인이 다음의 경정 사유에 해당하는 경우에는 이를 경정한다.

> ⓐ 신고내용에 오류 또는 탈루가 있는 때
> ⓑ 지급명세서, 매출·매입처별 세금계산서(계산서)합계표의 전부 또는 일부를 제출하지 않은 때
> ⓒ 신용카드(현금영수증)가맹 대상 법인이 가입하지 않거나 신용카드매출전표 등의 발급을 거부하거나 허위 발급 한 경우로서 시설규모나 업황을 감안하여 신고내용이 불성실하다고 판단되는 때

② 결정과 경정의 방법

㉠ 실지조사결정 – 원칙

실지조사결정이란 과세표준신고서 및 그 첨부서류에 의하거나 비치·기장된 장부 기타 증명 서류에 의하여 과세표준과 세액을 결정 또는 경정하는 것을 말한다.

㉡ 추계조사결정 – 예외

장부나 그 밖의 증명서류로 소득금액을 계산할 수 없는 경우에는 보충적 방법으로 추계에 의하여 결정할 수 있다. 추계에 의한 결정방법에는 기준경비율에 의한 방법이 있고, 기준경비율이 결정되지 않았거나 천재지변 기타 불가항력으로 장부 기타 증명서류가 멸실된 경우에 하는 동업자권형에 의한 방법이 있다.

④ 가산세

① 신고불성실 가산세

구 분		내 용	
무신고 가산세	일반무신고 Max(a, b)	a. 일반무신고 납부할 세액 × 20%	
		b. 일반무신고 수입금액 × $\dfrac{7}{10,000}$	
	부정무신고 Max(a, b)	a. 부정무신고 납부할 세액 × 40%	
		b. 부정무신고 수입금액 × $\dfrac{14}{10,000}$	
과소신고·초과환급 가산세	일반과소신고	일반과소신고 납부할 세액 × 10%	
	부정과소신고 Max(a, b)	a. 부정과소신고 납부할 세액 × 40%	
		b. 부정과소신고 수입금액 × $\dfrac{14}{10,000}$	

▶ 국제거래에서 발생한 부정행위로 과소신고하거나 초과신고한 경우 60%

> **CHECK POINT** 과세표준과 세액의 신고에 있어 부정행위에 의한 방법이란 다음의 경우를 말한다.
> ① 이중장부의 작성 등 장부의 거짓 기록
> ② 거짓 증명 또는 거짓 문서의 작성
> ③ 거짓 증명 등의 수취(거짓임을 알고 수취한 경우만 해당한다)
> ④ 장부와 기록의 파기
> ⑤ 재산의 은닉이나 소득·수익·행위·거래의 조작 또는 은폐
> ⑥ 그 밖에 국세를 포탈하거나 환급·공제받기 위한 사기 그 밖의 부정한 행위

② 납부지연가산세

> ⓐ 미납부·과소납부세액(또는 초과환급세액) × 기간(일수) × $\dfrac{2.2}{10,000}$
>
> ⓑ 법정납부기한까지 미납부·과소납부세액 × 3%

▶ ⓐ의 기간은 법정납부기한(또는 환급받은 날)의 다음날부터 납부일까지의 일수(납세고지일부터 납세고지서에 따른 납부기한까지의 기간은 제외)
▶ ⓑ는 국세를 납세고지서에 따른 납부기한까지 완납하지 아니한 경우에 한정한다.

③ 장부의 기록 · 보관 불성실 가산세

장부를 비치 기장하지 아니한 법인(비영리내국법인 제외)에 ㉠과 ㉡ 중 큰 금액을 부과한다. 신고불성실가산세(무신고·과소신고·초과환급신고가산세)와 동시에 적용되는 때에는 그 중 큰 금액에 해당하는 가산세만을 적용하고, 가산세액이 같은 경우에는 신고관련 가산세를 적용한다.

> Max(㉠, ㉡)
> ㉠ 세무서장이 결정한 산출세액 × 20%
> ㉡ 수입금액 × $\dfrac{7}{10,000}$

④ 기타의 가산세

종 류	가산세액
㉠ 원천징수등납부지연가산세	a+b a. 미납부·과소납부 원천징수세액 × 3% b. 미납부·과소납부 원천징수세액 × 기간 × $\dfrac{2.2}{10,000}$ 한도액 : 미납부·과소납부 원천징수세액 × 10% * 기간은 납부기한의 다음날부터 자진납부일 또는 납세고지일까지로 한다.
㉡ 증명서류수취불성실가산세	지출증명서류 미수취 금액 × 2%(거래건당 3만원 초과분)
㉢ 주식등변동상황명세서 제출 불성실가산세	미제출·누락제출·불분명주식 등의 액면가액 × 1%

종 류	가산세액
㉣ 지급명세서제출 불성실가산세	지급명세서 미제출 불분명 금액의 1%(일용근로소득은 0.25%) 제출기한 경과 후 3개월 이내 제출하면 0.5%(일용은 1개월 이 내 지출하면 0.125%)
㉤ 간이지급명세서 불성실가산세	간이지급명세서 미제출 불분명 금액의 0.25% 제출기한 경과 후 1개월 이내 제출하면 0.125%
㉥ 계산서불성실가산세	계산서 작성 불성실 1% 매출매입처는 계산서 합계표 미제출불성실 0.5% 계산서 미발급·가공·위장 발행 및 수취 2% 계산서 지연발급(다음 연도 1/25까지) 1%
㉦ 전자세금계산서 가산세	미발급 2% / 지연전송 0.3% 종이세금계산서 발급 1% / 미전송 0.5%
㉧ 기부금증명서류불성실가산세	사실과 다르게 발급된 기부금 영수증 금액 × 5% 기부자별 발급명세를 작성·보관하지 아니한 금액 × 0.2%
㉨ 신용카드발급 불성실가산세	신용카드매출전표 건별 발급거부금액 또는 미달발급금액 × 5% (건별 최소가산세 5천원)
㉩ 현금영수증발급 불성실가산세	가맹하지 아니한 사업연도의 수입금액 × 1% 건별 발급거부 또는 미달발급 금액 × 5%(건별 최소가산세 5천원) 현금영수증 의무발급대상자의 미발급액× 20%
㉪ 주주등명세서불성실가산세	설립등기일부터 2개월 이내에 주주등의 명세서를 미제출, 누락· 불분명한 경우 : 주식 등의 액면금액 × 0.5%
㉫ 성실신고확인서 미제출 가산세	성실신고확인대상 법인이 성실신고확인서를 미제출한 경우 : 법 인세 산출세액 × 5%와 수입금액 × 0.02% 중 많은 금액
㉬ 업무용승용차 관련비용 명세서 미제출가산세	• 미제출 : 업무용승용차 관련비용 손금산입액×1% • 사실과 다른 제출 : 사실과 다르게 적은 금액×1%

01 다음 중 법인세 납세의무와 관련하여 설명한 것으로 틀린 것은?

① 법인세는 소득개념으로 순자산증가설을 채택하고 있다.

② 법인 아닌 단체가 법인세의 납세의무가 있는 경우도 있다.

③ 외국정부는 대한민국정부 대한민국지방자치단체와 마찬가지로 비과세 법인이다.

④ 비영리내국법인은 청산소득에 대하여 법인세 납세의무가 없다.

> 해설   외국의 정부와 지방자치단체는 비영리외국법인으로 분류한다.

02 다음 중 법인세법상 납세지가 그 법인의 납세지로서 부적당하다고 인정되어 관할지방 국세청장이 납세지를 지정할 수 있는 사유에 해당하지 않는 것은?

① 내국법인의 본점 등의 소재지가 등기된 주소와 동일하지 아니한 경우

② 업종의 분류상 납세지 지정이 필요한 경우

③ 내국법인의 본점 등의 소재지가 자산 또는 사업장과 분리되어 있어 조세포탈의 우려가 있다고 인정되는 경우

④ 2 이상의 국내사업장을 가지고 있는 외국법인의 경우로서 법인세법시행령의 규정에 의하여 주된 사업장의 소재지를 판정할 수 없는 경우

03 다음 중 법인세에 대한 설명으로 가장 옳은 것은?

① 비영리 법인은 토지 등 양도소득에 대한 법인세 납세의무가 없다.

② 외국의 정부와 지방자치단체(지방자치단체조합 포함)는 비과세법인이므로 법인세의 납세의무가 없다.

③ 법인의 사업연도는 법령 또는 법인의 정관 등에서 정하는 1회계기간으로 하되, 그 기간은 1년을 초과하지 못한다.

④ 납세지변경신고서는 변경된 날로부터 3개월 이내에 변경 후의 납세지 관할 세무서장에게 제출하여야 한다.

> 해설   토지 등 양도소득에 대한 법인세 납세의무는 모든 법인에 있으며 외국 정부는 비영리법인으로 본다. 납세지 변경신고는 변경된 날로부터 15일 이내에 하여야 한다.

04 다음 중 법인세법상 청산소득으로서 과세되지 아니하는 것은?

① 법에 의한 조직변경으로 인한 청산소득

② 해산에 의한 청산소득

③ 합병에 의한 청산소득

④ 분할에 의한 청산소득

> 해설   청산소득이란 법인이 해산, 합병, 분할하는 경우의 소득을 말하는 것이며, 조직변경으로 인한 청산소득은 과세대상이 아니다.

05 다음 중 법인세상 설명으로 가장 옳은 것은?

① 합병으로 인하여 존속하는 법인은 청산소득에 대하여 법인세납부의무를 진다.

② 외국정부는 비영리외국법인으로 보아 수익사업소득에 대하여 법인세가 과세된다.

③ 법인 설립등기 후 개업준비중인 신설 내국법인의 최초 사업연도의 개시일은 설립등기일로 한다.

④ 법인의 정관 등에 정한 1회계기간이 1년을 초과하는 경우 법인의 사업연도는 1년을 초과할 수 있다.

> 해설   청산소득의 납세의무는 합병으로 소멸하는 법인이 지는 것이고, 비영리외국법인은 국내원천 수익사업소득에 대하여 납세의무를 진다. 법인세법상 사업연도는 1년을 초과할 수 없다.

06 다음은 법인세법상 법인의 납세지에 관한 설명이다. 옳지 않은 것은?

① 내국법인의 납세지는 원칙적으로 당해 법인의 등기부상의 본점 또는 주사무소의 소재지로 한다.

② 국내 사업장이 있는 외국법인의 법인세의 납세지는 국내사업장의 소재지로 한다.

③ 2 이상의 국내사업장이 있는 외국법인에 대하여는 해당 외국법인이 납세지로 신고한 장소를 납세지로 한다.

④ 국내사업장이 없는 외국법인으로서 부동산소득 또는 양도소득이 있는 외국법인의 납세지는 각각 그 자산의 소재지로 한다.

> **해설** 2 이상의 국내사업장이 있는 외국법인에 대하여는 주된 사업장의 소재지를 납세지로 하고, 2이상의 자산이 있는 외국법인은 국내원천소득이 발생하는 장소 중 외국법인이 신고한 장소를 납세지로 한다.

07 법인세법상 소득처분내용과 소득세법상 수입시기를 잘못 연결한 것은?

	법인세법상 소득처분	소득세법상 수입시기
①	기타소득	법인의 해당 사업연도의 결산확정일
②	상 여	법인의 사업연도 중 근로를 제공한 날
③	배 당	법인의 해당 사업연도의 결산확정일
④	기타사외유출	법인의 해당 사업연도의 결산확정일

> **해설** 법인세법상 기타사외유출로 처분된 소득은 법인이나 사업을 하는 개인의 소득을 구성하는 것으로 원천징수대상 소득이 아니므로 수입시기를 적용할 여지가 없다.

08 법인세법상 인건비 내용 중에서 손금불산입이 되는 인건비가 아닌 것은?

① 임원상여금의 지급기준 초과액

② 이익처분에 의한 우리사주조합을 통하여 자기주식으로 지급하는 성과급

③ 지배주주 임직원에 대한 정당한 사유 없는 불평등 보수액 중 동일 직급 임직원의 급여를 초

과하는 금액

④ 임원퇴직급여 규정에 의한 퇴직급여 중 직전 3년 연평균 총급여의 10%에 근속연수를 곱한 금액의 2배수(또는 3배수) 초과액

> **해설** 지급규정 내의 임원퇴직급여는 전액 손금이며 2배수(또는 3배수)는 퇴직소득, 초과액은 근로소득으로 원천징수

09 다음 중 법인세법상 세무조정사항 중 귀속자를 따지지 않고 반드시 기타사외유출로 처분하여야 하는 것이 아닌 것은?

① 건당 3만원을 초과한 접대비 중 증명서류 미수취 접대비의 손금불산입액

② 법정기부금 또는 지정기부금 한도초과액

③ 손금불산입한 채권자 불분명 사채이자 및 비실명 채권·증권이자에 대한 원천징수세액 상당액

④ 외국법인의 국내사업장이 각 사업연도의 소득에 대한 법인세의 과세표준을 신고함에 있어서 익금에 산입한 금액이 그 외국법인의 본점에 귀속되는 소득

> **해설** 지출증명서류 미수취접대비는 대표자 상여로 처분

10 (주)명옥상사는 장난감을 판매하는 회사로서 동 회사의 경리부장인 윤찬호는 손익계산서에 다음과 같이 반영하였다. 익금항목과 관련하여 세무조정이 필요 없는 것은?

> 가. 매출액 1억원은 매출할인 1천만원을 차감한 금액으로 계상하였다.
> 나. 본사건물을 임의로 평가하여 평가이익 3억원을 영업외수익으로 계상하였다.
> 다. 본사건물의 일부를 임대하고 있으며 임대보증금으로 3억원을 받았고 간주임대료에 대한 회계처리를 하였다.
> 라. 법인이 보유하고 있는 비품을 처분하여 2천만원의 유형자산처분이익을 영업외수익으로 계상하였다.

① 가, 나   ② 다, 라
③ 가, 라   ④ 나, 다

11 다음은 법인세법상 익금불산입 항목을 설명한 것이다. 이에 해당하지 않는 것은?

① 주식발행액면초과액

② 부가가치세 매출세액

③ 이익처분에 의하지 않고 손금으로 계상된 임의적립금액

④ 감자차익

해설 이익처분에 의하지 않고 손금 계상된 적립금은 손금불산입한다.

12 다음은 법인세법상 손금불산입되는 세금과공과 항목에 대한 설명이다. 이에 해당하지 않는 것은?

① 법인세, 법인지방소득세, 농어촌특별세

② 세법에 따른 의무불이행으로 인한 세액(가산세 포함)

③ 개인정보보호법에 따른 손해배상액 중 실제 발생한 손해액을 초과하는 금액

④ 종업원분 지방소득세

해설 종업원분 지방소득세는 손금산입되는 세금공과금이다.

13 부가가치세매입세액에 대한 법인세법상 처리에 대한 설명으로 옳지 않은 것은?

① 면세사업과 관련된 부가가치세 매입세액 불공제액은 그 성격에 따라 자산의 취득원가 또는 당기 손비로 처리한다.

② 면세농산물과 관련하여 의제 매입세액공제를 받은 경우 이를 원재료의 매입가액에서 차감한다.

③ 개별소비세 과세대상 자동차 취득에 따른 매입세액은 손금불산입한다.

④ 기업업무추진비와 관련된 매입세액은 법인세법상 기업업무추진비로 본다.

해설 개별소비세 과세대상자동차의 취득에 따른 매입세액은 취득원가에 포함한다.

14 다음 중 법인세법상 익금이 아닌 것은?

① 자산의 양도금액

② 자기주식의 처분이익

③ 채무의 면제로 인하여 생기는 부채의 감소

④ 지방세 과오납금의 환급금에 대한 이자

해설 국세와 지방세 과오납금의 환급금에 대한 이자는 익금불산입 항목이다.

15 법인세법상 법인의 업무와 관련된 공과금은 원칙적으로 지출하는 사업연도에 즉시 손금으로 인정되거나 또는 자산의 취득가액으로 계상된 후 추후에 손금으로 인정된다. 다음 중 예외적으로 손금불산입되는 공과금은 어느 것인가?

① 개발부담금　　　② 교통유발부담금

③ 폐기물처리부담금　④ 장애인고용부담금

해설 법령위반에 대한 제재성 공과금은 손금불산입 한다.

16 법인세법상 자산의 취득원가에 포함되지 않는 것은?

① 건설자금이자

② 무상으로 증여받은 자산의 취득당시 시가

③ 특수관계자인 개인으로부터 유가증권을 시가에 미달하는 가액으로 매입하는 경우 해당 매입가액과 시가와의 차액

④ 장기할부조건으로 취득한 자산을 현재가치로 평가하여 계상한 현재가치할인차금

해설 기업회계기준에 따라 장기할부조건으로 취득한 자산을 현재가치로 평가하여 계상한 현재가치할인차금은 법인세법이 인정한다. 장기할부조건으로 취득한 자산의 취득원가는 현재가치할인차금만큼 작아진다.

17 다음은 12월말 결산 일반법인에 대한 법인세법상 자산의 평가에 관한 설명이다. 가장 옳지 않은 것은?

① 평가방법 신고서를 제출한 모든 법인은 외화자산, 부채에 대한 환산손익을 인정한다.

② 일반법인이 보유하는 유가증권은 개별법(채권에 한함), 총평균법, 이동평균법, 시가법 중에서 법인이 납세지 관할세무서장에게 신고한 방법에 의해 평가한다.

③ 주권상장법인이 발행한 주식으로서 발행법인이 부도가 난 경우에는 당해 주식을 보유한 법인이 평가손실을 장부에 계상한 경우에 손금인정된다.

④ 재고자산으로서 「파손·부패 등의 사유로 인하여 정상가격으로 판매할 수 없는 것」에 대해서는 사업연도종료일 현재 「처분가능한 시가로 평가한 가액」으로 감액할 수 있다.

해설 투자회사 등이 보유한 집합투자재산과 보험회사가 보유한 「보험업법」 제108조 제1항 제3호의 특별계정에 속하는 자산을 제외하고는 유가증권에 대해서 시가법 평가를 인정하지 아니한다.

18 법인세법상 재고자산 평가에 관한 설명으로 잘못된 것은?

① 재고자산평가방법을 신고하고 신고한 방법으로 평가하였으나 기록 또는 계산상의 착오가 있는 경우에는 재고자산의 평가방법을 달리하여 평가한 것으로 보지 아니한다.

② 신설법인은 당해 사업연도의 법인세 과세표준 신고기한까지 재고자산평가방법을 신고하여야 한다.

③ 재고자산평가방법의 변경은 변경할 평가방법을 적용하고자 하는 사업연도의 종료일 이전 3개월이 되는 날까지 변경신고를 함으로써 가능하며 별도의 승인을 요하는 것은 아니다.

④ 재고자산 평가방법을 원가법으로 신고한 경우에 그 평가손실을 손금에 산입할 수 없다.

해설 원가법으로 신고한 경우에도 파손, 부패 등으로 정상가격으로 판매할 수 없는 재고자산은 사업연도 종료일 현재의 처분가능한 시가로 평가하여 그 평가손실을 결산서에 반영한 경우 손금산입할 수 있다.

19 다음은 법인세법상 자산의 취득가액에 대한 설명이다. 다음 중 옳지 않은 것은?

① 교환으로 취득한 자산은 교환으로 제공한 자산의 장부가액

② 타인으로부터 매입한 자산은 매입가액에 부대비용을 가산한 금액

③ 자기가 제조·생산 또는 건설 기타 이에 준하는 방법에 의하여 취득한 자산은 제작원가에 부대비용을 가산한 금액

④ 현물출자에 따라 취득한 자산은 출자법인의 장부가액 또는 해당 자산의 시가로 한다.

해설 교환의 경우는 취득당시의 시가에 의한다.

20 법인세법의 기업업무추진비에 관한 다음의 설명 중 가장 틀린 것은?

① 광고선전 목적으로 고객 등 특정인에게 기증한 연 5만원 이내의 물품은 기업업무추진비로 보지 않고 전액 손금으로 한다.

② 경조사비가 20만원을 초과하는 경우 법정증명서류를 수취해야 손금인정된다.

③ 기업업무추진비가 지출된 해외에서 현금 외에 다른 지출수단이 없어서 20만원을 현금으로 지출하는 경우에는 손금인정될 수 있다.

④ 판매장려금 및 판매수당 등을 사전약정 없이 지급하는 경우에는 이를 기업업무추진비에 포함하여 한도 초과액을 부인한다.

해설 판매장려금 및 판매수당을 사전약정 없이 지급하는 경우도 판매와 관련된 부대비용으로 보아 손금으로 인정한다.

21 다음 중 법인세법상 법인이 소유하는 감가상각자산의 내용연수를 연장시키거나 당해 자산의 가치를 현실적으로 증가시키기 위해 지출한 수선비 중 자본적지출에 해당되지 않는 것은?

① 엘리베이터의 설치

② 냉방장치의 설치

③ 재해로 멸실된 설비의 복구

④ 재해를 입은 자산에 대한 외장의 복구

해설 재해를 입은 자산에 대한 외장의 복구는 수익적지출에 해당한다.

22 (주)세무는 전기 재무상태표상의 취득가액 12억원, 감가상각누계액이 2억원이고 상각부인액이 1억원인 건물에 대하여 당기에 자본적지출에 해당하는 수선비 48,000,000원을 비용으로 처리하였다. 이에 대한 세무상 처리로서 옳은 것은?

① 수선비를 비용으로 인정하여 별도의 세무조정을 하지 아니한다.

② 48,000,000원을 즉시상각의제로 보아 세무조정한다.

③ 40,000,000원을 손금불산입하여 유보로 처분한다.

④ 40,000,000원을 즉시상각의제로 보아 세무조정한다.

> 해설 자본적지출에 해당하는 수선비라도 전기 재무상태표상 장부가액의 5% 미만인 경우 비용으로 계상하면 수선비를 손금으로 인정하므로 별도의 세무조정이 필요 없다.

23 법인세법상 감가상각방법의 변경사유에 해당되지 않는 것은?

① 상각방법이 서로 다른 법인이 합병한 때

② 상각방법이 서로 다른 사업자의 사업을 인수한 때

③ 상각방법이 서로 다른 사업자의 사업을 승계한 때

④ 외국투자자가 내국법인의 주식을 10% 이상 보유하여 중대한 영향을 주게 된 때

> 해설 외국투자자가 내국법인의 주식을 20% 이상 보유하게 된 때에 변경할 수 있다.

24 사업연도가 매년 1.1.~12.31.인 ㈜세무는 제5기에 1,000,000원에 취득한 유형자산을 제6기에 950,000원에 매각하였다. 당해 유형자산에 대한 제5기 감가상각범위액은 40,000원이었으나, ㈜세무의 감가상각비계상액이 70,000원이었다면 제6기 유형자산양도에 대한 세무조정으로 옳은 것은?

① 익금산입 50,000원(유보)

② 익금산입 70,000원(유보)

③ 손금산입 50,000원(유보)

④ 손금산입 30,000원(유보)

> 해설
> • 제5기 세무조정
> 손금불산입 감가상각비한도초과액 30,000원(유보 발생)
> • 제6기 세무조정
> 손금산입 양도자산상각부인액 30,000원(유보,감소)
> • 감가상각자산을 양도한 경우 당해 자산의 상각부인액은 양도일이 속하는 사업연도의 손금에 이를 산입한다.

25 다음은 중소기업이 아닌 (주)세민의 제6기 (2025.1. 1~12.31)의 자료이다. 기업업무추진비 한도초과액은 얼마인가?

> ㉠ 제6기 사업연도의 기업업무추진비 지출총액은 50,000,000원인데, 건당 3만원을 초과하는 기업업무추진비는 모두 적격증명을 수취한 것이다.
> ㉡ 손익계산서상 매출액은 6,000,000,000원이다
> ㉢ 기업업무추진비 지출총액 중 문화비로 지출한 기업업무추진비는 지출액이 5,000,000원이 있다.

① 17,000,000원   ② 15,000,000원

③ 12,000,000원   ④ 10,400,000원

> 해설
> • 기업업무추진비 회사계상액 : 50,000,000원
> • 기업업무추진비 한도액(①+②) :
> 30,000,000+5,000,000=35,000,000원
> ① 일반기업업무추진비 한도액 : 12,000,000×12/12+ 6,000,000,000×30/10,000=30,000,000원
> ② 문화비 한도액 : 5,000,000원
>   30,000,000×20%=6,000,000원
> • 기업업무추진비 한도초과액 :
> 기업업무추진비 회사계상액−기업업무추진비 한도액
> 50,000,000−35,000,000=15,000,000원

26 중소기업법인 甲의 제5기 사업연도(2025년 8월 1일~12월 31일) 기업업무추진비 한도액 계산 시 수입금액이 없더라도 법인세법상 최소한 인정받을 수 있는 기업업무추진비 한도금액은?

① 36,000,000원   ② 27,000,000원

③ 15,000,000원   ④ 11,250,000원

> 해설 36,000,000×(5개월/12개월) = 15,000,000원

27 다음 중 법인세법상 기업업무추진비와 기부금에 대한 설명으로 가장 틀린 것은?

① 모든 현물기업업무추진비의 경우 장부가액 보다 시가가 높은 경우 시가로 평가한다.

② 기부금은 현금주의에 따라 인식하고, 기업업무추진비는 발생주의에 따라 인식한다.

③ 현물로 기부한 특례기부금은 장부가액으로 평가하고, 특수관계없는자에게 현물로 기부한 일반기부금은 시가와 장부가액 중 높은 가액으로 평가한다.

④ 기업업무추진비 한도초과액은 손금불산입 기타사외유출로 소득처분하나 기부금한도초과액은 소득금액조정합계표에 반영하지 않는다.

해설 특수관계인에 대한 일반기부금과 비지정기부금만 시가와 장부가액 중 높은 가액으로 평가한다.

28 다음의 법인세법상 지급이자에 대한 손금불산입 항목이 동시에 적용되는 경우 그 적용순서로 옳은 것은?

> ㉠ 비실명 채권·증권의 이자
> ㉡ 채권자가 불분명한 사채이자
> ㉢ 업무무관자산 등에 대한 지급이자
> ㉣ 건설자금에 충당한 특정차입금이자

① ㉡-㉠-㉣-㉢   ② ㉣-㉠-㉢-㉡
③ ㉡-㉢-㉠-㉣   ④ ㉢-㉠-㉡-㉣

29 (주)인천산업에서 업무관련 경비를 지출함에 있어 경리부장 개인이 5,000,000원을 지출하고, 다음날 현금으로 정산받은 경우와 관련된 법인세법 규정에 대한 설명으로 가장 틀린 것은?

① 첨부된 증명이 개인의 신용카드매출전표로서 기업업무추진비에 해당한다면 전액 손금불산입대상이다.

② 첨부된 증명이 개인의 신용카드매출전표로서 직원 회식비라면 증명미수취가산세 대상이다.

③ 첨부된 증명이 간이영수증이고 광고선전비라면 손금산입 되나, 증명미수취가산세 대상이다.

④ 첨부된 증명이 개인의 신용카드매출전표라면 연말정산시 신용카드등사용액소득공제 대상이 아니다.

해설 법인의 업무관련 경비를 지출하고 그 증명으로 세금계산서, 계산서, 신용카드매출전표 등을 갖추지 아니한 경우에는 손금은 인정하나 증명미수취가산세를 적용한다. 이 때에는 법인 및 개인카드여부를 구분하지 아니한다. 기업업무추진비의 경우에는 반드시 법인카드로만 규정하고 있어 개인카드로 지출된 기업업무추진비는 전액 손금불산입대상이고 가산세는 부담하지 않는다. 법인의 비용으로 처리한 개인의 신용카드사용액은 신용카드등 사용 소득공제를 받을 수 없다.

30 법인세법상 대손금에 대한 설명이다. 결산서에 비용계상하지 않은 경우에도 세무조정에 의하여 손금인정 되는 것은?

① 부도발생일부터 6개월 이상 지난 수표 또는 어음상의 채권 등

② 채무자의 파산, 강제집행, 사업의 폐지, 사망 등으로 회수할 수 없는 채권

③ 채무자 회생 및 파산에 관한 법에 따른 회생계획인가의 결정 또는 법원의 면책결정에 따라 회수불능으로 확정된 채권

④ 회수기일이 6개월 이상 지난 채권 중 30만원(채무자별 채권가액 합계액 기준) 이하의 채권

해설 ①, ②, ④는 결산조정항목이고, ③은 신고조정항목이다.

31 다음은 법인세법상 대손금 및 대손충당금에 대한 설명이다. 올바르지 아니한 것은?

① 대손충당금의 손금산입은 결산조정사항이다.

② 소멸시효가 완성된 채권은 그 이후의 사업연도에도 언제든지 대손처리에 의한 손금산입이 가능하다.

③ 대손충당금 설정대상채권의 장부가액은 세무상 금액이므로, 세무조정으로 익금산입한 채권 누락분도 설정대상에 포함한다.

④ 법인이 동일인의 매출채권 및 채무에 대하여 당사자간 상계약정이 없는 경우 매입채무를 상계하지 않고 대손충당금을 설정할 수 있다.

해설 소멸시효 완성분은 소멸시효 완성시점의 대손금이며, 신고조정사항이다. 따라서 소멸시효가 완성된 연도에 손금산입하지 아니한 경우에는 다른 사업연도에는 손금으로 산입할 수 없다.

32 법인세법상의 부당행위계산 부인에 관한 설명이다. 옳지 않은 것은?

① 비출자임원에게 사택을 무상으로 제공하는 경우에는 부당행위계산의 부인규정을 적용하지 아니한다.

② 금전차입의 경우에는 시가는 가중평균차입이자율로 하되, 동 이자율의 적용이 불가능한 경우에는 당좌대출이자율로 한다.

③ 시가가 불분명한 경우 주식의 시가는 상속세및증여세법상의 평가금액으로 한다.

④ 특수관계자가 아닌 제3자와의 거래에도 요건만 충족한다면 부당행위계산부인규정이 적용될 수 있다.

> **해설** 부당행위계산부인의 규정은 특수관계자와의 거래에 한하여 적용한다.

33 다음과 같은 경우 법인세법상 법인은 몇 개의 사업연도로 신고해야 하는가? 단, 직전사업연도 종료일부터 3개월 이내 사업연도 변경신고를 하였다.

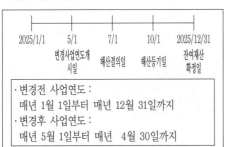

2025/1/1	5/1	7/1	10/1	2025/12/31
	변경사업연도개시일	해산결의일	해산등기일	잔여재산확정일

- 변경전 사업연도 :
  매년 1월 1일부터 매년 12월 31일까지
- 변경후 사업연도 :
  매년 5월 1일부터 매년 4월 30일까지

① 1사업연도　　　② 2사업연도
③ 3사업연도　　　④ 4사업연도

> **해설** 해산결의일은 사업연도 계산에 영향을 주지 않으므로 3개의 사업연도로 구분된다(1/1~4/30, 5/1~10/1, 10/2~12/31)

34 법인세법상 결손금소급공제에 대한 설명으로 옳은 것은?

① 결손금을 소급공제 받은 후 결손금이 발생한 사업연도의 법인세를 경정함에 따라 결손금이 감소된 경우 결손금 소급공제는 정당한 것으로 본다.

② 소급공제 받은 결손금은 법인세과세표준을 계산함에 있어서 이미 공제받은 결손금으로 보지 않는다.

③ 내국법인의 제조업에서 발생하는 결손금에 한하여 소급공제를 적용받을 수 있다.

④ 법인세 신고기한 내에 결손금소급공제신청서를 제출하지 못한 경우에는 경정청구할 수 없다.

> **해설** 결손금 소급공제는 중소기업에 적용하는 것으로 신고기한 내에 결손금소급공제신청서를 제출하여야 한다. 결손금을 소급공제 받은 후 결손금이 발생한 사업연도의 법인세를 경정함에 따라 결손금이 감소된 경우 이자상당액을 포함하여 추징한다.

35 법인세법상 (가) 및 (나)에 들어갈 날짜로 옳은 것은?

> (주)우리세무의 8기 사업연도가 2025.4.1.~2026.3.31인 경우 법인세중간예납신고납부기한은 (가)이고 법인세 확정신고납부기한은 (나)이다.

① (가) : 2025.12.31 (나) : 2026.06.30
② (가) : 2025.11.30 (나) : 2026.06.30
③ (가) : 2025.08.31 (나) : 2026.03.31
④ (가) : 2025.11.30 (나) : 2026.05.31

36 법인세법상 당기순이익과세를 적용받는 법인을 제외한 법인 중 과세표준신고시 반드시 외부세무조정계산서를 첨부해야할 법인에 대한 설명이다. 틀린 것은?

① 해당 사업연도 종료일부터 2년 이내에 설립된 법인으로서 해당 사업연도 수입금액이 3억원 이상인 법인

② 직전 사업연도의 수입금액이 3억원 이상인 법인으로 해당 사업연도 종료일 현재 법인세법 및 조세특례제한법에 따른 준비금 잔액이 1억원 이상인 법인

③ 직전 사업연도의 법인세 과세표준 및 세액에 대해서 추계에 의한 결정 또는 경정받은 법인

④ 국외에 사업장을 가지고 있거나 외국자회사를 가지고 있는 법인

> **해설** 준비금 잔액이 3억원 이상인 법인

37 (주)호성은 2025년 4월 15일에 사업(제조업)을 개시하였다. 다음 자료를 근거로 하여 법인세 산출세액을 계산하면?

> - 정관에 기재한 사업연도 : 1월1일~12월31일
> - 당기순이익 : 200,000,000원
> - 익금산입액 : 10,000,000원
> - 익금불산입액 : 40,000,000원
> - 손금불산입액 : 15,000,000원
> - 비과세소득 : 5,000,000원
> - 단, 세율은 2억원 이하는 9%이고, 2억원 초과는 19%이다.

① 28,000,000원　　② 21,000,000원
③ 19,200,000원　　④ 18,000,000원

해설
- 각사업연도소득금액 : 200,000,000+10,000,000－40,000,000+15,000,000=185,000,000원
- 과세표준 : 185,000,000－5,000,000=180,000,000원
- 환산 과세표준 : 180,000,000×12/9=240,000,000원
- 산출세액 : 200,000,000×9%+40,000,000×19% =25,600,000원
  25,600,000×9/12=19,200,000원

38 다음은 법인세법상 외국납부세액공제에 관한 설명이다. 가장 옳지 않은 것은?

① 외국정부에 납부하였거나 납부할 외국법인세액이 공제한도를 초과하는 경우 그 초과하는 금액은 당해 사업연도의 다음 사업연도의 개시일부터 10년 이내에 종료하는 각 사업연도에 이월하여 그 이월된 사업연도의 공제한도 범위 안에서 이를 공제받을 수 있다.
② 국외원천소득에 대하여 납부하였거나 납부할 외국법인세액을 각 사업연도의 소득금액 계산에 있어서 손금에 산입하는 방법을 선택할 수 있다.
③ 국외원천소득이 있는 내국법인이 조세조약의 상대국에서 당해 국외원천소득에 대하여 법인세를 감면받은 세액상당액은 당해 조세조약이 정하는 범위 안에서 세액공제대상이 되는 외국법인세액으로 본다.

④ 외국정부의 국외원천소득에 대한 법인세의 결정·통지의 지연, 과세기간의 상이 등의 사유로 신고와 함께 제출할 수 없는 경우에는 외국정부의 국외원천소득에 대한 법인세결정통지를 받은 날부터 3개월 이내에 외국납부세액공제세액계산서에 증명서류를 첨부하여 제출할 수 있다.

해설　10년간 이월공제 받고 미공제액은 이월공제기간 다음 사업연도에 손금산입할 수 있다.

39 다음 중 법인세법상 중간예납의무가 있는 법인으로써 반드시 가결산 방법에 의하여 중간예납세액을 계산하여 납부하여야 하는 법인은 어느 것인가?

① 당해 사업연도 6월의 사업실적이 부진하여 전기의 1/2에 미달하는 경우
② 분할신설법인 및 분할합병의 상대방법인의 분할 후 최초의 사업연도의 경우
③ 직전연도의 산출세액이 있었으나 중간예납으로 인하여 납부할 세액이 없었던 경우
④ 당해 사업의 특수성 때문에 계절적 요인에 따라 매출의 등락이 30% 이상인 경우

해설
다음에 해당하는 법인은 중간예납기간을 1사업연도로 보아 반드시 가결산 방법에 의하여 중간예납세액을 계산하여 납부하여야 한다.
㉠ 직전사업연도의 법인세로서 확정된 산출세액이 없는 경우
　* 직전사업연도의 중간예납, 원천징수, 수시부과세액 등이 산출세액을 초과하여 납부할 세액이 없는 경우는 산출세액이 없는 경우에 해당하지 않고, 결손 등으로 산출세액이 없이 가산세만 있는 법인은 산출세액이 없는 경우에 해당한다.
㉡ 해당 중간예납기간 만료일까지 직전 사업연도의 법인세액이 확정되지 아니한 경우
㉢ 분할신설법인 및 분할합병의 상대방법인의 분할 후 최초 사업연도의 경우

40 법인이 확정신고기한 이후에 세무조사에 의하여 현금매출분이 신고에서 누락한 것이 적발된 경우에, 과세될 수 있는 조세의 종목이 아닌 것은?

① 소득세　　　　② 부가가치세
③ 증여세　　　　④ 법인세 및 지방소득세

---

41 다음은 업무용승용차 관련비용의 세무조정에 대한 설명이다. 틀린 것은?

① 업무용승용차는 내국법인이 취득한 개별소비세 과세대상 승용자동차로 1,000cc 이하의 경차는 제외한다.

② 취득원가 800만원 이상인 업무용승용차는 업무전용 자동차보험에 가입하지 않거나 전용번호판을 부착하지 아니하면 관련비용 전액을 손금불인정한다.

③ 업무용승용차 관련비용명세서를 미제출하거나 사실과 다르게 제출한 경우 미제출액 또는 다르게 적은 금액의 2%를 가산세로 부과한다.

④ 업무용승용차의 감가상각비는 업무사용비율을 곱한 금액이 800만원을 초과하면 800만원만 손금에 산입하고 초과액은 이월하여 손금에 산입한다.

> **해설** 1% 가산세

42 다음 중 법인세법상 퇴직급여를 손금에 산입할 수 있는 현실적인 퇴직에 해당하지 않는 경우는?

① 근로자퇴직급여보장법에 따라 중간정산시점부터 새로 근무연수를 기산하여 퇴직급여를 계산하는 경우의 퇴직급여 중간정산

② 법인의 직원이 당해 법인의 임원으로 취임한 때

③ 외국법인의 국내지점 종업원이 본국의 본점으로 전출하는 때

④ 법인의 임원이 그 법인의 조직변경에 의하여 퇴직한 때

> **해설** 외국법인의 국내지점 종업원이 본국의 본점으로 전출하는 경우는 현실적인 퇴직으로 보지 아니한다.(법인세법시행령 제44조, 법인세법통칙 26-44…1)

PART

02

실전모의시험

01 실전모의시험

다음 문제를 보고 알맞은 것을 골라 답안저장 메뉴화면에 입력하시오(객관식 문항당 2점).

| 기본전제 |

문제에서 한국채택국제회계기준을 적용하도록 하는 전제조건이 없는 경우, 일반기업회계기준을 적용한다.

01 다음 중 회계 변경에 대한 설명으로 올바른 것은?

① 감가상각자산의 내용연수변경은 회계정책의 변경에 해당한다.
② 회계정책의 변경은 전진적으로 처리하여 그 효과를 당기와 당기 이후 기간에 반영한다.
③ 재고자산의 평가방법변경은 회계추정의 변경에 해당한다.
④ 회계추정 변경은 전진적으로 처리하여 그 효과를 당기와 당기 이후 기간에 반영한다.

02 다음은 재무상태표상 자본금이 증가하거나 감소하는 거래이다. 이에 해당하지 아니하는 것은?

① 당사는 주식을 할인발행하였다.
② 당사는 주식을 할증발행하였다.
③ 당사가 미처분이익잉여금으로 주식배당하였다.
④ 당사는 주식 10주를 5주로 병합하였다.

03 다음은 재고자산에 대한 설명이다. 올바른 설명을 모두 고르시오.

가. 매입과 관련된 할인, 에누리 및 기타 유사한 항목은 매입원가에서 차감한다.
나. 재고자산이 손상을 입은 경우에도 재고자산 시가가 원가 이하로 하락할 수 없다.
다. 재고자산은 취득원가를 장부금액으로 한다. 다만, 시가가 취득원가보다 낮은 경우에는 시가를 장부금액으로 한다.
라. 재료원가 중 비정상적으로 낭비된 부분은 원가에 포함되지 않고 발생기간의 비용으로 인식한다.

① 가, 다
② 가, 나, 다
③ 가, 나, 다, 라
④ 가, 다, 라

PART 02 실전모의시험 | 331

04 다음은 ㈜세무의 차량구입에 대한 내역이다. 차량의 취득원가와 20×1년 감가상각비로 맞는 것은?

> · ㈜세무는 20×1년 10월 1일 영업목적 승용차를 50,000,000원에 취득하다.
> · 차량취득세 및 등록부대비용이 1,750,000원 발생하다.
> · 차량 구입 후 자동차 타이어를 스노우타이어(1,000,000원)로 교체하였으며 이중 50%를 자동차 대리점으로부터 지원받다.
> · ㈜세무의 차량운반구의 잔존가액은 "0원"이고, 내용연수는 5년이며 감가상각방법은 정액법이며 월할 상각한다.
> · ㈜세무의 회계처리는 기업회계기준에 따르되 이익을 최소화 하는 방향으로 한다.

	취득원가	감가상각비		취득원가	감가상각비
①	52,750,000원	2,637,500원	②	51,750,000원	2,587,500원
③	51,750,000원	10,350,000원	④	52,250,000원	2,612,500원

05 다음은 무형자산에 대한 설명이다. 올바른 설명을 모두 고르시오.

> 가. 자산에서 발생하는 미래경제적효익이 기업에 유입될 가능성이 매우 높고, 자산의 원가를 신뢰성 있게 측정할 수 있는 경우에만 무형자산을 인식한다.
> 나. 내부적으로 창출한 영업권은 자산으로 인식하지 아니한다.
> 다. 무형자산의 상각대상금액을 내용연수 동안 체계적으로 배분하기 위해 다양한 방법을 사용할 수 있다.
> 라. 무형자산의 사용이나 처분으로부터 미래경제적효익이 기대되지 않을 때 재무상태표에서 제거한다.

① 나, 라   ② 가, 나, 라
③ 라   ④ 가, 나, 다, 라

06 관련범위 내에서 조업도가 변동할 때 변동비와 고정비에 대한 설명 중 틀린 것은?

① 총 고정원가는 변함이 없다.
② 단위당 변동원가는 일정한 값을 갖는다.
③ 단위당 고정원가는 비례 증감한다.
④ 총 변동원가는 비례 증감한다.

07 다음 자료를 이용하여 당기총제조원가를 계산하면 얼마인가?

구 분	금 액
직접재료원가	? 원
직접노무원가	500,000원
제조간접원가	직접노무원가의 150%
가 공 원 가	직접재료원가의 200%

① 625,000원
② 750,000원
③ 1,125,000원
④ 1,875,000원

08 종합원가계산 하에서, 평균법에 의한 경우 당기제품 제조원가가 다음과 같을 때 선입선출법을 적용할 경우와 비교한 설명으로 올바른 것은?

· 기초재공품 : 0개
· 완성품 : 7,000개
· 당기착수 재료비 : 500,000원
· 당기제품제조원가 : 1,050,000원
· 당기착수량 : 10,000개
· 기말재공품 : 3,000개(완성도 50%)
· 가공비 : ?원
· 원재료는 공정 초기에 투입되며, 가공비는 일정하게 투입된다.

① 당기제품제조원가는 동일하다.
② 기말재공품의 완성품환산량은 작아진다.
③ 가공비 발생액은 800,000원이다.
④ 기말재공품가액은 작아진다.

09 세무상사는 직접노동시간에 기준하여 제조간접원가를 예정배부하고 있다. 당기의 제조간접원가 예산액은 2,000,000원, 예산조업도는 1,000,000직접노동시간이다. 제조간접원가 실제발생액은 3,070,000원이고 실제조업도는 1,500,000시간이다. 제조간접원가 배부차액은 얼마인가?

① 70,000원(과소배부)
② 70,000원(과대배부)
③ 50,000원(과소배부)
④ 50,000원(과대배부)

10 다음 중 표준원가에 대한 설명으로 틀린 것은?

① 표준원가란 사전에 합리적이고 과학적인 방법에 의하여 산정된 원가를 뜻한다.

② 표준원가가 설정되어 있으면 계획과 예산설정이 용이하다.

③ 표준원가와 실제원가가 차이 나는 경우 원가통제가 불가능하다.

④ 원가흐름의 가정 없이 제품의 수량만 파악되면 제품원가 계산을 신속하고 간편하게 할 수 있다.

11 현행 소득세법에 따른 기본공제대상자는 원칙적으로 다음의 요건을 모두 충족하는 자를 말한다. 이때 기본공제대상자 요건 3가지를 모두 충족한 경우에 적용되는 특별 세액공제항목은?

기본공제 대상자 요건	· 소득금액이 100만원 이하(근로소득만 있는 경우 총급여 500만원 이하)여야 한다. · 생계를 같이해야 한다. · 나이가 20세 이하이거나 60세 이상이어야 한다.

① 일반보장성 보험료세액공제　　　② 의료비 세액공제

③ 교육비 세액공제　　　④ 기부금 세액공제

12 법인세법 규정에 의한 인건비에 대한 설명으로 틀린 것은?

① 합명회사의 노무출자사원의 인건비는 손금에 산입하지 않는다.

② 비상근임원에게 지급하는 보수는 부당행위계산 부인대상이 아닌 경우 손금에 산입한다.

③ 법인이 임원에게 지급하는 상여금 중 정관·주주총회 또는 이사회의 결의에 의하여 결정된 급여지급기준 금액을 초과한 금액은 손금에 산입하지 않는다.

④ 법인이 근로자와 성과산정지표등에 대하여 사전에 서면으로 약정하고 지급하는 이익처분에 의한 성과배분 상여금은 손금산입한다.

13 다음 자료를 근거로 하여 일반과세사업자인 ㈜세무의 2025년 제2기 부가가치세 확정신고시 과세표준을 계산한 것으로 옳은 것은?

> · 10월 3일 : 거래처에 6,000,000원(공급가액)의 상품을 판매하였다.
> · 10월 15일 : 온라인 오픈마켓 사이트를 통해서 매출이 발생하였고 총매출액은 5,000,000원(공급가액)이며 오픈마켓 사이트에 지급한 수수료는 500,000원이다.
> · 11월 20일 : $10,000에 수출하기로 계약한 물품을 선적하였다. 대금을 11월 15일에 수령하여 원화로 환가하였다.(11월 15일 환가환율 : 1,020원/$, 11월 20일 기준환율 : 1,000원/$)
> · 12월 12일 : 10월 3일 거래분에 대한 대금수령이 지연되어 연체이자 200,000원을 수령하였다.

① 21,000,000원 ② 21,200,000원
③ 21,400,000원 ④ 21,900,000원

14 다음의 자료는 법인이 업무와 관련하여 재화나 용역을 공급받고 신용카드로 결제한 경우로서 부가가치세법상 매입세액공제를 위하여 신용카드등수령명세서를 제출하고자 한다. 다음 중 매입세액공제가 가능한 경우는 모두 몇 개인가? 단, 공급자는 모두 일반과세자로 가정한다.

> · 출장시 사용한 회사소유의 차량(2,500cc 승용차)에 대한 유류대
> · 제주출장 교통수단으로 사용한 항공권
> · 사무실에서 사용할 컴퓨터 구입
> · 거래처에 접대할 목적으로 구입한 선물세트
> · 직원들 사기진작을 위한 회식비
> · 직원명의 신용카드로 구입한 사무용품비

① 2개 ② 3개
③ 4개 ④ 5개

15 다음 중 소득세법상 의료비세액공제의 대상이 되는 의료비지출액이 아닌 것은?

① 시력보정용 안경구입비
② 진찰·치료·질병예방을 위하여 의료기관에 지급한 비용
③ 건강증진을 위한 의약품 구입비
④ 보청기를 구입하기 위하여 지출한 비용

02 실전모의시험

다음 문제를 보고 알맞은 것을 골라 답안저장 메뉴화면에 입력하시오(객관식 문항당 2점).

―――――――――| 기본전제 |―――――――――

문제에서 한국채택국제회계기준을 적용하도록 하는 전제조건이 없는 경우, 일반기업회계기준을 적용한다.

01 다음 중 자본항목의 구성요소에 대한 예시로 틀린 것은?

① 자본잉여금 : 주식발행초과금, 감자차익
② 자본조정 : 감자차손, 자기주식처분손실
③ 기타포괄손익누계액 : 매도가능증권평가이익, 출자전환채무
④ 이익잉여금 : 이익준비금, 미처분이익잉여금

02 ㈜현상은 액면금액 1,000,000원(표시이자율 연 8%, 사채권면상 발행일 20X1년 1월 1일, 만기 3년, 매년말 이자지급)인 사채를 20X1년 1월 1일에 발행하였다. 사채권면상 발행일인 20X1년 1월 1일의 시장이자율은 연 10%이다. 현가계수는 아래 표를 이용한다.

현가계수표

기간 \ 할인율	단일금액 1원의 현재가치		정상연금 1원의 현재가치	
	8%	10%	8%	10%
3년	0.7938	0.7513	2.5771	2.4868

㈜현상의 20X1년 12월 31일에 상각될 사채할인 발행차금은 얼마인가?(단, 단수차이로 인해 오차가 있다면 가장 근사치를 선택한다.)

① 15,024원
② 19,996원
③ 20,901원
④ 25,151원

03 다음은 20×1년 중 매출채권에 대한 대손충당금에 관한 내용이다. 20×1년말 재무상태표에 표시할 대손충당금과 20×1년 손익계산서에 표시될 대손상각비는 각각 얼마인가?

- 1월 1일 기초 대손충당금 : 30,000원
- 5월 27일 매출채권의 대손처리 : 50,000원
- 11월 3일 전년도 대손처리 된 매출채권의 회수 : 5,000원
- 12월 31일 기말 매출채권잔액에 대한 대손예상액 : 27,000원

	대손충당금	대손상각비		대손충당금	대손상각비
①	27,000원	27,000원	②	22,000원	27,000원
③	22,000원	42,000원	④	27,000원	42,000원

04 다음의 용역제공거래에 대하여 진행기준을 적용하지 않는 경우에 대한 서술 중 잘못된 것은?

① 추정원가의 합계액이 총수익을 초과하는 경우에는 그 초과액과 이미 인식한 이익의 합계액을 전액 당기손실로 인식한다.

② 용역제공거래의 성과를 신뢰성 있게 추정할 수 없는 경우에는 발생한 비용의 범위 내에서 회수가능한 금액을 수익으로 인식한다.

③ 용역제공거래의 성과를 신뢰성 있게 추정할 수 없고 발생한 원가의 회수가능성이 낮은 경우에는 수익을 인식하지 않고 발생한 원가를 비용으로 인식한다.

④ 거래의 성과를 신뢰성 있게 추정하는 것을 어렵게 만들었던 불확실성이 해소된 경우라 하더라도 해당 거래에 대해서는 진행기준을 재적용할 수 없다.

05 다음 중 재무활동으로 인한 현금흐름의 예로 틀린 것은?

① 유형자산의 처분에 따른 현금유입

② 차입금의 상환에 따른 현금유출

③ 주식이나 기타 지분상품의 발행에 따른 현금유입

④ 자기주식의 취득에 따른 현금유출

06 ㈜한결은 단일제품을 대량으로 생산하고 있다. 원재료는 공정초기에 모두 투입되고 가공비는 공정전반에 걸쳐 균등하게 발생하며, 기말재공품의 평가는 평균법을 사용한다. 당기원가계산에 대한 자료는 다음과 같다. 당기완성품과 기말재공품 평가에 적용할 재료비와 가공비의 완성품환산량 단위당 원가는 각각 얼마인가?

기초재공품	· 수량 : 400개　· 재료비 : 100,000원　· 가공비 : 40,000원　· 완성도 : 60%
당기발생원가	· 착수량 : 1,600개　· 재료비 : 300,000원　· 가공비 : 130,000원
당기완성량	1,500개
기말재공품	· 수량 : 500개　　· 완성도 : 40%

	재료비	가공비			재료비	가공비
①	200원	150원		②	200원	200원
③	250원	200원		④	200원	100원

07 다음 원가회계에 대한 내용 중 틀린 것을 고르시오.

① 고정원가는 조업도의 증감에 관계없이 그 총액이 일정하게 발생하는 원가이다.
② 당기제품제조원가는 기초재공품재고액과 당기총제조원가의 합에서 기말제품재고액을 차감한 후의 금액이다.
③ 정상원가계산은 직접재료비, 직접노무비는 실제원가로 계산하고, 제조간접비는 사전에 결정된 예정배부율을 이용하여 제품에 배부한다.
④ 표준원가계산은 미리 표준으로 설정된 원가자료를 사용하여 원가를 계산하는 방법으로 신속한 원가정보의 제공이 가능하다.

08 다음 자료를 이용하여 당기총제조원가가 1,875,000원 일 때 직접재료원가와 직접노무원가를 계산하면 얼마인가?

구 분	금 액
직접재료원가	?
직접노무원가	?
제조간접원가	직접노무원가의 150%
가 공 원 가	직접재료원가의 200%

	직접재료원가	직접노무원가			직접재료원가	직접노무원가
①	625,000원	500,000원		②	625,000원	750,000원
③	500,000원	750,000원		④	500,000원	625,000원

09 다음 중 활동기준원가의 설명으로 틀린 것은?

① 제조간접비를 활동별로 구분하여 집계하고 작업별로 추적 가능한 원가동인을 배부기준으로 사용하여 제조간접비를 배부하므로 보다 정확한 원가계산이 가능하다.

② 공장냉난방비, 공장감가상각비 등 설비수준원가는 그 원가동인을 파악하기 어려워 기계시간이나 노동시간 등의 자의적 원가배부를 적용할 수 밖에 없다.

③ 활동분석을 실시하고 다양한 활동중심점별로 활동원가를 측정하기 때문에 시간과 비용이 적게 소요된다.

④ 제조공정에서 요구되는 활동이 제품별로 상당한 차이가 있거나 복잡한 생산공정에서 여러 제품을 생산하는 기업에 적합한 원가계산 방법이다.

10 주식회사 산성의 공장에는 두 개의 보조부문(전력부, 급수부)과 두 개의 제조부문(어른폰, 어른패드)이 있다. 각 부문의 용역수수관계와 제조간접비가 아래와 같을 때 단계배부법(전력부부터 배부)에 따라 보조부문원가를 제조부문에 배부한 후 어른패드에 집계되는 제조원가는 얼마인가?

제공 \ 사용	보조부문		제조부문		합계
	전력부	급수부	어른폰	어른패드	
전력부(%)	–	20%	50%	30%	100%
급수부(%)	50%	–	10%	40%	100%
발생원가(원)	200,000원	100,000원	300,000원	400,000원	1,000,000원

① 572,000원   ② 428,000원
③ 445,000원   ④ 555,000원

11 다음 중 법인세법상 소득금액조정합계표에 나타나는 항목이 아닌 것은?

① 기부금한도초과액   ② 재고자산평가감
③ 대손충당금한도초과액   ④ 퇴직급여충당금한도초과액

12 다음 중 법인세법상 퇴직금, 퇴직급여충당금 및 퇴직연금충당금에 관련된 설명으로 틀린 것은?

① 퇴직급여충당금을 손금에 산입한 내국법인이 임원이나 직원에게 퇴직금을 지급하는 경우에는 그 퇴직급여충당금에서 먼저 지급하여야 한다.

② 법인의 직원이 당해 법인의 임원으로 취임하면서 퇴직금을 지급받는 경우 현실적인 퇴직으로 보지 않는다.

③ 퇴직급여지급규정에서 1년 미만의 근속자에게도 퇴직금을 지급하는 규정이 있는 경우 기중에 입사한 임직원에 대하여 퇴직급여충당금을 설정할 수 있다.

④ 직원의 퇴직을 퇴직급여의 지급사유로 하는 퇴직연금부담금으로서 확정기여형으로 지출하는 금액은 해당 사업연도의 소득금액계산에 있어서 이를 전액 손금에 산입한다.

13 법인세법상 부동산임대업을 주된 사업으로 하는 영리내국법인에 적용되는 규정이다. 올바르게 설명한 것은 모두 몇 개인가?(단, 주식회사의 외부감사에 관한 법률에 따라 감사인에 의한 감사를 받지 아니한 법인이며 해당사업연도의 상시근로자는 3명으로 가정한다.)

> ⊙ 차입금이 자기자본의 2배 초과인 경우 임대보증금에 대한 간주임대료 상당액을 익금산입한다.
> ⓒ 업무용승용차 관련 감가상각비 한도액이 400만원이다.
> ⓒ 일반법인의 기업업무추진비 한도액의 50%를 기업업무추진비 한도액으로 한다.
> ② 법인세 과세표준과 세액을 신고할 때 세무사 등이 확인한 성실신고확인서를 제출하여야 한다.
> ⑩ 건물에 대한 감가상각범위액은 일반법인의 감가상각범위액의 50%이다.
> ⑭ 업무용승용차 관련비용 명세서 미제출 또는 부실기재에 따른 가산세를 2% 적용한다.

① 1개   ② 2개
③ 3개   ④ 4개

14 다음은 소득세법상 공동사업과 관련한 설명이다. 올바른 설명을 모두 고르시오.

> 가. 공동사업자 각 구성원의 다른 개별사업장도 통합하여 하나의 사업장으로 본다.
> 나. 공동사업을 경영하는 각 거주자간에 약정된 손익분배비율이 없는 경우 지분비율에 의해 분배한다.
> 다. 공동사업장에서 발생한 결손금은 공동사업장 단위로 이월되거나 이월결손금 공제 후 배분한다.
> 라. 구성원이 동일한 공동사업장이 3이상인 경우에는 각각의 공동사업장은 직전연도의 수입금액을 기준으로 기장의무를 판단한다.

① 없음   ② 나
③ 가, 다   ④ 나, 라

15 다음 중 부가가치세법상 일반과세자의 세금계산서불성실가산세에 관한 규정으로 잘못된 것은?

① 발급한 세금계산서의 필요적 기재사항의 전부 또는 일부가 적혀있지 아니하거나 사실과 다른 경우 부실기재한 공급가액의 1%
② 세금계산서의 발급시기가 지난 경우로서 해당 과세기간의 확정신고기한 내 발급한 경우 지연발급한 공급가액의 1%
③ 전자세금계산서 전송기한이 지난 후 공급시기가 속하는 과세기간의 확정신고기한까지 국세청장에게 발급명세를 전송시 지연전송한 공급가액의 1%
④ 재화 등을 공급하지 아니하고 세금계산서를 발급한 경우 발급한 공급가액의 3%

03 실전모의시험

다음 문제를 보고 알맞은 것을 골라 답안저장 메뉴화면에 입력하시오(객관식 문항당 2점).

───────── │ 기본전제 │ ─────────
문제에서 한국채택국제회계기준을 적용하도록 하는 전제조건이 없는 경우, 일반기업회계기준을 적용한다.

01 일반기업회계기준을 따른 회계변경에 대하여 다음 기술된 내용 중 옳은 것은?

① 변경된 새로운 회계정책은 전진법을 적용한다.
② 회계정책 변경의 누적효과를 합리적으로 결정하기 어려워 전진적으로 처리하는 경우에는 그 변경의 효과를 다음해 회계연도 개시일부터 적용한다.
③ 회계변경의 속성상 그 효과를 회계정책의 변경효과와 회계추정의 변경효과로 구분하기가 불가능한 경우에는 이를 회계정책의 변경으로 본다.
④ 회계추정의 변경은 전진적으로 처리하여 그 효과를 당기와 당기 이후의 기간에 반영한다.

02 다음은 재무상태표 항목의 구분·통합표시에 대한 설명이다. 틀린 것은?

① 현금및현금성자산은 기업의 유동성 판단에 중요한 정보이므로 별도 항목으로 구분하여 표시한다.
② 자본조정 중 자기주식과 주식할인발행차금은 통합하여 표시할 수 있다.
③ 자본잉여금은 주식발행초과금과 기타자본잉여금으로 구분하여 표시한다.
④ 자본금은 보통주자본금과 우선주자본금으로 구분하여 표시한다.

03 ㈜백두산이 20X1년 7월 1일에 구입한 기계장치를 20X2년 12월 31일 6,000,000원에 매각하였다. 기계장치와 관련된 자료가 다음과 같을 때 기계장치의 처분손익은 얼마인가?

- 회계연도 : 1월 1일부터 12월 31일
- 내용연수 : 5년
- 당기 감가상각비 : 1,800,000원
- 잔존가액 : 0원
- 기계장치 취득가액 : ?
- 정액법에 의한 상각율 : 0.2
- 당기말 감가상각누계액 : 2,700,000원
- 취득 후 월할계산 방식에 따라 감가상각비를 계상하였으며 당기 감가상각비를 계상한 후 매각하였다.

① 처분손실 300,000원
② 처분이익 300,000원
③ 처분이익 3,000,000원
④ 처분손실 3,000,000원

04 다음 중 당좌자산에 대한 설명으로 옳지 않은 것은?

① 당좌자산에는 현금및현금성자산, 단기투자자산, 선급비용 등이 포함된다.
② 당좌자산은 회계연도 말부터 1년이내에 현금화되거나 실현될 것으로 예상되는 자산이다.
③ 당좌자산은 과거사건의 결과로 현재 회사가 통제하고 있지만, 미래에 경제적 효익이 회사로 유입될 가능성은 낮은 자원이다.
④ 매출채권, 대여금, 미수금, 미수수익 등에 대한 대손충당금은 해당 자산의 차감계정으로 재무상태표에 표시된다.

05 ㈜세무는 20X1년 7월 1일부터 2년간 교량을 건설하는 계약을 체결하고 공사를 진행하고 있다. 총계약수익은 300,000원, 총계약원가는 240,000원이다. 다음의 진행기준에 따른 수익인식표를 참조하여 빈칸에 들어갈 정답을 구하시오.

<진행기준에 따른 수익인식>

회계연도	누적계약건설원가	누적건설계약진행률	수익	비용	이익
20X1년	72,000원	(1)	(3)	72,000원	18,000원
20X2년	192,000원	(2)	(4)	120,000원	30,000원
20X3년	240,000원	100%	60,000원	48,000원	12,000원

	(1)	(2)	(3)	(4)		(1)	(2)	(3)	(4)
①	30%	80%	90,000원	150,000원	②	24%	64%	72,000원	192,000원
③	30%	80%	90,000원	240,000원	④	24%	64%	72,000원	120,000원

06 다음 중 공손에 대한 설명으로 틀린 것은?

① 공손품은 정상품에 비해 품질이나 규격이 미달하는 불량품을 말한다.
② 비정상공손은 효율적인 작업수행에서는 회피가능하고 통제가능한 공손이다.
③ 비정상공손원가는 제조원가에 가산한다.
④ 종합원가계산에서 기말재공품이 공손품의 검사시점을 통과하지 않은 경우 정상공손원가는 완성품에만 배부한다.

07 당 회사는 선입선출법에 의한 종합원가계산으로 제품원가를 계산한다. 당기발생 가공비는 7,200,000원이며, 가공비 완성품 단위당 원가는 8,000원이다. 다음 자료를 보고 기말재공품의 완성도를 구하시오.(단, 가공비는 공정 전반에 걸쳐 균등하게 발생한다.)

구 분	수 량	완성도
기초 재공품	300개	30%
당기 완성품	900개	100%
기말 재공품	100개	?

① 60%
② 70%
③ 80%
④ 90%

08 다음 중 표준원가계산에 대한 설명으로 옳지 않은 것은?

① 표준원가계산이란 기업이 사전에 설정해 놓은 표준원가를 이용하여 제품원가를 계산하는 방법을 말한다.
② 실제원가와 표준원가의 차이가 명확하지 않기 때문에 성과평가에 사용하기 어렵다는 단점이 있다.
③ 기업이 연초에 수립한 계획을 수치화하여 예산을 편성하는데 기초가 된다.
④ 표준원가계산을 사용하면 실제원가계산의 문제점인 제품단위원가가 변동되지 않는다.

09 당기 초에 영업을 개시한 ㈜현화는 정상개별원가계산 방법을 채택하고 있으며, 당기 말 재고자산가액 및 매출원가는 다음과 같다. 당기의 제조간접원가 배부차이가 1,000,000원 과소배부인 경우 각 배부차이조정 방법에 따라 당기손익에 미치는 영향을 바르게 연결한 것은?

	재공품	제품	매출원가	합계
직접재료원가	1,000,000원	1,200,000원	800,000원	3,000,000원
직접노무원가	3,000,000원	4,000,000원	1,500,000원	8,500,000원
제조간접원가	1,500,000원	2,000,000원	1,000,000원	4,500,000원
합 계	5,500,000원	7,200,000원	3,300,000원	16,000,000원

	매출원가조정법	총원가기준법	원가요소법
①	800,000원 감소	281,250원 감소	200,000원 감소
②	1,000,000원 감소	222,222원 감소	206,250원 감소
③	1,000,000원 감소	206,250원 감소	266,666원 감소
④	1,000,000원 감소	206,250원 감소	222,222원 감소

10 ㈜한결은 20X1년 4월 중 작업량 1,000개가 제시된 작업지시서 #105의 생산과 관련하여 다음과 같이 원가가 발생하였으며, 기초재고 및 기말재고는 없다. 한편, 제품의 최종검사과정에서 150개의 불량품이 발생하였다. 불량품은 총원가 20,000원을 투입하여 재작업하여 정상제품으로 전환되었다. 작업지시서 #105과 관련하여 발생한 정상제품의 단위당 원가는?

· 직접재료원가 : 40,000원   · 직접노무원가 : 25,000원   · 제조간접원가배부액 : 30,000원

① 95원
③ 115원
② 111.7원
④ 135.2원

11 다음 중 법인세법 상 감가상각방법을 신고하지 않은 경우 적용하는 상각방법으로 옳은 것은?

① 광업용 유형고정자산 : 생산량비례법
② 제조업의 기계장치 : 정액법
③ 광업권 : 정률법
④ 개발비 : 5년간 정률법

12 다음 중 법인세법상 기부금과 기업업무추진비에 대한 설명으로 옳은 것은?

① 기부금한도초과액과 기업업무추진비 한도초과액은 이월공제가 적용된다.
② 기부금과 기업업무추진비와 관련된 모든 세무조정사항은 소득금액조정합계표에 반영된다.
③ 중소기업여부에 따라 기업업무추진비 및 기부금 한도초과액이 달라진다.
④ 기업업무추진비 및 기부금 한도초과액은 모두 각사업연도소득금액을 증가시킨다.

13 다음 중 비과세근로소득에 해당하지 않는 것은?

① 비출자임원이 사택을 제공받음으로서 얻는 이익
② 중소기업의 종업원이 주택자금을 저리 또는 무상으로 대여 받음으로서 얻는 이익
③ 종업원이 보험계약자이거나 종업원 또는 그 배우자, 가족을 보험수익자로 하는 보험과 관련하여 사용자가 부담하는 보험료 중 연 70만원 이하의 금액
④ 임원 또는 사용인이 회사로부터 주식매수선택권을 부여받아 이를 근무기간 중 행사함으로써 얻은 이익

14 다음 중 부가가치세법상 재화의 공급시기에 대한 설명으로 옳지 않은 것은?

① 재화의 이동이 필요한 경우에는 재화가 인도되는 때이고, 재화의 이동이 필요하지 아니한 경우에는 재화가 이용 가능하게 되는 때이다.
② 재화의 인도 전 또는 이용이 가능하기 전에 선수금을 받는 경우에는 선수금을 받은 때를 공급시기로 한다.
③ 조건부 판매 및 기한부 판매의 경우에는 그 조건이 성취되거나 기한이 지나 판매가 확정되는 때를 공급시기로 본다.
④ 장기할부판매의 경우에는 대가의 각 부분을 받기로 한 때를 공급시기로 한다.

15 다음 중 법인세법상 부당행위계산을 적용함에 있어 조세의 부담을 부당히 감소시킨 것으로 인정되지 않는 것은?

① 대표자의 친족에게 무상으로 금전을 대여한 때
② 특수관계인으로부터 영업권을 적정대가를 초과하여 취득한 때
③ 주주(소액주주 제외)가 부담할 성질의 것을 법인이 부담한 때
④ 업무 수행을 위해 초청된 외국인에게 사택을 무상으로 제공한 때

다음 문제를 보고 알맞은 것을 골라 답안저장 메뉴화면에 입력하시오(객관식 문항당 2점).

───── │ 기본전제 │ ─────

문제에서 한국채택국제회계기준을 적용하도록 하는 전제조건이 없는 경우, 일반기업회계기준을 적용한다.

01 다음 중 유가증권의 분류에 대한 설명으로 틀린 것은?

① 유가증권 중 채무증권은 취득한 후 만기보유증권, 단기매매증권, 매도가능증권 중의 하나로 분류한다.
② 단기매매증권은 유동자산으로 분류한다.
③ 보고기간종료일로부터 1년내에 매도 등에 의하여 처분할 것이 거의 확실한 매도가능증권은 투자자산으로 분류한다.
④ 보고기간종료일로부터 1년내에 만기가 도래하는 만기보유증권은 유동자산으로 분류한다.

02 다음 중 보고기간말 외화환산방법에 대한 설명으로 가장 잘못된 것은?

① 화폐성 외화항목은 마감환율로 환산한다.
② 역사적원가로 측정하는 비화폐성 외화항목은 거래일의 환율로 환산한다.
③ 공정가치로 측정하는 비화폐성 외화항목은 공정가치가 결정된 날의 환율로 환산한다.
④ 화폐성항목에서 발생한 외화환산손익은 기타포괄손익으로 인식하여야 한다.

03 다음 중 법인세 회계처리에 대한 설명으로 틀린 것은?

① 차감할 일시적차이가 활용될 수 있는 가능성이 매우 높은 경우에만 이연법인세자산을 인식하여야 한다.
② 가산할 일시적차이란 자산·부채가 회수·상환되는 미래기간의 과세소득을 감소시키는 효과를 가지는 일시적차이를 말한다.
③ 원칙적으로 모든 가산할 일시적차이에 대하여 이연법인세부채를 인식하여야 한다.
④ 이연법인세자산과 부채는 보고기간말 현재까지 확정된 세율에 기초하여 당해 자산이 회수되거나 부채가 상환될 기간에 적용될 것으로 예상되는 세율을 적용하여 측정하여야 한다.

04 다음의 재고자산에 대한 설명 중 틀린 것은?

① 평가손실을 초래했던 상황이 해소되어 새로운 시가가 장부금액보다 상승한 경우에는 최초의 장부금액을 초과하지 않는 범위 내에서 평가손실을 환입한다.

② 재고자산평가손실의 환입은 영업외수익으로 분류한다.

③ 재고자산은 정상적인 영업과정에서 판매를 위하여 보유하거나 생산과정에 있는 자산 및 생산 또는 서비스 제공과정에 투입될 원재료나 소모품의 형태로 존재하는 자산을 말한다.

④ 재고자산의 매입원가는 매입금액에 매입운임, 하역료 및 보험료 등 취득과정에서 정상적으로 발생한 부대원가를 가산한 금액이다.

05 ㈜한결은 20X1년 2월에 자기주식 100주를 주당 6,000원에 취득하였으며, 3월에 자기주식 200주를 주당 7,000원에 취득하였다. 한편 4월에는 자기주식 100주를 특수관계인으로부터 무상증여 받았다. 이후 ㈜한결은 9월에 보유하고 있던 자기주식 중 200주를 주당 5,100원에 매각하였다. 처분한 자기주식의 단가를 총평균법으로 계산할 경우 ㈜한결이 인식해야 할 자기주식처분손익은 얼마인가?

① 처분이익 20,000원
② 처분이익 33,333원
③ 처분손실 280,000원
④ 처분손실 333,333원

06 ㈜현상이 제품 A, B, C에 대한 결합원가 300,000원을 순실현가능가치(NRV)법에 의하여 배부하는 경우 제품 C의 매출총이익은 얼마인가?(단, 기초재고자산은 없다.)

제품	생산량	판매량	단위당 판매가격	분리점 후 추가가공원가(총액)
A	200단위	180단위	3,000원	90,000원
B	50단위	50단위	2,000원	40,000원
C	100단위	70단위	1,000원	70,000원

① 10,500원
② 24,500원
③ 38,500원
④ 50,500원

07 다음 원가의 개념에 대한 설명 중 옳지 않은 것은?

① 원가배분이란 공통원가 또는 간접원가를 합리적인 배부기준에 따라 원가대상에 대응시키는 과정을 말한다.
② 원가배분의 기준은 인과관계기준, 수혜기준, 부담능력기준 등이 있다.
③ 당기제품제조원가란 당기의 제조과정에 투입된 모든 제조원가를 의미하며, 직접재료비, 직접노무비, 제조간접비의 합으로 이루어진다.
④ 조업도란 일정기간 동안 기업의 설비능력을 이용한 정도를 나타내는 지표로 생산량, 판매량, 직접노동시간, 기계작업시간 등이 있다.

08 다음은 조업도 증감에 따른 총원가와 단위원가의 행태를 요약한 표이다. 빈 칸에 들어갈 올바른 것은?

조업도	총원가		단위원가	
	변동비	고정비	변동비	고정비
증가	증가	(1)	일정	(2)
감소	감소	(3)	일정	(4)

	(1)	(2)	(3)	(4)
①	일정	감소	일정	증가
②	감소	일정	증가	일정
③	증가	일정	감소	일정
④	일정	증가	일정	감소

09 다음의 자료를 참조하여 직접노무비의 가격차이와 능률차이를 구하시오.

· 표준직접노무비 (@300, 10시간)	3,000원
· 이달의 실제자료	
– 제품생산량	120개
– 실제직접노무비(@330, 1,000시간)	330,000원

	가격차이	능률차이
①	30,000원 유리	60,000원 유리
②	30,000원 불리	60,000원 유리
③	30,000원 유리	60,000원 불리
④	30,000원 불리	60,000원 불리

10 ㈜세무는 두 개의 서비스부문과 두 개의 제조부문으로 구성되어 있다. ㈜세무는 서비스부문의 일반관리부문 원가를 종원업 수로 먼저 배부하고 배송부문 원가를 점유면적으로 배부하는 단계배분법을 사용하고 있다. 다음의 자료를 참조하여 서비스부문의 원가를 배부한 후 절삭부문의 총간접원가를 구하시오(단, 자가소비용역은 무시한다).

구분	서비스부문		제조부문	
	일반관리	배송	절삭	연마
간접원가	60,000원	80,000원	70,000원	85,000원
종업원수	10명	20명	30명	50명
점유면적	100평	50평	200평	300평

① 50,000원 ② 54,800원
③ 120,000원 ④ 124,800원

11 다음은 소득세법상 복식부기의무자의 사업소득에 대한 자료이다. 총수입금액을 계산하면 얼마인가?

- 매출액 : 100,000,000원
- 판매장려금 수령액 : 5,000,000원
- 이자수익 : 1,000,000원
- 기계장치의 양도가액 : 50,000,000원
- 공장건물의 양도가액 : 70,000,000원
- 관세환급금 : 6,000,000원

① 111,000,000원 ② 161,000,000원
③ 231,000,000원 ④ 232,000,000원

12 다음 중 법인세법상 익금불산입 항목에 해당하지 않는 것은?

① 주식발행초과금
② 법인세 또는 지방소득세 환급액
③ 자산수증이익, 채무면제이익 중 이월결손금의 보전에 충당된 금액
④ 보험업법이나 기타 법률의 규정에 의한 고정자산의 평가차익

13 다음 중 소득세법상 비과세 근로소득에 해당하지 않는 것은?

① 종업원이 소유차량을 직접 운전하여 사용자의 업무수행에 이용하고 실제여비를 지급받는 대신 사업체 지급기준에 따라 받는 금액 중 월 20만원 이내의 금액
② 근로자 또는 그 배우자의 6세 이하의 자녀보육관련 급여로서 월 20만원 이내의 금액
③ 발명진흥법상 지급받는 직무발명보상금으로서 5백만원을 초과하는 보상금
④ 일반근로자가 국외 등에서 근로를 제공하고 받는 보수 중 월 100만원(외항선원, 원양선원 및 해외건설 근로자는 300만원) 이내의 금액

14 법인세법상 임직원의 인건비에 대한 설명이다. 가장 올바른 것은?

① 임원의 상여금은 정관에 규정된 한도 내의 금액은 전액 손금으로 인정된다.
② 임원의 퇴직금은 정관의 위임규정에 따라 이사회 결정에 의하여 지급된 금액도 지급규정이 있는 것으로 본다.
③ 임원의 퇴직금에 대한 지급규정이 없는 경우에는 전액 손금불산입한다.
④ 임원의 상여금에 대한 지급규정이 없는 경우에는 법인세법상 한도액을 기준으로 손금불산입여부를 결정한다.

15 다음 중 부가가치세법상 과세거래인 것은?

① 조세의 물납
② 상품권의 양도
③ 양도담보의 목적으로 부동산상의 권리를 제공하는 경우
④ 개별소비세 과세대상 승용차의 양도

05 실전모의시험

다음 문제를 보고 알맞은 것을 골라 답안저장 메뉴화면에 입력하시오(객관식 문항당 2점).

───── | 기본전제 | ─────

문제에서 한국채택국제회계기준을 적용하도록 하는 전제조건이 없는 경우, 일반기업회계기준을 적용한다.

01 ㈜세금의 자본항목은 자본금으로만 구성되어 있다. 자기주식 1,000주(액면금액 주당 500원)을 주당 600원에 취득하여 500주는 주당 700원에 매각하고, 나머지 500주는 소각한 경우 증감 등 변동사항이 없는 자본항목은 무엇인가?

① 자본금
② 자본잉여금
③ 자본조정
④ 기타포괄손익누계액

02 다음의 매도가능증권에 대한 회계처리 방법 중 잘못된 것은?

① 매도가능증권의 취득원가는 취득시점에 제공한 대가에 매입수수료나 이전비용 등의 거래 원가를 가산한 금액으로 한다.
② 매도가능증권의 공정가치와 장부금액의 차액은 매도가능증권평가이익(손실)의 과목으로 자본항목(기타포괄손익누계액)으로 분류한다.
③ 매도가능증권을 매각하는 경우에는 매도가능증권평가이익(손실) 잔액을 먼저 상계시킨 후 투자자산처분이익(손실)또는 매도가능증권처분이익(손실)의 계정과목으로 인식한다.
④ 매도가능증권은 보고기간 종료일마다 평가하여 손상차손의 발생에 대한 객관적인 증거가 있는 경우 손상차손을 인식하고 해당 손상차손은 자본항목으로 분류한다.

03 다음 중 유형자산의 취득원가에 대한 설명으로 틀린 것은?

① 새 건물을 신축하기 위하여 기존 건물이 있는 토지를 취득하고 그 건물을 철거하는 경우 기존 건물의 철거 관련 비용은 건물의 취득원가에 포함한다.
② 현물출자, 증여, 기타 무상으로 취득한 유형자산은 공정가치를 취득원가로 한다.
③ 유형자산을 사용하거나 이전하는 과정에서 발생하는 원가는 당해 유형자산의 장부금액에 포함하여 인식하지 아니한다.
④ 새로운 상품과 서비스를 소개하는데 소요되는 원가는 유형자산의 취득원가에 포함하지 않는다.

04 다음 중 일반기업회계기준상 무형자산에 관한 설명으로 옳지 않은 것은?

① 무형자산의 상각기간은 독점적·배타적인 권리를 부여하고 있는 관계 법령이나 계약에 정해진 경우를 제외하고는 20년을 초과할 수 없다.

② 무형자산의 잔존가치는 취득가액의 5%를 원칙으로 한다.

③ 무형자산의 상각은 자산이 사용가능한 때부터 시작한다.

④ 무형자산의 공정가치 또는 회수가능액이 증가하더라도 상각은 원가에 기초한다.

05 다음의 회계정보의 질적특성 중 잘못된 것은?

① 회계정보가 정보이용자의 의사결정에 유용하게 사용되기 위해서는 그 정보가 의사결정의 목적과 관련되어야 하는데 관련성은 예측가치, 피드백가치, 적시성 등을 기준으로 판단될 수 있다.

② 회계정보가 정보이용자의 의사결정에 유용하게 쓰이기 위해서는 편의 없이 중립적이어야 한다.

③ 정보 제공의 적시성을 추구하는 목적적합성과 정보의 신뢰성이 상충되는 경우 반드시 적시성을 우선하여 판단하여야 한다.

④ 질적특성을 갖춘 회계정보일지라도 정보 제공 및 이용에 소요될 사회적 비용이 정보 제공 및 이용에 따른 사회적 효익을 초과한다면 정보의 제공은 정당화될 수 없다.

06 ㈜가나는 단일제품을 대량으로 생산하고 있다. 원재료는 공정초기에 모두 투입되고 가공비는 공정전반에 걸쳐 균등하게 발생하며, 기말재공품의 평가는 선입선출법을 사용한다. 당기원가계산에 대한 자료는 다음과 같다. 당기완성품과 기말재공품 평가에 적용할 재료비와 가공비의 완성품환산량 단위당 원가는 각각 얼마인가?(단, 생산과정 중 감손이나 공손 등 물량 손실은 없다.)

기초재공품	· 수량 : 200개	· 재료비 : 54,000원
	· 가공비 : 105,600원	· 완성도 : 20%
당기발생원가	· 착수량 : 1,800개 · 재료비 : 315,000원 · 가공비 : 352,000원	
당기완성량	1,600개	
기말재공품	· 수량 : 400개 · 완성도 : 50%	

	재료비	가공비		재료비	가공비
①	205원	260원	②	205원	200원
③	175원	200원	④	175원	260원

07 ㈜서울은 다음과 같이 결합공정과 추가가공공정을 통해 제품을 생산하며, 분리점에서 순실현가능가치를 기준으로 결합원가를 배부한다. 각 공정의 기초 및 기말 재공품이 없는 경우 제품 '갑'에 배부될 결합원가는 얼마인가?(단, 원 단위 미만은 절사한다.)

결합공정	추가가공공정
• 결합공정에서는 원재료를 투입하여 '갑', '을' 두 종류의 제품을 생산하였으며, 결합원가는 총 50,000원이었다. • 제품 '갑'은 27,000원에 판매되고, 제품 '을'은 추가공정을 거쳐 제품 '병'으로 판매된다.	• 추가가공공정을 거쳐 제품 '병'이 생산되었으며 추가가공원가는 총 20,000원이 발생되었고 제품 '병'은 70,000원에 판매된다. • 추가가공공정 과정에서 부산물 '정'이 생산되었으며 '정'은 3,000원에 즉시 판매할 수 있다. 부산물은 생산시점에 순실현가능가치로 인식한다.

① 16,875원   ② 17,532원
③ 32,467원   ④ 33,125원

08 원가에 대한 다음의 설명 중 옳지 않은 것은?

① 원가의 발생형태에 따라 변동비, 고정비, 준변동비, 준고정비로 분류된다.
② 매몰원가는 대표적인 비관련원가에 해당한다.
③ 회피가능원가란 의사결정에 따라 절약할 수 있는 원가로 관련원가에 해당한다.
④ 직접제조경비가 없는 경우 가공원가는 직접노무비와 제조간접비의 합이다.

09 다음의 자료를 근거로 당기총제조원가를 계산하면 얼마인가?

· 기초 재공품 재고액 : 23,000원	· 기초 제품 재고액 : 25,000원
· 매출 원가 : 550,000원	· 기말 재공품 재고액 : 20,000원
· 기말 제품 재고액 : 41,000원	

① 527,000원   ② 537,000원
③ 563,000원   ④ 566,000원

10 다음 중 표준원가계산에서 제조간접원가 차이분석에 대한 설명으로 옳지 않은 것은?

① 제조간접원가에 대한 차이 중 고정제조간접원가차이는 예산차이와 조업도차이로 분석한다.

② 제조간접원가에 대한 차이 중 변동제조간접원가차이는 소비차이와 능률차이로 분석한다.

③ 투입량기준 예산이란 제조간접원가 자체를 관리해서 달성할 수 있는 목표금액을 의미한다.

④ 산출량기준 변동예산은 노동시간 관리와 무관하게 제조간접원가만 관리하여 달성하는 예산이다.

11 다음 중 소득세법상 특별세액공제에 대한 설명으로 틀린 것은?

① 보험료세액공제는 장애인전용보장성보험료에 대해 연간 지출액 100만원 한도로 15%를 공제한다.

② 근로소득이 있는 거주자의 경우 항목별 특별세액공제 · 항목별 특별소득공제 · 월세세액공제의 신청을 하지 않은 경우 연 12만원의 표준세액공제를 적용한다.

③ 국내소재 의료기관에 지급한 의료비 중 실손의료보험금 수령액을 차감한 의료비에 한해서만 의료비세액공제를 적용한다.

④ 초등학생 교복구입비는 교육비세액공제 대상이 아니고, 대학입학전형료와 수능응시료는 교육비세액공제 대상이다.

12 다음 중 부가가치세법상 공제되는 매입세액의 항목은 어느 것인가?

① 사업과 직접 관련이 없는 가사용 물품 구입관련 매입세액

② 운수업을 영위하는 사업자가 직접 영업용으로 사용하는 자동차 취득관련 매입세액

③ 공장부지용 토지의 취득에 관련된 매입세액

④ 거래처에 선물할 상품 구입관련 매입세액

13 다음 중 소득세법상 서화 · 골동품의 양도로 발생하는 소득에 대한 설명으로 틀린 것은?

① 당해 과세기간에 양도한 서화 · 골동품의 양도가액의 합계가 6천만원 이상인 경우 과세한다.

② 골동품의 경우 제작 후 100년을 넘은 것에 한정한다.

③ 서화 · 골동품을 박물관 또는 미술관에 양도함으로써 발생하는 소득은 비과세한다.

④ 양도일 현재 생존해 있는 국내 원작자의 작품은 제외한다.

14 다음 중 법인세법상 업무용승용차에 관한 설명으로 틀린 것은? 단, 해당 법인은 제조업이 주업이며 업무전용 자동차보험에 가입하였고, 해당 사업연도는 2025.1.1.~ 2025.12.31.이다.

① 해당 법인에서 2025년 1월 1일에 업무용승용차를 취득하였다면 정액법으로 5년간 강제상각하여야 한다.

② 업무사용 비율이 100%인 경우에는 해당 업무용승용차의 감가상각비가 1,000만원인 경우에도 감가상각비 한도초과액은 없다.

③ 해당 사업연도에 운행기록을 작성하지 않더라도 업무용승용차 관련비용이 1,500만원(12개월 기준) 이하인 경우 업무용승용차의 업무사용비율은 100%를 인정한다.

④ 해당 사업연도 개시일에 업무용승용차를 처분하여 1,000만원의 처분손실이 발생한 경우 200만원은 해당사업연도에 손금에 산입하지 아니하고 이월하여 손금에 산입한다.

15 다음 중 부가가치세법상 과세대상에 해당하는 것은?

① 사업자가 사업용 자산을 상속세 및 증여세법, 지방세법의 규정에 의해 물납하는 경우

② 경매, 수용, 현물출자와 그 밖의 계약상 또는 법률상의 원인에 따라 재화를 인도하거나 양도하는 경우

③ 민사집행법에 따른 경매에 따라 재화를 인도하거나 양도하는 경우

④ 질권, 저당권 또는 양도담보의 목적으로 동산, 부동산 및 부동산상의 권리를 제공하는 경우

06 실전모의시험

다음 문제를 보고 알맞은 것을 골라 답안저장 메뉴화면에 입력하시오(객관식 문항당 2점).

| 기본전제 |

문제에서 한국채택국제회계기준을 적용하도록 하는 전제조건이 없는 경우, 일반기업회계기준을 적용한다.

01 다음 중 발생기간의 비용으로 인식하지 않고 재고자산의 원가에 포함하여야 하는 것은 무엇인가?

① 취득에 직접적으로 관련되어 있으며, 정상적으로 발생되는 기타원가
② 추가 생산단계에 투입하기 전에 보관이 필요한 경우 외의 보관비용
③ 재고자산을 현재의 장소에 현재의 상태로 이르게 하는데 기여하지 않은 관리간접원가
④ 판매원가

02 다음 중 퇴직급여에 대한 설명으로 틀린 것은?

① 확정기여형 제도를 설정한 경우에는 당해 회계기간에 대하여 기업이 납부하여야 할 부담금 (기여금)을 퇴직연금운용자산으로 인식한다.
② 확정급여형퇴직연금운용제도에서 퇴직급여충당부채는 보고기간말 현재 전종업원이 일시에 퇴직할 경우 지급하여야 할 퇴직금에 상당하는 금액으로 한다.
③ 확정급여형퇴직연금제도에서 퇴직연금운용자산이 퇴직급여충당부채와 퇴직연금미지급금의 합계액을 초과하는 경우에는 그 초과액을 투자자산의 과목으로 표시한다.
④ 확정급여형퇴직연금제도에서 운용되는 자산은 기업이 직접 보유하고 있는 것으로 보아 회계처리한다.

03 다음 중 금융자산과 금융부채에 대한 설명으로 옳지 않은 것은?

① 금융자산이나 금융부채는 금융상품의 계약당사자가 되는 때에만 재무상태표에 인식한다.

② 금융자산이나 금융부채는 최초인식 시 공정가치로 측정한다.

③ 둘 이상의 금융상품을 일괄하여 매입한 경우에는 공정가치를 보다 신뢰성 있게 측정할 수 있는 금융상품의 공정가치를 우선 인식한 후 매입가액의 잔여액으로 나머지 금융상품을 인식한다.

④ 금융상품의 현금흐름에 대한 추정 변경 또는 재협상 등으로 현금흐름이 변경되는 경우에도 금융자산의 순장부금액이나 금융부채 상각후원가를 조정하면 안 된다.

04 ㈜세무는 보관 창고를 자가건설하기 위해 ㈜회계의 낡은 창고를 700,000,000원(토지가격 : 500,000,000원, 건물가격 : 200,000,000원)에 구입하였다. 기존건물을 철거하기 위하여 철거비용 20,000,000원과 토지정지비용 8,000,000원을 지출하였고 철거건물의 잔존폐물을 5,000,000원에 처분하였다. 토지와 건물의 취득원가는 얼마인가?

① 토지 : 528,000,000원, 건물 : 200,000,000원
② 토지 : 523,000,000원, 건물 : 200,000,000원
③ 토지 : 723,000,000원, 건물 : 0원
④ 토지 : 728,000,000원, 건물 : 0원

05 ㈜세무는 20x1년 7월 1일 ㈜한라의 사옥을 신축하기로 계약하였는데, 총공사대금은 200,000,000원이며, 공사가 완료된 20x3년까지 사옥의 신축과 관련된 자료는 다음과 같다. ㈜세무의 수익인식에 진행기준을 적용할 경우 20x3년에 인식하여야 할 공사수익은 얼마인가?

구분	20x1년	20x2년	20x3년
당기발생공사원가	45,000,000원	90,000,000원	48,000,000원
추가소요추정원가	140,000,000원	45,000,000원	
공사대금청구액	60,000,000원	100,000,000원	40,000,000원

① 30,000,000원
② 40,000,000원
③ 50,000,000원
④ 100,000,000원

06 ㈜오늘은 제조간접비를 직접노무시간으로 예정배부하고 있다. 당초 제조간접비 예산금액은 600,000원, 예산직접노무시간은 3,000시간이며 당기말 현재 실제 제조간접비는 640,000원이 발생하였다. 제조간접비의 배부차이가 발생하지 않을 경우 실제직접노무시간은 얼마인가?

① 3,200시간   ② 3,100시간
③ 3,000시간   ④ 2,900시간

07 다음의 실제개별원가계산과 정상원가계산의 상대적인 비교내용 중 잘못된 것은?

구분	실제개별원가계산	정상개별원가계산
① 주요정보이용자	외부 및 내부 정보이용자	내부 정보이용자(경영자)
② 원가계산의 시점	회계연도 기말	제품생산 완료시점
③ 직접재료원가, 직접노무원가	실제발생액	예상발생액
④ 제조간접원가 배부방법	실제배부기준량 × 실제배부율	실제배부기준량 × 예정배부율

08 다음 공손에 관한 설명 중 틀린 것은?

① 공손품은 품질이나 규격이 일정한 기준에 미달하는 불량품이다.
② 정상공손은 능률적인 생산조건하에서는 회피가능하고 통제가능하다.
③ 비정상공손품원가는 발생된 기간에 영업외비용으로 처리한다.
④ 기말재공품이 공손품 검사시점을 통과하지 못한 경우 정상공손원가를 전액 완성품에만 배부한다.

09 ㈜한세는 단일 제품을 생산하고 있으며, 종합원가계산제도를 채택하고 있다. 재료는 공정이 시작되는 시점에 전량 투입되고 가공원가는 공정 전체에 걸쳐 균등하게 투입된다. 평균법에 의하여 계산된 기말재공품의 원가는 얼마인가?

> ・기초재공품 수량 : 120단위(완성도 : 50%, 직접재료원가 : 36,000원, 가공원가 : 66,480원)
> ・당기투입 수량 : 280단위(직접재료원가 : 100,000원, 가공원가 : 210,000원)
> ・기말재공품 수량 : 80단위(완성도 : 80%)

① 70,180원   ② 73,280원
③ 76,380원   ④ 79,480원

10 다음 중 ㈜지리산의 제조원가명세서 자료에 대한 설명으로 틀린 것은?

제조원가명세서		
I 원 재 료 비		65,000,000원
( )	( )	
당 기 매 입	68,000,000원	
기말원재료재고	7,000,000원	
II 노 무 비		9,000,000원
III 제 조 간 접 비		13,000,000원
IV ( )		( )
V ( )		2,000,000원
VI 합 계		( )
VII ( )		11,000,000원
VIII ( )		( )

① 기초원재료재고는 4,000,000원이다.
② 당기총제조원가는 87,000,000원이다.
③ 기초재공품재고액은 2,000,000원이다.
④ 당기제품제조원가는 11,000,000원이다.

11 다음 중 조세특례제한법상 중소기업특별세액감면의 설명으로 가장 옳지 않은 것은?

① 중소기업특별세액감면은 최저한세 대상이다.
② 전년대비 고용인원이 감소하지 않은 경우 감면한도는 1억원이다.
③ 복식부기의무자가 사업용계좌를 미신고한 경우 감면을 받을 수 없다.
④ 내국법인의 본점이 수도권에 있는 경우 사업장별로 수도권 소재유무를 판단하여 감면율을 적용한다.

12 다음 중 무조건 분리과세대상 소득에 해당하지 않는 것은?

① 연금소득 중 사적연금액 1,500만원 이하인 경우
② 기타소득 중 복권 당첨금액
③ 근로소득 중 일용근로자의 근로소득
④ 금융소득 중 직장공제회 초과 반환금

13 다음 중 법인세법상 손익의 귀속시기에 대한 설명으로 틀린 것은?

① 내국법인의 각 사업연도 익금과 손금의 귀속사업연도는 그 익금과 손금이 확정된 날이 속하는 사업연도로 한다.

② 도소매업을 영위하는 법인이 원천징수대상 이자에 대하여 결산상 미수이자를 계상한 경우에는 그 계상한 사업연도의 익금에 산입하지 않는다.

③ 금융보험업을 영위하는 법인이 이미 경과한 기간에 대응하는 보험료상당액(원천징수대상 아님) 등을 해당 사업연도의 수익으로 계상한 경우에는 그 계상한 사업연도의 익금으로 한다.

④ 내국법인이 결산을 확정할 때 이미 경과한 기간에 대응하는 미지급이자를 해당 사업연도의 손비로 계상하여도 그 계상한 사업연도의 손금에 산입하지 않는다.

14 다음 중 부가가치세법상 공급시기에 대한 설명으로 옳지 않은 것은?

① 계약금을 받기로 한 날의 다음 날부터 재화를 인도하는 날까지의 기간이 6개월 이상인 경우로서 계약금 외의 대가를 분할하여 받는 조건으로 재화를 공급하는 경우 대가의 각 부분을 받기로 한때를 공급시기로 한다.

② 본래 재화, 용역의 공급시기가 되기 전에 세금계산서를 발급하고 그 세금계산서 발급일로부터 7일 이내에 대가를 받으면 해당 세금계산서를 발급한 때를 공급시기로 한다.

③ 역무의 제공이 완료된 때 또는 대가를 받기로 한때를 공급시기로 볼 수 없는 경우 역무의 제공이 완료되고 공급가액이 확정되는 때를 공급시기로 한다.

④ 둘 이상의 과세기간에 걸쳐 계속적으로 일정한 용역을 제공하고 그 대가를 선불로 받는 경우 예정신고기간 또는 과세기간의 개시일을 공급시기로 한다.

15 소득세법상 기타소득에 대하여 실제 소요된 필요경비가 없어도 일정금액을 필요경비로 인정하는 경우가 있다. 다음 설명 중 옳지 않은 것은?

① 서화·골동품의 양도로 발생하는 소득으로서 서화·골동품의 보유기간이 10년 이상인 경우에는 100분의 90에 상당하는 금액을 필요경비로 한다.

② 계약의 위약 또는 해약으로 인하여 받는 소득으로서 주택입주 지체상금의 경우 거주자가 받은 금액의 100분의 60에 상당하는 금액을 필요경비로 한다.

③ 종교인소득으로서 종교관련종사자가 해당 과세기간에 받은 금액이 2천만원 이하인 경우에는 100분의 80에 상당하는 금액을 필요경비로 한다.

④ 일시적인 인적용역으로서 고용관계 없이 다수인에게 강연을 하고 강연료 등 대가를 받는 경우에는 100분의 60에 상당하는 금액을 필요경비로 한다.

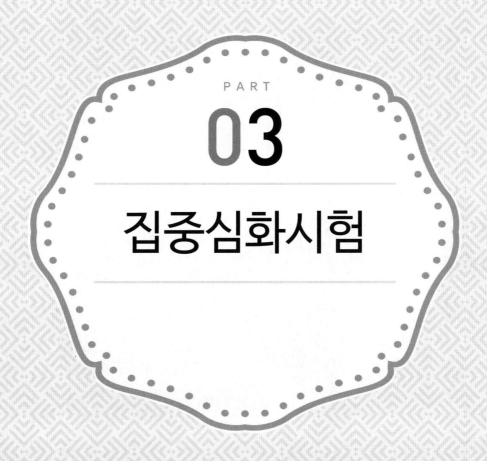

PART

03

집중심화시험

01 집중심화시험

다음 문제를 보고 알맞은 것을 골라 답안저장 메뉴화면에 입력하시오(객관식 문항당 2점).

─── | 기본전제 | ───

문제에서 한국채택국제회계기준을 적용하도록 하는 전제조건이 없는 경우, 일반기업회계기준을 적용한다.

01 20×2년 말 대손충당금의 변동내역은 아래와 같다. 이에 대한 설명으로 옳지 않은 것은? 단, 매출채권 잔액의 1%를 대손충당금으로 설정한다고 가정한다.

대손충당금			
대손확정액	250,000	기초잔액	350,000
기말잔액	300,000	대손상각비	200,000

① 20×2년말 매출채권잔액은 30,000,000원이다.
② 20×1년말 매출채권잔액은 35,000,000원이다.
③ 20×2년 손익계산서에 표시되는 대손상각비는 200,000원이다.
④ 20×2년 중 실제대손발생액은 200,000원이다.

02 다음 중 외화자산 및 외화부채의 환율변동 효과와 관련된 설명으로 가장 옳지 않은 것은?

① 모든 외화자산 및 외화부채는 보고기간 말의 마감환율로 환산한다.
② 외화환산손익은 결산일에 화폐성 외화자산 또는 화폐성 외화부채를 환산하는 경우 발생하는 환산손익을 말한다.
③ 외환차손익은 외화자산의 회수 또는 외화부채의 상환시에 발생하는 차손익을 말한다.
④ 화폐성 항목의 외환차손익 또는 외화환산손익은 외환차이가 발생한 회계기간의 손익으로 인식한다.

03 만기보유증권에 해당하는 액면금액 1,000,000원인 사채를 1월 1일에 950,000원에 취득하였다. 사채의 액면이자율은 연 8%, 유효이자율은 연 10%, 이자지급일은 매년 12월 31일이고, 당사의 회계기간은 1월 1일부터 12월 31일인 경우 유효이자율법에 의한 12월 31일의 만기보유증권 장부금액은 얼마인가?

① 950,000원   ② 940,000원
③ 965,000원   ④ 975,000원

04 무형자산에 대한 다음 설명 중 틀린 것은?

① 무형자산을 다른 비화폐성자산과 교환하여 취득하는 경우 제공한 자산의 공정가치를 취득원가로 한다.
② 무형자산의 인식은 취득시점에 검토되어야 하며, 취득 또는 완성 후에 증가·대체·수선을 위해 발생한 원가는 고려하지 않는다.
③ 국고보조금에 의해 무형자산을 공정가액보다 낮은 대가로 취득하는 경우에는 취득일의 공정가액을 취득원가로 한다.
④ 사용을 중지하고 처분을 위해 보유하는 무형자산은 상각중단하고 손상차손여부를 검토한다.

05 자본에 영향을 미치는 거래에 해당하지 않는 것은?

① 1,000주를 주당 100,000원에 증자하였다.
② 12월에 상여금 100,000,000원을 현금으로 지급하였다.
③ 화재로 공장건물이 훼손되었다.
④ 상품 운반용 트럭을 구입하고, 현금으로 지급하였다.

06 다음은 개별원가계산에 대한 설명이다. 옳지 않은 것은?

① 종합원가계산에 비해 원가의 계산과정이 단순하여 원가의 정확성은 떨어진다.
② 조선업, 건설업 등과 같이 수요자의 주문에 기초하여 제품을 생산하는 업종에서 주로 사용한다.
③ 종합원가계산에 비해 각 제품별로 원가를 집계하기 때문에 직접원가와 간접원가의 구분이 보다 중요한 의미를 갖는다.
④ 개별원가계산은 완성품환산량을 산정할 필요는 없다.

07 당사는 정상공손수량을 완성품의 10%로 보고 있다. 다음에 의하여 비정상공손수량을 계산하면?

· 기초재공품 : 720단위	· 당기착수량 : 3,600단위
· 당기완성량 : 3,280단위	· 기말재공품 : 560단위

① 151단위   ② 152단위

③ 153단위   ④ 154단위

08 개별원가계산시 제조간접원가 배부차이가 과소배부가 발생하였다. 배부차이를 매출원가와 기말제품 및 기말재공품에 균등하게 1/3씩 배부하는 과정에서, 관련항목에 대한 설명으로 틀린 것은?

① 재무상태표상 재고자산가액이 증가한다.
② 손익계산서상 매출원가가 증가한다.
③ 당기총제조원가가 증가한다.
④ 재무상태표상 자본총계는 증가한다.

09 조업도가 변화할 때 원가가 어떻게 달라지는가에 따라 변동비, 고정비, 준변동비, 준고정비로 분류할 수 있다. 준고정비에 대한 설명으로 가장 적당한 것은?

① 조업도와 관계없이 제품의 총원가는 항상 일정하다.
② 조업도의 증감에 따라 비례적으로 증가 또는 감소하는 성격의 원가이다.
③ 일정한 범위의 조업도 내에서는 총원가가 일정하지만, 그 범위를 벗어나면 총원가가 달라진다.
④ 조업도가 0(영)인 경우에도 일정액이 발생하고, 그 이후로부터 조업도에 따라 비례적으로 증가하는 원가를 말한다.

10 다음 중 표준원가계산과 관련된 설명으로 가장 거리가 먼 것은 어느 것인가?

① 표준원가계산은 표준원가를 이용하여 원가계산을 하기 때문에 원가계산을 신속하게 할 수 있다.

② 표준원가계산은 예산과 실제원가를 기초로 차이를 분석하여 예외에 의한 관리를 통해 효율적인 원가통제가 가능하다.

③ 과학적이고 객관적인 표준원가를 설정하는 것이 쉽지 않고, 표준원가를 설정하는데 시간과 비용이 많이 든다.

④ 표준원가계산제도를 채택하면 실제원가와는 관계없이 언제나 표준원가로 계산된 재고자산이 재무제표에 보고되게 된다.

11 다음 중 부가가치세법상 면세대상에 해당하는 것은 무엇인가?

① 겸용주택 임대시 주택면적이 사업용건물면적보다 작은 경우 사업용건물의 임대용역

② 운행 형태가 고속인 시외버스운송사업이 제공하는 고속버스에 의한 여객운송 용역

③ 의사가 제공하는 요양급여의 대상에서 제외되는 진료용역 중 탈모치료술

④ 지방자치단체에 무상으로 공급하는 재화

12 소득세법상 근로소득의 수입시기로서 옳지 않은 것은?

① 급여를 소급인상하고 이미 지급된 금액과의 차액을 추가로 지급하는 소급인상분 급여 : 지급한 날

② 소득세법의 한도를 초과하여 근로소득으로 보는 임원퇴직금 : 지급받거나 지급받기로 한 날

③ 잉여금처분에 의한 상여 : 해당 법인의 잉여금처분 결의일

④ 근로계약 체결시 일시에 선지급하는 사이닝보너스 : 계약조건에 따른 근로기간동안 안분

13 다음 중 소득세법상 종합과세에 해당되는 소득만을 모은 것은?

ㄱ. 이자소득	ㄴ. 양도소득	ㄷ. 근로소득
ㄹ. 기타소득	ㅁ. 퇴직소득	ㅂ. 연금소득

① ㄱ, ㄴ, ㄷ, ㅂ

② ㄱ, ㄹ, ㅁ, ㅂ

③ ㄱ, ㄷ, ㄹ, ㅂ

④ ㄴ, ㄹ, ㅁ, ㅂ

14 다음의 법인세법상 세무조정사항 중 소득처분이 나머지와 가장 다른 것은 어느 것인가?

① 부가가치세 납부지연가산세 납부액
② 영업부장이 개인용도로 사용한 법인카드 금액
③ 기업업무추진비의 한도초과액
④ 업무상 과실로 구청에 납부한 벌과금

15 ㈜세무는 제3기 회계기간에 대한 결산 시 유형자산인 차량운반구에 대한 감가상각비를 800,000원으로 계상하였으나, 법인세법상 상각범위액은 1,000,000원임을 세무조정 시 발견하였다. 결산내용을 수정하지 아니하는 경우 세무조정 내용으로 맞는 것은? 단, ㈜세무는 국제회계기준을 적용하는 법인에 해당하지 아니하고 법인세를 면제·감면받지 아니하였으며, 전기이월된 상각부인액은 없다.

① 회사계상액 800,000원을 손금불산입(유보)으로 조정하고, 상각범위액 1,000,000원을 손금산입(유보)으로 조정한다.
② 감가상각비의 손금산입은 결산조정사항이므로 시인부족액 200,000원에 대한 추가적인 세무조정은 없다.
③ 상각범위액 1,000,000원과 회사계상액 800,000원과의 차액인 시인부족액 200,00원을 추가로 손금산입(유보)으로 조정한다.
④ 시인부족액 200,000원은 다른 감가상각 자산에서 발생하는 상각부인액과 상계하여 처리하고 잔액은 차기로 이월한다.

다음 문제를 보고 알맞은 것을 골라 답안저장 메뉴화면에 입력하시오(객관식 문항당 2점).

─────────────── | 기본전제 | ───────────────
문제에서 한국채택국제회계기준을 적용하도록 하는 전제조건이 없는 경우, 일반기업회계기준을 적용한다.

01 다음 중 이익잉여금이 변동되는 것과 가장 관련이 적은 것은?

① 주식할인발행차금의 상각　　　　② 중대한 전기오류수정손실 발생
③ 자기주식의 처분이익 발생　　　　④ 중간배당 실시

02 주)세무의 201x년 기말재고자산 내역이 다음과 같을 때, 201x년 매출총이익에 미치는 영향을 바르게 설명한 것은?

┌───┐
│ · 장부상 재고자산 : 500개 　　　· 단위당 원가 : 1,000원(시가 900원)　　│
│ · 조사에 의한 실제재고수량 : 400개　· 재고감모손실의 10%는 비정상적 발생　│
└───┘

① 매출총이익이 40,000원 감소한다.　　② 매출총이익이 90,000원 감소한다.
③ 매출총이익이 130,000원 감소한다.　　④ 매출총이익이 140,000원 감소한다.

03 다음은 회계변경 및 오류수정과 관련한 사례들이다. 적용방법상 성격이 다른 하나는?

① 산업재산권의 효익제공기간을 10년에서 8년으로 단축적용하기로 하였다.
② 매출채권에 대한 대손설정율을 2%에서 1%로 변경하기로 하였다.
③ 전기의 중요한 오류를 후속기간에 발견하여 수정하여 바로 잡았다.
④ 기계장치의 내용연수를 5년에서 8년으로 변경하였다.

04 유형자산의 감가상각과 관련한 다음 설명 중 가장 옳지 않은 것은?

① 연수합계법은 내용연수 동안 감가상각비가 매 기간 일정한 방법이다.
② 감가상각의 주목적은 자산의 내용연수동안 원가의 합리적인 배분에 있다.
③ 제조공정에서 사용된 유형자산의 감가상각액은 재고자산의 원가를 구성한다.
④ 유형자산의 잔존가치가 유의적이고, 새로운 추정치가 종전의 추정치와 다르다면 그 차이는 회계추정의 변경으로 회계처리 한다.

05 당기순손익과 총포괄손익간의 차이를 발생시키는 항목을 모두 고른 것은?

ㄱ. 매도가능증권평가이익	ㄴ. 단기매매증권평가이익	ㄷ. 재평가손실
ㄹ. 해외사업장외화환산손익	ㅁ. 자기주식처분이익	
ㅂ. 현금흐름위험회피 파생상품평가손익	ㅅ. 외화환산이익	

① ㄱ, ㄴ, ㄹ
② ㄱ, ㄹ, ㅂ
③ ㄴ, ㄷ, ㅁ
④ ㄹ, ㅂ, ㅅ

06 다음 원가개념에 대한 설명 중 올바르지 아니한 설명은?

토익시험에 대비하여 관련 책을 5만원에 구입하여 학습하기 시작하였으나, 전산세무회계시험으로자격증시험에 도전하기로 결심 하였다. 그리고 전산세무회계시험에 대비하기 위하여 여름방학 때마다 수행했던 아르바이트를 포기하였다.

① 토익관련 책 구입비용은 일정상황 하에서 회수 불가능한 역사적원가이다.
② 전산세무회계시험을 위해 포기해야 하는 아르바이트 급여는 기회원가이다.
③ 토익관련 책 구입비용은 이미 발생한 원가로서 매몰원가이다.
④ 전산세무회계시험을 위해 포기해야 하는 아르바이트 급여는 의사결정에 영향을 미지지 않는 원가이다.

07 다음은 보조부문원가에 관한 자료이다. 보조부문의 제조간접비를 다른 보조부문에는 배부하지 않고 제조부문에만 직접 배부할 경우 수선부문에서 조립부문으로 배부될 제조간접비는 얼마인가?

구분		보조부문		제조부문	
		수선부문	관리부문	조립부문	절단부문
제조간접비		80,000원	100,000원		
부문별배부율	수선부문		20%	40%	40%
	관리부문	50%		20%	30%

① 24,000원　　　　　　② 32,000원
③ 40,000원　　　　　　④ 50,000원

08 종합원가계산을 실시하는 (주)서울은 원재료를 공정 개시시점에서 전량 투입하고, 가공비는 전공정을 통해 균일하게 발생한다. (주)서울이 재공품의 평가방법으로 평균법과 선입선출법을 사용할 경우, 다음 자료를 이용하여 가공비의 당기 완성품환산량을 계산하면?

· 기초 재공품수량 400개 (완성도 : 50%)　　· 착수량 3,500개
· 완성품수량 3,200개　　　　　　　　　　· 기말 재공품수량 700개 (완성도 : 40%)

　　　평균법　　선입선출법　　　　　　　　평균법　　선입선출법
① 3,650개　　3,330개　　　　　② 3,280개　　3,480개
③ 3,480개　　3,280개　　　　　④ 3,330개　　3,650개

09 다음 중 부문별원가계산에 대한 설명으로 틀린 것은 무엇인가?

① 직접작업시간을 배부기준으로 예정배부하는 경우 배부액은 예정배부율에 제품별 예정직접작업시간을 곱하여 계산된다.
② 여러 부문에 공통적으로 발생하는 제조간접원가는 합리적인 배부기준에 의하여 각 부문에 배부되어야 한다.
③ 제조간접원가 과대배부액을 비례배분법으로 처리하는 경우보다 매출원가일괄처리법으로 처리하는 경우에 매출원가가 감소하게 된다.
④ 직접배부법은 보조부문원가의 배부순서에 관계없이 배부액이 일정하다.

10 다음의 원가자료를 이용하여 기초(기본)원가를 계산하면 얼마인가?

> 1) 당기총제조원가는 20,000,000원이다.
> 2) 직접재료비는 당기총제조원가의 35%이다.
> 3) 제조간접비는 직접노무비의 60%이다.

① 5,600,000원   ② 6,860,000원
③ 7,140,000원   ④ 15,125,000원

11 다음 중 법인이 소득의 귀속자에게 소득세를 원천징수하여야 하는 대상이 아닌 것은?

① 출자임원이 사용하는 업무무관건물에 대한 수선비 손금불산입
② 대주주의 자녀(비사업자인 개인)에게 증여한 토지의 시가상당액 익금산입
③ 임원 또는 사용인에 해당하지 아니하는 지배주주에게 지급한 여비 손금불산입
④ 개인으로부터 구입한 유형자산인 토지에 대한 취득세 비용처리분 손금불산입

12 부가가치세법상 일반과세자의 신고납부와 관련한 설명 중 잘못된 것은?

① 개인사업자는 주사무소만을 총괄납부사업장으로 할 수 있다.
② 시설투자 등으로 인한 부가가치세 환급신청은 반드시 확정신고기한에만 가능하다
③ 음식업을 영위하는 법인사업자도 의제매입세액공제가 가능하나 신용카드발행세액공제는 되지 않는다.
④ 자기의 사업과 관련하여 생산 취득한 재화를 사업과 관계없이 사용·소비하는 경우에는 세금계산서를 발행할 의무가 없다.

13 부가가치세법상 세금계산서에 관한 설명으로 옳지 않은 것은?

① 법인사업자 및 직전 연도의 사업장별 재화 및 용역의 공급가액의 합계액이 8천만원 이상인 개인사업자는 반드시 전자적 방법으로 세금계산서를 발행하여야 한다.

② 택시운송 사업자, 노점 또는 행상을 하는 자가 공급하는 재화나 용역의 경우 세금계산서 발급의무가 면제된다.

③ 영세율이 적용되는 재화의 공급이 법령에서 정하는 내국신용장에 의한 수출인 경우에는 세금계산서 발급의무가 있다.

④ 소매업을 하는 사업자는 공급받는 자가 세금계산서 발급을 요구하지 아니하는 경우에도 반드시 세금계산서를 발급하여야 한다.

14 소득세법상 원천징수세율과 관련된 다음 설명 중 가장 옳지 않은 것은?

① 기타소득금액에 대한 원천징수 세율은 4%이다.

② 비영업대금의 이익에 대한 원천징수 세율은 25%이다.

③ 공급대가와 구분 기재한 봉사료에 대한 원천징수세율은 5%이다.

④ 일용근로자의 급여에 대한 원천징수세율은 6%이다.

15 법인세법상 다음 설명과 관련하여 잘못된 것은?

① 최저한세는 과도한 조세면제를 차단하여 세부담의 공평을 실현하기 위한 제도의 일종이다.

② 법인세 물납은 모든 납부세액이 1천만원을 초과하는 경우 신청에 의하여 가능하다.

③ 결손금 소급공제 제도는 중소기업을 우대하기 위한 제도로서 일반법인은 이에 해당하지 아니한다.

④ 감가상각시 내용연수의 변경은 일반기업회계기준과 달리 관할지방국세청장의 승인을 필요로 한다.

03 집중심화시험

다음 문제를 보고 알맞은 것을 골라 답안저장 메뉴화면에 입력하시오(객관식 문항당 2점).

--- | 기본전제 | ---

문제에서 한국채택국제회계기준을 적용하도록 하는 전제조건이 없는 경우, 일반기업회계기준을 적용한다.

01 유가증권 보유 및 발행 시 회계처리로 옳지 않은 것은?

① 현금배당수입은 배당금수익으로 처리한다.
② 주식배당수입은 배당금수익을 인식하지 않으며, 주당 취득가액은 변화 없다.
③ 주식발행회사의 경우 주식배당은 자본에 변화가 발생하지 아니한다.
④ 주식발행회사의 경우 현금배당은 자본을 감소시킨다.

02 다음 중 회계변경에 관한 설명으로 가장 옳지 않은 것은 어느 것인가?

① 회계정책을 변경하는 경우 회계변경의 효과는 원칙적으로 전진적으로 처리하여 그 변경의 효과를 당해 회계연도 개시일부터 적용한다.
② 회계추정의 변경은 기업환경의 변화, 새로운 정보의 획득 또는 경험의 축적에 따라 지금까지 사용해오던 회계적 추정치의 근거와 방법 등을 바꾸는 것을 말한다.
③ 회계변경의 속성상 그 효과를 회계정책의 변경효과와 회계추정의 변경효과로 구분하기가 불가능한 경우에는 이를 회계추정의 변경으로 본다.
④ 회계정책의 변경은 재무제표의 작성과 보고에 적용하던 회계정책을 다른 회계정책으로 바꾸는 것을 말한다.

03 다음은 기계장치와 관련된 12월 31일 현재의 계정내용이다. 이에 대한 설명으로 틀린 것은?

- 기계장치는 20x1.1.1. 취득하였으며, 내용연수는 5년, 상각방법은 정액법을 적용한다.
- 국고보조금은 건설기계 취득 시 즉시 수령하였다.
- 건설기계취득원가 : 1,000,000원
- 20x2년 12월 31일 현재 감가상각누계액 계정 잔액 : 400,000원
- 20x2년 12월 31일 현재 국고보조금 계정 잔액 : 300,000원
- 20x3년 1월 1일에 건설기계를 550,000원에 처분하였다.

① 20x3년 건설기계의 처분이익은 150,000원이다.
② 20x1년 수령한 국고보조금 총액은 500,000원이다.
③ 20x1년 당기순이익에 미치는 영향은 100,000원이다.
④ 20x1년 말 건설기계의 장부금액은 400,000원이다.

04 사채의 시장이자율보다 액면이자율이 낮은 사채를 발행하고, 매년 유효이자율법에 의해 사채발행차금을 상각하는 경우 다음 설명 중 가장 옳지 않은 것은?

① 사채는 할인발행 되고, 사채의 장부금액은 액면금액보다 작다.
② 사채의 장부금액은 매년 증가한다.
③ 사채발행차금의 상각액은 매년 증가한다.
④ 기초 장부금액에 대한 이자비용의 비율은 매년 감소한다.

05 다음 중 일반기업회계기준상 수익의 인식에 대한 설명으로 맞는 것은?

① 이자수익은 원칙적으로 액면이자율을 적용하여 발생기준에 따라 인식한다.
② 학원의 수강료 수익은 강의료를 수취한 시점에 현금기준에 의하여 인식한다.
③ 방송사의 광고수익은 해당 광고를 대중에게 전달하는 시점에 인식한다.
④ 위탁판매수익은 수탁자로부터 판매대금을 회수한 시점에 인식한다.

06 다음 중 원가에 대한 설명으로 틀린 것은?

① 매몰원가란 과거의 의사결정에 의하여 미래에 예상되는 원가를 말하며 의사결정과 관계 없이 변동될 수 없는 원가이다.

② 기회원가란 선택가능한 두 가지 이상의 대안 중 특정 대안을 선택하는 경우에 포기되는 다른 대안으로부터 얻을 수 있는 최대효익의 희생을 말한다.

③ 관련원가란 선택가능한 두 가지 이상의 대안 간에 차이가 예상되는 미래원가를 말하며 의사결정과 직접 관련있는 원가이다.

④ 회피불능원가란 선택이나 의사결정을 할 때 그 발생을 회피할 수 없는 원가를 말한다.

07 당사는 단계배부법에 의하여 보조부문원가를 제조부문으로 배부하고 있다. 다음 자료에 의하여 수선부문에서 절단부문으로 배부되는 원가를 계산하면 얼마인가? 단, 동력부문 원가를 먼저 배부하기로 한다.

구분	제조부문		보조부문		합계
	절단부문	조립부문	동력부문	수선부문	
부문원가발생액	700,000원	800,000원	500,000원	300,000원	2,300,000원
동력부문 용역제공비율	40%	40%		20%	100%
수선부문 용역제공비율	35%	35%	30%		100%

① 140,000원　　　　　　　② 180,000원

③ 200,000원　　　　　　　④ 250,000원

08 정상원가계산하에서 제조간접비 배부차이를 총원가비례배분법으로 배부한다고 가정할 때 다음 자료에서 재무제표에 미치는 영향으로 잘못된 것은?

(1) 제조간접비 실제발생액 : 10,000,000원　(2) 기말재공품 : 2,000,000원
(3) 기말제품 : 4,000,000원　(4) 매출원가 : 10,000,000원
(5) 제조간접비 예정배부액 : 14,000,000원
※ 기초재공품과 기초제품은 없는 것으로 가정한다.

① 재무상태표상 기말재공품은 1,500,000원이다.

② 기말제품은 3,000,000원이다.

③ 당기순이익은 2,500,000원이 증가한다.

④ 재무상태표상 자본에 미치는 영향은 없다.

09 ㈜침대나라는 침대를 제조 및 판매하는 회사이다. 제조 및 판매활동과 관련하여 발생한 다음 항목들의 원가분류 내용 중 정확한 것은?

> 1. 목재침대 1개를 만들기 위해서는 합판목재 4개(1개당 10,000원)가 필요하다.
> 2. 생산에 필요한 기계의 감가상각비는 연간 1,000,000원이다.

① 1.목재원가 : 직접재료비, 고정원가
② 1.목재원가 : 직접재료비, 변동원가
③ 2.기계감가상각비 : 제조간접비, 변동원가
④ 2.기계감가상각비 : 직접재료비, 고정원가

10 종합원가계산에 의한 원가계산의 경우, 당기 기말재공품 완성률이 과대 산정된 경우 이 오류로 인하여 완성품환산량과 완성품환산량 단위원가에 각각 미치는 영향으로 옳은 것은?

① 과대, 과소
② 과소, 과소
③ 과소, 과대
④ 과대, 과대

11 다음 중 부가가치세를 신고할 때 과세표준에 반영되는 것은?

① 의류생산회사에서 자체 생산한 의류를 무상으로 종업원의 작업복으로 제공하는 경우
② 회사가 생산한 과세대상 제품의 일부를 거래처에 접대용으로 무상 제공하는 경우
③ 겸영사업자가 부가가치세가 면세대상인 재화를 외부에 공급하는 경우
④ 폐업을 하는 경우 잔존재화 중에 기존에 매입세액 불공제 받은 재화

12 소득세법 규정에 관한 다음 설명 중 잘못된 것은?

① 공동사업장에 대한 소득금액을 계산함에 있어서는 그 공동사업장을 1거주자로 본다.
② 자산수증익 또는 채무면제이익으로 충당된 이월결손금은 공제대상에서 제외된다.
③ 연금보험료공제는 다른 소득공제보다 먼저 공제하며, 근로소득 외의 종합소득이 있는 거주자에게도 적용된다.
④ 근로소득만 있거나 연말정산되는 사업소득만 있는 자는 과세표준확정신고를 하지 않아도 된다.

13 소득세법상 총수입금액에 대응하여 지출된 비용을 필요경비로 공제할 수 있는 소득은 어느 것인가?

① 이자소득
② 근로소득
③ 기타소득
④ 배당소득

14 다음 중 현행 법인세법상 한도에 관계없이 전액 손금불산입되는 항목이 아닌 것은?

① 벌금, 과료, 과태료, 가산금 및 체납처분비
② 대표이사를 위하여 지출한 비지정기부금
③ 법인인 협회에 지급하는 회비
④ 업무무관자산에 대한 재산세

15 다음 중 당초에 매입세액이 불공제된 경우에도 부가가치세법상 재화공급의 특례(간주공급)가 적용되는 것은 무엇인가?

① 자기의 사업과 관련하여 취득한 재화 중 사업자가 폐업할 때 남아있는 재화
② 사업자단위과세사업자와 주사업장총괄납부를 승인받은 사업자를 제외한 사업자가 판매목적으로 자기의 다른 사업장에 반출하는 재화
③ 자기의 사업과 관련하여 취득한 재화를 자기나 그 사용인의 개인적인 목적을 위하여 소비하는 것
④ 자기의 사업과 관련하여 취득한 재화를 자기의 고객에게 증여하는 경우(견본품, 특별재난지역공급물품 제외)

04 집중심화시험

다음 문제를 보고 알맞은 것을 골라 답안저장 메뉴화면에 입력하시오(객관식 문항당 2점).

┤ 기본전제 ├

문제에서 한국채택국제회계기준을 적용하도록 하는 전제조건이 없는 경우, 일반기업회계기준을 적용한다.

01 12월 31일 결산일 현재 실지재고조사에 따른 창고재고액은 5,000,000원이다. 다음의 추가사항을 고려하여 정확한 기말재고자산을 계산하면?

> · 결산일 현재 시송품 800,000원 중 50%는 매입자의 매입의사표시가 있었다.
> · 매입한 상품 중 도착지 인도기준에 의한 운송 중인 상품이 300,000원 있다.
> · 결산일 현재 위탁판매를 위한 수탁자가 보관 중인 미판매 상품이 500,000원 있다.
> · 결산일 현재 장기할부판매액 500,000원 중 40%는 할부대금이 미회수 중이다.

① 5,700,000원

② 5,900,000원

③ 6,600,000원

④ 6,800,000원

02 다음 중 자본에 대한 설명으로 틀린 것은?

① 이익잉여금처분계산서(안)의 현금배당액은 기말재무상태표에 미지급배당금으로 하여 유동부채로 분류한다.

② 매도가능증권평가이익(손실) 및 재평가잉여금은 자본항목 중 기타포괄손익누계액으로 분류한다.

③ 자본잉여금은 증자나 감자 등 주주와의 거래에서 발생하여 자본을 증가시키는 잉여금이다.

④ 일반기업회계기준의 자본은 자본금, 자본잉여금, 자본조정, 기타포괄손익누계액, 이익잉여금으로 구성된다.

03 다음 자료를 이용하여 상품판매기업인 ㈜일등급의 사업연도 말 재무상태표에 표시될 매출채권은 얼마인가?

> 1) 당기 매출총이익은 1,800,000원이다.
> 2) 당기 재고자산은 150,000원 증가하였다.
> 3) 전기 말 매출채권 잔액은 800,000원이다.
> 4) 당기 매출채권 회수액은 2,600,000원이다.
> 5) 당기 상품 매입액은 2,500,000원이다.
> 6) 당기 현금매출액은 750,000원이다.
> 7) 현금매출액을 제외하고는 모두 외상매출이고, 대손상각은 고려하지 않기로 한다.

① 2,350,000원 ② 1,750,000원
③ 1,600,000원 ④ 1,450,000원

04 ㈜태양은 다음과 같은 오류를 20x2년 말에 발견하였다. 이 오류로 인하여 20x2년 회계연도의 당기순이익에 미치는 영향은 얼마인가?

구분	20x1. 12. 31.	20x2. 12. 31.
재고자산	20,000원 과대계상	30,000원 과소계상
감가상각비	50,000원 과대계상	70,000원 과소계상

① 30,000원 과대 ② 30,000원 과소
③ 20,000원 과소 ④ 20,000원 과대

05 다음 중 재무제표 작성과 표시의 일반원칙에 대한 설명으로 맞는 것은?

① 경영진은 재무제표를 작성할 때 청산기준에 의하여 작성하여야 하고 청산의도가 없는 경우에 한하여 계속기업을 기준으로 작성할 수 있다.
② 재무제표 항목의 표시가 변경되는 경우 당기와 비교를 위하여 전기의 항목을 재분류하고, 재분류항목의 내용, 금액 및 재분류 이유를 본문에 기재하여야 한다.
③ 재무제표 표시와 관련하여 본문과 주석의 중요성 기준이 다를 수 있으므로 본문에는 통합표시한 항목이 주석에는 구분 표시될 수 있다.
④ 재무제표에 표시하는 금액단위는 백만원 등 천원을 초과하는 단위는 사용할 수 없다.

06 당사는 직접노무시간을 기준으로 정상원가계산에 의하여 제품원가를 계산하고 있다. 연초에 제조간접원가 예산은 2,600,000원이었고 직접노무시간 예상시간은 32,500시간이었다. 당기에 실제 직접노무시간 32,000시간에 의한 배부결과 제조간접원가가 20,000원 과대배부되었다면 당기 실제 제조간접원가는 얼마인가?

① 2,500,000원   ② 2,540,000원
③ 2,580,000원   ④ 2,600,000원

07 다음 중 연산품과 부산물의 원가계산에 관한 설명 중 가장 적절하지 않은 것은 어느 것인가?

① 물량기준법은 제품의 판매가격을 알 수 없는 경우에는 사용할 수 없다.
② 주산품이란 동일공정에서 생산되는 결합제품 중 상대적으로 판매가치가 큰 제품을 말한다.
③ 순실현가치법에서는 분리점에서 중간제품의 판매가치를 알 수 없는 경우에도 적용할 수 있다.
④ 균등이익률법은 매출총이익률이 같아지도록 결합원가를 배분하기 때문에 개별제품의 매출총이익률과 기업전체의 매출총이익률이 같아진다.

08 다음 자료를 이용하여 당기 말 제품재고액을 계산하면 얼마인가?

  1) 당기 말 재공품은 전기 말에 비해 50,000원 증가하였다.
  2) 전기 말 제품재고는 560,000원이었다.
  3) 당기 중 발생원가집계
    ·직접노무비 : 420,000원   ·직접재료비 : 330,000원   ·제조간접비 : 500,000원
  4) 당기 손익계산서상 매출원가는 1,400,000원이다.

① 460,000원   ② 410,000원
③ 360,000원   ④ 310,000원

09 직접노무비 당기 발생액은 다음과 같다. 당기 중 실제직접노동시간을 계산하면 얼마인가?

• 표준직접노동시간 : 5,000시간	• 실제직접노무비 : 700,000원
• 표준임률 : 150원/시간	• 임률차이 : 40,000원 (불리)

① 4,400시간   ② 4,600시간

③ 4,800시간   ④ 5,000시간

10 다음 중 원가회계에 대한 설명으로 틀린 것은?

① 전부원가회계에서는 변동제조원가뿐만 아니라 고정제조원가까지도 포함하여 원가계산을 한다.

② 정상원가회계에서 직접재료비와 직접노무비는 실제원가로 계산되지만, 제조간접비는 예정배부율을 사용하여 제품에 배부된다.

③ 개별원가회계는 제품별로 원가계산을 하게 되므로 원가를 직접비와 간접비로 구분하며, 이 중에 공통원가인 간접비는 합리적인 배부기준에 의해 제품별로 배부한다.

④ 표준원가회계는 주로 대외적인 보고목적으로 사용되는 원가회계방법이다.

11 ㈜갑동이상사는 2025년 7월 5일 중국 K상사에 상품을 수출하기 위해 선적하였다. 7월분 부가가치세매입세액 환급을 가장 빨리 받기 위하여 부가가치세를 언제까지 신고하면 되는가?

① 2025. 7. 25.   ② 2025. 8. 25.

③ 2025. 10. 25.   ④ 2026. 1. 25.

12 다음의 손익계산서상 수익으로 계상된 내용 중 법인세법상 익금불산입액의 합계는?

• 지방세 과오납금의 환부이자 500,000원
• 손금산입된 금액 중 환입된 금액 1,500,000원
• 단기매매증권평가이익 3,300,000원
• 보험업법에 의한 고정자산 평가차익 25,000,000원

① 3,800,000원   ② 4,800,000원

③ 5,300,000원   ④ 30,300,000원

13 부가가치세법상 면세에 대한 설명으로 옳지 않은 것은?

① 미가공식료품 및 국내에서 생산된 식용에 공하지 아니하는 미가공 농산물은 부가가치세를 면세한다.

② 면세대상이 되는 재화가 영세율적용 대상이 되는 경우에 관할세무서장으로부터 승인을 얻은 경우에 한하여 면세포기가 가능하다.

③ 면세포기신고를 한 사업자는 신고한 날로부터 3년간은 면세를 재적용 받을 수 없다.

④ 소득세 및 법인세 납세의무가 있는 면세사업자도 매입처별세금계산서합계표 제출의무가 있다.

14 법인세법상 손익귀속시기에 관한 다음의 설명 중 가장 옳지 않은 것은?

① 중소기업의 경우 장기할부조건으로 자산을 판매한 경우에는 장기할부조건에 따라 회수하였거나 회수할 금액과 이에 대응하는 비용을 각각 해당 사업연도의 익금과 손금에 산입할 수 있다.

② 지급기간이 1년 이하인 단기임대료는 원칙적으로 계약상 지급일을 귀속사업연도로 하나, 기간경과분에 대하여 임대료를 수익으로 계상한 경우에는 이를 익금으로 인정한다.

③ 자산을 타인에게 위탁하여 판매하는 경우에는 수탁자가 그 자산을 판매한 날이 속하는 사업연도를 귀속사업연도로 한다.

④ 법인세법상 용역제공 등에 의한 손익의 귀속사업연도는 진행기준만 인정된다.

15 다음 중 현행 소득세법상 소득의 수입시기에 대한 설명으로 틀린 것은?

① 이자소득 중 저축성보험의 보험차익 : 보험금의 지급일

② 배당소득 중 법인세법에 의하여 처분된 배당 : 당해 법인의 당해 사업연도의 결산확정일

③ 근로소득 중 잉여금처분에 의한 상여 : 당해 법인의 잉여금처분결의일

④ 기타소득 중 계약의 위약으로 위약금으로 대체되는 계약금 : 계약금을 지급받은 날

05 집중심화시험

다음 문제를 보고 알맞은 것을 골라 답안저장 메뉴화면에 입력하시오(객관식 문항당 2점).

──────── │ 기본전제 │ ────────

문제에서 한국채택국제회계기준을 적용하도록 하는 전제조건이 없는 경우, 일반기업회계기준을 적용한다.

01 다음 중 기업회계기준상 유가증권에 대한 설명으로 틀린 것은?

① 매도가능증권으로 분류된 경우에도 보고기간말일로부터 1년 이내에 만기가 도래하거나 처분할 것이 거의 확실한 경우에는 유동자산으로 분류한다.

② 단기매매증권의 평가손익은 그 영향이 중요한 경우에는 당기손익으로 처리하고 중요하지 아니한 경우에는 자본항목으로 처리하여야 한다.

③ 채무증권이 만기보유증권으로 분류되는 경우에는 상각후원가로 평가하여야 한다.

④ 매도가능증권인 채무증권을 만기보유증권으로 재분류 하는 경우 재분류 시까지 발생한 매도가능증권의 미실현손익 잔액은 계속 자본항목으로 처리한다.

02 20x1년도에 사채 발행시 액면이자율보다 시장이자율이 높았다면 20x2년도의 사채 장부금액, 사채 이자비용, 사채발행차금상각액은 각각 20x1년도와 비교하여 어떻게 달라지는가?

	사채 장부금액	사채 이자비용	사채발행차금 상각액
①	감소한다	감소한다	감소한다
②	증가한다	증가한다	감소한다
③	감소한다	증가한다	증가한다
④	증가한다	증가한다	증가한다

03 자기주식(1,000주, 액면금액 : 5,000원, 발행금액 : 5,000원, 취득금액 : 6,000,000원)을 소각한 경우 재무상태표상의 자본과 자본금의 변동내역을 정확하게 정리한 것은?

	자 본	자 본 금
①	감 소	감 소
②	불 변	불 변
③	불 변	감 소
④	감 소	불 변

04 다음 중 기업회계기준상 자본에 대한 설명으로 틀린 것은?

① 주식할인발행차금이 발생하는 경우 그 당시에 장부상 존재하는 주식발행초과금과 우선적으로 상계하여 처리한다.

② 무상증자는 법정적립금과 자본잉여금을 재원으로 하지만 주식배당은 미처분이익잉여금을 재원으로 한다.

③ 전기에 배당하지 못한 연체배당금 중 누적적우선주에 대한 금액은 부채로 계상하여야 한다.

④ 결산일 현재 매도가능증권의 공정가치가 장부금액보다 증가한 경우 자본총액은 증가한다.

05 (주)경영은 고객사인 (주)회계에게 본사제품인 기계장비를 다음과 같이 판매하였다. 이 경우 20x1년 손익계산서에 반영될 매출액은 얼마인가?

> 1. 11월 20일 기계장비 10대를 대당 10,000,000원에 판매계약과 동시에 납품하다.
> 2. 대금은 계약일로부터 30일내에 지급하면 2%를 할인하기로 약정하였다.
> 3. 대금은 12월 10일 전액 회수하였다.
> 4. 20x2년 1월 5일에 20x1년 11월 20일 납품한 기계장비 중 1대가 불량으로 반품되었다.
> 5. 동 기계장비 매출과 관련한 회계처리는 기업회계기준에 의한다.

① 88,200,000원   ② 88,000,000원
③ 98,000,000원   ④ 100,000,000원

06 다음 괄호 안에 들어갈 알맞은 용어로 연결된 것은?

- (가)은 사전에 객관적이고 합리적인 방법에 의하여 산정한 원가를 이용하여 제조원가를 계산하는 경우에 적용한다.
- (나)은 동일 종류 또는 다른 종류의 제품을 연속하여 반복적으로 생산하는 생산형태에 적용한다.
- (다)은 원가요소의 실제발생액을 비목별 계산을 거쳐 원가부문별로 계산한 후 제품별로 제조원가를 집계한다.

	가	나	다
①	표준원가계산	실제원가계산	종합원가계산
②	실제원가계산	종합원가계산	표준원가계산
③	표준원가계산	종합원가계산	실제원가계산
④	실제원가계산	표준원가계산	종합원가계산

07 개별원가계산을 채택하고 있는 목성(주)의 생산과 관련한 원자자료는 다음과 같으며, 당기말 현재 제조지시서 #101·#102가 완성되었고, #103은 미완성상태인 경우 당기 총제조원가는 얼마인가?

(단위 : 원)

제조지시서	#101	#102	#103	계
전기이월	5,000			5,000
직접재료비	3,000	5,000	2,000	10,000
직접노무비	3,000	3,500	2,000	8,500
제조간접비	1,500	3,000	2,000	6,500
계	12,500	11,500	6,000	30,000

① 19,000원
② 24,000원
③ 25,000원
④ 30,000원

08 제조간접비 예정배부율법에 의하여 원가계산을 하고 있으며 기말에 제조간접비 배부차액을 총원가비례법에 의하여 조정하고 있을 때 다음 자료에 대한 설명으로 틀린 것은?

매출원가	기말재공품	기말제품
50,000원	20,000원	30,000원

기말재공품을 감소시키는 제조간접비 배부차액조정액은 3,000원이다.

① 예정배부된 제조간접비가 15,000원 과대배부되었다.
② 배부차액 조정으로 당기순이익이 7,500원 증가한다.
③ 재무상태표에 기록될 재고자산금액은 47,000원이다.
④ 매출원가가감법 보다 당기순이익이 7,500원 작다.

09 종합원가계산제도 하에서, 재료 Y는 70% 진행시점에서 투입되며 가공원가는 일정하게 투입된다. 80%가 완료된 재공품의 완성품 환산량에는 어떤 원가가 포함되는가?

	재료원가	가공원가		재료원가	가공원가
①	불 포 함	불 포 함	②	포 함	포 함
③	포 함	불 포 함	④	불 포 함	포 함

10 다음 자료에 의하여 표준원가계산을 적용하는 (주)정밀기계의 변동제조간접비 능률차이를 계산하면 얼마인가?

> (1) 제품단위당 표준원가자료 : 변동제조간접비 3시간 × @500원 = 1,500원
> (2) 당기 실제생산량 1,300단위에 대한 실제발생원가자료 : 변동제조간접비 2,080,000원 (작업시간 4,200시간)

① 능률차이 150,000원(불리)　　② 능률차이 110,000원(유리)
③ 능률차이 130,000원(불리)　　④ 능률차이 140,000원(불리)

11 부가가치세법상 일반과세자의 신고 및 납부에 관한 다음의 설명 중 가장 올바르지 않은 것은?

① 사업자는 예정신고 및 조기환급신고한 경우에는 이미 신고한 내용을 제외하고 과세표준과 납부세액을 확정신고 하여야 한다.
② 각 예정신고기간에 신규로 사업을 개시한 사업자가 개인이면 제외하지만 법인은 영세법인사업자를 제외하고 모든 사업자가 예정신고를 하여야 한다.
③ 조기환급대상은 영세율이 적용되는 때와 사업설비를 신설·취득 등을 하는 때에 한한다.
④ 총괄납부사업자는 주사업장 관할세무서장에게 종된 사업장분을 합산하여 신고, 납부하여야 한다.

12 다음의 손비 중 법인의 손금에 산입되고, 또한 개인사업소득자의 필요경비에도 산입되는 것은?

① 대표자 또는 사업자의 급료
② 재고자산 평가방법을 저가법으로 신고하고, 저가법에 따라 평가한 재고자산 평가차손
③ 유가증권평가손실
④ 건물의 처분시 장부가액

13 소득세법상 거주자 나예뻐는 신인연예인으로서 (주)제멋대로 프로덕션과 2025년 1월에 20년 전속계약을 체결하고 1억원 전속계약금을 일시불로 받았다. 이에 대한 실제필요경비가 전혀 없다고 가정할 때 당 전속계약금에 대한 다음 설명 중 올바른 것은?

① 전속계약금은 사업소득으로서, 2025년 귀속되는 총수입금액은 1억원이다.
② (주)제멋대로 프로덕션이 4,400,000원을 원천징수하고 차액인 95,600,000원을 지급한다.
③ 나예뻐는 2025년 귀속 종합소득세 확정신고시 5,000,000원의 사업소득을 다른 종합소득과 합산신고한다.
④ 전속계약금은 기타소득으로서, 2025년 귀속되는 총수입금액은 5,000,000원이므로 분리과세를 선택할 수 있다.

14 현행 법인세법상 이월결손금에 대한 설명으로 옳지 않은 것은?

① 결손금 소급공제는 중소기업만을 대상으로 한다.

② 자산수증이익과 채무면제이익으로 보전하는 이월결손금은 발생기간의 제한을 받지 않는다.

③ 당해연도 소득금액을 추계결정하는 경우에는 원칙적으로 이월결손금공제를 하지 않는다.

④ 중소기업의 이월결손금 공제액의 범위는 각사업년도소득금액의 80%로 한다.

15 다음은 법인세법상 업무용승용차 관련비용에 대한 설명이다. 가장 옳지 않은 것은?

① 업무용승용차란 개별소비세 과세대상 승용자동차를 말한다.

② 업무용승용차를 보유한 법인이 업무용 사용금액으로 손금인정 받으려면 업무전용보험에 가입하고 운행기록을 작성 비치하여야 한다.

③ 2016년 1월 1일 이후 취득한 업무용승용차는 내용연수는 5년으로 하고 정액법으로 상각하여 손금에 산입하여야 한다.

④ 법인이 2024년 1월 1일 이후 취득한 모든 승용차는 연녹색의 전용번호판을 부착하지 아니하면 업무용승용차 관련 비용을 전액 손금불산입한다.

CHAPTER

06 집중심화시험

다음 문제를 보고 알맞은 것을 골라 답안저장 메뉴화면에 입력하시오(객관식 문항당 2점).

─────── | 기본전제 | ───────

문제에서 한국채택국제회계기준을 적용하도록 하는 전제조건이 없는 경우, 일반기업회계기준을 적용한다.

01 유형자산과 관련된 기업회계기준의 설명 중 틀린 것은?

① 새로 취득한 유형자산에 대한 감가상각방법은 동종의 기존 유형자산에 대한 감가상각방법과 상관없이 선택적용 한다.
② 다른 종류의 자산과의 교환으로 유형자산을 취득하는 경우 유형자산의 취득원가는 교환을 위하여 제공한 자산의 공정가치로 측정한다.
③ 건물을 신축하기 위하여 사용 중인 기존 건물을 철거하는 경우 그 건물의 장부금액은 제거하여 처분손실로 반영하고, 철거비용은 전액 당기비용으로 처리한다.
④ 유형자산의 진부화 또는 시장가치의 급격한 하락 등으로 인하여 유형자산의 회수가능가액이 장부금액에 중요하게 미달하게 되는 경우에는 장부금액을 회수가능액으로 조정하고 그 차액을 손상차손으로 처리한다.

02 기업회계기준서의 충당부채와 우발자산·부채에 대한 설명이다. 틀린 것은?

① 충당부채는 현재의무이고 이를 이행하기 위하여 자원이 유출될 가능성이 매우 높고 그 금액을 신뢰성 있게 추정할 수 있으므로 부채로 인식한다.
② 자원의 유출을 초래할 현재의무가 불확실하거나, 현재의무가 존재하지만, 그 금액을 신뢰성 있게 추정할 수 없는 우발부채는 부채로 인식되지 않는다.
③ 우발자산은 원칙적으로 자산으로 인식하지 아니하고 자원의 유입가능성이 매우 높은 경우에만 자산으로 인식한다.
④ 충당부채는 보고기간말마다 그 잔액을 검토하고, 보고기간말 현재 최선의 추정치를 반영하여 증감 조정한다.

03 다음 자료에 의하여 재무상태표의 자본총계를 구하면?

• 자본금	50,000,000원	• 감자차익	800,000원
• 주식발행초과금	5,200,000원	• 자기주식처분손실	600,000원
• 매도가능증권평가이익	700,000원	• 매도가능증권처분손실	500,000원
• 미처분이익잉여금	7,800,000원	• 자기주식	3,000,000원

① 67,500,000원

② 63,900,000원

③ 60,900,000원

④ 60,400,000원

04 기업회계기준에 의하면 보고기간말과 재무제표가 사실상 확정된 날 사이에 발생한 사건은 당해 재무제표를 수정하는 사건과 수정을 요하지 않는 사건으로 구분할 수 있다. 이에 따라 다음과 같은 사건이 발생하였을 경우 당해 재무제표를 수정하여야 하는 것은 모두 몇 개인가?

Ⓐ 전기부터 진행 중이던 소송에 대한 확정판결로 손해배상금을 10억원을 지급하여야 한다.
Ⓑ 기중에 시송품으로 반출된 제품에 대한 재고가액 5억원이 누락된 것을 발견하였다.
Ⓒ 회사가 보유한 단기매매증권의 시장가격이 10% 하락하였다.

① 0개

② 1개

③ 2개

④ 3개

05 다음 중 기업회계기준에 의하여 이익잉여금처분사항으로 분류되는 항목이 아닌 것은?

① 이익준비금의 적립

② 사채할인발행차금의 상각

③ 주식배당의 결의

④ 주식할인발행차금의 상각

06 다음 중 부문별원가계산에 대한 설명으로 가장 틀린 것은?

① 보조부문 상호간의 용역수수관계가 중요하지 않는 경우 직접배부법을 사용한다.

② 공장건물의 보험료와 같은 부문간접비를 각 부문의 종업원 수에 따라 배부한다.

③ 상호배부법은 보조부문의 원가배부 순서에 관계없이 배부원가가 일정하다.

④ 부문별원가계산은 제조간접비의 효율적 배부를 그 목적으로 한다.

07 (주)중앙은 두 개의 제조부문(P1, P2)과 두 개의 보조부문(S1, S2)으로 운영된다. 회사는 단계배부법을 이용하여 보조부문비를 제조부문에 배부하고 있으며, 각 보조부문의 용역 제공비율은 다음과 같았다.

보조부문	제조부문		보조부문	
	P1	P2	S1	S2
발생원가	?	?	100,000원	?
S1	50%	30%	–	20%
S2	40%	40%	20%	–

회사는 S1 보조부문부터 원가배부하며 두 개의 보조부문(S1, S2)으로부터 P1에 배부된 금액은 110,000원인 경우 보조부문 S2에서 발생한 원가는 얼마인가?

① 100,000원
② 120,000원
③ 150,000원
④ 60,000원

08 (주)수원산업은 평균법에 의한 종합원가계산을 실시하고 있다. 재료는 공정의 초기에 전량 투입되고 가공비는 제조진행에 따라 균등하게 발생한다. 다음 자료를 이용하여 정상공손수량과 비정상공손수량을 계산하면 각각 얼마인가?

• 기초재공품	500개(완성도 60%)	• 당기착수량	6,500개
• 완성품수량	5,200개	• 공손품	800개

다만, 검사는 완성도 50%인 시점에서 실시하고, 당기 검사에서 합격한 수량의 10%는 정상공손으로 간주한다. 기말재공품의 완성도는 70%이다.

	정상공손수량	비정상공손수량
①	570개	230개
②	520개	280개
③	600개	200개
④	620개	180개

09 종합원가계산 하에서, 평균법에 의한 경우 당기제품 제조원가가 다음과 같다. 선입선출법을 적용하는 경우의 당기제품 제조원가는 얼마인가?

• 기초재공품	0개	• 당기착수량	10,000개
• 완성품	7,000개	• 기말재공품	3,000개(완성도 50%)
• 당기착수 재료비	500,000원	• 가공비	?
• 당기제품제조원가	1,050,000원		
• 원재료는 공정 초기에 투입되며, 가공비는 일정하게 투입된다.			

① 1,050,000원   ② 1,100,000원
③ 1,150,000원   ④ 1,200,000원

10 표준원가계산의 유용성과 한계점에 대한 내용이다. 가장 틀린 것은?

① 예산과 실제원가의 차이분석을 통하여 효율적인 원가통제의 정보를 제공한다.
② 표준원가를 이용하므로 제품원가계산과 회계처리가 신속 간편하다.
③ 과학적이고 객관적인 표준원가설정이 간단하여 시간과 비용이 절약된다.
④ 표준원가계산제도는 내부의사결정을 위한 제도로서 기업회계기준에서 인정된다.

11 다음 자료를 이용하여 부가가치세법상 일반과세자인 (주)A의 부가가치세 과세표준을 계산한 것으로 옳은 것은?

> (1) (주)A는 제품을 (주)B에게 95,000,000원(부가가치세 별도)에 공급하였으나, 이 중 5,000,000원(부가가치세 별도)은 품질미달로 인하여 반품되었다.
> (2) (주)A는 (주)B에게 제품을 30,000,000원(부가가치세 별도)에 판매하였으나, 운송 중에 제품이 파손되어 훼손된 가액이 3,000,000원(부가가치세 별도)이 있었다.

① 117,000,000원   ② 120,000,000원
③ 125,000,000원   ④ 90,000,000원

12 다음 중 소득세법상 종합소득공제 항목 또는 세액공제 항목 중 근로소득이 있는 거주자만 공제받을 수 있는 것은?

① 기본공제대상자가 70세 이상인 경우의 추가공제
② 출산·입양 자녀 세액공제
③ 연금계좌 납입액에 대한 연금계좌세액공제
④ 신용카드등 사용금액에 대한 소득공제

13 다음은 2025년 말 현재 소득세법상 생계를 같이하는 부양가족에 대한 설명이다. 본인(근로소득자)의 소득공제 대상이 될 수 없는 사람은 누구인가?

① 갑(48세) : 배우자로서 당해연도 근로제공으로 총급여로 500만원을 수령하였다.
② 을(18세) : 자녀이고, 부동산임대소득금액 100만원이 있다.
③ 병(21세) : 자녀(장애인)이고, 경영일보에 원고가 당선되어 1,600만원을 받았다.
④ 정(76세) : 본인의 부친으로서, 농가부업소득 1,200만원이 있다

14 법인세법상 소득처분내용과 소득세법상 수입시기를 잘못 연결한 것은?

	법인세법상 소득처분	수입시기
①	기타소득	법인의 해당 사업연도의 결산확정일
②	상 여	법인의 사업연도 중 근로를 제공한 날
③	배 당	법인의 해당 사업연도의 결산확정일
④	기타사외유출	법인의 해당 사업연도의 결산확정일

15 법인세법상 대손금에 대한 설명이다. 결산서에 비용으로 계상하지 않은 경우에도 세무조정에 의하여 손금인정 되는 것은?

① 회수기일로부터 2년이 경과한 중소기업의 외상매출금 및 미수금
② 채무자의 파산, 강제집행, 사업의 폐지, 사망 등으로 회수할 수 없는 채권
③ 채무자 회생 및 파산에 관한 법에 따른 회생계획인가의 결정 또는 법원의 면책결정에 따라 회수불능으로 확정된 채권
④ 회수기일을 6개월 이상 지난 채권 중 30만원(채무자별 합계액 기준) 이하의 채권

07 집중심화시험

다음 문제를 보고 알맞은 것을 골라 답안저장 메뉴화면에 입력하시오(객관식 문항당 2점).

| 기본전제 |

문제에서 한국채택국제회계기준을 적용하도록 하는 전제조건이 없는 경우, 일반기업회계기준을 적용한다.

01 회계기간 중 환율변동의 유의적인 등락이 있는 경우로 가정할 때 일반기업회계기준상 화폐성 외화항목의 매 보고기간말 외화환산 방법으로 옳은 것은?

① 당해 화폐성 외화항목의 마감환율
② 당해 화폐성 외화항목의 거래일 환율
③ 당해 화폐성 외화항목의 공정가치가 결정된 날의 환율
④ 당해 화폐성 외화항목의 평균환율

02 실지재고조사법을 적용하는 기업에서 연말에 상품을 외상으로 구입하고, 이에 대한 기록은 다음 연도 초에 하였다. 또한 기말 재고실사에서도 이 상품이 누락되었다. 이러한 오류가 당기의 계정에 미치는 영향으로 옳은 것은?

	자 산	부 채	자 본	당기순이익
①	영향없음	과소계상	과대계상	과대계상
②	영향없음	과대계상	과소계상	과소계상
③	과소계상	과소계상	영향없음	영향없음
④	과소계상	과소계상	영향없음	과대계상

03 회사의 이익잉여금을 주식배당으로 배당함에 있어, 배당의 종류별로 주식발행회사 입장에서의 자본변동사항과 주주인 투자법인의 배당수익 인식여부에 대한 설명으로 올바른 것은?

	주식발행회사 자본변동사항	주주인 투자법인 배당수익 인식여부
①	변동없음	수익인식
②	변동없음	수익불인식
③	감　　소	수익불인식
④	감　　소	수익인식

04 일반기업회계기준상 회계정책, 회계추정의 변경, 오류수정에 대한 설명으로 잘못된 것은?

① 변경된 새로운 회계정책은 소급하여 적용한다. 전기 또는 그 이전의 재무제표를 비교목적으로 공시할 경우에는 소급적용에 따른 수정사항을 반영하여 재작성한다.

② 회계정책의 변경에 따른 누적효과를 합리적으로 결정하기 어려운 경우에는 회계변경을 전진적으로 처리한다.

③ 전기 이전기간에 발생한 중대한 오류의 수정은 자산, 부채 및 자본의 기초금액에 반영한다.

④ 회계정책 변경을 전진적으로 처리하는 경우에는 그 변경의 효과를 다음 회계연도 개시일부터 적용한다.

05 다음은 성격과 용도가 다른 3가지 품목의 기말제품과 기말원재료 관련 자료이다. 다음 자료를 이용하여 저가법에 의한 재고자산평가손실을 계산하면 얼마인가? 단, 저가법을 적용할 수 있는 객관적 사유가 발생했다고 가정한다.

(1) 기말제품

품목	취득원가	예상판매가격	예상판매비용
제품 갑	500,000원	550,000원	60,000원
제품 을	800,000원	850,000원	30,000원
제품 병	1,000,000원	900,000원	100,000원

(2) 기말원재료 금액은 600,000원이고 기말 현재 원재료는 500,000원에 구입할 수 있으며 완성될 제품은 원가 이상으로 판매될 것으로 예상되지 않는다.

① 200,000원　　　　　　　　② 300,000원
③ 310,000원　　　　　　　　④ 330,000원

06 (주)원가는 제조간접비를 직접노무비 기준으로 배부한다. 당해연도 초 제조간접비 예상액은 6,000,000원이고 예상직접노무비는 5,000,000원이다. 당기말 현재 실제제조간접비 발생액이 6,150,000원이고 실제직접노무비가 5,200,000원일 경우 당기의 제조간접비 과소(과대)배부는 얼마인가?

① 90,000원(과소배부) ② 150,000원(과소배부)
③ 90,000원(과대배부) ④ 150,000원(과대배부)

07 원가의 분류와 관련된 내용 중 가장 잘못 설명한 것은?

① 관련범위 내에서 조업도에 비례해서 총원가가 비례하여 변동하는 원가를 변동원가라고 하고 이 경우 단위당 변동원가는 일정하다.

② 공장의 전력비는 준변동원가로서 관련범위 내에서 조업도와 관계없이 총원가가 일정한 부분과 조업도에 비례하여 총원가가 비례하여 변동하는 부분이 혼합되어 있다.

③ (주)민후는 노후화된 기계장치를 가지고 있다. 노후화된 기계장치는 현재 1,000,000원에 처분가능하나 수리비 3,000,000원을 지급하면 5,000,000원에 처분가능하다. (주)민후가 수리하여 기계장치를 처분하기로 한 경우 수선 후 처분에 따른 기회비용은 1,000,000원이다.

④ 20x1년 1월 1일에 20,000,000원 현금지급하고 구입한 기계장치가 노후화 되어 20x3년 3월 1일에 신기계를 구입할 것인지 아니면 노후 기계장치를 수리하여 계속사용할 것인지를 결정하려고 한다. 신기계의 구입가액은 25,000,000원이고 노후 기계장치의 수리비는 3,000,000원이라고 할 때 매몰원가는 없다.

08 부문별원가계산에 대한 설명 중 잘못 설명한 것은?

① 보조부문간의 용역 수수관계가 중요한 경우 직접배분법을 적용하여 부분별 원가를 배분하게 되면 원가배분의 왜곡을 초래할 수 있다.

② 보조부문 원가를 제조부문에 배분하는 방법 중 상호배분법은 보조부문 상호간의 용역수수관계를 고려하여 배분하는 방법이다.

③ 보조부문의 원가를 제조원가부문에 배분하는 방법 중 단일배분율법과 이중배분율법은 원가행태에 따른 원가배분방법인데 이중배분율법과 직접배분율법은 서로 혼용하여 사용할 수 없다.

④ 부문별 제조간접비 배부율의 장점은 각 제조부문의 특성에 따라 제조간접원가를 배분하기 때문에 보다 정확한 제품원가를 계상할 수 있다는 것이다.

09 다음 중 종합원가 계산에 관한 설명으로 틀린 것은?

① 평균법에 의할 때 원가계산 시 기초재공품의 완성도는 계산상 불필요하다.

② 선입선출법에 의할 때 원가계산 시 기말재공품의 완성도는 계산상 불필요하다.

③ 기초재공품이 없는 경우 평균법과 선입선출법에 의한 완성품환산량이 동일하다.

④ 평균법에 의한 완성품환산량은 선입선출법을 적용한 경우와 비교하여 항상 크거나 같다.

10 표준원가계산과 차이분석에 대한 설명으로 잘못된 것은?

① 직접재료원가의 능률차이는 재료의 구입시점에서 인식하는 방법과 재료의 사용시점에서 인식하는 방법에 따라 결과가 다르게 나타난다.

② 직접노무원가의 가격차이(임률차이)는 실제직접노동시간 × (표준임률 − 실제임률)로 구할 수 있다.

③ 3분법에 따른 제조간접원가 차이분석에서는 고정제조간접원가 실제발생액과 변동제조간접원가 실제발생액을 합산하여 계산하므로, 각각의 금액을 반드시 구해야 하는 것은 아니다.

④ 고정제조간접원가는 능률차이는 항상 발생하지 않으며 예산차이와 조업도차이만 발생한다.

11 부가가치세법상 일반과세자인 개인사업자 갑은 음식점을 영위하고 있으며, 2025년 7월 17일에 사업자등록 신청하여, 동년 7월 20일에 사업자등록증을 발급받았다. 2025년 1기 부가가치세 확정신고(신고 과세표준은 2억원)하면서 최대한 공제받을 수 있는 매입세액은 얼마인가? (아래의 세금계산서 또는 계산서는 대표자 주민번호 기재분이며 관련 사항은 모두 적법하다.)

매입일자	작성일자 및 발급일자	내역	거래금액 (부가가치세 제외한 공급가액)
2025.4.15	2025.4.15	주방설비	30,000,000원
2025.4.29	2025.4.29	인테리어 비용	50,000,000원
2025.5.25	2025.5.25.	과일	10,900,000원
2025.6.30	2025.6.30	조미료	3,000,000원

① 9,380,000원 ② 9,200,000원

③ 8,300,000원 ④ 300,000원

12 다음 자료를 보고 부가가치세법 규정상 잘못된 것을 고르시오.

> 〈자료 1〉
>
> 2025년 3월 31일에 (주)갑은 전자부품 제조업을 하고 있는 (주)을에게 제품 10,000,000원(부가가치세 별도)을 국내 공급하고 전자세금계산서를 발급하였고 동시에 국세청에 전송하였으나 부가가치세 1기 예정신고 시 이에 대한 공급가액을 누락한 채 신고하였다. (주)갑은 이에 대한 신고를 부가가치세 1기 확정신고 시 예정신고 누락분으로 하여 신고할 예정이다.
>
> 〈자료 2〉
>
> 2025년 6월 30일에 (주)병은 전자부품 제조업을 하고 있는 (주)정에게 원재료 10,000,000원(부가가치세 별도)을 공급하였으나 이에 대한 세금계산서는 7월 11일에 전자적인 형태로 발급하였다. 7월 10일은 토요일 및 공휴일이 아니며, (주)병은 세금계산서 발급특례를 적용하여 발급일의 다음달 10일까지 세금계산서를 발급하는 사업자이고 동 거래는 당초 매입세액공제가 가능한 거래이다.

① (주)갑은 부가가치세 1기 확정신고시 예정신고누락분과 관련하여 매출처별세금계산서합계표불성실가산세, 신고불성실가산세 그리고 납부지연가산세를 부담하여야 한다.

② (주)을이 만약 부가가치세 1기 예정신고시 매입세액공제를 공제받지 않았다면 확정신고시 가산세 부담없이 매입세액공제를 받을 수 있다.

③ (주)병은 세금계산서 지연발급에 대한 가산세로 공급가액의 1%에 해당하는 금액을 납부세액에 더하거나 환급세액에서 뺀다.

④ (주)정은 해당 거래에 대해서 매입세액공제를 받을 수 있다.

13 다수인에게 강연을 하고 강연료 2,000,000원을 받는 사람의 경우 발생하는 소득세의 과세문제에 대한 설명으로 틀린 것은?

① 고용관계에 의하여 받은 강연료라면 근로소득으로 분류된다.

② 강의를 전문적으로 하고 있는 개인프리랜서라면 사업소득으로 분류된다.

③ 일시적이고 우발적으로 발생한 강연료라면 기타소득으로 분류된다.

④ 근로소득자의 경우, 강연료 소득 발생시 반드시 합산하여 종합소득세 신고해야 한다.

14 다음 중 법인세법상 소득처분의 내용 중 틀린 것은?

① (주)세무가 유형자산인 토지를 200,000,000원에 취득하면서 납부한 토지분 취득세 4,000,000원을 판매비와관리비의 세금과공과금(비용)으로 회계처리한 경우 세무조정과 소득처분은 〈손금불산입〉 토지 4,000,000원(유보)이다.

② 귀속자가 법인이거나 개인사업자로서 그 분여된 이익이 내국법인의 각 사업연도소득이나 거주자의 사업소득을 구성하는 경우 법인은 사업소득으로 소득처분하고 이에 대한 원천징수를 한다.

③ 소득이 주주인 임원에게 귀속된 경우 법인은 상여로 소득처분하고 원천징수를 한다.

④ 소득이 사외로 유출되었으나 귀속자가 불분명한 경우에는 대표자에게 귀속된 것으로 간주하여 대표자에 대한 상여로 소득처분 하고, 상여처분금액에 대한 소득세 대납액은 기타사외유출로 처분한다.

15 기업회계기준에 의해 회계처리하였으나 법인세법상 세무조정을 수행하여야 하는 경우는?

① 매도가능증권을 취득한 후 공정가액법으로 평가한다.

② 예약매출인 경우 기업회계기준에 따라 그 목적물의 인도일이 속하는 사업연도의 수익과 비용으로 계상한다.

③ 보험료를 선급한 경우 결산일에 선급보험료를 인식하는 회계처리를 한다.

④ 배달용 트럭의 수선비를 차량유지비로 회계처리를 한다.

08 집중심화시험

다음 문제를 보고 알맞은 것을 골라 답안저장 메뉴화면에 입력하시오(객관식 문항당 2점).

───────────────── | 기본전제 | ─────────────────

문제에서 한국채택국제회계기준을 적용하도록 하는 전제조건이 없는 경우, 일반기업회계기준을 적용한다.

01 회사가 20x1년 취득한 갑주식(현재 유가증권시장에 상장되어 거래되고 있음)은 매도가 능증권이나 회계담당자의 실수로 단기매매증권으로 분류하여 기업회계기준에 따라 기말 평가를 하였다. 갑주식의 시가가 하락하는 경우 재무제표에 미치는 영향은?

	자산	자본	당기순이익		자산	자본	당기순이익
①	불변	불변	감소	②	불변	감소	불변
③	감소	불변	감소	④	감소	감소	불변

02 근로자퇴직급여보장법에 의한 퇴직연금에는 확정급여형과 확정기여형이 있다. 각 제도 에 따른 회계처리로 알맞은 것은?

①	퇴직연금 납부시	확정기여형	(차)퇴직연금운용자산 500,000 (대)보통예금	500,000
②	퇴직연금 납부시	확정급여형	(차)퇴직급여 500,000 (대)보통예금	500,000
③	결산기말	확정기여형	(차)퇴직급여 100,000 (대)퇴직급여충당부채 100,000	
④	퇴직연금 운용수익 수령시	확정급여형	(차)퇴직연금운용자산 100,000 (대)이자수익	100,000

03 매출채권의 양도란 매출채권을 회수기일 전에 금융기관 등에 매각하고 자금을 조달하는 것을 말한다. 이러한 외상매출금의 양도는 그 경제적 실익에 따라 매각거래와 차입거래로 구분할 수 있는데 다음 중 매출채권의 양도를 매각거래로 회계처리해야 하는 조건으로 볼 수 없는 것은?

① 양도인은 금융자산 양도 후 당해 양도자산에 대한 권리를 행사할 수 없어야 한다.
② 양수인은 양수한 금융자산을 처분(양도 및 담보제공 등)할 자유로운 권리를 갖고 있어야 한다.
③ 매출채권의 양도 후 양수자에게 상환청구권이 있어야 한다.
④ 양도인은 금융자산 양도 후에 효율적인 통제권을 행사할 수 없어야 한다.

04 다음은 (주)죽전의 20x1년 중 매출채권과 관련된 자료이다. 20x1년말 재무상태표에 표시할 대손충당금과 20x1년 손익계산서에 표시될 대손상각비는 각각 얼마인가?

- 1월 1일 기초 대손충당금 : 20,000원
- 2월 27일 매출채권의 대손처리 : 15,000원
- 8월 3일 전년도 대손처리된 매출채권의 회수 : 5,000원
- 12월 31일 기말 매출채권잔액에 대한 대손예상액 : 27,000원

대손충당금	대손상각비		대손충당금	대손상각비
① 17,000원	17,000원		② 17,000원	27,000원
③ 27,000원	27,000원		④ 27,000원	17,000원

05 다음은 ㈜터보의 사채발행에 대한 자료이다. 20x2년 12월 31일에 상각되는 사채할인발행차금은 얼마인가? (단, 소수점 이하는 절사한다)

- 사채발행일 : 20x1년 1월 1일
- 이자지급일 : 매년 12월 31일
- 발행금액 : 894,483원
- 사채만기일 : 20x5년 12월 31일
- 액면금액 : 1,000,000원(발행시 현재가치 : 894,483원)
- 사채의 표시이자율 : 10%, 사채의 유효이자율 : 13%

① 15,116원
② 18,399원
③ 115,116원
④ 118,399원

06 (주)원가의 매출원가율은 매출액의 70%이다. 다음 자료를 이용하여 (주)원가의 기초재공품가액을 구하면 얼마인가?

• 직접재료비 : 3,500,000원	• 직접노무비 : 4,500,000원	• 제조간접비 : 1,800,000원
• 기말재공품 : 3,000,000원	• 기 초 제 품 : 3,000,000원	• 기 말 제 품 : 4,000,000원
• 당기매출액 : 15,000,000원	• 기초재공품 : ?	

① 3,000,000원

② 3,700,000원

③ 4,700,000원

④ 5,000,000원

07 다음의 자료를 참고하여 평균법에 의한 완성품환산량과 선입선출법에 의한 완성품환산량의 차이를 설명한 것 중 올바른 것은? 단, 재료비는 공정 초반에 투입되고 가공비는 공정 전반에 걸쳐 균등하게 발생된다.

구분	기초재공품	당월제조원가	당월완성품	기말재공품
재료원가	150,000원	1,230,000원		
가공원가	550,000원	3,550,000원		
수량	1,000개(완성도 40%)		10,000개	5,000개(완성도 60%)

	재료원가 완성품환산량 차이	가공원가 완성품환산량 차이
①	1,000개	600개
②	1,000개	400개
③	없음	600개
④	없음	400개

08 (주)민후상사는 1개의 보조부문과 2개의 제조부문을 통해 제품을 제조하고 있다. 각 부문에 대한 자료는 다음과 같을 때 이중배분율법에 의하여 도색부문에 배분될 변동원가 금액과 조립부문에 배분될 고정원가 금액의 합계금액은 얼마인가?

구분	보조부문	제조부문		합계
	전력부문	도색부문	조립부문	
변동원가	5,000,000원	3,000,000원	4,000,000원	9,000,000원
고정원가	8,000,000원	2,000,000원	3,000,000원	8,000,000원
최대사용가능비율		3,000Kw	2,000Kw	5,000Kw
실제사용비율		400Kw	600Kw	1,000Kw

① 6,800,000원 ② 5,200,000원
③ 6,200,000원 ④ 7,800,000원

09 연산품원가계산(결합원가배분)에 대한 설명으로 잘못된 것은?

① 물량기준법의 장점은 적용이 간편하고 연산품 각각의 판매가격을 알 수 없는 경우에도 사용이 가능하다는 것이다.
② 상대적 판매가치법은 분리점에서 판매가치가 없는 결합제품이 존재할 경우에도 사용가능하다.
③ 순실현가치법은 각 연산품의 순실현가치를 기준으로 결합원가를 배부하는 방법이다.
④ 균등매출총이익율법은 모든 개별제품(연산품)의 매출총이익율이 같아지도록 결합원가를 배부하는 방법을 말한다.

10 (주)한남은 정상개별원가계산를 사용하고 있다. 20,000원의 제조간접원가 불리한 차이가 발생한 경우에 대한 설명으로 잘못된 것은?

① 불리한 제조간접원가차이를 배부할 경우 매출원가조정법보다 영업외손익조정법이 당기순이익을 보다 더 크게 나타낸다.
② 비례배분법을 사용한다 하더라도 기말원재료가액은 달라지지 않는다.
③ 비례배분법은 원가요소별 비례배분법과 총원가비례배분법으로 나누어진다.
④ 제조간접원가실제발생액이 예정배부액 보다 크다면, 과소배부가 이루어진 것이고 이는 곧 불리한 차이를 의미한다.

11 다음 사람들 중 세금계산서에 관한 설명으로 잘못 말한 사람은?

> 김선생 : 2025년 5월 1일에 재화를 공급받고, 매입세금계산서를 2025년 7월 25일에 수령한 경우에
> 도 매입세액공제가 가능하며, 매입세금계산서 지연수취에 따른 가산세(0.5%)만 적용한다.
> 이선생 : 2025년 6월 1일에 재화를 공급하고 과세분 세금계산서(공급가액 100만원, 세액 10만원)를
> 발급한 경우로써 2025년 7월 20일에 동 거래에 대한 계약해제의 사유로 수정세금계산서를
> 발급하는 경우 작성일자는 당초세금계산서 작성일자를 적고 비고란은 계약해제일을 부기한
> 후 공급가액과 세액은 붉은색 글씨로 쓰거나 음(−)의 표시를 하여 발급한다.
> 윤선생 : 세금계산서는 재화 또는 용역의 공급시기에 원칙적으로 발급을 해야하지만 거래처별로 1역
> 월의 공급가액을 합계하여 해당 월의 말일자를 작성연월일로 하여 세금계산서를 발급하는
> 경우 재화 또는 용역의 공급일이 속하는 달의 다음달 10일까지 세금계산서를 발급할 수
> 있다.
> 진선생 : 세금계산서는 재화를 공급하는 사업자가 발급하는 것이므로 어떠한 경우에도 재화 등을 공급
> 받는 자는 세금계산서를 발급할 수 없다.

① 김선생, 진선생   ② 김선생, 이선생
③ 이선생, 진선생   ④ 윤선생, 진선생

12 다음은 부가가치세법상 과세와 면세를 겸영(과세와 면세 비율은 각각 50%이다)하는 ㈜
스피드에 대한 매입세액공제와 관련한 설명이다. 다음 설명 중 틀린 것은? (단, 재화의 공
급가액은 천만원이다.)

① 과세로 공급받은 재화를 과세사업에 사용할 경우 안분계산 없이 전액 매입세액으로 공
제한다.
② 과세로 공급받은 재화를 과세사업과 면세사업에 공통으로 사용할 경우 매입세액공제를
안분계산 한다.
③ 면세로 공급받은 재화를 과세사업과 면세사업에 공통으로 사용할 경우 매입세액공제를
안분계산 할 필요없다.
④ 과세로 공급받은 재화를 면세사업에 사용할 경우 매입세액에 대하여 안분계산 없이 전
액 매입세액 불공제 했다면 재화의 공급으로 의제한다.

13 현행 소득세법에 대한 설명 중 잘못된 것은?

① 현행 소득세율은 8단계 초과누진세율로 최고세율은 45%이며, 과세표준 1,400만원 이하의 구간에서는 누구나 6% 세율을 적용한다.

② 종합소득이 있는 거주자의 표준세액공제액은 무조건 13만원이다.

③ 종합소득이 있는 거주자의 기본공제대상자에 해당하는 자녀 3명 중 8세 미만 자녀가 1명이고, 8세 이상 자녀가 2명인 경우 자녀세액공제는 연 55만원이다.

④ 기부금은 10년간 이월공제 가능하다.

14 다음은 종합소득세액의 계산에 대한 설명이다. 옳지 않은 것은?

① 일용근로자 외의 근로자에 대한 근로소득세액공제액은 한도가 적용되지만, 일용근로자의 근로소득세액공제액은 한도없이 전액 공제한다.

② 사업소득이 있는 자가 천재지변 그 밖의 재해로 자산총액의 20% 이상에 상당하는 자산을 상실한 경우 재해손실세액공제를 적용받을 수 있지만, 근로자는 재해손실세액공제를 적용받을 수 없다.

③ 거주자의 종합소득금액에 국외원천소득이 합산되어 있는 경우 외국납부세액공제를 적용받을 수 있으며 한도 초과액은 10년간 이월공제가 가능하다.

④ 거주자의 종합소득금액에 Gross-up 대상 배당소득금액이 합산되어 있는 경우 배당세액공제와 배당세액의 필요경비산입 중 하나를 선택하여 적용받을 수 있다.

15 ㈜사이비리아는 PC방을 운영하고 있다. 다음 중 감가상각자산의 취득가액을 손금으로 계상한 경우 감가상각 시부인계산 없이 손금으로 인정하는 법인세법상 특례에 해당하지 않는 것은?

① 사업의 개시를 위하여 컴퓨터 20대(한대 당 10만원)를 취득하고, 이를 비용처리 하였다.

② 사업과 관련한 200만원짜리 휴대용 전화기를 취득하고, 이를 비용처리 하였다.

③ 매장 계산대에서 사용할 200만원짜리 개인용 컴퓨터를 사업개시 후에 구입하고, 이를 비용처리 하였다.

④ 매장 입구에 200만원짜리 간판을 설치하고, 이를 비용처리 하였다.

PART

04

기출문제연습

01 기출문제연습(제112회)

다음 문제를 보고 알맞은 것을 골라 이론문제 답안작성 메뉴에 입력하시오(객관식 문항당 2점).

───────── | 기본전제 | ─────────

문제에서 한국채택국제회계기준을 적용하도록 하는 전제조건이 없는 경우, 일반기업회계기준을 적용한다.

01 다음 중 일반기업회계기준에 따른 유동부채에 대한 설명으로 틀린 것은?

① 보고기간종료일로부터 1년 이내에 상환되어야 하는 단기차입금 등의 부채는 유동부채로 분류한다.

② 보고기간 후 1년 이상 결제를 연기할 수 있는 무조건의 권리를 가지고 있지 않은 부채는 유동부채로 분류한다.

③ 기업의 정상적인 영업주기 내에 상환 등을 통하여 소멸할 것이 예상되는 매입채무와 미지급비용 등의 부채는 유동부채로 분류한다.

④ 장기차입약정을 위반하여 채권자가 즉시 상환을 요구할 수 있는 채무는 보고기간종료일과 재무제표가 사실상 확정된 날 사이에 상환을 요구하지 않기로 합의하면 비유동부채로 분류한다.

02 다음 중 일반기업회계기준에 따른 수익의 인식에 대한 설명으로 옳지 않은 것은?

① 수강료는 강의 기간에 걸쳐 수익을 인식한다.

② 상품권을 판매한 경우 상품권 발행 시 수익으로 인식한다.

③ 위탁판매의 경우 위탁자는 수탁자가 제3자에게 해당 재화를 판매한 시점에 수익을 인식한다.

④ 재화의 소유에 따른 위험과 효익을 가지지 않고 타인의 대리인 역할을 수행하여 재화를 판매하는 경우에는 판매대금 총액을 수익으로 계상하지 않고 판매수수료만 수익으로 인식한다.

03 다음의 자료를 이용하여 기말자본금을 계산하면 얼마인가?

1. 10,000주를 1주당 12,000원에 증자했다.
   (주식의 1주당 액면금액은 10,000원이며, 주식발행일 현재 주식할인발행차금 10,000,000원이 있다)
2. 자본잉여금 10,000,000원을 재원으로 무상증자를 실시했다.
3. 이익잉여금 10,000,000원을 재원으로 30%는 현금배당, 70%는 주식배당을 실시했다.
   (배당일 현재 이익준비금은 자본금의 2분의 1만큼의 금액이 적립되어 있다)
4. 전기말 재무상태표상 자본금은 30,000,000원이다.

① 147,000,000원   ② 150,000,000원
③ 160,000,000원   ④ 167,000,000원

04 다음 중 금융자산 · 금융부채에 대한 설명으로 알맞은 것을 모두 고르시오.

가. 금융자산은 금융상품의 계약당사자가 되는 때에만 재무상태표에 인식한다.
나. 제3자에게 양도한 금융부채의 장부금액과 지급한 대가의 차액은 기타포괄손익으로 인식한다.
다. 금융자산이나 금융부채의 후속측정은 상각후원가로 측정하는 것이 일반적이다.
라. 채무증권의 발행자가 채무증권의 상각후취득원가보다 현저하게 낮은 금액으로 중도상환권을 행사할 수 있는 경우 만기보유증권으로 분류될 수 없다.

① 가, 다   ② 가, 다, 라
③ 가, 나, 라   ④ 가, 나, 다, 라

05 다음 중 회계추정의 변경 및 오류수정에 대한 설명으로 틀린 것을 고르시오.

① 중대한 오류는 손익계산서에 손익을 심각하게 왜곡시키는 오류를 말한다.
② 회계추정을 변경한 경우 당기 재무제표에 미치는 영향을 주석으로 기재한다.
③ 회계추정의 변경은 전진적으로 처리하며 그 변경의 효과는 당해 회계연도 개시일부터 적용한다.
④ 비교재무제표를 작성하는 경우 중대한 오류의 영향을 받는 회계기간의 재무제표 항목은 재작성한다.

06 아래의 그래프가 표시하는 원가행태와 그 예를 가장 적절하게 표시한 것은?

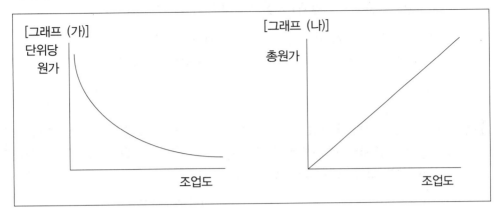

① [그래프 (가)] : 변동원가, 커피 제조의 원두
② [그래프 (나)] : 고정원가, 생산직원의 급여
③ [그래프 (가)] : 고정원가, 기계장치 감가상각비
④ [그래프 (나)] : 변동원가, 공장 임차료

07 ㈜유레카는 동일한 원재료를 투입하여 동일한 제조공정으로 제품 A, B, C를 생산하고 있다. 세 가지 제품에 공통적으로 투입된 결합원가가 850,000원일 때, 순실현가치법으로 배부하는 경우 제품 A의 매출총이익은 얼마인가?

제품	생산량	단위당 판매가격	추가가공원가(총액)
A	1,000개	@2,000원	200,000원
B	800개	@2,500원	500,000원
C	1,700개	@1,000원	없음

① 1,150,000원   ② 1,494,000원
③ 1,711,000원   ④ 1,800,000원

08 당사는 선입선출법에 의한 종합원가계산을 적용하고 있다. 당기 가공원가에 대한 완성품 환산량 단위당 원가가 10원인 경우 다음 자료에 의하여 당기 가공원가 발생액을 계산하면 얼마인가?

- 기초재공품 : 400단위, 완성도 40%
- 당기착수수량 : 2,200단위
- 기말재공품 : 700단위, 완성도 20%
- 당기완성수량 : 1,900단위

① 17,900원   ② 18,300원
③ 18,500원   ④ 18,800원

09 당사 판매부의 광고선전비를 제조원가로 잘못 회계처리한 경우 재무제표에 미치는 영향으로 옳은 것은? (단, 기말재고자산은 없다고 가정한다.)

① 제품매출원가가 감소된다.　　　② 매출총이익이 감소된다.
③ 영업이익이 감소된다.　　　　　④ 당기순이익이 증가된다.

10 회사는 제조간접원가를 직접노무시간을 기준으로 배부하고 있다. 당기 말 현재 실제 제조간접원가 발생액은 100,000원이고, 실제 직접노무시간은 500시간이며, 예정배부율은 시간당 190원일 경우 제조간접원가 배부차이는 얼마인가?

① 10원 과대배부　　　　　　　② 10원 과소배부
③ 5,000원 과대배부　　　　　　④ 5,000원 과소배부

11 다음 사례에 대한 수정세금계산서 발급 방법으로 적절한 것은 무엇인가?

> 조그만 상가를 임대하고 매월 1,000,000원의 임대료를 받는 김씨는 임대료 세금계산서 발급내역을 검토하다가 7월분 임대료 세금계산서에 "0"이 하나 더 들어가 공급가액이 10,000,000원으로 표시된 것을 발견했다.

① 처음에 발급한 세금계산서의 내용대로 음의 표시를 하여 발급
② 발급 사유가 발생한 날을 작성일로 적고 비고란에 처음 세금계산서 작성일을 덧붙여 적은 후 붉은색 글씨로 쓰거나 음의 표시를 하여 발급
③ 발급 사유가 발생한 날을 작성일로 적고 추가되는 금액은 검은색 글씨로 쓰고, 차감되는 금액은 붉은색 글씨로 쓰거나 음의 표시를 하여 발급
④ 처음에 발급한 세금계산서의 내용대로 세금계산서를 붉은색 글씨로 쓰거나 음의 표시를 하여 발급하고, 수정하여 발급하는 세금계산서는 검은색 글씨로 작성하여 발급

12 다음 중 부가가치세법상 음식점을 운영하는 개인사업자의 의제매입세액 공제율로 옳은 것은? 단, 해당 음식점업의 해당 과세기간의 과세표준은 2억원을 초과한다.

① 2/104　　　　　　　　　　② 6/106
③ 8/108　　　　　　　　　　④ 9/109

13 다음 중 이월결손금 공제의 위치는 어디인가?

이자소득	배당소득	사업소득	근로소득	연금소득	기타소득
(가)					
이자소득금액	배당소득금액	사업소득금액	근로소득금액	연금소득금액	기타소득금액
(나)					
종합소득금액					
(다)					
종합소득과세표준					
산출세액					
(라)					
결정세액					

① (가)
② (나)
③ (다)
④ (라)

14 다음 중 소득세법상 주택임대소득에 대한 설명으로 옳지 않은 것은?

① 주택임대소득에서 발생한 결손금은 부동산 임대소득에서만 공제 가능하다.
② 임대주택의 기준시가가 12억원을 초과하는 경우 1주택자이어도 월 임대소득에 대해 과세한다.
③ 주택임대소득 계산 시 주택 수는 본인과 배우자의 소유 주택을 합산하여 계산한다.
④ 간주임대료는 3주택 이상 소유자에 대해서만 과세하지만 2026년 12월 31일까지 기준시가 2억 이하이면서 40㎡이하인 소형주택에 대해서는 주택 수 산정과 보증금 계산에서 모두 제외한다.

15 다음 중 법인세법상 중간예납에 대한 설명으로 틀린 것은?

① 내국법인으로서 각 사업연도의 기간이 6개월 미만인 법인은 중간예납 의무가 없다.
② 각 사업연도의 기간이 6개월을 초과하는 법인은 해당 사업연도 개시일부터 6개월간을 중간예납기간으로 한다.
③ 중간예납은 중간예납기간이 지난 날부터 3개월 이내에 납부하여야 한다.
④ 중간예납세액의 계산 방법은 직전 사업연도의 산출세액을 기준으로 계산하거나 해당 중간예납기간의 법인세액을 기준으로 계산하는 방법이 있다.

다음 문제를 보고 알맞은 것을 골라 이론문제 답안작성 메뉴에 입력하시오(객관식 문항당 2점).

| 기본전제 |

문제에서 한국채택국제회계기준을 적용하도록 하는 전제조건이 없는 경우, 일반기업회계기준을 적용한다.

---

01 다음 중 일반기업회계기준에 해당하는 재무제표의 특성과 한계로 옳지 않은 것은?

① 재무제표는 추정에 의한 측정치를 허용하지 않는다.
② 재무제표는 화폐단위로 측정된 정보를 주로 제공한다.
③ 재무제표는 대부분 과거에 발생한 거래나 사건에 대한 정보를 나타낸다.
④ 재무제표는 특정 기업실체에 관한 정보를 제공하며, 산업 또는 경제 전반에 관한 정보를
제공하지는 않는다.

02 다음 중 재고자산에 대한 설명으로 옳지 않은 것은?

① 목적지 인도조건인 미착상품은 판매자의 재고자산에 포함되지 않는다.
② 비정상적으로 발생한 재고자산의 감모손실은 영업외비용으로 분류한다.
③ 재고자산의 시가가 취득원가보다 낮은 경우 시가를 장부금액으로 한다.
④ 저가법 적용 이후 새로운 시가가 장부금액보다 상승한 경우에는 최초의 장부금액을 초과하지
않는 범위 내에서 평가손실을 환입한다.

03 다음 중 이익잉여금에 대한 설명으로 옳지 않은 것은?

① 이익잉여금이란 기업의 영업활동 등에 의하여 창출된 이익으로써 사외에 유출되거나 자본에
전입하지 않고 사내에 유보된 금액을 말한다.
② 미처분이익잉여금이란 기업이 벌어들인 이익 중 배당금이나 다른 잉여금으로 처분되지
않고 남아 있는 이익잉여금을 말한다.
③ 이익준비금은 상법 규정에 따라 적립하는 법정적립금으로, 금전배당을 하는 경우 이익준비
금이 자본총액의 1/2에 달할 때까지 금전배당액의 1/10 이상을 적립하여야 한다.
④ 이익잉여금처분계산서는 미처분이익잉여금, 임의적립금등의이입액, 이익잉여금처분액,
차기이월미처분이익잉여금으로 구분하여 표시한다.

04 2025년 9월 1일 ㈜한국은 ㈜서울상사가 2025년 초에 발행한 사채(액면금액 1,000,000 원, 표시이자율 연 12%, 이자지급일은 매년 6월 30일과 12월 31일)을 발생이자를 포함 하여 950,000원에 현금으로 취득하고 단기매매증권으로 분류하였다. 다음 중 ㈜한국이 사채 취득일(2025년 9월 1일)에 인식하여야 할 계정과목 및 금액으로 옳은 것은? 단, 이 자는 월할 계산한다.

① 단기매매증권 950,000원　　　　② 현금 930,000원

③ 미수이자 20,000원　　　　　　④ 이자수익 60,000원

05 다음 중 일반기업회계기준상 외화자산과 외화부채 관련 회계처리에 대한 설명으로 잘못 된 것은?

① 화폐성 외화자산인 보통예금, 대여금, 선급금은 재무상태표일 현재의 적절한 환율로 환산한 가액을 재무상태표가액으로 한다.

② 비화폐성 외화부채는 원칙적으로 당해 부채를 부담한 당시의 적절한 환율로 환산한 가액을 재무상태표 가액으로 한다.

③ 외화표시 매도가능채무증권의 경우 외화환산손익은 기타포괄손익에 인식한다.

④ 외화채권을 회수하거나 외화채무를 상환하는 경우 외화금액의 원화 환산액과 장부가액과의 차액은 외환차손익(영업외손익)으로 처리한다.

06 다음 중 제조원가명세서상 당기제품제조원가에 영향을 미치지 않는 거래는 무엇인가?

① 당기에 투입된 직접노무원가를 과대계상하였다.

② 기초 제품 원가를 과소계상하였다.

③ 당기에 투입된 원재료를 과소계상하였다.

④ 생산공장에서 사용된 소모품을 과대계상하였다.

07 다음의 자료를 이용하여 정상공손과 비정상공손의 수량을 구하면 각각 몇 개인가?

• 재공품	• 제품
－ 기초 재공품 : 17,700개	－ 기초 제품 : 13,000개
－ 당기 착수량 : 85,000개	－ 제품 판매량 : 86,000개
－ 기말 재공품 : 10,000개	－ 기말 제품 : 17,000개
※ 정상공손은 당기 완성품 수량의 1%이다.	

	정상공손	비정상공손		정상공손	비정상공손
①	800개	1,840개	②	900개	1,800개
③	1,800개	900개	④	1,500개	1,000개

08 다음 중 결합원가계산 및 부산물 등에 대한 설명으로 옳지 않은 것은?

① 동일한 원재료를 투입하여 동일한 제조공정으로 가공한 후에 일정 시점에서 동시에 서로 다른 종류의 제품으로 생산되는 제품을 결합제품이라 한다.

② 주산물의 제조과정에서 부수적으로 생산되는 제품으로써 상대적으로 판매가치가 적은 제품을 부산물이라고 한다.

③ 상대적 판매가치법은 분리점에서의 개별 제품의 상대적 판매가치를 기준으로 결합원가를 배분하는 방법이다.

④ 순실현가치법은 개별 제품의 추가적인 가공원가를 고려하지 않고 최종 판매가격만을 기준으로 결합원가를 배분하는 방법이다.

09 정상개별원가계산제도를 채택하고 있는 ㈜인천은 기계시간을 배부기준으로 제조간접원가를 배부한다. 다음 자료를 이용하여 제품 A와 제품 B의 제조원가를 계산하면 얼마인가?

구분	제품 A	제품 B	계
직접재료원가	500,000원	700,000원	1,200,000원
직접노무원가	1,000,000원	1,200,000원	2,200,000원
실제기계시간	60시간	50시간	110시간
예상기계시간	50시간	50시간	100시간

- 제조간접원가 예산 1,000,000원
- 제조간접원가 실제 발생액 1,100,000원

	제품 A	제품 B
①	2,000,000원	2,400,000원
②	2,160,000원	2,450,000원
③	2,100,000원	2,400,000원
④	2,000,000원	2,450,000원

10 다음 중 표준원가계산과 관련된 설명으로 옳지 않은 것은?

① 표준원가를 이용하여 원가계산을 하기 때문에 원가계산을 신속하게 할 수 있다.

② 원가 요소별로 가격표준과 수량표준을 곱해서 제품의 단위당 표준원가를 설정한다.

③ 기말에 원가차이를 매출원가에서 조정할 경우 유리한 차이는 매출원가에서 차감한다.

④ 표준원가계산제도를 채택하면 실제원가와는 관계없이 항상 표준원가로 계산된 재고자산이 재무제표에 보고된다.

11 다음 중 부가가치세법상 세금계산서 등에 대한 설명으로 옳지 않은 것은?

① 거래 건당 공급대가가 5천원 이상인 경우에 매입자발행세금계산서를 발행할 수 있다.

② 전자세금계산서를 발급·전송한 경우 매출·매입처별 세금계산서합계표 제출 의무를 면제한다.

③ 전자세금계산서 발급일의 다음 날까지 전자세금계산서 발급 명세를 국세청장에게 전송하여야 한다.

④ 법인사업자와 직전 연도 사업장별 재화 또는 용역의 공급가액의 합계액(면세 포함)이 8천만원 이상인 개인사업자는 전자세금계산서를 발급하여야 한다.

12 다음 중 부가가치세법상 아래의 부가가치세신고서(2025년 4월 1일~6월 30일, 확정신고)와 반드시 함께 제출하여야 하는 서류에 해당하지 않는 것은?

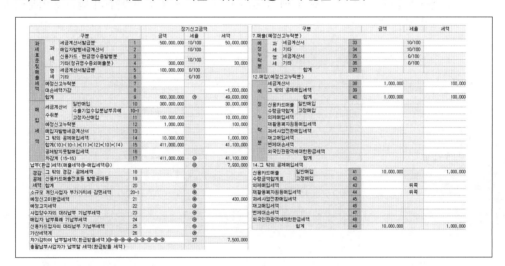

① 대손세액공제신고서 ② 건물등감가상각취득명세서

③ 수출실적명세서 ④ 신용카드매출전표등수령명세서

13 소득세법에 따라 아래의 빈칸에 각각 들어갈 말로 알맞은 것은?

> 거주자가 고용관계나 이와 유사한 계약에 의하여 그 계약에 의한 직무를 수행하고 지급받는 보수는 (㉠)에 해당하는 것이며, 고용관계 없이 독립된 자격으로 계속적으로 경영자문 용역을 제공하고 지급받는 대가는 (㉡)에 해당한다.

	㉠	㉡		㉠	㉡
①	근로소득	기타소득	②	근로소득	사업소득
③	기타소득	사업소득	④	사업소득	기타소득

14 중소기업인 ㈜세종은 2025년도에 연구전담부서를 설립·등록하고, 2025년도에 세액공제요건을 충족한 일반연구인력개발비 1억원을 지출하였다. 조세특례제한법상 연구인력개발비에 대한 세액공제액은 얼마인가?

① 7,500,000원
② 15,000,000원
③ 20,000,000원
④ 25,000,000원

15 다음 중 소득세법상 사업소득에 해당하지 않는 것은?

① 기준시가가 12억원을 초과하는 고가주택의 임대소득
② 복식부기의무자의 사업용 유형고정자산(부동산 제외) 양도가액
③ 사업과 관련하여 해당 사업용자산의 손실로 취득하는 보험차익
④ 공동사업에서 발생한 소득금액 중 출자공동사업자(경영 미참가)가 받는 손익분배비율에 상당하는 금액

03 기출문제연습(제114회)

다음 문제를 보고 알맞은 것을 골라 이론문제 답안작성 메뉴에 입력하시오(객관식 문항당 2점).

─── | 기본전제 | ───
문제에서 한국채택국제회계기준을 적용하도록 하는 전제조건이 없는 경우, 일반기업회계기준을 적용한다.

01 다음 중 유가증권에 대한 설명으로 옳지 않은 것은?

① 유가증권은 증권의 종류에 따라 지분증권과 채무증권으로 분류할 수 있다.
② 지분증권은 단기매매증권과 매도가능증권으로 분류할 수 있으나 만기보유증권으로는 분류할 수 없다.
③ 단기매매증권, 매도가능증권, 만기보유증권은 원칙적으로 공정가치로 평가한다.
④ 만기보유증권으로 분류되지 않은 채무증권은 단기매매증권과 매도가능증권 중의 하나로 분류한다.

02 ㈜한국은 당기 중에 신규 취득한 차량운반구의 감가상각방법을 정액법으로 채택하였으나 경리부서 담당자의 실수로 감가상각비를 정률법에 따라 회계처리하였다. 해당 오류가 당기 기말 재무제표에 미치는 영향으로 옳은 것은?

	감가상각비	당기순이익	차량운반구의 장부가액
①	증가	감소	증가
②	증가	감소	감소
③	감소	증가	증가
④	감소	증가	감소

03 다음 중 회계변경의 회계처리방법에 대한 설명으로 옳지 않은 것은?

① 당기일괄처리법은 재무제표의 신뢰성이 높아지는 장점을 가지고 있다.
② 전진법은 변경된 새로운 회계처리방법을 당기와 미래기간에 반영시키는 방법이다.
③ 소급법의 경우 변경효과를 파악하기 어렵고 재무제표의 비교가능성이 저하된다.
④ 당기일괄처리법은 회계변경의 누적효과를 당기손익에 반영하는 방법이다.

04 다음 중 자본에 관한 설명으로 옳지 않은 것은?

① 재무상태표상의 자본조정에는 감자차손, 주식할인발행차금, 자기주식이 포함된다.

② 자기주식을 취득하는 경우 액면금액을 자기주식의 과목으로 하여 자본조정으로 회계처리한다.

③ 자기주식처분이익이 발생한 경우 자본조정의 자기주식처분손실의 범위 내에서 상계처리하고, 미상계된 잔액은 자본잉여금의 자기주식처분이익으로 회계처리한다.

④ 자기주식 소각 시 취득원가가 액면금액보다 작은 경우에는 그 차액을 감자차익으로 하여 자본잉여금으로 회계처리한다.

05 다음 중 사채가 할증발행되고 유효이자율법이 적용되는 경우에 대한 설명으로 옳지 않은 것은?

① 사채할증발행차금 상각액은 매년 감소한다.

② 사채 이자비용은 매년 감소한다.

③ 사채의 장부가액은 초기에는 크고, 기간이 지날수록 작아진다.

④ 사채발행 시점에 발생한 사채발행비는 비용으로 처리하지 않고, 사채의 만기일까지 잔여기간에 걸쳐 상각하여 비용화한다.

06 두 개의 보조부문과 두 개의 제조부문을 운영하고 있는 ㈜서울의 부문간 용역 수수관계는 다음과 같다. 제조부문 X에 배분될 보조부문원가의 총액은 얼마인가? 단, ㈜서울은 단계배분법에 의하여 보조부문원가를 배분하며, 보조부문 중 수선부문의 원가를 먼저 배분한다.

사용부문 / 제공부문	보조부문		제조부문		배분대상원가
	수선부문	전력부문	X 부문	Y 부문	
수선부문	-	40%	40%	20%	100,000원
전력부문	-	-	30%	70%	80,000원

① 36,000원 ② 40,000원

③ 60,000원 ④ 76,000원

07 다음 자료를 이용하여 직접재료원가의 완성품환산량을 계산하면 몇 단위인가?

> - ㈜중부는 선입선출법에 따른 종합원가제도를 채택하고 있다.
> - 직접재료의 1/2은 공정 초기에 투입되고, 나머지 1/2은 공정이 80% 진행된 시점에 투입된다.
> - 공손은 발생하지 않았다.
> - 당기 물량흐름은 아래와 같다.
>
> | 기초재공품(완성도 60%) | 400단위 | 당기완성품 | 5,000단위 |
> |---|---|---|---|
> | 당기착수량 | 5,000단위 | 기말재공품(완성도 30%) | 400단위 |

① 4,880단위 ② 4,920단위
③ 4,960단위 ④ 5,000단위

08 다음 중 옳은 것으로만 짝지어진 것은?

> 가. 공손품은 생산에 사용된 원재료로부터 남아 있는 찌꺼기나 조각을 말한다.
> 나. 비정상공손은 발생한 기간에 영업외비용으로 처리한다.
> 다. 정상공손은 효율적인 생산과정에서도 발생하는 공손으로 원가성이 있다고 본다.
> 라. 정상공손은 작업자의 부주의, 생산계획의 미비 등의 이유로 발생한다.

① 가, 나 ② 나, 다
③ 다, 라 ④ 가, 라

09 다음 중 원가의 분류에 대한 설명으로 가장 옳지 않은 것은?

① 원가행태에 따른 분류로서 직접재료원가, 직접노무원가, 제조간접원가로 구성된다.
② 원가의 추적가능성에 따른 분류로서 직접원가와 간접원가로 구성된다.
③ 원가의 발생행태에 따른 분류로서 재료원가, 노무원가, 제조경비로 구성된다.
④ 의사결정의 관련성에 따른 분류로서 관련원가, 매몰원가, 기회원가 등으로 구성된다.

10 다음 중 종합원가계산의 선입선출법 및 평균법에 대한 설명으로 옳지 않은 것은?

① 종합원가계산의 평균법과 선입선출법 중 실제 물량흐름에 보다 충실한 방법은 선입선출법이다.
② 기초재공품이 없는 경우 종합원가계산에 의한 원가 배분 시 평균법과 선입선출법의 결과는 동일하다.
③ 선입선출법과 평균법 모두 완성품환산량을 계산하는 과정이 있다.
④ 기말재공품의 완성도는 선입선출법에서만 고려 대상이고, 평균법에서는 영향을 미치지 않는다.

11 다음 중 부가가치세법상 영세율과 면세에 관한 설명으로 옳지 않은 것은?

① 면세사업자라도 영세율 적용대상이 되면 면세를 포기하고 영세율을 적용받을 수 있다.

② 영세율은 완전면세제도이고 면세는 불완전면세제도이다.

③ 영세율과 면세 모두 부가가치세법상 신고의무는 면제되나 일정한 협력의무는 이행해야 한다.

④ 국내거래라 하더라도 영세율이 적용되는 경우가 있다.

12 다음 중 법인세법상 소득처분이 나머지와 다른 것은?

① 귀속이 불분명한 증빙불비 기업업무추진비

② 임원의 퇴직금한도초과액

③ 주주인 직원의 가지급금 인정이자

④ 채권자 불분명 사채이자의 원천징수세액

13 다음 중 부가가치세법상 과세 대상에 해당하는 경우는 모두 몇 개인가?

> 가. 온라인 게임 서비스용역을 제공하는 사업자가 게임이용자에게 게임머니를 판매하는 경우
> 나. 사업자가 점포를 임차하여 과세사업을 영위하던 중 점포의 임차권리를 판매하는 경우
> 다. 사업자가 공급받는 자의 해약으로 인하여 재화 또는 용역의 공급 없이 손해배상금을 받은 경우
> 라. 사업자가 흙과 돌을 판매하는 경우

① 1개   ② 2개

③ 3개   ④ 4개

14 다음 중 소득세법상 근로소득 연말정산 시 「신용카드 등 사용금액 소득공제」의 대상에서 제외되는 것은? 단, 모두 국내에서 신용카드를 사용하여 지출한 것으로 가정한다.

① 의료비   ② 아파트관리비

③ 취학 전 아동의 학원비   ④ 교복구입비

15 다음 중 소득세법상 결손금과 이월결손금에 대한 설명으로 가장 옳지 않은 것은?

① 2020년 1월 1일 이후 최초로 발생하는 결손금은 15년간 이월공제가 가능하다.

② 해당 과세기간의 소득금액에 대하여 추계신고를 하는 경우에는 이월결손금 공제 규정을 적용하지 아니한다(단, 천재지변·장부멸실 등에 의한 경우는 제외함).

③ 중소기업을 영위하는 거주자의 부동산임대업을 제외한 사업소득 결손금은 1년간 소급 공제하여 환급신청이 가능하다.

④ 주거용 건물의 임대업에서 발생한 결손금은 다른 소득금액에서 공제할 수 없고, 추후 발생하는 해당 부동산임대업의 소득금액에서만 공제 가능하다.

다음 문제를 보고 알맞은 것을 골라 이론문제 답안작성 메뉴에 입력하시오(객관식 문항당 2점).

| 기본전제 |

문제에서 한국채택국제회계기준을 적용하도록 하는 전제조건이 없는 경우, 일반기업회계기준을 적용한다.

01 주식을 발행한 회사의 입장에서 주식배당을 하는 경우, 다음 중 그 효과로 적절한 것은?

① 미지급배당금만큼 부채가 증가한다.
② 자본금은 증가하지만 이익잉여금은 감소한다.
③ 자본총액이 주식배당액만큼 감소하며, 회사의 자산도 동일한 금액만큼 감소한다.
④ 자본 항목간의 변동은 없으므로 주식배당은 회계처리를 할 필요가 없다.

02 다음 중 수익과 비용의 인식기준에 대한 설명으로 옳지 않은 것은?

① 로열티수익은 관련된 계약의 경제적 실질을 반영하여 발생기준에 따라 인식한다.
② 수익은 재화의 판매, 용역의 제공이나 자산의 사용에 대하여 받았거나 또는 받을 대가의 공정가치로 측정한다.
③ 용역제공거래에서 이미 발생한 원가와 추가로 발생할 것으로 추정되는 원가의 합계액이 총수익을 초과하는 경우에는 그 초과액과 이미 인식한 이익의 합계액을 전액 당기손실로 인식한다.
④ 용역제공거래의 성과를 신뢰성 있게 추정할 수 없고 발생한 원가의 회수가능성이 낮은 경우에는 수익을 인식하지 않으며 발생한 원가도 비용으로 인식하지 않는다.

03 다음은 기계장치와 관련된 자료이다. 이에 대한 설명 및 회계처리로 옳지 않은 것은?

- 01월 02일 정부보조금(상환의무 없음) 1,000,000원이 보통예금 계좌에 입금되었다.
- 01월 15일 기계장치를 2,000,000원에 취득하고 대금을 보통예금 계좌에서 이체하여 지급하였다.
- 12월 31일 잔존가치는 없으며 5년 동안 정액법으로 월할 상각하였다(1개월 미만은 1개월로 한다).
- 12월 31일 기계장치 취득을 위한 정부보조금은 자산차감법으로 인식하기로 한다.

① 01월 02일 정부보조금 1,000,000원은 보통예금의 차감 계정으로 회계처리한다.

② 01월 15일 (차) 기계장치   2,000,000   (대) 보통예금   2,000,000
         정부보조금   1,000,000   정부보조금   1,000,000
         (보통예금차감)   (기계장치차감)

③ 12월 31일 (차) 감가상각비   400,000   (대) 감가상각누계액   400,000
         감가상각누계액   200,000   정부보조금   200,000
                                     (기계장치차감)

④ 12월 31일 재무상태표상 기계장치의 장부가액은 800,000원이다.

04 다음 중 사채의 발행에 대한 설명으로 옳지 않은 것은?

① 사채를 할인발행하여 정액법으로 상각하는 경우 매년 사채할인발행차금 상각액은 동일하다.

② 사채의 액면이자율이 시장이자율보다 큰 경우에는 할증발행된다.

③ 시장이자율이란 유효이자율로서 사채의 발행시점에서 발행가액을 계산할 때 할인율로 적용될 수 있다.

④ 사채를 할증발행하여 유효이자율법으로 상각하는 경우 매년 사채의 실질이자는 증가한다.

05 다음 중 이연법인세에 대한 설명으로 옳지 않은 것은?

① 이연법인세는 회계상의 이익과 세무상의 이익의 차이인 일시적차이로 인해 발생한다.

② 이연법인세자산은 미래기간의 과세소득을 감소시킨다.

③ 납부해야 할 법인세가 회계상 법인세비용을 초과하는 경우 이연법인세부채를 인식한다.

④ 2025년에 취득한 유형자산의 감가상각방법이 회계상 정률법을 적용하고, 세무상 정액법을 적용할 경우 2025년에는 이연법인세자산으로 인식한다.

06 다음 중 직접노무원가가 포함되는 원가를 올바르게 표시한 것은?

	기본원가	가공원가	제품원가	기간비용
①	○	○	○	×
②	○	○	×	×
③	○	×	×	×
④	×	○	×	×

07 다음 중 옳은 것으로만 짝지어진 것은?

> 가. 표준원가계산에서 불리한 차이란 실제원가가 표준원가보다 큰 것을 의미한다.
> 나. 종합원가계산은 다품종소량생산에 적합한 원가계산방식이다.
> 다. 조업도가 증가할 경우 고정원가의 단위당 원가는 감소한다.
> 라. 기회원가는 이미 발생한 과거의 원가로서 의사결정과정에 영향을 주지 못한다.

① 가, 나　　　　　　　　　　② 가, 다
③ 나, 다　　　　　　　　　　④ 다, 라

08 다음 자료를 이용하여 당기 가공원가 발생액을 계산하면 얼마인가?

> • 당사는 선입선출법에 의한 종합원가계산을 도입하여 원가계산을 하고 있다.
> • 재료원가는 공정의 초기에 전량 투입되고, 가공원가는 공정의 진행에 따라서 균일하게 발생한다.
> • 기초재공품 : 1,000개(가공원가 완성도 60%)
> • 당기착수분 : 9,000개
> • 기말재공품 : 2,000개(가공원가 완성도 50%)
> • 가공원가에 대한 완성품환산량 단위당 원가 : 10원

① 80,000원　　　　　　　　② 84,000원
③ 100,000원　　　　　　　 ④ 110,000원

09 ㈜전산은 원가관리를 위하여 표준원가계산 방식을 채택하고 있다. 고정제조간접원가 표준배부율은 월 10,000개의 예산생산량을 기준조업도로 하여 계산하며 기준조업도 수준에서 월 고정제조간접원가의 예산은 500,000원이다. 제품 단위당 표준원가는 50원이며 (표준수량 1시간, 표준가격 50원), 실제 생산량 및 실제 발생한 고정제조간접원가는 각각 9,000개, 600,000원일 경우 고정제조간접원가의 총차이는 얼마인가?

① 150,000원 불리　　　　　　　② 150,000원 유리
③ 100,000원 불리　　　　　　　④ 100,000원 유리

10 다음 중 개별원가계산과 종합원가계산에 대한 설명으로 옳지 않은 것은?

① 종합원가계산은 원가 집계가 공정별로 이루어진다.
② 개별원가계산은 대상기간의 총원가를 총생산량으로 나누어 단위당 제조원가를 계산한다.
③ 개별원가계산은 공통부문원가를 합리적으로 배분하는 것이 필요하다.
④ 개별원가계산의 단점은 상대적으로 과다한 노력과 비용이 발생한다는 것이다.

11 다음 중 법인세법상 납세의무에 대한 설명으로 옳지 않은 것은?

① 영리 내국법인은 국내외 모든 소득에 대하여 각 사업연도 소득에 대한 법인세 납세의무가 있다.
② 영리·비영리 또는 내국·외국법인 여부를 불문하고 토지 등 양도소득에 대한 법인세 납세의무가 있다.
③ 비영리 내국법인이 청산하는 경우 청산소득에 대한 법인세 납세의무가 있다.
④ 우리나라의 정부와 지방자치단체는 법인세를 납부할 의무가 없다.

12 다음 중 소득세법상 원천징수의무자가 간이지급명세서를 제출하지 않아도 되는 소득은?

① 원천징수대상 사업소득　　　　② 인적용역 관련 기타소득
③ 일용직 근로소득　　　　　　　④ 상용직 근로소득

13 다음 중 소득세법상 근로소득으로 볼 수 없는 것은?

① 학교 강사로 고용되어 지급 받는 강사료
② 근무기간 중에 부여받은 주식매수선택권을 퇴직 후에 행사함으로써 얻는 이익
③ 근무 중인 종업원 또는 대학의 교직원이 지급 받는 직무발명보상금
④ 퇴직함으로써 받는 소득으로서 퇴직소득에 속하지 아니하는 소득

14 다음 중 부가가치세법상 납부세액의 재계산에 대한 설명으로 옳지 않은 것은?

① 재계산 대상 자산은 과세사업과 면세사업에 공통으로 사용하는 감가상각대상 자산이다.

② 재계산은 해당 과세기간의 면세비율과 해당 자산의 취득일이 속하는 과세기간(그 후의 과세기간에 재계산한 경우는 그 재계산한 과세기간)의 면세비율의 차이가 5% 이상인 경우에만 적용한다.

③ 면세비율이란 총공급가액에 대한 면세공급가액의 비율을 말한다.

④ 체감률은 건물의 경우에는 5%, 구축물 및 기타 감가상각자산의 경우에는 25%로 한다.

15 다음 중 부가가치세법상 면세가 적용되는 재화 또는 용역으로 옳지 않은 것은?

① 자동차운전학원에서 가르치는 교육용역

② 국가 · 지방자치단체 · 지방자치단체조합 또는 공익단체에 무상으로 공급하는 재화 · 용역

③ 겸용주택 임대 시 주택면적이 상가면적보다 큰 경우 상가건물 임대용역

④ 노인장기요양보험법에 따른 장기요양기관이 장기요양인정을 받은 자에게 제공하는 신체활동 · 가사활동의 지원 또는 간병 등의 용역

05 기출문제연습(제116회)

다음 문제를 보고 알맞은 것을 골라 이론문제 답안작성 메뉴에 입력하시오(객관식 문항당 2점).

───────── | 기본전제 | ─────────

문제에서 한국채택국제회계기준을 적용하도록 하는 전제조건이 없는 경우, 일반기업회계기준을 적용한다.

01 회계정보의 질적특성인 목적적합성과 신뢰성은 서로 상충될 수 있고, 상충되는 질적특성 간의 선택은 재무보고의 목적을 최대한 달성할 수 있는 방향으로 이루어져야 한다. 다음 중 상충되는 질적특성간의 선택의 성격이 나머지와 다른 것은 무엇인가?

① 자산의 평가방법을 원가법이 아닌 시가법으로 선택하는 경우
② 수익인식방법을 진행기준이 아닌 완성기준으로 선택하는 경우
③ 순이익의 인식방법을 현금주의가 아닌 발생주의로 선택하는 경우
④ 정보의 보고시점을 결산기가 아닌 분기나 반기로 하여 재무제표를 작성하는 경우

02 2025년 12월 31일 현재 회사 창고에는 재고가 없으며 다음의 금액이 포함되어 있지 않다. 재무제표상 기말상품 재고액을 구하면 얼마인가?

- 매입한 상품 중 선적지 인도기준에 의해 해상운송 중인 상품 7,000,000원
- 위탁 판매를 위해 수탁자가 보관 중인 상품 4,000,000원
- 시용판매를 위하여 소비자에게 인도한 상품 2,000,000원(매입의사 표시일 : 2026년 1월 15일)
- 할부판매계약에 따라 고객에게 인도된 상품 3,000,000원(이 중 대금 미회수 금액은 2,000,000원이다.)

① 11,000,000원　　　　　② 13,000,000원
③ 15,000,000원　　　　　④ 16,000,000원

03 다음 중 유형자산에 대한 설명으로 가장 옳지 않은 것은?

① 무상으로 취득한 자산은 당해 자산의 공정가치에 취득 부대비용을 가산하여 취득원가로 계상한다.

② 토지와 건물을 모두 사용할 목적으로 일괄 구입한 경우 토지와 건물 각각의 공정가치를 기준으로 안분하여 취득원가를 계상한다.

③ 서로 다른 용도의 자산과 교환하여 취득한 유형자산의 취득원가는 교환을 위하여 제공한 자산의 장부가액으로 계상한다.

④ 유형자산 취득과 관련하여 국·공채를 불가피하게 강제 매입할 때 당해 채권의 매입금액과 일반기업 회계기준에 따라 평가한 현재가치와의 차액은 유형자산의 취득원가에 포함한다.

04 다음 중 자본에 대한 설명으로 가장 옳지 않은 것은?

① 자본은 기업활동으로부터의 손실 및 소유자에 대한 배당으로 인한 주주지분 감소액을 차감한 내용을 포함하고 있다.

② 이익잉여금(결손금) 처분(처리)으로 상각되지 않은 주식할인발행차금은 향후 발생하는 주식발행초과금과 우선적으로 상계한다.

③ 기업이 현물을 제공받고 주식을 발행한 경우에는 제공받은 현물의 공정가치를 주식의 발행금액으로 하는 것이 원칙이다.

④ 지분상품을 발행하거나 취득하는 과정에서 발생하는 자본거래 비용과 중도에 포기한 자본거래 비용은 주식발행초과금에서 차감하거나 주식할인발행차금에 가산한다.

05 다음 중 회계변경과 오류수정에 대한 설명으로 가장 옳지 않은 것은?

① 회계정책의 변경은 원칙적으로 소급하여 적용하고, 변경에 따른 누적효과를 합리적으로 결정하기 어려운 경우에는 전진적으로 처리한다.

② 회계추정의 변경은 전진적으로 처리하여 그 효과를 당기 이후의 기간에만 반영한다.

③ 회계정책의 변경과 회계추정의 변경이 동시에 이루어지는 경우에는 회계정책의 변경에 의한 누적효과를 먼저 계산하여 소급적용한 후, 회계추정의 변경효과를 전진적으로 적용한다.

④ 당기에 발견한 전기의 오류는 당기 손익계산서에 전기오류수정손익으로 반영하는 것이 원칙이다.

06 다음의 각 내용이 설명하는 원가계산의 용어로 모두 옳은 것은?

> ⊙ 제조원가를 제조공정별로 구분하여 집계하는 원가계산제도로서 정유업, 화학공업 등과 같이 동일한 종류의 제품을 계속적으로 대량생산하는 연속생산형태의 기업에 적용된다.
> ⓒ 제조원가를 개별작업별로 구분하여 집계하는 원가계산제도로서 조선업, 건설업, 항공기산업 등과 같이 고객의 주문에 따라 개별적으로 제품을 생산하는 주문형태의 기업에 적용된다.
> ⓒ 동일한 제조공정으로 가공하면서 발생한 원가를 제품에 어떤 방법으로 배분할 것인가를 결정하고, 그에 따라 결합제품 각각에 대하여 제품원가를 결정하는 원가계산제도로서 낙농업, 정육업, 석유산업 등의 기업에 적용된다.

	⊙	ⓒ	ⓒ
①	개별원가계산	종합원가계산	결합원가계산
②	종합원가계산	결합원가계산	개별원가계산
③	개별원가계산	결합원가계산	종합원가계산
④	종합원가계산	개별원가계산	결합원가계산

07 창고에 보관 중이던 오래된 제품 3,000,000원을 현재 상태로 처분하면 800,000원에 처분할 수 있으나 900,000원을 추가로 투입하여 수리한 후 1,900,000원에 처분할 수 있다고 할 때, 수리 후 처분에 따른 기회비용은 얼마인가?

① 800,000원
② 900,000원
③ 1,000,000원
④ 1,900,000원

08 제조부문과 보조부문 간의 용역 비율은 다음과 같다. 제조부문 P2에 배분될 보조부문의 원가총액은 얼마인가? (단, 단계배분법을 사용하며 S1 부문부터 배분함)

구분	제조부문		보조부문		발생원가
	P1	P2	S1	S2	
S1	40%	30%	-	30%	1,000,000원
S2	30%	50%	20%	-	1,500,000원

① 1,125,000원
② 1,200,000원
③ 1,425,000원
④ 2,000,000원

09 ㈜세무는 평균법에 의한 종합원가계산을 채택하고 있다. 가공원가는 공정 전반에 걸쳐 균등하게 발생하고 있다. 다음의 자료를 바탕으로 기말재공품 가공원가를 계산하면 얼마인가?

> • 기초재공품 : 4,000단위(가공원가 : 64,000원)
> • 당기착수량 : 26,000단위(가공원가 : 260,000원)
> • 기말재공품 : 5,000단위(완성도 : 40%)

① 20,000원 ② 24,000원
③ 54,000원 ④ 60,000원

10 다음 중 결합원가에 대한 설명으로 옳지 않은 것은?

① 결합원가계산에서 분리점이란 연산품을 개별적으로 식별할 수 있는 시점을 말한다.
② 결합원가를 순실현가치법에 따라 배분할 때 순실현가치란 개별 제품의 최종 판매가격에서 분리점 이후의 추가 가공원가와 판매비와 관리비를 차감한 후의 금액을 말한다.
③ 결합원가를 균등이익률법에 따라 배분할 때 조건이 같다면 추가 가공원가가 높은 제품에 더 많은 결합원가가 배분된다.
④ 부산물을 판매기준법에 따라 회계처리 하는 경우 부산물에는 결합원가를 배분하지 않고 부산물이 판매될 때 판매이익을 잡이익으로 계상한다.

11 다음 중 소득세법상 아래의 소득 구분을 모두 옳게 고른 것은?

구분	판단	소득 구분
원고료	일시, 우발적인 경우	㉠
	프리랜서(자유직업, 작가)의 경우	㉡
	근로자가 업무와 관련하여 회사 사보를 게재한 경우	㉢

	㉠	㉡	㉢
①	사업소득	기타소득	근로소득
②	기타소득	근로소득	사업소득
③	근로소득	사업소득	기타소득
④	기타소득	사업소득	근로소득

12 다음 중 부가가치세법상 사업자등록에 대한 설명으로 가장 옳지 않은 것은?

① 신규로 사업을 개시하고자 하는 자는 사업개시일 전이라도 사업자등록이 가능하다.

② 사업자등록을 신청받은 관할 세무서장은 신청일로부터 2일 이내에 사업자등록증을 발급해야 하며, 사업현황을 확인하기 위해 필요하다고 인정되면 발급 기한을 5일 이내에서 연장할 수 있다.

③ 단독 개인사업자의 대표자를 변경하는 경우에는 지체없이 사업자등록정정신고를 해야 한다.

④ 사업자의 상호를 변경하기 위해 정정하는 경우는 신고일 당일 재발급사유이다.

13 다음 중 법인세법상 부당행위계산을 적용함에 있어 조세의 부담을 부당하게 감소시킨 경우가 아닌 것은? (단, 보기의 거래는 시가와 거래가액의 차이가 3억원 이상 또는 시가의 5% 이상 요건에 모두 해당한다고 가정함)

① 법인이 대표이사의 배우자로부터 자산을 시가보다 높은 가액으로 매입한 경우

② 법인이 주주나 출연자가 아닌 직원에게 사택을 무상으로 제공하는 경우

③ 법인이 대표이사의 자녀에게 무상으로 금전을 대여한 경우

④ 대주주인 임원의 출연금을 법인이 대신 부담하는 경우

14 다음 중 부가가치세법상 과세대상인 재화 또는 용역으로 옳은 것은?

① 반려동물에 대한 질병 예방 목적의 예방접종

② 주차장용 토지의 임대

③ 상가 부수토지의 매매

④ 시내버스 여객운송용역

15 다음 중 부가가치세법상 세금계산서에 대한 설명으로 옳지 않은 것은?

① 2024년의 공급가액(면세공급가액을 포함)이 5천만원 이상인 개인사업자는 2025년 7월 1일 이후부터 전자세금계산서 의무발급 대상자이다.

② 전체 사업장이 아니라 개별 사업장별 직전연도의 공급가액을 기준으로 전자세금계산서 의무발급사업자를 판단한다.

③ 전자세금계산서 의무발급대상이 된 경우에는 이후 과세기간에 계속하여 전자세금계산서를 발급하여야 한다.

④ 관할 세무서장은 개인사업자가 전자세금계산서 의무발급자에 해당하는 경우에는 전자세금계산서를 발급해야 하는 날이 시작되기 1개월 전까지 그 사실을 해당 개인사업자에게 통지하여야 한다.

06 기출문제연습(제117회)

다음 문제를 보고 알맞은 것을 골라 이론문제 답안작성 메뉴에 입력하시오(객관식 문항당 2점).

───── | 기본전제 | ─────

문제에서 한국채택국제회계기준을 적용하도록 하는 전제조건이 없는 경우, 일반기업회계기준을 적용한다.

01 다음 중 재무제표 작성과 표시의 일반원칙에 대한 설명으로 옳지 않은 것은?

① 경영진은 재무제표를 작성할 때 계속기업으로서의 존속가능성을 평가해야 한다.
② 재무제표가 일반기업회계기준에 따라 작성된 경우에 그 사실을 주석으로 기재하여야 한다.
③ 재무제표의 항목은 구분하여 표시하여야 하기 때문에 중요하지 않은 항목은 성격이나 기능이 유사한 항목으로 통합하여 표시할 수 없다.
④ 재무제표는 전기 재무제표의 모든 계량정보를 당기와 비교하는 형식으로 표시한다.

02 다음 중 금융자산에 대한 설명으로 옳지 않은 것은?

① 금융자산은 금융상품의 계약당사자가 되는 때에만 재무상태표에 인식하는 것이 원칙이다.
② 양도자가 금융자산에 대한 모든 통제권을 상실하였다면 매각거래로 본다.
③ 단기매매증권은 최초 인식 시 공정가치로 측정하고, 후속 측정 시에는 상각후원가로 측정한다.
④ 금융자산의 이전이 담보거래에 해당하는 경우에는 해당 금융자산을 담보제공자산으로 별도 표시하여야 한다.

03 창고에 보관 중이던 재고자산 중 화재로 인해 1,800,000원을 제외한 금액이 파손되었다. 다음 자료를 이용하여 화재로 인한 재고자산 피해액을 계산하면 얼마인가?

• 기초 재고자산 : 23,000,000원	• 당기 매출액 : 78,000,000원
• 당기 매입액 : 56,000,000원	• 당기 매출총이익률 : 10%

① 7,000,000원   ② 7,020,000원
③ 8,000,000원   ④ 8,800,000원

04 다음 중 일반기업회계기준상 외화자산 및 외화부채에 대한 설명으로 옳지 않은 것은?

① 역사적 원가로 측정하는 비화폐성 외화 항목은 거래일의 환율로 환산한다.
② 비화폐성 항목에서 발생한 손익을 기타포괄손익으로 인식하는 경우 그 손익에 포함된 환율변동 효과는 당기손익으로 인식한다.
③ 공정가치로 측정하는 비화폐성 외화 항목은 공정가치가 결정된 날의 환율로 환산한다.
④ 화폐성 항목의 외환차손익은 손익계산서의 영업외손익으로 처리한다.

05 다음 중 퇴직급여에 대한 설명으로 가장 옳지 않은 것은?

① 확정급여형 퇴직급여 제도에서 퇴직연금 운용자산이 퇴직급여 충당부채를 초과하는 경우에는 그 초과액을 투자자산으로 표시한다.
② 확정급여형 퇴직급여 제도에서는 운용수익이 발생하는 경우에 이자수익으로 표시한다.
③ 확정기여형 퇴직급여 제도에서는 회사가 납부하여야 할 부담금을 퇴직급여(비용)로 인식한다.
④ 확정기여형 퇴직급여 제도에서는 운용에 관한 내용은 모두 회사가 결정하고 책임진다.

06 다음 중 원가에 대한 설명으로 옳지 않은 것은?

① 매몰원가 : 자원을 다른 대체적인 용도로 사용할 경우 얻을 수 있는 최대금액
② 회피불가능원가 : 의사결정과 무관하게 발생하여 회피할 수 없는 원가
③ 제품원가 : 판매를 목적으로 제조하는 과정에서 발생한 원가
④ 관련원가 : 여러 대안 사이에 차이가 있는 미래원가로서 의사결정에 직접적으로 관련되는 원가

07 매출원가율이 매출액의 75%일 때, 다음 자료를 이용하여 기초재공품 가액을 계산하면 얼마인가?

• 당기매출액 : 20,000,000원	• 기초재공품 : ?
• 기말재공품 : 2,200,000원	• 직접재료원가 : 3,200,000원
• 직접노무원가 : 4,500,000원	• 제조간접원가 : 4,000,000원
• 기초제품 : 3,000,000원	• 기말제품 : 2,800,000원

① 5,300,000원
② 11,700,000원
③ 14,800,000원
④ 17,000,000원

08 다음 중 표준원가계산에 대한 설명으로 옳지 않은 것은?

① 표준원가를 기초로 한 예산과 실제원가를 기초로 한 실제 성과와의 차이를 비교하여 성과평가에 이용할 수 있다.

② 원가흐름의 가정이 필요 없어 제품원가계산 및 회계처리가 신속하다.

③ 조업도 차이는 변동제조간접원가 차이분석 시 확인할 수 있다.

④ 외부보고용 재무제표를 작성할 때에는 표준원가를 실제원가로 수정하여야 한다.

09 ㈜세무는 직접노무시간을 기준으로 제조간접원가를 배부하고 있다. 해당 연도 초 제조간접원가 예상액은 3,000,000원이고 예상 직접노무시간은 10,000시간이다. 실제 직접노무시간이 11,500시간일 경우 당기의 제조간접원가는 250,000원 과대배부라고 한다. 당기 말 현재 실제 제조간접원가 발생액은 얼마인가?

① 3,000,000원   ② 3,200,000원

③ 3,250,000원   ④ 3,700,000원

10 다음 중 공손에 대한 설명으로 옳지 않은 것은?

① 정상공손은 제조원가(완성품원가 또는 기말재공품원가)에 포함된다.

② 비정상공손품은 발생 된 기간에 영업외비용으로 처리한다.

③ 공손품수량을 산정할 때는 원가 흐름의 가정과 상관없이 선입선출법에 의해 계산한다.

④ 정상공손은 능률적인 생산조건 하에서는 회피와 통제가 가능하다.

11 다음 중 지급일이 속하는 달의 다음 달 말일까지 간이지급명세서를 제출하여야 하는 소득으로 옳지 않은 것은?

① 고용관계 없이 일시적으로 다수인에게 강연을 한 강연자에게 지급한 강연료

② 원천징수 대상 사업소득

③ 계약의 위약이나 해약으로 인하여 지급한 위약금과 배상금

④ 라디오를 통하여 일시적으로 해설·계몽을 하고 지급한 보수

12 다음 중 법인세법상 소득처분 시 반드시 기타사외유출로 처분해야 하는 경우가 아닌 것은?

① 임대보증금 등의 간주익금
② 기업업무추진비 한도초과액의 손금불산입
③ 업무관련성 있는 벌금 및 과태료
④ 건설자금이자

13 다음 중 소득세법상 주택임대소득에 대한 설명으로 옳지 않은 것은?

① 3주택 이상 소유자로서 보증금 합계액이 1억원 이상인 경우 간주임대료 수입금액이 발생한다.
② 총수입금액이 2천만원 이하인 주택임대소득은 분리과세와 종합과세를 선택할 수 있다.
③ 임대주택이 등록요건을 모두 충족하였다면 분리과세 적용 시 필요경비는 총수입금액의 60%를 적용한다.
④ 주택 수는 본인과 배우자의 주택을 합하여 계산한다.

14 다음 중 부가가치세법상 세금계산서에 대한 설명으로 틀린 것은?

① 매입자가 거래사실을 관할세무서장의 확인을 받아 세금계산서를 발급하고 매입세액공제를 받으려면 재화 또는 용역의 공급시기가 속하는 과세기간의 종료일로부터 1년 이내에 신청해야 한다.
② 예정부과기간(1월 1일~6월 30일)에 세금계산서를 발급한 간이과세자는 7월 25일까지 예정부과기간의 과세표준과 납부세액을 사업장 관할세무서장에게 신고하여야 한다.
③ 대가 수령 전에 세금계산서를 발급하더라도 동일 과세기간 내에 공급시기가 도래한다면 적법한 세금계산서로 인정된다.
④ 모든 간이과세자는 부가가치세의 납세의무 중 일부만 부담하므로 세금계산서 발급도 허용되지 않는다.

15 다음 중 부가가치세법상 매입세액공제가 가능한 거래는 무엇인가?

① 직원들의 교육을 위한 도서 구입대금
② 출퇴근 시 사용하는 법인명의 2,500cc 5인승 승용차에 대한 유류비
③ 기존 건물을 철거하고 토지만을 사용할 목적으로 건물이 있는 토지를 취득한 경우 철거한 건물의 취득 및 철거비용
④ 직원 명의의 신용카드로 구입한 경리부서의 사무용품비

포인트 해답

(이론편)

1. ④ ① 회계추정의 변경에 해당한다.
      ② 회계추정의 변경에 대한 설명이다.
      ③ 회계정책의 변경에 해당한다.

2. ④ 할인발행하거나 할증발행 및 주식배당은 모두 자본금이 증가한다. 그러나 주식을 병합하는 것은 주식수만 감소할 뿐 자본금은 변동이 없다.

3. ④ 재고자산의 시가가 취득원가보다 하락한 경우에는 저가법을 사용하여 재고자산의 장부금액을 결정한다. 손상을 입은 경우 재고자산 시가가 원가 이하로 하락할 수 있다.(기업회계기준서 제7장 재고자산 문단7.16)

4. ② 차량 취득원가 : 50,000,000 + 1,750,000 = 51,750,000원 (차량용 스노우타이어교체비용은 즉시비용)
      감가상각비 : 51,750,000/5년×3/12 = 2,587,500원 (법인세법에 따라 내용연수 5년, 정액법으로 감가상각)

5. ④ 일반기업회계기준 무형자산 제11장

6. ③ 조업도가 변동하는 경우 단위당 고정원가는 반비례 증감한다.

7. ④ 제조간접원가 = 직접노무원가×150% : 500,000×150% = 750,000원
      가공원가 = 직접노무원가 + 제조간접원가 : 500,000 + 750,000 = 1,250,000원
      가공원가 = 직접재료원가×200% = 1,250,000원
      직접재료원가 : 1,250,000÷2 = 625,000원
      당기총제조원가 = 직접재료원가 + 직접노무원가 + 제조간접원가 : 625,000 + 500,000 + 750,000 = 1,875,000원

8. ① 기초 재공품 재고액이 없는 경우에는 평균법과 선입선출법에 의한 제품제조원가는 같다. 또한 기초재공품 재고액이 없으므로 기말재공품의 완성품환산량이나 기말재공품가액은 모두 동일하다.
      당기 가공비 발생액은 다음과 같이 850,000원이다.
      재료비 완성품환산량 : 7,000개 + 3,000개 = 10,000개, 가공비 완성품환산량 : 7,000개 + 3,000개×50% = 8,500개
      단위당 재료비원가 : 500,000÷10,000개 = 50원,   당기 완성품의 재료비원가 : 50×7,000개 = 350,000원
      단위당 가공비원가 : (1,050,000–350,000)÷7,000개 = 100원
      당기발생 가공비 : 100×8,500개 = 850,000원

9. ① 예정배부율 : 2,000,000÷1,000,000시간 = 2원/시간
      예정제조간접비 : 2원/시간×1,500,000시간 = 3,000,000원
      실제제조간접비 = 3,070,000원
      불리한차이(과소배부) : 3,070,000 – 3,000,000 = 70,000원

10. ③ 표준가와 실제원가의 차이를 효과적으로 통제할 수 있다.

11. ①

보험료세액공제(일반)	3가지 조건 모두 충족해야 한다.
의료비세액공제	소득금액과 나이조건 무시한다.
교육비세액공제	나이조건은 무시한다.
기부금세액공제	나이조건은 무시한다.

12. ④ 법인세법 시행령 제20조 제1항
       이익처분에 의한 성과배분상여금 손금산입규정은 삭제되어 손금불산입 한다.

13. ② 부가가치세법 제29조, 부가가치세 과세표준의 계산문제이다.
       과세표준 = 6,000,000(거래처매출) + 5,000,000(오픈마켓매출) + (10,200,000)(직수출) = 21,200,000원
       ※ 지급지연으로 인한 연체이자는 과세표준에서 제외되고 공급시기 도래 전에 원화로 환가한 경우에는 환가한 금액이 과세표준임

14. ② 사무실에서 사용할 컴퓨터 구입, 직원들 사기진작을 위한 회식비, 직원명의 신용카드로 구입한 사무용품비만 매입세액공제가 가능하다.

15. ③ 건강증진을 위한 의약품 구입비는 의료비세액공제대상이 아니다.

1. ③ 출자전환채무는 자본조정 항목〈일반기업회계기준 2.30~33〉

2. ① 20X1년 1월 1일 사채의 현재가치 : 1,000,000×0.7513+80,000×2.4868=950,244원
   20X1년 말 사채할인발행차금 : 950,244×10%−80,000=15,024원

3. ④

5월27일	(차) 대손충당금	30,000	(대) 매출채권		50,000
	(차) 대손상각비	20,000			
11월 3일	(차) 현 금	5,000	(대) 대손충당금		5,000
12월31일	(차) 대손상각비	22,000	(대) 대손충당금		22,000

   대손충당금 설정전 잔액 : 30,000−30,000+5,000=5,000원
   대손충당금 추가설정액 : 27,000−5,000=22,000원

4. ④ 거래의 성과를 신뢰성 있게 추정하는 것을 어렵게 만들었던 불확실성이 해소된 경우에는 진행기준에 따라 수익을 인식한다. [문단 16.14]

5. ① 투자활동으로 인한 현금의 흐름

6. ④

구 분		재료비	가공비
당기완성	1,500개	1,500개	1,500개
기말(40%)	500개	500개	200개
계	2,000개	2,000개	1,700개
총원가		100,000+300,000=40,000원	40,000+130,000=170,000원
단위당 원가		@200원	@100원

7. ② 당기제품제조원가=기초재공품재고액+당기총제조원가−기말재공품재고액

8. ① 가공원가=직접노무원가+제조간접원가=직접재료원가×200%
   당기총제조원가=직접재료원가+직접노무원가+제조간접원가
   당기총제조원가=직접재료원가+가공원가=직접재료원가+직접재료원가×200%
   직접재료원가=A라 가정할 때 1,875,000=A+A×2 ∴ A=625,000원,
   가공원가 : 625,000×2=1,250,000원
   가공원가=직접노무원가+제조간접원가=직접노무원가+직접노무원가×150%
   직접노무원가=B라 가정할 때 1,250,000=B+B×1.5 ∴ B=500,000원,
   제조간접원가 : 500,000×1.5=750,000원

9. ③ 개별원가계산은 활동분석을 실시하고 다양한 활동중심점별로 활동원가를 측정하는데 시간과 비용이 많이 소요되는 한계점이 있다.

10. ① 전력부 → 어른폰 : 200,000×50%=100,000원, 전력부 → 어른패드 : 200,000×30%=60,000원
    전력부 → 급수부 : 200,000×20%=40,000원, 급수부 → 어른패드 : 140,000×40%/50%=112,000원
    어른패드 제조원가 : 400,000+60,000+112,000=572,000원

11. ① 기부금 한도초과액은 법인세과세표준 및 세액조정계산서에 직접 반영하는 항목이다.

12. ② 현실적인 퇴직이다.(법인세법시행령 제44조 ②항의 1호)

13. ④ ⑩의 건물에 대한 감가상각범위액은 일반법인과 동일하다. ⑭의 가산세는 1%

14. ② 가. 각 구성원의 다른 개별사업장 또는 다른 공동사업장과는 별개로 본다.
    다. 공동사업장에서 발생한 결손금은 공동사업장 단위로 이월되거나 이월결손금 공제 후 소득금액을 배분하는 것이 아니라 각 공동사업자별로 분배되어 공동사업자 각각의 다른 소득금액과 통산한다.
    라. 구성원이 동일한 공동사업장이 2이상인 경우에는 직전연도의 수입금액을 합산하여 기장의무를 판단한다.

15. ③ 전자세금계산서 전송기한이 지난 후 공급시기가 속하는 과세기간의 확정신고기한까지 국세청장에게 발급명세를 전송시 지연전송한 공급가액의 0.3%(부가세법 제60조 2항 3호)

3회 실전모의시험 해답

1. ④ ① 변경된 새로운 회계정책은 소급하여 적용한다.(일반기업회계기준 5.11)
   ② 회계정책 변경을 전진적으로 처리하는 경우에는 그 변경의 효과를 당해 회계연도 개시일 부터 적용한다. (일반기업회계기준 5.13)
   ③ 회계변경의 속성상 그 효과를 회계정책의 변경효과와 회계추정의 변경효과로 구분하기가 불가능한 경우에는 이를 회계추정의 변경으로 본다. (일반기업회계기준 5.16)
   ④ 회계추정의 변경은 전진적으로 처리하여 그 효과를 당기와 당기이후의 기간에 반영한다.(일반기업회계기준 5.14)

2. ② 자본조정 중 자기주식은 별도의 항목으로 구분하여 표시하고 주식할인발행차금 등은 기타자본조정으로 통합하여 표시할 수 있다.(문단2.38)

3. ① 취득가액＝A, (취득가액－잔존가액)×상각율＝당기 감가상각비
   A×0.2＝1,800,000원, A＝9,000,000원
   처분손익＝양도가액－기계장치의 장부가액(취득가액－당기말 감가상각누계액)
   처분손익＝6,000,000－(9,000,000－2,700,000)＝△300,000원(처분손실)

4. ③ 기업회계기준상 자산은 과거사건의 결과로 현재 회사가 통제하고 있지만, 미래에 경제적 효익이 유입될 가능성이 높은 자원을 말한다. 당좌자산 또한 자산에 포함되어 해당 정의를 충족한다.

5. ① (1) 20X1년 누적진행률 : 72,000÷240,000＝30%
   (2) 20X2년 누적진행률 : 192,000÷240,000＝80%
   (3) 20X1년 수익 : 300,000×30%＝90,000원
   (4) 20X2년 수익 : 300,000×80%－90,000＝150,000원

6. ③ 비정상공손원가는 영업외비용으로 회계처리 한다.

7. ④ 가공비 완성품 환산량 : 7,200,000÷8,000＝900단위
   기말재공품의 완성도를 X라 하면, 300개×(100%－30%)＋(900개－300개)＋(100개×X)＝900단위
   X＝90%

8. ② 표준원가계산 방법은 실제원가와 표준원가의 차이를 분석함으로써 성과평가에 유용하다는 장점이 있다.

9. ④ 당기손익에 미치는 영향은 매출원가에 추가로 배부되는 차액을 계산하여 산출한다.
   (1) 매출원가조정법 : 1,000,000원 전액 매출원가에 배부 → 당기손익 1,000,000원 감소
   (2) 총원가기준법 : 1,000,000×(3,300,000/16,000,000)＝206,250원 매출원가에 배부 → 당기손익 206,250원 감소
   (3) 원가요소법 : 1,000,000×(1,000,000/4,500,000)＝222,222원 매출원가에 배부 → 당기손익 222,222원 감소

10. ③ (1) 작업지시서 #105의 원가합계

직접재료원가	40,000원
직접노무원가	25,000원
제조간접원가배부액	30,000원
재작업원가	20,000원
합　계	115,000원

   (2) 정상제품의 단위당 원가 : 115,000÷1,000개＝115원

11. ① 법인세법 시행령 제26조(상각범위액의 계산)
    ② 제조업의 기계장치 : 정률법, ③ 광업권 : 생산량비례법, ④ 개발비 : 5년간 균등상각법

12. ④ ① 기부금 한도초과액은 이월공제되지만 기업업무추진비한도초과액은 이월공제가 적용되지 아니한다.
    ② 기업업무추진비와 관련된 세무조정사항은 소득금액조정합계표에 반영되지만 기부금한도초과액은 법인세 과세표준 및 세액조정계산서에 반영된다.
    ③ 중소기업여부에 따라 기업업무추진비한도초과액은 달라지지만 기부금한도초과액에는 영향이 없다.

13. ④ ①②③은 비과세 근로소득에 해당한다.

14. ② 현금판매·외상판매·할부판매의 경우에는 재화가 인도되거나 이용가능하게 되는 때를 공급시기로 한다(부령 28①). 재화 인도 전 또는 이용이 가능하기 전에 선수금을 받는 경우에는 재화의 공급시기에 해당되지 않는다.

15. ④ 부당행위계산부인은 특수관계자와 거래에 적용한다.

4회 실전모의시험 해답

1. ③ 보고기간종료일로부터 1년 내에 만기가 도래하거나 또는 매도 등에 의하여 처분할 것이 확실한 매도가능증권은 유동자산으로 분류한다.

2. ④ 화폐성항목의 결제시점에 발생하는 외환차손익 또는 화폐성항목의 환산에 사용한 환율이 회계기간 중 최초로 인식한 시점이나 전기의 재무제표 환산시점의 환율과 다르기 때문에 발생하는 외화환산손익은 그 외환차이가 발생하는 회계기간의 손익으로 인식한다. 단, 외화표시 매도가능채무증권의 경우 동 금액을 기타포괄손익에 인식한다

3. ② ① 22.19 차감할 일시적차이는 미래기간의 과세소득을 감소시킨다. 그러나 차감할 일시적차이를 활용할 수 있을 만큼 미래기간의 과세소득이 충분할 경우에만 차감할 일시적차이의 법인세효과는 실현될 수 있다. 따라서 차감할 일시적차이가 활용될 수 있는 가능성이 매우 높은 경우에만 이연법인세자산을 인식하여야 한다.

② 가산할 일시적차이란 자산·부채가 회수·상환되는 미래기간의 과세소득을 증가시키는 효과를 가지는 일시적차이를 말한다.

③ 22.10 모든 가산할 일시적차이에 대하여 이연법인세부채를 인식하여야 한다.

④ 22.38 이연법인세자산과 부채는 보고기간말 현재까지 확정된 세율에 기초하여 당해 자산이 회수되거나 부채가 상환될 기간에 적용될 것으로 예상되는 세율을 적용하여 측정하여야 한다.

4. ② 재고자산평가손실의 환입은 매출원가에서 차감한다.(일반기업회계기준서 제7장 재고자산(7.19))

5. ① 자기주식의 단가 : (100주×6,000+200주×7,000)÷(100주+200주+100주)=5,000원
자기주식처분이익 : 200주×(5,100−5,000)=20,000원
* 무상으로 증여받은 자기주식의 취득원가는 없는 것으로 한다.

6. ① 10,500원

제품	순실현 가능가치	배부액	단위당원가	매출총이익(원)
A	510,000원	255,000원	(255,000+90,000)/200단위=1,725원	(3,000−1,725)*180단위=229,500원
B	60,000원	30,000원	(30,000+40,000)/50단위=1,400원	(2,000−1,400)*50단위=30,000원
C	30,000원	15,000원	(15,000+70,000)/100단위=850원	(1,000−850)*70단위=10,500원
합계	600,000원	300,000원		

• 제품A : 200단위×3,000−90,000=510,000원
• 제품B : 50단위×2,000−40,000=60,000원
• 제품C : 100단위×1,000−70,000=30,000원

7. ③ 당기제품제조원가란 당기에 완성된 제품의 제조원가를 의미하며, 기초재공품원가에서 당기총제조원가를 더한 후 기말재공품원가를 차감하여 계산한다.

8. ① 조업도가 증가하면 총원가의 고정비는 일정하고 단위원가의 고정비는 감소한다. 조업도가 감소하면 총원가의 고정비는 일정하고 단위원가의 고정비는 증가한다.

9. ② (1) AQ×AP = 330,000원
(2) AQ×SP = 1,000시간×@300 = 300,000원
(3) SQ×SP = 120개×10시간×@300 = 360,000원
   * 가격차이 = (1)-(2) = 30,000원 불리
   * 능률차이 = (2)-(3) = 60,000원 유리

10. ④ (1) 일반관리부문에서 절삭부문의 배분 : 60,000원×30명/(20명+30명+50명) = 18,000원
(2) 배송부문에서 절삭부문으로 배분(일반관리부문에서 배송부문으로 배분된 금액도 고려)
   : [60,000×20명/(20명+30명+50명)+80,000]×200평/(200평+300평) = 36,800원
   * 절삭부문의 총간접원가 : 70,000+(1)+(2) = 124,800원

11. ② 총수입금액 = 매출액+기계장치의 양도가액+수령한 판매장려금+관세환급금

12. ④ 법인세법상 보험업법이나 기타 법률의 규정에 의한 고정자산의 평가차익은 익금 항목에 해당된다.

13. ③ 발명진흥법상 지급받는 직무발명보상금으로서 5백만원을 초과하는 보상금은 근로소득으로 과세되고 5백만원
이하의 금액에 대해서만 비과세 대상이 된다. (소득세법시행령 제17조의3)

14. ① ② 임원의 퇴직금은 정관의 위임규정에 따라 주주총회나 사원총회 결정에 의하여 지급된 금액도 손금으로 인
정되지만 이사회 결의에 따라 지급된 금액은 지급규정이 없는 것으로 본다.
③ 임원의 퇴직금에 대한 지급규정이 없는 경우에는 법인세법상 한도액을 기준으로 손금불산입 여부를 결정
한다.
④ 임원의 상여금에 대한 지급규정이 없는 경우에는 상여금은 전액 손금불산입한다.

15. ④ 계약상 또는 법률상의 모든 원인에 따라 재화를 인도하거나 양도하는 것은 부가가치세법상 과세거래이다

5회 실전모의시험 해답

1. ④ 자기주식 소각-자본금 감소, 자기주식처분이익-자본잉여금, 감자차손-자본조정

(차) 자기주식	600,000	(대) 현금등	600,000
(차) 현금등	350,000	(대) 자기주식	300,000
		자기주식처분이익	50,000
(차) 자본금	250,000	(대) 자기주식	300,000
감자차손	50,000		

2. ④ 매도가능증권의 손상차손금액은 당기손익에 반영한다.

3. ① 새 건물을 신축하기 위하여 기존 건물이 있는 토지를 취득하고 그 건물을 철거하는 경우 기존 건물의 철거 관
련 비용에서 철거된 건물의 부산물을 판매하여 수취한 금액을 차감한 금액은 토지의 취득원가에 포함한다.(일
반기업회계기준서 10.13)

4. ② 무형자산의 잔존가치는 없는 것을 원칙으로 한다.

5. ③ 회계정보의 질적특성은 서로 상충될 수 있으나 반드시 적시성을 우선하여 판단하여야 하는 것은 아니다.

6. ③ 재료비 완성품환산량 : 1,800개   가공비 완성품환산량 : 1,760개
당기투입직접재료비 : 315,000원   당기투입가공비 : 352,000원
완성품환산량 단위당 원가 : 재료비 175원, 가공비 200원

7. ① 순실현가치 갑 : 27,000원 병 : 53,000원 (70,000원+3,000원-20,000원)
(27,000÷80,000)×50,000 = 16,875원

8. ① 원가의 발생형태에 따라 재료비, 노무비, 경비로 분류된다.

9. ③ 당기제품제조원가 = 매출원가-기초제품+기말제품
550,000-25,000+41,000 = 566,000원
당기총제조원가 = 당기제품제조원가-기초재공품+기말재공품
566,000-23,000+20,000 = 563,000원

10. ④ 산출량기준 변동예산이란 제조간접원가 자체만이 아니라 노동시간도 최적으로 관리되었을 때 달성되는 목표 금액을 의미한다.

11. ② 소득세법 제59조의4 제9항, 연 13만원을 종합소득산출세액에서 공제한다.

12. ② 부가가치세법 제39조 제1항 제5호, 운수업에 직접 영업으로 사용되는 것은 매출세액에서 공제한다.

13. ① 소득세법시행령 제41조 제14항, 개당ㆍ점당 또는 조당 양도가액이 6천만원 이상인 경우에 과세한다.

14. ② 운행기록을 작성하고 업무사용비율 100%인 경우에도 감가상각비가 연 800만원을 초과하는 경우 손금불산입 이 발생한다.

15. ②

6회 실전모의시험 해답

1. ① 재고자산의 취득원가에는 취득에 직접적으로 관련되어 있으며, 정상적으로 발생되는 기타원가를 포함한다.

2. ① 확정기여제도를 설정한 경우에는 당해 회계기간에 대하여 기업이 납부하여야 할 부담금(기여금)을 퇴직급여 (비용)로 인식하고, 퇴직연금운용자산, 퇴직급여충당부채 및 퇴직연금미지급금은 인식하지 아니한다.

3. ④ 순장부금액이나 금융부채 상각후원가를 조정한다.

4. ③ 토지의 취득원가 : 700,000,000 + 20,000,000 + 8,000,000 − 5,000,000 = 723,000,000원
건물의 취득원가 : 0원

5. ③ 20X2년 누적공사진행률 = 누적발생원가÷추정총원가 135,000,000÷180,000,000 = 75%
20X3년 공사수익 : 200,000,000×(1−75%) = 50,000,000원

6. ① 예정배부율 : 600,000÷3,000시간 = 200원/시간당
실제발생 제조간접비(= 예정배부액) : 640,000원
실제직접노무시간 : 640,000÷200 = 3,200시간

7. ③ 정상개별원가계산의 경우에도 직접재료원가와 직접노무원가는 예상발생액이 아닌 실제발생액을 적용한다.

8. ② 정상공손은 제조공정이 효율적으로 운영되더라도 발생하는 공손으로 정상품을 생산하기 위하여 불가피하게 발생된다.

9. ② 재료비 환산량 단위당 원가 : 136,000÷(320단위 + 80단위) = 340원
가공비 환산량 단위당 원가 : (66,480 + 210,000)÷(320단위 + 80단위×80%) = 720원
기말재공품 원가 : 80단위×340 + (80단위 x 80%)×720 = 73,280원

10. ④ 당기제품제조원가는 78,000,000원이다.

제조원가명세서(단위 : 원)		
Ⅰ 원 재 료 비		65,000,000
기초 원재료 재고	4,000,000	
당 기 매 입	68,000,000	
기말 원재료 재고	7,000,000	
Ⅱ 노 무 비		9,000,000
Ⅲ 제 조 간 접 비		13,000,000
Ⅳ 당기 총 제조원가		87,000,000
Ⅴ 기초재공품재고액		2,000,000
Ⅵ 합 계		89,000,000
Ⅶ 기말재공품재고액		11,000,000
Ⅷ 당기제품제조원가		78,000,000

11. ④ 법인의 본점이 수도권에 있는 경우는 모든 사업장이 수도권에 있는 것으로 보고 감면율을 적용한다.(조세특례 제한법 제7조 제1항)

12. ① 연금소득 중 사적연금액 1,500만원 이하인 경우 종합과세와 분리과세를 선택할 수 있으므로 무조건 분리과세 대상 소득에 해당하지 않는다.

13. ④ ― 법인이 수입하는 이자 및 할인액은 결산을 확정할 때 이미 경과한 기간에 대응하는 이자 및 할인액(법 제73 조 및 제73조의2에 따라 원천징수되는 이자 및 할인액은 제외한다)을 해당 사업연도의 수익으로 계상한 경 우에는 그 계상한 사업연도의 익금으로 한다.
    ― 결산을 확정할 때 이미 경과한 기간에 대응하는 이자 및 할인액을 해당 사업연도의 손비로 계상한 경우에는 그 계상한 사업연도의 손금으로 한다.

14. ④ 예정신고기간 또는 과세기간의 종료일을 공급시기로 한다.

15. ② 100분의 80에 상당하는 금액

1 ④   실제대손발생액은 충당금과 상계한 250,000원이다.

2 ①   1) 화폐성 외화항목은 마감환율로 환산한다.

         2) 역사적원가로 측정하는 비화폐성 외화항목은 거래일의 환율로 환산한다.

         3) 공정가치로 측정하는 비화폐성 외화항목은 공정가치가 결정된 날의 환율로 환산한다.

3 ③   현금이자수취액 : 액면금액×액면이자율 1,000,000×8% = 80,000원

         이자수익계상액 : 장부금액×유효이자율 950,000×10% = 95,000원

         만기보유증권상각액 : 95,000 − 80,000 = 15,000원

(차) 현 금	80,000	(대) 이자수익	95,000
만기보유증권	15,000		

         만기보유증권 장부금액 : 950,000 + 15,000 = 965,000원

4 ②   취득 또는 완성 후에 증가 · 대체 · 수선을 위해 발생한 원가에도 적용함

5 ④   ① 증자→자본증가,   ② 비용발생→자본감소,   ③ 비용발생→자본감소

6 ①   개별원가계산은 종합원가계산보다 원가계산과정이 복잡하나 원가의 정확성은 더 높다.

7 ②

재공품(단위)			
기초	720	당기완성	3,280
당기착수	3,600	정상공손	328
		비정상공손	152
		기말	560
	4,320		4,320

         총공손수량 : 720 + 3,600 − 3,280 − 560 = 480단위

         정상공손수량 : 3,280×10% = 328단위   비정상공손수량 : 480 − 328 = 152단위

8 ③   과소배부는 실제보다 적게 배부되므로(실제제조간접비)예정배부액), 비용을 더 증가시켜야 하므로 매출원가와 기말제품 그리고 기말재공품에 균등하게 배분한다고 하였으므로, 모두 증가하고 당기총제조원가는 무관하다.

(차) 재 공 품	300	(대) 제조간접비 배부차이	900
제 품	300		
매출원가	300		

9 ③   ① 고정비, ② 변동비, ④ 준변동비

10 ④   표준원가와 실제원가가 상당한 차이가 있는 경우에는 표준원가를 실제의 상황에 맞게 조정하여야 한다.

11 ④

12 ①   근로를 제공한 날이 속하는 년 월

13 ③   종합소득 과세대상으로는 이자소득, 배당소득, 사업소득, 근로소득, 연금소득, 기타소득이 있다.

14 ②   상여, ①③④는 기타사외유출

15 ②   법인세법 제23조 감가상각비의 손금불산입

1 ③ 자기주식을 처분하는 경우 처분금액이 장부금액보다 크다면 그 차액을 자기주식처분이익으로 하여 자본잉여금으로 회계처리 한다.(일반기업회계기준 15.9)

2 ③ 재고자산 감모손실(정상분) : 100개×1,000원×90% = 90,000원
재고자산 평가손실 : (1,000원 − 900원)×400개 = 40,000원
매출원가에 영향을 주는 것은 재고자산감모손실 정상분과 재고자산평가손실 금액의 합계이다.

3 ③ 오류수정은 소급법이며 다른 사항은 전진법으로 처리한다.(일반기업회계기준 5.19)

4 ① 연수합계법은 감가상각비가 매기간 감소하는 방법이다. 감가상각대상금액은 원가 또는 원가를 대체하는 다른 금액에서 잔존가치를 차감하여 결정하지만 실무상 잔존가치가 경미한 경우가 많다. 그러나 유형자산의 잔존가 치가 유의적인 경우 매 보고기간 말에 재검토하여, 재검토 결과 새로운 추정치가 종전의 추정치와 다르다면 그 차이는 회계추정의 변경으로 회계처리한다.(일반기업회계기준 10.33)

5 ② 기타포괄손익해당 항목이 정답이다.

6 ④ 토익관련 책 구입비용은 매몰원가로서 이미 발생한 원가이므로, 의사결정에 영향을 미치지 않는 원가이다.
아르바이트 급여는 기회비용으로서, 재화나 용역을 현재의 용도가 아닌 차선의 용도에 사용했더라면 얻을 수 있었던 최대금액으로서, 의사결정에 관련한 원가이다.

7 ③ 80,000×40% / (40% + 40%) = 40,000원

8 ③ 평균법 : 400 + 2,800 + 700×60% = 3,480개
선입선출법 : 400×50% + 2,800 + 700×40% = 3,280개

9 ① 직접작업시간에 의한 예정배부액 = 예정배부율×실제직접작업시간

10 ④ 직접재료비 : 20,000,000 x 35% = 7,000,000원
직접재료비 + 직접노무비 + 제조간접비 = 총제조원가
7,000,000 + X + 0.6X = 20,000,000
X(직접노무비) 8,125,000원
기초원가 = 직접재료비 + 직접노무비 7,000,000 + 8,125,000 = 15,125,000원

11 ④ 토지에 대한 취득세를 비용처리한 경우 토지의 취득원가에 가산하여야 하므로 이를 손금불산입 하고 유보로 소득처분하여야 하므로 이에 대한 원천징수는 없다.
① 상여, ② 기타소득, ④ 배당으로 소득처분하고 소득세를 원천징수하여야 한다.

12 ② 예정신고기간 중(영세율등 조기환급기간)에도 가능 (부가법24, 부가령73)

13 ④ 소매업 또는 미용, 욕탕 및 유사 서비스업을 경영하는 자가 공급하는 재화 또는 용역. 다만, 소매업의 경우에는 공급받는 자가 세금계산서 발급을 요구하지 아니하는 경우로 한정한다.(부가가치세법 시행령 제71조 제1항 제2호)

14 ① 기타소득금액에 대한 원천징수세율은 20%(무조건분리과세대상인 복권당첨금으로서 3억 초과분은 30%, 부득이한 사유로 인한 연금외의 수령분은 15% 등)(소득세법 129)

15 ② 공공사업의 시행자에게 양도하거나 수용되어 발생한 양도차익에 한하여 보상채권에 의한 물납이 가능함

1 ② 주주인 법인(투자회사)의 입장에서 현금배당은 배당수익으로 인식하지만 주식배당은 배당수익으로 인식하지 아니하며 주식수량을 증가시켜 주당 취득가액을 낮추기만 한다.

2 ① 변경된 새로운 회계정책은 소급하여 적용한다. 전기 또는 그 이전의 재무제표를 비교목적으로 공시할 경우에는 소급적용에 따른 수정사항을 반영하여 재작성한다. 비교재무제표상의 최초회계기간 전의 회계기간에 대한 수정사항은 비교재무제표상 최초회계기간의 자산, 부채 및 자본의 기초금액에 반영한다. 또한 전기 또는 그 이전기간과 관련된 기타재무정보도 재작성한다.

위에서 규정한 회계정책의 변경에 따른 누적효과를 합리적으로 결정하기 어려운 경우에는 회계변경을 전진적으로 처리하여 그 효과가 당기와 당기이후의 기간에 반영되도록 한다.(일반기업회계기준 5.11, 5.12)

3 ① 20X3년초 건설기계의 처분이익 : 550,000 − 300,000 = 250,000원

4 ④ 유효이자율법에 의해 사채발행차금을 상각하는 경우 기초 장부가액에 대한 이자비용의 비율(유효이자율)은 매년 동일하다.

5 ③ ① 액면이자율 → 유효이자율
② 수취한 시점에 현금기준 → 강의기간 동안 발생기준
④ 수탁자로부터 판매대금을 회수한 시점 → 수탁자가 판매한 시점

6 ① 매몰원가는 예상되는 미래원가가 아니라 이미 발생한 과거원가를 말한다.

7 ③ 동력부문 → 수선부문 배부액 : 500,000×20% = 100,000원
수선부문 → 절단부문 배부액 : (300,000 + 100,000)×35%/(35% + 35%) = 200,000원

8 ④ 재공품 12.5%, 제품 : 25%, 매출원가 : 62.5% 비율로 배부되며 제조간접비 과대배부액은 4,000,000원 이므로 매출원가가 2,500,000원 감소한다.

9 ② 목재원가는 직접재료비, 변동원가이고 기계감가상각비는 제조간접비, 고정원가이다.

10 ① 완성률 과대 → 환산량 과대 산정 → 환산량 단위당 원가의 분모 과대계상 → 환산량 단위원가 과소 계상

11 ② 사업상증여로 간주공급에 해당한다.

12 ③ 종합소득공제를 모두 합한 금액이 종합소득금액을 초과하는 경우 그 초과하는 금액을 한도로 연금보험료공제를 받지 아니한 것으로 본다. 즉 연금보험료공제는 다른 소득공제를 먼저 공제하고 후순위로 공제하는 것으로 한다.

13 ③ 기타소득은 총수입금액에 대응하여 지출된 비용으로 입증된 비용은 필요경비로 공제한다.(소득세법 37조)

14 ③ 법인인 협회에 지급하는 회비는 전액 손금으로 인정된다.

15 ② 판매목적 타사업장 반출의 경우에는 자기의 다른 사업장에서 매입세액공제를 받을 수 있으므로 반출하는 사업장에서 공급의제가 적용된다. (부가가치세법 제10조)

1 ② 시송품 중 매입자가 매입의사를 표시하기 전 금액은 재고자산에 포함한다.
미착품 중에서 도착지 인도기준인 운송중인 상품은 재고자산에서 제외한다.
적송품 중 수탁자가 제3자에게 판매하기 전 금액은 재고자산에 포함한다.
할부판매액은 대금회수에 관계없이 판매시점에 재고자산에서 제외한다.
기말재고자산 : 5,000,000 + 800,000×(1−50%) + 500,000 = 5,900,000원

2 ① 이익잉여금처분계산서의 이익잉여금처분항목인 배당은 기말재무상태표에 나타내지 아니하며 재무상태표는 이익잉여금처분 전의 재무상태를 표시한다.

3 ③ 매출원가＝기초재고＋당기상품매입액－기말재고
    ＝당기상품재고액＋(기초재고－기말재고)＝2,500,000－150,000＝2,350,000원
    매출액＝매출원가＋매출총이익＝2,350,000＋1,800,000＝4,150,000원
    외상매출액＝매출액－현금매출액＝4,150,000－750,000＝3,400,000원
    기말매출채권＝기초매출채권＋외상매출액－매출채권회수액＝800,000＋3,400,000－2,600,000
    ＝1,600,000원

4 ④ (기초재고 20,000원↑＝순이익20,000원↓) (기말재고30,000원↓＝순이익 30,000원↓)
    ＝재고자산에서(총순이익50,000원↓)
    (전기감가상각비50,000원↑＝순이익불변) (당기감가상각비70,000원↓＝순이익70,000원↑)이므로 당기순이익은 총 20,000원 과대계상.

5 ③ 계속기업기준이 원칙이고 청산기준은 예외적으로 적용할 수 있다.
    재분류항목의 내용, 금액 및 재분류 이유는 본문이 아닌 주석에 기재한다.
    재무제표 이용자에게 오해를 줄 염려가 없는 경우에는 금액을 천원이나 백만원 단위 등으로 표시할 수 있다.

6 ② 예정배부율 : 2,600,000/32,500시간＝80원/시간
    예정배부액 : 32,000시간×80＝2,560,000원
    실제발생액 : 2,560,000－20,000＝2,540,000원

7 ① 물량기준법은 제품의 판매가격을 알 수 없는 경우에도 사용할 수 있다.

8 ③ 제품제조원가 : 420,000＋330,000＋500,000－50,000＝1,200,000원
    매출원가 : 1,400,000＝560,000＋1,200,000－기말제품재고
    기말제품재고 : 360,000원

9 ① 직접노동시간×150시간＝(700,000원－40,000원)

10 ④ 표준원가회계는 사전에 설정된 표준가격 및 표준사용량을 이용하여 제품원가를 계산하는 방법이다.

11 ② 조기환급은 1개월 또는 2개월 단위로 신고할 수 있다. 7월분의 가장 빠른 환급은 8월 25일까지 신고한다.

12 ① 500,000＋3,300,000＝3,800,000원

13 ② 별도의 승인절차가 필요하지 않음

14 ④ 중소기업의 경우 또는 기업회계기준에 따라 인도기준으로 계상한 경우 등 인도기준 적용이 가능한 경우가 있다.(법인세법 시행령 제69조)

15 ④ 계약으로 인하여 계약금이 위약금으로 대체되는 경우에 기타소득의 수입시기는 계약의 위약이 확정된 날이다.(소득세법시행령 제50조 제1항 제1의2호)

5회 집중심화시험 해답

1 ② 단기매매증권의 평가손익은 중요성에 관계없이 당기손익으로 처리한다.

2 ④ 액면이자율＜시장이자율 이므로 사채가 할인발행된다.
    사채 장부금액은 사채할인발행차금이 상각되므로 장부금액이 점차 증가한다.
    사채 이자비용은 (장부금액 × 시장이자율)에서 장부금액이 증가하므로 점차 증가한다.
    사채발행차금상각액은 (이자비용－현금이자)에서 이자비용이 증가하므로 상각액도 점차 증가한다.

구 분	할인 발행의 경우	할증 발행의 경우
액면이자	일정	일정
이자비용	증가	감소
사채할인발행차금상각액	증가	증가
사채장부가액	증가	감소

3 ③ 자기주식은 자본조정항목으로서 자본의 (−)항목이므로 소각하는 경우 자본항목간의 이동은 있으나 전체금액은 변동이 없으며 자본금은 '액면금액 × 발행주식수'이므로 소각하는 경우 발행주식수가 감소하므로 감소한다. 회사가 보유중인 자기주식을 소각하는 경우 회계처리는 다음과 같다.

(차) 자본금   5,000,000   (대) 자기주식   6,000,000
     감자차손   1,000,000

4 ③ 배당결의가 있기 전까지는 법률적인 지급의무가 없으므로 누적적우선주에 대한 연체배당금의 경우에도 부채로 계상하지 아니한다.

5 ③ 총매출액 : 10대 × 10,000,000 = 100,000,000원
매출할인 : 10,000,000 × 2% × 10대 = 2,000,000원
순매출액 : 98,000,000원(20x1년도 손익계산서에 반영될 매출액)
총매출액에서 매출할인과 매출환입을 차감하여 손익계산서에 반영될 매출액이 계산된다. 이때 매출환입은 20x2년에 발생된 것이므로 20x2년 매출액에서 차감하며, 20x1년 매출액에는 전혀 영향이 없다.

6 ③ 표준원가계산, 종합원가계산, 실제원가계산

7 ③ 당기총제조원가는 당기 발생한 직접재료비와 직접노무비 제조간접비의 합계액이다.

8 ③

구 분	금 액	원가요소비율	제조간접비 배부차액
매출 원가	50,000	50%	7,500
기말재공품	20,000	20%	3,000
기말 제품	30,000	30%	4,500
합 계	100,000		15,000(= 3,000 ÷ 20%)

① 제조간접비 배부차액조정액이 기말재공품을 감소시킨다는 점에서 제조간접비가 과대배부되었다는 점을 확인할 수 있다.
② 당기순이익은 매출원가에서 조정되는 배부차액만큼 증가한다.
③ 재무상태표에 기록될 재고자산금액은 기말재공품 17,000원과 기말제품 25,500원으로 총 42,500원이다. 이는 각 자산별로 배부될 배부차액을 차감한 잔액의 합이다.
④ 매출원가가감법하에서는 배부차액 전액이 매출원가에서 조정되므로 매출원가가 35,000원으로 계상되나 총원가비례법에서는 매출원가 42,500으로 계상되어 당기순이익은 매출원가가감법보다 7,500원 작다.

9 ② 재공품의 완성도가 80%이므로, 재료 Y는 70%시점에서 이미 전량 투입되었으며, 가공원가는 완성품대비 80% 투입되었다.

10 ①

   AQ×AP   AQ× SP   SQ× SP
        4,200시간 × 500원/시간 = 2,100,000원   1,300단위×3시간×500원/시간 = 1,950,000원

능률차이 150,000원 불리

변동제조간접비 능률차이 : (4,200시간 − 1,300단위 × 3시간) × @500/시간 = 150,000원(불리)

11 ④ 주사업장 총괄납부의 경우에는 납부만을 주된 사업장에서 하고, 신고는 각 사업장별로 해야 한다.

12 ② 재고자산의 저가법에 따라 평가한 평가차손은 손금과 필요경비가 모두 인정된다.

13 ③ 연예인 및 직업운동선수 등이 사업활동과 관련하여 받는 전속계약금은 사업소득으로 한다.
인적용역제공의 사업소득 총수입시기는 용역대가를 지급받기로 한 날 또는 용역의 제공을 완료한 날 중 빠른 날. 다만, 연예인 및 직업운동선수 등이 계약기간 1년을 초과하는 일신전속계약에 대한 대가를 일시에 받는 경우에는 계약기간에 따라 해당 대가를 균등하게 안분한 금액을 각 과세기간 종료일에 수입한 것으로 한다. 이때 월수의 계산은 해당 계약기간의 개시일이 속하는 달이 1개월 미만인 경우에는 1개월로 하고 해당 계약기간의 종료일이 속하는 달이 1개월 미만인 경우에는 이를 산입하지 아니한다.

14 ④ 이월결손금의 공제 범위

중소기업 및 특정법인 : 각사업년도소득금액의 100% 범위 내에서 공제

이외의 법인 : 각사업년도소득금액의 80% 범위 내에서 공제

15 ④ 법인이 2024년 1월 1일 이후 취득한 승용차로 취득가액 8000만원 이상 승용차는 연녹색의 전용번호판을 부착하지 아니하면 업무용승용차 관련비용을 전액 손금불산입한다. 취득한 승용차에는 리스에 의한 경우와 대여기간 1년(합산 기간 1년) 이상인 경우를 포함한다.

6회 집중심화시험 해답

1 ① 감가상각방법은 매기 계속하여 적용하고, 정당한 사유 없이 변경하지 않는다. 새로 취득한 유형자산에 대한 감가상각방법도 동종의 기존 유형자산에 대한 감가상각방법과 일치시켜야 한다.

2 ③ 우발자산은 자산으로 인식하지 아니하고 자원의 유입가능성이 매우 높은 경우에만 주석에 기재한다. 상황변화로 인하여 자원이 유입될 것이 확정된 경우에는 그러한 상황변화가 발생한 기간에 관련 자산과 이익을 인식한다.

3 ③ 자본금 + 주식발행초과금 + 감자차익 + 매도가능증권평가이익 − 자기주식처분손실 − 자기주식 + 미처분이익잉여금

매도가능증권처분손실은 손익계산서의 영업외비용항목이다.

4 ③ Ⓐ, Ⓑ는 재무제표를 수정하여야 하며 Ⓒ는 시장가격의 하락은 재무상태표일 현재의 상황과 관련된 것이 아니라 그 이후에 발생한 상황이 반영된 것으로서 재무제표를 수정할 수 없다.

5 ② 사채할인발행차금의 상각은 이자비용에 해당한다.

6 ② 공장건물의 보험료는 각 부문의 점유면적에 따라 배부되어야 한다.

7 ①

보조부문	제조부문		보조부문	
	P1	P2	S1	S2
발생원가	?	?	100,000원	Ⓐ
S1	50%	30%	–	20%
S2	40%	40%	20%	–
S1원가배부	50,000	30,000	100,000	20,000
S2원가배부	Ⓑ			Ⓒ
총원가배부액	110,000			

Ⓑ : 110,000 − 50,000 = 60,000원

$$Ⓑ : Ⓒ × \frac{40\%}{40\%+40\%} = 60,000원$$

$$Ⓒ : 60,000 ÷ \frac{40\%}{40\%+40\%} = 120,000원$$

Ⓐ : 120,000 − 20,000 = 100,000원

8 ① • 기말재공품 수량은 1,000개(= 500 + 6,500 − 5,200 − 800) 이다.

• 기말 재공품의 완성도가 70%이므로 당기에 검사하여 합격한 수량에 포함시켜야 하고 기초재공품 500개는 전기에 이미 통과를 하였으므로, 제외시켜야 한다.

• 당기에 검사하여 합격한 수량 : 5,200개 + 1,000개 − 500개 = 5,700개

따라서 공손품 800개 중에서 정상공손은 570개(5,700개 × 10%)이고, 비정상공손은 230개이다.

9 ① 기초재공품 재고액이 없는 경우에는 평균법과 선입선출법에 의한 제품제조원가는 같다. 따라서 1,050,000원
10 ③ • 표준원가계산제도에 있어 표준원가 선정이 과학적이고 객관적으로 설정하기가 쉽지 않으며 표준원가를 설정하는데 상당한 시간과 비용이 소요된다.
   • 한국채택국제회계기준과 일반기업회계기준은 표준원가법이나 소매재고법 등의 원가측정은 그러한 방법으로 평가한 결과가 실제원가와 유사한 경우에 편의상 사용할 수 있다. 다만 후입선출법은 일반기업회계기준은 인정하지만 한국채택국제회계기준에서는 인정하지 않는다.
11 ① (95,000,000−5,000,000)+(30,000,000−3,000,000)=117,000,000원
   과세표준에 포함하지 않는 항목 : 매출에누리, 매출환입, 매출할인, 공급받는 자에게 도달하기 전에 파손, 훼손, 멸실된 재화의 가액
12 ④ 신용카드등사용금액에 대한 소득공제는 근로소득이 있는 거주자에게만 적용된다.
13 ③ 장애인은 연령요건에는 제약이 없으나, 소득금액에는 제한이 있다. 일시적인 문예창작소득은 기타소득으로서 필요경비 60%를 제외하면 기타소득금액이 6,400,000원으로 종합과세대상이 된다. 종합과세대상 소득금액이 100만원을 초과하므로 기본공제대상자가 아니다.
14 ④ 법인세법상 기타사외유출로 소득처분된 소득은 소득세법상의 소득으로 분류되어 있지 아니하므로 수입시기가 존재하지 않는다.
15 ③ 나머지 대손사유는 결산조정항목이다.

7회 집중심화시험 해답

1 ① 일반기업회계기준상 화폐성 외화항목의 매 보고기간말 외화환산은 마감환율에 의한다. 마감환율이란 보고기간말의 현물환율을 의미한다.
2 ③ 자산과 부채가 동시에 누락되었으므로 자산과 부채는 과소계상 되나 자본과 당기순이익은 영향이 없다.
3 ② 주식발행회사의 입장에서 주식배당은 이익잉여금이 자본금으로 위치만 이동하므로 자본은 변동이 없다. 또한 주주인 법인(투자회사)의 입장에서 주식배당은 배당수익으로 인식하지 아니하며 주식수량을 증가시켜 주당취득가액을 낮추기만 한다.
4 ④ (일반기업회계기준 5.13) 당해 회계연도 개시일부터 적용한다.
5 ③ 제품의 시가는 순실현가능가액(=정상적인 영업과정의 예상판매가격−예상추가원가와 판매비용)이고 원재료의 시가는 현행대체원가이다. 다만, 원재료의 경우 완성될 제품의 원가 이상으로 판매될 것으로 예상되는 경우에는 그 생산에 투입하기 위해 보유하는 원재료에 대해서는 저가법을 적용하지 않는다.

품 목	취득원가	순실현가능가치	평가손익
제품 갑	500,000원	490,000원	(10,000원)
제품 을	800,000원	820,000원	−
제품 병	1,000,000원	800,000원	(200,000원)
원재료	600,000원	500,000원	(100,000원)
합 계			(310,000원)

6 ③ 실제발생액은 6,150,000원인데 장부상 예정배부된 금액이 6,240,000원이므로 장부상 과대배부된 금액이 90,000원이고 과대배분된 금액만큼 장부에 원가를 차감하게 되므로 유리한 효과가 발생할 것이다.
   예정배부율 = 제조간접원가예산÷예정배부기준수
     1.2   = 6,000,000 ÷ 5,000,000
   예정배부액 = 예정배부율×실제배부기준수
   6,240,000원 =   1.2 × 5,200,000

실제발생액 − 예정배부액 = (−)과대배부액(유리)

6,150,000 − 6,240,000 = (−)90,000원 과대배부

7 ④ 매몰원가는 이미 발생한 원가로 의사결정에 영향을 미치지 않는 원가이다. ③의 경우 기계장치의 취득원가인 20,000,000원이 의사결정에 영향을 미치지 않는 매몰원가이다.

8 ③ 보조부문용역 수수관계에 따른 배분방법과 원가행태에 따른 배분방법은 두 가지 방법을 혼용하여 사용할 수 있다.

9 ② 선입선출법에 의하여 원가계산 시 기초재공품과 기말재공품의 완성도가 필요하다.

10 ① 직접재료원가의 능률차이는 재료의 구입시점에서 인식하든 재료의 사용시점에서 인식하든 항상 동일하다.

11 ② 공급시기가 속하는 과세기간이 끝난 후 20일 이내에 사업자등록을 신청한 경우 그 과세기간에 수취한 세금계산서는 대표자 주민번호를 기재하여 매입세액공제 가능하다.

과세표준 2억원 이하인 개인 음식점의 의제매입세액 공제율은 9/109이며, 매입가액의 한도는 70%(140,000,000원)이다.

(30,000,000 + 50,000,000 + 3,000,000) × 10% + 10,900,000 × 9/109 = 9,200,000원

12 ① • 전자세금계산서를 발급하고 세금계산서 발급명세를 국세청장에게 전송한 경우에는 매출처별세금계산서합계표불성실가산세가 적용되지 않는다. 따라서 ①의 경우 신고불성실가산세와 납부지연가산세만 적용된다.

• 월합계 세금계산서는 해당 월의 말일자를 작성일자로 하여 다음달 10일(토요일 또는 공휴일인 경우에는 다음날)까지 발급할 수 있다.

공급시기 이후에 발급한 세금계산서를 받은 공급받는자 (주)정은 공급시기가 속한 과세기간의 확정신고기한까지 세금계산서를 발급받으면 매입세액 공제(지연수취가산세 0.5% 부담)를 받을 수 있다.

13 ④ 기타소득으로 분류 될 경우 필요경비로 60%가 인정되므로 기타소득금액은 80만원으로 기타소득금액이 300만원 이하에 해당하면 납세의무자의 선택에 따라 종합합산 또는 분리과세를 선택할 수 있다. 따라서 반드시 합산하여 종합소득세 신고하는 것은 아니다.

14 ② 기타사외유출로 소득처분을 하여야 하며, 원천징수대상이 아니다. 법인이 귀속자에게 소득세액을 원천징수하여야 하는 소득처분은 배당, 상여 그리고 기타소득이다.

15 ① 법인세법상 유가증권은 원가로 평가한다.

8회 집중심화시험 해답

1 ① 단기매매증권이나 시장성 있는 매도가능증권에 대한 기말평가기준은 시가법이다. 단기매매증권의 평가차손익은 당기손익으로, 매도가능증권의 평가손익은 자본항목인 기타포괄손익누계액에 반영한다. 따라서 갑주식의 장부가액은 계정분류와 상관없이 일정하며 취득시보다 시가가 하락한 경우 당기순이익은 매도가능증권으로 분류한 경우보다 감소한다. 그러나 자본은 계정분류여부와 상관없이 일정하다.

2 ④ 확정급여형의 경우 운용되는 자산은 기업이 직접 보유하고 있는 것으로 보아 회계처리하며 퇴직연금운용자산으로 표시하고 퇴직급여충당부채를 차감하는 형식으로 표시한다. 또한 확정기여형의 경우 회사가 납부하여야 할 부담금을 퇴직급여(비용)로 인식하고 퇴직연금운용자산, 퇴직급여충당부채 및 퇴직연금미지급금은 인식하지 아니한다.

3 ③ 매출채권의 양도 후 양도인이 부담해야 할 위험은 양도거래에 수반된 일종의 하자담보책임에 불과하므로 매출채권의 양도 후 양수자에게 상환청구권이 있는지의 여부는 매각거래와 차입거래의 구분에 영향을 미치지 않는다.

4 ④ 27,000 − (20,000 − 15,000 + 5,000) = 17,000원

(차) 대손충당금　　　　　　　27,000　　　(대) 대손상각비　　　　　　　17,000

5 ② {894,483 + (894,483 × 13% − 100,000)} × 13% − 100,000 = 18,399원

6 ③ 매출원가 : 15,000,000 × 70% = 10,500,000원

재 공 품

기초	4,700,000	당기제품제조원가	11,500,000
직접재료비	3,500,000		
직접노무비	4,500,000	기말	3,000,000
제조간접비	1,800,000		

제 품

기초	3,000,000	매출원가	10,500,000
당기제품제조원가	11,500,000	기말	4,000,000

7 ② 〈평균법〉 재료원가 완성품 환산량 = 10,000개 + 5,000개 = 15,000개
　　　　　 가공원가 완성품 환산량 = 10,000개 + 5,000개 × 60% = 13,000개
　　 〈선입선출법〉 재료원가 완성품 환산량 = 9,000개 + 5,000개 = 14,000개
　　　　　　 가공원가 완성품 환산량 = 1,000개 × 60% + 9,000개 + 5,000개 × 60% = 12,600개

8 ② (1) 변동원가의 배분 도색부문 : 5,000,000 × 40% = 2,000,000원
　　　 조립부문 : 5,000,000 × 60% = 3,000,000원
　　 (2) 고정원가의 배분 도색부문 : 8,000,000 × 60% = 4,800,000원
　　　 조립부문 : 8,000,000 × 40% = 3,200,000원

9 ② 상대적 판매가치법은 분리점에서 판매가치가 없는 결합제품에 대해서는 사용할 수 없는 단점이 있다. 이에 반해, 순실현가치법은 분리점에서 판매가치를 알 수 없는 경우에도 사용할 수 있다는 장점이 있다.

10 ① 매출원가조정법과 영업외손익조정법은 기말재고자산에 차이금액을 배부하지 않기 때문에 당기순이익에 미치는 효과는 동일하다.

11 ③ • 계약의 해제로 재화 또는 용역이 공급되지 아니한 경우로서 수정세금계산서 작성방법은 계약이 해제된 때에 작성일은 계약해제일로 적고 비고란에 처음 세금계산서 작성일을 덧붙여 적은 후 공급가액과 세액을 붉은색 글씨로 쓰거나 음(−)의 표시를 하여 수정세금계산서를 발급한다.
　　 • 일정한 요건을 갖춘 경우 매입자가 세금계산서를 발행할 수 있다.

12 ④ 재화의 공급으로 보지 않는다.

13 ② 특별공제와 특별세액공제를 선택하지 않은 근로소득이 있는 거주자는 13만원의 표준세액공제를 적용하고, 법정요건을 충족하는 성실사업자는 12만원을 적용하며, 이외의 자는 7만원의 표준세액공제를 적용한다.

14 ④ 배당세액공제만 적용받을 수 있다.

15 ① 사업의 개시를 위하여 취득한 자산은 감가상각 시부인 대상에 해당한다.

1. ④ 장기차입약정을 위반하여 채권자가 즉시 상환을 요구할 수 있는 채무는 보고기간종료일과 재무제표가 사실상 확정된 날 사이에 상환을 요구하지 않기로 합의하더라도 유동부채로 분류한다.[일반기업회계기준 문단 2.26]

2. ② 상품권을 회수하고 재화를 인도한 시점에 수익으로 인식하며 상품권 발행 시에는 선수금으로 처리한다.

3. ① 30,000,000 + 117,000,000 = 147,000,000원
   - 기말자본금 = 기초자본금 + 기중 자본금 변동
   - 기중 자본금 변동 = 유상증자 + 무상증자 + 주식배당
     100,000,000 + 10,000,000 + 7,000,000 = 117,000,000원
   - 유상증자 : (차) 현금등   120,000,000   (대) 자본금   100,000,000
                                                  주식할인발행차금   10,000,000
                                                  주식발행초과금   10,000,000
   - 무상증자 : (차) 자본잉여금   10,000,000   (대) 자본금   10,000,000
   - 배당 : (차) 이익잉여금   10,000,000   (대) 자본금   7,000,000
                                                  현 금   3,000,000

4. ② 나. 제3자에게 양도한 금융부채의 장부금액과 지급한 대가의 차액은 당기손익으로 인식한다.

5. ① 중대한 오류는 재무제표의 신뢰성을 심각하게 손상할 수 있는 매우 중요한 오류를 말한다.

6. ③ 그래프(가)는 고정원가, 그래프(나)는 변동원가를 표현하는 그래프이다. 변동원가의 예로는 커피 제조의 원두가 있으며, 고정원가의 예로 기계장치 감가상각비, 공장 임차료가 있다.

7. ② 2,000,000 − 200,000 − 306,000 = 1,494,000원
   - 매출총이익 = 매출액 − 추가가공원가 − 결합원가 배부액

구분	순실현가치(= 판매가격 − 추가가공원가)	결합원가 배부액
A	1,000개×@2,000 − 200,000 = 1,800,000원	306,000원
B	800개×@2,500 − 500,000 = 1,500,000원	255,000원
C	1,700개×@1,000 = 1,700,000원	289,000원
합계	5,000,000원	850,000원

8. ④ (1,900 − 400×40% + 700×20%)×10 = 18,800원
   가공원가 발생액 = (당기완성수량 − 기초재공품환산량 + 기말재공품환산량)×완성품환산량 단위당 가공원가

9. ② 판매비및관리비를 제조원가로 회계처리하면 제품매출원가는 증가하고, 매출총이익은 감소한다. 그러나 영업이익과 당기순이익은 변동이 없다.

10. ④ 예정배부액 95,000 − 실제발생액 100,000 = −5,000원(과소배부)
    - 예정배부액 : 실제직접노무시간×예정배부율(500×190 = 95,000원)

11. ④ 필요적 기재사항 등이 착오로 잘못 적힌 경우에는 처음에 발급한 세금계산서의 내용대로 세금계산서를 붉은색 글씨로 쓰거나 음의 표시를 하여 발급하고, 수정하여 발급하는 세금계산서는 검은색 글씨로 작성하여 발급한다.

12. ③ 음식점업을 경영하는 사업자 중 개인사업자의 경우 과세표준 2억원 이하인 경우 2026년 12월 31일까지 9/109 의제매입세액공제율을 적용한다.

13. ② 소득세법 시행규칙 [별지 제40호서식(1)]

14. ① 주택 임대소득에서 발생한 결손금은 다른 사업소득에서 공제 가능하다.

15. ③ 내국법인은 중간예납기간이 지난 날부터 2개월 이내에 중간예납세액을 대통령령으로 정하는 바에 따라 납세지 관할 세무서, 한국은행(그 대리점을 포함한다) 또는 체신관서(이하 "납세지 관할 세무서등"이라 한다)에 납부하여야 한다.(법인세법 제63조 제3항)

1. ① 재무제표는 추정에 의한 측정치를 포함하고 있다.[일반기업회계기준 재무회계개념체계 문단 87]

2. ① 목적지 인도조건인 미착상품은 판매자의 재고자산에 포함하고, 매입자는 도착 전까지 재고자산에 포함되지 않는다.

3. ③ 이익준비금은 자본금의 1/2에 달할 때까지 적립한 금액을 말한다.

4. ③ 1,000,000×12%×2/12＝20,000원(미수이자)
   취득일(2025.09.01.)의 분개

(차) 단기매매증권	930,000	(대) 현 금	950,000
미수이자	20,000		

5. ① 선급금은 비화폐성 자산이다.
   • 화폐성 자산 : 현금, 예금, 외상매출금, 받을어음, 대여금, 미수금, 유가증권
   • 비화폐성 자산 : 선급금, 재고자산, 고정자산, 투자유가증권

6. ② 기초 제품 원가의 계상 오류는 손익계산서상 제품 매출원가에 영향을 미치지만, 제조원가명세서상 당기제품제조원가에는 영향을 미치지 않는다.

7. ② • 당기 완성품수량＝당기 판매량＋기말 제품－기초 제품
   　86,000개＋17,000개－13,000개＝90,000개
   • 공손수량＝기초 재공품＋당기 착수량－기말 재공품－당기 완성품
   　17,700개＋85,000개－10,000개－ 90,000개＝2,700개
   • 정상공손수량＝당기 완성품수량×1%(90,000개×1%＝900개)
   • 비정상공손수량＝당기공손수량－정상공손수량(2,700개－900개＝1,800개)

8. ④ 순실현가치법은 분리점에서의 순실현가치를 기준으로 결합원가를 배분하는 방법이다. 순실현가치는 최종 판매가격에서 추가가공원가와 추가판매비와관리비를 차감한 후의 금액이다.

9. ③ • 제조간접원가 예정배부율＝제조간접원가 예산÷예정조업도
   　1,000,000÷100시간＝10,000원/기계시간
   • 제조간접원가 배부액＝실제기계시간×배부율
   • 제품 A 제조간접원가 배부액 : 60×10,000＝600,000원
   • 제품 B 제조간접원가 배부액 : 50×10,000＝500,000원

10. ④ 표준원가와 실제원가가 상당한 차이가 있는 경우에는 표준원가를 실제의 상황에 맞게 조정하여야 한다.

11. ① 거래 건당 공급대가가 5만원 이상인 경우에 매입자발행세금계산서를 발행할 수 있다.

12. ③ 수출실적명세서는 세금계산서 발급 대상이 아닌 영세율 적용분(영세-기타란)이 있을 때 제출하는 서류이다.

13. ②

14. ④ 100,000,000×25%＝25,000,000원
   • 당해 연도에 연구전담부서를 설립·등록한 중소기업이므로 해당 과세연도의 연구인력개발비에 공제율 25%를 적용한다.

15. ④ 공동사업의 경영에 참여하지 아니하고 출자만 한 출자공동사업자가 받는 소득의 분배는 배당소득에 해당한다.

1. ③ 원칙적으로 단기매매증권, 매도가능증권은 공정가치로 평가하고, 만기보유증권은 상각후원가로 평가한다.

2. ② 유형자산을 신규 취득한 회계연도의 감가상각비는 정액법보다 정률법이 크다. 따라서 감가상각비는 증가하고, 당기순이익과 차량운반구의 장부가액은 감소한다.

3. ③ 전진법의 단점에 대한 설명이다. 소급법의 경우 재무제표의 비교가능성이 유지되고 회계변경의 영향이 재무제표에 충분히 반영되어 파악하기 쉽다.

4. ② 기업이 매입 등을 통하여 취득하는 자기주식은 취득원가를 자기주식의 계정과목으로 회계처리한다. 자기주식 계정은 자본조정에 해당한다.[일반기업회계기준 문단 15.8]

5. ① 사채할증발행차금 상각액은 매년 증가한다.

6. ④ 40,000 + 36,000 = 76,000원
   제조부문 X에 배분 될 보조부문원가 = 수선부문 배분액 + 전력부문 배분액
   (1) 수선부문 원가배분
   - 전력부문 : 100,000 × 40% = 40,000원
   - 제조부문 X : 100,000 × 40% = 40,000원
   - 제조부문 Y : 100,000 × 20% = 20,000원
   (2) 전력부문 원가배분
   - 전력부문 배분대상원가 : 40,000 + 80,000 = 120,000원
   - 제조부문 X : 120,000 × 30% = 36,000원
   - 제조부문 Y : 120,000 × 70% = 84,000원

7. ④ (400단위 × 50%) + (4,600단위 × 100%) + (400단위 × 50%) = 5,000단위

8. ② 가. 작업폐물에 관한 설명이다.
   라. 비정상공손에 대한 설명이다.

9. ① 원가행태에 따른 분류로서 변동원가, 고정원가, 준변동원가, 준고정원가로 구성된다.

10. ④ 기말재공품의 완성도는 선입선출법, 평균법에서 모두 고려해야 하는 대상이다.

11. ③ 영세율의 경우 부가가치세법상 사업자로서 제반의무를 이행해야 한다. 면세는 부가가치세법상 의무사항은 없으나 일정한 협력의무는 이행해야 한다.

12. ④ 채권자가 불분명한 사채의 이자는 상여로 처분하지만 해당 이자에 대한 원천징수세액은 기타사외유출로 처분한다.

13. ③ 가. 재화의 공급으로 부가가치세 과세 대상이다.
   나. 권리금으로 재산적 가치가 있는 무체물은 부가가치세 과세 대상이다.
   라. 재산적 가치가 있는 유체물은 재화에 포함되는 것으로 사업자가 공급하는 경우 과세 대상이다.

14. ② 아파트관리비는 공제 대상 신용카드 등 사용금액에 포함하지 않는다.

15. ④ 주거용 건물의 임대업에서 발생한 결손금은 근로소득→연금소득→기타소득→이자소득→배당소득 순으로 다른 종합소득금액에서 공제가 가능하다.

1. ② 주식배당 시 자본금은 증가하고 이익잉여금은 감소하며 자본총액은 동일하다.
   ※ 회계처리 예시

(차) 미처분이익잉여금	XXX	(대) 자본금	XXX

2. ④ 용역제공거래의 성과를 신뢰성 있게 추정할 수 없고 발생한 원가의 회수가능성이 낮은 경우에는 수익을 인식하지 않고 발생한 원가를 비용으로 인식한다.[일반기업회계기준 문단 16.14]

3. ③ • 12월 31일 회계처리

(차) 감가상각비	400,000	(대) 감가상각누계액	400,000
정부보조금(기계장치차감)	200,000	감가상각비	200,000

   • 재무상태표상 기계장치의 장부금액 = 기계장치 취득원가 − 감가상각누계액 − 정부보조금
   2,000,000 − 400,000 − 800,000 = 800,000원

4. ④ 사채의 장부가액이 매년 감소하므로 사채의 실질이자도 매년 감소한다.

5. ③ • 납부해야 할 법인세가 회계상 법인세비용을 초과하는 경우 이연법인세자산을 인식한다.
   ※ 회계처리 예시

(차) 법인세비용	200	(대) 미지급세금	300
이연법인세자산	100		

   • 유형자산 취득 초기에 정률법에 의한 감가상각비가 정액법에 의한 감가상각비보다 많으므로 순이익이 감소하여 회계상 법인세비용이 세법상 납부하여야 할 미지급법인세보다 적으므로 차액이 이연법인세자산으로 계상된다.

6. ① • 기본원가 : 직접재료원가 + 직접노무원가
   • 가공원가 : 직접노무원가 + 제조간접원가

7. ② 나. 종합원가계산은 소품종대량생산에 적합하다.
   라. 매몰원가에 대한 설명이다.

8. ② • 기초재공품 완성품환산량 : 1,000개 × (100% − 60%) = 400개
   • 당기착수분 완성품환산량 : 7,000개 × 100% = 7,000개
   • 기말재공품 완성품환산량 : 2,000개 × 50% = 1,000개
   ∴ 완성품환산량은 8,400개이다.
   • 가공원가 발생액 : 8,400개 × 10원/개 = 84,000원

9. ①

실제 발생원가	기준조업도 × 표준배부율	표준조업도 × 표준배부율
600,000원	10,000개 × 1시간 × 50원 = 500,000원	9,000개 × 1시간 × 50원 = 450,000원

   예산차이 100,000원 불리   조업도차이 50,000원 불리

   ∴ 고정제조간접원가 총차이 : 150,000원 불리

10. ② 개별원가계산방법은 제품별, 작업지시서별로 집계된 원가에 의하여 제조원가를 계산한다.

11. ③ 비영리법인이 청산하는 경우에는 잔여재산을 구성원에게 분배할 수 없고 유사한 목적을 가진 비영리법인이나 국가에 인도하므로 청산소득이 발생하지 않는다. 따라서 청산소득에 대한 법인세 납세의무가 없다.(법인세법 제4조 제1항)

12. ③ 일용근로자에게 지급하는 일용직 근로소득에 대해서는 간이지급명세서를 제출하지 않아도 된다.(소득세법 제164조의3 제1항)

13. ② 근무기간 중에 부여받은 주식매수선택권을 퇴직 후에 행사함으로써 얻는 이익은 기타소득에 해당한다.(소득세법 제21조 제1항)

116회   기출문제연습 해답

1. ②   나머지는 모두 목적적합성을 선택한 경우이며, 수익인식방법을 진행기준이 아닌 완성기준으로 선택하는 경우는 신뢰성을 선택한 경우이다.

2. ②   시용판매를 위하여 고객에게 인도한 상품은 고객의 매입의사 표시 시점에 소유권이 이전되므로 기말재고에 포함한다. 할부판매계약에 따라 인도한 상품은 인도 시점에 대금을 모두 회수하지 않더라도 재화가 인도되었으므로 기말재고에서 제외한다.

3. ③   다른 용도의 자산과 교환하여 취득한 유형자산의 취득원가는 제공한 자산의 공정가치로 측정한다.

4. ④   중도에 포기한 자본거래 비용은 당기손익으로 인식한다.[일반기업회계기준 문단 15.5]

5. ②   회계추정의 변경은 전진적으로 처리하여 그 효과를 당기와 당기 이후의 기간에 반영한다.[일반기업회계기준 문단 5.14]

6. ④

7. ①   • 수리 후 처분하는 경우, 포기해야 하는 대안은 현재 상태에서 처분하는 것이다. 따라서 기회비용은 현재 상태에서 처분할 수 있는 가액인 800,000원이 된다.

8. ③   (1) S1 → P2 : 1,000,000×30%＝300,000원
      (2) S1 → S2 : 1,000,000×30%＝300,000원
      (3) S2 → P2 : (300,000＋1,500,000)×(50%÷80%)＝1,125,000원
      ∴ P2에 배분될 보조부문의 원가총액 : 300,000＋1,125,000＝1,425,000원

9. ②   • 단위당 가공원가 : (64,000＋260,000)÷(25,000단위＋5,000단위×40%)＝12원/단위
      • 기말재공품원가 : 12×(5,000단위×40%)＝24,000원

10. ③   균등이익률법은 조건이 같다면 추가 가공원가가 높은 제품에 결합원가가 적게 배분된다.

11. ④   일시, 우발적 원고료는 기타소득, 프리랜서(일정한 소속 없이 자유계약으로 일하는 사람)의 원고료는 사업소득, 근로자가 업무와 관련하여 회사 사보를 게재한 원고료는 근로소득으로 구분된다.

12. ③   개인사업자의 대표자를 변경하는 경우는 사업자등록정정 사유가 아닌 폐업 사유이다. 종전의 사업자는 폐업신고를 하고, 새로운 사업자는 신규사업자로 사업자등록을 하여야 한다

13. ②   주주나 출연자가 아닌 임직원에게 사택을 무상으로 제공하는 것은 부당행위계산 적용대상이 아니다.

14. ②   토지의 매매는 면세이지만 토지의 임대는 과세대상이다.

15. ①   전자세금계산서 의무발급대상 개인사업자의 공급가액은 8천만원 이상이다.

1. ③ 재무제표의 중요한 항목은 본문이나 주석에 구분하여 표시하며, 중요하지 않은 항목은 성격이나 기능이 유사한 항목으로 통합하여 표시할 수 있다.

2. ③ 단기매매증권은 최초 인식 시 공정가치로 측정하고, 후속 측정 시에도 공정가치로 평가한다.

3. ① • 매출원가＝매출액×(1－매출총이익률) : 78,000,000×(1－10%)＝70,200,000원
  • 파손 시점 기말재고 추산액 : 23,000,000＋56,000,000－70,200,000＝8,800,000원
  • 재고자산 피해액 : 8,800,000－1,800,000＝7,000,000원

4. ② 비화폐성 항목에서 발생한 손익을 기타포괄손익으로 인식하는 경우 그 손익에 포함된 환율변동 효과도 기타포괄손익으로 인식한다.

5. ④ 확정기여형 퇴직급여 제도에서는 운용에 관한 내용은 모두 종업원이 결정하고 책임진다.

6. ① 기회원가(기회비용)에 대한 설명이다.

7. ① • 매출원가＝20,000,000원×75%＝15,000,000원

재 공 품

기초재공품	?	당기제품제조원가	14,800,000
직접재료원가	3,200,000		
직접노무원가	4,500,000	기말재공품	2,200,000
제조간접원가	4,000,000		
	17,000,000		17,000,000

제 품

기초제품	3,000,000	매출원가	15,000,000
당기제품제조원가	14,800,000	기말제품	2,800,000
	17,800,000		17,800,000

  ∴ 기초재공품＝5,300,000원

8. ③ 조업도차이는 고정제조간접원가에서만 발생한다.

9. ② • 예정배부율 : 3,000,000÷10,000시간＝300원/시간
  • 예정배부액 : 11,500시간×300＝3,450,000원
   ∴ 3,450,000－250,000(과대배부)＝3,200,000원

10. ④ 정상공손은 능률적인 생산조건 하에서는 회피와 통제가 불가능하다.

11. ③ • 계약의 위약이나 해약으로 인하여 지급하는 위약금과 배상금은 지급일이 속하는 연도의 다음 연도 2월 말일까지 지급명세서를 제출하는 소득이다.
  • 2024년 1월 이후 '인적용역' 기타소득을 지급하는 자는 소득 지급일이 속하는 달의 다음 달 말일까지 간이지급명세서(거주자의 기타소득)를 제출하여야 한다.

12. ④ 건설자금이자는 유보로 처분한다.

13. ① 3주택 이상 소유자로서 보증금 합계액이 3억원을 초과하는 경우 간주임대료 수입금액이 발생한다.

14. ④ 연간 공급대가가 4,800만원 이상인 간이과세자는 세금계산서 발급이 가능하다.

15. ④ • 도서는 면세재화이므로 부가가치세액이 없다.
  • 개별소비세 과세대상 승용차의 매입세액이므로 매입세액 불공제한다.
  • 신규로 건물이 있는 토지를 취득하고 토지만을 사용하기 위하여 건물을 철거하는 경우 건물의 취득 및 철거 관련 비용의 매입세액은 불공제한다.

한국세무사회 주관 국가공인자격시험 대비

케이렙 KcLep에 의한

POINT   2025 최신개정
전산세무 1급

케이렙 **KcLep**에 의한

POINT 2025
전산세무 1급

이론 + 실기 + 기출문제

이 성 노 지음

실무편

케이렙 **KcLep**에 의한

POINT 2025
전산세무 1급

이성노 지음

경영과회계

　기업의 회계처리와 세무업무가 전산화되면서 회계 담당자들은 이론적으로 회계와 세무업무를 익히는 것만이 아니라 전산업무도 숙지하는 것이 필수가 된지 오래되었다. 모든 분야의 전산화가 회계분야에도 지대한 변화를 가져오고 그 변화에 따라 한국세무사회의 국가공인 전산세무회계 검정시험이 도입되었다.

　전산세무회계 검정시험은 회계와 세무에 대한 이론만으로 되는 것도 아니고 컴퓨터를 아는 것만으로도 될 수 없다. 전산세무회계 검정시험을 준비하는 것은 회계와 세무에 관한 이론을 숙지하고 그 이론을 바탕으로 전산실무를 익혀야 된다. 따라서 본서는 이론편에서 기초이론정리와 평가문제 및 다양한 연습문제를 통하여 충분한 학습을 할 수 있게 하고, 실무편은 다음과 같은 단계의 학습으로 반복 정리하여 실무시험의 적응력을 최대한 높이려 하였다.

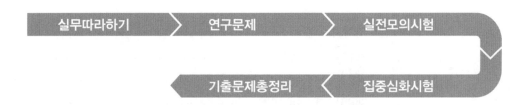

　전산세무회계 자격시험이 KcLep[케이 렙]으로 변화하는 것에 발맞춰 본서도 새로운 내용으로 채우기 위하여 노력하였다. 새로운 내용의 반영으로 빡빡한 일정에도 불구하고 본서가 출간되기까지 지원을 아끼지 않으신 경영과회계 사장님과 편집실에 감사를 드린다.

저자 이성노

실무편

KcLep 따라하기 •• 11

계정과목별로 구성된 예제를 통한 실습

실무시험출제유형에 따른 연구문제 ·· 329

추가입력, 정정문제, 조회문제 등의 주요검토사항 · 채점포인트 제시

실전모의시험(법인조정) •• 361

실무시험 공략을 위해 총 10회 모의실무시험 제공

집중심화시험(실무시험) •• 401

총 6회분의 실제시험대비 총공략

기출문제연습(실무시험) •• 451

개정내용을 반영한 완벽한 해석을 통해 총정리

포인트 해답 •• 511

KcLep 프로그램 및 백데이터 설치요령

KcLep [케이 렙] 다운로드 및 설치방법

1. 한국세무사회 자격시험 홈페이지
   (http://license.kacpta.or.kr)에 접속한다.

2. 화면 하단의 'KcLep [케이 렙] 수험용 다운로드'를
   클릭하여 [KcLepSetup.exe]을 다운로드 한다
   (버전에 따라 파일명이 다를 수도 있음).

3. 다운로드 한 파일을 더블클릭하여 설치를 진행한다.
4. 화면의 순서를 참고하여 [다음] → [확인] 버튼을 클릭하여 설치를 완료한다.

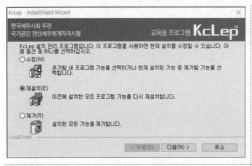

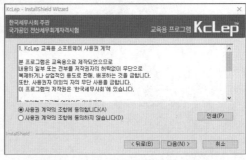

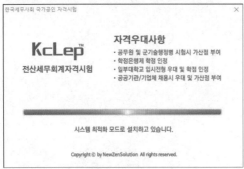

백데이터 다운로드 및 설치방법

1. 피앤피북 홈페이지
   (www.pnpbook.com)에 접속한다.

2. 다운로드 / 경영과회계-백데이터
   메뉴를 선택한다.

3. 해당 백데이터를 클릭한다.

4. 아래쪽의 실행파일을 다운로드한다.

   (안전하지 않은 다운로드라고 떠도 계속 실행한다.)

5. 실행파일(exe)을 실행하면 자동으로 지정된 경로(C:\KcLepDB\KcLep)로 압축이 풀린다.

6. 지정된 경로에 제대로 압축이 풀렸는지 확인 후 바탕화면의 'KcLep 교육용 세무사랑' 아이콘을 더블클릭하여 프로그램을 실행한다.

7. 프로그램 초기화면 하단의 '회사등록'을 클릭한다.

8. 회사등록 화면에서 상단의 'F4 회사코드재생성'을 클릭하여 좌측에 회사목록이 생성되는 것이 확인되면 백데이터 설치 작업 완료.

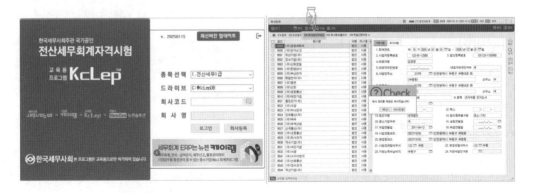

2025년도 시험일정 및 시험시간

회 차	종목 및 급수	원서접수	시험일자	합격자 발표
제118회		01.02 ~ 01.08	02.09(일)	02.27(목)
제119회		03.06 ~ 03.12	04.05(토)	04.24(목)
제120회	전산세무 1·2급	05.02 ~ 05.08	06.07(토)	06.26(목)
제121회	전산회계 1·2급	07.03 ~ 07.09	08.02(토)	08.21(목)
제122회		08.28 ~ 09.03	09.28(일)	10.23(목)
제123회		10.30 ~ 11.05	12.06(토)	12.24(수)

* 원서접수 마지막 날의 마감시간은 18:00시까지임

등 급	전산세무1급	전산세무2급	전산회계1급	전산회계2급
시험시간	15:00 ~ 16:30 90분	12:30 ~ 14:00 90분	15:00 ~ 16:00 60분	12:30 ~ 13:30 60분

시험종목 및 평가범위

종목	등 급		평 가 범 위
전산 세무 회계	전산세무 1급	이 론	재무회계(10%), 원가회계(10%), 세무회계(10%)
		실 무	재무회계및원가회계(15%), 부가가치세(15%), 원천제세(10%), 법인세무조정(30%)
	전산세무 2급	이 론	재무회계(10%), 원가회계(10%), 세무회계(10%)
		실 무	재무회계및원가회계(35%), 부가가치세(20%), 원천제세(15%)
	전산회계 1급	이 론	회계원리(15%), 원가회계(10%), 세무회계(5%)
		실 무	기초정보의등록·수정(15%), 거래자료의입력(30%), 부가가치세(15%), 입력자료및제장부조회(10%)
	전산회계 2급	이 론	회계원리(30%)
		실 무	기초정보의등록·수정(20%), 거래자료의입력(40%), 입력자료및제장부조회(10%)

시험방법

▸ 이론(30%) : 객관식 4지선다형 필기시험
▸ 실무(70%) : PC에 설치된 전산세무회계프로그램을 이용한 실기시험

시험응시 및 합격자 발표

▸ 응시자격기준 : 제한이 없으나, 신분증 미소지자는 시험에 응시할 수 없음.
▸ 접수 및 문의 : 한국세무사회 국가공인자격시험 홈페이지(license.kacpta.or.kr), ☎ 02) 521-8398
▸ 합격자 결정기준 : (이론과 실무시험을 합하여) 100점 만점에 70점 이상 합격
▸ 합격자 발표 : 한국세무사회 국가공인자격시험 홈페이지

PART

01

KcLep 따라하기

01 전산세무회계프로그램의 시작

바탕화면에서 케이렙(KcLep) 교육용 아이콘을 클릭하면 아래와 같은 로그인 화면이 나타난다. 사용급수를 선택하고 회사코드 옆의 말풍선을 클릭하여 나타난 등록회사 리스트에서 회사코드와 회사명을 선택한 후 로그인을 클릭한다. 이때 드라이브는 C:\KcLepDB로 기본 설정되고 실행파일과 데이터가 저장된다.

SECTION 01 | 사용자 로그인 화면

① 종목선택

사용자가 작업할 '종목'을 선택한다. 응시할 자격시험종목에 따라 실행메뉴와 기능, 내용면에서 차이가 있으므로 학습하고자 하는 종목을 정확히 선택하여야 한다.

② **회사코드**

작업할 회사의 코드를 선택한다. 최초 작업 시에는 「회사등록」을 선택하여 회사등록을 먼저 한 후에 선택한다. 등록된 회사가 이미 있을 때에는 '회사코드' 옆의 말풍선을 클릭하여 나타나는 '회사코드도움'창에서 작업할 회사를 선택하고 확인하면 로그인이 된다.

③ **회사등록**

프로그램을 처음 사용하는 경우 클릭하여 작업할 회사의 기본정보를 등록할 때 선택한다.

SECTION 02 | 전산세무 1급 시작화면

종목선택에서 '전산세무1급'을 선택하면 회계관리, 부가가치, 원천징수 및 법인조정 모듈의 메뉴가 나타난다.

> **전산세무1급 기본메뉴 구성**

1. 회계관리모듈

2. 부가가치 모듈

3. 원천징수 모듈

4. 법인조정 모듈

▶ 전산세무 1급의 구성

전산세무 1급의 가장 큰 특징은 원천징수가 세분화되고 법인조정이 추가되는 것이다.

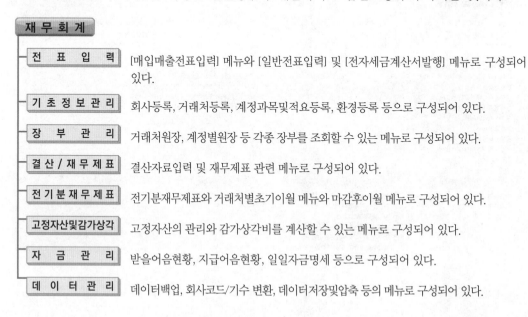

재 무 회 계

전 표 입 력 [매입매출전표입력] 메뉴와 [일반전표입력] 및 [전자세금계산서발행] 메뉴로 구성되어 있다.

기 초 정 보 관 리 회사등록, 거래처등록, 계정과목및적요등록, 환경등록 등으로 구성되어 있다.

장 부 관 리 거래처원장, 계정별원장 등 각종 장부를 조회할 수 있는 메뉴로 구성되어 있다.

결 산 / 재 무 제 표 결산자료입력 및 재무제표 관련 메뉴로 구성되어 있다.

전 기 분 재 무 제 표 전기분재무제표와 거래처별초기이월 메뉴와 마감후이월 메뉴로 구성되어 있다.

고정자산및감가상각 고정자산의 관리와 감가상각비를 계산할 수 있는 메뉴로 구성되어 있다.

자 금 관 리 받을어음현황, 지급어음현황, 일일자금명세 등으로 구성되어 있다.

데 이 터 관 리 데이터백업, 회사코드/기수 변환, 데이터저장및압축 등의 메뉴로 구성되어 있다.

부 가 가 치	
부 가 가 치 세	부가가치세신고서, 세금계산서합계표, 계산서합계표 등으로 구성되어 있다.
부 속 명 세 서 Ⅰ	공제받지못할매입세액명세서를 비롯한 부가가치세 부속서류로 구성되어 있다.
부 속 명 세 서 Ⅱ	개별소비세 및 부가가치세 관련 기타 서류로 구성되어 있다.
부 속 명 세 서 Ⅲ	과세표준 및 세액결정(경정)청구서 등으로 구성되어 있다.
전 자 신 고	전자신고와 국세청홈텍스 전자신고변환(교육용)으로 구성되어 있다.

원 천 징 수	
근 로 소 득 관 리	근로소득관리를 위한 [사원등록]과 [급여자료입력], [연말정산추가자료입력]에 의하여 [근로소득원천징수영수증]과 [원천징수이행상황신고서]를 작성할 수 있다.
일용직근로소득관리	일용직사원의 등록과 급여자료입력을 하고 일용근로소득지급명세서를 작성한다.
기 타 소 득 관 리	이자소득, 배당소득, 기타소득이 발생하면 [기타소득자등록]과 [기타소득자료입력]을 통해 해당 원천징수영수증 등을 작성한다.
퇴 직 소 득 관 리	근로소득자의 퇴직 시 [퇴직금계산]과 [퇴직소득자료입력]에 의해 [퇴직소득원천징수영수증]과 [퇴직소득자료제출집계표]를 작성한다.
기 초 코 드 등 록	회사등록과 부서등록의 메뉴로 구성되어 있다.
사 업 소 득 관 리	원천징수대상 사업소득이 발생하면 [사업소득자등록]과 [사업소득자료입력]에 의해 [사업소득 원천징수영수증]을 작성할 수 있다.
데 이 터 관 리	데이터백업 및 사원코드변환 작업을 한다.
전 자 신 고	전자신고와 국세청홈텍스 전자신고변환(교육용)으로 구성되어 있다.

법 인 조 정	
기 초 정 보 관 리	법인조정을 위한 [회사등록], [계정과목및적요등록], [업무용승용차등록]이 있다.
표 준 재 무 제 표	회계관리에서 결산이 완료된 데이터에 의하여 [표준대차대조표], [표준손익계산서], [표준원가명세서], [이익잉여금처분계산서] 등을 자동으로 작성한다.
수 입 금 액 조 정	법인조정을 위한 수입금액을 확정하게 되며, [수입금액조정명세서], [조정후수입금액명세서], [수입배당금액명세서], [임대보증금간주익금조정명세서] 등이 있다.
과 목 별 세 무 조 정	각 과목별로 세무조정을 하는 곳으로 [퇴직급여충당금조정명세서], [퇴직연금부담금조정명세서], [대손충당금및대손금조정명세서], [접대비조정명세서], [재고자산(유가증권)평가조정명세서], [세금과공과금명세서], [선급비용명세서], [가지급금인정이자조정], [업무무관차입금이자조정명세서], [건설자금이자조정명세서], [외화자산등평가차손익조정명세서], [기부금조정명세서], [업무용승용차관련 비용명세서]가 있다.
소 득 및 과 표 계 산	과목별세무조정에서 조정된 내역에 의해 [소득금액조정합계표및명세서], [익금불산입조정명세서]를 작성한다.
감 가 상 각 비 조 정	고정자산의 등록과 감가상각 및 세무조정을 위한 메뉴로 구성되어 있다.

| 공제감면세액조정 Ⅰ Ⅱ | 각종 준비금의 설정과 환입 등에 따른 조정명세서, 특별비용조정명세서, 공제감면세액계산서 및 명세서 등을 작성한다. |

| 세액계산및신고서 | 과목별세무조정과 세액공제·감면 등의 자료에 의하여 [법인세과세표준 및 세액신고서], [법인세과세표준 및 세액조정계산서] 및 [최저한세조정명세서] 등을 작성한다. |

| 농 어 촌 특 별 세 | 농어촌특별세가 적용되는 항목에 한하여 [농특세과세표준 및 세액신고서] 등을 작성한다. |

| 신 고 부 속 서 류 | 중소기업기준검토표와 자본금과 적립금조정명세서 및 주식등변동상황명세서를 작성한다. |

SECTION **03** 기초정보관리

NCS 능력단위 : 0203020105회계정보시스템　　　능력단위요소 : 02회계프로그램운용하기
2.1　회계프로그램 매뉴얼에 따라 프로그램 운용에 필요한 기초 정보를 입력·수정할 수 있다.
2.2　회계프로그램 매뉴얼에 따라 정보 산출에 필요한 자료를 입력·수정할 수 있다.

회계처리를 하여야 하는 회사에 대한 기본적인 사항을 등록하여야 한다. 회계관리 모듈에서 '기초정보관리'의 메뉴와 '전기분재무제표'의 메뉴에서 입력하여야 한다.

기초정보관리 요약

단 계	구성항목	
1. 기초정보관리	• 회사등록 • 거래처등록 • 계정과목 및 적요등록	• 환경등록 • 업무용승용차등록
2. 전기분 재무제표 입력	• 전기분 재무상태표 • 전기분 원가명세서 • 거래처별 초기이월	• 전기분 손익계산서 • 전기분 잉여금처분계산서 • 마감후이월

1 환경등록

업종이나 회사특성에 따라 사용자가 입력방법을 지정하여 보다 빠른 입력을 할 수 있도록 시스템 환경을 설정하는 메뉴이다. 시스템 환경 설정은 시스템 전반에 걸쳐 영향을 미치기 때문에 초기 설정 값을 신중하게 고려하여 결정한다.

① **분개유형 설정(②)**

　　㉠ 매출계정

　　　　매입매출전표입력 시 자동 분개되는 매출계정 코드의 기본 값이 "401.상품매출"로

되어 있다. 그러나 전산세무 1급의 시험범위는 제조업이므로 "404.제품매출"로 수정하여야 한다.

ⓒ 매입계정

매입매출전표입력 시 자동 분개되는 매입계정 코드의 기본 값이 "146.상품"으로 되어 있다. 그러나 전산세무 1급의 시험범위는 제조업이므로 "153.원재료"로 수정하여야 한다.

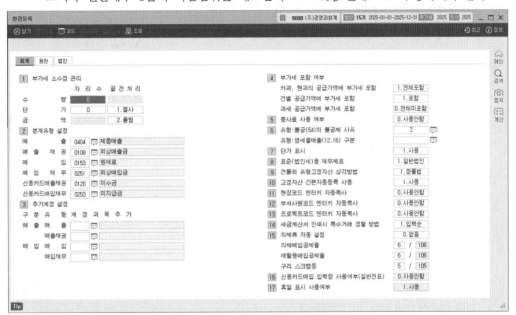

② **부가세 포함 여부(④)**

구 분	내 용
1. 전부 포함 2. 매출만 포함 3. 매입만 포함	공급대가를 입력하면 공급가액과 부가세를 자동으로 구분 계산하는 방법
0. 미포함	공급가액을 입력하여야 하며 부가세는 자동으로 계산하는 방법

ⓙ 카과, 현과의 공급가액에 부가세 포함

카드 또는 현금영수증을 매입매출전표로 입력할 때 공급가액을 입력하면 부가세를 자동계산하는 방법과 공급대가를 입력하면 공급가액과 부가세를 자동으로 구분 계산하는 방법이 있다. 자격시험에서는 공급가액을 줄 수도 있고 공급대가를 줄 수도 있다. 이러한 경우 환경등록의 내용을 알고 입력하는 것이 시간과 오류를 줄이는 방법이다.

ⓛ 건별 공급가액에 부가세 포함

건별은 법정증빙이 없거나 일반영수증 등을 교부한 경우로 그 영수증에 부가가치세가 별도로 표시되어 있지 않다. 따라서 건별은 1.포함을 선택하는 것이 일반적이다. 1.포함을 선택하면 항상 공급대가를 입력하여야 하며 프로그램이 공급가액과 부가가치세를 자동으로 구분 계산한다.

③ 유형(⑥)

㉠ 불공의 불공제사유

매입세액 불공제 사유 중 자주 사용하는 것을 미리 설정한다.

㉡ 영세율매출 구분

영세율매출(12.영세, 16.수출)의 유형 중에서 자주 사용하는 유형을 미리 설정한다.

④ 고정자산 간편 자동등록 사용(⑩)

고정자산을 취득하는 전표를 입력할 때 고정자산을 간편하게 등록할 수 있는 창을 활성화할 수 있는 기능으로 1.사용 또는 0.미사용을 선택한다. 1.사용을 선택하였어도 시험에서 간편등록을 요구하지 않으면 고정자산을 등록하지 않고 지나치면 된다.

⑤ 의제류자동설정(⑮)

의제매입세액공제 대상 면세재화를 매입하거나 재활용폐자원매입세액공제 대상 재화를 매입한 경우 매입세액의 계산과 회계처리, 부속명세서 및 부가세신고서 등에 자동반영하기 위한 설정이다.

의제매입세액공제대상은 1.의제류를 선택하고, 재활용폐자원매입세액공제대상인 경우에는 2.재활용을 선택한다. 그리고 해당 회사가 적용할 의제매입세액공제율 또는 재활용폐자원매입세액공제율을 입력한다.

② 회사등록

사업자등록증과 기타 회사관련 자료를 참고하여 입력한다. 입력된 자료는 모든 자료출력의 기본을 이루며, 계산의 기초가 되므로 정확하게 입력하여야 한다.

① 코 드

코드 란에 커서를 놓고 등록할 회사의 코드번호를 "0101 ~ 9999"까지의 번호 중 사용자가 원하는 숫자를 선택하여 입력한다.

② 회사명

사업자등록증에 적혀있는 법인명 또는 상호를 입력한다.

③ 구분과 미사용

사업자등록증 상 법인의 경우는 "1법인"을 개인의 경우는 "2개인"을 선택하고 미사용 란에는 "0시용"을 선택한다. "1미사용"을 선택하면 초기 로그인 화면의 회사코드에 나타나지 않는다.

④ **회계연도**

개업일부터 당해년도까지 사업년도에 대한 기수와 회계기간을 입력한다.

⑤ **사업자등록번호, 법인등록번호**

사업자등록증에 적혀 있는 사업자등록번호와 법인등록번호를 입력한다. 사업자등록번호와 법인등록번호는 일정한 규칙에 의해 부여된 번호이므로 오류인 경우 프로그램에서 붉은색으로 표시된다.

⑥ **대표자명, 대표자주민번호, 업태, 종목**

사업자등록증에 적혀 있는 내용과 일치하게 정확히 입력한다.

⑦ **사업장 주소**

우편번호 란에 커서를 두고 F2 키를 누르거나 말풍선을 선택하면 우편번호 검색 창이 나타난다. 검색창에서 동 이름 또는 도로명의 두 글자를 입력한 후 Enter↵ 또는 검색을 누른다. 검색 화면에서 해당하는 주소를 선택하고 나머지 주소는 직접 입력한다.

⑧ **주업종코드**

말풍선을 눌러 해당하는 업태와 종목을 선택하여 입력한다.

⑨ **법인 구분**

1.내국법인, 2.외국법인, 3.외투기업 중 해당되는 법인 구분을 선택한다.

⑩ **법인종류별 구분**

1.주권상장중소, 2.주권상장일반, 3.코스닥상장중소, 4.코스닥상장일반, 5.중소기업, 6.일반법인 등 해당되는 법인 종류를 선택한다. 검정시험에서는 5.중소기업이 일반적이다.

⑪ **중소기업 여부**

조세특례제한법에 따른 중소기업인지 여부에 따라 0.부와 1.여 중 선택한다.

⑫ **개업년월일**

사업자등록증에 적혀 있는 개업년월일을 입력한다.

⑬ **사업장관할세무서**

F2 키를 누르거나 말풍선을 클릭하여 보조창에서 사업자등록증 하단의 사업장관할세무서를 검색하여 선택한다.

③ 거래처등록

> • NCS 능력단위 : 0203020105회계정보시스템   능력단위요소 : 01회계관련DB마스터관리하기
> 1.1 DB마스터 매뉴얼에 따라 계정과목 및 거래처를 관리할 수 있다.

　채권·채무에 대한 거래처원장의 관리를 위한 기초작업이 거래처등록이다. 거래처원장에서 관리하고자 하는 거래처의 코드번호를 부여하고 기본정보를 등록한다. 거래처 관리가 필요 없는 거래처는 전표입력 시 상호명만 입력하면 된다. 이처럼 상호만 입력하면 거래처별로 된 장부들을 조회하거나 출력할 수 없다. 거래처등록은 사업자등록증에 의하여 입력하여야 하지만 세금계산서나 영수증 등을 참조하여 입력할 수도 있다. 또한 전자세금계산서를 발급하기 위하여 거래처의 담당자와 이메일주소를 입력하여야 한다.

① 일반거래처

⊙ 코　　드 : "00101~97999" 번호 중 사용자가 원하는 숫자 5자리까지 입력한다.

ⓛ 거래처명 : 거래처의 상호를 입력한다.

ⓒ 유　　형 : 거래처의 유형을 선택한다. 1.매출 2.매입 3.매입매출동시

ⓔ 사업자등록번호 : 우측의 사업자등록번호 텍스트 박스에 입력하면 좌측의 등록번호 란에 자동으로 반영된다. 사업자등록상태조회는 실무상 사업자 여부를 국세청 홈페이지에서 확인하기 위한 메뉴로 시험과는 무관하다.

ⓜ 기타의 거래처 입력사항은 우측의 해당란에 입력한다. 상세입력 안함에 체크하면 6.연락처부터 건너뛰기가 되어 다음 거래처로 이동하고 체크를 제거하면 커서가 6번 텍스트 박스로 이동한다.

② 금융기관 거래처

- ㉠ 코　드 : 98000~99599 번호 중 하나를 금융기관 코드로 등록할 수 있다.
- ㉡ 구　분 : 1보통예금, 2당좌예금, 3정기적금, 4정기예금, 5기타 중에서 선택한다.
- ㉢ 계좌번호 : 해당 은행에 개설된 통장의 계좌번호를 입력한다.

③ 신용카드(매입,매출)거래처

- ㉠ 코　드 : 99600~99999 번호 중 하나를 신용카드사 코드로 등록할 수 있다.
- ㉡ 카드번호 또는 가맹점 번호 : 매입신용카드는 신용카드번호를 입력하고, 사용자가 신용 카드 가맹점인 경우 즉 매출신용카드는 가맹점번호를 입력한다.

④ 거래처명 수정

회계기간 도중에 거래처의 상호가 바뀌거나 입력을 잘못하여 수정하려는 경우에는 거래처 등록 화면의 거래처명에서 수정하여 입력하고 해당 거래처를 선택한 후 상단의 🖽 전표변 경을 클릭한다. 전표변경을 클릭하지 않으면 이미 입력된 전표는 수정전의 상호로 나타나 고 거래처명을 변경한 후의 전표만 수정된 거래처명으로 나타나므로 주의하여야 한다.

➔ 일반거래처등록이 입력된 화면

CHECK POINT

매출거래처에 대하여 전자세금계산서 또는 전자계산서를 발행하려면 거래처의 사업자등록번호와 대표자명은 당연히 입력되어야 하고 추가로 13.업체담당자연락처 (조회/등록)을 클릭하여 거래처의 담당자와 담당자의 이메일주소를 입력하여야 한다.

④ 계정과목 및 적요등록

• NCS 능력단위 : 0203020105회계정보시스템   능력단위요소 : 01회계관련DB마스터관리하기
1.1 DB마스터 매뉴얼에 따라 계정과목 및 거래처를 관리할 수 있다.

  거래를 입력하는 것은 분개를 하는 것이므로 이론편에서 설명하는 계정과목에 대한 이해가
선행되어야 한다. 프로그램은 일반적인 계정과목은 기본으로 설정되어 있으며, 회사의 특성에
따라 계정과목을 수정하거나 추가(과목 추가)하여 사용할 수 있다. 계정과목 코드는 유동성배열
원칙에 따라 자산, 부채, 자본, 수익, 비용의 순으로 되어있다.

① **계정체계** : 화면 좌측의 계정체계의 각 항목을 클릭하면 해당하는 체계에 속하는 계정과
            목이 우측에 나타난다. 새로운 계정과목을 추가하려면 해당하는 계정체계 내
            에서 사용자설정계정과목 란에서 추가하여야 한다.

② **코드/계정과목** : 코드와 계정과목은 유동성배열에 의한 계정체계로 설정되어 있다.
  ㉠ 적색계정과목 : 본래는 수정할 수 없으나, 필요에 따라 수정하려는 경우에는 Ctrl 키와
              F2 키를 함께 눌러 우측의 계정코드명이 활성화되면 수정할 수 있다.
  ㉡ 흑색계정과목 : 수정이 필요한 경우, 계정코드명에 커서를 두고 수정한다.
  ㉢ 사용자설정계정과목 : 사용하고자 하는 계정과목이 없는 경우 사용자설정계정과목에서
                  새로 등록하여 사용한다.

③ **성격** : 성격은 프로그램의 특성상 자동으로 재무제표 등을 작성하기 위해 별도로 구분해
        놓은 것으로 변경하지 않고 그대로 사용하면 된다.

④ **관계** : 관계는 성격이 "4차감"인 계정의 경우에는 어느 계정에서 차감하는지를 나타고
        기타의 경우에는 회계처리를 함께 하여야 하는 계정을 표시한다.

⑤ **적요** : 적요는 현금적요와 대체적요로 구분하고, 적요의 추가등록이나 수정은 마우스로
        해당하는 적요NO에 커서를 두고 추가등록하거나 수정할 수 있다.
  ▶ 적요 내용 중 고정적요는 수정불가

⊃ 계정과목 및 적요등록 화면

5 전기분재무상태표

전기분재무상태표의 자산 부채 자본은 당기에 계속하여 회계처리 되어야 하므로 당기로 이월 시켜야 하는데 이를 위하여 전기분재무상태표를 입력한다.

전기분재무상태표에 입력된 재고자산 중 제품계정은 "전기분손익계산서"의 제품매출원가부 분에 기말제품재고액으로 연결되며, 거래처관리가 필요한 계정과목은 "거래처별초기이월" 메뉴 에 의하여 거래처별 초기이월액을 입력할 수 있다.

① 매출원가의 기말재고액에 반영

전기분재무상태표에서 입력된 제품계정의 금액은 전기분 손익계산서의 제품매출원가에 기말제 품재고액으로 자동 반영된다.

② 원가명세서의 기말재고액에 자동반영

㉠ 기말원재료재고액 : 전기분재무상태표의 원재료 계정 금액이 자동 반영된다.
㉡ 기말재공품재고액 : 전기분재무상태표의 재공품 계정 금액이 자동 반영된다.

CHECK POINT 전기분재무상태표 작성시 유의사항

① 계정과목코드와 금액을 입력하면 화면우측에 항목별합계액으로 자동집계된다.
② 차감과목(대손충당금, 감가상각누계액, 정부보조금)은 본계정의 다음코드를 선택하여야 한다(예 : 코드108.외상매출금에 대한 대손충당금은 코드.109가 된다) : '-'로 입력하지 않는다.
③ 가지급금가수금의 입력은 성격이 가지급금 또는 가수금인 계정과목 코드를 입력 후 각 사원별로 가지급금 또는 가수금내역을 입력한다.
④ 퇴직급여충당부채의 입력은 제조원가와 판매관리비로 구분하여 입력한다.
⑤ 보통주 자본금은(코드 : 331)자본금계정과목 코드를 입력한다.
⑥ 재무상태표의 당기순이익은 입력하지 않는다.
⑦ 미처분이익잉여금 계정은 재무상태표에는 미처분이익잉여금으로 표시하나 계정과목 입력시에는 375. 이월이익잉여금으로 입력한다. (377.미처분이익잉여금으로 입력하지 않는다.)
⑧ 화면하단의 대차차액은 없어야 한다.
⑨ 순서 관계없이 입력해도 코드별로 정렬된다(중간에 삽입할 필요없음).

⊃ 전기분재무상태표가 입력된 화면

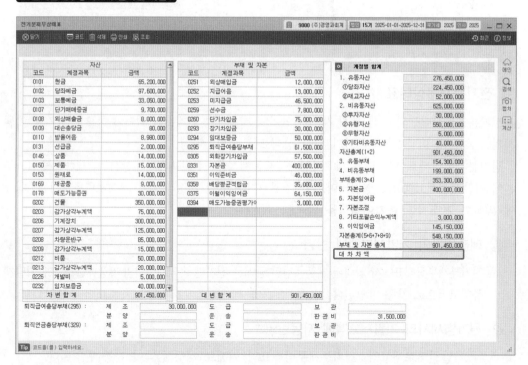

6 전기분손익계산서

비교식 손익계산서를 작성하려면 전기분손익계산서가 필요하다. 전기분손익계산서는 비교식 손익계산서의 자료를 제공함과 동시에 재무상태표에 당기순이익을 반영하기 위하여 필수적으로 입력하여야 하는 메뉴이다.

① 상품매출원가의 입력방법

"451.상품매출원가"를 선택하면 나타나는 보조창에서 기초상품재고액과 당기상품매입액 등의 항목을 입력한다. 기말상품재고액은 전기분재무상태표에 입력한 금액이 자동으로 반영되므로 기말상품재고액의 수정은 전기분재무상태표에서 하여야 한다.

② 제품매출원가의 입력방법

"455.제품매출원가"를 선택하면 나타나는 보조창에서 기초제품재고액과 당기제품제조원가를 입력한다. 기말제품재고액은 전기분재무상태표에 입력한 금액이 자동으로 반영된다.

③ 비용은 800번대 이후의 계정코드로 입력한다.

CHECK POINT 전기분 손익계산서 작성시 유의사항

• 기간 : 손익계산서는 일정기간 경영성과를 표시하므로 해당 기간을 표시하여야 하는데, 전기분 손익계산서의 기간에는 전기 제13기 2023년 1월 1일부터 2023년 12월 31일까지로 입력한다.
• 계정코드 : 손익계산서의 비용 항목은 800번대 이후의 코드번호를 사용하여 입력한다.
• 화면 우측의 계정별합계에서 당기순이익 확인 → 이익잉여금처분계산서에 당기순이익 생성

➔ 전기분손익계산서가 입력된 화면

7 전기분원가명세서

전기분원가명세서는 전기분손익계산서에서 매출원가의 한 부분을 구성한다.

① 원가설정 : 매출원가와 원가경비를 선택하는 작업으로 보조창 하단의 편집을 누르고 "455. 제품매출원가와 500번대 경비"에 커서를 두고 좌측의 사용여부에서 '1.여'를 선택하고 확인한다.

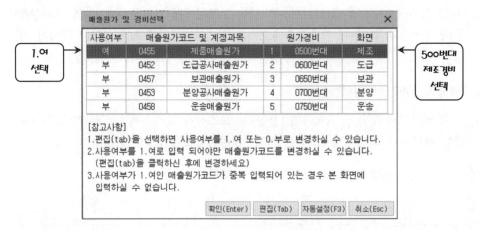

② 501.원재료비를 선택하면 나타나는 보조창에서 기초원재료재고액과 당기원재료매입액 등을 입력하고 기말원재료재고액은 전기분재무상태표에 입력한 금액이 자동반영 된다.

③ 원가명세서에 입력하는 계정과목은 '500번대 경비'의 계정과목을 선택하여 입력한다.

④ 화면 우측의 계정별합계 중 "9.기말재공품재고액"은 전기분재무상태표에서 입력한 재공품의 금액이 자동으로 반영되어 있으나, "6.기초재공품재고액"과 "7.타계정에서 대체액" 및 "10.타계정으로 대체액"은 해당 란에 직접 입력하여야 한다.

➡ 전기분원가명세서가 입력된 화면

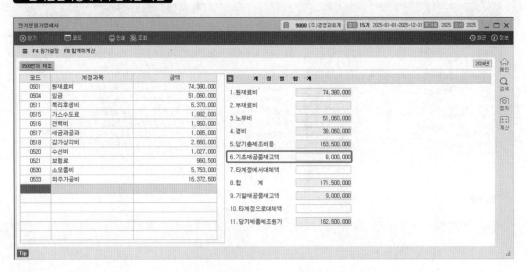

8 전기분잉여금처분계산서

전기분이익잉여금처분계산서는 전년도 결산에서 발생한 이익잉여금(또는 결손금)에 대한 처분(또는 처리)내역을 표시하는 재무제표 부속서류이다.

① 전기이월미처리결손금은 전기이월미처분이익잉여금 란에 (-)금액으로 입력하면 전기이월 미처리결손금으로 자동으로 변경된다.

② 입력 시 추가 입력이 필요하면, 화면상단의 F4 칸 추가를 누르고 빈 란이 생기면 여기에 과목, 코드, 계정과목명을 추가하고 금액을 입력한다.

③ 전기분이익잉여금처분계산서의 전체 삭제는 Ctrl + F3 (기본과목으로변경)을 클릭하여 삭제 후 다시 입력하여야 한다.

➲ 전기분잉여금처분계산서가 입력된 화면

> CHECK POINT 전기분 재무제표의 연계성(연결순서)
>
> 1. 전기분 원가명세서의 당기제품제조원가는 전기분 손익계산서로 이동한다.
> 2. 전기분 손익계산서의 제품매출원가 중 당기제품제조원가와 일치한다.
> 3. 전기분 손익계산서의 당기순이익과 전기분 잉여금처분계산서의 당기순이익은 같다.
> 4. 손익계산서의 당기순이익이 변동하는 경우 F6불러오기를 클릭하여 당기순이익을 불러온다.
> 5. 전기분 잉여금처분계산서의 미처분이익잉여금은 전기분 재무상태표 이월이익잉여금과 같다.
>
> ※ 전기분 원가명세서 → 전기분 손익계산서 → 전기분 잉여금처분계산서 → 전기분 재무상태표
> (당기제품제조원가)   (당기순이익)   (미처분이익잉여금)   (이월이익잉여금)

9 거래처별초기이월

거래처별초기이월은 거래처별로 관리가 필요한 채권·채무 항목과 특정한 계정과목에 대하여 거래처별 장부를 만들기 위하여 필수적인 작업이다.

① 거래처등록 메뉴에 관리가 필요한 거래처가 등록되어 있어야 한다.

② 상단의 F4 불러오기 메뉴를 클릭하여 나타나는 보조창에서 예를 선택하면 전기분재무상태표에 입력된 모든 계정의 잔액을 불러온다.

③ 해당 계정과목을 선택한 다음 마우스로 화면 우측의 거래처별 입력 화면의 코드 란에 커서를 놓고 F2 키를 눌러 나타나는 보조창에서 해당 거래처를 선택한 후 거래처별 금액을 입력한다.

④ 재무상태표에서 불러온 좌측의 계정과목 금액과 우측의 거래처별 금액의 합계액이 일치하여야 하므로 우측 하단의 차액 란에 금액이 표시되지 않도록 입력한다.

③ 해당 계정과목을 선택한 다음 ⇆ 탭키 또는 마우스로 화면우측의 거래처별 입력란으로 이동하여 입력한다.

④ F2키를 이용하여 해당 거래처를 선택한 후, 금액을 입력한다.

⑤ 화면 하단의 차액 란의 금액은 입력한 금액과 재무상태표 금액의 차이로 그 금액이 '0'이 되어야 한다.

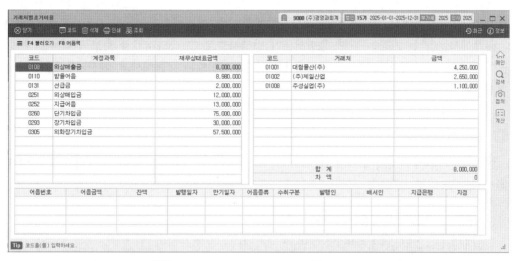

▶ 커서를 외상매출금에 놓고 Tab⇆을 눌러 옆 화면으로 이동한 후 F2 키를 이용하여 거래처를 선택·입력한다.

SECTION **04** 전표입력

● NCS 능력단위 : 0203020101전표관리   능력단위요소 : 02전표작성하기
2.1 회계상 거래를 현금거래 유무에 따라 사용되는 입금전표, 출금전표, 대체전표로 구분할 수 있다.
2.2 현금의 수입 거래를 파악하여 입금전표를 작성할 수 있다.
2.3 현금의 지출 거래를 파악하여 출금전표를 작성할 수 있다.
2.4 현금의 수입과 지출이 없는 거래를 파악하여 대체전표를 작성할 수 있다.

● NCS 능력단위 : 0203020213세무정보시스템운용   능력단위요소 : 01세무관련전표등록하기
1.1 부가가치세법의 규정에 따라 발생한 거래에 대한 전표를 세무정보시스템을 활용하여 종류별로 작성할 수 있다.

● NCS 능력단위 : 0203020101전표관리   능력단위요소 : 03증빙서류관리하기
3.1 발생한 거래에 따라 필요한 관련 서류 등을 확인하여 증빙여부를 검토할 수 있다.
3.2 발생한 거래에 따라 관련 규정을 준수하여 증빙서류를 구분·대조할 수 있다.
3.3 증빙서류 관련 규정에 따라 제 증빙자료를 관리할 수 있다.

　　회계처리의 대상이 되는 모든 거래는 분개에 해당하는 '전표입력' 메뉴를 통하여 입력되고 입력된 회계자료는 각종 장부와 재무제표에 자동으로 반영된다.

전표입력은 부가가치세와 관계없는 거래는 '일반전표입력' 메뉴에서 부가가치세와 관계있는 거래는 '매입매출전표입력' 메뉴에서 입력하여야 한다. 특히 매입매출전표 입력자료는 부가가치 모듈의 [부가가치세신고서]와 [세금계산서합계표] 및 [매입매출장] 등에 자동으로 반영된다.

실무에서는 모든 거래는 관련 증명서류가 발생하므로 그 증명서류를 보고 입력하는 연습도 많이 필요하다. 증명서류에는 세법상 적격증명으로 인정되는 세금계산서, 계산서, 신용카드매출 전표, 현금영수증 등과 적격증명으로 인정하지 아니하는 일반영수증이 있다.

1 일반전표입력

매입매출거래(부가가치세 신고 대상이 되는 세금계산서, 계산서, 영세율세금계산서, 수입세금 계산서, 신용카드, 현금영수증 등) 이외의 거래자료 입력을 한다.

① **구분** : 전표의 유형을 입력하는 란이다.
   [1.출금, 2.입금, 3.차변, 4.대변, 5.결산차변, 6.결산대변]
   ㉠ 현금전표 → 출금전표 : 1, 입금전표 : 2
   ㉡ 대체전표 → 차　　변 : 3, 대　　변 : 4
   ㉢ 결산전표 → 결산차변 : 5, 결산대변 : 6 (결산 대체분개 할 때만 사용)

② **계정과목** : 계정과목코드를 직접 입력하거나, F2 를 이용하여 원하는 계정과목을 선택하여 Enter↵ 로 입력할 수도 있고, 계정과목의 코드 란에 커서를 놓고 계정과목의 두 글자를 입력한 후 Enter↵ 키를 쳐서 조회되는 계정과목 중 선택하는 방법으로 입력한다.

③ **거래처명** : 거래처별 관리가 필요한 계정과목에 대하여 거래처를 입력하는 란이다.
   • 거래처를 입력하는 방법
   1. F2 키를 눌러서 나타나는 보조화면을 이용하여 선택
   2. "+"키 또는 "00000"을 입력한 후 거래처명을 입력하고 해당 거래처를 선택
   3. 신규 거래처인 경우, 거래처명을 신규 등록하거나, "+"키 또는 "00000"을 누른 후 거래처명을 입력하고 보조화면의 안내에 따라 등록 입력
   4. 거래처코드명을 알고 있는 경우에는 코드번호를 직접 입력

④ **적요** : 등록된 번호 중 하나를 선택하거나 직접 입력할 수 있으며, 등록된 적요내용을 수정하여 선택할 수 있다.

⑤ **금액** : 거래금액을 입력한다.
   "+"을 입력하면 "000"이 입력된다. 이를 이용하여 큰 금액도 빠르게 입력할 수 있다.

⑥ **대차차액** : 대체전표를 선택하여 금액을 입력할 때 차액이 발생하면 화면상단 메뉴 바 아래 대차차액 란에 분개의 차액(차변금액합계 - 대변금액합계)이 붉은색으로 표시된다.

필수예제

다음은 (주)경영과회계의 기중 거래내역이다. 다음 거래내역을 일반전표입력 메뉴에 입력하시오.

[자 산]

1. 1월 4일 : 상장회사인 (주)세영전자의 주식 1,200주를 단기보유 목적으로 주당 5,550원에 매입하고 대금은 수수료 10,000원과 함께 수표를 발행하여 지급하였다.

2. 1월 5일 : 1월 4일 단기보유목적으로 구입한 (주)세영전자의 주식(장부가 @5,550원) 500주를 1주당 7,000원에 처분하고 대금 중 증권거래세와 거래수수료 30,000원을 차감한 잔액은 보통예금에 입금하였다.

3. 1월 6일 : 회사가 보유하고 있는 매도가능증권을 다음과 같이 처분하고 대금은 현금으로 회수하였다. 매도가능증권의 2024년 기말평가는 기업회계기준에 따라 처리하였다.

취득가액	시 가	양도가액	비 고
	2024년도말 현재		
27,000,000원	30,000,000원	33,000,000원	시장성 있음

4. 1월 8일 : 대표이사가 업무용으로 사용할 3,000cc 승용차를 구입 시 이에 대하여 의무적으로 구입해야 하는 액면금액 1,000,000원, 공정가치 700,000원인 채권(단기매매증권으로 분류된다)을 액면금액으로 취득하면서 채권에 대한 대가는 현금으로 지급하였다.

5. 1월 9일 : 대림물산(주)에 인도할 제품에 대하여 선수금으로 받은 약속어음 4,000,000원을 하나은행에서 할인(할인료 150,000원)하고 잔액은 현금으로 수취하였다(매각거래로 처리할 것).

6. 1월 12일 : 삼환실업(주)로부터 토지를 취득하면서 그 대가로 공정가치가 120,000,000원인 기계장치와 당사발행의 당좌수표 50,000,000원을 지급하였다. 토지와 교환한 기계의 장부금액은 150,000,000원(취득원가 200,000,000원, 감가상각누계액 50,000,000원)이다.(기계장치에 대한 부가가치세는 고려하지 말 것)

7. 1월 13일 : (주)경영과회계는 본사사옥을 신축하기 위하여 건물이 있는 대일상사 토지를 40,000,000원에 구입하고 당좌수표를 발행하여 지급하였다. 또한 구 건물의 철거비용 2,000,000원과 토지정지비용 1,000,000원은 현금으로 추가 지급하였다.

8. 1월15일 : 주주총회 결의에 따라 1주당 액면금액이 5,000원인 보통주 10,000주를 발행하여 토지를 취득하고, 취득세 4,000,000원을 현금으로 납부하였다. 토지의 공정가치(시가)는 70,000,000원이다.

9. 1월16일 : 산업통상자원부로부터 에너지절약시설에 투자할 것을 목적으로 정부(국고)보조금 5,000,000원을 받아 당좌예금계좌에 입금하였다(104.정부보조금계정을 등록하여 회계처리 할 것).

10. 1월17일 : 신제품 개발을 위하여 지출한 개발비에 대하여 감가상각을 해오던 중 당일 특허권을 취득하고 특허 등록비용 2,000,000원을 현금으로 지급하였다.

11. 1월18일 : 제품 매출처 대림물산(주)의 금일 현재 외상매출금잔액을 다음과 같이 전액 회수하였다. 단, 부가가치세는 고려하지 않는다.

> 사전약정에 의하여 230,000원은 할인하여 주고, 2,000,000원은 대림물산(주) 발행의 약속어음(2026.1.10.만기)으로 받았으며 잔액은 당사 보통예금계좌에 입금되었다.

12. 1월20일 : 직전 회계연도에 대손상각비로 처리하고 부가가치세 신고 시 대손세액공제 받았던 세아산업에 대한 외상매출금 440,000원(부가가치세 포함)을 현금으로 회수하였다.

13. 1월21일 : 공장의 임대차계약(보증금 40,000,000원)이 1월 31일로 만료되므로 임대인 월드임대(주)와 새로운 조건으로 임대차계약을 체결하고 보증금 인상분은 현금으로 지급하였다(거래처코드 1500번으로 등록할 것).

공장임차내용	보 증 금	50,000,000원
	임차기간	2025.2.1~2027.1.31

14. 1월22일 : 확정급여형 퇴직연금제도를 채택하고 있는 (주)경영과회계는 전사원의 퇴직금 재원의 외부 예치를 위하여 삼성생명보험(주)에 퇴직연금부담금 15,000,000원을 당좌수표를 발행하여 지급하였다.

15. 1월25일 : 당사의 확정급여형(DB형) 퇴직연금에 대하여 퇴직연금운용사업자인 삼성생명보험(주)으로부터 계약에 따른 퇴직연금운용수익 300,000원이 지급되었음을 통지받았다. 단, 퇴직연금운용수익과 관련된 운용수수료는 없는 것으로 가정하며, 프로그램에 등록되어 있는 적절한 계정과목을 사용할 것.

16. 1월28일 : 주성실업(주)의 파산으로 외상매출금을 대손처리 하였다. 세금계산서(공급가액 1,000,000원, 부가세 별도)가 발급되었으며, 부가가치세는 1기 확정신고 시에 대손세액공제를 받을 예정이다(대손세액에 대한 분개는 생략할 것).

17. 2월 5일 : 종업원의 1월분 급여를 당사 보통예금계좌에서 각 직원의 계좌로 이체하였다.

급여지급내역

(단위:원)

부 서	급 여 / 식 대	건 강 보험료	국 민 연 금	소득세	지방 소득세	공제액계	차 감 지급액
생산직	38,000,000	580,000	870,000	500,000	50,000	2,000,000	39,000,000
	3,000,000						
사무직	29,000,000	470,000	630,000	400,000	40,000	1,540,000	29,460,000
	2,000,000						
계	67,000,000	1,050,000	1,500,000	900000	90000	3,540,000	68,460,000
	5,000,000						

▶ 종업원의 식대는 직접 음식물을 제공하는 대신 급여지급 시 정액으로 지급하고 있으며, 회사는 복리후생비로 회계처리하고 있다.

18. 2월10일 : 종업원에 대한 1월분 건강보험료와 국민연금을 현금으로 납부하였다. 납부한 건강보험료(생산직 580,000원, 사무직 470,000원, 회사부담금 1,050,000원) 및 국민연금(생산직 870,000원, 사무직 630,000원, 회사부담금 1,500,000원)은 2,100,000원과 3,000,000원이다(국민연금 회사부담금은 세금과공과 계정으로 회계처리 할 것).

19. 2월12일 : 매입처 주성실업(주)로부터 원재료 매입 실적에 따른 판매장려금 300,000원의 지급이 결정되어 당일자로 당사의 외상대금과 상계되었음을 통보받았다.

20. 2월20일 : (주)경영과회계는 기업구매자금 대출제도를 이용하고 있다. (주)대영전산에 대한 원재료 매입대금 6,400,000원(현재 외상매입금 계정에 계상)을 하나은행의 기업구매자금대출로 결제하였다(기업구매자금 대출기한은 1년 이내이다).

21. 2월21일 : 전기에 대손처분을 받고 부가가치세 신고시 대손처분세액 100,000원을 불공제 처리하였던 (주)대영전산의 외상매입금 1,100,000원(부가가치세 포함)에 대하여 금일 현금으로 지급하였다.

22. 2월22일 : 전기에 APPLE COMPANY로부터 차입하여 외화장기차입금으로 계상하였던 $50,000 중 $30,000을 현금으로 상환하였다. 각각의 기준환율은 다음과 같으며, 회사는 전기 말에 외화자산, 부채에 대한 평가를 적절히 하였다.

(단위 : 원)

구 분	2025년 2월 22일	2024년 12월 31일
기준환율	1,200원 / $	1,150원 / $
원화평가액	60,000,000원	57,500,000원

23. 2월24일 : 신제품 개발을 위한 기계의 구입자금을 조달하기 위하여 회사채를 발행하고, 발행수수료를 제외한 잔액은 전액 보통예금에 입금되었다.

| 1좌당 액면금액 | 10,000원 | 발 행 사 채 수 | 10,000좌 |
| 1좌당 발행금액 | 9,500원 | 사채발행수수료 | 1,500,000원 |

24. 2월26일 : 당월에 퇴직한 사무직 직원에 대하여 퇴직금을 지급하였다. 퇴직금 총액은 12,000,000원이며 퇴직소득 원천징수세액 250,000원을 차감하고 나머지 금액을 보통예금에서 인출하여 지급하였다.

[자 본]

25. 3월 1일 : 회사는 신주 20,000주(액면금액 1주당 5,000원)를 1주당 4,500원에 발행하고 납입대금 전액을 보통예금에 입금하였으며, 신주발행비 1,500,000원은 당좌수표를 발행하여 지급하였다.

26. 3월10일 : 2024년도의 결산에 대한 주주총회를 갖고 다음과 같이 잉여금을 처분하기로 결의하였다. 처분에 대한 분개를 하고 전기분 잉여금처분계산서도 수정하시오.

처분내역	금 액	비 고
현금배당	20,000,000원	3월 중 배당집행
주식배당	15,000,000원	
이익준비금	2,000,000원	현금배당액의 10%

27. 3월20일 : 3월 10일 주주총회 결의에 따라 신주 3,000주(액면금액 1주당 5,000원)를 발행하여 주주들에게 배당하였다.

28. 3월21일 : 3월 10일 주주총회에 따라 배당 결의한 현금배당금 20,000,000원 중 소득세(지방소득세 포함) 3,080,000원을 차감한 금액을 주주들에게 지급하였다. 배당금은 회사 보통예금 통장에서 주주들의 통장으로 이체하여 지급하였다.

[수 익]

29. 5월 5일 : 전기에 납부한 공장(건물분)에 대한 재산세의 과오납으로 인하여 금일 2,000,000원의 환급통보를 받았다(당기의 영업외수익으로 처리함).

30. 5월 7일 : 대표이사로부터 취득원가 70,000,000원인 토지를 기증 받고, 동 토지에 대한 취득세 800,000원은 현금으로 납부하였다. 이 토지의 공정가치는 90,000,000원이다.

[비　용]

31. 8월 6일 : 사용 중이던 공장의 기계장치를 대일기계에 위탁하여 수리하고 수리비 800,000원 중 300,000원은 현금으로 지급하였으며 나머지는 차후에 지급하기로 했다. 대일기계는 간이과세자이므로 영수증을 수취하였다(대일기계 거래처 코드 2100번으로 등록, 사업자등록번호 212-34-76622).

32. 8월 9일 : (주)신한리스로부터 운용리스계약에 의해 공장의 제품 생산용 기계장치를 42,000,000원에 도입하였으며 계약내용대로 이행하고 제1회 리스료 870,000원을 현금으로 지급하였다.

33. 8월12일 : 간이과세자인 맛나식당에서 공장 종업원을 위한 회식을 하고 식대 320,000원을 삼성카드로 결제하였다.

34. 8월14일 : 화재로 창고 건물(취득금액 40,000,000원, 감가상각누계액 33,000,000원)이 소실되어 보험회사에 보험금(보험계약액 10,000,000원)을 청구하였다.

35. 8월16일 : 견본품으로 신제품 10개(@200,000원)를 거래처에 무상으로 제공하였다.

36. 8월21일 : 매출 거래처에 추석선물로 제공할 생활용품 세트 10개를 화신백화점에서 한 개당 @70,000원(공급대가)에 구입하였다. 대금은 삼성카드로 지급하였으며 부가가치세법상 매입세액 공제요건을 갖추지 못하였다고 가정한다.

37. 8월24일 : 특례기부금 단체인 무역협회의 일반회비 200,000원과 법인세법상 일반기부금 단체에 일반회비 100,000원을 현금으로 지급하였다.

38. 8월26일 : 화재로 소실된 창고 건물에 대하여 8월14일 청구한 보험금이 6,000,000원으로 결정되어 보험회사에서 당사 보통예금 계좌로 자동이체 되었다.

39. 8월29일 : 수출품의 선적과 관련된 비용을 다음과 같이 현금으로 지급하였다. 적절한 과목으로 처리하시오.

처분내역	금　액
통관료	100,000원
운송료	80,000원
하역료	60,000원
계	240,000원

40. 8월31일 : 법인세 중간예납신고서를 제출하고 중간예납세액 2,500,000원을 현금으로 납부하였다.

따라하기

회계관리 모듈에서 전표입력의 일반전표입력 메뉴를 선택한다.

1. 일자 : 1월 4일

구분	코드	계정과목	코드	거래처	적 요	금 액
3(차)	107	단기매매증권			(주)세영 주식 1,200주	6,660,000
3(차)	984	수 수 료 비 용			(주)세영 주식 1,200주	10,000
4(대)	102	당 좌 예 금			(주)세영 주식 1,200주	6,670,000
분개	(차) 단기매매증권		6,660,000		(대) 당좌예금	6,670,000
	수수료비용		10,000			

2. 일자 : 1월 5일

구분	코드	계정과목	코드	거래처	적 요	금 액
3(차)	103	보 통 예 금			주식 500주 매각	3,470,000
4(대)	107	단 기 매 매 증 권			주식 500주 매각	2,775,000
4(대)	906	단기투자자산처분익			주식 500주 매각	695,000
분개	(차) 보통예금		3,470,000		(대) 단기매매증권	2,775,000
					단기투자자산처분익	695,000

▶ 처분금액 : 500주×7,000 - 30,000(증권거래세, 거래수료) = 3,470,000원

3. 일자 : 1월 6일

구분	코드	계정과목	코드	거래처	적 요	금 액
4(대)	178	매도가능증권			매도가능증권 매각	30,000,000
4(대)	915	매도가능증권처분익			매도가능증권 매각	6,000,000
3(차)	101	현 금			매도가능증권 매각	33,000,000
3(차)	394	매도가능증권평가익			매도가능증권 매각	3,000,000
분개	(차) 현 금		33,000,000		(대) 매도가능증권	30,000,000
	매도가능증권평가익		3,000,000		매도가능증권처분익	6,000,000

4. 일자 : 1월 8일

구분	코드	계정과목	코드	거래처	적 요	금 액
3(차)	107	단 기 매 매 증 권			차량취득시 채권구입	700,000
3(차)	208	차 량 운 반 구			차량취득시 채권구입	300,000
4(대)	101	현 금			차량취득시 채권구입	1,000,000
분개	(차) 단기매매증권		700,000		(대) 현 금	1,000,000
	차량운반구		300,000			

5. 일자 : 1월 9일

구분	코드	계정과목	코드	거래처	적 요	금 액
4(대)	110	받 을 어 음	01001	대림물산(주)	어음할인 현금회수	4,000,000
3(차)	956	매출채권처분손실			어음할인 현금회수	150,000
3(차)	101	현 금			어음할인 현금회수	3,850,000
분개	(차) 매출채권처분손실 150,000 현 금 3,850,000				(대) 받을어음	4,000,000

▶ 어음할인에 대하여 차입거래로 보는 경우에는 다음과 같이 분개한다.
    (차) 현   금   3,850,000   (대) 단기차입금   4,000,000
        이자비용   150,000

6. 일자 : 1월 12일

구분	코드	계정과목	코드	거래처	적 요	금 액
3(차)	201	토 지			토지와 기계장치 교환	170,000,000
3(차)	207	감가상각누계액			토지와 기계장치 교환	50,000,000
3(차)	970	유형자산처분손실			토지와 기계장치 교환	30,000,000
4(대)	206	기 계 장 치			토지와 기계장치 교환	200,000,000
4(대)	102	당 좌 예 금			토지와 기계장치 교환	50,000,000

분개	(차) 토 지 170,000,000
	    감가상각누계액 50,000,000
	    유형자산처분손실 30,000,000
					(대) 기계장치 200,000,000
					    당좌예금 50,000,000	

▶ 이종자산의 교환으로 취득한 유형자산의 취득원가는 교환을 위하여 제공한 자산의 공정가치로 한다. 다만, 교환을 위하여 제공한 자산의 공정가치가 불확실한 경우에는 취득한 자산의 공정가치를 취득원가로 할 수 있다. 반대로 동종자산의 교환으로 취득한 유형자산의 취득원가는 교환으로 제공한 자산의 장부금액을 취득 자산의 취득원가로 한다.

7. 일자 : 1월 13일

구분	코드	계정과목	코드	거래처	적 요	금 액
3(차)	201	토 지			토지구입	43,000,000
4(대)	102	당 좌 예 금			토지구입	40,000,000
4(대)	101	현 금			토지구입	3,000,000
분개	(차) 토 지 43,000,000				(대) 당좌예금 40,000,000 현 금 3,000,000	

8. 일자 : 1월 15일

구분	코드	계정과목	코드	거래처	적 요	금 액
3(차)	201	토　　　지			토지구입	74,000,000
4(대)	331	자 본 금			토지구입	50,000,000
4(대)	101	현　　　금			토지구입	4,000,000
4(대)	341	주식발행초과금			토지구입	20,000,000
분개	(차) 토　　　지　　　74,000,000				(대) 자 본 금	50,000,000
					현　　　금	4,000,000
					주식발행초과금	20,000,000

▶ 현물을 받고 주식을 발행하는 경우 제공받은 현물의 공정가치를 주식의 발행금액으로 한다.

9. 일자 : 1월 16일

구분	코드	계정과목	코드	거래처	적 요	금 액
3(차)	102	당 좌 예 금			정부보조금 당좌입금	5,000,000
4(대)	104	정 부 보 조 금			정부보조금 당좌입금	5,000,000
분개	(차) 당좌예금　　　5,000,000				(대) 정부보조금	5,000,000

▶ 정부보조금은 104코드에서 성격을 "차감"으로 관계코드는 당좌예금으로 하여 등록한 후 입력한다.
　정부보조금 계정은 102.당좌예금의 차감항목으로 코드번호 103.을 사용하여야 하나 103. 보통예금 계정이 붉은색으로 등록되어 있어 수정이 불가능하므로 흑색인 104.제예금 계정을 사용한다.

10. 일자 : 1월 17일

구분	코드	계정과목	코드	거래처	적 요	금 액
1(출)	219	특 허 권			특허권등록비용	2,000,000
분개	(차) 특 허 권　　　2,000,000				(대) 현　　　금	2,000,000

11. 일자 : 1월 18일

구분	코드	계정과목	코드	거래처	적 요	금 액
4(대)	108	외 상 매 출 금	01001	대림물산(주)	외상대금 회수	4,250,000
3(차)	110	받 을 어 음	01001	대림물산(주)	외상대금 회수	2,000,000
3(차)	406	매 출 할 인 *			외상대금 회수	230,000
3(차)	103	보 통 예 금			외상대금 회수	2,020,000
분개	(차) 받을어음　　　2,000,000				(대) 외상매출금	4,250,000
	매출할인　　　230,000					
	보통예금　　　2,020,000					

▶ 제품매출에 대한 할인이므로 404.제품매출에서 차감되도록 406.매출할인코드를 선택하여야 한다.

12. 일자 : 1월 20일

구분	코드	계정과목	코드	거래처	적 요	금 액
3(차)	101	현 금			전기 대손금 회수	440,000
4(대)	109	대 손 충 당 금			전기 대손금 회수	400,000
4(대)	255	부가세예수금			전기 대손금 회수	40,000
분개	(차) 현 금		440,000		(대) 대손충당금	400,000
					부가세예수금	40,000

13. 일자 : 1월 21일

구분	코드	계정과목	코드	거래처	적 요	금 액
1(출)	232	임 차 보 증 금	01500	월드임대(주)	공장임차보증금 지급	10,000,000
분개	(차) 임차보증금		10,000,000		(대) 현 금	10,000,000

14. 일자 : 1월 22일

구분	코드	계정과목	코드	거래처	적 요	금 액
3(차)	186	퇴직연금운용자산		삼성생명보험(주)	퇴직연금부담금	15,000,000
4(대)	102	당 좌 예 금			퇴직연금부담금	15,000,000
분개	(차) 퇴직연금운용자산		15,000,000		(대) 당좌예금	15,000,000

▶ 확정기여형 : 퇴직급여(비용)로 처리
▶ 확정급여형 : 퇴직연금운용자산(투자자산)으로 처리

15. 일자 : 1월 25일

구분	코드	계정과목	코드	거래처	적 요	금 액
3(차)	186	퇴직연금운용자산		삼성생명보험(주)	퇴직연금운용수익	300,000
4(대)	901	이 자 수 익			퇴직연금운용수익	300,000
분개	(차) 퇴직연금운용자산		300,000		(대) 이자수익	300,000

16. 일자 : 1월 28일

구분	코드	계정과목	코드	거래처	적 요	금 액
3(차)	109	대 손 충 당 금			외상매출금대손처리	480,000
3(차)	835	대 손 상 각 비			외상매출금대손처리	520,000
4(대)	108	외 상 매 출 금	01008	주성실업(주)	외상매출금대손처리	1,000,000
분개	(차) 대손충당금		480,000		(대) 외상매출금	1,000,000
	대손상각비		520,000			

▶ 부가가치세 100,000원에 대하여 대손세액공제를 받는 경우에는 다음과 같이 분개한다.
  (차) 부가세예수금   100,000 (대) 외상매출금   100,000

➡ 자산거래가 입력된 화면

⊗닫기   🔲코드 🗑삭제 🖨인쇄 🔍조회   ⏱최근 ⓘ정보

≡ F3 자금관리 F4 복사 ▾ F6 검색 ▾ F7 카드매출 F8 적요수정 SF2번호수정 CF5 삭제한데이터 CF8전기분전표 CF9전표삽입 SF5일괄삭제 SF7일일자금 SF12메모 ⑦ 코드변환 ⑦ 기타 ▾

2025 년 01 ∨ 월   일 변경 현금잔액: 82,490,000   대차차액:

□	일	번호	구분	계정과목	거래처	적요	차변	대변
□	4	00001	차변	0107 단기매매증권		(주)세영 주식 1,200주	6,660,000	
□	4	00001	차변	0984 수수료비용		(주)세영 주식 1,200주	10,000	
□	4	00001	대변	0102 당좌예금		(주)세영 주식 1,200주		6,670,000
□	5	00001	차변	0103 보통예금		주식 500주 매각	3,470,000	
□	5	00001	대변	0107 단기매매증권		주식 500주 매각		2,775,000
□	5	00001	대변	0906 단기투자자산처분이익		주식 500주 매각		695,000
□	6	00001	대변	0178 매도가능증권		매도가능증권 매각		30,000,000
□	6	00001	대변	0915 매도가능증권처분이익		매도가능증권 매각		6,000,000
□	6	00001	차변	0101 현금		매도가능증권 매각	33,000,000	
□	6	00001	차변	0394 매도가능증권평가이익		매도가능증권 매각	3,000,000	
□	8	00001	차변	0107 단기매매증권		차량구입시 채권구입	700,000	
□	8	00001	차변	0208 차량운반구		차량구입시 채권구입	300,000	
□	8	00001	대변	0101 현금		차량구입시 채권구입		1,000,000
□	9	00001	대변	0110 받을어음	01001 대림물산(주)	어음할인 현금회수		4,000,000
□	9	00001	차변	0956 매출채권처분손실		어음할인 현금회수	150,000	
□	9	00001	차변	0101 현금		어음할인 현금회수	3,850,000	
□	12	00001	차변	0201 토지		토지와 기계장치 교환	170,000,000	
□	12	00001	차변	0207 감가상각누계액		토지와 기계장치 교환	50,000,000	
□	12	00001	차변	0970 유형자산처분손실		토지와 기계장치 교환	30,000,000	
□	12	00001	대변	0206 기계장치		토지와 기계장치 교환		200,000,000
□	12	00001	대변	0102 당좌예금		토지와 기계장치 교환		50,000,000
□	13	00001	차변	0201 토지		토지구입	43,000,000	
□	13	00001	대변	0102 당좌예금		토지구입		40,000,000
□	13	00001	대변	0101 현금		토지구입		3,000,000
□	15	00001	차변	0201 토지		토지구입	74,000,000	
□	15	00001	대변	0331 자본금		토지구입		50,000,000
□	15	00001	대변	0101 현금		토지구입		4,000,000
□	15	00001	대변	0341 주식발행초과금		토지구입		20,000,000
□	16	00001	차변	0102 당좌예금		정부보조금 당좌입금	5,000,000	
□	16	00001	대변	0104 정부보조금		정부보조금 당좌입금		5,000,000
□	17	00001	출금	0219 특허권		특허권등록비용	2,000,000	(현금)
□	18	00002	대변	0108 외상매출금	01001 대림물산(주)	외상대금 회수		4,250,000
□	18	00002	차변	0110 받을어음	01001 대림물산(주)	외상대금 회수	2,000,000	
□	18	00002	차변	0406 매출할인		외상대금 회수	230,000	
□	18	00002	차변	0103 보통예금		외상대금 회수	2,020,000	
□	20	00002	차변	0101 현금		전기대손금회수	440,000	
□	20	00002	대변	0109 대손충당금		전기대손금회수		400,000
□	20	00002	대변	0255 부가세예수금		전기대손금회수		40,000
□	21	00002	출금	0232 임차보증금	01500 월드임대(주)	공장임차보증금 지급	10,000,000	(현금)
□	22	00001	차변	0186 퇴직연금운용자산		퇴직연금부담금	15,000,000	
□	22	00001	대변	0102 당좌예금		퇴직연금부담금		15,000,000
☑	25	00001	차변	0186 퇴직연금운용자산		퇴직연금운용수익	300,000	
■	25	00001	대변	0901 이자수익		퇴직연금운용수익		300,000
□	28	00001	차변	0109 대손충당금		외상매출금대손처리	480,000	
□	28	00001	차변	0835 대손상각비		외상매출금대손처리	520,000	
□	28	00001	대변	0108 외상매출금	01008 주성실업(주)	외상매출금대손처리		1,000,000
				합 계			456,130,000	456,130,000

카드등사용여부 [　　　　　] ∨

⊙	NO : 1		(대 체) 전 표	일 자 : 2025 년 1 월 25 일		
	계정과목	적요		차변(출금)	대변(입금)	
0186	퇴직연금운용자산	퇴직연금운용수익		300,000		전표현재라인
0901	이자수익	퇴직연금운용수익			300,000	
						전표선택인쇄(F9)
	합	계		300,000	300,000	

Tip SPACE Bar나 마우스좌클릭으로 선택이나 선택취소를 합니다.

17. 일자 : 2월 5일

구분	코드	계정과목	코드	거래처	적 요	금 액
3(차)	801	급 여			종업원급여지급	29,000,000
3(차)	811	복 리 후 생 비			종업원식대지급	2,000,000
3(차)	504	임 금			종업원급여지급	38,000,000
3(차)	511	복 리 후 생 비			종업원식대지급	3,000,000
4(대)	254	예 수 금			종업원급여지급	3,540,000
4(대)	103	보 통 예 금			종업원급여지급	68,460,000
분개	(차) 급여(판)		29,000,000		(대) 예수금	3,540,000
	복리후생비(판)		2,000,000		보통예금	68,460,000
	임금(제)		38,000,000			
	복리후생비(제)		3,000,000			

18. 일자 : 2월 10일

구분	코드	계정과목	코드	거래처	적 요	금 액
3(차)	254	예 수 금			건강보험료등 납부	2,550,000
3(차)	811	복 리 후 생 비			건강보험납부	470,000
3(차)	817	세 금 과 공 과			국민연금납부	630,000
3(차)	511	복 리 후 생 비			건강보험납부	580,000
3(차)	517	세 금 과 공 과			국민연금납부	870,000
4(대)	101	현 금			건강보험료등 납부	5,100,000
분개	(차) 예수금		2,550,000		(대) 현 금	5,100,000
	복리후생비(판)		470,000			
	세금과공과(판)		630,000			
	복리후생비(제)		580,000			
	세금과공과(제)		870,000			

19. 일자 : 2월 12일

구분	코드	계정과목	코드	거래처	적 요	금 액
3(차)	251	외 상 매 입 금	01008	주성실업(주)	판매장려금 외상대 정리	300,000
4(대)	154	매입환출및에누리			판매장려금 외상대 정리	300,000
분개	(차) 외상매입금		300,000		(대) 매입환출및에누리	300,000

20. 일자 : 2월 20일

구분	코드	계정과목	코드	거래처	적 요	금 액
3(차)	251	외 상 매 입 금	01006	(주)대영전산	외상매입금반제	6,400,000
4(대)	260	단 기 차 입 금	98000	하나은행	외상매입금반제	6,400,000
분개	(차) 외상매입금		6,400,000		(대) 단기차입금	6,400,000

기업구매자금대출과 기업구매전용카드의 회계처리

• 기업구매자금대출 – 판매기업은 판매대금에 대하여 구매기업을 지급인으로 하는 환어음을 발행하고 구매기업은 환어음 대금을 지급하기 위하여 거래은행에서 대출을 받아 지급하다. 이러한 대출을 기업구매자금대출이라 한다.

거래 구분	판매회사				구매회사			
원재료 판매	매출채권	×××	매 출	×××	원재료	×××	매입채무	×××
결제(대출)일	예 금	×××	매출채권	×××	매입채무 이자비용	××× ×××	단기차입금 예 금	××× ×××

• 기업구매전용카드 – 구매회사가 판매회사에 대금을 지급하기 위한 전용카드로 카드 결제일까지는 매출채권으로 하고 결제일 전에 할인을 받으면 매출채권처분손실로 한다.

거래 구분	판매회사				구매회사			
원재료 판매	매출채권	×××	매 출	×××	원재료	×××	매입채무	×××
할인	예 금 매출채권처분손실	××× ×××	매출채권	×××		–		
결제일	예 금	×××	매출채권	×××	매입채무	×××	예 금	×××

21. 일자 : 2월 21일

구분	코드	계정과목	코드	거래처	적 요	금 액
3(차)	251	외 상 매 입 금	01006	(주)대영전산	외상매입금반제	1,000,000
3(차)	135	부 가 세 대 급 금			외상매입금반제	100,000
4(대)	101	현 금			외상매입금반제	1,100,000
분개	(차) 외상매입금 1,000,000 부가세대급금 100,000				(대) 현 금	1,100,000

22. 일자 : 2월 22일

구분	코드	계정과목	코드	거래처	적 요	금 액
3(차)	305	외화장기차입금	01005	APPLE .COMPANY	외화차입금 상환	34,500,000
3(차)	952	외 환 차 손			외화차입금 상환	1,500,000
4(대)	101	현 금			외화차입금 상환	36,000,000
분개	(차) 외화장기차입금 34,500,000 외환차손 1,500,000				(대) 현 금	36,000,000

23. 일자 : 2월 24일

구분	코드	계정과목	코드	거래처	적 요	금 액
3(차)	103	보 통 예 금			사채 할인발행	93,500,000
3(차)	292	사채할인발행차금			사채 할인발행	6,500,000
4(대)	291	사 채			사채 할인발행	100,000,000
분개	(차) 보통예금 93,500,000 사채할인발행차금 6,500,000				(대) 사 채 100,000,000	

24. 일자 : 2월 26일

구분	코드	계정과목	코드	거래처	적 요	금 액
3(차)	295	퇴직급여충당부채			1 퇴직시 상계(판관)	12,000,000
4(대)	254	예 수 금			퇴직금지급	250,000
4(대)	103	보 통 예 금			퇴직금지급	11,750,000
분개	(차) 퇴직급여충당부채 12,000,000				(대) 예수금 250,000 보통예금 11,750,000	

▶ 사무직 직원의 퇴직금 지급을 위하여 퇴직급여충당부채를 상계한 경우 적요란에 고정적요 1번(퇴직시 퇴직급여충당부채 상계(판관))을 선택입력하여야 결산시 퇴직급여충당부채의 제조분과 판매관리비분이 자동으로 구분된다.

⊃ 부채거래가 입력된 화면

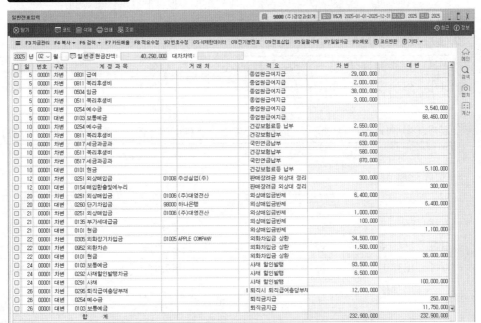

25. 일자 : 3월 1일

구분	코드	계정과목	코드	거래처	적 요	금 액
3(차)	103	보 통 예 금			신주할인발행	90,000,000
3(차)	341	주식발행초과금			신주할인발행	11,500,000
4(대)	331	자 본 금			신주할인발행	100,000,000
4(대)	102	당 좌 예 금			신주할인발행	1,500,000
분개	(차) 보통예금		90,000,000		(대) 자본금	100,000,000
	주식발행초과금		11,500,000		당좌예금	1,500,000

▶ 주식할인발행차금은 주식발행초과금이 있는 경우 우선 상계하여야 한다.

26. 일자 : 3월 10일

구분	코드	계정과목	코드	거래처	적 요	금 액
3(차)	375	이월이익잉여금			잉여금처분	37,000,000
4(대)	265	미지급배당금			현금배당	20,000,000
4(대)	387	미교부주식배당금			주식배당	15,000,000
4(대)	351	이 익 준 비 금			이익준비금적립	2,000,000
분개	(차) 이월이익잉여금		37,000,000		(대) 미지급배당금	20,000,000
					미교부주식배당금	15,000,000
					이익준비금	2,000,000

▶ 잉여금처분내역을 「전기분이익잉여금처분계산서」에 입력한다.(처분일자 2025년 3월 10일)

27. 일자 : 3월 20일

구분	코드	계정과목	코드	거래처	적 요	금 액
3(차)	387	미교부주식배당금			주식배당	15,000,000
4(대)	331	자 본 금			주식배당	15,000,000
분개	(차) 미교부주식배당금		15,000,000		(대) 자본금	15,000,000

28. 일자 : 3월 21일

구분	코드	계정과목	코드	거래처	적 요	금 액
3(차)	265	미지급배당금			현금배당	20,000,000
4(대)	254	예 수 금			현금배당	3,080,000
4(대)	103	보 통 예 금			현금배당	16,920,000
분개	(차) 미지급배당금		20,000,000		(대) 예수금	3,080,000
					보통예금	16,920,000

⊃ 자본거래가 입력된 화면

29. 일자 : 5월 5일

구분	코드	계정과목	코드	거래처	적 요	금 액
3(차)	120	미 수 금			전기과오납금 환급통보	2,000,000
4(대)	912	전기오류수정이익			전기과오납금 환급통보	2,000,000
분개	(차) 미수금		2,000,000		(대) 전기오류수정이익	2,000,000

30. 일자 : 5월 7일

구분	코드	계정과목	코드	거래처	적 요	금 액
3(차)	201	토 지			토지수증이익	90,800,000
4(대)	917	자산수증이익			토지수증이익	90,000,000
4(대)	101	현 금			수증토지 취득세	800,000
분개	(차) 토 지		90,800,000		(대) 자산수증이익 현 금	90,000,000 800,000

⊃ 수익거래가 입력된 화면

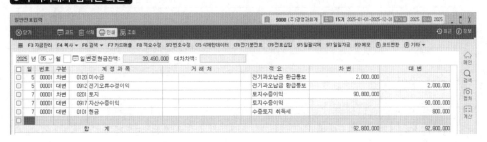

31. 일자 : 8월 6일

구분	코드	계정과목	코드	거래처	적 요	금 액
3(차)	520	수 선 비			기계장치 수리비지급	800,000
4(대)	101	현 금			기계장치 수리비지급	300,000
4(대)	253	미 지 급 금	02100	대일기계	기계장치 수리비미지급	500,000
분개	(차) 수선비		800,000		(대) 현 금 미지급금	300,000 500,000

32. 일자 : 8월 9일

구분	코드	계정과목	코드	거래처	적 요	금 액
1(출)	519	임 차 료			2 기계리스료 지급	870,000
분개	(차) 임차료		870,000		(대) 현 금	870,000

33. 일자 : 8월 12일

구분	코드	계정과목	코드	거래처	적 요	금 액
3(차)	511	복 리 후 생 비			공장종업원 회식대	320,000
4(대)	253	미 지 급 금	99700	삼성카드사	공장종업원 회식대	320,000
분개	(차) 복리후생비		320,000		(대) 미지급금	320,000

34. 일자 : 8월 14일

구분	코드	계정과목	코드	거래처	적 요	금 액
3(차)	961	재 해 손 실			창고 건물 소실	7,000,000
3(차)	203	감가상각누계액			창고 건물 소실	33,000,000
4(대)	202	건 물			창고 건물 소실	40,000,000
분개	(차) 재해손실 감가상각누계액		7,000,000 33,000,000		(대) 건 물	40,000,000

35. 일자 : 8월 16일

구분	코드	계정과목	코드	거래처	적 요	금 액
3(차)	842	견 본 비			신제품 견본제공	2,000,000
4(대)	150	제 품			8 타계정으로 대체액	2,000,000
분개	(차) 견본비		2,000,000		(대) 제 품	2,000,000

▶ 대변의 제품계정 적요에서 반드시 "적요8.타계정으로 대체액"을 선택해야 한다.

36. 일자 : 8월 21일

구분	코드	계정과목	코드	거래처	적 요	금 액
3(차)	813	기업업무추진비			거래처선물용품 구입	700,000
4(대)	253	미 지 급 금	99700	삼성카드사	거래처선물용품 구입	700,000
분개	(차) 기업업무추진비		700,000		(대) 미지급금	700,000

37. 일자 : 8월 24일

구분	코드	계정과목	코드	거래처	적 요	금 액
3(차)	817	세 금 과 공 과			무역협회비	200,000
3(차)	953	기　　부　　금			일반기부금단체회비	100,000
4(대)	101	현　　　　금			회비납부	300,000
분개	(차) 세금과공과 기부금		200,000 100,000		(대) 현　금	300,000

▶ 법인세법의 개정으로 법정기부금은 특례기부금으로 지정기부금은 일반기부금으로 용어를 변경하였으나 실무적으로는 종전 용어와 함께 사용한다.

38. 일자 : 8월 26일

구분	코드	계정과목	코드	거래처	적 요	금 액
3(차)	103	보 통 예 금			보험금 수입	6,000,000
4(대)	919	보 험 금 수 익			보험금 수입	6,000,000
분개	(차) 보통예금		6,000,000		(대) 보험금수익	6,000,000

39. 일자 : 8월 29일

구분	코드	계정과목	코드	거래처	적 요	금 액
1(출)	838	수 출 제 비 용			운반비 등 지급	240,000
분개	(차) 수출제비용		240,000		(대) 현　금	240,000

40. 일자 : 8월 31일

구분	코드	계정과목	코드	거래처	적 요	금 액
1(출)	136	선 납 세 금			1 법인세 중간예납액 납부	2,500,000
분개	(차) 선납세금		2,500,000		(대) 현　금	2,500,000

⤷ 비용거래가 입력된 화면

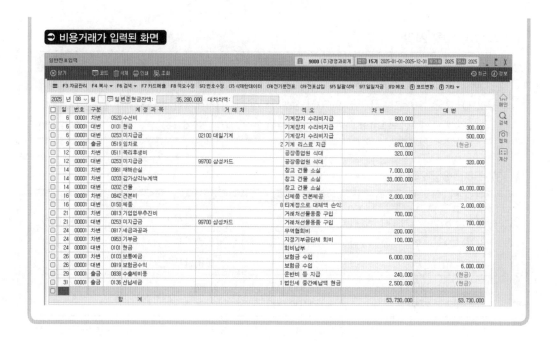

2 매입매출전표

　매입매출전표입력 메뉴는 부가가치세신고 대상에 해당하는 거래를 입력하는 것으로 매입 또는 매출거래는 물론이고 고정자산의 구입과 매각거래도 입력한다. (전자)세금계산서, 영세율세금계산서, 수입세금계산서, 계산서, 신용카드매출전표, 현금영수증 등의 거래 증빙에 의하여 입력한다. 또한 증빙이 없는 매출이라도 부가가치세 신고를 하여야 하므로 '건별'로 입력한다.

- 화면 상단은 부가가치세와 관련된 내용을 입력하고, 화면 하단에는 분개를 입력한다.
- 화면 상단에 입력된 자료는 부가가치세 신고 자료(부가가치세 신고서, 세금계산서합계표, 매입매출장 등)에 영향을 준다.
- 매입매출전표를 일반전표로 입력하면 부가가치세 신고 자료에 반영되지 않으므로 반드시 매입매출전표입력 메뉴에서 하여야 한다.

① **유형** : 유형은 부가가치세신고서와 신고부속서류에 자동 반영되므로 정확하게 입력하여야 한다. 매출 유형이 11.매출과세, 17.매출카과, 51.매입과세, 57.매입카과 등에 해당하는 거래가 연속되는 경우에는 상단의 해당 탭을 누르고 입력하면 거래마다 유형의 선택을 할 필요 없이 빠르게 입력할 수 있다.

부가세 유형										
매출						매입				
11.과세	과세매출	16.수출	수출	21.전자	전자화폐	51.과세	과세매입	56.금전	금전등록	61.현과	현금과세
12.영세	영세율	17.카과	카드과세	22.현과	현금과세	52.영세	영세율	57.카과	카드과세	62.현면	현금면세
13.면세	계산서	18.카면	카드면세	23.현면	현금면세	53.면세	계산서	58.카면	카드면세		
14.건별	무증빙	19.카영	카드영세	24.현영	현금영세	54.불공	불공제	59.카영	카드영세		
15.간이	간이과세	20.면건	무증빙			55.수입	수입분	60.면건	무증빙		

② **품목** : 거래에 나타나는 품목을 입력한다. 품목이 둘 이상인 복수거래는 F7을 눌러서 나타나는 화면 하단에 품목별로 입력한다.

③ **수량 단가 공급가액** : 대상 거래의 수량, 단가, 공급가액을 입력한다. 수량과 단가를 입력하면 공급가액과 부가세가 자동으로 표시된다. 수량과 단가의 입력을 생략하면 공급가액은 직접 입력하여야 하나 부가세는 자동으로 계산된다.

　㉠ 공급가액 : 부가가치세를 포함하지 않은 금액

　㉡ 공급대가 : 부가가치세를 포함한 금액(공급가액+부가가치세)

④ **부가세** : 직접 입력할 수도 있고 공급가액을 입력하면 자동으로 계산한다.

⑤ **공급처명** : 거래상대방을 입력한다. 코드 란에 거래처명 두 글자를 입력하거나 F2를 이용하여 보조창에서 선택한다.

⑥ **전자** : 전자세금계산서 또는 전자계산서인 경우에는 "1.여"를 입력한다. 전자(세금)계산서를 연속하여 입력할 때에는 상단의 전자입력 탭을 클릭하고 입력하면 모든 거래가 전자(세금)계산서로 입력된다.

　그러나 프로그램으로 전자(세금)계산서를 발급하려면 전자 란에 입력하지 않아야한다. 매입매출전표의 입력을 먼저하고 전자(세금)계산서를 발급 전송하여야 하며이때에는 전자 란에 자동으로 '여'가 표시된다.

⑦ **영세율구분** : 매출거래의 유형이 12.영세 또는 16.수출에 해당하는 경우 화면 중간에 있는 영세율구분에서 해당되는 것을 선택하여야 한다. 여기서 선택하여야 영세율매출명세서에 자동으로 반영된다. 영세율매출명세서는 수동으로 입력할 수도 있다.

⑧ **분개** : 상단에 입력한 내용은 부가가치세 신고를 위한 것이고, 하단에는 회계처리의 내용을 입력한다. 즉 하단에는 장부에 반영될 분개를 입력한다.

0번 분개없음 : 분개할 필요가 없거나 생략하려고 할 때 선택한다.

1번 현금 : 거래금액 전액이 현금거래인 경우 선택한다.

　　　　　매출거래는 부가세예수금과 매출액의 분개가 자동으로 나타나고, 매입거래는 부가세대급금과 매입액의 분개가 자동으로 나타난다. 매출액 또는 매입액이 아닌 경우 적절한 계정과목을 입력하여야 한다.

2번 외상 : 거래 금액 전액이 외상인 경우에 선택한다.

　•매출유형 거래에서 외상매출금과 부가세예수금은 수정을 하지 않으며, 기본으로 표시되는 제품매출계정은 거래에 맞게 수정 및 추가입력한다.

　•매입유형 거래에서 외상매입금, 부가세대급금은 수정을 하지 말고, 기본으로 표시되는 원재료계정은 수정 및 추가입력한다.

3번 혼합 : 현금과 외상 이외의 거래인 경우 선택하는 유형이나 모든 거래에서 선택하여도된다. 매출거래는 부가세예수금과 기본계정(제품매출)이 자동으로 표시되며 차변과목은 사용자가 직접 입력한다. 매입거래는 부가세대급금과 기본계정(원재료)이 자동으로 분개되어 나타나며, 대변과목은 사용자가 직접 입력한다.

4번 카드 : 거래 전액이 카드 결제인 매출, 매입을 입력 시 선택한다.
환경등록에서 신용카드매출채권과 신용카드매입채무로 설정된 계정과목으로 분개가 된다.

5번 추가 : 환경등록에서 추가로 설정한 경우에 사용할 수 있다.

유형별 입력자료와 특성

① 매출유형

매출유형		내　　　　　용
11.과세	과세매출	(전자)세금계산서를 입력할 때 선택
12.영세	영세율	영세율세금계산서를 입력할 때 선택(구매승인서 또는 내국신용장 발급) 영세율구분을 선택하여야 영세율매출명세서에 자동반영
13.면세	계산서	면세사업자의 매출로 발행된 계산서를 입력할 때 선택
14.건별	무증빙	법정지출증명이 없는 과세매출(소매매출로 영수증)과 간주공급을 입력할 때 선택한다. 공급가액 란에 부가가치세가 포함된 공급대가를 입력하고 [Enter↵]를 치면 공급가액과 부가세가 자동으로 계산되어 입력된다.
15.간이	간이과세	세금계산서가 발급되지 않는 과세매출을 입력할 때 선택 [14 : 건별]과 차이 : 공급가액과 세액이 자동 구분계산 되지 않는다.
16.수출	수출	직접 수출하는 경우 선택(영세율세금계산서가 발행되는 [12 : 영세]와 구분) 영세율구분: 1.직수출을 선택하여야 영세율매출명세서에 자동반영
17.카과	카드과세	신용카드에 의한 과세매출을 입력할 때 선택(세금계산서 발행분 제외) [17 : 카과]로 입력된 자료는 신용카드매출발행집계표의 과세분에 자동 반영
18.카면	카드면세	신용카드에 의한 면세매출을 입력할 때 선택 [18 : 카면]으로 입력된 자료는 신용카드매출발행집계표의 면세분에 자동 반영
19.카영	카드영세	영세율 대상 거래의 신용카드 매출 → 신용카드발행집계표 과세분에 반영
20.면건	무증빙	계산서가 발급되지 않은 면세매출을 입력할 때 선택
21.전자	전자화폐	전자적결제 수단에 의한 매출 → 전자화폐결제명세서에 가맹점별로 집계
22.현과	현금과세	현금영수증에 의한 과세매출을 입력할 때 선택 [22 : 현과]로 입력된 자료는 신용카드매출발행집계표의 과세분에 자동 반영
23.현면	현금면세	현금영수증에 의한 면세매출을 입력할 때 선택 [23 : 현면]으로 입력된 자료는 신용카드매출발행집계표의 면세분에 자동 반영
24.현영	현금영세	영세율 대상 거래의 현금영수증 매출 → 신용카드발행집계표의 과세분에 반영

② 매입유형

매입유형		내　　용
51.과세	과세매입	발급받은 (전자)세금계산서를 입력할 때 선택
52.영세	영세율	발급받은 영세율 세금계산서를 입력할 때 선택
53.면세	계산서	면세사업자가 발행한 (전자)계산서를 입력할 때 선택(세관장이 발급한 수입계산서 포함)
54.불공	불공제	매입세액공제를 받을 수 없는 세금계산서를 입력할 때 선택 (사유별로 우측 해당번호 선택)　① 필요적 기재사항 누락　② 사업과 직접 관련 없는 지출　③ 개별소비세법 제1조제2항제3호에 따른 자동차 구입, 유지 및 임차　④ 기업업무추진비 및 이와 유사한 비용 관련　⑤ 면세사업과 관련　⑥ 토지의 자본적 지출 관련　⑦ 사업자등록 전 매입세액　⑧ 금거래계좌 미사용 관련 매입세액　⑨ 공통매입세액 안분계산 분　⑩ 대손처분받은 세액　⑪ 납부세액 재계산분
55.수입	수입분	재화의 수입 시 세관장이 발급한 수입세금계산서를 입력할 때 선택　* 수입세금계산서의 공급가액은 부가가치세 신고서의 과세표준이지 회계처리 대상이 아니다. 따라서 수입세금계산서는 하단의 분개화면에 부가가치세만 표시된다.
56.금전	금전등록	금전등록기 영수증을 받은 매입을 입력할 때 선택(매입세액 불공제 임)
57.카과	카드과세	신용카드에 의한 과세분 매입을 입력할 때 선택
58.카면	카드면세	신용카드에 의한 면세분 매입을 입력할 때 선택
59.카영	카드영세	신용카드에 의한 영세율 매입을 입력할 때 선택
60.면건	무증빙	계산서가 발급되지 않은 면세분 매입을 입력할 때 선택
61.현과	현금과세	현금영수증에 의한 과세분 매입을 입력할 때 선택
62.현면	현금면세	현금영수증에 의한 면세분 매입을 입력할 때 선택

▶ 54.불공의 3.비영업용 소형승용자동차 구입, 유지 및 임차는 세법에 따라 개별소비세법 제1조제2항제3호에 따른 자동차로 변경한다.
▶ 54.불공의 ④ 기업업무추진비는 종전의 접대비가 세법의 개정으로 용어가 변경된 것이다.

> CHECK POINT　전자세금계산서와 전자계산서 입력 방법
>
> • 전자세금계산서와 전자계산서의 발급과 전송은 자격시험에서 아직 출제되지 않았지만 실무상 반드시 필요하므로 별도의 설명과 연습문제를 실었다.
> • 자격시험에서 전자세금계산서 또는 전자계산서를 발급하라는 요구가 있으면 반드시 발급 전송하여야 한다. 전자세금계산서 등의 발급 전송을 요구하지 않는 문제에서 전자세금계산서 등을 발급하였다고 하면 단순히 전자란에 '여를 선택 입력하면 된다.

필수예제

다음의 (주)경영과회계 기중 거래내역을 매입매출전표 입력 메뉴에 입력하시오.

■ 11. 과세 : 세금계산서(부가가치세 10%)가 발급된 거래

───────── | **입력 시 유의사항** | ─────────

❑ 품목이 2개 이상일 경우 상단툴바의 복수거래키를 이용하여 입력
❑ 비사업자와의 거래 : 거래처등록 시 주민번호 입력후 반드시 주민등록기재분 1:여를 선택
❑ 반품거래 : 수량은 (-)로, 단가는 (+)로, 수량, 단가가 제시되지 않을 경우 공급가액을 (-)로 입력
❑ 고정자산 매각거래의 공급가액은 세금계산서 발급 금액을 입력(취득가액을 입력하면 안 됨)
❑ 세금계산서와 신용카드영수증이 동시에 발행 되었을 경우 11. 과세 유형을 선택하여야 한다.
❑ 법인은 항상 전자세금계산서를 발급하여야 하고 종이 세금계산서를 발급하면 가산세(1%)가 부과된다.

따라하기

1. 10월 1일 : 대림물산(주)에 갑 제품(공급가액 65,000,000원, 부가가치세 6,500,000원)을 판매하고 전자세금계산서를 발급하였다. 대금 중 1,500,000원은 보통예금 계좌로 이체 받고, 잔액은 약속어음(2026. 2. 10 만기)으로 받았다.

2. 10월 2일 : 대림물산(주)에 제품 제조과정에서 발생된 부산물(공급가액 1,200,000원, 부가가치세 10% 별도)을 판매하고 전자세금계산서를 발급하였다. 대금은 현금으로 받아 즉시 당좌예입 하였다(계정코드 420. 부산물매출계정을 등록하여 회계처리 할 것).

3. 10월 3일 : (주)제일산업에 다음과 같이 제품을 매출하고 전자세금계산서를 발급하였다.

품 목	수량	단 가	공급가액	부가가치세	대금결제
을제품	70	60,000원	4,200,000원	420,000원	현금: 2,000,000원 어음: 4,000,000원 외상: 나머지
병제품	50	80,000원	4,000,000원	400,000원	

4. 10월 4일 : (주)제일산업에 판매한 을 제품에 하자가 발견되어 반품(수량 10개, 단가 60,000원, 공급가액 600,000원, 부가가치세 60,000원)을 받았다. 대금은 외상대금과 상계하기로 하고 반품에 대한 전자세금계산서를 발급하였다.

5. 10월 5일 : (주)제일산업에 기계장치(취득원가 2,000,000원, 감가상각누계액 870,000원)를 1,500,000원(부가가치세 별도)에 처분하고 전자세금계산서를 발급하였다. 부가가치세를 포함한 대금 1,650,000원은 현금으로 받았다.

6. 10월 6일 : 비사업자인 기운찬(주민등록번호 : 721204-1136119, bestbook@point.com)에게 A상품 880,000원(부가가치세 포함)을 판매하고 전자세금계산서를 발급하였다. 대금은 신한카드로 결제 받았다(거래처코드 3003으로 등록하고, 카드대금은 외상매출금계정으로 회계 처리할 것).

7. 10월10일 : 당사는 (주)제일산업에 대한 외상매출금 중 1,000,000원(세금계산서 발급분)을 신한카드로 결제받았다. 이 거래를 신용카드매출전표등발행금액집계표에 자동으로 반영되도록 일반전표입력을 하시오(카드결제액은 미수금계정으로 회계 처리할 것).

■12. 영세 : 영세율 세금계산서(부가가치세 0%)가 발급된 거래

─────────────── | 입력 시 유의사항 | ───────────────

- 수출 등 영세율에 해당하는 경우 세금계산서가 발급되었으면 12.영세(간접수출), 세금계산서가 발급되지 않았으면 16.수출 (직접수출)유형을 선택한다.
- 재화 또는 용역을 내국신용장이나 구매확인서에 의하여 공급하는 경우와 수출재화임가공용역을 수출업자와 직접 계약에 의하여 공급하는 경우 반드시 세금계산서를 발급한다.

8. 10월12일 : 수출업자인 (주)명품물산과 80,000,000원의 수출품 공급계약에 의해 제품을 납품하고 구매확인서를 받고 영세율로 전자세금계산서를 발급하였다. 대금은 전액 보통예금으로 예입되었다.

■13. 면세 : 부가가치세 면세 대상으로 계산서가 발급된 거래

9. 10월13일 : 세아산업에 부가가치세 면세 대상 재화인 상품(도서 : 전자출판물) 6,000,000원을 외상으로 판매하고 전자계산서를 발급하였다.

■14. 건별 : 소매로 판매하면서 일반영수증을 발행하거나 증빙이 없는 거래 또는 부가가치세법 상 간주공급의 거래(주의 : 현금영수증을 발행하면 22. 현과)

─────────────── | 입력 시 유의사항 | ───────────────

- 공급가액란에 공급대가를 입력하면 P/G에서 공급가액 및 세액이 자동계산 된다(잘못 입력한 경우 수정하면 재계산이 되지 않으므로 삭제 후 새로 입력하여야 함).
- 현금영수증은 22. 현과로 입력하여야 한다.

10. 10월14일 : 힘찬홈쇼핑(주)(사업자번호 : 112-81-12545)에서 일반소비자에게 제품 150,000,000원(부가가치세별도)을 판매하고, (주)힘찬홈쇼핑에 당초 약정한 수수료 16,500,000원(부가가치세 포함)은 수표를 발행하여 지급하였다. 판매대금은 전액 당사의 보통예금 계좌로 입금 되었으며, 판매에 대하여는 각각의 거래에 대해 일반영수증이 발행되었다. 그리고 수수료에 대하여는 전자세금계산서를 수취하였다(힘찬홈쇼핑(주)을 거래처코드 3004번으로 등록하여 사용하고 수수료는 "수수료비용"으로 처리 함).

11. 10월15일 : 당사가 생산한 제품(원가 1,000,000원, 시가 1,500,000원)을 매출처인 대림물산(주)에 접대용으로 제공하였다.

■16. 수출 : 세금계산서가 발급되지 않는 직수출 거래

12. 10월16일 : 미국의 APPLE COMPANY에 다음과 같이 제품을 수출하기 위하여 선적하였으며, 선수금을 차감한 잔액은 외상으로 하였다(매출액은 부가가치세법에 따른 공급가액으로 할 것).

수 출 대 금 총 액	$80,000
계 약 금	$6,000(적용환율 $1당 1,300원)
계 약 금 수 령 일	2025년 12월 21일(수령즉시 환가함)
수 출 품 선 적 일	2025년 10월 16일
수출품선적일의 환율	기준환율 : $1당 1,250원

■17. 카과 : 신용카드매출전표가 발행된 과세 매출 거래

13. 10월17일 : 일반소비자인 유재석(비사업자)에게 을제품 550,000원(부가가치세 포함)을 판매하고 신한카드로 결제 받고 신용카드매출전표를 발행하였다(거래처코드 3005번으로 등록하고, 카드대금은 외상매출금계정으로 회계처리 할 것).

■18. 카면 : 신용카드매출전표가 발행된 면세 매출 거래

14. 10월18일 : 일반소비자인 유재석(비사업자)에게 부가가치세 면세 대상 재화인 상품(도서 : 전자출판물)을 판매하고, 대금 300,000원에 대하여 신용카드매출전표(신한카드)를 발행하였다(카드대금은 외상매출금계정으로 회계처리 할 것).

■22. 현과 : 현금영수증이 발행된 과세 매출 거래

──────────────── | **입력 시 유의사항** | ────────────────

☐ 공급가액란에 공급대가(부가가치세 포함)를 입력하면 P/G에서 공급가액 및 세액이 자동계산 된다.

15. 10월19일 : 일반소비자인 유재석(비사업자)에게 을 제품을 220,000원(공급대가)에 판매하고 현금으로 받은 대금에 대하여 현금영수증을 발행하였다.

따라하기

회계관리 모듈에서 전표입력의 매입매출전표입력 메뉴를 선택한다.

1. 일자 : 10월 1일 (전자 란에 '여' 자동 표시)

유형	품목	수량	단가	공급가액	부가가치세		공급처명
11.과세	갑제품			65,000,000	6,500,000	01001	대림물산(주)
분개 3.혼합	(차) 103.보통예금 (차) 110.받을어음			1,500,000 70,000,000	(대) 255.부가세예수금 (대) 404.제품매출		6,500,000 65,000,000

2. 일자 : 10월 2일 (전자 란에 '여' 자동 표시)

유형	품목	수량	단가	공급가액	부가가치세		공급처명
11.과세	부산물			1,200,000	120,000	01001	대림물산(주)
분개 3.혼합	(차) 102.당좌예금			1,320,000	(대) 255.부가세예수금 (대) 420.부산물매출		120,000 1,200,000

▶ 계정과목및적요등록 메뉴에서 420.부산물매출(성격1.매출)로 등록 후 입력한다.

3. 일자 : 10월 3일 (전자 란에 '여' 자동 표시)

유형	품목	수량	단가	공급가액	부가가치세		공급처명
11.과세	*을제품 외			8,200,000	820,000	01002	(주)제일산업
분개 3.혼합	(차) 101.현　금 (차) 110.받을어음 (차) 108.외상매출금			2,000,000 4,000,000 3,020,000	(대) 255.부가세예수금 (대) 404.제품매출		820,000 8,200,000

▶ 품목·수량·단가 입력 시 화면상단의 [복수거래] 키를 이용하여 을제품과 병제품을 각각 입력한다.

4. 일자 : 10월 4일 (전자 란에 '여' 자동 표시)

유형	품목	수량	단가	공급가액	부가가치세	공급처명	
11.과세	을제품	- 10	60,000	- 600,000	- 60,000	01002	(주)제일산업
분개 2.외상	(차) 108.외상매출금			- 660,000	(대) 255.부가세예수금 (대) 404.제품매출		- 60,000 - 600,000

▶ 반품하는 경우 수량에 (-)로 입력하면 공급가액과 부가가치세는 자동으로 (-)로 입력된다.

5. 일자 : 10월 5일 (전자 란에 '여' 자동 표시)

유형	품목	수량	단가	공급가액	부가가치세	공급처명	
11.과세	기계장치			1,500,000	150,000	01002	(주)제일산업
분개 3.혼합	(차) 207.감가상각누계액 (차) 101.현　금			870,000 1,650,000	(대) 255.부가세예수금 (대) 206.기계장치 (대) 914.유형자산처분이익		150,000 2,000,000 370,000

6. 일자 : 10월 6일 (전자 란에 '여' 자동 표시)

유형	품목	수량	단가	공급가액	부가가치세	공급처명	
11.과세	A상품			800,000	80,000	03003	기운찬
분개 4.카드	(차) 108.외상매출금 (거래처 99600.신한카드)			880,000	(대) 255.부가세예수금 (대) 401.상품매출		80,000 800,000

▶ 세금계산서를 발행하고 대금을 카드로 결제한 경우에는 반드시 11.과세로 하여야 한다.
▶ 기운찬을 거래처등록 시 주민등록번호를 입력하고 주민등록기재분에서 1.여를 선택한다.
▶ 분개유형에서 4.카드를 선택하면 신용카드사 선택화면이 나타난다. 신용카드사 선택화면에서 99600.신한
　카드를 선택하면 미수금 분개에서 자동으로 99600.신한카드가 적용된다.

7. 일자 : 10월 10일 일반전표입력

구분	코드	계정과목	코드	거래처	적　　요	금　액
3(차)	120	미　수　금	99600	신한카드	매출대금카드결제	1,000,000
4(대)	108	외 상 매 출 금	01002	(주)제일산업	매출대금카드결제	1,000,000
분개	(차) 미수금		1,000,000	(대) 외상매출금		1,000,000

▶ 일반전표입력에서 메뉴바 상단에서 ⒡카드매출을 클릭한 후 하단의 카드매출 보조창에서 카드사를 선택하
　고, 카드 결제하는 대상을 1.세금계산서 발행분으로 입력하여야 신용카드매출전표등발행금액집계표에 정확
　하게 반영된다. 카드결제하는 대상이 영세율세금계산서 발행분이면 2.영세율세금계산서를 선택하고, 계산
　서 발행분이면 3.계산서를 선택하여 구분 입력하여야 한다.

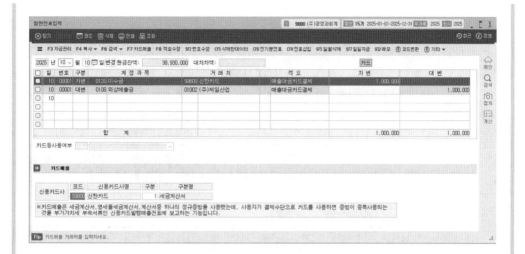

8. 일자 : 10월 12일 (전자 란에 '여' 자동 표시, 영세율 구분 : 3.내국신용장 등)

유형	품목	수량	단가	공급가액	부가가치세	공급처명
12.영세	제품			80,000,000		01004 (주)명품물산
분개 3.혼합	(차) 103.보통예금			80,000,000	(대) 404.제품매출	80,000,000

9. 일자 : 10월 13일 (전자 란에 '여' 자동 표시)

유형	품목	수량	단가	공급가액	부가가치세	공급처명
13.면세	전자출판물			6,000,000		01003 세아산업
분개 2.외상	(차) 108.외상매출금			6,000,000	(대) 401.상품매출	6,000,000

10. 일자 : 10월 14일 (2개의 거래로 나눠서 14.건별과 51과세로 입력한다)

유형	품목	수량	단가	공급가액	부가가치세	공급처명
14.건별	제품			150,000,000	15,000,000	
분개 3.혼합	(차) 103.보통예금		165,000,000		(대) 255.부가세예수금	15,000,000
					(대) 404.제품매출	150,000,000

일자 : 10월 14일 (전자 란에서 1:여를 선택)

유형	품목	수량	단가	공급가액	부가가치세	공급처명
51.과세	판매수수료			15,000,000	1,500,000	03004 힘찬홈쇼핑(주)
분개 3.혼합	(차) 135.부가세대급금		1,500,000		(대) 102.당좌예금	16,500,000
	(차) 831.수수료비용		15,000,000			

11. 일자 : 10월 15일

유형	품목	수량	단가	공급가액	부가가치세		공급처명
14.건별	접대용제품			1,500,000	150,000	01001	대림물산(주)
분개 3.혼합	(차) 813.기업업무추진비 1,150,000				(대) 255.부가세예수금 150,000 (대) 150.제 품 1,000,000 (적요8. 타계정으로 대체액)		

▶ 부가가치세법 상 자기가 생산 취득한 제품을 접대에 사용하면 간주공급(공급특례)에 해당하는 것으로 상단의 공급가액은 공급한 재화의 시가로 한다. 그러나 하단 분개의 대변 제품은 원가로 하여야 한다.

12. 일자 : 10월 16일 (영세율구분 1.직수출)

유형	품목	수량	단가	공급가액	부가가치세		공급처명
16.수출	제품			100,300,000	0	01005	APPLE COMPANY
분개 3.혼합	(차) 259.선수금 7,800,000 (차) 108.외상매출금 92,500,000				(대) 404.제품매출 100,300,000		

▶ 제품매출액 : ($6,000×1,300) + ($74,000×1,250) = 100,300,000원

13. 일자 : 10월 17일

유형	품목	수량	단가	공급가액	부가가치세		공급처명
17.카과	을제품			500,000	50,000	03005	유재석
분개 4.카드	(차) 108.외상매출금 550,000 (거래처 99600.신한카드사)				(대) 255.부가세예수금 50,000 (대) 404.제품매출 500,000		

▶ 공급가액란에 공급대가 550,000원을 입력하고 [Enter↵]하면 공급가액과 부가가치세가 자동으로 계산된다. 17.카과를 선택하면 나오는 카드사 선택 화면에서 신한카드를 선택한다. 거래처 등록은 코드란에서 '+' 키를 누르고 거래처명에 유재석을 입력하면 나오는 등록 안내화면에서 등록을 누르면 된다. 분개 유형에서 4.카드를 누르면 자동으로 99600.신한카드가 선택된다.

14. 일자 : 10월 18일

유형	품목	수량	단가	공급가액	부가가치세		공급처명
18.카면	전자출판물			300,000		03005	유재석
분개 4.카드	(차) 108.외상매출금 300,000 (99600.신한카드)				(대) 401.상품매출 300,000		

▶ 공급가액란에 공급대가 300,000원을 입력하고 [Enter↵]하면 면세공급이므로 부가가치세 없이 합계금액이 300,000원이 된다. 18.카면을 선택하면 나오는 카드사 선택 화면에서 신한카드를 선택한다. 분개 유형에서 4.카드를 누르면 자동으로 99600.신한카드가 선택된다.

15. 일자 : 10월 19일

유형	품목	수량	단가	공급가액	부가가치세		공급처명
22.현과	을제품			200,000	20,000	03005	유재석
분개	(입금) 255.부가세예수금						20,000
1.현금	(입금) 404.제품매출						200,000

▶ 공급가액란에 공급대가 220,000원을 입력하고 Enter↵ 하면 공급가액과 부가가치세가 자동으로 계산된다.

➲ 매출거래가 입력된 화면

CHECK POINT

• (매출)전자세금계산서 또는 전자계산서를 프로그램으로 발급하면 매입매출전표입력 메뉴에서 전자 란에 '1: 여'가 자동으로 표시된다.
• (매입)전자세금계산서 또는 전자계산서를 수취하면 전자란에서 '1:여'를 선택하면 된다.
• 자격시험에서 전자 발급하라고 요구하지 않는 경우에는 전자 란에서 '1:여'를 선택 입력한다.
• 전자 란에 1:여를 입력한 후 전자세금계산서발행 메뉴를 실행하면 타사발행으로 표시되어 전자발행을 할 수 없다. 전자 발행하려면 전자 란에 입력한 '1:여'를 삭제하여야 한다.
• 전자세금계산서를 발행한 매출전표의 삭제는 전자세금계산서 발행을 취소한 후에 삭제한다.
• 매출 – 전자세금계산서를 발급하고 대금을 카드로 받은 경우 유형은 11.과세매출, 분개는 카드
• 매입 – 전자세금계산서를 받고 대금을 카드로 지급한 경우 유형은 51.과세매입, 분개는 카드

3 전자세금계산서와 전자계산서

● NCS 능력단위 : 0203020215부가가치세신고　　능력단위요소 : 01세금계산서발급·수취하기
1.1　세금계산서의 발급방법에 따라 세금계산서를 발급하고 발급명세를 국세청에 전송할 수 있다.

모든 법인 사업자와 직전사업년도 공급가액(과세＋면세)이 8천만원 이상인 개인사업자는 당해 연도 7월 1일부터 의무적으로 전자계산서를 발급하여야 한다. 이후에 개인사업자의 공급가액이 8천만원 미만이 되어도 계속하여 전자세금계산서 의무 발급자가 된다.

프로그램에서 전자(세금)계산서를 발행하려면 매출 거래를 먼저 매입매출전표입력 메뉴에 입력하여야 한다.

① 전자(세금)계산서 발급 대상인 매출 거래는 매입매출전표입력 할 때에 전자 란에 전자체크를 하지 않고 입력하여야 한다.

② 전자세금계산서발행 메뉴를 실행하여 전자(세금)계산서 발행기간을 입력하고 매입매출전표입력 메뉴에 입력한 데이터를 불러온다. 이때에는 발행상태 란에 미발행으로 표시된다.

③ 전자 발행하려는 (세금)계산서를 체크하여 선택하고 하단의 수신자 탭에 받는 이(메일을 수신할 담당자)의 이메일을 등록한다. 수신자가 입력되어 있지 않으면 전자(세금)계산서가 발급되지 않는다.

④ 전자 발행하려는 (세금)계산서를 체크로 선택하고 화면 상단의 F3 전자발행을 클릭한다. 이 때 나타나는 보조창에서 전자(세금)계산서 발급 대상을 한번 더 확인하고 상단의 발행(Tab)을 클릭하면 전자(세금)계산서 발행 건수와 발행 여부를 묻는 보조창이 나타난다.

⑤ 화면의 보조창에서 예를 클릭하면 전자(세금)계산서 발행 사이트인 베스트빌의 로그인 화면이 나타난다. 교육용 프로그램에서는 아이디와 비밀번호를 kacpta로 입력하고 확인을 클릭하면 국세청에 전송하기 위한 인증서 화면이 나타난다. 교육용 프로그램은 인증서 암호가 미리 입력되어 있어 확인만 클릭하면 된다.

⑥ 확인 버튼을 클릭하면 전자(세금)계산서가 전송되었다는 메시지가 나오고 발행상태는 성공으로 표시된다. 이상의 과정을 거치면 실무 프로그램에서는 국세청에 데이터가 전송되지만 교육용 프로그램에서는 전송되지 않는다.

⑦ 전자세금계산서를 발행한 전표는 매입매출전표입력에서 삭제를 할 수 없다. 삭제하려면 전자세금계산서발행 메뉴에서 F4 발행취소(삭제)를 클릭하여 발행취소를 먼저 한 후에 매입매출전표입력에서 해당 전표를 삭제하여야 한다.

필수예제

(주)경영과회계의 10월의 매출거래에 대하여 전자세금계산서 또는 전자계산서를 발급하고
전송하시오.

따라하기

1. 회계관리 모듈의 전자세금계산서발행 메뉴를 클릭한다.

① 기간을 10월 1일~10월 31일을 입력하고 거래처, 발행상태, 전송상태를 [Enter↵]하면 매
   입매출전표입력 데이터를 불러온다. 좌측 작성일자 옆에 체크를 하고 화면 하단에서 수신
   자를 입력한다. 모든 전표를 체크하려면 체크 란 상단 체크박스를 체크하면 된다.

② 거래처등록에서 대표자명과 수신자(담당자)를 입력하였으면 할 필요 없고, 대표자명을 입력
   하지 않은 경우에는 거래처등록에서 입력하여야 하고, 수신자를 입력하지 않은 기운찬만
   확인하여 입력한다(담당자 : 기운찬, 이메일주소 : bestbook@point.com).

③ 수신자 탭을 클릭하고 사용여부는 1.사용으로 하고 담당자명, 담당자메일주소는 필수적
   으로 입력하여야 한다. 그리고 상단의 [F3] 전자발행을 클릭한다.

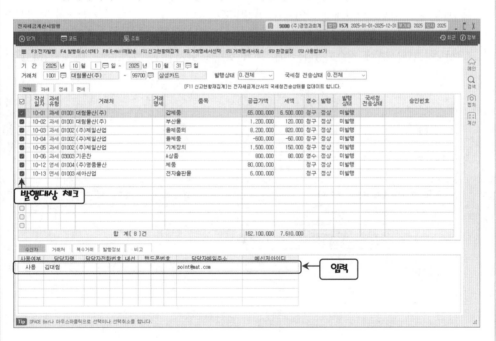

2. 새로운 전자세금계산서 발행 보조창에서 상단의 발행(Tab)을 클릭하면 나타나는 '전자세
   금계산서 8건을 발행하시겠습니까?'라는 질문에 예를 클릭한다.

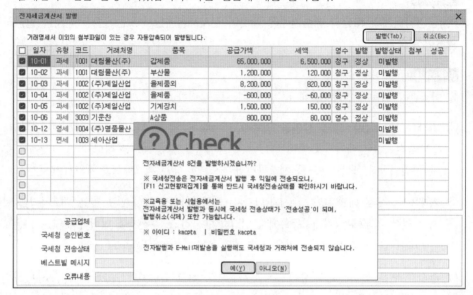

3. 베스트빌 로그인 화면에서 아이디와 비밀번호를 kacpta로 치고 확인을 클릭하면 국세청
   전송을 위한 인증서 화면이 나타난다. 여기에서 확인을 클릭하면 전자세금계산서 발행이
   성공하고 국세청에 전송되었다는 메시지가 화면에 표시된다. 그리고 닫기를 클릭하고 나
   간다.

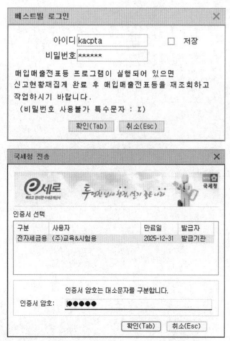

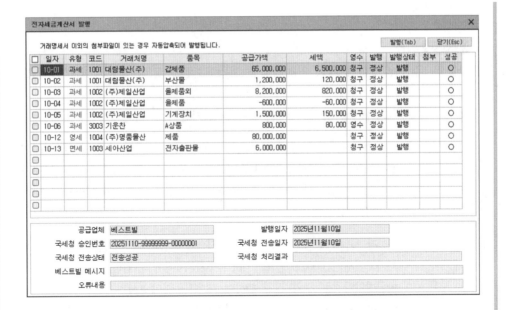

4. 국세청에 전송 완료 화면에서 닫기를 클릭하고 나오면 전자세금계산서발행화면에서 다음과 같이 전자세금계산서를 발행하고 전송이 성공되었음을 확인할 수 있다.

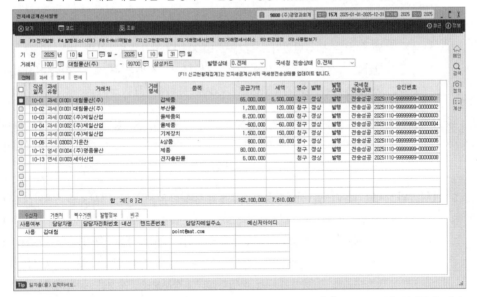

▶ 매입매출전표입력에서 10월을 열면 전자 발행한 거래는 전자란에 모두 "여"가 입력된 것을 확인할 수 있다.

다음의 (주)경영과회계 기중 거래내역을 매입매출전표 입력 메뉴에 입력하시오.

■ 51. 과세 : 세금계산서(10%)를 수취한 과세 매입 거래

1. 11월 1일 : (주)대영전산으로부터 원재료(공급가액 80,000,000원, 부가가치세 10% 별도)를 구입하고 전자세금계산서를 발급받았다. 대금 중 3,000,000원은 매출처 세아산업에서 받아 보관중인 약속어음을 배서양도 하였으며 나머지는 외상으로 하였다.

2. 11월 4일 : 생산직 사원들의 출퇴근에 사용할 목적으로 9인승 승합차(공급가액 20,000,000원, 부가가치세 2,000,000원)를 대우자동차(주)에서 구입하고 전자세금계산서를 발급받았다. 동 구입 건에 대하여 대우자동차(주)(사업자번호 : 133-81-14929)와 협약된 대우캐피탈(주)(사업자번호 : 121-81-51275)에서 10개월 분할상환 조건으로 차입하여 지급하였다(대우자동차(주)는 3006, 대우캐피탈(주)는 3007로 거래처코드 등록할 것).

3. 11월 5일 : 공장 건물의 구조물 보강공사를 포항건설(주)에 의뢰하여 시공하고 세금계산서(종이)를 발급받았다(공급가액 10,000,000원, 부가가치세 10% 별도). 공사대금은 2개월 후에 지급하기로 하였으며 자본적지출로 처리한다(사업자번호 : 220-81-32328, 거래처코드 3008로 등록할 것).

4. 11월 6일 : 지난 11월 1일 (주)대영전산에서 매입한 원재료 중 일부(공급가액 2,000,000원, 부가가치세 200,000원)에 하자가 있어 반품하고 반품에 대한 전자세금계산서를 발급받았으며, 대금은 외상매입금과 상계처리하기로 하였다.

5. 11월 7일 : 지난 1월 16일 산업통상자원부에서 지원받은 정부(국고)보조금 5,000,000원으로 현대정공(주)(사업자번호 : 606 − 81 − 31479, 거래처코드 3009로 등록)에서 자동제어기를 구입하고 전자세금계산서를 발급받았다. 구입금액은 18,000,000원(부가가치세 별도)이며 정부(국고)보조금의 상환의무는 없다. 대금은 전액 당좌수표를 발행하여 지급하였다(217. 정부보조금계정을 등록하여 회계처리할 것).

■ 52. 영세 : 세금계산서(부가가치세 0%)를 수취한 영세율 매입 거래

6. 11월 8일 : 강호전자(134-43-65434)에서 구매확인서에 의하여 원재료 5,000,000원을 매입하고 영세율로 세금계산서(종이)를 발급받았다. 대금은 전액 당좌수표를 발행하여 지급하였다(거래처코드 3010으로 등록할 것).

■ 53. 면세 : 계산서를 수취한 면세 매입 거래

7. 11월10일 : 한일출판에서 상품(면세재화 : 전자출판물) 8,000,000원을 구입하고 전자계산
서를 발급받았다. 대금은 전년도에 지급한 계약금을 차감한 잔액을 모두 보
통예금통장에서 인출하여 지급하였다.

8. 11월11일 : 매출거래처 직원의 결혼식에 보내기 위하여 신영화원(121-23-12345)에서 화환
80,000원을 현금으로 구입하고 계산서를 발급받았다(거래처코드 3500으로 등
록할 것).

■ 54. 불공 : 세금계산서 수취분 중 매입세액공제가 불가능한 거래

┌─────────────── │ 입력 시 유의사항 │ ───────────────┐

❏ 반드시 세금계산서 수취분만 입력하고, 세금계산서합계표에 자동반영이 되므로 공제가 불가능한 신용카드
  매출전표 및 현금영수증거래분은 절대 입력불가
❏ 매입세액 불공제이므로 부가가치세를 포함하여 회계 처리하고 부가가치세대급금 계정은 사용하지 않음.
❏ 매입세액 공제가 불가능한 거래
  ① 세금계산서 미제출 및 필요적 기재사항 누락
  ② 사업과 직접 관련이 없는 지출에 대한 매입세액
  ③ 개별소비세법 제1조제2항제3호에 따른 자동차의 구입과 유지 및 임차비용에 대한 매입세액(1,000cc
    이하 국민차(경차)는 제외)
  ④ 기업업무추진비 및 이와 유사한 비용 관련 매입세액
  ⑤ 면세사업 관련 매입세액(세금계산서를 수취한 것 중 면세사업 관련분)
  ⑥ 토지의 조성 등을 위한 자본적 지출에 관련된 매입세액
  ⑦ 사업자등록신청전 매입세액(단, 공급일이 속하는 과세기간이 끝난 후 20일 이내에 사업자등록을 신청하
    면 공제가능)

└──┘

9. 11월 12일 : 그린자동차공업(주)(사업자번호 : 205-81-34725)에서 영업부의 업무용으로 사
용 중인 소형승용차를 수리한 후 전자세금계산서를 발급받고, 수리비(공급가
액 1,300,000원, 부가가치세 별도)는 전액 외상으로 하였다(총 수리비 계상
액 중 1,000,000원은 자본적지출로 처리하고 잔액은 수익적지출로 처리하며,
거래처코드 3011로 등록할 것).

10. 11월13일 : 대표이사 김경영(거래처코드5000으로 등록할 것)이 개인적으로 사용할 목적
으로 삼일전자(거래처코드 3600으로 등록할 것, 210-31-34514)에서 TV
3,300,000원(부가가치세 포함)을 구입하고 전자세금계산서를 발급받았으며
대금은 현금으로 지급하였다.

■ 55. 수입 : 수입세금계산서를 수취한 거래

─────┤ 입력 시 유의사항 ├─────

❏ 수입세금계산서의 공급가액은 부가가치세를 산출하기 위한 과세표준으로 실제 매입액이 아니므로 별도의 회계처리를 하지 않고 세액에 대해서만 회계처리 하여야 한다.
❏ 수입한 재화에 대한 회계처리는 수입신고서를 근거로 일반전표입력에서 회계처리하면 된다.

11. 11월14일 : 미국의 OLIMPUS사에서 제품 생산용 검사기기를 수입하면서 인천세관 세관장으로부터 전자발행한 수입세금계산서(공급가액 8,000,000원, 부가가치세 800,000원)를 수취하고 부가가치세와 통관제비용(관세 240,000원, 통관수수료 80,000원)을 현금으로 지급하였다(미착계정에 대한 회계처리는 고려하지 말 것, 관세 및 통관수수료에 대한 회계처리는 일반전표입력 메뉴에서 할 것).

■ 57. 카과 : 신용카드매출전표를 수취한 과세 거래

─────┤ 입력 시 유의사항 ├─────

❏ 공급가액란에 공급대가를 입력하면 P/G에서 공급가액 및 세액이 자동계산
❏ 신용카드매출전표의 공제요건
 ·공급가액과 세액이 분리 기재되어 있는 신용카드매출전표를 수취(영수증 발급대상 간이과세자로부터 수취한 것은 공제불가)
 ▶ 영수증 발급대상 간이과세자 : 직전년도 공급대가 4,800만원 미만 간이과세자와 신규 사업개시하고 최초의 과세기간 중에 있는 간이과세자
 ·매입세액 불공제 대상(기업업무추진비 관련, 개별소비세 과세대상 자동차의 구입 유지 관련 등)이 아닐 것
❏ 공제요건을 갖추지 않은 신용카드매출전표는 일반전표에 입력(54. 불공으로 입력하면 안 됨)

12. 11월15일 : 일반과세자인 길손식당에서 공장 직원의 회식을 하고 그 회식비(공급가액 400,000원, 부가가치세 별도)를 삼성카드로 결제하고, 공급가액과 부가가치세를 별도로 구분 기재한 신용카드매출전표를 받았다(길손식당을 사업자등록번호 130-26-42335, 거래처코드 3012로 등록할 것).

■ 61. 현과 : 현금영수증을 수취한 과세 거래

─────┤ 입력 시 유의사항 ├─────

❏ 공급가액란에 공급대가를 입력하면 P/G에서 공급가액 및 세액이 자동계산
❏ 현금영수증 공제요건
 ·공급가액과 세액이 분리 기재되어 있는 현금영수증 수취(영수증 발급대상 간이과세자로부터 수취한 것은 공제불가)
 ·매입세액 불공제 대상(기업업무추진비 관련, 개별소비세 과세대상 자동차 구입 유지 관련 등)이 아닐 것
❏ 공제 요건을 갖추지 않은 현금영수증은 일반전표에 입력(54. 불공으로 입력하면 안 됨)

13. 11월18일 : 길손식당에서 사무실 직원의 회식을 하고 회식대금(공급대가 330,000원)을 현금으로 지급하고 현금영수증을 수취하였다(승인번호 34356129).

따라하기

회계관리 모듈에서 전표입력의 매입매출전표입력 메뉴를 선택한다.

1. 일자 : 11월 1일 (전자 란에서 1:여를 선택)

유형	품목	수량	단가	공급가액	부가가치세	공급처명	
51.과세	원재료			80,000,000	8,000,000	01006	(주)대영전산
분개 3.혼합	(차) 135.부가세대급금　8,000,000 (차) 153.원재료　80,000,000			(대) 251.외상매입금　85,000,000 (대) 110.받을어음　3,000,000 (거래처변경 01003. 세아산업)			

▶ 받을어음계정의 거래처변경은 커서를 거래처 코드에 두고 F2 키를 이용하여 거래처 01003.세아산업을 선택한 다음 확인하는 방법으로 변경한다.

2. 일자 : 11월 4일 (전자 란에서 1:여를 선택)

유형	품목	수량	단가	공급가액	부가가치세	공급처명	
51.과세	승합차			20,000,000	2,000,000	03006	대우자동차(주)
분개 3.혼합	(차) 135.부가세대급금　2,000,000 (차) 208.차량운반구　20,000,000			(대) 260.단기차입금　22,000,000 (거래처 변경 03007. 대우캐피탈(주))			

▶ 260.단기차입금계정의 거래처변경은 커서를 거래처 코드에 두고 +키를 클릭하여 나타나는 간편등록 화면에서 거래처코드 03007.대우캐피탈(주)를 등록하는 방법으로 변경한다.

3. 일자 : 11월 5일

유형	품목	수량	단가	공급가액	부가가치세	공급처명	
51.과세	구조물 보강			10,000,000	1,000,000	03008	포항건설(주)
분개 3.혼합	(차) 135.부가세대급금　1,000,000 (차) 202.건물　10,000,000			(대) 253.미지급금　11,000,000			

4. 일자 : 11월 6일 (전자 란에서 1:여를 선택)

유형	품목	수량	단가	공급가액	부가가치세	공급처명	
51.과세	원재료			- 2,000,000	- 200,000	01006	(주)대영전산
분개 2.외상	(차) 135.부가세대급금　- 200,000 (차) 153.원재료　- 2,000,000			(대) 251.외상매입금　- 2,200,000			

5. 일자 : 11월 7일 (전자 란에서 1:여를 선택)

유형	품목	수량	단가	공급가액	부가가치세		공급처명
51.과세	자동제어기			18,000,000	1,800,000	03009	현대정공(주)
분개 3.혼합	(차) 135.부가세대급금			1,800,000	(대) 102.당좌예금		19,800,000
	(차) 206.기계장치			18,000,000			
	(차) 104.정부보조금			5,000,000	(대) 217.정부보조금*		5,000,000

▶ 217.정부보조금은 206.기계장치의 차감 계정이므로 계정과목및적요등록에서 성격을 4.차감으로 하고, 관계 코드를 206.기계장치로 하여 등록한 후 입력한다.

6. 일자 : 11월 8일

유형	품목	수량	단가	공급가액	부가가치세		공급처명
52.영세	원재료			5,000,000		03010	강호전자
분개 3.혼합	(차) 153.원재료			5,000,000	(대) 102.당좌예금		5,000,000

7. 일자 : 11월 10일 (전자 란에서 1:여를 선택)

유형	품목	수량	단가	공급가액	부가가치세		공급처명
53.면세	전자출판물			8,000,000		01007	한일출판
분개 3.혼합	(차) 146.상품			8,000,000	(대) 131.선급금		2,000,000
					(대) 103.보통예금		6,000,000

8. 일자 : 11월 11일

유형	품목	수량	단가	공급가액	부가가치세		공급처명
53.면세	화환			80,000		03500	신영화원
분개 1.현금	(출금) 813.기업업무추진비						80,000

9. 일자 : 11월 12일 (전자 란에서 1:여를 선택)

유형	품목	수량	단가	공급가액	부가가치세		공급처명
54.불공	차량수리			1,300,000	130,000	03011	그린자동차공업(주)
분개 3.혼합	(차) 208.차량운반구			1,000,000	(대) 253.미지급금		1,430,000
	(차) 822.차량유지비			430,000			

▶ 불공사유는 3.개별소비세법 제1조제2항제3호에 따른 자동차의 구입 유지 및 임차를 선택한다.
　차량수리비는 822.차량유지비 또는 820.수선비로 할 수 있다.

10. 일자 : 11월 13일 (전자 란에서 1:여를 선택)

유형	품목	수량	단가	공급가액	부가가치세		공급처명
54.불공	TV			3,000,000	300,000	03600	삼일전자
분개 1.현금	(출금) 134.가지급금						3,300,000
	(거래처코드5000 김경영)						

▶ 불공제사유는 2.사업과 직접 관련없는 지출을 선택한다. 하단 분개에서 가지급금의 거래처로 대표이사 김경영을 5000번으로 등록하고 입력한다.

11. 일자 : 11월 14일 (전자 란에서 1:여를 선택)

유형	품목	수량	단가	공급가액	부가가치세		공급처명
55.수입	검사기기			8,000,000	800,000	01010	인천세관
분개 1.현금	(출금) 135.부가세대급금						800,000
	* 일반전표입력입력 메뉴에서 11월 14일자로 거래 자료 추가 입력						
	(차) 206.기계장치	320,000	(대) 101.현 금				320,000

▶ 관세 등을 매입매출전표입력으로 하면 건물등감가상각자산취득명세서에서 분개에 나타나는 금액을 공급대가로 보아 공급가액과 세액을 구분하여 표시하게 되므로 따로 일반전표입력으로 하여야 한다.

12. 일자 : 11월 15일

유형	품목	수량	단가	공급가액	부가가치세		공급처명
57.카과	회식대			400,000	40,000	03012	길손식당
분개 4.카드	(차) 135.부가세대급금		40,000	(대) 253.미지급금			440,000
	(차) 511.복리후생비		400,000	(거래처 99700. 삼성카드)			

▶ 유형을 57.카과를 선택하면 신용카드사를 선택하는 창이 나타난다. 여기서 카드사를 선택하고 분개 유형에서 4.카드를 누르면 자동으로 99700.삼성카드사가 선택된다. 공급가액란에 공급대가 440,000원을 입력하고 Enter↵ 하면 공급가액과 부가가치세가 자동으로 계상된다.

13. 일자 : 11월 18일

유형	품목	수량	단가	공급가액	부가가치세		공급처명
61.현과	회식대			300,000	30,000	03012	길손식당
분개 1.현금	(출금) 135.부가세대급금						30,000
	(출금) 811.복리후생비						300,000

▶ 공급가액란에 공급대가 330,000원을 입력하고 Enter↵ 하면 공급가액과 부가가치세가 자동으로 계상된다.

⮕ 11월의 매입자료가 입력된 화면

일	번호	유형	품목	수량	단가	공급가액	부가세	코드	공급처명	사업/주민번호	전자	분개
1	50001	과세	원재료			80,000,000	8,000,000	01006	(주)대영전산	108-81-12565	여	혼합
4	50001	과세	승합차			20,000,000	2,000,000	03006	대우자동차(주)	133-81-14929	여	혼합
5	50001	과세	구조물보강			10,000,000	1,000,000	03008	포항건설(주)	220-81-32328		혼합
6	50001	과세	원재료			-2,000,000	-200,000	01006	(주)대영전산	108-81-12565	여	외상
7	50001	과세	자동제어기			18,000,000	1,800,000	03009	현대정공(주)	606-81-31479	여	혼합
8	50001	영세	원재료			5,000,000		03010	강호전자	134-43-65434		혼합
10	50001	면세	전자출판물			8,000,000		01007	한일출판	211-28-94515	여	혼합
11	50001	면세	화환			80,000		03500	신영화원	121-23-12345		현금
12	50001	불공	차량수리			1,300,000	130,000	03011	그린자동차공업(주)	205-81-34725	여	혼합
13	50001	불공	TV			3,000,000	300,000	03600	삼일전자	210-31-34514	여	현금
14	50001	수입	검사기기			8,000,000	800,000	01010	인천세관	131-83-72864	여	현금
15	50001	카과	회식대			400,000	40,000	03012	길손식당	130-26-42335		카드
18	50001	현과	회식대			300,000	30,000	03012	길손식당	130-26-42335		현금
			공급처별 매출(입)전체 [1]건			8,000,000	800,000					

신용카드사 [   ]   봉사료 [   ]

NO : 50001   (출 금) 전 표   일 자 : 2025 년 11 월 14 일

구분	계정과목	적요		거래처	차변(출금)	대변(입금)
출금	0135 부가세대급금	검사기기		01010 인천세관	800,000	(현금)
				합 계	800,000	800,000

(세금)계산서 현재라인인쇄
거래명세서 현재라인인쇄
전 표 현재라인인쇄

Tip SPACE Bar나 마우스좌클릭으로 선택이나 선택취소를 합니다.

02 부가가치세

| 부가가치세신고서

> • NCS 능력단위 : 0203020215부가가치세신고   능력단위요소 : 03부가가치세신고하기
> 3.1 부가가치세법에 따른 과세기간을 이해하여 예정·확정신고를 할 수 있다.
> 3.5 부가가치세신고요령에 따른 부가가치세 신고서를 작성 할 수 있다.

부가가치세 신고서는 조회기간을 입력하면 매입매출전표에 입력된 자료에 의하여 자동으로 작성되어진다. 매입매출전표입력에서 입력한 유형에 따라 반영되며 신고서 화면에서 수정, 삭제 또는 추가 입력할 수 있다.

과 세 기 간	신 고 구 분	조 회 기 간
제 1 기	예정신고 확정신고	1월 1일 ~ 3월 31일 4월 1일 ~ 6월 30일
제 2 기	예정신고 확정신고	7월 1일 ~ 9월 30일 10월 1일 ~ 12월 31일

1 사업장명세

부가가치 모듈의 부가가치세신고서 메뉴에서 조회기간을 입력한 후 상단의 F8사업장명세를 클릭하여 보조화면에서 작성한다. 확정신고 시에만 작성하여 제출하며 사업장의 현황에 대한 내역을 직접 입력한다.

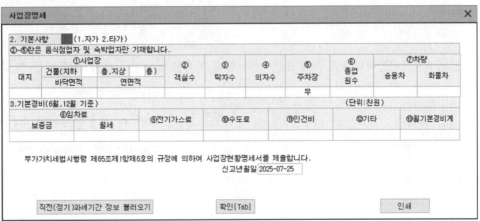

② 신고내용

조회기간을 입력하면 매입매출전표입력 메뉴에서 입력된 거래 자료를 자동으로 반영하여 작성된다.

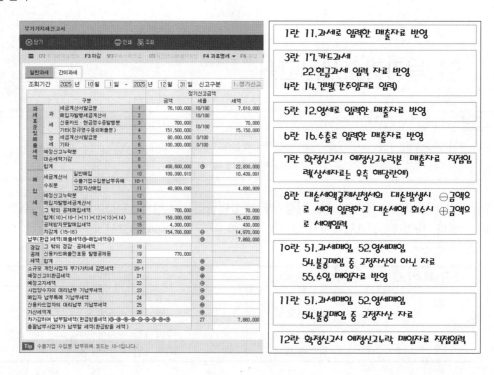

14. 그 밖의 공제매입세액 금액 또는 세액 란에 커서를 놓으면 우측에 해당 란을 볼 수 있다.

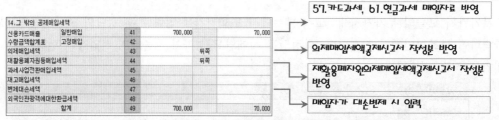

16.공제받지못할매입세액 금액 또는 세액 란에 커서를 놓으면 우측에 해당 란을 볼 수 있다.

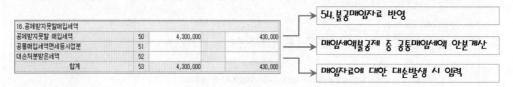

3 과세표준 명세(F4과표명세)

과세표준 명세는 과세표준 합계액을 업태, 종목별로 각각의 금액을 표시한다. 매입매출전표입력 메뉴에서 입력한 내용 중 면세 유형(13면세, 18카면, 23현면)을 제외한 매출금액(계정과목코드 401, 404, 407 등에 반영)이 반영되는 것이다. 수입금액 제외란에는 고정자산의매각, 직매장 공급 등 수입금액에서 제외되는 금액을 적고, 32란의 금액과 9란의 금액은 일치하여야 한다.

면세수입금액은 매입매출전표입력 메뉴에서 입력한 내용 중 면세 유형(13, 18, 23 등)으로 입력한 매출금액(계정과목코드 401, 404, 407 등에 반영)이 반영되는 것이다. 계정과목을 매출이 아닌 고정자산계정으로 입력한 경우에는 수입금액제외란에 반영된다.

계산서 발급금액(85번 란)은 매입매출전표입력 메뉴에서 입력한 내용 중 13.면세매출 유형으로 입력한 내용이 반영되고, 계산서 수취금액(86번 란)은 매입매출전표입력 메뉴에서 입력한 내용 중 53.면세매입 유형으로 입력한 내용이 반영된다.

과세표준명세 ✕

신고구분 : 2 (1.예정 2.확정 3.영세율 조기환급 4.기한후과세표준)
국세환급금계좌신고   💬   은행   지점
계좌번호 :
폐업일자 : ____-__-__   폐업사유 : _____ ⌄

	과세표준명세			
	업태	종목	코드	금액
28	제조 도매	전자제품 전자도서		405,600,000
29				
30				
31	수입금액제외			3,000,000
32	합계			408,600,000

	면세사업수입금액			
	업태	종목	코드	금액
81	제조 도매	전자제품 전자도서		6,300,000
82				
83	수입금액제외			
84	합계			6,300,000

계산서발급 및 수취명세	85.계산서발급금액	6,000,000
	86.계산서수취금액	8,080,000

	세무대리인정보						
성명	이성노	사업자번호	111-11-11119	전화번호	0082	5555	5555
신고년월일	2026-01-26	핸드폰	010 5555 5555	생년월일	____-__-__		
e-Mail	point@matbook.co.kr						

회사정보 불러오기   확인[Tab]

> • NCS 능력단위 : 0203020215부가가치세신고   능력단위요소 : 01세금계산서발급·수취하기
> 1.3   부가가치세법에 따라 세금계산서 및 계산서 합계표를 작성할 수 있다.

재화 또는 용역을 공급하면서 발급한 세금계산서와 재화 또는 용역을 공급받으면서 수취한 세금계산서를 집계하는 표로서 부가가치세신고서에 반드시 첨부하여 제출하여야 한다.

[1. 매출] 매출처별세금계산서합계표

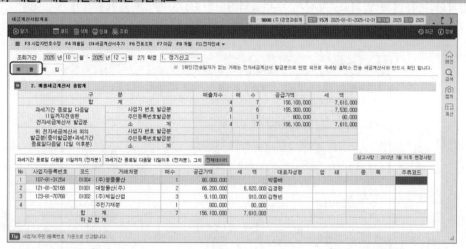

[2. 매입] 매입처별세금계산서합계표

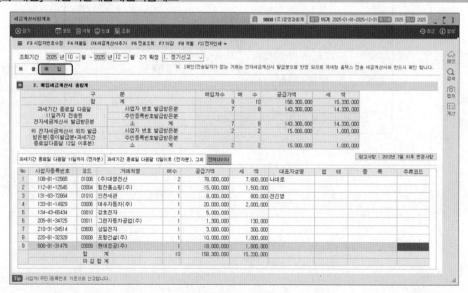

● NCS 능력단위 : 0203020215부가가치세신고   능력단위요소 : 01세금계산서발급·수취하기
1.3 부가가치세법에 따라 세금계산서 및 계산서 합계표를 작성할 수 있다.

면세되는 재화 또는 용역을 공급하고 발급한 계산서와 면세 재화 또는 용역을 공급받으면서 수취한 계산서를 집계하는 표로서 부가가치세신고서에 반드시 첨부하여 제출하여야 한다. 조회기간을 입력하면 매출처수, 매입처수, 거래처별로 매수 및 공급가액 등을 조회할 수 있다.

[1. 매출] 매출처별계산서합계표

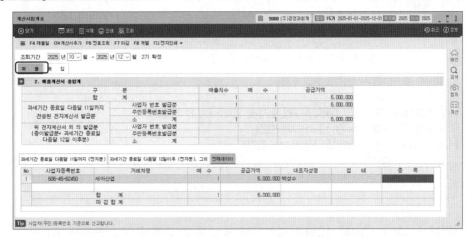

[2. 매입] 매입처별계산서합계표

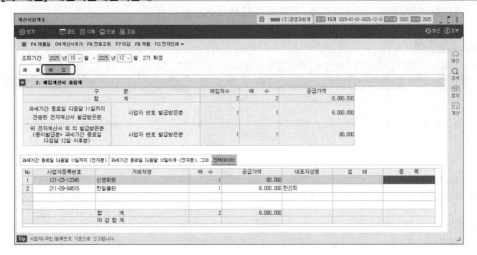

> • NCS 능력단위 : 0203020215부가가치세신고   능력단위요소 : 02부가가치세부속서류작성하기
> 2.4 부가가치세법에 따라 신용카드매출전표등수령명세서를 작성해 매입세액을 공제받을 수 있다.

신용카드매출전표등 수령명세서는 미용, 욕탕 유사서비스업, 여객운송업, 입장권을 발행하여 영위하는 사업 등 세금계산서를 발급할 수 없는 사업자를 제외한 과세사업자로부터 재화 또는 용역을 공급받고 공급가액과 부가가치세액이 구분 기재된 신용카드매출전표등(신용카드매출전표, 직불카드매출전표, 선불카드매출전표, 현금영수증)을 수취한 경우 매입세액공제를 받기 위하여 작성 제출한다.

> CHECK POINT **매입세액불공제대상 신용카드매출전표등**
>
> 다음의 경우는 매입세액공제를 받을 수 없다.
> 1. 사업과 관련없는 매입세액
> 2. 개별소비세 과세대상인 자동차의 구입, 유지 및 임차와 관련된 매입세액
> 3. 면세사업자로부터 수취한 신용카드매출전표등
> 4. 외국에서 발행된 신용카드의 신용카드매출전표등
> 5. 타인명의 신용카드에 의한 신용카드매출전표등(단, 종업원 등의 신용카드를 사용한 경우로서 사업과 관련된 것이 객관적으로 확인이 가능하면 공제가능)

① 조회기간 2025년 10월~12월을 입력하면 매입 자료 중에서 57.카드과세, 61.현금과세로 입력된 자료가 자동 반영되어 작성된다. 화면상단의 [F4] 불러오기를 클릭하면 직접 입력한 자료를 삭제하고 해당기간의 전표자료에서 새로 불러온다.

입력된 화면

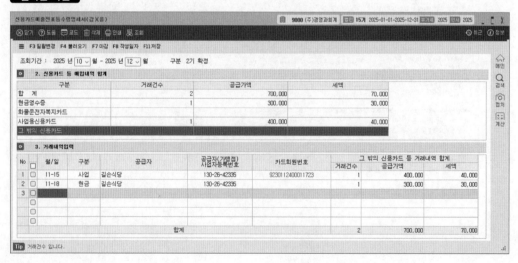

② 신용카드매출전표등 수령명세서(갑)에서 작성된 공제대상 세액 70,000원이 부가가치세신고서의 14.그밖의공제매입세액명세(신용카드매출전표등수령명세서제출분)란에 반영된다.

▶ 그밖의공제매입세액명세는 일반매입은 우측의 40.일반매입 란에 반영되고, 고정자산을 매입하고 고정자산으로 분개한 경우에는 41.고정매입 란에 자동으로 반영된다.

부가가치세신고서에 반영된 화면

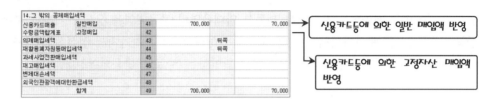

신용카드매출전표발행금액집계표

매입매출전표입력 메뉴에서 매출자료 중 17.카과, 18.카면, 19.카영, 22.현과, 23.현면, 24.현영으로 입력된 자료가 자동 반영되어 작성된다. 화면상단의 F4새로불러오기를 클릭하면 직접 입력한 자료를 삭제하고 해당기간의 전표자료에서 새로 불러온다.

▶ 세금계산서와 신용카드매출전표 등이 동시에 발행되었을 경우 11.과세를 선택하고 분개입력 란에서 4.카드를 선택하고 해당내역을 입력하면 신용카드매출전표발행집계표 3.신용카드매출전표등 발행금액 중 세금계산서 교부내역 란에 반영된다.

> ● NCS 능력단위 : 0203020215부가가치세신고   능력단위요소 : 02부가가치세부속서류작성하기
> 2.5 부가가치세법에 따라 부동산임대공급가액명세서를 작성하고 간주임대료를 계산할 수 있다.

부동산 임대용역을 제공하는 사업자는 부동산 임대용역의 공급내역을 상세히 기록한 부동산 임대공급가액명세서를 부가가치세 신고시 제출해야 하며, 이는 부가가치세 성실신고여부와 보증금에 대한 간주임대료 계산의 적정여부 등을 판단하는 자료로 활용되어진다.

> **CHECK POINT** 보증금 등에 대한 간주임대료 계산방법
>
> ① 부동산 임대용역을 공급하고 전세금 또는 임대보증금을 받은 경우에는 금전 이외의 대가를 받은 것으로 보아, 다음 산식에 의해 계산한 금액을 부가가치세 과세표준으로 하며, 이를 통상 간주임대료라 칭한다.
>
> $$간주임대료 = \frac{임대보증금}{(전세금)} \times \frac{과세대상기간의\ 일수}{365(윤년은\ 366)} \times \left(\begin{array}{c} 예정신고기간\ 또는\ 과세기간 \\ 종료일\ 현재\ 계약기간\ 1년의 \\ 정기예금\ 이자율 \end{array} \right)$$
>
> ② 계약기간 1년의 정기예금 이자율은 3.5%로 한다.

필수예제 따라하기

필수예제

다음 자료를 이용하여 2025년 제1기 확정분 부동산임대공급가액명세서를 작성하고 간주임대료를 부가가치세신고서에 반영하고 전표입력을 하시오(이자율은 3.5%로 가정한다).

층	호수	상 호 (사업자등록번호)	면적 (㎡)	용도	임 대 계약기간	보증금	월 세	관리비	비고
지상1	101	마포갈비 134-25-34179	150	상가	2023.6. 1 ~2025.5.31	30,000,000원	400,000원	100,000원	

▶ 마포갈비의 임대기간이 2025.5.31일로 만료되어 2025.6.1.에 이후 2년간 보증금을 40,000,000원으로 증액하여 재계약하였다(보증금에 대한 회계처리는 완료되었다고 가정하며 월세와 관리비는 변동 없음).

▶ 마포갈비를 코드 2500으로 거래처등록을 할 것.

따라하기

1. [부동산임대공급가액명세서] 작성

　① 조회기간 : 2025년 4월~6월 1기 확정

　② 면적단위 : ㎡(평방미터)만 사용 가능

③ 입력내역

임차인	층	호수	사업자번호	면적	용도	임대기간	보증금(원)	월세(원)	관리비(원)
마포갈비	1	101	134-25-34179	150	상가	2023.6.1~2025.5.31	30,000,000	400,000	100,000
2 계약갱신일: 2025-06-01						2025.6.1~2027.5.31	40,000,000	400,000	100,000

임차인이 거래처등록이 되어 있는 경우에는 코드란에서 코드번호를 조회하여 입력할 수 있다.

④ 먼저 당초 임대기간과 임대내역을 입력하고 재계약된 임대내역은 계액갱신일에 재계약일을 입력한 후에 변경된 임대기간과 임대내역을 입력한다.

⑤ 이자율은 문제의 가정에 따라 상단의 F6 이자율을 클릭하여 보조창에서 3.5%로 설정한다.

⊃ 입력된 화면

▶ 입력된 내용은 정기예금이자율을 3.5%로 하였다.
▶ 부동산임대등록 메뉴에 입력하고 불러오기를 하면 매번 신고할 때마다 입력하지 않아도 된다.

2. 부가가치세신고서 작성(직접 입력하는 방법)

화면하단의 간주임대료 290,547원을 부가가치세신고서 과세/기타(정규영수증외매출분) [4]란에 직접 입력한다.

※ 부가세신고서에 자동반영하는 방법

　[매입매출전표입력] 메뉴에서 6월 30일 유형 : 14.건별을 선택하여 공급가액 란에 319,601원(공급가액 290,547원, 세액 29,054원 자동 계산)입력, 분개 : 3.혼합을 입력하면 부가세신고서 과세/기타(정규영수증외매출분)[4] 란에 자동반영이 된다. 이때 분개는 간주임대료에 대한 부가가치세만 세금과공과로 분개한다.

● 입력된 화면

과세표준및매출세액						
	과세	세금계산서발급분	1		10/100	
		매입자발행세금계산서	2		10/100	
		신용카드·현금영수증발행분	3		10/100	
		기타(정규영수증외매출분)	4	290,547	10/100	29,054
	영세	세금계산서발급분	5		0/100	
		기타	6		0/100	
	예정신고누락분		7			
	대손세액가감		8			
	합계		9	290,547	㉑	29,054

3. 회계처리

6월 30일 매입매출전표입력

유형 : 14.건별, 공급가액 290,547원, 부가세 29,054원, 분개 : 3.혼합

(차) 세금과공과　　　　29,054　　　　(대) 부가세예수금　　　　29,054

SECTION 07 | 의제매입세액공제신고서

● NCS 능력단위 : 0203020215부가가치세신고　　능력단위요소 : 02부가가치세부속서류작성하기
2.7　부가가치세법에 따라 의제매입세액공제신고서를 작성하여 의제매입세액공제를 받을 수 있다.

　과세사업자가 부가가치세가 면세되는 농·축·수·임산물을 원재료로 하여 과세재화를 생산·공급하는 경우에 원재료 매입금액에 다음의 업종별 공제율과 한도를 적용한 금액을 의제매입세액으로 부가가치세 신고 시 공제받을 수 있다. 이러한 의제매입세액이 있는 경우 공급자와 공급내역을 신고하는 서류를 의제매입세액공제신고서라 한다.

업　종	공　제　율
음식점업	개인 : 8/108　　법인 : 6/106　　유흥장소 : 2/102
제조업(중소기업과 개인사업자)	4/104
과자점, 도정업, 제분업, 떡방앗간 경영개인사업자	6/106
기타업종	2/102

▶ 음식점업 중 과세기간(6개월)별 과세표준이 2억원 이하인 개인사업자는 9/109의 공제율을 적용한다.

공제한도는 해당 과세기간에 면세농산물등과 관련하여 공급한 과세표준에 다음의 한도율을 곱한 금액에 공제율을 적용한 금액을 한도로 한다.

면세농산물등 매입가액의 한도

해당과세기간 과 세 표 준	개 인		법 인
	음식점	기타업종	
2억원 초과	60%	55%	50%
1억원 초과 ~ 2억원 이하	70%	65%	
1억원 이하	75%		

의제매입세액공제의 공제한도는 예정신고시에는 적용하지 않고 확정신고시에 과세기간(6개월) 전체에 대하여 적용한다.

다만 면세 농수산물 등의 매입시기가 집중되는 제조업(하나의 과세기간의 농수산물 등의 매입액이 연간 매입액의 75%이상인 경우)에 한하여 제2기 확정신고시에 1년을 기준으로 면세 농수산물 등의 매입액에 대하여 한도를 통산하여 정산할 수 있다.

필수예제 따라하기

필수예제

다음 자료를 이용하여 2025년 제1기 확정분 의제매입세액공제신고서를 작성하고 부가가치세신고서에 반영하시오(당사는 제조업을 하는 중소기업이며, 거래처등록을 하고 본 서식작성을 위한 전표입력은 전체입력 탭에서 하시오).

매입일자	공 급 자	품 명	수량(kg)	매입가액	결 제	증 빙
2025. 4. 13	청도수산	고등어	200	3,000,000원	외 상	전자계산서
2025. 5. 20	청도수산	갈치	100	4,000,000원	외 상	전자계산서

공 급 자	거래처코드	사업자등록번호	주 소
청도수산	5001	620-92-13129	울산시 동구 녹수10길 12(전하동)

제1기 예정신고 시 공제받은 의제매입세액은 600,000원이었으며, 제1기 과세표준과 면세농산물 등의 매입액은 다음과 같이 가정한다(입력내용을 무시하고 공제한도액을 반영할 것).

구 분	과세표준	매입액(면세농산물등)
예정분	23,500,000원	15,600,000원
확정분	26,000,000원	7,000,000원

따라하기

1. 매입매출전표입력

매입매출전표입력 메뉴에서 53.면세매입으로 거래내역을 입력한 다음 하단의 원재료라인의 적요번호 입력 란에서 (적요번호 6.의제매입세액공제신고서 자동반영) 입력한다. 적요번호 6번을 입력하여야 의제매입세액공제신고서에 자동으로 반영된다.

4월 13일 매입매출전표입력

유형 53.면세 공급가액 3,000,000원, 거래처 5001.청도수산, 전자 : 여, 분개 2.외상

(차) 원재료　　　　　　　　　　 3,000,000　　　 (대) 외상매입금　　　　　　　　　 3,000,000

　　(적요 6.의제매입세액공제신고서 자동반영)

5월 20일 매입매출전표입력

유형 53.면세 공급가액 4,000,000원, 거래처 5001.청도수산, 전자 : 여, 분개 2.외상

(차) 원재료　　　　　　　　　　 4,000,000　　　 (대) 외상매입금　　　　　　　　　 4,000,000

　　(적요 6.의제매입세액공제신고서 자동반영)

⊃ 입력된 화면

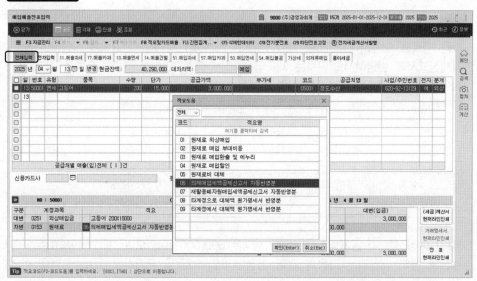

의제매입 거래가 빈번한 경우에는 매입매출입력에서 상단의 의제류매입을 실행하고 입력하면 입력화면에 의제구분및매입액과 공제율을 입력하는 창이 열린다. 품목과 수량 및 공급가액을 입력하고 의제구분에서 1.의제매입을 선택하고 공제율을 입력하면 의제매입세액이 자동으로 계산된다. 동시에 하단의 분개에서 부가가치세대급금 계정으로 처리되고 이 내용이 의제매입세액공제신고서에 자동으로 반영된다.

2. 의제매입세액공제신고서

① 조회기간 2025년 4월~6월을 입력하면 매입매출전표입력 메뉴에서 입력한 내용이 자동으로 반영된다. 이때 공제율은 상단의 F6공제율일괄변경을 클릭하여 4/104를 입력한다.

② F4불러오기를 클릭하면 현재 내용이 사라지고 전표입력 자료에서 새로 불러온다. 공제 한도액은 면세농산물 등에 의한 매출액을 불러오기 하거나 직접 입력하면 프로그램이 자동으로 계산한다. 이 문제는 입력내용을 무시하므로 불러오기를 하면 안 된다.

③ 과세표준 예정분과 확정분은 문제에서 주어진 금액 23,500,000원과 26,000,000을 각각 입력한다.

④ B.당기매입액은 예정신고시에는 예정신고기간의 매입액을 입력하고 확정신고시에는 해당과세기간(6개월)의 총매입액 22,600,000을 입력하여야 한다. 그리고 예정신고 시 의제매입세액공제를 받은 사업자는 D.이미 공제받은 금액(예정신고분)에 예정신고 시 공제한 의제매입세액공제액을 반드시 입력하여야 한다.

※ 전표입력을 생략하고 직접 서식을 작성하는 방법

화면 왼쪽의 공급자란에 청도수산을 입력하고 공급자인적사항과 거래내역을 입력하면서 공제율은 4/104를 선택한다.

➲ 입력된 화면

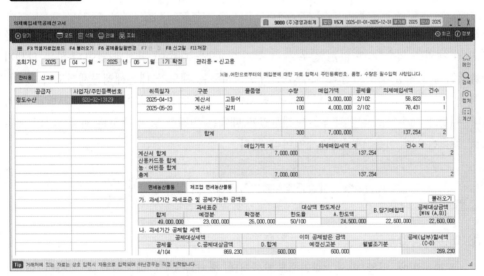

3. 부가가치세신고서(2025년 4월 1일 ~ 6월 30일)

의제매입세액공제신청서에서 작성된 공제대상 세액 269,230원이 부가가치세신고서의 기타공제매입세액란에 자동으로 반영된다.

14.그 밖의 공제매입세액					
신용카드매출	일반매입	41			
수령금액합계표	고정매입	42			
의제매입세액		43	7,000,000	뒤쪽	269,230
재활용폐자원등매입세액		44		뒤쪽	
과세사업전환매입세액		45			
재고매입세액		46			
변제대손세액		47			
외국인관광객에대한환급세액		48			
합계		49	7,000,000		269,230

4. 의제매입세액공제액에 대한 회계처리(적요 선택 주의) : 6월 30일 일반전표입력

　　(차) 부가세대급금　　　　269,230　　　　(대) 원재료　　　269,230

　　　　　　　　　　　　　　　　　　　　　　　　(적요8.타계정으로 대체액)

▶ 매입매출전표입력 메뉴의 전체입력 탭에서 입력을 하면 의제매입세액공제액을 예정신고기간 또는 과세기간 종료일에 분개하여야 한다.

SECTION **08** 대손세액공제신고서

> • NCS 능력단위 : 0203020215부가가치세신고　　능력단위요소 : 02부가가치세부속서류작성하기
> 2.2　부가가치세법에 따라 대손세액공제신고서를 작성하여 세액공제를 받을 수 있다.

　재화 또는 용역을 공급한 사업자가 공급받는 자의 파산 등 법정 대손사유로 외상매출금이나 그 밖의 채권을 회수할 수 없는 경우 관련 부가가치세를 대손이 확정된 날이 속하는 과세기간의 매출세액에서 차감하여 기업의 세부담을 해소시켜주는 제도가 대손세액공제제도이다. 이 경우 거래상대방 즉 공급받는자는 매입세액을 공제받지 못하게 되는데 이를 대손처분받은 세액이라 한다. 이렇게 대손처분받은 세액을 변제하였을 때에는 변제한 날이 속하는 과세기간의 매입세액으로 공제받으며 이를 변제대손세액이라 한다.

$$대손세액 = 대손금액(부가가치세 포함된 공급대가) \times \frac{10}{110}$$

① 대손확정일

　　㉠ 파산법에 의한 파산 : 채권배분계산서의 통지를 받고 대손금으로 계상한 날
　　㉡ 민사소송법에 의한 강제집행 : 채권배분계산서의 통지를 받은 날(다만, 민사소송법상 강제집행을 당하여도 회수할 수 있는 재산이 있으면 대손상각 대상이 되지 않는다)
　　㉢ 사망·실종선고 : 사망일, 실종선고일(사망이나 실종선고만으로 대손사유는 아니며 상속 재산이 없거나 한정상속으로 인하여 채권을 회수할 수 없는 경우만 해당)
　　㉣ 회사정리법에 의한 회사정리 계획의 인가의 결정 : 법원의 회사정리 인가결정일

ⓜ 상법상의 소멸시효완성 : 소멸시효 완성일

ⓑ 부도발생일로부터 6개월 이상 경과한 수표 또는 어음상의 채권 및 중소기업의 외상매출금(저당권설정 채권제외) : 대손금으로 계상한 날

ⓢ 회수기일이 6개월 이상 지난 채권가액이 30만원 이하인 채권 : 대손금으로 계상한 날

ⓞ 중소기업의 외상매출금으로서 회수기일로부터 2년이 경과한 외상매출금 및 미수금 : 대손금으로 계상한 날

② 공제절차

부가가치세 확정신고 시에 대손세액공제(변제)신고서와 대손이 발생한 사실을 증명하는 서류를 제출하여야 한다. 즉, 대손세액공제는 공급일로부터 10년 이내에 대손이 확정된 경우 적용하는 것으로 예정신고 시에는 받을 수 없으며 확정신고 시에만 받을 수 있다. 대손이 발생한 사실을 증명하는 서류에는 매출세금계산서가 포함되므로 세금계산서를 발급하지 아니한 경우에는 대손세액공제를 받을 수 없다. 또한 사업을 폐업한 이후에 매출채권이 대손 확정된 경우 대손세액공제를 받을 수 없다. 그러나 매출누락한 채권이라도 대손요건을 충족한 경우 대손세액공제를 받을 수 있다.

③ 대손세액의 가산

부도 등이 발생하여 대손세액공제를 받은 후 당해 사업자가 그 대손금의 전부 또는 일부를 회수한 경우에는 당초 공제받은 대손세액을 대손세액공제신고서에 음수(-)로 입력하고 대손금을 회수한 날이 속하는 과세기간의 매출세액에 가산한다.

필수예제 따라하기

필수예제

다음 자료를 이용하여 2025년 제1기 확정분 대손세액공제신청서를 작성하고 부가가치세 신고서에 반영하시오(대손세액에 대해서만 회계처리 하시오).

〈대손내역〉

대손확정일	공급받는자	대손금액	대손사유
2025. 1. 28	주성실업(주)	1,100,000원	파 산

*당초공급일은 2024년 11월 20일이다.

따라하기

1. 대손세액공제신고서

대손발생과 대손변제 중 대손발생을 클릭하고, 조회기간 2025년 4월~6월을 입력한 후 신고서를 작성한다. 당초공급일과 대손확정일 및 대손금액을 입력하면 대손세액이 자동으로 계산된다. 거래처는 F2를 누르고 보조창에서 해당 상호를 선택하며, 대손사유는 1. 파산을 선택한다.

⊃ 입력된 화면

2. 부가가치세신고서(2025년 4월 1일~6월 30일)

대손세액공제신청서에서 계산된 대손세액 100,000원이 부가가치세신고서의 (8)대손세액가
감 란에 (−)금액으로 자동으로 반영된다.

⊃ 부가가치세신고서에 반영된 화면

과세표준및매출세액					
과세	세금계산서발급분	1		10/100	
	매입자발행세금계산서	2		10/100	
	신용카드·현금영수증발행분	3		10/100	
	기타(정규영수증외매출분)	4	290,547		29,054
영세	세금계산서발급분	5		0/100	
	기타	6		0/100	
	예정신고누락분	7			
	대손세액가감	8			-100,000
	합계	9	290,547	㉔	-70,946

3. 회계처리 (6월 30일 일반전표입력)

(차) 부가세예수금　　　　　　　100,000　　　(대) 외상매출금　　　　　　　100,000
　　　　　　　　　　　　　　　　　　　　　　　　　　　(거래처 : 주성실업(주))

SECTION 09 | 재활용폐자원 매입세액공제신고서

재활용폐자원이나 중고자동차를 취득하여 제조 또는 가공하거나 이를 공급하는 사업자는 그 구입가격의 일정율(재활용폐자원 3/103, 중고자동차 10/110)을 매입세액으로 간주하여 매출세액에서 공제받을 수 있다. 재활용폐자원 및 중고자동차를 부가가치세법상 면세사업자, 직전연도 공급대가 4,800만원 미만 간이과세자, 비사업자 등 세금계산서를 발급할 수 없는 자로부터 수집하는 경우에만 적용한다. 이렇게 재활용폐자원 및 중고자동차 매입세액공제를 받기 위해서는 예정신고 또는 확정신고 시 재활용폐자원 세액공제신고서를 제출하여야 한다.

$$\text{재활용폐자원등 매입세액} = \text{재활용폐자원등} \times \frac{3}{103} \ (\text{중고자동차는 } 10/110)$$

* 재활용폐자원의 매입가액은 과세표준에 80%를 적용한 금액에서 세금계산서를 발급받고 매입한 재활용폐자원 매입가액(사업용 고정자산의 매입가액은 제외)을 뺀 금액을 한도로 한다.

필수예제 따라하기

필수예제

다음 자료를 이용하여 2025년 제1기 확정분 재활용폐자원세액공제신고서를 작성하고 부가가치세신고서에 반영하시오(회계처리는 생략한다).

〈매입세액 공제대상 거래내역〉

취득일자	공급자	품 명	수 량	취득가액	결 제
2025. 5. 25	고상한	고 철	500kg	500,000원	현금(영수증)

공급자	사업자등록번호(주민등록번호)	주 소
고상한	660326 - 1036210	서울 관악구 관천로 105-1 (신림동)

매출액은 제1기 예정 900,000원, 확정 800,000원이다. 제1기 예정신고시 영수증을 수취하고 매입한 고철 103,000원에 대하여 3,000원을 공제 받았으며, 세금계산서에 의한 매입액은 예정 300,000원 확정 500,000원이다(고상한은 1,200번으로 등록할 것).

따라하기

1. 재활용폐자원세액공제신고서 직접 입력하는 방법

조회기간 2025년 4월~6월을 입력하고 자료를 관리용에서 입력한다. 화면상단에 공급자별, 일자별 매입내역을 입력한다. 이때 공급자는 거래처등록 메뉴에 미리 등록하면 코드도움에서 상호를 선택하면 된다.

이때 공제율은 3/103을 선택한다. 관리용의 상단은 공급자별 공급받은 내용을 입력하고 하단은 매출액 예정 900,000원, 확정 800,000원, 세금계산서 매입액 800,000원, 영수증 등

603,000원(예정103,000원＋확정500,000원), 이미 공제받은 세액 (21)예정신고분에 3,000원을 입력하면 (16)공제가능한 금액 560,000원, (23)공제할 세액 13,310원을 자동으로 계산한다. 하단은 확정신고 시에만 작성하는 것으로 공제가능한 금액을 계산한다.

2. 일반전표 또는 매입매출전표(60.면건) 입력으로 자동 반영하는 방법

   거래내역을 입력한 원재료 라인의 적요번호 입력란에 직접 적요번호 7.을 입력하거나 F2를 누른 후 적요번호 7.재활용폐자원매입세액을 선택한다.

   (차) 원 재 료   500,000   (대) 현   금   500,000
   　　　(적요7.재활용폐자원매입세액)

   ▶ 전표입력 시 반드시 적요번호 7.과 거래처코드를 입력하여야 신고서 서식에 자동반영된다.
   ▶ 재활용폐자원매입세액공제는 예정신고와 확정신고 시 모두 가능하다. 다만 확정신고 시에는 에정신고 시 공제받은 세액과 함께 매출액의 80% 한도를 적용 받으므로 매출액 란에 예정분과 확정분을 입력하고 예정신고 시 공제받은 금액을 21.예정신고분에 입력하여야 한다.

   ➲ 입력된 화면

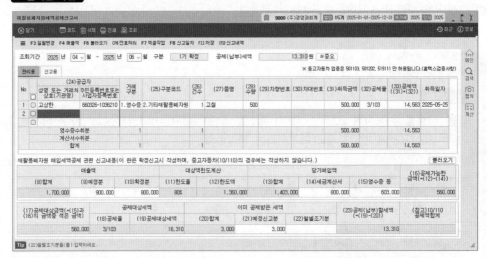

매입매출입력 메뉴에서 상단의 의제류매입을 선택

재활용폐자원매입 거래가 빈번한 경우에는 매입매출입력에서 상단의 의제류매입을 실행하고 입력하면 입력화면에 의제구분및매입액과 공제율을 입력하는 창이 열린다. 유형 60.면건으로 하고 품목과 수량 및 공급가액을 입력하고 의제구분에서 2.재활용을 선택하고 공제율(폐자원은 3, 중고차는 10)을 입력하면 재활용폐자원매입세액이 자동으로 계산된다. 동시에 하단의 분개에서 부가가치세대급금 계정으로 처리되고 이 내용이 재활용폐자원세액공제신고서에 자동으로 반영된다.

3. 부가가치세신고서(2025년 4월 1일～6월 30일)

   재활용폐자원매입세액공제신고서에서 작성된 공제대상세액 13,310원이 부가가치세신고서의 기타공제매입세액란에 자동으로 반영된다.

➔ 부가가치세 신고서에 반영된 화면

14.그 밖의 공제매입세액					
신용카드매출	일반매입	41			
수령금액합계표	고정매입	42			
의제매입세액		43	7,000,000	뒤쪽	269,230
재활용폐자원등매입세액		44	500,000	뒤쪽	13,310
과세사업전환매입세액		45			
재고매입세액		46			
변제대손세액		47			
외국인관광객에대한환급세액		48			
합계		49	7,500,000		282,540

4. 재활용폐자원매입공제세액에 대한 회계처리(생략)

6월 30일 일반전표입력

(차) 부가세대급금   13,310   (대) 원재료   13,310

(적요8.타계정으로 대체액)

매입매출입력에서 상단에서 의제류매입을 선택하고 입력하지 아니한 경우에는 일반전표입력에서 예정신고기간 또는 과세기간 종료일에 재활용폐자원세액공제액의 분개를 반드시 하여야 한다.

SECTION **10** | 건물등 감가상각자산취득명세서

• NCS 능력단위 : 0203020215부가가치세신고   능력단위요소 : 02부가가치세부속서류작성하기
2.6 부가가치세법에 따라 건물 등 감가상각자산취득명세서를 작성할 수 있다.

건물 등 감가상각자산의 취득 내용을 작성하는 곳으로 매입매출전표입력에서 51.과세, 54.불공, 55.수입 등의 유형으로 입력한 전표 중에 하단 분개가 고정자산인 경우 자동 반영된다. 건물등 감가상각자산취득명세서는 사업설비를 신설·취득·확장 또는 증축하는 경우 이를 사후관리하기 위한 목적과 조기환급 시 첨부서류로 제출하는 서식이다.

조회기간을 2025년 10월~12월을 선택하면 매입매출전표입력의 분개에서 계정코드 202~230, 231~250까지 유형자산, 무형자산으로 등록된 자료를 자동으로 불러온다.

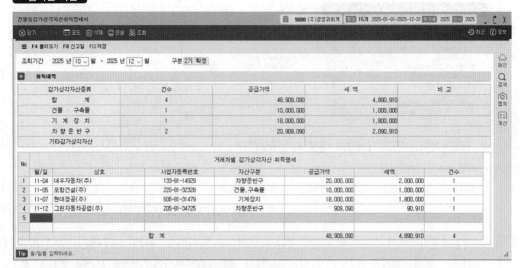

▶ 추가 수동입력이 가능하며, F4불러오기를 클릭한 후 계정과목을 추가로 등록한 다음 확인[Tab] 키를 클릭하면 편집으로 입력한 기존 자료를 삭제하고 전표자료에서 새로 불러온다.

SECTION **11** | 내국신용장·구매확인서 전자발급명세서

전자무역기반시설을 이용한 전자무역문서로 발급된 내국신용장·구매확인서에 의해 공급하는 재화 또는 수출재화임가공용역에 대하여 영세율을 적용받는 사업자가 작성한다.

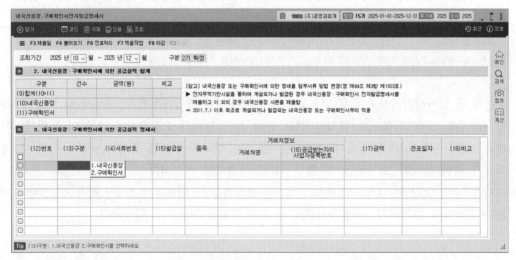

12 영세율매출명세서

부가가치세법 또는 조세특례제한법 상 영세율이 적용되는 재화 또는 용역을 공급한 경우 반드시 영세율매출명세서를 제출하여야 한다. 영세율매출명세서는 매입매출전표입력에서 유형을 12.영세 또는 16.수출로 입력할 때에 영세율구분의 유형을 선택 입력하면 자동으로 반영하여 작성된다. 추가로 영세율매출에 해당하는 거래는 수동으로 입력하면 된다.

▷ 입력된 화면

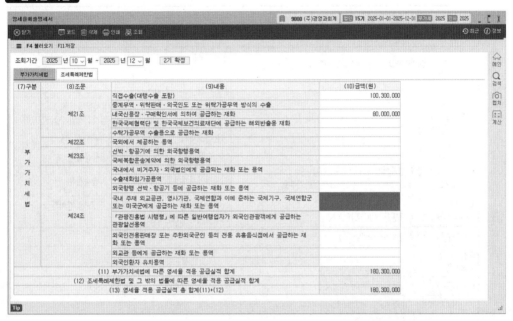

SECTION **13** 수출실적명세서

• NCS 능력단위 : 0203020215부가가치세신고   능력단위요소 : 02부가가치세부속서류작성하기
2.1 부가가치세법에 따라 수출실적명세서를 작성할 수 있다.

세관장에게 수출신고를 한 후 재화를 외국으로 직접 반출하는 사업자는 '수출실적명세서'를 예정신고 및 확정신고 시에 신고기간 단위로 제출하여야 한다.

필수예제

다음 자료를 이용하여 2025년 제2기 확정분 수출실적명세서를 작성하시오.

1. APPLE COMPANY에 외상 매출한 선하증권 상의 선적일자는 2025년 10월 16일이다.
2. (주)경영과회계는 수출대금으로 미화 $80,000(통화코드 USD)을 받기로 계약하였다.
3. 기준환율은 10월 5일 $1 = 1,200원, 10월 16일 $1 = 1,250원

수 출 신 고 필 증

제출번호 40601 - 05 - 2194321		⑤신고번호 12255 - 21 - 110231X	⑥신고일자 2025/10/05	⑦신고구분 H	⑧C/S구분
①신 고 자　　강남 관세사					

②수 출 자　(주)경영과회계　부호 11806017 수출자구분 (A) 위 탁 자 　　　(주소)　인천시 부평구 부평대로 85 　　(대표자)　김경영 　(통관고유부호)　경영과회계 - 1 - 00 - 1 - 01 - 9 (사업자등록번호)　122 - 81 - 12580	⑨거래구분　11	⑩종류　A	⑪결제방법　TT
	⑫목적국　JP JAPAN	⑬적재항 ICN 인천공항	
	⑭운송형태　40 ETC	⑮검사방법선택 A 검사희망일 2025/10/9	
	⑯물품소재지　　인천시 부평구 부평대로 85		
③제 조 자 　(통관고유부호)　경영과회계 - 1 - 00 - 1 - 01 - 9 제조장소　　445　　　　　산업단지부호	⑰L/C번호	⑱물품상태	
	⑲사전임시개청통보여부	⑳반송사유	
④구 매 자 (구매자부호)　APPLE COMPANY	㉑환급신청인(1 : 수출/위탁자, 2 : 제조자) 간이환급 ㉒환급기관　인천세관		

• 품명·규격 (란번호/총란수 : 999/999)

㉓품　　명 ㉔거래품명		㉕상표명			
㉖모델·규격		㉗성분	㉘수량	㉙단가(USD)	㉚금액(USD)
			1(EA)		
㉛세번부호	9999.99 - 9999	㉜순중량	㉝수량	㉞신고가격(FOB)	$78,000 97,500,000원
㉟송품장부호		㊱수입신고번호	㊲원산지	㊳포장갯수(종류)	
㊴총중량		㊵총포장갯수	㊶총신고가격 (FOB)		$78,000 97,500,000원
㊷운임(W)	210,000	㊸보험료(W)	20,000	㊹결제금액	CIF-USD - 80,000
㊺수입화물 관리번호			×	㊻컨테이너번호	×
㊼수출요건확인(발급서류명)					
※신고인기재란		㊽세관기재란			
㊾운송(신고)인 ㊿기간　　　　부터　　　　까지		51신고 수리일자	2025/10/06	52적재 의무기한	2025/10/31

따라하기

부가가치 모듈에서 수출실적명세서 메뉴를 선택한다.

조회기간을 2025년 10월~12월을 입력하면 입력화면이 나타난다. 입력기간은 월 단위 또는 과세기간별입력이 모두 가능하다.

➡ 입력된 화면

▶ 11기타영세율적용 란은 수출신고 후 외국으로 직접 수출하는 재화 이외의 영세율 적용분(국외제공용역 등)으로 세금계산서를 발급하지 않는 것의 총건수, 외화금액 합계, 원화금액 합계를 기재한다.

▶ 환율은 선적일의 환율을 적용하는 것이지 수출신고필증의 신고일자의 환율을 적용하는 것이 아니다.

▶ 17외화 란의 외화금액은 수출실적명세서의 ㊹결제금액에 있는 CIF–USD–80,000을 입력하여야 한다.

SECTION 14 | 공제받지못할매입세액명세서

> • NCS 능력단위 : 0203020215부가가치세신고   능력단위요소 : 02부가가치세부속서류작성하기
> 2.3 부가가치세법에 따라 매입세액불공제분에 대한 계산 근거서류를 작성할 수 있다.

부가가치세 신고 시 매입세액 불공제 대상인 세금계산서의 내역을 작성하는 메뉴로써 매입매출전표입력에서 54.불공으로 선택한 데이터가 자동 반영되며, 직접 입력도 가능하다.

매입세액불공제 사유별 내역 작성, 공통매입세액안분계산, 공통매입세액정산 및 납부세액(또는 환급세액)재계산을 할 수 있다. 공제받지 못할 매입세액 내역은 아래와 같다.

① 공제받지못할매입세액 내역

㉠ 필요적 기재사항 누락

필요적 기재사항(공급자의 사업자등록번호 누락 등)이 누락된 매입세금계산서의 매수와 공급가액, 세액을 입력한다.

Ⓛ 사업과 직접 관련 없는 지출

업무와 관련 없는 자산을 취득, 관리함으로써 발생되는 유지비, 접대비등 지출의 해당 매입세금계산서의 매수와 공급가액, 세액을 입력한다.

Ⓒ 개별소비세법 제1조제2항제3호에 따른 자동차 구입 · 유지 및 임차비용

지프형 승용차, 소형승용차(1,000cc초과) 및 이륜자동차(125cc 초과)의 구입 · 유지 및 임차비용에 관련된 매입세금계산서의 매수, 공급가액, 세액을 입력한다.

Ⓡ 기업업무추진비 및 이와 유사한 비용관련

기업업무추진비와 관련된 비용의 매입세금계산서의 매수, 공급가액과 세액을 입력한다.

Ⓜ 면세사업과 관련

면세사업에 사용되는 재화나 용역을 공급받은 경우 수취한 세금계산서의 매수, 공급가액 및 세액을 입력한다.

Ⓑ 토지의 자본적지출 관련

토지취득에 관련되는 자본적 지출에 대하여 수취한 세금계산서를 입력한다.

Ⓢ 사업자등록전 매입세액

사업자등록전에 수취한 매입세금계산서의 매수, 공급가액, 세액을 입력한다. 다만 공급시기가 속하는 과세기간이 끝난 후 20일 이내에 등록 신청한 경우 그 과세기간 내의 것은 공제된다. 즉 7월 20일(또는 1월 20일)까지 사업자등록신청을 하면 제1기(또는 제2기) 중에 매입한 것은 모두 공제된다. 다만 사업개시일부터 20일 이내에 사업자등록을 하지 않은 경우에 부과하는 미등록가산세는 적용한다.

Ⓞ 금·구리·철 스크랩 거래계좌 미사용 매입세액

금, 구리, 철 스크랩의 거래계좌를 사용하지 않은 거래의 매수, 공급가액, 세액을 입력한다.

② **공통매입세액 안분계산**

과세사업과 면세사업의 겸업 사업자가 공급받는 재화 또는 용역의 귀속이 불분명할시 안분계산을 해야 하며 안분계산된 금액 중 면세해당분의 매수, 공급가액, 세액을 입력한다. 프로그램 상의 공통매입세액안분계산은 예정신고를 할 때만 하는 것으로 예정신고기간의 공급가액에 의하여 안분계산을 하여 불공제매입세액을 산출한다.

③ **공통매입세액 정산**

공통매입세액정산은 확정신고를 할 때만 한다. 신고대상 과세기간 전체(6개월)의 공통매입세액에 대하여 불공제 매입세액을 계산한 후 예정신고 시 공통매입세액으로 불공제한 매입세액(기불공제매입세액)을 차감하여 양수(+)이면 매입세액불공제에 가산하고, 음수(-)이면 매입세액불공제에서 차감한다.

④ 납부세액 또는 환급세액재계산

납부세액 또는 환급세액재계산은 확정신고시에만 하는 것으로 이전 과세기간에 공통매입세액 안분계산을 한 감가상각자산이 있는 경우에 적용한다. 과세사업과 면세사업에 공통으로 사용하는 감가상각자산에 대하여 공통매입세액 안분계산을 한 후 매 과세기간마다 직전 과세기간보다 면세비율이 5% 이상 증가 또는 감소되는 경우 납부세액(또는 환급액)에 가산 또는 공제되는 매입세액을 재계산하여야 한다.

필수예제 따라하기

필수예제

다음 자료를 이용하여 2025년 제2기 확정분 매입세액불공제계산근거를 작성하고 부가가치세신고서에 반영하시오(관련 회계처리는 생략하기로 한다).

1. 매입세액 불공제 내역
   - 매입세액불공제로 입력된 자료를 조회하여 작성하시오.

2. 공통매입세액 정산자료(안분계산을 위한 자료이며 전표입력과 관계없음)
   (1) 매출자료

매출구분	2025. 2기 예정	2025. 2기 확정	계
과세공급가액	30,000,000원	36,000,000원	66,000,000원
면세공급가액	20,000,000원	34,000,000원	54,000,000원
총공급가액	50,000,000원	70,000,000원	120,000,000원

   (2) 공통 매입세액(2025. 7. 1~2025. 12. 31) : 예정분 3,000,000원 확정분 4,000,000원

   (3) 2025년 2기 예정 신고시 불공제매입세액 : 1,200,000원

따라하기

1. 공제받지못할매입세액(조회기간 : 2025년 10월~12월)

   ① 공제받지못할매입세액 내역 탭
      매입매출전표 입력에서 54.불공매입으로 입력된 내역이 자동으로 반영된다.
      사업과 직접 관련없는 지출 : 1건, 3,000,000원(세액 300,000원)
      개별소비세법 제1조제2항제3호에 따른 자동차구입 및 유지 : 1건, 1,300,000원
      (세액 130,000원)

➲ 입력된 화면

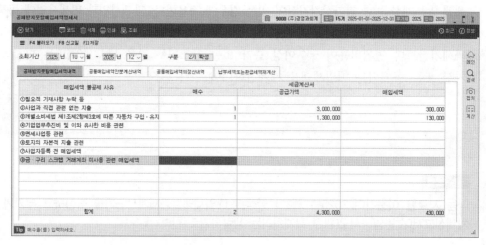

② 공통매입세액의정산내역 탭 클릭

공통매입세액정산내역 탭을 누른 후 산식 1.당해과세기간의 공급가액기준을 선택한다.
이때 전표데이터를 불러오시겠습니까?에 전표입력과 관계없는 문제이므로 아니오를
선택한다.

총공통매입세액 7,000,000원, 총공급가액 120,000,000원, 면세공급가액 54,000,000원을
입력하면 면세비율 45%와 불공제매입세액총액 3,150,000원이 자동으로 계산된다. 2기
예정 신고시 불공제매입세액 1,200,000원을 기불공제매입세액에 입력하면 확정신고시
불공제매입세액 1,950,000원이 자동 계산된다.

➲ 입력된 화면

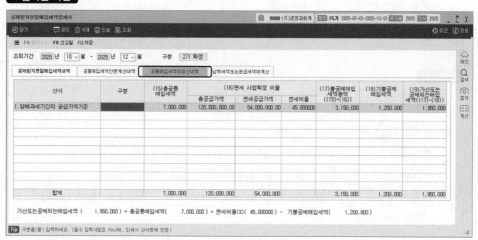

가산 또는 공제되는 매입세액(1,950,000원)
=총공통매입세액(7,000,000원)×면세비율(45%)-기불공제 매입세액(1,200,000원)

2. 부가가치세신고서(2025년 10월 1일 ~ 12월 31일)

부가가치세 신고서에서 조회기간을 입력하면 데이터를 새로 읽으면서 자동 반영된다.

➡ 입력된 화면

구분		금액	세율	세액
16.공제받지못할매입세액				
공제받지못할 매입세액	50	4,300,000		430,000
공통매입세액면세등사업분	51	19,500,000		1,950,000
대손처분받은세액	52			
합계	53	23,800,000		2,380,000

3. 안분계산액의 회계처리(생략)

원재료 매입액을 입력 시에 과세매입으로 하였다면 안분계산액을 다음과 같이 회계처리하여야 한다.

(차) 원재료　　　　　　 1,950,000　　　　　　 (대) 부가세대급금　　　　　　 1,950,000

CHECK POINT　공통매입세액 안분계산

- 예정신고시에는 공통매입세액안분계산내역 탭을 클릭한 후 나타나는 창에 예정신고기간의 공통매입세액과 총 공급가액 및 면세공급가액을 입력한다.
- 확정신고시에는 공통매입세액의정산내역 탭을 클릭한 후 나타나는 창에 과세기간(예정신고기간과 확정신고기 간)의 공통매입세액과 총공급가액 및 면세공급가액을 입력한다.
- 예정신고시 불공제된 매입세액은 확정신고시에 반드시 기불공제매입세액으로 입력하여야 한다.
- 공통사용재화를 동일한 과세기간에 매입하고 공급한 경우에는 직전과세기간의 공급가액을 안분기준으로 공통 매입세액을 계산한다. 이러한 경우 프로그램에서는 산식은 1.당해과세기간의 공급가액을 선택하고 총공급가액 과 면세공급가액은 직전과세기간의 공급가액을 입력하여야 한다.

필수예제 따라하기

필수예제

다음 자료를 이용하여 2025년 제1기 확정 부가가치세 신고시 납부세액재계산을 하여 공제 받지못할 매입세액명세서(매입세액불공제내역)를 작성하시오(관련 회계처리는 생략할 것).

〈과세사업과 면세사업에 공통으로 사용되는 자산의 구입내역〉

계정과목	취득일자	공급가액	부가가치세	비 고
기계장치	2024.10.12	15,000,000원	1,500,000원	
건　물	2024.04.15	40,000,000원	4,000,000원	
원 재 료	2024.09.21	25,000,000원	2,500,000원	

〈2024년 및 2025년의 공급가액 내역〉

구　　분	2024년 제1기	2024년 제2기	2025년 제1기
과세공급가액	99,200,000원	120,000,000원	150,000,000원
면세공급가액	60,800,000원	80,000,000원	150,000,000원
총공급가액	160,000,000원	200,000,000원	300,000,000원

▶ 2024년 제2기 부가가치세 확정신고 시 공통매입세액에 대한 안분계산과 정산은 정확하게 신고서에 반영되었다.

[따라하기]

1. 부가가치 모듈에서 공제받지못할매입세액명세서 메뉴를 선택한다.

① 조회기간 2025년 4월~6월을 입력하고 납부세액또는환급세액재계산 탭을 클릭하여 재계산내역을 입력한다. 전표데이터를 불러오시겠습니까?에 아니오를 선택한다.

② 재계산은 면세비율이 5% 이상 증감한 경우에 적용하므로 기계장치를 취득한 2024년 2기와 2025년 1기의 면세비율을 비교한다.

> 2024년 2기 면세비율 : 면세공급가액(80,000,000)÷총공급가액(200,000,000) = 40%
> 2025년 1기 면세비율 : 면세공급가액(150,000,000)÷총공급가액(300,000,000) = 50%

면세비율이 10% 증가하였으므로 재계산을 하여야 한다.

③ 기계장치는 2.기타자산을 선택하고 해당재화의 매입세액 1,500,000원, 취득년월 2024-10을 입력하면 체감률 25%, 경감률 75%가 계산된다. 당기의 총공급가액 300,000,000원, 면세공급가액 150,000,000원, 직전과세기간의 총공급가액 200,000,000원, 면세공급가액 80,000,000원을 차례로 입력하면 면세비율 증가율 10%와 가산 또는 공제되는 매입세액 112,500원이 자동 계산된다.

④ 건물은 2024년 1기에 취득하였으므로 2024년 2기부터 재계산대상이다. 2024년 2기 확정신고 시 공통매입세액정산을 정확하게 신고서에 반영하였다는 것은 2024년 2기의 면세비율 증감이 2024년 1기보다 5% 이상이면 재계산을 하였다는 것이고 5%에 미달하면 재계산을 하지 않았다는 것이다. 따라서 건물은 2024년 1기와 2024년 2기 및 2025년 1기의 면세비율을 비교하여야 한다.

> 2024년 1기 면세비율 : 면세공급가액(60,800,000)÷총공급가액(160,000,000) = 38%
> 2024년 2기 면세비율 : 면세공급가액(80,000,000)÷총공급가액(200,000,000) = 40%
> 2025년 1기 면세비율 : 면세공급가액(150,000,000)÷총공급가액(300,000,000) = 50%

2024년 2기는 2024년 1기보다 면세비율이 2% 증가하였으므로 재계산 대상이 아니다. 따라서 2025년 1기의 재계산은 재계산을 하지 않은 2024년 2기와 비교하지 않고 2024년 1기와 비교하여야 한다. 2025년 1기의 면세비율은 50%로 2023년 1기보다 면세비율이 12% 증가하였으므로 재계산 대상이다.

⑤ 건물은 1.건물구축물을 선택하고 해당재화의 매입세액 4,000,000원, 취득년월 2024-04를 입력하면 체감률 5%, 경감률 90%가 계산된다. 당기 총공급가액 300,000,000원, 면세공급가액 150,000,000원을 입력하고 직전과세기간에는 2024년 2기를 입력하지 않고 2024년 1기의 총공급가액 160,000,000원과 면세공급가액 60,800,000원을 입력하여야 한다. 면세비율 증가율 12%와 가산 또는 공제되는 매입세액 432,000원이 자동 계산된다.

⑥ 경과된 과세기간수의 계산은 기계장치는 2024.10.12 취득이므로 2024.7.1 취득으로 의제하면 경과된 과세기간 수는 1이 되고, 건물은 2024.04.15 취득이므로 2024.1.1 취득으로 의제하면 경과된 과세기간 수는 2가 된다.

⑦ 재계산은 감가상각 대상 자산에 대해서만 하는 것이므로 원재료는 재계산이 필요 없다.

⊃ 입력된 화면

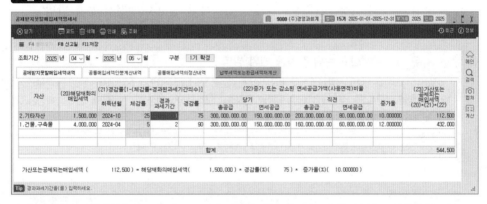

2. 부가가치세 신고서(2025년 4월 1일~6월 30일)

⊃ 입력된 화면

구분		금액	세율	세액
16.공제받지못할매입세액				
공제받지못할 매입세액	50			
공통매입세액면세동사업분	51	5,445,000		544,500
대손처분받은세액	52			
합계	53	5,445,000		544,500

CHECK POINT 재계산방법

구 분	재계산세액
건물 또는 구축물	매입세액 × (1−5% × 경과된 과세기간의 수) × 증가되거나 감소된 면세공급가액의 비율(5% 이상만 적용)
기타의 감가상각자산	매입세액 × (1−25% × 경과된 과세기간의 수) × 증가되거나 감소된 면세공급가액의 비율(5% 이상만 적용)

> • NCS 능력단위 : 0203020215부가가치세신고   능력단위요소 : 03부가가치세신고하기
> 3.6 세금계산서 관련 세법에 따라 발행·수취된 세금계산서와 국세청 이세로 데이터와 상호 대조하여 수정할 수 있다.

① 매출자료누락

　㉠ 예정신고누락분 : 확정신고시 예정신고 누락자료를 예정신고누락분란에 입력하여 반영

　㉡ 확정신고 누락분 : 매입매출전표입력에 입력하여 신고서(수정신고)에 반영

② 매입자료누락

　㉠ 예정신고누락분 : 확정신고 시 예정신고 누락자료를 예정신고누락분란에 입력하여 반영

　㉡ 확정신고누락분 : 매입매출전표입력에 입력하여 신고서(수정신고)에 반영

> ┌───┐
> │ **CHECK POINT** 예정신고 누락분 자동 반영 방법
> │
> │ 예정신고 누락분을 부가세신고서에 자동 반영하려면 되도록 매입매출전표입력 메뉴에서 상단의 F11 간편집계 옆
> │ 의 삼각형을 누른 다음 Shift+F5예정누락분을 클릭하고 보조창에서 예정신고 누락분을 신고할 확정신고기간
> │ 개시년월을 입력한다.
> │ 예를 들어 2025년 3월분 세금계산서를 제1기 예정신고(1월~3월) 시 누락하고 제1기 확정신고(4월~6월) 시 신
> │ 고하는 경우 보조창에서 확정신고기간 개시년월을 2025년 4월로 입력하면 된다.
> └───┘

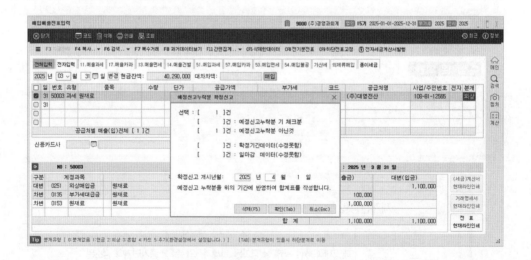

③ 가산세

예정신고누락분을 확정신고에 포함하여 신고하거나, 확정신고 누락분을 수정신고 하는 때 및 기한후 신고시에는 반드시 가산세를 계산하여 납부하여야 한다.

구 분		유 형	가 산 세
① 미등록가산세		사업자등록을 하지 아니한 경우	공급가액의 1%
		타인의 명의로 사업을 한 경우	공급가액의 2%
세금계산서		② 재화·용역의 공급없이 가공세금계산서등(신용카드매출전표등 포함)을 발급하거나 받은 경우	공급가액의 3%
		③ 세금계산서 미발급	공급가액의 2% 또는 기재금액의 2%
		④ 실제 공급자 또는 공급받는자가 아닌 명의의 위장세금계산서(신용카드매출전표등 포함)를 발급하거나 받은 경우	
		⑤ 공급가액을 과다하게 기재한 세금계산서등(신용카드매출전표등 포함)을 발급하거나 받은 경우	과다기재분 공급가액의 2%
		⑥ 전자세금계산서 의무발급자가 종이 발행, ⑦ 지연발급	공급가액의 1%
		⑧ 세금계산서 부실기재, ⑨ 자신의 타 사업장 명의 발행	
전자 세금 계산서	⑩ 미 전 송	전자세금계산서를 공급시기가 속하는 과세기간에 대한 확정신고기한까지 전송하지 아니한 경우	공급가액의 0.5%
	⑪ 지연전송	전송기한(발급일의 다음날)이 경과한 후 공급시기가 속하는 과세기간에 대한 확정신고기한까지 전송하는 경우	공급가액의 0.3%
세금 계산서 합계표	⑫ 미제출	매출처별세금계산서합계표를 예정신고 또는 확정신고 시에 제출하지 아니한 경우(1개월 내 제출 시 50% 경감)	공급가액의 0.5%
	⑬ 지연제출	매출처별세금계산서합계표를 예정신고 시에 제출하지 않고 확정신고 시 제출한 경우	공급가액의 0.3%
	⑭ 부실기재	매출처별세금계산서합계표의 기재사항 누락, 사실과 다른 경우(다만, 거래사실이 확인되는 때에는 제외)	공급가액의 0.5%
경정시 매입세액 공제		⑮ 신용카드매출전표등을 경정시 제출하는 경우	공급가액의 0.5%
매입처별세금계산서 합 계 표		⑯ 매입가액을 사실과 다르게 과다하게 적어 신고한 경우	과다기재액 0.5%
		⑰ 매입처별세금계산서 미제출 또는 부실기재분 매입세액을 경정 시 세금계산서로 매입세액공제를 받는 경우	공급가액의 0.5%
		⑱ 공급시기 이후에 해당 과세기간 확정신고기한까지 발급받은 세금계산서로 매입세액공제를 받는 경우(지연 수취)	
		⑲ 공급시기가 속한 과세기간의 확정신고기한 다음날부터 1년 이내에 발급받은 세금계산서로 수정신고·경정청구 또는 결정·경정시 매입세액 공제를 받는 경우	
신 고 불 성 실 가 산 세		무신고한 경우(기한 후 신고 시 감면)	부정 40%, 일반무신고 20% 일반과소 10%
		과소신고 또는 초과환급신고한 경우(수정신고 시 감면)	
영 세 율 과 세 표 준 신고불성실가산세		영세율이 적용되는 사업자가 과세표준금액을 신고하지 않거나 적게 신고한 경우(수정신고 시 감면)	영세율과세표준의 0.5%
납 부 지 연 가 산 세		ⓐ 미납부·과소납부·과다환급세액 × $\dfrac{22}{100,000}$ × 일수 일수: 납부기한(또는 환급받은 날)의 다음날부터 납부일(또는 고지일)까지의 기간 ⓑ 납부하여야 할 세액 중 납부기한까지 미납부·과소납부액 × 3% *ⓑ는 국세를 납부고지서에 따른 납부기한까지 완납하지 아니한 경우에 한한다.	

▶ ①이 적용되는 경우 ⑦⑧⑩⑪⑫⑬⑭⑮⑯은 적용하지 아니한다.
▶ ③⑥⑦⑨이 적용되는 경우 ⑧⑩⑪은 적용하지 아니한다.
▶ ⑧이 적용되는 경우 ⑩⑪은 적용하지 아니한다.

▶ ⑦⑧⑩⑪이 적용되는 경우 ⑫⑬⑭은 적용하지 아니한다.

▶ ②③④⑤⑥⑨이 적용되는 경우 ①⑫⑬⑭⑯⑰⑱⑲은 적용하지 아니한다.

▶ ④의 위장세금계산서등의 발급자에게 ③⑥⑨은 적용하지 아니한다.

▶ ⑤의 세금계산서등 과다기재 발급자에게 ⑧의 세금계산서부실기재는 적용하지 아니한다.

▶ 현금영수증 의무발급자의 현금영수증미발급가산세(20%)를 적용하면 ③⑥⑨⑭은 적용하지 아니한다.

▶ 수정신고 또는 기한후신고 시 신고불성실 가산세의 감면(세액의 납부 여부와 관련이 없다)

수정신고 시 감면		기한후신고 시 감면	
법정신고기한 경과 후	가산세 감면 비율	법정신고기한 경과 후	가산세 감면 비율
1개월 이내	90%	1개월 이내	50%
1개월 초과 3개월 이내	75%	1개월 초과 3개월 이내	30%
3개월 초과 6개월 이내	50%	3개월 초과 6개월 이내	20%
6개월 초과 1년 이내	30%		
1년 초과 1년6개월 이내	20%		
1년6개월 초과~2년 이내	10%		

필수예제 따라하기

필수예제

다음은 제1기 예정신고 시 누락된 자료이다(부가가치세신고서, 세금계산서합계표 등 모든 회계처리가 누락된 자료임). 2025년 제1기 확정분 부가가치세신고서(신고일 : 7월 25일)에 반영하고 가산세를 계산하시오(전자세금계산서 관련 가산세는 제외하고, 전표입력을 생략할 것).

1. 1월 31일   대림물산(주)에 제품을 판매하고 7월 25일 발급한 전자세금계산서 1매
   (공급가액 30,000,000원, 부가가치세 3,000,000원)

2. 2월 14일   (주)명품물산에 제품을 판매하고 발급한 영세율전자세금계산서 1매
   (2월 말일 발급, 공급가액 20,000,000원 부가가치세 0원)

3. 2월 28일   (주)대영전산으로부터 원재료를 구입하고 7월 25일 수취한 세금계산서 1매
   (공급가액 15,000,000원, 부가가치세 1,500,000원)

4. 3월 10일   세아산업에서 접대용 선물용품을 구입하고 받은 세금계산서 1매
   (3월 10일 발급, 공급가액 1,000,000원 부가가치세 100,000원)

따라하기

부가가치 모듈에서 부가가치세신고서 메뉴를 선택하고, 조회기간을 2025년 4월 1일~6월30일로 입력한다.

① [예정신고누락분](7란)에 커서를 놓고 우측의 매출(예정신고누락분) 과세 세금계산서 (33란)에 공급가액 30,000,000원과 세액(자동입력) 3,000,000원을 입력하고, 영세율 세금계산서(35란)에 금액 20,000,000원을 입력한다.

● 입력된 화면

7.매출(예정신고누락분)							
예 정 누 락 분	과 세	세금계산서	33	30,000,000	10/100	3,000,000	← 입력
		기타	34		10/100		
	영 세	세금계산서	35	20,000,000	0/100		← 입력
		기타	36		0/100		
		합계	37	50,000,000		3,000,000	

② [예정신고누락분](12란)에 커서를 놓고 우측의 매입(예정신고누락분) 세금계산서(38란)
에 2/28과 3/10 합계 공급가액 16,000,000원과 세액 1,600,000원을 입력한다.

● 입력된 화면

12.매입(예정신고누락분)					
예	세금계산서	38	16,000,000	1,600,000	← 입력
	그 밖의 공제매입세액	39			
	합계	40	16,000,000	1,600,000	

▶ 매입세액은 자동으로 입력되지 않으므로 직접 입력해주어야 한다.

③ 공제받지못할매입세액(3/10 금액 1,000,000원과 세액 100,000원)은 공제받지못할세액
16란에 커서를 두고 우측의 50.공제받지못할매입세액 란에 입력한다.

● 입력된 화면

16.공제받지못할매입세액				
공제받지못할 매입세액	50	1,000,000	100,000	← 입력
공통매입세액면세등사업분	51	5,445,000	544,500	
대손처분받은세액	52			
합계	53	6,445,000	644,500	

④ 26.가산세액계 란에 커서를 두고 우측의 25.가산세명세 입력 창에 가산세를 계산하여
해당란에 각각 입력한다.
- 세금계산서가산세
  - 62.지연발급등 : $30,000,000 \times 1\%$ =   300,000
  - 63.지연수취 : $15,000,000 \times 0.5\%$ =   75,000
- 신고불성실가산세
  - 71.과소 초과환급(일반) : 미납세액 $1,500,000 \times 10\% \times 25\%$ =   37,500
- 73.납부지연가산세 : 미납세액 $1,500,000 \times 2.2/10,000 \times$ 미납일수 91일=   30,030
  미납세액 1,500,000원을 입력하면 나타나는 보조창에 당초 납부기한
  2024년 4월 25, 납부일 또는 고지일 2024년 7월 25일을 입력하면 미
  납일수와 납부지연 가산세를 자동으로 계산한다.
- 74.영세율과세표준신고불성실 : $20,000,000 \times 0.5/100 \times 25\%$ =   25,000
  가산세 계 :   467,530
* 신고불성실 가산세와 영세율과세표준신고불성실 가산세는 3개월 이내 신고이므로 75%를 경감한다.

⊃ 가산세액 입력화면

25.가산세명세					
사업자미등록등		61		1/100	
세금 계산서	지연발급 등	62	30,000,000	1/100	300,000
	지연수취	63	15,000,000	5/1,000	75,000
	미발급 등	64		뒤쪽참조	
전자세금 발급명세	지연전송	65		3/1,000	
	미전송	66		5/1,000	
세금계산서 합계표	제출불성실	67		5/1,000	
	지연제출	68		3/1,000	
신고 불성실	무신고(일반)	69		뒤쪽	
	무신고(부당)	70		뒤쪽	
	과소·초과환급(일반)	71	1,500,000	뒤쪽	37,500
	과소·초과환급(부당)	72		뒤쪽	
납부지연		73	1,500,000	뒤쪽	30,030
영세율과세표준신고불성실		74	20,000,000	5/1,000	25,000
현금매출명세서불성실		75		1/100	
부동산임대공급가액명세서		76		1/100	
매입자 납부특례	거래계좌 미사용	77		뒤쪽	
	거래계좌 지연입금	78		뒤쪽	
신용카드매출전표등수령명세서미제출·과다기재		79		5/1,000	
합계		80			467,530

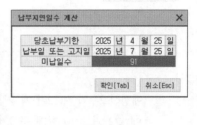

납부지연일수 계산							×
당초납부기한	2025	년	4	월	25	일	
납부일 또는 고지일	2025	년	7	월	25	일	
미납일수			91				

확인[Tab]　　취소[Esc]

필수예제 따라하기

필수예제

2025년 3월 31일 (주)대영전산에서 원재료(공급가액 1,000,000원, 부가가치세 100,000원)를 외상으로 구입하면서 세금계산서를 발급(전자분 아님) 받았다. 1기 예정 부가가치세 신고 시 해당 세금계산서를 누락하여 1기 확정 부가가치세 신고에 반영하려고 한다. 해당 세금계산서를 1기 확정 부가가치세 신고에 반영시킬 수 있도록 입력/설정하시오.

따라하기

1. 해당 거래일에 매입매출전표입력에서 입력하고 F11간편집계 메뉴 우측의 삼각형을 클릭하여 나타나는 보조창에서 Shift F5예정누락분을 선택한다.
2. 예정신고누락분확정신고 보조창에서 예정신고 누락분을 신고하는 확정신고기간의 개시년월(2025년 4월)을 입력한다.
3. 3월 31일 매입매출전표 입력
   유형:51.과세, 공급가액 1,000,000원, 부가세 100,000원, 거래처:(주)대영전산, 분개:외상,
   예정신고누락분 확정신고 보조창에서 확정신고 개시년월 2025년 4월 입력

(차) 원재료	1,000,000	(대) 외상매입금	1,100,000
부가세대급금	100,000	(거래처:(주)대영전산)	

F11간편집계 우측 삼각형 → Shift F5예정누락분 → 예정신고누락분 확정신고 → 확정신고 개시년월 입력 → 부가세신고서 예정신고누락분 (7)매출 또는 (12)매입에 자동반영

⊃ 부가세신고서에 자동반영된 화면

부가가치세 신고서(2025년 4월 1일~6월 30일)에서 기존에 저장된 데이터를 불러 오시겠습니까? 에서 아니오 선택

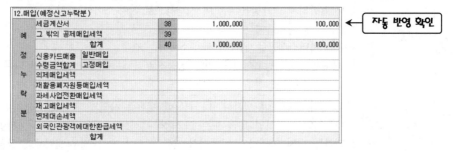

실질적인 재화공급의 요건을 충족하지 못하더라도 일정한 사유에 해당하는 경우에는 과세형평을 유지하기 위하여 재화의 공급으로 의제하여 과세한다. 공급특례에 해당하면 세금계산서를 발급하지 않으며(직매장 반출은 제외) 특례공급액의 10%를 부가가치세로 납부해야 한다.

재화의 공급특례(간주공급)

자가공급	의 미	사업자가 자기사업과 관련하여 생산·취득한 재화를 자기의 사업을 위하여 직접 사용·소비하는 것
	종류 및 관련사례	① 면세전용(매입세액 불공제분 제외) 　과세사업인 고속버스용으로 취득한 차량을 면세사업인 시내버스사업에서 사용하는 경우 ② 개별소비세과세대상 자동차와 그 유지를 위한 재화(매입세액 불공제분 제외) 　㉠ 자동차회사가 자기가 생산한 승용차를 임직원출퇴근용으로 사용하는 경우 　㉡ 주유소에서 업무용 승용차에 휘발유를 주입하는 경우 ③ 자기의 다른 사업장에서 판매할 목적으로 반출하는 재화(총괄납부승인과 사업자단위과세를 적용받는 경우 제외) 　공장에서 생산한 제품을 판매목적으로 직매장 등에 반출
	제외사항	① 자기의 다른 사업장에서 원료·자재 등으로 사용·소비하기 위하여 반출하는 경우 ② 자기사업장의 기술개발을 위하여 시험용으로 사용·소비하는 경우 ③ 수선비 등에 대체하여 사용·소비하는 경우 ④ 사후무료서비스제공을 위하여 사용·소비하는 경우 ⑤ 불량품교환 또는 광고선전을 위한 상품진열 등의 목적으로 자기의 다른 사업장으로 반출하는 경우
개인적 공급	의 미	자기의 사업과 관련하여 생산하거나 취득한 재화를 사업과 직접 관련없이 자기나 그 사용인의 개인적인 목적 또는 그 밖의 목적으로 사용·소비하거나, 사업자가 그 대가를 받지 아니하거나 현저히 낮은 대가를 받은 경우(매입세액 불공제분 제외)
	종류 및 관련사례	① 가구판매업자가 판매용으로 취득한 책상을 아들의 공부용으로 사용하는 경우 ② 경조사 또는 회사창립일 등에 사용인에게 10만원을 초과하는 기념품을 무상으로 주는 경우 10만원 초과금액
	제외사항	사업장내에서 실비변상적 목적으로 사용인에게 제공하는 작업복, 작업모, 작업화와 복지후생적인 목적으로 사용인에게 제공하는 직장연예 및 직장문화와 관련된 재화 및 ① 경조사 ② 설날, 추석 ③ 창립기념일, 생일 관련하여 제공하는 재화(①과 ② 및 ③ 각각 사용인 1인당 연간 10만원 이하의 재화를 제공하는 경우)

사업상 증여	의 미	사업자가 자기사업과 관련하여 생산취득한 재화를 자기의 고객이나 불특정다수인에게 증여하는 경우로서 증여되는 재화의 대가가 주된 거래인 재화공급의 대가에 포함되지 아니하는 것(매입세액 불공제분 제외)
	종류 및 관련사례	① 현물로 판매장려금을 지급하는 경우 ② 광고선전목적으로 특정 선수, 연예인 등에 무상으로 증여하는 경우 ③ 백화점 등에서 일정금액 이상을 구입한 고객을 대상으로 추첨을 통하여 당첨된 고객에게 경품을 제공하는 경우
	제외사항	① 주된 거래의 부수공급에 해당하는 것(예 : 비행기에서 제공하는 기내식) ② 견본품과 광고선전 목적으로 불특정다수인에게 무상으로 배포하는 경우 ③ 재난및안전관리기본법의 적용을 받아 특별재난지역에 무상으로 공급하는 물품
폐업시 남아있는 재화	의 미	사업자가 사업을 폐업하는 경우와 사업개시일 전에 등록한 경우로서 사실상 사업을 시작하지 아니하게 되는 때에 남아있는 재고재화와 감가상각대상자산은 자기에게 공급하는 것으로 본다.(매입세액 불공제분 제외)
	제외사항	① 사업자가 사업의 종류를 변경한 경우 변경 전 사업과 관련된 재고재화 ② 동일 사업장내에서 2이상의 사업을 겸영하는 사업자가 그 중 일부사업을 폐지하는 경우 해당 폐지한 사업과 관련한 재고재화

필수예제 따라하기

필수예제

다음의 공급특례로 예상되는 자료를 이용하여 2025년 제1기 확정신고 부가가치세신고서에 반영하시오(관련 회계처리 내용에 대하여 전표입력 하는 것은 생략).

	공 급 내 역	원 가	시 가
1	면세사업에 전용	1,500,000원	1,800,000원
2	업무용 승용차(2,000cc)의 수리에 사용	500,000원	700,000원
3	거래처에 접대목적으로 사용	600,000원	800,000원
4	특별재난지역에 보낸 구호품	1,500,000원	2,000,000원
5	대표이사가 개인적용도로 사용	400,000원	500,000원
6	창립기념일 선물(직원 2명)	800,000원	1,000,000원

▶ 공급내역에 있는 재화는 모두 과세사업 용도로 매입세액공제를 받은 것이다.
▶ 원가와 시가는 모두 부가가치세가 포함되지 않은 금액이다.

따라하기

부가가치세신고서 메뉴에서 조회기간 2025년 4월 1일~6월 30일을 입력하고 과세-기타(정규영수증외매출분)(4)란에 있는 금액에 공급특례(간주공급) 분에 해당하는 시가의 합계액 4,600,000원과 세액 460,000원을 각각 더하여 변경입력한다.

공급특례 대상 :

면세사업전용(자가공급)	→ 시가	1,800,000원
업무용승용차의 수리(자가공급)	→ 시가	700,000원
거래처 접대목적 사용(사업상증여)	→ 시가	800,000원
대표이사 개인용도 사용(개인적공급)	→ 시가	500,000원
창립기념일 선물(개인적공급)	→ 시가	800,000원
	합 계	4,600,000원

▶ 특별재난지역에 구호품으로 무상 공급한 금액은 공급특례에 해당하지 않는다.
▶ 창립기념일 선물은 직원 1명당 연 10만원까지는 재화의 공급으로 보지 아니하지만 10만원 초과분은 재화의 공급으로 본다. 1인당 10만원 초과분 시가 1,000,000−200,000=800,000원

당초 : 과세 기타 금액 290,547원(간주임대료) 세액 29,054원

변경 : 과세 기타 입력 : 금액란 290,547 + 4,600,000(공급특례) = 4,890,547원

세액란 29,054+ 460,000 = 489,054원

➡ 부가세신고서에 입력된 화면

구분				정기신고금액		
				금액	세율	세액
과세표준및매출세액	과세	세금계산서발급분	1		10/100	
		매입자발행세금계산서	2		10/100	
		신용카드 · 현금영수증발행분	3		10/100	
		기타(정규영수증외매출분)	4	4,890,547		489,054
	영세	세금계산서발급분	5		0/100	
		기타	6		0/100	
	예정신고누락분		7			
	대손세액가감		8			-100,000
	합계		9	4,890,547	㉮	389,054

가산
입력

부가가치세 신고는 작성한 신고서를 관할세무서에 서면으로 직접 제출하는 방법과 전자적 방법으로 제출하는 전자신고가 있다. 전자신고는 부가가치세신고서를 전자신고용 파일로 변환하여 국세청으로 전송하게 된다. 전자신고를 사업자가 직접 하면 전자신고세액공제 10,000원을 받을 수 있고, 세무사, 공인회계사 등의 세무대리인이 전자신고를 하면 전자신고세액공제를 적용하지 아니한다.

전자신고를 하려면 전산 프로그램에서 부가가치세 신고서를 완성한 후 마감을 실행하여야 한다. 그리고 전자신고용 파일을 제작하여 오류 검증을 거친 후 파일을 변환하여 국세청 홈택스로 전송하여야 한다.

① 각종 부속서류의 저장과 마감

부가가치세 신고를 전자로 하려면 신고서에 첨부할 부속서류가 완성되어야 가능하다. 따라서 해당하는 모든 메뉴에 들어가서 입력할 사항이 빠진 부분에 대하여 보완하여 입력한 후 저장 및 마감을 실행하여야 한다. 부가가치세신고서에 첨부하는 부속서류의 저장 또는 마감을 실행하지 않으면 전산에서 오류로 인식하여 전자신고가 되지 않는다.

▶ 계산서 합계표도 마감하여야 한다.

② 부가가치세 신고서 마감

부가가치세신고서와 부속서류를 작성 완료한 후 상단 F3마감을 클릭한다. 마감을 실행하면 추가적인 입력이 부가가치세 신고서에 반영되지 아니한다. 만일 입력 누락 또는 오류분이 있으면 F3마감취소를 실행한 후 추가 또는 수정 입력하고 마감한다.

③ 전자신고용 파일 제작

부가가치세신고서를 마감이 되면 부가가치세 탭에서 전자신고 메뉴를 클릭한다. 신고년월과 신고인구분(1.세무대리인, 2.납세자 자진신고)을 선택하여 조회 후 상단 F4제작을 실행하면 비밀번호 입력 화면이 나타난다. 비밀번호는 필수 입력사항으로 8자리 이상을 요구한다. 비밀번호는 전자신고 시에 다시 입력하여야 하므로 잊지 않기 위하여 동일한 번호를 계속 사용하는 것이 안전하다. 전자신고용 파일의 제작이 완료되면 C드라이브 바탕화면에 파일이 생성되면서 제작일자에 현재 날짜가 표시된다.

▶ 전자신고를 납세자가 하지 아니하고 세무사 등이 전자신고하는 경우에는 세무대리인 등록 메뉴를 클릭하여 세무대리인의 인적사항을 입력하여야 한다.

④ **형식검증과 내용검증**

전자신고 파일 제작이 완료되면 전자신고 메뉴에서 F6 홈택스바로가기를 클릭한다. 홈택스 화면에서 전자신고를 위하여 형식검증과 내용검증을 다음의 순서로 진행한다.

㉠ 전자신고 메뉴에서 제작한 파일을 찾아보기 기능을 통해 불러온다.
  ▶ 파일을 불러오면 선택한 파일 내역에 전자파일 명과 파일 크기가 반영된다.

㉡ 형식검증하기를 클릭하여 전자신고 파일 제작 시 입력한 비밀번호를 입력한다.

㉢ 형식검증결과확인을 클릭하여 형식검증을 진행한다.

㉣ 내용검증하기를 클릭하여 내용검증을 진행한다.

㉤ 내용검증결과확인을 클릭하여 검증결과를 확인한다.

구분	결과확인
파일이 정상일 경우	내용검증에 오류항목 건수가 표시가 되지 아니한다.
파일이 오류일 경우	• 내용검증에 오류항목 건수가 표시가 되며, 건수를 클릭 시 결과를 조회를 할 수 있다. • 결과 조회에서 사업자등록번호를 클릭하면 오류내역 조회된다.
부가가치세신고서 마감시 경고 오류만 있는 경우	• 내용검증에 오류 항목건수가 표시가 되며, 건수를 클릭 시 결과를 조회를 할 수 있다. • 결과 조회에서 내용검증(경고/안내)으로 표시되며, 사업자번호 또는 주민등록번호를 클릭하면 경고 내용을 확인할 수 있다. • 다음을 클릭하면 전자파일의 제출이 가능하다.

⑤ **전자 제출**

화면 하단의 전자파일 제출을 클릭하면 정상 변환된 제출 가능한 신고서 목록이 조회된다. 신고서 목록이 조회되면 전자파일 제출하기를 클릭하여 제출하면 전자신고가 완료되는 것이다. 만일 전자파일이 조회되지 아니하면 전자신고가 불가능하며 파일에 오류가 있다는 것으로 전자파일을 처음부터 새로 만들어야 한다.

전자신고는 부가가치세 신고를 하나만 할 수도 있지만 여러 회사를 한꺼번에 할 수도 있다. 전자제출이 완료되면 접수내용을 확인할 수 있는 접수증이 나온다.

• 전자신고는 회사코드 9500의 (주)전자신고로 변경하여 연습한다.

필수예제

㈜전자신고(회사코드 : 9500)의 2025년 6월 거래를 매입매출전표입력에 입력하고 해당하는 부가가치세 부속서류를 마감한 후 2025년 제1기 확정 부가가치세신고를 전자로 하시오(반드시 회사코드 9500을 확인하고 입력할 것).

1. 6월 7일 : 세방전자(주)에 제품 26,000,000원(부가가치세 별도)를 판매하고 전자세금계산서를 발급하였다. 매출대금은 전액 외상이다.

2. 6월 9일 : (주)남해전지에 제품 11,000,000원(부가가치세 포함)을 판매하고, 신용카드(현대카드)로 결제받았다. 해당 채권은 외상매출금 계정을 사용하기로 한다.

3. 6월 12일 : 울산전자(주)로부터 원재료(수량 1,200개, 단가 18,000원, 부가가치세 별도)를 외상으로 매입하고 전자세금계산서를 수취하였다.

4. 6월 18일 : (주)광주전기로부터 원재료를 5,500,000원(부가가치세 포함)에 구입하고 법인카드인 하나카드로 결제하였다(신용카드 매입세액공제요건을 모두 충족함).

따라하기

1. 일자 : 6월 7일 (전자 란에 '1:여' 입력)

유형	품목	수량	단가	공급가액	부가세		거래처
11.과세	제품			26,000,000	2,600,000	1000	㈜세방전자
분개	2.외상 (차) 108.외상매출금			28,600,000	(대) 255.부가세예수금 (대) 404.제품매출		2,600,000 26,000,000

2. 일자 : 6월 9일

유형	품목	수량	단가	공급가액	부가세		거래처
17.카과	제품			10,000,000	1,000,000	3000	(주)남해전지
분개	2.외상(또는 4.카드) (차) 108.외상매출금 (99600.현대카드)			11,000,000	(대) 255.부가세예수금 (대) 404.제품매출		1,000,000 10,000,000

3. 일자 : 6월 12일 (전자 란에 '1:여' 입력)

유형	품목	수량	단가	공급가액	부가세		거래처
51.과세	원재료	1,200	18,000	21,600,000	2,160,000	4000	울산전자(주)
분개	2.외상 (차) 153.원재료 (차) 135.부가세대급금			21,600,000 2,160,000	(대) 251.외상매입금		23,760,000

4. 일자 : 6월 18일

유형	품목	수량	단가	공급가액	부가세		거래처
57.카과	원재료			5,000,000	500,000	5000	㈜광주전기
분개	2.외상(또는 4.카드) (차) 153.원재료 (차) 135.부가세대급금			5,000,000 500,000	(대) 251.외상매입금 (99700.하나카드)		5,500,000

⊃ 입력된 화면

1. 매입매출전표입력

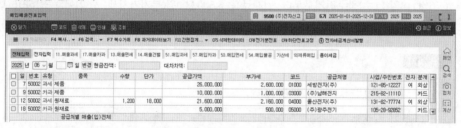

2. 세금계산서합계표(매입, 매출)(조회기간 4월~6월)의 F7마감을 실행한다.

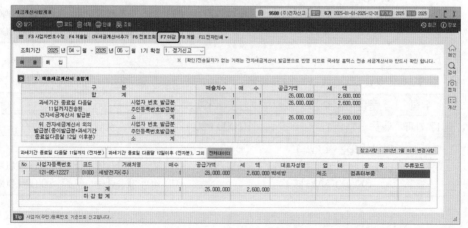

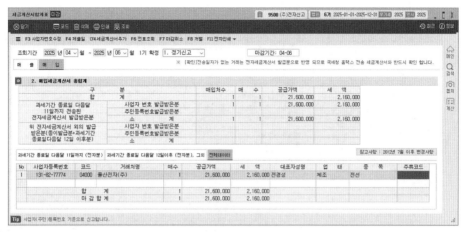

▶ 면세재화와 관련하여 수수한 계산서가 있는 경우 계산서합계표도 마감하여야 한다.

3. 신용카드매출전표등수령명세서(2025년 4월~6월)를 마감(F7)한다.

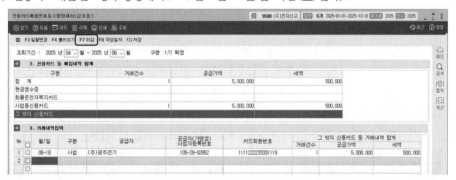

4. 신용카드매출전표등발급금액집계표(조회기간 4월~6월)을 확인하고 저장(F11)한다.

5. 부가가치세신고서(4월 1일~6월 30일)를 F3마감한다.

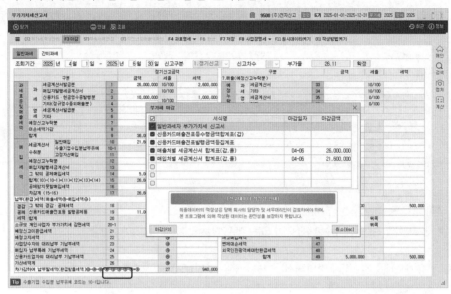

6. 전자신고 메뉴를 실행한 후 신고년월(2025년 4월~6월)과 신고인구분(2.납세자 자진신고)를 입력한다. 그리고 화면 상단의 F4제작을 클릭하여 비밀번호 입력창을 열고 비밀번호(8자리 이상 20자리 이하)를 입력 확인하면 전자신고 데이터 제작이 완료된다(교재에서 비밀번호는 12345678로 하기로 한다). 전자신고 파일 제작이 완료되면, C드라이브에 파일이 생성되며 전자신고 메뉴에서 F6홈택스바로가기를 클릭한다.

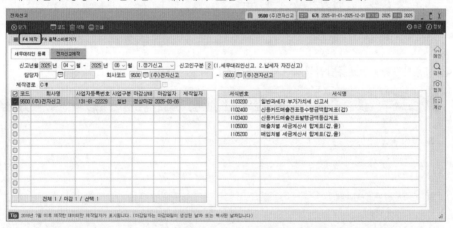

▶ 전자신고를 세무대리인이 하는 경우에는 신고인구분에서 1.세무대리인신고를 선택하여야 한다.

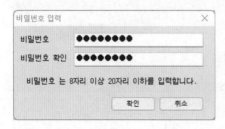

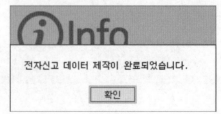

7. 국세청 홈택스 전자신고변환으로 들어가서 반환대상파일선택 화면에서 찾아보기 기능으로 C:₩에 있는 파일을 찾아서 불러온다. 선택한 파일내역에 전자파일명과 파일크기가 반영된다.

8. 전자신고 변환(교육용)의 하단의 형식검증하기를 클릭하여 비밀번호 창에 전자파일 제작 시 입력한 비밀번호(12345678)을 입력한다. 형식검증결과확인을 클릭하고 내용검증하기와 내용검증결과확인을 선택한다. 전자파일에 오류가 없어야만 내용검증하기가 완료되었다는 안내가 나온다. 만일 내용검증 결과 오류가 있는 경우 오류 항목의 건수를 클릭하면 나타나는 안내 화면에서 사업자등록번호를 선택하여 오류의 내용을 확인할 수 있다. 부가세신고서의 마감을 해제하고 오류를 수정한 후 다시 마감과 전자신고의 절차를 이행하면 전자파일 제출이 가능해진다.

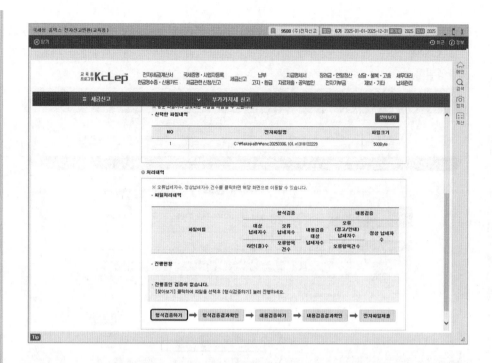

9. 내용검증결과 오류가 없으면 전자신고제출하기를 실행하면 전자신고가 완료되는 것이다.

10. 전자신고를 완료하면 부가가치세 신고서 접수증에 의하여 전자신고가 완료된 것을 확인할 수 있다.

❶ 신 고 내 용

구 분				금 액	세율	세 액
과세 표준 및 매출 세액	과세	세 금 계 산 서 발 급 분	(1)	11.과세	10 / 100	
		매 입 자 발 행 세 금 계 산 서	(2)	매입자발행세금계산서합계표	10 / 100	
		신용카드 · 현금영수증 발행분	(3)	17.카과, 19.현금과세	10 / 100	
		기타(정규영수증 외 매출분)	(4)	14.건별(간주임대료, 간주공급)	10 / 100	
	영세율	세 금 계 산 서 발 급 분	(5)	12.영세	0 / 100	
		기 타	(6)	16.수출, 19.카영, 24.현영	0 / 100	
	예 정 신 고 누 락 분		(7)	예정신고누락분명세 반영		
	대 손 세 액 가 감		(8)	대손세액공제신고서		(대손발생은 − 대손회수는 +)
	합 계		(9)		㉮	
매입 세액	세금계산서 수 취 분	일 반 매 입	(10)	51.과세, 52.영세, 54.불공, 55.수입 중 고정자산으로 분개되지 아니한 자료		
		수출기업수입분납부유예	(10-1)			
		고 정 자 산 매 입	(11)	51.과세, 52.영세, 54.불공 중 고정자산으로 분개된 자료		
	예 정 신 고 누 락 분		(12)	예정신고누락분명세 반영		
	매 입 자 발 행 세 금 계 산 서		(13)			
	그 밖 의 공 제 매 입 세 액		(14)	그밖의공제매입세액명세서		
	합계(10)+(11)+(12)+(13)+(14)		(15)			
	공 제 받 지 못 할 매 입 세 액		(16)	공제받지못할매입세액명세서		
	차 감 계 (15)−(16)		(17)		㉯	
납부(환급)세액 (매출세액㉮−매입세액㉯)					㉰	
경감 · 공제 세액	그 밖 의 경 감 · 공 제 세 액		(18)			
	신용카드매출전표등 발행공제 등		(19)	신용카드매출전표등발행금액집계표		법인은 해당되지 않는다.
	합 계		(20)		㉱	
예 정 신 고 미 환 급 세 액			(21)		㉲	
예 정 고 지 세 액			(22)		㉳	
사 업 양 수 자 의 대 리 납 부 기 납 부 세 액			(23)		㉴	
매 입 자 납 부 특 례 기 납 부 세 액			(24)		㉵	
신 용 카 드 업 자 의 대 리 납 부 기 납 부 세 액			(25)		㉶	
가 산 세 액 계			(26)		㉷	가산세명세에 있는 금액 자동 반영
차감 · 가감하여 납부할세액(환급받을 세액)(㉰−㉱−㉲−㉳−㉴−㉵−㉶+㉷)			(27)			
총괄 납부 사업자가 납부할 세액(환급받을 세액)						

❹ 과 세 표 준 명 세

업 태	종 목	생산요소	업종코드	금액
(28)				
(29)				
(30)				
(31) 수입금액 제외	고정자산매각 간주임대료 사업상증여 등			
(32)합계			(9)합계금액과 일치	

「부가가치세법」 제48조 · 제49조 또는 제59조와 「국세기본법」 제45조의3에 따라 위의 내용을 신고하며, 위 내용을 충분히 검토하였고 신고인이 알고 있는 사실 그대로를 정확하게 적었음을 확인합니다.

년 월 일

신고인: (서명 또는 인)

세무대리인은 조세전문자격자로서 위 신고서를 성실하고 공정하게 작성하였음을 확인합니다.

세무대리인: (서명 또는 인)

세무서장 귀하

		구 분			금 액	세 율	세 액
예정신고 누락분 명세	(7)매출	과 세	세 금 계 산 서	(33)	예정신고누락세금계산서	10/100	
			기 타	(34)	예정신고누락신용카드등	10/100	
		영세율	세 금 계 산 서	(35)	12.영세 유형 누락	0/100	
			기 타	(36)	16.수출 유형 누락	0/100	
		합 계		(37)			
	(12)매입	세 금 계 산 서		(38)	예정신고누락세금계산서		직접 입력
		그 밖의 공제 매입세액		(39)	예정신고누락신용카드등		직접 입력
		합 계		(40)			

	구 분		금 액	세 율	세 액
(14) 그 밖의 공제 매입세액 명세	신용카드매출전표등 수령명세서 제출분	일 반 매 입	(41)	신용카드매출전표등수령명세서에서 반영(일반매입)		
		고 정 자 산 매 입	(42)	신용카드매출전표등수령명세서에서 반영(고정자산)		
	의 제 매 입 세 액		(43)	의제매입세액공제신고서에서 반영		공제한도적용
	재 활 용 폐 자 원 매 입 세 액		(44)	재활용폐자원매입세액공제신고서 반영		공제한도적용
	과 세 사 업 전 환 매 입 세 액		(45)			
	재 고 매 입 세 액		(46)			
	변 제 대 손 세 액		(47)	대손세액공제신청서에서 반영		
	외 국 인 관 광 객 에 대 한 환 급 세 액		(48)			
	합 계		(49)			

	구 분	금 액	세 율	세 액
(16) 공제받지 못 할 매입세액 명세	공 제 받 지 못 할 매 입 세 액	(50)	54.불공		
	공 통 매 입 세 액 면 세 사 업 등 분	(51)	공제받지못할매입세액명세서에서 반영		
	대 손 처 분 받 은 세 액	(52)	직접 입력		
	합 계	(53)			

	구 분	금 액	세 율	세 액
(18) 그 밖의 경감·공제 세액 명세	전 자 신 고 세 액 공 제	(54)			
	전 자 세 금 계 산 서 발 급 세 액 공 제	(55)			
	택 시 운 송 사 업 자 경 감 세 액	(56)			
	대 리 납 부 세 액 공 제	(57)			
	현 금 영 수 증 사 업 자 세 액 공 제	(58)			
	기 타	(59)			
	합 계	(60)			

	구 분			금 액	세 율	세 액
(26) 가산세 명세	사 업 자 미 등 록 등		(61)		1%,2%	
	세 금 계 산 서	지 연 발 급 등	(62)	확정신고기한까지 발급분	1/100	
		지 연 수 취	(63)	지연발급분 수취	5/1,000	
		미 발 급 등	(64)	종이세금계산서발급(1%)	1%,2%,3%	
	전자세금계산서 발급명세 전송	지 연 전 송	(65)		3/1,000	
		미 전 송	(66)		5/1,000	
	세 금 계 산 서 합 계 표	제 출 불 성 실	(67)	부실기재, 미제출	5/1,000	
		지 연 제 출	(68)	예정분 확정신고시 제출	3/1,000	
	신 고 불 성 실	무 신 고 (일 반)	(69)	납부세액 기준	20%	기한후신고시 경감
		무 신 고 (부 당)	(70)	납부세액 기준	40%	
		과소·초과환급신고(일반)	(71)	납부세액 기준	10%	수정신고시 경감
		과소·초과환급신고(부당)	(72)	납부세액 기준	40%	
	납 부 지 연		(73)	미납부세액×2.2/10,000×미납일수		
	영 세 율 과 세 표 준 신 고 불 성 실		(74)		5/1,000	수정신고시 경감
	현 금 매 출 명 세 서 불 성 실		(75)		1/100	
	부 동 산 임 대 공 급 가 액 명 세 서 불 성 실		(76)		1/100	
	매 입 자 납 부 특 례	거 래 계 좌 미 사 용	(77)		뒤쪽참조	
		거 래 계 좌 지 연 입 금	(78)		뒤쪽참조	
	신 용 카 드 매 출 전 표 등 수 령 명 세 서 미 제 출·과 다 기 재		(79)		5/1,000	
	합 계		(80)			

	업 태	종 목	코 드 번 호	금 액
면세사업 수입금액	(81)			면세공급 중 매출액
	(82)			
	(83) 수 입 금 액 제 외	토지매각 등		면세공급 중 매출아닌 것
			(84) 합 계	13.면세, 18. 20. 23.

계산서발급 및 수취명세	(85) 계 산 서 발 급 금 액	13.면세
	(86) 계 산 서 수 취 금 액	53.면세

구 분	내	용	비 고
신용카드 매출전표 발행집계표	부속서류작성	매입매출전표 입력시 17.카과, 18.카면, 19.카영, 22.현과, 23.현면, 24현영 자료가 자동반영되어 작성됨.	
	부가세신고서 반영	• 과세 : 신용카드 · 현금영수증발행분란에 반영	
부동산 임대공급가액 명세서	부속서류작성	임대기간을 정확히 입력하여 보증금이자를 산출	
	부가세신고서 반영	과세표준 및 매출세액 • 과세 : 기타란에 반영 금액(보증금이자) 세액(보증금이자의 10%) * 기존 Data에 금액이 입력되어 있을 경우 합산하여 입력한다.	
	회계처리	(차) 세금과공과금 ××× (대) 부가세예수금 ××× 보증금이자의 10% 금액을 회계처리	과세기간종료일에 회계처리
대손세액 공제신고서	부속서류작성	대손세액공제 법정요건을 갖춘 내용만 신청서에 입력	
	부가세신고서 반영	과세표준 및 매출세액 • 대손발생시 : 대손세액가감란에 마이너스금액 반영 • 대손금회수시 : 대손세액가감란에 플러스금액 반영	

	회계처리	• 대손발생시
		  (차) 부가세예수금 ××× (대) 매출채권 ×××
		       대손충당금 ×××
		       (or 대손상각비)
		• 대손금회수시
		  (차) 현 금 ××× (대) 부가세예수금
		                                    ×××
		                           대손충당금 ×××
			•대손 발생시 대손확정일에 회계처리
			
			•대손금 회수시 대손금회수일에 회계처리

변제대손 공제신고서	부속서류작성	대손세액공제신청서에서 대손변제를 선택하여 입력	

	부가세신고서 반영	매입세액
		• 대손발생시
		  공제받지못할매입세액 : 대손처분받은세액란에 반영
		• 대손변제시
		  기타공제매입세액 : 변제대손세액란에 반영	

	회계처리	• 대손발생시
		  (차) 매 입 채 무 ××× (대) 부가세대급금 ×××
		• 대손변제시
		  (차) 매 입 채 무 ××× (대) 현 금 ×××
		  (차) 부가세대급금 ×××	

의제매입세액 공제신고서	부속서류작성	1. 일반전표 또는 매입매출전표입력시 "적요6.의제매입세액원재료차감(부가)"을 선택하여야 자동반영 작성됨. 2. 전표입력은 생략하고 직접 입력하여 신청서를 작성할 수도 있음.	거래처코드가 입력되어 있어야 자동반영됨. 의제류매입을 선택하고 1.의제매입으로 전표입력하면 자동반영

구 분		내 용	비 고
의제매입세액 공제신고서	부가세신고서 반영	매입세액 기타공제매입세액 : 의제매입세액란에 반영	자동반영이 안될 경우 기타 공제매입세액에 직접 입력
	회계처리	(차) 부가세대급금 ××× (대) 원 재 료 ××× (적요8.타계정으로대체)	과세기간 종료일에 회계처리
재활용폐자원 공제신고서	부속서류작성	1. 일반전표 또는 매입매출전표입력시 "적요7.재활용폐자원매입세액차감"을 선택하면 자동반영되어 작성됨. 2. 전표입력은 생략하고 직접 입력하여 신청서를 작성할 수도 있음.	거래처코드가 입력되어 있어야 자동 반영됨. 의제류매입을 선택하고 2.재활용자원으로 전표입력 하면 자동반영
	부가세신고서 반영	매입세액 기타공제매입세액 : 재활용폐자원등매입세액란에 반영	자동반영이 안될 경우 기타 공제매입세액에 직접 입력
	회계처리	(차) 부가세대급금 ××× (대) 원 재 료 ××× (적요8.타계정으로대체)	과세기간 종료일에 회계처리
매입 세액 불공제 내역	공통 매입 세액 안분 계산 — 부속서류작성	해당내역을 입력하면 안분계산 자동 산출됨.	
	공통 매입 세액 안분 계산 — 부가세신고서 반영	매입세액 공제받지못할매입세액 : 공통매입세액면세사업분란에 반영	자동반영이 안될 경우 공제받지못할매입세액에 직접 입력
	공통 매입 세액 안분 계산 — 회계처리	(차) 공통매입세액해당계정 ××× (대) 부가세대급금 ×××	과세기간 종료일에 회계처리
	납부 세액 재계산 — 재계산대상	공통매입세액안분계산을 한 감가상각대상자산으로 면세비율의 증감율이 5% 이상인 경우	
	납부 세액 재계산 — 부속서류작성	매입세액, 체감률, 경과된 과세기간수, 증가(감소)된 면세비율을 입력하면 자동 산출됨(체감률 : 건물과 구축물 5%, 그 외의 감가상각대상자산 25%).	
	납부 세액 재계산 — 부가세신고서 반영	매입세액 공제받지못할매입세액 : 공통매입세액면세사업분란에 반영	자동반영이 안될 경우 공제받지못할매입세액에 직접 입력
	납부 세액 재계산 — 회계처리	면세비율이 증가하였을 경우 (차) 납부세액재계산해당계정 ××× (대) 부가세대급금 ×××	과세기간 종료일에 회계처리
신용카드 매출전표등 수령명세서	부속서류작성	매입매출전표 입력시 57.카과, 61.현과 자료가 자동반영되어 작성됨.	
	부가세신고서 반영	매입세액 기타공제매입세액 : 신용카드매출전표등수령명세서제출분란에 반영	자동반영이 안될 경우 기타 공제매입세액에 직접 입력

PART 02
PART 03
PART 04
PART 05

PART 01 KcLep 따라하기 | 123

03 결산

SECTION **01 결산**

> • NCS 능력단위 : 0203020212결산관리   능력단위요소 : 01결산분개하기
> 1.1 회계 관련 규정에 따라 제반서류를 준비할 수 있다.
> 1.2 손익계정에 관한 결산정리사항을 분개할 수 있다.
> 1.3 자산·부채계정에 관한 결산정리사항을 분개할 수 있다.

> • NCS 능력단위 : 0203020105회계정보시스템   능력단위요소 : 02회계프로그램운용하기
> 2.3 회계프로그램 매뉴얼에 따라 기간별·시점별로 작성한 각종 장부를 검색·출력할 수 있다.
> 2.4 회계프로그램 매뉴얼에 따라 결산 작업 후 재무제표를 검색·출력할 수 있다.

전산세무회계에서의 결산방법은 수동결산과 자동결산의 방법이 있다.

먼저 수동결산방법에 해당하는 자료를 일반전표입력메뉴에 입력한 후 자동결산에 해당하는 자료를 결산자료입력메뉴를 이용하여 결산한다.

1 합계잔액시산표의 대차차액정리

합계잔액시산표는 모든 거래에 대하여 분개(전표)부터 각 계정별원장에 전기까지 제대로 기록이 되었는지 그리고 기록된 내용이 정확히 집계가 되었는지를 확인하는 계정집계표로 결산 전과 결산 후에 작성한다. 만일, 합계잔액시산표에서 대차차액이 발생하면, 전표입력에서 차·대변이 일치하지 않은 경우이므로 전표입력 화면을 조회하여 차·대변을 일치시켜야 한다.

2 수동결산

일반전표입력 메뉴의 12월 31일자로 결산 대체분개를 직접 입력하는 방법
⇒ 자동결산대상자료 이외의 모든 결산정리사항

3 자동결산

결산자료입력 메뉴에서 해당금액을 입력한 후 F3 전표추가 키를 이용하여 결산 대체분개를 자동으로 생성하는 방법
• 재고자산의 기말재고액 입력
• 감가상각비 입력 F7
• 퇴직급여충당부채전입액의 입력 Ctrl + F8

- 대손상각비 입력 F8
- 법인세등 입력
  - ▶ 자동결산후 결산정정방법 : 결산자료입력 화면에서 Ctrl + F5 로 결산전표를 삭제하고 새로 입력하는 방법과 일반전표입력 메뉴에서 결산 월(12월)을 선택하여 Shift + F5 키로 결산전표를 삭제한 다음 다시 결산하는 방법이 있다.
  - ▶ 자동결산 항목들도 수동결산을 할 수도 있으나 동일한 결산자료를 수동결산과 자동결산으로 중복하여 처리하지 않아야 한다.

CHECK POINT 데이터체크 메뉴로 검사하는 방법

1. 데이터체크 메뉴에서 F6 검사시작을 클릭한다.

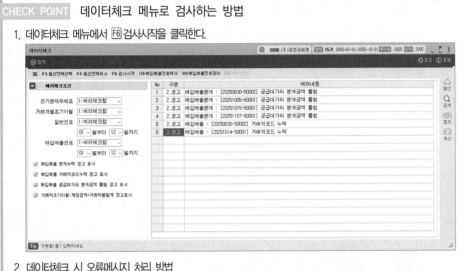

2. 데이터체크 시 오류메시지 처리 방법
   - 차대변합계 틀림 : [일반전표입력] 또는 [매입매출전표입력]의 해당일 전표번호의 차대변 차액을 확인하여 수정한다.
   - 공급대가와 분개금액 틀림 : 매입매출전표의 입력자료 중 화면상단의 "공급가액"+"세액"의 금액이 하단 분개 시 차변금액 또는 대변금액과 서로 다를 때 나타나는 메시지로 고정자산 매각 등의 거래 입력 시 주로 발생한다. 만일 분개를 확인하여 정상적인 분개라면 무시한다.
   - 거래처코드 누락 : 매입매출전표에서 거래처코드를 누락하면 나타나는 메시지로 건별 거래의 경우 거래처코드를 입력하지 않으므로 나타난다.
   - 분개없음 : 상단의 매입매출은 입력하고 하단 분개를 입력하지 않은 경우에 나타나는 메시지로 확인하여 누락된 분개를 하거나 일반전표에 입력한 경우 정상이면 무시한다.

---

4 이익잉여금처분계산서

이익잉여금처분계산서 메뉴에서 처분일자와 처분내역을 입력하고 F6 전표추가를 클릭하여 손익계정의 대체분개를 생성시켜야 장부의 마감이 이루어진다. 이익잉여금 처분은 다음 해의 처분일에 이루어지는 것이므로 자동으로 처분분개가 생성되는 것이 아니고 차기의 처분일에 직접 일반전표입력에서 입력하여야 한다.

- 결산은 회사코드 9000번 ㈜경영과회계로 따라하기를 하여야 한다.

필수예제

다음의 자료에 의해 ㈜경영과회계(회사코드: 9000)의 감가상각비계산 및 결산을 완료하고 재무제표를 완성하시오(회사코드를 확인하고 입력할 것).

1. 고정자산내역은 다음과 같다. 고정자산등록메뉴에 등록하시오. (단위 : 원)

계정과목	품 명	취 득 일	취득가액	감가상각 누 계 액	상각 방법	내용 연수	업종 코드	용 도
기계장치	압축성형기	2023. 4.13	30,000,000	4,000,000	정률법	8년	13	생산설비
	자동제어기	2025.11. 7	18,000,000	0	정률법	8년	13	생산설비
차량운반구	승합차 A	2024. 3. 1	18,000,000	5,000,000	정률법	5년	01	본사영업부
	화물차	2024. 8.31	40,000,000	22,000,000	정률법	5년	01	공장생산부
	승합차 B	2025.11. 4	20,000,000	0	정률법	5년	01	공장생산부
비 품	컴퓨터	2022. 6.18	6,000,000	2,000,000	정률법	4년	01	본사관리부
	냉난방기	2023. 4.15	4,000,000	1,000,000	정률법	4년	01	공장생산부
건 물	공장건물	2023. 2.12	80,000,000	3,000,000	정액법	20년	02	공장건물
개 발 비	개발비	2025. 1. 1	5,000,000		정액법	5년	63	본사

▶ 차량운반구 중 승합차A에 대하여 당기 중 자본적지출액 1,000,000원과 건물(공장건물)에 대한 자본적지출액 10,000,000원을 반영하시오.
▶ 기계장치 중 자동제어기 취득시 수령한 정부보조금은 법인세법에 의하여 손금산입이 가능한 국고보조금에 해당한다.

2. 기말정리사항은 다음과 같다.
  ① 기말재고액
    원재료   2,000,000원 (원가성 없는 파손된 재료 200,000원 별도)
    재공품   6,000,000원
    제 품   12,000,000원
    상 품   3,150,000원
  ② 매출채권(외상매출금, 받을어음)잔액에 대하여 1%의 대손충당금을 설정한다.
  ③ 당기 감가상각비 계상액은 고정자산등록 메뉴에 입력된 자료를 조회하여 계상한다.
    11월 7일에 정부보조금에 의해 취득한 기계장치(자동제어기, 내용연수 8년, 정율법)에 대한 감가상각비와 정부보조금에 대한 회계처리도 자동으로 결산에 반영하고, 개발비는 당기에 처음 상각한다.
  ④ 퇴직급여충당부채의 추가 설정액
    생 산 직 4,000,000원
    사 무 직 3,000,000원

⑤ 기말 현재 단기매매목적으로 보유중인 주식의 평가액은 다음과 같다(평가손익을 서로 상계처리하지 않도록 한다).

종 류	장 부 가	평 가 액	비 고
(주)삼일중기	9,700,000원	9,200,000원	
(주)세영전자	3,885,000원	4,100,000원	

⑥ APPLE COMPANY의 외화장기차입금 23,000,000원(미화 $20,000)에 대하여 기말평가를 한다(보고기간말 현재 기준환율 : 1$당 1,100원).

⑦ 단기차입금에 대한 당기분 이자비용 미지급액 940,000원을 계상하다.

⑧ 당기 법인세등 추산액은 법인세차감전순이익에 대하여 법인세율을 적용하여 계상한다(조세특례제한법 상 감면세액 3,000,000원 있으며 최저세는 고려하지 않는다).

⑨ 당기말 미처분이익잉여금의 처분에 대한 주주총회의 의결은 2026년 3월 10일에 하기로 한다. 이익잉여금처분내역은 다음과 같다(처분일의 분개는 생략함).
- 현금배당금 : 15,000,000원
- 이익준비금 : 현금배당금의 10%

따라하기

(1) 고정자산등록메뉴에 각 자산을 등록하여 각 자산별 당기 감가상각비를 계산한다.

구 분		감가상각비(원)	제조원가(원)	판매관리비(원)	비 고
기계장치	압축성형기	8,138,000	8,138,000		
	자동제어기	939,000	939,000		
차량운반구	승합차 A	6,314,000		6,314,000	자본적지출 반영
	화물차	8,118,000	8,118,000		
	승합차 B	1,503,333	1,503,333		
비품	컴퓨터	2,112,000		2,112,000	
	냉난방기	1,584,000	1,584,000		
건물	공장건물	4,500,000	4,500,000		자본적지출 반영
무형자산	개발비	1,000,000		1,000,000	
합계		34,208,333	24,782,333	9,426,000	

▶ 차량운반구(승합차A)의 자본적지출액 1,000,000원과 건물(공장건물)의 자본적지출액 10,000,000원은 4.당기중 취득 및 당기증가 란에 입력하여 계산한다. 기계장치(자동제어기)의 감가상각비는 정부보조금과 상계하기 위하여 고정자산 등록에서 21.보조금적용여부를 1 : 여로 선택하고 상단의 [Shift][F7] 보조금상계를 실행하여 보조창에서 보조금액 5,000,000원을 입력하여야 한다.

※ 참고 : 자동제어기 감가상각비 수동결산

11월 7일 정부(국고)보조금 5,000,000원을 받아 취득한 기계장치 18,000,000원에 대한 당해연도 감가상각비 : 939,000원(=18,000,000 × 상각율 0.313 × 2/12)

(차) 518.감가상각비　　　　939,000　　(대) 207.감가상각누계액　　　939,000

정부(국고)보조금에 대한 감가상각비 : 260,833원(=939,000 × 5,000,000/18,000,000)

(차) 217.정부보조금　　　　260,833　　(대) 518.감가상각비　　　　260,833

---

(2) 다음의 수동결산 항목은 일반전표입력 메뉴에서 12월 31일자로 대체분개를 입력한다.

　① 원가성 없는 재고자산감모손실은 영업외비용으로 처리한다.

　　　(차) 959.재고자산감모손실　　　200,000　　(대) 153.원재료　　　　　200,000

　　　　　　　　　　　　　　　　　　　　　　　　(적요8. 타계정으로 대체액)

　② (주)삼일중기의 주식은 500,000원의 평가손실, (주)세영전자의 주식은 215,000원의 평가이익으로 각각 평가손익을 계상한다.

　　　(차) 957.단기투자자산평가손　　500,000　　(대) 107.단기매매증권　　　500,000

　　　(차) 107.단기매매증권　　　　　215,000　　(대) 905.단기투자자산평가익　215,000

③ APPLE COMPANY의 외화장기차입금 23,000,000원($20,000)에 대하여 기말 현재 환율 $1당 1,100원으로 평가한다.

평가액 : 20,000 × 1,100 = 22,000,000원(부채가 감소하므로 환산이익이 된다)

환산이익 : 23,000,000 - 22,000,000 = 1,000,000원

(차) 305.외화장기차입금　　　 1,000,000　　 (대) 910.외화환산이익　　　 1,000,000

　　(거래처 : 01005. APPLE COMPANY)

④ 발생주의에 따라 당기분 이자 중 지급하지 아니한 것은 당기분 비용에 가산하기 위하여 미지급비용으로 처리한다.

(차) 951.이자비용　　　　　 940,000　　 (대) 262.미지급비용　　　　 940,000

◆ 12월의 수동결산으로 입력된 화면

(3) 다음의 자동 결산 항목은 결산자료입력메뉴에서 해당란에 금액을 입력하고 F3 전표추가 키로 자동분개를 생성한다.

① 기말재고액 해당란에 금액 입력
　－기말상품 재고액 :　 3,150,000원
　－기말원재료 재고액 : 2,000,000원
　－기말재공품 재고액 : 6,000,000원
　－기말제품 재고액 :　 12,000,000원 입력
　　▶ 파손재료 200,000원이 기말원재료와 별도이므로 원재료 재고액은 2,000,000원을 입력한다. 파손재료가 기말원재료에 포함되어 있으면 차감한 1,800,000원만 입력한다.

② 감가상각비(F7 감가상각)
　상단 메뉴바의 F7 감가상각를 클릭하여 보조창에서 결산에 반영할 감가상각비를 입력하고 결산반영을 클릭한다. 정부(국고)보조금을 받아 취득한 기계장치(자동제어기)에 대한 감가상각비와 보조금이 자동반영된다.

③ 대손상각비(F8대손상각)

상단 메뉴바의 F8대손상각를 클릭하여 보조창에서 결산에 반영할 대손상각비를 입력하고 결산반영을 클릭한다. 대손율 1%를 입력하고 추가설정액 란에서 대손충당금을 설정하지 아니할 채권(미수금, 선급금)은 금액을 삭제한다.

대손상각비 : 외상매출금 : 104,240,000 × 1% = 1,042,400원

받을어음 : 77,980,000 × 1% = 779,800원

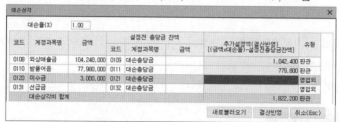

▶ 외상매출금과 받을어음에 대한 대손충당금 잔액을 합계잔액시산표에서 확인하여 그 금액이 있으면 차감한 잔액을 계상하여야 한다. 그 잔액은 설정전충당금잔액란에 자동으로 반영된다.

④ 퇴직급여충당부채 추가설정(Ctrl+F8퇴직충당)

상단 메뉴바의 Ctrl+F8퇴직충당을 클릭하여 보조창에서 퇴직급여추계액을 입력하고 결산반영을 클릭한다. 문제에서 추가설정액을 주었으므로 퇴직급여추계액을 계산하여 입력하여야 한다.

퇴직급여추계액 - 설정전잔액 = 추가설정액

퇴직급여추계액 : 제조원가　30,000,000 + 4,000,000 = 34,000,000원

판매관리비 19,500,000 + 3,000,000 = 22,500,000원

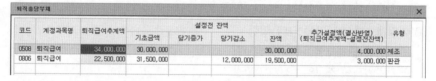

⑤ 법인세비용 추가계상액 : 17,102,789원

선납세금과 법인세 추가계상액을 결산반영금액에 입력한다.

136. 1)선납세금 결산전금액 2,500,000원을 결산반영금액에 입력

998. 2)추가계상액 17,102,789원을 결산반영금액에 입력

1단계	법인세차감전순이익	213,410,476	
2단계	법인세산출세액	20,547,990	(2억 × 9%+2억 초과 × 19%)
3단계	법인세총부담세액	17,547,990	법인세산출세액 - 감면세액+가산세 20,547,990 -3,000,000
4단계	당기분 법인지방소득세	2,054,799	(2억 × 0.9%+2억 초과 × 1.9%) 2억 × 0.9%+13,410,476× 1.9%
5단계	당기분 법인세등	19,602,789	법인세총부담세액 + 지방소득세 = 17,547,990+2,054,799
6단계	당기법인세부채 계상액 (미지급법인세)	17,102,789	당기분 법인세등 - 기납부세액(중간, 원천) = 19,602,789 - 2,500,000

▶ 법인지방소득세는 감면세액을 적용하지 않는다.

⑥ 당기순이익 : 193,807,687원

● 결산자료 입력메뉴에 입력된 화면

| | 결산자료입력 | | | 9000 (주)경영과회계 | 15기 2025-01-01~2025-12-31 분기 2025 | 일반 2025 | _ □ X |

F3 전표추가 F4 원가설정 CF4   CF5   F6 잔액조회 F7 감가상각 F8 대손상각 CF9 퇴직충당

기 간 2025 년 01 월 ~ 2025 년 12 월

±	코드	과 목	결산분개금액	결산전금액	결산반영금액	결산후금액
		1. 매출액		411,670,000		411,670,000
	0401	상품매출		6,300,000		6,300,000
	0404	제품매출		404,400,000		404,400,000
	0406	매출할인		230,000		230,000
	0420	부산물매출		1,200,000		1,200,000
		2. 매출원가		192,070,770		197,442,270
	0451	상품매출원가				18,850,000
	0146	① 기초 상품 재고액		14,000,000		14,000,000
	0146	② 당기 상품 매입액		8,000,000		8,000,000
	0146	⑩ 기말 상품 재고액			3,150,000	3,150,000
	0455	제품매출원가				178,592,270
		1)원재료비		104,230,770		102,230,770
	0501	원재료비		104,230,770		102,230,770
	0153	① 기초 원재료 재고액		14,000,000		14,000,000
	0153	② 당기 원재료 매입액		91,000,000		91,000,000
	0154	③ 매입환출및 에누리		300,000		300,000
	0153	⑥ 타계정으로 대체액		469,230		469,230
	0153	⑩ 기말 원재료 재고액			2,000,000	2,000,000
		3)노 무 비		38,000,000	4,000,000	42,000,000
		1). 임금 외		38,000,000		38,000,000
	0504	임금		38,000,000		38,000,000
	0508	2). 퇴직급여(전입액)			4,000,000	4,000,000
	0550	3). 퇴직연금충당금전입액				
		7)경 비		6,840,000	24,521,500	31,361,500
		1). 복리후생비 외		6,840,000		6,840,000
	0511	복리후생비		4,300,000		4,300,000
	0517	세금과공과		870,000		870,000
	0519	임차료		870,000		870,000
	0520	수선비		800,000		800,000
	0518	2). 일반감가상각비			24,782,333	24,782,333
	0202	건물			4,500,000	4,500,000
	0206	기계장치			9,077,000	9,077,000
	0208	차량운반구			9,621,333	9,621,333
	0212	비품			1,584,000	1,584,000
	0518	2). 일반감가상각비(보조금상계)			260,833	260,833
	0206	기계장치			260,833	260,833
	0455	8)당기 총제조비용		149,070,770		175,592,270
	0169	① 기초 재공품 재고액		9,000,000		9,000,000
	0169	⑩ 기말 재공품 재고액			6,000,000	6,000,000
	0150	9)당기완성품제조원가		158,070,770		178,592,270
	0150	① 기초 제품 재고액		15,000,000		15,000,000
	0150	⑥ 타계정으로 대체액		3,000,000		3,000,000
	0150	⑩ 기말 제품 재고액			12,000,000	12,000,000
		3. 매출총이익		219,599,230	-5,371,500	214,227,730
		4. 판매비와 일반관리비		52,749,054	14,248,200	66,997,254
		1). 급여 외		29,000,000		29,000,000
	0801	급여		29,000,000		29,000,000
	0806	2). 퇴직급여(전입액)			3,000,000	3,000,000
	0850	3). 퇴직연금충당금전입액				
	0818	4). 감가상각비			8,426,000	8,426,000
	0202	건물				
	0206	기계장치				
	0208	차량운반구			6,314,000	6,314,000
	0212	비품			2,112,000	2,112,000
	0818	4). 감가상각비(보조금상계)				
	0206	기계장치				
	0835	5). 대손상각		520,000	1,822,200	2,342,200
	0108	외상매출금			1,042,400	1,042,400
	0110	받을어음			779,800	779,800
	0840	6). 무형자산상각비			1,000,000	1,000,000
	0219	특허권				
	0226	개발비			1,000,000	1,000,000
		7). 기타비용		23,229,054		23,229,054
	0811	복리후생비		2,770,000		2,770,000
	0813	기업업무추진비		1,930,000		1,930,000
	0817	세금과공과		859,054		859,054
	0822	차량유지비		430,000		430,000
	0831	수수료비용		15,000,000		15,000,000
	0838	수출제비용		240,000		240,000
	0842	견본비		2,000,000		2,000,000
		5. 영업이익		166,850,176	-19,619,700	147,230,476

매출액:[411,670,000] 당기순이익:[193,807,687] 소득률을:47.08%

Tip 결산반영금액을 입력하세요.

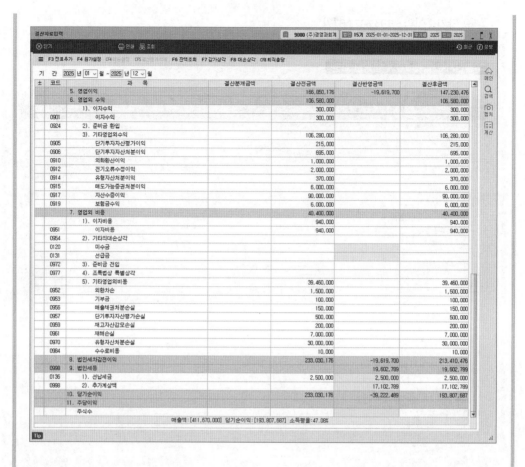

(4) 결산자료입력 메뉴에서 해당 란에 금액을 입력한 다음 반드시 F3 전표추가를 클릭하여
결산대체분개를 생성시킨 다음 손익계산서 메뉴에서 12월을 조회하여 당기순이익
193,807,687원을 확인한다.

(5) 이익잉여금처분계산서 메뉴에서 처분일자 및 처분내역을 입력한 다음 반드시 F6 전표추
가를 클릭하여 손익대체분개를 생성시켜야 한다(처분내역은 다음해 처분확정일에 주주
총회에서 결정되어야 처분분개를 할 수 있으므로 처분분개는 생성되지 않는다).

⊃ 이익잉여금처분계산서 화면

SECTION 02 | 데이터저장 및 압축

● NCS 능력단위 : 0203020213세무정보시스템운용　능력단위요소 : 03마스터데이터관리하기
3.3 세무신고 등과 관련하여 전자신고 하였거나, 신고 전 작업한 내용을 백업할 수 있다.

작업이 완료된 회사의 데이터를 압축 저장하는 메뉴로 데이터관리의 데이터저장및압축을 선택한다. 데이터저장 및 압축의 보조창에서 저장파일명을 입력하고 저장을 클릭하면 입력한 파일명(저장파일명.zip)으로 C:\KcLepDB와 USB에 압축파일로 저장된다. 압축파일을 다른 컴퓨터에 설치하려면 먼저 원본파일을 C:\KcLepDB\KcLep에 압축풀기를 한 후에 회사등록에서 F4 회사코드재생성을 클릭한다.

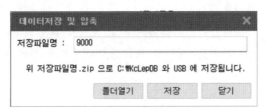

SECTION **01** 근로소득 관리

> ● NCS 능력단위 : 0203020214원천징수　　　능력단위요소 : 01근로소득원천징수하기
> 1.1　임직원의 인적공제사항을 소득세법에 따라 세무정보시스템 또는 급여대장을 작성·관리할 수 있다.
> 1.2　회사의 급여규정에 따라 임직원 및 일용근로자의 기본급, 수당, 상여금 등의 급여금액을 정확하게 계산할 수 있다.
> 1.3　세법에 의한 임직원 및 일용근로자의 급여액에 대한 근로소득금액을 과세 근로소득과 비과세 근로소득으로 구분하여 계산할 수 있다.
> 1.4　간이세액 기준에 따라 급여액에 대한 산출된 세액을 공제 후 지급할 수 있다.
> 1.5　중도퇴사자에 대한 근로소득 정산에 의한 세액을 환급 또는 추징할 수 있다.
> 1.6　근로소득에 대한 원천징수 결과에 따라 원천징수이행상황신고서를 작성 및 신고 후 세액을 납부할 수 있다.
> 1.7　세법이 정한 서식에 따라 근로소득에 대한 원천징수영수증 발급·교부 및 지급명세서를 기한 내 제출할 수 있다.
> 1.8　원천징수세액 환급받을 환급세액이 있는 경우 납부세액과 상계 및 환급 신청할 수 있다.

1 사원등록

　원천징수 모듈의 근로소득관리에서 사원등록을 클릭하여 실행한다.

　사원등록은 근로소득자의 인적사항 및 건강보험·국민연금 등의 기초자료와 부서, 직급, 직종 등의 관리사항을 등록하는 메뉴이다. 급여 관련업무, 근로소득에 대한 원천징수 및 연말정산에 관련된 가장 기본적인 등록사항이다.

　◎ 사번

　　숫자 또는 문자를 이용하여 10자 이내의 사원코드를 부여한다(단, 한글은 5자 이내이며, 숫자와 문자 혼합 사용이 가능하다).

　◎ 성명

　　사원명을 20자 이내로 입력한다.

　◎ 주민(외국인)등록번호

　　내국인의 경우 1.주민등록번호를 선택하고 소득자 본인의 주민등록번호를 입력한다. 외국인의 경우는 2.외국인등록번호 또는 3.여권번호를 선택하고 외국인등록번호 또는 여권번호를 입력한다.

① **기본사항 입력**

◎ 1.입사년월일

해당 사원의 입사일자를 정확하게 입력한다.

◎ 2.내·외국인/3.외국인 국적

내국인이면 숫자 "1"을, 외국인이면 숫자 "2"를 선택한다. 외국인의 경우 3.외국인국적 란에 반드시 국적을 표기해야 한다.

◎ 4.주민 구분 주민등록번호

화면 좌측에서 입력하였으면 자동으로 반영된다.

◎ 5.거주구분

국내에 거주하면 1.거주자를, 비거주자이면 2.비거주자를 선택한다.

◎ 7.국외근로제공 여부

국외근로소득의 종류에 따라 1.(일반)100만원비과세, 2.(원양,외항)300만원비과세, 3.(건설)300만원비과세 중 하나를 선택하고, 국외근로소득이 없으면 0.부를 선택한다. 비과세 대상 국외근로소득을 선택한 사원은 급여자료입력 메뉴에 자동으로 "국외근로소득"이라는 항목이 설정되며 비과세 처리된다.

◎ 8.단일세율 적용여부

외국인 근로자가 국내에 근무함으로써 지급받는 근로소득에 대하여 단일세율(근로소득 19%)를 적용하는 경우 1.여를 선택한다.

◎ 10.생산직여부/연장근로비과세

생산직근로자로 직전년도 총급여액이 3,000만원 이하인 자는 1.여를 선택한다. 연장근로비과세 란은 연장근로·야간근로·휴일근로수당의 비과세(연 240만원 한도)를 적용하기 위한 구분 란이다.

◎ 11.주소

우편번호 란에 커서를 두고 [F2] 키를 누르거나 말풍선을 선택하면 우편번호 검색 창이 나타난다. 검색창에서 동 이름 또는 도로명의 두 글자를 입력한 후 [Enter↵] 또는 검색을 누른다. 검색 화면에서 해당하는 주소를 선택하고 나머지 주소는 직접 입력한다.

◎ 12.국민연금 ~ 15.산재보험적용

국민연금, 건강보험료, 고용보험료, 산재보험적용여부 등에 관한 정보를 입력한다.

◎ 16.퇴사년월일

사원이 퇴사하거나 중간 정산하는 경우, 해당 년, 월, 일을 입력한다. 퇴직금을 연금계좌로 이월하는 경우에는 1.여를 이월하지 아니하는 경우에는 0.부를 선택한다.

▶ 퇴사 후 재 입사한 사원은 입사일을 수정하지 말고 새로운 사원코드를 사용하여 입력한다.

② **추가사항 입력**

◎ 11.중소기업취업감면여부

중소기업에 청년(34세 이하), 60세 이상인 사람, 장애인 및 경력단절 여성이 2026년 12월 31일까지 취업하는 경우 감면 여부와 나이, 감면기간, 감면율 등을 입력한다. 취업일부터 3년(청년은 5년)이 되는 날이 속하는 달까지 발생한 근로소득에 대해서 소득세의 70%(청년은 90%)에 상당하는 세액을 감면한다.

◎ 12.소득세 적용률

추가사항 탭에서 소득세 적용률은 1.100%, 2.80%, 3.120% 중에서 근로자가 원하는 적용률을 선택한다. 선택하지 않으면 1.100%가 자동으로 적용한다.

③ **부양가족명세**

소득자 본인을 포함한 배우자 및 부양가족에 대한 연말관계와 성명 및 주민등록번호를 입력하며 입력된 내용에 따라 소득공제와 세액공제가 결정된다. 본인을 제외한 기본공제대상 가족은 모두 소득공제요건(소득요건, 나이요건)을 확인하고 요건을 충족하지 못하면 기본공제반영에서 0:부를 선택한다. 배우자는 나이 요건은 필요없고 소득 요건만 충족하면 된다.

◎ 연말정산관계/기본공제대상자 해당여부

연말정산관계	기본공제 반영	출생년월
0.소득자 본인	1: 본인	나이 무관
1.소득자의 직계존속	4: 60세이상	1965.12.31 이전 출생
2.배우자의 직계존속	5: 장애인 또는 0: 부	1966. 1. 1 이후 출생
3.배우자	2: 배우자	나이 무관
4.직계비속	3: 20세이하	2005. 1. 1 이후 출생
5.직계비속(4.제외)	0: 부	2004.12.31 이전 출생
6.형제자매	3: 20세이하	2005. 1. 1 이후 출생
	4: 60세이상	1965.12.31 이전 출생
	5: 장애인	나이 무관
	0: 부	2004.12.31 이전 출생 1966. 1. 1 이후 출생
7.수급자	6: 기초생활수급대상	나이 무관
8.위탁아동	3: 20세이하 또는 5: 장애인	만 18세 미만

▶ 소득금액 100만원 이하. 단 근로소득만 있는 경우 총급여(비과세 제외) 500만원 이하)

0.소득자본인 : 무조건 기본공제대상자이다.

1.소득자의 직계존속, 2.배우자의 직계존속

　근로자와 같이 생계를 같이하는 직계존속 중 기본공제대상요건을 충족한 직계 존속은 기본공제 란에서 4.60세 이상(1965.12.31 이전 출생)을 선택하고 경로우대와 장애인 여부를 확인하여 선택한다.

3.배우자

소득세법상 공제대상이 되는 배우자는 장애인 여부를 확인한다.

4.직계비속(자녀, 입양자 포함)

근로자와 같이 생계를 같이하는 직계비속 중 기본공제대상요건을 충족한 직계비속은 3:20세 이하(2005.1.1. 이후 출생)를 선택하고, 장애인의 경우 5:장애인을 선택한다. 8세 이상의 자녀는 자녀세액공제에 자동반영된다.

5.직계비속(4 제외) : (증)손자, (증)손녀를 말하며 공제요건은 4.직계비속과 같다.

6.형제자매

근로자와 같이 생계를 같이하는 기본공제대상요건을 충족한 형제자매 중 20세 이하 (2005.1.1. 이후 출생)인 경우 3:20세 이하를, 60세 이상(1965.12.31 이전 출생)인 경우 4:60세 이상을 선택한다. 장애인의 경우 5:장애인을 선택한다.

7.수급자(1~6제외)

국민기초생활보장법에 따른 생계급여 등의 수급자를 말하며 6.기초생활대상등을 선택한다.

8.위탁아동

위탁아동을 말하며 3:20세 이하 또는 장애인의 경우 5:장애인을 선택한다.

CHECK POINT 기본공제대상자 해당여부 판정시 참고사항

▶ 공제요건 : 소득금액 조건(연간소득금액이 100만원 이하)을 충족한 경우
단, 근로소득만 있는 기본공제대상가족은 총급여 500만원(근로소득금액 : 150만원)을 적용

기본공제대상가족	공제대상요건	비 고
직계존속	-만 60세 이상(1965.12.31 이전 출생)	
직계비속	-만 20세 이하(2005.1.1 이후 출생)	동거입양자 포함
위탁아동	-만 18세 미만	
형제자매	-만 20세 이하(2005.1.1 이후 출생) -만 60세 이상(1965.12.31 이전 출생)	형제자매의 배우자는 공제대상이 아님
기 타	-국민기초생활보장법에 의한 수급자	나이 제한 없음

-장애인은 연령 제한을 받지 아니한다(소득금액 제한은 있음).
-직계비속(또는 동거입양자)과 그 배우자가 모두 장애인인 경우 그 배우자도 직계비속으로 공제한다.
-직계존속에는 배우자의 직계존속(장인, 장모, 시부모)을 포함하고, 직계존속이 재혼한 경우 그 배우자를 포함하며 직계존속의 사후에도 부양하는 경우 직계존속에 포함한다(사실혼은 제외).
-재혼한 경우 재혼한 배우자가 종전의 배우자와 혼인 중에 출산한 자도 직계비속으로 본다.
-20세를 초과하는 자녀가 장애인공제대상이면 나이 제한을 받지 않으므로 기본공제대상 자녀로 자녀세액공제 대상이다.
-위탁아동에는 보호기간이 연장된 위탁아동을 포함한다(20세 이하인 경우).

CHECK POINT 연간소득금액 100만원 이하 해당여부 판정시 참고사항

연간소득금액이란 종합소득금액(이자·배당·사업·근로·연금·기타소득), 퇴직소득금액, 양도소득금액의 연간합계액을 말한다. 소득금액은 총수입금액에서 필요경비를 공제한 후의 금액을 말하며, 총수입금액에서 비과세소득 및 분리과세대상 소득은 제외한다.

종류	소득금액의 계산	공제금액 계산근거	분리과세여부
이자배당소득	필요경비 인정 안 됨		금융소득 합계액이 2,000만원 이하인 경우
근로소득	근로소득 – 근로소득공제	500만원 이하 : 70%	일용근로소득
사업소득 (임대포함)	총수입금액 – 필요경비공제	실제 필요경비	총수입금액 2,000만원 이하의 주택임대소득 선택 가능
연금소득	연금소득 – 연금소득공제	350만원 이하 : 총연금액 350~700만원 이하 : 40%	사적연금이 1,500만원 이하인 경우 선택 가능
기타소득	총수입금액 – 필요경비공제	실제필요경비 또는 총수입금액의 60%(일부80%)	소득금액이 300만원 이하인 경우 선택 가능, *복권당첨소득 분리과세
퇴직소득	비과세를 제외한 퇴직금 전액		
양도소득	양도가액 – 필요경비 – 장기보유특별공제		

④ **추가공제**

▶ **공제요건** : 소득금액과 나이 조건을 갖춘 기본공제대상자(본인, 배우자, 부양가족)에 해당하여야 함.

ⓐ 부녀자공제 : 50만원

종합소득금액이 3,000만원 이하인 거주자로 배우자가 있는 여성이거나, 배우자가 없는 여성으로 기본공제대상자인 부양가족이 있는 세대주에 해당하면 1:여를, 해당하지 않으면 0:부를 입력한다.

ⓑ 한부모공제 : 연 100만원

거주자 본인이 배우자가 없는 사람으로서 기본공제대상자인 직계비속 또는 입양자가 있는 경우 1:여를, 해당하지 않으면 0:부를 입력한다. 부녀자공제와 동시에 해당하는 경우 부녀자공제는 받을 수 없다.

ⓒ 경로우대자(70세 이상) 공제 : 1명당 100만원

본인과 기본공제대상자(배우자, 부양가족)가 12월 31일(사망한 자는 사망일 전날 기준) 현재 70세 이상(1955.12.31 이전 출생)에 해당되면 1:여를 입력한다.

▶ 의료비세액공제에서 경로자는 65세 이상자를 의미하는 것에 주의하여야 한다.

ⓓ 장애인 공제 : 1명당 200만원

기본공제대상자가 장애자에 해당되면 1:장애인복지법 2.국가유공자 3.중증환자등에서 해당하는 것을 선택 입력한다. 부양가족명세 입력 시 기본공제에서 5:장애인을 선택하면 자동으로 1.장애인복지법상 장애인으로 체크된다.

ⓔ 자녀세액공제

기본공제대상자(입양자 및 위탁아동 포함) 중 8세 이상 자녀 및 손자녀가 있으면 자녀 란에 입력하고 해당연도에 출산 입양한 자녀는 출산입양 란에 몇째인지를 입력한다.

구 분	자녀세액공제
㉠ 손자녀 수에 따른 자녀세액공제	1명인 경우 : 연 25만원 2명인 경우 : 연 55만원 3명 이상인 경우 : 연 55만원 + 2명 초과 1명당 연 40만원
㉡ 출산 입양 자녀세액공제	첫째 30만원, 둘째 50만원, 셋째 이상 70만원

필수예제 따라하기

필수예제

다음 자료를 이용하여 연말정산에 필요한 사원등록을 하시오.

다음은 지화자(사무직)사원과 관련된 자료이다. 사원코드 101로 인적공제사항을 입력하시오(소득세 적용률은 100%를 선택하고, 모든 주민등록번호는 올바른 것으로 가정한다).

성 명	지화자	주민등록번호	830428-2512310
주 소	(02839) 서울시 성북구 선잠로 101(성북동)		
입사연월일	2025. 1. 1	소 속	재무팀 대리

부양가족명세는 다음과 같다.

성 명	주민등록번호	관 계	참고사항
나실업	810815-1124751	배우자	소득없음
나대로	150416-3154211	자	초등학생 소득없음
지천명	550717-1426513	부	소득없음
안소녀	561108-2531018	모	소득없음

▶ 가족은 모두 생계를 같이 하고 있으며 소득자의 종합소득금액은 3,000만원을 초과한다.

원천징수 모듈에서 근로소득관리에 있는 사원등록메뉴에서 등록한다.

◎ 기본사항 입력 : 101.지화자 830428-2512310 입사연월일과 주소를 입력한다.

◎ 부양가족명세

- 본 인 : 배우자 있는 여성이므로 부녀자공제대상이지만 종합소득금액이 3,000만원을 초과하므로 부녀자공제를 받을 수 없다.

- 나실업 : 소득이 없으므로 배우자공제 대상이다. 연말정산관계에서 3.배우자를 선택하고 기본공제에서 2.배우자를 선택한다.

  ▶ 만일 연간소득금액이 100만원을 초과하는 경우에는 배우자공제를 받을 수 없으므로 기본공제에서 0.부를 선택하여야 한다.

- 나대로 : 4.직계비속으로 20세 이하에 해당하므로 기본공제대상이며 8세 이상이므로 자녀세액공제 대상이다.

- 지천명 : 1.소득자의 직계존속으로 소득이 없으면서 70세 이상이므로 기본공제와 경로우대공제 대상이다. 기본공제에서 4.60세 이상을 선택한다.

- 안소녀 : 60세 이상이므로 기본공제대상으로 1.소득자의 직계존속과 4.60세 이상을 선택한다(경로우대대상 아님).

  ▶ 기본공제대상가족의 성명과 주민등록번호를 정확하게 입력하여야 P/G에서 공제대상과 공제액을 자동으로 계산한다. 자동 반영되지 않는 추가공제 항목은 커서를 옮겨놓고 직접 입력하여야 한다.

➲ 사원등록이 입력된 화면

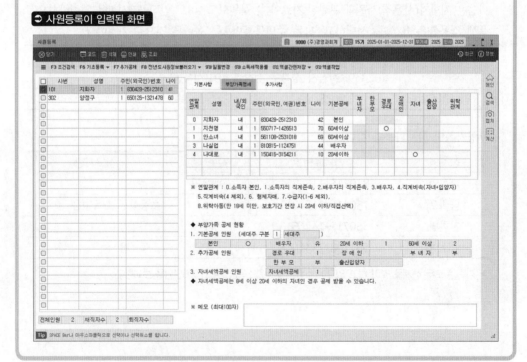

- 사원등록 메뉴에서 해당사원의 급여자료가 있을 때 사원등록사항이 삭제되면 급여자료는 남게 되는 문제가 발생하므로 삭제할 수 없다. 그러나 급여자료입력에서 먼저 급여를 삭제하거나 급여자료입력 전에 사원등록이 잘못되었다면 삭제할 수는 있다.
- 사원등록에서 커서를 좌측 삭제하려는 사원에 놓고 F5삭제키를 누르면 삭제 안내 창이 나타난다.

② 급여자료입력

급여자료입력은 상용근로자의 매월의 급여 및 상여금을 입력하여 급여대장과 각 사원별 급여명세서를 작성하며 원천징수할 간이세액(매월의 근로소득세)을 계산하는 메뉴이다. 원천징수할 세액은 간이세액표에 의한 세액으로 프로그램이 자동으로 반영하지만 직접 입력할 수도 있다.

근로소득자료를 입력하기 위해서는 먼저 해당 회사에서 쓰고 있는 각종 수당항목 및 공제항목을 등록해야 한다. 급여자료입력 화면에서 수당공제항목을 추가하거나 수정하려면 F4수당공제를 클릭하면 된다.

① 수당공제 등록

수당공제등록은 근로자에게 지급할 기본급과 수당 및 공제항목의 유형과 사용여부를 입력하는 화면이다. 수당공제등록은 급여자료를 입력하기 전에 먼저 수행하는 작업으로 최초 급여지급 전에 한번만 등록하면 된다. 필요에 따라 수정 또는 추가 등록 할 수 있다.

ㄱ 수당등록

메뉴 상단의 F4수당공제를 클릭한 후 나타나는 수당등록 탭에서 과세구분과 수당명을 입력하고 근로소득 유형을 선택한다. 과세구분에 과세대상이면 "1"을, 비과세대상이면 "2"를 입력하고, 기본급을 제외한 모든 수당의 사용여부는 필요에 따라 선택한다.

ㄴ 공제등록

공제등록은 근로자의 급여에서 공제할 각종 공제항목을 등록하는 화면이다. 메뉴 상단의 F4수당공제를 클릭한 후 나타나는 공제등록 탭에서 공제항목명을 입력하고 F2코드도움창에서 공제소득유형을 등록한다.

② 급여자료 입력

ㄱ 귀속년월

지급하는 급여가 몇 월분의 급여인지를 입력한다.

ㄴ 지급년월일

급여를 지급하는 날짜를 입력한다. 지급일의 다음달 10일까지 원천징수이행상황신고를 하므로 정확하게 입력하여야 한다. 귀속년월과 지급년월일을 입력하면 등록되어 있는 사원명이 나타난다.

비과세유형	종 류	비 고
1.야간근로수당	생산직근로자의 연장야간휴일 근로수당	• 연 240만원까지 비과세 • 생산직 근로자로서 직전년도 총급여액이 3,000만원 이하이면서 월정액급여가 210만원 이하인 자 ※ 사원등록에서 생산직으로 등록
2.식대	식대	• 월 20만원까지 비과세 • 식사를 제공할 경우 식대는 과세
3.자가운전보조금	자가운전보조금	• 월 20만원까지 비과세 • 종업원 소유(또는 임차)차량으로 회사업무수행을 하고 지급받는 것 출퇴근 교통비, 출장비 등을 별도지급 시 보조금은 과세
4.연구비	연구보조비	• 월 20만원까지 비과세
5.취재	기자의 취재수당	• 월 20만원까지 비과세
7.육아수당	보육수당	• 월 20만원까지 비과세
8.출산지원금	출산지원금(1회)(2회)	• 근로자 또는 그 배우자의 자녀 출생일 이후 2년 이내에 받을 것(2회 이내, 금액 제한 없음)
9.기타	여비, 일숙직료	• 실비변상정도의 금액
	벽지수당	• 월 20만원까지 비과세 • 20만원을 초과하는 금액은 과세로 입력하여 함
10.국외근로	일반국외근로소득	• 월 100만원까지 비과세
11.국외근로 (원양,외항,건설)	국외근로소득	• 외국항행선박·원양어선의 선원, 해외건설근로자 300만원까지 비과세
12.급여입력 제외	고용보험법에 의한 실업급여, 육아휴직급여, 출산전후휴가급여 및 사회통념상 타당한 범위 내 경조금	

필수예제 따라하기

필수예제

사원 지화자의 수당, 공제항목 등록 및 급여를 입력하시오(급여지급일은 매월 25일로 급여내역은 1월~12월 모두 같으며 10월에 상여금으로 기본급의 400%를 지급하였다).

(단위 : 원)

기본급	식대	자가운전 보조금	야근수당	국민연금	건강 보험료	장기요양 보험료	고용 보험료	소득세	지방 소득세
3,000,000	220,000	250,000	300,000	135,000	80,000	10,360	30,330	20,750	2,070

1. 식대는 매월 고정적으로 지급받는 것으로 별도의 식사 및 음식물은 제공받지 않는다.
2. 자가운전보조금은 본인 소유의 차량을 직접 운전하면서 회사업무에 이용하고 매월 고정적으로 지급 받는 것이다(교통비를 별도로 지급 받지 아니함).
3. 국민연금, 건강보험료, 장기요양보험료, 고용보험료 및 소득세와 지방소득세 등은 상기의 자료를 적용하고, 상여금을 지급하는 10월에만 고용보험료 138,330원, 소득세 1,301,990원, 지방소득세 130,190원을 적용하기로 한다(다른 공제는 매월 동일함).

따라하기

급여자료입력 메뉴에서 F4수당공제를 클릭하여 수당과 공제사항들을 먼저 등록한 다음 각 월을 선택하여 급여지급 내역과 공제 내역을 입력한다.

1. 수당등록

- 기본급 : 과세(유형: 급여, 월정액: 정기, 사용여부: 여)
- 상여 : 과세(유형 : 상여, 월정액: 부정기, 사용여부: 여)
- 식대 : 비과세(유형 : 식대, 월정액: 정기, 사용여부: 여)
- 자가운전보조금 : 비과세(유형 : 자가운전보조금, 월정액: 정기, 사용여부: 여)
- 야근수당 : 과세(유형 : 급여, 월정액: 부정기, 사용여부: 여)
- 프로그램에 있는 나머지 수당항목은 사용여부에서 0:부를 선택한다.

⊃ 입력된 화면

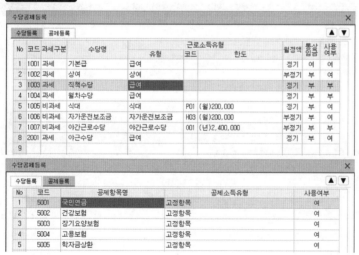

2. 급여자료입력

귀속년월을 2025년 1월로 입력하고 지급년월일을 2025년 1월 25일로 입력한다. 2월분 급여부터는 지급년월일에 25일을 입력하면 나타나는 전월의 급여와 데이터를 복사하시겠습니까? 안내창에서 예 또는 아니오를 클릭하면 동일한 금액이 복사되어 입력된다. 상여금이 있는 10월만 상여금과 변경된 공제내역을 추가로 입력한다.

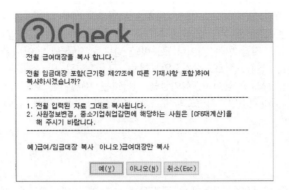

⊃ 입력된 화면

❸ 일용직 급여자료 입력

일용직사원을 등록하고, 일용직사원의 급여자료를 입력하여 일용직급여대장과 각 사원별 급여명세서를 작성하도록 하는 메뉴이다.

① 일용직사원등록

◎ **사원번호** : 숫자 또는 문자를 이용하여 10자 이내의 사원코드를 부여한다(특수문자 입력 시에는 정렬이 되지 않는다).

◎ **성명** : 일용직사원의 이름을 입력한다.
   1.입사년월일 : 일용직사원의 입사일자를 입력한다.
   3.내국인구분 : 1.내국인 또는 2.외국인을 선택한다.
   4.주민(외국인)등록번호 : 내국인은 주민등록번호 외국인은 외국인등록번호를 입력한다.
   5.주소 : 우편번호 란에 커서를 두고 F2 키를 누르거나 말풍선을 선택한 후 검색창에서 동 이름 또는 도로명의 두 글자를 입력한 후 Enter↵ 또는 검색을 누른다. 검색 화면에서 해당하는 주소를 선택하고 나머지 주소는 직접 입력한다.
   10.관리직종 : 직종의 말풍선을 클릭하여 직종을 선택한다.
   10-1.고용보험직종 : 직종의 말풍선을 클릭하여 고용보험직종을 선택한다.

◎ **임금지급사항등록**
   11.임금지급방법 : 0.매일지급, 1.일정기간단위지급 중에서 선택한다.
   12.임금지급방식 : 일급직은 0:일급을 시급직은 1:시급을 선택하고 임금액을 입력한다.
   13.연장수당 : 해당사항이 있는 경우 일급직은 0:일급을 시급직은 1:시급을 선택하고 연장임금액을 입력한다.
   14.국민연금, 15.건강보험, 16.고용보험, 17.산재보험 : 해당사항이 있는 경우 입력한다.
   18.계정과목 : 적절한 계정과목(임금, 잡급 등)을 선택한다.
   20.사용여부 : 일용직사원등록의 임금지급사항 사용여부에서 1:여를 선택한다.

② 일용직급여자료입력

ⓐ 귀속년월 : 일용직급여의 귀속년월을 입력한다.
ⓑ 지급년월 : 일용직급여의 지급년월을 입력한다.
ⓒ 지급방법 : 임금지급방법 1.매일지급, 2.일정기간단위지급, 0.전체를 선택하여 해당하는 일용직사원을 불러온다.
ⓓ 근무시간 : 정상 또는 연장 란에 시급은 근무시간을 입력하고 일급은 근무를 하면 1을 근무하지 않으면 0을 입력한다.
ⓔ F4 가로확대 : 클릭하면 화면이 가로로 확대되어 원천징수한 소득세와 지방소득세 등을 볼 수 있다.

③ 일용근로소득지급명세서

일용근로자의 근로소득은 지급일이 속하는 달의 다음 달 말일까지(휴·폐업 또는 해산한 경우에는 휴·폐업일 또는 해산일이 속하는 달의 다음 달 말일까지) 지급명세서를 제출하여 야 한다.

필수예제 따라하기

필수예제

다음 자료에 의해서 일용직사원 등록과 일용직사원 급여자료 입력을 하고 원 천징수영수증을 작성하시오.

1. 사원등록 코드 : 201. 나일룡(2025.8.1 입사, 740212-1152411), 직종 : 생산직
2. 주소 : (18586)경기도 화성시 장안면 동편길 10
3. 일급제로 말일에 일괄 지급하고 회계처리 계정과목은 잡급(제조)으로 한다.
   (일급 : 1일 8시간 근무 180,000원)
4. 8월 근무일자(8월 총 10일 근무)
   8/1, 4, 5, 6, 7, 8, 11, 12, 13, 14
5. 국민연금과 건강보험은 적용하지 않고 고용보험은 적용한다.

따라하기

1. 일용직사원등록에 입력된 화면

일용직사원등록 메뉴에서 사원번호 201.나일룡의 입사년월일, 주민등록번호, 주소, 12.임 금지급방법, 1.일정기간단위지급, 13.입금, 0.일급 입금액 180,000원, 19.계정과목 과목 507 잡급을 입력한다.

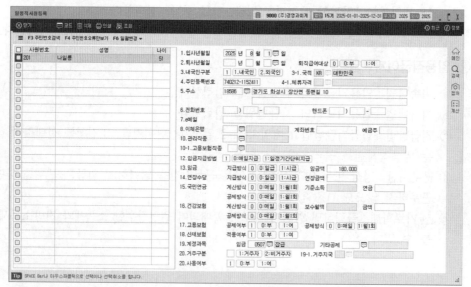

2. 일용직급여자료입력에 입력된 화면

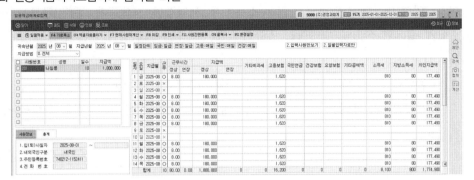

3. 원천징수영수증

일용근로소득지급명세서 메뉴에서 지급월을 월별(8월~8월)로 선택하고 원천징수영수증 탭을 클릭한다. 제출년월일은 자동으로 9월 30일(토요일 또는 공휴일이면 그 다음 날)이 되어야 한다.

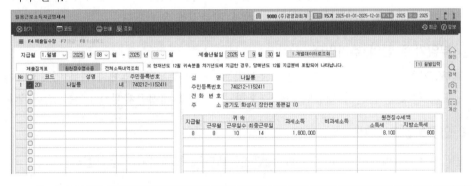

4 연말정산추가자료 입력

급여자료입력 메뉴에서 입력되지 않은 소득공제, 세액감면, 세액공제, 종(전)근무지 자료 등 연말정산에 필요한 사항을 입력하는 메뉴를 연말정산추가자료 입력이라 한다.

◎ 사번/사원명

• 임의의 특정사원 연말정산을 할 때 : 사번을 직접 입력한다.
• 계속근로자 전체의 연말정산을 할 때 : 상단 툴바의 F3전체사원을 클릭한다.

◎ 정산연월

연말정산을 하는 연월일을 입력한다(계속근로자의 연말정산월은 다음해 2월이다).

◎ 귀속기간

사원등록에서 입력한 입사년월과 퇴사년월이 자동체크 되어 반영된다.

◎ 영수일자

귀속기간의 다음해 2월분 급여지급일을 입력한다(2월 말일까지 지급하지 않을 경우 2월 말일 입력). 중도 퇴사자는 퇴사월의 급여 지급일을 입력한다.

① 부양가족 탭의 추가입력

부양가족 중에 소득금액 100만원 초과자는 소득기준초과여부에 1.여를 입력하여야 한다. 또한 근로자 본인이 해당연도에 결혼한 경우 결혼세액공제에 1 : 여를 입력한다.

② 연금보험료 공제

급여자료입력에서 매월 입력한 국민연금보험료 공제액이 자동 반영된다.

③ 보험료 특별 소득공제

매월 입력한 건강보험료, 장기요양보험료 및 고용보험료 공제액 등이 자동으로 반영된다. 국민연금과 건강보험료(장기요양보험 포함)등을 지역에 불입한 금액이 있으면 부양가족탭을 열고 하단의 보험료정산란 중 하나를 더블 클릭하여 보조창에서 입력한다.

④ 주택자금소득공제

공제종류	공제금액과 한도액		
주택마련저축공제	청약저축등 불입액의 40% (불입액 한도 연 300만원)	400만원 한도	600만~2,000만원 한도 *만기 15년 이상이면서 고정금리에 비거치식분할상환 방식으로 지급하는 경우 2,000만원 한도
주택임차차입금원리금상환액공제	원리금상환액의 40%		
장기주택저당차입금이자상환액공제	이자상환액의 100%		

▶ 2011.12.31. 이전 차입(만기 15년 이상)은 1,000만원 한도(만기가 30년 이상인 경우 1,500만원)

ⓐ 주택마련저축공제

상단의 연금저축 등 I 탭을 클릭한 후 ④주택마련저축공제 우측의 크게보기를 클릭하여
청약저축 또는 주택청약종합저축 불입액을 저축별로 입력한다.

ⓑ 주택임차차입금원리금상환액(34.)

(대출기관)

무주택 세대주가 국민주택규모의 주택을 임차하기 위하여 차입한 금융기관 차입금의
원리금 상환액을 34.대출기관에 입력한다.

(거주자 차입금)

월세액 탭을 열어 ②거주자간 주택임차차입금 원리금상환액 소득공제명세에 총급여액
이 5천만원 이하인 근로자가 대부업 등을 경영하지 아니하는 거주자로부터 법정이율인 3.5%
이상으로 차입한 차입금의 원리금 상환액을 입력한다.

ⓒ 장기주택차입금이자상환액

장기주택저당차입금의 이자상환액란에 커서를 놓고 더블클릭한 후 보조창에서 차입시
기와 차입조건에 해당하는 란에 입력한다.

⑤ 그 밖의 소득공제

ⓐ 개인연금저축소득공제(2000.12.31 이전 가입자)

연금저축등 탭에서 2000.12.31. 이전에 개인연금 저축에 가입한 거주자의 당해연도
연금저축불입액을 입력한다(불입액의 40/100공제, 공제한도 72만원).

ⓑ 신용카드등(신용카드+직불카드+기명식선불카드+현금영수증) 사용액 소득공제

근로소득자(일용근로자를 제외)가 법인 또는 사업자로부터 각종 재화와 용역을 제공받
고 그 대가로 신용카드등(신용카드, 직불·선불카드, 현금영수증)을 사용한 금액은 신용
카드등사용액 소득공제 대상이다. 공제대상 신용카드등 사용액은 본인과 기본공제대상
자인 배우자 및 직계존비속이 사용한 금액은 포함하되 형제자매 사용액은 제외한다.
신용카드등 탭을 열고 기본공제대상자별로 신용카드등사용액 중 전통시장사용액과 대
중교통수단이용액 및 도서·공연 박물관 미술관 사용액을 먼저 구분 입력하고, 전통시
장과 대중교통이용액 및 도서·공연 등을 제외한 금액 중에서 신용카드사용액, 직불·선
불카드사용액, 현금영수증사용액을 구분하여 입력한다.

> – 부양가족의 소득금액 제한은 있으나 나이제한은 없다.
> – 형제자매의 신용카드 사용액은 공제 불가능하다.
> – 직불카드에는 기명식 선불카드와 직불전자지급수단을 포함하나 무기명 선불카드는 제외한다.
> – 위장가맹점과 거래한 신용카드사용액은 공제 불가능하다.
> – 기본공제는 다른 사람이 받고 신용카드사용액소득공제만 본인이 받을 수 없다.

> **CHECK POINT** 신용카드소득공제 제외대상자료
>
> ▸ 건강보험료 · 노인장기요양보험료 · 고용보험료 · 연금보험료 및 생명보험 · 손해보험 등의 보험료(의료비는 공제대상)
> ▸ 유치원, 초 · 중 · 고등학교, 대학교 등 및 영유아 보육시설에 납부하는 수업료 · 입학금 · 보육비용 기타 공 납금(사설학원비는 신용카드소득공제 대상)
> ▸ 정부 또는 지방자치단체에 납부하는 국세 · 지방세, 전기료 · 수도료 · 가스료 · 전화료(정보사용료 · 인터넷이 용료 등 포함) · 아파트관리비 · 텔레비전시청료(종합유선방송의 이용료 포함) 및 도로통행료
> ▸ 상품권 등 유가증권 구입비와 리스료(자동차대여사업의 자동차대여료를 포함)
> ▸ 지방세법 상 취득세 또는 등록면허세가 부과되는 재산의 구입비용(부동산, 골프장회원권, 자동차)
>   * 신차는 안 되지만 중고자동차 구입액의 10%는 신용카드등사용액에 대한 소득공제를 받을 수 있다.
> ▸ 외국에서의 신용카드 사용액
> ▸ 부가가치세 과세 업종 외의 업무를 수행하는 국가 · 지방자치단체 또는 지방자치단체조합에 지급하는 사용 료 · 수수료 등의 대가(여권발급수수료, 공영주차장 주차료, 휴양림이용료 등)
> ▸ 차입금 이자상환액, 증권거래수수료 등 금융 · 보험용역과 관련한 지급액, 수수료, 보증료 및 이와 비슷한 대가
> ▸ 정당에 신용카드 또는 직불 · 선불카드로 결제하여 기부하는 정치자금(정치자금세액공제 및 기부금세액공제 를 적용받은 경우에 한함)과 월세세액공제를 받은 월세액
>   * 월세에 대하여 현금영수증을 받고 월세세액공제를 받으면 신용카드사용금액에 대한 소득공제를 받을 수 없지 만 월세세액공제를 받지 않은 경우에는 신용카드사용액에 대한 소득공제를 받을 수 있다.

ⓒ 소기업소상공인 공제부금 소득공제

소기업 소상공인이 가입하여 납부하는 공제부금은 39.소기업소상공인공제부금에서 2015년 이전과 이후 가입으로 구분하여 입력한다.

ⓓ 우리사주조합출연금소득공제

우리사주조합에 출연한 금액을 입력한다(공제한도 400만원).

ⓔ 고용유지 중소기업 소득공제

고용유지 중소기업에 근로를 제공하는 근로계약 1년 이상의 상시근로자에 대하여 다음 과 같은 소득공제를 적용한다.

> (직전연도 임금총액 - 해당연도 임금총액) × 50% ⇒ 1,000만원 한도

ⓕ 장기투자증권저축소득공제

장기주식형펀드에 3년 이상 가입한 경우 상단의 연금저축등Ⅱ를 클릭하여 불입금액을 입력한다.

ⓖ 청년형장기집합투자증권저축소득공제

일정요건의 청년이 청년형 장기집합투자증권저축에 가입한 금액(한도 600만원)의 40%를 공제한다. 상단의 연금저축등Ⅱ를 실행하여 ⑦청년형장기집합투자증권저축소 득공제에서 입력한다.

⑥ 소득공제등의 종합한도

소득세법상 특별공제(주택자금소득공제)와 각종 소득공제(중소기업창투조합 출자, 소기업공제부금, 청약저축, 우리사주조합출자, 성실사업자가 받는 월세액 소득공제) 및 신용카드 사용액에 대한 소득공제의 합계액이 2,500만원을 초과하는 경우 그 초과하는 금액은 없는 것으로 한다. 다만 건강보험료, 고용보험료, 노인장기요양보험료 등의 보험료공제는 한도를 적용하지 않는다.

⑦ 세액공제

㉠ 보험료 세액공제

보장성보험(일반)은 12%, 장애인전용 보장성보험은 15%의 세액공제를 적용한다.

ⓐ 보장성보험(일반)

부양가족탭을 열고 기본공제대상자별로 손해보험, 자동차보험 등의 보장성보험료(저축성보험료는 공제대상이 아님) 금액을 입력한다(공제한도 100만원).

ⓑ 장애인전용 보장성보험

공제대상자 중 장애인을 피보험자 또는 수익자로 하는 보험으로 보험계약 또는 보험료납입영수증에 장애인전용보험으로 표시된 보험료 금액을 입력한다(공제한도 100만원).

CHECK POINT

- 기본공제대상자(소득금액 및 나이 제한)의 보험료만 공제 가능하다.
- 저축성보험료는 공제대상이 아니다.
- 장애인이 장애인전용 보장성보험료와 일반 보장성보험료가 동시에 있을 경우 각각 불입액 한도 100만원으로 세액공제를 받을 수 있으나 일반인은 하나만 적용한다.
- 태아보험료는 공제대상이 아니다(출생전이므로 기본공제대상자가 아님).

㉡ 의료비 세액공제

의료비에 대하여 15%(미숙아 및 선천성 이상아를 위한 의료비는 20%, 난임시술비는 30%)의 세액공제를 적용한다.

ⓐ 의료비 입력

의료비 탭을 열고 기본공제대상(소득금액 요건만 적용) 가족별로 의료비와 실손보험금 수령액을 국세청 자료와 기타로 구분하여 입력하면 자동으로 반영된다. 입력이 완료되면 연말정산입력 탭에서 F8부양가족탭불러오기를 실행하여야 의료비 세액공제가 반영된다.

ⓑ 전액공제의료비

기본공제대상자를 위하여 지출한 의료비 중 미숙아 및 선천성 이상아를 위한 의료비, 난임시술비, 장애인, 6세 이하자, 65세 이상자 및 본인의 의료비는 전액 공제대상이다.

ⓒ 교육비 세액공제

교육비 지출액에 대하여 15%의 세액공제를 적용한다.

부양가족 탭을 열고 해당하는 부양가족에 커서를 놓고 하단의 교육비 란에 국세청자료와 일반자료로 구분하여 입력한다. 교육비 지급액과 함께 1.취학전아동, 2.초중고, 3.대학생, 4.본인, 장애인(특수교육) 등의 구분을 입력한다. 대상별 지출액을 입력하면 한도액(대학생 900만원, 취학전아동 및 초중고생 300만원, 본인과 장애인 한도 없음)은 자동으로 반영된다. 입력이 완료되면 연말정산입력 탭을 열고 F8부양가족탭불러오기를 실행하여야 교육비세액공제가 반영된다.

ⓐ 본인 교육비 : 한도 없이 대학원, 직업능력개발훈련시설 수업료를 포함한다.

ⓑ 부양가족의 교육비 : 배우자, 직계비속 및 형제자매를 위하여 지출한 교육비 지급액을 입력한다(대학원제외).

ⓒ 장애인교육비 : 기본공제 대상자(직계존속 포함) 중 장애인(소득금액 제한 없음)의 재활을 위하여 사회복지시설 및 비영리법인 등에 지출한 특수교육비를 입력하면 전액 한도 없이 공제된다.

CHECK POINT

- 교육비세액공제는 부양가족의 소득금액 제한은 있으나 나이제한은 없다.
- 대학원은 본인만 공제가 가능하고, 직계존속의 교육비는 장애인교육비만 가능하다.
- 취학전 아동의 학원비는 공제가 가능하나 초중고등학생의 학원비는 불가능하다.
- 학교에서 구입한 교과서대, 급식비, 방과후수업료, 수학여행비 등 체험학습비 및 특별활동비(학교 등에서 구입한 도서의 구입비와 학교 외에서 구입한 초·중·고등학교의 방과후 학교 수업용 도서의 구입비를 포함한다)는 교육비 공제가 가능하다.
- 학자금 대출을 받아 지급한 교육비는 공제대상이 아니고, 학자금대출액의 원리금상환액이 공제대상이다.
- 대학입학 전형료와 수능응시료도 교육비 공제대상이다.
- 교복구입비 1인당 50만원 한도(P/G이 한도 체크할 수 없으므로 50만원까지만 입력)
- 체험학습비 1인당 30만원 한도(P/G이 한도 체크할 수 없으므로 30만원까지만 입력)

ⓒ 기부금 세액공제

기부금 탭을 열고 기부금입력에서 F2코드도움을 실행하여 부양가족 보조창에서 해당하는 부양가족을 선택한 후 부양가족별로 기부금을 입력한다. 7.유형에 커서를 놓고 F2코드도움을 실행하면 기부금의 종류를 선택할 수 있으며, 기부처와 기부금의 내역을 입력할 수 있다.

기부금조정 탭에서 해당연도 공제할 금액과 이월금액을 구분하여 입력하고 상단 우측의 공제금액계산을 클릭하여 보조창을 열고 하단의 불러오기를 하고 기부금공제의 내용을 확인한 후 공제금액반영을 실행하고 저장한다. 그리고 연말정산입력 탭에서 F8부양가족탭불러오기를 실행하여야 기부금공제가 반영된다.

기부금 코드	기부금 종류	기부금 코드	기부금 종류
10.	특례기부금	41.	일반기부금(종교단체)
20.	정치자금기부금	42.	우리사주조합기부금
40.	일반기부금(종교단체 외)	43.	고향사랑기부금

ⓐ 특례기부금(10.)
- 국가 또는 지방자치단체에 무상으로 기증
- 국방헌금과 위문금품, 천재·지변으로 생긴 이재민 구호금품
- 세법에서 정한 학교의 시설비, 교육비, 장학금, 연구비로 지출하는 기부금
- 세법에서 정한 병원(국립대학병원, 국립암센터등)의 시설비, 교육비, 연구비로 지출하는 기부금
- 사회복지공동모금회와 바보의 나눔에 지출한 기부액
- 특별재난지역 자원봉사 용역의 가액
- 일정한 요건을 갖춘 공공기관 등에 지출하는 기부금

ⓑ 정치자금기부금(20.)
10만원 이하와 10만원 초과금액을 자동으로 구분한다.

ⓒ 일반기부금

종교단체외 기부금과 종교단체 기부금을 구분하여 입력한다.

• 종교단체외 기부금(40.)

- 비영리법인의 고유목적 사업비로 지출하는 기부금, 불우이웃돕기성금 등

- 노동조합비, 교원단체회비, 공무원직장협의회 회비

• 종교단체 기부금(41.)

ⓓ 우리사주조합기부금소득공제(42.)

우리사주조합원이 아닌 자가 우리사주조합에 기부한 금액을 입력한다.

ⓔ 고향사랑 기부금(43.)

고향사랑 기부금을 지방자치단체에 기부한 경우 다음의 금액을 종합소득산출세액에서 공제한다. 10만원 이하와 초과금액을 자동으로 구분한다.

10만원 이하 기부한 경우: 고향사랑 기부금 × 100/110

10만원 초과 2천만원 이하 기부한 경우: 10만원 × 100/110 + 10만원초과액 × 15/100

CHECK POINT

• 기본공제대상자(소득금액은 제한하나 나이 제한은 없음)의 기부금만 공제 가능하다.
• 정치자금기부금과 우리사주조합기부금 및 고향사랑기부금은 본인이 지출한 것만 공제 가능하다.
• 기부금 한도초과로 공제받지 못한 금액은 10년간 이월공제가 가능하다.

ⓜ 연금계좌세액공제

연금저축 등 Ⅰ 탭에서 거주자가 연금계좌에 납입한 금액을 입력한다. 연금저축과 퇴직연금 불입액에 대하여 12%의 세액공제를 적용한다. 다만, 해당과세기간의 종합소득과 세표준을 계산할 때 합산하는 종합소득금액이 4천5백만원 이하(근로소득만 있는 경우에는 총급여액 5,500만원 이하)인 거주자는 15%의 세액공제를 적용한다.

ⓐ 연금저축(2001.1.1. 이후 가입자)

②연금금계좌세액공제에서 연간 연금저축 불입금액을 입력한다

ⓑ 퇴직연금계좌

①연금계좌세액공제에서 근로자가 부담하는 퇴직연금과 과학기술인공제 부담금을 입력한다(공제한도 : 연금저축과 합산하여 연간 900만원).

ⓗ 월세액 세액공제

월세액 탭을 열고 ①월세액 세액공제 명세에서 무주택 세대주로 총급여액 8천만원 이하인 근로자(종합소득금액이 7천만원을 초과하는 사람은 제외)가 지출한 월세(오피스텔과 고시원 포함) 금액을 임대내역과 함께 입력한다. 월세액(한도 1천만원)의 15%

(총급여액이 5천5백만원 이하이면서 종합소득금액이 4천5백만원 미만인 근로자는 17%)를 세액공제한다.

ⓢ 결혼세액공제

2026년까지 혼인신고를 하면 혼인신고를 한 해에 생애 한번 50만원을 세액공제한다.

ⓞ 전근무지 또는 종근무지의 급여 입력 : 소득명세 탭 클릭

전근무지 또는 종근무지가 있는 근로소득자의 전(종)근무지의 급여 내역은 상단의 소득명세 탭을 클릭한 후 종전근무지 줄에 입력한다. 기납부세액 란에 입력하는 소득세와 지방소득세는 반드시 전(종)근무지의 결정세액으로 하여야 한다.

ⓩ 국세청과 기타의 구분

부양가족별로 세액공제 대상이 되는 보험료, 의료비, 교육비, 신용카드사용액 및 기부금을 입력할 때 국세청 란의 금액은 연말정산 간소화서비스를 이용하는 경우 국세청에서 조회된 내용을 입력하는 란이고 기타는 소득자가 제시하는 지출증명서류에 의한 금액을 입력하는 란이다.

부양가족의 소득공제·세액공제 여부 판단 시 참고사항

구 분	소득금액 제한	나이 제한	비 고
주택자금·월세	–	–	본인명의 지출분만 공제가능
신 용 카 드	○	×	형제자매 사용분은 공제불가
연 금 저 축 퇴 직 연 금	–	–	본인명의 지출분만 공제가능
보 험 료	○	○	본인이 지출한 기본공제대상가족의 보험료, 의료비, 교육비 등을 공제
의 료 비	×	×	
교 육 비	○	×	직계존속의 교육비는 공제불가(장애인 제외)
기 부 금	○	×	정치자금은 본인명의 지출분만 공제가능

근로제공기간만 공제 가능한 소득공제와 세액공제

소득공제	세액공제
• 건강·고용보험료 등 공제 • 주택자금공제 • 신용카드등 사용 소득공제 • 장기집합투자증권저축 소득공제	• 보험료 세액공제 • 의료비 세액공제 • 교육비 세액공제 • 월세 세액공제

필수예제

다음 자료를 연말정산자료입력 메뉴에 입력하여 지화자의 근로소득 연말정산을 하시오. 모든 자료는 국세청 간소화자료이며 보험료, 의료비, 교육비는 소득자 본인이 지급한 것이다.

⟨연말정산 자료 및 종근무지 급여내역(공제대상은 사원등록을 참조)⟩

보험료 (공제대상)	생명보험료 900,000원, 자동차 보험료 700,000원
의료비	부의 노환치료비 4,000,000원
교육비	초등학교 학생인 아들의 수업료 2,000,000원
신용카드	본인의 신용카드 사용금액 : 18,000,000원 (전통시장사용분 1,000,000원) 모의 직불카드 사용금액 : 6,000,000원 ※ 직전년도 신용카드등 사용액은 없는 것으로 가정하고, 신용카드등 사용액 중 소득공제 적용배제금액은 없다.
종근무지 급여내역	근　　무　　처 : (주)세방기계(132-81-12476) 근　무　기　간 : 2025.1.1. ~ 2025.6.30 급　여　총　액 : 20,000,000원 상　　여　　금 : 7,000,000원 건　강　보　험　료 : 420,000원 장기요양보험료 : 30,000원 고　용　보　험　료 : 40,000원 국민연금보험료 : 650,000원 소득세결정세액 : 300,000원(기납부 세액 480,000원) 지방소득세결정세액 : 30,000원(기납부 세액 48,000원)

따라하기

연말정산자료추가입력 메뉴 상단의 F3전체사원을 클릭하거나 사원번호 101번을 입력하여 연말정산대상자의 데이터를 불러온다.

101. 지화자

(1) 소득명세 탭

종전근무지 칸에 전근무지의 소득과 공제액 등의 내역을 입력한다.

근무처 : (주)세방기계, 사업자등록번호 : 132-81-12476,

근무기간 : 2025.1.1.-2025.6.30.

급여 : 20,000,000원, 상여 : 7,000,000원

건강보험 420,000원, 장기요양보험 30,000원, 고용보험 40,000원, 국민연금 650,000원

기납부세액 : 소득세 300,000원, 지방소득세 30,000원

▶ 종(전)근무지의 기납부세액 란에는 종(전)근무지의 내역 중 결정세액을 입력하여야 한다.

(2) 부양가족 탭

부양가족 탭을 열고 보험료, 교육비를 부양가족별로 입력하고 입력을 완료하면 연말정
산입력 탭을 열고 F8부양가족탭불러오기를 실행하여야 연말정산에 반영된다.

▶ 부양가족 중 소득금액이 100만원을 초과하는 자는 소득기준초과여부에서 1 : 여를 입력하여야 한다.

① 보험료 세액공제

지화자(본인)에게 커서를 놓고 하단의 보험료 창을 더블 클릭하여 열리는 보조창에
서 보장성보험 – 일반(국세청 간소화)에 1,600,000원(또는 1,000,000원) 입력

➡ 입력된 화면

② 교육비 세액공제

나대로(아들)에게 커서를 놓고 하단의 교육비(일반)에 2,000,000원(2.초중고) 입력

➡ 입력된 화면

(3) 신용카드등 탭

신용카드등 탭을 열고 부양가족별로 입력하고 입력을 완료하면 연말정산입력 탭을 열
고 F8부양가족탭불러오기를 실행하여야 연말정산에 반영된다.
• 지화자(본인) 신용카드(국세청) 17,000,000원, 전통시장(국세청) 1,000,000원
• 안소녀(모) 직불선불(국세청) 6,000,000원

⊃ 입력된 화면

(4) 의료비 탭

의료비 탭을 열고 F2코드도움을 실행하여 공제대상 부양가족을 선택한 후 증빙코드와
의료비를 입력하고 입력을 완료하면 연말정산입력 탭을 열고 F8부양가족탭불러오기를
실행하여야 연말정산에 반영된다.

- 지천명(부) 4,000,000원(증빙 : 1.국세청장 선택) 입력

⊃ 입력된 화면

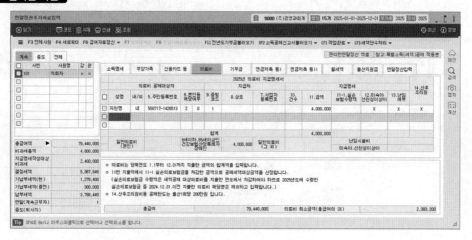

(5) 연말정산입력 탭

연말정산 입력탭을 열고 지금까지 입력한 소득공제와 세액공제를 반영하기 위하여 F8 부양가족탭불러오기를 실행한다.

➔ 연말정산 입력된 화면

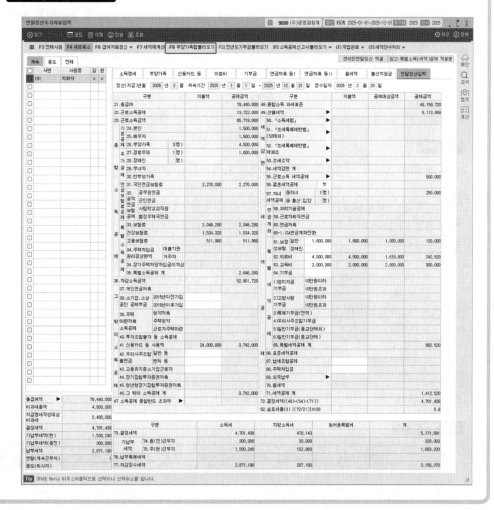

- NCS 능력단위 : 0203020214원천징수　　　능력단위요소 : 06사업소득원천징수하기
6.1　세법에 의한 원천징수 대상 사업소득을 구분할 수 있다.
6.4　세법에 의한 원천징수세율에 따라 산출된 사업소득에 대한 원천징수세액을 공제 후 지급할 수 있다.
6.5　사업소득원천징수 결과에 따라 원천징수이행상황신고서를 작성 및 신고 후 세액을　납부할 수 있다.
6.6　사업소득 원천징수영수증을 발급·교부하고 지급명세서를 기한 내에 제출할 수 있다.

필수예제 따라하기

필수예제

다음 자료에 의해서 사업소득자료를 입력하고 원천징수세액을 계산하시오.

당사는 건강의원의 박성광의사를 초빙하여 전 직원을 대상으로 건강검진을 실시하였다. 이와 관련된 다음 자료에 의하여 소득자 등록(301)을 하고 사업소득지급에 대한 원천징수세액을 산출하시오.

> 1. 지급일자(영수일자) 및 검진료 : 2025. 8. 10. 1,000,000원
> 2. 인적사항
> 　- 사업자등록번호 : 304 - 96 - 41376
> 　- 거주자
> 　- 주소 : 서울시 구로구 가마산로 134
> 　- 주민등록번호 : 660428 - 1752387

1. 사업소득자등록

● 입력된 화면

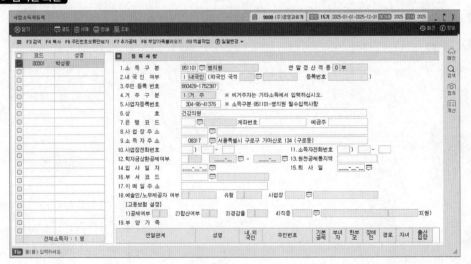

2. 사업소득자료입력(지급년월일 : 2025년 8월 10일, 301.박성광)

➔ 입력된 화면

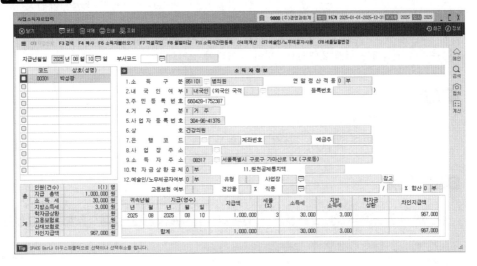

SECTION 03 | 퇴직소득의 원천징수

- NCS 능력단위 : 0203020214원천징수   능력단위요소 : 02퇴직소득원천징수하기
2.2 세법에 따른 퇴직소득과 근로소득을 구분하여 퇴직소득금액을 계산할 수 있다.
2.3 세법에 따라 퇴직금의 산출된 세액을 공제 후 지급할 수 있다.
2.4 퇴직소득에 대한 원천징수 결과에 따라 원천징수이행상황신고서를 작성 및 신고 후 세액을 납부할 수 있다.
2.5 세법이 정한 서식에 따라 퇴직소득에 대한 원천징수영수증 발급·교부 및 지급명세서를 기한 내에 제출할 수 있다.

필수예제 따라하기

필수예제

다음 자료에 의해서 정년퇴직하는 사원 양정구(302. 650126-1321478)의 사원등록을 하고, 퇴직소득자료를 입력하여 원천징수세액을 계산하시오.

- 퇴직금 지급내역(302. 양정구, 2022. 8. 1 입사, 2025. 8. 31 퇴사)
- 퇴직금 지급(2025. 8. 31) : 25,000,000원
- 퇴사원 양정구는 퇴직금 중 5,000,000원을 하나은행(201-81-33990)의 개인퇴직연금계좌(계좌번호 12345)에 불입하였다(불입일 2025. 8. 31).
- 퇴직금에는 퇴직급여지급규정, 취업규칙 또는 노사합의에 의하지 않고 회사가 퇴직 시 추가로 지급하는 금액 2,000,000원이 포함되어 있지 않다.

따라하기

1. 사원등록에 입력

성명, 주민등록번호, 입사일, 퇴사일, 이월여부 : 여, 퇴사사유 : 5.정년퇴직을 입력한다.

⊃ 입력된 화면

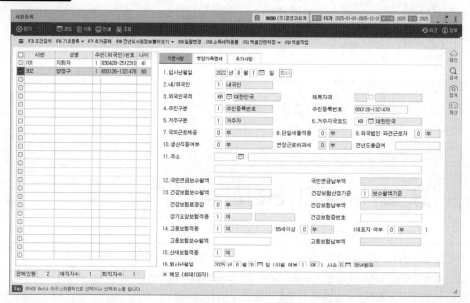

2. 퇴직소득자료입력(소득명세)

지급일자 2025-08-31과 퇴직금 지급내역을 입력하여 세액을 산출한다.

① 지급년월 : 2025년 8월과 소득자 구분 : 1.근로 및 사번 302.입력하고 구분에서 1.퇴직을 선택한다.

② 퇴직급여 : 27,000,000원 입력

퇴직시 추가로 지급받은 금액 2,000,000원은 퇴직을 원인으로 받은 것이므로 퇴직금으로 퇴직소득에 합산하여 입력하여야 한다.

③ 과세이연계좌명세에 입력

하나은행(201-81-33990) 계좌번호 12345, 입금일 2025-08-31, 계좌입금액 5,000,000원

▶ 퇴직금을 일시금으로 받지 않고 연금계좌에 불입하면 퇴직소득세를 과세하지 않고, 과세이연하여 장래에 연금으로 수령할 때에 연금소득으로 과세한다.

⊃ 입력된 화면

3. 퇴직소득자료입력(세액계산)

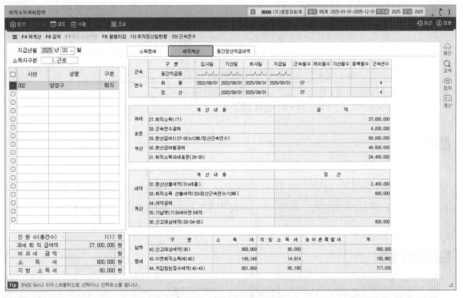

* 퇴직소득에 대한 근속연수공제액에 대한 소득세법 개정으로 결과가 다를 수 있으나 입력사항이 정확하면 정답이다.

SECTION **04** 기타소득의 원천징수

● NCS 능력단위 : 0203020214원천징수　　　　능력단위요소 : 07기타소득원천징수하기
7.1 세법에 의한 원천징수 대상 기타소득을 구분할 수 있다.
7.3 세법에 의한 기타소득의 필요경비를 계산한 후 소득별 원천징수세율을 구분할 수 있다.
7.4 기타소득에 대한 원천징수세액을 산출하여 공제 후 지급할 수 있다.
7.5 기타소득에 대한 원천징수 결과에 따라 원천징수이행상황신고서를 작성 및 신고 후 세액을 납부할 수 있다.
7.6 기타소득의 원천징수영수증을 발급·교부하고 지급명세서를 기한 내에 제출할 수 있다.

필수예제 따라하기

필수예제

다음은 2025년 8월 31일에 (주)경영과회계가 지급한 기타소득의 자료에 의하여 기타소득 자 등록 및 자료입력을 하고 원천징수세액을 계산하시오.

코드	성 명	주민등록번호	주　　　소	지급명목	지급금액
303	나팔수	630212 - 1235288	서울 동작구 현충로 2	강연료	3,000,000원
304	정직한	650719 - 1362420	서울 영등포구 경인로 846	사례금	2,000,000원
305	안재수	621224 - 1538057	인천 중구 참외전로 128-2	원고료	2,000,000원

▶ 소득의 귀속월은 2025년 8월이며, 지급연월일과 영수일자는 동일하다.
▶ 위 3인은 거주자이며, 회사에 고용되어 있지 않다.

따라하기

기타소득자의 코드번호, 성명을 입력하고 2.소득구분에서 F2 또는 말풍선을 클릭하여 소득 구분 코드도움 창에서 나팔수는 76.강연료 등, 정직한은 60.필요경비없는 기타소득, 안재수 는 75.원고료 등을 선택한다. 기타 주민등록번호, 주소 등의 자료를 입력한다.

1. 기타소득자등록

⮕ 입력된 화면

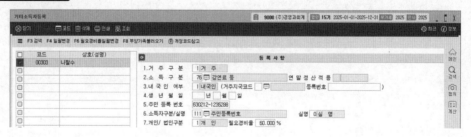

◐ 정직한의 입력된 화면

◐ 안재수의 입력된 화면

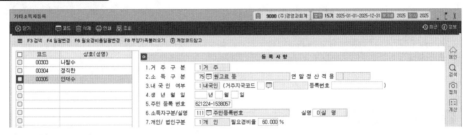

2. 기타소득자료입력

◐ 나팔수의 입력된 화면

기타소득자료 입력 메뉴에서 지급년월일 2025년 8월 31일을 입력하고 코드 303, 304, 305를 입력하고 각각의 지급총액과 필요경비를 입력한다.

⊃ 정직한의 입력된 화면

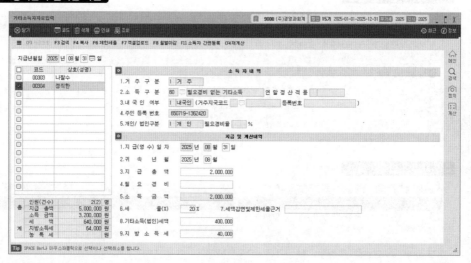

⊃ 안재수의 입력된 화면

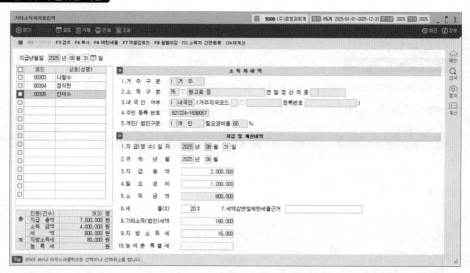

- 1. 303 나팔수 강연료(필요경비 60%) : 기타소득세 240,000원, 지방소득세 24,000원
- 2. 304 정직한 사례금(필요경비 없음) : 기타소득세 400,000원, 지방소득세 40,000원
- 3. 305 안재수 원고료(필요경비 60%) : 기타소득세 160,000원, 지방소득세 16,000원

▶ 실제 필요경비가 60% 이상이면 실제 필요경비를 입력한다.

필수예제 따라하기

필수예제

다음 자료에 의해서 (주)경영과회계의 원천징수이행상황신고서를 작성하시오. 전월까지 미환급된 원천징수세액이 소득세 400,000원과 지방소득세 40,000이 있으며, 2025년 8월 귀속분의 지급액(8월 지급)에 대하여 2025년 9월 10일 원천징수세액신고 납부할 내용이다 (단, 부표작성은 하지 않음).

따라하기

귀속기간 : 2025년 8월~8월
지급기간 : 2025년 8월~8월
신고구분 : 1.정기신고

➔ 입력된 화면

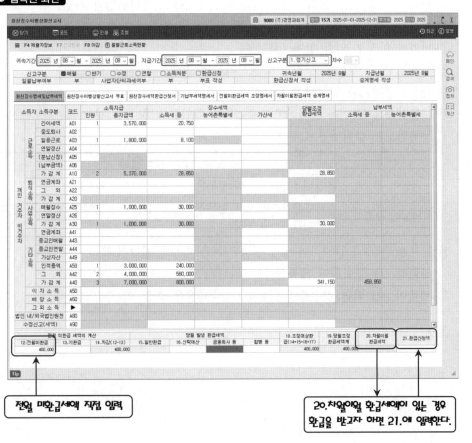

전월 미환급세액 직접 입력

20.차월이월 환급세액이 있는 경우 환급을 받고자 하면 21.에 입력한다.

① **전자신고 파일 만들기**

ⓞ 원천징수이행상황신고서를 작성하여, F8마감을 실행한다.

ⓛ 원천징수이행상황신고서를 마감한 후, 전자신고 메뉴를 클릭한다.

ⓒ 신고년월과 신고인구분(2.납세자자진신고)를 선택하여 조회 후 상단 F4제작을 실행한 후 비밀번호를 입력하여 파일 제작한다. 전자신고를 세무대리인이 하는 경우에는 신고 인구분에서 1.세무대리인 신고를 선택하고 세무대리인 등록을 작성한다.

ⓔ 전자신고 파일 제작이 완료되면, C드라이브에 파일이 생성되며 전자신고 메뉴에서 F6 홈택스바로가기를 클릭한다.

② **홈택스 전자신고**

ⓞ 홈택스 전자신고 메뉴에서 찾아보기 기능을 실행하여 C:₩드라이브에서 제작한 파일을 불러온다. 파일을 불러오면 선택한 파일내역에 전자파일명과 파일크기가 반영된다.

ⓛ 형식검증하기를 클릭하여 형식검증을 진행한다. 전자신고 파일 제작 시 입력한 암호를 변환파일 정보 입력 창에 입력한다.

ⓒ 형식검증결과확인을 클릭하여 형식검증을 진행한다.

ⓔ 내용검증하기를 클릭하여 내용검증을 진행한다.

ⓜ 내용검증결과확인을 클릭하여 검증결과를 확인한다. 오류일 경우 결과조회에서 사업자 등록번호를 클릭하면 오류내역이 조회된다.

구분	검증결과
파일이 정상일 경우	내용검증에 오류 항목건수가 표시가 되지 않는다.
파일이 오류일 경우	내용검증에 오류 항목건수가 표시가 되며, 건수를 클릭 시 결과를 조회를 할 수 있다.

ⓗ 전자파일제출을 클릭하면 정상 변환된 제출 가능한 신고서 목록이 조회되며, 전자파일 제출하기를 클릭하여 제출한다.

ⓢ 제출이 완료되면 접수증이 나오며, 접수내용을 확인 할 수 있다.

전자신고 연습은 회사코드 9500. ㈜전자신고로 변경하고 따라하기 한다.

필수예제

다음 자료에 의해서 ㈜전자신고(회사코드 : 9500)의 2025년 10월분 급여자료를 입력하고 2024년 11월 10일 신고 납부할 원천징수이행상황신고서를 전자신고하시오. 단, 전월까지 미환급된 소득세 원천징수세액이 158,000원 있으며, 환급신청은 하지 아니한다(반드시 회사코드를 확인할 것).

2025년 10월 급여명세서			
성 명	조영림	지급일	2025. 10. 31.
기본급여	3,300,000원	국민연금	155,000원
직책수당	300,000원	건강보험	93,600원
식 대	200,000원	장기요양보험	12,120원
자가운전보조금	200,000원	고용보험	34,200원
		소득세(100%)	169,260원
		지방소득세	16,920원
급여 합계	4,000,000원	공제합계	481,100원
노고에 감사드립니다.		지급총액	3,518,900원

• 수당등록시 불러오는 항목은 그대로 두되, 급여명세서에 적용된 항목 이외의 항목은 사용여부를 '부'로 체크하시오.
• 당사는 모든 임직원에게 식사 제공과 함께 매월 식대 200,000원을 지급하고 있다.
• 자가운전보조금은 조영림이 리스로 임차한 차량을 업무 목적으로 사용하므로 지급한 것이며, 실제 발생한 교통비를 별도로 지급하지는 않는다.

따라하기

① 급여자료 입력

F4수당공제등록에서 식대(비과세)는 사용여부에서 부로 설정하고 과세 식대를 사용으로 설정한다. 그리고 급여자료에 없는 급여항목은 모두 사용여부에서 부로 설정한다.

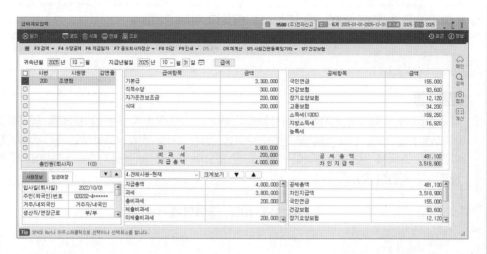

② 원천징수이행상황신고서 작성 마감

귀속기간 : 10월 ~ 10월, 지급기간 : 10월 ~ 10월을 입력하고 신고구분 : 1.정기신고를 선택하면 원천징수이행상황신고서 화면이 조회된다. 하단의 12.전월미환급세액 란에 158,000원을 입력하고 F8 마감을 실행한다.

➔ 원천징수이행상황신고서를 마감한 화면

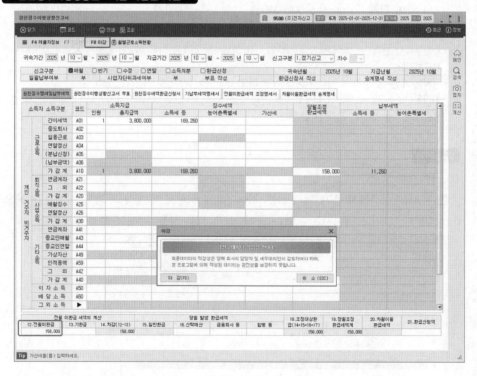

③ 원천징수이행상황신고서 전자신고

   ㉠ 전자신고 메뉴를 열고 신고인구분 : 2.납세자자진신고, 지급기간 : 2025년 10월~10월을 입력한 다음 상단의 F4제작을 실행하면 완성된 전자파일이 생성되고, 비밀번호 입력창에 비밀번호(8자리~20자리)를 입력하여야 완성된다. 교재에서 비밀번호는 12345678을 사용하기로 한다.

   ㉡ F6홈택스바로가기를 실행하면 국세청 홈택스 전자신고변환(교육용) 화면이 열린다. 화면 중간 우측에 있는 찾아보기를 실행하여 C:₩드라이브에서 전자파일을 검색하여 선택하면 전자파일명이 선택한 파일내역에 표시된다.

ⓒ 전자파일을 찾은 후 하단의 형식검증하기를 실행하고 나타나는 비밀번호 입력화면에서 비밀번호 12345678을 입력한다. 이어서 형식검증결과확인과 내용검증하기 및 내용검증결과확인을 클릭한다.

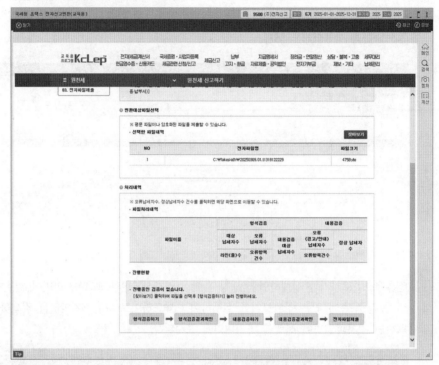

ⓓ 내용검증에서 오류가 나타나지 않으면 전자파일제출을 클릭한다.

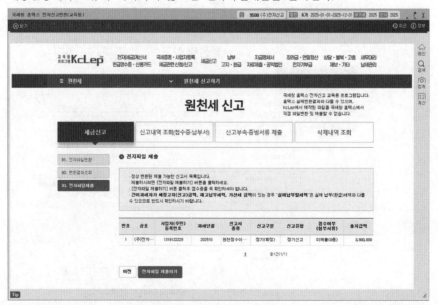

⑩ 최종적으로 전자파일제출하기를 클릭하면 전자신고가 완료되었다는 접수증이 나타난다.

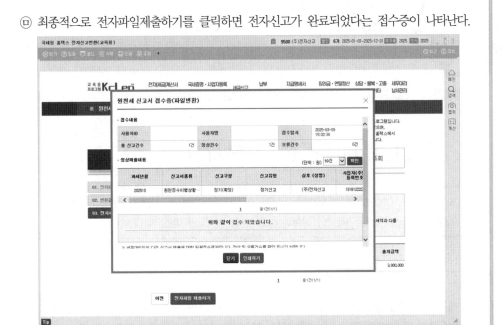

05 법인 세무조정

▶ 경영과회계 웹하드에서 9900.(주)태양상사의 데이터를 다운받아 설치하고 법인세무조정을 따라하세요.

SECTION 01 | 법인 세무조정 기본사항

- NCS 능력단위 : 0203020213세무정보시스템운용   능력단위요소 : 03마스터데이터관리하기
3.1 세무신고 등과 관련한 거래처의 상황과 신고내용이 변경되면 마스터에 입력할 수 있다.

1 법인 세무조정 시작화면

전산세무1급의 메인화면에서 법인조정 모듈을 클릭하면 법인 세무조정의 메뉴가 표시된다.

먼저 표준재무제표를 작성하고 [수입금액조정]에서 수입금액을 확정한다. 각 메뉴에서 조정한 내용과 처분사항을 소득금액조정합계표및명세서에서 정리하여 과세표준을 확정한다. 각종 세액공제와 감면세액을 계산하고 준비금에 대한 조정을 한 다음 최저한세 조정을 하고, 최종적으로 법인세과세표준및세액신고서를 작성한다. 자본금과적립금조정명세서를 반드시 작성하여야 하며 농어촌특별세가 적용되는 경우에는 농어촌특별세과세표준 및 세액신고서를 작성하여야 한다.

② 법인조정 전체메뉴의 구성

① 기초정보관리

회계관리의 기초정보등록에 있는 회사등록, 계정과목및적요등록과 동일하다.

② 표준재무제표

법인세확정신고시 함께 제출하는 표준재무제표를 작성하는 메뉴로 회계관리에서 기장된 데이터에 의하여 자동으로 작성된다.

③ 수입금액조정

법인의 수입금액 확정을 위한 메뉴로 수입금액조정명세서, 조정후수입금액명세서, 수입배당 금명세, 임대보증금간주익금조정으로 구성되어 있다.

④ 소득및과표계산

각사업연도소득금액 계산을 위한 소득금액조정합계표및명세서, 익금불산입조정명세서 등 으로 구성되어 있다.

⑤ 과목별 세무조정

각사업년도소득금액을 계산하기 위하여 각종 세무조정사항들을 검토하고 해당 조정명세 서를 작성할 수 있는 메뉴로, 퇴직급여, 퇴직연금부담금, 대손충당금, 접대비, 재고자산, 세금과공과금, 선급비용, 가지급금인정이자, 업무무관 부동산등관련 지급이자, 건설자금 이자, 외화자산등평가, 기부금조정명세서 업무용승용차관련명세서 등으로 구성되어 있다.

⑥ 공제감면세액 조정 Ⅰ과 Ⅱ

각종 준비금과 공제감면세액에 대한 세무조정메뉴로 구성되어 있다. 준비금설정과 환입에 따른 조정사항을 처리하며, 특히 특별비용조정명세서는 각종 준비금조정내역을 하나로 볼 수 있는 서식이다. 또한 세액감면·세액공제에 관련한 서식들로 구성되어 있다.

⑦ 감가상각비조정

고정자산등록 메뉴에 입력된 감가상각 대상자산의 자료에 의해 감가상각비에 대한 세무조 정을 할 수 있도록 구성되어 있다. 고정자산등록 메뉴는 회계관리의 메뉴와 동일하다.

⑧ 세액계산 및 신고서

수입금액 확정, 과목별세무조정, 세액공제·감면, 각종 준비금등을 모두 반영하여 납부할 세액을 계산하는 메뉴인 법인세과세표준및세액신고서, 법인세과세표준및세액조정계산서, 최저한세조정계산서, 원천납부세액명세, 가산세액계산서 및 법인세중간예납신고납부서 등의 서식을 작성한다.

⑨ 농어촌특별세

농어촌특별세 과세 대상이 되는 세액공제·감면에 대하여 농어촌특별세를 계산하고 납부하 기 위한 메뉴이다.

⑩ **신고부속서류**

중소기업기준검토표와 자본금과 적립금조정명세서 및 주식등변동상황명세서를 작성한다.

❸ 화면의 구성과 작업방법

① 화면의 형태

화면의 형태(모양)는 가능한 규정 세무서식과 동일하게 하여 전산에 의한 세무조정이 낯설지 않도록 하였으나, 입력 편의를 위해 일부 수정되기도 하였다.

② 화면의 배치

규정 세무서식을 한 화면에서 표시하지 못하는 경우(대부분의 경우)에는 한 서식이 여러 개의 화면으로 구성되었으며, 동일서식을 여러 화면으로 분할 구성 시 화면의 배치는 계산되어야 하는 순서에 의해 배치되었다(작업순서는 붉은색 번호순으로 표시).

③ 화면의 이동

화면의 이동은 →키 혹은 마우스로 직접 클릭한다.

④ 화면내에서 작업방법

ⓐ 화면내에서 상호간의 이동은 →키 혹은 마우스로 클릭하여 이동할 수 있다.
ⓑ 법인조정서식의 규정서식은 한 장으로 되어있으나, 프로그램의 작업순서에 따라 커서가 우선순위에 먼저 가 있다.
ⓒ 집계란 또는 작성요령에 의해서 자동계산이 되는 항목이나 해당란에는 커서가 이동되지 않고 자동계산이 된다.
ⓓ 항목간 또는 각 란의 상호 연관되는 수치는 자동으로 반영된다.

⑤ 법인조정 프로그램의 작성절차

ⓐ 교재에서 설명하는 순서대로 법인세무조정 프로그램의 작업절차를 정확히 숙지하여 선행 작업을 먼저하고 선행 작업에서 계산된 결과를 연결받아 다음 메뉴를 진행할 수 있도록 한다.
ⓑ 각 메뉴의 기능키를 숙지하여 F2 코드, F4 매출조회, F7 원장조회 또는 F8 잔액조회 등으로 회계관리에서 입력한 자료를 조회하고 검토한 다음 조정명세서 화면의 붉은색 숫자 [1], [2], [3]의 순으로 작성한다.
ⓒ 회계관리 데이터를 불러와서 작성해야 하는 세무조정의 경우에는 F12 불러오기를 이용하여 기장데이터를 조회하여 조정한다.
ⓓ 각 메뉴별로 세무조정 작업이 완료되면 F3 조정등록 키를 눌러 해당 메뉴에서 작성된 세무조정사항을 소득금액조정합계표에 반영한다.
ⓔ 작성이 완료되면 화면 상단의 F11 저장을 클릭하여 작업내용을 저장한다. 저장한 후에 변경사항이 발생하여 추가 작업을 하는 경우에는 마지막에 저장한 것이 저장된다.

4 키(KEY) 용도의 공통사항

F12 불러오기	화면 상단에 있는 버튼으로써 불러오기를 실행(클릭)하면 관련된 서식이나 기장된 원장에서 데이터를 새로 불러다준다.
F11 저 장	저장버튼을 클릭하면 작업중이던 세무조정서식의 입력 데이터를 저장해준다.
F3 조정등록	각각의 세무조정명세서 항목에서 발생된 익금산입 및 손금불산입, 손금산입 및 익금불산입 사항을 해당메뉴에서 빠져나가지 않고 직접 소득금액조정합계표를 작성 할 때에 사용한다.
F2 코 드	계정과목 코드를 알고자 할 때 사용한다.
F7 원장조회	회계관리에서 기장한 경우 원하는 계정과목의 계정별 원장을 조회 할 때에 사용한다.
F8 잔액조회	각 계정과목별로 계정별원장의 기초잔액, 당기증가액, 당기감소액, 기말잔액을 조회 할 때에 사용한다.
F4 매출조회	수입금액조정명세서에서 매출액을 조회 할 때에 사용한다.
F5, ⓧ 삭 제	입력 중이던 데이터 또는 이미 입력된 데이터를 한줄씩 삭제하려고 할 때 사용한다.
Ctrl + F5 전체삭제	F5 또는 ⓧ 삭제와는 다르게 작업 중이던 서식의 모든 데이터 또는 일정단위의 입력된 데이터를 모두 삭제하는 때에 사용한다.
↑, ← 또는 →	한 화면 내에서 항목간 이동 시 사용한다.
F1 도 움	프로그램 사용에 대한 도움말을 인터넷에 연결하여 보여준다.
Esc 종 료	서식 작성을 끝내고자 할 때 종료키를 이용하여 메뉴로 복귀한다.

SECTION **02** 기초정보관리

기초정보관리 메뉴는 회계관리의 기초정보등록과 동일한 회사등록, 계정과목및적요등록이 있다.

1 회사등록

회사등록사항은 출력물에서의 표시 및 세무조정 시 각종 계산에 영향을 미치므로 반드시 전 항목을 정확하게 입력하여야 한다. 회계관리 메뉴를 이용하여 기장한 회사는 회계관리에서 등록한 회사등록사항이 그대로 반영된다.

2 계정과목 및 적요등록

계정과목 및 적요등록은 101~999번까지 자동으로 등록이 되어 있다.

각 과목별 세무조정 시 기능키 F2 코드에 의해 조회할 수 있으며, 조회화면에서 계정과목을 선택하면 자동으로 입력된다. 빨간색으로 표시된 계정과목을 수정하고자 할 때는 계정과목명에 커서를 놓고 Ctrl+F2을 누르고 수정할 수 있으나, 성격은 수정할 수 없다.

표준재무제표는 표준재무상태표(표준대차대조표), 표준손익계산서, 표준원가명세서, 이익잉여금처분계산서 등으로 구성되어 있으며 각 해당 재무제표 메뉴를 선택하여 작업하고 반드시 F11 저장하여야 한다.

표준재무제표는 규정서식과 마찬가지이므로 계정과목을 임의로 바꿀 수 없다. 다만, 회계관리에서 계정과목을 임의설정 하였거나 계정과목명을 통합등록 하였을 경우 제출용 재무제표에서 자동반영된 표준재무제표의 계정과목이 불합리할 수도 있으므로 이 경우에 Ctrl+F8 편집키를 이용하여 수정할 수 있다.

표준용을 저장한 이후에 결산을 수정하므로 인하여 재무제표가 변동되었을 때에는 반드시 표준재무제표에서 새로 F12불러오기를 실행하여 변동된 내용을 반영하여야 한다.

프로그램상 표준재무제표의 작성은 회계관리 모듈과 법인조정 모듈에서 할 수 있다. 회계관리에서는 먼저 회계관리의 재무제표를 조회하여 표준용 탭을 클릭하면 자동으로 작성된다. F4 통합계정을 클릭하여 표준재무제표에 맞는 계정으로 통합할 수 있다.

법인조정 메뉴에서 표준재무제표를 작성하는 것은 해당 재무제표를 클릭하면 자동으로 작성되며 화면에서 수정 편집 등을 할 수 있다. 특히 표준손익계산서는 상단 메뉴바에서 F3 조정등록을 클릭하면 소득금액조정합계표 창이 나타난다. 소득금액조정합계표 하단의 세무조정사항을 참고하여 상단 소득금액조정합계표의 익금산입 및 손금불산입 또는 손금산입 및 익금불산입 란에 입력하면 된다.

1 표준재무상태표

2 표준손익계산서

법인세비용에 대한 세무조정을 위하여 표준손익계산서에서 F3 조정등록을 클릭하면 소득금액
조정합계표 화면이 나타난다. 화면하단의 세무조정사항을 참고하여 상단 소득금액조정합계표의
익금산입 및 손금불산입 란에 입력하면 된다.

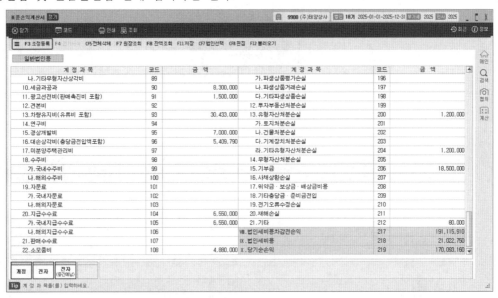

F3 조정등록을 이용한 법인세비용 세무조정

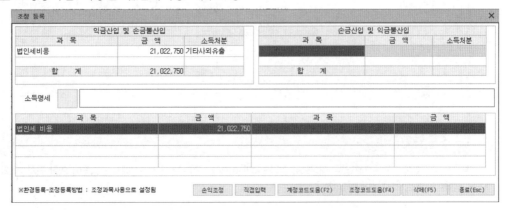

■ 조정내용정리

• 〈손금불산입〉　　법인세비용　　　　　　　21,022,750원 (기타사외유출)

조정등록은 소득금액조정합계표에 입력할 세무조정 항목을 개별 세무조정 서식을 작성할 때
에 즉시 반영하기 위한 것이다. 조정등록에서 과목란에 입력하는 방법은 직접입력하는 방법과
조정코드도움(F4)을 이용하는 방법 중 선택하면 된다. 직접 입력하는 경우 과목란은 조정 내용을
알 수 있는 정도로 간략하게 적으면 된다.

③ 표준원가명세서

표준원가명세서는 제조원가명세서, 공사원가명세서, 임대원가명세서, 분양원가명세서, 운송원가명세서, 기타원가명세서로 세분화된다. 원가명세서유형을 선택해서 확인하면 표준원가명세서를 자동으로 불러온다.

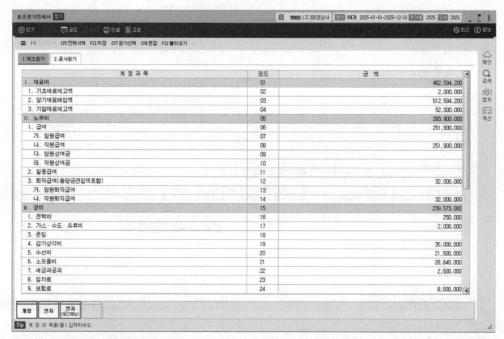

▶ 전산세무회계 시험은 제조업을 대상으로 평가되지만 이후에 나올 수입금액조정에서 진행율에 의한 공사수익의 조정을 위해 공사원가명세서를 작성하였음.

④ 이익잉여금처분계산서

이익잉여금처분(또는 결손금처리)계산서는 회계관리를 이용하여 기장한 경우 결산및재무제표의 이익잉여금처분계산서에 입력된 금액을 F12 불러오기를 클릭하여 불러온다. 필요한 경우 Ctrl + F8 편집을 클릭하여 계정에 맞게 입력하고 저장하여야 한다.

▶ [Ctrl]+[F7]처분일 아이콘을 클릭하여 처분확정일을 반드시 입력해 주어야 한다.

SECTION **04** 수입금액조정

> • NCS 능력단위 : 0203020217법인세신고   능력단위요소 : 02부속서류작성하기
> 2.2 법령에 따른 수입금액 조정명세서를 작성 할 수 있다.

　[수입금액조정]은 법인세무조정에서 수입금액의 확정을 위하여 가장 먼저 해야 할 사항으로 [수입금액조정명세서], [조정후수입금액명세서], [수입배당금명세서], [임대보증금등의간주익금조정명세서]로 구성되어 있다. 「수입금액조정명세서」와 「임대보증금등의 간주익금조정」을 먼저하고 「조정후수입금액명세서」를 작성한다.

■ **수입금액 조정순서**

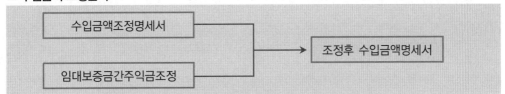

☑ 수입금액조정명세서

기업회계에 의하여 확정된 수입금액(매출액)을 세법에서 규정하고 있는 손익의 귀속시기에 따라 세법상 수입금액을 계산하는 표를 수입금액조정명세서라고 한다. 세무조정 후 수입금액은 법인세 과세표준 및 세액신고서, 접대비조정명세서 등에 반영된다.

조정에 필요한 내용

1. 인도한 상품·제품 등에 대한 매출액 세무조정
   제품·상품 등은 기업회계기준에 따라 인도기준으로 수익을 인식한 경우에 대부분 별도의 세무조정이 필요 없으나, 세법은 권리의무확정주의에 의하므로 귀속시기가 다를 수 있다.

2. 용역제공 등에 의한 수입금액 조정
   건설·제조 기타 용역(도급공사 및 예약매출 포함)의 수입금액은 당해 건설 등의 계약기간(목적물의 건설 등에 착수한 날부터 인도일까지의 기간)의 구분 없이 작업진행률을 기준으로 계산한 수익과 비용을 각각 해당 사업연도의 익금과 손금에 산입하는 것을 원칙으로 한다. 다만, 중소기업의 1년 미만 건설 등의 경우 및 작업진행률을 계산할 수 없는 경우에는 인도기준으로 할 수 있다. 그리고 중소기업의 1년 미만 건설계약 등은 결산상 진행기준으로 인식한 경우에도 인도기준으로 신고조정이 가능하다.

작업진행률에 의한 수입금액 계산방법
• 익금 = [계약금액 × 작업진행률] − 직전사업연도말까지 익금에 산입한 금액
• 손금 = 당해 사업연도에 발생한 총비용
• 진행률 = 총공사비누적액/총공사비예정액

3. 기타 수입금액 조정
   ① 장기할부판매시 수입금액 조정
      장기할부조건으로 자산을 판매하거나 양도한 경우 원칙은 명목가치에 의한 인도기준으로 수익을 인식한다. 결산시 기업회계기준에 따라 현재가치에 의한 인도기준 또는 회수기일도래기준을 적용하는 경우 세법이 용인하고, 중소기업인 경우 결산상 인도기준으로 인식한 경우에도 회수기준으로 신고조정이 가능하다.

장기할부판매의 요건
판매금액 또는 수입금액을 월부·연부 기타의 부불방법에 따라 2회 이상 분할하여 수입하고 그 목적물의 인도일의 다음날부터 최종할부금 지급기일까지의 기간이 1년 이상일 것

   ② 시용판매의 수입금액 조정
      상대방이 구입의사를 표시한 날이 속하는 사업연도의 익금과 손금에 산입한다.
   ③ 위탁판매 수입금액의 조정
      수탁자가 그 상품을 판매한 날이 속하는 사업연도의 익금과 손금으로 한다.

⊕ 입력방법

┌─────────────────────┐   ┌─────────────────────────┐   ┌─────────────────────┐
│ 수입금액조정계산   │ ▶ │ 수입금액조정명세   │ ▶ │ 수입금액조정계산   │
│ (결산서상수입금액)   │   │ • 작업진행률에 의한 수입금액   │   │ (조정후 수입금액완성)   │
│   │   │ • 중소기업등 특례 수입금액   │   │   │
│   │   │ • 기타수입금액   │   │   │
└─────────────────────┘   └─────────────────────────┘   └─────────────────────┘

① **수입금액조정계산**

　　㉠ 계정과목과 결산서상 수입금액의 입력

　　　　항목란에서 1.매출 2.영업외수익 중 해당항목을 선택, 과목 란에는 계정과목코드를 입력하거나 F2 코드를 이용한다. 또한 회계관리로 기장한 경우 F4 매출조회를 클릭하면 기장된 자료의 수입금액이 팝업창에 표시되므로 해당항목에 커서를 위치시키고 확인 (Enter↵)을 클릭하면 자동으로 반영된다.

　　㉡ 조　정

　　　　조정의 가산, 차감 란은 하단 2.수입금액조정명세를 참고하여 해당란에 입력한다.

② **수입금액조정명세**

　　㉠ 작업진행률에 의한 수입금액

　　　　상단의 작업진행률에 의한 수입금액 탭을 클릭하면 작업진행률에 의한 수입금액 입력 화면이 나타난다.

　　㉡ 중소기업등 수입금액 인식기준 적용특례에 의한 수입금액입력

　　　　중소기업이 장기할부판매를 인도기준으로 회계처리하고 회수기준으로 신고조정하는 경우와 용역제공등의 수입금액을 진행기준으로 회계처리하고 인도기준으로 신고조정을 하는 경우에 본 화면에서 직접 입력한다.

　　㉢ 기타수입금액입력

　　　　기타수입금액조정 탭을 클릭하면 기타의 수입금액의 조정계산 화면이 나타난다. 기타 수입금액이 누락된 경우와 과다한 경우에 본 화면에서 직접 입력한다.

③ **조정등록(F3)**

　　수입금액조정이 완료된 후 세무조정 내용을 소득금액조정합계표에 직접 입력하려면 F3 조정등록을 클릭하여 나타나는 소득금액조정합계표의 상단에 화면하단에 표시된 세무조정사항을 참고하여 입력하면 된다.

필수예제

다음 자료에 의해서 (주)태양상사의 2025년도 수입금액조정명세서를 작성하고 소득금액 조정합계표를 작성하시오.

1. 결산서상 수입금액 내역 :
   상품매출 :   60,000,000원
   제품매출 : 1,584,600,000원
   공사매출 :   605,000,000원

2. 공사현장별 공사내역 (단위 : 원)

공사명	도급자	공사 계약일	도급 계약기간	도급금액	총공사비누적액 (총공사예정비)	손익계산서상 수익계상액
물류 창고	삼양 화공	2024.11. 1	2024.11.1 ~2025.5.31	750,000,000	500,000,000 (600,000,000)	2024년 : 70,000,000 2025년 : 390,000,000
제조 공장	정성 전자	2025. 7.15	2025.8.1 ~2026.10.31	450,000,000	160,000,000 (300,000,000)	2025년 : 215,000,000
계	-	-		1,200,000,000	660,000,000	675,000,000

* 물류창고의 2024년 수익에 대한 세무조정은 없는 것으로 가정한다.

3. 제품 재고액 중 Y제품 7,000,000원은 타인에게 위탁판매하기 위한 위탁품(적송품)으로서 2025.12.31에 수탁자가 9,000,000원에 판매한 것임.

따라하기

1. 수입금액조정계산

   항목란에 1.매출, 계정과목란에 커서를 두고 F4 매출조회를 클릭한 후 보조창에서 세법상의 수입금액에 해당하는 결산서상 수입금액(상품매출, 제품매출, 공사수입금)을 선택하여 반영한다.

➲ 입력된 화면

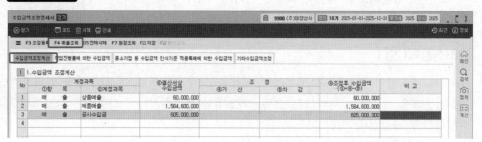

2. 작업진행률에 의한 수입금액

현재 진행 중인 공사의 내역을 등록하여 수입금액에 포함할 금액을 계산한다.

● 입력된 화면

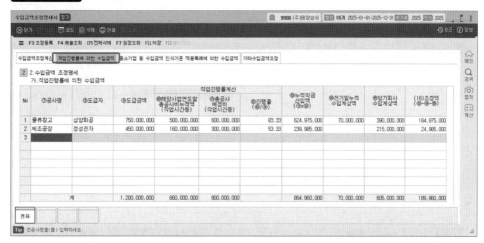

3. 기타수입금액

상단 기타수입금액조정 탭을 클릭하여 누락된 위탁판매의 수입금액과 이에 대응하는 매출원가를 입력한다.

● 입력된 화면

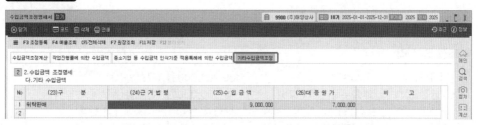

4. 수입금액조정계산의 "가산" 또는 "차감"란에 각각 추가 입력 확인한다.

가. 작업진행율에의한수입금액 189,960,000원 : 공사수입금의 가산란에 자동으로 반영된다.

나. 기타수입금액 9,000,000원 : 위탁판매는 수탁자가 판매한 날이 귀속시기이므로 제품매출의 가산 란에 직접 입력하여야 한다.

● 입력된 화면

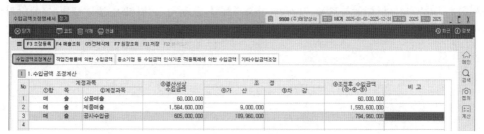

5. 상단의 F3 조정등록을 클릭하여 소득금액조정합계표에 입력한다.

과목 란에 두 글자를 입력하여 나타나는 보조창에서 관련 세무조정 사항 중 하나를 선택하거나 하단의 직접입력을 클릭한 후 과목을 직접 입력한다.

➔ 입력된 화면

조정 등록							✕
익금산입 및 손금불산입			**손금산입 및 익금불산입**				
과 목	금 액	소득처분	과 목	금 액	소득처분		
법인세비용	21,022,750	기타사외유출	위탁매출원가 누락	7,000,000	유보발생		
공사미수금	189,960,000	유보발생					
매출누락	9,000,000	유보발생					
합 계	219,982,750		합 계	7,000,000			

소득명세				
과 목	금 액	과 목	금 액	
공사미수금과소	189,960,000	매출원가과소	7,000,000	
매출누락	9,000,000			

※환경등록-조정등록방법 : 조정과목사용으로 설정됨 ｜ 손익조정 ｜ 직접입력 ｜ 계정코드도움(F2) ｜ 조정코드도움(F4) ｜ 삭제(F5) ｜ 종료(Esc)

▶ 조정등록에서 과목을 입력하는 방법은 직접입력과 조정코드도움(F4)을 사용하는 입력의 밥법이 있는데, 그 중 직접입력은 조정내용을 알 수 있는 정도로 간략하게 입력하면 된다.

■ 조정내용정리

- 〈익금산입〉　　공사수입금　　　　　189,960,000원 (유보발생)
- 〈익금산입〉　　매출누락(위탁판매)　　9,000,000원 (유보발생)
작업진행률에 의한 수입금액과 위탁판매에 의한 매출액 누락액을 익금에 산입한다.
- 〈손금산입〉　　위탁매출원가누락　　　7,000,000원 (유보발생)
위탁판매에 의한 매출액 누락액에 대한 매출원가는 손금에 산입한다.

❷ 수입배당금명세서

투자법인이 받는 수입배당금은 피투자회사의 순이익에서 법인세를 납부하고 잔여분을 받은 것인데 법인의 소득에 포함하여 법인세를 부담하여야 한다. 이것은 1차로 과세된 소득에 중복과세하는 이중과세에 해당하므로 이러한 이중과세를 조정하기 위하여 법인세법은 배당기준일 전 3개월 이내에 취득한 주식에 대한 수입배당금을 익금불산입하는 규정을 두고 있다.

1. 수입배당금액 익금불산입 계산대상 법인

    타법인 주식을 보유한 일반내국법인(비영리내국법인 제외)

2. 수입배당금액 익금불산입액의 계산

$$익금불산입액 = 수입배당금액 \times 익금불산입\ 비율 - 지급이자\ 차감액$$

• 출자비율은 피출자법인의 배당기준일 현재 3개월 이상 계속해서 보유하고 있는 주식 등을 기준으로 계산한다.

1) 내국법인에 대한 출자

피출자법인에 대한 출자비율	익금불산입 비율
50% 이상	100%
20% 이상 50% 미만	80%
20% 미만	30%

2) 외국자회사에 대한 출자

피출자법인에 대한 출자비율	익금불산입 비율
10% 이상	95%
5% 이상 (해외자원개발사업을 하는 외국법인)	95%

3) 지급이자 차감액

$$지급이자\ 차감액\ =\ 지급이자 \times \frac{주식\ 장부가액의\ 적수}{자산총액의\ 적수} \times 익금불산입\ 비율$$

3. 소득처분

    피투자회사로부터 수령한 세무상 수입배당금액 중에서 산식에 의하여 계산된 금액은 익금불산입으로 세무조정하고 기타로 소득처분한다.

출자법인 현황 ➡ 배당금 지급법인 현황 ➡ 수입배당금 및 익금불산입 금액 명세

① 출자법인 현황

출자법인 현황은 회사등록 사항이 자동으로 반영된다.

② 배당금 지급법인 현황

보유한 주식을 발행한 법인의 현황을 입력한다.

③ 수입배당금 및 익금불산입 금액 명세

배당금 지급 법인명, 배당금액, 익금불산입비율, 지급이자, 보유주식의 장부가액 및 출자법인의 자산총액을 입력하면 익금불산입액을 자동으로 계산한다. 익금불산입비율은 해당란에 커서를 놓으면 나타나는 보조창에서 선택 확인하여 입력한다.

④ 수입배당금의 익금불산입 조정

위의 각 부분이 입력되면 자동 계산되며 19.익금불산입액을 F3 조정등록을 클릭하여 익금불산입하고 소득처분은 기타로 입력한다.

❸ 임대보증금등의간주익금조정명세서

부동산임대업이 주업이면서 차입금을 과다 보유한 법인이 부동산 또는 부동산에 관한 권리를 대여하고 받은 보증금에 정기예금이자율을 곱한 금액에서 임대사업부문에서 발생한 수입이자 및 배당금 등의 합계액을 차감한 금액을 익금에 산입한다. 이때 익금에 산입할 간주임대료를 계산하는 서식을 임대보증금간주익금조정명세서라고 한다.

조정에 필요한 내용

1. 간주익금의 계산대상 법인
   ① 사업연도 종료일 현재 자산총액 중 임대사업에 사용된 자산가액이 50% 이상으로 부동산임대업이 주업인 법인이면서
   ② 차입금의 적수가 자기자본적수의 2배를 초과하는 차입금 과다보유 법인

2. 간주익금의 계산

$$\text{간주임대료} = \left(\begin{array}{c} \text{해당 사업연도의} \\ \text{보증금 등}^{1)}\text{의} \\ \text{적수} \end{array} - \begin{array}{c} \text{임대용 부동산의} \\ \text{건설비상당액}^{2)}\text{의} \\ \text{적수} \end{array} \right) \times \frac{1}{365^{3)}} \times \begin{array}{c} \text{정기예금} \\ \text{이자율}^{4)} \end{array} - \begin{array}{c} \text{해당 사업연도의 임대사업부분에서 발생한} \\ \text{수입이자와 할인료·배당금신주인수권처분익 및} \\ \text{유가증권처분익}^{5)}\text{의 합계액} \end{array}$$

1) 해당 사업연도의 보증금등의 적수 : 해당 사업연도의 부동산 또는 부동산에 관한 권리를 대여하고 받은 보증금, 전세금 또는 이와 유사한 성질의 금액의 적수를 말하며, 부동산을 임차하여 전대하는 경우 보증금 등의 적수는 전대보증금의 적수에서 임차보증금의 적수를 차감하여 계산한다.
2) "임대용부동산의 건설비상당액" 이란 건축물의 취득가액으로 자본적지출액을 포함하고 재평가차액은 제외한다.

$$\left[\begin{array}{c} \text{임대용부동산의} \\ \text{건설비 적수 총계} \end{array} \right] \times \frac{\text{임대면적의 적수}}{\text{임대가능면적의 적수}}$$

3) 윤년의 경우 366일을 적용한다.
4) 정기예금이자율 : 연 3.5%를 적용한다.
5) 유가증권처분익 : 유가증권의 매각익에서 매각손을 차감한 금액으로 그 금액이 부수(−)인 때에는 "0"으로 한다.

3. 소득처분
   익금에 산입되는 간주익금은 기타사외유출로 처분한다.

⊕ 입력방법

```
임대보증금 등의      건설비 상당액      임대보증금 등의      임대보증금 등의
  적수계산    ▶      적수계산    ▶   운용수입금액명세서  ▶   간주익금조정
```

① 임대보증금 등의 적수계산

일자별로 임대보증금의 입금과 반환금액을 입력하면 임대보증금 누계와 일수 및 적수는 자동으로 계산되며, 294.임대보증금계정으로 입력한 경우 F12 불러오기를 클릭하면 자동으로 반영된다. 전기에서 이월된 임대보증금 등의 경우는 0.전기이월을 선택하여 입력한다. 임대면적적수 동시계산을 클릭하면 임대보증금의 적수계산과 동시에 건설 임대면적에 대한 적수가 자동으로 계산된다.

② 건설비 상당액 적수계산

건설비 상당액 적수계산 화면에서 건설비총액, 건물연면적, 건설임대면적을 입력하면 ⑬건설비총액적수, ⑭ 임대면적적수, ⑮ 건물연면적적수 및 (16)건설비상당액적수를 자동으로 계산한다.

③ 임대보증금 등의 운용수입금액명세서

임대보증금 운용수입란에는 당해 임대보증금 등으로 취득한 것이 확인되는 금융자산으로 발생한 이자수입과 할인료 및 배당금 등을 구분하여 입력한다.

④ 임대보증금 등의 간주익금조정

위의 각 부분이 입력되면 자동 계산되며 ⑦ 익금산입금액을 F3 조정등록을 클릭하여 익금산입(기타사외유출)한다.

필수예제

다음 자료에 의해서 (주)태양상사의 2025년도 임대보증금등의 간주익금조정명세서를 작성하고 소득금액조정합계표를 작성하시오(정기예금이자율은 3.5%를 적용한다).

1. 임대용부동산 취득일 : 2024. 4. 28
   취득가액 : 토지 100,000,000원
   건물 120,000,000원 (연 면적 1,000㎡ 중 임대면적 400㎡)

2. 부동산 임대현황(부동산임대업이 주업이며 차입금 과다 보유 법인이라고 가정함)
   임대사업 개시일 : 2024. 7. 20
   전기이월 보증금 : 159,000,000원(400㎡), 추가보증금 수령(3월 1일) : 1,000,000원

3. 임대보증금 운용 수입금액 : 이자수익 35,760,000원 중 2,730,263원

따라하기

1. 임대보증금을 294.임대보증금계정으로 입력한 경우에는 F12 불러오기를 하면 ① 임대보증금등적수가 자동으로 반영된다. 그렇지 않은 경우에는 임대일자와 금액을 직접 입력하여 적수를 계산한다.

입력된 화면

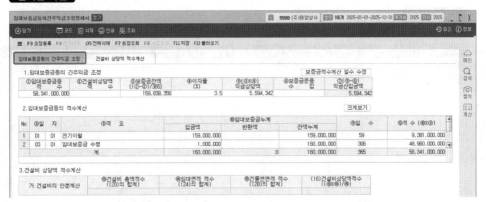

2. 건설비상당액적수계산 탭을 클릭하여 (17)건설비총액적수, (21)건물임대면적적수, (25)건물연면적적수에 일자(01.01.)를 입력하고 각각 건설비총액(120,000,000원), 건물임대면적(입실면적)(400㎡) 및 건물연면적(1,000㎡)을 입력하면 자동으로 계산된다. 계산된 금액은 3.건설비상당액적수계산에 자동으로 반영되어 (16)건설비상당액적수는 17,520,000,000이 된다.

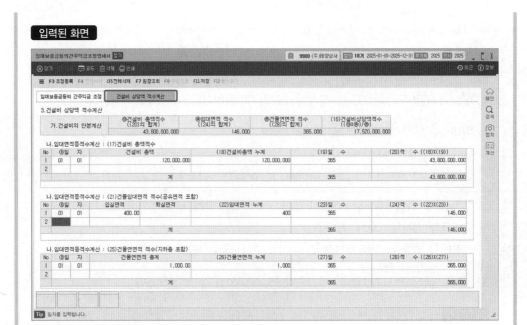

3. 임대보증금의 간주익금조정탭에서 4.임대보증금등의 운용수입금액명세서의 29.과목 란에
901이자수익을 입력하거나 F2 코드를 클릭하여 보조창에서 선택한 후 이자수익계정의 금
액 35,760,000원과 보증금에 대한 운용수입 2,730,263원을 입력한다. 이자수익 계정금액
을 확인하고자 할 때 화면상단의 F7 원장조회를 이용할 수 있다.

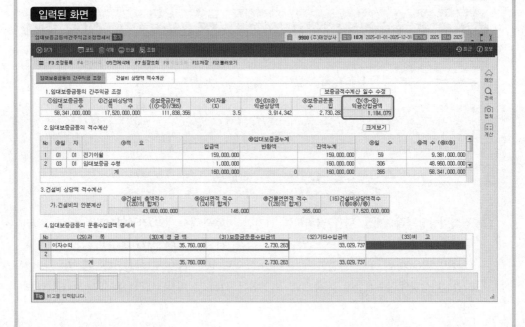

4. 화면상단에서 이자율 3.5%를 입력하고, 임대보증금 등의 간주익금조정에 자동으로 반영된 금액을 확인할 수 있다. 일수는 [보증금적수계산일수수정]을 클릭하여 평년은 365일 윤년은 366일로 세팅되어 있는지 확인한다.

5. 보증금에 대한 간주익금대상액에서 운용수입을 차감한 최종 ⑦익금산입액 1,184,079원을 F3 조정등록을 클릭하여 소득금액조정합계표에 반영한다.

입력된 화면

익금산입 및 손금불산입			손금산입 및 익금불산입		
과 목	금 액	소득처분	과 목	금 액	소득처분
법인세비용	21,022,750	기타사외유출	위탁매출원가 누락	7,000,000	유보발생
공사미수금	189,960,000	유보발생			
매출누락	9,000,000	유보발생			
임대보증금간주익금	1,184,079	기타사외유출			
합 계	221,166,829		합 계	7,000,000	

소득명세

과 목	금 액	과 목	금 액
임대보증금간주익금	1,184,079		

※환경등록-조정등록방법: 조정과목사용으로 설정됨

손익조정　직접입력　계정코드도움(F2)　조정코드도움(F4)　삭제(F5)　종료(Esc)

■ 조정내용정리

• 〈익금산입〉　임대보증금 간주익금　　　1,184,079원 (기타사외유출)

4 조정후 수입금액명세서

조정후 수입금액명세서는 각 사업연도 소득금액의 계산, 과세표준의 계산 및 세액계산에 직접적으로 반영되는 조정서식은 아니다. 수입금액조정명세서에 대한 부표의 성격으로 업종별 수입금액을 파악하고, 수입금액과 부가가치세 과세표준을 비교 대사하는 서식이다.

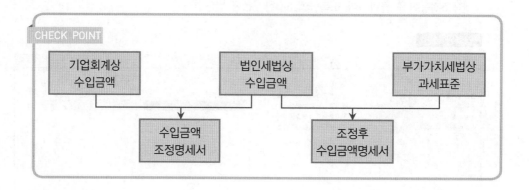

① 업종별수입금액명세서

　㉠ 업태/종목은 회사등록에서 자동으로 반영된다. 그러나 업종이 여러 개의 경우 각각 나누어 입력해야 한다. 업종은 수입금액이 가장 큰 금액 순으로 자동정렬 되어 저장된다.

　㉡ 기준경비율코드는 회사등록에서 자동반영 또는 직접 입력한다.

　㉢ 수입금액계란의 입력은 F8 수입조회를 클릭하면 수입금액조정명세서의 내용이 조회되므로 확인(Enter↵)을 클릭하면 자동입력 된다. 업종이 여러 개인 경우에 위 작업을 반복한다.

　㉣ 수입금액계란을 입력한 후 내수의 국내생산품과 수입상품에 분리 입력하면 차액은 자동으로 수출란에 반영된다.

　㉤ 수입금액합계액은 법인세 과세표준 및 세액신고서에 자동으로 반영된다.

② 부가가치세 과세표준과 수입금액 차액검토

부가가치세 과세표준의 각 항목은 부가가치세 신고서에서 저장된 금액이 부가가치세신고내역보기를 클릭하여 보조창에서 선택 확인하면 자동으로 반영된다. 다만, 부가가치세 신고내용을 저장하지 않은 경우, 수정신고로 인하여 과세표준금액이 틀린 경우와 회계관리를 이용하지 않은 회사는 과세표준금액을 직접 입력하여야 한다.

③ 수입금액과의 차액내역

부가가치세 과세표준과 수입금액의 차액내역을 확인하여 해당란에 입력한다.

▶ 수입금액조정명세서 작성이 선행되어야 하며, 수입금액조정명세서상의 수입금액과 부가가치세 과세표준과 수입
금액 차액 검토 란의 수입금액을 일치시켜야 한다.
시험에서 부가가치세 신고서를 저장하지 않은 경우에는 불러오기가 안 되므로 부가가치세 신고서 메뉴에서 저
장한 후 과세표준을 불러오거나 확인한 금액을 직접 입력하여야 한다.

필수예제 따라하기

필수예제

다음 자료에 의해서 (주)태양상사의 2025년도 조정후수입금액명세서를 작성하시오.

1. 수입금액은 국내에서 생산판매된 것이며, 영세율 적용분은 수출분이다.

2. 당해연도에 신고한 부가가치세 과세표준은 2,268,600,000원이며, 그 중에는 영업부 차량
운반구 매각대금 14,000,000원과 간주공급(사업상 증여) 5,000,000원이 포함되어 있다.

3. 업종별 기준경비율 코드는 다음과 같다.

업 태	종 목	기준경비율 코드
제 조	자동차부품	343000
건 설	비주거용건물건설	451104
도 매	자동차용품	503003

따라하기

1. 업종별수입금액명세서에서 F8 수입조회를 클릭하여 업태·종목별로 결산서상 수입금액을
업종코드와 함께 입력한다.

업 태	종 목	기준(단순)경비율번호	계	국내생산품	수 출
제 조	자동차부품	343000	1,593,600,000	1,531,600,000	62,000,000[*]
건 설	비주거용건물	451104	794,960,000	794,960,000	
도 매	자동차용품	503003	60,000,000	60,000,000	

▶ 부가세신고서를 조회하면 영세율 적용분 62,000,000원을 확인할 수 있다.
*수출란에 금액이 직접 입력되지 않으므로 국내생산품의 금액을 1,531,600,000원 (1,593,600,000 −
62,000,000)으로 입력하고 수입상품란을 0원으로 입력하면 수출란에 62,000,000원이 자동으로 생성된다.

2. 과세표준과수입금액차액검토 탭에서 F12 불러오기를 클릭하면 부가가치세 과세표준과 수
입금액차액검토란에 부가가치세과세표준금액이 자동으로 반영된다.

▶ 자동반영되지 않는 경우에는 부가가치세신고서를 조회하여 저장하고 불러오기를 하면 자동반영된다.

3. 차액내역란에 차량매각대금 등 차액내역을 입력한다.

차액내역	코드	구 분	금 액(원)
간 주 공 급	22	사 업 상 증 여	5,000,000
차량운반구매각대금	25	유 형 자 산 매 각 액	14,000,000
공 사 수 입 금	28	작 업 진 행 율 차 이	-189,960,000
위 탁 판 매 수 입 금 액	32	매 출 누 락	-9,000,000
계			-179,960,000

▶ 부가세 과세표준과 수입금액차액검토에서 ⑬차이이 ⊖이면 하단 (17)차액계의 금액도 ⊖이어야 한다.

↪ 입력된 화면

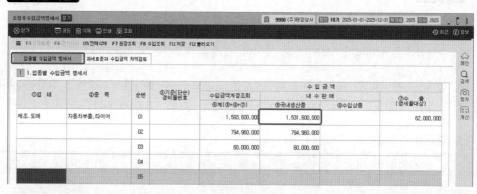

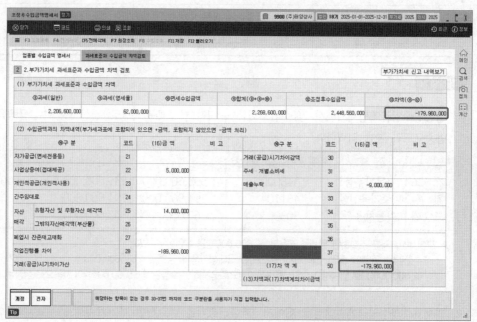

▶ 조정후 수입금액명세서는 수입금액의 차이를 비교하는 서식이므로 세무조정사항은 없다.

● NCS 능력단위 : 0203020217법인세신고　　능력단위요소 : 02부속서류작성하기
2.1 조세특례제한법과 중소기업기본법에 따른 중소기업 검토표를 작성 할 수 있다.

　　중소기업 여부를 중소기업기준검토표를 작성하여 검토한다. 중소기업은 일반기업에 비하여 각종 혜택이 주어진다. 중소기업의 요건은 조세특례제한법의 업종기준을 충족하고, 매출액이 주된 업종별로 중소기업기본법시행령 「별표1」의 규모기준 이내로 동시에 충족하여야 한다.

조정에 필요한 내용

1. 중소기업의 요건 (조세특례제한법시행령 § 2 ①)

(1) 업종

> 소비성 서비스업과 부동산임대업, 성실신고대상 소규모 법인을 제외한 모든 업종
> 소비성 서비스업 : 호텔업 및 여관업(관광숙박업 제외), 일반유흥주점업, 무도유흥주점 및 단란주점업(외국인전
> 　　　　　　　　용유흥 음식점과 관광유흥음식점업은 제외)

(2) 주된 업종별 매출액(중소기업기본법시행령 별표1)

해당 기업의 주된 업종	분류기호	규모 기준
1. 의복, 의복액세서리 및 모피제품 제조업	C14	평균매출액등 1,500억원 이하
2. 가죽, 가방 및 신발 제조업	C15	
3. 펄프, 종이 및 종이제품 제조업	C17	
4. 1차 금속 제조업	C24	
5. 전기장비 제조업	C28	
6. 가구 제조업	C32	
7. 농업, 임업 및 어업	A	평균매출액등 1,000억원 이하
8. 광업	B	
9. 식료품 제조업	C10	
10. 담배 제조업	C12	
11. 섬유제품 제조업(의복 제조업은 제외한다)	C13	
12. 목재 및 나무제품 제조업(가구 제조업은 제외한다)	C16	
13. 코크스, 연탄 및 석유정제품 제조업	C19	
14. 화학물질 및 화학제품 제조업(의약품 제조업은 제외한다)	C20	
15. 고무제품 및 플라스틱제품 제조업	C22	
16. 금속가공제품 제조업(기계 및 가구 제조업은 제외한다)	C25	
17. 전자부품, 컴퓨터, 영상, 음향 및 통신장비 제조업	C26	
18. 그 밖의 기계 및 장비 제조업	C29	

해당 기업의 주된 업종	분류기호	규모 기준
19. 자동차 및 트레일러 제조업	C30	평균매출액등 1,000억원 이하
20. 그 밖의 운송장비 제조업	C31	
21. 전기, 가스, 증기 및 공기조절 공급업	D	
22. 수도업	E36	
23. 건설업	F	
24. 도매 및 소매업	G	
25. 음료 제조업	C11	평균매출액등 800억원 이하
26. 인쇄 및 기록매체 복제업	C18	
27. 의료용 물질 및 의약품 제조업	C21	
28. 비금속 광물제품 제조업	C23	
29. 의료, 정밀, 광학기기 및 시계 제조업	C27	
30. 그 밖의 제품 제조업	C33	
31. 수도, 하수 및 폐기물 처리, 원료재생업 (수도업은 제외한다)	E (E36 제외)	
32. 운수 및 창고업	H	
33. 정보통신업	J	
34. 산업용 기계 및 장비 수리업	C34	평균매출액등 600억원 이하
35. 전문, 과학 및 기술 서비스업	M	
36. 사업시설관리, 사업지원 및 임대 서비스업(임대업은 제외한다)	N (N76 제외)	
37. 보건업 및 사회복지 서비스업	Q	
38. 예술, 스포츠 및 여가 관련 서비스업	R	
39. 수리(修理) 및 기타 개인 서비스업	S	
40. 숙박 및 음식점업	I	평균매출액등 400억원 이하
41. 금융 및 보험업	K	
42. 부동산업	L	
43. 임대업	N76	
44. 교육 서비스업	P	

비고
1. 해당 기업의 주된 업종의 분류 및 분류기호는 「통계법」 제22조에 따라 통계청장이 고시한 한국 표준산업분류에 따른다.
2. 위 표 제19호 및 제20호에도 불구하고 자동차용 신품 의자 제조업(C30393), 철도 차량 부품 및 관련 장치물 제조업(C31202) 중 철도 차량용 의자 제조업, 항공기용 부품 제조업(C31322) 중 항공기용 의자 제조업의 규모 기준은 평균매출액등 1,500억원 이하로 한다.

(3) 중소기업 졸업 기준
　　업종 및 규모의 기준을 충족하더라도 자산총액이 5천억원 이상인 기업은 중소기업에서 제외한다.

(4) 중소기업의 판정 요령

1) 업종의 구분

① 조세특례제한법에 특별한 규정이 있는 것을 제외하고는 실질내용에 따라 통계청장이 고시하는 한국표준산업분류를 기준으로 구분한다.

② 업종이 새로이 중소기업에 해당하게 되면 그 사유가 발생한 날이 속하는 과세연도부터 중소기업으로 보고, 중소기업에 해당하지 않게 되는 때에는 1회에 한하여 그 사유가 발생한 날이 속하는 과세연도와 그 다음 3개 과세연도까지는 중소기업으로 본다. 그 이후에는 과세연도별로 중소기업 여부를 판단한다.

2) 매출액

매출액은 기업회계기준에 따라 작성한 당기손익계산서상의 매출액으로 적용한다.

3) 자산총액

자산총액은 사업년도 종료일 현재 재무상태표상 자산총액으로 한다.

4) 겸업 시 중소기업 판정

2개 이상의 업종을 겸영하고 있는 기업의 중소기업 판정은 주업종에 의하여 결정한다. 이때 주업종 판정은 사업별 수입금액이 큰 사업을 기준으로 한다.

(5) 중소기업의 유예기간 적용(조특령§ 2 ②)

1) 유예기간 적용 대상

① 중소기업의 매출액이 업종별로 중소기업기본법 시행령 「별표 1」의 기준을 초과하는 경우

② 자산총액이 5천억원 이상이 되어 중소기업에서 제외되는 경우

③ 중소기업이 중소기업기본법 시행령 별표의 개정으로 중소기업에 해당하지 아니하게 된 때

2) 유예기간 적용 방법

중소기업이 중소기업 기준을 초과하면 최초 1회에 한하여 그 사유발생연도와 그 다음 5개(코스피, 코스닥 상장 기업은 7개) 과세연도까지 중소기업으로 본다. 그리고 유예기간이 경과한 후에는 과세연도별로 중소기업 해당여부를 판정하여야 한다.

3) 유예기간 적용 제외

다음의 경우에는 유예기간의 규정을 적용하지 않는다.

① 중소기업 외의 기업과 합병하여 중소기업 기준을 초과하는 경우

② 유예기간 중에 있는 기업과 합병하는 경우

③ 자산총액 5,000억원 이상인 법인이 발행주식 총수의 30%이상 소유하고 있는 법인과 상호출자제한기업집단에 속하는 법인으로 대규모기업집단 소속 계열사

④ 창업일이 속하는 연도의 다음 다음 사업년도 종료일 현재 중소기업 기준을 초과하는 경우

⑤ 주업종이 중소기업 외의 업종으로 변경되는 경우

⊕ 입력방법

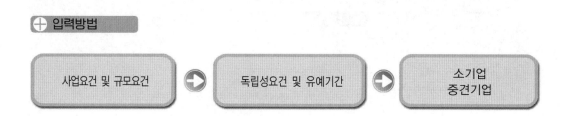

① 사업요건 및 규모요건

F12불러오기로 조정후수입금액명세서에 입력한 업종과 업종별 사업수입금액(매출액)을 불러온다. 사업수입금액이 가장 큰 업종이 주된 업종이 된다. 주된 업종이 중소기업 해당

업종이면 (101)사업요건에서 적합을 선택하고, (102)규모요건은 업종별 기준수입금액(매출액)을 입력하고 업종별 매출액 이하이면 적합을 선택한다. 자동차부품 제조업은 한국표준산업분류 상 C(제조업) 303.자동차 부품 제조업으로 C30.자동차및트레일러 제조업에 해당하므로 중소기업 판정을 위한 기준 매출액이 1,000억 원이다.

② 독립성요건 및 유예기간

자산총액 5,000억 원 이상인 법인이 발행주식 총수의 30%이상 소유하고 있는 법인과 상호출자제한기업집단에 속하는 법인으로 대규모기업집단 소속 계열사인지 여부를 입력한다.

③ 소기업

소기업을 판정하기 위한 업종별 매출액을 입력한다.

④ 중견기업

중소기업을 졸업한 기업으로서 중견기업에 적합한지 여부를 검토하는 메뉴이다. 중견기업은 중소기업 업종을 영위하면서 직전 3년 평균 매출액이 업종별 기준금액의 3배(연구개발비 세액공제의 경우는 5배) 미만일 때에 해당한다.

업종별 기준금액

업종	기준금액	업종	기준금액
의류제조, 1차 금속제조 등	1,500억원	보건복지사회, 기타 개인서비스 등	600억원
식료품 제조, 건설, 도소매 등	1,000억원	숙박, 음식, 교육서비스 등	400억원
운수창고, 정보통신 등	800억원		

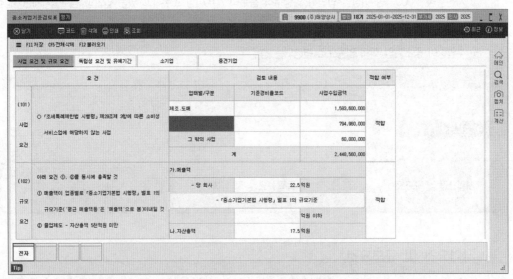

SECTION 06 | 감가상각비조정

감가상각비는 법인이 결산상 손금으로 계상한 경우에 한하여 해당자산의 내용연수에 따른 상각률로 계산한 금액(상각범위액)을 한도로 하여 손금에 산입하므로 상각범위액을 초과하는 금액은 부인(손금불산입) 하여야 한다.

조정에 필요한 내용

1. 고정자산의 범위

구 분	내	용
유형자산	① 건축물(건물 및 구축물) ③ 사업용자산(기계장치 등)	② 차량 및 운반구, 공구, 기구 및 비품
무형자산	① 영업권, 디자인권, 실용신안권, 상표권 등 ③ 사용수익기부자산	② 개발비 ④ 주파수이용권 및 공항시설관리권

2. 감가상각방법 신고

① 감가상각방법의 선택

구 분	신고하는 경우 상각방법	무신고시
무형자산, 건축물	정액법	정액법
유형자산	정액법, 정률법 중 선택	정률법
광업권	정액법, 생산량비례법 중 선택	생산량비례법
광업용 유형자산	정액법, 정률법, 생산량비례법 중 선택	생산량비례법

감가상각방법의 신고기한 : 영업개시일 또는 취득일이 속하는 사업연도의 과세표준 신고기한까지 신고

② 감가상각방법의 변경

㉠ 변경사유
- 감가상각방법이 서로 다른 법인이 합병 또는 사업인수한 경우
- 외국투자자가 내국법인의 주식을 20%이상 인수보유하게 된 경우
- 경제적여건의 변동으로 상각방법을 변경할 필요가 있을 경우
- 회계정책의 변경에 따라 상각방법이 변경된 경우(예:K-IFRS를 최초로 적용한 사업연도에 변경)

㉡ 변경신청
㉠ 변경하고자 하는 사업연도 종료일까지 변경신청
㉡ 관할세무서장은 신청서 접수일이 속하는 사업연도 종료일부터 1개월 이내에 승인여부를 통지

3. 감가상각비의 시부인계산

① 시부인계산의 구조

	회 사 계 상 감 가 상 각 비
(-)	상 각 범 위 액
(+)	상 각 부 인 액 손금불산입(유보)
(-)	시 인 부 족 액 〔(원칙) 소멸 〔(예외) 전기 상각부인액을 부족액범위에서 손금산입(유보감소)

구 분	판매비와 관리비, 제조원가, 공사원가 등으로 계상한 금액에 다음의 금액을 포함
회사계상 감가상각비	① 자본적 지출액을 수익적 지출로 처리한 경우 해당 금액 ② 전기오류수정손실(영업외비용)로 계상하거나 이익잉여금을 감소시킨 경우 해당 금액 ③ 법인이 기업회계기준에 따라 손상차손으로 계상한 금액
상각범위액	법인세법에 따라 각 사업연도에 손금에 산입할 수 있는 최고한도액

② 시부인액에 대한 세무조정

구 분	내 용
상각부인액	법인이 계상한 감가상각비로 세법상의 상각범위액을 초과하는 금액을 상각부인액이라 하며, 동 상각부인액은 손금불산입(유보)한다.
시인부족액	법인이 계상한 감가상각비로 상각범위액에 미달하는 금액을 시인부족액이라 한다. 감가상각비는 결산조정항목이므로 시인부족액은 손금산입할 수 없다. 다만, 전기에 이월된 상각부인액이 있는 경우에는 시인부족액의 범위내에서 동 상각부인액을 손금산입(△유보)한다.

* 만일 법인에 전기로부터 이월된 상각부인액이 있는 경우에는 당해 사업연도에 감가상각비를 계상하지 않은 경우에도 당해 사업연도의 상각범위액을 한도로 상각부인액을 손금산입(△유보)한다.

③ 시부인계산의 단위

감가상각비에 대한 시부인계산은 개별자산별로 한다.

④ K-IFRS 적용법인은 신고조정이 가능하다(법인세법상 금액이 결산서상 금액보다 큰 경우 그 차액의 범위에서 손금산입이 가능).

4. 상각범위액

① 상각범위액의 계산요소

취득가액	내용연수	잔존가액	감가상각방법

② 취득가액

㉠ 개 요

고정자산의 취득가액은 자산의 취득가액에 대한 법인세법의 일반원칙에 의하여 계산한다.

㉡ 자본적 지출과 수익적 지출

자 본 적 지 출	수 익 적 지 출
㉠ 본래의 용도를 변경하기 위한 개조 ㉡ 엘리베이터 또는 냉·난방장치의 설치 ㉢ 빌딩 등에 있어서 피난시설 등의 설치 ㉣ 재해 등으로 인하여 멸실 또는 훼손되어 본래의 용도에 이용할 가치가 없는 건축물·기계·설비 등의 복구 ㉤ 기타 개량·확장·증설 등 위와 유사한 성질의 것	㉠ 건물 또는 벽의 도장 ㉡ 파손된 유리나 기와의 대체 ㉢ 기계의 소모된 부속품 또는 벨트의 대체 ㉣ 자동차 타이어의 대체 ㉤ 재해를 입은 자산에 대한 외장의 복구, 도장 및 유리의 삽입 ㉥ 기타 조업가능한 상태의 유지 등 이와 유사한 것

ⓒ 즉시상각의제

구 분		내 용
원 칙		법인이 고정자산의 취득과 관련하여 지출한 금액과 자본적 지출액을 손금으로 계상한 경우에는 이를 감가상각한 것으로 보아 상각범위액을 계산한다.
예외	소액자산	취득가액이 거래단위별로 100만원 이하인 사업용 자산을 그 사업에 사용한 날이 속하는 사업연도의 손금으로 계상한 경우에는 이를 손금에 산입한다. 다만, 다음 자산은 제외한다. • 그 고유업무의 성질상 대량으로 보유하는 자산 • 그 사업의 개시 또는 확장을 위하여 취득한 자산
	단기사용자산	다음의 단기사용자산은 이를 그 사업에 사용한 날이 속하는 사업연도의 손금으로 계상한 것에 한하여 이를 손금에 산입한다. • 전화기(휴대용 전화기 포함), 개인용컴퓨터 및 그 주변기기, 영화필름, 공구(금형 제외), 가구, 전기기구, 가스기기, 가정용 가구비품, 시계, 시험기기, 측정기기 및 간판 • 대여사업용 비디오테이프 및 음악용 컴팩트디스크(CD)로서 개별자산의 취득가액이 30만원 미만인 것 • 어업에 사용되는 어구(어선용구 포함)
	자본적 지출	다음의 지출은 지출한 날이 속하는 사업연도의 손금으로 계상한 것에 한하여 손금에 산입한다. • 개별 자산별로 수선비로 지출한 금액이 600만원 미만인 경우 • 개별 자산별로 수선비로 지출한 금액이 직전 사업연도 종료일 현재 재무상태표상 자산가액(취득가액 − 감가상각누계액)의 5%에 미달하는 경우 • 3년 미만의 기간마다 주기적인 수선을 위하여 지출하는 경우

③ 내용연수와 상각률

ㄱ 내용연수의 개요

구 분	내 용
기준내용연수와 내용연수범위	• 기준내용연수 : 법인세법 시행규칙 별표5, 별표6에 규정한 내용연수 • 내용연수범위 : 기준내용연수 ± 기준내용연수 × 25%
신고내용연수	내용연수범위 내에서 법인이 선택하여 납세지 관할세무서장에게 신고한 내용연수 ➡ 신고를 하지 아니한 경우에는 기준내용연수에 의한다.
변경사유	다음에 해당하는 사유가 있는 법인은 기준내용연수에 기준내용연수의 50%(또는 25%)를 가감한 범위 내에서 납세지 관할지방국세청장의 승인을 얻어 사업장별로 내용연수범위와 다르게 내용연수를 적용하거나, 적용하던 내용연수를 변경할 수 있다. • 사업장의 특성으로 자산의 부식·마모 및 훼손의 정도가 현저한 경우 • 영업개시 후 3년이 경과한 법인으로서 당해 사업연도의 생산설비(건축물을 제외)의 가동률이 직전 3개 사업연도의 평균가동률보다 현저히 증가한 경우 • 새로운 생산기술 및 신제품의 개발·보급 등으로 기존 생산설비의 가속상각이 필요한 경우 • 경제적 여건의 변동으로 조업을 중단하거나 생산설비의 가동률이 감소된 경우 • K-IFRS를 최초로 적용하는 사업연도에 결산내용연수를 변경한 경우(25% 가감) • 기준내용연수가 변경된 경우(25% 가감) * 내용연수의 변경후 3년간은 재변경이 금지된다.

* 금형은 차량운반구, 공구기구 비품의 내용연수 5년을 적용하여 감가상각한다.

ⓛ 내용연수의 신고, 특례내용연수의 승인신청 및 변경승인신청

구 분	신고·신청기한	신청기관
내용연수 신고	• 신설법인과 새로 수익사업을 개시한 비영리내국법인 : 영업개시일이 속하는 사업연도의 법인세 과세표준 신고기한 • 자산별·업종별 구분에 의한 기준내용연수가 다른 고정자산을 새로이 취득하거나 새로운 업종의 사업을 개시한 경우 : 그 취득한 날 또는 개시한 날이 속하는 사업연도의 법인세 과세표준 신고기한	납세지 관할 세무서장 (승인불필요)

ⓒ 상각률

사업연도	내 용
1년인 경우	법인은 법인세법 시행규칙 별표에 규정된 상각률을 적용한다.
1년 미만인 경우	다음과 같이 계산한 환산내용연수에 해당하는 상각률을 적용한다. $$환산내용연수 = 본래의\ 내용연수 \times \frac{12}{사업연도\ 월수}$$

주) 월수는 달력에 따라 계산하되, 1개월 미만의 일수는 1개월로 한다.

④ 잔존가액

구 분	내 용
원 칙	고정자산의 잔존가액은 0(zero)으로 한다.
정률법에 의하여 상각하는 경우	정률법에 의하여 상각하는 경우에는 취득가액의 5%에 상당하는 금액을 잔존가액으로 하되, 그 금액은 해당 고정자산에 대한 미상각잔액이 최초로 취득가액의 5% 이하가 되는 사업연도의 상각범위액에 가산한다.
감가상각이 종료된 자산의 사후관리	감가상각이 종료되는 고정자산에 대하여는 취득가액의 5%와 1,000원 중 적은 금액을 해당 감가상각 자산의 장부가액으로 남겨두어야 한다. 동 비망금액은 해당 자산을 처분하는 때에 손금에 산입한다. 감가상각 종료자산의 비망금액 = MIN[1,000원, 취득가액 × 5%]

⑤ 상각범위액의 계산
ⓐ 일반적인 경우

구 분	상 각 범 위 액
정 액 법	취득가액 × 상각률
정 률 법	미상각잔액 × 상각률
생산량비례법	$$취득가액 \times \frac{해당\ 사업연도\ 채굴량}{총채굴예정량}$$

ⓑ 신규취득자산의 경우

$$신규취득자산의\ 상각범위액 = 일반적인\ 상각범위액 \times \frac{사용월수}{12}$$

이 경우 월수는 역에 따라 계산하되, 1개월 미만의 일수는 1개월로 한다.

ⓒ 자본적 지출액의 경우
고정자산에 대하여 자본적 지출액이 발생한 경우 취득가액에 가산하고 기존 자산의 상각방법과 내용연수(상각률)를 그대로 적용한다.

⑥ 감가상각의제

구 분	내 용
의 의	법인세가 면제되거나 감면되는 사업을 영위하는 법인은 상각범위액에 상당하는 감가상각비를 손금으로 계상하거나 손금에 산입하여야 한다.
강제신고조정	감가상각 의제액은 결산조정으로 계상하지 않은 경우 강제로 신고조정(손금산입 유보)을 하여야 한다.
추계에 의한 결정·경정	추계에 의한 결정·경정을 하는 경우에는 감가상각범위액에 상당하는 금액을 손금에 산입한 것으로 본다(건물과 구축물은 제외).

⑦ 자산의 양도시 세무조정(소득처분)

구 분	내 용
일반적인 경우	자산을 양도한 경우에는 해당 자산에 대한 상각부인액을 손금산입(△유보)한다.
감가상각자산의 일부를 양도한 경우	일부만 양도한 경우 해당 감가상각자산의 취득가액에서 양도한 부분의 취득가액이 차지하는 비율에 해당하는 부인액만 손금산입(△유보)한다.

⑧ 감가상각비에 대한 명세서 제출
법인은 개별자산별로 감가상각비조정명세서를 작성·보관하고 다음의 서류를 법인세과세표준 신고와 함께 관할 세무서장에게 제출하여야 한다.
• 감가상각비조정명세서합계표
• 감가상각시부인명세서
• 취득·양도자산의 감가상각비조정명세서

입력방법

[회계관리 또는 법인조정에서 입력]　　　　　　　　　　　[법인조정에서 입력]

▶ [고정자산등록] 메뉴는 회계관리와 법인조정 모두 같은 방법으로 입력하며, 감가상각조정명세서와 합계표는 법인조정에서 입력할 수 있다. 법인조정을 할 감가상각자료를 회계관리에서 결산시 [고정자산등록]에 그 내용을 입력하고 감가상각에 대한 조정을 하면 더 쉽게 조정할 수 있다.

1 고정자산등록

① 자산 계정과목

고정자산의 계정과목별 코드를 입력하며, 계정과목 코드를 모를 시에는 말풍선 또는 F2 코드를 이용하여 해당 계정과목을 입력한다.

② 자산코드/명

코드는 1번부터 임의로 부여하고, 자산명에 고정자산의 구체적인 품목을 입력한다(예 : 컴퓨터, 프린터, 티코 등).

③ 기본등록사항

기초가액부터 순차적으로 입력을 하며, 자동 계산된 13.회사계상액과 결산서상 감가상각비가 다를 경우는 사용자수정을 클릭한 후 회사계상액 란을 수정한다. 6.전기말 자본적 지출액 누계와 7.당기자본적지출액 및 8.전기말부인누계액을 고정자산등록에서 입력한다. 기중에 취득한 신규자산은 취득일을 정확하게 입력하고 1.기초가액 또는 4.당기중취득및당기증가에 입력하면 월할상각방법에 의해 상각한다.

④ 업종코드

감가상각비 계산에는 반영되지 않지만, 감가상각의 조정시 같은 업종끼리 업종별로 작성하기 위하여 말풍선 또는 F2 코드를 누른 후 선택 입력한다.

⑤ 보조금적용여부

국고보조금(정부보조금)을 받아 그 지급받은 날이 속하는 사업연도와 다음 1년 이내에 사업용자산(기계장치 또는 운수업의 차량운반구)를 취득하는 경우 해당 보조금을 손금에 산입할 수 있다. 이러한 유형자산을 고정자산등록에 입력할 때에 21.보조금적용여부에서 1:여를 선택하면 국고보조금 관련 회계처리를 결산자료입력에서 자동 반영할 수 있다.

⑥ 추가등록사항

입력한 고정자산의 변동사항 등을 입력한다.

2 미상각분감가상각비

고정자산등록에 입력한 각 자산이 계정과목별로 나타나는 화면이다. 1.유형자산, 2.무형자산, 3.전체 중에서 선택하고 계정과목의 말풍선을 클릭하면 나타나는 보조창에서 해당하는 계정을 선택 확인하면 해당계정의 고정자산등록 내역이 나타난다.

3 양도자산 감가상각비

고정자산등록에서 양도일자가 입력된 자산을 각 계정과목별로 나타나는 화면이다. 양도자산 감가상각비 계산서상의 상각대상금액은 기말 잔액을 의미하는 것이 아니라 양도시점의 미상각 잔액을 의미한다.

④ 미상각자산 감가상각조정명세서

고정자산등록 메뉴에 있는 데이터를 자동으로 F12불러오기를 할 수 있고 화면에서 직접 각 자산 등을 입력할 수도 있다.

▶ 미상각자산 감가상각조정명세서를 직접 입력할 경우 업종코드는 반드시 입력해야 한다.

⑤ 양도자산 감가상각조정명세서

고정자산등록 메뉴에 있는 양도자산의 데이터를 자동으로 불러오기를 하여 작성할 수도 있고 직접 각 자산 등을 입력할 수도 있다.

⑥ 감가상각비조정명세서합계표

F12 불러오기를 클릭하면 감가상각조정에서 계산된 데이터에 의해 자동으로 작성되며, 재무상태표상가액, 상각범위액, 회사손금계상액란은 개별자산의 감가상각비조정명세서상의 고정자산의 합계액이 넘어오며, 조정금액란은 자산합계별로 상각부인액과 시인부족액을 총액으로 별도 반영한다.

필수예제 따라하기

필수예제

다음 자료에 의해서 (주)태양상사의 2025년도 고정자산 등록과 감가상각에 대한 세무조정을 하고 감가상각비조정명세서와 감가상각조정명세서합계표 및 소득금액조정합계표를 작성하시오(단, 당사는 세액감면 대상이 아니라고 가정하고, 제시된 자산 외에는 감가상각을 하지 않는다고 가정함).

〈 고정자산의 감가상각에 관한 자료 〉

(단위 : 원)

구 분(업종코드)	자산명	취득일	취득가액	전 기 말 상각누계액	당기 회사 계상액	구분
건물(02) (정액법 20년)	1.공장건물	2023.10.26	140,000,000	10,000,000	4,000,000	제조
기계장치(13) (정율법 5년)	1.절단기	2024. 5. 1	40,000,000	8,200,000	6,400,000	제조
	2.조립기	2024. 7. 3	42,000,000	15,000,000	11,000,000	제조
	3.검수기	2025. 3. 1	25,000,000		9,395,833	제조
비 품(01) (정율법 5년)	1.컴퓨터	2023. 4.16	22,000,000	10,400,000	5,231,600	관리
	2.책상	2024. 1. 5	28,000,000	7,500,000	9,245,500	관리

1. 건물에 대한 전년도 상각부인액 7,500,000원이 2024년도 자본금과적립금조정명세서(을)에 잔액으로 남아있다.

2. 기계장치(조립기)에 대한 자본적지출 6,500,000원을 수익적지출로 보아 수선비로 처리하였다.

3. 감가상각에 대한 세무조정은 개별자산별로 소득금액조정합계표에서 각각 소득처분한다.

따라하기

① 고정자산등록메뉴에서 각 계정과목별로 해당자산의 감가상각내역을 입력하며 회사계상액이 재무제표 반영액과 다를 때 "사용자수정"키를 클릭하여 회사계상액을 수정한다.
② 미상각분감가상각비조정 메뉴에서 F12 불러오기를 하여 각각의 자산에 대한 조정을 한다.

1. 건물에 대한 감가상각조정

유형자산(정액법) 탭을 F12 불러오기 하면 건물에 대한 감가상각자료가 자동으로 반영되어 조정명세서가 작성된다. 전기말부인액을 고정자산등록에서 입력하지 않은 경우에는 화면우측의 "(25)전기말부인누계액" 란에 전년도 부인액인 7,500,000원을 입력하면 된다. (24)기왕부인액중당기손금추인액 3,000,000원과 (26)당기말부인누계액 4,500,000원이 자동으로 계산된다.

⊃ 입력된 화면

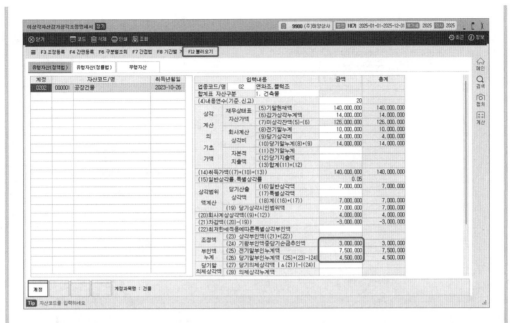

2. 기계장치(절단기)에 대한 감가상각조정

유형자산(정율법) 탭을 선택하면 기계장치의 감가상각자료를 자동으로 반영한 조정명세서가 작성된다. (22)당기상각범위액보다 (23)회사계상상각액이 적으므로 시인부족에 해당한다. 결산조정항목인 감가상각비 세무조정에서 (24)차감액이 (−)로 나타나는 시인부족액은 세무조정을 하지 않아야 한다.

▶ 세액감면을 받는 경우에는 시인부족액을 손금산입(유보)하여야 한다.

● 입력된 화면

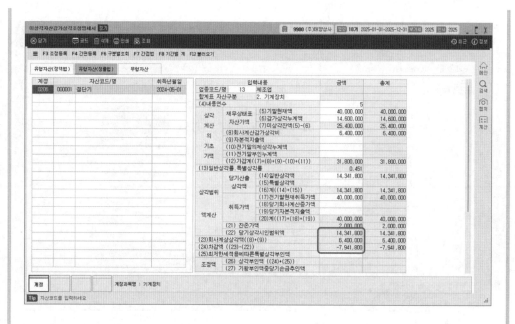

3. 기계장치(조립기)에 대한 감가상각조정

유형자산(정율법)의 조립기를 선택하면 감가상각자료를 자동으로 반영한 조정명세서가 작성된다. 이때, 고정자산등록에서 "7.당기자본적지출액"란에 6,500,000원을 입력하였다면 별도의 입력없이 조정을 완료할 수 있으며, 고정자산등록에서 입력되지 않았다면 미상각자산감가상각조정명세서의 "(9)자본적지출액"란과 "(19)당기자본적지출액"란에 6,500,000원을 각각 입력하면 "(26)상각부인액"란에 2,391,500원의 조정대상금액이 자동으로 계산된다.

➡ 입력된 화면

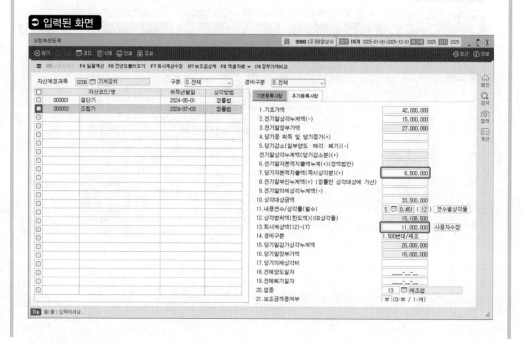

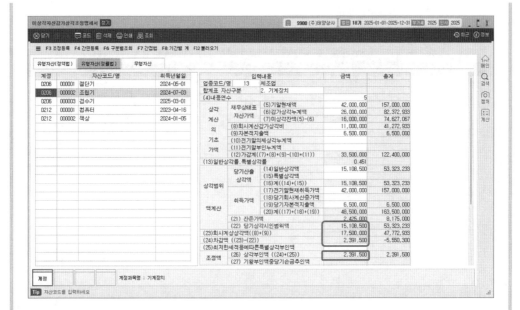

4. 소득금액조정합계표 작성

F3 조정등록을 클릭하여 소득금액조정합계표에 반영한다.

⊃ 입력된 화면

■ 조정내용정리

- 〈손금산입〉　　　기왕감가상각부인액(건물)　　　3,000,000원 (유보감소)
- 〈손금불산입〉　　기계장치상각부인액(조립기)　　2,391,500원 (유보발생)

▶ 전기에서 이월된 건물에 대한 감가상각부인액(기왕부인액 7,500,000원)은 당기에 부족액이 발생한 경우 부족
액범위(3,000,000원) 내에서 손금에 산입하여야 한다.

5. 감가상각비조정명세서합계표

⊃ 입력된 화면

1.자산구분		코드	2.합계액	유형자산			6.무형자산
				3.건축물	4.기계장치	5.기타자산	
재무 상태표 상가액	101.기말현재액	01	297,000,000	140,000,000	107,000,000	50,000,000	
	102.감가상각누계액	02	96,372,933	14,000,000	49,995,833	32,377,100	
	103.미상각잔액	03	200,627,067	126,000,000	57,004,167	17,622,900	
104.상각범위액		04	60,323,233	7,000,000	38,846,133	14,477,100	
105.회사손금계상액		05	51,772,933	4,000,000	33,295,833	14,477,100	
조정 금액	106.상각부인액 (105-104)	06	2,391,500		2,391,500		
	107.시인부족액 (104-105)	07	10,941,800	3,000,000	7,941,800		
	108.기왕부인액 중 당기손금추인액	08	3,000,000	3,000,000			
109.신고조정손금계상액		09					

전자

Tip

> ● NCS 능력단위 : 0203020217법인세신고   능력단위요소 : 02부속서류작성하기
> 2.4 법령에 따른 과목별 손금항목 조정명세서를 작성 할 수 있다.
> 2.5 세무조정 절차에 따라 소득금액 조정합계표를 작성 할 수 있다.

수입금액에 대한 조정을 하고 난 다음 과목별세무조정을 한다. 과목별 세무조정시 메뉴별로 발생하는 조정사항은 해당 메뉴에서 F3조정등록에 의해서 소득금액조정합계표에 반영시킨다.

과목별 세무조정

```
                                1.  퇴직급여충당금조정명세서
                                2.  퇴직연금부담금조정명세서
                                3.  대손충당금및대손금조정명세서
                                4.  접대비조정명세서
   수입금액          →        5.  재고자산평가조정명세서          →     F3조정등록에 의해
   조정명세서                   6.  세금공과금명세서                        소득금액조정합계표
                                7.  선급비용명세서                             작성
                                8.  가지급금인정이자조정
                                9.  업무무관지급이자조정
                                10. 건설자금이자조정명세서
                                11. 외화자산평가차손익조정
                                12. 업무용승용차관련비용명세서
                                13. 기부금조정명세서*
```

▶ 손금불산입하는 "기타 기부금"은 F3조정등록을 이용하여 소득금액합계표에 반영하고, 기부금한도초과액은 소득금액 합계표에 반영하지 말고 그냥 저장하여 "법인세과세표준 및 세액조정계산서"에서 직접 반영한다.

1 퇴직급여충당금조정명세서

임원 또는 사용인의 퇴직급여에 충당하기 위하여 퇴직급여충당부채를 결산상 손금으로 계상한 경우에는 일정금액의 범위 안에서 손금으로 인정된다. 퇴직급여충당금조정명세서는 결산서에 계상된 퇴직급여충당금의 한도액과 한도초과액 등을 계산하는 서식이다.

조정에 필요한 내용

1. 퇴직급여충당부채 손금한도액

> 손금한도액 = MIN[①, ②]
> ① 총급여액기준 = 1년 이상 근속한 임원·사용인의 총급여액[주1] × 5%
> ② 충당금누적액기준 = 퇴직금추계액[주2] × 0% − 퇴직급여충당부채잔액[주3] + 퇴직금전환금[주4]

주1) 총급여액은 1년 이상 계속 근로한 임원·사용인에게 당해 사업연도 중에 지급한 금액으로 한다.

총급여액에 포함되는 것	총급여액에 포함되지 않는 것
ⓐ 근로의 제공으로 인하여 받는 봉급·급료·상여·수당 등의 급여 ⓑ 법인의 주주총회·사원총회 등 의결기관의 결의에 의하여 상여로 받는 소득	ⓐ 법인세법에 의하여 상여로 처분된 금액(인정상여) ⓑ 확정기여형퇴직연금 등이 설정된 임원·사용인의 급여 ⓒ 손금불산입되는 인건비

주2) 퇴직금추계액은 해당 사업연도 종료일 현재 임원·사용인이 전원 퇴직할 경우의 퇴직급여(일시퇴직기준 퇴직금추계액)와 근로자퇴직급여보장법에 따라 보험수리적 기준의 퇴직급여 중 큰 금액을 말한다. 여기서 일시퇴직기준 퇴직금추계액은 정관이나 퇴직금지급규정 등에 의하여 계산한 금액으로 한다.

주3) 퇴직급여충당부채 이월잔액은 다음과 같이 계산된다.

> 재무상태표상 전기말 퇴직급여충당부채잔액 − 당기 감소액 − 전기말부인누계액(유보)

주4) 국민연금법에 의하여 사용자가 퇴직금전환금을 납부하고 재무상태표에 계상한 금액을 말하며, 사업연도 종료일 현재의 잔액으로 한다.
* 이는 1999년 4월 1일부터 폐지되었다. 그러나 기왕에 납부한 금액은 해당 임원 또는 사용인이 퇴직할 때까지는 잔존하게 되므로 한도액 계산시 계속 감안하여야 한다.

2. 퇴직급여충당부채의 세무조정

	회 사 계 상 액	
(−)	한 도 액	
(+)	한 도 초 과 액	손금불산입(유보)
(−)	한 도 미 달 액	세무조정 없음(∵ 결산조정항목이므로)

3. 인건비의 세무처리

구분	수 령 인	세 무 처 리	비 고
급 여	사 용 인 상 근 임 원 신 용 출 자 사 원	손금산입	• 신용출자사원은 출자대상이 "신용"이므로 급여는 손금산입 • 노무출자사원은 "노무"가 출자대상이므로 급여 불인정. 급여 대신에 "잉여금처분에 의한 배당"을 받아야 타당. 급여지급시 "잉여금처분에 의한 상여"로 본다.
	노 무 출 자 사 원	손금불산입(상여처분)	
	비 상 근 임 원	손금산입(과다지급등 부당행위계산부인에 해당하면 손금불산입)	
상 여 금	사 용 인	손금산입	• 잉여금처분에 의한 상여를 손금산입 시 → 손금불산입(상여)
	임 원	손금산입 (상여금 지급규정을 초과한 금액 손금불산입하고 상여처분)	

퇴
직
금
	사 용 인	손금산입	• 임원의 총급여에는 잉여금처분에 의한 상여, 급여지급규정 초과지급 상여금과 인정상여 등 손금불산입되는 급여는 포함하지 아니함.
			• 임원 퇴직금 중 소득세법상 한도를 초과하는 금액은 근로소득으로 본다.
			  한도: 3년평균급여$\times\frac{1}{10}\times$근속연수$\times$2배(또는 3배)
			  (2011년부터 적용하고 2020년까지는 3배수를 2021년 이후는 2배수를 적용한다.)
			• 근속연수는 역년에 의하여 계산하고 1년 미만은 월할계산(1개월 미만은 없는 것으로 봄)

	임 원	손금산입한도 :
		− 정관 또는 정관에서 위임된 퇴직급여지급규정에 규정된 금액(퇴직위로금 포함)
		− 정관 등에 규정이 없는 경우
		  퇴직전 1년간 총급여 $\times\frac{1}{10}$
		  $\times$근속연수	

입력방법

퇴직급여추계액명세서
또는 21.과22.란에 직접입력 ▶ 2. 총급여액 및
퇴직급여추계액 명세 ▶ 1. 퇴직급여충당금 조정

① **퇴직금추계액명세서**

원천징수 프로그램을 이용하여 사원등록사항의 입사일을 체크하여 1년 이상 근무자의 데이터를 자동으로 불러오기 할 수 있다. 퇴직금추계액 계산은 유형1과 유형2가 있으나 회사사규 등에 의해 계산방법을 달리 할 경우는 평균급여 등을 수정하여 퇴직급여추계액을 정정한다.

$$\text{유형 1}: \left\{\left(\frac{\text{최근 3개월 급여총액}}{3}\right)+\left(\frac{\text{연간상여총액}}{12}\right)\right\}\times\left(\frac{\text{근속월수}}{12}\right)$$

$$\text{유형 2}: \left(\frac{\text{연간 급여총액(상여 포함)}}{12}\right)\times\left(\frac{\text{근속월수}}{12}\right)$$

② **퇴직급여충당금조정명세서**

• 총급여액 및 퇴직급여추계액 명세 : 계정명은 계정과목 코드로 입력을 하며, 코드를 모를 시에는 F2코드를 이용한다.
• 총급여액을 입력하고 퇴직급여 지급대상이 아닌 임원 또는 사용인의 총급여를 입력하면 나머지 금액은 자동으로 퇴직급여 지급대상인 임원 또는 사용인에 대한 급여로 간다.
• 퇴직급여충당부채 조정 : 회계관리에서 기장한 경우 국민연금전환금 등이 자동반영 되며, 외부조정만 하는 경우 각 항목을 직접 입력한다.

필수예제 따라하기

필수예제

다음 자료에 의해서 (주)태양상사의 2025년도 퇴직급여충당금조정명세서를 작성하고 소득금액조정합계표를 작성하시오.

1. 총급여액 및 퇴직금 지급규정에 의한 퇴직급여 추계액은 다음과 같다.

(단위 : 원)

계정과목	연간 총급여액		퇴직급여 지급대상이 아닌 임직원의 급여액		퇴직급여추계액 (모든 임직원 퇴직시)	
	인원	금 액	인원	금 액	인원	금 액
급 여	10명	223,000,000	1명	17,300,000	9명	91,091,640
임 금	14명	251,900,000	3명	48,500,000	11명	160,986,770
계	24명	474,900,000	4명	65,800,000	20명	252,078,410

▶ 근로자퇴직보장에관한법률에 따른 보험수리적기준에 의한 추계액은 285,000,000원

2. 급여 중 1년 이상 근로한 사용인의 급여에는 급여지급규정을 초과한 출자임원에 대한 상여금 15,000,000원이 포함되어 있다.

3. 전년도 자본금과적립금조정명세서(을)에 한도초과부인액 6,000,000원이 있다.

4. 퇴직금 지급액 중 5,000,000원은 확정급여형 퇴직연금을 수령하여 지급한 것이며 퇴직금전환금은 15,000,000원으로 가정하고, 기타 세무조정에 필요한 사항은 기장자료에 의한다.

따라하기

1. ①2.총급여액및퇴직급여추계액명세에 급여와 임금내역을 직접 입력하거나 F12 불러오기를 클릭하여 반영한다. 퇴직급여 지급대상이 아닌 임원 사용인 등에 대한 급여액을 입력하면 퇴직급여 지급대상인 임원 사용인등에 대한 급여액이 자동 계산된다. 급여입력 중 지급규정을 초과한 급여 15,000,000원은 801.급여계정 223,000,000원에서 차감하여 208,000,000원으로 입력한다. 지급규정을 초과한 임원상여금 15,000,000원은 조정등록에 손금불산입으로 직접 반영한다.

2. ②퇴직금추계액명세서 – 20.전원퇴직시퇴직급여추계액
기말 현재 임원 또는 사용인 전원이 퇴직시 퇴직급여추계액에 20명 252,078,410원을 입력한다. 우측의 ②[퇴직금추계액명세서]를 클릭한 후 [원천징수데이터불러오기]를 클릭하여 퇴직급여추계액명세를 불러올 수도 있다.

3. ②퇴직급여추계액명세서 – 21.근로자퇴직급여보장법에 따른 추계액
근로자퇴직보장에관한법률에 따른 보험수리적기준에 의한 추계액 20명 285,000,000원을 입력한다.

4. ③295.퇴직급여충당부채 계정에 대한 F8 잔액조회 또는 F7 원장조회를 하여 4.장부상 충당금 기초잔액, 8.기중퇴직금지급액, 15.회사계상액등을 1.퇴직급여충당금조정의 해당란에 입력한다.

⊃ 조회된 화면

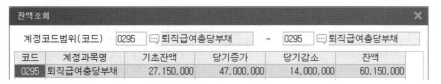

코드	계정과목명	기초잔액	당기증가	당기감소	잔액
0295	퇴직급여충당부채	27,150,000	47,000,000	14,000,000	60,150,000

① 기초잔액 4.장부상 충당금기초잔액 : 27,150,000원

② 당기감소(8.기중퇴직금지급액) : 14,000,000원(9,000,000원 입력)

   퇴직급여충당부채 당기감소액 14,000,000원 중 확정급여형퇴직연금을 수령하여 지급한 금액 5,000,000원을 차감한 9,000,000원을 8.기중퇴직금지급액에 입력한다.

   분개 : (차)퇴직급여충당부채 14,000,000   (대) 퇴직연금운용자산   5,000,000

                                                         보통예금   9,000,000

   또한 다음의 세무조정을 반드시 하여야 한다.

   〈손금산입〉   퇴직급여충당부채   5,000,000원 (유보감소)

   〈익금산입〉   퇴직연금운용자산   5,000,000원 (유보감소)

③ 당기증가 : 15.회사계상액(결산시 퇴직급여충당부채 설정액) : 47,000,000원

   제조(32,000,000원) + 판관비(15,000,000원) = 47,000,000원

5. 7.기초충당금부인누계는 전년도 세무조정사항에 대하여 자본금과적립금조정명세서(을)의 잔액 6,000,000원을 확인하여 기입한다.

6. 11.퇴직금전환금 란에 15,000,000원을 입력한다.

⊃ 입력된 화면

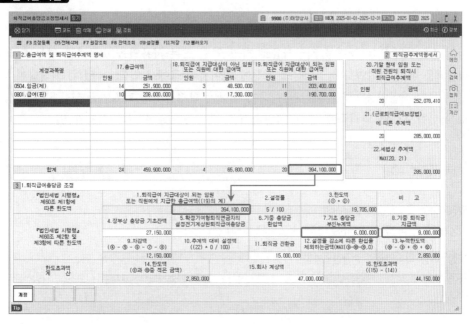

7. 16.한도초과액을 확인한 다음 F3 조정등록을 이용하여 소득금액조정합계표에 입력한다.

⊃ 입력된 화면

조정 등록						✕
익금산입 및 손금불산입			**손금산입 및 익금불산입**			
과 목	금 액	소득처분	과 목	금 액	소득처분	
법인세비용	21,022,750	기타사외유출	위탁매출원가 누락	7,000,000	유보발생	
공사미수금	189,960,000	유보발생	기왕상각부인액	3,000,000	유보감소	
매출누락	9,000,000	유보발생	퇴직급여충당부채	5,000,000	유보감소	
임대보증금간주익금	1,184,079	기타사외유출				
감가상각비부인액	2,391,500	유보발생				
임원상여금 한도초과	15,000,000	상여				
퇴직연금운용자산	5,000,000	유보감소				
퇴직급여충당부채 한도초과	44,150,000	유보발생				
합 계	287,708,329		합 계	15,000,000		

소득명세

과 목	금 액	과 목	금 액
퇴직급여충당금 한도초과	44,150,000		

※환경등록-조정등록방법 : 조정과목사용으로 설정됨   [손익조정] [직접입력] [계정코드도움(F2)] [조정코드도움(F4)] [삭제(F5)] [종료(Esc)]

■ **조정내용정리**

- 〈손금산입〉 퇴직급여충당부채 5,000,000원 (유보감소)
- 〈익금산입〉 퇴직연금운용자산 5,000,000원 (유보감소)
- 〈손금불산입〉 임원상여금 한도초과 15,000,000원 (상여)
- 〈손금불산입〉 퇴직급여충당부채한도초과액 44,150,000원 (유보발생)

② 퇴직연금부담금조정명세서

임원 또는 사용인의 퇴직을 지급사유로 하고 임원 또는 사용인을 수급자로 하는 퇴직연금의 지출금액은 해당 사업연도의 소득금액 계산에 있어서 손금에 산입할 수 있다. 퇴직급여추계액에서 세무상 퇴직급여충당금을 차감한 잔액에 대하여 확정급여형 퇴직연금부담금 불입액을 손금으로 용인함으로써 퇴직금에 대한 재원마련을 가능하도록 하는데 취지가 있다.

조정에 필요한 내용

1. 확정기여형 퇴직연금의 손금산입
   확정기여형 퇴직연금의 부담금은 전액 손금(퇴직급여)에 산입한다.

2. 확정급여형 퇴직연금의 손금산입방법
   확정급여형 퇴직연금부담금은 결산조정 및 신고조정사항 모두 가능하다. 본교재는 신고조정의 방식으로 조정을 한다.

3. 확정급여형 퇴직연금의 손금한도액

손금한도액 = MIN[①, ②]

① 추계액기준 = (당기말 현재 퇴직금추계액과 보험수리 기준 추계액 중 큰 금액) - (당기말 현재 세무상 퇴직급여충당부채잔액) - (이미 손금에 산입한 부담금)

② 예치금기준 = (당기말 현재 퇴직연금운용자산잔액) - (이미 손금에 산입한 부담금)

4. 확정급여형 퇴직연금의 회계처리

구 분		회계처리			
부담금납부시		(차) 퇴직연금운용자산 (차) 수수료비용	××× ×××	(대) 현금및현금성자산 ×××	
운용수익 발생시		(차) 퇴직연금운용자산	×××	(대) 퇴직연금운용수익(영업외수익) ×××	
퇴직자발생시 (종업원이 퇴직일시금을 선택한 경우)	퇴직연금 수령	(차)현금및현금성자산	×××	(대) 퇴직연금운용자산 ×××	
	회사 퇴직연금 지급분	(차) 퇴직급여충당부채 (퇴직급여)	×××	(대) 현금및현금성자산 ××× (대) 예수금 ×××	
퇴직자발생시 (종업원이 퇴직연금을 선택한 경우)	회사가 연금지급 의무를 부담하는 경우	① 퇴직시			
		(차) 퇴직급여충당부채 (차) 퇴직급여	××× ×××	(대) 퇴직연금미지급금	×××
		② 이후 퇴직연금 지급시			
		(차) 퇴직연금미지급금	×××	(대) 퇴직연금운용자산	×××
		③ 이후 퇴직연금 정산시(퇴직연금의 증가)			
		(차) 퇴직급여	×××	(대) 퇴직연금미지급금	×××
	회사가 연금지급 의무를 부담하지 않은 경우	① 퇴직연금관리회사 지급분			
		(차) 퇴직급여충당부채	×××	(대) 퇴직연금운용자산	×××
		② 회사해당분			
		(차) 퇴직급여충당부채	×××	(대) 현금및현금성자산 (대) 예수금	××× ×××
기말퇴직급여 설정시	당기 퇴직연금불 입액 상당액	회계처리없음			
	당기 퇴직급여 해당분	(차) 퇴직급여	×××	(대) 퇴직급여충당부채	×××

입력방법

이미 손금산입한 부담금 등의 계산
-나.기말퇴직연금예치금 등의 계산 ▶ 이미 손금산입한 부담금 등의 계산
-가.손금산입 대상 부담금 등의 계산 ▶ 퇴직연금 등의 부담금 조정

① 이미 손금산입한 보험료 등의 계산

㉠ 19.기초퇴직연금예치금 등 : 퇴직연금운용자산계정의 기초잔액을 입력한다.

㉡ 20.기중퇴직연금예치금등 수령 및 해약액 : 사업년도 중에 퇴직연금의 수령이나 해약한 금액을 입력하며 입력된 금액은 가. 손금산입대상부담금등계산 항목의 16.기중퇴직연금등 수령 및 해약액란에 적용된다.

㉢ 22.퇴직연금예치금등 계 : (19.기초퇴직연금예치금 - 20.기중퇴직연금예치금 등 수령 및 해약액+21. 당기퇴직연금예치금등 납입액)의 산식에 의해 자동 계산되며 가. 손금산입 대상부담금등 계산항목의 13.퇴직연금예치금등 계란에 자동으로 적용된다.

㉣ 14.기초퇴직연금충당금등 및 전기말 신고조정에 의한 손금산입액란에는 직전 사업연도 세무조정계산서상 퇴직연금부담금 등의 손금산입누계액을 입력한다.

㉤ 15.충당금 손금부인 누계액 : 결산조정을 할 때에 전기말 자본금과 적립금조정명세서(을)상의 손금부인액을 입력한다.

㉥ 16.수령 및 해약액 : 20.기중 퇴직연금예치금 수령 및 해약액 금액이 적용된다.

㉦ 17.이미 손금산입한 부담금 : 자동 계산되며 1.퇴직연금 등의 부담금 조정의 7.이미 손금산입한 부담금등 란에 자동 적용된다.

㉧ 18.손금산입대상 부담금등 : 자동 계산되며 1.퇴직연금 등의 부담금 조정항목의 9.손금산입대상부담금등란에 자동 적용된다.

② 퇴직연금 등의 부담금 조정

㉠ 1.퇴직급여추계액 : F12 불러오기를 클릭하면 퇴직급여충당금조정명세서의 22.세법상 추계액의 금액을 자동으로 반영한다.

㉡ 2.장부상기말잔액 : F8잔액조회(295.퇴직급여충당부채)하여 기말잔액을 입력한다.

㉢ 4.당기말부인누계액 : 당기말 자본금과적립금조정명세서(을)상의 기말잔액란에 기재된 퇴직급여충당부채 부인누계액을 입력한다.

㉣ 7.이미손금산입한부담금등 : 17.이미손금산입한 부담금등 금액이 자동으로 반영된다.

㉤ 9.손금산입대상 부담금등 : 18.손금산입대상 부담금등 금액이 자동으로 반영된다.

㉥ 11.회사 손금 계상액 : 회사에서 손금계상한 퇴직연금급여를 입력한다.

㉦ 12.조정금액 : 조정금액이 (+)인 경우에는 손금산입하고, (-)인 경우에는 손금불산입하고 유보로 처분한다.

필수예제

다음 자료에 의해서 (주)태양상사의 2025년도 퇴직연금부담금 조정명세서를 작성하고 소득금액조정합계표를 작성하시오.

1. 사업연도말 현재 전사용인 일시퇴직시 지급할 퇴직급여추계액 : 252,078,410원

2. 사업연도말 현재 보험수리적기준에 의한 퇴직급여추계액 : 285,000,000원

3. 퇴직급여충당부채 : ① 기 말 잔 액 : 60,150,000원
   ② 전기부인누계액 : 6,000,000원

4. 확정급여형 퇴직연금에 가입한 회사는 퇴직연금부담금 4,950,000원을 납부하였고 당기퇴직금 지급액 중 5,000,000원은 확정급여형 퇴직연금을 수령하여 지급한 것이다.

5. 당사는 퇴직연금부담금 대하여 장부상 충당금을 설정하지 않고 신고조정에 의한다.

6. 전기말 퇴직연금에 대하여 신고조정으로 손금산입(유보)한 금액이 7,000,000원이다.

따라하기

1. F12 불러오기를 하여 퇴직연금등의 부담금조정의 1.퇴직급여추계액 285,000,000원을 자동으로 받는다.

2. 186.퇴직연금운용자산계정의 잔액조회를 하여 19.기초퇴직연금예치금등에 7,000,000원, 20.기중퇴직연금예치금등 수령 및 해약액 란에 당기감소 5,000,000원을 입력하고 21.당기퇴직연금예치금등납입액 란에 당기증가 4,950,000원을 입력한다. 그러면 16.기중퇴직연금수령및해약액 란에 20.과 같은 금액 5,000,000원이 반영된다.

3. 확정급여형 퇴직연금을 수령하여 지급한 금액에 대하여 퇴직급여충당금조정명세서에서 퇴직급여충당부채 5,000,000원 손금산입(유보), 퇴직연금운용자산 5,000,000원 익금산입(유보)의 세무조정을 이미 하였으므로 4.당기말부인누계액 란에 퇴직급여충당부채의 부인액 누계에 45,150,000원을 입력하여야 한다.
   45,150,000원=전기부인누계6,000,000＋당기부인44,150,000－연금수령지급분5,000,000

4. 당기말퇴직급여충당금 2.장부상기말잔액 란은 295.퇴직급여충당부채 계정을 잔액조회하여 기말잔액 60,150,000원을 입력한다.

5. 자료 6번의 전기말 신고조정에 의한 손금산입액 7,000,000원은 14.번에 입력한다.

6. 신고조정이므로 11.회사계상액에 입력할 금액이 없으며 12.조정금액을 세무조정으로 손금산입(유보)하는 것이다.

⊃ 입력된 화면

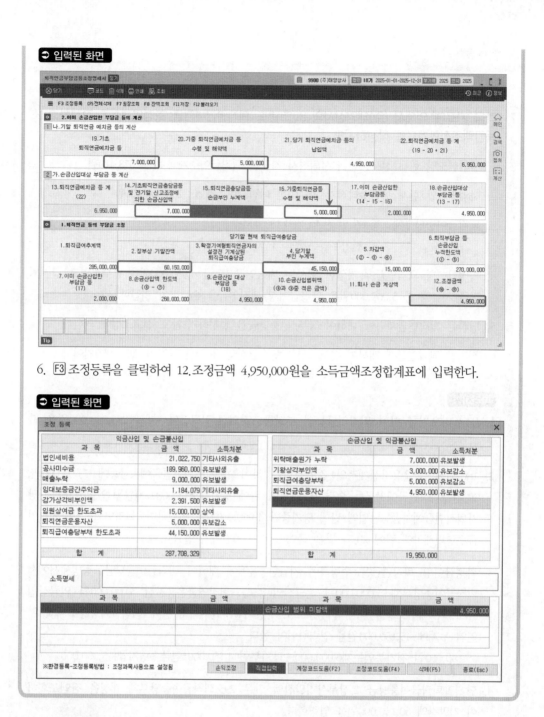

6. F3 조정등록을 클릭하여 12.조정금액 4,950,000원을 소득금액조정합계표에 입력한다.

■ 조정내용정리

- 〈손금산입〉   퇴직연금운용자산   4,950,000원 (유보발생)

③ 대손충당금 및 대손금조정명세서

외상매출금·대여금·기타 이에 준하는 채권에 대한 대손예상액을 대손충당금으로 결산서에 계상한 경우에는 일정금액 범위 내에서 손금에 산입한다. 각 사업연도에 발생한 대손금은 이미 설정되어 있는 대손충당금계정과 상계하며, 대손충당금잔액을 초과하는 대손금은 손금에 산입한다. 해당 사업연도에 발생하는 대손금과 상계하고 남은 대손충당금잔액은 익금에 산입하거나 당해 사업연도에 손금산입 할 대손충당금계정에 보충하여야 한다.

조정에 필요한 내용

1. 설정대상채권의 범위와 가액계산

① 설정대상채권의 범위

구 분	채권의 범위
설정대상채권	① 외상매출금 ② 대여금 ③ 어음상 채권(받을어음, 융통어음), 미수금
설정대상 제외채권	① 업무무관가지급금 ② 할인어음, 배서어음 ③ 보증채무를 대위변제함으로써 발생한 구상채권 ④ 부당행위계산부인규정을 적용받는 시가초과액에 상당하는 채권

② 설정대상채권의 가액계산

㉠ 개 요

설정대상채권의 금액은 당해 사업연도 종료일 현재의 세무상 장부가액으로 한다. 따라서 재무상태표상 설정대상채권의 가액에 다음 사항을 가감하여 계산한다.

구 분	내 용
가 산 항 목	• 대손부인된 채권액 • 세무조정시 익금산입된 채권액(예 : 외상매출누락에 대한 익금산입액)
차 감 항 목	• 세무조정시 손금산입된 채권액(예 : 소멸시효 완성한 채권의 손금산입액)

㉡ 동일인에 대한 채권과 채무가 있는 경우

법인이 동일인에 대하여 매출채권과 매입채무를 가지고 있는 경우에는 해당 매입채무를 상계하지 아니하고 대손충당금을 계상할 수 있다. 다만, 당사자간의 약정에 의하여 상계하기로 한 경우에는 그러하지 아니하다.

2. 손금한도액과 손금산입방법

구 분	내 용
손금한도액	한도액＝설정대상채권장부가액[주1]×MAX[1%, 대손실적률[주2]]
손금산입방법	대손충당금의 손금산입은 결산조정사항이며, 기초의 대손충당금 중 대손금과 미상계된 잔액은 전액 익금산입하고, 당해 사업연도의 전입액은 전액 손금산입하는 환입법(총액법)을 사용하도록 규정하고 있다.

주1) 설정대상채권의 장부가액은 세무상 장부가액으로 한다.

주2) 대손실적률 = $\dfrac{\text{해당 사업연도의 세무상 대손금}}{\text{직전 사업연도 종료일 현재의 채권잔액}}$

3. 상계와 환입

구 분	내　　　용
상 계	대손충당금을 계상한 법인에 대손금이 발생한 경우에는 그 대손금은 이미 계상되어 있는 대손충당금과 먼저 상계하여야 한다.
환 입	해당 사업연도에 손금산입한 대손충당금 중 대손금과 상계한 후의 대손충당금 잔액은 다음 사업연도의 소득금액계산상 익금에 산입한다.

4. 대손충당금의 세무조정

대 손 충 당 금 설 정 액	재무상태표상 대손충당금 기말잔액(∵ 총액법에 의하므로)
(−) 한　　도　　액	
(+) 한 도 초 과 액	손금불산입(유보) ➡ 다음연도 : 손금산입(△유보)
(△) 한 도 미 달 액	세무조정 없음(∵ 결산조정사항이므로)

5. 대손금

① 대손처리할 수 있는 채권의 범위

대손처리할 수 있는 채권의 범위에는 제한이 없다. 다만, 다음의 채권은 대손금으로 손금산입할 수 없다.

> ① 업무무관가지급금
> ② 보증채무를 대위변제함으로써 발생한 구상채권
> ③ 대손세액공제를 받은 부가가치세 매출세액 미수금

* 부당행위계산부인규정을 적용받는 시가초과액에 상당하는 채권의 경우 대손충당금 설정대상채권에서는 제외되나, 동 채권이 대손요건을 충족시키게 되면 대손금으로 손금산입된다.

② 대손금의 범위

㉠ 신고조정사항

다음의 채권은 당해 사유가 발생한 날이 속하는 사업연도의 손금으로 하여야 한다. 해당 사업연도에 장부상 대손금으로 처리하지 않으면 반드시 세무조정에 의하여 손금산입(△유보)하여야 한다.

> ① 민법·상법·어음법·수표법에 의하여 소멸시효가 완성된 채권
> ② 채무자회생 및 파산에 관한 법률에 따른 회생계획인가의 결정 또는 법원의 면책결정에 따라 회수불능으로 확정된 채권
> ③ 서민의 금융생활 지원에 관한 법률에 따른 채무조정을 받아 같은 법 제75조의 신용회복지원협약에 따라 면책으로 확정된 채권
> ④ 민사소송법에 따라 채무자의 재산에 대한 경매가 취소된 압류채권

㉡ 결산조정사항

다음의 채권은 법인이 결산상 대손금으로 처리한 날이 속하는 사업연도의 손금으로 인정한다.

> ① 채무자의 파산, 강제집행, 형의집행, 사업폐지, 사망, 실종, 행방불명 등으로 인하여 회수할 수 없는 채권
> ② 부도발생일로부터 6개월 이상 경과한 어음수표 및 외상매출금(중소기업의 외상매출금으로서 부도발생일 이전의 것에 한한다.) 다만, 저당권을 설정하고 있는 경우는 제외한다.
> ③ 회수기일이 6개월 이상 경과한 채권 중 30만원(채무자별 채권가액의 합계액 기준) 이하의 채권
> ④ 중소기업의 외상매출금 및 미수금으로서 회수기일로부터 2년이 경과한 외상매출금 및 미수금(특수관계인과의 거래로 인한 외상매출금 미수금은 제외)
> ⑤ 중소기업창업투자회사의 창업자에 대한 채권으로서 중소벤처기업부장관이 기획재정부장관과 협의하여 정한 기준에 해당한다고 인정한 것
> ⑥ 재판상 화해 및 화해권고결정에 따라 회수불능으로 확정된 채권
> ⑦ 물품의 수출 또는 외국에서의 용역제공으로 발생한 채권으로서 한국무역보험공사로부터 회수불능으로 확인된 채권

⑧ 금융기관의 채권 중 다음의 채권
　　㉠ 금융감독원장으로부터 대손금으로 승인받은 것
　　㉡ 금융감독원장이 대손처리를 요구한 채권으로서 금융기관이 대손금으로 계상한 것

▶ 부도발생일
부도발생일이란 소지하고 있는 부도어음이나 수표의 지급기일을 말하되, 지급기일 전에 당해 어음이나 수표를 제시하여 금융기관으로부터 부도확인을 받은 경우에는 그 부도확인일을 말한다.

▶ 대손금액
대손요건을 충족한 대상채권의 전액을 대손금으로 한다. 다만, 부도발생일로부터 6개월 이상 경과한 어음, 수표, 외상매출금 경우에는 비망금액으로 1,000원을 제외한 금액을 대손금으로 한다.

③ 대손금 회수액
대손금으로 손금산입한 금액 중 회수된 금액은 회수된 날이 속하는 사업연도의 익금에 산입한다.

➕ 입력방법

| 2. 대손금조정 | | 1. 채권잔액 | | 1. 대손충당금조정
(손금및익금산입액조정) |

① **2.대손금조정**

　㉠ 계정과목 : 계정과목 란은 코드로 입력을 해야 한다. 계정과목을 모를 때에는 F2 코드도움을 이용한다.

　㉡ 채권내역 : 1.매출채권, 2.미수금, 3.기타채권, 4.직접입력 중 선택

　㉢ 대손 사유 : 1.파산, 2.강제집행, 3.사망실종, 4.정리계획, 5.부도(6개월 경과), 6.소멸시효완성, 7.직접입력 중 선택

② **1.채권잔액**

　㉠ 계정과목 : 계정과목 란은 코드로 입력을 해야 한다.

　㉡ 채권잔액의 장부가액 : F12 불러오기를 이용하여 각 채권의 잔액을 반영한다. 대손충당금 설정대상이 아닌 채권은 F5 삭제키를 이용하여 한줄씩 삭제한다.

③ **1.대손충당금조정(손금 및 익금산입액조정)**

> 작업순서 : 매출채권 등의 총액계산 → 익금산입액 조정 → 손금산입액 조정

　㉠ 익금산입액 조정 : 장부상 충당금 기초잔액 등을 순차적으로 입력하며, 12.충당금보충액을 입력하면 손금산입액조정 5.보충액란에 자동 반영되며, 14.회사환입액을 입력하면 과소·과다환입액이 자동으로 계산된다.

　㉡ 손금산입액 조정 : 회사계상액 중 당기 계상액만 입력한다.

- 설정률 : 기본율 1/100과 대손실적률 중 큰 비율을 선택한다.

$$대손실적률 = \frac{해당\ 사업연도의\ ``㉘''과\ ``㉛''의\ 합계액}{직전\ 사업연도\ ``①''금액(채권잔액``㉑''의\ 계)}$$

필수예제 따라하기

필수예제

다음 자료에 의해서 (주)태양상사의 2025년도 대손금및대손충당금조정명세서를 작성하고 소득금액조정합계표를 작성하시오.

1. 대손충당금은 매출채권(외상매출금받을어음)에 대해서만 설정되어 있다.

2. 9월 28일 대손충당금과 상계된 받을어음은 연구상사에 판매된 제품 매출에 대하여 받은 약속어음으로 2025년 3월 5일 부도 발생한 것을 대손처리한 것이다.

3. 9월 2일 외상매출한 대영상사의 최종부도로 11월 30일 외상매출금 2,200,000원을 대손처리하였다.

4. 외상매출금계정에는 2025년 제1기 부가가치세 확정 신고시 받은 대손세액공제액 5,000,000원이 포함되어 있으며, 장부에 반영되지 않았다.

5. 당사의 대손실적율은 1/100 이하이다.

6. 기타의 사항은 기장된 데이터에 의할 것

7. 전기 자본금과적립금조정명세서(을)에 대손충당금 설정한도를 초과한 부인액 700,000원이 있다.

따라하기

1. ① 2. 대손금조정에서 기중에 발생한 대손에 대하여 대손충당금과 상계하였거나 대손상각비로 처리된 내역을 F7 원장조회를 이용하여 확인 입력한다. 대손의 회계처리에서 대손충당금과 상계한 금액과 대손상각비로 손금계상한 금액을 구분하여 입력하여야 한다.

① 9.28 대손처리내역

  (차) 111.대손충당금   2,500,000   (대) 110.받을어음   2,500,000

  → 결산일 현재 부도발생일부터 6개월이 경과되어야 하는 요건은 갖추었으나 비망금액 1,000원은 29.부인액에 입력하여야 한다(비망금액은 시효가 완성되는 때에 손금산입).

② 11.30 대손처리내역

  (차) 109.대손충당금   600,000   (대) 108.외상매출금 2,200,000
       835.대손상각비   1,600,000

  → 부도발생일부터 6개월이 경과되어야 하는 요건을 갖추지 못하였으므로 부인한다.

2. ② 채권잔액에 F8 잔액조회와 F7 원장조회를 통해서 대손충당금 설정대상 채권의 내용을 검토하여 제외대상과 잔액을 입력한다. F12 불러오기를 한 경우에는 설정대상이 아닌 단기 대여금, 미수금, 선급금은 반드시 삭제하여야 한다.

3. 외상매출금잔액 중 대손세액공제를 받은 5,000,000원은 20.충당금설정제외채권에 입력한다. 또한 ① 2.대손금조정에서의 부인액 받을어음 1,000원과 외상매출금 2,200,000원을 18.기말현재대손금부인누계 당기란에 계정과목별로 입력한다.

4. F8 잔액조회를 통하여 대손충당금계정금액을 검토한다. 외상매출금에 대한 대손충당금 (109)과 받을어음에 대한 대손충당금(111)의 2개 계정을 모두 조회하여 합한 금액이 본 조정메뉴에서 적용할 대손충당금계정금액이 된다.

● 조회된 화면

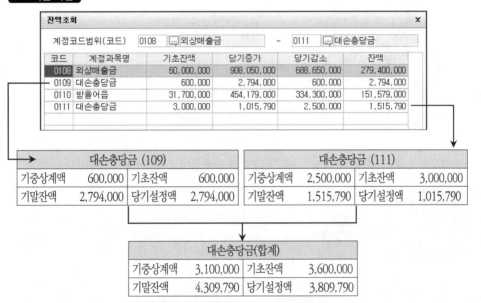

5. 조회된 계정금액을 1.대손충당금조정의 각 해당란에 입력한다.

  8.장부상충당금기초잔액(전기이월) : 3,600,000원

  9.기중충당금환입액 : 장부조회(본 데이터에 해당없음)

  10.충당금부인누계액 : 전기 자본금과적립금조정명세서(을)상의 기말잔액 700,000원

  12.당기설정충당금보충액 : 8란 3,600,000원 - 11란 3,100,000원 = 500,000원을 입력

  4.당기계상액(당기결산시설정액) : 3,809,790원을 입력하면 6.계 란에 4,309,790원이 반영 되어야 한다.

6. 2.설정률은 기본율 1%와 대손실적률 중 큰 비율을 선택할 수 있는데 대손실적률이 1% 이하이므로 기본율을 선택한다.

$$대손실적률 = \frac{해당사업년도\ 대손금액(28.+31.)}{직전사업년도\ 채권잔액(직전년도\ 1.\ 또는\ 21.)}$$

7. 7.한도초과액 27,990원은 손금불산입(유보발생), 15.과소환입 700,000원은 손금산입(유보감소)으로 세무조정하여야 한다. 15.과소환입 700,000원은 전기분 자본금과적립금조정명세서(을)의 대손충당금 전기부인액과 동일한 금액이어야 한다.

→ 조회된 화면

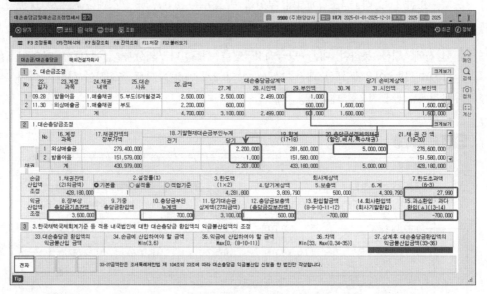

8. 세무조정대상금액을 F3 조정등록을 이용하여 소득금액조정합계표에 입력한다.

→ 조회된 화면

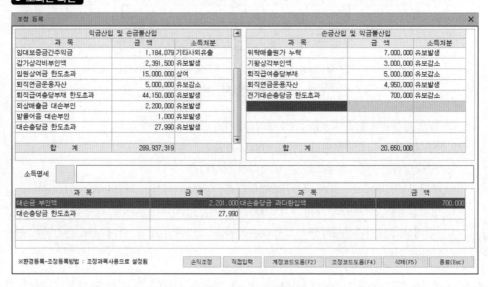

■ 조정내용정리

- 〈손금불산입〉　받을어음 대손부인액　　　　　1,000원　(유보발생)
- 〈손금불산입〉　외상매출금 대손부인액　　　2,200,000원　(유보발생)
- 〈손금산입〉　　전기대손충당금 부인액　　　　700,000원　(유보감소)
- 〈손금불산입〉　대손충당금 한도초과 부인액　　 27,990원　(유보발생)

4 기업업무추진비조정명세서(갑 · 을)

　기업업무추진비란 접대비 및 교제비·사례금 기타 명목여하에 불구하고 이에 유사한 성질의 비용으로서 법인이 업무와 관련하여 지출한 금액을 말한다. 법인세법에 따라 기업업무추진비 한도를 정해 접대비등 사용에 대한 제한을 두고 있다. 기업업무추진비 한도와 한도초과액을 계산하는 서류가 기업업무추진비조정명세서이다. (을)지를 먼저 작성하고 (갑)지를 작성한다.

▶ 회계프로그램은 부가가치세법, 소득세법, 법인세법 등의 개정에 따라 접대비를 기업업무추진비로 변경하였다.

조정에 필요한 내용

1. 기업업무추진비 시부인계산의 요약

구 분	내　　　　　용
1단계	기업업무추진비 중 업무무관이거나 지출증명이 없는 기업업무추진비는 무조건 손금불산입(상여[주])한다.
2단계	지출증명이 있는 기업업무추진비 중 건당 3만원(경조금 20만원)을 초과하는 기업업무추진비로서 신용카드 등을 사용하지 않은 금액(개인명의 신용카드사용분 포함)은 손금불산입(기타사외유출)한다.
3단계	기업업무추진비 지출액에서 1단계와 2단계에서 손금불산입 된 금액을 제외한 금액으로 기업업무추진비한도액 (일반한도＋문화비추가한도＋전통시장기업업무추진비 한도)을 초과하는 금액을 손금불산입(기타사외유출)한다.

주) 대표자에 대한 상여로 처분함.

2. 기업업무추진비의 범위
　① 기업업무추진비의 구분

구 분	내　　　　　용
종업원이 조직한 조합 등에 대하여 지출한 복리시설비	• 조합 또는 단체가 법인인 경우 : 기업업무추진비로 봄 • 조합 또는 단체가 법인이 아닌 경우 : 법인경리의 일부로 봄
업무와 관련하여 거래처 등과의 약정에 따라 채권을 포기한 경우 당해 금액	• 포기사유가 정당한 경우 : 대손금으로 손금인정 • 포기사유가 정당하지 아니한 경우 : 기업업무추진비로 봄 ※ 업무와 관련 없는 채권포기액 : 기부금으로 봄(전액 손금불산입)
기업업무추진비 관련 부가가치세 매입세액	기업업무추진비로 봄
접대목적으로 제공한 자산에 대한 부가가치세 매출세액 부담액	기업업무추진비로 봄
회의비	• 통상회의비 : 전액 손금인정 • 통상회의비를 초과하는 금액 : 기업업무추진비로 봄
광고선전목적으로 견본품·달력·수첩 등을 기증하기 위하여 지출한 비용	• 광고선전목적 기증한 연간 5만원 이내의 구입액은 기업업무추진비로 보지 않고 광고선전비로 봄(개당 3만원 이하는 합산 제외) • 불특정다수인에게 지급한 것 : 광고선전비로 봄 • 업무와 무관하게 특정인에게만 지급한 것 : 기부금으로 봄

② 1만원 초과 지출 기업업무추진비의 신용카드 등 사용 의무화

구 분	내 용
개 요	법인이 1회의 접대에 지출한 기업업무추진비로서 3만원(경조금 20만원)을 초과하는 경우에는 반드시 신용카드등^{주1)}을 사용하여야 한다. 만일 신용카드등을 사용하지 아니하고 지출한 금액이 있는 경우에 동 금액은 손금불산입(기타사외유출)한다.
제 외	① 증빙을 구하기 어려운 국외지역(아프리카 등)에서의 지출 ② 농어민에 대한 지출(송금명세서 필요) ③ 법인이 직접 생산한 제품 등 제공(현물기업업무추진비) ④ 거래처와 약정에 의한 매출채권의 포기
유의사항	• 매출전표 등에 기재된 상호 및 사업장 소재지가 재화 또는 용역을 공급하는 신용카드 등의 가맹점의 상호 및 사업장 소재지와 다른 경우에는 신용카드사용 기업업무추진비로 보지 아니한다.

주1) 신용카드, 현금영수증, 세금계산서, 매입자발행세금계산서, 계산서, 원천징수영수증을 포함한다.

3. 기업업무추진비의 시부인계산

① 시부인계산의 구조

```
    기업업무추진비 해당액
(−) 기업업무추진비 한도액
─────────────────
    기업업무추진비한도초과액      손금불산입(기타사외유출)
```

② 기업업무추진비 한도액(ⓐ+ⓑ+ⓒ)

> ⓐ 일반기업업무추진비한도액
>
> $$12,000,000원(중소기업\ 36,000,000원) \times \frac{사업연도월수^{주1)}}{12} + 수입금액 \times 적용률 + 특정수입금액^{주2)} \times 적용률 \times 10\%$$
>
> ⓑ 문화비^{주3)}한도액 : 일반기업업무추진비한도액 × 20%와 문화비 지출액 중 적은 금액
>
> ⓒ 전통시장에서 지출한 기업업무추진비(2025년 12월 31일 이전 사용분) 한도액
>   일반 기업업무추진비 한도액 × 10%

주1) 월수는 역에 따라 계산하되, 1개월 미만의 일수는 1개월로 한다.
주2) 특정수입금액이란 특수관계인과의 거래에서 발생한 수입금액을 말한다.
주3) 문화비란 국내문화관련 지출로서 문화예술공연, 전시회, 박물관, 경기장 등의 입장권 구입, 문화예술 관련 강연입장권 및 초빙강연료, 영상간행물 등의 구입용도로 지출한 기업업무추진비를 말한다.

③ 수입금액

접대비의 한도액 계산기준이 되는 수입금액은 기업회계기준에 의하여 계산한 매출액(매출에누리와 환입·매출할인을 차감하고, 부산물매출액·작업폐물매출액은 포함)을 말한다.

④ 적용률

구 분	적 용 률
100억원 이하	0.3%
100억원 초과 500억원 이하	3천만원+100억원 초과액 × 0.2%
500억원 초과	1억1천만원+500억원 초과액 × 0.03%

* 일반수입금액과 특정수입금액이 함께 있는 경우에는 일반수입금액에 대해서 구간별 적용률을 먼저 적용한다.
- 기업업무추진비 문제는 기업업무추진비입력(을) 탭에서 입력을 정확하게 하면 기업업무추진비 한도초과액이 자동으로 계산된다.

4. 현물기업업무추진비와 손익귀속시기

구 분	내 용
현물기업업무추진비	기업업무추진비를 금전 외의 자산(제품 등)으로 제공하는 때에는 이를 제공한 때의 시가에 의하여 기업업무추진비를 계산한다.
손익귀속시기	기업업무추진비는 접대행위를 한 시점이 속하는 사업연도의 손금으로 한다. 따라서 만일, 법인이 비용으로 계상하여야 할 기업업무추진비를 해당 사업연도의 손금에 계상하지 아니하고 이연처리한 경우에는 손금산입(△유보)하고 시부인대상 기업업무추진비 해당액에 포함시킨다.

5. 자산(건설중인자산 등) 계상 기업업무추진비가 있는 경우의 세무조정

구 분	내 용
기업업무추진비 시부인계산	먼저 비용계상 기업업무추진비와 자산계상 기업업무추진비를 합한 금액을 대상으로 기업업무추진비 시부인계산을 하여, 기업업무추진비 한도초과액을 손금불산입(기타사외유출)한다.
자산에 대한 손금산입(△유보)	기업업무추진비 한도초과액이 비용계상 기업업무추진비보다 크지 아니한 경우에는 위의 세무조정으로 종료되며, 기업업무추진비 한도초과액이 비용계상 기업업무추진비보다 큰 경우에는 그 차액만큼 자산을 손금산입(△유보)한다(건설중인 자산, 고정자산의 순서로 함).
손금산입(△유보) 금액의 사후관리	자산의 손금산입(△유보)금액에 대하여 추후 회사가 감가상각비를 계상하면, 법정산식[주1)]에 의하여 계산한 금액을 손금불산입(유보)한다.[주2)]

주1) 법정산식은 다음과 같다.

$$손금불산입액 = 회사가 \ 계상한 \ 상각비 \times \frac{\triangle유보금액}{장부상 \ 자산가액}$$

주2) 해당자산을 처분할 때에는 처분시의 △유보잔액을 전액 손금불산입(유보)한다.

 입력방법

```
기업업무추진비 조정명세서(을)      기업업무추진비 조정명세서(을)      기업업무추진비 조정명세서(갑)
  1. 수입금액 명세          ➡    2. 기업업무추진비등 해당금액   ➡     2. 기업업무추진비
                                                            한도초과액 조정
```

① 기업업무추진비등조정명세서(을)

㉠ 수입금액명세
- 자동반영 : 수입금액조정명세서의 조정 후 수입금액이 일반수입금액란과 합계란에 자동반영되며, 수입금액 중 특수관계인과 거래에서 발생한 수입금액이 있는 경우 해당란으로 커서를 이동하여 입력하면 일반수입금액에서 차감된다.
- 직접입력 : 수입금액조정을 하지 않고 기업업무추진비 조정을 먼저 하고자 할 때는 합계란에 금액을 직접 입력한다.

㉡ 기업업무추진비등 해당금액
- 기장 데이터 이용 : 회계관리에서 기장한 경우 계정과목 코드 513, 613, 813으로 입력된 금액이 계정과목 및 계정금액에 자동으로 반영되며, 신용카드 사용금액란은

매입매출전표입력 또는 일반전표입력에서 전표입력 시 적요코드를 1.일반접대비, 3.해외접대비, 7.문화접대비, 10.현물접대, 13.전통시장접대비로 입력하고, 경조사비는 적요코드 5.신용카드사용경조사비로 입력하여야 신용카드사용분으로 자동 반영된다.

- 외부조정만 하는 경우 : 계정과목코드로 계정과목을 입력하며 해당금액을 순차적으로 입력한다.
- 해당 부인액(직부인액)이 있는 경우 6.기업업무추지비계상액중 사적사용경비란에 입력한다.

② 기업업무추진비등 조정명세서(갑)

- ㉠ 회사등록에서 입력된 중소기업 여부에 따라 기업업무추진비 기준금액이 자동으로 결정되며, 회계기간에 따라 적용월수를 계산한다.
- ㉡ 기업업무추진비 한도초과액 조정 : 기업업무추진비 등 조정명세서(을)의 자료에 의해 자동 작성된다.
- ㉢ 문화기업업무추진비지출액 : 수동으로 입력할 수도 있으며 "F12 불러오기를 하면 일반전표 및 매입매출전표입력에서 문화접대비 지출액 중 7. 9. 적요의 금액을 기업업무추진비 등 조정명세서(갑)의 9.문화기업업무추진비지출액에 자동으로 반영한다. 문화기업업무추진비한도액"은 자동 계산된다.
- ㉣ 특수관계인과의 수입금액에 대한 한도액 : $(5 - 6) \times 10/100$

필수예제 따라하기

필수예제

다음 자료에 의해서 (주)태양상사의 2025년도 기업업무추진비조정명세서(갑을)를 작성하고 소득금액조정합계표를 작성하시오.

1. 결산서상 기업업무추진비는 판매관리비의 기업업무추진비와 제조원가의 기업업무추진비로 구분되는데 당해 기업업무추진비는 모두 건당 3만원을 초과한다.

2. 기업업무추진비 계정금액 및 기업업무추진비 중 신용카드 등 사용금액은 기장된 자료에 의해 자동으로 반영한다(신용카드사용 기업업무추진비 중 문화기업업무추진비 1,000,000원 있음).

3. 기업업무추진비(판)에는 증빙불비 기업업무추진비 800,000원이 포함되어 있다.

4. 기업업무추진비(판)중 업무와 관련없는 지출로 대표이사 사용분
   - 신용카드 500,000원   - 현금사용   600,000원

5. 기업업무추진비(판)에는 당사의 제품(원가 4,000,000원, 시가 5,000,000원)을 매출처에 무상으로 제공한 것이 포함되어 있으며 다음과 같이 회계처리 하였다.

(차) 813.기업업무추진비   4,500,000   (대) 150.제 품   4,000,000

(대) 255.부가세예수금   500,000

6. 수입금액에 특수관계인과의 거래분은 300,000,000원이다.

따라하기

1. 기업업무추진비등조정명세서(을)에서 F12 불러오기를 하면 일반수입금액, 기업업무추진비 해당금액 등이 자동으로 반영된다.

➲ 자동반영된 화면

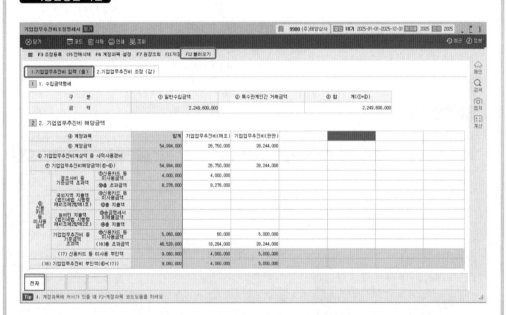

2. 수입금액명세에서 특수관계인간 거래금액에 300,000,000원을 입력하고 ③합계(①+②) 란의 2,249,600,000원을 확인한다. 기업회계기준에 의한 매출액을 적용하여야 하므로 결산시 누락된 위탁판매 수입금액(9,000,000원)과 작업진행율에 의한 수입금액(189,960,000원)을 가산한 금액 2,448,560,000원으로 3.합계란에 수정 입력한다.

3. ③합계 란에 입력할 금액은 수입금액조정명세서의 6조정후수입금액 합계와 일치하여야 한다.

4. 기업업무추진비 해당금액 중 813.기업업무추진비(판)계정에 대한 처리

① 현물 기업업무추진비에 대한 회계처리 내역

(차) 813.기업업무추진비   4,500,000   (대) 150.제품   4,000,000

255.부가세예수금   500,000

현물 기업업무추진비는 5,500,000원(시가＋부가세예수금)으로 처리되어야 하나 원가 (4,500,000원)로 처리되었으므로 차액 1,000,000원을 기업업무추진비 계정금액에 합산하여 29,244,000원으로 수정 입력한다.

② 증빙불비 800,000원과 대표이사사용분 1,100,000원의 합계액 1,900,000원을 ⑥기업업무추진비 계상액 중 사적사용경비 란에 입력하면 ⑦기업업무추진비 해당금액(⑤-⑥)은 29,244,000원에서 27,344,000원으로 변경된다.

③ 기업업무추진비(판)열의 기업업무추진비 중 기준금액초과액(⑮, 16)에서 정정

	1만원초과	수정전금액	부 인 내 용(차감)		수정후금액
분자	15.신용카드등 미사용금액	5,000,,000	증빙불비 대표이사현금사용	800,000 600,000	3,600,000
분모	16. 총초과금액	29,244,000	증빙불비 대표이사카드사용분 대표이사현금사용	800,000 500,000 600,000	27,344,000

* 업무와 관련없는 지출로 부인하는 대표이사 신용카드사용분은 신용카드미사용금액에서 차감하면 안 된다.

⊃ 입력된 화면

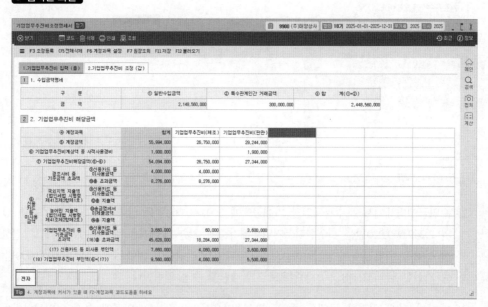

* 신용카드등 미사용 기업업무추진비로 손금불산입할 금액은 ⑨경조사비 중 신용카드 미사용액 4,000,000과 ⑮기업업무추진비 중 기준금액초과액 중 신용카드 미사용액 3,660,000원의 합계 7,660,000원이다.

5. 기업업무추진비 조정명세서(갑) 자료 검토 후 조정내역을 F3 조정등록을 클릭하여 소득금액조정합계표에 입력한다.

● 입력된 화면

■ 조정내용정리

- 〈손금불산입〉 기업업무추진비 계상액 중 사적경비   1,900,000원 (상여)
- 〈손금불산입〉 신용카드미사용   7,660,000원 (기타사외유출)
- 〈손금불산입〉 기업업무추진비 한도초과액   2,898,320원 (기타사외유출)

5 재고자산(유가증권)평가조정명세서

재고자산이란 상품, 제품, 반제품, 재공품, 원재료, 저장품 등 기업의 정상적 영업활동과정에서 판매를 목적으로 보유하거나 판매할 제품의 생산을 위하여 사용·소비될 자산을 말한다.

유가증권이란 주식(출자지분을 포함), 채권, 자본시장과금융투자업에관한법률에 따른 집합투자재산 및 보험업법 제108조 제1항 제3호의 특별계정에 속하는 자산을 말한다.

재고자산과 유가증권의 평가내역을 법인세 확정신고시 「재고자산(유가증권)평가조정명세서」에 기재하여 제출하여야 한다.

조정에 필요한 내용

1. 재고자산의 평가

① 재고자산의 평가방법

재고자산 평가방법	내	용	
원 가 법	• 개별법 • 총평균법	• 선입선출법 • 이동평균법	• 후입선출법 • 매출가격환원법
저 가 법	원가법에 의한 평가액과 시가(순실현가능가치) 중 낮은 가액으로 평가하는 방법		

② 재고자산 평가방법의 선택

재고자산은 영업의 종목별, 영업장별, 재고자산종류별(① 제품과 상품, ② 반제품과 재공품, ③ 원재료, ④ 저장품)로 각각 다른 방법에 의하여 평가할 수 있다.

➡ 다만, 제품과 상품은 동일한 평가방법을 적용하여야 하며, 반제품과 재공품도 같은 방법이어야 한다.

③ 재고자산 평가방법의 신고와 변경신고

구 분	내 용
평가방법의 신고	신설법인과 수익사업을 개시한 비영리내국법인은 설립일 또는 수익사업 개시일이 속하는 사업연도의 과세표준 신고기한 내에 납세지 관할세무서장에게 신고하여야 한다.
평가방법의 변경신고	재고자산의 평가방법을 신고한 법인으로서 그 평가방법을 변경하고자 하는 경우에는 변경할 평가방법을 적용하고자 하는 사업연도의 종료일 이전 3개월이 되는 날까지 납세지 관할세무서장에게 변경신고를 하여야 한다.(12/31 결산법인의 경우 9/30까지)

* 법인이 신고기한을 경과하여 평가방법을 신고하면 무신고로 보고 이후 사업연도부터 신고한 방법을 적용하며, 신고기한을 경과하여 변경신고를 한 경우에는 임의변경으로 보고 이후 사업연도부터 변경신고한 평가방법을 적용한다.

④ 평가방법을 신고하지 아니한 경우(→ 무신고)와 임의변경한 경우의 세법상 평가방법

구 분	무신고시 평가방법	임의변경시 평가방법
재고자산	선입선출법	MAX ┌ ① 무신고시 평가방법
매매목적용 부동산	개 별 법	└ ② 당초 신고한 평가방법 ┘

⑤ 재고자산 평가차액의 세무조정

구 분	당 해 연 도	다 음 연 도
장부상 평가액 < 세법상 평가액	재고자산평가감 : 익금산입(유보)	반대의 세무조정으로 유보 추인 손금산입(△유보)
장부상 평가액 > 세법상 평가액	재고자산평가증 : 손금산입(△유보)	반대의 세무조정으로 유보 추인 손금불산입(유보)

2. 유가증권·평가

① 유가증권의 취득가액

법인세법의 일반원칙에 의하여 계산한다. 다만, 특수관계인인 개인으로부터 유가증권을 저가로 매입한 경우에는 차액을 익금에 산입(유보)하고 시가를 취득가액으로 한다.

② 유가증권의 평가방법

구 분	내 용
원 칙 (원가법)	주식 : 원가법 중 총평균법, 이동평균법 중 선택(무신고시 총평균법)
	채권 : 원가법 중 개별법, 총평균법, 이동평균법 중 선택(무신고시 총평균법)
예 외 (저가법)	• 주식을 발행한 법인이 파산한 경우
	• 상장법인 발행 주식, 중소기업창업투자회사 등이 보유하는 창업자 발행주식, 특수관계없는 비상장법인 발행 주식으로 주식을 발행한 법인이 부도가 발생한 경우

* 사업연도 종료일 현재의 시가가 주식발행 법인별 보유주식 총액으로 1,000원 이하인 경우에는 시가를 1,000원으로 한다.

③ 일반법인의 유가증권 평가손익 등의 세무조정과 소득처분

구	분	세무조정(소득처분)
손익계산서항목	단 기 매 매 증 권 평 가 이 익	익금불산입(△유보)
	단 기 매 매 증 권 평 가 손 실	손금불산입(유 보)
	지 분 법 평 가 이 익	익금불산입(△유보)
	지 분 법 평 가 손 실	손금불산입(유 보)
	매 도 가 능 증 권 손 상 차 손 만 기 보 유 증 권 손 상 차 손	손금불산입(유 보)
	매 도 가 능 증 권 손 상 차 손 환 입 만 기 보 유 증 권 손 상 차 손 환 입	익금불산입(△유보)
자 본 항 목 (기타포괄손익누계액)	매 도 가 능 증 권 평 가 이 익[주1]	익금산입(△유보) 익금산입(기 타)
	매 도 가 능 증 권 평 가 손 실[주2]	손금불산입(유 보) 손금산입(기 타)

주1) 이익잉여금의 증가 또는 지분법적용주식평가이익 포함.
주2) 이익잉여금의 감소 또는 지분법적용주식평가손실 포함.

재고자산 평가방법 검토 평가조정계산

① 재고자산 평가방법 검토

   ㉠ 해당사항을 입력한다.

   ㉡ 평가방법을 신고하지 않은 경우 신고방법 란에서 0.무신고를 선택한다.

② 평가조정계산

   ㉠ 과목 : 해당 계정과목코드를 입력한다. 코드를 모를 시에는 F2 코드를 이용한다.

   ㉡ 금액 등 해당사항을 입력하면 재고자산평가감은 (+)로, 재고자산평가증은 (−)로 표시되어 자동으로 계산된다.

   ㉢ F4 가로확대를 클릭하면 2.평가조정 계산 전체가 화면에 나타난다.

필수예제 따라하기

필수예제

다음 자료에 의해서 (주)태양상사의 2025년도 재고자산평가조정명세서를 작성하고 소득금액조정합계표를 작성하시오.

1. 사업연도 : 2025. 1. 1. ~ 2025. 12. 31.

2. 평가방법 신고내역 및 실제평가방법

자 산 별	신고연월일	신고방법	평가방법	비 고
제 품 및 상 품	2020.09.30.	총평균법	총평균법	
재 공 품	−	무신고	선입선출법	
원 재 료	2018.09.30.	총평균법	후입선출법	

▶ 원재료의 경우 2018.9.30. 신고한 총평균법에서 2025.10.25. 후입선출법으로 변경 신고하였다(변경하고자 하는 사업연도 종료일 이전 3개월이 되는 날까지 변경 신고되지 아니함).

3. 평가방법별 재고자산평가액

과 목	품명	결산서금액	총평균법	선입선출법	후입선출법
상 품	K	17,200,000	17,200,000	18,200,000	17,000,000
제 품	갑	21,000,000	21,000,000	24,800,000	21,000,000
	을	21,500,000	21,500,000	22,400,000	22,000,000
	소계	42,500,000	42,500,000	47,200,000	43,000,000
재공품	P	6,000,000	5,900,000	6,000,000	5,800,000
원재료	A	32,500,000	31,000,000	32,000,000	32,500,000
	B	19,500,000	22,000,000	21,500,000	19,500,000
	소계	52,000,000	53,000,000	53,500,000	52,000,000

따라하기

1. 재고자산 평가방법 검토
  ① 상품과 제품은 총평균법으로 신고하고 총평균법으로 평가하였으므로 적합하다.
  ② 재공품은 무신고이므로 선입선출법으로 평가하여야 한다.
  ③ 원재료는 사업연도종료일 이전 3개월(2025.9.30) 이후에 변경신고 하였으므로 변경된 신고방법을 적용할 수 없고 당초 신고방법(총평균법)과 선입선출법 중 큰 금액으로 평가하여야 한다.

2. 평가조정계산
  ① 상품 : 결산서상 금액인 회사계상액과 신고방법이 같으므로 조정사항 없다.
  ② 제품 : 결산서상 금액인 회사계상액과 신고방법이 같으므로 조정사항 없다.
  ③ 재공품 : 결산서상 금액인 회사계상액이 선입선출법이므로 조정사항 없다.
  ④ 원재료 : 당초 신고방법과 선입선출법 중 큰 금액으로 평가하여야 하므로 결산서상 금액인 회사계상액과 선입선출법의 차이 2,000,000원을 조정한다.

➔ 입력된 화면

■ 조정내용정리

• 〈손금불산입〉   재고자산평가감   2,000,000원 (유보발생)

6 세금공과금명세서

세금과공과는 영업활동과 관련하여 발생한 비용으로 손금으로 인정이 원칙이지만 법인세비용과 일부의 세금과 공과금, 벌과금 등은 손금불산입한다.

조정에 필요한 내용

1. 조세의 손금산입 여부

손금으로 인정되지 않는 조세	• 법인세, 법인지방소득세, 농어촌특별세 • 부가가치세매입세액 • 판매하지 아니한 제품에 대한 개별소비세 및 주세의 미납액 • 가산금, 체납처분비 및 세법상 의무불이행으로 인한 세액과 가산세
손금으로 인정되는 조세	• 인지세, 재산세, 자동차세, 주민세(균등분, 재산분, 종업원분), 등록면허세, 취득세(원가가산 후에 손금산입)

2. 부가가치세 매입세액

구 분		법인세법상 취급
부가가치세법상 공제되는 매입세액	일반적인 매입세액	손금불산입
부가가치세법상 공제되지 않는 매입세액	본래부터 공제되지 않는 매입세액 • 영수증을 교부받은 거래분의 매입세액 • 부가가치세 면세사업 관련 매입세액 • 토지 관련 매입세액 • 개별소비세 과세대상 자동차의 구입, 유지 관련 매입세액 • 기업업무추진비 및 유사비용의 지출에 관련한 매입세액 • 간주임대료에 대한 부가가치세	손금산입 * 자산의 취득원가나 자본적지 출 해당분은 일단 자산으로 계상한 후 손금산입
	의무불이행 또는 업무무관으로 인한 불공제 매입세액 • 세금계산서의 미수취·부실기재분 매입세액 • 매입처별세금계산서합계표의 미제출·부실기재분 매입세액 • 사업과 관련이 없는 매입세액 • 사업자등록전 매입세액	손금불산입

3. 제세공과금 및 벌금·과태료 등의 손금산입 여부

구분	손 금 산 입	자본적지출	손금불산입
공 과 금	• 법령에 의하여 의무적으로 납부하는 것 • 법령에 의한 의무불이행 또는 금지·제한 등의 위반에 대한 제재로서 부과되는 것이 아닌 것 (예 : 폐기물처리부담금, 교통유발부담금)	• 원인자부담금 • 수익자부담금 • 개발부담금 • 과밀부담금	• 법령에 의하여 의무적으로 납부하는 것이 아닌 것(예 : 임의출연금) • 법령에 의한 의무불이행 또는 금자제한 등의 위반에 대한 제재로서 부과되는 것(예 : 폐수배출부담금, 장애인고용부담금)

구분	손 금 산 입	자본적지출	손금불산입
벌 금 · 과 료	• 사계약상의 의무불이행으로 인하여 과하는 지체상금 • 국외에서 외국의 형법 또는 법률의 규정에 의하여 몰수된 재산가액 또는 추징금 • 보세구역에 장치되어 있는 수출용 원자재가 관세법상의 장치기간 경과로 국고 귀속이 확정된 자산의 가액 • 철도화차 사용료의 미납액에 대하여 가산되는 연체이자 • 산재보험료의 연체금 • 국유지 사용료의 납부지연으로 인한 연체료 • 전기요금의 연체가산금 • 건강보험료 연체료		• 법인의 임원 또는 사용인이 관세법을 위반하여 지급한 벌과금 • 업무와 관련하여 발생한 교통사고 벌과금 • 교통위반과태료 • 산재보험료의 가산금 • 환경오염 및 수질오염 배출부과금 • 금융기관이 한국은행에 납부하는 과태금

4. 징벌적목적의 손해배상금의 손금불산입

다음의 법률에 따라 지급한 손해배상액 중 실제 발생한 손해액을 초과하는 금액은 손금불산입한다. 실제 발생한 손해액이 분명하지 아니한 경우에는 지급한 손해배상금에 3분의 2를 곱한 금액을 손금불산입한다.

가맹사업거래의 공정화에 관한 법률, 개인정보 보호법, 공익신고자 보호법, 기간제 및 단시간근로자 보호 등에 관한 법률, 대리점거래의 공정화에 관한 법률, 신용정보의 이용 및 보호에 관한 법률, 정보통신망 이용촉진 및 정보보호 등에 관한 법률, 제조물 책임법, 파견근로자보호 등에 관한 법률, 하도급거래 공정화에 관한 법률 및 외국의 법령

⊕ 입력방법

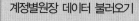

계정별원장 데이터 불러오기 ▶ 비고란에 손금불산입 표시

① 회계데이타 이용

F12 불러오기를 클릭하여 나타나는 전표자료 불러오기 보조창에서 기간을 입력하면 세금과공과(517. 817)계정의 입력내용을 불러온다. 확인을 클릭하면 세금과공과금명세서에 반영된다. 세금과공과 계정 이외의 계정에 세금과공과에 해당하는 데이터를 입력한 경우에는 F4 과목추가를 클릭하여 해당과목을 추가한 후 F12 불러오기를 한다.

② 손금불산입 항목 표시

세금과공과의 입력 내용을 검토하여 손금불산입 사항이 있을 경우 손금불산입표시 란에 표시를 한다(손금산입0, 손금불산입1).

필수예제

다음 자료에 의해서 (주)태양상사의 2025년도 세금과공과금명세서를 작성하고 소득금액조정합계표를 작성하시오. 감가상각의 세무조정은 적절히 반영하였다고 가정하고, 세금과공과금 지급내역은 기장자료를 참고하시오(당사는 주차위반과태료는 잡손실계정으로 처리하였다).

따라하기

1. 주차위반과태료를 잡손실로 처리하였으므로 F4 과목추가를 클릭하여 980.잡손실 계정을 추가 등록한다.

계정등록		×
코드	**계정과목**	**참고**
0517	세금과공과금	제조원가
0617	세금과공과금	도급원가
0667	세금과공과금	보관원가
0717	세금과공과금	분양원가
0767	세금과공과금	운송원가
0817	세금과공과금	판매관리비
0980	잡손실	

'코드' 항목에서 F2-코드도움   삭제(F5)   닫기(ESC)

2. F12 불러오기를 클릭하여 기간(1월 1일~12월 31일)을 입력하고 확인하면 해당하는 모든 계정의 내용을 입력된 내역에서 불러온다.

3. F6 불산입만표기를 클릭하고 화면우측의 손금불산입표시 란에 커서를 두고 손금불산입 대상인 항목만 1.(손금불산입)을 입력한다.

적 요	금 액(원)	비 고
등기지연별과금	200,000	손금불산입
주차위반 과태료납부	80,000	손금불산입
폐수배출부담금	2,000,000	손금불산입
상공회의소 일반회비	300,000	
주민세(종업원분)	500,000	
장애인고용부담금	2,000,000	손금불산입
공장자동차세 납부	2,500,000	

적 요	금 액(원)	비 고
비업무용건물재산세	70,000	손금불산입
국민연금 회사부담액납부	50,000	
자동차세 납부	500,000	
산재보험료추가납부액	250,000	
토지 취득세	1,200,000	손금불산입(유보)
산재보험료 가산금	80,000	손금불산입
산재보험료 연체료	50,000	
주민세법인균등분	100,000	
폐기물처리부담금	1,000,000	
손금불산입 합계	5,630,000	

▶ 토지의 취득세는 자본적지출로 자산의 취득원가에 가산하여야 하나 세금과공과 비용으로 하였으므로 손금불산입하고 유보로 소득처분한다. 나머지는 소득처분을 기타사외유출로 한다.

⊃ 입력된 화면

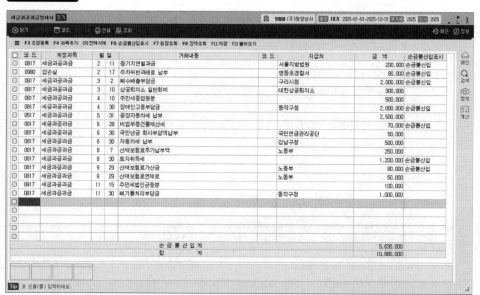

3. 소득금액조정합계표작성

F3 조정등록을 클릭하여 손금불산입액을 소득금액조정합계표에 입력한다.

● 입력된 화면

■ 조정내용정리

- 〈손금불산입〉 세금과공과금 4,430,000원 (기타사외유출)
- 〈손금불산입〉 토지취득세 1,200,000원 (유보발생)

▶ 토지 취득세 1,200,000원은 손금불산입(유보)이고, 나머지 4,430,000원은 손금불산입(기타사외유출)이므로 구분하여 입력한다.

7 선급비용명세서

용역 등의 대가로 지급하고 손금으로 처리한 금액 중 사업년도 종료일까지 용역 등의 제공기간이 미경과 된 부분에 상당하는 대가는 귀속시기가 다음 사업연도 이후이므로 이를 손금불산입하고 이것에 대한 세무조정서식이 선급비용명세서이다.

조정에 필요한 내용

비용이 지출되었지만 사업연도말 현재 해당기간이 모두 경과하지 않아 소멸되지 않은 비용을 선급비용이라 말한다. 선급비용을 과소계상하면 당기의 비용이 과대 계상되는 결과가 나타나기 때문에 손금불산입으로 세무조정하고 유보처분하여야 한다.

$$선급비용 = 지급금액 \times \frac{선급일수(미경과일수)}{총일수}$$

일수를 계산할 때 적용되는 기간계산은 기간을 일, 주, 월 또는 연으로 정한 때에는 기간의 초일은 산입하지 아니한다. 다만, 그 기간이 오전 영시부터 시작하는 때는 그러하지 아니한다(민법 제157조).

⊕ 입력방법

계정구분등록(생략가능) ➡ 선급비용 내역입력

① **계정구분**

계정구분에서 도움박스에 나타나는 1.미경과이자, 2.선급보험료, 3.선급임차료 중에서 선택 입력한다. F4 계정구분등록을 클릭하여 1.미경과이자, 2.선급보험료, 3.선급임차료 이외의 추가로 계정구분을 등록할 수 있다.

② **선급비용 및 조정사항 계산**

커서가 금액란에 위치하면 보조화면이 나타나며 이 화면에서 기간, 지급액을 입력하면 선급비용이 계산되고 회사 계상액을 입력하면 손금불산입 해당금액이 자동 계산된다.

③ **일수계산**

보험료는 양편산입(초일산입 말일산입), 지급이자와 임차료 등은 한편산입(초일불산입 말일산입)으로 계산되므로 필요한 경우 시작일을 가산한다(전기부터 임차하는 경우 시작일을 가산한다).

필수예제

다음 자료에 의해서 (주)태양상사의 2025년도 선급비용명세서를 작성하고 소득금액조정합계표를 작성하시오.

당기말 현재의 장부에 계상되지 아니한 기간 미경과분(선급분) 비용에 관한 자료는 다음과 같다(회계자료는 무시하고 다음에 제시된 자료만 있다고 가정함).

(단위 : 원)

날짜	구 분	지출액(원)	거래처	보험기간	비 고
3.03	화재보험료 (제조경비)	1,000,000	현대해상(주)	2025.03.04~2026.03.03	
4.15	자동차보험료 (제조경비)	4,700,000	삼성화재(주)	2025.04.15~2026.01.14	
9.19	자동차보험료 (판매관리비)	1,800,000	삼성화재(주)	2025.09.19~2026.09.18	
10.26	수수료비용 (판매관리비)	3,000,000	IBM	2025.10.01~2026.09.30	

따라하기

1. 계정구분등록

지급수수료에 대한 구분을 F4 계정구분등록을 클릭하여 구분명은 선급수수료, 유형은 한편산입(초일불산입 말일산입)으로 등록한다.

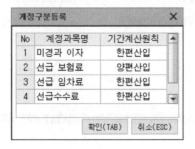

No	계정과목명	기간계산원칙
1	미경과 이자	한편산입
2	선급 보험료	양편산입
3	선급 임차료	한편산입
4	선급수수료	한편산입

확인(TAB)　취소(ESC)

2. 선급비용의 입력

계정구분 란에 커서를 위치하면 나타나는 팝업창에서 선택하여 선급비용 관련내용을 직접 입력한다. F12 불러오기를 하면 선급비용이 발생하는 비용계정을 계정별 원장에서 불러올 수 있다.

⇒ 입력된 화면

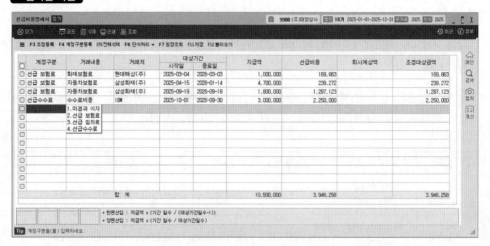

▶ 미경과분(선급비용)을 장부에 계상하지 아니하였으므로 회사계상액 란에 입력하지 않아야 한다.

3. 소득금액조정합계표 작성

세무조정대상금액을 F3 조정등록을 클릭하여 입력한다.

⇒ 입력된 화면

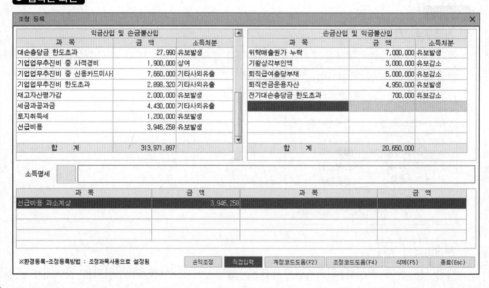

■ **조정내용정리**

· 〈손금불산입〉   선급비용   3,946,258원 (유보발생)

8 가지급금인정이자조정(갑·을)

● NCS 능력단위 : 0203020217법인세신고   능력단위요소 : 02부속서류작성하기
2.3 법령에 따른 가지급인정이자를 계상할 수 있다.
2.5 세무조정 절차에 따라 소득금액 조정합계표를 작성 할 수 있다.

법인이 특수관계인에게 무상 또는 저리로 자금을 대여하는 경우 이를 부당행위계산부인 대상으로 보아 법인세법에 의한 이자율에 의하여 계산한 이자상당액(인정이자)과 실제 이자수입의 차액을 익금으로 계상하여야 하는데 이를 가지급금의 인정이자 계산이라 한다.

조정에 필요한 내용

법인이 특수관계인에게 무상 또는 낮은 이자율로 자금을 대여한 경우에는 세법에서 정한 이자율로 계산한 이자상당액과 실제 이자수입의 차액을 익금에 산입한다.

익금에 산입할 금액=가지급금 인정이자－실제 수입이자

따라서 법인세법에 따라 계산한 적정이자를 실제로 받는 경우에는 익금에 산입할 금액이 없게 된다.

1. 가지급금의 범위

가지급금이란 명칭 여하에 불구하고 당해 법인의 업무와 관련 없는 자금의 대여액을 말하는 바, 이 중 부당행위계산부인규정이 적용되는 가지급금이란 거래상대방이 특수관계자인 경우에 한한다.

－다음은 인정이자계산에서 제외되는 가지급금으로 업무무관부동산 등 지급이자 손금불산입액 계산시에도 업무무관가지급금으로 보지 않는다.

① 원천징수시기특례규정에 의하여 지급한 것으로 보는 배당금과 상여금의 미지급소득에 대한 소득세 대납액
② 정부의 허가를 받아 국외에 자본을 투자한 내국법인이 해당 국외투자법인에 종사하거나 종사할 자의 여비·급료 기타 비용을 대신 부담하고 이를 가지급금 등으로 계상한 금액
③ 우리사주조합 또는 그 조합원에게 해당 법인의 주식 취득에 소요되는 자금을 대여한 금액
④ 국민연금법에 의하여 근로자가 지급받는 것으로 보는 퇴직금전환금
⑤ 익금산입액의 귀속자가 불분명하여 대표자에게 상여처분한 금액에 대한 소득세를 법인이 납부하고 이를 가지급금으로 계상한 금액
⑥ 사용인에 대한 월정급여액의 범위안에서의 일시적인 급료의 가불금
⑦ 사용인에 대한 경조사비 또는 학자금(자녀의 학자금 포함)의 대여액
⑧ 조특법상 중소기업의 직원(지배주주인 직원 제외)에 대한 주택 구입 또는 전세자금 대여액

2. 특수관계인의 범위

① 임원의 임면권의 행사, 사업방침의 결정 등 당해 법인의 경영에 대하여 사실상 영향력을 행사하고 있다고 인정되는 자(「상법」 제401조의2제1항의 규정에 의하여 이사로 보는 자를 포함한다)와 그 친족
② 주주등(소액주주등을 제외한다. 이하 같다)과 그 친족
③ 법인의 임원·사용인 또는 주주등의 사용인(주주등이 영리법인인 경우에는 그 임원을, 비영리법인인 경우에는 그 이사 및 설립자를 말한다)이나 사용인외의 자로서 법인 또는 주주등의 금전 기타 자산에 의하여 생계를 유지하는 자와 이들과 생계를 함께 하는 친족

④ ①부터 ③에 해당하는 자가 발행주식총수 또는 출자총액의 30% 이상을 출자하고 있는 다른 법인
⑤ ①부터 ③에 해당하는 자 및 해당법인이 이사의 과반수를 차지하거나 출연금(설립을 위한 출연금에 한한다)의 50% 이상을 출연하고 그 중 1인이 설립자로 되어 있는 비영리법인.
⑥ ④ 또는 ⑤에 해당하는 법인이 발행주식총수 또는 출자총액의 30% 이상을 출자하고 있는 다른 법인
⑦ 해당 법인에 30% 이상을 출자하고 있는 법인에 30% 이상을 출자하고 있는 법인이나 개인
⑧ 해당 법인이 「독점규제 및 공정거래에 관한 법률」에 의한 기업집단에 속하는 법인인 경우 그 기업집단에 소속된 다른 계열회사 및 그 계열회사의 임원

* 법인과 위의 관계에 있는 자를 특수관계인이라 하고 법인도 특수관계인의 특수관계인으로 본다.

3. 가지급금 인정이자의 계산

$$\text{가지급금 인정이자} = \text{가지급금 적수} \times \frac{1}{365} \left[\text{윤년인 경우에는 } \frac{1}{366} \right] \times \text{인정이자율}$$

구 분	내 용
가지급금 적수	• 가지급금의 적수계산 시 초일은 산입하고 말일은 불산입한다.
	• 동일인에 대하여 가지급금과 가수금이 함께 있는 경우에는 이를 상계한 금액으로 하되, 각각 상환기간 및 이자율 등에 관한 약정이 있어 이를 상계할 수 없는 경우에는 하지 아니한다.
이자율	인정이자계산을 위한 적정이자율 적용은 "가중평균차입이자율"을 원칙으로 하되 당좌대출이자율을 선택하여 신고하는 경우에는 당좌대출이자율을 적용한다. 이때에는 선택한 사업연도와 이후 2개 사업연도는 당좌대출이자율을 적용한다. 다만, 가중평균이자율의 적용이 불가능(차입금이 없거나 차입금전액을 특수관계인으로부터 차입한 경우 등)한 경우에는 "당좌대출이자율"을 적용한다.

* 가중평균차입이자율 : 법인의 자금대여 시점에 각각의 차입금 잔액(특수관계자인으로부터 차입금은 제외)에 차입 당시의 각각의 이자율을 곱한 금액의 합계액을 차입금 잔액의 총액으로 나눈 이자율

4. 세무조정

가지급금 인정이자와 실제 수입이자와의 차액을 익금산입(배당·상여 등)한다.

➕ 입력방법

1. 가지급금 가수금 입력 ➡ 2. 차입금 입력 ➡ 3. 인정이자 계산 ➡ 3. 인정이자 조정

① 1.가지급금 가수금 입력

㉠ 먼저 가지급금과 가수금 중 하나를 선택한다.
㉡ 회계관리 입력 데이터를 이용할 때에는 '회계데이터불러오기'를 클릭하여 팝업창에서 직책과 성명을 불러오기 또는 입력한 후 회계전표불러오기(Tab☜)를 클릭하면 된다.
㉢ 수동으로 입력을 할 경우 직책과 성명을 입력하고 오른쪽 화면에서 일자별로 입력을 한다.
㉣ 일자별로 입력을 하고 추가로 삽입을 할 때는 맨 하단에 입력을 하고 F4 정렬을 클릭하면 일자별로 정렬된다.

② **2.차입금 입력**

   ⊙ 거래처명에 F2 코드를 통하여 해당 거래처를 선택하거나 직접 입력한다.

   ⓒ 계정과목설정을 클릭하여 대상 차입금을 선택하거나 추가한다.

   ⓒ 새로불러오기를 클릭하여 현재거래처 또는 전체거래처의 차입금 내역을 불러온다. 거래처를 직접 입력한 경우에는 불러올 수 없고 직접 입력하여야 한다. 일자별로 입력을 하고 추가로 삽입을 할 때는 맨 하단에 입력을 하고 F4 정렬을 클릭하면 일자별로 정렬된다.

   ⓔ 직접 입력하거나 불러온 해당 차입금마다 이자율을 입력하면 가중평균차입이자율을 자동으로 계산한다. 이때 화면에 나타나는 이자액은 연간 이자액이다.

③ **3.인정이자 계산(을)**

적용이자율선택을 클릭하여 (1)당좌대출이자율, (2)가중평균차입이자율, (3) 해당사업년도만 당좌대출이자율, (4)해당대여금만 당좌대출이자율 중에서 선택한다.

④ **4.인정이자 조정(갑)**

   ⊙ '이자율별 차입금 적수계산'과 '가지급금, 가수금적수계산'에서 자동으로 반영된다.

   ⓒ 각 인명에 커서가 위치했을 때 인정이자 계상액이 나타나며 각 인명별로 회사계상액(회사가 수입이자로 계상한 금액)을 입력한 경우 인정이자 금액에서 회사 계상액을 뺀 금액이 조정액에 표시된다. 조정액을 익금산입한다.

   이때 동일인에 대하여 〈가수금 적수〉가 〈가지급금 적수〉보다 많을 경우에는 (갑)지에 표시되지 않으며, 당좌대출이자율은 연 4.6%이다.

필수예제 따라하기

필수예제

다음 자료에 의해서 (주)태양상사의 2025년도 가지급금인정이자조정명세서를 작성하고 소득금액조정합계표를 작성하시오.

1. 이자비용의 내역

차 입 일 자	차 입 금(원)	거래처	이 자 율	이 자 비 용(원)
전기이월	77,000,000	한빛은행	연 7%	5,390,000
2025. 5. 1	24,000,000	한빛은행	연 8%	1,280,000
2025.10. 1	60,000,000	한빛은행	연 6%	900,000
계				7,570,000

▶ 차입금은 모두 장기차입금이며 당사는 가중평균차입이자율을 적용하기로 한다.

2. 가지급금 관련자료

　① 업무무관 가지급금과 가수금은 모두 대표이사에 대한 것이다.

　② 재무상태표 상의 가지급금 계정의 금액 외에 단기대여금 계정에 대표이사에 대한 가
　　지급금 50,000,000원이 포함되어 있다. 10월 1일에 대여하였으며 연말까지 미상환상
　　태이다. 회사는 가지급금에 대하여 수입이자를 계상하지 않았으며 해당 메뉴에서 자
　　료를 직접 입력하여 세무조정한다.

따라하기

1. 가지급금 가수금 입력

① 화면상단 우측의 [회계데이터불러오기]를 클릭하여 직책 대표이사, 성명 박태양, 계정과
　목 134. 적요번호에 지급 1. 회수는 4.를 입력하고 회계전표불러오기(Tab)을 실행하여
　가지급금과 가수금 내역을 불러온다.

② 단기대여금 50,000,000원을 10월 1일자로 입력하고 F4정렬을 클릭한다.

➲ 입력된 화면

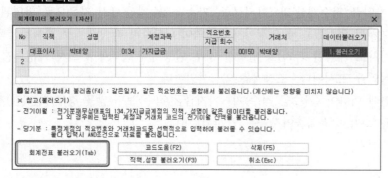

▶ 대표이사 가수금은 없으므로 불러오기를 하여도 반영되지 않는다.

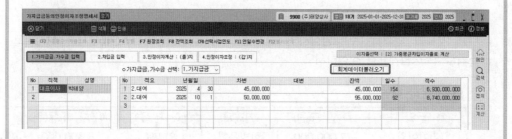

2. 차입금입력

① F2코드도움을 사용하여 화면 좌측에 거래처로 한빛은행을 선택하고 나타나는 차입금
　과 관련한 계정과목 선택창에서 장기차입금을 체크하고 확인을 누르면 입력 데이터를
　자동으로 불러온다. 또는 '새로불러오기'를 클릭하고 보조창에서 장기차입금을 선택하
　고 확인하면 자동으로 불러온다.

② 이자율은 직접 입력하고, 수동입력도 가능하다.

➔ 입력된 화면

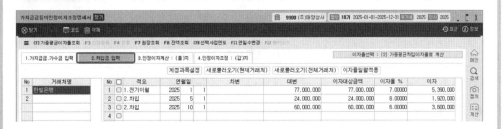

3. 인정이자계산(을)

우측 상단의 이자율선택을 클릭하여 (2)가중평균차입이자율로 계산을 선택한다.

➔ 입력된 화면

4. 인정이자계산조정(갑)

이자율별차입금과 가지급금가수금적수내역에 따른 인정이자 2,977,023원이 계산된다. 회사계상액이 없으므로 조정액란에 전액(2,977,023원)이 반영된다.

➔ 입력된 화면

5. 소득금액조정합계표 작성

⊃ 입력된 화면

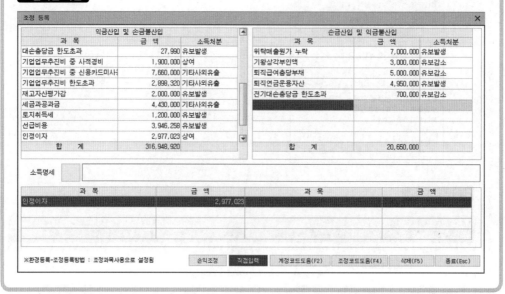

조정 등록

익금산입 및 손금불산입			손금산입 및 익금불산입		
과 목	금 액	소득처분	과 목	금 액	소득처분
대손충당금 한도초과	27,990	유보발생	위탁매출원가 누락	7,000,000	유보발생
기업업무추진비 중 사적경비	1,900,000	상여	기말상각부인액	3,000,000	유보감소
기업업무추진비 중 신용카드미사용	7,660,000	기타사외유출	퇴직급여충당부채	5,000,000	유보감소
기업업무추진비 한도초과	2,898,320	기타사외유출	퇴직연금운용자산	4,950,000	유보발생
재고자산평가감	2,000,000	유보발생	전기대손충당금 한도초과	700,000	유보감소
세금과공과금	4,430,000	기타사외유출			
토지취득세	1,200,000	유보발생			
선급비용	3,946,258	유보발생			
인정이자	2,977,023	상여			
합 계	316,948,920		합 계	20,650,000	

소득명세

과 목	금 액	과 목	금 액
인정이자	2,977,023		

※환경등록-조정등록방법 : 조정과목사용으로 설정됨

[손익조정] [직접입력] [계정코드도움(F2)] [조정코드도움(F4)] [삭제(F5)] [종료(Esc)]

■ 조정내용정리

- 〈익금산입〉　　　가지급금인정이자　　　　2,977,023원 (상여)

⑨ 업무무관부동산등관련차입금이자조정명세서(갑·을)

차입금의 이자는 원칙적으로 법인의 순자산을 감소시키는 거래로서 손금에 해당한다. 그러나 특정용도에 사용된 차입금 또는 채권자가 불분명한 차입금의 이자와 업무무관자산을 보유하고 있는 경우의 차입금 이자는 손금불산입한다.

조정에 필요한 내용

지급이자의 손금불산입 적용순서

손금불산입대상 지급이자	소 득 처 분
① 채권자불분명사채이자	대표자상여(원천징수세액은 기타사외유출)
② 수령자불분명 채권증권의 이자	대표자상여(원천징수세액은 기타사외유출)
③ 특정차입금(건설자금)이자	유 보
④ 업무무관자산 등 관련 지급이자	기타사외유출

1. 특정차입금(건설자금)이자

① 대 상

사업용 고정자산(유형자산·무형자산)의 건설에 소요된 것이 분명한 차입금(특정차입금)이자를 건설자금이자로 계산한다. 매매를 목적으로 하는 재고자산은 건설자금이자의 계산 대상이 아니다.

구 분	건설자금이자의 처리방법
법인세법	① 재고자산·투자자산 : 손금처리 ② 유형자산과 무형자산 : 취득원가에 산입
기업회계기준	① 국제회계기준 : 취득원가에 산입 ② 일반기업회계기준 : 취득원가 산입과 기간비용처리 중 선택 가능 ③ 대상자산 : 유형자산·무형자산·투자부동산·재고자산

② 건설자금이자의 계산

㉠ 대상차입금

사업용 고정자산의 매입·제작·건설에 소요된 것이 분명한 특정차입금으로 한다.
(일반차입금 이자의 자본화는 법인이 선택하는 경우에 할 수 있다.)

㉡ 계산기간

건설자금이자의 계산은 건설을 개시한 날부터 건설이 준공된 날까지로 한다.

구 분	건설이 준공된 날
토지를 매입하는 경우	그 대금을 청산한 날. 다만, 그 대금을 청산하기 전에 당해 토지를 사업에 사용하는 경우에는 그 사업에 사용하기 시작한 날
건축물의 경우	취득일 또는 당해 건축물의 사용개시일 중 빠른 날
기타 사업용 고정자산의 경우	사용개시일

ⓒ 건설자금이자의 세무상 처리

구　분	세 무 상 처 리
특정차입금의 일부를 운영자금으로 전용한 경우	당기 손금으로 처리
특정차입금의 일시예입에서 발생하는 이자수익	특정차입금이자에서 차감한다.
차입한 특정차입금의 연체로 인하여 생긴 이자를 원본에 가산한 경우	• 가산한 금액 : 자본적지출 • 원본에 가산한 금액에 대한 지급이자 : 손금 처리

ⓓ 세무조정

ⓐ 건설자금이자를 과다계상한 경우

구　분	세 무 조 정
감가상각자산	손금산입(△유보) → 감가상각 시부인계산 또는 처분시에 건설자금이자 상당액에 대하여 손금불산입(유보)
비상각자산	손금산입(△유보) → 처분시 익금산입(유보)

ⓑ 건설자금이자를 과소계상한 경우

구　분		세 무 조 정
감가상각자산	건설중인자산	손금불산입(유보) → 완성된 사업연도에 상각부인액으로 보아 세무조정
	완성자산	즉시상각의제를 적용하여 감가상각비 시부인계산
비상각자산		손금불산입(유보) → 처분시 손금산입(△유보)

2. 업무무관자산 관련 지급이자

① 손금불산입요건

차입금이 있는 법인이 다음의 자산을 보유하고 있는 경우에는 업무무관부동산 등 관련 지급이자 손금불산입 규정이 적용된다.

> ① 업무무관부동산업무무관동산
> ② 업무무관가지급금

▶ 업무무관가지급금

업무무관가지급금은 특수관계자에게 지급한 금액으로서 명칭 여하에 불구하고 당해 법인의 업무와 관련이 없는 자금의 대여액(금융회사의 경우에는 주된 수익사업으로 볼 수 없는 자금의 대여액을 포함한다)을 말한다. 다만, 다음의 경우에는 업무무관가지급금으로 보지 아니한다.

> ① 원천징수시기특례규정에 의하여 지급한 것으로 보는 배당금과 상여금의 미지급소득에 대한 소득세 대납액
> ② 국외에 자본을 투자한 내국법인이 해당 국외투자법인에 종사하거나 종사할 자의 여비·급료 기타 비용을 대신 부담하고 이를 가지급금 등으로 계상한 금액
> ③ 우리사주조합 또는 그 조합원에게 해당 법인의 주식 취득에 소요되는 자금을 대여한 금액
> ④ 국민연금법에 의하여 근로자가 지급받는 것으로 보는 퇴직금전환금
> ⑤ 익금산입액의 귀속자가 불분명하여 대표자에게 상여처분한 금액에 대한 소득세를 법인이 납부하고 이를 가지급금으로 계상한 금액
> ⑥ 사용인에 대한 월정급여액의 범위안에서의 일시적인 급료의 가불금
> ⑦ 사용인에 대한 경조사비 또는 학자금(자녀의 학자금 포함)의 대여액
> ⑧ 중소기업의 직원(지배주주인 직원 제외)에 대한 주택구입 또는 전세자금 대여액

② 지급이자 손금불산입액의 계산

$$\text{지급이자} \times \frac{\text{업무무관부동산동산가지급금의 적수}}{\text{차 입 금 적 수}}$$

㉠ 업무무관부동산동산의 가액계산

　　업무무관부동산동산의 가액은 취득가액(매입가격 및 부대비용, 건설자금이자, 자본적 지출액을 포함한 가격)으로 한다. 다만, 부당행위계산부인규정이 적용되는 경우에는 당해 시가초과액을 포함한 가액으로 한다.

㉡ 가지급금의 적수계산시 유의사항

　　가지급금의 적수계산시 동일인에 대한 가지급금과 가수금이 함께 있는 경우에는 이를 상계한 금액으로 한다. 다만, 동일인에 대한 가지급금과 가수금의 발생시에 각각 상환기간 및 이자율 등에 관한 약정이 있어 이를 상계할 수 없는 경우에는 그러하지 아니하다.

⊕ 입력방법

```
━━━━━ 1.적수입력(을) ━━━━━
1. 업무무관부동산의 적수  ┐
2. 업무무관동산의 적수    │
3. 가지급금등의 적수      ├ 불러오기 또는 직접입력
4. 가수금등의 적수        ┘
5. 그밖의 적수 – 직접입력
6. 자기자본 적수계산 – 표준재무상태표 금액 반영
```

```
━━━ 지급이자손금불산입(갑) ━━━

2. 지급이자 및 차입금 적수계산
          ⇩
1. 업무무관 부동산 등에 관련한 차입금이자
```

① 1.적수입력(을)

　㉠ 업무무관부동산의 적수 : 이월된 부동산의 경우 반드시 적요 구분을 "1.전기이월"로 선택해야 하며 2.취득과 3.매각, 금액을 입력하면 적수는 자동으로 계산된다.

　㉡ 업무무관동산의 적수 : '㉠'과 동일

　㉢ 가지급금 등의 적수 : 가지급금등 인정이자조정명세서(을)에서 자동반영된다.

　㉣ 가수금 등의 적수 : 가지급금등 인정이자조정명세서(을)에서 자동반영된다.

　㉤ 그 밖의 적수 : '㉠'과 동일, 날짜순으로 입력하지 않았을 경우 자동으로 날짜순 정렬한다.

　㉥ 자기자본 적수계산 : 자기자본은 불러오기를 클릭하면 자동으로 계산한다.

　▶ 업무무관 부동산 차입금 지급이자 조정명세서를 작업하기 전에 〈가지급금 등 인정이자조정명세서〉와 〈표준재무상태표〉를 먼저 작성 저장해야 관련 자료가 자동 반영된다.

② 2.지급이자손금불산입(갑)

　㉠ 지급이자 및 차입금 적수계산은 이자율별 지급이자를 입력하면 (11)차입금적수가 자동으로 계산된다.

　㉡ (12)채권자불분명사채이자, 수령자불분명사채이자, (15)건설자금이자, 국조법 14조에 따른 이자에 해당되는 경우 순차로 입력한다.

　㉢ 각 항목은 (을)지에서 입력된 내용이 자동반영 계산된다.

다음 자료에 의해서 (주)태양상사의 2025년도 업무무관부동산 등에 관련한 차입금지급이 자조정명세서를 작성하고 소득금액조정합계표를 작성하시오(연일수는 365일로 가정한다).

1. 특수관계인에 대한 가지급금 내역은 가지급금인정이자조정 자료를 그대로 이용한다.

2. 차입금에 대한 지급이자액과 이자율 자료를 그대로 이용한다.

7%	5,390,000원
8%	1,280,000원
6%	900,000원

▶ 6% 이자 900,000원은 전액 공장건물을 증설하기 위하여 차입한 특정차입금에 대한 이자이다.

따라하기

[을]지의 해당 적수계산을 먼저 입력하고 [갑]지를 작성한다.

1. 상단 3.가지급금 탭을 선택하고 불러오기를 하면 가지급금인정이자조정에서 저장한 내용을 자동으로 반영하여 적수를 계산한다.

2. 6.자기자본적수는 하단의 불러오기를 클릭하면 저장된 표준대차대조표의 자료를 자동 으로 반영한다.(직접 입력도 가능)

3. 상단 4.가수금 탭을 선택하고 [불러오기]를 하면 가지급금인정이자시 계산 적용되었던 내 용을 자동으로 반영하여 적수를 계산한다(이 문제는 해당사항 없음).

➔ 입력된 화면

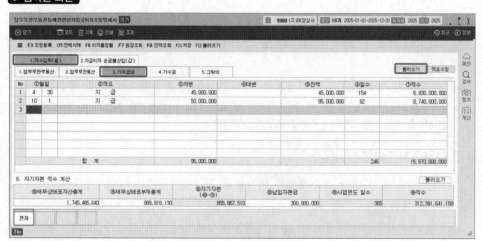

▶ ⑪ 부채총계에는 충당금은 포함하고 미지급 법인세는 제외한다.

4. [갑]지 작성방법

① 이자율별 지급이자내역을 (9)이자율과 (10)지급이자 란에 입력하고, 6%에 해당하는 금액 900,000원이 입력된 라인의 우측 "건설자금이자" 부분에 900,000원을 입력한다.

➲ 입력된 화면

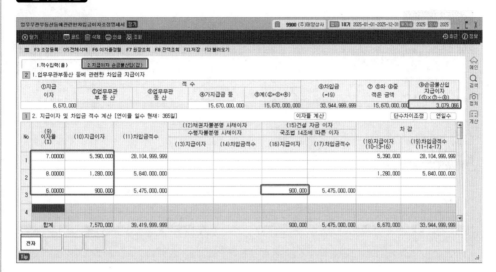

② 이자율별로 입력된 지급이자 7,570,000원과 차입금적수 39,419,999,999에서 출발하여 적용대상 자료를 순차적으로 적용하여 차감해 나가는데 이는 프로그램에 이미 반영되어 있다.

- 합계 7,570,000 − 건설자금이자 900,000 = 6,670,000원
- 지급이자 잔액 6,670,000원 중
  − 업무무관부동산 등에 관련한 차입금이자 부인액 3,079,066원은 ⑧손금불산입지급이자 란에 자동으로 산출된다.

5. 소득금액조정합계표

F3 조정등록을 클릭하여 조정내역을 등록한다.

이때 건설자금이자의 조정을 본 메뉴에서 등록하면 [건설자금이자]메뉴에서는 F3 조정등록을 하지 말아야 한다.

➔ 입력된 화면

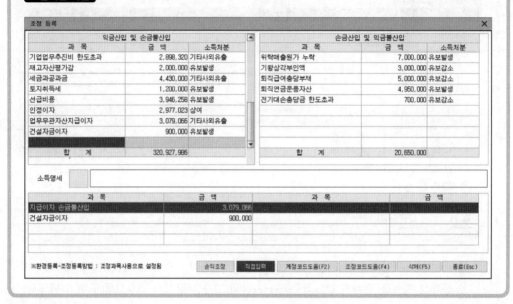

■ 조정내용정리

• 〈손금불산입〉   건설자금이자   900,000원 (유보발생)
• 〈손금불산입〉   업무무관지급이자   3,079,066원 (기타사외유출)

🔟 건설자금이자조정명세서

건설자금이자란 법인이 그 명목여하에 불구하고 사업용 고정자산의 매입·제작·건설에 소요되는 특정차입금에 대한 지급이자 또는 이와 유사한 성질의 지출금으로서 이를 해당 사업용 고정자산의 원가로 계상하여야 한다.

조정에 필요한 내용

구 분	계산대상	계산대상기간	계산대상이자
기업회계기준	재고자산·투자부동산·유형자산·무형자산의 제조·매입·건설에 사용된 차입금에 대한 이자비용	자본화기간에 발생한 이자 - 토지 : 계약금지급일~잔금지급일 - 건물 : 착공일~준공일 - 기계장치 : 설치개시일~정상제품생산일	① 차입금, 사채에 대한 이자비용 ② 사채발행차금상각·환입액 ③ 장기성매입채무와 채권·채무의 재조정에 따른 현재가치할인차금 ④ 외화차입금에 대한 외환차손익, 외화환산손익 ⑤ 리스이용자의 금융리스비용
법인세법	사업용 고정자산(유형·무형)의 매입·제작·건설 및 증설과 개량에 사용되었음이 분명한 특정차입금의 지급이자(일반차입금도 법인이 자본화를 선택할 수 있다)	- 토지 : 대금을 청산한 날 또는 대금을 청산하기 전에 사업에 사용하는 경우 그 사업에 사용되기 시작한 날까지 - 건축물 : 준공일까지 - 기타 사업용 고정자산 : 사용개시일까지	① 건설자금으로 사용된 것이 분명한 차입금이자 및 이와 유사한 성질의 지출금에 한함. (2011년부터 일반차입금 이자도 자본화 가능) ② 차입과 관련된 지급보증료·할인료·건설기간중의 사채할인차감상각액등
차이조정	법인세법은 사업용 고정자산만 허용하고 재고자산은 제외한다.	재고자산에 대한 건설자금이자 손금산입하고 유보처분	건설자금이자 과소 계상액은 손금불산입하고 유보처분

⊕ 입력방법

┌─────────────────────┐   ┌─────────────────────┐
│ 1. 건설지급이자계산명세 │   │ 2. 건설자금이자조정 │
└─────────────────────┘   └─────────────────────┘

① 건설자금이자 계산명세

　㉠ 건설자산명 : 토지, 건물, 기계장치 등의 순서로 건설중인 고정자산명을 입력한다.

　㉡ 대출기관명, 차입일, 차입금액을 순차로 입력한다. 건설자금에 충당하기 위하여 차입한 자금의 총액을 기입하되, 그 차입금의 일부를 운영자금에 사용한 경우에는 동 금액을 차감한 금액을 입력한다.

　㉢ 이자율, 지급이자란 : 해당 차입금별 이자율과 지급이자 또는 이와 유사한 성질의 지출

금의 합계액을 기입하되, 동 차입금의 일시예금에서 생기는 수입이자를 차감하여 입력한다.

ⓔ 준공일 또는 준공예정일란에 준공일을 기입한다.

ⓜ 대상일수(공사일수) : 건설자금이자계상 대상일수는 당기중에 건설완료된 자산은 차입일부터 그 준공일까지, 건설이 진행중인 자산은 당해 사업연도 종료일까지 발생한 일수를 각각 입력한다.

ⓗ 대상금액 : 건설자금이자계상 대상금액은 당기중에 건설완료된 자산은 차입일부터 그 준공일까지, 건설이 진행중인 자산은 당해 사업연도 종료일까지 발생한 금액을 각각 입력한다.

② 건설자금이자조정

ⓞ ①건설자금이자란 : ⑬대상금액(건설자금이자) 중 합계란의 금액을 건설완료자산분과 건설중인 자산분으로 구분하여 입력한다.

ⓛ ②회사계상액 : 회사가 건설중인자산으로 계상한 지급이자금액을 건설완료분과 건설중인 자산분으로 구분하여 기입한다.

ⓒ ③상각대상자산분 : 건설완료자산분 중 토지를 제외한 감가상각대상자산에 대한 자본적지출액으로서 세법상 감가상각비로 간주(즉시상각의제액)하여 세무조정한다. 회사의 상각방법이 정률법인 경우에는 감가상각비조정명세서(정률법)의 (9)자본적지출액란에 이기하고, 정액법인 경우에는 감가상각비조정명세서(정액법)의 (12)당기 자본적지출액란에 입력한다.

ⓔ ④차감조정액 : 건설완료자산분은 당기에 매입 완료한 비상각자산(토지등)에 대한 건설자금이자의 세법상금액과 차이를 의미하며, 건설중인자산분은 당기에 건설이 진행중인 자산에 대한 건설자금이자의 세법상금액과 차이를 의미한다. 차감조정액의 계 금액이 양수(+)이면 건설자금이자과소계상분으로 손금불산입(유보발생)으로 처분하며, 음수(-)이면 건설자금이자 과대계상분으로 손금산입(유보발생)으로 처분한다.

▶ 주의 : 건설자금이자의 조정은 "업무무관 부동산등의 차입금이자조정명세서"에서 건설자금이자를 부인하게 되므로 이중부인이 될 수 있다. 업무무관 부동산등의 차입금이자조정명세서(갑)"의 작성 시 조정등록을 하였으면 건설자금이자조정명세서에서는 조정등록을 하지 말아야 한다.

필수예제

다음 자료에 의해서 (주)태양상사의 2025년도 건설자금이자조정명세서(건설자산명 : 공장 신축)을 작성하고 소득금액조정합계표를 작성하시오.

1. 공장신축과 관련한 사항
    ① 착공일 : 2025.01, 준공예정일 : 2026.7.31
    ② 총공사대금 : 150,000,000원
    ③ 신축자금 차입 내역
        • 대출기관명 : 한빛은행   • 차입일자 : 2025.10.01
        • 차입금액 : 60,000,000원   • 차입이자율 : 연 6%
        • 당기이자지출액 : 900,000원(월할계산)

2. 당 법인은 건설자금이자에 대한 회계처리를 하지 아니하고 결산을 종료하였다.

따라하기

1. 특정차입금 건설자금이자 계산 명세 [1]
    공장신축, 한빛은행 등 관련사항과 은행 차입사항을 해당란에 입력한다.

2. 건설자금이자계산조정 [3]
    건설중인자산분의 ①건설자금이자란에 900,000원을 입력한다.

3. 건설자금이자에 대한 세무조정은 지급이자손금불산입시 처리하였으므로 별도의 조정등록 은 없다.

➡ 입력된 화면

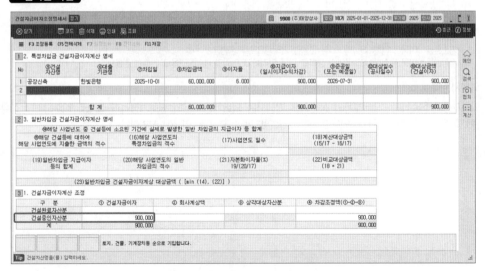

11 외화평가차손익조정(갑 · 을)

기말 현재 보유하는 화폐성 외화자산·부채에 대하여 사업연도종료일 현재의 외국환거래법에 의한 매매기준율 또는 재정된 매매기준율에 의하여 평가하는 경우 그 외화환산손익은 당해 사업연도의 익금 또는 손금에 산입한다.

조정에 필요한 내용

1. 외화자산 · 부채의 평가손익(외화환산손익)

구 분	내 용
평가대상	화폐성 외화자산·부채, 통화선도·통화스왑, 환변동보험
적용환율	적용환율은 사업연도 종료일 현재의 매매기준율에 의한다.
평가손익의 처리	평가손익은 전액을 해당 사업연도의 손금 또는 익금에 산입한다.

2. 화폐성 자산 · 부채의 구분

구 분	자 산	부 채
화폐성	현금, 장단기금융상품, 매출채권, 만기보유증권, 대여금, 미수금, 미수수익, 보증금	당좌차월, 차입금, 외상매입금, 지급어음, 미지급금, 사채(전환사채제외)
비화폐성	선급금, 재고자산, 고정자산, 매도가능증권	선수금, 선수수익, 전환사채

3. 외화자산 · 부채의 평가

다음 중 하나의 방법으로 평가하여야 한다.

> ⓐ 취득일 또는 발생일(계약체결일) 현재의 매매기준율 – 평가손익이 발생하지 않는다.
> ⓑ 사업연도 종료일 현재의 매매기준율 – 평가손익이 발생한다.

▶ 'ⓑ'의 사업연도 종료일 현재의 매매기준율을 평가방법으로 최초로 적용하려는 법인은 법인세확정신고와 함께 화폐성 외화자산·부채 등 평가방법신고서를 제출하여야 하고, 그 후 5년간은 계속하여 적용하여야 하며 5년이 경과하면 평가방법의 변경이 가능하다.

▶ 평가방법에 대한 신고가 없으면 'ⓐ'의 방법을 적용한다.

＊사업연도 종료일이 공휴일등으로 고시된 환율이 없는 경우에는 사업연도 종료일 전일에 고시한 환율을 적용한다.

⇨ 서울외국환중개주식회사(www.smbs.biz/ '환율통계조회')에서 조회 가능
  • 기준환율 : 미국 달러화(USD)의 외국환은행간 거래량으로 가중평균한 환율
  • 재정환율 : 미국 달러화(USD)이외의 통화로 미국 달러화(USD)와의 매매중간율로 산출한 환율

4. 외환차손익

외화자산의 회수 또는 외화부채의 상환시에 발생하는 외화채권·채무의 원화기장액과 실제로 회수하거나 상환하는 원화금액과의 차액은 외환차손익으로 해당 사업연도의 손금 또는 익금에 산입한다.

⊕ 입력방법

┌─────────────────────────────────┐   ┌─────────────────────────────┐
│   외화자산부채의 평가(을)   │   │   외화자산등   │
│ 통화선도, 스왑, 환변동보험등 평가(을) │ │ 평가차손익조정명세서(갑)   │
└─────────────────────────────────┘   └─────────────────────────────┘

① 외화자산부채등 평가차손익조정명세서(을)

㉠ 외화자산, 외화부채, 통화선도, 통화스왑, 환변동보험 중 해당되는 탭을 클릭한다.

㉡ 외화종류 : 외화자산부채 등의 종류별로 평가손익을 계산하게 되어 있으므로 국별 화폐단위를 입력한다.

㉢ 외화금액 : 소수점 2자리까지 입력이 가능하며 외화종류별로 입력한다.

㉣ 장부가액 : 결산상 평가 전에 장부상 금액에 대하여 적용된 환율(이월된 외화자산부채는 직전사업년도 종료일 환율, 당기 발생 외화자산부채는 발생 시의 환율)을 입력한다. 원화금액은 외화금액과 적용환율을 입력하면 자동으로 계산된다.

㉤ 평가금액 : 화폐단위별로 사업년도종료일 현재 외국환거래법에 의한 매매기준율을 기입한다. 외화금액과 적용환율을 입력하면 원화금액은 자동으로 계산된다.

㉥ 평가손익 : 자산(평가원화금액 - 장부원화금액), 부채(장부원화금액 - 평가원화금액)으로 기입해주고 총계는 (갑)지의 "②"란으로 자동으로 반영된다.
외화환산손익을 익금 또는 손금에 산입하려는 법인은 법인세확정신고와 함께 화폐성 외화자산·부채 등 평가방법신고서를 제출하여야 한다.

② 외화자산등 평가차손익조정명세서(갑)

㉠ 구분 : 먼저 차익 또는 차손을 선택하고 구분란에서 외화자산부채명을 기입한다.

㉡ 전기이월액 : 1999.1.1.이후 개시하는 사업년도의 개시일 현재 환율조정계정의 잔액이 있는 법인의 직전 사업연도 본 서식(갑)상의 차기이월액을 기입한다.

㉢ 당기경과일수/잔존일수 : 발생연월일을 입력하면 당해 사업년도중 경과일수와 잔존일수를 자동으로 계산한다.

㉣ 손익금해당액/차기이월액 : 차익과 차손을 구분하여 자동으로 계산한다.

㉤ 회사손익금계상액 : 회계관리에 입력한 데이터를 확인하여 직접 입력한다.

㉥ 조정 : 차익조정란의 차익과소계상분은 익금산입, 차익과다계상분(-)은 익금불산입하고, 차손조정란의 차손과다계상분은 손금불산입, 차손과소계상분(-)은 손금산입한다.
가.화계성 외화자산·부채평가손익은 손익조정금액란의 금액이 음수(-)인 경우에는 손금산입하고 양수(+)인 경우에는 익금에 산입한다.

필수예제

다음 자료에 의하여 (주)태양상사의 2025년도 외화평가차손익조정명세서를 작성하고 소득금액조정합계표를 작성하시오(직전년도부터 사업연도종료일 현재 환율에 의하여 평가하기 위하여 화폐성 외화자산·부채 등 평가방법신고서를 제출하였다).

(단위 : 원)

계정과목	외　화	발 생 일	상환일자	기초장부가액	기말장부가액
장기차입금	US$ 70,000	2023.10. 1	2026. 9.30	77,000,000	85,400,000
장기차입금	US$ 20,000	2025. 5. 1	2028. 4.30	24,000,000	24,400,000

▶ 12월 31일 현재 매매기준율 : $1(USD) 1,250원
　기말장부가액은 $1(USD)당 1,220원으로 평가한 금액임.

따라하기

1. 외화자산부채의평가(을)의 아래쪽 ②외화종류(부채)에서 USD, 외화금액 $70,000, 장부가액 적용환율 1,100원, 평가금액 적용환율 1,250원을 입력하고, 줄 바꿔서 USD, 외화금액 $20,000, 장부가액 적용환율 1,200원, 평가금액 적용환율 1,250원을 입력하면 평가손익의 합계 −11,500,000원(−10,500,000원, −1,000,000원)이 자동으로 계산된다.

⊃ 입력된 화면

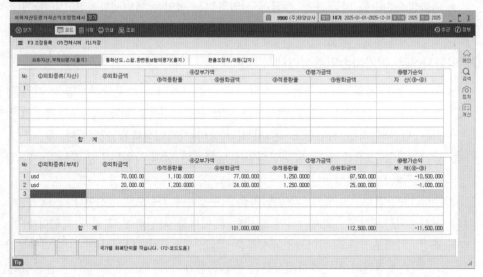

2. 계정별 원장에서 955.외화환산손실 계정을 조회하여 외화환산손실 계상액 8,800,000을 확인하고 환율조정차대 등(갑지)에 ③ 회사손익금계상액란에 회사계상분을 −8,800,000원으로 입력한다. −8,800,000원은 외화장기차입금의 기말장부가액과 기초장부가액의 차액이다.

⊃ 입력된 화면

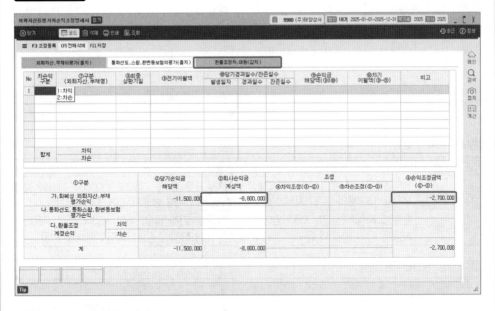

3. 소득금액조정합계표작성

F3 조정등록을 클릭하고 외화환산손실 과소계상분 2,700,000원을 손금산입한다.

⊃ 입력된 화면

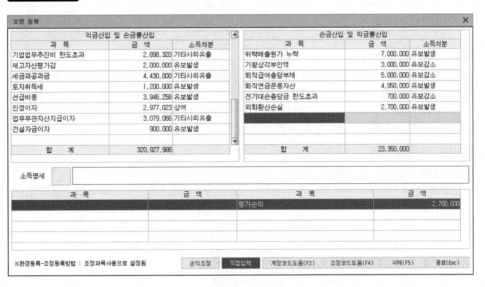

■ 조정내용정리

- 〈손금산입〉   외화환산손실   2,700,000원 (유보발생)

⑫ 업무용승용차관련비용명세서

법인이 업무용승용차를 취득하거나 임차(리스, 렌탈 등)하여 해당 사업연도에 손금에 산입하거나 지출한 감가상각비, 임차료, 유류비 등 업무용승용차 관련비용 중 업무용 사용금액에 해당하지 아니하는 금액은 손금불산입하고 귀속자에 따른 상여로 소득처분을 한다.

조정에 필요한 내용

1. 업무용승용차의 범위

구 분	내 용
업무용승용차	업무용승용차란 개별소비세 과세대상 승용자동차를 말하는 것으로 1,000cc 이하의 경차를 제외하고, 대부분의 부가가치세법 상 매입세액불공제 대상 승용차가 여기에 해당한다.
제외 대상	운수업, 자동차판매업, 자동차임대업, 운전학원업, 기계경비업 등이 사업에 직접 사용하는 승용자동차, 장의관련업의 운구용 승용차 및 연구개발 목적의 승용차(자율주행자동차 등)

2. 업무용승용차 관련비용 종류

구 분	내 용
감가상각비	2016년 1월 1일 이후 취득하는 업무용승용차는 내용연수 5년의 정액법으로 감가상각비를 반드시 손금에 산입하여야 한다. 업무용승용차를 리스 또는 렌탈한 경우에는 임차료 중에서 보험료, 자동차세, 수선유지비 등을 차감한 금액을 감가상각비 상당액으로 한다.
기타비용	임차료(감가상각비 상당액 차감), 유류비, 보험료, 수선비, 자동차세, 통행료 및 금융리스부채에 대한 이자비용 등 업무용승용차의 취득·유지를 위하여 지출한 비용

▶ 리스차량의 경우 리스료에서 수선유지비를 별도로 구분하기 어려운 경우에는 임차료(리스료에서 보험료와 자동차세를 차감한 금액)의 7%를 수선유지비로 할 수 있다. 또한 렌탈 차량은 렌탈료의 70%를 감가상각비 상당액으로 한다.

3. 업무용승용차 업무용사용금액

업무전용자동차보험에 가입한 경우에는 업무용승용차 관련비용에 업무사용비율을 곱한 금액을 손금으로 인정하고, 가입하지 아니한 경우에는 손금으로 인정하지 아니한다. 단 일부기간만 가입하면 가입일수에 비례하여 손금으로 인정한다. 법인은 2024년 1월 1일 이후 취득원가 8000만원 이상의 승용차를 취득(리스, 1년 이상 렌탈)하면 연녹색 번호판을 부착하여야 하며, 부착하지 아니한 경우 손금인정액은 0원이 된다.

4. 업무사용 손금인정 범위

① 운행기록을 작성·비치한 경우

운행기록 등에 따라 확인되는 업무사용비율(총 주행거리 중 업무용 사용거리가 차지하는 비율)로 한다. 업무용승용차별로 운행기록을 작성·비치하여야 하며, 납세지 관할 세무서장이 요구할 경우 이를 즉시 제출하여야 한다.

$$\text{업무용사용 손금인정범위} = \left\{ \text{감가상각비} + \text{기타비용} \right\} \times \frac{\text{업무용 주행거리}}{\text{총주행거리}}$$

※ 업무용 주행거리 : 제조·판매시설 등 해당 법인의 사업장 방문, 거래처·대리점 방문, 회의 참석, 판촉 활동, 출·퇴근 등 직무와 관련된 업무수행을 위하여 주행한 거리를 말한다.

② 운행기록 등을 작성·비치하지 아니한 경우

업무용승용차 관련비용	업무사용비율의 계산
1,500만원 이하인 경우	100분의 100 × 사업년도 월수/12
1,500만원을 초과하는 경우	1,500만원 ÷ 업무용승용차 관련비용 × 사업년도 월수/12

5. 세무조정

(1) 업무용승용차 업무미사용액에 대한 세무조정

업무용승용차 업무미사용액은 손금불산입하고 귀속자에 대한 상여로 처분한다.

(2) 업무용승용차의 감가상각비 한도초과액에 대한 세무조정

구분	내용	세무조정
자가 차량의 감가상각비	800만원 × 사업년도 월수/12	손금불산입(유보)
임차료 중 감가상각비		손금불산입(기타사외유출)
한도초과액의 이월공제	감가상각비가 800만원에 미달하는 경우 그 미달하는 금액을 한도로 손금 추인	자가차량 : 손금산입(유보) 임차차량 : 손금산입(기타)

(3) 업무용승용차의 처분손실에 대한 세무조정

업무용승용차의 처분손실은 업무용승용차별로 800만원(해당 사업연도가 1년 미만인 경우 800만원에 해당 사업연도의 월수를 곱하고 이를 12로 나누어 산출한 금액을 말한다)을 초과하는 금액은 손금불산입하고 기타사외유출로 소득처분한다. 업무용승용차를 처분한 사업연도의 다음 사업연도부터 매년 800만원을 균등하게 손금에 산입한다.

▶ 부동산임대업이 주업인 법인은 감가상각비 한도액을 400만원으로 적용한다.

입력방법

1. 업무용승용차등록 2. 업무용승용차관련비용명세서

① **업무용승용차등록**

회계관리 기초정보관리의 업무용승용차등록에서 업무용승용차의 취득과 관련한 내용을 입력한다. 고정자산등록과 유사한 방법으로 하면 된다.

② **업무용승용차관련비용명세서**

㉠ 업무용승용차관련비용명세서에서 등록정보 불러오기를 한 후 화면 우측에서 총주행거리, 업무용사용거리, 취득가액, 감가상각비계상액, 유류비, 보험료, 수선비, 자동차세 및 기타관련비용 등을 직접 입력한다.

㉡ 감가상각비 이월공제를 위하여 전기 감가상각비 한도초과 이월액을 (37)이월액에 입력한다.

㉢ 업무용승용차를 처분한 경우에는 ④업무용승용차처분손실 및 한도초과금액 손금불산입 계산에서 (44)양도가액을 입력한다.

㉣ (29)합계 금액은 손금불산입 귀속자에 대한 상여로 처분하고 (30)감가상각비한도초과는 손금불산입하고 자기 차량은 유보로 처분하고 임차 차량은 기타사외유출로 처분한다.

다음 자료에 의해서 (주)태양상사의 2025년도 업무용승용차등록과 업무용승용차관련비용 명세서를 작성하시오(회계관리에 입력된 내용은 무시하고 작성할 것).

1. 업무용승용차는 2024. 04. 15. 80,000,000원에 직접 취득한 자가 차량으로 차량운반구 계정으로 회계처리 한 것으로 가정한다(차종 : 벤츠, 차량번호 : 123가1234, 코드번호 1번으로 등록할 것). 차량은 대표이사(박태양)이 사용하며 연녹색번호판을 부착하고 임직원전용보험에 가입하였다. 보험가입 기간은 다음과 같다.

구 분	가입기간
전기	2024. 04. 15. - 2025. 04. 14.
당기	2025. 04. 15. - 2026. 04. 14.

2. 법인이 작성한 운행일지에 의하면 출퇴근(출퇴근 거리 30km)을 포함하여 업무에 사용하며 전기까지 누적 거리는 35,000km, 당기말 누적거리는 63,000km로 당기 총주행거리는 28,000km이며 이 중에 업무용사용 거리는 25,200km로 확인된다.

3. 당기에 발생한 업무용승용차 관련비용은 다음과 같다

감가상각비 : 법인세법에 따라 내용연수 5년의 정액법으로 상각한다(직접 계산해서 입력할 것).
유류비 : 4,000,000원   보험료 : 1,200,000원   수선비 : 800,000원
자동차세 : 1,500,000원   주차비 : 400,000원   세차비등 : 1,350,000원

4. 2024년에 한도초과된 감가상각비의 이월액 6,000,000원이 있다.

1. 업무용승용차등록

기초정보관리의 업무용승용차등록에서 업무용승용차의 취득과 관련한 내용을 입력하거나 업무용승용차관련비용명세서에서 업무용자동차등록을 클릭하여 등록한다.

▶ 13.전용번호판 부착여부에는 연녹색 번호판 부착대상인 2024년 1월 1일 이후 취득(리스, 1년 이상 렌탈)한 8천만원 이상의 승용차에 연녹색 번호판을 부착하였으면 1.여를 입력하고 부착하지 아니하였으면 2.부를 입력하여야 한다.

▶ 2024년 1월 1일 이전에 취득하였거나 승용차의 취득가액이 8천만원 미만이면 3.부(대상아님)을 선택한다.

⊃ 입력된 화면

2. 업무용승용차관련비용명세서

Ctrl + F12 불러오기를 한 후 총주행거리와 업무용사용거리 및 감가상각비(내용연수 5년, 정액법) 16,000,000원과 업무용승용차관련비용을 (5)-(18)에 입력하고, 전기 한도초과 된 감가상각비의 이월액 6,000,000원을 (37)전기이월액에 입력한다. 주차비와 세차비등의 합계액 1,750,000원은 (18)기타에 입력한다.

⊃ 입력된 화면

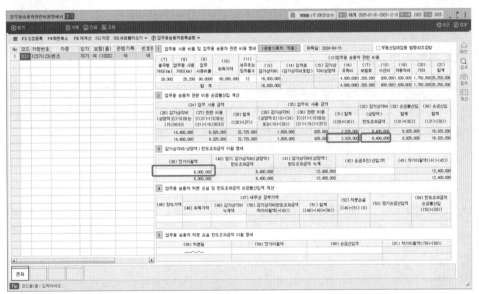

▶ F4 화면확대를 사용하면 메뉴 화면을 넓게 볼 수 있다.

3. 업무용승용차관련비용명세서의 (23)업무외사용금액의 (29)합계 금액을 손금불산입하고
   대표자에 대한 상여로 소득처분한다. 그리고 (30)감가상각비한도초과금액을 손금불산입
   하고 유보로 소득처분을 한다.

■ 조정내용정리

- 〈손금불산입〉 업무용승용차 업무미사용액   2,525,000원 (상여)
- 〈손금불산입〉 업무용승용차 감가상각비   6,400,000원 (유보발생)

⑬ 기부금조정명세서

법인이 지출하는 기부금은 일정범위 내에서 손금에 산입하는 특례기부금, 일반기부금과 손금
에 산입하지 않는 기타기부금으로 구분된다. 특례기부금과 일반기부금은 법인세법상 손금산입
범위액을 초과하는 금액을 손금불산입하고 기타기부금은 전액을 손금불산입한다.

> CHECK POINT
>
> 기부금조정명세서가 메뉴구성상 [과목별세무조정]에 포함되어 있으나, 뒤에서 설명되는 [소득금액조정합계표]를
> 반드시 먼저 작성하고 기부금조정을 하여야 한다. 기부금은 소득금액을 기준으로 손금산입하므로 기부금을 제
> 외한 다른 세무조정이 모두 끝난 후에 하여야 한다.

조정에 필요한 내용

1. 기부금의 범위

구 분	내 용
개 념	기부금이란 법인이 특수관계 없는 자에게 법인의 사업과 관계없이 무상으로 지출하는 재산 증여의 가액을 말한다.^{주)}
의제기부금	법인이 특수관계자 이외의 자에게 정당한 사유없이 자산을 정상가액보다 높은 가액으로 양수하거나 정상가액보다 낮은 가액으로 양도한 경우에는 그 차액을 기부금으로 본다.

주) 특수관계자에게 사업과 관계없이 무상으로 지출한 경우에는 부당행위계산부인규정이 적용된다.

2. 기부금의 종류

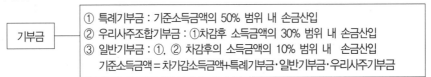

기부금
① 특례기부금 : 기준소득금액의 50% 범위 내 손금산입
② 우리사주조합기부금 : ①차감후 소득금액의 30% 범위 내 손금산입
③ 일반기부금 : ①, ② 차감후의 소득금액의 10% 범위 내 손금산입
기준소득금액 = 차가감소득금액+특례기부금·일반기부금·우리사주기부금

① 특례기부금(50% 한도기부금)

$$특례기부금의 손금산입한도 = \left\{ 당해사업연도 기준소득금액 - 세법상 이월결손금 \right\} \times \frac{50}{100}$$

※ 한도초과액 : 손금불산입(기타사외유출) → 법인세과세표준및세액조정계산서105.기부금한도초과액 란에 기입한다.
※ 향후 손금산입한도 범위 내에서 10년간 이월공제

특례기부금
① 국가·지방자치단체에 무상으로 기증하는 금품의 가액(국공립학교 포함)
② 국방헌금과 국군장병 위문금품의 가액
③ 천재·지변으로 인한 이재민을 위한 구호금품의 가액
④ 학교등(사립학교, 비영리교육재단, 기능대학, 평생교육시설, 외국교육기관, 산학협력단 등)의 시설비·교육비·장학금 또는 연구비
⑤ 병원등(국립대학병원·국립대학치과병원·서울대학교병원·서울대학교치과병원·국립암센터·지방의료원등)의 시설비·교육비·연구비
⑥ 사회복지사업 법인 등 일정요건을 갖춘 비영리법인(사회복지공동모금회, 바보의나눔)에 지출한 기부금
⑦ 일정한 요건을 갖춘 공공기관 등에 대한 기부금

② 일반기부금(10% 한도기부금)

$$일반기부금의 손금산입한도 = \left\{ 당해사업연도 기준소득금액 - 특례기부금 손금산입액 - 세법상 이월결손금 \right\} \times \frac{10(사회적기업\ 20)}{100}$$

※ 한도초과 : 손금불산입(기타사외유출)→법인세 과세표준및세액조정계산서에 직접 입력
※ 향후 각 사업연도 일반기부금 한도액 범위내에서 10년간 이월공제(기타)하며, 특례기부금이월공제액과 함께 법인세과세표준 및 세액조정계산서의 (106)란 기부금한도초과이월액손금산입란에 기입한다.

구 분	내 용
비영리법인의 고유목적사업비로 지출하는 기부금	① 사회복지사업법에 따른 사회복지법인, 「영유아보육법」에 따른 어린이집 ② 유아교육법에 따른 유치원, 초·중등교육법 및 고등교육법에 따른 학교, 근로자직업능력 개발법에 따른 기능대학, 평생교육법에 따른 전공대학 및 원격대학 형태의 평생교육시설 ③ 의료법에 따른 의료법인 ④ 종교의 보급, 그 밖에 교화를 목적으로 문화체육관광부장관 또는 지방자치단체의 장의 허가를 받아 설립한 비영리법인 ⑤ 민법상 비영리법인, 비영리외국법인, 협동조합 기본법에 따라 설립된 사회적협동조합, 공공기관의 운영에 관한 법률에 따른 공공기관(공기업은 제외) 또는 법률에 따라 직접 설립된 기관 중 법정 요건을 모두 충족한 것으로서 기획재정부장관이 지정하여 고시한 법인에 지출하는 기부금(지정일이 속하는 연도의 1월 1일부터 6년간)

구 분	내 용
특정지출 기부금	① 유아교육법에 따른 유치원의 장·초·중등교육법 및 고등교육법에 의한 학교의 장, 근로자직업능력 개발 법에 의한 기능대학의 장, 평생교육법에 따른 전공대학 형태의 평생교육시설 및 원격대학 형태의 평생교 육시설의 장이 추천하는 개인에게 교육비·연구비 또는 장학금으로 지출하는 기부금 ② 상속세 및 증여세법 시행령 제14조제1항의 요건을 갖춘 공익신탁으로 신탁하는 기부금 ③ 사회복지·문화·예술·교육·종교·자선·학술 등 공익목적으로 지출하는 기부금으로서 기획재정부장 관이 지정하여 고시하는 기부금 ④ 법인으로 보는 단체 중 지정기부금대상단체를 제외한 단체의 수익사업에서 발생한 소득을 고유목적사 업비로 지출하는 금액
특정 시설, 기관, 기구 등에 대한 기부금	① 사회복지시설 또는 기관(아동복지시설, 노인복지시설, 장애인복지시설, 한부모가족복지시설, 정신요양시 설 및 정신재활시설, 성매매피해상담소, 가정폭력 관련 상담소 및 보호시설, 성폭력피해상담소 및 성폭 력피해자보호시설, 사회복지관과 부랑인·노숙인 시설, 재가장기요양기관, 다문화가족지원센터) 중 무료 또는 실비로 이용할 수 있는 시설 또는 기관에 기부하는 금품의 가액. ② 기획재정부장관이 지정하여 고시하는 국제기구에 지출하는 기부금

※ 고유목적사업비란 해당 비영리법인 또는 단체에 관한 법령 또는 정관에 규정된 설립목적을 수행하는 사업으로서 법인세법 상
수익사업(보건업 및 사회복지 서비스업 중 보건업은 제외)외의 사업에 사용하기 위한 금액을 말한다.

③ 기타기부금(그 밖의 기부금)

기타기부금이란 특례기부금, 일반기부금 이외의 기부금으로 전액 손금불산입한다. 예를 들면 향우회동창화종
친회기부금, 신용협동조합·새마을금고에 지출하는 기부금이 이에 해당한다.

3. 기부금의 특수문제

(1) 귀속시기와 현물기부금

구 분	내 용
손익귀속시기	기부금의 손익귀속시기는 현금주의에 의한다. → 어음 : 결제일, 수표(선일자수표 포함) : 교부일
현물기부금	장부가액(기타기부금과 특수관계자에 대한 일반기부금은 시가와 장부가액 중 큰 금액)

(2) 미지급기부금에 대한 세무조정

구 분	내 용
비용계상 사업연도	(차) 기 부 금 ××× (대) 미지급기부금 ××× ① 〈손금불산입〉 미지급기부금 ×××(유보) ② 회사지출기부금=I/S상 기부금−미지급기부금
현금지출 사업연도	(차) 미지급기부금 ××× (대) 현 금 ××× ① 〈손금산입〉 전기 미지급기부금 ×××(△유보) ② 회사지출기부금=I/S상 기부금+전기 미지급기부금

(3) 가지급기부금에 대한 세무조정

구 분	내 용
현금지출 사업연도	(차) 가지급기부금 ××× (대) 현 금 ××× ① 〈손금산입〉 가지급기부금 ×××(△유보) ② 회사지출기부금=I/S상 기부금+가지급기부금
비용계상 사업연도	(차) 기 부 금 ××× (대) 가지급기부금 ××× ① 〈손금불산입〉 전기 가지급기부금 ×××(유보) ② 회사지출기부금=I/S상 기부금−전기 가지급기부금

입력방법

```
1. 기부금입력(기부금명세서)        ➡        2. 기부금조정(명세서)
   기타 기부금 우선 조정                  1. 특례기부금 등 손금산입한도액 계산
                                                    ⇩
                                              6. 기부금 이월액 명세
```

① **기부금입력(명세서)**

  ㉠ F12 불러오기를 클릭하여 반영하거나 직접 입력하여 작성한다.

  ㉡ 유형 란에서 1.법인세법 제24조제2항제1호의 특례기부금, 2.법인세법 제24조제3항제1호의 일반기부금, 3.우리사주조합기부금, 4.그밖의 기부금 중 하나를 선택한다.

  ㉢ 외부조정만 하는 경우 : 해당 항목을 순차적으로 입력한다.

  ㉣ 손금불산입 되는 4.그밖의 기부금이 있는 경우 먼저 F3 조정등록으로 그밖의 기부금에 대하여 세무조정을 하여 소득금액조정합계표에 반영해야 한다.

  ㉤ 2.소득금액확정은 관련서식에서 자동 반영되며 그밖의 기부금에 대하여 F3 조정등록을 한 경우 하단의 새로불러오기를 클릭하여 반영하며, 수정을 클릭하여 직접 수정할 수도 있다.

    소득금액계 = 결산서상 당기순이익 + 익금산입 - 손금산입 + 기부금합계금액

② **기부금조정(명세서)**

  ㉠ 기부금으로 입력된 자료가 자동반영 된다.

  ㉡ 이월결손금 합계액에 과세표준 계산시 공제하는 세무상 이월결손금(중소기업 100%, 그 외 80%)를 직접 입력한다.

  ㉢ 기부금조정명세서는 기부금 한도초과를 제외한 모든 세무조정 항목의 작업이 완료된 후 마지막으로 작업한다.

  ㉣ 기부금한도초과액은 소득금액조정합계표에 반영하는 것이 아니므로 서식작성이 완료되면 반드시 F11 저장을 클릭하여 법인세과세표준및세액조정계산서에 자동 반영시킨다.

필수예제 따라하기

필수예제

다음 자료에 의해서 (주)태양상사의 2025년도 기부금조정명세서를 작성하시오.

1. 953.기부금 계정 내역을 조회하여 조정한다.

2. 12월 5일자 바보의 나눔에 불우이웃돕기성금으로 지출한 기부금 5,000,000원에는 2026년 1월 25일 만기의 약속어음으로 기부한 1,500,000원이 포함되어 있다.

3. 2023년 발생한 이월결손금 15,000,000원은 2024년에 공제하고 잔액 5,000,000원이 있다.

4. 2024년에 한도초과된 법인세법제24조제3항제1호의 일반기부금 이월액 2,000,000원이 있다.

따라하기

1. 소득금액을 확정하기 위해 기부금 한도초과를 제외한 모든 조정사항을 정리하여 소득금액조정합계표를 먼저 작성하고 「법인세과세준 및 세액조정계산서」에서 소득금액을 확정하여 기부금 한도액을 계산하여야 한다.

2. 기부금입력(명세서)

   [F7]원장조회로 계정별원장을 조회하여 953.기부금계정의 내역을 기부금명세서에 직접 입력하거나, [F12]불러오기를 하여 불러온 내역을 확인한 후 1.유형을 선택 입력한다.

   2.20. 국방헌금 : 1.법인세법제24조제2항제1호의 특례기부금
   4.10. 지방자치단체 기부금(대전광역시) : 1.법인세법제24조제2항제1호의 특례기부금
   5.15. 학교시설비(서울대학교) : 1.법인세법제24조제2항제1호의 특례기부금
   7.20. 종교단체기부금 : 2.법인세법제24조제3항제1호의 일반기부금
   8.15. 공공기관기부금(대한적십자사) : 1.법인세법제24조제3항제1호의 일반기부금
   9.30. 대표이사 동창회 기부금(서강대학교) : 4.그 밖의 기부금
   12.5. 불우이웃돕기성금(바보의나눔) : 1.법인세법제24조제2항제1호의 특례기부금(3,500,000원)
   12.5. 불우이웃돕기성금 : 4.그 밖의 기부금(미지급어음기부금 1,500,000원)

⊃ 입력된 화면

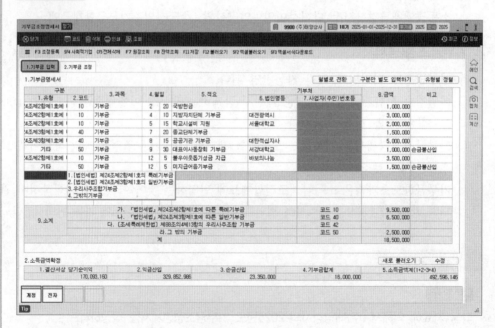

▶ 법인세법 제24조제2항제1호의 특례기부금은 50%한도를 적용하는 기부금이고, 법인세법제24조제3항제1호의 일반기부금은 10%한도를 적용하는 기부금이다.

3. 기부금명세서의 대표이사동창회기부금과 미지급어음기부금을 F3 조정등록을 클릭하여 소득금액조정합계표에 입력한다.

➔ 입력된 화면

- 〈손금불산입〉 대표이사 동창회기부금   1,000,000원 (기타사외유출)
- 〈손금불산입〉 미지급기부금(어음)   1,500,000원 (유보발생)

4. 기부금입력(명세서)으로 돌아가서 하단의 2.소득금액확정의 [새로불러오기]를 클릭하여 5.소득금액계를 다시 반영 받는다. 기부금 한도초과액을 제외한 모든 세무조정을 반영하기 위하여 반드시 하여야 한다.

➔ 입력된 화면

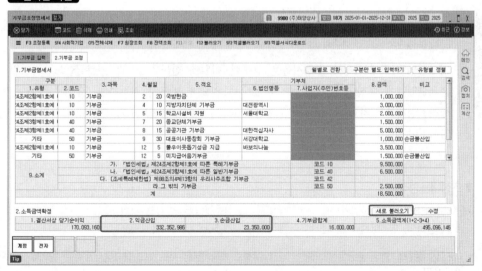

▶ 현재 반영된 익금산입액과 손금산입액은 다음에 설명하는 소득금액조정합계표의 내용을 반영하지 아니한 것이다.

5. 기부금조정

　2.이월결손금합계액 란에 5,000,000원 입력하고, 하단의 5.기부금이월액명세서에서 사업연도에 2024년을 입력하고 기부금종류에서 2.법인세법제24조제3항제1호에 따른 일반기부금을 선택하고, 21.한도초과손금불산입액 2,000,000원을 입력한다. 그리고 24.해당연도 손금추인액에 2,000,000원을 입력한다.

➡ 입력된 화면

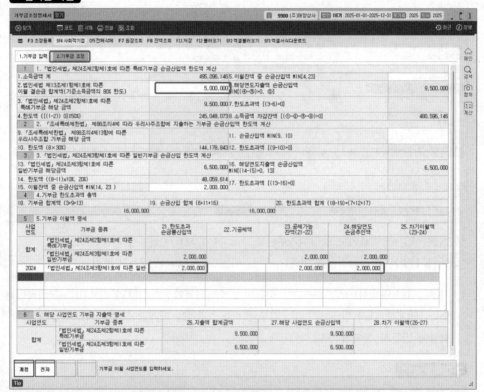

▶ 이월결손금은 세법상 과세표준을 계산할 때 공제하는 것으로 ㈜태양상사는 중소기업이므로 100%를 공제하고 중소기업이 아닌 법인은 80%를 공제한다.

6. 기부금입력(명세서)에서 조정사항을 등록한 이외에 한도초과액과 기부금한도초과이월액 손금산입액에 대하여 ⒡⒊조정등록할 필요는 없으나 반드시 저장하여 "법인세과세표준및 세액조정계산서"의 105.기부금한도초과액란과 106.기부금한도초과이월액손금산입란에 반영시켜야 한다.

■ 조정내용정리

• 〈손금불산입〉　동창회기부금　　　　　　1,000,000원 (기타사외유출)
• 〈손금불산입〉　미지급기부금　　　　　　1,500,000원 (유보발생)

▶ 대표이사 동창회기부금 손금불산입액은 기타사외유출로 소득처분할 수도 있고 대표이사에 대한 상여로 소득처분할 수도 있다.

SECTION 08 소득 및 과세표준계산

과세표준의 계산

$$\boxed{\text{각사업연도소득}} - \boxed{\begin{array}{l}\text{㉠ 이월결손금} \\ \text{㉡ 비과세소득} \\ \text{㉢ 소득공제액}\end{array}} = \boxed{\text{과세표준}}$$

→ ㉠·㉡·㉢의 순서대로 공제하여 계산한다.

㉠ 이월결손금

구 분	내 용
결손금의 처리	법인세법상 결손금은 다음 사업연도로 이월하여 이월공제하는 것을 원칙으로 하되, 중소기업에 대해서는 소급공제를 허용한다.
이월결손금의 공제	이월결손금의 공제는 각 사업연도 개시일전 15년(2019년 이전분은 10년) 이내에 개시한 사업연도에서 발생한 세무상 결손금으로서 소급공제 또는 그 후의 과세표준계산상 공제되지 아니한 금액으로 한다. 연간공제한도액 • 중소기업 : 당해년도 각사업연도소득금액의 100% • 일반기업 : 당해년도 각사업연도소득금액의 80%
이월결손금 공제의 적용배제	법인세 과세표준을 추계결정 또는 추계경정하는 경우에는 이월결손금을 공제하지 아니한다. 다만, 천재·지변 기타 불가항력으로 장부 기타 증빙서류가 멸실되어 과세표준을 추계하는 경우에는 그러하지 아니하다.

㉡ 비과세소득

법인세법은 공익신탁의 신탁재산에서 생기는 소득에 대하여 비과세하고, 조세특례제한법상은 중소기업창업투자회사등의 주식 양도차익과 배당소득 등에 대하여 비과세한다.

㉢ 소득공제

법인세법 51의2조 제1항에 따른 유동화전문회사 등에 해당하는 내국법인이 배당가능이익의 90% 이상을 배당한 경우 그 금액을 소득금액에서 공제한다.

① 소득금액조정합계표및명세서

● NCS 능력단위 : 0203020217법인세신고　　능력단위요소 : 02부속서류작성하기
2.5　세무조정 절차에 따라 소득금액 조정합계표를 작성 할 수 있다.

　계정과목별 조정명세서에 의한 조정계산결과 익금산입 및 손금불산입사항과 손금산입 및 익금불산입사항과 소득처분을 기입하고 필요에 따라 세무조정사항의 명세 또는 계산근거를 첨부한다. 다만, 기부금 한도초과액은 소득금액조정합계표에 입력하지 않고 법인세과세표준및세액조정계산서에 직접 입력하여야 한다.

CHECK POINT　세무조정항목별 소득처분사례

조정항목	세무조정의 내용	익금산입손금불산입		손금산입익금불산입	
		조정구분	처 분	조정구분	처 분
수입금액	· 인도한 제품등의 매출액 가산	익금산입	유보		
	· 동 매출원가			손금산입	유보
	· 전기매출가산분 당기결산상 매출 계상			익금불산입	유보
	· 동 매출원가	손금불산입	유보		
	· 작업진행율에 의한 수입금액 가산	익금산입	유보		
	· 전기 작업진행율에 의한 수입금액가산분 당기결산상 공사수익계상			익금불산입	유보
기업업무추진비	· 한도초과액, 신용카드 등 미사용	손금불산입	기타사외유출		
	· 1만원 초과 신용카드등 미사용	손금불산입	기타사외유출		
	· 증빙불비 및 업무무관(귀속자)	손금불산입	상여 등		
기 부 금	· 한도초과액	손금불산입	기타사외유출		
	· 당기 미지급기부금	손금불산입	유보		
	· 전기 미지급기부금 당기 지급액 (당기 한도액계산에 포함)			손금산입	유보
	· 당기가지급계상분(한도액계산에 포함)			손금산입	유보
	· 전기가지급계상분 당기비용처리	손금불산입	유보		
외화환산 손익	· 환산이익 과소계상	익금산입	유보		
	· 환산이익 과대계상			익금불산입	유보
	· 환산손실 과대계상	손금불산입	유보		
	· 환산손실 과소계상			손금산입	유보
외화환산 손익	· 전기이익 과소계상분 당기결산상 수입계상			익금불산입	유보
	· 전기손실 과대계상분 중 당기손금해당액			손금산입	유보
	· 전기이익 과대계상분 중 당기익금 해당액	익금산입	유보		
	· 전기손실 과소계상분 당기결산상 손비계상	손금불산입	유보		
가지급금 등의 인정이자	· 출자자(출자임원 제외)	익금산입	배당		
	· 사용인(임원 포함)	익금산입	상여		
	· 법인 또는 개인사업자	익금산입	기타사외유출		
	· 전 각호 이외의 개인	익금산입	기타소득		

조정항목	세무조정의 내용	익금산입손금불산입		손금산입익금불산입	
		조정구분	처 분	조정구분	처 분
미회수한 소득세 대납액 등	•익금산입액중 귀속이 불분명하여 대표자에게 인정상여로 처분한 경우에 있어서 해당 법인이 그 처분에 따른 소득세를 대납하고 손비로 계상하거나 특수관계 소멸시까지 미회수	익금산입	기타사외유출		
건설자금이 자	•건설중인 자산분 •건설완료자산 중 비상각자산분 •전기부인유보분 중 당기 건설이 완료되어 회사 자산계상	손금불산입 손금불산입	유보 유보	 익금불산입	 유보
채권자가 불분명한 사채이자	•원천세를 제외한 금액(대표자) •원천세 해당금액	손금불산입 손금불산입	상여 기타사외유출		
수령자불분명 채권증권의 이자할인액	•원천세를 제외한 금액(대표자) •원천세 해당금액	손금불산입 손금불산입	상여 기타사외유출		
업무무관부동산 등지급이자	•업무무관부동산 및 업무무관가지급금에 대한 지급이자	손금불산입	기타사외유출		
각 종 준 비 금	•한도초과액 •과소환입 •과대환입 •전기한도초과액 중 환입액 •신고조정에 의하여 손금산입하는 준비금 •신고조정에 의하여 환입하는 준비금	손금불산입익금산입 익금산입	유보 유보 유보	 익금불산입 익금불산입 손금산입	 유보 유보 유보
퇴직급여 충 당 금	•한도초과액 •전기부인액 중 당기지급 •전기부인액 중 당기환입액	손금불산입	유보	 손금산입 익금불산입	 유보 유보
퇴직연금 부담금	•한도초과액 •전기부인액 중 당기환입액 •신고조정에 의한 손금산입시(①) •①의 금액으로 퇴직금지급시	손금불산입 손금불산입	유보 유보	 익금불산입 손금산입	 유보 유보
대 손 충 당 금	•한도초과액 •전기한도초과액	손금불산입	유보	 익금불산입	 유보
재고자산	•당기평가감 •전기평가감 중 당기사용분 해당액 •당기평가증 •전기평가증 중 당기사용분 해당액	손금불산입 손금불산입	유보 유보	 손금산입 손금산입	 유보 유보
국 고 보조금등	•손금산입한도초과액 •신고조정에 의한 손금산입시	손금불산입	유보	 손금산입	 유보
업무용승용차 관련비용	•업무용사용비율 초과분 •업무용사용분 감가상각비 중 800만원 초과분 ▶ 리스 또는 렌탈 차량은 기타 사외유출 •감가상각비 부인액의 추인(감가상각비가 800만원에 미달하는 경우 미달액 범위) •처분손실 중 800만원 초과분 •처분손실 중 800만원 초과분 추인 (매년 800만원 균등 손금) ▶부동산업이 주업인 법인은 400만원 기준	손금불산입 손금불산입 손금불산입	상여 유보 기타사외유출	 손금산입 손금산입	 유보 기타
감 가 상 각 비	•당기부인액 •기왕부인액 중 당기추인액	손금불산입	유보	 손금산입	 유보

조정항목	세무조정의 내용	익금산입손금불산입		손금산입익금불산입	
		조정구분	처 분	조정구분	처 분
임대보증금 간주익금	• 임대주업법인으로 차입금과다법인의 임대보증금에 대한 정기예금이자상당액	익금산입	기타		
기 타	• 불공정합병, 불균등증자 및 감자 등으로 법인주주가 특수관계있는 다른 주주에게 분여한 이익으로서 귀속자에게 증여세가 과세되는 경우	익금산입	기타사외유출		
	• 법인세 등	손금불산입	기타사외유출		
	• 벌과금, 과료, 과태료, 체납처분비	손금불산입	기타사외유출		
	• 임원퇴직급상여금 한도초과액	손금불산입	상 여		
	• 법인세 환급금 및 이자			익금불산입	기 타

① 입력방법

㉠ 과목별 세무조정 사항을 집계하는 서식으로 프로그램에서는 각 과목별 세무조정이 완료되면 각 세무조정 메뉴에서 F3 조정등록을 통하여 본 서식에 집계하도록 구성되어 있다. 또한 F3 조정등록을 이용하지 않고 직접 본 메뉴에서 입력할 수 있다.

㉡ 전기 자본금과 적립금조정명세서(을)서식의 유보금액 중 당기 세무조정사항(예, 전기재고자산평가감)이나, 세무조정명세서가 없는 항목(예, 법인세비용)의 세무조정사항은 본 메뉴에서 직접 입력한다.

② 과목 및 처분의 입력

㉠ 과목 : F2 코드를 이용하여 계정과목을 입력하거나 F4 조정코드를 이용하여 조정과목을 입력할 수 있으며, 상단의 F6 직접입력을 클릭한 후 과목을 직접 입력할 수 있다. F4 조정코드를 이용하여 입력할 때에는 프로그램이 소득처분을 표시해 준다.

▶ 과목란에서 같은 계정과목 코드로 입력하면 이후에 작성될 자본금과 적립금 조정명세서(을)상 하나의 라인에서 증감을 비교하여 볼 수 있고, 코드가 아닌 한글과목을 직접 입력한 경우에는 같은 내용이라도 다른 유보사항으로 열거하여 정리된다.

㉡ 처분 : 커서가 처분 란에 위치할 때 나타나는 보조 화면상의 처분사항을 선택한다.
- 익금산입 및 손금불산입은 1.유보발생, 2.유보감소, 3.배당, 4.상여, 5.기타소득, 6.기타사외유출 7.기타 중 하나를 선택한다.
- 손금산입 및 익금불산입은 1.유보발생, 2.유보감소, 3.기타 중 하나를 선택한다.

필수예제

다음 자료에 의해서 (주)태양상사의 2025년도 소득금액조정합계표를 작성하시오.

1. 당기분 법인세와 법인지방소득세가 결산서상의 법인세등으로 계상되어 있다.

2. 전기에 공사진행률에 의해 수입금액 누락분을 익금 계상한 1,500,000원은 당기에 모두 완료되어 당기 수익에 반영하였다.

3. 전기에 손금불산입한 선급비용(보험료) 250,000원은 당기에 기간이 경과되었다.

4. (판)소모품비 중 1,750,000원은 미사용분으로 손금불산입하기로 한다.

5. 전기에 특수관계인인 개인으로부터 저가로 취득하여 시가와 차액 500,000원을 익금산입 (유보)으로 세무조정한 단기매매증권이 당기에 전부 매각되었다.

6. 업무용승용차는 2024년 취득하여 대표이사가 사용하며 전용번호판을 부착하고 업무전용 보험에 가입하였다. 관련비용은 다음과 같으며 운행일지에 의한 업무사용비율은 90%이다(업무용승용차관련비용 명세서는 생략).
   유류비, 보험료 등 유지관련비용 : 6,000,000원
   감가상각비 : 12,000,000원(5년, 정액법)

따라하기

1. 법인세등 계상액은 [표준손익계산서] 작성시 F3 조정등록으로 이미 반영하였으므로 여기서는 무시하나 본 메뉴에서 F7 원장조회키를 이용하여 998.법인세비용 계정의 원장을 조회하여 금액을 확인한 다음 직접 입력하여 조정할 수 있다.

2. 전기에 익금산입(유보발생)한 공사진행률에 따른 기성고차액 공사수입금 1,500,000원은 당기에 공사가 완료되어 당기 수익에 반영하였으므로 이월익금으로 당기에 익금불산입 (유보감소)하는 세무조정을 한다.

3. 선급비용 250,000원은 전기에 손금불산입 유보(발생)처리된 사항으로 당기에 손금산입 (유보감소) 처리한다.

4. 소모품비 1,750,000원은 미사용분으로 당기에 손금불산입(유보발생) 처리한다.

5. 전기에 익금산입(유보) 처리된 시가와 차액 500,000원은 당기에 해당 단기매매증권이 매각되었으므로, 익금불산입(유보감소)으로 처리한다.

6. 운행일지에 의한 업무사용비율이 90%이므로 업무용승용차 관련비용 총액(감가상각비 12,000,000원 포함)의 10%인 1,800,000원을 1차로 손금불산입(상여)한다.

업무용승용차 관련비용	총액	업무사용분(90%)	손금불산입 대상
유류대 등 유지비용	6,000,000원	5,400,000원	600,000원
감가상각비	12,000,000원	10,800,000원	1,200,000원
합 계	18,000,000원	16,200,000원	1,800,000원

회사가 계상한 감가상각비 12,000,000원 중 업무사용비율 90%를 적용하여 산정한 금액 10,800,000원에서 800만원을 차감한 2,800,000원을 2차로 손금불산입(유보)한다.

⊃ 입력된 화면

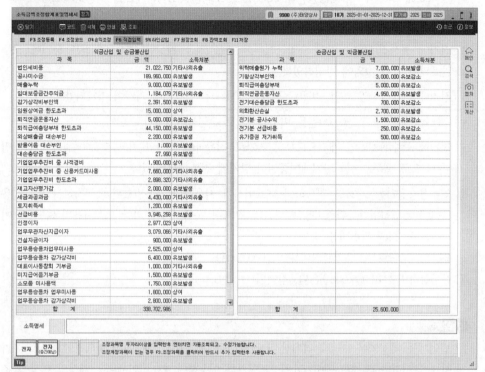

▶ 소득금액조정합계표에 추가로 입력한 내용으로 인하여 기부금 조정명세서의 2.소득금액확정의 금액이 변동한다. 추가입력한 내용을 반영하려면 기부금 조정명세서에서 하단의 새로 불러오기 를 하여야 한다.

■ 조정내용정리

• ⟨익금불산입⟩	전기공사수입금	1,500,000원	(유보감소)
• ⟨손금산입⟩	전기선급비용	250,000원	(유보감소)
• ⟨손금불산입⟩	소모품미사용액	1,750,000원	(유보발생)
• ⟨익금불산입⟩	유가증권 저가취득	500,000원	(유보감소)
• ⟨손금불산입⟩	업무용승용차 업무미사용	1,800,000원	(상여)
• ⟨손금불산입⟩	업무용승용차 감가상각비	2,800,000원	(유보발생)

SECTION 09 | 특별비용 및 공제감면조정

법인세 산출세액에서 세액감면과 세액공제를 차감하고 가산세 등을 가산하면 법인이 각 사업연도 소득에 대해서 부담해야 할 총부담세액이 된다.

> 총부담세액 = 산출세액 - 세액공제·감면 + 가산세 + 감면분 추가납부세액

법인세의 감면과 세액공제가 적용되는 경우에 공제·감면세액을 계산하고 추가납부세액을 계산하여 합계표를 작성하는 과정까지의 서식작성에 관한 메뉴로 공제감면추납세액메뉴의 전체 서식을 이용하는 작업순서는 다음과 같다. 특히 최저한세의 적용을 받는 공제·감면 항목에 대하여는 본 서식에서 공제·감면 대상액을 각각 작성한 다음 최저한세조정을 통해 조정감이 발생하면 공제순서를 적용하여 공제·감면 대상액으로 서식을 다시 완료하고 공제감면세액합계표를 작성한다.

서식을 선택하여 작성하는 순서는 다음과 같다.

작성순서

법인세과세표준 및
세액조정계산서
(과세표준과 산출세액확인)
➡
공제감면 해당서식 작성
(공제대상 세액산출)
➡
최저한세 조정계산서
(조정감 확인)

➡
공제감면 해당서식 완료
(조정감으로 인한
배제금액 적용)
➡
공제감면
세액합계표(갑·을)
➡
법인세과세표준 및
세액조정계산서
(세액공제·감면 적용)

법인세의 세액감면과 세액공제의 내용을 요약하면 다음과 같다.

① 법인세의 감면내용요약

종 류	감면대상소득	감 면 액
창업중소기업에 대한 법인세감면 (조특법 6조)	창업중소기업·벤처기업·창업보육센터·에너지신기술중소기업·신성장서비스업 등의 사업에서 발생한 소득	최초로 소득이 발생한 과세연도(사업개시일부터 5년 이내에 소득이 발생하지 않은 경우 5년이 되는 날이 속하는 사업연도)와 그 후 4년간 50%~100%
중소기업 특별세액감면 (조특법7조)	중소기업으로 조특법이 지정한 업종에서 발생한 소득 • 감면한도: 1억원 • 고용인원 감소시 1인당 500만원 한도 축소	*표 참조*
수도권과밀억제권역 외 지역이전 중소기업 법인세 감면(조특법63조)	수도과밀억제권역에서 2년 이상 경과한 중소기업이 수도과밀억제권역 외의 지역으로 공장을 전부 이전하는 경우(2025.12.31까지)	이전후의 공장에서 발생하는 소득에 대하여 최초소득 발생연도와 그 후 5년~10년간 100% 그 다음 3년(2년)간 50%
법인의 공장 및 본사의 수도권 밖 이전에 대한 세액감면 (조특법63조의 2)	과밀억제권역안에서 3년 이상 계속하여 공장시설을 갖추고 사업을 영위하거나 본사를 둔 법인이 공장시설 전부 또는 본사를 수도권밖으로 2025.12.31 (신축 이전은 2028.12.31)까지 이전하여 사업을 개시	• 이전후 최초소득 발생과세연도와 그 다음 5년 ~10년간 100%, 그 다음 3년(2년)간 50%
농공단지 입주기업 법인세 감면 (조특법64조)	농공단지 안에서 농어촌소득원개발사업을 영위하는 법인 또는 개발촉진지구 및 지방중소기업 특별지원지역에 입주하여 사업을 영위하는 중소기업(2025.12.31까지)	최초 소득발생 사업연도와 그 후 4년간 법인세 50%
영농조합법인등 법인세면제 (조특법66조~68조)	영농조합법인(2026.12.31까지)	식량작물재배업소득 100% 그 이외의 소득(한도적용)
	영어조합법인(2026.12.31까지)	각 사업연도 소득 100%(한도적용)
	농업회사법인(2026.12.31까지)	식량작물재배업소득 100% 이외의 소득 한도적용

중소기업 특별세액감면 감면액 표:

구분	수도권		수도권 외	
	소기업	중기업	소기업	중기업
도매, 소매, 의료업	10%	-	10%	5%
기타업종	20%	-	30%	15%
지식기반산업	-	10%	-	-

소기업 업종별 매출액 기준

업 종	매출액
제조업, 전기·가스·수도사업	120억원
농업, 광업, 건설업	80억원
도·소매업, 출판업	50억원
전문·과학기술서비스업	30억원
숙박·음식점업	10억원

종 류	감면대상소득	감 면 액
사회적기업 법인세감면 (조특법85의6)	사회적 기업으로 인증(2025.12.31까지)받은 내국법인의 사업에서 발생한 소득	최초 소득발생 사업연도부터 3년간 100% 그 후 2년간 50%
해외진출기업 국내 복귀에 대한 법인세감면 (조특법104의24)	국외에서 2년 이상 운영 사업장을 국내(수도권 과밀억제권역 제외)로 이전하여 2024년12월31일까지 창업, 신설하는 경우	이전일 이후의 최초 소득발생 사업연도와 그 다음 6년간 100% 다음 3년 내 종료 사업연도 50%

※ 중복적용의 배제

　동일한 사업장과 동일한 사업연도의 소득에 대하여 둘 이상의 세액감면규정이 중복하여 적용되는 경우에는 하나만 선택하여 적용받을 수 있다.

② 세액공제

구 분	법인세법상 세액공제	조세특례제한법상 세액공제
종 류	① 외국납부세액공제 ② 재해손실세액공제 ③ 사실과 다른 회계처리로 인한 경정에 따른 세액공제	① 연구·인력개발비세액공제 ② 통합투자세액공제 ③ 중소기업 사회보험료 세액공제 ④ 통합고용세액공제
이월공제	① 외국 납부세액 공제 : 10년간 이월공제(이후 손금산입) ③ 경정에 따른 세액공제 : 이월공제(기간제한없음)	10년간 이월공제
최저한세	적용제외	적 용 (중소기업의 연구·인력개발비세액공제는 적용제외)

　㉠ 법인세법상 세액공제

　　- 외국납부세액공제 : 내국법인의 각 사업연도의 과세표준금액에 국외원천소득이 포함되어 있는 경우 그 국외원천소득에 대하여 납부하였거나 납부할 외국법인세액이 있는 경우에는 세액공제를 10년간 이월하여 받고 이후 손금에 산입할 수 있다.

　　- 재해손실세액공제 : 법인이 각 사업연도 중에 천재지변이나 그 밖의 재해로 인하여 사업용 자산총액의 20% 이상을 상실하여 납세가 곤란하다고 인정되는 경우에는 재해손실에 대한 세액공제를 적용받을 수 있다.

　　- 사실과 다른 회계처리로 인한 경정에 따른 세액공제 : 내국법인이 사실과 다른 회계처리를 하여 과세표준 및 세액을 과다하게 계상함으로써 경정을 청구하여 경정을 받은 경우에는 과다 납부한 세액을 환급하지 아니하고 그 경정일이 속하는 사업연도부터 과다 납부한 세액의 20%를 한도로 각 사업연도의 법인세액에서 과다 납부한 세액을 공제한다. 이 경우 각 사업연도별로 공제 후 남아 있는 과다 납부한 세액은 이후 사업연도에 이월하여 공제한다.

ⓛ 조세특례제한법상의 세액공제

종 류	공제대상 투자금액		공제율
통합투자세액공제 (조특법 24조)	소비성서비스업과 부동산임대및공급업을 제외한 모든 사업자가 사업용유형자산 및 사업에 필수적인 자산 등에 투자한 금액(중고품과 리스 제외) 추가공제: 직전 3년간 연평균 투자액을 초과하는 금액의 10%(기본공제의 2배 한도)		기본공제: 중소 10%, 중견 7,5%·5%, 일반 1% (신성장·원천기술의 사업화시설투자: 중소 12%, 중견 9%·6%, 일반 3%) (국가전략기술사업화시설투자: 중소 25%, 중견 25%·20%, 일반 15%)
연구·인력개발비 세액공제 (조특법 제10조)	신성장·원천기술 연구개발비: ①+②의 공제율 ① 기업유형별 공제율 ② 매출액대비 연구비 비율×3배		①20%(중소 30%, 중견 25%) ②10%한도
	일반연구인력개발비: ①과 ② 중 선택 ① 당기발생액 기준: 당기발생액×공제율 ② 당기증가액 기준: 　(당기발생액−직전기발생액)×공제율		①중소 25%, 중견 3년간 20%, 2년간 15%, 그 후 8%, 일반 매출액 대비 인력개발비 비율의 50%(2% 한도) ②중소 50%, 중견 40% 일반 25%
통합고용세액공제 (조특법 29의8)	2025년 12월 31일까지 상시근로자 수 증가 (소비성서비스업제외) *중소 · 중견은 3년간, 대기업은 2년간 공제	청년등(청년정규직·장애인·60세이상·경력단절여성)의 상시근로자 증가 1인당	일반: 400만원 중견: 800만원 중소: 수도권 1,450만원 　　　수도권밖 1,550만원
		청년등 이외 상시근로자 증가 1인당	중견: 450만원 중소: 수도권 850만원 　　　수도권밖 950만원
전자신고세액공제 (조특법 104조의 8)	직접 전자 신고시		소득세와 법인세 2만원, 부가가치세 1만원

▶ 중견기업이란 중소기업 업종을 영위하며 상호출자제한 기업집단소속이 아닌 기업으로서 직전 3년간 평균매출액이 업종별 기준금액의 3배 미만인 기업을 말한다(연구인력개발비세액공제를 적용할 때의 중견기업은 기준금액의 5배 미만).
▶ 업종별 기준금액

업종	기준금액	업종	기준금액
의류제조, 1차금속제조 등	1500억원	보건사회복지, 기타개인서비스 등	600억원
식료품제조, 건설, 도소매 등	1000억원	숙박음식, 교육서비스 등	400억원
운수창고, 정보통신 등	800억원		

ⓒ 세액공제와 세액감면의 적용순서

> ㉠ 세액감면
> ㉡ 이월공제가 인정되지 아니하는 세액공제
> ㉢ 이월공제가 인정되는 세액공제[주]

▶ 주) 이월된 세액이 2이상 있을 경우에는 선입선출법에 의하고, 당해 사업연도 중에 발생한 세액공제액과 이월된 미공제세액이 함께 있는 경우에는 이월된 미공제세액을 먼저 공제한다.

1 공제감면세액계산서(1)

공공차관 도입과 관련하여 외국법인에게 지급되는 기술·용역대가에 대한 법인세 감면세액과 법인세법상 재해손실세액공제를 계산하는 서식이다.

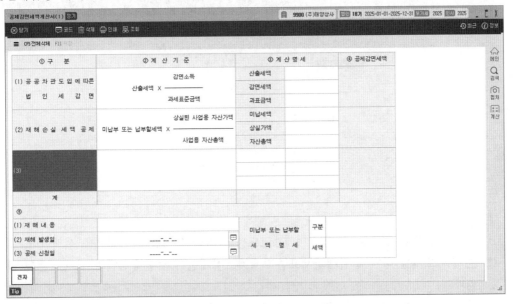

① 공공차관도입에 따른 법인세감면

- ㉠ 산출세액 : 법인세과세표준및세액조정계산서에서 산출된 법인세액을 입력한다.
- ㉡ 감면소득 : 공공차관 도입과 관련한 외국법인에게 지급되는 기술·용역대가를 입력한다. 각 사업연도 소득금액에서 공제한 이월결손금·비과세소득·소득공제 등이 있을 때에는 면제사업에서 발생한 경우는 전액을, 공제액 등이 면제사업에서 발생한 여부가 불분명한 경우에는 소득금액에 비례하여 안분계산한 금액을 차감하여 입력한다.
- ㉢ 과세표준금액 : 법인세과세표준및세액조정계산서에서 계산된 112.과세표준을 입력한다.
- ㉣ 공제세액 : 산출세액, 감면소득, 과세표준금액을 입력하면 공제감면세액은 자동으로 계산되며, 계산된 공제세액은 공제감면세액 및 추가납부세액합계표(갑)에 이기한다.

② 재해손실세액공제

- ㉠ 미납부또는 납부할세액 : 재해발생일 현재 부과되지 아니한 법인세와 부과된 법인세로서 미납된 법인세 및 재해발생일이 속하는 사업연도의 소득에 대한 법인세로 해당 법인세에 대한 가산세와 가산금을 포함한다.
- ㉡ 상실된 사업용자산가액 : 재해로 인해 상실된 사업용자산가액을 입력한다.
- ㉢ 사업용자산총액 : 재해로 상실전의 사업용 총자산가액(토지 제외)을 입력한다.
- ㉣ 공제세액 : 미납부 또는 납부할세액과 상실된 사업용자산가액, 사업용자산총액을 입력하면 공제감면세액이 자동으로 계산되며, 이 금액은 공제감면세액및추가납부세액합계표(갑)에 자동으로 반영된다.

2 공제감면세액계산서(2)

조세특례제한법상 각종 공제·감면세액의 계산을 위해 작성되는 서식이다.

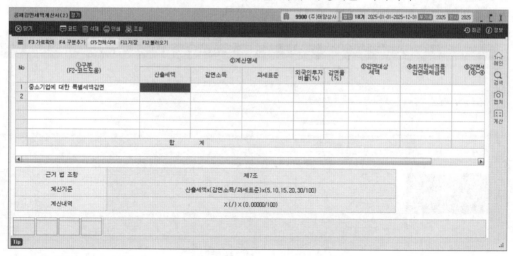

① 구분란은 직접 입력할 수 없으며 F2 코드를 클릭하여 해당되는 내용을 선택한다.

② F12 불러오기를 하여 법인세과세표준및세액조정계산서의 산출세액과 과세표준을 반영한다.

③ 감면소득 : 감면사업에서 발생한 소득을 입력한다. 실무적으로는 소득구분계산서를 작성하여 감면소득을 계산한다.

④ 감면률 : 감면률은 해당률을 선택하거나 직접 입력한다.

CHECK POINT 법인세과세표준 및 세액조정계산서(산출세액과 과표계산)

→ 소득구분계산서 작성(감면분과 기타분의 소득계산)
→ 공제감면세액계산서(2)(세액계산)
→ 최저한세조정계산서(최저세로 인한 배제금액 확인)
→ 공제감면세액계산서(2)(감면세액확정)
→ 공제감면세액합계표(갑·을)
→ 법인세과세표준및세액조정계산서(납부세액계산완료)

필수예제

다음 자료에 의해서 (주)태양상사의 2025년도 공제감면세액계산서(2)를 작성하시오.

1. 당사는 수도권 소재 소기업으로 중소기업에 대한 특별세액감면(감면율 20%)을 받고자 세액감면신청서를 제출하기로 한다.

2. 감면대상소득은 200,000,000원으로 가정하고, 상시 근로자의 감소는 3명으로 가정한다.

3. 최저한세 적용에 따른 감면배제금액은 없다고 가정하므로 당해연도에 이월되는 세액공제금액은 없다.

4. 2023년도에 발생한 이월결손금 15,000,000원 중 2024년에 공제하고 잔액 5,000,000원은 당해연도 각사업연도소득금액 계산 시 적용한다.

따라하기

1. 법인세과세표준 및 세액조정계산서 조회

법인세과세표준 및 세액조정계산서를 F12불러오기하여 109. 이월결손금 5,000,000원을 입력하고 과세표준 476,196,146원과 산출세액 70,477,267원을 확인하고 저장한다.

➔ **입력된 화면**

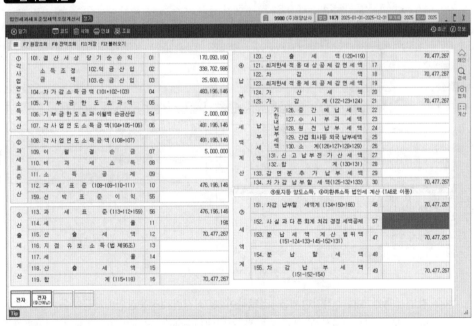

2. 공제감면세액계산서(2)

① F2 코드를 이용하여 중소기업에 대한 특별세액감면(제7조)을 선택한 후 확인(Enter↵)하고, 불러오기를 클릭하면 산출세액 70,477,267원과 과세표준 476,196,146원을 자동으로 반영한다.

② 여기에서 감면대상소득 200,000,000원을 감면소득란에 입력하고 감면율에서 감면율 20%를 선택하면 상시근로자 감소인원수 입력창이 나타난다. 감소인원수 3명을 확인하면 감면세액 5,920,019원이 자동으로 계산된다.

③ 중소기업특별세액감면의 공제한도액은 1억원에서 감소한 고용인원 1명당 500만원을 차감한다. 3명이 감소하였으므로 1억원에서 1500만원(3명×500만원)을 차감하면 한도액은 8500만원으로 감면세액은 영향이 없다.

⊃ 입력된 화면

④ 감면세액에 대한 최저한세를 검토하여 ④최저한세적용감면배제금액을 계산하여야 하나 문제에서 최저한세 적용에 따른 감면배제금액은 없다고 가정하므로 생략한다.

⑤ 감면소득금액은 실무상 소득구분계산서를 작성하여 계산한다.

3 세액공제조정명세서(3)

조세특례제한법상 각종 세액공제액을 계산하는 서식이다.

CHECK POINT 법인세과세표준 및 세액조정계산서(산출세액과 과표계산)

→ 세액공제조정명세서(3) (공제대상 세액계산)
  * 연구·인력개발비 세액공제액은 별도의 「연구및인력개발비명세서」에서 공제대상 세액을 계산
→ 최저한세조정계산서(최저한세로 인한 배제금액 확인)
→ 세액공제조정명세서(3)(세액공제액 확정 및 이월액검토)
→ 공제감면세액합계표(갑·을)
→ 법인세과세표준및세액조정계산서(납부세액완료)

① 공제세액계산

구분에서 세액공제를 선택한 후 투자액 등을 입력하면 계산기준에 따라 계산내역 및 공제대상 세액이 자동으로 표시된다.

② 당기 공제세액 및 이월액 계산

㉠ 구분란 : 직접 입력은 안 되므로 F2코드를 이용하여 선택한다.
㉡ 각 공제세액 등을 입력한다.

필수예제 따라하기

필수예제

다음 자료에 의해서 (주)태양상사의 2025년도 세액공제조정명세서(3)를 작성하시오.

1. 당해 법인은 통합투자세액공제(일반)을 받을 수 있는 중소기업으로 법인세과세표준신고와 함께 투자세액공제신청서를 제출한다고 가정한다(공제율 : 투자금액의 10%).

2. 사업용 유형자산 취득에 투자한 금액은 기계장치 300,000,000원이며 전액 신성장·원천기술의 사업화를 위한 투자에 해당하지 않는 투자로 당해 사업년도 중에 투자가 완료되었다.

3. 세법상 계산 기준에 의해 산출된 공제대상세액은 전액 당해 사업연도에 공제받는 것으로 하며 최저한세적용에 따른 전기 미공제액은 없는 것으로 한다.

   ▶ 조세특례제한법상의 중소기업특별세액감면과 통합투자세액공제는 중복하여 공제할 수 없으나 공제감면의 중요서식을 학습하기 위하여 중복공제 하기로 한다.

따라하기

1. 세액공제조정명세서(3) – 세액공제(2)

통합투자세액공제(일반)에 커서를 놓고 F4 계산내역을 클릭하고 보조창에서 기본공제 일반 시설의 공제대상금액에 300,000,000원을 입력하고 공제율 란에서 공제율 4. 10%를 입력하면 공제대상세액 30,000,000원이 자동으로 계산된다.

➡ 입력된 화면

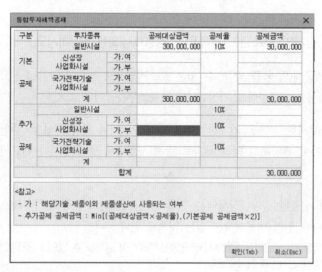

2. 당기공제세액 및 이월액계산

당기공제및이월액계산 탭에서 구분에 커서를 놓고 F2 코드에 의해서 보조창에서 통합투자세액공제(일반)을 선택하고 사업연도에 2025 - 12, 요공제액 : (107)당기분 란에 30,000,000원, 당기공제대상세액 : (109)당기분 란에 30,000,000원을 각각 입력한다.

➲ 입력된 화면

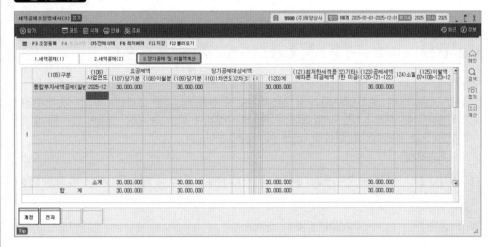

3. 최저한세 검토

계산된 감면대상세액에 대한 최저한세를 검토하여야 하나 이후에 제시되는 세액공제를 모두 계산한 다음 최저한세를 적용하기로 한다.

4 공제감면세액계산서(4)

외국인투자에 대한 법인세 감면세액의 계산시 작성하는 서식이다.

5 공제감면세액계산서(5)

법인세법상 외국납부세액공제를 받는 때에 작성한다.

6 추가납부세액계산서(6)

법인세법 및 조세특례제한법상 준비금 환입 및 소득공제에 따른 추가납부세액(이자상당가산액 포함)과 공제·감면세액에 대한 법인세 추가납부세액의 계산시 작성한다.

7 일반연구및인력개발비명세서

법인이 연구 및 인력개발비에 대한 세액공제를 받고자 할 때 그 계산내역을 기재하여 세액공제 신청을 하는 서식이다.

조정에 필요한 내용

1. 세액공제 대상 법인
   업종에 제한없이 조세특례제한법 상 연구인력개발비를 지출한 모든 법인에 적용한다.

2. 세액공제액
   ① 일반연구인력개발비 : 증가금액기준과 당기발생액기준 중 선택한다. 다만, 소급하여 4년간 일반연구인력개발비가 발생하지 아니하거나 직전 과세연도에 발생한 연구개발비가 소급하여 4년간 발생한 연구개발비 연평균 발생액보다 적은 경우에는 당기발생액 기준을 적용하여야 한다.

   ㉠ 증가금액기준
   - 공제세액 = (해당연도 연구개발비 발생액 − 직전 과세연도 지출액) × 25%(중소기업 50%, 중견기업 40%)

   ㉡ 당기발생액기준
   - 공제세액 = 연구인력개발비 발생액 × 공제율
   - 공제율
     중소기업 : 25%
     중견기업 : 최초 3년간(20%), 2년간(15%), 그 후 8%

     일반법인 : $\dfrac{\text{일반연구인력개발비}}{\text{수입금액}}$ × 50%(한도 : 2%)

     ▶ 중견기업이란 중소기업 업종을 영위하며 상호출자제한 기업집단소속이 아닌 기업으로서 직전 3년간 평균매출액이 5천억원 미만인 기업을 말한다(다른 세액공제를 적용할 때의 중견기업은 매출액 3천억원 미만).

   ② 신성장 · 원천기술 연구개발비 : ㉠ + ㉡의 공제율 적용
   ㉠ 신성장 · 원천기술연구개발비의 20%(중소기업 30%, 중소기업이 비중소기업이 되는 경우 3년간 25%)
   ㉡ $\dfrac{\text{신성장 · 원천기술연구개발비}}{\text{수입금액}}$ × 3(한도 : 10%)

   ③ 국가전략기술 연구개발비 : ㉠+㉡의 공제율 적용
   ㉠ 국가전략기술 연구개발비의 30%(중소기업 40%, 중소기업이 비중소기업이 되는 경우 3년간 35%)
   ㉡ $\dfrac{\text{국가전략기술 연구개발비}}{\text{수입금액}}$ × 3(한도 : 10%)

➕ 입력방법

| 1. 해당연도의 연구 및 인력개발비 발생명세 | ➡ | 2. 연구 및 인력개발비의 증가발생액의 계산 | ➡ | 3. 공제세액(갑) |

① **계정과목**

연구 및 인력개발비가 계상되어 있는 계정과목을 F2 코드도움으로 입력한다.
예) 급여, 개발비, 시험연구비, 산업재산권, 외주개발비 등

② **발생명세 입력**

연구 및 인력개발비의 비목별 발생금액을 해당란에 입력한다.
예) 각 계정 과목별로 자체연구개발비로 인건비, 재료비등, 기타를 입력하고, 위탁및공동
기술개발비, 인력개발비, 맞춤형교육비용, 현장훈련수당 등으로 구분 입력한다. 금액
은 해당 사업년도에 실제로 지출한 금액이어야 한다.

③ **연구 및 인력개발비의 증가발생액의 계산**

㉠ (15)직전4년 발생액 계 : 직전연도의 (16)~(19)를 입력하면 자동으로 반영된다.
㉡ (16)~(19) : 각 사업년도별 연구 및 인력개발비 총액을 입력한다.

④ **직전 4년간 연평균 발생액의 계산**

다음 산식에 의해 자동 계산된다.

$$\text{직전 4년간 발생합계액} \times \frac{1}{\text{발생한 사업연도의 수}} \times \frac{\text{해당 사업연도 개월수}}{12}$$

발생한 사업년도의 수는 실제 연구 및 개발비가 발생한 사업년도의 수를 말하는 것으로
연구개발비가 지출된 사업년도가 2 이상인 경우에는 2로 한다. 계산식을 적용할 때 개월
수는 월력에 따라 계산하되 사업년도 개시일이 속하는 달이 1개월 미만인 경우에는 1개월
로 하고 사업연도 종료일이 속하는 달이 1개월 미만인 경우에는 산입하지 않는다.

⑤ **증가 발생액**

(14)해당과세연도발생액 금액에서 "직전년도 발생액"을 차감한 금액으로 자동 계산된다.
다만, 소급하여 4년간 일반연구인력개발비가 발생하지 아니하거나 직전 과세연도에 발생
한 연구개발비가 소급하여 4년간 발생한 연구개발비 연평균 발생액보다 적은 경우에는
증가발생액 기준을 적용할 수 없다.

⑥ **공제세액**

해당년도 연구 및 인력개발비 발생금액 기준 공제액과 증가발생금액 기준 공제액 중 큰
금액을 선택하여 (43)해당연도에 공제받을세액란에 자동 반영한다.

필수예제

다음 자료에 의해서 (주)태양상사의 2025년도 일반연구및인력개발비명세서를 작성하고 세액공제조정명세서(3)에 반영하시오.

1. 당해사업년도의 연구 및 인력개발비는 ① 인건비는 개발비계정으로 ② 연구용재료비는 경상연구개발비(판) 계정으로 기장되어 있다.

2. 연구 및 인력개발비는 모두 당사의 연구소에서 지출된 것으로 연구개발전담부서의 연구 요원의 인건비와 연구전담부서에서 연구용으로 사용하는 재료비 등이며, 사업연도별 지출명세는 다음과 같다.

〈 연구 및 인력개발비 지출액 〉　　　　　　　　　(단위 : 원)

구분 및 비목 기 간	인 건 비	연구용 재료비	계
2021.1.1~2021.12.31	15,000,000	5,000,000	20,000,000
2022.1.1~2022.12.31	15,000,000	10,000,000	25,000,000
2023.1.1~2023.12.31	30,000,000	5,000,000	35,000,000
2024.1.1~2024.12.31	40,000,000	5,000,000	45,000,000
2025.1.1~2025.12.31	48,000,000	7,000,000	55,000,000

따라하기

1. 연구및인력개발비명세서의 계정과목에 F2코드도움을 사용하여 226.개발비와 823.경상연구개발비계정을 입력한다.

2. 개발비계정은 자체연구개발비의 (6)인건비와 사회보험료로 48,000,000원, 경상연구개발비계정은 (7)재료비로 7,000,000원을 입력한다.

3. 연구 및 인력개발비의 증가발생액의 계산에서 직전 4년 간의 연구개발비를 연도별로 입력하면 (21)증가발생금액 10,000,000원이 자동으로 계산된다.

4. 공제세액 탭을 클릭하면 해당연도총발생금액공제의 (24)공제세액 13,750,000원이 자동으로 생성된다. 증가발생금액공제의 (39)공제율에서 50%를 선택하면 증가액에대한 공제세액 5,000,000원이 산정되고 해당연도총발생금액의 (24)공제세액과 증가액에대한 (40)공제세액 중 큰 금액인 13,750,000원이 (41)해당연도에 공제받을세액에 자동으로 반영된다.

▶ 직전년도 발생액이 직전 4년간 평균 발생액보다 적으면 증가금액 기준은 적용할 수 없다.
▶ (주)태양상사는 중소기업이므로 최저한세 설정에서 제외를 선택하여야 한다.

⊃ 입력된 화면

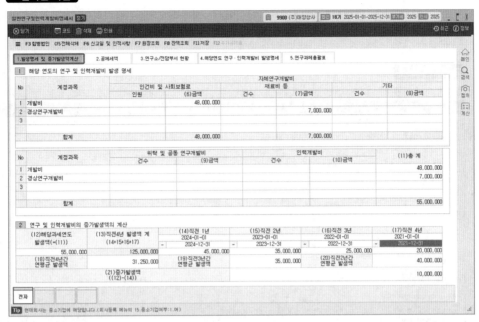

⊃ 입력된 화면

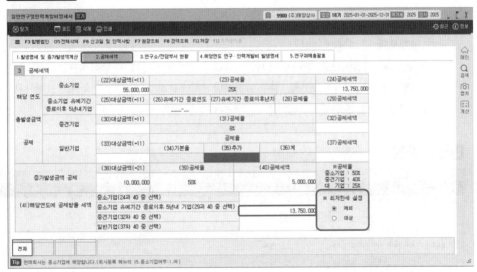

4. 세액공제조정명세서(3)에서 연구인력개발비세액공제 공제대상세액(최저한세 적용 제외)에 13,750,000원을 입력한다(세액공제 (1)탭에서 [F12]불러오기를 클릭하면 자동으로 반영된다).

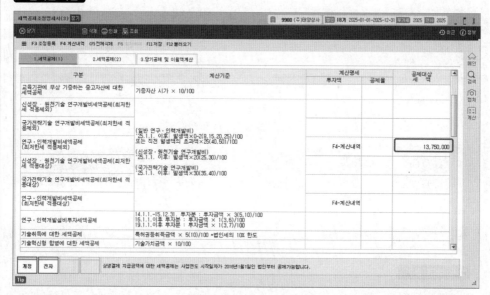

5. 당기 공제세액 및 이월액 계산

　당 법인은 중소기업이므로 연구인력개발비세액공제가 최저한세 대상이 아니다. 당기공제 및이월액계산 탭에서 [F2]코드로 연구·인력개발비세액공제(최저한세 제외)를 선택하고 사업연도 : 2025-12, 요공제액 : 당기분 13,750,000원을 입력한다.

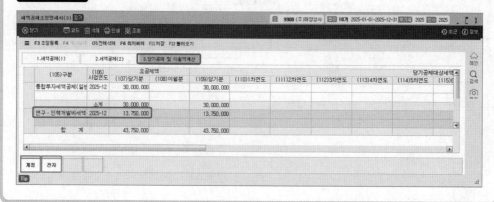

8 공제감면세액및추가납부세액합계표

세액공제 및 감면금액과 추가납부세액의 집계(갑) 및 조특법상 비과세·익금불산입·손금불산입·과세이연내역을 모두 정리한 서식이다.

공제감면 추가납부세액 관련서식을 작성 저장한 후 F12불러오기를 하면 자동으로 반영된다.

필수예제 따라하기

필수예제

위에서 작성된 자료에 의해서 (주)태양상사의 2025년도 공제감면세액및추가납부세액합계표를 작성하시오.

따라하기

F12불러오기를 클릭하면 감면세액, 세액공제 등을 이미 앞에서 작성된 내역을 반영하여 자동으로 완성된다.

⊃ 입력된 화면

최저한세배재세액공제 (143)일반연구인력개발비세액공제(중소기업만 해당)

최저한세적용세액감면 (154)중소기업특별세액감면

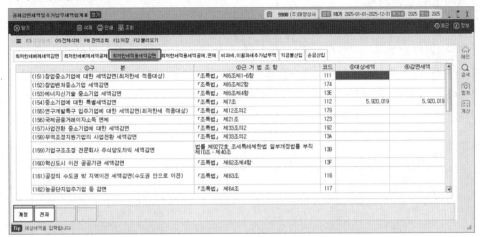

최저한세적용세액공제 (229)통합투자세액공제

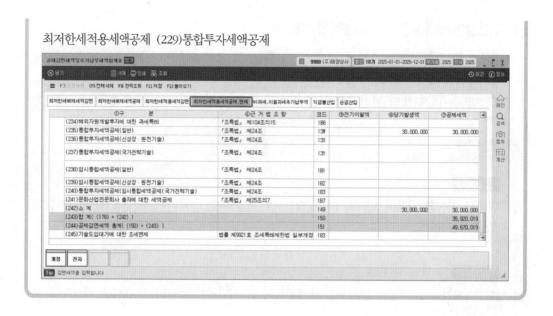

SECTION 10 세액계산 및 신고서의 작성

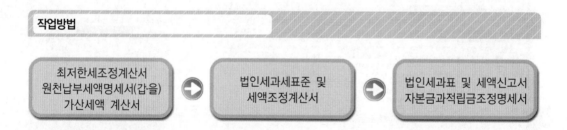

1 최저한세조정명세서

조세특례제한법상의 각종 조세감면 등은 공평과세에는 바람직하지 못하지만 중소기업의 육성, 연구인력개발의 촉진, 투자촉진, 고용지원, 기업구조정지원, 지역간 균형발전 등 국가정책목표 달성을 위한 것이다. 그러나 국가정책의 중요성을 감안하더라도 세부담의 형평성 및 재정확보측면에서 일정한 소득이 있으면 최소한의 세금을 부담하여야 한다는 취지로 최저한세의 규정을 두고 있다.

1. 최저한세의 내용

구 분	내 용
의 의	최저한세는 조세감면을 적용받는 법인과 그 이외의 법인간의 과세형평 유지와 재정확보를 위하여 감면을 받더라도 일정수준 이상의 조세는 부담하도록 하는 제도이다.
최저한세의 적용대상이 되는 조세감면	㉠ 조세특례제한법상 준비금 및 손금산입 ㉡ 조세특례제한법상 비과세 및 소득공제 ㉢ 조세특례제한법상 세액감면 및 세액공제(일부 제외)

최저한세의 계산	중소기업은 7% 중소기업이 중소기업에 해당하지 아니하게 된 경우 유예기간 종료 후 최초 3년간 8%, 2년간 9% 적용	일반법인 과세표준 100억 이하 10% 과세표준 100억 초과 1,000억 이하 12% 과세표준 1,000억 초과 17%

최저한세의 적용방법	최저한세의 적용방법은 다음의 감면후 세액이 최저한세에 미달하는 경우 그 미달하는 세액에 상당하는 부분에 대하여 조세감면 등을 배제한다. → 감면후 세액 = 산출세액[주1] − 최저한세 적용대상 공제·감면세액[주2]

주1) 준비금 및 손금산입·비과세·소득공제 등의 조세감면을 적용한 과세표준에 법인세율을 적용한 산출세액을 말한다.
주2) 최저한세 적용대상인 조세특례제한법상 세액감면·세액공제를 말한다. 따라서 법인세법상 세액공제와 조세특례제한법상 세액감면 등으로 최저한세 적용대상이 아닌 것은 포함하지 아니한다.

2. 최저한세 적용시 조세감면의 적용배제 순위

구 분	적 용 배 제 순 위
신고시	해당 법인의 선택에 의함
경정시	① 준비금 → ② 손금산입 → ③ 세액공제 → ④ 세액감면 → ⑤ 소득공제·비과세

3. 최저한세로 인하여 적용배제된 조세감면 등의 처리

① 준비금·특별상각비 : 적용배제 된 금액을 준비금·특별상각비의 한도초과액으로 손금불산입(유보)
② 세액공제 또는감면세액 : 적용배제된 세액을 공제 또는 감면대상에서 제외. 다만, 공제배제된 세액공제 중 이월공제 허용분은 이월공제 가능
③ 소득공제·비과세 : 적용배제된 금액은 소멸

① F12 불러오기를 하면 과세표준 세액조정계산서에서 입력된 내용이 반영되어 〈② 감면 후 세액〉란과 〈③최저한세〉란이 자동반영된다.

② 최저한세 적용대상 특별비용 등이 있는 경우 〈③ 최저한세〉란에 입력하면 〈④ 조정감〉란의 금액과 〈⑤ 조정 후 세액〉이 자동 산출된다.

③ 최저한세가 감면후세액의 (125)차감세액 보다 클 경우 조정감에서 준비금, 특별상각, 소득공제, 감면세액, 세액공제 순으로 자동 계산되며 최저한세 적용대상이 아닌 경우 수정할 수 있다.

④ 감면후세액의 차감세액(125)이 최저한세(122)보다 크면 조정감이 발생하지 않는다. 이 경우 〈⑤ 조정 후 세액〉열(줄)은 작성되지 않는다.

필수예제

(주)태양상사의 위 세액공제와 감면사례를 순차적으로 반영하여 최저한세조정계산서를 작성하고 최저한세로 인한 배제금액과 적용금액을 계산하시오.

1. 중소기업특별세액감면　　　　　5,920,019원

2. 통합투자세액공제　　　　　　　30,000,000원

3. 연구및인력개발비세액공제　　　13,750,000원 (최저한세 적용 배제)

따라하기

① "법인세과세표준 및 세액조정계산서"에서 F12 불러오기를 클릭하면 이월결손금, 비과세소득, 세액감면 및 세액공제 등이 자동으로 반영된다. 121. 35,920,019원(중소기업특별세액감면 5,920,019원과 통합투자세액공제 30,000,000원)과 123. 13,750,000원(연구인력개발비 세액공제)를 확인하고 저장한다. 이월결손금이 자동 반영되지 않는 경우 이월결손금 5,000,000원은 직접 입력한다.

➲ 입력된 화면

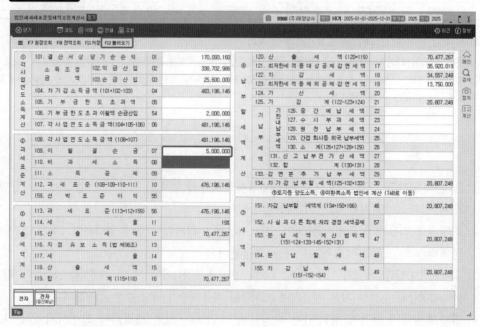

② 최저한세조정계산서에서 불러오기를 클릭하면 "법인세과세표준 및 세액조정계산서" 상의 금액과 최저한세적용대상 공제감면세액 35,920,019원(중소기업특별세액감면 5,920,019원과 통합투자세액공제 30,000,000원)이 자동으로 반영된다.

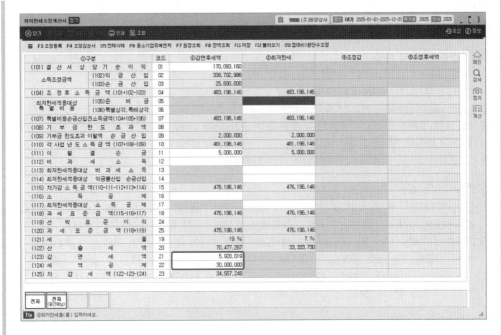

③ 조정감에 배제되는 금액이 없으므로 공제 및 감면내역 모두 전액 공제된다.

> ▶ 조정감이 발생하면 공제 또는 감면서식에 배제금액을 입력하여야 한다.
> ▶ (주)태양상사는 중소기업이므로 연구인력개발비세액공제가 최저한세 적용이 제외된다.

② 원천납부세액명세서

원천납부세액명세서(갑)은 원천징수되는 채권 등의 이자소득을 제외한 이자소득 및 증권투자신탁수익의 분배금에 대하여 작성하고, 원천납부세액명세서(을)은 채권 및 수익증권에서 발생한 이자상당액에 대하여 원천징수된 내역을 작성하는 서식이다.

조정에 필요한 내용

1. 원천징수대상 및 세율

다음의 원천징수대상 소득을 내국법인에게 지급하는 자(원천징수의무자)가 그 금액을 지급하는 경우에는 원천징수를 하여야 한다.

원천징수대상소득		원천징수세율(지방소득세)
소득세법상 이자소득금액	• 비영업대금의 이익(= 사채이자)	25%(2.5%)
	• 기타 이자소득	14%(1.4%)
집합투자기구로부터의 이익 중 투자신탁의 이익		

> ▶ 주) 1. 내국법인에게 이자소득 등을 지급하고 원천징수하는 경우 법인지방소득세도 특별징수한다.
>   2. 전환사채를 주식으로 전환하거나 교환사채를 주식으로 교환하는 경우에는 당해 채권 등의 이자 등을 지급받는 것으로 본다.
>   3. 공탁법에 의한 공탁금의 이자도 원천징수대상임.

2. 소액부징수

원천징수세액이 1천원 미만인 경우에는 해당 법인세를 원천징수하지 아니한다.

3. 원천징수대상이 아닌 소득

다음에 해당하는 이자소득금액은 원천징수대상에서 제외한다.
① 법인세가 부과되지 아니하거나 면제되는 소득
② 신고한 과세표준금액에 이미 산입된 미지급소득
③ 법령 또는 정관에 의하여 비영리법인이 회원 또는 조합원에게 대부한 융자금과 비영리법인이 그 연합회 또는 중앙회에 예탁한 예탁금에 대한 이자수입
④ 법원판결에 의하여 지급하는 손해배상금에 대한 법정이자.

4. 원천징수세액의 납부

① 원천징수의무자는 원천징수세액을 징수한 날이 속하는 달의 다음 달 10일까지 납세지 관할세무서장에게 납부하여야 하며, 원천징수이행상황신고서를 제출(국세정보통신망에 의한 제출을 포함)하여야 한다.
② 반기별 납부특례 : 직전연도 매월말 현재 상시고용인원의 평균이 20인 이하인 경우 법인(금융보험업 제외)은 원천징수세액을 반기별로 납부(반기의 마지막 달의 다음달 10일까지)할 수 있다. 이 경우 적용하고자 하는 반기의 직전월의 1일부터 말일까지 원천징수 관할세무서장에게 신청하여 승인을 얻거나 국세청장이 정하는 바에 따라 지정을 받아야 한다.

5. 원천징수불이행의 경우

납세지관할세무서장은 원천징수의무자가 그 징수하여야 할 세액을 징수하지 아니하였거나 징수한 세액을 기한 내에 납부하지 아니한 때에는 지체없이 원천징수의무자로부터 원천징수세액에 상당하는 금액에 국세기본법에 따른 가산세액을 더한 금액을 징수하여야 한다. 다만, 원천징수의무자가 원천징수를 하지 아니한 경우로서 납세의무자가 그 법인세액을 이미 납부한 경우에는 원천징수의무자에게 그 가산세만 징수한다.

6. 지급명세서와 간이지급명세서의 제출
① 제출시기

구분		제출시기
지급 명세서	이자, 배당, 연금, 기타소득	지급일이 속하는 과세기간 다음연도 2월 말일
	원천징수 대상 사업소득, 근로소득, 퇴직소득	지급일이 속하는 과세기간 다음연도 3월 10일
	일용근로자 근로소득	지급일이 속하는 달의 다음달 말일
간이 지급 명세서	근로소득 (일용근로 제외)	지급일이 속하는 반기의 마지막 달의 다음 달 말일 (2026.1.1부터 다음달 말일까지 매월 제출)
	원천징수 대상 사업소득, 기타소득(인적 용역)	지급일이 속하는 달의 다음 달 말일

② 가산세

구분		제출불성실	지연제출
지급명세서	모든소득	미제출 금액의 1%	3개월 이내 0.5%
	일용근로소득	미제출 금액의 0.25%	1개월 이내 0.125%

구분		제출불성실	지연제출
간이지급명세서	근로소득 (일용근로소득 제외)	미제출 금액의 0.25%	3개월 이내 0.125%
	사업소득, 기타소득	미제출 금액의 0.25%	1개월 이내 0.125%

① **원천납부세액명세서(갑)**

ㄱ 회계관리를 이용하여 기장을 하였을 때 F12 불러오기를 클릭하면 [이자금액 관련계정과목]이 나타나며 추가로 해당 계정과목을 등록할 수도 있다.

ㄴ 이자금액의 입력 : 이자금액란에 커서가 위치하면 계정별 원장에서 불러온 데이터의 과세표준계정 동일일자의 거래처와 금액이 보조화면으로 나타나므로 해당 과세표준을 선택한다.

ㄷ 외부조정만 하는 경우 순서대로 직접 입력한다.

② **원천납부세액명세서(을)**

ㄱ 채권 등의 명칭 : 국채, 지방채 등의 명칭을 입력한다.

ㄴ 구분 : 1.일반법인분과 2.신탁재산분을 선택한다.

ㄷ 액면금액/유가증권코드/채권이자구분 등을 입력한다.

ㄹ 보유기간 : 취득일과 매도일을 보조창에서 입력하면 보유기간을 계산하여 보유기간이자를 자동으로 반영한다.

ㅁ 이자율 : 약정이자율을 입력한다.

ㅂ 법인세 란은 〈법인세과세표준및세액조정계산서〉 128.원천납부세액란에 자동 반영된다.

필수예제 따라하기

필수예제

입력된 기장데이타에 의해서 (주)태양상사의 2025년도 원천납부세액명세서를 작성하시오.

따라하기

원천납부세액(갑)에서 F12 불러오기를 클릭하여 901.이자수익의 과목을 선택한 후 확인(Tab ↵)을 클릭하여 기장된 데이터를 불러온다.

Enter↵ 키를 치면서 이자금액란에 커서가 가면 해당일자의 이자수익 등의 금액이 조회된다. 이자수익을 일반전표입력할 때 선납세금의 적요를 1. 또는 2.로 입력하였어야 불러오기가 가능하다.

⊃ 입력된 화면

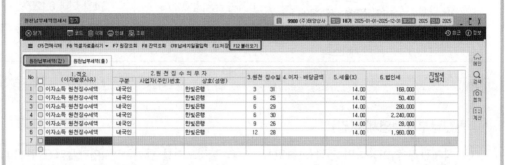

원천납부세액명세서에서 저장된 법인세 원천납부세액은 법인세과세표준및세액조정계산서에서 불러오기를 클릭하면 자동으로 반영된다.

③ 자본금과적립금조정명세서(갑·을)

기업회계에 의한 재무상태표의 자기자본과 세무상 자기자본의 차이는 세무조정상 유보금액과 법인세등의 과소계상액의 합계금액이다. 세무조정으로 유보처분된 금액은 (+)유보이거나 (−)유보로서 차기이후 사업연도의 세무조정과 직접적인 관련을 가진다.

유보발생은 차기 이후 사업연도의 유보소멸에 의하여 처리되며, 항상 (+)유보가 먼저 발생하고 정리하는 것이 아니고 (−)유보가 먼저 발생하고 그 후에 (−)유보가 소멸하는 경우도 있다.

자본금과적립금조정명세서는 기업회계와 세무회계상의 자기자본의 차이에 대하여 그 원인을 밝혀주는 서식이다.

조정에 필요한 내용

1. 자본금과적립금조정명세서(을)
   ① 자본금과적립금조정명세서(을)의 기재내용
      ㉠ (+)유보의 정리
      ㉡ (−)유보의 정리

   ② 자본금과적립금조정명세서(을)의 내용
      ㉠ 세무조정상의 유보금액
         자본금과적립금조정명세서(을)에는 세무상 유보금액의 증감사항이 기록된다. 유보는 익금산입 또는 손금불산입으로 생기는 유보발생(+)과 손금산입 또는 익금불산입으로 생기는 유보발생(−)으로 구분할 수 있다.
         유보발생(+)란 감가상각비 과대계상액 손금불산입 또는 퇴직급여충당부채 과대계상액 손금불산입처럼 해당 사업연도에 익금산입 또는 손금불산입에 따라 법인의 재무상태표상 자기자본 금액보다 세법상 금액이 세무조정액만큼 증가(자산의 증가나 부채의 감소)하는 것을 말한다. 유보발생(−)란 법인이 해당 사업연도에 지출한 기부금을 가지급금으로 처리하여 이를 손금산입하는 경우 또는 잉여금처분에 의한 신고조정에 의하여 준비금을 손금산입하는 경우와 같이 손금산입 또는 익금불산입에 따라 재무상태표에 계상하고 있는 자기자본 금액보다 세법상 금액이 세무조정액만큼 감소(자산의 감소나 부채의 증가)하는 것을 말한다.

ⓛ 유보사항의 정리와 소득금액 계산

재무상태표상의 자기자본과 세무상 자기자본의 차이는 세무조정상 유보금액과 법인세 등 과소계상액이다. 세무조정에 의하여 유보처분된 금액은 유보(+)이거나 유보(−)이고 해당 사업연도의 세무조정으로 종료되는 것이 아니고 차기 이후 사업연도의 세무조정과 직접적인 관련을 가진다. 즉 유보(+)발생은 차기 이후 사업연도의 유보(+)감소에 의하여 정리가 되고, 유보(−)발생은 차기 이후 사업연도의 유보(−)감소에 의하여 정리가 된다.

ⓒ 유보사항의 조정예시

• (+)유보의 정리 예시

과 목	당해 사업연도 유보발생			그 후 사업연도 유보감소(추인)		
	세무조정내용	조정구분	처분	정리시기	조정구분	처분
수입금액	할부매출미계상액	익금산입	유보	회사가 결산상 수입에 계상한 때	익금불산입	유보
	작업진행률에 의한 수입금액 가산	익금산입	유보			
기부금	당기말 미지급기부금	손금불산입	유보	회사가 지급했을 때(한도액계산은 별도)	손금산입	유보
외화환산 손익	환산이익과소계상	익금산입	유보	회사가 결산상 수익에 계상한 때	익금불산입	유보
	환산손실과대계상	손금불산입	유보	기간 경과에 따른 손금 해당액	손금산입	유보
건설자금 이자	건설 중인 자산 (상각자산)	손금불산입	유보	건설완료시 감가상각부족액이 있는 경우	손금산입	유보
	건설 중인 자산 (비상각자산)	손금불산입	유보	건설이 완료되어 자산에 계상했을 때	익금불산입	유보
	건설완료자산 (비상각자산)	손금불산입	유보	회사가 자산을 매각했을 때	손금산입	유보
각종 준비금	한도초과액	손금불산입	유보	회사가 한도초과액을 환입했을 때	익금불산입	유보
	과소환입	익금산입	유보	회사가 환입했을 때	익금불산입	유보
퇴직급여충 당부채	한도초과액	손금불산입	유보	손금 산입한 충당금을 초과하여 지급한 때	손금산입	유보
				회사가 한도초과액을 환입한 때		
대손 충당금	한도초과액	손금불산입	유보	회사가 한도초과액을 환입한 때	익금불산입	유보
재고자산	당기 평가감	손금불산입	유보	전기 평가감 중 당기사용 해당액	손금산입	유보
감가 상각비	당기 부인액	손금불산입	유보	회사가 상각 부족액이 발생한 때(부족액범위)	손금산입	유보

• (△)유보의 정리 예시

과 목	당해 사업연도 유보발생			그 후 사업연도 유보감소(추인)		
	세무조정내용	조정구분	처분	정리시기	조정구분	처분
매출원가	회사미계상 할부매출원가	손금산입	유보	회사가 결산상 매출원가에 계상한 때	손금불산입	유보
기부금	기부금을 가지급금 계산	손금산입	유보	회사가 결산상 손금에 계상한 때	손금불산입	유보
외화환산 손익	외화환산이익 과대계상	익금불산입	유보	기간경과에 따라 당기익금해당액	익금산입	유보
	외화환산손실 과소계상	손금산입	유보	회사가 손비에 계상한 때	손금 불산입	유보
각종 준비금	과다환입(임의환입이 인정되지 아니한 것에 한함)	익금불산입	유보	기간경과에 따라 당기익금해당액	손금불산입	유보
	잉여금처분에 의한 신고조정	손금산입	유보	세법상 환입하게 되는 경우	손금불산입	유보
재고자산	당기평가증	손금산입	유보	전기 평가증 중 당기사용해당액	손금 불산입	유보
퇴직연금 부담금	신고조정액	손금산입	유보	퇴직연금 수령한 때	익금산입	유보

2. 자본금과적립금조정명세서(갑)의 기입내용

① 과목 또는 사항		② 기초잔액	당기 중 증감		⑤ 기말잔액(익기초현재)
			③ 감 소	④ 증 가	
1. 자 본 금		기초재무상태표 금액	감자액	증자액	기말재무상태표 금액
2. 자 본 잉 여 금 3. 자 본 조 정 4. 기타포괄손익누계액 5. 이 익 잉 여 금		기초재무상태표 금액	당기중 감소액	당기중 증가액	기말재무상태표 금액
7. 자본금과 적립금 조정명세서(을) 계		자본금과적립금조정명세서(을) 기초금액합계액	자본금과 적립금조정명세서(을) 당기감소액 계	자본금과 적립금조정명세서(을) 당기증가액 계	자본금과 적립금조정명세서(을) 기말금액합계액
손익미계상 법인세등	8. 법인세 9. 지방소득세	전기말 법인세지방소득세 과소계상액	전기말 법인세지방소득세 과소계상액	당기말 법인세지방소득세 과소계상액	당기말 법인세지방소득세 과소계상액

입력방법

자본금과적립금조정(을) ➡ 자본금과적립금조정(갑) ➡ 이월결손금

① **자본금과적립금조정(을)**

　　㉠ 당기 발생분 자동반영 : 당기 유보의 감소와 증가는 소득금액조정합계표의 소득처분 중 유보발생, 유보감소로 처분된 내용이 자동 반영된다.

　　㉡ 과목 또는 사항의 입력 : 전기에서 이월된 사항 이외의 사항은 한글로 입력하거나 F2코드도움을 이용하여 계정과목 코드를 입력한다.

② **자본금과적립금조정(갑)**

　　㉠ 자본금, 자본잉여금, 이익잉여금 등 순서로 기재하되 기초잔액은 직전 사업연도의 자본금과적립금조정명세서(갑)의 기말 잔액란의 금액을 옮겨 기입한다.

　　㉡ 7.자본금과적립금계산서(을)계 란은 자본금과적립금계산서(을)에서 자동 반영된다.

③ **이월결손금**

　　㉠ 이월결손금은 2019년 12월31일 이전은 10년 이내, 2020년 1월1일 이후는 15년 이내 발생한 결손금을 공제받을 수 있다. 사업연도별로 결손금 발생액과 감소액을 입력하면 잔액은 자동으로 계산되는데 이 중에서 10년 또는 15년 이내의 결손금은 기한내에 입력한다.

　　㉡ 자본금과적립금계산서(을)에서 이월결손금을 입력하면 법인세과세표준및세액조정계산서에 자동 반영된다. 이월결손금이 반영된 후에 법인세과세표준및세액조정계산서를 조회하여 손익미계상법인세등을 산출하여야 한다.

CHECK POINT　유의사항

- (을)지를 작성한 후 (갑)지를 작성한다.
- (을)의 내용을 수정하였을 경우에는 (갑)지에 자동 반영되므로 〈불러오기〉를 하지 않아도 된다.
- (갑)지에서 〈불러오기〉를 클릭하면 (갑)지에서 추가적으로 수정하여 저장된 내용을 모두 삭제하고 (을)지에 있는 데이터를 새로 불러오게 된다.

필수예제 따라하기

필수예제

다음의 자료에 의하여 (주)태양상사의 자본금과적립금조정명세서(갑을)을 완성하시오.

1. 전기의 자본금과 적립금조정명세서(을)의 잔액은 다음과 같다.

• 건물감가상각비부인액	7,500,000원	(손금불산입)
• 퇴직급여충당부채 한도초과	6,000,000원	(손금불산입)
• 퇴직연금 손금산입	7,000,000원	(손금산입)
• 대손충당금 한도초과	700,000원	(손금불산입)
• 공사수입금	1,500,000원	(익금산입)

• 선급비용	250,000원 (손금불산입)
• 유가증권저가취득	500,000원 (익금산입)

2. 자본금 및 잉여금의 계산은 회계관리의 기장자료를 조회하여 작성한다. 손익미계상법인세 등의 계산에서는 전기분을 무시하고 당기증가 및 기말잔액에 대해서만 작성하며, 세무조정으로 산출된 법인세 및 법인지방소득세를 기입하는 방법으로 한다.
   ※ 손익계산서상 법인세등은 법인지방소득세 10%가 포함된 금액이다.
   법인세 19,111,591원, 법인지방소득세 1,911,159원

3. 2023년도에 발생한 이월결손금 15,000,000원 중 2024년에 공제하고 이월된 금액 5,000,000원은 당해연도 각사업연도소득금액 계산 시 공제한다.

따라하기

1. 자본금과 적립금 조정명세서(을)-세무조정 유보소득 계산
   F12 불러오기로 소득금액조정합계표에서 유보로 소득처분한 것을 먼저 끌어오고 전기 잔액을 기초잔액란에 입력한다.

⊃ 입력된 화면

2. 이월결손금계산서

사업년도 2023.12.31, (8)일반결손금 발생액에 15,000,000원을 입력하고, 감소내역의 (12) 기공제액에 10,000,000원, (13) 당기공제액에 5,000,000원을 입력한다.

▶ 이월결손금계산서에 당기 공제액으로 입력되어야 법인세과세표준 및 세액조정계산서에 이월결손금이 반영된다.

3. 자본금과 적립금조정명세서(갑)−자본금과 적립금계산서

① 재무상태표를 조회하여 전기와 당기의 자본금내역을 조회하여 입력한다.

	기초잔액	감소	증가	기말잔액
자 본 금	220,000,000원	−	80,000,000원	300,000,000원
이익잉여금	374,478,000원	−	170,093,160원	544,571,160원

② 자본금과적립금조정명세(갑)의 해당란에 입력한다.

재무상태표금액을 조회하여 기초잔액에 입력하고 전기와 당기의 차액을 증가란에 입력한다. 또는 F12불러오기를 하여 기말잔액을 자동 계산하고 기초잔액을 조회 입력한 후 기초잔액은 전액 감소란에 기말잔액은 증가 란에 입력한다. 어느 방법을 사용하든 결과가 동일하여야 한다.

③ 손익미계상 법인세등의 해당란에 입력한다.

법인세 : 125.가감계 20,807,248 − 19,111,591 = 1,695,657원

법인지방소득세 : 법인세 과세표준 × 세율(2억 × 0.9% + 2억초과 × 1.9%)

200,000,000×0.9% + 276,196,146 × 1.9% = 7,047,726원

7,047,726 − 1,911,159 = 5,136,567원을 입력한다.

* 지방소득세는 감면을 적용하지 않는다.

구 분	법인세	지방소득세	계
법인세과세표준및세액조정계산서	20,807,248원	7,047,726원	27,854,974원
손익계산서계상액	19,111,591원	1,911,159원	21,022,750원
손익미계상법인세등(차감액)	1,695,657원	5,136,567원	6,832,224원

* 손익계산서계상액은 선납세금과 미지급법인세로 계상한 법인세등 금액의 합계액이다.

⊃ 입력된 화면

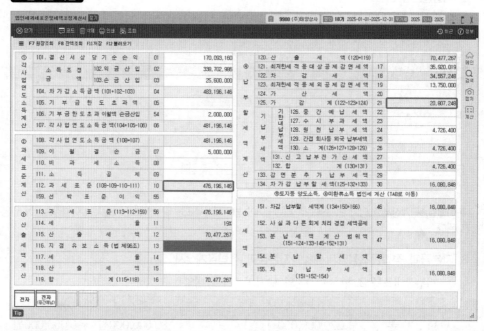

⊃ 입력된 화면

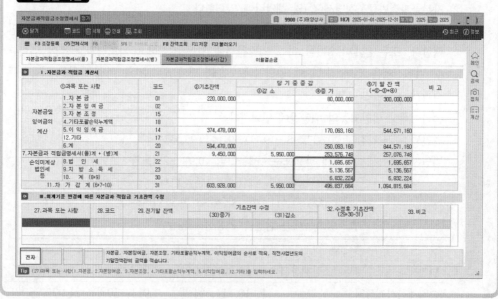

4 법인세과세표준 및 세액조정계산서

● NCS 능력단위 : 0203020217법인세신고   능력단위요소 : 03법인세신고하기
3.1 법령 절차에 따라 법인세 과세표준 및 세액조정계산서를 작성 할 수 있다.

법인세법에 따라 법인세확정신고시 제출하여야 하는 필수서류로 결산서상당기순이익에서 차감납부세액까지의 계산과정이 정리된 서식이다.

조정에 필요한 내용

1. 산출세액의 계산

법인세 과세표준이 확정되면 다음과 같은 절차에 의해 법인세를 산출한다. 법인이 부담하여야 할 법인세는 각 사업연도 소득에 대한 법인세와 토지 등 양도소득에 대한 법인세를 모두 포함하는 금액이다.

> 법인세부담액＝각 사업연도 소득에 대한 법인세＋토지 등 양도소득에 대한 법인세

① 각 사업연도 소득에 대한 법인세 산출세액

각 사업연도 소득에 대한 법인세는 다음과 같이 계산된다.

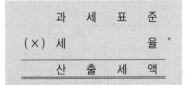

과세표준
(×) 세율 *
산출세액

2억원 이하 9%, 2억원 초과 19%, 200억원 초과 21%, 3천억원 초과 24%

② 사업연도가 1년 미만인 경우의 세율적용

사업연도가 1년 미만인 경우에는 과세표준을 12개월로 환산한 후 법인세율을 적용하여 구한 산출세액을 사업연도 월수로 안분하는 방법으로 법인세율을 적용한다. 이때 월수는 역에 따라 계산하되 1월 미만의 일수는 1월로 한다(법령 92).

$$\text{법인세 산출세액} = \left(\text{과세표준} \times \frac{12}{\text{사업연도 월수}} \times \text{세율} \right) \times \frac{\text{사업연도 월수}}{12}$$

① 표준재무제표 및 각각의 세무조정에서 연관되는 데이터가 자동반영 된다. 불러오기를 하면 원천징수세액은 자동으로 반영되나 중간예납세액은 추가로 입력하여야 한다.

② 분납할 세액 범위액 : 분납할 세액에 커서가 위치하면 분납할 세액화면에서 분납할 세액을 입력한다. 화면에 나타나는 분납할 세액과 같은 금액 또는 적은 금액을 입력하여야 한다. 분납할 세액은 납부할 세액이 1천만원을 초과하는 경우에 다음과 같이 계산한다.

구　분	분납할 세액
납부할 세액이 2천만원 이하	1천만원을 초과하는 금액
납부할 세액이 2천만원 초과	납부할 세액의 50% 이하의 금액

가산세와 감면분추가납부세액은 분납 대상 세액에 포함하지 않는다.

필수예제 따라하기

필수예제

(주)태양상사의 법인세과세표준및세액조정명세서를 완성하시오(중간예납세액은 회계자료를 조회하여 반영하고, 분납은 최대한 하기로 한다).

따라하기

1. 법인세과세표준 및 세액조정계산서에서 F12 불러오기를 한다.

2. 선납세금계정을 조회하여 중간예납세액 5,000,000원을 126.중간예납세액 란에 입력한다.

3. 153.분납세액계산범위액에 11,080,848원이 나타난다.

4. 분납세액계산범위액이 1,000만원을 초과하므로 1,000만원을 초과하는 금액 1,080,848원을 154.분납할세액에 입력한다.

➲ 입력된 화면

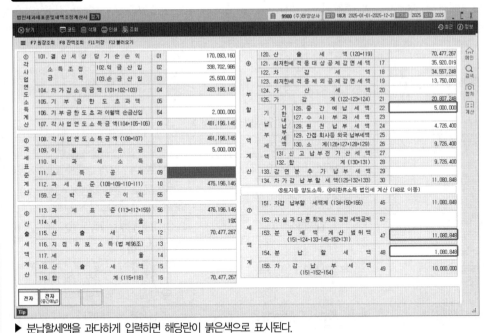

▶ 분납할세액을 과다하게 입력하면 해당란이 붉은색으로 표시된다.

최저한세조정계산서와의 상관관계

법인세 과세표준 및 세액조정계산서에 저장된 데이터가 최저한세 조정명세서에 반영되나, 최저한세 조정에서 조정감이 발생될 경우 조정감 관련 세무조정항목과 법인세 과세표준 및 세액조정계산서 수정작업이 불가피하므로 반드시 작업순서를 지켜야 한다.

① 법인세 과세표준 및 세액조정계산서가 작성된 후 일단 데이터를 저장한 후 최저한세 조정계산서메뉴로 이동한다.

② 최저한세 조정계산서 메뉴에서
  ㉠ 조정감이 발생되지 않았을 경우
    법인세 과세표준 및 세액조정계산서에서 별도의 작업을 할 필요가 없다.
  ㉡ 조정감이 발생된 경우
    조정감이 발생한 각 항목의 세무조정 메뉴에서 최저한세 적용 손금부인액 란에 입력하여 완료한 후 소득금액조정합계표, 자본금과 적립금조정명세서(을), 공제감면세액계산서 등을 수정한 다음 법인세 과세표준 및 세액조정계산서로 이동하여 F12불러오기를 실행한다.

5 가산세액계산서

세법에서는 과세자료의 수집과 성실신고를 유도하기 위하여 납세의무자에게 각종 의무를 부여하고 있는데 이러한 의무를 이행하지 아니한 경우에 가산세를 부과한다.

조정에 필요한 내용

〈 법인세법상 가산세 〉

구 분	요 건	가 산 세
무신고가산세	일반무신고 MAX[①, ②]	①납부할세액 × 20% ②수입금액 × 0.07%
	부정무신고 MAX[①, ②]	①부정무신고 납부할세액 × 40% ②부정무신고 수입금액 × 0.14%
과소신고·초과 환급신고 가산세	일반과소신고	과소신고로 납부할세액 × 10%

	부정과소신고 [① + ②]	① MAX[a, b]
		  a. 부정과소신고 납부할 세액 × 40%
		  b. 부정과소신고 수입금액 × 0.07%
		② 일반과소신고 납부할 세액 × 10%

납부지연가산세	미납부 또는 과다환급 받은 경우	미납세액 × 경과일수 × 2.2/10,000
무기장가산세	장부의 비차가장의무를 이행하지 아니한 경우 * 비영리내국법인 제외	MAX [①, ②] ① 산출세액 × 20% ② 수입금액 × 0.07%
원천징수 납부지연가산세	원천징수의무자가 원천징수하였거나 원천징수하여야 할 세액을 납부기한이 경과된 후 납부하는 경우	① + ② (미납부세액의 10% 한도) ① 미납부세액 × 미납부일수 × 2.2/10,000 ② 미납부세액 × 3%
법정증명서류 미수취가산세	사업자로부터 건당 1만원을 초과하는 재화용역을 공급받고 법정증명서류를 수취하지 아니하거나 사실과 다른 증명서류를 받은 경우 * 접대비로서 손금불산입되는 경우 제외	법정증명서류 미수취금액 × 2%
주식등변동 상황명세서 제출불성실가산세	주식등변동상황명세서를 제출하지 아니하거나 변동상황을 누락하여 제출한 경우와 제출한 변동상황명세서가 불분명한 경우	미제출·누락제출·불분명한 주식의 액면금액 × 1%(제출기한 경과후 1개월 이내에 제출시 0.5%)
주주등명세서 미제출가산세	법인 설립등기일부터 2개월 이내에 주주등명세서를 제출하지 아니하거나 누락 및 불분명한 경우	미제출·누락제출·불분명한 주식의 액면금액 × 0.5%
지급명세서등제출 불성실가산세	법정기한 내에 지급명세서를 제출하지 아니하였거나 제출된 명세서가 불분명한 경우	지급명세서 1%(일용근로소득은 0.25%) 기한 경과후 3개월 이내 0.5% (일용은 1개월 이내 0.125%)
	법정기한 내에 간이지급명세서를 제출하지 아니하였거나 제출된 명세서가 불분명한 경우	간이지급명세서 0.25% 기한 경과후 3개월 이내 0.125% (사업은 1개월 이내 0.125%)
계산서불성실 가산세	계산서에 필요적기재사항의 전부 또는 일부가 기재되지 아니하거나 사실과 다르게 기재된 경우	그 공급가액 × 1%
업무용승용차관련비 용명세서 미제출가산세	명세서 미제출 사실과 다르게 제출	승용차관련비용손금산입액×1% 사실과 다른 금액 ×1%

구 분	요 건	가 산 세
매입처별계산서 불성실가산세	매출·매입처별계산서합계표를 법정 기한내에 제출하지 아니한 경우 또는 제출한 매출·매입처별계산서합계표에 거래처별 사업자등록번호와 공급가액의 전부 또는 일부를 적지 않거나 사실과 다르게 적은 경우(착오기재 제외)	합계표 미제출·부실기재공급가액 × 0.5% (제출기한 경과 후 1월 이내에 제출시 0.3%) * 부가가치세법에 의하여 가산세가 부과되는 부분에 대하여는 가산세 적용 배제
매입처별 세금계산서 불성실	매입처별세금계산서합계표를 법정기한(매년 1월31일) 이내에 제출하지 아니한 경우 또는 제출한 매입처별세금계산서합계표에 거래처별 사업자등록번호와 공급가액의 전부 또는 일부를 적지 아니하거나 사실과 다르게 적은 경우(착오기재 제외)	
계산서 미발급 가산세	계산서 미발급, 재화용역의 공급없이 계산서를 발급하거나 발급받는 경우, 실제로 재화용역을 공급하는 법인이 아닌 법인의 명의로 계산서를 발급하거나 실제로 재화용역을 공급하는 자가 아닌 자의 명의로 발급받는 경우	그 공급가액 × 2%
전자계산서	미발급(지연발급)	공급가액 × 2% (지연발급은 1%)
	종이계산서발급	공급가액 × 1%
	미전송(지연전송)	공급가액 × 0.5% (지연전송은 0.3%)
신용카드발급 거부 및 허위 발급가산세	신용카드가맹점이 신용카드매출전표의 발급을 거부하거나 사실과 다르게 발급한 경우 * 산출세액이 없는 경우에도 가산세 징수	건별 발급거부금액 또는 건별 사실과 다르게 발급한 금액 × 5%(건별로 계산한 금액이 5천원 미만인 경우 5천원으로 함)
현금영수증 미가맹, 발급 거부 및 허위 발급가산세	현금영수증가맹점 가입대상 할 법인이 미가맹	미가맹 사업연도의 수입금액 × 1%
	현금영수증 발급을 거부하거나 사실과 다르게 발급한 경우	발급거부 또는 사실과 다르게 발급한 금액 × 5%(건별로 금액이 5천원 미만인 경우 5천원으로 함)
	현금영수증 의무발급자가 미발급한 경우	미발급액 × 20%(거래대금을 받은 날부터 10일 이내에 자진신고·자진납부시 10%)
성실신고확인서 미제출가산세	성실신고확인서 제출대상 법인이 성실신고확인서를 제출하지 않은 경우	산출세액 × 5% 수입금액 × 0.02% } 중 큰 금액
기부금영수증 발급불성실 가산세	비영리내국법인이 기부금영수증을 사실과 다르게 발급하거나 기부법인별 발급내역을 작성·보관하지 아니한 경우	① 사실과 다른 발급 금액 × 2% ② 발급명세 미작성 미보관 금액 × 0.2%

가산세액 계산서 입력화면은 한 화면에 모두 조회되지 않고 상단에 4개의 탭으로 구분되어 있으므로 탭을 클릭하여 해당 사항을 입력하고 저장한다.

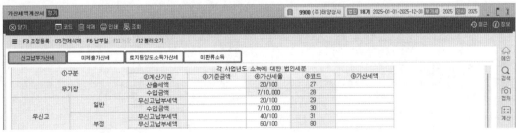

필수예제

다음의 자료를 가정하여 (주)태양상사의 가산세액계산서를 완성하고 법인세과세표준및세액조정명세서에 반영하시오. 당기 중 세법상 정규지출증빙을 수취하지 아니한 금액은 다음의 4건뿐이다.

① 복리후생비(판) 계정으로 처리된 직원식대 28,000원을 정규지출증빙 대신에 간이영수증을 수취하였다.

② 수수료비(판) 계정으로 처리된 용역대금 150,000원에 대하여 소득세법상 원천징수대상 사업소득이므로 적절하게 원천징수하여 세액을 신고 납부하였다.

③ 도서인쇄비(판) 계정으로 처리된 도서구입 대금 57,000원에 대하여 정규지출증빙 대신 간이영수증을 수취하였다.

④ 공인중개사에 대한 중개수수료 200,000원은 금융계좌를 이용하였고 경비등 송금명세서를 작성하여 관할 세무서장에게 제출하였다.

따라하기

①은 3만원 이하이므로 가산세대상이 아니며, ②은 원천징수를 하였으므로 가산세대상이 아니다. ④은 금융계좌를 이용하고 경비등 송금명세서를 작성 제출하였으므로 가산세 대상이 아니다. ③의 경우 3만원 초과금액에 대하여 정규증빙(세금계산서, 계산서, 신용카드매출전표등, 현금영수증)을 받지 않았으므로 2%의 지출증명미수취가산세를 적용한다.

◑ 입력된 화면

⟳ 가산세가 반영된 화면

가산세액계산서를 저장하고 법인세과세표준및세액조정계산서에서 F12 불러오기를 한다.

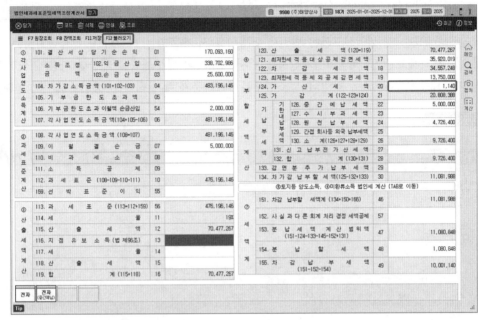

▶ 가산세는 분납할 세액에 영향을 주지 않는다.

⑥ 법인세과세표준 및 세액신고서

> • NCS 능력단위 : 0203020217법인세신고　　능력단위요소 : 03법인세신고하기
> 3.2　법령 절차에 따라 법인세를 신고·납부할 수 있다.

　　법인세과세표준 및 세액신고서는 법인세 확정신고 시 제출되는 서식의 표지에 해당하는 서식으로 법인세과세표준 및 세액조정계산서를 먼저 작성하여 납부세액을 계산한 다음에 불러오기 하면 기본내용은 자동으로 반영되고 조정구분 등을 추가로 선택하는 방법으로 작성한다.

➡ 입력된 화면

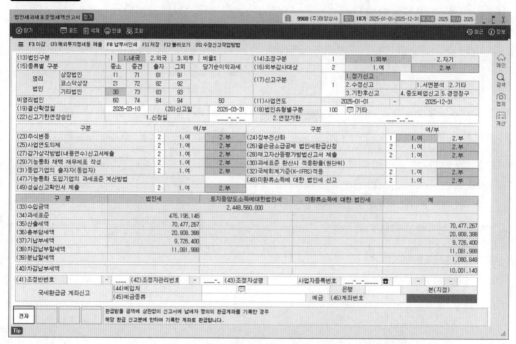

① 수입금액은 조정 후 수입금액명세서상 수입금액 합계액이 자동반영 된다.

　　법인세 및 토지등양도소득에 대한 법인세는 〈법인세과세표준 및 세액조정계산서〉에서 자동반영 된다(수입금액 등은 직접 입력할 수 없다).

② "조정구분"이 외부일 경우 조정반 번호 및 조정자 관리번호 등을 반드시 입력한다.

③ 외부감사대상 : 공인회계사의 회계감사 여·부를 선택한다.

④ 법인종류별 구분 : 회사등록사항이 자동 반영된다.

⑤ (17)신고구분 : 정기신고, 수정신고, 중도폐업신고 등 신고구분을 입력한다.

⑥ (20)신고일 : 세무서에 신고서를 접수한 날 또는 접수할 날짜를 입력한다.

⑦ (19)결산 확정일 : 주주총회에 의하여 실제로 결산이 확정된 날짜를 입력한다.

⑧ (22)신고기한연장승인 : 감사 미종결로 신고기한 연장 승인하는 경우 신청일과 연장기한을 입력한다.

⑨ (23)주식변동 : 주식변동 여·부를 선택한다.

⑩ (24)장부전산화 : 장부와 증빙서류의 전부 또는 일부를 전산화하여 작성, 보존 여부 표시

⑪ (26)결손금소급공제 법인세환급 신청 : 소급공제 여·부를 선택한다.

⑫ (27)감가상각방법 신고서제출 : 신고서 제출 여·부를 선택한다.

⑬ (28)재고자산평가방법 신고서제출 : 신고서제출 여·부를 선택한다.

⑭ (41)조정반 번호 : 외부조정인 경우 입력하며, 먼저 지방청명을 선택한 후 번호를 입력

⑮ (42)조정자 관리번호 : 실제 세무조정을 수행한 세무대리인의 관리번호를 입력한다.

▶ 국세환급금 계좌신고 : 차감납부 할 세액이 환급인 경우 국세환급금 계좌신고가 활성화되어 입력을 할 수 있다. 법인세환급세액이 발생된 경우 반드시 입금될 은행코드와 계좌번호를 입력한다.

☑ 법인세 중간예납신고서

● NCS 능력단위 : 0203020217법인세신고   능력단위요소 : 04법인세중간예납신고하기

4.1 법인세법에 따른 중간예납의 과세기간과 납세의무자를 구분할 수 있다.

4.2 법인세법에 따른 중간예납 세액을 계상할 수 있다.

각사업연도의 기간이 6개월을 초과하는 법인은 해당 사업연도 개시일로부터 6개월간을 중간 예납기간으로 하여 그 기간에 대한 중간예납세액을 중간예납기간이 경과한 날로부터 2개월 이내에 납부하여야 한다. 중간예납 신고시 작성되는 신고서식으로 직전사업연도의 실적에 의한 세액계산과 중간예납기간의 실적에 의한 중간예납세액의 계산 중 선택하여 납부할 수 있다.

조정에 필요한 내용

1. 중간예납대상법인

중간예납대상법인은 사업연도가 6개월을 초과하는 법인이다. 다만, 다음의 법인은 중간예납대상법인에서 제외된다 (법법 제63조①).

① 신설법인의 최초 사업연도(합병 또는 분할에 의하여 신설된 법인은 제외)

② 납세지 관할세무서장이 휴업 등의 사유로 중간예납기간의 사업수입금액이 없는 것을 확인한 법인

2. 중간예납세액의 계산

중간예납의무가 있는 법인은 "① 직전사업연도의 실적에 의한 방법"과 "② 중간예납기간의 실적에 의한 방법" 중 한 가지를 선택하여 중간예납세액을 계산할 수 있다. 다만 다음의 경우에는 "② 중간예납기간의 실적에 의한 방법"만을 적용하여 중간예납세액을 계산하여야 한다.

• 직전 사업연도소득이 결손으로 법인세산출세액이 없는 경우

• 직전 사업연도에 결손 등으로 인해 산출세액은 없으나 가산세만 있는 경우

• 해당 중간예납기간 만료일까지 직전 사업연도의 법인세액이 확정되지 않은 경우

• 분할신설법인 또는 분할합병의 상대방법인의 분할 후 최초 사업연도의 경우

① 직전사업연도의 실적에 의한 중간예납세액의 계산

$$\boxed{중간예납세액} = \left\{ \begin{array}{c} 직전사업연도의 \ (법인세산출세액^{주}) + 가산세 \\ - 공제감면세액 \cdot 원천납부세액 \cdot 수시부과세액) \end{array} \right\} \times \dfrac{6}{직전사업연도의 \ 월수}$$

주) 중간예납세액을 산출하기 위한 직전 사업연도의 법인세산출세액은 토지 등 양도소득에 대한 법인세는 제외한다.

② 중간예납기간의 실적에 의한 중간예납세액의 계산

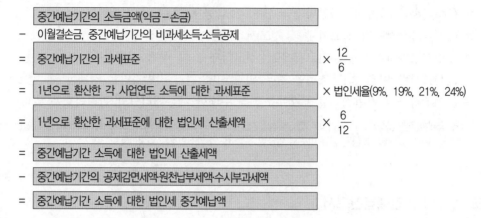

중간예납기간의 소득금액(익금－손금)	
－ 이월결손금, 중간예납기간의 비과세소득·소득공제	
= 중간예납기간의 과세표준	$\times \dfrac{12}{6}$
= 1년으로 환산한 각 사업연도 소득에 대한 과세표준	$\times$ 법인세율(9%, 19%, 21%, 24%)
= 1년으로 환산한 과세표준에 대한 법인세 산출세액	$\times \dfrac{6}{12}$
= 중간예납기간 소득에 대한 법인세 산출세액	
－ 중간예납기간의 공제감면세액·원천납부세액·수시부과세액	
= 중간예납기간 소득에 대한 법인세 중간예납액	

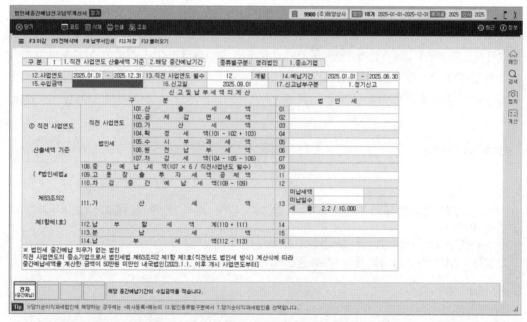

▶ 법인세법에 의하여 자기계산기준으로 납부하는 법인은 법인세과세표준 및 세액조정계산서의 작성방법을 준용하여 기입하며, 구비서류(재무상태표, 손익계산서, 세무조정계산서, 기타참고서류)는 자기계산기준으로 중간예납하는 경우만 첨부한다.

조정에 필요한 내용

1. 농어촌특별세의 납세의무가 있는 법인

조세특례제한법에 의하여 다음의 감면을 받는 법인은 농어촌특별세의 납세의무가 있다(농어촌특별세법 제3조). 조세특례제한법 이외의 법인세법·조세조약 등 다른 법률에 의하여 감면받는 경우에는 농어촌특별세가 과세되지 아니하며, 또한 조세특례제한법에서 규정하고 있는 익금불산입·준비금의 손금산입·특별감가상각비의 계상·기부금의 손금산입특례(조특법 제73조) 등은 농어촌특별세 과세대상인 감면의 범위에 포함되지 않는다.
① 세액공제, 세액면제, 세액감면
② 비과세, 소득공제
③ 조합법인 등에 대한 법인세 특례세율 적용

2. 법인세에 대한 농어촌특별세 과세체계

① 과세표준과 세율

㉠ 세액공제·면제·감면을 받는 경우

$$\boxed{\text{세액공제·면제 또는 감면받은 금액*}} \times \boxed{\text{세율(20\%)}}$$

* 최저한세의 적용으로 감면배제된 금액을 제외
㊟ 최저한세로 인하여 세액공제를 다음 사업연도 이후에 이월하여 공제받는 경우 해당 사업연도에 실제로 공제받은 세액에 대하여 농어촌특별세를 부과한다(법인 46012–1047, 96. 4. 12.).

㉡ 비과세·소득공제를 받는 경우

㉢ 조합법인 등 당기순이익과세법인

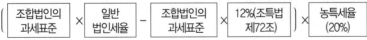

② 농어촌특별세의 비과세

유 형	비 과 세 내 용
농어민 관련	영농조합법인, 영어조합법인의 법인세 면제
중소기업에 대한 감면	㉠ 중소기업에 대한 특별세액감면 ㉡ 창업중소기업 등에 대한 세액감면
연구 및 인력개발을 위한 감면	㉠ 연구 및 인력개발비에 대한 세액공제 ㉡ 연구 및 인력개발을 위한 설비투자에 대한 세액공제
지방이전 감면	㉠ 농공단지 입주기업에 대한 법인세감면 ㉡ 지방이전 중소기업에 대한 세액감면 ㉢ 법인의 공장 및 본사의 수도권 외 이전에 대한 임시특별세액감면
기타	㉠ 전자신고세액공제 ㉡ 공공차관도입에 따른 과세특례

1. 농특세감면세액합계표 ➡ 2. 농특세과표및세액조정계산서 ➡ 3. 농특세과표및세액신고서

1 농특세과세대상감면세액합계표

농어촌특별세 과세대상 자료를 [F12 불러오기]를 클릭하면 대상자료에 따른 농특세가 자동계산된다. 통합투자세액공제 30,000,000원에 대하여 농특세가 적용된다.

➲ 입력된 화면

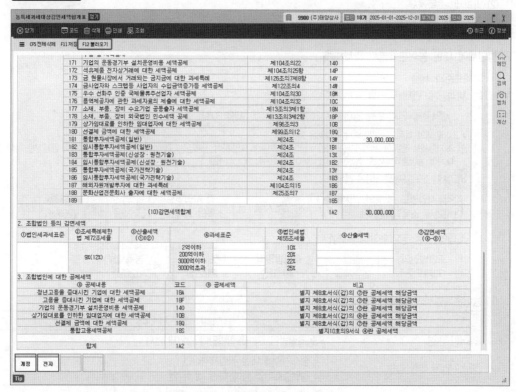

2 농특세과표 및 세액조정계산서

공제감면세액 및 추가납부세액합계표(갑·을), 소득공제조정명세서, 비과세소득명세를 참조하여 농특세 감면세액합계표를 작성한 후 F3 유형선택에서 법인 유형을 일반법인으로 선택하고, F12 불러오기를 클릭하면 과세표준이 자동 반영되며, 본 화면에서 직접 입력도 가능하다.

➲ 입력된 화면

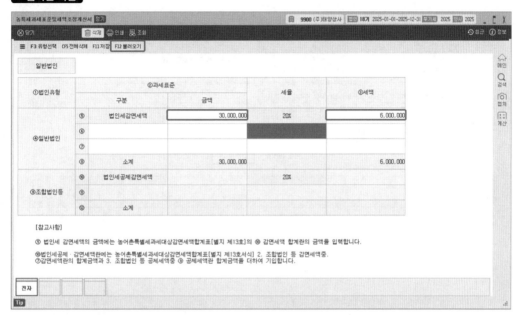

3 농특세과세표준 및 세액신고서

과세표준 및 산출세액은 농특세 과세표준 및 세액조정계산서에서 불러온다. 따라서 본 메뉴의 작성은 농특세 과세표준 및 세액조정계산서를 먼저 작성한 후 작성한다.

농어촌특별세의 분납은 한도 내 금액으로 입력한다.

법인세를 분납하는 경우에는 농어촌특별세도 법인세 분납금액의 비율에 의하여 분납할 수 있으며, 법인세 분납액이 없는 경우에도 농어촌특별세 납부세액이 500만원을 초과하는 경우 분납할 수 있다.

▶ 농어촌특별세의 분납

구 분	분납세액
세액이 500만원 초과~1천만원 이하	500만원을 초과하는 금액
세액이 1천만원 초과	100분의 50 이하의 금액

⊃ 입력된 화면

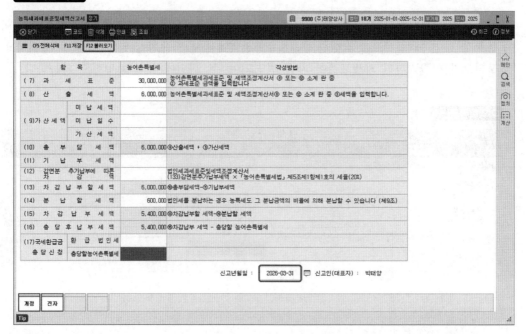

PART

02

실무시험출제유형에 따른
연구문제

(주)연구상사(회사코드 : 9570)는 제조 · 도매업을 영위하는 중소기업이며, 당기는 제19기로 회계기간은 2025년 1월 1일 ～ 2025년 12월 31일이다. 전산세무회계 수험용 프로그램을 이용하여 다음 물음에 답하시오.

| 기본전제 |

문제에서 한국채택국제회계기준을 적용하도록 하는 전제조건이 없는 경우, 일반기업회계기준을 적용하여 회계처리 한다.

Q1 다음 거래 자료에 대하여 적절한 회계처리를 하시오. (12점)

| 입력 시 유의사항 |

· 일반적인 적요의 입력은 생략하지만, 타계정 대체거래는 적요번호를 선택하여 입력한다.
· 세금계산서 · 계산서 수수거래와 채권 · 채무관련거래는 별도의 요구가 없는 한 등록되어 있는 거래처코드를 선택하는 방법으로 거래처명을 반드시 입력한다.
· 제조경비는 500번대 계정코드를, 판매비와 관리비는 800번대 계정코드를 사용한다.
· 회계처리 시 계정과목은 등록되어 있는 계정과목 중 가장 적절한 과목으로 한다.
· 매입매출전표입력시 입력화면 하단의 분개까지 처리하고, 전자세금계산서 및 전자계산서는 전자입력으로 반영한다.

주요검토사항

• 제시된 "입력 시 유의사항"은 충분히 숙지한 후 회계처리 할 것
  * "입력 시 유의사항"에서 제시하는 내용에 따라 회계처리를 하여야 하며 제시되지 않은 것을 추가로 상세히 회계처리 한다고 해서 높은 점수를 받는 것이 아니다. 가령 채권 · 채무 관련 거래만 거래처코드 및 거래처명을 입력하라고 하였는데 채권 · 채무와 무관한 거래에 대하여 문제에 거래처명이 있다고 해서 거래처코드를 등록하여 입력하여도 점수와는 무관하다.
• 일반전표 입력 시 유의사항
  - 적요는 입력을 요구할 때에만 입력하며 반드시 기 등록되어 있는 적요번호를 선택한다.
  - 채권 · 채무와 관련된 거래는 반드시 거래처코드 및 거래처명을 입력한다.
  - 판매비와 관리비는 800번대 계정과목 코드를 제조경비는 500번대 계정과목 코드를 사용한다.
  - 채권 · 채무와 무관한 거래처는 거래처명만 입력하거나 생략한다.
  - 타계정 대체거래는 적요번호(08)로 선택한다.
• 전산으로 자동 채점되므로 거래일자를 잘못 입력하면 점수를 받을 수 없게 된다. 특히 전표입력 시 "월"의 선택에 유의할 것
• 지출증명서류가 제시되는 문제는 지출증명서류에서 거래일자·금액·지급처·결제방법 등을 찾아 회계처리해야 함
• 회계처리를 하기 위해선 일정기간의 계정과목별·거래처별 잔액을 조회해서 채권·채무잔액을 확인하여야 해결되는 문제도 예상되므로 조회하는 연습이 필요
• 최종 결과치(재무제표)에 대하여 평가하는 것이 아니라 전산실무 전 과정을 개별적으로

평가하므로 중도 포기하지 말 것. 정답이 수험자마다 다를 수 있음.

예) 매출채권에 관련된 거래 자료에 대한 회계처리를 잘못하였을 경우에도 기말 대손충당
 금 설정은 각 수험자별 기말 채권잔액과 기중 충당금 변동사항이 감안되어 채점됨.

• 제시된 거래자료에 대한 답안이 여러 개가 있을 수 있으며 자동 채점에 모두 반영됨.
• 계정과목을 임의로 설정해서 쓰면 안 됨.
• 판매비와 관리비 관련 거래의 분개시 계정과목은 현재 등록되어 있는 계정과목에서 가
 장 적절한 계정과목을 선택 사용해야 함.
• 매입매출전표입력 시 유의사항
 - 부가가치세가 수반된 거래 자료가 지문으로 제시됨.
 - 1~3개 문항은 증명(세금계산서, 계산서 등)으로 문제가 제시됨.
 - 품명·수량·단가는 입력 요구 시에만 입력하면 됨.
 - 부가가치세를 수반하는 거래의 거래처는 반드시 입력하도록 요구됨.
 - 반드시 입력화면 하단의 분개까지 입력해야 됨.
 - 매출전자세금계산서는 직접 발행하면 전자란에 여가 자동으로 표시되지만 문제가 전자
  세금계산서 발급을 요구하지 않으면 직접 여를 입력한다.
 - 매입거래는 전자세금계산서인지 확인하여 여를 입력하여야 한다.
• 화면 하단의 분개 시 현재 입력되어 있는 자료를 조회하여 채권·채무금액을 확인하여야
 해결되는 문제도 출제가 예상됨.
• 실무적으로는 "분개없음"을 선택하고 하단 분개는 일반전표 입력메뉴에 입력해도 무방하
 나 시험에서는 매입매출전표 입력메뉴에서 분개처리까지 하도록 요구됨.
• 화면하단의 분개시 판매관리비와 제조경비의 구분에 유의. 특히 하단 분개를 적정하게
 하기 위해서 상단의 "분개" 구분 선택에 유의해야 됨.
• 전자세금계산서는 유형21.전자와는 아무런 관계가 없다.

---

[1] 8월 14일 업무용 차량 구입 시 법령에 의하여 액면금액 2,000,000원의 공채를 액면금
 액에 현금으로 매입하다. 다만, 공채의 매입당시 공정가치는 1,340,000원으
 로 평가되며 단기매매증권으로 분류한다(고정자산등록은 무시할 것).   (3점)

정답 8월 14일 일반전표입력

(차) 단기매매증권	1,340,000	(대) 현 금	2,000,000
차량운반구	660,000		

[2] 8월 15일 거래처 동양산업(주)로부터 단기차입한 10,000,000원과 차입금에 대한 이자 1,000,000원에 대하여 이자소득 원천징수액 275,000원을 차감한 잔액을 당좌예금 계좌에서 이체하였다. (3점)

> 정답 8월 15일 일반전표입력
> (차) 단기차입금(01034.동양산업) 10,000,000   (대) 당좌예금   10,725,000
>   이자비용   1,000,000   예수금   275,000

[3] 8월 16일 만기 3년짜리 액면금액 6,000,000원인 사채를 5,800,000원으로 할인발행하여 보통예금에 입금되었고 사채발행비는 25,000원 발생하여 현금으로 지급하였다. (3점)

> 정답 8월 16일 일반전표입력
> (차) 보통예금   5,800,000   (대) 사 채   6,000,000
>   사채할인발행차금   225,000   현 금   25,000

[4] 8월 30일 당사는 화성에 반도체공장을 신축할 계획으로 건축물이 있는 토지를 취득하고 즉시 그 건축물은 철거를 하였다. 동 건축물 철거작업과 관련하여 (주)현대건설로부터 10,000,000원(부가세 별도)의 전자세금계산서를 발급받았으며, 대금의 30%는 현금으로 나머지는 한달 후에 지급하기로 하였다. (3점)

> 정답 8월 30일 매입매출전표입력
> 유형 : 54불공, 공급가액 : 10,000,000 거래처 : 01041.(주)현대건설, 전자 : 여, 분개 : 3.혼합
> (차) 토 지   11,000,000   (대) 현 금   3,300,000
>   미지급금   7,700,000
>
> 토지의 조성등을 위한 자본적지출에 관련된 매입세액은 토지관련 매입세액으로서 매입세액을 공제하지 아니한다.
> 불공제사유 : 6.토지의 자본적지출 관련

⊃ 일반전표입력 화면

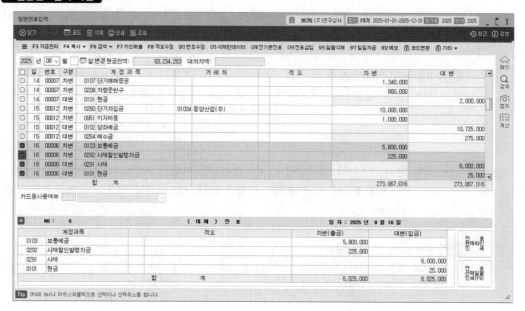

⊃ 매입매출전표 입력화면

주요검토사항

- 부가가치세 신고서 작성요령 숙지필요
- 신고서 작성 시 신고 누락 자료를 제시하여 가산세 부분을 정리하는 문제가 제시됨.
  예정신고 : 대부분 가산세 없음, 공통매입세액 안분계산
  확정신고(예정신고 누락분 반영) : 납부지연가산세, 과소신고가산세(3개월 이내 75% 경감), 공통매입세액 정산, 납부세액(환급세액)재계산
  수정신고 : 납부지연가산세, 과소신고가산세(경감), 공통매입세액 정산
  기한후신고 : 납부지연가산세, 무신고가산세(경감)
- 부가가치세 부속서류의 작성방법을 숙지하여 신고서에 반영하는 연습

[1] 당사는 2025년 1기 확정 부가가치세 신고를 동년 7월 25일에 하였다. 8월 8일에 다음 자료가 신고 시 누락된 것을 발견하고, 이에 수정신고와 함께 부가가치세를 추가납부하고자 한다. 전자세금계산서의 발급과 전송은 정상으로 이루어졌다고 가정하고 해당일자에 회계처리를 하여 1기 확정 부가가치세 수정신고서를 작성하시오. 단, 신고불성실가산세는 일반과소신고에 의한 가산세율을 적용하고, 납부지연가산세 계산 시 일수는 14일로 가정하며, 붉은색 글씨 기입은 생략한다. (6점)

- 6월 27일 : 제품 현금매출 전자세금계산서 13,500,000원 세액 1,350,000원
  (상아물산(주) 106-81-17069)
- 6월 28일 : 원재료 외상매입 전자세금계산서 2,000,000원 세액 0원
  (세명상회(주) 113-81-26697)
- 6월 29일 : 5인승 업무용승용차(1,500CC)를 구입하고 발급받은 전자세금계산서 공급가액 15,000,000원 세액 1,500,000원 외상매입
  (D자동차(주) 215-81-40544)

정답 (1) 매입매출전표 입력

6/27 11.매출과세, 거래처 : 01044.상아물산, 전자 : 여, 분개 : 현금

(차) 현 금	14,850,000	(대) 제품매출	13,500,000
		부가세예수금	1,350,000

6/28 52.영세매입, 거래처 : 01045.세명상회, 전자 : 여, 분개 : 외상

(차) 원재료	2,000,000	(대) 외상매입금	2,000,000

6/29 54.불공(불공사유 ③), 거래처 : 01022.D자동차(주), 전자 : 여, 분개 : 혼합

(차) 차량운반구	16,500,000	(대) 미지급금	16,500,000

➡ 매입매출전표입력

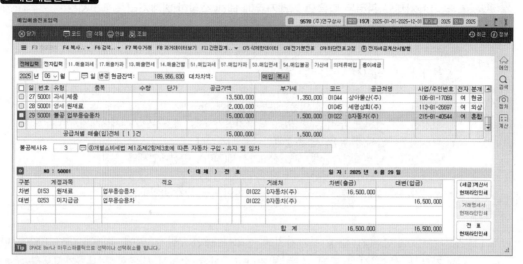

➡ 부가가치세 신고서

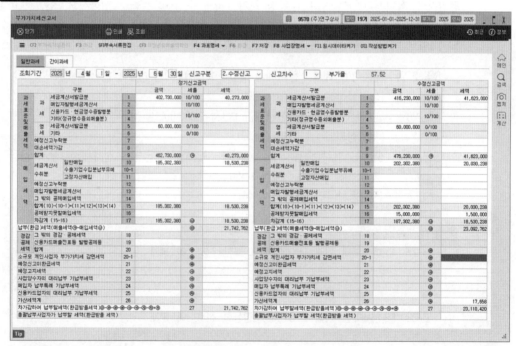

▶ 신고구분에서 2.수정신고, 신고차수: 1을 선택하여야 한다.
▶ 납부지연일수 창에서 당초납부기한 2025년 7월 25일 납부일 또는 고지일 2025년 8월 8일을 입력하면 미납일수 14일과 납부지연가산세가 자동으로 계산된다.

부가세신고서 2쪽 수정신고

25.가산세명세			
사업자미등록등	61	1/100	
세 금	지연발급 등	62	1/100
계산서	지연수취	63	5/1,000
	미발급 등	64	뒤쪽참조
전자세금	지연전송	65	3/1,000
발급명세	미전송	66	5/1,000
세금계산서	제출불성실	67	5/1,000
합계표	지연제출	68	3/1,000
신고	무신고(일반)	69	뒤쪽
	무신고(부당)	70	뒤쪽
불성실	과소·초과환급(일반)	71	뒤쪽
	과소·초과환급(부당)	72	뒤쪽
납부지연		73	뒤쪽
영세율과세표준신고불성실		74	5/1,000
현금매출명세서불성실		75	1/100
부동산임대공급가액명세서		76	1/100
매입자	거래계좌 미사용	77	뒤쪽
납부특례	거래계좌 지연입금	78	뒤쪽
신용카드매출전표등수령명세서미제출·과다기재		79	5/1,000
합계		80	

25.가산세명세					
사업자미등록등	61	1/100			
세 금	지연발급 등	62	1/100		
계산서	지연수취	63	5/1,000		
	미발급 등	64	뒤쪽참조		
전자세금	지연전송	65	3/1,000		
발급명세	미전송	66	5/1,000		
세금계산서	제출불성실	67	5/1,000		
합계표	지연제출	68	3/1,000		
신고	무신고(일반)	69	뒤쪽		
	무신고(부당)	70	뒤쪽		
불성실	과소·초과환급(일반)	71	1,350,000	뒤쪽	13,500
	과소·초과환급(부당)	72	뒤쪽		
납부지연		73	1,350,000	뒤쪽	4,158
영세율과세표준신고불성실		74	5/1,000		
현금매출명세서불성실		75	1/100		
부동산임대공급가액명세서		76	1/100		
매입자	거래계좌 미사용	77	뒤쪽		
납부특례	거래계좌 지연입금	78	뒤쪽		
신용카드매출전표등수령명세서미제출·과다기재		79	5/1,000		
합계		80			17,658

확인[Tab]

신고불성실 과소·초과환급(일반)   1,350,000 × 10% × 10%   = 13,500원
납부지연   1,350,000 × 2.2/10,000 × 14일 = 4,158원
　　　　　　합　계   17,658원

• 신고 누락분에 대하여 전자세금계산서를 발급 전송한 경우에는 세금계산서합계표불성실(미제출, 지연제출) 가산세를 적용하지 아니한다.
• 당초 신고기한(7월 25일)이 지나고 1개월 이내에 수정신고를 하면 신고불성실가산세는 90%를 경감한다.

[2] 다음 자료에 의하여 2025년 2기 확정 부가가치세 신고시 의제매입세액공제신고서를 작성하고, 2025년 12월 31일자로 의제매입세액공제액과 관련한 적절한 회계처리를 일반전표입력메뉴에 입력하시오(관련 계정은 부가세대급금을 사용한다).　　　　　(4점)

공급일자	매입처	품 명	공급가액	비　고
10월9일	삼성수산 (201-81-13655)	광 어 (수량: 100kg)	15,300,000원	전자계산서 수취분으로 이 중 1,000,000원은 12월 31일 현재 미사용 상태로 남아 있다.
12월2일	현진상회 (136-81-18337)	쌀 (수량: 30kg)	3,570,000원	신용카드(씨티카드)로 대금을 결제하고 구매하였다.

1. 확정신고기간에 매입한 면세 농산물등은 위의 품목이 전부이며, "원재료"계정으로 처리되어 있다고 가정한다.
2. 입력된 내용은 무시하고 제1기와 제2기의 면세농산물등매입액과 의제매입세액공제액 및 면세농산물등에 의한 과세표준은 다음과 같다고 가정하며 부가가치세법상 요건을 충족하면 의제매입세액 통산을 하기로 한다.

구분	제1기 예정	제1기 확정	제2기 예정	2기 확정
면세농산물등 매입액	1,352,000원	624,000원	7,280,000원	–
의제매입세액공제액	52,000원	24,000원	280,000원	–
과세표준	4,000,000원	1,800,000원	22,000,000원	45,000,00원

정답 (1) 의제매입세액공제신고서 작성

1. 의제매입세액공제신고서(10월-12월 2기 확정) 상단에 다음과 같이 입력한다.

공급자	사업자등록번호	취득일자	구 분	품명	수량	매입가액	공제율	의제매입세액
삼성수산	201-81-13655	10.9	1. 계산서	광어	100	15,300,000원	4/104	588,461원
현진상회	136-81-18337	12.2	2. 신용카드	쌀	30	3,570,000원	4/104	137,307원

의제매입세액공제는 매입처별계산서합계표와 신용카드매출전표수취명세서에 의하여 적용되며 제조업의 경우 농어민으로부터 면세농산물을 직접 공급받는 경우에는 의제매입세액공제신고서만으로 적용가능하며, 미사용분은 의제매입세액에 영향을 주지 않는다.
공제율은 법인으로 중소기업인 제조업이므로 한도 50%에 공제율 4/104를 선택한다.
의제매입세액공제대상 원재료를 매입할 때 원재료 적요를 6.의제매입세액공제신고서 자동반영분으로 입력하면 의제매입세액공제신고서에 자동으로 반영된다.
의제매입세액공제대상 매입액의 한도액(50%)을 적용하는 것은 예정신고시에는 하지 않고, 확정신고시에 과세기간(6개월) 전체에 대하여 한도 초과 여부를 반영한다.

2. 하단의 제조업면세농산물등 탭을 선택하여 입력한다.
제조업 사업자로 제1기 또는 제2기의 면세농산물등의 매입액이 연간 매입액의 75% 이상인 경우 1년간의 의제매입세액을 통산할 수 있는데 제2기의 면세농산물등 매입비율이 92.97%이므로 통산하기 위하여 하단의 제조업면세농산물등 탭을 선택 입력한다.

구분	매입액	면세매입액 비율
제1기	1,352,000 + 624,000 = 1,976,000원	7.02%
제2기	7,280,000 + 15,300,000 + 3,570,000 = 26,150,000원	92.97%
합 계	1,976,000 + 26,150,000 = 28,126,000원	100%

3. 입력할 내용

구 분	제 1 기	제 2 기
과세표준	5,800,000원	67,000,000원
면세 매입액	1,976,000원	26,150,000원
의제 매입세액 공제	76,000원	예정분 280,000원

(2) 12월 31일 일반전표입력

(차) 부가세대급금　　　　725,769　　(대) 원재료　　　　　725,769
　　　　　　　　　　　　　　　　　　　(적요8.타계정으로대체액)

⊃ 의제매입세액공제신고서(관리용)

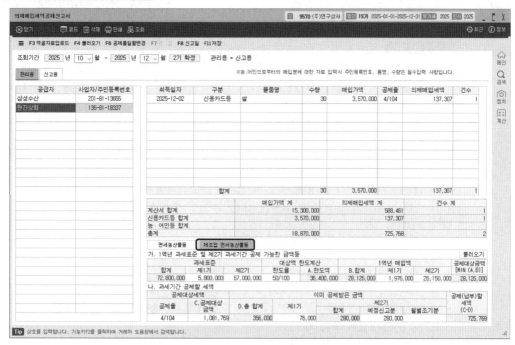

▶ 불러오기를 하지 않고 직접 입력하여야 한다.

⊃ 일반전표입력 화면

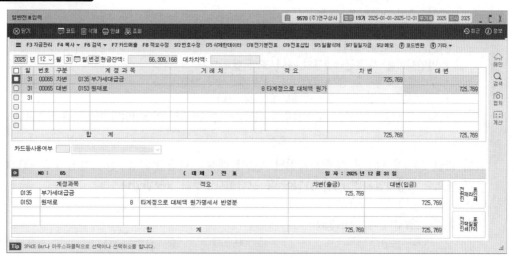

Q3 다음의 결산정리사항에 대하여 결산정리분개를 하거나 입력을 하여 결산을 완료하시오. (8점)

주요검토사항

- 제시된 결산 정리사항을 결산자료입력 메뉴에 입력하여 자동 결산하고, 결산자료입력 메뉴에 입력항목이 없는 선급비용·미수수익·미지급비용·선수수익·미사용소모품 등은 12월 31일 일반전표입력 메뉴에서 입력
- 케이렙 프로그램은 결산자료 금액을 자동으로 계산해주는 기능이 있지만 수동으로 결산분개와 계산을 할 수 있어야 함.
- 결산자료입력에 입력이 완료되면 반드시 화면 상단의 F3 전표추가를 클릭하여 결산전표가 12월 31일 일반전표입력에 반영되도록 하여야 함.
- 이익잉여금처분계산서 작성 문제가 제시될 경우에도 작성 완료 후 이익잉여금처분에 대한 전표가 12월31일 일반전표입력에 반영되도록 F6 전표추가를 클릭해야 함.
[결산정리사항 예시]
- 상품매출원가 대체(상품 기말재고액 입력)
- 제품매출원가 대체(원재료, 재공품, 제품의 기말재고액 입력)
- 감가상각(고정자산등록 메뉴 이용)
- 퇴직급여충당부채(퇴직급여추계액과 퇴직급여충당부채 잔액의 확인)
- 대손충당금 계상(대손충당금 설정 대상 채권 잔액과 대손충당금계정 잔액 확인)
- 유가증권 평가(잔액 조회 필요)
- 재고자산 평가(잔액 조회 필요)
- 가수금, 가지급금 정리
- 외화자산부채 평가
- 부가가치세 정리(잔액 조회 필요)
- 선수수익, 미수수익 계상
- 선급비용, 미지급비용 계상
- 미사용 소모품 정리
- 법인세비용 계상(선납세금의 잔액 조회 필요)
- 주식할인발행차금 상각(이익잉여금처분계산서에 반영)
- F3 전표추가 실행 → 결산대체분개 자동 처리
- 잉여금처분계산서에서 F6 전표추가 실행 → 손익계정의 이월이익잉여금 대체 자동처리

[1] 12월 15일에 발생한 화재로 소실된 제품에 대해 가나생명에 청구한 보험금이 5,500,000원으로 확정되었음을 12월 31일에 동 보험회사로부터 통보받았다. (2점)

정답 12월 31일 일반전표입력

(차) 미수금	5,500,000	(대) 보험금수익	5,500,000
(거래처 : 01027.가나생명)			

[2] 결산일 현재 퇴직금추계액은 제조부문이 38,000,000원, 관리부문이22,000,000원이다. 결산일 현재 퇴직급여충당부채 중 관리부문에 대한 금액이 18,000,000원인 경우 필요한 회계처리를 행하시오. (2점)

> 정답 결산자료입력을 하거나 일반전표입력을 한다.
>
> 12월 31일 일반전표입력
>
> | (차) | 퇴직급여(제) | 10,000,000 | (대) | 퇴직급여충당부채 | 10,000,000 |
> |---|---|---|---|---|---|
> | | 퇴직급여(판) | 4,000,000 | | (적요 : 2 제조) | |
> | | | | | 퇴직급여충당부채 | 4,000,000 |
> | | | | | (적요 : 1 판관) | |
>
> 제조부문 설정액 : 38,000,000 − (46,000,000 − 18,000,000) = 10,000,000원
> 관리부문 설정액 : 22,000,000 − 18,000,000 = 4,000,000원

[3] 재고자산의 기말재고액은 다음과 같다. 원재료에는 원가성없는 파손재료가 300,000원 포함되어 있으며, 제품의 순실현가능가액은 52,000,000원이다. (2점)

· 원재료 : 30,000,000원	· 재공품 : 45,000,000원	· 제 품 : 53,000,000원

> 정답 12월 31일 일반전표입력(제품의 감모손실과 평가손실에 대하여)
>
> | (차) | 재고자산감모손실 | 300,000 | (대) | 원재료(적요8.) | 300,000 |
> |---|---|---|---|---|---|
> | (차) | 재고자산평가손실 | 1,000,000 | (대) | 재고자산평가충당금 | 1,000,000 |
> | | | | | (관계코드 150) | |
>
> 결산자료 입력메뉴에 기말재고자산을 원재료 29,700,000원, 재공품 45,000,000원, 제품 53,000,000원으로 입력한다(합계잔액시산표상의 잔액이 기말재고액과 일치하여야 함).

[4] 법인세등은 결산서상 법인세 차감전 순이익을 500,000,000원으로 가정하여 해당 법인세율을 적용하여 계산된 산출세액을 다음과 같이 계산하여 계상하다(장부상 선납세금 계정에는 법인세 중간예납세액 및 원천납부세액이 계상되어 있다). (2점)

> 법인세등 = ① + ②
> ① : 법인세산출세액 − 법인세 공제감면세액(2,850,000원)
> ② : 법인지방소득세(공제감면세액은 적용하지 않는다)

> 정답 결산자료입력에서 선납세금에 13,990,000원, 법인세등 추가계상액에 65,660,000원 입력 후 F3 전표추가
>
> 법인세차감전이익 : 500,000,000원
>
> | ① 법인세 산출세액 : 200,000,000 × 9% + 300,000,000 × 19% = | 75,000,000원 |
> |---|---|
> | ② 법인세 총부담세액 : 75,000,000 − 2,850,000 = | 72,150,000원 |
> | ③ 지방소득세 산출세액 : 200,000,000 × 0.9% + 300,000,000 × 1.9% = | 7,500,000원 |
> | ④ 법인세등 : 72,150,000 + 7,500,000 = | 79,650,000원 |
> | ⑤ 미지급법인세 : 79,650,000 − 13,990,000 = | 65,660,000원 |

⊃ 12월 31일 일반전표입력

▶ 결산문제 중에서 일반전표입력메뉴에 입력해야할 사항을 먼저 입력한 다음 결산자료입력 메뉴에서 당기 설정분을 해당란에 입력한다. 결산자료입력이 끝나면 F3전표추가 아이콘을 클릭하여 일반전표 입력에 결산정리사항 전표 데이터를 추가해야 한다.

⊃ 결산자료 법인세 입력 화면

0998	9. 법인세등			79,650,000	79,650,000
0136	1). 선납세금		13,990,000	13,990,000	13,990,000
0998	2). 추가계상액			65,660,000	65,660,000

▶ 법인세는 결산자료 입력에 입력하거나 12월 31일 일반전표 입력에서 다음과 같이 분개하여도 된다.

(차) 법인세 등	79,650,000	(대) 선납세금	13,990,000
		미지급법인세	65,660,000

주요검토사항

① 사원등록
  • 연말정산에 필요한 본인 기본인적사항과 부양가족명세의 입력
  • 제시된 가족사항 등을 참고하여 부양가족명세를 입력하려면 소득공제 관련 세법 이론을 숙지해야 됨.
② 급여자료 입력
  • 수당과 공제사항 등록 후 급여내역을 입력하는 방법숙지 필요
  • 일정 금액까지 비과세되는 수당 항목의 등록방법
  • 특정사원에 대한 급여자료 조회
③ 연말정산추가자료 입력
  • 사원등록 사항과 급여자료가 입력되어 제공되어지며 문제로 제시되는 연말정산에 필요한 소득공제 세액공제 사항을 연말정산추가자료입력 메뉴에 입력
  • 근로소득 연말정산 관련 세법이론을 숙지해야 함.
  • 종(전)근무지 원천징수 자료를 합산하여 연말정산 하는 방법 숙지
④ 원천징수이행상황신고서
  • 원천징수이행상황신고서 작성요령 숙지 필요
  • 조정환급 방법
⑤ 퇴직소득자료입력
  • 사원등록에서 퇴사일 입력하고 퇴직급여의 입력방법 숙지
  • 제시된 퇴직자료 중 세법상 퇴직소득에 해당되는 자료를 선택
⑥ 사업소득 기타소득 이자소득자료입력
  • 소득자등록와 소득자료 입력방법 숙지

[1] 다음 자료에 의하여 강성실(사원코드 : 1003번)의 부양가족에 대한 사항을 사원등록에서 추가 반영하고 연말정산추가자료를 입력하시오. 단, 신용카드 사용액은 모두 국세청 자료로 가정하고 신용카드 등 탭에서 입력하고 강성실과 다른 부양가족에게 모두 공제 대상이 되는 경우 강성실이 공제받는 것으로 한다(총급여 7천만원이하로 가정). (7점)

1. 부양가족 인적사항

관 계	성 명	주민등록번호	소득사항 및 기타
배우자	이방자	860615-2111110	소득없음
부 친	강성한	590811-1111111	소득없으며 중증환자로 장기 입원중이다.
장 모	오미연	660911-2222224	소득없음
장 녀	강사랑	081111-4111119	3월 1일 취업하였으며 근로소득(총급여액)만 5,000,000원 있음
장 남	강마을	100418-3111111	원고료 기타소득 1,100,000원 있음

2. 연말정산추가자료
   1) 신용카드등 소득공제
     · 본인 신용카드 사용액 14,300,000원(이 중에는 본인의 대학원 교육비 결제액 1,200,000원과 도서·공연비 300,000원이 포함되어 있다.)
     · 배우자 무기명 선불카드 사용액 600,000원
     · 장남 현금영수증 사용액 3,700,000원
     · 신용카드등 전년도 사용액은 없다.
   2) 보험료세액공제
     · 본인 자동차 손해보험료 600,000원
     · 장남 생명보험료 300,000원
   3) 의료비세액공제
     · 부친에 대한 의료비 지출액 8,200,000원(실손보험금 수령액 3,000,000원)
     · 장녀에 대한 건강증진용 보약구입비 400,000원
   4) 교육비세액공제
     · 장남 대학교 수업료 4,000,000원(학자금대출 3,000,000 포함)
     · 본인 대학원 수업료 3,400,000원
   5) 기부금세액공제
     · 본인이 기부한 사찰기부금 800,000원
     · 장모가 교회에 기부한 기부금 300,000원

정답 (1) 부양가족명세 입력
   ① 부친 강성한은 장애인으로 3.중증환자를 선택한다.
   ② 장모 오미연은 60세 미만이므로 공제 배제한다.
   ③ 장녀 강사랑은 근로소득(총급여)만 있으며, 500만원 이하이므로 기본공제대상에 해당한다.
   ④ 장녀 강사랑과 장남 강마을은 20세 이하로 8세 이상이므로 자녀세액공제 대상이다.

◐ 부양가족명세

소득명세	부양가족	신용카드 등	의료비	기부금	연금저축 등I	연금저축 등II	월세액	출산지원금	연말정산입력

연말 관계	성명	내/외국인	주민(외국인)번호	나이	소득기준 초과여부	기본공제	세대주 구분	부녀 자	한부 모	경로 우대	장애 인	자녀	출산 입양	결혼 세액
0	강성실	내	1 810811-1111117	44		본인	세대주							
1	강성한	내	1 590811-1111111	66		60세이상					3			
2	오미연	내	1 660911-2222224	59		부								
3	이방자	내	1 860615-2111110	39		배우자								
4	강사랑	내	1 081111-4111119	17		20세이하						○		
4	강마을	내	1 100418-3111111	15		20세이하						○		
	합 계 [명]					5					1	2		

▶ 부양가족 중 소득기준을 초과하여 인적공제를 받을 수 없는 경우 소득기준초과여부에서 1 : 여를 입력하여야 한다.

(2) 연말정산추가자료 입력

① 신용카드등소득공제 : 신용카드 탭을 열고 기본공제대상 가족별로 국세청 란에 입력한다.

구분		강성실	강마을	합계
전통시장 대중교통 제외분	신용카드	12,800,000원		12,800,000원
	직불/선불카드			
	현금영수증		3,700,000원	3,700,000원
도서공연등 사용분(신용)		300,000원		300,000원
전통시장 사용분				
대중교통 이용분				
신용카드등 사용액 합계		13,100,000원	3,700,000원	16,800,000원

▶ 본인 신용카드 사용액 14,300,000-1,200,000-300,000=12,800,000원
▶ 도서공연등 사용분은 총급여 7천만원 이하자에게 적용하는 것이므로 입력한다.
▶ 배우자의 선불카드 사용액 600,000원은 무기명이므로 공제대상이 아니다.

② 보험료세액공제 : 부양가족 탭에서 공제대상 가족에 커서를 놓고 하단의 보험료를 클릭하여 나타나는 보조창에서 대상자별로 입력한다.

강성실 : 보장성보험-일반 600,000원, 강마을 : 보장성보험-일반 300,000원 입력

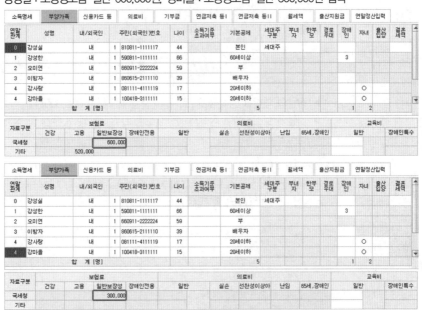

③ 의료비세액공제 : 의료비 탭을 열고 의료비공제 대상 가족별로 의료비를 입력한다.
성명에 커서를 놓고 [F2]코드도움을 실행하여 부친 강성한을 선택하고 9.증빙코드 1.국세청장으로 의료비 8,200,000원을 입력하고 실손보험수령액 3,000,000원을 입력한다..

2025년 의료비 지급명세서

의료비 공제대상자					지급처			지급명세				14.산후조리원
성명	내/외	5.주민등록번호	6.본인등해당여부	9.증빙코드	8.상호	7.사업자등록번호	10.건수	11.금액	11-1.실손보험수령액	12.미숙아선천성이상아	13.납입여부	
강성한	내	580811-1111113	2	0	1				8,200,000	3,000,000	X	X	X
합계								8,200,000	3,000,000			
일반의료비(본인)		6세이하,65세이상인건강보험산정특례자 장애인			8,200,000	일반의료비(그 외)			난임시술비 미숙아.선천성이상아			

▶ 부양가족의 입력이 정확하면 본인, 6세 이하자, 65세 이상자, 장애인, 난임시술비, 건강보험특례자 등 의료비의 각기 다른 세액공제율을 자동으로 반영한다.

▶ 의료비는 나이와 소득금액의 제한을 받지 않으므로 장녀의 의료비를 소득자 본인이 지출한 경우 의료비공제를 받을 수 있으나 건강증진용 보약은 제외한다.

④ 교육비세액 : 공제부양가족 탭에서 공제대상 가족에 커서를 놓고 하단의 교육비에 입력한다.
강성실 3,400,000원(4.본인), 강마을 1,000,000원(3.대학생)

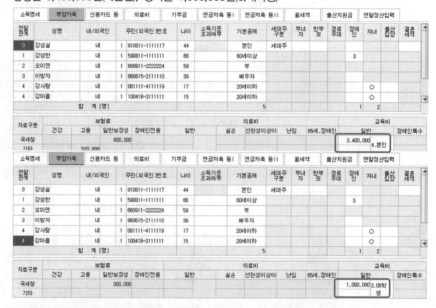

연말관계	성명	내/외국인	주민(외국인)번호	나이	소득기준초과여부	기본공제	세대주구분	부녀자	한부모	경로우대	장애인	자녀	출산입양	결혼세액
0	강성실	내	1 810811-1111117	44		본인	세대주							
1	강성한	내	1 590811-1111111	66		60세이상					3			
2	오미연	내	1 660911-2222224	59		부								
3	이방자	내	1 860615-2111110	39		배우자								
4	강사랑	내	1 081111-4111119	17		20세이하						○		
4	강마을	내	1 100418-3111111	15		20세이하						○		
	합 계 [명]					5					1	2		

자료구분	보험료				의료비						교육비	
	건강	고용	일반보장성	장애인전용	일반	실손	선천성이상아	난임	65세,장애인		일반	장애인특수
국세청			600,000								3,400,000 4.본인	
기타	520,000											

연말관계	성명	내/외국인	주민(외국인)번호	나이	소득기준초과여부	기본공제	세대주구분	부녀자	한부모	경로우대	장애인	자녀	출산입양	결혼세액
0	강성실	내	1 810811-1111117	44		본인	세대주							
1	강성한	내	1 590811-1111111	66		60세이상					3			
2	오미연	내	1 660911-2222224	59		부								
3	이방자	내	1 860615-2111110	39		배우자								
4	강사랑	내	1 081111-4111119	17		20세이하						○		
4	강마을	내	1 100418-3111111	15		20세이하						○		
	합 계 [명]					5					1	2		

자료구분	보험료				의료비						교육비	
	건강	고용	일반보장성	장애인전용	일반	실손	선천성이상아	난임	65세,장애인		일반	장애인특수
국세청			300,000								1,000,000 3.대학생	
기타												

▶ 장남의 대학교 등록금 중 학자금대출을 제외한 1,000,000원을 입력한다.

▶ 하단의 보조창에 1.취학전아동, 2.초중고, 3.대학생, 4.본인 및 장애인 교육비로 구분하여 입력한다.

⑤ 기부금세액공제 : 기부금 탭을 열고 [F2]코드도움을 실행하여 공제대상 가족을 선택하고 7.유형에서 한번더 [F2]코드도움으로 기부금 유형을 선택한 후 기부금을 입력한다.
강성실 41.일반기부금(종교단체), 800,000원, 오미연 41.일반기부금(종교단체), 300,000원

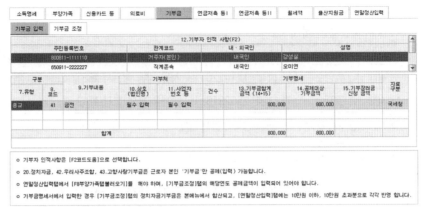

- 기부자 인적사항은 [F2코드도움]으로 선택합니다.
- 20.정치자금, 42.우리사주조합, 43.고향사랑기부금은 근로자 본인 '기부금'만 공제(입력) 가능합니다.
- 연말정산입력탭에서 [F8부양가족탭불러오기]를 해야 하며, [기부금조정]탭의 해당연도 공제금액이 입력되어 있어야 합니다.
- 기부금명세서에서 입력한 경우 [기부금조정]탭의 정치자금기부금은 본메뉴에서 합산되고, [연말정산입력]탭에는 10만원 이하, 10만원 초과분으로 각각 반영 합니다.

▶ 사찰과 교회의 기부금은 41.일반기부금(종교단체)로 입력한다.
▶ 기부금공제는 소득금액(100만원)의 제한은 받지만 나이 제한은 없다. 따라서 장모의 기부금은 공제대상이다.

기부금 입력을 마치면 기부금조정 탭을 실행하여 해당연도 공제금액 1,100,000원을 입력한다.

공제금액 계산을 실행하여 기부금 공제금액 계산 참조 창을 열고 하단에서 불러오기를 실행하고 공제금액 반영을 실행하고 기부금 내용이 맞으면 저장한다.

▶ 입력이 완료되면 연말정산입력탭에서 F8부양가족탭 불러오기를 실행한다.

[2] 다음은 2025년 8월 31일에 당사가 지급한 기타소득이다. 기타소득자등록 및 기타소득 자료입력을 하시오. (3점)

코드	성 명	주민등록번호	주　　소	지급명목	지급금액
401	박영수	661212-1214220	서울 강남 봉은사로68길 25	강연료	2,000,000원
402	김재숙	781124-2562816	서울 은평 불광로 42-6	사례금	1,000,000원

▶ 위 2인은 거주자이며, 회사에 고용되어 있지 않다.
▶ 소득의 귀속월은 2025년 8월이다.
▶ 기타소득의 지급 연월일과 영수일자는 동일하다.

정답 (1) 기타소득자로 등록하고, 기타소득금액의 계산 시 강연료는 필요경비로 지급액의 60%를 공제하고, 사례금은 전액을 기타소득금액으로 하며 원천징수세율은 소득세 20%와 지방소득세 2%를 적용한다.
　① 401 박영수 강연료 : 소득세 160,000원, 지방소득세 16,000원
　② 402 김재숙 사례금 : 소득세 200,000원, 지방소득세 20,000원

⊃ 기타소득자 등록(박영수)

○ 기타소득자 등록(김재숙)

(2) 기타소득자료입력(지급년월일 : 2025년 8월 31일)

○ 박영수 입력

➔ 김재숙 입력

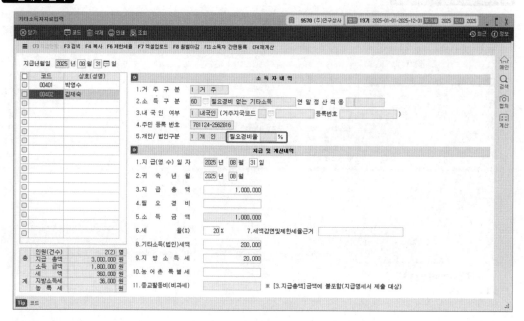

Q5

㈜법인조정(회사코드 : 9580)은 전자부품을 생산하고 제조·도매·건설업을 영위하는 중소기업이며, 당해 사업연도(제19기)는 2025. 1. 1 ~ 2025. 12. 31이다. 법인세무조정 메뉴를 이용하여 재무회계 기장자료와 제시된 보충자료에 의하여 당해 사업연도의 세무조정을 하시오. (30점)

주요검토사항

- 전산세무 1급은 2개의 회사를 대상으로 1개 회사는 회계관리, 부가가치세, 원천징수 관련 세무회계처리를 요구하며 1개 회사는 결산이 완료된 데이터가 제공되어 이를 토대로 법인세무조정을 요구하는 문제가 제시됨.
- 법인세무조정을 할 때는 메뉴 상단 우측의 회사변경을 클릭하여 문제에서 제시한 회사로 반드시 변경하여야 함
- 법인세무조정은 이미 결산이 완료되어 있는 회계관리 자료를 이용하여 문제에서 제시하는 추가자료에 의하여 각종 세무조정 서식을 작성함.
- 서식별로 회계관리 입력자료의 활용 방법에 대한 숙지가 필요.
- 문제에서 추가로 제시되는 자료가 여러 서식에 동시에 반영되는 경우가 있음에 유의
  예) 직전사업년도의 자본금과 적립금조정명세서(을)
- 문제에서 작성이 요구되는 세무조정서식이 아닌 경우에도 문제에서 자료가 제시된 것은 세무조정을 하여 소득금액조정합계표에 반영시켜야 한다.
  예) 직전사업년도의 자본금과 적립금조정명세서(을)에 세무조정대상이 있을 때, 전기오류 수정손익사항 등의 계정별원장 검토 요구시 등
- 채점은 세무조정 서식의 입력사항에 대하여 부분채점이 이루어지므로 중도에 포기하지 말 것

작성대상서식

1. 대손충당금 및 대손금조정명세서
2. 재고자산평가조정명세서
3. 접대비조정명세서(갑)(을)
4. 소득금액조정합계표(조정명세서생략)
5. 자본금과적립금조정명세서(을)

---

[1] 다음 자료를 이용하여 (주)법인조정의 대손금 및 대손충당금 조정명세서를 작성하시오 (회계관리 기장자료는 무시하고 아래 자료로 조정하시오). (6점)

(1) 회사가 매출채권에 대하여 계상한 연간 대손상각내역은 다음과 같고 대손처리한 금액은 전액 대손충당금과 상계되었다.
10월 15일 거래처의 파산으로 회수불가능한 외상매출금 1,000,000원 대손처리
11월 15일 거래처의 부도일부터 6개월 경과한 받을어음 1,700,000원 대손처리
12월 13일 거래처의 부도일부터 1개월 경과한 받을어음 600,000원 대손처리

(2) 기초 대손충당금은 5,500,000원이었고, 기말에 대손충당금 5,000,000원을 추가 설정하였다.

(3) 전기 자본금과적립금조정명세서(을)상의 대손충당금 부인액은 500,000원이다.

(4) 기말 외상매출금과 받을어음 잔액은 각각 180,000,000원과 110,000,000원이며, 그 외의 채권은 없는 것으로 가정한다. 받을어음 금액 중 46,601,000원은 저당권이 설정된 채권이며 연간 대손실적률은 1.8% 로 가정한다.

정답 (1) 대손금의 검토 (대손금 부인조정)

날짜	계정과목	대손사유	회 사 대손금계상액	세 법 상 대손금시인액	세 법 상 부 인 액
10/15	외상매출금	1. 파산	1,000,000원	1,000,000원	0원
11/15	받을어음	5. 부도6개월경과	1,700,000원	1,699,000원	1,000원
12/13	받을어음	부도1개월경과	600,000원	0원	600,000원
합 계			3,300,000원	2,699,000원	601,000원

〈손금불산입〉 대손금부인액　　　　　601,000원 (유보)

기초 대손충당금이 5,500,000원이므로 회사는 다음과 같이 회계처리를 하였다.
(차) 대손충당금 　　　3,300,000 　(대) 외상매출금 　　　1,000,000
　　　　　　　　　　　　　　　　　　　받을어음 　　　　　1,700,000
　　　　　　　　　　　　　　　　　　　받을어음 　　　　　　600,000
차변에 대손충당금으로 회계처리 하였으므로 대손금은 대손충당금상계액(27. 28. 29.) 란에 입력하여야 한다.

(2) 채권잔액
　　불러오기를 하지 말고 직접 입력하여야 하며 저당권이 설정된 채권은 충당금설정제외채권에 입력한다.

(3) 대손충당금 조정
　1) 회사설정액 (회사계상 기말대손충당금잔액)
　　2,200,000(대손충당금설정전 잔액) + 5,000,000(추가설정액) = 7,200,000원
　　대손충당금 설정전 잔액을 5.보충액란에 입력한다.
　　대손충당금 설정전잔액 = 대손충당금 기초잔액 − 26.회사계상대손금

　2) 한도액
　　① 설정률 : Max [1%, 대손실적률] = Max [1%, 1.8%] = 1.8%
　　② 한도액 : 세법상 기말대손충당금 설정대상채권 × 설정률
　　　(180,000,000 + 110,000,000 + 601,000 − 46,601,000) × 1.8 % = 4,392,000원

　3) 한도초과액 2,808,000원(회사설정액 − 한도액)을 손금불산입하고 전기 대손충당금부인액과 동일한 금액의 과다환입액 −500,000원을 손금산입한다.
　　〈손금산입〉　　대손충당금전기부인액 　　　500,000원 (유보감소)
　　〈손금불산입〉 대손충당금한도초과액 　　2,808,000원 (유보발생)

(4) 대손충당금 및 대손금 조정명세서

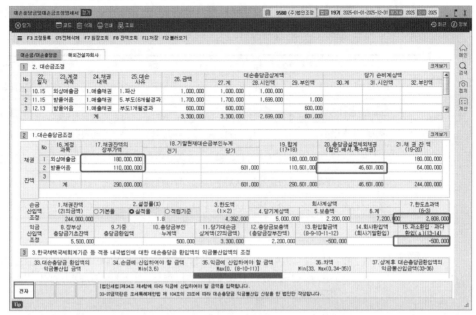

대손의 회계처리를 차변에 대손충당금으로 한 경우에는 대손금조정에서 대손충당금상계액(27. 28. 29.) 란에 입력하여야 하고, 차변에 대손상각비로 한 경우에는 당기손비계상액(30. 31. 32.) 란에 입력하여야 한다.

(5) 소득금액조정합계표

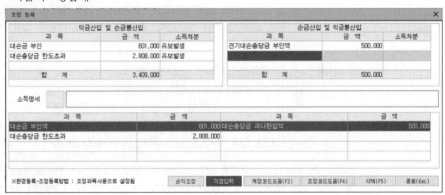

〈손금불산입〉	대손금부인	601,000원	(유보발생)
〈손금불산입〉	대손충당금 한도초과	2,808,000원	(유보발생)
〈손금산입〉	전기대손충당금부인액	500,000원	(유보감소)

[2] 다음 자료에 의하여 재고자산평가조정명세서를 작성하시오. 저장품에 대하여 종전의 총 평균법에서 후입선출법으로 당기부터 평가방법을 변경하기로 하고 2025년 10월 25일 에 이에 대한 변경신고를 행하였다. (6점)

구 분	제 품	재공품	원재료	저장품
평가방법 신고일	2014. 3. 31	무신고	2014. 3. 31	2014.11.15
신고한 평가방법	후입선출법	무신고	총평균법	총평균법
회사 평가방법	후입선출법	총평균법	총평균법	후입선출법
선입선출법평가액	83,200,000원	8,920,000원	27,300,000원	970,000원
후입선출법평가액	82,500,000원	8,470,000원	25,720,000원	927,000원
총평균법평가액	82,900,000원	8,530,000원	26,800,000원	945,000원

정답 (1) 제 품 : 신고일 2014.3.31 입력, 신고방법 후입선출법 입력, 평가방법 후입선출법 입력, 적 부 적 선택, 과목 150.제품 선택, 회사계산 82,500,000원 입력, 세법상 신고방법 82,500,000원 입력

(2) 재공품 : 무신고이므로 선입선출법으로 평가 – 조정액(평가감) 390,000원
신고일 무신고, 신고방법 무신고 선택, 평가방법 총평균법 선택, 적부 부 선택, 과목 169.재공품 선택, 회사계산 8,530,000원 입력, 무신고이므로 FIFO(무신고, 임의변경)에 8,920,000원 입력

(3) 원재료 : 신고일 2014.3.31 입력, 신고방법 총평균법 입력, 평가방법 총평균법 입력, 적부 적 선택, 과목 153.원재료 선택, 회사계산 26,800,000원 입력, 세법상 신고방법 26,800,000원 입력

(4) 저장품 : 신고한 평가방법과 다른 방법으로 평가하는 것은 임의변경이므로 max(선입선출법, 당초신고한 총평균법)으로 평가 –조정액(평가감) 43,000원
신고일 2014. 11. 15 입력, 신고방법 총평균법 입력, 평가방법 후입선출법 입력, 적 부 부 선택, 과목 167.저장품 선택, 회사계산 927,000원 입력, 세법상 신고방법 945,000원 입력, FIFO(무신고, 임의변경) 970,000원 입력

*평가방법의 변경신고는 변경한 평가방법을 적용하고자 하는 사업연도의 종료일(12월 31일) 이 전 3월이 되는 날(9월 30일)까지 하여야 한다. 변경신고를 10월 25일에 하였으므로 변경신고 한 방법이 아닌 종전에 신고한 총평균법을 신고한 방법으로 하여야 한다.

(5) 세무조정 : 〈손금불산입〉 재고자산평가감 433,000원 (유보발생)
390,000 + 43,000 = 433,000원

➔ 재고자산평가조정명세서

➔ 소득금액조정합계표

〈익금산입〉	재고자산평가감	433,000원 (유보발생)

[3] 다음 자료를 이용하여 기업업무추진비조정명세서를 작성하시오. (6점)

(1) 매출액 중 특수관계자에 대한 매출액 100,000,000원이 있다.

(2) 수입금액조정명세서상의 내용을 요약하면 다음과 같다.

(단위 : 원)

계 정 과 목		결산서상 수입금액	조 정		조정후수입금액
항 목	과 목		가 산	차 감	
매 출	상품매출	389,200,000			389,200,000
	제품매출	1,469,800,000			1,469,800,000
	공사수입	703,350,000	40,000,000주)		743,350,000
계		2,562,350,000	40,000,000		2,602,350,000

▶ 주) 기업회계와 법인세법상의 공사진행율의 차이로 인한 차이 조정액이다(소득금액조정합계표에 세무조정사항으로 반영할 것).

(3) 재무제표에 반영된 기업업무추진비계정내역은 다음과 같다.

계 정 과 목	금 액
기업업무추진비(제)	20,000,000원
기업업무추진비(판)	60,000,000원
계	80,000,000원

(4) 위 기업업무추진비 중 다음의 내용을 제외한 나머지는 전액 법인카드로 결제되었다.

계정과목	구 분	금 액
기업업무추진비(제)	건당 3만원 초과분	1,500,000원
기업업무추진비(판)	건당 20만원 이하 경조사비주)	1,000,000원

▶ 주) 기업업무추진비(판)인 건당 20만원 이하 경조사비는 일반전표입력메뉴에서 모두 출금전표로 입력하면서 적요번호 6번 일반경조사비로 모두 입력되어 있다.

(5) 특수관계가 없는 (주)현대와 업무 관련된 약정에 의하여 외상매출금 15,000,000원에 대한 권리를 포기하기로 하고 다음과 같이 회계처리하였다.
(차) 대손상각비(판)   15,000,000   (대) 외상매출금   15,000,000

정답 (1) 수입금액조정명세서 작성

수입금액조정명세서를 먼저 작성하고 저장하여야 한다. 공사진행률 차이에 의한 공사수입금액 40,000,000원은 수입금액조정명세서 가산에 입력하고, 소득금액조정합계표에 익금산입(유보발생)으로 직접 입력하여야 한다.

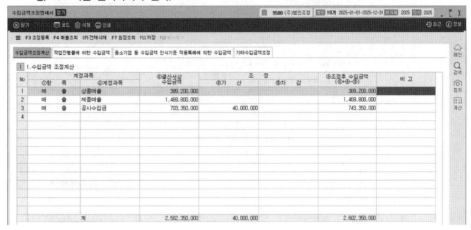

(2) 기업업무추진비 조정 명세서(을)

① F12불러오기를 한 후 수입금액명세서의 조정후수입금액 2,602,350,000원을 합계 란에 입력하고, 특수관계인간 거래금액에 100,000,000원은 직접 입력하여야 한다.

② 경조사비의 경우 건당 20만원 이하의 경우 법인카드 등을 사용하지 않아도 신용카드 미사용으로 부인하지 않고 기업업무추진비 시부인 계산대상 기업업무추진비로 본다.

③ 특수관계없는 경우 약정에 의한 채권포기액은 기업업무추진비로 보며 이 경우 법인카드 등 사용의무는 면제된다. 기업업무추진비 해당금액으로 반영하기 위하여 계정과목에 835. 대손상각비를 추가하고 계정금액에 약정에 의한 채권포기액 15,000,000원을 입력하고 동시에 총초과금액에 직접 입력한다.

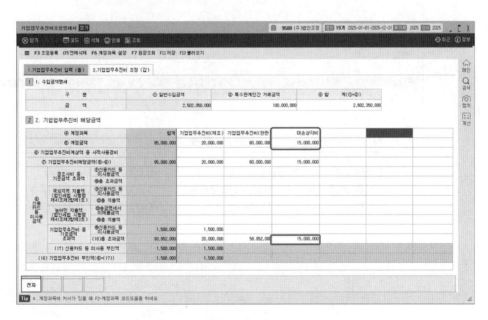

(3) 기업업무추진비 조정 명세서(갑)

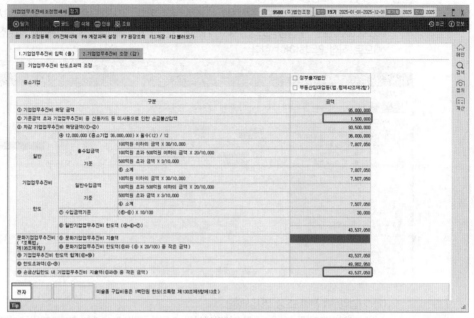

(4) 조정등록

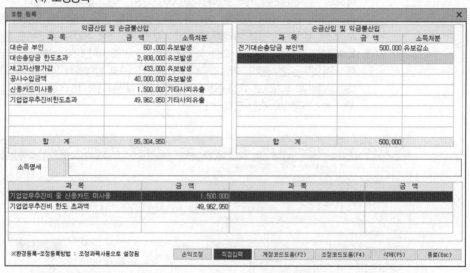

〈익금산입〉　공사수입금액　　　　　　　　　　　40,000,000원 (유보발생)
〈손금불산입〉신용카드미사용 기업업무추진비　　 1,500,000원 (기타사외유출)
〈손금불산입〉기업업무추진비한도초과　　　　　 49,962,950원 (기타사외유출)

[4] 소득금액조정합계표를 작성하시오(명세서 작성은 생략).   (6점)

상기 세무조정사항 이외에 다음의 세무조정사항이 추가로 존재한다.
· 전기말의 유보잔액은 다음과 같다.

대손충당금 한도초과액	500,000원	(유보)
감가상각비한도초과액	3,050,150원	(유보)
선급비용	700,000원	(유보)
재산세 자본적지출 처리	4,500,000원	(△유보)

(1) 위의 선급비용은 당기 중에 해당기간이 모두 경과하였다.
(2) 당기의 감가상각비 한도초과액은 5,130,000원이다.
(3) 퇴직급여충당금 조정명세서
    회사계상 퇴직급여충당부채 전입액 12,000,000원
    세법상 퇴직급여충당부채 한도액   0원
(4) 영업외수익 계정 : 자동차세 과오납금에 대한 환부이자 32,000원
(5) 위의 △유보 재산세 자본적지출 처리액 4,500,000원은 전기 사업연도 중 취득한 토지의 전기분 재산세를 토지원가에 가산한 회계처리에 대한 수정사항으로써, 당 법인은 이를 당기 사업연도 중 토지가액 및 이월이익잉여금에서 차감하였다.
(6) 당기분 법인세와 법인지방소득세가 결산서상 법인세비용으로 계상되어 있다.

정답 (1) 추가 세무조정사항

① 〈손금산입〉	전기선급비용	700,000원	(유보감소)
② 〈손금불산입〉	감가상각비한도초과액	5,130,000원	(유보발생)
③ 〈손금불산입〉	퇴직급여충당부채한도초과	12,000,000원	(유보발생)
④ 〈익금불산입〉	자동차세환부이자	32,000원	(기타)
⑤ 〈익금산입〉	전기재산세 자본적지출처리액	4,500,000원	(△유보감소)
〈손금산입〉	이월이익잉여금	4,500,000원	(기타)

    전기에 (차)세금과공과 4,500,000 (대)현금 4,500,000 으로 회계 처리하여야 할 것을 (차)토지 4,500,000 (대)현금 4,500,000 으로 회계 처리하여 세무조정에서 재산세 자본적지출 처리액을 손금산입(△유보발생)으로 세무조정을 한 것이다.
    당기에 수정회계처리를 다음과 같이 하면 전기 재산세 자본적지출 처리액을 익금산입(△유보감소)하고 이월이익잉여금을 손금산입(기타)으로 하는 세무조정을 하여야 한다.
    당기 수정회계처리 : (차) 이월이익잉여금 4,500,000   (대) 토 지 4,500,000

⑥ 〈손금불산입〉	법인세비용	17,773,000원	(기타사외유출)

    손익계산서를 조회하여 법인세비용을 확인한다.
⑦ 전기 대손충당금 한도초과액 500,000원의 세무조정은 대손충당금조정명세서에서 이미 하였다.

(2) 소득금액조정합계표

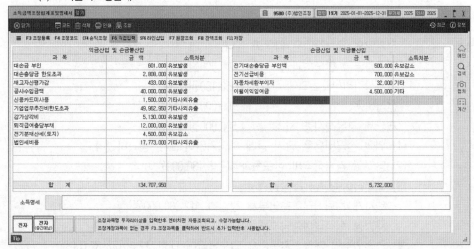

[5] 자본금과적립금조정명세서(을)   (6점)

상기 세무조정사항 자료에 의해 자본금과 적립금조정명세서(을)을 작성하시오.

> **정답** 자본금과적립금조정명세서를 열면 세무조정에서 유보로 소득처분한 내용을 모두 불러온다. F12불러
> 오기를 하면 입력된 내용을 삭제하고 불러오므로 주의하여야 한다. 추가로 문제에서 주어진 전기말
> 의 유보잔액은 기초잔액에 입력하여야 한다. 소득처분이 유보발생은 증가 란에, 유보감소는 감소
> 란에 입력되어야 하므로 수정입력 한다.

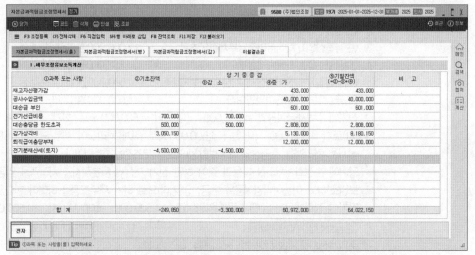

* 전기대손충당금부인액은 전기대손충당금한도초과액이므로 대손충당금한도초과와 같은 줄에 입력하
여도 된다.

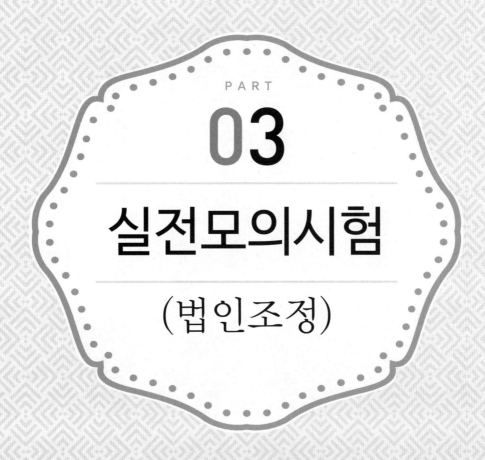

PART

03

실전모의시험

(법인조정)

01 실전모의시험

덕산기업㈜(회사코드:9501)은 안전유리 등을 생산하고 제조·도매업 및 도급공사업을 영위하는 중소기업이 며, 당해 사업연도(제15기)는 2025.1.1.~2025.12.31.이다. 법인조정 메뉴를 이용하여 기장되어 있는 재무 회계 장부 자료와 제시된 보충자료에 의하여 해당 사업연도의 세무조정을 하시오. ※ 회사선택 시 유의하시오. (30점)

┌─── **| 작 성 대 상 서 식 |** ───────────────────────────────
│ 1. 수입금액조정명세서, 조정후수입금액명세서
│ 2. 선급비용명세서
│ 3. 대손충당금 및 대손금조정명세서
│ 4. 업무무관부동산등에관련한차입금이자조정명세서
│ 5. 업무용승용차관련비용명세서

1 다음 자료를 이용하여 수입금액조정명세서 및 조정후수입금액명세서를 작성하고, 필요한 세무조정을 하시오. (6점)

1. 손익계산서상 수입금액은 다음과 같다.

구분	계정과목	기준경비율코드	결산서상 수입금액
1	제품매출	261004	2,500,800,000원
2	공사수입금	452122	178,200,000원
	계		2,679,000,000원

2. 손익계산서상 공사수입금액에는 다음과 같이 작업진행률에 의해 가산되어야 하는 공사수입금 액이 누락되었다.

- 공사명 : 제주도지하철공사
- 도급자 : 제주도도지사
- 도급금액 : 200,000,000원
- 총 공사예정비 : 100,000,000원
- 해당연도 말 총공사비 누적액 : 80,000,000원
- 전기말 누적수입계상액 : 150,000,000원

3. 기말 결산 시 제품판매누락(공급가액 2,200,000원, 원가 2,000,000원)이 있었으나, 손익계산 서에는 반영하지 못하였다(부가가치세 수정신고는 적정하게 처리함).

4. 부가가치세법상 과세표준 내역

구분	금액	비고
제품매출	2,510,000,000원	사업상증여 시가 7,000,000원 포함 (매입세액공제를 정상적으로 받은 제품임)
공사수입금	178,200,000원	–
계	2,688,200,000원	–

2 다음의 자료를 이용하여 선급비용명세서를 작성하고, 관련된 세무조정을 소득금액 조정합계표및명세서에 반영하시오(단, 세무조정은 각 건별로 행하는 것으로 한다).
(6점)

1. 전기 자본금과적립금조정명세서(을)

사업 연도	2024.01.01. ~ 2024.12.31.	자본금과적립금조정명세서(을)	법인명	덕산기업㈜

세무조정유보소득계산					
① 과목 또는 사항	② 기초잔액	당기 중 증감		⑤ 기말잔액	비고
		③ 감소	④ 증가		
선급비용	–	–	500,000원	500,000원	–

※ 전기분 선급비용 500,000원이 당기에 보험기간의 만기가 도래하였다.

2. 당기 화재보험료 내역

구분	보험기간	납부금액	거래처	선급비용 계상액
본사	2025.07.01.~2026.06.30.	60,000,000원	㈜한화보험	–
공장	2025.09.01.~2026.08.31.	90,000,000원	㈜삼성보험	15,000,000원

3 다음 자료를 이용하여 대손충당금및대손금조정명세서를 작성하고 필요한 세무조정을 하시오. 단, 대손설정률은 1%로 가정한다.
(6점)

1. 당해연도 대손충당금 변동내역

내 역	금 액	비 고
전기이월 대손충당금	15,000,000원	전기대손충당금한도초과액 : 6,000,000원
회수불가능 외상매출금 상계 대손충당금	2,000,000원	8월 16일 상계 처리하였으며, 이는 상법에 따른 소멸시효가 완성된 채권이다.
당기 설정 대손충당금	4,500,000원	
기말 대손충당금 잔액	17,500,000원	

2. 당기말 채권 잔액은 외상매출금 300,000,000원, 미수금 25,000,000원이다.

3. 전기 이전에 대손처리한 외상매출금에 대한 대손 요건 미충족으로 인한 유보금액 잔액이 전기 자본금과적립금조정명세서(을)에 7,000,000원이 남아있으며, 이는 아직 대손 요건을 충족하지 않는다.

4 아래의 자료를 바탕으로 업무무관부동산등에관련한차입금이자조정명세서를 작성하고, 필요한 세무조정을 하시오. (6점)

---

1. 재무상태표 내역
   - 자산총계 : 1,000,000,000원
   - 부채총계 : 300,000,000원
   - 납입자본금 : 100,000,000원
2. 손익계산서상 이자비용 (당기에 상환된 차입금은 없다.)

이자율	이자비용	차입일	비고
8%	10,000,000원	2024.07.01.	국민은행이자
12%	15,000,000원	2024.06.13.	건설자금이자 (현재 진행 중인 공장건설공사를 위한 이자비용)
10%	20,000,000원	2023.01.01.	금융어음할인료
4%	40,000,000원	2025.01.01.	신한은행이자
6%	30,000,000원	2025.01.01.	채권자 불분명사채이자 (원천징수는 없는 것으로 가정한다.)

3. 대표이사 김세무의 가지급금 관련 자료
   - 2024년 10월 1일 대표이사 김세무의 개인 주택 구입 목적으로 600,000,000원을 대여하였다.
   - 대표이사 김세무의 전기이월 가수금은 100,000,000원이다.
   - 해당 가지급금 및 가수금은 상환기간 및 이자율 등에 관한 약정이 없다.
4. 업무무관부동산 내역 (결산일 말 현재 보유중인 부동산)
   - 2024년 11월 10일 회사는 업무와 관련없이 토지를 300,000,000원에 취득하고, 해당 토지의 취득세 50,000,000원을 세금과공과로 당기비용 처리하였으며, 이에 대한 세무조정은 적정하게 반영되었다.

5

다음은 당사의 법인차량 관련 자료이다. 아래의 차량은 모두 영업관리부에서 업무용으로 사용 중이며 임직원전용보험에 가입하였다. 다음 자료를 이용하여 업무용승용차등록 및 업무용승용차관련비용명세서를 작성하고 관련 세무조정을 하시오(단, 당사는 부동산임대업을 영위하지 않는다). (6점)

---

1. [27로2727] 소나타 (자가)
   - 코드 : 101
   - 취득일 : 2024년 5월 1일
   - 취득가액 : 34,000,000원(부가가치세 포함)
   - 감가상각비 : 6,800,000원
   - 유류비 : 2,000,000원(부가가치세 포함)
   - 보험료 : 1,400,000원(2026년 01월~04월 보험료 400,000원이 포함되어 있다.)
   - 자동차세 : 520,000원
   - 보험기간 : 2024.05.01.~2025.04.30.
              2025.05.01.~2026.04.30.
   - 2025년 운행일지 : 미작성

2. [38호2929] 제네시스 (렌트)
   - 코드 : 102
   - 임차일 : 2025년 09월 01일
   - 월 렌트료 : 1,320,000원(부가가치세 포함)
   - 렌트기간 : 2025.09.01.~2027.08.30.
   - 유류비 : 2,200,000원(부가가치세 포함)
   - 보험기간 : 2025.09.01.~2026.08.30.
   - 2025년 운행일지 : 10,000㎞(업무용 사용거리 9,000㎞)
   - 전용번호판 부착여부 : 여

02 실전모의시험

장수기업㈜(회사코드:9502)은 금속제품을 생산하고 제조·도매업을 영위하는 중소기업이며, 당해 사업연도(제15기)는 2025.1.1.~2025.12.31.이다. 법인조정 메뉴를 이용하여 기장되어 있는 재무회계 장부자료와 제시된 보충자료에 의하여 해당 사업연도의 세무조정을 하시오. ※ 회사선택 시 유의하시오. (30점)

┌─┤ 작 성 대 상 서 식 ├─────────────────────

1. 기업업무추진비조정명세서
2. 미상각자산감가상각조정명세서, 감가상각비조정명세서합계표
3. 외화자산등평가차손익조정명세서
4. 소득금액조정합계표
5. 기부금조정명세서

1 아래의 내용을 바탕으로 당사의 기업업무추진비조정명세서를 작성하고, 필요한 세무조정을 하시오(단, 세무조정은 각 건별로 행하는 것으로 한다). (6점)

1. 손익계산서상 매출액과 영업외수익은 아래와 같다.

구분	매출액	특이사항
제품매출	2,000,000,000원	
상품매출	1,202,000,000원	특수관계자에 대한 매출액 100,000,000원 포함
영업외수익	50,000,000원	부산물 매출액
합계	3,252,000,000원	

2. 손익계산서상 기업업무추진비(판) 계정의 내역은 아래와 같다.

구분	금액	비고
상무이사 개인경비	1,000,000원	현금 지출분
법인신용카드 사용분	45,000,000원	전액 3만원 초과분
법정증빙서류 없는 기업업무추진비	500,000원	간이영수증 수취 1건
합계	46,500,000원	

3. 한편 당사는 자사 상품(원가 1,000,000원, 시가 1,500,000원)을 거래처에 사업상 증정하고 아래와 같이 회계처리 하였다.

(차) 광고선전비(판)   1,150,000   (대) 제 품   1,000,000
                                           부가세예수금   150,000

2 다음의 고정자산에 대하여 감가상각비조정에서 고정자산등록, 미상각자산감가상각 조정명세서 및 감가상각비조정명세서합계표를 작성하고 세무조정을 하시오. (6점)

구분	코드	자산명	취득일	취득가액	전기말 감가상각 누계액	회사계상 상각비	구분	업종
건물	101	공장건물	2022.03.20.	400,000,000원	27,500,000원	8,000,000원	제조	연와조
기계 장치	102	절단기	2023.07.01.	30,000,000원	20,000,000원	5,000,000원	제조	제조업

- 회사는 감가상각방법을 무신고하였다.
- 회사가 신고한 내용연수는 건물(연와조) 40년, 기계장치 5년이며, 이는 세법에서 정하는 범위 내의 기간이다.
- 회사는 공장건물의 승강기 설치비용(자본적지출) 30,000,000원을 당기 수선비로 회계처리하였다.
- 기계장치(절단기)의 전기말 상각부인액은 5,000,000원이다.

3 다음 자료를 토대로 외화자산등평가차손익조정명세서(갑),(을)을 작성하고, 관련 세무조정을 소득금액합계표에 반영하시오. (6점)

1. 외화예금 　• 발생일자 : 2025년 07월 10일 　• 외화종류 : USD 　• 외화금액 : $12,000 　• 발생 시 적용환율 : $1 = 1,800원 　• 사업연도 종료일 매매기준율 : $1 = 1,960원	2. 외화차입금 　• 발생일자 : 2025년 09월 17일 　• 외화종류 : USD 　• 외화금액 : $7,500 　• 발생 시 적용환율 : $1 = 1,890원 　• 사업연도 종료일 매매기준율 : $1 = 1,960원

1. 2025년 결산 회계처리 시 외화자산과 외화부채에 대한 평가를 하지 않았다.
2. 법인세 신고 시 외화자산 및 외화부채의 평가에 적용되는 환율은 사업연도 종료일의 매매기준율로 신고되어 있다.
3. 당기 화폐성 외화자산과 외화부채는 위의 자료뿐이다.
4. 세무조정은 각 자산 및 부채별로 한다.

4 다음의 자료를 이용하여 각 세무조정사항을 소득금액조정합계표에 반영하시오. (6점)

계정과목	금액	비고
임차료	12,600,000원	업무용승용차(렌트차량)에 대한 감가상각비상당액 : 12,600,000원 업무용승용차 감가상각비 한도액 : 8,000,000원
매도가능증권 평가손실	3,000,000원	기말 현재 자본에 계상되어 있다.
법인세비용	7,200,000원	당기 손익계산서상에는 법인세 및 법인분지방소득세 합계금액 7,200,000원이 계상되어 있다.
세금과공과금	72,000원	부가가치세 납부지연가산세가 계상되었다.
선급비용	1,200,000원	2025년 12월 1일 선불로 지급한 1년분(2025.12.01.~2026.11.30.) 사무실 임차료 총액이며, 전액 선급비용으로 계상하였다.

5 다음은 기부금과 관련된 자료이다. 다음 자료를 보고 기부금조정명세서를 작성하고 필요한 세무조정을 하시오(단, 기존 자료는 무시하고 주어진 자료만을 이용하도록 한다). (6점)

1. 손익계산서상 기부금 내역
   • 3월 20일　천재지변으로 피해를 입은 이재민 구호금 4,000,000원
   • 5월 8일　　어버이날을 맞아 인근 아파트 경로당(노인복지법에 의한 노인여가복지시설) 후원 2,000,000원
   • 10월 10일 교회 건물신축을 위하여 교회에 당사가 발행하여 지급한 약속어음(만기 2026년 1월) 10,000,000원
   • 11월 11일 사회복지사업법에 따른 사회복지법인에 지급한 고유목적사업비 7,500,000원
2. 손익계산서상 당기순이익은 45,000,000원이다.
3. 기부금 세무조정 전 손금불산입액은 1,800,000원이며, 손금산입액은 0원이다.

㈜신화정밀(회사코드:9503)은 자동차부품 제조 및 도매업을 영위하는 중소기업이며, 당해 사업연도(제 15기)는 2025.1.1.~2025.12.31.이다. 법인조정 메뉴를 이용하여 기장되어 있는 재무회계 장부 자료와 제시된 보충자료에 의하여 해당 사업연도의 세무조정을 하시오. ※ 회사선택 시 유의하시오. (30점)

┌─┤ 작 성 대 상 서 식 ├─────────────────────────────────┐

1. 대손충당금및대손금조정명세서
2. 업무무관부동산등에관련한차입금이자조정명세서
3. 퇴직연금부담금등조정명세서
4. 미상각자산감가상각조정명세서
5. 법인세과세표준및세액조정계산서

└──┘

1 다음 자료를 참조하여 대손충당금및대손금조정명세서를 작성하고 필요한 세무조정을 하시오. (6점)

1. 대손 관련 명세서 내용

일자	내역	비고
2025.01.22.	㈜부실의 외상매출금 25,000,000원 대손 확정	회수기일이 2년 경과
2025.07.01.	㈜한심의 받을어음 30,000,000원 부도 처리	부도발생일(2025.7.1.)로부터 6개월 미경과
2025.11.05.	㈜대단의 외상매출금 20,000,000원 대손 확정	강제집행으로 인하여 회수할 수 없음

2. 대손충당금 계정내역

대손충당금

외상매출금	45,000,000원	전기이월	82,000,000원
받을어음	30,000,000원	당기설정액	30,000,000원
차기이월액	37,000,000원		
계	112,000,000원	계	112,000,000원

3. 당기말 채권잔액

내역	금액	비고
외상매출금	2,420,000,000원	
받을어음	125,500,000원	
계	2,545,500,000원	

4. 전기말 자본금과 적립금 조정명세서(을) 일부

①과목 또는 사항	②기초잔액	③감 소	④증 가	⑤기말잔액
대손충당금	15,250,500원	15,250,500원	8,820,000원	8,820,000원

5. 기타내역
   • 대손설정률은 1%로 가정한다.

2 아래 자료만을 이용하여 업무무관부동산등에관련한차입금이자조정명세서(갑)(을)을 작성하고 관련 세무조정을 하시오(단, 주어진 자료 외의 자료는 무시할 것). (6점)

1. 차입금에 대한 이자지급 내역

이자율	지급이자	차입금	비 고
4%	312,000원	7,800,000원	사채할인발행차금 상각액
5%	2,500,000원	50,000,000원	채권자 불분명 사채이자(원천징수세액 없음)
7%	14,840,000원	212,000,000원	

2. 대표이사(서태인)에 대한 업무무관 가지급금 증감내역

일 자	차 변	대 변	잔 액
전기이월	35,000,000원		35,000,000원
2025.03.05	15,000,000원		50,000,000원
2025.10.20		30,000,000원	20,000,000원

3. 대표이사(서태인)에 대한 가수금 증감내역

일 자	차 변	대 변	잔 액
2025.05.30		7,000,000원	7,000,000원

4. 회사는 2025년 7월 1일 업무와 관련없는 토지를 100,000,000원에 취득하였다.
5. 기타사항
   • 대표이사 서태인의 가지급금과 가수금은 기간 및 이자율에 대한 별도의 약정은 없다.
   • 자기자본 적수 계산은 무시하고 가지급금 인정이자조정명세서 작성은 생략한다.
   • 연일수는 365일이다.

3 당사는 확정급여형(DB)퇴직연금에 가입하였다. 다음 자료를 이용하여 퇴직연금부담금조정명세서를 작성하고 이와 관련된 세무조정이 있는 경우 소득금액조정합계표를 작성하시오. (6점)

---

1. 퇴직급여추계액
   • 기말 현재 퇴직급여지급 대상이 되는 임·직원에 대한 퇴직급여 추계액은 60,000,000원이다.
2. 퇴직연금운용자산 현황
   • 기초 잔액 : 23,000,000원
   • 당기납입액 : 51,000,000원
   • 당기감소액 : 16,000,000원
3. 당기 감소액에 대한 회계처리를 아래와 같이 하였다.
   (차) 퇴직급여   16,000,000원   (대) 퇴직연금운용자산   16,000,000원
4. 장부상 퇴직급여충당부채 및 퇴직연금충당부채를 설정하지 않고 신고조정에 의하여 손금에 산입하고 있으며, 직전 사업연도말 현재 신고조정으로 손금산입한 퇴직연금부담금은 23,000,000원이다.

---

4 아래의 고정자산에 대하여 감가상각비조정 메뉴에서 고정자산등록 및 미상각자산감가상각조정명세서를 작성하고 세무조정을 하시오. (6점)

구분	자산명/자산코드	취득일	취득가액	전기말상각누계액	회사계상상각비(제조)
건물	공장건물/1	2022.07.01.	300,000,000원	25,000,000원	10,000,000원
기계장치	기계장치/1	2021.07.01.	60,000,000원	26,250,000원	7,500,000원

1. 회사는 기계장치의 감가상각방법을 세법에서 정하는 적법한 시기에 정액법으로 신고하였다.
2. 회사는 감가상각대상자산의 내용연수를 세법에서 정한 범위 내의 최단기간으로 적법하게 신고하였다.
3. 회사의 감가상각대상자산의 내용연수와 관련된 자료는 다음과 같고, 상각률은 세법이 정한 기준에 의한다.

구분	기준내용연수	내용연수범위
건물	40년	30년 ~ 50년
기계장치	8년	6년 ~ 10년

4. 건물관리비 계정에는 건물에 대한 자본적 지출액 30,000,000원이 포함되어 있다.
5. 기계장치의 전기 말 상각부인액은 4,000,000원이다.

5 당사는 소기업으로써 중소기업에 대한 특별세액감면을 적용받으려 한다. 불러온 자료는 무시하고, 다음 자료만을 이용하여 법인세과세표준및세액조정계산서를 작성하시오.

(6점)

1. 표준손익계산서 일부

Ⅷ.법인세비용차감전손익	217	315,000,000원
Ⅸ.법인세비용	218	42,660,000원
Ⅹ.당기순손익	219	272,340,000원

2. 소득금액조정합계표

익금산입 및 손금불산입			손금산입 및 익금불산입		
과 목	금 액	소득처분	과 목	금 액	소득처분
법인세비용	42,660,000원	기타사외유출	선급비용	2,300,000원	유보감소
기업업무추진비	19,800,000원	기타사외유출			
잡손실	4,500,000원	기타사외유출			
합계	66,960,000원		합계	2,300,000원	

3. 감면소득금액은 337,000,000원이고 감면율은 20%이며, 당사는 전년 대비 상시근로자수는 변동없고 최저한세 적용 감면배제금액도 없다.

4. 법인세 중간예납세액은 10,000,000원이고, 분납을 최대한 적용받고자 한다.

04 실전모의시험

㈜한양상사(회사코드:9504)는 전자응용기계 등의 제조·도매업 및 도급공사업을 영위하는 중소기업이며, 당해 사업연도(제20기)는 2025.1.1.~2025.12.31.이다. 법인조정 메뉴를 이용하여 기장되어 있는 재무회계 장부 자료와 제시된 보충자료에 의하여 해당 사업연도의 세무조정을 하시오. ※ 회사선택 시 유의하시오.

(30점)

┌─ **ㅣ 작 성 대 상 서 식 ㅣ** ─────────────────────
1. 소득금액조정합계표및명세서
2. 기부금조정명세서
3. 업무용승용차관련비용명세서
4. 가지급금등의인정이자조정명세서
5. 퇴직연금부담금등조정명세서
└──────────────────────────────

01 다음의 자료를 보고 필요한 세무조정을 소득금액조정합계표및명세서에 반영하시오.

(6점)

〈손익계산서 자료〉		
계정과목	금 액	내용
기업업무추진비	58,000,000원	• 모두 적격증명서류를 수취하였음 • 대표이사의 개인적인 지출분 5,000,000원 포함 • 세법상 기업업무추진비 한도액 43,000,000원
감가상각비 (A기계장치)	7,000,000원	• 전기 감가상각부인액 1,000,000원이 있음 • 세법상 당기 감가상각범위액 9,000,000원
법인세비용	23,000,000원	• 본사 사옥에 대한 재산세 납부액 3,000,000원이 포함됨

2 다음 자료를 이용하여 기부금조정명세서의 1.기부금입력 탭과 2.기부금 조정 탭을 작성하시오(단, 기부처의 사업자번호 입력은 생략할 것). (6점)

1. 기부금 등 관련 내역

발생일	금액	지출처	내용
03월 02일	100,000,000원	특례기부금단체	사립대학교 장학금
08월 19일	20,000,000원	특례기부금단체	국방부 헌금
12월 24일	15,000,000원	일반기부금단체	종교단체 기부금

※ 특례기부금은 법인세법 제24조 제2항 1호, 일반기부금은 법인세법 제24조 제3항 1호에 해당한다.

2. 법인세과세표준 및 세액조정계산서상 차가감소득금액은 다음과 같이 가정한다.

결산서상 당기순손익		100,000,000원
소득조정 금액	익금산입	120,000,000원
	손금산입	110,000,000원

※ 기부금에 대한 세무조정 전 금액이다.

3. 2024년도에 발생한 세무상 이월결손금 잔액 15,000,000원이 있다.

다음은 ㈜한양상사의 당해연도(2025.01.01.~2025.12.31.) 업무용승용차 관련 자료이다. 아래의 제시된 자료만 반영하여 업무용승용차등록과 업무용승용차관련비용명세서를 작성하고 관련 세무조정을 반영하시오. (6점)

차종	아폴로	카이10
코드	101	102
차량번호	382수3838	160우8325
취득일자	2025.04.10.	2023.01.01.
경비구분	800번대	800번대
사용자 직책	대표이사	부장
임차여부	자가	자가
업무전용자동차 보험가입여부	가입(2025.04.10. ~2026.04.10.)	가입(2025.01.01. ~2025.12.31.)
운행기록부작성	여	여
출퇴근사용여부	여	여
전용번호판 부착여부	부(대상아님)	부(대상아님)
업무사용거리/총 주행거리	22,000km/22,000km	15,000km/15,000km
취득가액	75,000,000원	40,000,000원
업무용 승용차 관련비용 (2025년 귀속분)	감가상각비 11,250,000원 유류비 3,200,000원 자동차세 800,000원 보험료 1,500,000원	감가상각비 8,000,000원 유류비 2,000,000원 자동차세 450,000원 보험료 1,100,000원

※ 2025년 12월 31일에 160우8325 차량(카이10)을 6,000,000원(공급가액)에 처분하였고, 세금계산서는 적법하게 발급하였다. 처분일 현재 감가상각누계액은 24,000,000원이고, 업무용승용차처분손실은 10,000,000원이며 감가상각비 한도 초과 이월액은 없는 것으로 가정한다.

4 다음의 자료를 이용하여 가지급금등인정이자조정명세서를 작성하고 관련 세무조정을 소득금액조정합계표및명세서에 반영하시오. (6점)

(1) 차입금의 내용

이자율	차입금	연간 지급이자	비고
연 12%	40,000,000원	4,800,000원	특수관계인으로부터의 차입금
연 9%	30,000,000원	2,700,000원	비특수관계인(순양은행)으로부터의 차입금
연 7%	20,000,000원	1,400,000원	비특수관계인(순양은행)으로부터의 차입금
계	90,000,000원	8,900,000원	

※ 모두 장기차입금으로서 전년도에서 이월된 자료이다.

(2) 2025.12.31. 현재 업무무관 가지급금 및 관련 이자수령 내역은 다음과 같다.

직책	성명	금전대여일	가지급금	약정이자율	이자수령액 (이자수익계상)
대표이사	정삼진	2024.06.13.	20,000,000원	무상	0원

(3) 가중평균차입이율로 계산할 것.

5 다음 자료를 이용하여 퇴직연금부담금등조정명세서를 작성하고, 관련된 세무조정을 소득금액조정합계표및명세서에 반영하시오. 당사는 확정급여형 퇴직연금에 가입하였으며, 전액 신고조정에 의하여 손금산입하고 있다. (6점)

퇴직급여 충당금 변동내역	• 전기이월 : 40,000,000원(전기말 현재 한도초과부인액 7,000,000원 있음) • 설정 : 0원		
퇴직급여 추계액 내역	• 결산일 현재 정관 및 사규에 의한 임직원 퇴직급여추계액 : 100,000,000원 • 결산일 현재 근로자퇴직급여보장법에 의한 임직원 퇴직급여추계액 : 50,000,000원		
퇴직연금 운용자산 변동내역	**퇴직연금운용자산**		
	기초잔액	70,000,000원	당기감소액	40,000,000원
	당기납부액	20,000,000원	기말잔액	50,000,000원
		90,000,000원		90,000,000원
퇴직연금 부담금 내역	• 전기자본금과적립금조정명세서(을) 기말잔액에는 퇴직연금부담금 70,000,000원(△유보)가 있다. • 이 중 사업연도에 퇴직자에게 지급한 퇴직연금은 40,000,000원이며 퇴직급여(비용)로 회계처리 하였다.		

㈜부산전자(회사코드:9505)는 금속제품 등의 제조·도매업과 도급공사업을 영위하는 중소기업으로 당해 사업연도(제15기)는 2025.1.1.~2025.12.31.이다. 법인조정 메뉴를 이용하여 기장되어 있는 재무회계 장부 자료와 제시된 보충자료에 의하여 해당 사업연도의 세무조정을 하시오. ※ 회사선택 시 유의하시오.

(30점)

┌─ ┃ 작 성 대 상 서 식 ┃ ─────────────────────────┐

1. 기업업무추진비조정명세서
2. 세금과공과금조정명세서
3. 대손충당금및대손금조정명세서
4. 기업업무추진비과세표준및세액조정계산서
5. 가산세액계산서

└───┘

01 | 1 다음 자료를 이용하여 기업업무추진비조정명세서를 작성하고 필요한 세무조정을 하시오(단, 세무조정은 각 건별로 입력할 것). (6점)

• 수입금액조정명세서 내역은 다음과 같다.

항목	계정과목	결산서상수입금액	가산	차감	조정후 수입금액
매출	상품매출	1,000,000,000원	-	-	1,000,000,000원
	제품매출	1,500,000,000원	-	-	1,500,000,000원
계		2,500,000,000원	-	-	2,500,000,000원

※ 특수관계인에 대한 제품매출액 350,000,000원과 특수관계인에 대한 상품매출액 150,000,000원이 포함되어 있다.

• 장부상 기업업무추진비 내역은 다음과 같다.

계정	건당 금액	법인카드사용액	개인카드사용액	합계
기업업무 추진비(판)	3만원 초과분	35,280,000원	872,900원	36,152,900원
	3만원 이하분	15,000원	30,000원	45,000원
	합 계	35,295,000원	902,900원	36,197,900원
기업업무 추진비(제)	3만원 초과분	29,780,000원	525,000원	30,305,000원
	3만원 이하분	10,000원	25,000원	35,000원
	합 계	29,790,000원	550,000원	30,340,000원

• 기업업무추진비(판) 중 3만원 초과분, 법인카드 사용액에는 다음 항목이 포함되어 있다.
 – 대표이사가 개인적 용도의 지출을 법인카드로 결제한 금액 970,000원(1건)
 – 문화비로 지출한 기업업무추진비 금액 5,000,000원(1건)
• 기업업무추진비(제) 중 3만원 초과분, 개인카드 사용액에는 경조사비 525,000원(1건)이 포함되어 있다.

아래 주어진 자료에 의하여 세금과공과금조정명세서를 작성하고, 개별 항목별로 세무조정을 하시오(단, 동일한 소득처분도 반드시 각각 세무조정할 것).　(6점)

일자	적요	금 액
01/28	화물트럭 자동차세	460,000원
02/26	사업소분주민세	800,000원
03/15	토지에 대한 개발부담금	2,100,000원
04/30	법인세분지방소득세 및 농어촌특별세	4,200,000원
07/20	폐수초과배출부담금	3,700,000원
08/20	대표이사 소유 비상장주식 매각 증권거래세	1,600,000원
08/27	주차위반 과태료(업무 관련 발생분)	220,000원
09/30	산재보험 연체료	480,000원
10/10	지급명세서미제출가산세	1,000,000원
12/15	환경개선부담금	440,000원

다음 자료를 참조하여 대손충당금및대손금조정명세서를 작성하고 필요한 세무조정을 하시오. (6점)

1. 당기 대손 처리 내역은 다음과 같고, 모두 대손충당금과 상계하여 처리하였다.

일자	내역	비고
2025.05.29.	㈜대영의 외상매출금 40,000,000원	채무자의 사망으로 회수할 수 없는 것으로 확정된 채권
2025.10.21.	㈜영구의 외상매출금 3,000,000원	회수기일이 1년이 지나지 않은 채권
2025.02.01.	㈜몰라의 부도어음 19,999,000원 대손 확정	부도일부터 6개월 이상 지난 부도어음 20,000,000원

2. 대손충당금 계정 내역

대손충당금

외 상 매 출 금	43,000,000원	전 기 이 월	102,000,000원
받 을 어 음	19,999,000원	당 기 설 정 액	15,000,000원
차 기 이 월 액	54,001,000원		
계	117,000,000원	계	117,000,000원

3. 당기말 채권 잔액

내역	금액	비고
외상매출금	1,300,000,000원	
받을어음	100,500,000원	
계	1,400,500,000원	

4. 전기말 자본금과 적립금 조정명세서(을) 일부

①과목 또는 사항	②기초잔액	③감 소	④증 가	⑤기말잔액
대손충당금	25,000,000원	25,000,000원	10,000,000원	10,000,000원

5. 기타내역
- 대손설정률은 1%로 가정한다.

4 다음의 자료를 이용하여 자본금과적립금조정명세서 중 이월결손금계산서 관련 내용만 작성하고, 법인세과세표준및세액조정계산서를 작성하시오(단, 불러온 자료는 무시하고 새로 입력할 것). (6점)

1. 세무상 결손금내역

사업연도	세무상결손금발생	비고
2010년	130,000,000원	2024년 귀속 사업연도까지 공제된 이월결손금은 50,000,000원이다.
2022년	90,000,000원	2024년 귀속 사업연도까지 공제된 이월결손금은 0원이다.

2. 기타내역
- 기한 내 이월결손금은 당기에 공제하기로 한다.
- 당사는 장부 등 증빙을 10년 이상 보관하고 있다.
- 2025년 결산서상 당기순이익은 100,850,000원, 익금산입은 32,850,000원, 손금산입은 12,950,000원이다.
- 중소기업특별세액감면액은 520,000원, 연구인력개발세액공제액은 200,000원이다(단, 최저한세는 검토하지 않기로 한다).
- 2025년 원천납부세액은 140,000원이 있다.
- 2025년 법인세는 일시에 전액 납부할 예정이며, 현금으로 납부할 예정이다.

5 다음 자료를 이용하여 가산세액계산서를 작성하시오. (6점)

1. 당사가 지출한 금액 중 아래의 항목을 제외한 모든 금액은 법인세법에서 요구하는 세금계산서 등의 적격 증빙서류를 갖추고 있다. 구체적인 내용은 다음과 같다.

구분	금액	비고
복리후생비	2,900,000원	전부 거래 건당 3만원 이하 금액으로 간이영수증을 수취하였다.
소모품비	4,400,000원	전부 거래 건당 3만원 초과 금액으로 간이영수증을 수취하였다.
임차료	4,800,000원	일반과세자인 임대인에게 임차료를 금융기관을 통해 지급하고 법인세 신고 시 송금사실을 기재한 '경비 등 송금명세서'를 첨부하였다.

2. 2025년 1월 지급분에 대한 일용근로소득지급명세서를 경리담당자의 단순 실수로 2025년 3월 10일에 제출하였다. 일용근로자에 대한 임금 지급총액은 30,000,000원이었다.

06 실전모의시험

화담전자㈜(회사코드 : 9506)은 전자부품을 생산하고 제조·도매업을 영위하는 중소기업이며, 당해 사업연도(제20기)는 2025.1.1.~2025.12.31.이다. 법인세무조정메뉴를 이용하여 재무회계 기장자료와 제시된 보충자료에 의하여 당해 사업연도의 세무조정을 하시오. ※ 회사선택 시 유의하시오.   (30점)

┌─┤ 작 성 대 상 서 식 ├─────────────────────────
│
│ 1. 원천납부세액명세서(갑)
│ 2. 퇴직연금부담금등조정명세서
│ 3. 외화자산등평가차손익조정명세서(갑,을)
│ 4. 일반연구및인력개발비명세서
│ 5. 선급비용명세서
│
└──────────────────────────────────────

Q 1 다음의 자료는 당기의 원천징수와 관련한 자료이다. 주어진 자료를 이용하여 원천납부세액명세서(갑)을 작성하시오(단, 지방세 납세지는 기재하지 말 것).   (6점)

원천징수내역

적요	원천징수 대상금액	원천 징수일	원천징수 세율	원천징수 의무자	사업자등록번호
정기예금이자	1,000,000원	6.30	14%	㈜한들은행	110 - 81 - 12345
보통예금이자	2,000,000원	12.31	14%	㈜두리은행	210 - 81 - 12345
저축성보험차익*1)	10,000,000원	8.31	14%	㈜신흥해상보험	123 - 81 - 25808

*1) 저축성보험차익은 만기보험금이 납입보험료를 초과한 금액으로 2021년 9월 30일에 가입하였으며 만기는 2026년 9월 30일에 도래하나, 회사 사정상 당해연도 8월 31일에 해지하였다. 보험 계약기간 중 저축성보험 관련 배당금 및 기타 유사한 금액은 지급되지 않았다.

2 다음의 퇴직연금관련 자료에 따라 퇴직연금부담금등조정명세서를 작성하고 세무조정사항이 있는 경우 소득금액조정합계표에 반영하시오. (6점)

1. 퇴직연금운용자산 계정내역은 다음과 같다.

퇴직연금운용자산

기초잔액	100,000,000원	당기감소액	30,000,000원
당기납입액	50,000,000원	기말잔액	120,000,000원
	150,000,000원		150,000,000원

2. 전기 자본금과 적립금 조정명세서(을)에는 퇴직연금운용자산 100,000,000원(△유보)이 있다.

3. 당기 퇴사자에 대하여 퇴직금 40,000,000원 중 30,000,000원은 퇴직연금에서 지급하고 나머지 금액은 당사 보통예금 계좌에서 이체하여 지급하였으며, 회계처리는 다음과 같다.

   (차) 퇴직급여   40,000,000   (대) 퇴직연금운용자산   30,000,000
                                                  보통예금   10,000,000

4. 당기말 현재 퇴직급여추계액은 130,000,000원이다.

3 다음의 자료를 이용하여 외화자산등평가차손익조정명세서(갑,을)을 작성하고 필요한 세무조정을 하시오. (6점)

1. 외화부채내역

구분	발생일자	외화종류	외화금액	2024년말 매매기준율	2025년말 매매기준율
외화장기차입금	2024. 7. 1.	USD	$20,000	$1 = 1,200원	$1 = 1,300원

2. 2024년 자본금과 적립금 조정명세서(을)

과목	기초잔액	감소	증가	기말
외화장기차입금			− 1,000,000원	− 1,000,000원

3. 기타
 • 화폐성 외화부채는 위의 자료뿐이고, 상환은 없다.
 • 발생시 적용환율은 회사와 법인세법상 차이가 없다.
 • 회사는 2024년도 법인세 신고시 기말 매매기준율등으로 평가하는 방법으로 화폐성외화자산등 평가방법신고서를 작성하여 적법하게 제출하였다.
 • 2024년 결산 회계처리시 $1 = 1,150원을 적용하여 외화부채를 평가하고 장부에 반영하였다.
 • 2025년 결산 회계처리시 $1 = 1,200원을 적용하여 외화부채를 평가하고 장부에 반영하였다.

4 당사의 기업부설연구소(2024년 2월 1일 설립)는 여러 연구원을 두고 기술개발을 위한 연구활동을 하고 있다. 이에 따라 관련 연구원 인건비에 대해 세액공제를 받고자 한다. 다음 자료를 참조하여 일반연구및인력개발비명세서 중 1. 발생명세 및 증가발생액계산, 2. 공제세액을 작성한 후, 세액공제조정명세서(3) 중 3. 당기공제 및 이월계산을 작성하시오. (6점)

1. 기업부설연구소 연구개발인력 현황 신고서 중 일부

	연구원 현황									
⑤ 구분	⑥ 일련번호	⑦ 직위	⑧ 성명	⑨ 생년월일	⑩ 소속부서	⑪ 최종학교	⑫ 최종학위	⑬ 병적사항	⑭ 발령일	⑮ 신규편입여부
연구소장	1	소장	나소장	19721103	연구소	서운대	박사	병역필	20240201	전입
전담요원	2	선임연구원	이대단	19820301	연구소	연센대	석사	병역필	20240201	전입
전담요원	3	연구원	박최고	19861202	연구소	고령대	학사	병역필	20250102	전입

2. 기업부설연구소 급여지급 내역(이익처분에 따른 성과급 미포함)

직위	성명	급여액	비고
연구소장	나소장	105,000,000원	당사 주식 15% 소유한 등기상 이사 겸 지배주주
전담요원	이대단	85,000,000원	주주임원 아님
전담요원	박최고	36,000,000원	주주임원 아님

3. 기타

- 당사는 중소기업에 해당함
- 기업부설연구소 인건비만 경상연구개발비(제조)로 처리함
- 기업부설연구소 연구는 연구·인력개발비에 대한 세액공제(최저한세 적용 제외) 대상이며, 일반연구개발비에 해당함(신성장·원천기술 연구개발비는 아님)
- 당기발생액 기준으로만 세액공제액을 계산함
- 당기 법인세 산출세액은 20,250,000원이며, 공제받지 못한 세액공제는 이월공제함
- 연구인력개발비 세액공제 외 다른 공제와 감면은 없다고 가정함

5 다음 자료는 당기 보험료 내역이다. 선급비용명세서를 작성하고, 보험료와 선급비용에 대하여 세무조정하시오(단, 기존에 입력된 데이터는 무시하고 제시된 자료로 계산하고, 세무조정은 각 건별로 할 것). (6점)

1. 보험료 내역(보험료는 전액 일시납임.)
 (1) 건물(판매부서) 화재보험 내역

보험사	납입액	보험기간	비고
삼송화재	2,400,000원	2025.03.01.~2026.02.28.	보험료(판)로 처리함

(2) 자동차(판매부서) 보험 내역

보험사	납입액	보험기간	비고
국민화재	1,800,000원	2025.05.01.~2026.04.30.	장부에 선급비용 500,000원 계상

(3) 공장(생산부서) 화재보험 내역

보험사	납입액	보험기간	비고
환하화재	3,000,000원	2025.07.01.~2026.06.30.	장부에 선급비용 1,800,000원 계상

2. 2025년 자본금과 적립금 조정명세서(을)(전기에 (2), (3)과 관련된 선급비용 내역)

과목	기초잔액	감소	증가	기말
선급비용			1,300,000원	1,300,000원

※ 전기분 선급비용 1,300,000원은 당기에 손금 귀속시기가 도래하였다.

07 실전모의시험

㈜용연(회사코드 : 9507)은 자동차부품등을 생산하고 제조·도매업을 영위하는 중소기업이며, 당해 사업연도(제17기)는 2025.1.1.~2025.12.31.이다. 법인세무조정메뉴를 이용하여 재무회계 기장자료와 제시된 보충자료에 의하여 당해 사업연도의 세무조정을 하시오. ※ 회사선택 시 유의하시오.　　　(30점)

┌─| 작 성 대 상 서 식 |─────────────────────────────┐

1. 수입금액조정명세서 및 조정후수입금액명세서
2. 기업업무추진비조정명세서
3. 자본금과적립금조정명세서(을)
4. 주식등변동상황명세서
5. 가산세액계산서
6. 소득금액조장합계표

└──┘

1 다음의 자료를 이용하여 수입금액조정명세서와 조정후수입금액명세서를 작성하고 매출관련 세무조정을 하시오.　　　(6점)

1. 손익계산서상 매출 및 영업외수익내역은 다음과 같다.

구분	수익내역	업태/종목	기준경비율 코드	금액(원)
매출액	제품매출	제조/자동차부품	343000	1,385,000,000
	상품매출*	도매·소매 자동차부품	503006	1,140,000,000
영업외수익	이자수익			1,650,000
	잡이익	제품부산물매각대	343000	1,500,000
	총 계			2,528,150,000

*상품매출에는 위탁판매의 매출액 20,000,000원(매출원가 14,000,000원)이 누락되었으며, 부가가치세 수정신고서는 관할 세무서에 제출됨.

2. 부가가치세 신고 내역

구분	금액(원)
제품매출	1,386,500,000
상품매출	1,160,000,000
비품매각대	5,000,000
상품매출관련 선수금	10,000,000
개인적공급*	500,000

*개인적공급은 당해 제품에 대하여 매입세액공제를 받았으며 해당금액은 시가임.

2 다음 자료를 이용하여 기업업무추진비 조정명세서를 작성하고 관련 세무조정을 하시오. (6점)

1. 손익계산서에 반영된 기업업무추진비계정의 내역은 다음과 같다.
   (1) 당기 기업업무추진비 총액은 45,000,000원이며 모두 판매관리비로 계상되었다. 이 중 법인신용카드 사용분은 39,000,000원이며, 나머지 6,000,000원은 현금으로 지출하고 간이영수증을 발급받았다.
   (2) 현금으로 지출한 기업업무추진비 6,000,000원 중 1,000,000원은 경조사비로서 20만원 초과분이다.
   (3) 모든 기업업무추진비의 건당 지출액은 3만원을 초과한다.
2. 당기에 거래관계를 원만하게 할 목적으로 매출거래처에 무상으로 제공한 제품의 취득가액은 4,000,000원이고, 시가는 7,000,000원이며, 아래와 같이 회계처리하였다.
   (차) 광고선전비(판)   4,700,000   (대) 제 품   4,000,000
                                          부가세예수금   700,000
3. 기업회계기준상 매출액은 2,526,500,000원이며 이 중 100,000,000원은 법인세법상 특수관계인과의 매출이다.

3 입력된 자료는 무시하고 다음의 자료만을 이용하여 2025년말 자본금과적립금조정명세서(을)을 작성하시오(단, 세무조정 입력은 생략할 것). (6점)

1. 2024년말 [자본금과적립금조정명세서(을)]   (단위 : 원)

과목	기초	감소	증가	기말
대손충당금한도초과	3,000,000	3,000,000	5,000,000	5,000,000
선급비용(보험료) 과소계상	1,500,000	1,500,000	1,800,000	1,800,000
기계장치 감가상각비한도초과	4,000,000	2,500,000		1,500,000
단기매매증권평가이익			−2,800,000	−2,800,000

2. 2025년 중 유보금액과 관련된 내역은 다음과 같다.
   (1) 당기 대손충당금한도초과액은 7,000,000원이다.
   (2) 전기 유보된 선급비용은 전액 2025.1.1.~2024.5.30.비용분이다.
   (3) 당기 기계장치의 감가상각비 시인부족액은 2,000,000원이다.
   (4) 당기에 단기매매증권의 50%를 처분하였다. 그 외에 단기매매증권의 취득 및 처분은 없고, 당기는 별도의 단기매매증권평가를 회계처리하지 않았다.
   (5) 당기 기부금 중 어음으로 발행하여 기부한 금액은 4,000,000원이고, 만기일은 2026.12.31.이다.

4 입력된 자료는 무시하고 다음의 자료를 참조하여 주식등변동상황명세서를 작성하시오. (6점)

1. 등기사항전부증명서 일부

| 1주의 금액 금 5,000원 | . . |
| | . . |

| 발행할 주식의 총수 1,000,000주 | . . |
| | . . |

발행주식의 총수와 그 종류 및 각각의 수		자본금의 액	변 경 연 월 일 등 기 연 월 일
발행주식의 총수	10,000주		
보통주식	10,000주	금 50,000,000 원	
발행주식의 총수	20,000주		2025.04.18. 변경
보통주식	20,000주	금 100,000,000 원	2025.04.18. 등기

2. 주주내역

(1) 2024년 말 주주내역

성명	주민등록번호	지배주주관계	주식수
장세억	660813 - 1953116	본인	5,000주
인재율	690327 - 1082111	없음	5,000주

(2) 2025년 말 주주내역

성명	주민등록번호	지배주주관계	주식수
장세억	660813 - 1953116	본인	10,000주
인재율	690327 - 1082111	없음	8,000주
우민오	691115 - 1173526	없음	2,000주

- 장세억과 인재율은 2025.4.18. 유상증자에 참여하였다. 유상증자는 액면금액으로 진행되었다.
- 인재율은 2025.11.15. 본인의 주식 2,000주를 우민오에게 액면금액으로 양도하였다.

5 다음의 자료를 참조하여 법인세 수정신고서 작성시 가산세액계산서를 작성하시오.

(3점)

1. 당사 1인 주주인 나주주씨는 2025.12.30. 주식 전부를 액면금액인 50,000,000원으로 박상우씨에게 양도하였다. 하지만 법인세 신고시 주식변동이 없는 것으로 착각하여 주식등변동상황명세서를 제출하지 않았다.
2. 법인세법상 정규증빙을 수취하지 못한 내역이 다음과 같이 존재하는데 법인세 신고시 가산세를 반영하지 못하였다.
   - 여비교통비 : 총3건 2,000,000원(이 중 1건은 20,000원으로 간이영수증을 수취하였음)
   - 소모품비 : 총4건 3,200,000원(4건 모두 3만원 초과분)
3. 당사는 법인세 수정신고서를 법정신고기한 10일 후 제출하였다.

6 다음의 자료를 참조하여 소득금액조정합계표 메뉴를 작성하시오.

(3점)

계정과목	금액	비 고
잡이익	750,000원	당해(전기귀속) 법인세신고납부 후 경정청구로 환급된 법인세임
이자수익	100,000원	공장건물 재산세 과오납 환급금에 대한 이자임
세금과공과	800,000원	공장용 트럭 취득에 따른 취득세임
보험차익	1,250,000원	공장창고 화재로 인한 보험차익임
자기주식처분이익	500,000원	자기주식처분이익으로 기타자본잉여금에 계상됨

08 실전모의시험

㈜신한(회사코드 : 9508)은 전자부품을 생산하고 제조·도매업을 영위하는 중소기업이며, 당해 사업연도(제14기)는 2025.1.1.~2025.12.31.이다. 법인세무조정메뉴를 이용하여 재무회계 기장자료와 제시된 보충자료에 의하여 당해 사업연도의 세무조정을 하시오. ※ 회사선택 시 유의하시오. (30점)

┌─ **ㅣ 작 성 대 상 서 식 ㅣ** ─────────────────────────┐

1. 기업업무추진비조정명세서
2. 업무무관부동산등에 관련한 차입금이자조정명세서(갑)(을)
3. 업무용승용차관련비용명세서
4. 소득금액조정합계표
5. 자본금과 적립금 조정명세표(갑)(을)

└──────────────────────────────────────┘

1 당사의 기업업무추진비에 대한 다음의 내용을 바탕으로 기업업무추진비 조정명세서를 작성하고, 필요한 세무조정을 하시오. (6점)

기업업무추진비 계정내역은 다음과 같다. 기업업무추진비 지출액은 모두 건당 3만원 초과분이고 언급된 거래 외에는 모두 법인의 신용카드를 사용하였다.

구분	금액
기업업무추진비(판)	34,600,000원
기업업무추진비(제)	20,120,000원

• 기업회계기준상 매출액은 2,220,000,000원이고, 이 중에는 특수관계자에 대한 매출액 52,000,000원이 포함되어 있다.
• 판매비와 관리비의 기업업무추진비에는 다음의 금액이 포함되어 있다.
  – 대표이사가 업무와 무관하게 개인적으로 지출한 금액 2,310,000원
  – 임원 개인카드 사용금액 890,000원
• 복리후생비(제)에는 다음의 금액(부가세 별도)이 포함되어 있다.
  – 직접 생산한 원가 1,200,000원의 제품을 거래처에 사업상 증여하고, 아래와 같이 회계처리하였다. 부가가치세 수정신고는 정상적으로 이루어졌다.(해당 제품의 시가는 1,800,000원)
  (차) 복리후생비   1,380,000   (대) 제 품   1,200,000
                                      부가세예수금   180,000

2 다음의 자료에 의하여 업무무관부동산등에 관련한 차입금이자조정명세서(갑)(을)서식을 작성하고 관련 세무조정을 하시오. (6점)

---

1. 손익계산서상 지급이자 내역

차입기관	연이자율	지급이자	차입금적수
갑은행	8%	8,000,000원	36,600,000,000원
을은행	6%	9,000,000원	54,900,000,000원
병은행	4%	7,000,000원	64,050,000,000원
합계		24,000,000원	155,550,000,000원

※ 갑은행의 지급이자 중 2,000,000원은 토지의 건설자금이자에 해당함(자본화대상임)

2. 업무무관자산내역
대표이사의 사용목적으로 별장을 전년도에 200,000,000원에 취득하였다.

---

3 다음 자료를 이용하여 업무용승용차관련비용명세서를 작성하고 관련된 세무조정을 소득금액조정합계표에 반영하시오. (6점)

코드	〈101〉 12구2588 제네시스	〈103〉 35허1566 말리부
취득일	2022.7.1	2025.1.1
경비구분	800번대/판관비	800번대/판관비
사용자직책	대표이사	과장
임차기간	–	2025.1.1.~2025.12.31
업무전용자동차 보험가입여부	가입	가입
보험기간	2025.1.1.~2025.12.31	2025.1.1.~2025.12.31
운행기록부 사용여부	여	여
전용번호판 부착여부	부(대상 아님)	부(대상 아님)
출퇴근 사용여부	여	여
총주행거리(업무사용거리)	25,000km(22,500km)	40,000km(40,000km)
취득가액	60,000,000원	–
감가상각비	12,000,000원	–
임차료(렌트료)	–	12,000,000원
유류비	5,000,000원	3,600,000원
보험료	1,500,000원	–
자동차세	780,000원	–

4 재무상태표 및 손익계산서에는 당기 발생하는 거래에 대하여 다음과 같은 계정과목이 포함되어 있으며 기업회계기준에 따라 정확하게 회계처리되었다. 이와 관련하여 소득금액조정합계표를 완성하시오. (6점)

계정과목	금 액	비 고
잡 이 익	10,000,000원	이 중 법인세 과다납부분 환급받은 금액이 8,000,000원이 포함되어 있다.
수 수 료 비 용	5,000,000원	소액주주가 아닌 출자임원이 사용하고 있는 사택의 유지비 4,000,000원이 포함되어 있다.
퇴 직 급 여	15,000,000원	임원에게 지급한 퇴직금으로서, 정관 규정에 의한 임원 퇴직금 한도액은 10,000,000원이다.
자기주식처분이익	700,000원	재무상태표의 자본잉여금으로 분류되어 있다.
매도가능증권평가이익	3,500,000원	기말 현재 기타포괄손익누계액에 계상된 금액이다.
법 인 세 비 용	20,000,000원	

5 다음 자료를 참고하여 당기 자본금과 적립금 조정명세표(갑)(을)을 작성하시오(단, 기존자료 및 다른 문제 내용은 무시하고 아래 자료만을 이용하도록 하고 세무조정은 생략한다). (6점)

1. 재무상태표 요약

전기말 요약 재무상태표		
㈜신한		(단위:원)
	자본금	200,000,000
	자본잉여금	2,520,000
	이익잉여금	219,600,450
계	계	422,120,450

당기말 요약 재무상태표		
㈜신한		(단위:원)
	자본금	300,000,000
	자본잉여금	3,220,000
	이익잉여금	302,712,585
계	계	605,932,585

2. 기타

1. 전기 말 자본금과적립금조정명세서(을) 잔액은 다음과 같다.
   (1) 대손충당금 한도초과액 6,000,000원
   (2) 재고자산평가감 1,000,000원
2. 당기 중 유보금액 변동내역은 다음과 같다.
   (1) 당기 대손충당금한도초과액은 5,000,000원이다.
   (2) 재고자산평가감된 재고자산이 모두 매각되었고, 당기말에는 재고자산평가감이 발생하지 아니하였다.
   (3) 당기 세금과공과금 손금불산입 유보발생액은 700,000원이었다.

09 실전모의시험

㈜영웅물산(회사코드:9509)은 제조·도소매업(통신판매업) 및 건설업을 영위하는 중소기업이며, 당해 사업연도(제16기)는 2025.1.1.~2025.12.31.이다. 법인조정 메뉴를 이용하여 기장되어 있는 재무회계 장부 자료와 제시된 보충자료에 의하여 해당 사업연도의 세무조정을 하시오. ※ 회사선택 시 유의하시오.

(30점)

┌─│ 작 성 대 상 서 식 │─────────────────────
1. 선급비용명세서
2. 업무용승용차관련비용명세서
3. 원천납부세액명세서
4. 퇴직연금부담금조정명세서
5. 기부금조정명세서, 법인세과세표준및세액조정계산서
└──────────────────────────────────

1 다음 자료는 당기 보험료 내역이다. 선급비용명세서를 작성하고, 보험료와 선급비용에 대하여 세무조정하시오(단, 기존에 입력된 데이터는 무시하고 제시된 자료로만 계산하되 세무조정은 각 건별로 할 것).

(6점)

1. 보험료 내역(보험료는 모두 전액 일시납입함)
 (1) 대표자 사적보험료 : 회사에서 대납

보험사	납입액	보험기간	비고
과거생명	3,600,000원	2025.01.01.~2026.12.31.	보험료(판)로 처리함.

 (2) 자동차(판매부서) 보험 내역

보험사	납입액	보험기간	비고
BD화재	1,800,000원	2025.05.01.~2026.04.30.	장부에 선급비용 400,000원 계상

 (3) 공장(생산부서) 화재보험 내역

보험사	납입액	보험기간	비고
화나화재	5,000,000원	2025.07.01.~2026.06.30.	장부에 선급비용 2,000,000원 계상

2. 2024년 자본금과적립금조정명세서(을)(전기에 (2), (3)과 관련된 선급비용 내역)

과목	기초잔액	감소	증가	기말
선급비용			1,000,000원	1,000,000원

※ 전기분 선급비용 1,000,000원은 당기에 손금 귀속시기가 도래하였다.

2 다음은 법인의 차량 관련 자료이다. 아래 차량은 모두 영업부서에서 출퇴근 및 업무용으로 사용 중이며 임직원전용보험에 가입되어 있다. 다음 자료를 이용하여 업무용승용차등록 및 업무용승용차관련비용명세서를 작성하고 관련된 세무조정을 하시오(단, 당사는 부동산임대업을 영위하지 않으며, 사용부서 및 사용자직책 입력은 생략할 것). (7점)

구분	내용
코드 : 101 차종 : G80 차량번호 : 462두9636 (운용리스)	• 리스계약기간 : 2023.05.20.~2027.05.19.(보험가입 기간과 동일함) • 월 운용리스 금액 : 1,020,000원(전자계산서 발행됨) • 감가상각비 상당액 : 11,383,200원 • 유류비 : 4,500,000원(부가가치세 포함) • 2025년 운행일지 : 10,000㎞(업무용 사용거리 8,000㎞) •전용번호판을 부착하였다. • 위의 차량 관련 비용 외 다른 항목의 비용은 고려하지 않으며, 전기이월된 감가상각비 한도초과액은 5,027,000원이다.
코드 : 102 차종 : 싼타페 차량번호 : 253러6417 (자가)	• 취득일 : 2022년 12월 10일 • 취득가액 : 38,000,000원(부가가치세 포함) • 감가상각비 계상액 : 7,600,000원 • 유류비 : 800,000원(부가가치세 포함) • 보험료 : 1,200,000원(2025년 귀속분 보험료임) • 자동차세 : 400,000원 • 보험기간 : 2024.12.10.~2025.12.9. 2025.12.10.~2026.12.9. • 2025년 운행일지 : 미작성 •전용번호판 부착 대상이 아니다.

• 주어진 차량 관련 비용 외에 다른 항목은 고려하지 않는다.
• 세무조정 유형과 소득처분이 같은 세무조정인 경우, 하나의 세무조정으로 처리한다.

3 다음은 2025년 1월 1일부터 12월 31일까지의 원천징수세액과 관련한 자료이다. 주어진 자료를 이용하여 [원천납부세액명세서(갑)]를 작성하시오(단, 지방세 납세지는 기재하지 말 것). (4점)

적요	원천징수 대상금액	원천 징수일	원천징수 세율	원천징수 의무자	사업자등록번호
정기예금 이자	8,000,000원	04/25	14%	㈜두리은행	130 - 81 - 01236
정기적금 이자	2,000,000원	07/18	14%	㈜주민은행	125 - 81 - 54217

4 당사는 확정급여형 퇴직연금에 가입하였으며, 그 자료는 다음과 같다. 퇴직연금부담금조정명세서를 작성하고 세무조정사항을 소득금액조정합계표에 반영하시오. (6점)

1. 다음의 퇴직연금운용자산 계정의 기초잔액은 전액 전기에 신고조정에 의하여 손금산입된 금액이다.

퇴직연금운용자산

기 초 잔 액	108,000,000원	당 기 감 소 액	9,000,000원
당 기 납 부 액	12,000,000원	기 말 잔 액	111,000,000원
	120,000,000원		120,000,000원

※ 당기 감소액 9,000,000원에 대한 회계처리는 다음과 같다.

(차) 퇴직급여　　9,000,000원　　(대) 퇴직연금운용자산　　9,000,000원

2. 당기 말 현재 퇴직연금운용자산의 당기분에 대하여 손금산입을 하지 않은 상태이며, 기초 퇴직연금충당금 등 및 전기말 신고조정에 의한 손금산입액은 108,000,000원이다.
3. 당기 말 현재 퇴직급여추계액은 140,000,000원이다.
4. 당기 말 현재 재무상태표상 퇴직급여충당부채 잔액은 20,000,000원이고, 당기 자본금과적립금조정명세서(을)에 기재되는 퇴직급여충당부채 한도초과액은 6,000,000원이다.

5 다음의 자료를 이용하여 기부금조정명세서와 법인세과세표준및세액조정계산서를 작성하고 필요한 세무조정을 하시오. (7점)

1. 당기 결산서상 당기순이익은 57,000,000원이며, 당기 법인세 비용은 5,000,000원이다.
2. 손익계산서에 계상된 기부금 내역은 아래와 같다.
   (1) 2025년 03월 01일 : 1,000,000원(국방부 : 국방헌금)
   (2) 2025년 05월 05일 : 500,000원(사회복지법인 은혜 : 사회복지시설 기부금)
   (3) 2025년 10월 11일 : 600,000원(이천시 향우회 : 지역향우회 행사지원금)
   (4) 2025년 12월 01일 : 1,200,000원(서울시청 : 천재지변 구호금품)
3. 당기 법인세비용 및 기부금 지출 외에 소득금액조정합계표상 계상된 내역은 아래와 같다.
   (1) 익금산입 : 3,000,000원
   (2) 손금산입 : 1,000,000원
4. 이월공제를 받지 아니한 2024년도 발생 법인세법 제24조제3항제1호의 일반기부금 한도초과액은 6,000,000원이다.
5. 선납세금 계정에는 법인세 중간예납세액 3,000,000원, 금융소득에 대한 원천징수세액 1,400,000원이 계상되어 있다.

10 실전모의시험

㈜대전기업(회사코드 : 9510)은 전자부품을 생산하고 제조·도매업을 영위하는 중소기업이며, 당해 사업연도 (제21기)는 2025.1.1.~2025.12.31.이다. 법인세무조정메뉴를 이용하여 재무회계 기장자료와 제시된 보충자료에 의하여 당해 사업연도의 세무조정을 하시오. (30점)

┌─│ 작 성 대 상 서 식 │────────────────────────────────────┐

1. 수입금액 및 조정후수입금액명세서
2. 감가상각조정명세서
3. 세금과공과금명세서
4. 기부금조정명세서
5. 가산세액계산서 및 법인세과표및세액조정계산서

└──┘

 1 다음 자료를 이용하여 수입금액조정명세서와 조정후수입금액명세서를 작성하시오.

(6점)

1. 손익계산서상의 수익 반영 내역

구분		업종코드	금액(원)	비고
매출액	제품매출	292203 (제조/전자응용공작기계)	1,387,000,000	직수출액 127,000,000원 포함
	상품매출	515050(도매/컴퓨터및주변장치)	830,000,000	
영업외수익 (잡이익)	부산물 매각대	292203(제조/전자응용공작기계)	3,000,000	
합계			2,220,000,000	

2. 부가가치세법상 과세표준 내역

구 분	금 액(원)
제품매출	1,390,000,000
상품매출	830,000,000
기계장치 매각	50,000,000
사업상증여	10,000,000
합 계	2,280,000,000

• 부가가치세 신고내역은 관련규정에 따라 적법하게 신고하였다.
3. 당사는 매출거래처에 제품 8,000,000원(시가 10,000,000원)을 증여하고 다음과 같이 회계처리하였으며 이에 대한 부가가치세 신고는 적정하게 이루어졌다.

(차) 기업업무추진비 9,000,000 (대) 제 품 8,000,000
부가세예수금 1,000,000

2 당사는 전자부품 제조업을 영위하는 사업장이다. 다음 자료를 참고하여 감가상각비 조정 메뉴에서 고정자산을 등록하고 미상각분 감가상각 조정명세서를 작성하고 세무조정을 하시오. (6점)

1. 2024년말 고정자산대장

코드	계정과목	자산명	취득일	취득가액	당기말감가상각누계액	내용연수	감가상각방법
101	건물(판관)	본사사옥	2024.01.01.	6억원	1,000만원	30년	정액법

2. 2025년말 고정자산대장

코드	계정과목	자산명	취득일	취득가액	당기말감가상각누계액	내용연수	감가상각방법
101	건물(판관)	본사사옥	2024.01.01.	6.15억원	5,000만원	30년	정액법
102	기계장치(제조)	밀링	2025.07.01.	3,000만원	1,000만원	3년	정률법

- 기계장치는 기준내용연수가 50% 이상 경과한 중고자산의 취득이다.

3. 기타
- 당기에 본사사옥에 엘리베이터 설치를 위해 1,500만원을 지출하였다.(자본적 지출)
- 당기에 건물에 대한 전기분 시인부족액을 다음과 같이 수정분개하였다.
  (차) 전기오류수정손실(이익잉여금) 10,000,000　　　 (대) 감가상각누계액 10,000,000
- 감가상각방법 및 내용연수는 상기 자료에 제시된 내용으로 관할세무서에 신고하였다.
- 감가상각방법 및 내용연수는 법인세법상 기준을 적용한다.

3 당사의 세금과공과금의 계정별원장을 조회하여 세금과공과금명세서를 작성하고 관련된 세무조정을 소득금액조정합계표에 반영하시오. 세무조정은 각 건별로 행하는 것으로 한다. 아래 항목 중 다른 세무조정명세서에 영향을 미치는 것은 관련 조정명세서에서 정상처리 되었다고 가정한다. (6점)

월 일	적 요	금 액
2월 10일	국민연금 회사 부담분	2,000,000원
2월 10일	산재보험료	2,500,000원
4월 25일	부가가치세 신고불성실 가산세	300,000원
4월 30일	대표이사 주택 종합부동산세	3,000,000원
4월 30일	환경개선부담금	30,000원
6월 25일	토지에 대한 개발부담금	1,000,000원
8월 1일	주차위반과태료	500,000원
9월 15일	건강보험료 연체료	50,000원
10월 31일	대주주 주식양도분에 대한 증권거래세	100,000원
12월 15일	적십자회비	100,000원

4

다음의 자료를 이용하여 기부금조정명세서를 작성하고 관련된 세무조정사항을 소득금액조정합계표에 반영하시오(세무조정시 반드시 소득처분 할 것). (6점)

1. 2024년 법인세과세표준및세액조정계산서

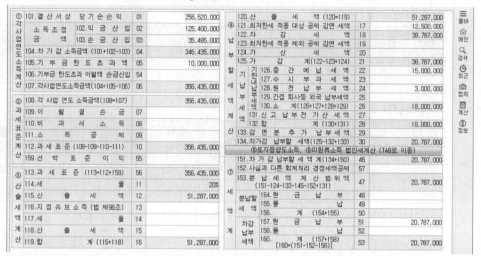

① 각 사업 연 도 소 득 계 산	101.결 산 서 상 당 기 순 손 익	01	256,520,000
	소득조정 102.익 금 산 입	02	125,400,000
	금 액 103.손 금 산 입	03	35,485,000
	104.차 가 감 소득금액 (101+102-103)	04	346,435,000
	105.기 부 금 한 도 초 과 액	05	10,000,000
	106.기부금 한도초과 이월액 손금산입	54	
	107.각사업연도소득금액(104+105-106)	06	356,435,000
② 과 세 표 준 계 산	108.각 사 업 연 도 소 득 금 액 (108=107)		356,435,000
	109.이 월 결 손 금	07	
	110.비 과 세 소 득	08	
	111.소 득 공 제	09	
	112.과 세 표 준 (108-109-110-111)	10	356,435,000
	159.선 박 표 준 이 익	55	
③ 산 출 세 액 계 산	113.과 세 표 준 (113=112+159)	56	356,435,000
	114.세 율	11	20%
	115.산 출 세 액	12	51,287,000
	116.지 점 유 보 소 득 (법 제96조)	13	
	117.세 율	14	
	118.산 출 세 액	15	
	119.합 계 (115+118)	16	51,287,000

④ 납 부 할 세 액 계 산	120.산 출 세 액 (120=119)		51,287,000
	121.최저한세 적용 대상 공제 감면 세액	17	12,500,000
	122.차 감 세 액	18	38,787,000
	123.최저한세 적용 제외 공제 감면 세액	19	
	124.가 산 세 액	20	
	125.가 감 계(122-123+124)	21	38,787,000
	기한내 납부세액 126.중 간 예 납 세 액	22	15,000,000
	127.수 시 부 과 세 액	23	
	128.원 천 납 부 세 액	24	3,000,000
	129.간접 회사등 외국 납부세액	25	
	130.소 계(126+127+128+129)	26	18,000,000
	131.신 고 납 부 전 가 산 세 액	27	
	132.합 계 (130+131)	28	18,000,000
	133.감 면 분 추 가 납 부 세 액	29	
	134.차가감 납부할 세액(125-132+133)	30	20,787,000
	⑤토지등양도소득, ⑥미환류소득 법인세계산 (TAB로 이동)		
	151.차 가 감 납부할 세 액 계(134+150)	46	20,787,000
	152.사실과 다른 회계처리 경정세액 공제	57	
⑤ 세 액 계	153.분 납 세 액 계 산 범 위 액 (151-124-133-145-152+131)	47	20,787,000
	분납할 세액 154.현 금 납 부	48	
	155.물 납	49	
	156. 계 (154+155)	50	
	차감 납부세액 157.현 금 납 부	51	20,787,000
	158.물 납	52	
	160. 계 (157+158) [160=(151-152-156)]	53	20,787,000

1) 전년도인 2024년에 지출한 기부금은 전액 법인세법 제24조제3항제1호에 따른 일반기부금이다.

2) 2025년 결산서에 반영된 기부금은 다음과 같다.

기부일	적 요	금 액(원)
5월 10일	이재민구호금품(특례 기부금)	15,000,000
7월 30일	불우이웃돕기(일반 기부금)	30,000,000
11월 30일	마을발전기금(기타 기부금)	5,000,000

2. 2025년 결산서상 당기순이익 등 관련 세무조정금액은 다음과 같으며 기존에 입력된 자료는 무시한다.
  (1) 결산서상 당기순이익   250,000,000원
  (2) 위에서 제시한 기부금 관련 사항을 제외한 세무조정사항은 다음과 같다.
     익금산입 손금불산입   125,000,000원
     손금산입 익금불산입   55,000,000원

3. 기부금 관련하여 문제에서 제시한 자료 이외에는 없는 것으로 가정한다.

5 다음 자료를 통하여 법인세법상 가산세액계산서를 작성하고 법인세 과세표준 및 세액조정계산서를 완성하시오(당사는 중소기업이며, 세율은 현행세율을 적용하고, 앞 문제와 불러온 자료들은 무시하고 아래의 자료만을 참고하여 작성한다). (6점)

<table>
<tr>
<td rowspan="5">1. 손익계산서 일부분</td>
<td colspan="2" style="text-align:center">**손익계산서**
2025.1.1~2025.12.31 (원)</td>
</tr>
<tr>
<td colspan="2" style="text-align:center">- 중간생략 -</td>
</tr>
<tr>
<td>Ⅷ 법인세차감전순이익</td>
<td>150,000,000</td>
</tr>
<tr>
<td>Ⅸ 법인세비용</td>
<td>10,000,000</td>
</tr>
<tr>
<td>Ⅹ 당기순이익</td>
<td>140,000,000</td>
</tr>
<tr>
<td>2. 세무조정 관련 자료</td>
<td colspan="2">1. 익금산입관련 : 12,400,000원
• 신용카드 등 미사용액 : 900,000원(간이영수증 수령함.)
• 퇴직급여충당금 한도초과액 : 1,500,000원
• 기업업무추진비 한도초과액 : 7,000,000원
• 대손충당금 한도초과액 : 3,000,000원
2. 손금산입관련 : 11,700,000원
• 대손충당금 과다환입액 : 5,000,000원
• 법인세 과오납금과 환급이자 : 700,000원(환급이자 100,000원 포함.)
• 전기재고자산평가감 : 6,000,000원</td>
</tr>
</table>

3. 이월결손금 관련 자료	발생연도	2022년	2023년	2024년
	금 액	3,000,000원	2,000,000원	1,000,000원

<table>
<tr>
<td>4. 세액공제 및 세액감면</td>
<td>• 중소기업특별세액감면 : 1,000,000원
• 연구인력개발세액공제 : 4,000,000원</td>
</tr>
<tr>
<td>5. 기납부세액 관련 자료</td>
<td>• 당기에 법인세 중간예납세액으로 5,000,000원을 납부하였다.
• 원천징수세액은 법인세법상 관련서식인 원천납부세액명세서를 조회하여 반영하시오.</td>
</tr>
<tr>
<td>6. 증빙 관련 자료</td>
<td>• 2025년 4월분 일용근로소득지급명세서(임금총액 : 40,000,000원)를 2025년 6월 30일 제출하였다.
• 당사가 지출한 경비 중 3만원 초과 금액으로서 정규증빙자료를 수취하지 못한 금액 20,000,000원이 있다.</td>
</tr>
</table>

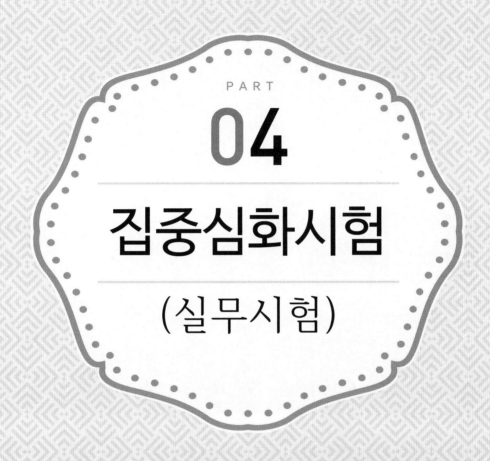

PART

04

집중심화시험

(실무시험)

ROUND ●● **01** 집중심화시험 Concentration Deepening Examiation

PART 01
PART 02
PART 03
PART 04
PART 05

홍도전기㈜(회사코드 : 9521)는 제조·도소매업을 영위하는 중소기업이며, 당기(제14기) 회계기간은 2025.1.1.~2025.12.31.이다. 전산세무회계 수험용 프로그램을 이용하여 다음 물음에 답하시오.

───── **│ 기본전제 │** ─────

- 문제에서 한국채택국제회계기준을 적용하도록 하는 전제조건이 없는 경우, 일반기업회계기준을 적용하여 회계처리 한다.
- 문제의 풀이와 답안작성은 제시된 문제의 순서대로 진행한다.

 1 다음 거래 자료에 대하여 적절한 회계처리를 하시오. (12점)

입력시 유의사항

❑ 일반적인 적요의 입력은 생략하지만, 타계정 대체거래는 적요번호를 선택하여 입력한다.
❑ 세금계산서 · 계산서 수수거래 및 채권 · 채무 관련 거래는 별도의 요구가 없는 한 반드시 기등록된 거래 처코드를 선택하는 방법으로 거래처명을 입력한다.
❑ 제조경비는 500번대 계정코드를, 판매비와관리비는 800번대 계정코드를 사용한다.
❑ 회계처리 시 계정과목은 등록된 계정과목 중 가장 적절한 과목으로 한다.
❑ 매입매출전표 입력 시 입력화면 하단의 분개까지 처리하고, 전자세금계산서 및 전자계산서는 전자 입력 으로 반영한다.

---

[1] 1월 25일   당사가 개발 중인 신제품이 2025년 9월 말에 개발이 완료될 것으로 예상하였으나 경쟁력 미비로 신제품 개발을 중단하기로 하였다. 해당 제품 개발과 관련하여 개발비 계정에 20,000,000원이 계상되어 있다. 개발비 계정의 잔액을 일반기업회계기준과 법인세법의 규정을 충족하도록 회계처리하시오. (3점)

[2] 6월 20일   원재료 운반용으로 사용하는 법인 명의 화물차에 주유하고 대금은 법인카드(비씨카드)로 결제하면서 아래의 증빙을 수취하였다(해당 주유소는 일반과세자에 해당한다).   (3점)

회원번호	9430 - 0302 - 3927 - 1230							비 씨 카 드 매 출 표				
성 명	㈜성동							품 명	금 액			
가 맹 점 번 호	7 0 1 5 0 6 0 0 2	매 출 취 소 시 당 초 매 출 일								백	천	원
가 맹 점 명	남대문주유소	매 출 일 자		2025.6.20.				경 유		7 0	0 0	0
사 업 자 등 록 번 호	106 - 81 - 56311							부 가 세		7	0 0	0
대 표 자 명	최준석	매 장 명			취 급 자			봉 사 료				
주 소	서울 용산 효창 5 - 86	판 매 구 분	☑ 일반 ☐ 할부		할 부 기 간			합 계		7 7	0 0	0

●ARS거래승인절차
1588 - 4500➡1번 선택➡가맹점번호 9
자리 입력➡전화안내에 따라 진행   승 인
번 호   9 2 6 5 9 7 8 3
※할부거래는 회원매출표를 참조하십시오
회원서명(CARDHOLDER SIGNATURE)
홍도전기 주식회사

BC 비씨카드주식회사   종합상담1588 - 4000
거래승인1588 - 4500   www.bccard.com   B 가맹점용

[3] 9월 8일   XYZ.Co에 직수출하는 제품의 선적을 완료하고, 당일에 $50,000을 보통예금 외화통장으로 받았다. 제품 수출금액은 $100,000으로서 잔액은 다음 달 20일에 받기로 하였다. 2025년 9월 8일의 기준환율은 1,400원/$이다(단, 수출신고번호 입력은 생략한다).   (3점)

[4] 9월 30일   다음은 2024년 12월 31일 현재 자본구성을 표시한 것이다. 2025년 9월 30일에 보유하던 자기주식 300주를 1,700,000원에 처분하고 대금은 보통예금으로 수령하였다.   (3점)

부분 재무상태표

2024년 12월 31일 현재

자본금(보통주 12,000주, @5,000원)		60,000,000원
자본잉여금		4,000,000원
주식발행초과금	3,000,000원	
자기주식처분이익	1,000,000원	
자본조정		(3,000,000원)
자기주식(500주, @6,000원)	3,000,000원	
기타포괄손익누계액		
이익잉여금		100,000,000원
자본총계		161,000,000원

2 다음 주어진 요구사항에 따라 부가가치세 신고서 및 부속서류를 작성하시오. (10점)

[1] 아래의 거래를 매입매출전표에 입력(서류번호는 생략)하고, 2025년 1기 예정신고 기간의 내국신용장·구매확인서전자발급명세서를 작성하시오. (4점)

전자세금계산서

						승인번호	20250328 - 31000013 - 44346631		
공급자	사업자 등록번호	123 - 86 - 11105	종사업장 번호		공급받는자	사업자 등록번호	130 - 86 - 55834	종사업장 번호	
	상호 (법인명)	홍도전기㈜	성 명 (대표자)	김은정		상호 (법인명)	㈜두인테크	성 명 (대표자)	두나무
	사업장 주소	경기도 안양시 만안구 경수대로 995				사업장 주소	서울시 금천구 가산디지털1로		
	업 태	도소매업	종 목	가전		업 태	도소매업	종 목	가전
	이메일					이메일			

작성일자	공급가액	세액	수정사유
2025 - 03 - 15	94,638,000원		해당 없음

비고								

월	일	품 목	규 격	수 량	단 가	공 급 가 액	세 액	비 고
3	15	SMART PHONE				94,638,000원		

합 계 금 액	현 금	수 표	어 음	외 상 미 수 금	이 금액을 청구함
94,638,000원				94,638,000원	

외화획득용원료·기재구매확인서

※ 구매확인서번호 : PKT202503150011

(1) 구매자　(상호)　　　　　㈜두인테크
　　　　　　(주소)　　　　　서울시 금천구 가산디지털1로
　　　　　　(성명)　　　　　두나무
　　　　　　(사업자등록번호) 130 - 86 - 55834

(2) 공급자　(상호)　　　　　홍도전기㈜
　　　　　　(주소)　　　　　경기도 안양시 만안구 경수대로 995
　　　　　　(성명)　　　　　김은정
　　　　　　(사업자등록번호) 123 - 86 - 11105

1. 구매원료의 내용

(3) HS부호	(4) 품명 및 규격	(5) 단위수량	(6) 구매일	(7) 단가	(8) 금액	(9) 비고
5171230	SMART PHONE	10 BOX	2025 - 03 - 15	KRW 9,463,800	94,638,000원	
TOTAL		10 BOX			94,638,000원	

2. 세금계산서(외화획득용 원료·기재를 구매한 자가 신청하는 경우에만 기재)

(10) 세금계산서번호	(11) 작성일자	(12) 공급가액	(13) 세액	(14) 품목	(15) 규격	(16) 수량

(17) 구매원료·기재의 용도명세 : 완제품

위의 사항을 대외무역법 제18조에 따라 확인합니다.

　　　　　　　　　　　　　　　　　　　　확인일자　　2025년 03월 28일
　　　　　　　　　　　　　　　　　　　　확인기관　　한국무역정보통신
　　　　　　　　　　　　　　　　　　　　전자서명　　1208102920

　　　　제출자 : ㈜두인테크 (인)

[2] 아래의 자료를 이용하여 2025년 제2기 확정신고 기간의 부가가치세신고서를 작성하시오. 다만, 모두 10월~12월에 발생한 거래로 가정하고, 전표입력 및 과세표준명세 작성은 생략한다). (6점)

---

1. 수출내역(공급가액)
   - 직수출 : 500,000,000원
   - 국내거래 : 50,000,000원(구매확인서 발급일 : 2026년 1월 20일)
2. 국내할부판매
   - 제품인도일 : 2025년 10월 01일(원칙적인 재화의 공급시기에 세금계산서를 발급하기로 한다.)
   - 대금지급일

구분	1차 할부	2차 할부	3차 할부 (최종)
대금 지급 약정일	2025.10.01.	2026.06.30.	2026.11.01.
공급가액	5,000,000원	5,000,000원	5,000,000원
세액	500,000원	500,000원	500,000원

3. 거래처에 무상 견본품 제공 : 원가 1,000,000원, 시가 2,000,000원(당초 매입세액공제를 받은 제품)
4. 자녀에게 사무실 무상 임대 : 월 임대료 적정 시가 1,000,000원, 무상임대기간 10월 1일~12월 31일

   ※국내할부판매분과 수출내역 중 국내거래분은 전자세금계산서를 모두 적법하게 발급하였다고 가정함

---

3 다음의 결산정리사항에 대하여 결산정리분개를 하거나 입력을 하여 결산을 완료하시오. (8점)

[1] 공장건물의 화재보험료(보험기간 : 2025.5.1.~2026.4.30.) 2,400,000원을 지불하고 전액 선급비용으로 회계처리 하였다(단, 기간은 월할 계산한다). (2점)

[2] 장부의 외상매입금 계정에는 Biden사와 거래한 대금 $75,000(당시 기준환율 1,100원/$)이 포함되어 있다. 결산일 현재의 기준환율이 1,080원/$일 경우 필요한 회계처리를 하시오. (2점)

[3] 당사는 2025년 7월 1일 영업 관리용 시설장치 1대를 40,000,000원에 신규 취득하였으며, 해당 시설장치 취득과 관련하여 국고보조금 20,000,000원을 수령하였다. 해당 시설장치에 대한 감가상각비를 계상하시오. 단, 시설장치의 감가상각방법은 정액법, 내용연수는 5년, 잔존가치는 없으며, 월할 상각한다(음수로 입력하지 말 것). (2점)

[4] 재고자산 실지조사 결과 기말재고 내역은 다음과 같으며, 한주상사와 위수탁판매계약을 맺고 당기에 발송한 제품 중 수탁자가 아직 판매하지 않은 제품 1,500,000원은 실지재고조사 결과에 포함되어 있지 않다. (2점)

| • 원재료 3,000,000원 | • 재공품 5,000,000원 | • 제품 4,800,000원 |

---

4 원천징수와 관련된 다음 물음에 답하시오. (10점)

[1] 다음은 2025년 7월분 사업소득 지급내역이다. 아래의 자료를 이용하여 사업소득자등록 및 사업소득자료입력을 하시오. 한편 사업소득자는 모두 내국인 및 거주자이며, 주어진 주민 등록번호는 모두 옳은 것으로 가정한다. (3점)

코드	수령자	지급일	주민등록번호	세전지급액	내역
101	김수연	2025.07.31.	850505 – 2455744	2,500,000원	1인 미디어콘텐츠 창작자
102	한소희	2025.07.25.	890102 – 2415657	3,000,000원	모델

[2] 다음 자료를 이용하여 종업원 금나라를 사원등록(사번:102번)하고, 3월분 급여자료를 입력 하시오. 다만, 사원등록 상의 부양가족명세를 금나라의 세부담이 최소화되도록 입력하고, 수당공제등록 시 사용하지 않는 항목은 '부'로 표시한다. (7점)

1. 3월분 급여자료(급여지급일 : 3월 31일)

급여항목			
기본급	식대	자가운전보조금	육아수당
2,000,000원	100,000원	200,000원	100,000원

2. 추가 자료
   • 홍도전기㈜는 근로자 5인 이상 10인 미만의 소규모 사업장이다.
   • 금나라는 여태까지 실업 상태였다가 홍도전기㈜에 생애 최초로 입사한 것으로 국민연금 등의 사회보험에 신규 가입하는 자이며, 차량을 제외한 본인 명의의 재산은 전혀 없다. 금나라의 2025년 월평균급여는 위에서 제시된 급여와 정확히 같고, 위의 근로소득 외 어떤 다른 소득도 없다고 가정한다.
   • 두루누리사회보험여부 및 적용률(80%)을 반드시 표시한다.
   • 건강보험료경감은 부로 표시한다.
   • 회사는 구내식당에서 점심 식사(현물)를 지원한다.
   • 자가운전보조금은 직원 개인 소유의 차량을 업무 목적으로 사용하는 것에 대한 지원금으로 시내 출장 등에 소요된 실제 경비는 정산하여 지급하지 않는다.
   • 국민연금, 건강보험, 장기요양보험, 고용보험, 소득세, 지방소득세는 자동 계산된 자료를 사용하고, 소득세 적용률은 100%를 적용한다.

3. 부양가족 명세(인적공제 대상에 해당하지 않는 경우, 부양가족명세에 입력 자체를 하지 말 것)

관계	성명	비고
본인	금나라(930223 – 2234564)	• 입사일 2025.1.1. • 세대주
배우자	김철수(971214 – 1457691)	• 2025년 3월 부동산 양도소득금액 50,000,000원 발생 • 무직, 위 외의 어떠한 소득도 없음
자녀	김나철(240104 – 3511111)	• 작년 출생

5 ㈜우암(회사코드 : 9522)은 전자부품을 생산하고 제조·도매업을 영위하는 중소기업이며, 당해 사업연도(제11기)는 2025.1.1.~2025.12.31.이다. 법인세무조정메뉴를 이용하여 재무회계 기장자료와 제시된 보충자료에 의하여 당해 사업연도의 세무조정을 하시오. ※ 회사선택 시 유의하시오. (30점)

┌─ **│ 작 성 대 상 서 식 │** ─────────────────────────────

1. 대손충당금및대손금조정명세서
2. 선급비용명세서
3. 업무용승용차관련비용명세서
4. 자본금과적립금조정명세서(갑)·(을)
5. 법인세과세표준및세액조정계산서, 최저한세조정계산서

[1] 다음 자료를 참조하여 대손충당금및대손금조정명세서를 작성하고 필요한 세무조정을 하시오. (6점)

1. 당기 대손충당금과 상계된 금액의 내역
   • 2025.02.10. : ㈜종민이 발행한 약속어음(받을어음)으로 부도 발생일로부터 6개월이 경과한 부도어음 15,000,000원(비망계정 1,000원을 공제하고 난 후의 금액으로 가정한다.)
   • 2025.06.10. : ㈜상민의 파산으로 인해 회수불능으로 확정된 미수금 8,000,000원
2. 대손충당금 내역

대손충당금

미수금	8,000,000원	전기이월	35,000,000원
받을어음	15,000,000원	대손상각비	2,000,000원
차기이월	14,000,000원		
계	37,000,000원	계	37,000,000원

3. 기말 대손충당금 설정 대상 채권잔액
   • 외상매출금 : 500,000,000원(2025.09.01. 소멸시효 완성분 3,000,000원 포함)
   • 받을어음 : 300,000,000원(할인어음 3,000,000원 포함)
4. 전기 자본금과적립금조정명세서(을) 기말잔액
   • 대손충당금 한도 초과 1,500,000원(유보)
5. 대손설정률은 1%로 가정한다.

[2] 다음의 자료를 이용하여 선급비용명세서를 작성하고 관련된 세무조정을 하시오(단, 세무조정은 건별로 각각 처리한다). (6점)

1. 자본금과적립금조정명세서 잔액

사업 연도	2025.01.01.~ 2025.12.31.	자본금과적립금조정명세서(을)	법인명	㈜우암

세무조정유보소득계산

① 과목 또는 사항	② 기초잔액	당기 중 증감		⑤ 기말잔액 (익기 초 현재)	비고
		③ 감소	④ 증가		
선급비용	560,000	?	?	?	

※ 전기에 기간미경과로 인해 유보로 처리한 보험료의 기간이 도래하였다.

2. 당기의 임차료 내역

구분	임차기간	선납 금액	임대인
평택 공장	2025.05.01.~2026.04.30.	84,000,000원	㈜성삼
제천 공장	2025.08.01.~2027.07.31.	120,000,000원	이근희

※ 임차료는 장부에 선급비용으로 계상된 금액은 없다.

[3] 다음 자료를 이용하여 업무용승용차등록과 업무용승용차관련비용명세서를 작성하고 관련 세무조정을 반영하시오. 다만, 아래의 업무용승용차는 모두 임직원전용보험에 가입하였으며, 출퇴근용으로 사용하였으나 당기 차량운행일지를 작성하지는 않았다. (6점)

1. 운용리스계약기간 및 보험가입기간(계약기간과 보험가입기간은 같다)

구분	계약기간 (보험가입기간)	보증금	자산코드
BMW	2025.06.01.~2028.06.01.	20,500,000원	0101
PORSCHE	2025.05.01.~2027.05.01.	21,000,000원	0102

2.

차종	차량번호	운용리스금액	감가상각비 상당액	유류비	차량 비용 총액
BMW	04소7777	10,106,750원	8,000,375원	1,293,421원	11,400,171원
PORSCHE	357우8888	17,204,410원	16,833,975원	1,041,282원	18,245,692원

※ 모든 차량은 전용번호판을 부착하였다.

[4] 다음 자료를 이용하여 자본금과적립금조정명세서(갑), (을)을 작성하시오(단, 불러온 기존 자료 및 다른 문제의 내용은 무시하고 아래 자료만을 이용하도록 하며, 세무조정은 생략한다). (6점)

1. 다음은 자본금과적립금조정명세서(갑) 상의 변동 내용이다.
   (1) 전기 자본금 기말잔액 : 50,000,000원
   (2) 당기 자본금 증가액 : 50,000,000원
   (3) 전기 자본잉여금 기말잔액 : 4,000,000원(당기 중 자본잉여금의 변동은 없음)
   (4) 전기 이익잉여금 기말잔액 : 65,000,000원
   (5) 당기 이익잉여금 증가액 : 72,000,000원
2. 전기 말 자본금과적립금조정명세서(을) 잔액은 다음과 같다.
   (1) 대손충당금 한도초과액 12,000,000원
   (2) 선급비용 2,500,000원
   (3) 재고자산평가감 1,000,000원
3. 당기 중 유보금액 변동내역은 다음과 같다.
   (1) 당기 대손충당금한도초과액은 11,000,000원이다.
   (2) 선급비용은 모두 2025.1.1.~2025.3.31. 분으로 전기 말에 손금불산입(유보)로 세무 조정된 금액이다.
   (3) 재고자산평가감된 재고자산은 모두 판매되었고, 당기말에는 재고자산평가감이 발생 하지 않았다.
   (4) 당기 기계장치에 대한 감가상각비 한도초과액이 4,000,000원 발생하였다.
4. 전기 이월 결손금은 없는 것으로 가정한다.

[5] 아래의 자료를 이용하여 법인세과세표준및세액조정계산서와 최저한세조정계산서를 작성 하시오(단, 불러온 기존자료 및 다른 문제의 내용은 무시하고 아래의 자료만을 활용한다). (6점)

1. 결산서상 당기순이익 : 162,000,000원
2. 세무조정사항
   • 익금산입액(가산조정) : 130,000,000원
   • 손금산입액(차감조정) : 100,000,000원
3. 기부금 관련 사항은 아래와 같다.

지출연도	일반기부금지출액	일반기부금 한도액
2023년도	10,000,000원	7,000,000원
2025년도(당기)	18,000,000원	20,000,000원

4. 이월결손금 : 10,000,000원(전액 2024년도 귀속분이다.)
5. 수도권 내 청년창업중소기업에 대한 세액감면(최저한세 적용대상) : 9,000,000원
6. 중간예납세액 : 3,000,000원
7. 원천납부세액 : 1,200,000원

집중심화시험

㈜하나전자(회사코드 : 9523)는 제조·도소매업을 영위하는 중소기업이며, 당기(제13기) 회계기간은 2025.1.1.~2025.12.31.이다. 전산세무회계 수험용 프로그램을 이용하여 다음 물음에 답하시오.

| **기본전제** |

- 문제에서 한국채택국제회계기준을 적용하도록 하는 전제조건이 없는 경우, 일반기업회계기준을 적용하여 회계처리 한다.
- 문제의 풀이와 답안작성은 제시된 문제의 순서대로 진행한다.

1 다음 거래에 대하여 적절한 회계처리를 하시오. (12점)

입력시 유의사항

- ☐ 일반적인 적요의 입력은 생략하지만, 타계정 대체거래는 적요번호를 선택하여 입력한다.
- ☐ 세금계산서·계산서 수수거래 및 채권·채무 관련 거래는 별도의 요구가 없는 한 반드시 기등록된 거래처코드를 선택하는 방법으로 거래처명을 입력한다.
- ☐ 제조경비는 500번대 계정코드를, 판매비와관리비는 800번대 계정코드를 사용한다.
- ☐ 회계처리 시 계정과목은 등록된 계정과목 중 가장 적절한 과목으로 한다.
- ☐ 매입매출전표 입력 시 입력화면 하단의 분개까지 처리하고, 전자세금계산서 및 전자계산서는 전자 입력으로 반영한다.

[1] 2월 15일 ㈜한라기계로부터 기계장치(공급가액 60,000,000원, 부가가치세액 6,000,000원)를 취득하고 전자세금계산서를 발급받았으며, 대금은 보통예금으로 지급하였다. 당사는 설비자산 취득을 위해 1월 30일에 정부로부터 상환의무가 없는 국고보조금 50,000,000원을 보통예금 계좌로 수령하였다(단, 국고보조금 회계처리를 포함한 모든 입력은 매입매출전표에서 할 것). (3점)

[2] 7월 5일 개인 소비자에게 제품 10대(대당 공급가액 300,000원, 부가가치세 별도)를 판매하고 대금을 현금으로 수령하였다. 소비자가 현금영수증의 발급을 원하지 않은 관계로 동 금액에 대해 국세청 지정번호(010-0000-1234)로 현금영수증을 발급하였다(단, 거래처 입력은 생략할 것). (3점)

[3] 8월 10일　당사와 김부자 씨가 체결한 자본투자 계약의 약정에 따라 보통예금으로 자본 납입을 받았다. 다음은 투자계약서의 일부 내용이다. 신주인수대금이 보통예금 계좌로 입금되었으며, 즉시 신주 교부와 증자등기를 완료하였다.　　　(3점)

> 제1조 (신주의 발행과 인수)
> ① 회사는 본 계약에 따라 다음과 같은 본 건 주식을 발행하여 증자등기를 하고, 투자자는 이를 인수한다.
> 　1. 발행할 주식의 총수(수권주식수) : 1,000,000주
> 　2. 금회의 신주발행 내역
> 　　가. 신주의 종류와 수 : 기명식 (보통주) 10,000주
> 　　나. 1주의 금액(액면가) : 금 500원
> 　　다. 본건 주식의 1주당 발행가액 : 금 3,000원
> 　　라. 본건 주식의 총 인수대금 : 금 30,000,000원
> 　　마. 본건 주식의 납입기일(증자등기일) : 2025년 08월 10일

[4] 12월 20일　당사가 보유하고 있던 매도가능증권을 다음과 같은 조건으로 처분하고 대금은 보통예금계좌로 입금되었다(단, 2024.12.31. 기말평가는 일반기업회계기준에 따라 적절히 이루어졌다).　　　(3점)

취득원가	2024.12.31. 공정가액	2025.12.20. 양도가액	비고
15,000,000원	19,000,000원	17,000,000원	시장성 있음

2　다음 주어진 요구사항에 따라 부가가치세 신고서 및 부속서류를 작성하시오.　(10점)

[1] 다음 자료에 근거하여 2025년 제1기(4월 1일~6월 30일)의 신용카드매출전표등수령명세서 (갑)(을)을 작성하고, 매입세액공제가 불가능한 세금계산서 매입의 경우 공제받지못할매입 세액명세서를 작성하시오. 단, 신용카드매출전표 수령분은 모두 법인 명의의 신한카드 (1111−2222−3333−4444)를 사용하였다.　　　(5점)

사용일자	상호	유형	사업자등록번호	공급대가	수취 증빙	비고
05월 01일	㈜문구사랑	일반	115 − 81 − 00451	220,000원	세금계산서	경리부 문구 구입
05월 07일	과일나라	면세	323 − 90 − 11890	55,000원	신용카드매출전표	직원 간식 구입
05월 11일	㈜착한마트	일반	551 − 87 − 33392	165,000원	신용카드매출전표	영업부 소모품 구입
05월 27일	㈜기프트	일반	505 − 87 − 22155	550,000원	세금계산서	거래처 접대물품 구입
06월 07일	구인천국㈜	일반	516 − 88 − 25450	330,000원	현금영수증	직원 채용 광고비
06월 16일	커피세상	간이(1)	165 − 77 − 15608	52,250원	현금영수증	직원 간식 구입
06월 27일	쎈수학학원	면세	245 − 90 − 67890	220,000원	신용카드매출전표	대표자 자녀 학원비

• 간이과세자인 커피세상은 세금계산서의 발급이 금지되어 있고, 영수증만을 발급해야 하는 사업자임.

[2] 당사는 2025년 제2기 확정신고기간(10.1.~12.31.)의 부가가치세 신고를 기한 내에 하지 않아 2026년 2월 10일에 기한후신고를 하고 납부를 하고자 한다. 다음 자료를 매입매출전표에 입력(분개는 생략)하고, 부가가치세신고서를 작성하시오. 단, 전자세금계산서는 모두 적정하게 작성 및 전송하였으며, 가산세는 미납일수를 16일로 하고, 일반무신고가산세를 적용한다. (5점)

- 11월 30일 : 원재료(공급가액 10,000,000원, 부가가치세액 1,000,000원)를 ㈜하나물산으로부터 매입하고 전자세금계산서를 발급받았다.
- 12월 15일 : 제품(공급가액 15,000,000원, 부가가치세액 1,500,000원)을 ㈜삼일전자에 판매하고 전자세금계산서를 발급하였다.

3 다음의 결산정리사항에 대하여 결산정리분개를 하거나 입력을 하여 결산을 완료하시오. (8점)

[1] 제2기 부가가치세 확정신고기간의 부가가치세와 관련된 내용이 아래와 같다. 입력된 다른 데이터는 무시하고 12월 31일 현재 부가세예수금과 부가세대급금의 정리분개를 수행하시오(단, 납부세액일 경우 미지급세금, 환급세액일 경우에는 미수금으로 회계처리할 것). (2점)

- 부가세예수금 : 48,000,000원
- 부가세대급금 : 63,500,000원
- 전자신고세액공제 : 10,000원

[2] 당사는 ㈜금성이 2025년 1월 1일 발행한 액면금액 2,000,000원인 채권(만기 3년, 표시이자율 연 7%, 유효이자율 연 10%, 만기 3년)을 1,850,787원에 만기보유목적으로 현금을 지급하고 취득하였다. 2025년 12월 31일 회계처리를 하시오(단, 표시이자는 매년 말 현금으로 수령하고, 기말 공정가치 측정은 고려하지 않으며, 소수점 미만은 절사한다). (2점)

[3] 다음은 대표이사가 당사로부터 차입한 금전소비대차 관련 자료이다. 2025년 12월 31일 현재 가지급금 인정이자에 대한 회계처리를 하시오. (2점)

- 대여일 : 2025년 5월 1일
- 대여금액 : 24,000,000원
- 적용이자율 : 당좌대출이자율 (연간 4.6%)
- 적수 계산은 편의상 월할 계산함

[4] 당사는 2024년 7월 1일에 영업권을 취득하였다. 영업권의 내용연수는 5년이고, 상각방법은 정액법, 표시방법은 직접법을 채택하고 있다. 2024년 회계연도 결산 시 무형자산상각비는 월할상각하여 적절히 반영하였으며, 영업권의 2024년 기말잔액은 45,000,000원이다. 영업권에 대한 결산분개를 하시오. (2점)

4 원천징수와 관련된 다음 물음에 답하시오. (10점)

[1] 다음은 2025년 4월 22일에 입사한 조지욱(사번:222번, 세대주)과 관련된 자료이다. 사원등록 메뉴의 부양가족 탭에서 인적공제를 수정하여 작성하고(기본공제 대상이 아닌 경우 반드시 기본공제를 "부"로 입력), 연말정산추가자료입력 메뉴의 소득명세 등 해당하는 모든 탭에 입력하고 연말정산입력 탭을 완성하시오(단, 소득세 부담 최소화를 가정한다). (8점)

1. 종전 근무지 관련 자료
   • 근무처명 : ㈜재무(106-87-42541)
   • 근무기간 : 2025.01.01.~2025.03.31.
   • 급여내역 : 급여 20,000,000원, 상여 2,000,000원
   • 사회보험 :

국민연금	건강보험	장기요양	고용보험
707,400원	768,900원	53,740원	198,000원

   • 세액명세 :

구분		소득세	지방소득세
결정세액	결정세액	630,530원	63,050원
	기납부세액	2,101,770원	210,170원
	차감징수세액	-1,471,240원	-147,120원

2. 부양가족

가족관계증명서

등록기준지		서울특별시 성북구 장위동 324-4		
구분	성 명	출생연월일	주민등록번호	성별
본인	조지욱	1980년 04월 28일	800428-1072224	남

가족사항

구분	성 명	출생연월일	주민등록번호	성별
부	조유성	1954년 08월 02일	540802-1028222	남
모	우유순	1955년 01월 14일	550114-2033212	여
배우자	이미지	1985년 09월 01일	850901-2245302	여
자녀	조지예	2014년 03월 31일	140331-4274317	여
자녀	조지근	2025년 03월 15일	250315-3044211	남

- 배우자는 프리랜서 사업소득자로 연간 사업소득금액이 15,000,000원이다.
- 본인의 부모님은 소득이 없으며, 다른 가족의 기본공제 대상자가 아니다.
- 아버지(조유성)는 장애인복지법상 지체장애4급 장애인이다.
- 장인(이기진 550730-1052110)은 무직이나 2025년 주택처분으로 인한 양도소득금액 10,000,000원이 발생하였고, 다른 가족의 기본공제 대상자가 아니다.
- 장모(유이자 561212-2033102)는 소득이 없으며, 다른 가족의 기본공제 대상자가 아니다.
- 그 외 부양가족은 소득이 없다.
- 주민등록번호는 모두 정상으로 가정한다.

3. 국세청 연말정산간소화서비스 자료

2025년 귀속 소득·세액공제증명서류 : 기본(지출처별)내역 [보장성보험, 장애인전용보장성보험]

■ 계약자 인적사항

성명	조지욱	주민등록번호	800428-*******

■ 보장성보험(장애인전용보장성보험)납입내역 (단위 : 원)

종류	상호	보험종류			납입금액 계
	사업자번호	증권번호	주피보험자		
	종피보험자1	종피보험자2	종피보험자3		
보장성	현다화재	자동차보험			1,200,000
	101-82-*****	8282882	800428-*******	조지욱	
보장성	현다화재	보장성보험			500,000
	101-82-******	MM82882	140331-*******	조지예	
인별합계금액	1,700,000				

2025년 귀속 소득·세액공제증명서류 : 기본(지출처별)내역 [의료비]

■ 환자 인적사항

성명	조지근	주민등록번호	250315-*******

■ 의료비 지출내역 (단위 : 원)

사업자번호	상호	종류	납입금액 계
0-90-14*	삼숭****	일반	3,600,000
의료비 인별합계금액			3,600,000
안경구입비 인별합계금액			
인별합계금액			3,600,000

2025년 귀속 소득 · 세액공제증명서류 : 기본(지출처별)내역
[기부금]

■ 기부자 인적사항

성명	조지예	주민등록번호	140331 - *******

■ 기부금 지출내역 (단위 : 원)

사업자번호	단체명	기부유형	기부금액 합계	공제대상 기부금액	기부장려금 신청금액
102 - 82 - 07606	(사)세프	종교단체외 일반기부금	800,000	800,000	
인별합계금액	800,000				

• 조지욱 본인과 가족들의 자료이며, 의료비는 조지욱이 전부 지출하였다.
• 위 자료 외의 다른 국세청 연말정산간소화서비스 자료는 없는 것으로 한다.

[2] 다음 자료를 이용하여 이미 작성된 원천징수이행상황신고서를 조회하여 마감하고, 국세청 홈택스에 전자신고하시오. (2점)

1. 전산에 입력되어 있는 기본자료

귀속 월	지급 월	소득 구분	신고 코드	인원	총지급액	소득세	비고
5월	5월	근로소득	A01	5명	20,000,000원	1,000,000원	매월신고, 정기신고

2. 유의사항
   • 위 자료를 바탕으로 원천징수이행상황신고서가 작성되어 있다.
   • [원천징수이행상황신고서] 마감→[전자신고]→[국세청 홈택스 전자신고 변환(교육용)] 순으로 진행한다.
   • 전자신고용 전자파일 제작 시 신고인 구분은 2.납세자 자진신고를 선택하고, 비밀번호는 "12345678"을 입력한다.
   • 전자신고용 전자파일 저장경로는 로컬디스크 (C:)이며, 파일명은 "작성연월일.01.t1258110126"이다.
   • 최종적으로 국세청 홈택스에서 전자파일 제출하기를 완료하여야 한다.

5 진주물산㈜(회사코드 : 9524)은 제조업을 영위하는 중소기업으로 전자부품을 생산하며, 당해 사업연도(제11기)는 2025.1.1.~2025.12.31.이다. 법인조정 메뉴를 이용하여 기장되어 있는 재무회계 장부 자료와 제시된 보충자료에 의하여 해당 사업연도의 세무조정을 하시오. ※ 회사선택 시 유의하시오. (30점)

┌─┤ 작 성 대 상 서 식 ├─────────────────────────────

1. 수입금액조정명세서, 조정후수입금액명세서
2. 세금과공과금명세서
3. 외화자산등평가차손익조정명세서
4. 소득금액조정합계표및명세서
5. 기부금조정명세서

───

[1] 다음 자료를 참조하여 수입금액조정명세서와 조정후수입금액명세서를 작성하시오(단, 세무조정은 각 건별로 처리한다). (6점)

1. 재고 실사 반영 전 손익계산서 일부

Ⅰ. 매출액		3,730,810,900원
제품매출	3,730,810,900원	

※ 제품매출액에는 수출액 582,809,400원이 포함되어 있다.

2. 2025년 제1기 예정 부가가치세신고서 중 과세표준명세

④ 과세표준명세			
업태	종목	업종코드	금액
(27) 제조	그 외 기타 전자 부품 제조	321001	872,400,600원
(28)			
(29)			
(30) 수입금액제외	그 외 기타 전자 부품 제조	321001	12,000,000원
(31) 합 계			884,400,600원

※ 과세표준명세상 수입금액제외는 업무용승용차 처분에 따른 전자세금계산서 발급분이다.

3. 2025년 귀속 부가가치세 신고 내역

기수	일반과표	영세율과표	면세수입금액	합계
제1기 예정	733,511,000원	150,889,600원	0	884,400,600원
제1기 확정	795,515,000원	138,591,200원	0	934,106,200원
제2기 예정	802,445,000원	147,600,500원	0	950,045,500원
제2기 확정	828,530,500원	145,728,100원	0	974,258,600원
계	3,160,001,500원	582,809,400원	0	3,742,810,900원

4. 재고 실사 보고서 일부

> • 제품재고 중 15,200,000원(판매가 18,000,000원)은 시송품으로 거래처에 반출하였으며, 2025.12.29. 국내 구매자가 해당 제품의 구입의사를 전달했으나 재무제표에 반영되지 않았다.
> • 제품재고 중 8,500,000원(판매가 10,000,000원)은 위탁판매를 위해 수탁자에게 전달되었으며, 2025.12.31. 국내 수탁자가 해당 제품이 판매되었다고 출고장을 보내왔으나 재무제표에 반영되지 않았다.

[2] 세금과공과금의 계정별원장을 조회하여 세금과공과금명세서를 작성하고 관련 세무조정을 소득금액조정합계표및명세서에 반영하시오(단, 아래의 항목 중 다른 세무조정명세서에 영향을 미치는 사항은 관련된 조정명세서에서 적정하게 처리되었다고 가정하고, 세무조정은 건별로 처리하도록 한다). (6점)

월 일	적 요	금 액
01월 12일	주민세(종업원분)	1,700,000원
02월 15일	산재보험료 연체금	300,000원
03월 12일	국민연금 회사부담분	3,200,000원
03월 24일	사업과 관련없는 불공제매입세액	1,200,000원
04월 30일	법인세분·법인지방소득세	3,500,000원
05월 08일	대표자 개인의 양도소득세 납부	5,000,000원
06월 25일	폐수 초과배출부담금	750,000원
07월 03일	지급명세서미제출가산세	1,500,000원
09월 15일	간주임대료에 대한 부가가치세	650,000원
10월 05일	업무상 교통위반 과태료	100,000원
12월 09일	법인분 종합부동산세	5,700,000원

[3] 아래 당기의 외화거래자료를 이용하여 외화자산등평가차손익조정명세서(갑),(을)를 작성하고, 세무조정사항이 있는 경우 소득금액조정합계표및명세서를 작성하시오. (6점)

계정과목	발생일자	외화금액(USD)	발생일 매매기준율	기말 매매기준율
외상매출금	2025.03.02.	$20,000	$1 = 1,150원	$1 = 1,250원
외상매입금	2025.05.05.	$12,000	$1 = 1,200원	$1 = 1,250원

• 당사는 외화자산 및 부채의 평가방법으로 사업연도 종료일 현재의 매매기준율을 관할 세무서장에게 신고하였지만, 실제 결산 시 1,200원/$의 환율을 적용하여 외화자산 및 부채를 평가하였다.
• 화폐성외화자산 및 부채는 위에 제시된 자료뿐이다.
• 세무조정 발생 시 세무조정은 각 자산 및 부채별로 하기로 한다.

[4] 다음의 자료를 이용하여 소득금액조정합계표및명세서를 추가로 작성하시오.   (6점)

> 1. 손익계산서상 임원 상여금 5,000,000원, 제조원가명세서상 직원 상여금 25,000,000원이 계상되어 있다. 단, 당사는 임원 및 직원에 대한 상여금 지급 규정이 없다.
> 2. 업무용 화물트럭의 자동차세 과오납금에 대한 환급금 200,000원과 환부이자 10,000원을 모두 잡이익으로 회계처리 하였다.
> 3. 당기 손익계산서상 법인세등 12,000,000원이 계상되어 있다.
> 4. 회사가 계상한 감가상각비는 20,000,000원이며, 세법상 감가상각범위액은 25,000,000원이다. 단, 전기 감가상각부인액 8,000,000원이 있다.
> 5. 채권자가 불분명한 사채이자를 지급하면서 다음과 같이 회계처리하고, 예수금은 원천징수세액으로 납부하였다
>
> - 이자 지급시   (차) 이자비용 2,000,000   (대) 보통예금 1,450,000
>   예수금   550,000
> - 원천징수세액 납부시 (차) 예수금   550,000   (대) 현 금   550,000

[5] 다음 자료를 이용하여 기부금조정명세서의 1.기부금입력 탭과 2.기부금조정 탭을 작성하고 세무조정을 하시오(단, 기부처의 사업자(주민)번호 입력은 생략하되, 기부금 입력 시 불러오기를 이용하고, 불러온 자료를 수정하여 완성할 것).   (6점)

> 1. 기부금 등 관련 내역
>
> | 발생일 | 금액 | 지출처^{주1)} | 내용 |
> |---|---|---|---|
> | 03월 11일 | 5,000,000원 | 일반기부금단체 | 종교단체 기부금 |
> | 05월 23일 | 20,000,000원 | 특례기부금단체 | 국립대학병원에 연구비로 지출한 기부금 |
> | 07월 21일 | ? | 특례기부금단체 | 이재민 구호물품 (시가 : 4,000,000원, 장부가액 : 5,000,000원) |
> | 09월 10일 | ? | 비지정기부금단체 | 보유 중인 토지를 양도 (시가 : 100,000,000원, 양도가액 : 60,000,000원)^{주2)} |
>
> ※ 특례기부금은 법인세법 제24조 제2항 1호, 일반기부금은 법인세법 제24조 제3항 1호에 해당한다.
> 주1) 당사와 특수관계가 없는 단체이며, 사업과 직접적인 관계가 없는 지출이다.
> 주2) 토지는 정당한 사유 없이 저가 양도하였다.
>
> 2. 법인세과세표준 및 세액조정계산서상 차가감소득금액
>
> | 결산서상 당기순손익 | | 270,000,000원 |
> |---|---|---|
> | 소득조정 금액 | 익금산입 | 25,000,000원 |
> | | 손금산입 | 10,000,000원 |
>
> ※ 기부금에 대한 세무조정 전 금액이다.
>
> 3. 세무상 미공제 이월결손금 및 이월기부금
>
> | 구분 | 이월결손금 | 이월기부금(일반기부금) |
> |---|---|---|
> | 2024년 발생분 | 15,000,000원 | 3,000,000원 |

㈜백제(회사코드 : 9525)는 제조·도소매업을 영위하는 중소기업이며, 당기는 제16기로 회계기간은 2025.1.1.~2025.12.31.이다. 전산세무회계 수험용 프로그램을 이용하여 다음 물음에 답하시오.

───── | **기본전제** | ─────

문제에서 한국채택국제회계기준을 적용하도록 하는 전제조건이 없는 경우, 일반기업회계기준을 적용하여 회계처리 한다.

1 다음 거래 자료에 대하여 적절한 회계처리를 하시오. (12점)

> **입력시 유의사항**
> ❑ 일반적인 적요의 입력은 생략하지만, 타계정 대체거래는 적요번호를 선택하여 입력한다.
> ❑ 세금계산서 · 계산서 수수거래와 채권 · 채무관련 거래는 별도의 요구가 없는 한 등록되어 있는 거래처 코드를 선택하는 방법으로 거래처명을 반드시 입력한다.
> ❑ 제조경비는 500번대 계정코드를, 판매비와 관리비는 800번대 계정코드를 사용한다.
> ❑ 회계처리 시 계정과목은 등록되어 있는 계정과목 중 가장 적절한 과목으로 한다.
> ❑ 매입매출전표입력 시 입력화면 하단의 분개까지 처리하고, 전자세금계산서 및 전자계산서는 전자입력으로 반영한다.

[1] 9월 20일　당사는 9월분 급여(영업부 : 14,000,000원, 제조부 : 11,000,000원)에 대해 원천 징수한 금액(영업부 : 520,000원, 제조부 : 380,000원)을 제외한 나머지 차액을 보통예금으로 지급하였다. (3점)

[2] 9월 24일　세영식당에서 공장 생산라인 직원들의 야근식사를 제공받고 다음과 같이 종이 세금계산서를 수취하였다. 2기 예정 부가가치세 신고시 해당 세금계산서를 누락하여 2기 확정 부가가치세 신고서에 반영하려고 한다. 반드시 해당 세금계산서를 2기 확정 부가가치세 신고서에 반영시킬 수 있도록 입력/설정하시오.　(3점)

세금계산서(공급받는자 보관용)																				책 번 호		권	호
																				일 련 번 호		-	

공급자	등록번호	1 2 5 - 2 2 - 1 9 2 2 7				공급받는자	등록번호	2 1 4 - 8 8 - 4 6 9 6 1		
	상호(법인명)	세영식당	성 명(대표자)	김세영			상호(법인명)	㈜백제	성 명(대표자)	홍선수
	사업장 주소	서울시 도봉구 방학동 15-3					사업장 주소	서울시 성동구 아차산로7길 15-1		
	업 태	음식	종 목	한식			업 태	제조 도매	종 목	전자부품

작성	공 급 가 액	세 액	비 고
연 월 일 공란수 백 십 억 천 백 십 만 천 백 십 일	십 억 천 백 십 만 천 백 십 일		
25 9 24　　　　　　3 5 0 0 0 0 0	3 5 0 0 0 0		

월 일	품　　목	규 격	수 량	단 가	공 급 가 액	세 액	비 고
9 24	야근식대		1		3,500,000	350,000	

합 계 금 액	현 금	수 표	어 음	외 상 미 수 금	이 금액을	영수/청구	함
3,850,000	1,500,000			2,350,000			

[3] 12월 21일　당사는 안정적인 원자재 조달을 위해 ㈜제대로와 납품계약을 체결하고 이에 대한 계약금 120,000,000원(VAT별도)을 보통예금으로 지급하였다. 원자재 납품기일은 2025년 1월 20일이나, ㈜제대로는 계약금 120,000,000원(VAT별도)에 대해 전자세금계산서(작성일자 : 2025년 12월 21일)을 발급하였다.　(3점)

[4] 12월 31일　당사는 2025년 1월 1일에 액면금액 100,000원인 ㈜서울이 발행한 채권(표시이자 10%, 유효이자 15%, 만기 3년)을 88,584원에 만기보유 목적으로 현금 구매하였다. 2025년 12월 31일의 회계처리를 하시오(단, 소수점 미만은 반올림하고 표시이자는 매년 말 현금 수령하며 공정가치 측정은 고려하지 않는다).　(3점)

다음 주어진 요구사항에 따라 부가가치세 신고서 및 부속서류의 작성을 하시오.
(10점)

[1] 본 문제에 한하여 당사는 재활용폐자원을 수집하는 사업자라고 가정한다. 다음 자료에 의하여 2025년 2기 확정신고기간의 재활용폐자원세액공제 신고서를 작성하시오(단, 공제(납부)할 세액까지 정확한 금액을 입력할 것). (3점)

거래자료	공급자	사업자번호	거래일자	품명	수량(KG)	취득금액	증빙	건수
	장고물상	120-04-78964	2025.10.6.	고철	400	7,800,000원	영수증	1

추가자료	• 장고물상은 간이과세사업자로 사업자등록번호는 정확한 것으로 간주한다. • 매입매출전표입력은 생략하며, 예정신고기간 중의 재활용폐자원 거래내역은 없다. • 2기 과세기간 중 재활용관련 매출액과 세금계산서 매입액(사업용 고정자산 매입액은 없음)은 다음과 같다.

구 분	매출액(공급가액)	매입공급가액(세금계산서)
예정분	62,000,000원	48,000,000원
확정분	70,000,000원	56,000,000원

[2] 다음의 자료에 의하여 ㈜백제의 2025년 1기 부가가치세 확정신고기간에 대한 부동산임대공급가액명세서를 작성하시오(이자율은 3.5%로 가정한다). (3점)

㈜백제의 임대내역

임차인	층/호	사업자등록번호	면적	용도	임대기간	보증금(원)	월세(원)
갑 편의점	1/1	117-05-88430	200㎡	편의점	2024.01.01 ~2025.12.31	300,000,000	5,000,000
을 노래방	2/2	124-48-37668	200㎡	노래방	2025.04.01 ~2027.03.31	200,000,000	3,000,000

※ 위의 임대료는 매월 말일 받기로 계약하고 전자세금계산서를 발급하고 있다.

[3] 다음은 2025년 1기 확정신고기간(2025.4.1.~2025.6.30.)의 자료이다. 신용카드매출전표 등 수령명세서를 작성하시오(다음의 자료에 대한 전표입력은 생략). (4점)

1. 4월 20일 : 영업부장의 제주 출장을 위하여 구입한 백두항공의 항공권대금(공급가액 : 200,000원, 부가세 : 20,000원)을 법인카드(서울카드)로 결제하였다(백두항공 : 114-02-59269, 서울카드번호 : 1234-5678-9100-0000, 백두항공은 일반과세자임).

2. 5월 15일 : 경리부 홍길동씨는 사무용품(공급가액 : 250,000원, 부가세 : 25,000원)을 구입하면서 홍길동 본인의 카드로 결제하고 추후 회사에서 정산받았다(엘지문구 : 120-07-33560, 개인카드번호 : 1111-2222-3333-4444, 엘지문구는 일반과세자임).

3. 6월 1일 : 기획팀의 사기진작을 위하여 지출한 회식비(공급가액 : 500,000원, 부가세 : 50,000원)에 대하여 현금영수증을 수령하였다. 동 현금영수증은 사업자지출증빙용으로 발급받았다(영덕식당 : 120-52-33333, 영덕식당은 일반과세자임).

4. 6월 5일 : 사무실 컴퓨터 수리비(공급가액 : 300,000원, 부가세 : 30,000원)을 법인카드(서울카드)로 결제하였다(114병원 : 132-08-80665, 서울카드번호 : 1234-5678- 9100-0000, 114병원은 직전연도 공급대가 4,800만원 미만의 간이과세자임).

3 다음의 결산정리사항에 대하여 결산정리분개를 하거나 입력을 하여 결산을 완료하시오.

(8점)

[1] 기중에 회계담당자는 법인의 실제 현금잔액이 장부상의 현금잔액보다 1,200,000원이 부족하여 현금과부족 계정으로 처리하였으며 기말 결산 시까지 그 원인을 발견하지 못하였다.

(1점)

[2] 당사의 외화자산 및 부채와 결산일 현재의 환율은 다음과 같다. 회사는 기업회계기준에 따라 회계처리하며 외화환산손실과 외화환산이익을 각각 인식한다(다만, 자산·부채에 대한 거래처 코드 입력은 생략하기로 한다).

(3점)

계정과목	거래처	발생일	발생일 현재 환율	2025년 12월 31일 환율
외화외상매출금($20,000)	파나소닉사	2025년 10월 22일	1,100원	
외화장기차입금($30,000)	노미노스즈끼	2025년 06월 02일	1,150원	1,200원
선수금($10,000)	㈜해피무역	2025년 12월 15일	1,250원	

[3] 다음은 당사의 유형자산명세서의 일부이다. 이를 참조하여 기말 감가상각에 대한 회계처리를 하시오(제시된 자료 외 다른 유형자산은 없는 것으로 한다).

(2점)

품 목	취득일	내용연수	감가상각비
기계장치	2023. 06. 01.	10년	25,911,596원
비품(판)	2024. 10. 01.	5년	1,200,449원

[4] 당기말 대손충당금 설정대상 채권의 설정률은 1%이다. 보충법을 적용하여 외상매출금(외화외상매출금 제외) 및 받을어음에 대한 대손충당금을 설정하시오.

(2점)

4. 원천징수와 관련된 다음 물음에 답하시오. (10점)

[1] ㈜백제는 소액주주인 거주자 김솔지(주민등록번호 : 701112 -2348311)에게 다음과 같이 배당소득을 지급하였다(주주총회결의일은 3월 3일). 당사는 비상장주식회사로 원천징수대상 소득자의 기타소득자 등록을 하고 이자배당소득 자료 입력하여 원천징수이행상황신고서를 작성하시오. (3점)

코드번호	배당소득	소득지급일/영수일	비 고
00100	3,000,000원	2025년 3월 30일	2024년 귀속 이익잉여금처분계산서상 배당금을 지급 결의한 것이다.

• 주어진 정보로만 등록 및 자료입력을 하기로 한다. 원천징수 세율은 14%이다.

[2] 다음은 영업부의 부장 정중화(사원코드 : 101, 주민등록번호 : 780103-1234567, 입사일 : 2010.05.06.)의 2024년 말 연말정산결과와 2025년 2월 급여자료이다. 자료를 바탕으로 2월분 급여대장과 원천징수이행상황신고서를 작성하시오. 필요할 경우 수당 및 공제사항을 반드시 등록하시오. (7점)

1) 정중화의 2024년 총급여는 60,000,000원이며 연말정산결과는 다음과 같다.

구분	소득세	지방소득세
결 정 세 액	4,287,500원	428,750원
기 납 부 세 액	3,933,270원	393,280원
차 감 징 수 세 액	354,230원	35,470원

2) 2025년 2월 급여명세는 다음과 같다(급여지급일은 매월 말일이다).

구 분	금 액	비 고
기 본 급	3,000,000원	
가 족 수 당	500,000원	
야 간 근 로 수 당	400,000원	
월 차 수 당	120,000원	
식 대	200,000원	별도 식사 제공없음.
자가운전보조금	300,000원	본인이 리스한 차량을 업무에 사용하고, 별도 여비를 지급하지 아니하였음.
국 민 연 금	200,000원	
건 강 보 험 료	300,000원	
장기요양보험료	38,850원	국민연금, 건강보험료, 장기요양보험료, 고용보험료, 소득세, 지방소득세는 요율표를 무시하고 주어진 자료를 이용한다.
고 용 보 험 료	37,080원	
소 득 세	183,880원	
지 방 소 득 세	18,380원	

3) 2024년 연말정산으로 인한 추가납부세액 중 354,230원은 분납하여 납부하는 것으로 신고하였다.

5
㈜부여산업(회사코드 : 9526)은 전자부품을 생산하고 제조·도매업을 영위하는 중소기업이며, 당해 사업연도(제17기)는 2025.1.1.~2025.12.31.이다. 법인세무조정 메뉴를 이용하여 재무회계 기장자료와 제시된 보충자료에 의하여 당해 사업연도의 세무조정을 하시오. ※ 회사선택 시 유의하시오.

(30점)

┌─ **| 작 성 대 상 서 식 |** ─────────────────────────────┐
1. 수입금액조정명세서
2. 대손충당금 및 대손금조정명세서
3. 업무무관차입금이자 조정명세서
4. 선급비용명세서
5. 기부금조정명세서
└──┘

[1] 다음 자료와 기장된 자료를 이용하여 수입금액조정명세서를 작성하고 필요한 세무조정을 하시오.

(6점)

1. 손익계산서 일부분	**손익계산서** 2025.1.1.~2025.12.31. (단위 : 원)	
	Ⅰ. 매출액	
	1. 제품매출액	2,000,000,000
	2. 상품매출액	1,800,000,000
	Ⅱ. 영업외수익	
	1. 이자수익	2,500,000
	2. 잡이익	10,000,000
2. 내역분석	(1) 상품매출계정을 조사한 바 상품권을 매출한 금액 50,000,000원을 매출로 계상한 것이 발견되었다. 동 상품권은 기말 현재 물품과 교환되지 아니한 것이며 그에 대한 매출원가는 계상되지 아니하였다. (2) 영업외수익 중 잡이익에는 부산물매각액 4,000,000원이 포함되어 있다. (3) 당사는 제품을 시용매출하고 있다. 12월 28일에 거래처로부터 시송품에 대한 구입의사표시(외상)를 받았는데 결산재무제표에 반영하지 못하였다. 시송품(제품) 판매가 30,000,000원이며 매출원가는 적정하게 계상되어 있다.	

[2] 다음 자료를 보고 대손충당금 및 대손금조정명세서를 작성하고 필요한 세무조정을 하시오
(단, 대손실적률은 1%이다).   (6점)

---

1. 매출채권 내역(대손충당금 설정대상 채권은 외상매출금뿐이라고 가정한다.)
   • 외상매출금은 804,100,000원(부가가치세 매출세액 : 54,100,000원 포함)이다.

2. 대손충당금(외상매출금 관련) 계정

   대손충당금

당 기	3,000,000원	기 초	3,000,000원
기 말	8,500,000원	설 정	8,500,000원

   ※ 전기 대손충당금 부인액 1,200,000원이 있음.

3. 대손발생 내역
   • 01/23 : 소멸시효가 완성된 외상매출금 1,000,000원
   • 06/12 : 부도발생일로부터 6개월 경과한 중소기업의 외상매출금 4,000,000원

4. 위 내용 중 필요한 경우 재무회계메뉴의 계정별원장 등 내용을 확인한 후 반영한다.

---

[3] 업무무관부동산등에 관련한 차입금이자조정명세서(갑)(을)을 작성하고, 필요한 세무조정
을 소득금액조정합계표에 반영하시오.   (6점)

---

1. 손익계산서상 지급이자의 내역

금융기관	연이자율	지 급 이 자	차 입 금 적 수	비 고
A	7%	14,000,000원	73,000,000,000원	채권자불분명사채이자 2025년 1월 1일 차입 (원천징수하지 아니하였음)
B은행	8%	8,000,000원	36,500,000,000원	
C은행	12%	24,000,000원	73,000,000,000원	
합 계		46,000,000원	182,500,000,000원	

   * 차입금 적수 계산시 연일수는 365일로 가정한다.

2. 대표이사에 대한 업무와 직접 관련 없는 대여금을 2025년 1월 1일에 100,000,000원을
   지급하였으며 2025년 12월 31일 현재 대표이사는 회사에 이자를 지급하지 아니하였으며
   대여금을 반납하지 아니하였다.

---

[4] 다음은 제조경비 및 판매비와 관리비의 보험료계정원장의 일부이다. 선급비용명세서를 작성(세무조정 없는 거래도 작성)하고 관련된 세무조정을 소득금액조정합계표에 반영하시오(단, 세무조정은 각 건별로 한다). (6점)

보험료계정원장

㈜부여산업   2025. 01. 01.~2025. 12. 31.   (단위 : 원)

월 일	적 요	금 액	계약기간
1월 31일	공장 화재보험료	1,200,000원	2025.01.31.~2026.06.30.
6월 27일	손해보상보험료	3,000,000원	2025.07.01.~2028.06.30.
8월 8일	이행보증보험료	250,000원	2025.08.08.~2025.09.22.
10월 25일	생산부 자동차보험료	1,300,000원	2025.10.25.~2026.10.25.

[5] 다음의 자료를 이용하여 기부금조정명세서를 작성하고 관련된 세무조정사항에 대한 소득금액조정합계표를 작성하시오(세무조정시 반드시 소득처분 할 것). (6점)

> **1. 결산서에 반영된 기부금은 다음과 같다.**
>
> | 기부일 | 적요 | 기부처 | 사업자번호 | 금액(원) |
> |---|---|---|---|---|
> | 5월 10일 | 이재민구호를 위한 성금 | 경기도청 | 124-83-00269 | 5,000,000 |
> | 12월 30일 | 불우이웃돕기성금주1) | 사랑의 열매 | 124-82-09394 | 30,000,000 |
> | 12월 31일 | 한국기술협회의 일반회비주2) | 한국기술협회 | 163-86-00019 | 7,000,000 |
>
> 주1) 불우이웃돕기성금 30,000,000원 중 20,000,000원은 현금으로, 나머지는 약속어음을 발행하여 지급하였다. 약속어음의 만기일은 2026년 1월 31일이다.
> 주2) 한국기술협회는 영업자가 조직한 단체로서 주무관청에 등록이 된 법인이다.
>
> **2. 2024년 기부금관련 세무조정사항은 다음과 같다.**
>   (1) 손금불산입 일반기부금 한도초과 7,000,000원
>
> **3. 기입력된 자료는 무시하고 차가감소득금액의 계산은 다음의 자료를 이용한다.**
>   (1) 결산서상 당기순이익 400,000,000원
>   (2) 위에서 제시한 기부금 관련 사항을 제외한 세무조정사항은 다음과 같다.
>   익금산입 손금불산입 80,000,000원, 손금산입 익금불산입 30,000,000원
>
> **4. 전기말 현재 이월결손금은 없다.**

신곡물산㈜(회사코드 : 9527)은 제조 및 도·소매업을 영위하는 중소기업이며, 당기는 제14기로 회계기간은 2025.1.1.~2025.12.31.이다. 전산세무회계 수험용 프로그램을 이용하여 다음 물음에 답하시오.

--- | 기본전제 | ---

문제에서 한국채택국제회계기준을 적용하도록 하는 전제조건이 없는 경우, 일반기업회계기준을 적용하여 회계처리 한다.

1 다음 거래 자료에 대하여 적절한 회계처리를 하시오.   (12점)

입력시 유의사항

❑ 일반적인 적요의 입력은 생략하지만, 타계정 대체거래는 적요번호를 선택하여 입력한다.
❑ 세금계산서 · 계산서 수수거래와 채권 · 채무관련 거래는 별도의 요구가 없는 한 등록되어 있는 거래처 코드를 선택하는 방법으로 거래처명을 반드시 입력한다.
❑ 제조경비는 500번대 계정코드를, 판매비와 관리비는 800번대 계정코드를 사용한다.
❑ 회계처리 시 계정과목은 등록되어 있는 계정과목 중 가장 적절한 과목으로 한다.
❑ 매입매출전표입력 시 입력화면 하단의 분개까지 처리하고, 전자세금계산서 및 전자계산서는 전자입력으로 반영한다.

[1] 1월 30일 토지에 대한 전기분 재산세 납부액 중 870,000원에 대하여 과오납을 원인으로 용산구청으로부터 환급 통보를 받았으며, 환급금은 한 달 뒤에 입금될 예정이다 (거래처명을 입력하고 당기의 영업외수익으로 처리할 것).   (3점)

[2] 7월 06일 김신희로부터 공장 신축을 위한 건물과 토지를 현물출자 받았으며, 즉시 그 토지에 있던 구건물을 철거하였다. 토지와 구건물 취득 관련 내역은 다음과 같다.   (3점)

• 현물출자로 보통주 7,000주(주당 액면금액 5,000원, 시가 6,000원)를 발행하였다.
• 토지와 구건물의 취득 관련 비용, 구건물 철거비, 토지 정지비 등의 명목으로 3,000,000원을 보통예금 계좌에서 지급하였다.
• 토지 및 구건물의 공정가치는 주식의 공정가치와 동일하다.

[3] 8월 01일　당사의 영업부서가 소희마트로부터 거래처에 증정할 선물을 아래와 같이 외상으로 구입하고 종이세금계산서를 수취하였다. (단, 전액 비용으로 회계처리할 것.) (3점)

세금계산서(공급받는자 보관용)							책 번 호				권		호	
							일 련 번 호				-			

공급자	등록번호	1 2 3 - 2 1 - 1 4 0 8 2	공급받는자	등록번호	1 1 0 - 8 1 - 2 1 4 1 3
	상호(법인명)	소희마트　성 명　윤소희		상호(법인명)	성 명
	사업장 주소	서울특별시 마포구 백범로 100		사업장 주소	
	업 태	도소매　종 목　잡화		업 태	종 목

작성		공 급 가 액										세　액											비 고
연	월	일	공란수	십	억	천	백	십	만	천	백	십	일	십	억	천	백	십	만	천	백	십	일	
2025	08	01	3			2	0	0	0	0	0	0						2	0	0	0	0	0	

월	일	품　목	규 격	수 량	단 가	공 급 가 액	세 액	비 고
08	01	선물세트		100	20,000	2,000,000	200,000	

합 계 금 액	현　금	수　표	어　음	외 상 미 수 금	이 금액을 청구 함
2,200,000				2,200,000	

[4] 8월 6일　당사는 ㈜안정과 2022년 8월 6일에 제품공급계약을 체결하고, 제품은 잔금 지급일인 2025년 8월 6일에 인도하기로 했다. 제품 공급가액은 300,000,000원이며 부가가치세는 30,000,000원이다. 대금은 지급 약정일에 보통예금으로 수령하였으며, 해당 제품의 공급과 관련하여 전자세금계산서는 부가가치세법에 따라 정상적으로 발급하였다. 2025년에 해당하는 전자세금계산서에 대한 회계처리를 하시오. (3점)

구분	지급약정일	지급액
계약금	2022.08.06.	33,000,000원
1차 중도금	2023.08.06.	88,000,000원
2차 중도금	2024.08.06.	88,000,000원
잔 금	2025.08.06.	121,000,000원

[1] 다음과 같은 부동산 임대차계약서를 작성하고 이와 관련된 전자세금계산서를 모두 발급하였다. 이를 바탕으로 제1기 확정신고기간(2025.4.1.~2025.6.30.)의 부동산임대공급가액명세서 및 부가가치세신고서(과세표준명세 작성은 생략함)를 작성하시오. 단, 당사는 차입금과다법인이 아니며, 간주임대료에 대한 정기예금이자율은 3.5%로 한다.

(5점)

부 동 산 임 대 차 계 약 서				■ 임대인용 □ 임차인용 □ 사무소보관용			
부동산의 표시	소재지	서울시 용산구 임정로 25 상공빌딩 1층				
	구 조	철근콘크리트조	용도	상업용	면적	100m²
보증금	금 100,000,000원정			월세	2,200,000원정(VAT 별도)	

제1조	위 부동산의 임대인과 임차인의 합의하에 아래와 같이 계약함.
제2조	위 부동산의 임대차에 있어 임차인은 보증금을 아래와 같이 지불키로 함.

계 약 금	30,000,000 원정은 계약 시에 지불하고
중 도 금	원정은 년 월 일 지불하며
잔 금	70,000,000 원정은 2025 년 4 월 30 일 중개업자 입회 하에 지불함.

제3조	위 부동산의 명도는 2025 년 5 월 1 일로 함.
제4조	임대차 기간은 2025 년 5 월 1 일부터 2027 년 4 월 30 일까지로 함.
제5조	월세액은 매 월(30)일에 지불키로 하되 만약 기일 내에 지불하지 못할 시에는 보증금에서 공제키로 함.
제6조	임차인은 임대인의 승인 하에 계약 대상물을 개축 또는 변조할 수 있으나 명도 시에는 임차인이 비용 일체를 부담하여 원상복구 하여야 함.
제7조	임대인과 중개업자는 별첨 중개물건 확인설명서를 작성하여 서명·날인하고 임차인은 이를 확인 수령함. 다만, 임대인은 중개물건 확인설명에 필요한 자료를 중개업자에게 제공하거나 자료수집에 따른 법령에 규정한 실비를 지급하고 대행케 하여야 함.
제8조	본 계약을 임대인이 위약 시는 계약금의 배액을 변상하며 임차인이 위약 시는 계약금은 무효로 하고 반환을 청구할 수 없음.
제9조	부동산중개업법 제20조 규정에 의하여 중개료는 계약 당시 쌍방에서 법정수수료를 중개인에게 지불하여야 함.

위 계약조건을 확실히 하고 후일에 증하기 위하여 본 계약서를 작성하고 각 1통씩 보관한다.

2025 년   3 월   1 일

임 대 인	주 소	서울시 용산구 임정로 25 상공빌딩 1층				
	사업자 등록번호	110-81-21413	전화번호	02-1234-1234	성명	신곡물산㈜ ㉑
임 차 인	주 소	서울시 용산구 임정로 25 상공빌딩 1층				
	사업자 등록번호	101-41-12345	전화번호	02-1234-0001	성명	서울물산 ㉑
중개업자	주 소	서울시 용산구 임정로 127			허가 번호	XX-XXX-XXX
	상 호	중앙 공인중개 사무소	전화번호	02-1234-6655	성명	홍동경 ㉑

[2] 다음 자료를 매입매출전표입력 메뉴에 입력(분개는 생략)하고, 2025년 제2기 확정신고기간 (2025.10.01.~2025.12.31.) 부가가치세 신고 시 첨부서류인 내국신용장·구매확인서전자 발급명세서 및 영세율매출명세서를 작성하시오. (5점)

> - 2025년 10월 10일 : ㈜신우무역에 제품 48,000,000원(부가가치세 별도)을 공급하고 구매확인서(발급일 : 2025년 10월 15일, 서류번호 : 1111111)를 발급받아 제품공급일 을 작성일자로 하여 2025.10.15.에 영세율전자세금계산서를 작성하여 전송하였다.
> - 2025년 11월 13일 : ㈜주철기업으로부터 발급받은 내국신용장(발급일 : 2025년 11월 10일, 서류번호 : 2222222)에 의하여 제품 16,000,000원(부가가치세 별도)을 공급하고 제품공급일을 작성일자로 하여 2025.11.13.에 영세율전자세금계산서를 작성하여 전송하 였다.

3 다음 결산정리사항에 대하여 결산정리분개를 하거나 입력을 하여 결산을 완료하시오. (8점)

[1] 2025년 7월 25일에 취득하여 보유 중인 단기매매증권(150주, 취득가액 주당 10,000원)이 있 다. 결산일 현재 공정가치가 주당 12,000원인 경우 필요한 회계처리를 하시오. (2점)

[2] 아래와 같이 발행된 사채에 대하여 결산일에 필요한 회계처리를 하시오. (2점)

발행일	사채 액면금액	사채 발행가액	액면이자율	유효이자율
2025.01.01.	30,000,000원	28,000,000원	연 5%	연 7%

> - 사채의 발행가액은 적정하고, 사채발행비와 중도에 상환된 내역은 없는 것으로 가정한다.
> - 이자는 매년 말에 보통예금으로 이체한다.

[3] 회사는 기말에 퇴직금 추계액 전액을 퇴직급여충당부채로 설정하고 있다. 아래의 자료를 이용하여 당기 퇴직급여충당부채를 계상하시오. (2점)

구분	전기말 퇴직금 추계액	당해연도 퇴직금 지급액 (퇴직급여충당부채와 상계)	당기말 퇴직금 추계액
영업부서	30,000,000원	15,000,000원	40,000,000원
생산부서	64,000,000원	15,000,000원	65,000,000원

[4] 아래의 자료는 당사의 실제 당기 법인세과세표준및세액조정계산서의 일부 내용이다. 입력된 데이터는 무시하고, 주어진 세율 정보를 참고하여 법인세비용에 대한 회계처리를 하시오. (2점)

법인세 과세표준 및 세액 조정 계산서 일부 내용	과세표준 계산	⑩ 각사업연도소득금액 (⑩=⑩)		329,200,000원
		⑩ 이월결손금	07	49,520,000원
		⑪ 비과세소득	08	0원
		⑪ 소득공제	09	0원
		⑫ 과세표준 (⑩-⑩-⑪-⑪)	10	279,680,000원
세율 정보	• 법인세율 – 법인세 과세표준 2억원 이하 : 9% – 법인세 과세표준 2억원 초과 200억원 이하 : 19% • 지방소득세율 – 법인세 과세표준 2억원 이하 : 0.9% – 법인세 과세표준 2억원 초과 200억원 이하 : 1.9%			
기타	• 위의 모든 자료는 법인세법상 적절하게 산출된 금액이다. • 기한 내 납부한 법인세 중간예납세액은 9,500,000원, 예금이자에 대한 원천징수 법인세액은 920,000원, 지방소득세액은 92,000원이 있다.			

---

4 원천징수와 관련된 다음 물음에 답하시오. (10점)

[1] 6월 30일에 지급한 사원 이창현(사번 : 104)의 6월분 급여내역은 다음과 같다. 6월분 급여 자료를 입력하시오(단, 필요한 수당 및 공제항목은 수정 및 등록하고 사용하지 않는 수당 및 공제항목은 '부'로 한다). (4점)

- 기본급 : 2,600,000원
- 식대 : 100,000원 (식대와 별도로 현물식사를 중복으로 제공받고 있음)
- 직책수당 : 200,000원
- 자가운전보조금 : 200,000원 (본인 소유 차량을 업무에 이용하고 실비정산을 받지 않음)
- 연구보조비 : 100,000원(기업부설연구소 연구원으로 비과세 요건 충족, 근로소득유형 코드는 H10으로 할 것)
- 국민연금 : 110,000원
- 건강보험료 : 89,000원
- 장기요양보험료 : 11,400원
- 고용보험료 : 26,100원
- ※ 건강보험료, 국민연금보험료, 고용보험료는 등급표 대신 제시된 자료를 기준으로 하고, 소득세 등은 자동계산 금액에 따른다.

[2] 다음은 제조공장 생산부서에 근무하는 김정훈(사번 : 121, 입사일 : 2017년 01월 01일, 주민등록번호 : 740614 – 1052369)에 대한 연말정산 관련 자료이다. 김정훈의 연말정산 관련 자료를 이용하여 의료비지급명세서와 연말정산추가자료를 입력하시오. 단, 세부담 최소화를 가정하며, 모든 자료는 국세청 자료로 가정한다. (6점)

---

1. 김정훈의 부양가족은 다음과 같다.
   (기본공제대상자가 아닌 경우에도 부양가족명세에 입력하고 '기본공제'에서 '부'로 표시한다.)
   (1) 배우자 : 신혜미, 771125 – 2078451, 총급여액 5,500,000원
   (2) 모친 : 이정자, 500213 – 2231649, 장애인, 소득 없음
   (3) 자녀 : 김이슬, 081220 – 4052134, 소득 없음

2. 이정자는 중증환자로서 취업이나 취학이 곤란한 상태이며, 의사가 발행한 장애인증명서를 제출하였다.

3. 김정훈이 납부한 손해보험료 내역은 다음과 같다.

계약자	피보험자	납부액
김정훈	신혜미	2,000,000원
김정훈	김이슬	900,000원

4. 김정훈이 지급한 의료비는 다음과 같다. 단, 김이슬의 의료비 외의 모든 의료비는 김정훈 본인의 신용카드로 지급하였다.

부양가족	금액	비고
김정훈	2,500,000원	안경구입비 80만원 포함
신혜미	1,000,000원	미용 목적이 아닌 치료목적의 성형수술비
이정자	2,400,000원	장애인 재활치료비
김이슬	400,000원	질병 치료비로 김이슬 명의의 현금영수증 240,000원 발급 실손보험금 160,000원 포함

5. 김정훈이 지급한 교육비는 다음과 같다.

부양가족	금액	비고
김정훈	5,000,000원	대학원 박사과정 등록금
김이슬	3,000,000원	고등학교 체험학습비 500,000원, 고등학교 교복구입비 600,000원 포함 고등학교 교복구입비는 김정훈 명의의 신용카드로 지급

5 ㈜성동물산(회사코드 : 9528)은 자동차부품 등의 제조 및 도매업을 영위하는 중소기업으로, 당해 사업연도(제15기)는 2025.1.1.~2025.12.31.이다. 법인세무조정 메뉴를 이용하여 재무회계 기장자료와 제시된 보충자료에 의하여 당해 사업연도의 세무조정을 하시오. ※ 회사선택시 유의하시오. (30점)

┌─┤ 작 성 대 상 서 식 ├─────────────────────────────────
│
│ 1. 기업업무추진비조정명세서
│ 2. 감가상각비조정명세서
│ 3. 가지급금등인정이자조정명세서
│ 4. 퇴직연금부담금조정명세서
│ 5. 기부금조정명세서
│
└──

[1] 아래의 내용을 바탕으로 당사의 기업업무추진비조정명세서를 작성하고, 필요한 세무조정을 하시오. (6점)

1. 손익계산서상 매출액과 영업외수익은 아래와 같다.

구분	매출액	특이사항
제품매출	1,890,000,000원	특수관계자에 대한 매출액 200,000,000원 포함
상품매출	1,500,000,000원	
영업외수익	100,000,000원	부산물 매출액
합계	3,490,000,000원	

2. 손익계산서상 기업업무추진비(판) 계정의 내역은 아래와 같다.

구분	금액	비고
대표이사 개인경비	5,000,000원	법인신용카드 사용분
법인신용카드 사용분	46,900,000원	전액 3만원 초과분
간이영수증 수취분 (경조사비가 아닌 일반 기업업무추진비)	4,650,000원	건당 3만원 초과분 : 4,000,000원 건당 3만원 이하분 : 650,000원
합 계	56,550,000원	

3. 한편 당사는 자사 제품(원가 2,000,000원, 시가 3,000,000원)을 거래처에 사업상 증여하고 아래와 같이 회계처리 하였다.

(차) 복리후생비(제)　　2,300,000　　(대) 제　품　　　　2,000,000
　　　　　　　　　　　　　　　　　　　　　　부가세예수금　　300,000

[2] 다음 자료를 이용하여 감가상각비조정 메뉴에서 고정자산을 등록하고 미상각분감가상각조정명세서 및 감가상각비조정명세서합계표를 작성하고 세무조정을 하시오. (6점)

> 1. 감가상각 대상 자산
>   - 계정과목 : 기계장치
>   - 자산코드/자산명 : 001/기계
>   - 취득한 기계장치가 사용 가능한 상태에 이르기까지의 운반비 1,000,000원을 지급하였다.
>
> | 취득일 | 취득가액
(부대비용 제외한 금액) | 전기(2024)
감가상각누계액 | 기준
내용연수 | 경비구분
/업종 | 상각
방법 |
> |---|---|---|---|---|---|
> | 2023.09.18. | 40,000,000원 | 12,000,000원 | 5년 | 제조 | 정률법 |
>
> 2. 회사는 기계장치에 대하여 전기에 다음과 같이 세무조정을 하였다.
>   〈손금불산입〉 감가상각비 상각부인액 　　　1,477,493원 　(유보발생)
>
> 3. 당기 제조원가명세서에 반영된 기계장치의 감가상각비 : 12,000,000원

[3] 다음 자료를 이용하여 가지급금등의인정이자조정명세서를 작성하고, 관련된 세무조정을 소득금액조정합계표에 반영하시오. (6점)

> 1. 차입금과 지급이자 내역
>
> | 연 이자율 | 차입금 | 지급이자 | 거래처 | 차입기간 |
> |---|---|---|---|---|
> | 2.9% | 40,000,000원 | 1,160,000원 | 새마을은행 | 2024.07.06.~2026.07.05. |
> | 2.1% | 25,000,000원 | 525,000원 | 시민은행 | 2025.03.01.~2026.02.28. |
> | 2.3% | 10,000,000원 | 230,000원 | ㈜동호물산 | 2024.11.04.~2026.11.03. |
>
> ※ ㈜동호물산은 당사와 특수관계에 있는 회사이다.
>
> 2. 가지급금 내역
>
> | 직책 | 성명 | 가지급금 | 발생일자 | 수령이자 |
> |---|---|---|---|---|
> | 대표이사 | 유현진 | 85,000,000원 | 2025.03.02. | 630,000원 |
> | 사내이사 | 김강현 | 17,000,000원 | 2025.05.17. | 265,000원 |
>
> ※ 수령한 이자는 장부에 이자수익으로 계상되어 있다.
>
> 3. 제시된 자료 외의 차입금과 가지급금은 없다고 가정하고, 가중평균차입이자율을 적용하기로 한다.

[4] 다음 자료를 이용하여 퇴직연금부담금조정명세서를 작성하고, 이와 관련한 세무조정을 소득금액조정합계표에 반영하시오. (6점)

> 1. 기말 현재 임직원 전원 퇴직 시 퇴직금 추계액 : 280,000,000원
>
> 2. 퇴직급여충당금 내역
> • 기초퇴직급여충당금 : 25,000,000원
> • 전기말 현재 퇴직급여충당금부인액 : 4,000,000원
>
> 3. 당기 퇴직 현황
> • 2025년 퇴직금지급액은 총 16,000,000원이며, 전액 퇴직급여충당금과 상계하였다.
> • 퇴직연금 수령액은 3,000,000원이다.
>
> 4. 퇴직연금 현황
> • 2025년 기초 퇴직연금운용자산 금액은 200,000,000원이다.
> • 확정급여형 퇴직연금과 관련하여 신고조정으로 손금산입하고 있으며, 전기분까지 신고조정으로 손금산입된 금액은 200,000,000원이다.
> • 당기 회사의 퇴직연금불입액은 40,000,000원이다.

[5] 다른 문제 및 기존 자료 등의 내용은 무시하고 다음 자료만을 이용하여 기부금조정명세서 및 기부금 명세서를 작성한 후 필요한 세무조정을 하시오. 단, 당사는 세법상 중소기업에 해당한다. (6점)

> 1. 당기 기부금 내용은 다음과 같다. 기부처 입력은 생략한다.
>
> | 일자 | 금액 | 지급내용 |
> |------|------|----------|
> | 02월 20일 | 50,000,000원 | 코로나 극복을 위해 지방자치단체에 의료용품 기부 |
> | 08월 10일 | 20,000,000원 | 태풍으로 인한 이재민 구호금품 |
> | 09월 25일 | 100,000,000원 | 사립대학교에 장학금으로 지출한 기부금 |
> | 12월 25일 | 3,000,000원 | 정당에 기부한 정치자금 |
>
> 2. 기부금 계산과 관련된 기타자료는 다음과 같다.
> • 전기에서 한도 초과로 이월된 기부금은 2024년 특례기부금 한도초과액 10,000,000원이다.
> • 결산서상 당기순이익은 300,000,000원이며, 위에 나열된 기부금에 대한 세무조정 전 익금산입 및 손금불산입 금액은 30,000,000원, 손금산입 및 익금불산입금액은 4,500,000원이다.
> • 당기로 이월된 결손금은 2022년 발생분 150,000,000원이다.

ROUND •• 05 집중심화시험 Concentration Deepening Examiation

㈜희서전자(회사코드:9529)는 제조·도소매업을 영위하는 중소기업이며, 당기(제21기) 회계기간은 2025.1.1.~2025.12.31.이다. 전산세무회계 수험용 프로그램을 이용하여 다음 물음에 답하시오.

────── | 기본전제 | ──────

• 문제에서 한국채택국제회계기준을 적용하도록 하는 전제조건이 없는 경우, 일반기업회계기준을 적용하여 회계처리 한다.
• 문제의 풀이와 답안작성은 제시된 문제의 순서대로 진행한다.

01 다음 거래에 대하여 적절한 회계처리를 하시오. (12점)

입력시 유의사항

☐ 일반적인 적요의 입력은 생략하지만, 타계정 대체거래는 적요 번호를 선택하여 입력한다.
☐ 세금계산서 · 계산서 수수 거래 및 채권 · 채무 관련 거래는 별도의 요구가 없는 한 반드시 기등록된 거래처코드를 선택하는 방법으로 거래처명을 입력한다.
☐ 제조경비는 500번대 계정코드를, 판매비와관리비는 800번대 계정코드를 사용한다.
☐ 회계처리 시 계정과목은 등록된 계정과목 중 가장 적절한 과목으로 한다.
☐ 매입매출전표를 입력하는 경우 입력화면 하단의 분개까지 처리하고, 세금계산서 및 계산서는 전자 여부를 입력하여 반영한다.

[1] 4월 20일 자기주식 300주를 총 2,700,000원에 처분하고 대금은 보통예금 계좌로 입금받았다. 다음은 당사의 2024년 12월 31일 자본구성을 표시한 것이다. (3점)

부분재무상태표

2024년 12월 31일

자본잉여금		70,800,000원
주식발행초과금	70,000,000원	
자기주식처분이익	800,000원	
자본조정		(12,000,000원)
자기주식(1,000주, @12,000원)		

[2] 7월 11일 당사의 마케팅연구팀에 근무하는 관리직 직원들이 야근하면서 아래와 같이 저녁식사를 하고 법인카드(농협카드)로 결제하였다.   (3점)

```
            카드매출전표

카드종류 : 농협카드
회원번호 : 5554-5512-1122-1230
거래유형 : 신용승인
결제방법 : 일시불
승인번호 : 202507110012

매 출 액 :           320,000원
부 가 세 :            32,000원
합계금액 :           352,000원

단말기NO :          123456789
가맹점NO :        121-81-41118
가맹점명 :        ㈜생전주비빔밥
           -이하생략-
```

[3] 7월 26일 ㈜성동기업과 아래와 같은 조건으로 제품 할부판매계약을 체결하고 즉시 제품을 인도하였다. 1회차 할부금 및 부가가치세는 제품 인도와 동시에 보통예금 계좌로 입금되었으며, 전자세금계산서를 부가가치세법에 따라 발급하고, 매출수익은 판매대금 전액을 명목가액으로 인식하였다.   (3점)

구분	계약서상 지급일	계약서상 지급액 (부가가치세 포함)
제1차 할부금	2025년 07월 26일	11,000,000원
제2차 할부금	2025년 08월 26일	33,000,000원
제3차 할부금	2025년 12월 26일	66,000,000원
총계		110,000,000원

[4] 8월 21일 ㈜대수무역으로부터 구매확인서에 의하여 상품 6,000,000원을 매입하고 영세율전자세금계산서를 발급받았다. 대금은 보통예금 계좌에서 이체하여 지급하였다.   (3점)

다음 주어진 요구사항에 따라 부가가치세신고서 및 부속서류를 작성하시오. (10점)

[1] 제1기 부가가치세 예정신고를 신고기한(2025년 4월 25일) 내에 신고하지 못하여 5월 4일에 기한 후 신고를 하고자 한다. 단, 입력된 자료는 무시하고 아래의 자료에 의하여 부가가치세 기한 후 신고서(단, 회계처리는 생략하고, 과세표준명세는 신고구분만 입력할 것)를 작성하시오. (5점)

구분	자료
매출자료	• 전자세금계산서 발급분 과세 매출액 : 공급가액 300,000,000원, 세액 30,000,000원 • 신용카드 발급분 과세 매출액 : 공급가액 5,000,000원, 세액 500,000원 • 현금영수증 발급분 과세 매출액 : 공급가액 2,000,000원, 세액 200,000원 • 해외 직수출에 따른 매출액 : 공급가액 100,000,000원, 세액 0원
매입자료	• 전자세금계산서 발급받은 매입내역 ┌ 구분 / 공급가액 / 세액 ┐ 일반 매입 / 200,000,000원 / 20,000,000원 사업과 관련 없는 매입(고정자산 아님) / 3,000,000원 / 300,000원 기계장치 매입 / 50,000,000원 / 5,000,000원 합계 / 253,000,000원 / 25,300,000원 • 신용카드 사용분 매입내역 ┌ 구분 / 공급가액 / 세액 ┐ 일반 매입 / 10,000,000원 / 1,000,000원 접대를 위한 매입 / 1,000,000원 / 100,000원 합계 / 11,000,000원 / 1,100,000원
기타	• 전자세금계산서의 발급 및 국세청 전송은 정상적으로 이루어졌다. • 가산세 적용 시 일반(부당 아님) 무신고와 미납일수 9일을 가정한다. • 영세율첨부서류는 기한 후 신고 시 함께 제출할 예정이다.

[2] 다음의 매입 자료를 기초로 2025년 제1기 부가가치세 확정신고기간의 의제매입세액공제신고서를 작성하시오. 당사는 제조업을 영위하는 중소법인이며, 아래의 원재료 매입분은 모두 과세 대상 제품생산에 사용된다고 가정한다(단, 관련 자료의 매입매출전표입력은 생략한다). (3점)

공급자	사업자번호 (주민번호)	매입일자	품명	수량 (kg)	매입가격	증빙	건수
인천농원	123-91-41544	2025.04.06.	복숭아	180	16,000,000원	계산서	1
푸른과일	123-91-10167	2025.05.13.	토마토	90	7,000,000원	신용카드	1
우영우(농민)	830630-2054517	2025.06.08.	사과	40	1,400,000원	현금	1
김포쌀상사	215-91-67810	2025.06.19.	쌀	10	300,000원	간이영수증	1

• 우영우(농민)은 작물재배업에 종사하는 개인으로서 당사에 사과를 직접 공급하고 있다.
• 2025년 제1기 과세기간에 매입한 면세농산물과 관련된 제품매출액은 90,000,000원(부가가치세 제외)이고, 모두 4월 이후 공급분이다.
• 2025년 제1기 예정 부가가치세 신고 시 의제매입세액 공제액은 없는 것으로 가정한다.

[3] 2025년 제2기 확정신고기간의 부가가치세신고서를 작성하여 마감하고, 부가가치세 전자신고를 수행하시오. (2점)

> 1. 매출 전자세금계산서발급분 : 공급가액 300,000,000원, 세액 30,000,000원
> 2. 매입 전자세금계산서수취분 : 공급가액 150,000,000원, 세액 15,000,000원
> 3. 유의사항
>   - [전자신고] → [국세청 홈택스 전자신고변환(교육용)] 순으로 진행한다.
>   - 전자신고용 전자파일 제작 시 신고인 구분은 2.납세자 자진신고로 선택하고, 비밀번호는 "12341234"로 입력한다.
>   - 전자신고용 전자파일 저장경로는 로컬디스크(C:)이며, 파일명은 "enc작성연월일. 101.v사업자등록번호"이다.
>   - 최종적으로 국세청 홈택스에서 [전자파일 제출하기]를 완료한다.

3 다음의 결산정리사항에 대하여 결산정리분개를 입력하여 결산을 완료하시오. (8점)

[1] 결산일 현재 재무상태표상 장기차입금(대구은행) 300,000,000원에 대한 만기가 2026년 2월 29일에 도래하여 만기일에 전액을 상환할 예정이다(단, 거래처를 입력할 것). (2점)

[2] 임원에게 일시적으로 자금을 대여하고 있으며, 당해 대여금에 대한 이자를 결산에 반영하려고 한다. 다음은 '가지급금 등의 인정이자 조정명세서(갑)'의 일부이다. 이를 참조하여 회계처리 하시오(단, 이자는 수취하지 않았다). (2점)

⑩ 성명	⑪적용 이자율 선택방법	⑫가지급금 적수	⑬가수금 적수	⑭차감적수 (⑫ - ⑬)	⑮ 이자율	⑯인정이자 (⑮×⑭)	⑰회사 계상액	시가인정범위 ⑱차액 (⑯ - ⑰)	시가인정범위 ⑲비율(%) (⑱/⑯)×100	⑳조정액(= ⑱) ⑱≥3억이거나 ⑲≥5%인 경우
김수영	⑪	108,000,000,000		108,000,000,000	4.6	13,610,958	13,610,958	0		
계										

[3] 기말 현재 ㈜희서전자가 보유 중인 매도가능증권(시장성 있는 주식)은 장기투자목적으로 2024년 9월 8일에 취득한 것으로 관련 자료는 다음과 같다. 전기의 회계처리는 모두 적정하게 이루어졌다. 매도가능증권의 기말평가에 대한 회계처리를 하시오. (2점)

2024년 09월 08일 취득원가	2024년 12월 31일 공정가치	2025년 12월 31일 공정가치
5,000,000원	4,700,000원	5,200,000원

[4] 총무팀에서 사용 중인 차량에 대한 자동차 보험료(2025.10.01.~2026.09.30.) 1,200,000원을 10월 1일 지급하고 전액 비용처리 하였다(단, 보험료의 기간 배분은 월할계산하되, 음수로 입력하지 말 것). (2점)

[1] 다음은 영업팀의 사원 홍길산(사번 : 103)의 부양가족과 관련 자료이다. 본인의 세부담이 최소화되도록 사원등록 메뉴의 부양가족명세 탭에 부양가족을 입력(공제 대상이 아닌경우 "부"로 입력)하시오. 단, 부양가족은 전부 생계를 같이 하고 있으며, 제시된 자료 외에는 없는 것으로 한다. (4점)

관계	성명(주민등록번호)	비고
본인	홍길산 (771121 – 1111115)	세대주, 장애인복지법상 장애인이었으나 당해연도 중 완치가 되었다.
배우자	김옥순 (800921 – 2111112)	가정불화로 인해 일시적으로 퇴거하여 별도로 거주 중이다.
부(父)	홍준호 (470218 – 1111111)	부동산임대사업소득금액 800만원이 있다.
모(母)	정영자 (490815 – 2111110)	은행이자소득 500만원과 일용근로소득 1,200만원이 있다.
자(子)	홍영수 (080128 – 3111110)	고등학교 기숙사에 별도로 거주 중이다.
형(兄)	홍대산 (750721 – 1111117)	장애인복지법상 장애인. 공공기관에서 근무하여 총급여 480만원이 있다.
장모(丈母)	마순영 (550108 – 2111117)	올해 복권당첨소득 150만원이 있다.

[2] 비상장주식회사인 ㈜희서전자는 소액주주인 거주자 김영태(주민등록번호 : 860208 – 1069514) 씨에게 다음과 같이 배당소득을 지급하였다. 원천징수 대상 소득자를 기타소득자 등록 하고, 이자배당소득자료를 입력하시오. (2점)

소득자 코드번호	배당소득	소득지급일/영수일	비고
00100	5,000,000원	2025년 3월 31일	2025년 3월 4일 주주총회에서 결의한 2024년 귀속 이익잉여금처분계산서상 배당금을 지급한 것이다.

• 주어진 정보로만 등록 및 자료입력을 하기로 한다. 원천징수세율은 14%이다.

[3] 다음은 5월 귀속, 5월 31일 지급분에 대한 사업소득 및 기타소득 관련 자료이다. 이에 관한 자료입력을 하고, 원천징수이행상황신고서를 작성하시오(단, 당사는 반기별 사업장이 아니며, 전월미환급세액은 200,000원이다). (4점)

소득종류	소득자	거주구분	소득구분	인원	지급액
사업소득	정성호	거주자	기타모집수당	1	5,000,000원
기타소득	정도원	거주자	일시강연료	1	3,000,000원

5 덕수기업㈜(회사코드:9530)은 자동차부품 제조·도매업 및 도급공사업을 영위하는 중소기업이며, 당해 사업연도(제17기)는 2025.1.1.~2025.12.31.이다. 법인조정 메뉴를 이용하여 기장되어 있는 재무회계 장부 자료와 제시된 보충자료에 의하여 해당 사업연도의 세무조정을 하시오. ※ 회사선택 시 유의하시오. (30점)

┌─ **| 작 성 대 상 서 식 |** ─────────────────────────────
│
│ 1. 수입금액조정명세서, 조정후수입금액명세서
│ 2. 선급비용명세서
│ 3. 업무무관부동산등에관련한차입금이자조정명세서
│ 4. 퇴직연금부담금등 조정명세서
│ 5. 자본금과 적립금 조정명세서(갑),(을)

[1] 아래의 자료를 이용하여 수입금액조정명세서 및 조정후수입금액명세서를 작성하고, 이와 관련된 세무조정을 소득금액조정합계표및명세서에 반영하시오. (6점)

> 1. 손익계산서상 수입금액
>   • 상품매출(업종코드 : 503013) : 2,300,000,000원(수출매출액 300,000,000원 포함)
>   • 제품매출(업종코드 : 343000) : 858,000,000원
> 2. 일부 상품매출액(공급가액 100,000,000원) 및 매출원가(70,000,000원)가 회계 담당 직원의 실수로 인하여 누락된 사실이 뒤늦게 발견되었다. 누락된 상품매출액은 손익계산서에 포함되어 있지 않지만, 법인세 신고 전에 이와 관련된 부가가치세 수정신고는 이미 완료하였다.
> 3. 부가가치세 과세표준에는 법인세법상 손익 귀속시기가 도래하지 않았지만, 부가가치세법상 적법한 세금계산서 발급 시기에 발급한 세금계산서(공급가액 20,000,000원, 세액 2,000,000원)가 포함되어있다.

[2] 다음 자료를 이용하여 선급비용명세서를 작성하고, 관련 세무조정을 소득금액조정합계표및명세서에 반영하시오(단, 세무조정은 각각 건별로 행하는 것으로 한다). (6점)

> 1. 전기 자본금과적립금조정명세서(을)

사업연도	2024.01.01. ~ 2024.12.31.	자본금과적립금조정명세서(을)		법인명	덕수기업㈜

> 세무조정유보소득계산

| ① 과목 또는 사항 | ② 기초잔액 | 당기 중 증감 | | ⑤ 기말잔액 | 비고 |
		③ 감소	④ 증가		
선급비용	–	–	350,000원	350,000원	–

> ※ 전기분 선급비용 350,000원이 당기에 보험기간의 만기가 도래하였다.

2. 당기 보험료(선급비용) 내역

구분	보험기간	납부금액	거래처	비고
본사 화재보험	2025.07.01.~2026.06.30.	4,000,000원	㈜흥해보험	전액 보험료(판) 처리
공장 화재보험	2025.02.01.~2026.01.31.	2,400,000원	㈜경상보험	200,000원 선급비용 계상
생명보험	2025.05.01.~2026.04.30	4,800,000원	㈜살아보험	전액 보험료(판) 처리

※ 생명보험 납입액은 대표이사 배우자의 생명보험을 당사가 대납한 것이다.

[3] 다음 자료를 이용하여 업무무관부동산등에관련한차입금이자조정명세서를 작성하고, 관련 세무조정을 하시오. (6점)

(1) 손익계산서상 지급이자의 내역

금융기관	이자율	지급이자	차입금적수	비고
A은행	연10%	15,000,000원	54,750,000,000	
B은행	연7%	14,000,000원	73,000,000,000	시설자금에 대한 차입금 전액으로 당기 말 현재 미완성 건물에 사용함
합계		29,000,000원	127,750,000,000	

(2) 2025년 5월 1일 회사는 대표이사에게 업무와 직접적인 관련이 없는 대여금 100,000,000원을 지급하고, 2025년 11월 30일 대여금 100,000,000원을 회수하였다(단, 별도의 이자는 수령하지 않음).

[4] 다음 자료를 이용하여 퇴직연금부담금등조정명세서를 작성하고, 이와 관련된 세무조정을 소득금액조정합계표및명세서에 반영하시오. 단, 당사는 확정급여형 퇴직연금에 가입하였으며, 장부상 퇴직급여충당부채 및 퇴직연금충당부채를 설정하지 않고 전액 신고조정에 의하여 손금산입하고 있다. (6점)

1. 퇴직급여추계액 : 기말 현재 임직원 전원 퇴사 시 퇴직급여추계액 275,000,000원
2. 퇴직연금 운용자산내역

퇴직연금운용자산

기 초	105,000,000원	당기감소액	37,500,000원
불 입	50,000,000원	기 말	117,500,000원
	155,000,000원		155,000,000원

3. 당기 중 퇴직연금운용자산 감소분에 대한 회계처리는 다음과 같다.
(차) 퇴직급여(제) 37,500,000원   (대) 퇴직연금운용자산 37,500,000원
4. 퇴직연금운용자산 기초잔액과 관련하여 전기분 자본금과적립금조정명세서(을)에 퇴직연금충당부채 105,000,000원(△유보)이 있다.

[5] 다음 자료를 참고하여 당기 자본금과적립금조정명세표(갑)과 자본금과적립금조정명세표(을)을 작성하시오(단, 기존자료 및 다른 문제의 내용은 무시하고 아래의 자료만을 이용하고, 세무조정은 생략한다). (6점)

1. 재무상태표 요약(자본금과 이익잉여금은 당기 중 감소 없이 증가만 있었다.)

전기말 요약 재무상태표			당기말 요약 재무상태표		
	자본금	100,000,000원		자본금	300,000,000원
	이익잉여금	320,000,000원		이익잉여금	420,000,000원
계	계	420,000,000원	계	계	720,000,000원

2. 기타

1. 전기 말 자본금과적립금조정명세서(을) 잔액은 다음과 같다.
   (1) 대손충당금 한도초과액 4,000,000원
   (2) 단기매매증권평가손실 중 손금부인액 2,000,000원
   (3) 재고자산평가감 3,000,000원
2. 당기 중 유보금액 변동내역은 다음과 같다.
   (1) 당기 대손충당금 한도초과액은 7,000,000원이다.
   (2) 단기매매증권평가손실 중 손금불산입 유보발생액은 1,000,000원이다.
   (3) 전기 말에 평가감된 재고자산은 당기 중에 모두 판매되었고, 당기 말에는 재고자산평가감이 발생하지 아니하였다.

㈜세진기업(회사코드 : 9531)은 제조·도소매업을 영위하는 중소기업이며, 당기는 제15기로 회계기간은 2025. 1. 1. ~ 2025. 12. 31.이다. 전산세무회계 수험용 프로그램을 이용하여 다음 물음에 답하시오.

───── | 기본전제 | ─────

문제에서 한국채택국제회계기준을 적용하도록 하는 전제조건이 없는 경우, 일반기업회계기준을 적용하여 회계처리 한다.

Q1 다음 거래 자료에 대하여 적절한 회계처리를 하시오. (12점)

입력시 유의사항

☐ 일반적인 적요의 입력은 생략하지만, 타계정 대체거래는 적요번호를 선택하여 입력한다.
☐ 세금계산서·계산서 수수거래와 채권 · 채무관련 거래는 별도의 요구가 없는 한 등록되어 있는 거래처 코드를 선택하는 방법으로 거래처명을 반드시 입력한다.
☐ 제조경비는 500번대 계정코드를, 판매비와 관리비는 800번대 계정코드를 사용한다.
☐ 회계처리 시 계정과목은 등록되어 있는 계정과목 중 가장 적절한 과목으로 한다.
☐ 매입매출전표입력 시 입력화면 하단의 분개까지 처리하고, 전자세금계산서 및 전자계산서는 전자입력으로 반영한다.

[1] 3월 15일   당사는 주주총회에서 다음과 같이 배당을 실시하기로 결의하였다(단, 이익준비금은 현금배당의 10%를 적립하기로 한다). (3점)

주주 구성	지분비율	현금배당	주식배당
김 선 빈	60%	60,000,000원	12,000,000원
류 현 진	40%	40,000,000원	8,000,000원

[2] 4월 3일   간이과세자인 골목식당에서 공장 직원들이 회식을 하고 식대 1,000,000원을 법인카드(비씨카드)로 결제하였다. (2점)

[3] 7월 12일   ㈜최고(당사의 여주대리점)에게 약정에 따른 판매장려금으로 제품(원가 10,000,000원, 시가 15,000,000원, 부가가치세 별도)를 지급하였다. 재화의 공급에 해당하는 부분을 매입매출전표에서 입력(판매촉진비계정을 사용) 하시오. (3점)

[4] 8월 4일   당사는 액면금액 20,000,000원인 사채 중 50%를 9,200,000원에 중도상환하였다. 회사의 다른 사채발행금액은 없으며 상환대금은 보통예금 계좌에서 출금하였다(단, 사채 관련 나머지 자료는 관련 계정을 조회하여 회계처리하고, 거래처명은 생략한다).   (3점)

2 다음 주어진 요구사항에 따라 부가가치세 신고서 및 부속서류를 작성하시오. (11점)

[1] 당사는 2025년 7월 25일 제1기 확정신고(4.1~6.30) 시 아래 거래의 신고를 누락하여 2025년 9월 1일에 수정신고를 하고자 한다. 다음 거래내용에 따라 전표를 입력하고(분개 생략), 수정신고서(1차)와 가산세명세서를 작성하시오. 전자세금계산서 미발급가산세가 적용되는 부분은 전자세금계산서 미전송가산세를 적용하지 아니하며, 신고불성실가산세는 일반가산세를 적용한다(과세표준명세서 생략).   (6점)

> • 5월 3일 : ㈜화인상사에 제품을 판매하고, 전자세금계산서(공급가액 32,000,000원, 부가가치세 3,200,000원)을 적법하게 발급하고 전송하였다.
> • 5월 10일 : 금아유통에 제품을 판매하고, 종이세금계산서(공급가액 20,000,000원, 부가가치세 2,000,000원)을 발급하였다.
> • 6월 21일 : ㈜아이테크에 제품을 판매하였으나, 세금계산서(공급가액 17,000,000원, 부가가치세 1,700,000원)을 발행하지 아니하였다.

[2] 당사는 제조·도매업을 영위하는 중소기업이다. 입력된 자료는 무시하고 다음 의제매입세액 관련 자료를 이용하여 2025년 제2기 확정신고 시 의제매입세액공제신고서(제조업 면세농산물등 탭을 이용)를 작성하시오(단, 자료를 매입매출전표에 입력(분개포함)하고 한도초과액이 발생하는 경우 12월 31일 일반전표에 입력하되 음수로 입력하지 말 것).   (5점)

1. 2025년 면세 원재료 매입 관련 자료(원)

날짜	공급처	공급가액	비고
10월20일	우리과일	70,500,000	과일 7,000kg 전액 비씨카드(법인)으로 결제 1건
11월10일	김만복	1,500,000	과일 150kg 농어민으로부터 직접 구입하고 현금 결제 1건

2. 2025년 의제매입세액 관련 제품매출, 면세매입 및 의제매입세액 공제액

	제1기 과세기간(1.1.~6.30.)	제2기 과세기간(7.1.~12.31.)
제품매출	100,000,000원	120,000,000원
면세 원재료 매입	41,600,000원	72,000,000원
의제매입세액 공제액	1,600,000원	–

※ 모든 원재료는 부가가치세 과세대상 제품 생산에 사용되었고 제2기 예정신고기간 의제매입세액 공제액은 없다.

3 다음의 결산정리사항에 대하여 결산정리분개를 하거나 입력을 하여 결산을 완료하시오. (8점)

[1] 당사는 단기매매차익을 목적으로 2월 3일에 주식 100주를 주당 10,000원에 취득하였다. 이중 40주를 6월 4일에 주당 12,000원에 양도하고 나머지 60주는 기말현재 보유 중이다. 결산일에 공정가액은 주당 9,000원이다. (2점)

[2] 회사가 보유 중인 특허권의 배타적 권리 가치가 10,000,000원으로 하락하였다. 회사는 보유 중인 특허권을 처분할 예정이며, 자산 손상차손 요건을 충족한다. (2점)

[3] 회사는 기말에 퇴직금추계액 전액을 퇴직급여충당부채로 설정하고 있다. 다음 자료에 의해 당기 퇴직급여충당부채를 계상하시오. (2점)

구분	전기 말 퇴직금 추계액	당해 연도 퇴직금 지급액 (퇴직급여충당부채와 상계)	당기 말 퇴직금 추계액
경영지원팀	40,000,000원	13,000,000원	50,000,000원
절단공정팀	75,000,000원	10,000,000원	75,000,000원

[4] 2025년 12월 1일부터 2일까지 부산으로 업무차 출장 갔던 영업사원 김기동의 출장비 지급액과 정산 후 반납액이 결산일 현재 각각 가지급금 계정과 가수금 계정으로 계상되어 있다. 결산일에 정산분개를 하며, 출장비는 전액 여비교통비로 처리한다(단, 가지급금에 대한 거래처 입력은 생략한다). (2점)

4 원천징수와 관련된 다음 물음에 답하시오. (10점)

[1] 다음 자료를 이용하여 이미란(사원코드 : 500번, 세대주)씨의 연말정산을 위한 해당 메뉴(부양가족 탭 포함)에 입력하시오. 다음의 주민등록번호는 모두 올바른 것으로 가정하며, 기본공제대상자가 아닌 경우에도 부양가족명세에 입력하고 '기본공제'에서 '부'로 표시한다. (7점)

1. 이미란씨와 생계를 같이하는 동거가족은 다음과 같다.

가족관계증명서

등록기준지	서울특별시 금천구 시흥대로291			
구분	성 명	출생연월일	주민등록번호	성별
본인	이미란	1993년 10월 10일	931010-2141580	여

가족사항

구분	성 명	출생연월일	주민등록번호	성별
부	이관수	1953년 8월 11일	550811-1234564	남
모	허복순	1954년 4월 15일	560415-2118622	여
배우자	최영민	1983년 2월 20일	920220-1811113	남
자녀	최연준	2018년 3월 12일	220312-3058813	남
자녀	최지영	2024년 5월 19일	250519-4132111	여

① 이미란씨는 부녀자공제 대상이 아니다.
② 배우자는 근로소득(총급여)가 5,000,000원 있다.
③ 장남 최연준은 어린이프로그램 출연료로 기타소득이 8,000,000원 있다.
④ 나머지 동거가족은 소득이 없다.
⑤ 모친은 장애인복지법상 장애인이다.

2. 다음의 자료는 총급여에 포함되어 있지 않다.
   • 2025년 귀속분 이미란씨에 대한 소득처분(상여)금액 3,000,000원이 발생하였다.

3. 다음은 홈택스에서 조회한 자료이다. 이미란씨가 공제가능한 모든 공제를 적용받고자 한다.

과 목	명 세	금 액	비 고
보 험 료	본인의 생명보험료	1,000,000원	
	장녀의 상해보험료	140,000원	
의 료 비	본인 맹장수술비	1,500,000원	
	부친의 보청기 구입비	3,000,000원	
	장남의 진료비	900,000원	
	배우자의 성형수술비	2,000,000원	미용목적
교 육 비	부친의 노인대학 교육비	1,700,000원	
	배우자의 대학교 교육비	4,000,000원	
기 부 금	본 인	500,000원	종친회 기부금
	배우자	1,200,000원	종교단체기부금

[2] 다음 주어진 자료를 보고 사업소득자의 인적사항을 등록하고 소득관련 자료를 입력하시오 (단, 주어진 자료는 모두 정확한 것으로 가정할 것). (3점)

코드	성명	지급일	주민등록번호	지급액	내용
101	권노아	2025.4.22.	930115-1357412	12,000,000원	부동산판매 알선수수료
102	윤지현	2025.4.22.	791220-2345123	7,000,000원	부동산판매 알선수수료

• 소득귀속자와 지급일은 동일함.
• 소득구분 : '기타모집수당'으로 입력할 것 / 내국인여부 : 내국인
• 모두 인적용역사업소득자임

5 ㈜서광(회사코드 : 9532)은 전자부품을 생산하고 제조 · 도매업을 영위하는 중소기업이며, 당해 사업연도(제16기)는 2025.1.1.~2025.12.31.이다. 법인세무조정메뉴를 이용하여 재무회계 기장자료와 제시된 보충자료에 의하여 당해 사업연도의 세무조정을 하시오. (30점)

┌─ | 작 성 대 상 서 식 | ───────────────────────────────

1. 미상각분감가상각조정명세서 및 감가상각비조정명세서합계표
2. 세금과공과금명세서
3. 외화자산등평가차손익조정명세서
4. 기부금조정명세서
5. 세액공제조정명세서(3) 및 세액공제신청서

[1] 다음의 고정자산을 감가상각비조정 메뉴에서 고정자산으로 등록하고 미상각자산감가상각조정명세서 및 감가상각비조정명세서합계표를 작성하고 세무조정을 하시오. (6점)

> 1. 감가상각대상자산
>   • 계정과목 : 기계장치
>   • 자산코드 / 자산명 : 001/ 기계장치
>   • 취득 시 사용 가능할 때까지의 운반비 2,000,000원이 있다.

취득일	취득가액 (부대비용 제외한 금액)	전기 감가상각누계액	내용 연수	경비구분 /업종	상각 방법
2024. 4. 25.	140,000,000원	50,000,000원	5년	제조	정률법

> 2. 회사는 기계장치에 대하여 전기에 다음과 같이 세무조정을 하였다.
>   • 〈손금불산입〉 감가상각비 상각부인액 1,968,500원(유보)
>
> 3. 당기 제조원가명세서에 반영된 기계장치의 감가상각비 : 50,000,000원

[2] 다음은 세금과공과금에 입력된 내용이다. 입력된 자료를 조회하여 세금과공과금명세서를 작성하고 필요한 세무조정을 하시오(단, 세무조정 시 같은 소득처분인 경우에도 건별로 각각 세무조정 한다). (6점)

월 일	적 요	금 액
3월 26일	본사건물 정착 토지 취득세(판)	4,500,000원
3월 31일	법인 지방소득세	890,000원
7월 10일	국민연금 회사부담분	930,000원
7월 27일	제조부서 사용 화물차 자동차세	260,000원
8월 10일	재산분 주민세	670,000원
8월 31일	증권거래세	480,000원
9월 30일	산업재해보상보험료의 연체료	130,000원
10월 27일	마케팅부서 승용차 속도위반 과태료	60,000원

[3] 주어진 자료에 따라 외화자산등평가차손익조정명세서(외화자산, 부채의평가 을지)를 작성하고 필요한 세무조정을 각 계정과목별로 하시오. (6점)

계정	원금	발생일	발생일 매매기준율	사업연도 종료일 매매기준율	외화종류
장기차입금	¥20,000,000	2025. 5. 1.	8원/¥	10원/¥	JPY
단기차입금	¥30,000,000	2025. 6.10.	9원/¥	10원/¥	JPY
외화보통예금	$600,000	2025. 7. 1.	1,000원/$	1,200원/$	USD

① 회사는 관할세무서장에게 화폐성외화자산등평가방법신고서를 사업연도 종료일 현재의 매매기준율 등으로 평가하는 방법으로 적정하게 신고하였다.
② 담당자의 착오로 장부가액은 발생일의 환율로 작성되어 있다.

[4] 다음의 자료를 이용하여 기부금명세서와 기부금조정명세서를 작성하고 세무조정을 하시오 (단, 기존에 입력된 데이터는 무시하고 제시된 자료로 계산하며 당 문제의 자료 1번의 세무조정 사항은 2번에 반영되지 않은 상태임). (6점)

1. 기부금 지출내역(기부처는 기재하지 말 것)

지출일	금액	내용
5월 1일	10,000,000원	이재민 구호금품(어음기부 2,000,000원 포함, 만기일 2026.2.3.)
6월 15일	15,000,000원	불우이웃돕기성금(사회복지법인)
9월 21일	5,000,000원	사립대학교에 장학금으로 지출한 기부금

2. 법인세과세표준 및 세액조정계산서상 차가감소득금액

결산서상 당기순손익		200,000,000원
소득조정 금액	익금산입	10,000,000원
	손금산입	12,000,000원

3. 세무상 미공제 이월결손금 및 이월기부금

구분	이월결손금	이월기부금(일반기부금)
2024년	15,000,000원	1,000,000원
2014년	10,000,000원	2,000,000원

[5] ㈜서광은 고용을 증대시킨 기업에 대한 통합고용 세액공제를 적용받고자 한다. 정규직 근로자 변동 내역이 아래와 같을 때, 세액공제조정명세서(3) 및 세액공제신청서를 작성하시오. 2024사업연도는 세액공제 요건을 충족하지 못하였다(세액공제조정명세서(3)는 세액공제 탭과 당기공제 및 이월액 계산탭을 각각 작성할 것). (6점)

직전 과세연도 대비 상시근로자 증가인원은 다음과 같다.
• 청년 등 : 2.5명
• 청년 외 : 4명

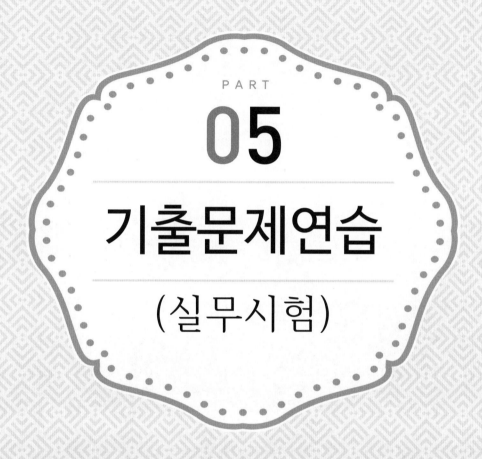

PART

05

기출문제연습

(실무시험)

제112회 기출문제연습

㈜수아이엔지(회사코드 : 9541)는 제조·도소매업을 영위하는 중소기업이며, 당기(제21기) 회계기간은 2025.1.1.~2025.12.31.이다. 전산세무회계 수험용 프로그램을 이용하여 다음 물음에 답하시오.

| 기본전제 |

- 문제에서 한국채택국제회계기준을 적용하도록 하는 전제조건이 없는 경우, 일반기업회계기준을 적용하여 회계 처리 한다.
- 문제의 풀이와 답안작성은 제시된 문제의 순서대로 진행한다.

1 다음 거래에 대하여 적절한 회계처리를 하시오. (12점)

입력시 유의사항

- ❏ 일반적인 적요의 입력은 생략하지만, 타계정 대체거래는 적요 번호를 선택하여 입력한다.
- ❏ 세금계산서·계산서 수수 거래 및 채권·채무 관련 거래는 별도의 요구가 없는 한 반드시 기등록된 거래처코드를 선택하는 방법으로 거래처명을 입력한다.
- ❏ 제조경비는 500번대 계정코드를, 판매비와관리비는 800번대 계정코드를 사용한다.
- ❏ 회계처리 시 계정과목은 등록된 계정과목 중 가장 적절한 과목으로 한다.
- ❏ 매입매출전표를 입력하는 경우 입력화면 하단의 분개까지 처리하고, 세금계산서 및 계산서는 전자 여부를 입력하여 반영한다.

[1] 07월 31일 당사가 보유 중인 매도가능증권을 17,000,000원에 처분하고 대금은 보통예금 계좌로 입금되었다. 해당 매도가능증권의 취득가액은 20,000,000원이며, 2024년 말 공정가치는 15,000,000원이다. (3점)

[2] 08월 15일 면세사업에 사용하기 위하여 ㈜정우로부터 비품(공급대가 8,800,000원)을 구입하면서 계약금을 제외한 대금 전액을 설치비용 700,000원(부가가치세 별도)과 함께 보통예금 계좌에서 모두 지급하였다. 당사는 해당 거래 건으로 7월 30일에 계약금으로 1,000,000원을 지급하고 선급금으로 처리하였다. 전자세금계산서는 모두 정상 처리되었다. (3점)

[3] 11월 10일 영업부 사무실을 이전하면서 미래공인중개사사무소(간이과세자, 세금계산서 발급사업자)로부터 부동산 중개용역을 제공받고 중개수수료 1,485,000원(공급대가)을 현대카드로 결제하였다. (3점)

[4] 11월 22일 당사가 ㈜조은은행에 가입한 확정급여형(DB) 퇴직연금에서 퇴직연금운용수익 (이자 성격) 5,000,000원이 발생하였다. 회사는 퇴직연금운용수익이 발생할 경우 자산관리수수료를 제외한 나머지 금액을 납입할 퇴직연금과 대체하기로 약정하였다. 퇴직연금에 대한 자산관리수수료율은 납입액의 3%이다(단, 이자 소득에 대한 원천징수는 없으며, 해당 수수료는 판매비및일반관리비 항목으로 처리하기로 한다). (3점)

2 다음 주어진 요구사항에 따라 부가가치세신고서 및 부속서류를 작성하시오. (10점)

[1] 다음 자료를 보고 2025년 제2기 예정신고기간의 수출실적명세서를 작성하고, 매입매출전 표입력에 반영하시오(단, 영세율구분, 수출신고번호를 입력할 것). (3점)

1. 수출내역

거래처	수출신고번호	선적일자	환가일	통화코드	수출액
산비디아	13528-22-0003162	2025.08.22.	2025.08.25.	USD	$200,000

2. 일자별 기준환율

거래처	수출신고번호	선적일	환가일	수출신고일
산비디아	13528-22-0003162	₩1,360/$	₩1,350/$	₩1,330/$

3. 수출대금은 선적일 이후에 수령하였다.

[2] 다음의 자료를 이용하여 2025년 제2기 부가가치세 확정신고기간(2025.10.01.~ 2025.12.31.)의 대손세액공제신고서를 작성하시오(단, 제시된 금액은 모두 부가가치세 가 포함된 금액이며, 기존에 입력된 자료 또는 불러온 자료는 무시할 것). (5점)

	상호 (사업자등록번호)	채권 종류	대손금액	당초 공급일	비고
대손 발생	우주무역 (123-12-45676)	받을어음	24,200,000원	2025.10.27.	부도발생일 2025.11.06.
	세정상사 (345-76-09097)	외상매출금	6,600,000원	2022.11.03.	소멸시효 완성
	한뜻전자 (455-09-39426)	외상매출금	4,950,000원	2022.12.31.	회수기일 2년 이상 경과
	용산전자 (857-23-43082)	외상매출금	11,000,000원	2024.03.02.	파산

• 세정상사의 외상매출금은 2025년 11월 3일에 법정 소멸시효가 완성되었다.
• 한뜻전자의 외상매출금은 회수기일이 2년 이상 경과하여 2025년 12월 1일에 대손금을 비용계상하였다(특수관계인과의 거래는 아님).
• 용산전자는 법원으로부터 파산선고를 받아 2025년 10월 1일에 대손 확정되었다.

대손 채권 회수	상호(사업자등록번호)	채권종류	대손회수액	당초 공급일	비고
	하나무역(987-65-43215)	외상매출금	9,350,000원	2023.10.15.	대손채권 회수
	• 하나무역의 외상매출금은 대손처리하였던 채권의 회수에 해당하며, 대손회수일은 2025년 10월 5일이다.				
유의 사항	• 대손사유 입력 시 조회되지 않는 사유에 대해서는 7.직접입력으로 하고, 비고란의 내용을 그대로 입력한다.				

[3] 2025년 제1기 부가가치세 확정신고기간의 부가가치세신고서를 마감하여 전자신고를 수행하시오(단, 저장된 데이터를 불러와서 사용할 것). (2점)

> 1. 부가가치세 신고서와 관련 부속서류는 작성되어 있다.
> 2. [전자신고]→[국세청 홈택스 전자신고변환(교육용)] 순으로 진행한다.
> 3. [전자신고]에서 전자파일 제작 시 신고인 구분은 2.납세자 자진신고로 선택하고, 비밀번호는 "12345678"로 입력한다.
> 4. [국세청 홈택스 전자신고변환(교육용)]에서 전자파일변환(변환대상파일선택)>`찾아보기`
> 5. 전자신고용 전자파일 저장경로는 로컬디스크(C :)이며, 파일명은 "enc작성연월일.101.v4028507977"이다.
> 6. `형식검증하기` ➡ `형식검증결과확인` ➡ `내용검증하기` ➡ `내용검증결과확인` ➡ `전자파일제출`
>   을 순서대로 클릭한다.
> 7. 최종적으로 `전자파일 제출하기` 를 완료한다.

3 다음의 결산정리사항에 대하여 결산정리분개를 입력하여 결산을 완료하시오. (8점)

[1] 결산일 현재 당사가 보유한 외화자산은 다음과 같다. 기말 결산일의 기준환율은 ¥100=930원이다. (2점)

• 계정과목 : 외화예금	• 외화가액 : ¥2,300,000	• 장부가액 : 21,000,000원

[2] 다음 자료를 이용하여 재무제표의 장기성예금에 대하여 결산일의 적절한 회계처리를 하시오. (2점)

• 은행명 : 큰산은행 • 예금 종류 : 정기예금 • 금액 : 100,000,000원	• 개설일 : 2023.04.25. • 만기일 : 2026.04.25.

[3] 연말 재고실사 과정에서 다음의 내용이 누락된 사실을 발견하였다. (2점)

구분	사유	금액
제품	광고 선전 목적으로 불특정다수인에게 전달	8,000,000원
상품	훼손으로 인해 가치를 상실하여 원가성이 없는 상품	2,000,000원

[4] 아래의 전기말 무형자산명세서를 참조하여 당해 결산일의 회계처리를 하시오. (2점)

- 전기말(2024년 12월 31일) 무형자산명세서

취득일자	무형자산내역	장부가액	내용연수	비고
2022.01.01.	개발비	20,000,000원	5년	

- 추가사항 : 2025년 결산일 현재 개발비에 대한 연구는 실패가 확실할 것으로 판단된다.

4 원천징수와 관련된 다음의 물음에 답하시오. (10점)

[1] 다음은 사원 정상수(사번 102)의 부양가족과 관련 자료이다. 본인의 세부담이 최소화되도록 사원등록 메뉴의 부양가족명세 탭에 부양가족을 입력(기본공제 대상이 아닌 경우 "부"로 입력)하시오. 단, 부양가족은 전부 생계를 같이 하고 있으며, 제시된 자료 외의 내용은 고려하지 않는다. (4점)

1. 부양가족

관계	성명(주민등록번호)	비고
본인 (세대주)	정상수 (861025-1234568)	총급여액은 100,000,000원이며, 장애인복지법상 장애인이었으나 당해연도 중 완치가 되었다.
배우자	황효림 (870424-2112343)	총급여액은 50,000,000원이며, 부양가족공제를 누구에게 공제하면 유리한지 고민 중이다.
부친	정학수 (590218-1233345)	당해 수령한 노령연금 총액은 5,100,000원이다.
모친	박순자 (630815-2123456)	다주택자로서 보유하였던 주택을 100,000,000원에 양도하였다. (해당 주택의 취득가액은 100,500,000원이다)
딸	정은란 (100410-4134566)	오디션 프로그램에 참가하여 상금 10,000,000원과 2,000,000원 상당의 피아노를 부상으로 받았다.
아들	정은수 (140301-3789501)	EBS 교육방송 어린이 MC로서 프리랜서 소득금액이 5,000,000원 발생하였다.
아들	정은우 (150420-3115981)	어린이 모델로 활동하여 프리랜서 총수입금액이 1,000,000원 발생하였다.

2. 연금소득공제표

총연금액	공제액
350만원 이하	총연금액
350만원 초과 700만원 이하	350만원＋350만원 초과액의 40%

[2] 다음의 자료를 이용하여 ①소득자별로 각 소득에 따라 소득자료입력을 작성하고, ②원천징수이행상황신고서를 작성 및 마감하여 ③국세청 홈택스에 전자신고를 수행하시오(단, 당사는 반기별 신고 특례 대상자가 아니며 정기분 신고에 해당한다). (6점)

〈소득자료〉

성명	지급액(세전)	소득내용	비고
박서준	5,000,000원	일시적 강연료 (고용관계 없음)	실제 발생한 필요경비는 없으며, 소득세법상 인정하는 최대 필요경비를 적용한다.
강태주	3,000,000원	학원강사가 지급받은 강의료	인적용역사업소득에 해당한다.

• 위 소득의 귀속연월은 모두 2025년 7월이고, 지급일은 2025년 8월 5일이다.
• 위의 소득자료에 대해서만 작성하고 다른 소득자는 없는 것으로 가정한다.
• 위의 소득자는 모두 내국인 및 거주자에 해당한다.

〈전자신고 관련 유의사항〉
1. [전자신고]→[국세청 홈택스 전자신고변환(교육용)] 순으로 진행한다.
2. [전자신고]에서 전자파일 제작 시 신고인 구분은 2.납세자 자진신고로 선택하고, 비밀번호는 "20250204"로 입력한다.
3. [국세청 홈택스 전자신고변환(교육용)]에서 전자파일변환(변환대상파일선택) > 찾아보기
4. 전자신고용 전자파일 저장경로는 로컬디스크(C :)이며, 파일명은 "작성연월일.01. t4028507977"이다.
5. 형식검증하기 ➡ 형식검증결과확인 ➡ 내용검증하기 ➡ 내용검증결과확인 ➡ 전자파일제출 을 순서대로 클릭한다.
6. 최종적으로 전자파일 제출하기 를 완료한다.

5 ㈜선호물산(회사코드 : 9542)은 제조 · 도소매업 및 건설업을 영위하는 중소기업이며, 당해 사업연도(제17기)는 2025.1.1.~2025.12.31.이다. 법인조정 메뉴를 이용하여 기장되어 있는 재무회계 장부 자료와 제시된 보충자료에 의하여 해당 사업연도의 세무조정을 하시오. (30점) ※ 회사 선택 시 유의하시오.

┌─── **작 성 대 상 서 식** ───────────────────────────────────
1. 기업업무추진비조정명세서(갑)(을)
2. 미상각자산감가상각조정명세서
3. 가지급금등의인정이자조정명세서
4. 법인세과세표준및세액조정계산서
5. 자본금과적립금조정명세서(갑)(을)
───

[1] 다음은 기업업무추진비와 관련된 자료이다. 기업업무추진비조정명세서를 작성하고 필요한 세무조정을 하시오. (6점)

┌──
1. 손익계산서상 기업업무추진비(판)계정의 금액은 20,000,000원이며, 다음의 금액이 포함되어 있다.
   − 전기 말 법인카드로 기업업무추진비 1,000,000원을 지출하였으나 회계처리를 하지 않아 이를 법인카드 대금 결제일인 2025년 1월 25일에 기업업무추진비로 계상하였다.
2. 건설중인자산(당기 말 현재 공사 진행 중)에 배부된 기업업무추진비(도급) 3,000,000원 중에는 대표이사가 개인적으로 사용한 금액으로써 대표이사가 부담해야 할 기업업무추진비 500,000원이 포함되어 있다.
3. 당기 수입금액 합계는 2,525,000,000원으로 제품매출 1,385,000,000원, 상품매출 1,140,000,000원이다.
4. 전기 이전의 세무조정은 모두 적법하게 이루어진 상황이며, 위 외의 기업업무추진비 지출액은 없다.
5. 위 기업업무추진비 중 신용카드 등 미사용금액은 없다.
───

[2] 다음 자료를 이용하여 고정자산등록 메뉴에 고정자산을 등록하고, 미상각자산감가상각 조정명세서를 작성하고 필요한 세무조정을 하시오. (6점)

[자료1]

자산코드	구분	자산명	취득일	취득가액	전기말 상각누계액	제조원가명세서에 반영된 상각비	경비구분
1	기계장치 (업종코드 : 13)	기계장치	2022.06.01.	60,000,000원	12,000,000원	4,000,000원	제조

[자료2]
- 회사는 감가상각방법을 세법에서 정하는 시기에 정액법으로 신고하였다.
- 회사는 감가상각대상자산의 내용연수를 무신고하였다.

구분		기준내용연수
기계장치		6년
상각률	정액법	0.166
	정률법	0.394

- 수선비 계정에는 기계장치에 대한 자본적 지출액 10,000,000원이 포함되어 있다.
- 회사는 2025년 1월 1일 전기 과소상각비 해당액을 아래와 같이 회계처리하였다.
  (차) 전기오류수정손실   3,000,000   (대) 감가상각누계액   3,000,000
       (이익잉여금)   (기계장치)

[3] 다음 자료를 이용하여 가지급금등의인정이자조정명세서를 작성하고, 필요한 세무조정을 하시오. (6점)

1. 손익계산서상 지급이자 내역

구분	국민은행	하나은행	합계
연 이자율	4.9%	5.7%	
지급이자	6,370,000원	17,100,000원	23,470,000원
차입금	130,000,000원	300,000,000원	
비 고	차입금 발생일 : 2024.11.10.	차입금 발생일 : 2024.01.05.	

2. 대표이사 장경석의 가지급금 및 가수금 내역

일자	금액	비고
2025.02.09.	100,000,000원	업무와 무관하게 대표이사에게 대여한 금액
2025.05.25.	20,000,000원	대표이사에게 미지급한 소득에 대한 소득세 대납액
2025.08.27.	60,000,000원	대표이사 대여금 중 일부를 대표이사로부터 회수한 금액

3. 기타 추가사항
- 회사는 대표이사 대여금에 대하여 별도의 이자 지급에 관한 약정을 하지 않았으며, 결산일에 대표이사 대여금에 대한 이자수익을 아래와 같이 회계처리하였다.
  (차) 미수수익   2,000,000 원   (대) 이자수익   2,000,000 원
- 회사는 2024년부터 당좌대출이자율(4.6%)을 시가로 적용한다.
- 불러온 자료는 무시하고 직접 입력하여 작성한다.

[4] 당사는 소기업으로서 중소기업에 대한 특별세액감면을 적용받으려 한다. 불러온 자료는 무시하고, 다음의 자료만을 이용하여 법인세과세표준및세액조정계산서를 작성하시오.   (6점)

1. 표준손익계산서 일부

VIII.법인세비용차감전손익	217	461,600,000원
IX.법인세비용	218	61,600,000원
X.당기순손익	219	400,000,000원

2. 소득금액조정합계표

익금산입 및 손금불산입			손금산입 및 익금불산입		
과 목	금 액	소득처분	과 목	금 액	소득처분
법인세비용	61,600,000원	기타사외유출	재고자산평가증	3,000,000원	유보감소
기업업무추진비 한도초과	20,000,000원	기타사외유출			
세금과공과	1,400,000원	기타사외유출			
합계	83,000,000원		합계	3,000,000원	

3. 기타자료
 • 감면소득금액은 300,000,000원, 감면율은 20%이다.
 • 전년 대비 상시근로자 수의 변동은 없으며, 최저한세 적용 감면배제 금액도 없다.
 • 지급명세서불성실가산세 500,000원이 있다.
 • 법인세 중간예납세액은 20,000,000원이고, 분납을 최대한 적용받고자 한다.

[5] 다음 자료만을 이용하여 자본금과적립금조정명세서(갑)(을)을 작성하시오(단, 전산상에 입력된 기존 자료는 무시할 것). (6점)

1. 전기(2024년) 자본금과적립금조정명세서(을)표상의 자료는 다음과 같다.

과 목	기초잔액	당기중증감 감소	당기중증감 증가	기말잔액
업무용승용차	13,200,000원	8,000,000원		5,200,000원
단기매매증권평가손실	15,000,000원	3,000,000원		12,000,000원

2. 당기(2025년)의 소득금액조정합계표내역은 다음과 같다.

손금산입및익금불산입		
과 목	금 액	조정 이유
업무용승용차	5,200,000원	전기 업무용승용차 감가상각 한도 초과액 추인
단기매매증권	5,000,000원	단기매매증권평가이익(전기 유보 감소로 세무조정)

3. 당기말 재무상태표의 자본 내역은 다음과 같다.

과 목	제15기 당기 2025년 1월 1일~12월 31일 금 액	제14기 전기 2024년 1월 1일~12월 31일 금 액
Ⅰ. 자 본 금	250,000,000원	200,000,000원
Ⅱ. 자 본 잉 여 금	30,000,000원	50,000,000원
Ⅲ. 자 본 조 정	20,000,000원	20,000,000원
Ⅳ. 기타포괄손익누계액	50,000,000원	50,000,000원
Ⅴ. 이 익 잉 여 금	107,000,000원	52,000,000원
(당기순이익)		
당 기 :	55,000,000원	25,000,000원
전 기 :	25,000,000원	5,000,000원
자 본 총 계	457,000,000원	372,000,000원

- 법인세과세표준및세액신고서의 법인세 총부담세액이 손익계산서에 계상된 법인세비용보다 1,200,000원, 지방소득세는 150,000원 각각 더 많이 산출되었다(전기분은 고려하지 않음).
- 이월결손금과 당기결손금은 발생하지 않았다.

㈜정우전자(회사코드 : 9543)는 제조업 및 도소매업을 영위하는 중소기업이며, 당기(제21기) 회계기간은 2025.1.1.~2025.12.31.이다. 전산세무회계 수험용 프로그램을 이용하여 다음 물음에 답하시오.

| 기본전제 |

- 문제에서 한국채택국제회계기준을 적용하도록 하는 전제조건이 없는 경우, 일반기업회계기준을 적용하여 회계 처리 한다.
- 문제의 풀이와 답안작성은 제시된 문제의 순서대로 진행한다.

1 다음 거래에 대하여 적절한 회계처리를 하시오. (12점)

입력시 유의사항

- ❏ 일반적인 적요의 입력은 생략하지만, 타계정 대체거래는 적요 번호를 선택하여 입력한다.
- ❏ 세금계산서 · 계산서 수수 거래 및 채권·채무 관련 거래는 별도의 요구가 없는 한 반드시 기등록된 거래처코드를 선택하는 방법으로 거래처명을 입력한다.
- ❏ 제조경비는 500번대 계정코드를, 판매비와관리비는 800번대 계정코드를 사용한다.
- ❏ 회계처리 시 계정과목은 등록된 계정과목 중 가장 적절한 과목으로 한다.
- ❏ 매입매출전표를 입력하는 경우 입력화면 하단의 분개까지 처리하고, 세금계산서 및 계산서는 전자 여부 를 입력하여 반영한다.

[1] 10월 04일 제품을 판매하고 아래의 세금계산서를 발급하였다. 대금 중 10,000,000원은 보통예금 계좌로 수령하고, 나머지는 외상으로 하였다. (3점)

전자세금계산서						승인번호		20251004-12345678-18748697		
공급자	등록번호	134-88-12355		종사업장 번호		공급받는자	등록번호	120-85-10129	종사업장 번호	
	상호 (법인명)	㈜정우전자	성 명	박정우			상호 (법인명)	㈜상곡전자	성 명	주상곡
	사업장 주소	경기도 안산시 단원구 번영1로 62					사업장 주소	서울특별시 강남구 삼성1로 120		
	업 태	제조 외	종 목	전자부품제조 외			업 태	도소매	종 목	전자제품
	이메일						이메일	skelectronic@skelectronic.co.kr		
작성일자		공급가액		세액		수정사유				
2025/10/04		30,000,000		3,000,000		해당 없음				
비고										
월	일	품 목	규격	수 량	단 가	공 급 가 액		세 액		비 고
10	04	전자부품				30,000,000		3,000,000		
합 계 금 액		현 금		수 표		어 음	외 상 미 수 금		이 금액을	영수 청구 함
33,000,000		10,000,000					23,000,000			

[2] 10월 11일 대박식당(세금계산서 발급 대상 간이과세자)에서 공장 생산부의 직원들이 회식을 하고 대금은 현금으로 지급하면서 아래의 현금영수증을 수취하였다. (3점)

KCTNET
케이씨티넷

가맹점명 · 가맹점주소가 모두 실제와
다른 경우 신고 안내(포상금 10만원)
－매출전표사본을 첨부하여 우편으로 접수
－자세한 안내 : www.hometax.go.kr
☎ 126-1-1

현금승인 　　　　　　　　(고객용)

단말기 : 7A79636973　　전표번호 : 2410113972
거래일시 : 2025/10/11 23 : 41 : 52
현금영수증식별번호 : 1348812355
거래유형 : **현금(지출증빙)**

공급가액 :　　　　　　　　　　　300,000원
부가세 :　　　　　　　　　　　　30,000원
봉사료 :
합계액 :　　　　　　　　　　　330,000원

승인번호 : 4535482542K

가맹점명 : 대박식당
사업자등록번호 : 113-15-53127
주소 : 서울 금천 독산 100
TEL : 02-100-2000
대표자 : 김순미

----
* 감사합니다 *

[3] 11월 03일 제2공장 건설용 토지를 매입하면서 법령에 따라 액면금액으로 지방채를 매입하고 대금 2,800,000원을 보통예금 계좌에서 지급하였다. 매입한 지방채는 단기매매증권으로 분류하고, 매입 당시 공정가치는 2,650,000원으로 평가된다. (3점)

[4] 12월 03일 ㈜가나에 대한 외상매출금 22,000,000원의 상법상 소멸시효가 완성되었으며, 2025년 제2기 부가가치세 확정신고 시 부가가치세법에 의한 대손세액공제 신청도 정상적으로 이루어질 예정이다. 대손세액공제액을 포함하여 대손과 관련된 회계처리를 하시오(단, 대손충당금 잔액은 9,000,000원으로 확인된다). (3점)

2 다음 주어진 요구사항에 따라 부가가치세신고서 및 부속서류를 작성하시오. (10점)

[1] 제2기 부가가치세 예정신고기한(2025년 10월 25일)까지 신고하지 못하여 2025년 11월 4일에 기한후신고를 하고자 한다. 입력된 자료는 무시하고 아래 자료에 의하여 부가가치세 기한후신고서를 작성하시오. 단, 회계처리는 생략하고 과세표준명세는 신고 구분만 입력할 것. (5점)

〈매출자료〉
• 전자세금계산서 발급분 과세 매출액 : 공급가액 500,000,000원, 세액 50,000,000원
• 신용카드 발행분 과세 매출액 : 공급가액 10,000,000원, 세액 1,000,000원
• 해외 직수출분 매출액 : 공급가액 250,000,000원, 세액 0원

〈매입자료〉
• 전자세금계산서 매입분 내역

구 분	공급가액	세액	비고
일반 매입	300,000,000원	30,000,000원	고정자산 아님
접대를 위한 매입	5,000,000원	500,000원	고정자산 아님
비품 매입	100,000,000원	10,000,000원	고정자산임
계	405,000,000원	40,500,000원	

• 현금영수증 매입분 내역

구 분	공급가액	세액	비고
일반 매입	7,000,000원	700,000원	고정자산 아님
사업과 관련없는 매입	3,000,000원	300,000원	고정자산 아님
계	10,000,000원	1,000,000원	

※ 기타사항
• 전자세금계산서의 발급 및 전송은 정상적으로 이루어졌다.
• 가산세 적용 시 일반(부당 아님)무신고를 적용하되, 미납일수는 10일을 가정한다.
• 영세율첨부서류는 기한후신고 시 함께 제출할 예정이다.
• 그 밖의 경감·공제세액은 없는 것으로 한다.

[2] 다음 자료를 이용하여 2025년 제1기 부가가치세 확정신고기간의 신용카드매출전표등수령명세서를 작성하시오. (2점)

거래일자	거래처명 (사업자등록번호)	공급대가 (부가세 포함)	거래목적	증명서류	업종	공급자 과세유형
04월 02일	㈜신세계백화점 (201-81-32195)	550,000원	기업업무추진비	신용카드 (사업용카드)	소매/일반	일반과세자
05월 03일	손 칼국수 (104-27-86122)	33,000원	직원 식대	현금영수증 (지출증빙)	음식점업	세금계산서 발급 대상 간이과세자
06월 18일	㈜삼송전자 (124-81-00998)	2,200,000원	업무용 컴퓨터	신용카드 (사업용카드)	도소매	일반과세자
06월 24일	해운대고속버스 (114-28-33556)	110,000원	출장교통비	신용카드 (사업용카드)	여객운송	일반과세자

- 신용카드(사업용카드) 결제분은 모두 우리법인카드(4625-5678-1122-7789)로 결제하였다.
- 6월 18일 결제한 2,200,000원에 대해 ㈜삼송전자로부터 전자세금계산서를 발급받았다.
- 해운대고속버스는 일반 시외고속버스를 이용한 것이다.

[3] 다음 자료를 이용하여 부가가치세 제2기 확정신고기간(2025년 10월 1일~2025년 12월 31일)의 수출실적명세서 및 내국신용장·구매확인서전자발급명세서를 작성하시오(단, 매입매출전표 입력은 생략한다). (3점)

1. 홈택스에서 조회한 수출실적명세서 관련 거래내역

수출신고번호	선적일자	통화	환율	외화금액	원화환산금액
7123456789001X	2025년 10월 20일	USD	1,300원	$20,000	26,000,000원

- 위 자료는 직접수출에 해당하며, 거래처명 입력은 생략한다.

2. 홈택스에서 조회한 구매확인서 및 전자세금계산서 관련 거래내역
(1) 구매확인서 전자발급명세서 내역

서류구분	서류번호	발급일	공급일	금액
구매확인서	PKT20251211888	2025년 12월 10일	2025년 11월 30일	50,000,000원

(2) 전자세금계산서

전자세금계산서					승인번호		20251130-11000011-55000055	
공급자	등록번호	134-88-12355	종사업장번호		공급받는자	등록번호	155-87-11813	종사업장번호
	상호(법인명)	㈜정우전자	성 명	박정우		상호(법인명)	㈜인생테크	성 명	인성미
	사업장주소	경기도 안산시 단원구 번영1로 62				사업장주소	서울특별시 금천구 가산로 10		
	업 태	제조 외	종 목	전자부품 외		업 태	도매업	종 목	기타 가전
	이메일					이메일	goods@nate.com		

작성일자	공급가액	세액	수정사유
2025/11/30	50,000,000		해당없음

비고	

월	일	품 목	규 격	수 량	단 가	공 급 가 액	세 액	비 고
11	30	가전				50,000,000		

합 계 금 액	현 금	수 표	어 음	외 상 미 수 금	이 금액을 청구 함
50,000,000				50,000,000	

3. 제시된 자료 이외의 영세율 매출은 없다.

3 다음의 결산정리사항을 입력하여 결산을 완료하시오. (8점)

[1] 회사가 보유 중인 특허권의 가치가 5,000,000원(회수가능액)으로 하락하였다. 회사는 보유 중인 특허권을 처분할 예정이며, 무형자산의 손상차손 요건을 충족한다(단, 회사가 보유 중인 특허권은 1건이며, 무형자산상각 회계처리는 무시할 것). (2점)

[2] 회사는 2025년 4월 1일에 하나은행으로부터 연 이자율 6%로 40,000,000원을 차입하였으며, 이자는 매년 3월 말일에 지급하는 것으로 약정하였다(단, 이자 계산은 월할 계산하며, 2025년 말 현재 발생 이자는 미지급 상태이다). (2점)

[3] 당사는 2023년 10월 2일에 만기보유 및 경영권확보 목적 없이 시장성이 없는 주식 10,000주를 1주당 5,000원에 취득하였고, 취득 관련 수수료 1,000,000원을 지급하였다. 2025년 12월 31일 결산일 현재 필요한 회계처리를 하시오(단, 전기까지 매년 평가손익을 계상하였다). (2점)

구분	2023.12.31.	2024.12.31.	2025.12.31.
공정가치	1주당 6,000원	1주당 5,000원	1주당 5,500원

[4] 결산을 위하여 재고자산을 실지 조사한 결과, 재고자산의 기말재고 내역은 아래와 같다. 단, 시용판매하였으나 결산일 현재까지 구매의사를 표시하지 않은 시송품의 제품원가 500,000원은 포함되어 있지 않다. (2점)

| • 원재료 5,000,000원 | • 재공품 6,100,000원 | • 제품 7,300,000원 |

4 원천징수와 관련된 다음의 물음에 답하시오. (10점)

[1] 다음은 8월 9일 지급한 기타소득 내역이다. 아래의 자료를 이용하여 기타소득자등록 및 기타소득자료입력을 하고, 원천징수이행상황신고서를 마감하여 전자신고를 수행하시오.

(4점)

코드	성명	거주구분	주민등록번호	지급명목	지급액
201	진사우	거주/내국인	820521-1079812	퇴직한 근로자가 받는 직무발명보상금 (비과세 한도까지 비과세 적용할 것)	10,000,000원
301	김현정	거주/내국인	920812-2612409	고용관계 없는 일시적 강연료	5,000,000원

※ 필요경비율 대상 소득에 대해선 법정 필요경비율을 적용하며, 그 외 기타소득과 관련하여 실제 발생한 경비는 없다.

1. [전자신고] → [국세청 홈택스 전자신고변환(교육용)] 순으로 진행한다.
2. [전자신고] 메뉴의 [전자신고제작] 탭에서 신고인구분은 2.납세자 자진신고를 선택하고, 비밀번호는 자유롭게 입력한다.
3. [국세청 홈택스 전자신고변환(교육용)] → 전자파일변환(변환대상파일선택) → 찾아보기 에서 전자신고용 전자파일을 선택한다.
4. 전자신고용 전자파일 저장경로는 로컬디스크(C :)이며, 파일명은 "작성연월일.01.t.사업자등록번호"다.
5. 형식검증하기 ➡ 형식검증결과확인 ➡ 내용검증하기 ➡ 내용검증결과확인 ➡ 전자파일제출 을 순서대로 클릭한다.
6. 최종적으로 전자파일 제출하기 를 완료한다.

[2] 다음은 관리부 과장 오민수(사번 : 100)의 2025년 2월분 급여내역 및 2024년 귀속 연말정산 관련 자료이다. 급여자료입력 메뉴의 "F11 분납적용" 기능을 이용하여 연말정산소득세 및 연말정산지방소득세가 포함된 2월분 급여자료를 급여자료입력에 반영하고, 원천징수이행상황신고서를 작성하시오. (6점)

1. 2월분 급여내역

이름 : 오민수		지급일 : 2025년 2월 28일	
기본급	4,500,000원	국민연금	220,000원
직책수당	300,000원	건강보험	170,000원
야간근로수당	500,000원	장기요양보험	22,010원
식대(비과세)	200,000원	고용보험	42,400원
자가운전보조금(비과세)	200,000원	소득세	377,540원
		지방소득세	37,750원
급여 합계	5,700,000원	공제합계	869,700원
		차인지급액	4,830,300원

2. 추가자료
  • 사회보험료와 소득세 및 지방소득세는 요율표를 적용하지 않고, 주어진 자료를 적용한다.
  • 오민수 과장은 연말정산 소득세 및 지방소득세를 분납신청하였다.
  • "연말정산소득세"와 "연말정산지방소득세"는 [F7 중도퇴사자정산▼]의 [F11 분납적용] 기능을 사용하여 작성한다.
  • 당월 세부담이 최소화되도록 연말정산소득세 및 연말정산지방소득세를 반영한다.

5 덕산기업㈜(회사코드 : 9544)은 자동차부품을 생산하고 제조 및 도매업을 영위하는 중소기업이며, 당해 사업연도(제17기)는 2025.1.1.~2025.12.31.이다. 법인조정 메뉴를 이용하여 기장되어 있는 재무회계 장부 자료와 제시된 보충자료에 의하여 해당 사업연도의 세무조정을 하시오. (30점) ※ 회사 선택 시 유의하시오.

┌─ **| 작성대상서식 |** ─────────────────────────────
│ 1. 가산세액계산서, 법인세과세표준및세액조정계산서
│ 2. 외화자산등평가차손익조정명세서
│ 3. 가지급금등의인정이자조정명세서
│ 4. 선급비용명세서
│ 5. 자본금과적립금조정명세서
└──

[1] 다음 자료를 이용하여 가산세액계산서를 작성하고, 법인세과세표준및세액조정계산서에 가산세액을 반영하시오. (6점)

> 1. 적격증명서류 미수취 관련 내역
>   ※ 아래 항목을 제외하고 나머지 모든 금액은 적격증명서류를 갖추고 있다.
>
> | 구분 | 금액 | 내역 |
> |------|------|------|
> | 소모품비 | 3,200,000원 | 모두 거래 건당 3만원 초과한 금액이다. |
> | 기업업무추진비 | 200,000원 | 한 차례 접대로 지출한 금액이다. |
> | 임차료 | 2,400,000원 | 간이과세자인 임대인으로부터 공급받는 부동산임대용역에 대한 임차료로서, 경비등송금명세서를 작성하여 제출하였다. |
>
> 2. 사업연도 중 주식 등 변동상황이 발생하였는데, 법인세 신고 시 담당자의 실수로 주식등변동상황명세서를 미제출하였다. 미제출된 주식의 액면금액은 1억원이며, 미제출기간은 1개월을 초과하였다.

[2] 다음의 외화거래자료를 이용하여 외화자산등평가차손익조정명세서(을)을 작성하고, 필요한 세무조정을 하시오. (5점)

계정과목	발생일자	외화금액 (USD)	발생일 적용환율	2024년 말 매매기준율	2025년 말 매매기준율
외상매출금	2025.05.15.	$50,000	$1 = 1,300원		$1 = 1,250원
외상매입금	2024.11.25.	$30,000	$1 = 1,300원	$1 = 1,300원	$1 = 1,250원

- 화폐성외화자산 및 부채는 위에 제시된 자료뿐이다.
- 회사는 2024년 귀속 법인세 신고 시 사업연도 종료(말)일의 매매기준율로 평가하는 방법으로 화폐성외화자산등평가방법신고서를 작성하여 제출하였다.
- 2024년과 2025년 결산 회계처리 시 외화자산과 외화부채에 대한 평가를 하지 않았다.
- 세무조정은 각 자산 및 부채별로 하기로 한다.

[3] 다음 자료를 이용하여 가지급금등의인정이자조정명세서를 작성하고, 소득금액조정합계표및명세서에 필요한 세무조정을 반영하시오. (7점)

1. 손익계산서상 지급이자 내역

금융기관	푸른은행	초록은행	합계
연이자율	4.5%	4.0%	
지급이자	9,000,000원	16,000,000원	25,000,000원
차입금	200,000,000원	400,000,000원	
비고	차입금 발생일 : 2023.05.01.	차입금 발생일 : 2024.10.01.	

2. 가지급금 및 가수금 변동내역

가지급금/가수금		금액	발생일
가지급금	① 전기이월	100,000,000원	전기이월
	② 대여	50,000,000원	2025.02.03
	③ 회수	70,000,000원	2025.12.28
가수금	① 가수	30,000,000원	2025.05.10

- 대표이사 김초월의 가지급금과 가수금 내역이다.
- 동일인에 대한 가지급금, 가수금은 서로 상계하여 인정이자를 계산한다.
- 가지급금에 대하여는 이자지급에 관한 약정에 따라 이자수익으로 2,000,000원을 계상하였다.

3. 회사는 인정이자 계산 시 가중평균차입이자율을 적용하기로 한다.

[4] 다음은 당기말 현재 공장의 창고건물과 관련된 자료이다. 아래의 자료를 이용하여 선급비용명세서를 작성하고, 전기분 선급비용을 포함한 관련 세무조정사항을 소득금액조정합계표및명세서에 반영하시오(단, 기간계산 원칙은 모두 양편산입으로 하며, 세무조정은 각 건별로 입력할 것). (6점)

구분	지출액	거래처	임차(보험)기간	비고
임차료(제)	12,000,000원	㈜다대여	2025.6.1. ~2026.5.31.	장부상 선급비용으로 계상함
보험료(판)	2,400,000원	㈜다보호화재	2025.6.1. ~2026.5.31.	장부상 판매비와관리비로 계상함

※ 전기 [자본금과 적립금조정명세서(을)]표에는 보험료(판)에 대한 1,000,000원이 손금불산입(유보발생)으로 세무조정 되어 있으며, 당기에 보험기간의 만기가 도래하였다.

[5] 다음 자료를 이용하여 자본금과적립금조정명세서의 이월결손금계산서를 작성하시오(단, 입력된 자료는 무시할 것). (6점)

1. 법인의 과세표준 계산 시 각 사업연도 소득금액에서 차감하고 남은 세무상 이월결손금의 잔액은 다음과 같다.

사업연도	2010년	2021년	2023년
결손금 발생 총액	150,000,000원	70,000,000원	100,000,000원
결손금 소급공제액	50,000,000원	0원	0원
결손금 기공제액	40,000,000원	20,000,000원	0원
결손금 공제 후 잔액	60,000,000원	50,000,000원	100,000,000원

2. 위의 이월결손금 잔액은 당기에 대주주가 결손보전 목적으로 기증한 자산수증이익 40,000,000원을 상계하기 전의 금액이다. 동 자산수증이익은 손익계산서상 영업외수익에 포함되어 있으며, 소득금액조정합계표에는 익금불산입으로 세무조정하였다.

3. 2025년 각 사업연도 소득금액 : 250,000,000원

㈜희수전자(회사코드 : 9545)는 제조·도소매업을 영위하는 중소기업으로, 당기(제14기) 회계기간은 2025.1.1.~2025.12.31.이다. 전산세무회계 수험용 프로그램을 이용하여 다음 물음에 답하시오.

| 기본전제 |

• 문제에서 한국채택국제회계기준을 적용하도록 하는 전제조건이 없는 경우, 일반기업회계기준을 적용하여 회계 처리 한다.
• 문제의 풀이와 답안작성은 제시된 문제의 순서대로 진행한다.

1 다음 거래에 대하여 적절한 회계처리를 하시오. (12점)

입력시 유의사항

❏ 일반적인 적요의 입력은 생략하지만, 타계정 대체거래는 적요 번호를 선택하여 입력한다.
❏ 세금계산서 · 계산서 수수 거래 및 채권·채무 관련 거래는 별도의 요구가 없는 한 반드시 기등록된 거래처코드를 선택하는 방법으로 거래처명을 입력한다.
❏ 제조경비는 500번대 계정코드를, 판매비와관리비는 800번대 계정코드를 사용한다.
❏ 회계처리 시 계정과목은 등록된 계정과목 중 가장 적절한 과목으로 한다.
❏ 매입매출전표를 입력하는 경우 입력화면 하단의 분개까지 처리하고, 세금계산서 및 계산서는 전자 여부 를 입력하여 반영한다.

[1] 07월 06일 매출거래처에 접대할 목적으로 선물을 구입하고 아래의 전자세금계산서를 발급 받았으며, 대금은 보통예금 계좌에서 이체하여 지급하였다. (3점)

전자세금계산서					승인번호		20250706-31000013-44346111	
공급자	등록번호	340-19-09385	종사업장 번호		공급받는자	등록번호	132-86-19421	종사업장 번호
	상호 (법인명)	만물상사	성 명	김만물		상호 (법인명)	㈜희수전자	성 명	최수완
	사업장 주소	경기도 수원시 장안구 매화동 123				사업장 주소	경기도 의정부시 가금로 53	
	업 태	도소매	종 목	잡화		업 태	제조 외	종 목	자동차부품
	이메일					이메일		

작성일자	공급가액	세액	수정사유
2025/07/06	1,500,000	150,000	해당 없음
비고			

월	일	품 목	규 격	수 량	단 가	공 급 가 액	세 액	비 고
07	06	잡화세트				1,500,000	150,000	

합 계 금 액	현 금	수 표	어 음	외 상 미 수 금	이 금액을 영수 함
1,650,000	1,650,000				

[2] 07월 20일 매입거래처인 ㈜대성의 외상매입금 중 54,000,000원은 보통예금 계좌에서 이체하여 지급하고, 나머지 금액은 면제 받았다(단, ㈜대성의 외상매입금 관련 데이터를 조회하여 회계처리할 것). (3점)

[3] 08월 20일 유상증자를 통해 신주(보통주, 1주당 액면금액 10,000원) 5,000주를 1주당 8,000원에 발행하고 대금은 보통예금 계좌로 전액 입금되었다(단, 유상증자일 현재 주식발행초과금 잔액은 5,000,000원으로 확인된다). (3점)

[4] 09월 01일 제품 생산에 사용하던 기계장치를 ㈜미누전자에 처분하고 아래의 전자세금계산서를 발급하였으며, 대금 중 10,000,000원은 어음(만기일 2026.06.01)으로 받고, 나머지는 다음 달에 받기로 하였다. 당사는 취득 당시 정부의 지원 정책에 따라 상환의무가 없는 국고보조금을 수령하였으며, 처분 전 기계장치의 내용은 다음과 같다. (3점)

- 기계장치 취득가액 : 75,000,000원
- 감가상각누계액 : 21,000,000원
- 국고보조금(기계장치 차감) : 24,000,000원

전자세금계산서

				승인번호		20250901-31000013-44346111			

공급자	등록번호	132-86-19421	종사업장 번호		공급받는자	등록번호	126-87-10121	종사업장 번호	
	상호 (법인명)	㈜희수전사	성 명	최수완		상호 (법인명)	㈜미누전자	성 명	하민우
	사업장 주소	경기도 의정부시 가금로 53				사업장 주소	경기도 이천시 가좌로1번길 21-26		
	업 태	제조 외	종 목	자동차부품		업 태	제조	종 목	전자제품
	이메일					이메일			

작성일자	공급가액	세액	수정사유
2025/09/01	40,000,000	4,000,000	해당 없음

비고	

월	일	품 목	규 격	수 량	단 가	공 급 가 액	세 액	비 고
09	01	기계장치				40,000,000	4,000,000	

합 계 금 액	현 금	수 표	어 음	외 상 미 수 금	이 금액을 청구 함
44,000,000			10,000,000	34,000,000	

2 다음 주어진 요구사항에 따라 부가가치세신고서 및 부속서류를 작성하시오. (10점)

[1] 다음 자료를 바탕으로 2025년 제1기 부가가치세 확정신고기간(4월~6월)에 대한 부동산임대공급가액명세서를 작성하시오(단, 정기예금이자율은 연 3.5%이다). (3점)

층	호수	상호 (사업자번호)	용도	면적(㎡)	보증금	월세	매월 관리비
			임대기간				
1	101	디자인봄 (101-89-23562)	사무실	120	40,000,000원	2,000,000원	250,000원
			2023.05.01. ~2025.04.30.				
2	201	스마일커피 (109-07-89510)	점포	120	100,000,000원	5,000,000원	550,000원
			2025.01.01. ~2026.12.31.				
합계					140,000,000원	7,000,000원	800,000원

- 101호(임차인 : 디자인봄)는 2023.05.01. 최초로 임대를 개시하였으며, 2년 경과 후 계약기간 만료로 2025.05.01. 임대차계약을 갱신(임대기간 : 2025.05.01.~2027.04.30.)하면서 보증금을 40,000,000원에서 60,000,000원으로 인상하였다(월세와 매월 관리비는 동일함).
- 월세와 매월 관리비에 대해서는 정상적으로 세금계산서를 모두 발급하였으며, 간주임대료에 대한 부가가치세는 임대인이 부담하고 있다.

[2] 본 문제에 한하여 ㈜희수전자는 과세사업과 면세사업을 겸영하는 사업자로 가정하고, 다음의 자료만을 이용하여 2025년 제1기 부가가치세 확정신고기간의 공제받지못할매입세액명세서 중 납부세액또는환급세액재계산 탭을 작성하시오(단, 불러오는 전표데이터는 무시하고, 모든 부가가치세 신고는 부가가치세법에 근거하여 적법하게 신고·납부함). (3점)

1. 감가상각대상자산의 상세 내역

구분	취득일	대금 지급 상세	
		공급가액	부가가치세
창고건물	2024.2.1.	100,000,000원	10,000,000원
기계장치	2024.7.1.	50,000,000원	5,000,000원

2. 과세기간별 공급가액 내역

연도/기수	과세사업	면세사업	합계
2024년/제2기	476,000,000원	224,000,000원	700,000,000원
2025년/제1기	442,500,000원	307,500,000원	750,000,000원

[3] 다음에 제시된 자료를 이용하여 2025년 제1기 확정신고기간의 대손세액공제신고서를 작성하시오(단, 당사는 중소기업에 해당함). (4점)

공급일	거래처	계정과목	대손금액	대손사유	
2022.05.01.	㈜일월산업	외상매출금	3,300,000원	소멸시효완성일	2025.05.02.
2023.10.08.	㈜이월테크	외상매출금	12,100,000원	부도발생일	2025.01.09.
2024.05.08.	세월무역	받을어음	11,000,000원	부도발생일	2024.11.20.
2024.06.20.	㈜오월상사	외상매출금	6,600,000원	파산종결결정공고일 (채권회수불가능)	2025.04.09.
2024.11.05.	㈜유월물산	외상매출금	5,500,000원	부도발생일	2024.12.10.
2025.01.09.	㈜구월바이오	받을어음	7,700,000원	부도발생일	2025.03.09.

3 다음의 결산정리사항을 입력하여 결산을 완료하시오. (8점)

[1] 삼일은행으로부터 2023년 2월 1일에 차입한 장기차입금 30,000,000원의 만기가 2026년 1월 31일에 도래하여 당사는 만기일에 예정대로 상환할 예정이다. (2점)

[2] 2024년 8월 20일에 매출로 계상한 화폐성 외화자산인 미국 Z사의 외상매출금 $50,000를 기말 현재 보유하고 있다. 당사는 매년 결산일(12월 31일)에 화폐성 외화자산에 대하여 외화환산손익을 인식하고 있으며, 일자별 기준환율은 다음과 같다. (2점)

항 목	2024.08.20.	2024.12.31.	2025.12.31.
기준환율	1,100원/$	1,280원/$	1,160원/$

[3] 2025년 제2기 부가가치세 확정신고기간의 부가가치세와 관련된 내용이 다음과 같다. 전산데이터상의 입력된 다른 데이터는 무시하고, 아래의 자료만을 이용하여 12월 31일 현재 부가세예수금과 부가세대급금 관련 회계처리를 수행하시오(단, 납부세액일 경우 미지급세금, 환급세액일 경우에는 미수금으로 회계처리 할 것). (2점)

부가가치세신고서(조회기간 : 2025년 10월 1일~12월 31일)

구분				금액	세율	세액
과세표준및매출세액	과세	세금계산서발급분	1	325,000,000	10/100	32,500,000
		매입자발행세금계산서	2		10/100	
		신용카드 · 현금영수증발행분	3		10/100	
		기타(정규영수증외매출분)	4	175,000,000		17,500,000
	영세	세금계산서발급분	5		0/100	
	세	기타	6		0/100	
	예정신고누락분		7			
	대손세액가감		8			
	합계		9	500,000,000	㉮	50,000,000
매입세액	세금계산서수취분	일반매입	10	425,000,000		42,500,000
		수출기업수입분납부유예	10-1			
		고정자산매입	11	195,000,000		19,500,000
	예정신고누락분		12			
	매입자발행세금계산서		13			
	그 밖의 공제매입세액		14			
	합계(10)-(10-1)+(11)+(12)+(13)+(14)		15	620,000,000		62,000,000
	공제받지못할매입세액		16			
	차감계 (15-16)		17	620,000,000	㉯	62,000,000
납부(환급)세액(매출세액㉮-매입세액㉯)					㉰	-12,000,000

[4] 당기 법인세 총부담세액은 24,000,000원이며 법인세분 지방소득세는 3,000,000원이다. 다음의 자료만을 이용하여 적절한 결산 회계처리를 하시오(단, 거래처 입력은 생략하고, 납부할 세액은 미지급세금 계정을 사용할 것). (2점)

계정과목명	거래처명	금액	비고
선납세금	의정부세무서	10,000,000원	법인세 중간예납액
	동작세무서	2,500,000원	이자소득 원천징수분
	동작구청	250,000원	
예수금	의정부세무서	2,000,000원	12월 귀속 근로소득 원천징수분
	의정부시청	200,000원	

4 원천징수와 관련된 다음의 물음에 답하시오. (10점)

[1] 2025년 2월 1일 회계팀에 과장 김서울(사원코드 : 101) 씨가 신규 입사하였다. 다음 자료를 바탕으로 사원등록 메뉴를 이용하여 기본사항 탭과 부양가족명세 탭을 입력하고, 2월분 급여에 대한 급여자료입력과 원천징수이행상황신고서를 작성하시오. (4점)

※ 기타사항
- 사원등록 시 주소는 입력을 생략한다.
- 아래의 자료에 따라 수당 및 공제 항목을 입력하고, 표시된 수당 외의 항목은 사용여부를 "부"로 한다(단, 불러온 수당 및 공제 항목은 무시할 것).
- 수당등록 시 월정액 및 통상임금 여부는 고려하지 않는다.
- 원천징수이행상황신고서는 매월 작성하며, 김서울 씨의 급여내역만 반영하기로 한다.

1. 부양가족명세

가족관계	성명	주민등록번호	동거여부	비고
본인	김서울	801003-1450756		세대주, 내국인(거주자)
부친	김청주	520812-1450871	동거	사업소득금액 950,000원
모친	최영주	570705-2450851	주거형편상 별거	소득 없음
배우자	이진주	840725-2450714	동거	총급여 5,000,000원
장남	김대전	030708-3450716	주거형편상 별거	대학생, 장애인[주1]
차녀	김대구	080815-4450852	동거	고등학생
형	김부산	760205-1450711	동거	사업소득금액 800,000원, 장애인[주1]

[주1] 장애인복지법 상 장애인이다.

2. 김서울의 2월분 급여명세서

급여내역	금액	공제내역	금액
기본급	4,800,000원	소득세	605,880원
상여	2,400,000원	지방소득세	60,580원
자가운전보조금	300,000원	국민연금	375,750원
식대	300,000원	건강보험	141,950원
월차수당	150,000원	장기요양보험	18,380원
직책수당	400,000원	고용보험	71,550원
급여합계	8,350,000원	공제합계	1,274,090원
		실지급액	7,075,910원

(1) 급여지급일은 매월 25일이다.
(2) 자가운전보조금은 본인 명의의 차량을 업무 목적으로 사용한 직원에게 규정에 따라 정액 지급하고 있으며, 실제 발생한 교통비는 별도로 지급하지 않는다.
(3) 복리후생 목적으로 식대를 지급하고 있으며, 이와 관련하여 별도의 현물식사는 제공하지 않는다.

[2] 다음 자료를 이용하여 기타소득자등록 및 이자배당소득자료입력을 하고, 이에 대한 원천징수이행상황신고서를 작성하시오. (4점)

1. 소득지급내역

구분	소득자 코드	성명	주민등록번호	소득금액	소득구분	소득지급일/영수일
개인	101	정지영	850505 – 2455744	6,000,000원	배당소득	2025.06.01.
개인	102	김봉산	890102 – 2415657	12,000,000원	이자소득	2025.07.01.

2. 상기 소득자는 모두 내국인이며, 거주자에 해당한다.
3. 배당소득은 2025년 3월 28일 당사의 주주총회에서 의결된 2024년도 이익잉여금 처분에 의한 배당금을 보통예금으로 지급한 것이다.
4. 이자소득은 당사가 발행한 사채에 대한 이자이다.
5. 위 소득 지급액에 대한 원천징수세율은 14%를 적용한다.
6. 위에 주어진 정보 외의 자료 입력은 생략한다.

[3] 다음의 자료를 이용하여 원천징수이행상황신고서를 직접 작성 및 마감하고, 전자신고를 완료하시오. (2점)

※ 소득자료(9월 귀속/9월 지급)

소득구분	신고코드	인원	총지급액	소득세	비고
사업소득	A25	1	2,000,000원	60,000원	매월(정기)신고

1. [전자신고] → [국세청 홈택스 전자신고변환(교육용)] 순으로 진행한다.
2. [전자신고] 메뉴의 [원천징수이행상황제작] 탭에서 신고인구분은 2.납세자 자진신고를 선택하고, 비밀번호는 자유롭게 입력한다.
3. [국세청 홈택스 전자신고변환(교육용)] → 전자파일변환(변환대상파일선택) → 찾아보기 에서 전자신고용 전자파일을 선택한다.
4. 전자신고용 전자파일 저장경로는 로컬디스크(C :)이며, 파일명은 "작성연월일.01.t사업자등록번호"다.
5. 형식검증하기 ➡ 형식검증결과확인 ➡ 내용검증하기 ➡ 내용검증결과확인 ➡ 전자파일제출 을 순서대로 클릭한다.
6. 최종적으로 전자파일 제출하기 를 완료한다.

5 서강기업㈜(회사코드 : 9546)은 전자부품의 제조 및 건설업을 영위하는 중소기업으로, 당해 사업연도(제14기)는 2025.1.1.~2025.12.31.이다. 법인조정 메뉴를 이용하여 기장되어 있는 재무회계 장부 자료와 제시된 보충자료에 의하여 해당 사업연도의 세무조정을 하시오. (30점) ※ 회사 선택 시 유의하시오.

┌─ **│ 작 성 대 상 서 식 │** ─────────────────────────
│
│ 1. 수입금액조정명세서, 조정후수입금액명세서
│ 2. 퇴직연금부담금등조정명세서
│ 3. 미상각자산감가상각조정명세서
│ 4. 기부금조정명세서
│ 5. 원천납부세액명세서(갑)

[1] 다음 자료를 이용하여 수입금액조정명세서 및 조정후수입금액명세서를 작성하고, 필요한 세무조정을 하시오. (7점)

(1) 손익계산서상 수입금액은 다음과 같다.

구분	계정과목	기준경비율코드	결산서상 수입금액
1	제품매출	321012	1,535,000,000원
2	공사수입금	452127	298,150,000원
계			1,833,150,000원

(2) 아래의 공사에 대하여 손익계산서상 공사수입금액으로 200,000,000원을 계상하였다. 당사는 작업진행률에 의하여 공사수입금액을 인식하여야 하며, 작업진행률 관련 자료는 다음과 같다.

- 공사명 : 우리중학교 증축공사
- 도급자 : 세종특별시 교육청

항목	금액
도급금액	1,000,000,000원
총공사예정비용	700,000,000원
당기말 총공사비 누적액	455,000,000원
전기말 누적 공사수입 계상액	400,000,000원

(3) 당사가 수탁자에게 판매를 위탁한 제품을 수탁자가 12월 31일에 판매한 제품매출 15,000,000원(제품매출원가 10,000,000원)이 손익계산서 및 부가가치세 신고서에 반영되지 않았다.

(4) 부가가치세법상 과세표준 내역

구분	금액	비고
제품매출	1,535,000,000원	–
공사수입금	298,150,000원	–
고정자산매각대금(수입금액 제외)	15,000,000원	기계장치 매각으로 세금계산서를 발행함
계	1,848,150,000원	–

[2] 다음 자료를 이용하여 퇴직연금부담금등조정명세서를 작성하고, 관련된 세무조정을 소득 금액조정합계표및명세서에 반영하시오. (6점)

1. 퇴직금추계액
   - 기말 현재 임·직원 전원 퇴직 시 퇴직금추계액 : 280,000,000원
2. 퇴직급여충당금 내역
   - 기말 퇴직급여충당금 : 25,000,000원
   - 기말 현재 퇴직급여충당금부인 누계액 : 25,000,000원
3. 당기 퇴직 현황 및 퇴직연금 현황
   - 퇴직연금운용자산의 기초 금액 : 210,000,000원
   - 당기 퇴직연금불입액 : 40,000,000원
   - 당기 중 퇴직급여 회계처리는 다음과 같다.

   (차) 퇴직급여　　　16,000,000 원　　　(대) 퇴직연금운용자산　3,000,000 원
   　　　　　　　　　　　　　　　　　　　　　　　보통예금　　　　　13,000,000 원

   - 당사는 확정급여(DB)형 퇴직연금과 관련하여 신고조정으로 손금산입하고 있으며, 전기 말까지 신고조정으로 손금산입한 금액은 210,000,000원이다.

[3] 다음의 고정자산에 대하여 고정자산등록을 하고, 미상각자산감가상각조정명세서 및 감 가상각비조정명세서합계표를 작성한 뒤 자산별로 각각 필요한 세무조정을 하시오. (7점)

1. 감가상각대상자산

구분	코드	자산명	취득일	취득가액	전기말 감가상각누계액	당기 감가상각비 계상액	경비구분 / 업종
기계장치	100	A	2023.08.17.	300,000,000원	160,000,000원	60,000,000원	제조
기계장치	101	B	2024.07.21.	200,000,000원	40,000,000원	80,000,000원	제조

   - 당사는 기계장치의 감가상각방법을 신고하지 않았지만, 기계장치의 내용연수는 5년으 로 신고하였다.
   - 기계장치 A의 전기말 상각부인액은 8,000,000원, 기계장치 B의 전기말 상각부인액은 4,000,000원이다.

2. 당기 수선 내역

자산명	수선비	회계처리	계정과목
A	20,000,000원	비용으로 처리	수선비(제)
B	15,000,000원	자산으로 처리	기계장치

   - 위 수선비 지출 내역은 모두 자본적지출에 해당한다.

[4] 다음의 자료만을 이용하여 기부금조정명세서를 작성하고 필요한 세무조정을 하시오. (6점)

(1) 당기 기부금 내용은 다음과 같으며 적요 및 기부처 입력은 생략한다.

일자	금액	지급내용
08월 20일	7,000,000원	한라대학교(사립학교)에 연구비로 지출한 기부금
09월 05일	4,000,000원	A사회복지법인 고유목적사업기부금
11월 20일	2,000,000원	정부로부터 인·허가를 받지 않은 B예술단체에 지급한 금액
12월 10일	6,000,000원	C종교단체 어음 기부금(만기일 2026.01.05.)

(2) 기부금 한도 계산과 관련된 자료는 다음과 같다.
- 전기 말까지 발생한 기부금 중 손금산입 한도 초과로 이월된 금액은 2023년 일반기부금 한도초과액 7,000,000원이다.
- 기부금 관련 세무조정을 반영하기 전 법인세과세표준및세액조정계산서 상 차가감소득 금액 내역은 아래와 같고, 세무상 이월결손금 25,000,000원(2020년도 발생분)이 있다 (단, 당사는 중소기업이며, 불러온 자료는 무시하고 아래의 자료만을 이용할 것).

구분		금액
결산서상 당기순이익		200,000,000원
소득조정금액	익금산입	40,000,000원
	손금산입	12,000,000원
차가감소득금액		228,000,000원

[5] 다음의 자료는 2025년 1월 1일부터 12월 31일까지의 원천징수와 관련한 자료이다. 주어진 자료를 이용하여 원천납부세액명세서(갑)를 작성하시오(단, 지방세 납세지의 입력은 생략 할 것). (4점)

적요	원천징수 대상금액	원천징수일	원천징수세율	원천징수 의무자	사업자등록번호
정기예금 이자	8,000,000원	2025.06.30.	14%	㈜부전은행	103-81-05259
비영업대금 이자	10,000,000원	2025.10.31.	25%	㈜삼송테크	210-81-23588
정기적금 이자	5,000,000원	2025.12.31.	14%	㈜서울은행	105-81-85337

㈜재송테크(회사코드 : 9547)는 제조·도소매업을 영위하는 중소기업이며, 당기(제13기) 회계기간은 2025.1.1.~2025.12.31.이다. 전산세무회계 수험용 프로그램을 이용하여 다음 물음에 답하시오.

───────── | 기본전제 | ─────────

- 문제에서 한국채택국제회계기준을 적용하도록 하는 전제조건이 없는 경우, 일반기업회계기준을 적용하여 회계 처리 한다.
- 문제의 풀이와 답안작성은 제시된 문제의 순서대로 진행한다.

1 다음 거래에 대하여 적절한 회계처리를 하시오. (12점)

입력시 유의사항

- □ 일반적인 적요의 입력은 생략하지만, 타계정 대체거래는 적요 번호를 선택하여 입력한다.
- □ 세금계산서 · 계산서 수수 거래 및 채권·채무 관련 거래는 별도의 요구가 없는 한 반드시 기등록된 거래처코드를 선택하는 방법으로 거래처명을 입력한다.
- □ 제조경비는 500번대 계정코드를, 판매비와관리비는 800번대 계정코드를 사용한다.
- □ 회계처리 시 계정과목은 등록된 계정과목 중 가장 적절한 과목으로 한다.
- □ 매입매출전표를 입력하는 경우 입력화면 하단의 분개까지 처리하고, 세금계산서 및 계산서는 전자 여부 를 입력하여 반영한다.

[1] 03월 20일 ㈜가나로부터 당일 배당금 지급 결정된 배당으로서 현금배당금 5,000,000원을 보통예금 계좌로 입금받고, 주식배당금으로 ㈜가나의 주식 500주(1주당 액면금 액 10,000원)를 주식으로 취득하였다. 배당금에 관한 회계처리는 기업회계기준 을 준수하였고 배당금에 대한 원천징수는 세법 규정에 따라 처리하였다(단, 해 당 회사는 ㈜가나의 주식을 5% 보유하고 있다). (3점)

[2] 07월 08일 2024년 중 미국의 AAA에 제품 $50,000를 수출한 외상매출금이 2025년 7월 08일 에 전액 회수되어 보통예금 계좌로 입금받았다. 전기 외상매출금과 관련된 회계 처리는 일반기업회계기준을 준수하였으며, 관련 환율 정보는 다음과 같다. (3점)

구분	선적일	2024년 12월 31일	2025년 7월 08일
1달러당 환율 정보	1,400원/$	1,300원/$	1,250원/$

[3] 07월 09일 ㈜지수산업에 제품을 판매하고 다음의 전자세금계산서를 발급하였다. 대금은 4월 1일에 수령한 계약금을 제외하고 ㈜지수산업 발행 약속어음(만기 12월 31일)으로 받았다. (3점)

전자세금계산서						승인번호			20250709-4512452-4524554	
공급자	등록번호	605-81-33533	종사업장 번호			공급받는자	등록번호	405-81-86293	종사업장 번호	김지수
	상호 (법인명)	㈜재송테크	성 명	강남순			상호 (법인명)	㈜지수산업	성 명	
	사업장 주소	세종시 조치원읍 충현로 193					사업장 주소	서울시 서초구 명달로 105		
	업 태	제조	종 목	전자부품			업 태	제조	종 목	전자제품
	이메일						이메일			
작성일자		공급가액		세액		수정사유		비고		
2025.07.09.		100,000,000		10,000,000						
비고										

월	일	품 목	규 격	수 량	단 가	공 급 가 액	세 액	비 고
7	9	제품				100,000,000	10,000,000	

합 계 금 액	현 금	수 표	어 음	외 상 미 수 금	이 금액을 청구 함
110,000,000	10,000,000		100,000,000		

[4] 08월 24일 공장창고를 신축하기 위하여 토지를 취득하면서 국토정보공사에 의뢰하여 토지를 측량하였다. 토지측량비로 2,500,000원(부가가치세 별도)을 보통예금 계좌에서 지급하고 전자세금계산서를 수령하였다. (3점)

전자세금계산서						승인번호			20250824-365248-528489	
공급자	등록번호	307-85-14585	종사업장 번호			공급받는자	등록번호	605-81-33533	종사업장 번호	
	상호 (법인명)	국토정보공사	성 명				상호 (법인명)	㈜재송테크	성 명	강남순
	사업장 주소	세종시 보람동 114					사업장 주소	세종시 조치원읍 충현로 193		
	업 태	서비스	종 목	토지측량			업 태	제조등	종 목	전자부품
	이메일						이메일			
작성일자		공급가액		세액		수정사유		비고		
2025.08.24		2,500,000		250,000						
비고										

월	일	품 목	규 격	수 량	단 가	공 급 가 액	세 액	비 고
08	24	토지측량비				2,500,000	250,000	

합 계 금 액	현 금	수 표	어 음	외 상 미 수 금	이 금액을 영수 함
2,750,000	2,750,000				

2 다음 주어진 요구사항에 따라 부가가치세신고서 및 부속서류를 작성하시오.   (10점)

[1] 2025년 제1기 부가가치세 확정신고(신고기한 : 2025년 7월 25일)에 대한 수정신고(1차)를 2025년 8월 15일에 하고자 한다. 수정신고와 관련된 자료는 아래와 같고, 일반과소신고이며, 미납일수는 21일이다. 아래의 자료를 이용하여 매입매출전표입력에 누락된 매출내역을 반영하고 과다공제내역을 수정하여 제1기 확정신고기간의 부가가치세수정신고서를 작성하시오.   (6점)

> 1. 당초 신고자료(마감된 입력자료)
>   • 세금계산서 발급분 : 공급가액 600,000,000원, 세액 60,000,000원
>   • 세금계산서 수취분 : 공급가액 300,000,000원, 세액 30,000,000원
> 2. 수정신고 관련 자료
>   1) 누락된 매출내역
>   • 04월 05일 : ㈜성림에 제품을 매출하고 현대카드로 결제받았다(공급대가 2,200,000원).
>   2) 과다공제내역
>   • 06월 09일 : 5인승 업무용 승용차(2,500cc)를 ㈜한국자동차에서 보통예금으로 구입하여 전자세금계산서를 수취하고, 대금은 보통예금 계좌에서 이체하여 지급하였다. 당초 신고 시에 매입세액을 공제하였다(공급가액 25,000,000원, 세액 2,500,000원).

[2] ㈜재송테크는 과세 및 면세사업을 영위하는 겸영사업자이다. 불러온 데이터는 무시하고 다음의 자료만을 이용하여 2025년 제2기 예정신고기간의 공제받지못할매입세액명세서 중 공통매입세액안분계산내역 탭과 2025년 제2기 확정신고기간의 공제받지못할매입세액명세서 중 공통매입세액의정산내역 탭을 입력하시오(단, 공급가액 기준으로 안분계산하고 있다).   (4점)

구분		제2기 예정(7월~9월)		제2기 확정(10월~12월)		전체(7월~12월)	
		공급가액	세액	공급가액	세액	공급가액합계	세액합계
매출	과세	400,000,000원	40,000,000원	600,000,000원	60,000,000원	1,000,000,000원	100,000,000원
	면세	400,000,000원		100,000,000원		500,000,000원	
공통매입세액		100,000,000원	10,000,000원	200,000,000원	20,000,000원	300,000,000원	30,000,000원

3 다음의 결산정리사항을 입력하여 결산을 완료하시오. (8점)

[1] 다음은 ㈜한국에 대여한 자금에 대한 자료이다. 결산일에 필요한 회계처리를 하시오. (2점)

대여기간	대여금	이자율
2025.04.01.~2026.03.31.	120,000,000원	5%

- 대여금의 이자계산은 월할계산한다.
- 이자는 대여기간 종료시점에 수령하기로 하였다.

[2] 당사는 생산부서의 부자재를 보관하기 위한 물류창고를 임차하고 임대차계약을 체결하였다. 10월 1일 임대인에게 1년분 임차료 12,000,000원(2025.10.01.~2026.09.30.)을 보통예금 계좌에서 이체하여 지급하고 전액 비용으로 처리하였다(단, 임차료는 월할계산할 것). (2점)

[3] 다음의 유형자산만 있다고 가정하고, 유형자산명세서에 의한 감가상각비를 결산에 반영하시오(단, 개별자산별로 각각 회계처리할 것). (2점)

유형자산명세서

담당	대리	과장	부장

2025년 12월 31일

계정과목	자산명	취득일	내용연수	감가상각누계액		원가구분
				전기이월	차기이월	
건물	공장건물	2015.10.01	40년	250,000,000원	275,000,000원	제조원가
차량운반구	승용차	2022.07.01	5년	25,000,000원	35,000,000원	판관비

[4] 다음은 회사의 실제 당기 법인세과세표준및세액조정계산서 작성서식의 일부 내용이다. 아래에 주어진 자료만을 이용하여 법인세비용에 대한 회계처리를 하시오. (2점)

법인세과세표준 및 세액조정계산서 일부내용	② 과세표준 계산	⑩각사업연도소득금액(⑩=⑩)		350,000,000원
		⑩이월결손금	07	70,000,000원
		⑩비과세소득	08	
		⑪소득공제	09	
		⑫과세표준(⑩-⑩-⑩-⑪)	10	280,000,000원
세율정보	• 법인세율 : 법인세과세표준 2억원 이하 : 9% 법인세과세표준 2억원 초과 200억원 이하 : 19% • 지방소득세율 : 법인세과세표준 2억원 이하 : 0.9% 법인세과세표준 2억원 초과 200억원 이하 : 1.9%			
기타	위의 모든 자료는 법인세법상 적절하게 산출된 금액이고, 법인세중간예납세액 10,000,000원은 기한 내에 납부하여 선납세금으로 회계처리 하였다.			

4 원천징수와 관련된 다음의 물음에 답하시오.   (10점)

[1] 다음은 ㈜재송테크의 퇴직소득에 대한 원천징수 관련 자료이다. 아래의 자료를 바탕으로
사원등록 및 퇴직소득자료입력 메뉴를 작성하여 퇴직소득세를 산출하고, 퇴직소득원천징
수영수증을 작성하시오(단, 일반전표입력은 생략할 것).   (4점)

> • 이름 : 김태자(사원코드 : 102)
> • 주민등록번호 : 810503 – 1352687
> • 입사년월일 : 2017.06.13.
> • 퇴사년월일 : 2025.06.12.(퇴사사유 : 개인 사정으로 인한 자진퇴사)
> • 퇴직금 : 24,000,000원(지급일 : 2025.06.30.)
> • 퇴직공로금 : 1,000,000원(현실적인 퇴직을 원인으로 받는 소득, 지급일 : 2025.06.30.)
> • 퇴직금 중 확정급여형 퇴직연금 가입자로서 불입한 1,000만원은 과세이연을 적용하기로
>   한다.
>
> | 연금계좌취급자 | 사업자등록번호 | 계좌번호 | 입금일 | 계좌입금액 |
> |---|---|---|---|---|
> | 대한은행 | 130–81–58516 | 123–45–6789 | 2025.06.30. | 10,000,000원 |

[2] 다음의 자료를 이용하여 원천징수이행상황신고서를 작성 및 마감하고 국세청 홈택스에 전
자신고를 하시오.   (2점)

> 〈소득자료〉
>
> | 귀속월 | 지급월 | 소득구분 | 신고코드 | 인원 | 총지급액 | 소득세 | 비고 |
> |---|---|---|---|---|---|---|---|
> | 6월 | 7월 | 사업소득 | A25 | 2명 | 4,500,000원 | 135,000원 | 매월(정기)신고 |
>
> • 전월로부터 이월된 미환급세액 55,000원을 충당하기로 한다.
>
> 〈유의사항〉
> 1. [전자신고] → [국세청 홈택스 전자신고변환(교육용)] 순으로 진행한다.
> 2. [전자신고] 메뉴의 [원천징수이행상황제작] 탭에서 신고인구분은 2.납세자 자진신고를
>   선택하고, 비밀번호는 자유롭게 입력한다.
> 3. [국세청 홈택스 전자신고변환(교육용)] → 전자파일변환(변환대상파일선택) → 찾아보기
>   에서 전자신고용 전자파일을 선택한다.
> 4. 전자신고용 전자파일 저장경로는 로컬디스크(C :)이며, 파일명은 "작성연월일.01.t사업자
>   등록번호"다.
> 5. 형식검증하기 ➡ 형식검증결과확인 ➡ 내용검증하기 ➡ 내용검증결과확인 ➡ 전자파일제출
>   을 순서대로 클릭한다.
> 6. 최종적으로 전자파일 제출하기 를 완료한다.

[3] 2025년 5월 1일 입사한 사무직 정선달(거주자이며 세대주, 사원번호 : 300)의 가족관계증명서이다. 사원등록 메뉴의 기본사항 탭과 부양가족명세 탭, 연말정산추가자료입력 메뉴의 소득명세 탭을 작성하시오(기본공제대상자 여부와 관계없이 부양가족은 모두 입력할 것).

(4점)

〈자료 1〉 사원등록 참고자료
① 사회보험을 모두 적용하고 있으며, 사회보험과 관련한 보수월액은 2,800,000원이다.
② 모친 김여사는 부동산양도소득금액 20,000,000원이 있다.
③ 배우자 이부인은 장애인(항시 치료를 요하는 중증환자)으로서 현재 타지역의 요양시설에서 생활하고 있으며 소득은 없다.
④ 자녀 정장남은 지방 소재 고등학교에 재학 중이고, 일용근로소득 4,000,000원이 있다.
⑤ 자녀 정차남은 초등학교에 다니고 있다.

〈자료 2〉 정선달의 가족관계증명서

[별지 제1호서식] 〈개정 2010.6.3〉

가족관계증명서

등록기준지	서울시 송파구 도곡로 460(잠실동)

구분	성명	출생연월일	주민등록번호	성별	본
본인	정선달(鄭先達)	1971년 11월 05일	711105-1032876	남	東萊

가족사항

구분	성명	출생연월일	주민등록번호	성별	본
모	김여사(金女史)	1944년 04월 02일	440402-2023346	여	慶州
배우자	이부인(李婦人)	1971년 09월 02일	710902-2045672	여	全州
자녀	정장남(鄭長男)	2006년 10월 01일	061001-3013455	남	東萊
자녀	정차남(鄭次男)	2013년 07월 01일	130701-3013453	남	東萊

〈자료 3〉 전근무지 근로소득원천징수영수증
① 근무처명(종교관련종사자 아님)

근무처명	사업자등록번호	근무기간
㈜스마트	120-81-34671	2025.01.01.~2025.03.31.

② 소득명세 등

급여총액	상여총액	비과세식대	국민연금	건강보험	장기요양보험	고용보험
10,500,000원	10,000,000원	600,000원	796,500원	723,180원	92,610원	184,000원

③ 세액명세 등

항목	소득세	지방소득세
결정세액	1,000,000원	100,000원
기납부세액	1,500,000원	150,000원
차감징수세액	△500,000원	△50,000원

5 ㈜사선전자(회사코드 : 9548)는 금속제품을 생산하고 제조·도매업 및 도급공사업을 영위하는 중소기업이며, 당해 사업연도는 제15기(2025.1.1.~2025.12.31.)이다. 법인조정 메뉴를 이용하여 기장되어 있는 재무회계 장부 자료와 제시된 보충자료에 의하여 해당 사업연도의 세무조정을 하시오. (30점) ※ 회사 선택 시 유의하시오.

┌─┤ 작 성 대 상 서 식 ├─────────────────────────

  1. 업무용승용차관련비용명세서
  2. 기업업무추진비조정명세서
  3. 법인세과세표준및세액조정계산서 및 최저한세조정계산서
  4. 대손충당금및대손금조정명세서
  5. 소득금액조정합계표및명세서

[1] 다음 자료는 영업부서에서 업무용으로 사용중인 법인차량(코드 : 101) 관련 자료이다. 5인승 승용차 제네시스(55하4033)를 ㈜브라보캐피탈과 운용리스계약을 체결하여 사용 중이다. 업무용승용차등록 메뉴 및 업무용승용차관련비용명세서를 작성하고, 관련 세무조정을 하시오(단, 당사는 부동산임대업을 영위하지 않으며, 사용자 부서 및 사용자 직책, 사용자 성명, 전용번호판 부착여부 입력은 생략할 것). (6점)

구분	금액	비고
운용리스료	14,400,000원	• 매월 1,200,000원, 전자계산서를 수령하였다. • 주어진 차량 관련 비용 외 다른 항목은 고려하지 않으며, 감가상각비상당액은 12,895,000원이다.
유류비	4,100,000원	
리스계약기간	2023.05.03.~2026.05.03.	
보험기간	리스계약기간과 동일하다.	
거리	1. 전기이월누적거리 : 21,000km 2. 출퇴근거리 : 6,400km 3. 업무와 관련 없는 사용거리 : 1,600km 4. 당기 총 주행거리 : 8,000km	
기타사항	• 취득일자는 2023.05.03.을 입력하기로 한다. • 임직원전용보험에 가입하고, 운행기록부는 작성하였다고 가정한다. • 전기 업무용승용차 감가상각비 한도초과 이월액 8,000,000원이 있다.	

[2] 다음의 자료만을 이용하여 기업업무추진비조정명세서(갑),(을) 메뉴를 작성하고 필요한 세무조정을 하시오. (6점)

1. 매출내역(상품매출 및 제품매출)

구분	특수관계인 매출액	그 외 매출액	합계
법인세법상 매출액	200,000,000원	1,810,000,000원	2,010,000,000원
기업회계기준상 매출액	200,000,000원	1,800,000,000원	2,000,000,000원

2. 기업업무추진비 계정 내역

구분	관련 내역	제조경비	판매비와관리비
건당 3만원 초과	법인카드 사용분[주1]	21,000,000원	25,900,000원
	직원카드 사용분	2,000,000원	5,000,000원
	거래처 현금 경조사비[주2]	3,000,000원	3,500,000원
건당 3만원 이하	간이영수증 수령	200,000원	100,000원
합 계		26,200,000원	34,500,000원

[주1]법인카드 사용분 중 제조경비에는 문화비로 지출한 금액 2,000,000원이 포함되어 있다.
[주2]거래처 현금 경조사비는 전액 건당 20만원 이하이다.

3. 기타 계정 내역

계정과목	금액	관련사항
소모품비(판)	1,500,000원	현금영수증을 발급받고 구입한 물품(1건, 면세 대상 물품)을 거래처에게 선물하였다.
광고선전비(판)	1,400,000원	법인카드로 구입한 달력을 불특정 다수인에게 제공하였다.

4. 기업업무추진비는 모두 회사 업무와 관련하여 사용하였다.

[3] 다음의 자료만을 이용하여 법인세과세표준및세액조정계산서와 최저한세조정계산서를 작성하시오. (6점)

1. 손익계산서상 당기순이익 : 535,000,000원
2. 익금산입 총액 : 34,500,000원
3. 손금산입 총액 : 2,900,000원
4. 기부금한도초과액 : 1,800,000원
5. 공제가능한 이월결손금 : 3,522,000원
6. 세액공제 및 세액감면
   ① 중소기업특별세액감면 : 13,000,000원
   ② 고용증대세액공제 : 35,000,000원
   ③ 사회보험료세액공제 : 1,200,000원
7. 지출증명서류 미수취 가산세 : 190,000원
8. 법인세 중간예납세액 : 5,000,000원
9. 원천납부세액 : 7,000,000원
10. 당사는 중소기업이며 분납 가능한 금액까지 분납 신청하고자 한다.

[4] 다음의 자료를 참조하여 대손충당금및대손금조정명세서 메뉴를 작성하고, 소득금액조정합계표및명세서에 세무조정을 반영하시오(단, 소득금액조정합계표및명세서의 소득명세는 생략함). (6점)

1. 당기 대손충당금 내역

차 변		대 변	
과 목	금 액	과 목	금 액
외상매출금	15,000,000원	전기이월	80,000,000원
받을어음	35,000,000원	당기설정	6,000,000원
미수금	15,000,000원		
차기이월	21,000,000원		

- 전기말 자본금과적립금조정명세서(을)에 전기대손충당금한도초과액 8,795,000원이 계상되어 있다.
- 당사는 중소기업에 해당하며, 대손설정율은 1%로 설정한다.

2. 당기에 대손충당금과 상계한 내용
   (1) ㈜김가의 외상매출금 10,000,000원을 소멸시효완성으로 인하여 3월 31일에 대손확정함.
   (2) ㈜유가의 파산으로 인하여 회수할 수 없는 외상매출금 5,000,000원을 6월 30일에 대손확정함.
   (3) ㈜최가의 받을어음 20,000,000원을 부도발생일 9월 1일에 대손확정함.
   (4) ㈜이가의 받을어음 15,000,000원을 11월 2일에 대손확정함(부도발생일은 당해연도 5월 1일임).
   (5) ㈜우가의 강제집행으로 인하여 회수할 수 없는 기계장치 미수금 15,000,000원을 6월 25일에 대손확정함.
3. 당기말 설정대상채권으로는 외상매출금 1,570,000,000원과 받을어음 100,000,000원이 계상되어 있다.

[5] 다음의 자료를 이용하여 소득금액조정합계표를 완성하시오. 재무상태표 및 손익계산서에는 다음과 같은 계정과목이 포함되어 있으며 기업회계기준에 따라 정확하게 회계처리 되었다. (6점)

계정과목	금액	비고
법인세등	18,000,000원	법인지방소득세 2,000,000원이 포함되어 있다.
퇴직급여	35,000,000원	대표이사의 퇴직급여로, 주주총회에서 대표이사를 연임하기로 결정하여 과거 임기에 대한 퇴직급여를 지급하고 계상한 것으로 확인되었다. (대표이사 퇴직급여 초과지급액이 발생하면 퇴직 시까지 가지급금으로 간주한다.)
세금과공과	10,000,000원	토지에 대한 개발부담금 3,000,000원이 포함되어 있다.
감가상각비	4,000,000원	업무용승용차(3,000cc, 2023.01.01. 취득)의 감가상각비로서 상각범위액은 6,000,000원이다.
건물관리비	5,000,000원	법인의 출자자(소액주주가 아님)인 임원이 사용하고 있는 사택유지비를 전액 건물관리비로 계상하였다.
잡이익	700,000원	업무용 화물트럭에 대한 자동차세 과오납금에 대한 환급금 600,000원과 환급금이자 100,000원을 모두 잡이익으로 회계처리하였다.

㈜한솔산업(회사코드 : 9549)은 제조·도소매업을 영위하는 중소기업이며, 당기(제13기) 회계기간은 2025.1.1.~2025.12.31.이다. 전산세무회계 수험용 프로그램을 이용하여 다음 물음에 답하시오.

───┃ 기본전제 ┃───

• 문제에서 한국채택국제회계기준을 적용하도록 하는 전제조건이 없는 경우, 일반기업회계기준을 적용하여 회계처리 한다.
• 문제의 풀이와 답안작성은 제시된 문제의 순서대로 진행한다.

1 다음 거래에 대하여 적절한 회계처리를 하시오. (12점)

> **입력시 유의사항**
>
> ❑ 일반적인 적요의 입력은 생략하지만, 타계정 대체거래는 적요 번호를 선택하여 입력한다.
> ❑ 세금계산서 · 계산서 수수 거래 및 채권·채무 관련 거래는 별도의 요구가 없는 한 반드시 기등록된 거래처코드를 선택하는 방법으로 거래처명을 입력한다.
> ❑ 제조경비는 500번대 계정코드를, 판매비와관리비는 800번대 계정코드를 사용한다.
> ❑ 회계처리 시 계정과목은 등록된 계정과목 중 가장 적절한 과목으로 한다.
> ❑ 매입매출전표를 입력하는 경우 입력화면 하단의 분개까지 처리하고, 세금계산서 및 계산서는 전자 여부를 입력하여 반영한다.

[1] 05월 04일 미국TSL로부터 2024년 12월 5일에 외상으로 매입한 상품 $20,000에 대한 외상매입금 전액을 보통예금 계좌에서 지급하였다. 각각의 기준환율은 다음과 같으며 회사는 전기말 외화자산부채에 대한 평가를 일반기업회계기준에 따라 적절히 수행하였다. (3점)

구분	2024년 12월 5일	2024년 12월 31일	2025년 5월 4일
기준환율	1,400원/$	1,300원/$	1,200원/$

[2] 07월 02일 제품 10,000,000원(부가가치세 별도)을 ㈜유정에 매출하고 아래와 같이 전자세금계산서를 발급한 후 즉시 전액을 삼성카드로 결제받았다(단, 카드사에 대한 수수료는 고려하지 말 것).   (3점)

전자세금계산서						승인번호		20250702-15454654-58811886		
공급자	등록번호	120-85-47000	종사업장번호		공급받는자	등록번호	467-85-17021	종사업장번호		김유정
	상호(법인명)	㈜한솔산업	성 명	배정우		상호(법인명)	㈜유정	성 명		
	사업장주소	서울 강남구 밤고개로 337				사업장주소	경기도 하남시 미사강변중앙로 123			
	업 태	제조	종 목	자동차부품		업 태	도소매	종 목		전자상거래
	이메일					이메일				

작성일자	공급가액	세액	수정사유	비고		
2025/07/02	10,000,000	1,000,000				
비고						

월	일	품 목	규 격	수 량	단 가	공 급 가 액	세 액	비 고
7	2	제품				10,000,000	1,000,000	

합 계 금 액	현 금	수 표	어 음	외 상 미 수 금	이 금액을 청구 함
11,000,000				11,000,000	

[3] 07월 14일 받을어음(㈜교보상사) 3,000,000원을 진주은행에 할인 매각하여 2,760,000원을 보통예금 계좌로 즉시 입금받았다(단, 매각거래의 요건은 충족함).   (3점)

[4] 08월 26일 영업부에서 사용하던 업무용 승용차(취득가액 : 12,000,000원)를 중고거래 사이트에서 처분하고 아래와 같이 현금영수증을 발급하였으며 현금을 수취하였다. 해당 차량운반구의 처분시점 감가상각누계액은 7,200,000원이고, 하나의 전표로 처리하기로 한다. 현금영수증 발급 정보를 알려주지 않아 자진발급 처리하였다(단, 거래처는 자진발급(거래처코드 : 00149)으로 선택할 것).

(3점)

Home tax. 국세청홈택스 **현금영수증**

● 거래정보

거래일시	2025.08.26.
승인번호	G13897246
거래구분	승인거래
거래용도	소득공제
발급수단번호	010-****-1234

● 거래금액

공급가액	부가세	봉사료	총 거래금액
5,000,000	500,000	0	5,500,000

● 가맹점 정보

상호	㈜한솔산업
사업자번호	125-85-47000
대표자명	배정우
주소	서울시 강남구 밤고개로 337

● 익일 홈택스에서 현금영수증 발급 여부를 반드시 확인하시기 바랍니다.
● 홈페이지 (http : //www.hometax.go.kr)
 - 조회/발급 > 현금영수증 조회 > 사용내역(소득공제) 조회
                          > 매입내역(지출증빙) 조회
● 관련문의는 국세상담센터(☎126-1-1)

2 다음 주어진 요구사항에 따라 부가가치세신고서 및 부속서류를 작성하시오. (10점)

[1] ㈜한솔산업은 2025년 제2기 부가가치세 확정신고를 기한 내에 마쳤으나, 신고기한이 지난 후에 아래의 오류를 발견하여 정정하고자 한다. 주어진 자료를 이용하여 매입매출전표입력에서 오류사항을 수정 또는 입력하고 제2기 확정신고기간의 부가가치세신고서(1차 수정신고), 과세표준및세액결정(경정)청구서를 작성하시오. (6점)

> • 매입매출전표입력 오류사항
> (1) 11월 30일 : 현금영수증을 ㈜아림에 발급하였으나 이는 외상매출금(9월 30일 세금계산서 발급분)에 대한 회수로서 중복 매출신고로 확인되었다.
> (2) 9월 30일 : 제조부서의 기계 수리비 500,000원(공급가액)을 하나상사에 보통예금으로 지급하였고, 종이세금계산서를 발급받았으나 이를 누락하였다. 해당 누락분은 확정신고 시에 반영하기로 한다.
> (3) 12월 5일 : 영업부서의 운반비 300,000원(공급가액)의 종이세금계산서를 운송나라에서 발급받았으나 이를 누락하였다. 단, 운반비는 보통예금 계좌에서 지급하였다.
> ※ 단, 오류사항에 대해서 음수로 입력하지 말 것.
> ※ 부가가치세 신고기한 2026년 1월 25일이 일요일이므로 그 다음날인 1월 26일 신고하였고 그 다음날 1월 27일 수정신고를 하였다.
>
> • 경정청구사유
> (1) 사유1 : 신용카드, 현금영수증 매출 과다신고(코드 : 4102013)
> (2) 사유2 : 예정신고 누락분(코드 : 4103003)
> ※ 단, 국세환급금 계좌는 공란으로 비워두고, 전자신고세액공제는 적용하지 않는다.

[2] 다음의 자료는 2025년 제1기 부가가치세 확정신고기간(2025.4.1.~2025.6.30.) 중 수취한 전자세금계산서 내역이다. 주어진 자료를 이용하여 공제받지못할매입세액명세서를 작성하시오. (4점)

작성일자	품목	공급가액	매입세액
04월 02일	• 사업과 관련 없이 구매한 경차 차량	30,000,000원	3,000,000원
04월 10일	• 인테리어 공사 (1) 공사는 2025년 6월 29일에 완료되었다. (2) 대금은 2025년 7월 20일에 지급하였다.	17,000,000원	1,700,000원
05월 05일	• 전자제품(거래처에 선물할 목적으로 구매)	3,500,000원	350,000원
06월 01일	• 기존에 사용 중인 공장용 건물에 대한 철거비용	8,800,000원	880,000원
06월 30일	• 본사 사옥 신축공사비	250,000,000원	25,000,000원

3 다음의 결산정리사항을 입력하여 결산을 완료하시오. (8점)

[1] 당사는 4월 1일에 공장의 1년치 화재보험료(보험기간 : 2025.4.1.~2026.3.31.) 6,000,000원을 일시불로 지급하고 선급비용으로 회계처리 하였다(단, 보험료는 월할계산할 것). (2점)

[2] 다음의 자료를 이용하여 결산일의 매도가능증권과 관련된 회계처리를 하시오. (2점)

- 취득일 : 2024년 10월 17일
- 주식수 : 1,700주
- 1주당 취득가액 : 30,000원
- 매도가능증권의 1주당 공정가치
  (1) 2024년 12월 31일 : 25,000원
  (2) 2025년 12월 31일 : 34,000원
- 매도가능증권(178)과 관련된 회계처리는 일반기업회계기준에 따라 적정하게 처리되었다고 가정한다.

[3] 다음은 2025년 제2기 부가가치세 확정신고와 관련된 자료이다. 주어진 자료를 이용하여 12월 31일 부가가치세 확정신고와 관련된 계정을 정리하는 회계처리를 하시오(단, 입력된 데이터는 무시하고 아래에 주어진 자료만을 이용하여 회계처리할 것). (2점)

- (1) 2025년 12월 31일 계정별 잔액
  - 부가세예수금 : 40,500,000원
  - 부가세대급금 : 36,800,000원
- (2) 제2기 부가가치세 예정신고 미환급세액 1,700,000원이 미수금 잔액으로 남아있다.
- (3) 부가가치세 전자신고세액공제 10,000원과 가산세 15,000원이 발생하였다.
- (4) 납부할 세금은 미지급세금, 가산세는 세금과공과, 전자신고세액공제는 잡이익으로 처리하기로 한다.

[4] 마케팅부 직원에 대한 확정급여형(DB) 퇴직연금을 당해 연도 4월 1일에 가입하였으며 60,000,000원을 운영한 결과 4%(연 이자율)의 이자수익이 발생하였다(단, 이자수익의 계산은 월단위로 계산할 것). (2점)

4 원천징수와 관련된 다음의 물음에 답하시오. (10점)

[1] 다음 자료를 이용하여 사원등록 메뉴에서 영업팀 최이현(사원코드 : 100, 입사일 : 2025년 7월 1일)씨의 부양가족명세 탭을 수정하고, 연말정산추가자료입력 메뉴를 이용하여 연말정산을 완료하시오. 전 근무지 자료는 소득명세 탭에 입력하고, 연말정산 관련 자료는 부양가족, 신용카드 등, 의료비 탭에 작성하여 연말정산추가자료입력을 완료하시오(단, 교육비와 보험료는 부양가족 탭에 반영할 것). (7점)

〈자료 1〉 부양가족 현황

관계	성명	주민등록번호	소득내역	비고
본인	최이현	860331-2026883	총급여 3,900만원	세대주/여성/배우자 없음
모	김희숙	541021-2021340	일용근로소득 500만원	
자녀	임희연	161031-4123541	소득없음	초등학생
자녀	임유한	200531-3021477	소득없음	유치원생

• 근로자 본인의 세부담 최소화를 가정한다.
• 위의 가족들은 모두 내국인으로 근로자 본인과 동거하면서 생계를 같이 하고 있으며, 기본공제대상자가 아닌 경우에도 부양가족명세에 등록하고 기본공제는 '부'로 작성한다.
• 제시된 자료 외의 다른 소득은 없다고 가정한다.

〈자료 2〉 전(前) 근무지 자료는 아래와 같으며, 당사에서 합산하여 연말정산을 진행하기로 한다.

• 근무처명 : ㈜선재기획
  (사업자등록번호 : 507-81-55567)
• 총급여액 : 2,400만원(비과세소득 및 감면소득 없음)
• 국민연금보험료 : 1,080,000원
• 장기요양보험료 : 110,160원
• 근무기간 : 2025.01.01.~2025.06.30.
• 건강보험료 : 850,800원
• 고용보험료 : 216,000원

구분		소득세	지방소득세
세액명세	결정세액	182,390원	18,230원
	기납부세액	1,175,760원	117,540원
	차감징수세액	△993,370원	△99,310원

〈자료 3〉 연말정산 추가자료(국세청 홈택스 연말정산간소화서비스 자료)

항목	내용
보험료	• 최이현(본인) – 자동차손해보험 200,000원 • 김희숙(모) – 일반보장성보험 500,000원 • 임희연(자녀) – 일반보장성보험 150,000원 • 임유한(자녀) – 일반보장성보험 150,000원
의료비	• 최이현(본인) – 질병치료비 1,600,000원, 한약구입비용(건강증진목적) 1,000,000원 • 김희숙(모) – 질병치료비 7,500,000원(실손의료보험 수령액 : 2,300,000원) • 임희연(자녀) – 시력보정용 안경구입비용 800,000원 • 임유한(자녀) – 질병치료비 1,600,000원
교육비	• 김희숙(모) – 방송통신대학교 교육비 2,400,000원 • 임희연(자녀) – 방과후과정 수업료 900,000원, 학원수업료 3,600,000원 • 임유한(자녀) – 「유아교육법」에 의한 유치원 수업료 2,080,000원, 학원수업료 1,200,000원
신용카드 등 사용액	• 최이현(본인) – 신용카드 사용액 35,000,000원(자녀 학원수업료 4,800,000원 포함) – 현금영수증 사용액 5,000,000원(전통시장 사용분 2,000,000원 포함) • 최이현(본인)의 신용카드 사용액은 위의 의료비 지출액이 모두 포함된 금액이다. • 제시된 내용 외의 전통시장, 대중교통, 도서 등 사용분은 없다.

[2] 다음의 자료를 이용하여 원천징수이행상황신고서를 작성 및 마감하고 국세청 홈택스에서
전자신고를 수행하시오. (3점)

〈소득자료〉

귀속월	지급월	소득구분	신고코드	인원	총지급액	소득세	비고
9월	9월	사업소득	A25	1	3,000,000원	90,000원	매월(정기)신고

〈유의사항〉

1. [전자신고] → [국세청 홈택스 전자신고변환(교육용)] 순으로 진행한다.
2. [전자신고] 메뉴의 [원천징수이행상황제작] 탭에서 신고인구분은 2.납세자 자진신고를
   선택하고, 비밀번호는 자유롭게 입력한다.
3. [국세청 홈택스 전자신고변환(교육용)] → 전자파일변환(변환대상파일선택) → 찾아보기
   에서 전자신고용 전자파일을 선택한다.
4. 전자신고용 전자파일 저장경로는 로컬디스크(C :)이며, 파일명은 "작성연월일.01.t사업자
   등록번호"다.
5. 형식검증하기 ➡ 형식검증결과확인 ➡ 내용검증하기 ➡ 내용검증결과확인 ➡ 전자파일제출
   을 순서대로 클릭한다.
6. 최종적으로 전자파일 제출하기 를 완료한다.

5 상수기업㈜(회사코드 : 9550)은 전자부품 등을 생산하고 제조 · 도매업 및 도급공사업을 영위하는 중소기업이며, 당해 사업연도(제14기)는 2025.1.1.~2025.12.31.이다. 법인조정 메뉴를 이용하여 기장되어 있는 재무회계 장부 자료와 제시된 보충자료에 의하여 해당 사업연도의 세무조정을 하시오. (30점) ※ 회사 선택 시 유의하시오.

┌─ **| 작 성 대 상 서 식 |** ──────────────────────────────
│ 1. 수입금액조정명세서, 조정후수입금액명세서
│ 2. 세금과공과금명세서
│ 3. 소득금액조정합계표및명세서
│ 4. 원천납부세액명세서(갑)
│ 5. 업무용승용차관련비용명세서

[1] 다음의 자료를 이용하여 수입금액조정명세서, 조정후수입금액명세서를 작성하고, 필요한 세무조정을 하시오. (6점)

1. 손익계산서상 수익금액

구분		업종코드	금액	비고
매출액	제품매출	321012	1,357,000,000원	
	공사수입금	451104	787,000,000원	과세와 면세를 합친 금액임

2. 수입금액조정명세서 관련 사항
   (1) 공사수입금 조정사항(작업진행률을 적용함)

   ┌───
   │ • 공사명 : 아름건물공사
   │ • 도급자 : 주식회사 아름
   │ • 도급금액 : 300,000,000원
   │ • 총 공사예정비 : 200,000,000원
   │ • 해당연도 말 총공사비 누적액 : 150,000,000원
   │ • 당기 회사 공사수입 계상액 : 70,000,000원
   │   (전기말 누적공사수입 계상액 : 150,000,000원)

   (2) 기말 결산 시 제품매출 관련 거래(공급가액 5,500,000원, 원가 3,000,000원)가 누락된 것을 발견하고 부가가치세 수정신고는 적절하게 처리하였지만, 손익계산서에는 반영하지 못하였다.

3. 부가가치세법상 과세표준 내역(수정신고 반영되었음)

구분	금액
과세	1,799,500,000원(유형자산 매각금액 30,000,000원이 포함된 금액임)
면세	380,000,000원

[2] 세금과공과금 계정에 입력된 아래의 자료를 조회하여 세금과공과금명세서를 작성하고 관련된 세무조정을 하시오(단, 세무조정 유형과 소득처분이 같은 세무조정일지라도 건별로 각각 세무조정을 하고, 계정과목 코드는 모두 800번대로 할 것). (6점)

일자	적요	금액
01월 20일	업무용 승용차 자동차세(2025년도 발생분)	387,000원
01월 21일	본사 토지 취득세	8,910,000원
03월 16일	법인지방소득세	1,054,000원
09월 05일	주민세 사업소분	55,000원
09월 07일	본사 건물 재산세	3,420,000원
10월 09일	국민연금 회사부담액	789,000원
11월 15일	원천징수 등 납부지연가산세	87,000원
12월 22일	폐기물처리부담금	566,000원
12월 26일	업무용 승용차 자동차세(2025년도 발생분)	420,000원

[3] 다음의 자료를 보고 필요한 세무조정을 소득금액조정합계표및명세서에 반영하시오. (6점)

구분	내용
재무상태표 내역	• 7월 7일에 구입한 매도가능증권(취득가액 10,000,000원, 시장성 있음)의 기말 공정가액이 12,000,000원이고 이에 대한 회계처리를 기업회계기준에 따라 적절히 수행하였다. • 자기주식처분이익 5,000,000원은 자기주식을 처분함에 따라 발생한 것이다.
손익계산서 내역	• 특수관계법인에게 업무와 관련 없이 지급한 대여금 20,000,000원이 특수관계법인의 파산으로 회수불가능하게 됨에 따라, 대손상각비로 계상하였다. • 건물관리비로 계상한 금액에는 대표이사의 사택관리비 5,600,000원이 포함되어 있다. • 대표이사의 주식 보유 지분은 20%이며, 법인세비용은 9,540,600원이다.

[4] 다음의 자료는 2025년 1월 1일부터 2025년 12월 31일까지의 원천징수와 관련된 자료이다. 주어진 자료를 이용하여 원천납부세액명세서 메뉴의 원천납부세액(갑) 탭을 작성하시오(단, 불러오는 자료는 무시하며, 지방세 납세지까지 입력할 것). (6점)

적요	원천징수 의무자	사업자등록번호	원천 징수일	원천징수 대상금액	원천 징수 세율	지방세 납세지
정기예금이자	국민은행	113-81-02128	6.30.	3,000,000원	14%	종로구 가회동
정기적금이자	신한은행	210-81-87525	9.30.	12,000,000원	14%	강남구 대치동
비영업대금이익	㈜신흥산업	603-81-02354	11.30.	2,500,000원	25%	해운대구 중동

[5] 다음의 법인차량 관련 자료와 저장된 업무용승용차등록 메뉴를 이용하여, 업무용승용차관련비용명세서 메뉴를 작성하고 관련 세무조정을 하시오(단, 아래의 차량은 모두 영업관리부에서 업무용으로 사용 중이며 임직원 전용보험에 가입함. 당사는 부동산임대업을 영위하지 않음). (6점)

〈차량 1〉

코드	차량번호	차종	차량등록내용	
101	157고1111	산타페 (7인승)	경비구분	판관비
			임차여부	자가
			취득일	2025.07.01.
			취득가액	44,000,000원(부가가치세 포함)
			감가상각비	4,400,000원
			유류비	2,200,000원(부가가치세 포함)
			보험료	500,000원
			자동차세	420,000원
			보험기간	2025.07.01.~2025.12.31.
			2025년 운행일지	총주행거리 : 12,000km
				업무용사용거리 : 12,000km
			출퇴근 사용	여
			전용번호판 부착여부	부(대상아님)

〈차량 2〉

코드	차량번호	차종	차량등록내용	
102	248거3333	K9 (5인승)	경비구분	판관비
			임차여부	운용리스
			리스개시일	2024.01.01.
			리스기간	2024.01.01.~2027.12.31.
			연간 리스료	15,600,000원
			유류비	4,500,000원(부가가치세 포함)
			보험기간	2025.01.01.~2025.12.31.
			감가상각비 상당액	12,741,000원
			2025년 운행일지	총주행거리 : 8,000km
				업무용사용거리 : 6,400km
			출퇴근 사용	부
			전용번호판 부착여부	여
			전기 감가상각비 한도초과액	2,000,000원

㈜한둘상사(회사코드 : 9551)는 제조·도소매업을 영위하는 중소기업이며, 당기(제13기) 회계기간은 2025.1.1.~2025.12.31.이다. 전산세무회계 수험용 프로그램을 이용하여 다음 물음에 답하시오.

| 기본전제 |

- 문제에서 한국채택국제회계기준을 적용하도록 하는 전제조건이 없는 경우, 일반기업회계기준을 적용하여 회계처리 한다.
- 문제의 풀이와 답안작성은 제시된 문제의 순서대로 진행한다.

1 다음 거래에 대하여 적절한 회계처리를 하시오. (12점)

입력시 유의사항

- ☐ 일반적인 적요의 입력은 생략하지만, 타계정 대체거래는 적요 번호를 선택하여 입력한다.
- ☐ 세금계산서·계산서 수수 거래 및 채권·채무 관련 거래는 별도의 요구가 없는 한 반드시 기등록된 거래처코드를 선택하는 방법으로 거래처명을 입력한다.
- ☐ 제조경비는 500번대 계정코드를, 판매비와관리비는 800번대 계정코드를 사용한다.
- ☐ 회계처리 시 계정과목은 등록된 계정과목 중 가장 적절한 과목으로 한다.
- ☐ 매입매출전표를 입력하는 경우 입력화면 하단의 분개까지 처리하고, 세금계산서 및 계산서는 전자 여부를 입력하여 반영한다.

[1] 03월 10일 ㈜세명전기로부터 전기 원재료 매입 시 발생한 외상매입금 전액을 당좌수표를 발행하여 지급하였다(외상매입금을 조회하여 입력할 것). (3점)

[2] 04월 06일 당사는 면세사업에 사용하기 위하여 ㈜상희로부터 에어컨(비품)을 외상으로 구입하고, 설치비용은 330,000원(부가가치세 포함)을 현금으로 지급하였다. 전자세금계산서는 관련 거래 전부에 대해 아래와 같이 일괄 발급받았다.   (3점)

전자세금계산서						승인번호	20250406 - 25457932 - 64411851		
공급자	등록번호	123-81-56785	종사업장 번호		공급받는자	등록번호	308-81-27431	종사업장 번호	
	상호 (법인명)	㈜상희	성 명	강연희		상호 (법인명)	㈜한둘상사	성 명	정수란
	사업장 주소	서울특별시 서초구 방배로 123				사업장 주소	경상북도 경주시 내남면 포석로 112		
	업 태	도소매	종 목	에어컨 외		업 태	제조	종 목	
	이메일					이메일			

작성일자	공급가액	세액	수정사유	비고
2025.04.06	2,300,000	230,000	해당 없음	

비고	

월	일	품 목	규 격	수 량	단 가	공 급 가 액	세 액	비 고
4	6	에어컨				2,000,000	200,000	
4	6	설치비용				300,000	30,000	

합 계 금 액	현 금	수 표	어 음	외 상 미 수 금	이 금액을 청구 함
2,530,000	330,000			2,200,000	

[3] 05월 30일 리스자산(기계장치)의 운용리스계약이 만료되어 리스자산(기계장치)을 인수하고 아래의 전자계산서를 발급받았다. 인수대금은 17,000,000원이고 리스보증금(계정과목 : 기타보증금) 20,000,000원에서 충당하기로 하였으며 잔액은 보통예금 계좌로 입금되었다.   (3점)

전자계산서						승인번호	20250530-15454645-58811886		
공급자	등록번호	111-85-98761	종사업장 번호		공급받는자	등록번호	308-81-27431	종사업장 번호	
	상호 (법인명)	㈜라임파이낸셜	성 명	김라임		상호 (법인명)	㈜한둘상사	성 명	정수란
	사업장 주소	서울특별시 관악구 신림동				사업장 주소	경상북도 경주시 내남면 포석로 112		
	업 태	금융업	종 목	리스		업 태	제조	종 목	전자부품 외
	이메일					이메일			

작성일자	공급가액	수정사유	비고
2025.05.30.	17,000,000	해당 없음	

비고	

월	일	품 목	규 격	수 량	단 가	공 급 가 액	세 액	비 고
5	30	기계장치		1	17,000,000	17,000,000		

합 계 금 액	현 금	수 표	어 음	외 상 미 수 금	이 금액을 ( ) 함

[4] 08월 20일 당사가 지분을 소유한 ㈜세무사랑이 중간배당을 하기로 이사회 결의를 하고, 배당금 12,000,000원을 결의한 날에 보통예금 계좌로 입금받았다(원천세는 고려하지 않음). (3점)

2 다음 주어진 요구사항에 따라 부가가치세신고서 및 부속서류를 작성하시오. (10점)

[1] 다음의 자료만을 이용하여 2025년 제2기 확정신고기간(2025.10.01.~2025.12.31.)에 대한 재활용폐자원세액공제신고서를 작성하시오. (4점)

거래일자	공급자	거래 구분	품명	건수	매입가액
2025.10.10.	김정민(830715-1234563)	영수증	폐유	1	20,000,000원
2025.11.10.	이수진(840918-2034561)	영수증	폐유	1	30,000,000원
2025.10.15.	전진유통(156-61-00207)	세금계산서	트럭 (고정자산)	1	80,000,000원 (부가세 별도)
2025.12.15.	꼬꼬치킨(301-33-12348)	세금계산서	폐유	1	60,000,000원 (부가세 별도)

- 위에서 제시된 자료 이외에는 무시하기로 한다.
- 재활용폐자원세액공제를 받기 위한 공급자 요건은 모두 충족한다.
- 2025년 제2기 확정신고기간에 대한 매출공급가액은 135,000,000원이다.(제2기 예정신고기간의 관련 매출액 및 매입액은 없다고 가정한다.)

[2] 다음 자료를 이용하여 2025년 제2기 부가가치세 예정신고기간(2025.07.01.~2025.09.30.)의 신용카드매출전표등수령명세서를 작성하시오. (4점)

거래일자	거래처명 (사업자등록번호)	공급가액	거래목적	과세유형	비고
7월 20일	아트문구 (120-11-12349)	550,000원	사무용품 구입	일반과세자	현금영수증
8월 10일	㈜현대자동차 (621-81-96414)	300,000원	업무용승합차 엔진오일교환(주1)	일반과세자	대표이사 개인신용카드(주2)
8월 31일	㈜하나식당 (321-81-02753)	220,000원	영업부서 직원 회식비용	간이과세자 (세금계산서 발급가능)	법인카드(주3) 결제
9월 10일	㈜아남전자 (123-81-23571)	1,100,000원	영업부서 노트북구입	일반과세자	세금계산서 수취분 법인카드(주3) 결제

(주1)업무용승합차는 11인승으로 개별소비세 과세대상이 아니다.
(주2)대표이사 개인신용카드(국민카드 1230-4578-9852-1234)이다.
(주3)법인카드(국민카드 5678-8989-7878-5654)이다.

[3] 2025년 제1기 부가가치세 예정(2025.01.01.~2025.03.31.) 신고서를 작성, 마감하여 전자신고를 수행하시오(단, 저장된 데이터를 불러와 사용할 것). (2점)

> 1. 부가가치세 신고서와 관련 부속서류는 작성되어 있다.
> 2. [전자신고] → [국세청 홈택스 전자신고변환(교육용)] 순으로 진행한다.
> 3. [전자신고] 메뉴의 [전자신고제작] 탭에서 신고인구분은 2.납세자 자진신고를 선택하고, 비밀번호는 "12345678"로 입력한다.
> 4. [국세청 홈택스 전자신고변환(교육용)] → 전자파일변환(변환대상파일선택) → 찾아보기 에서 전자신고용 전자파일을 선택한다.
> 5. 전자신고용 전자파일 저장경로는 로컬디스크(C :)이며, 파일명은 "enc작성연월일.101. v3088127431"이다.
> 6. 형식검증하기 ⇒ 형식검증결과확인 ⇒ 내용검증하기 ⇒ 내용검증결과확인 ⇒ 전자파일제출 을 순서대로 클릭한다.
> 7. 최종적으로 전자파일 제출하기 를 완료한다.

3 다음의 결산정리사항을 입력하여 결산을 완료하시오. (8점)

[1] 다음은 단기 투자 목적으로 보유하고 있는 단기매매증권 관련 자료이다. 결산일 현재 필요한 회계처리를 하시오. (2점)

> • 2025년 7월 6일 : 주당 10,000원에 주식 100주를 취득함.
> • 2025년 10월 31일 : 주당 공정가치 11,000원에 주식 55주를 처분함.
> • 2025년 12월 31일 : 주당 공정가치는 12,000원임.

[2] 당사는 1월 1일 제조공장에서 사용할 기계장치를 20,000,000원에 취득하였는데 취득 시 국고보조금 10,000,000원을 수령하였다. 해당 기계장치는 정액법(내용연수 5년, 잔존가치 없음)으로 월할 상각한다. (2점)

[3] 기말 현재 재고자산내역은 다음과 같다. 아래 자료를 근거로 결산 회계처리를 하시오(단, 제품에는 판매를 위탁하기 위하여 수탁자에게 보낸 후 판매되지 않은 적송품 12,000,000원이 제외되어 있음). (2점)

> • 제품 : 13,000,000원   • 재공품 : 10,000,000원   • 원재료 : 7,000,000원

[4] 다음의 주어진 자료만을 참고하여 법인세비용에 대한 회계처리를 하시오.   (2점)

> 1. 과세표준은 355,400,000원이고 세액감면과 세액공제는 없다.
> 2. 법인세율
>   - 과세표준 2억원 이하 : 9%
>   - 과세표준 2억원 초과 200억 이하 : 19%
>   - 법인지방소득세는 법인세 산출세액의 10%로 한다.
> 3. 8월 31일 법인세 중간예납 시 당사는 아래와 같이 회계처리하였다.
>   - (차) 선납세금   26,537,000원   (대) 보통예금   26,537,000원

4 원천징수와 관련된 다음의 물음에 답하시오.   (10점)

[1] 다음의 자료를 이용하여 '인적용역' 사업소득에 해당하는 경우, 사업소득자등록 및 사업소득자료입력 메뉴를 작성하시오. 단, 귀속월은 2025년 10월이며 지급연월일은 2025년 11월 5일이다.   (4점)

코드	성명	거주 구분	주민등록번호 (외국인등록번호)	지급내역	차인지급액^(주)
201	김태민	거주/내국인	840219-1879526	영어 강사 강의료(학원 소속 강사)	3,384,500원
202	소준섭	거주/외국인(일본)	900719-5879869	일본어 강사 강의료(학원 소속 강사)	4,061,400원
203	박지원	거주/외국인(중국)	910808-6789558	강연료(일시·우발적 소득임)	2,900,160원

^(주)차인지급액은 소득세 및 개인지방소득세 공제 후 금액이며 정상 입금 처리되었다.

[2] 다음은 영업부 상용직 근로자 김해리 과장(사번 : 101, 퇴사일 : 2025.08.31.)의 중도 퇴사(개인사정에 따른 자발적 퇴직임)와 관련된 자료이다. 주어진 자료를 이용하여 김해리 과장의 8월 귀속 급여자료입력, 퇴직소득자료입력을 작성하시오.   (4점)

> 1. 김해리 과장의 8월 급여 및 공제항목
>   - 기본급 : 3,400,000원
>   - 상여 : 800,000원
>   - 자가운전보조금 [비과세] : 200,000원
>   - 보육수당(육아수당) [비과세] : 200,000원
>   - 국민연금 : 153,000원
>   - 건강보험 : 128,930원
>   - 장기요양보험 : 16,690원
>   - 고용보험 : 33,600원

2. 기타사항
   - 당사의 급여 지급일은 다음 달 15일이며 퇴직한 달의 소득세 등은 정산 후의 금액을 반영하기로 한다.
   - 김해리 과장은 4세의 자녀를 양육하고 있으나, 부양가족공제는 본인만 적용한다. 또한, 부녀자공제 대상이 아니며 주어진 자료만으로 퇴직정산을 한다.
   - 수당공제등록 입력 시, 미사용 수당에 대해서는 사용 여부를 '부'로 입력하고 미반영된 수당은 새로 입력한다.
   - 자가운전보조금과 보육수당(육아수당)은 비과세 요건에 해당한다.

3. 퇴직금
   - 퇴직금 지급액은 13,000,000원이며 퇴직금 지급일은 2025년 9월 15일로, 10,000,000원은 퇴직연금계좌로 지급하였고 나머지는 현금 지급하였다(단, 퇴직소득의 귀속시기는 8월로 한다).

연금계좌 취급자	사업자등록번호	계좌번호	입금일
미래투자증권	208-81-06731	291-132-716377	2025.09.15.

[3] 다음 자료를 이용하여 원천징수이행상황신고서를 작성 및 마감하고, 국세청 홈택스에서 전자신고를 수행하시오(단, 제시된 자료 이외에는 없는 것으로 가정한다). (2점)

〈소득자료〉
(1) 6월 귀속 퇴직소득(6월 말 지급) : 퇴직자 2인에게 5,300,000원 지급(소득세 82,000원)
(2) 6월 귀속 사업소득(6월 말 지급) : 학원강사 1인에게 강사료 8,000,000원 지급(소득세 240,000원)
(3) 전월미환급세액 : 10,000원

〈유의사항〉
1. [전자신고] → [국세청 홈택스 전자신고변환(교육용)] 순으로 진행한다.
2. [전자신고] 메뉴의 [전자신고제작] 탭에서 신고인구분은 2.납세자 자진신고를 선택하고, 비밀번호는 자유롭게 입력한다.
3. [국세청 홈택스 전자신고변환(교육용)] → 전자파일변환(변환대상파일선택) → 찾아보기 에서 전자신고용 전자파일을 선택한다.
4. 전자신고용 전자파일 저장경로는 로컬디스크(C :)이며, 파일명은 "작성연월일.01.t사업자등록번호"다.
5. 형식검증하기 ➡ 형식검증결과확인 ➡ 내용검증하기 ➡ 내용검증결과확인 ➡ 전자파일제출 을 순서대로 클릭한다.
6. 최종적으로 전자파일 제출하기 를 완료한다.

5 ㈜사랑상회(회사코드 : 9552)는 전자제품 등을 생산하고 제조·도매업 및 도급공사업을 영위하는 중소기업이며, 당해 사업연도(제15기)는 2025.1.1.~2025.12.31.이다. 법인조정 메뉴를 이용하여 기장되어 있는 재무회계 장부 자료와 제시된 보충자료에 의하여 해당 사업연도의 세무조정을 하시오. (30점) ※ 회사 선택 시 유의하시오.

┌─ **│ 작 성 대 상 서 식 │** ─────────────────────────────
│
│ 1. 재고자산(유가증권)평가조정명세서
│ 2. 선급비용명세서
│ 3. 미상각자산감가상각조정명세서, 감가상각비조정명세서합계표
│ 4. 기부금조정명세서
│ 5. 법인세과세표준및세액조정계산서, 최저한세조정계산서
└──

[1] 다음 자료에 따라 재고자산(유가증권)평가조정명세서를 작성하고 재고자산별로 각각 세무조정을 하시오. (6점)

재고자산	수량	신고방법	평가방법	장부상 평가액 (단가)	총평균법 (단가)	후입선출법 (단가)	선입선출법 (단가)
제품 A	20,000개	선입선출법	총평균법	3,000원/개	3,000원/개	2,500원/개	2,200원/개
재공품 B	20,000개	총평균법	총평균법	1,500원/개	1,500원/개	1,800원/개	1,300원/개
원재료 C	25,000개	총평균법	후입선출법	2,300원/개	1,000원/개	2,300원/개	1,100원/개

① 회사는 사업 개시 후 2016년 1월 5일에 '재고자산 등 평가방법신고(변경신고)서'를 즉시 관할세무서장에게 제출하였다(제품, 재공품, 원재료 모두 총평균법으로 신고하였다).
② 2025년 9월 15일 제품 A의 평가방법을 선입선출법으로 변경 신고하였다.
③ 2025년 10월 25일 원재료 C의 평가방법을 후입선출법으로 변경 신고하였다.
※ 임의변경 시에는 재고자산평가조정명세서상에 당초 신고일을 입력하기로 한다.

[2] 다음 자료는 당기 보험료 내역이다. 선급비용명세서를 작성하고, 보험료와 선급비용에 대하여 세무조정하시오(단, 기존에 입력된 데이터는 무시하고 제시된 자료만을 이용하여 계산하며, 세무조정은 각 건별로 할 것). (6점)

1. 당기 보험료 지출 내역

거래내용	지급액	거래처	보험기간	비고
공장화재보험	1,374,000원	KC화재	2025.02.16.~2026.02.16.	장부상 선급비용 110,000원을 계상함
자동차보험	798,420원	DG손해보험	2025.05.27.~2026.05.27.	운반 트럭에 대한 것으로 전액 보험료(제) 처리함
보증서보험	78,040원	서울보증보험	2025.10.11.~2028.10.10.	제조업과 관련 있으며 장부상 선급비용 미계상함

2. 자본금과적립금조정명세서(을)의 기초잔액은 324,165원으로 당기 기초금액이다. 해당 금액은 자동차보험과 관련된 것으로, 보험기간은 2024.12.26.~2025.05.26.이다.

[3] 불러온 데이터는 무시하고 다음의 자료만을 이용하여 기계장치를 고정자산등록 메뉴에 등록하여 미상각자산감가상각조정명세서 및 감가상각비조정명세서합계표를 작성하고 필요한 세무조정을 하시오. (6점)

---

1. 고정자산
   - 당사는 인건비 절감 및 시스템 자동화 구축을 위하여 기계장치(주1)(자산코드 : 201, 자산명 : 과자 분류기)를 2024년 11월 11일에 취득하였으며 2024년 12월 1일부터 해당 기계장치를 사용개시 하였다.
   - ※ (주1) 취득가액은 300,000,000원이다.
2. 전기(2024년) 말 현재 자본금과적립금조정명세서

① 과목	② 기초잔액	당기중증감		⑤ 기말잔액
		③ 감소	④ 증가	
기계장치 감가상각비 한도초과액			11,275,000원	11,275,000원

3. 감가상각대상자산

자산코드	계정과목	품목	취득일자	취득가액	전기(2024년) 말 감가상각누계액	당기(2025년) 감가상각비 계상액	경비구분
201	기계장치	과자 분류기	2024.11.11.	300,000,000원	22,550,000원	135,300,000원	제조

- 기계장치에 대한 지출액(자본적 지출의 성격) 14,735,000원(부가가치세 별도)을 당기(2025년) 비용처리 하였다.
- 기계장치의 내용연수는 5년을 적용하고, 감가상각방법은 신고하지 않은 것으로 가정한다.
- 기말 재고자산은 없는 것으로 가정한다.

---

[4] 다음 자료를 이용하여 기부금조정명세서를 작성하고 필요한 세무조정을 하시오. (6점)

---

1. 당기 기부금 내역은 다음과 같다. 적요 및 기부처 입력은 무시하고, 당기 기부금이 아닌 경우 기부금 명세서에 입력하지 않는다.

일자	금액	지급 내역
1월 12일	8,000,000원	국립대학병원에 연구비로 지출한 기부금
5월 9일	500,000원	향우회 회비(대표이사가 속한 지역 향우회기부금)
9월 20일	1,000,000원	태풍으로 인한 이재민 구호금품
12월 5일	3,000,000원	S 종교단체 어음 기부금(만기일 : 2026.01.10.)

2. 기부금 한도 계산과 관련된 자료는 다음과 같다.
   - 2024년도에 발생한 세무상 이월결손금 잔액 20,000,000원이 있다.
   - 기부금 관련 세무조정을 반영하기 전의 법인세과세표준및세액조정계산서상 차가감소득금액 내역은 아래와 같다(단, 당사는 중소기업이며, 불러온 자료는 무시하고 아래의 자료만을 이용할 것).

구분		금액
결산서상 당기순이익		250,000,000원
소득조정금액	익금산입	30,000,000원
	손금산입	18,000,000원
차가감소득금액		262,000,000원

[5] 불러온 자료는 무시하고 다음의 주어진 자료만을 이용하여 법인세과세표준및세액조정계산서 및 최저한세조정계산서를 작성하시오(단, 당사는 세법상 중소기업에 해당한다).　(6점)

1. 손익계산서의 일부분이다.
   (1) 법인세차감전순이익 : 770,000,000원
   (2) 법인세등 : 170,000,000원
   (3) 당기순이익 : 600,000,000원
2. 소득금액조정합계표는 다음과 같다.

익금산입 및 손금불산입			손금산입 및 익금불산입		
법인세등	170,000,000원	기타사외유출	업무용승용차 감가상각비	5,000,000원	△유보
대손충당금 한도초과액	63,000,000원	유보			
벌과금등	3,000,000원	기타사외유출			
업무용승용차 업무미사용분	7,000,000원	상여			
합계	243,000,000원		합계	5,000,000원	

3. 기부금과 관련된 내역은 다음과 같이 가정하기로 한다.
   (1) 기부금 한도초과액 : 20,000,000원
   (2) 기부금 한도초과 이월액 손금산입액 : 8,000,000원
4. 납부할 세액 및 차감납부세액 계산 시 고려사항
   (1) 통합고용증대세액공제 : 91,500,000원(최저한세 대상)
   (2) 법인세법상 가산세 : 850,000원
   (3) 법인세 중간예납세액 : 21,000,000원
   (4) 이자소득에 대한 원천납부세액 : 3,800,000원
   (5) 최대한 많은 금액을 분납으로 처리하도록 한다.

포인트 해답

(실무편)

실전모의시험 해답

문제 **1**

(1) 수입금액조정명세서

| 수입금액조정계산 | 작업진행률에 의한 수입금액 | 중소기업 등 수입금액 인식기준 적용특례에 의한 수입금액 | 기타수입금액조정 |

2 2.수입금액 조정명세
　가.작업진행률에 의한 수입금액

| No | ⑦공사명 | ⑧도급자 | ⑨도급금액 | 작업진행률계산 | | | ⑬누적익금산입액 (⑬×⑫) | ⑭전기말누적수입계상액 | ⑮당기회사수입계상액 | (16)조정액 (⑬-⑭-⑮) |
				⑩해당사업연도말총공사비누적액(작업시간등)	⑪총공사예정비(작업시간등)	⑫진행률(⑩/⑪)				
1	제주도지하철공사	제주도도지사	200,000,000	80,000,000	100,000,000	80.00	160,000,000	150,000,000		10,000,000
2										
	계		200,000,000	80,000,000	100,000,000		160,000,000	150,000,000		10,000,000

| 수입금액조정계산 | 작업진행률에 의한 수입금액 | 중소기업 등 수입금액 인식기준 적용특례에 의한 수입금액 | 기타수입금액조정 |

2 2.수입금액 조정명세
　다.기타 수입금액

No	(23)구 분	(24)근 거 법 령	(25)수 입 금 액	(26)대 응 원 가	비 고
1	제품매출		2,200,000	2,000,000	
2					
	계		2,200,000	2,000,000	

| 수입금액조정계산 | 작업진행률에 의한 수입금액 | 중소기업 등 수입금액 인식기준 적용특례에 의한 수입금액 | 기타수입금액조정 |

1 1.수입금액 조정계산

| No | 계정과목 | | ③결산서상수입금액 | 조 정 | | ⑥조정후 수입금액 (③+④-⑤) | 비 고 |
	①항 목	②계정과목		④가 산	⑤차 감		
1	매 출	제품매출	2,500,800,000	2,200,000		2,503,000,000	
2	매 출	공사수입금	178,200,000	10,000,000		188,200,000	
3							

2 2.수입금액조정명세

가.작업 진행률에 의한 수입금액	10,000,000
나.중소기업 등 수입금액 인식기준 적용특례에 의한 수입금액	
다.기타 수입금액	2,200,000
계	12,200,000

(2) 조정후수입금액명세서

| 업종별 수입금액 명세서 | 과세표준과 수입금액 차액검토 |

1 1.업종별 수입금액 명세서

| ①업 태 | ②종 목 | 순번 | ③기준(단순)경비율번호 | 수 입 금 액 | | | ⑦수 출 (영세율대상) |
| | | | | 수입금액계정조회 | 내 수 판 매 | | |
				④계(⑤+⑥+⑦)	⑤국내생산품	⑥수입상품	
제조.도매업,도급	안전유리	01	261004	2,503,000,000	2,503,000,000		
건설업	철도 궤도 전문공사업	02	452122	188,200,000	188,200,000		
		03					
		04					

업종별 수입금액 명세서	과세표준과 수입금액 차액검토

2 2.부가가치세 과세표준과 수입금액 차액 검토 　　　　　　　　　　　 `부가가치세 신고 내역보기`

(1) 부가가치세 과세표준과 수입금액 차액

⑧과세(일반)	⑨과세(영세율)	⑩면세수입금액	⑪합계(⑧+⑨+⑩)	⑫조정후수입금액	⑬차액(⑪-⑫)
2,688,200,000			2,688,200,000	2,691,200,000	-3,000,000

(2) 수입금액과의 차액내역(부가세과표에 포함되어 있으면 +금액, 포함되지 않았으면 -금액 처리)

⑭구 분	코드	(16)금 액	비 고	⑭구 분	코드	(16)금 액	비 고
자가공급(면세전용등)	21			거래(공급)시기차이감액	30		
사업상증여(접대제공)	22	7,000,000		주세 · 개별소비세	31		
개인적공급(개인적사용)	23			매출누락	32		
간주임대료	24				33		
자산 유형자산 및 무형자산 매각약	25				34		
매각 그밖의자산매각액(부산물)	26				35		
폐업시 잔존재고재화	27				36		
작업진행률 차이	28	-10,000,000			37		
거래(공급)시기차이가산	29			(17)차 액 계	50	-3,000,000	
				(13)차액과(17)차액계의차이금액			

(3) 세무조정

    〈익금산입〉　　제품매출　　　　　　　2,200,000원　　　(유보발생)
    〈손금산입〉　　제품매출원가　　　　　2,000,000원　　　(유보발생)
    〈익금산입〉　　공사수입금　　　　　10,000,000원　　　(유보발생)

 문제 **2**

(1) 선급비용명세서

계정구분	거래내용	거래처	대상기간		지급액	선급비용	회사 계상액	조정대상 금액
			시작일	종료일				
선급보험료	본사 화재보험료	㈜한화보험	2025.07.01	2026.06.30	60,000,000	29,753,424		29,753,424
선급보험료	공장 화재보험료	국민화재	2025.09.01	2026.08.31	90,000,000	59,917,808	15,000,000	44,917,808
합 계					150,000,000	89,671,232	15,000,000	74,671,232

(2) 세무조정

    〈손금산입〉　　전기선급비용　　　　　500,000원　　　(유보감소)
    〈손금불산입〉　당기 선급보험료　　29,753,424원　　　(유보발생)
    〈손금불산입〉　당기 선급보험료　　44,917,808원　　　(유보발생)

문제 3

(1) 대손충당금및대손금조정명세서

1. 2. 대손금조정 〔크게보기〕

No	22.일자	23.계정과목	24.채권내역	25.대손사유	26.금액	대손충당금상계액			당기 손비계상액		
						27.계	28.시인액	29.부인액	30.계	31.시인액	32.부인액
1	08.16	외상매출금	1.매출채권	6.소멸시효완성	2,000,000	2,000,000	2,000,000				
2											
		계			2,000,000	2,000,000	2,000,000				

2. 채권잔액 〔크게보기〕

No	16.계정과목	17.채권잔액의장부가액	18.기말현재대손금부인누계		19.합계(17+18)	20.충당금설정제외채권(할인,배서,특수채권)	21.채 권 잔 액(19-20)
			전기	당기			
1	외상매출금	300,000,000	7,000,000		307,000,000		307,000,000
2	미수금	25,000,000			25,000,000		25,000,000
3							
	계	325,000,000	7,000,000		332,000,000		332,000,000

3. 1.대손충당금조정

손금산입액조정	1.채권잔액(21의금액)	2.설정률(%) ◉기본율 ○실적율 ○적립기준	3.한도액(1×2)	회사계상액			7.한도초과액(6-3)
				4.당기계상액	5.보충액	6.계	
조정	332,000,000	1	3,320,000	4,500,000	13,000,000	17,500,000	14,180,000

익금산입액조정	8.장부상충당금기초잔액	9.기중충당금환입액	10.충당금부인누계액	11.당기대손금상계액(27의금액)	12.충당금보충액(충당금장부잔액)	13.환입할금액(8-9-10-11-12)	14.회사환입액(회사기말환입)	15.과소환입·과다환입(△)(13-14)
조정	15,000,000		6,000,000	2,000,000	13,000,000	-6,000,000		-6,000,000

• 충당금 보충액 : 기말잔액 – 설정액(17,500,000 – 4,500,000 = 13,000,000원)

(2) 세무조정

〈익금불산입〉　전기대손충당금한도초과　　　　6,000,000원　　　　(유보감소)
〈손금불산입〉　대손충당금한도초과　　　　　　14,180,000원　　　(유보발생)

 문제 4

(1) 업무무관부동산등에관련한차입금이자조정명세서(1.적수입력 탭)

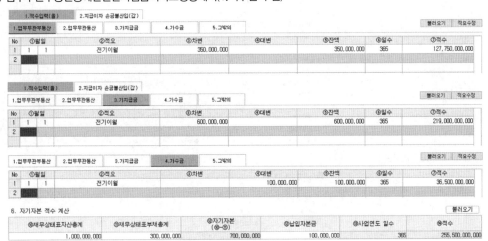

(2) 업무무관부동산등에관련한차입금이자조정명세서(2.지급이자 손금불산입(갑) 탭)

1.적수입력(을)	2.지급이자 손금불산입(갑)

2 1.업무무관부동산 등에 관련한 차입금 지급이자

①지급 이자	적 수				⑥차입금 (=19)	⑦ ⑤와 ⑥중 적은 금액	⑧손금불산입 지급이자 (①×⑦÷⑥)
	②업무무관 부 동 산	③업무무관 동 산	④가지급금 등	⑤계(②+③+④)			
70,000,000	127,750,000,000		182,500,000,000	310,250,000,000	483,625,000,000	310,250,000,000	44,905,660

1 2. 지급이자 및 차입금 적수 계산 [연이율 일수 현재: 365일]　　　　　이자율 계산　　　단수차이조정　연일수

No	(9) 이자율 (%)	(10)지급이자	(11)차입금적수	(12)채권자불분명 사채이자		(15)건설 자금 이자		차 감	
				수령자불분명 사채이자		국조법 14조에 따른 이자			
				(13)지급이자	(14)차입금적수	(16)지급이자	(17)차입금적수	(18)지급이자 (10-13-16)	(19)차입금적수 (11-14-17)
1	8.00000	10,000,000	45,625,000,000					10,000,000	45,625,000,000
2	12.00000	15,000,000	45,625,000,000			15,000,000	45,625,000,000		
3	10.00000	20,000,000	73,000,000,000					20,000,000	73,000,000,000
4	4.00000	40,000,000	365,000,000,000					40,000,000	365,000,000,000
5	6.00000	30,000,000	182,500,000,000	30,000,000	182,500,000,000				
6									
합계		115,000,000	711,750,000,000	30,000,000	182,500,000,000	15,000,000	45,625,000,000	70,000,000	483,625,000,000

(3) 세무조정

〈손금불산입〉	업무무관자산지급이자	44,905,660원	(기타사외유출)
〈손금불산입〉	채권자불분명사채이자(원천세 제외)	30,000,000원	(상여)
〈손금불산입〉	건설자금이자	15,000,000원	(유보발생)

문제 **5**

(1) 업무용승용차등록

① 소나타(27로2727)

② 제네시스(38호2929)

(2) 업무용승용차관련비용명세서

① 101.소나타(27로2727), 자가, 보험(율) 여(100%), 운행기록 : 부, 번호판 : 대상 아님

1 업무용 사용 비율 및 업무용 승용차 관련 비용 명세 (운행기록부: 미적용)   취득일: 2024-05-01   □부동산임대업등 법령42조②항

(7) 총주행 거리(km)	(8) 업무용 사용 거리(km)	(9) 업무 사용비율	(10) 취득가액	(11) 보유또는 임차월수	(12)업무용 승용차 관련 비용								
					(13) 감가상각비	(14)임차료 (감가상각비포함)	(15)감가상 각비상당액	(16) 유류비	(17) 보험료	(18) 수선비	(19) 자동차세	(20) 기타	(21) 합계
		100.0000	34,000,000	12	6,800,000			2,000,000	1,000,000		520,000		10,320,000
		합 계			6,800,000			2,000,000	1,000,000		520,000		10,320,000

2 업무용 승용차 관련 비용 손금불산입 계산

(24) 업무 사용 금액			(25) 업무외 사용 금액			(32) 감가상각비 (상당액) 한도초과금액	(33) 손금불산입 합계 ((31)+(32))	(34) 손금산입 합계 ((21)-(33))
(26) 감가상각비 (상당액)((13)또는 (15))X(9)]	(27) 관련 비용 [((21)-(13)또는 (21)-(15))X(9)]	(28) 합계 ((26)+(27))	(29) 감가상각비 (상당액)X(13)-(24) 또는(15)-(26))	(30) 관련 비용 [((21)-(13)또는 (21)-(15))-(27)]	(31) 합계 ((29)+(30))			
6,800,000	3,520,000	10,320,000						10,320,000
6,800,000	3,520,000	10,320,000						10,320,000

3 감가상각비(상당액) 한도초과금액 이월 명세

(39) 전기이월액	(40) 당기 감가상각비(상당액) 한도초과금액	(41) 감가상각비(상당액) 한도초과금액 누계	(42) 손금추인(산입)액	(43) 차기이월액((41)-(42))

② 102.제네시스(38호2929), 렌트, 보험(율) 여(100%), 운행기록 : 여, 번호판 : 여

1 업무용 사용 비율 및 업무용 승용차 관련 비용 명세 (운행기록부: 적용)   임차기간: 2025-09-01 ~ 2027-08-30   □부동산임대업등 법령42조②항

(7) 총주행 거리(km)	(8) 업무용 사용 거리(km)	(9) 업무 사용비율	(10) 취득가액	(11) 보유또는 임차월수	(12)업무용 승용차 관련 비용								
					(13) 감가상각비	(14)임차료 (감가상각비포함)	(15)감가상 각비상당액	(16) 유류비	(17) 보험료	(18) 수선비	(19) 자동차세	(20) 기타	(21) 합계
10,000	9,000	90.0000		4		5,280,000	3,696,000	2,200,000					7,480,000
		합 계			6,800,000	5,280,000	3,696,000	4,200,000	1,000,000		520,000		17,800,000

2 업무용 승용차 관련 비용 손금불산입 계산

(24) 업무 사용 금액			(25) 업무외 사용 금액			(32) 감가상각비 (상당액) 한도초과금액	(33) 손금불산입 합계 ((31)+(32))	(34) 손금산입 합계 ((21)-(33))
(26) 감가상각비 (상당액)((13)또는 (15))X(9)]	(27) 관련 비용 [((21)-(13)또는 (21)-(15))X(9)]	(28) 합계 ((26)+(27))	(29) 감가상각비 (상당액)X(13)-(24) 또는(15)-(26))	(30) 관련 비용 [((21)-(13)또는 (21)-(15))-(27)]	(31) 합계 ((29)+(30))			
3,326,400	3,405,600	6,732,000	369,600	378,400	748,000	659,733	1,407,733	6,072,267
10,126,400	6,925,600	17,052,000	369,600	378,400	748,000	659,733	1,407,733	16,392,267

3 감가상각비(상당액) 한도초과금액 이월 명세

(39) 전기이월액	(40) 당기 감가상각비(상당액) 한도초과금액	(41) 감가상각비(상당액) 한도초과금액 누계	(42) 손금추인(산입)액	(43) 차기이월액((41)-(42))
	659,733	659,733		659,733
	659,733	659,733		659,733

• 임차료 : 1,320,000 × 4개월 = 5,280,000원

(3) 세무조정

〈손금불산입〉	감가상각비한도초과액	659,733원	(기타사외유출)
〈손금불산입〉	업무용승용차 업무미사용분	748,000원	(상여)

문제 **1**

(1) 기업업무추진비조정명세서

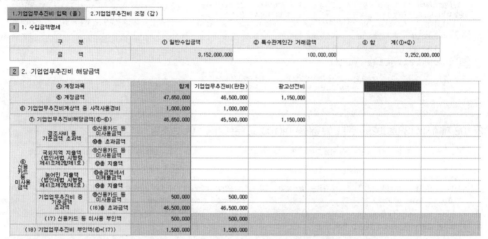

1.기업업무추진비 입력 (을)	2.기업업무추진비 조정 (갑)			

Ⅰ 1. 수입금액명세

구 분	① 일반수입금액	② 특수관계인간 거래금액	③ 합 계(①+②)
금 액	3,152,000,000	100,000,000	3,252,000,000

2 2. 기업업무추진비 해당금액

④ 계정과목		합계	기업업무추진비(판관)	광고선전비	
⑤ 계정금액		47,650,000	46,500,000	1,150,000	
⑥ 기업업무추진비계상액 중 사적사용경비		1,000,000	1,000,000		
⑦ 기업업무추진비해당금액(⑤-⑥)		46,650,000	45,500,000	1,150,000	
경조사비 중 기준금액 초과액	⑨신용카드 등 미사용금액				
	⑩ 총 초과금액				
국외지역 지출액 (법인세법 시행령 제41조제2항제1호)	⑪신용카드 등 미사용금액				
	⑫ 총 지출액				
농어민 지출액 (법인세법 시행령 제41조제2항제2호)	⑬송금명세서 미제출금액				
	⑭ 총 지출액				
기업업무추진비 중 기준금액 초과액	⑮신용카드 등 미사용금액	500,000	500,000		
	(16) 총 초과금액	46,500,000	46,500,000		
(17) 신용카드 등 미사용 부인액		500,000	500,000		
(18) 기업업무추진비 부인액(⑥+(17))		1,500,000	1,500,000		

• 기업업무추진비(판)의 (16)총 초과금액 : 46,500,000원 또는 45,500,000원

(2) 세무조정

〈손금불산입〉	상무이사 개인경비	1,000,000원	(상여)
〈손금불산입〉	법정증빙 없는 기업업무추진비	500,000원	(기타사외유출)
〈손금불산입〉	기업업무추진비 한도초과액	1,164,000원	(기타사외유출)

문제 **2**

(1) 고정자산등록

① 건물(101. 공장건물, 취득년월일 2022-03-20, 상각방법 정액법)

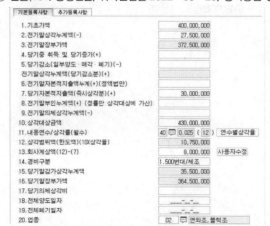

기본등록사항	추가등록사항	
1.기초가액		400,000,000
2.전기말상각누계액(-)		27,500,000
3.전기말장부가액		372,500,000
4.당기중 취득 및 당기증가(+)		
5.당기감소(일부양도·매각·폐기)(-)		
전기말상각누계액(당기감소분)(+)		
6.전기말자본적지출액누계(+)(정액법만)		
7.당기자본적지출액(즉시상각분)(+)		30,000,000
8.전기말부인누계액(+) (정률만 상각대상에 가산)		
9.전기말의제상각누계액(-)		
10.상각대상금액		430,000,000
11.내용연수/상각률(월수)		40 ▭ 0.025 (12) 연수별상각률
12.상각범위액(한도액)(10X상각율)		10,750,000
13.회사계상액(12)-(7)		8,000,000 사용자수정
14.경비구분		1.500번대/제조
15.당기말감가상각누계액		35,500,000
16.당기말장부가액		364,500,000
17.당기의제상각비		
18.전체양도일자		----- - -
19.전체폐기일자		----- - -
20.업종		02 ▭ 연와조,블럭조

② 기계장치(102. 절단기, 취득년월일 2023 – 07 – 01, 상각방법 정률법)

기본등록사항	추가등록사항	
1.기초가액		30,000,000
2.전기말상각누계액(-)		20,000,000
3.전기말장부가액		10,000,000
4.당기중 취득 및 당기증가(+)		
5.당기감소(일부양도·매각·폐기)(-)		
전기말상각누계액(당기감소분)(+)		
6.전기말자본적지출액누계(+)(정액법만)		
7.당기자본적지출액(즉시상각분)(+)		
8.전기말부인누계액(+) (정률만 상각대상에 가산)		5,000,000
9.전기말의제상각누계액(-)		
10.상각대상금액		15,000,000
11.내용연수/상각률(월수)	5 0.451 (12)	연수별상각율
12.상각범위액(한도액)(10X상각율)		6,765,000
13.회사계상액(12)-(7)		5,000,000 사용자수정
14.경비구분		1.500번대/제조
15.당기말감가상각누계액		25,000,000
16.당기말장부가액		5,000,000
17.당기의제상각비		
18.전체양도일자		----.--.--
19.전체폐기일자		----.--.--
20.업종		13 제조업

(2) 미상각자산감가상각조정명세서

① 건물(유형자산(정액법), 202.건물, 101. 공장건물, 취득년월일 2022 – 03 – 20)

입력내용			금액	총계
업종코드/명 02		연와조,블럭조		
합계표 자산구분		1. 건축물		
(4)내용연수(기준.신고)			40	
상각 계산 의 기초 가액	재무상태표 자산가액	(5)기말현재액	400,000,000	400,000,000
		(6)감가상각누계액	35,500,000	35,500,000
		(7)미상각잔액(5)-(6)	364,500,000	364,500,000
	회사계산 상각비	(8)전기말누계	27,500,000	27,500,000
		(9)당기상각비	8,000,000	8,000,000
		(10)당기말누계(8)+(9)	35,500,000	35,500,000
	자본적 지출액	(11)전기말누계		
		(12)당기지출액	30,000,000	30,000,000
		(13)합계(11)+(12)	30,000,000	30,000,000
(14)취득가액((7)+(10)+(13))			430,000,000	430,000,000
(15)일반상각률.특별상각률			0.025	
상각범위 액계산	당기산출 상각액	(16)일반상각액	10,750,000	10,750,000
		(17)특별상각액		
		(18)계((16)+(17))	10,750,000	10,750,000
	(19) 당기상각시인범위액		10,750,000	10,750,000
(20)회사계상상각액((9)+(12))			38,000,000	38,000,000
(21)차감액((20)-(19))			27,250,000	27,250,000
(22)최저한세적용에따른특별상각부인액				
조정액	(23) 상각부인액((21)+(22))		27,250,000	27,250,000
	(24) 기왕부인액중당기손금추인액			
부인액 누계	(25) 전기말부인누계액			
	(26) 당기말부인누계액 (25)+(23)-|24|		27,250,000	27,250,000

② 기계장치(유형자산(정률법), 206.기계장치, 102. 절단기, 취득년월일 2023 – 07 – 01)

입력내용			금액	총계
업종코드/명 13		제조업		
합계표 자산구분		2. 기계장치		
(4)내용연수			5	
상각 계산 의 기초 가액	재무상태표 자산가액	(5)기말현재액	30,000,000	30,000,000
		(6)감가상각누계액	25,000,000	25,000,000
		(7)미상각잔액(5)-(6)	5,000,000	5,000,000
	(8)회사계산감가상각비		5,000,000	5,000,000
	(9)자본적지출액			
	(10)전기말의제상각누계액			
	(11)전기말부인누계액		5,000,000	5,000,000
	(12)가감계((7)+(8)+(9)-(10)+(11))		15,000,000	15,000,000
(13)일반상각률.특별상각률			0.451	
상각범위 액계산	당기산출 상각액	(14)일반상각액	6,765,000	6,765,000
		(15)특별상각액		
		(16)계((14)+(15))	6,765,000	6,765,000
	취득가액	(17)전기말현재취득가액	30,000,000	30,000,000
		(18)당기회사계산증가액		
		(19)당기자본적지출액		
		(20)계((17)+(18)+(19))	30,000,000	30,000,000
	(21) 잔존가액		1,500,000	1,500,000
	(22) 당기상각시인범위액		6,765,000	6,765,000
(23)회사계상상각액((8)+(9))			5,000,000	5,000,000
(24)차감액 ((23)-(22))			-1,765,000	-1,765,000
(25)최저한세적용에따른특별상각부인액				
조정액	(26) 상각부인액((24)+(25))			
	(27) 기왕부인액중당기손금추인액		1,765,000	1,765,000
(28) 당기말부인누계액 ((11)+(26)-|(27)|)			3,235,000	3,235,000

(3) 세무조정

〈손금산입〉 기계장치 감가상각비 시인부족액   1,765,000원   (유보감소)
〈손금불산입〉 공장건물 감가상각비 한도초과액   27,250,000원   (유보발생)

① 건물의 감가상각시부인
- 무신고시 상각방법 : 정액법
- 회사 계상 감가상각비 합계 : 8,000,000＋30,000,000＝38,000,000원
- 소액수선비 판단 : 수선비가 600만원 미만이거나 재무상태표상 자산가액(감가상각누계액 차감)의 5%에 미달하는 경우 자본적지출임에도 소액수선비로 즉시상각이 가능하다.
- 수선비 30,000,000원이 Max[6,000,000, (400,000,000－27,500,000)×5%]보다 작다.
  ∴ 소액수선비 요건 미충족
- 세법상 상각범위액 : 430,000,000×0.025＝10,750,000원
- 상각부인액 : 38,000,000－10,750,000＝27,250,000원

② 기계장치의 감가상각시부인
- 무신고시 상각방법 : 정률법
- 회사 계상 감가상각비 합계 : 5,000,000원
- 세법상 상각범위액 : (30,000,000＋5,000,000－20,000,000)×0.451＝6,765,000원
- 시인부족액 : 6,765,000－5,000,000＝1,765,000원(전기 이월 부인액 추인)

(4) 감가상각비조정명세서합계표

| | 1.자산구분 | 코드 | 2.합계액 | 유형자산 | | | 6.무형자산 |
				3.건축물	4.기계장치	5.기타자산	
재무상태표상각액	101.기말현재액	01	430,000,000	400,000,000	30,000,000		
	102.감가상각누계액	02	60,500,000	35,500,000	25,000,000		
	103.미상각잔액	03	369,500,000	364,500,000	5,000,000		
104.상각범위액		04	17,515,000	10,750,000	6,765,000		
105.회사손금계상액		05	43,000,000	38,000,000	5,000,000		
조정금액	106.상각부인액 (105-104)	06	27,250,000	27,250,000			
	107.시인부족액 (104-105)	07	1,765,000		1,765,000		
	108.기왕부인액 중 당기손금추인액	08	1,765,000		1,765,000		
109.신고조정손금계상액		09					

문제 3

(1) 외화자산등평가차손익조정명세서(갑),(을)
① 외화자산,부채의 평가(을지) 탭

| | 외화자산,부채의평가(을지) | 통화선도,스왑,환변동보험의평가(을지) | | 환율조정차,대등(갑지) | | | |

| No | ②외화종류(자산) | ③외화금액 | ④장부가액 | | ⑦평가금액 | | ⑩평가손익 |
			⑤적용환율	⑥원화금액	⑧적용환율	⑨원화금액	자산(⑨-⑥)
1	USD	12,000.00	1,800.0000	21,600,000	1,960.0000	23,520,000	1,920,000
2							
	합계			21,600,000		23,520,000	1,920,000

| No | ②외화종류(부채) | ③외화금액 | ④장부가액 | | ⑦평가금액 | | ⑩평가손익 |
			⑤적용환율	⑥원화금액	⑧적용환율	⑨원화금액	부채(⑥-⑨)
1	USD	7,500.00	1,890.0000	14,175,000	1,960.0000	14,700,000	-525,000
2							
	합계			14,175,000		14,700,000	-525,000

② 환율조정차,대등(갑지) 탭 하단

①구분		②당기손익금 해당액	③회사손익금 계상액	조정		⑥손익조정금액 (②-③)
				④차익조정(⑤-②)	⑤차손조정(②-③)	
가.화폐성 외화자산.부채 평가손익		1,395,000				1,395,000
나.통화선도,통화스왑,환변동보험 평가손익						
다.환율조정 계정손익	차익					
	차손					
계		1,395,000				1,395,000

(2) 세무조정
⟨익금산입⟩ 외화예금 환산   1,920,000원   (유보발생)
⟨손금산입⟩ 외화차입금 환산   525,000원   (유보발생)

 문제 4

소득금액조정합계표
⟨손금불산입⟩ 업무용승용차 감가상각비 한도초과액 4,600,000원 (기타사외유출)
⟨익금산입⟩   매도가능증권   3,000,000원 (유보발생)
⟨손금산입⟩   매도가능증권평가손실   3,000,000원 (기타)
⟨손금불산입⟩ 법인세비용   7,200,000원 (기타사외유출)
⟨손금불산입⟩ 세금과공과금   72,000원 (기타사외유출)
⟨손금산입⟩   선급비용(임차료)   100,000원 (유보발생)

 문제 5

(1) 기부금조정명세서

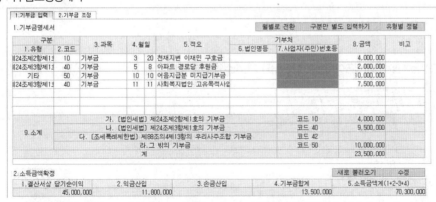

• 어음기부금 : 그밖의기부금(코드 50, 기타기부금)으로 입력하거나 미입력해도 된다.
• 노인복지법에 의한 노인여가복지시설인 아파트경로당 후원금은 지정기부금(코드 40)이다.
• 2.기부금 조정 탭은 자동으로 작성된다.

(2) 세무조정
⟨손금불산입⟩ 어음지급기부금   10,000,000원   (유보발생)

3회 실전모의시험 해답

문제 **1**

(1) 세무조정

〈손금불산입〉	대손금 부인액	30,000,000원	(유보발생)
〈손금불산입〉	대손충당금 한도초과	11,245,000원	(유보발생)
〈손금산입〉	전기 대손충당금 한도초과액	8,820,000원	(유보감소)

(2) 대손충당금및대손금조정명세서

1 2. 대손금조정												이전화면
No	22.일자	23.계정과목	24.채권내역	25.대손사유	26.금액	대손충당금상계액			당기 손비계상액			
						27.계	28.시인액	29.부인액	30.계	31.시인액	32.부인액	
1	01.22	외상매출금	1.매출채권	회수기일 2년ɡ	25,000,000	25,000,000	25,000,000					
2	07.01	받을어음	1.매출채권	5.부도(6개월경	30,000,000	30,000,000		30,000,000				
3	11.05	외상매출금	1.매출채권	2.강제집행	20,000,000	20,000,000	20,000,000					
4												
		계			75,000,000	75,000,000	45,000,000	30,000,000				

2 채권잔액								크게보기
No	16.계정과목	17.채권잔액의장부가액	18.기말현재대손금부인누계		19.합계(17+18)	20.충당금설정제외채권(할인,배서,특수채권)	21.채권잔액(19-20)	
			전기	당기				
1	외상매출금	2,420,000,000			2,420,000,000		2,420,000,000	
2	받을어음	125,500,000		30,000,000	155,500,000		155,500,000	
3								
4								
	계	2,545,500,000		30,000,000	2,575,500,000		2,575,500,000	

3 1.대손충당금조정									
손금산입조정	1.채권잔액(21의금액)	2.설정률(%)			3.한도액(1×2)	회사계상액			7.한도초과액(6-3)
		◉기본율	○실적율	○적립기준		4.당기계상액	5.보충액	6.계	
	2,575,500,000	1			25,755,000	30,000,000	7,000,000	37,000,000	11,245,000
익금산입조정	8.장부상충당금기초잔액	9.기중충당금환입액	10.충당금부인누계액	11.당기대손상계액(27의금액)	12.충당금보충액(충당금장부잔액)	13.환입할금액(8-9-10-11-12)	14.회사환입액(회사기말환입)	15.과소환입·과다환입(△)(13-14)	
	82,000,000		8,820,000	75,000,000	7,000,000	-8,820,000		-8,820,000	

문제 **2**

(1) 업무무관부동산등에관련한차입금이자조정명세서(을) : 1.적수입력(을) 탭

	1.적수입력(을)	2.지급이자 손금불산입(갑)					불러오기	적요수정
	1.업무무관부동산	2.업무무관동산	3.가지급금	4.가수금	5.그밖의			
No	①월일	②적요	③차변	④대변	⑤잔액	⑥일수	⑦적수	
1	7 1	취 득	100,000,000		100,000,000	184	18,400,000,000	
2								

	1.적수입력(을)	2.지급이자 손금불산입(갑)					불러오기	적요수정
	1.업무무관부동산	2.업무무관동산	3.가지급금	4.가수금	5.그밖의			
No	①월일	②적요	③차변	④대변	⑤잔액	⑥일수	⑦적수	
1	1 1	전기이월	35,000,000		35,000,000	63	2,205,000,000	
2	3 5	지 급	15,000,000		50,000,000	229	11,450,000,000	
3	10 20	회 수		30,000,000	20,000,000	73	1,460,000,000	
4								

	1.적수입력(을)	2.지급이자 손금불산입(갑)					불러오기	적요수정
	1.업무무관부동산	2.업무무관동산	3.가지급금	4.가수금	5.그밖의			
No	①월일	②적요	③차변	④대변	⑤잔액	⑥일수	⑦적수	
1	5 30	가 수		7,000,000	7,000,000	216	1,512,000,000	
2								

• 동일인에 대한 가수금은 별도의 약정이 없는 경우 가지급금과 상계 가능

(2) 업무무관부동산등에관련한차입금이자조정명세서(갑) : 2.지급이자 손금불산입(갑) 탭

| 1.적수입력(을) | **2.지급이자 손금불산입(갑)** | | | | | | | |

2 1.업무무관부동산 등에 관한 차입금 지급이자

①지급 이자	적 수				⑥차입금 (=⑤)	⑦ ⑥와 ⑥중 적은 금액	⑧손금불산입 지급이자 (①×⑦÷⑥)
	②업무무관 부 동 산	③업무무관 동 산	④가지급금 등	⑤계(②+③+④)			
15,152,000	18,400,000,000		13,603,000,000	32,003,000,000	80,227,000,000	32,003,000,000	6,044,217

2 2. 지급이자 및 차입금 적수 계산 [연이율 일수 현재: 365일]   이자율 계산   단수차이조정   연일수

No	(9)이자율(%)	(10)지급이자	(11)차입금적수	(12)채권자불분명 사채이자 수령자불분명 사채이자		(15)건설 자금 이자 국조법 14조에 따른 이자		차 감	
				(13)지급이자	(14)차입금적수	(16)지급이자	(17)차입금적수	(18)지급이자 (10-13-16)	(19)차입금적수 (11-14-17)
1	4.00000	312,000	2,847,000,000					312,000	2,847,000,000
2	5.00000	2,500,000	18,250,000,000	2,500,000	18,250,000,000				
3	7.00000	14,840,000	77,380,000,000					14,840,000	77,380,000,000
	합계	17,652,000	98,477,000,000	2,500,000	18,250,000,000			15,152,000	80,227,000,000

(3) 세무조정

〈손금불산입〉	채권자불분명사채이자	2,500,000원	(상여)
〈손금불산입〉	업무무관자산지급이자	6,044,217원	(기타사외유출)

문제 3

(1) 퇴직연금부담금등조정명세서

○ 2.이미 손금산입한 부담금 등의 계산

1 나.기말 퇴직연금 예치금 등의 계산

19.기초 퇴직연금예치금 등	20.기중 퇴직연금예치금 등 수령 및 해약액	21.당기 퇴직연금예치금 등의 납입액	22.퇴직연금예치금 등 계 (19 - 20 + 21)
23,000,000	16,000,000	51,000,000	58,000,000

2 가. 손금산입대상 부담금 등 계산

13.퇴직연금예치금 등 계 (22)	14.기초퇴직연금충당금등 및 전기말 신고조정에 의한 손금산입액	15.퇴직연금충당금등 손금부인 누계액	16.기중퇴직연금등 수령 및 해약액	17.이미 손금산입한 부담금등 (14 - 15 - 16)	18.손금산입대상 부담금 등 (13 - 17)
58,000,000	23,000,000		16,000,000	7,000,000	51,000,000

○ 1.퇴직연금 등의 부담금 조정

	당기말 현재 퇴직급여충당금				6.퇴직부담금 등 손금산입 누적한도액 (① - ⑨)
1.퇴직급여추계액	2.장부상 기말잔액	3.확정기여형퇴직연금자의 설정전 기계상된 퇴직급여충당금	4.당기말 부인 누계액	5.차감액 (② - ③ - ④)	
60,000,000					60,000,000
7.이미 손금산입한 부담금 등 (17)	8.손금산입액 한도액 (⑥ - ⑦)	9.손금산입 대상 부담금 등 (18)	10.손금산입범위액 (⑧과 ⑨중 적은 금액)	11.회사 손금 계상액	12.조정금액 (⑩ - ⑪)
7,000,000	53,000,000	51,000,000	51,000,000		51,000,000

(2) 세무조정

〈손금불산입〉	전기 퇴직연금충당금	16,000,000원	(유보감소)
〈손금산입〉	퇴직연금충당금	51,000,000원	(유보발생)

• 퇴직연금충당금 손금산입 한도액 : min(㉠, ㉡) − 7,000,000[주2] = 51,000,000원

㉠ 60,000,000 − 0 = 60,000,000원, ㉡ 58,000,000원[주1]

주1) 23,000,000 + 51,000,000 − 16,000,000 = 58,000,000원

주2) △23,000,000 + 16,000,000 = 7,000,000원

(1) 고정자산등록

① 공장건물(001.공장건물, 취득년월일 2022-07-01, 상각방법 정액법)

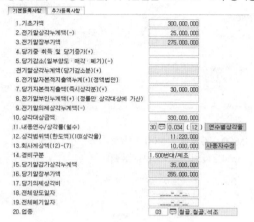

기본등록사항	추가등록사항	
1.기초가액		300,000,000
2.전기말상각누계액(-)		25,000,000
3.전기말장부가액		275,000,000
4.당기중 취득 및 당기증가(+)		
5.당기감소(일부양도·매각·폐기)(-)		
전기말상각누계액(당기감소분)(+)		
6.전기말자본적지출액누계(+)(정액법만)		
7.당기자본적지출액(즉시상각분)(+)		30,000,000
8.전기말부인누계액(+)(정률만 상각대상에 가산)		
9.전기말의제상각누계액(-)		
10.상각대상금액		330,000,000
11.내용연수/상각률(월수)	30 □ 0.034 (12) 연수별상각율	
12.상각범위액(한도액)(10X상각율)		11,220,000
13.회사계상액(12)-(7)		10,000,000 사용자수정
14.경비구분	1.500번대/제조	
15.당기말감가상각누계액		35,000,000
16.당기말장부가액		265,000,000
17.당기의제상각비		
18.전체양도일자		
19.전체폐기일자		
20.업종	03 □ 철골,철골,석조	

- 소액수선비요건 : 30,000,000원 ≥ MAX(6,000,000원, (300,000,000원 - 25,000,000원)×5%)

② 기계장치(001.기계장치, 취득년월일 2021-07-01, 상각방법 정액법)

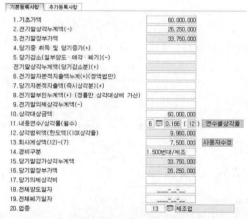

기본등록사항	추가등록사항	
1.기초가액		60,000,000
2.전기말상각누계액(-)		26,250,000
3.전기말장부가액		33,750,000
4.당기중 취득 및 당기증가(+)		
5.당기감소(일부양도·매각·폐기)(-)		
전기말상각누계액(당기감소분)(+)		
6.전기말자본적지출액누계(+)(정액법만)		
7.당기자본적지출액(즉시상각분)(+)		
8.전기말부인누계액(+)(정률만 상각대상에 가산)		
9.전기말의제상각누계액(-)		
10.상각대상금액		60,000,000
11.내용연수/상각률(월수)	6 □ 0.166 (12) 연수별상각율	
12.상각범위액(한도액)(10X상각율)		9,960,000
13.회사계상액(12)-(7)		7,500,000 사용자수정
14.경비구분	1.500번대/제조	
15.당기말감가상각누계액		33,750,000
16.당기말장부가액		26,250,000
17.당기의제상각비		
18.전체양도일자		
19.전체폐기일자		
20.업종	13 □ 제조업	

(2) 미상각자산감가상각조정명세서-유형자산(정액법) 선택

① 공장건물(001.공장건물, 취득년월일 2022-07-01)

입력내용				금액	총계
업종코드/명	03	철골,철골,석조			
합계표 자산구분		I. 건축물			
(4)내용연수(기준.신고)				30	
상각 계산 의 기초 가액	재무상태표 자산가액	(5)기말현재액		300,000,000	360,000,000
		(6)감가상각누계액		35,000,000	68,750,000
		(7)미상각잔액(5)-(6)		265,000,000	291,250,000
	회사계산 상각비	(8)전기말누계		25,000,000	51,250,000
		(9)당기상각비		10,000,000	17,500,000
		(10)당기말누계(8)+(9)		35,000,000	68,750,000
	자본적 지출액	(11)전기말누계			
		(12)당기지출액		30,000,000	30,000,000
		(13)합계(11)+(12)		30,000,000	30,000,000
(14)취득가액((7)+(10)+(13))				330,000,000	390,000,000
(15)일반상각률.특별상각률				0.034	
상각범위 액계산	당기산출 상각액	(16)일반상각액		11,220,000	21,180,000
		(17)특별상각액			
		(18)계((16)+(17))		11,220,000	21,180,000
	(19) 당기상각시인범위액			11,220,000	21,180,000
(20)회사계상상각액((9)+(12))				40,000,000	47,500,000
(21)차감액((20)-(19))				28,780,000	26,320,000
(22)최저한세적용에따른특별상각부인액					
조정액	(23) 상각부인액((21)+(22))			28,780,000	28,780,000
	(24) 기왕부인액중당기손금추인액				2,460,000
부인액 누계	(25) 전기말부인누계액				4,000,000
	(26) 당기말부인누계액 (25)+(23)-|24|			28,780,000	30,320,000

② 기계장치(001.기계장치, 취득년월일 2022-07-01)

입력내용			금액	총계
업종코드/명	13	제조업		
합계표 자산구분		2. 기계장치		
(4)내용연수(기준.신고)			6	
상각 계산 의 기초 가액	재무상태표 자산가액	(5)기말현재액	60,000,000	360,000,000
		(6)감가상각누계액	33,750,000	68,750,000
		(7)미상각잔액(5)-(6)	26,250,000	291,250,000
	회사계산 상각비	(8)전기말누계	26,250,000	51,250,000
		(9)당기상각비	7,500,000	17,500,000
		(10)당기말누계(8)+(9)	33,750,000	68,750,000
	자본적 지출액	(11)전기말누계		
		(12)당기지출액		30,000,000
		(13)합계(11)+(12)		30,000,000
(14)취득가액((7)+(10)+(13))			60,000,000	390,000,000
(15)일반상각률.특별상각률			0.166	
상각범위 액계산	당기산출 상각액	(16)일반상각액	9,960,000	21,180,000
		(17)특별상각액		
		(18)계((16)+(17))	9,960,000	21,180,000
	(19) 당기상각시인범위액		9,960,000	21,180,000
(20)회사계상상각액((9)+(12))			7,500,000	47,500,000
(21)차감액((20)-(19))			-2,460,000	26,320,000
(22)최저한세적용에따른특별상각부인액				
조정액	(23) 상각부인액((21)+(22))			28,780,000
	(24) 기왕부인액중당기손금추인액		2,460,000	2,460,000
부인액 누계	(25) 전기말부인누계액		4,000,000	4,000,000
	(26) 당기말부인누계액 (25)+(23)-|24|		1,540,000	30,320,000

(3) 소득금액조정합계표(세무조정)

〈손금불산입〉 건물감가상각비한도초과액 　28,780,000원 　(유보발생)

〈손금산입〉 전기 기계장치 감가상각비 부인액 　2,460,000원 　(유보감소)

문제 5

법인세과세표준및세액조정계산서

① 각 사 업 연 도 소 득 계 산	101.결 산 서 상 당 기 순 손 익	01	272,340,000
	소득조정 102.익 금 산 입	02	66,960,000
	금 액 103.손 금 산 입	03	2,300,000
	104. 차 가 감 소 득 금 액 (101+102-103)	04	337,000,000
	105. 기 부 금 한 도 초 과 액	05	
	106. 기 부 금 한 도 초 과 이월액 손금산입	54	
	107. 각 사 업 연 도 소 득 금 액 (104+105-106)	06	337,000,000

② 과 세 표 준 계 산	108. 각 사 업 연 도 소 득 금 액 (108=107)		337,000,000
	109. 이 월 결 손 금	07	
	110. 비 과 세 소 득	08	
	111. 소 득 공 제	09	
	112. 과 세 표 준 (108-109-110-111)	10	337,000,000
	159. 선 박 표 준 이 익	55	

③ 산 출 세 액 계 산	113. 과 세 표 준 (113=112+159)	56	337,000,000
	114. 세 율	11	19%
	115. 산 출 세 액	12	44,030,000
	116. 지 점 유 보 소 득 (법 제96조)	13	
	117. 세 율	14	
	118. 산 출 세 액	15	
	119. 합 계 (115+118)	16	44,030,000

④ 납 부 할 세 액 계 산	120. 산 출 세 액 (120=119)		44,030,000
	121. 최저한세 적용대상 공제 감면세액	17	8,806,000
	122. 차 감 세 액	18	35,224,000
	123. 최저한세 적용제외 공제 감면세액	19	
	124. 가 산 세 액	20	
	125. 가 감 계 (122-123+124)	21	35,224,000
	기 납 부 세 액	기 한 내 납 부 세 액	126. 중 간 예 납 세 액	22	10,000,000
		127. 수 시 부 과 세 액	23	
		128. 원 천 납 부 세 액	24	
		129. 간접 회사등 외국 납부세액	25	
		130. 소 계 (126+127+129+129)	26	10,000,000
		131. 신 고 납 부 전 가 산 세 액	27	
		132. 합 계 (130+131)	28	10,000,000
	133. 감 면 분 추 가 납 부 세 액	29	
	134. 차 가 감 납 부 할 세 액 (125-132+133)	30	25,224,000

⑤토지등 양도소득, ⑥미환류소득 법인세 계산 (TAB로 이동)

⑦ 세 액 계	151. 차감 납부할 세액계 (134+150+166)	46	25,224,000
	152. 사 실 과 다 른 회계 처리 경정 세액공제	57	
	153. 분 납 세 액 계 산 범 위 액 (151-124-133-145-152+131)	47	25,224,000
	154. 분 납 할 세 액	48	12,612,000
	155. 차 감 납 부 세 액 (151-152-154)	49	12,612,000

• 121.감면세액 : 산출세액 × 감면소득금액/과세표준 × 감면율(20%)

44,030,000 × 337,000,000/337,000,000 × 20% = 8,806,000원

1

〈손금불산입〉	기업업무추진비 대표이사 사용분	5,000,000원	(상여)
〈손금불산입〉	기업업무추진비 한도초과액	10,000,000원	(기타사외유출)
〈손금산입〉	전기 감가상각비(A기계장치) 한도초과액	1,000,000원	(유보감소)
〈손금불산입〉	법인세비용	20,000,000원	(기타사외유출)

문제 2

(1) 1.기부금입력 탭

1.기부금 입력	2.기부금 조정

1.기부금명세서   월별로 전환 ｜ 구분만 별도 입력하기 ｜ 유형별 정렬

구분				5.적요	기부처		8.금액	비고
1.유형	2.코드	3.과목	4.월일		6.법인명등	7.사업자(주민)번호등		
「법인세법」 제24조제2항제1호에 따른 특례기부금	10	기부금	3 2	사립대학교 장학금			100,000,000	
「법인세법」 제24조제2항제1호에 따른 특례기부금	10	기부금	8 19	국방부 헌금			20,000,000	
「법인세법」 제24조제3항제1호에 따른 일반기부금	40	기부금	12 24	종교단체 기부금			15,000,000	
9.소계	가. 「법인세법」제24조제2항제1호에 따른 특례기부금				코드 10		120,000,000	
	나. 「법인세법」제24조제3항제1호에 따른 일반기부금				코드 40		15,000,000	
	다. [조세특례제한법] 제88조의4제13항의 우리사주조합 기부금				코드 42			
	라. 그 밖의 기부금				코드 50			
	계						135,000,000	

2.소득금액확정   새로 불러오기 ｜ 수정

1.결산서상 당기순이익	2.익금산입	3.손금산입	4.기부금합계	5.소득금액계(1+2-3+4)
100,000,000	120,000,000	110,000,000	135,000,000	245,000,000

(2) 2.기부금조정 탭

1.기부금 입력	2.기부금 조정

1 1. 「법인세법」제24조제2항제1호에 따른 특례기부금 손금산입액 한도액 계산		
1.소득금액 계	245,000,000	5.이월잔액 중 손금산입액 MIN[4,23]
2.법인세법 제13조제1항제1호에 따른 이월 결손금 합계액(기준소득금액의 80% 한도)	15,000,000	6.해당연도지출액 손금산입액 MIN[(④-⑤)>0, ③]	115,000,000
3.「법인세법」 제24조제2항제1호에 따른 특례기부금 해당 금액	120,000,000	7.한도초과액 [(3-6)>0]	5,000,000
4.한도액 {[(1-2) 0]X50%}	115,000,000	8.소득금액 차감잔액 [(①-②-⑤-⑥)>0]	115,000,000
2 2. 「조세특례제한법」 제88조의4에 따라 우리사주조합에 지출하는 기부금 손금산입액 한도액 계산		
9.「조세특례제한법」 제88조의4제13항에 따른 우리사주조합 기부금 해당 금액		11. 손금산입액 MIN(9, 10)
10. 한도액 (8×30%)	34,500,000	12. 한도초과액 [(9-10)>0]
3 3. 「법인세법」 제24조제3항제1호에 따른 일반기부금 손금산입 한도액 계산		
13. 「법인세법」 제24조제3항제1호에 따른 일반기부금 해당금액	15,000,000	16. 해당연도지출액 손금산입액 MIN[(14-15)>0, 13]	11,500,000
14. 한도액 ((8-11)x10%, 20%)	11,500,000	17. 한도초과액 [(13-16)>0]	3,500,000
15. 이월잔액 중 손금산입액 MIN(14, 23)		
4 4.기부금 한도초과액 총액		
18. 기부금 합계액 (3+9+13)	19. 손금산입 합계 (6+11+16)	20. 한도초과액 합계 (18-19)=(7+12+17)
135,000,000	126,500,000	8,500,000
5 5.기부금 이월액 명세		

사업 연도	기부금 종류	21.한도초과 손금불산입액	22.기공제액	23.공제가능 잔액(21-22)	24.해당연도 손금추인액	25.차기이월액 (23-24)
합계	「법인세법」 제24조제2항제1호에 따른 특례기부금					
	「법인세법」 제24조제3항제1호에 따른 일반기부금					

문제 **3**

(1) 업무용승용차등록

  ① 코드 101. 382수3838 아폴로(사용) 입력

    계정과목 : 208.차량운반구, 취득일자 : 2025-04-10, 경비구분 : 6. 800번대/판관비, 사용자 : 대표이사, 임차

    여부 : 자가, 보험가입여부 : 가입, 보험기간 : 2025.04.10.~2026.04.10. 운행기록부작성여부 : 여, 전용번호판

    부착여부 : 부(대상아님), 출퇴근사용여부 : 여

  ② 코드 102. 160우8325 카이10(사용) 입력

    계정과목 : 208.차량운반구, 취득일자 : 2023-01-01, 경비구분 : 6. 800번대/판관비, 사용자 : 부장, 임차여

    부 : 자가, 보험가입여부 : 가입, 보험기간 : 2025.01.01.~2025.12.31. 운행기록부작성여부 : 여, 전용번호판

    부착여부 : 부(대상아님), 출퇴근사용여부 : 여

    • 취득원가 80,000,000원 이상인 차량(자가, 리스)은 반드시 전용 번호판을 부착하여야 한다.

(2) 업무용승용차관련비용명세서

  ① 101. 382수3838 아폴로

1 업무용 사용 비율 및 업무용 승용차 관련 비용 명세 (운행기록부: 적용) 취득일: 2025-04-10 ☐ 부동산임대업등 법령42조②항

(7) 총주행 거리(km)	(8) 업무용 사용 거리(km)	(9) 업무 사용비율	(10) 취득가액	(11) 보유또는 임차월수	(12)업무용 승용차 관련 비용							
					(13) 감가상각비	(14) 임차료 (감가상각비포함)	(15) 감가상 각비상당액	(16) 유류비	(17) 보험료	(18) 수선비	(19) 자동차세	(20) 기타	(21) 합계
22,000	22,000	100.0000	75,000,000	9	11,250,000			3,200,000	1,500,000		800,000		16,750,000
	합 계				11,250,000			3,200,000	1,500,000		800,000		16,750,000

2 업무용 승용차 관련 비용 손금불산입 계산

(24) 업무 사용 금액			(25) 업무외 사용 금액			(32) 감가상각비 (상당액) 한도초과금액	(33) 손금불산입 합계 ((31)+(32))	(34) 손금산입 합계 ((21)-(33))
(26) 감가상각비 (상당액)[((13)또는 (15))X(9)]	(27) 관련 비용 [((21)-(13)또는 (21)-(15))X(9)]	(28) 합계 ((26)+(27))	(29) 감가상각비 (상당액)X(13)-(24) 또는(15)-(26))	(30) 관련 비용 [((21)-(13)또는 (21)-(15))-(27)]	(31) 합계 ((29)+(30))			
11,250,000	5,500,000	16,750,000				5,250,000	5,250,000	11,500,000
11,250,000	5,500,000	16,750,000				5,250,000	5,250,000	11,500,000

3 감가상각비(상당액) 한도초과금액 이월 명세

(39) 전기이월액	(40) 당기 감가상각비(상당액) 한도초과금액	(41) 감가상각비(상당액) 한도초과금액 누계	(42) 손금추인(산입)액	(43) 차기이월액((41)-(42))
	5,250,000	5,250,000		5,250,000
	5,250,000	5,250,000		5,250,000

  ② 102. 160우8325 카이10

1 업무용 사용 비율 및 업무용 승용차 관련 비용 명세 (운행기록부: 적용) 취득일: 2023-01-01 ☐ 부동산임대업등 법령42조②항

(7) 총주행 거리(km)	(8) 업무용 사용 거리(km)	(9) 업무 사용비율	(10) 취득가액	(11) 보유또는 임차월수	(12)업무용 승용차 관련 비용							
					(13) 감가상각비	(14) 임차료 (감가상각비포함)	(15) 감가상 각비상당액	(16) 유류비	(17) 보험료	(18) 수선비	(19) 자동차세	(20) 기타	(21) 합계
15,000	15,000	100.0000	40,000,000	12	8,000,000			2,000,000	1,100,000		450,000		11,550,000
	합 계				19,250,000			5,200,000	2,600,000		1,250,000		28,300,000

2 업무용 승용차 관련 비용 손금불산입 계산

(24) 업무 사용 금액			(25) 업무외 사용 금액			(32) 감가상각비 (상당액) 한도초과금액	(33) 손금불산입 합계 ((31)+(32))	(34) 손금산입 합계 ((21)-(33))
(26) 감가상각비 (상당액)[((13)또는 (15))X(9)]	(27) 관련 비용 [((21)-(13)또는 (21)-(15))X(9)]	(28) 합계 ((26)+(27))	(29) 감가상각비 (상당액)X(13)-(24) 또는(15)-(26))	(30) 관련 비용 [((21)-(13)또는 (21)-(15))-(27)]	(31) 합계 ((29)+(30))			
8,000,000	3,550,000	11,550,000						11,550,000
19,250,000	9,050,000	28,300,000				5,250,000	5,250,000	23,050,000

3 감가상각비(상당액) 한도초과금액 이월 명세

(39) 전기이월액	(40) 당기 감가상각비(상당액) 한도초과금액	(41) 감가상각비(상당액) 한도초과금액 누계	(42) 손금추인(산입)액	(43) 차기이월액((41)-(42))
	5,250,000	5,250,000		5,250,000

4 업무용 승용차 처분 손실 및 한도초과금액 손금불산입액 계산

(46) 양도가액	(47) 세무상 장부가액			(51) 합계 ((48)+(49)+(50))	(52) 처분손실 ((46)-(51)〈0〉)	(53) 당기손금산입액	(54) 한도초과금액 손금불산입 ((52)-(53))
	(48) 취득가액	(49) 감가상각비 누계액	(50) 감가상각비한도초과금액 차기이월액(=(43))				
6,000,000	40,000,000	24,000,000		16,000,000	10,000,000	8,000,000	2,000,000
6,000,000	40,000,000	24,000,000		16,000,000	10,000,000	8,000,000	2,000,000

(3) 세무조정

| 〈손금불산입〉 업무용승용차 처분손실 한도 초과액(8325) | 2,000,000원 (기타사외유출) |
| 〈손금불산입〉 업무용승용차 감가상각비 한도 초과액(3838) | 5,250,000원 (유보발생) |

(1) 가지급금등인정이자조정명세서
  ① 1.가지급금·가수금 입력 탭

| 1.가지급금.가수금 입력 | 2.차입금 입력 | 3.인정이자계산 : (을)지 | 4.인정이자조정 : (갑)지 | | 이자율선택 : [2] 가중평균차입이자율로 계산 |

○가지급금,가수금 선택: 1.가지급금 ▾   회계데이터불러오기

No	직책	성명	No	적요	년월일	차변	대변	잔액	일수	적수
1	대표이사	정살진	1	1.전기이월	2025 1 1	20,000,000		20,000,000	365	7,300,000,000
2			2							

  ② 2.차입금 입력 탭

| 1.가지급금.가수금 입력 | 2.차입금 입력 | 3.인정이자계산 : (을)지 | 4.인정이자조정 : (갑)지 | | 이자율선택 : [2] 가중평균차입이자율로 계산 |

계정과목설정 | 새로불러오기(현재거래처) | 새로불러오기(전체거래처) | 이자율일괄적용

No	거래처명	No		적요	연월일	차변	대변	이자대상금액	이자율 %	이자
1	순양은행	1		1.전기이월	2025 1 1		30,000,000	30,000,000	9.00000	2,700,000
2		2		1.전기이월	2025 1 1		20,000,000	20,000,000	7.00000	1,400,000
		3								

• 연 12% 차입금은 특수관계인으로부터의 차입금이므로 제외한다.

  ③ 4.인정이자조정 : (갑)지 탭

| 1.가지급금.가수금 입력 | 2.차입금 입력 | 3.인정이자계산 : (을)지 | 4.인정이자조정 : (갑)지 | | 이자율선택 : [2] 가중평균차입이자율로 계산 |

2.가중평균차입이자율에 따른 가지급금 등의 인정이자 조정 (연일수 : 365일)

| No | 1.성명 | 2.가지급금적수 | 3.가수금적수 | 4.차감적수(2-3) | 5.인정이자 | 6.회사계상액 | 시가인정범위 | | 9.조정액(=7) |
							7.차액(5-6)	8.비율(%)	7>=3억,8>=5%
1	정살진	7,300,000,000		7,300,000,000	1,640,000		1,640,000	100.00000	1,640,000

(2) 세무조정

| 〈익금산입〉 가지급금 인정이자 | 1,640,000원 | (상여) |

(1) 퇴직연금부담금등조정명세서

2.이미 손금산입한 부담금 등의 계산

1 나.기말 퇴직연금 예치금 등의 계산

19.기초 퇴직연금예치금 등	20.기중 퇴직연금예치금 등 수령 및 해약액	21.당기 퇴직연금예치금 등의 납입액	22.퇴직연금예치금 등 계 (19 - 20 + 21)
70,000,000	40,000,000	20,000,000	50,000,000

2 가.손금산입대상 부담금 등 계산

13.퇴직연금예치금 등 계 (22)	14.기초퇴직연금충당금등 및 전기말 신고조정에 의한 손금산입액	15.퇴직연금충당금등 손금부인 누계액	16.기중퇴직연금등 수령 및 해약액	17.이미 손금산입한 부담금등 (14 - 15 - 16)	18.손금산입대상 부담금 등 (13 - 17)
50,000,000	70,000,000		40,000,000	30,000,000	20,000,000

1.퇴직연금 등의 부담금 조정

| 1.퇴직급여추계액 | 당기말 현재 퇴직급여충당금 | | | | 6.퇴직부담금 등 손금산입 누적한도액 (① - ⑤) |
	2.장부상 기말잔액	3.확정기여형퇴직연금자의 설정전 기계상된 퇴직급여충당금	4.당기말 부인 누계액	5.차감액 (② - ③ - ④)	
100,000,000	40,000,000		7,000,000	33,000,000	67,000,000

7.이미 손금산입한 부담금 등 (17)	8.손금산입한도액 (⑥ - ⑦)	9.손금산입 대상 부담금 등 (18)	10.손금산입범위액 (⑧과 ⑨중 적은 금액)	11.회사 손금 계상액	12.조정금액 (⑩ - ⑪)
30,000,000	37,000,000	20,000,000	20,000,000		20,000,000

(2) 세무조정

| 〈손금불산입〉 | 전기퇴직연금운용자산 | 40,000,000원 | (유보감소) |
| 〈손금산입〉 | 퇴직연금운용자산 | 20,000,000원 | (유보발생) |

 5회 실전모의시험 해답

문제 1

(1) 기업업무추진비조정명세서
① 1.기업업무추진비 입력(을) 탭

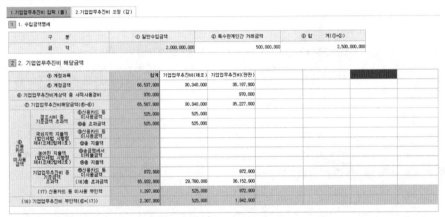

| 1.기업업무추진비 입력 (을) | 2.기업업무추진비 조정 (갑) |

1 1. 수입금액명세

구 분	① 일반수입금액	② 특수관계인간 거래금액	③ 합 계(①+②)
금 액	2,000,000,000	500,000,000	2,500,000,000

2 2. 기업업무추진비 해당금액

④ 계정과목		합계	기업업무추진비(제조)	기업업무추진비(판)		
⑤ 계정금액		66,537,900	30,340,000	36,197,900		
⑥ 기업업무추진비계상액 중 사적사용경비		970,000		970,000		
⑦ 기업업무추진비해당금액(⑤-⑥)		65,567,900	30,340,000	35,227,900		
경조사비 중 기준금액 초과액	⑨신용카드 등 미사용금액	525,000	525,000			
	⑧총 초과금액	525,000	525,000			
국외지역 지출액 (법인세법 시행령 제41조제2항제1호)	⑪신용카드 등 미사용금액					
	⑩총 지출액					
농어민 지출액 (법인세법 시행령 제41조제2항제2호)	⑬송금명세서 미제출금액					
	⑫총 지출액					
기업업무추진비 중 기준금액 초과액	⑮신용카드 등 미사용금액	872,900		872,900		
	⑭총 초과금액	65,932,900	29,780,000	36,152,900		
(17) 신용카드 등 미사용 부인액		1,397,900	525,000	872,900		
(18) 기업업무추진비 부인액(⑥+(17))		2,367,900	525,000	1,842,900		

• 기업업무추진비(판)의 (16)총 초과금액은 36,152,900원 또는 35,182,900원 모두 정답

② 2.기업업무추진비 조정(갑) 탭

| 1.기업업무추진비 입력 (을) | 2.기업업무추진비 조정 (갑) |

3 기업업무추진비 한도초과액 조정

| 중소기업 | □ 정부출자법인 |
| | □ 부동산임대업등(법.령제42조제2항) |

구분			금액
① 기업업무추진비 해당 금액			65,567,900
② 기준금액 초과 기업업무추진비 중 신용카드 등 미사용으로 인한 손금불산입액			1,397,900
③ 차감 기업업무추진비 해당금액(①-②)			64,170,000
일반 기업업무추진비 한도	④ 12,000,000 (중소기업 36,000,000) X 월수(12) / 12		36,000,000
	총수입금액 기준	100억원 이하의 금액 X 30/10,000	7,500,000
		100억원 초과 500억원 이하의 금액 X 20/10,000	
		500억원 초과 금액 X 3/10,000	
		⑤ 소계	7,500,000
	일반수입금액 기준	100억원 이하의 금액 X 30/10,000	6,000,000
		100억원 초과 500억원 이하의 금액 X 20/10,000	
		500억원 초과 금액 X 3/10,000	
		⑥ 소계	6,000,000
	⑦ 수입금액기준	(⑤-⑥) X 10/100	150,000
	⑧ 일반기업업무추진비 한도액 (④+⑥+⑦)		42,150,000
문화기업업무추진비 (「조특법」 제136조제3항)	⑨ 문화기업업무추진비 지출액		5,000,000
	⑩ 문화기업업무추진비 한도액(⑨와 (⑧ X 20/100) 중 작은 금액)		5,000,000
⑪ 기업업무추진비 한도액 합계(⑧+⑩)			47,150,000
⑫ 한도초과액(③-⑪)			17,020,000
⑬ 손금산입한도 내 기업업무추진비 지출액(③과⑪ 중 작은 금액)			47,150,000

(2) 세무조정

〈손금불산입〉 기업업무추진비 개인사용액	970,000원	(상여)
〈손금불산입〉 기업업무추진비신용카드미사용액	1,397,900원	(기타사외유출)
〈손금불산입〉 기업업무추진비 한도초과액	17,020,000원	(기타사외유출)

- 신용카드 등 미사용 손금불산입액 : 872,900 + 525,000 = 1,397,900원
- 기업업무추진비 한도 : 일반기업업무추진비 한도액 + 문화비 한도액

  42,150,000 + 5,000,000 = 47,150,000원

  ① 일반기업업무추진비 한도액 : 36,000,000 + (2,000,000,000 × 0.003) + (500,000,000 × 0.003 × 0.1)

  = 36,000,000 + 6,000,000 + 150,000 = 42,150,000원

  ② 문화비 한도액 : Min[㉠, ㉡] = 5,000,000원

  ㉠ 문화비 5,000,000원

  ㉡ 일반기업업무추진비 한도액 × 20% = 42,150,000 × 0.2 = 8,430,000원

- 기업업무추진비 해당액 : 36,197,900 + 30,340,000 - 970,000 - 1,397,900 = 64,170,000원
- 기업업무추진비 한도초과액 : 64,170,000 - 47,150,000 = 17,020,000원

문제 2

(1) 세금과공과금조정명세서 : F12불러오기(기간 : 1월 1일~12월 31일) 확인(Tab)

□	코드	계정과목	월	일	거래내용	코드	지급처	금 액	손금불산입표시
□	0817	세금과공과금	1	28	화물트럭 자동차세			460,000	
□	0817	세금과공과금	2	26	사업소분 주민세			800,000	
□	0817	세금과공과금	3	15	토지에 대한 개발부담금			2,100,000	손금불산입
□	0817	세금과공과금	4	30	법인세분지방소득세 및 농어촌특별세			4,200,000	손금불산입
□	0817	세금과공과금	7	20	폐수초과배출부담금			3,700,000	손금불산입
□	0817	세금과공과금	8	20	대표이사 소유 비상장주식매각 증권거래세			1,600,000	손금불산입
□	0817	세금과공과금	8	27	주차위반 과태료(업무 관련 발생분)			220,000	손금불산입
□	0817	세금과공과금	9	30	산재보험 연체료			480,000	
□	0817	세금과공과금	10	10	지급명세서미제출가산세			1,000,000	손금불산입
□	0817	세금과공과금	12	15	환경개선부담금			440,000	
□									
□									
□									
□									
					손 금 불 산 입 계			12,820,000	
					합 계			15,000,000	

(2) 세무조정

〈손금불산입〉 토지에 대한 개발부담금	2,100,000원	(유보발생)
〈손금불산입〉 법인세분지방소득세 및 농어촌특별세	4,200,000원	(기타사외유출)
〈손금불산입〉 폐수초과배출부담금	3,700,000원	(기타사외유출)
〈손금불산입〉 대표이사증권거래세	1,600,000원	(상여)
〈손금불산입〉 주차위반 과태료(업무 관련 발생분)	220,000원	(기타사외유출)
〈손금불산입〉 지급명세서미제출가산세	1,000,000원	(기타사외유출)

문제 3

(1) 대손충당금및대손금조정명세서

2. 대손금조정 [크게보기]

No	22. 일자	23.계정과목	24.채권내역	25.대손사유	26.금액	대손충당금상계액			당기 손비계상액		
						27.계	28.시인액	29.부인액	30.계	31.시인액	32.부인액
1	05.29	외상매출금	1.매출채권	3.사망, 실종	40,000,000	40,000,000	40,000,000				
2	10.21	외상매출금	1.매출채권	기타	3,000,000	3,000,000		3,000,000			
3	02.01	받을어음	1.매출채권	5.부도(6개월경과)	19,999,000	19,999,000	19,999,000				
4											
				계	62,999,000	62,999,000	59,999,000	3,000,000			

채권잔액 [크게보기]

No	16.계정과목	17.채권잔액의 장부가액	18.기말현재대손금부인누계		19.합계 (17+18)	20.충당금설정제외채권 (할인,배서,특수채권)	21.채권 잔액 (19-20)
			전기	당기			
1	외상매출금	1,300,000,000		3,000,000	1,303,000,000		1,303,000,000
2	받을어음	100,500,000			100,500,000		100,500,000
3							
	계	1,400,500,000		3,000,000	1,403,500,000		1,403,500,000

1.대손충당금조정

손금산입액조정	1.채권잔액 (21의금액)	2.설정률(%) ●기본율 ○실적율 ○적립기준	3.한도액 (1×2)	회사계상액			7.한도초과액 (6-3)
				4.당기계상액	5.보충액	6.계	
	1,403,500,000	1	14,035,000	15,000,000	39,001,000	54,001,000	39,966,000

익금산입액조정	8.장부상 충당금기초잔액	9.기중 충당금환입액	10.충당금부인 누계액	11.당기대손금 상계액(27의금액)	12.충당금보충액 (충당금장부잔액)	13.환입할금액 (8-9-10-11-12)	14.회사환입액 (회사기말환입)	15.과소환입·과다 환입(△)(13-14)
	102,000,000		10,000,000	62,999,000	39,001,000	-10,000,000		-10,000,000

3.한국채택국제회계기준 등 적용 내국법인에 대한 대손충당금 환입액의 익금불산입액의 조정

33.대손충당금 환입액의 익금불산입 금액	34.손금에 산입하여야 할 금액 Min(3,6)	35.익금에 산입하여야 할 금액 Max[0, (8-10-11)]	36.차액 Min[33, Max(0,34-35)]	37.상계후 대손충당금환입액의 익금불산입금액(33-36)

(2) 세무조정

〈손금산입〉	전기 대손충당금 한도초과액	10,000,000원	(유보감소)
〈손금불산입〉	대손금 부인액	3,000,000원	(유보발생)
〈손금불산입〉	대손충당금 한도초과액	39,966,000원	(유보발생)

문제 4

(1) 자본금과적립금조정명세서 이월결손금 탭

자본금과적립금조정명세서(을)	자본금과적립금조정명세서(병)	자본금과적립금조정명세서(갑)	이월결손금

II.이월결손금 계산서

1. 이월결손금 발생 및 증감내역

(6) 사업연도	이월결손금					감 소 내 역					잔액		
	발생 액			(10) 소급공제	(11) 차감계	(12) 기공제액	(13) 당기 공제액	(14) 보 전	(15) 계	(16) 기한 내	(17) 기한 경과	(18) 계
	(7) 계	(8)일반 결손금	(9)배 분 한도초과 결손금{(9)=(25)}										
2010-12-31	130,000,000	130,000,000			130,000,000	50,000,000			50,000,000		80,000,000	80,000,000
2022-12-31	90,000,000	90,000,000			90,000,000		90,000,000		90,000,000			
계	220,000,000	220,000,000			220,000,000	50,000,000	90,000,000		140,000,000		80,000,000	80,000,000

(2) 법인세과세표준및세액조정명세서

① 각 사 업 연 도 소 득 계 산				
	101. 결산서상 당기순손익	01		100,850,000
	소득조정금액	102. 익 금 산 입	02	32,850,000
		103. 손 금 산 입	03	12,950,000
	104. 차 가 감 소 득 금 액 (101+102-103)	04		120,750,000
	105. 기 부 금 한 도 초 과 액	05		
	106. 기 부 금 한 도 초 과 이월액 손금산입	54		
	107. 각 사 업 연 도 소 득 금 액(104+105-106)	06		120,750,000

② 과 세 표 준 계 산				
	108. 각 사 업 연 도 소 득 금 액 (108=107)			120,750,000
	109. 이 월 결 손 금	07		90,000,000
	110. 비 과 세 소 득	08		
	111. 소 득 공 제	09		
	112. 과 세 표 준 (108-109-110-111)	10		30,750,000
	159. 선 박 표 준 이 익	55		

③ 산 출 세 액 계 산				
	113. 과 세 표 준 (113=112+159)	56		30,750,000
	114. 세 율	11		9%
	115. 산 출 세 액	12		2,767,500
	116. 지 점 유 보 소 득 (법 제96조)	13		
	117. 세 율	14		
	118. 산 출 세 액	15		
	119. 합 계 (115+118)	16		2,767,500

④ 납 부 할 세 액 계 산				
	120. 산 출 세 액 (120=119)			2,767,500
	121. 최저한세 적용대상 공제감면세액	17		520,000
	122. 차 감 세 액	18		2,247,500
	123. 최저한세 적용제외 공제감면세액	19		200,000
	124. 가 산 세 액	20		
	125. 가 감 계 (122-123+124)	21		2,047,500
기납부세액	126. 중 간 예 납 세 액	22		
	127. 수 시 부 과 세 액	23		
	128. 원 천 납 부 세 액	24		140,000
	129. 간접 회사등 외국 납부세액	25		
	130. 소 계(126+127+128+129)	26		140,000
	131. 신 고 납 부 전 가 산 세 액	27		
	132. 합 계 (130+131)	28		140,000
	133. 감 면 분 추 가 납 부 세 액	29		
	134. 차 가 감 납 부 할 세 액(125-132+133)	30		1,907,500

⑤토지등 양도소득, ⑥미환류소득 법인세 계산 (TAB로 이동)

⑦ 세 액 계				
	151. 차감 납부할 세액계 (134+150+166)	46		1,907,500
	152. 사 실 과 다 른 회계 처리 경정 세액공제	57		
	153. 분 납 세 액 계 산 범 위 액 (151-124-133-145-152+131)	47		1,907,500
	154. 분 납 할 세 액	48		
	155. 차 감 납 부 세 액 (151-152-154)	49		1,907,500

가산세액계산서(미제출가산세 탭) 입력
① 지출증명서류 미수취 가산세(코드 8.) : 지출 건당 3만원 초과분×2%
  (4,400,000+4,800,000)×2%=184,000원
  • 건당 3만원 초과분은 법인세법에서 요구하는 세금계산서 등의 적격증빙을 갖추어야 하지만 그러하지 아니한 경우에는 지출증명서류 미수취 가산세 적용대상이다.
  • 건당 3만원 이하인 복리후생비는 가산세 대상이 아니다.
  • 임대인이 간이과세자인 경우라면 간이과세자로부터 부동산임대용역을 공급받는 경우에 해당되어 경비 등 송금명세서 특례가 인정되나, 임대인이 일반과세자인 경우 지출증명서류 미수취 가산세를 적용한다.
② 지급명세서제출 불성실 가산세(코드 96.) : 지연제출 금액×0.125%
  30,000,000×0.125%=37,500원
  • 일용근로소득에 대한 지급명세서 제출 불성실 가산세 : 0.25%(제출기한 경과 후 1개월 이내 제출 시 0.125%)

실전모의시험 해답

문제 1

원천납부세액명세서(갑)

No		1.적요 (이자발생사유)	2.원 천 징 수 의 무 자			3.원천 징수일		4.이자·배당금액	5.세율(%)	6.법인세
			구분	사업자(주민)번호	상호(성명)					
1		정기예금이자	내국인	110-81-12345	(주)한들은행	6	30	1,000,000	14.00	140,000
2		보통예금이자	내국인	210-81-12345	(주)두리은행	12	31	2,000,000	14.00	280,000
3		저축성보험차익	내국인	123-81-25808	(주)신흥해상보험	8	31	10,000,000	14.00	1,400,000

탭: 원천납부세액(갑) / 원천납부세액(을)

문제 2

(1) 퇴직연금부담금등조정명세서

2.이미 손금산입한 부담금 등의 계산

나.기말 퇴직연금 예치금 등의 계산

19.기초 퇴직연금예치금 등	20.기중 퇴직연금예치금 등 수령 및 해약액	21.당기 퇴직연금예치금 등의 납입액	22.퇴직연금예치금 등 계 (19 - 20 + 21)
100,000,000	30,000,000	50,000,000	120,000,000

가.손금산입대상 부담금 등 계산

13.퇴직연금예치금 등 계 (22)	14.기초퇴직연금충당금등 및 전기말 신고조정에 의한 손금산입액	15.퇴직연금충당금등 손금부인 누계액	16.기중퇴직연금등 수령 및 해약액	17.이미 손금산입한 부담금등 (14 - 15 - 16)	18.손금산입대상 부담금 등 (13 - 17)
120,000,000	100,000,000		30,000,000	70,000,000	50,000,000

1.퇴직연금 등의 부담금 조정

1.퇴직급여추계액	당기말 현재 퇴직급여충당금					6.퇴직부담금 등 손금산입 누적한도액 (① - ⑤)
	2.장부상 기말잔액	3.확정기여형퇴직연금자의 설정전 기계상된 퇴직급여충당금	4.당기말 부인 누계액	5.차감액 (② - ③ - ④)		
130,000,000						130,000,000

7.이미 손금산입한 부담금 등 (17)	8.손금산입액 한도액 (⑥ - ⑦)	9.손금산입 대상 부담금 등 (18)	10.손금산입범위액 (⑧과 ⑨중 적은 금액)	11.회사 손금 계상액	12.조정금액 (⑩ - ⑪)
70,000,000	60,000,000	50,000,000	50,000,000		50,000,000

(2) 소득금액조정합계표

익금산입 및 손금불산입			손금산입 및 익금불산입		
과 목	금 액	소득처분	과 목	금 액	소득처분
전기퇴직연금운용자산	30,000,000	유보감소	퇴직연금운용자산	50,000,000	유보발생

〈익금산입〉　전기퇴직연금운용자산　　30,000,000원　　(유보감소)
〈손금산입〉　퇴직연금운용자산　　　　50,000,000원　　(유보발생)

문제 3

(1) 외화자산등 평가차손익조정명세서(외화자산부채의평가(을지))

No	②외화종류(부채)	③외화금액	④장부가액		⑦평가금액		⑩평가손익
			⑤적용환율	⑥원화금액	⑧적용환율	⑨원화금액	부 채(⑥-⑨)
1	USD	20,000.00	1,200.0000	24,000,000	1,300.0000	26,000,000	-2,000,000
2							

(2) 외화자산등 평가차손익조정명세서(환율조정차대등(갑지) 하단)

①구분		②당기손익금 해당액	③회사손익금 계상액	조정		⑥손익조정금액 (②-③)
				④차익조정(③-②)	⑤차손조정(②-③)	
가.화폐성 외화자산.부채 평가손익		-2,000,000	-1,000,000			-1,000,000
나.통화선도.통화스왑.환변동보험 평가손익						
다.환율조정 계정손익	차익					
	차손					
계		-2,000,000	-1,000,000			-1,000,000

(3) 세무조정

〈손금산입〉 외화장기차입금　　　　　　　　　1,000,000원　　　(유보발생)

(1) 일반연구및인력개발비명세서(1.발생명세 및 증가발생액계산)

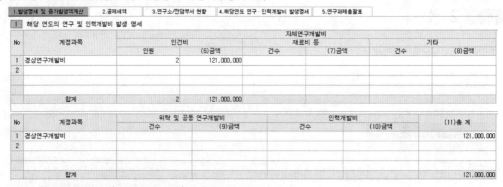

1.발생명세 및 증가발생액계산	2.공제세액	3.연구소/전담부서 현황	4.해당연도 연구·인력개발비 발생명세	5.연구과제총괄표

1 해당 연도의 연구 및 인력개발비 발생 명세

No	계정과목	자체연구개발비						
		인건비		재료비 등		기타		
		인원	(6)금액	건수	(7)금액	건수	(8)금액	
1	경상연구개발비	2	121,000,000					
2								
	합계	2	121,000,000					

No	계정과목	위탁 및 공동 연구개발비		인력개발비		(11)총 계
		건수	(9)금액	건수	(10)금액	
1	경상연구개발비					121,000,000
2						
	합계					121,000,000

－ 나소장에 대한 인건비(10% 초과, 주주)는 세액공제 대상이 아님

(2) 일반연구및인력개발비명세서(2.공제세액)

1.발생명세 및 증가발생액계산	2.공제세액	3.연구소/전담부서 현황	4.해당연도 연구·인력개발비 발생명세	5.연구과제총괄표

3 공제세액

해당 연도 총발생금액 공제	중소기업	(22)대상금액(=11)		(23)공제율				(24)공제세액
		121,000,000		25%				30,250,000
	중소기업 유예기간 종료이후 5년내기업	(25)대상금액(=11)	(26)유예기간 종료연도	(27)유예기간 종료이후년차		(28)공제율		(29)공제세액
				___-_				
	중견기업	(30)대상금액(=11)		(31)공제율				(32)공제세액
				8%				
	일반기업	(33)대상금액(=11)	공제율					(37)공제세액
			(34)기본율	(35)추가		(36)계		
증가발생금액 공제		(38)대상금액(=21)	(39)공제율		(40)공제세액			※공제율 중소기업 : 50% 중견기업 : 40% 대 기업 : 25%
(41)해당연도에 공제받을 세액	중소기업(24과 40 중 선택)							※ 최저한세 설정
	중소기업 유예기간 종료이후 5년내 기업(29과 40 중 선택)				30,250,000			⦿ 제외
	중견기업(32와 40 중 선택)							○ 대상
	일반기업(37과 40 중 선택)							

(3) 세액공제조정명세서(3)(3.당기공제및이월액계산)

1.세액공제(1)	2.세액공제(2)	3.당기공제 및 이월액계산

(105)구분	(106) 사업연도	요공제액		당기공제대상세액			(121)최저한세적용 에따른 미공제액	(122)기타사유 로인한 미공제액	(123)공제세액 (120-121-122)	(124)소멸	(125)이월액 107+108-123-124
		(107)당기분	(108)이월분	(109)당기분	(1)차…	10…	(120)계					
연구·인력개발비세액	2025-12	30,250,000		30,250,000			30,250,000		10,000,000	20,250,000	10,000,000

문제 **5**

(1) 선급비용명세서

계정구분	거래내용	거래처	대상기간		지급액	선급비용	회사 계상액	조정대상 금액
			시작일	종료일				
선급보험료	건물화재보험	삼송화재	2025-03-01	2026-02-28	2,400,000	387,945		387,945
선급보험료	자동차보험	국민화재	2025-05-01	2026-04-30	1,800,000	591,780	500,000	91,780
선급보험료	공장화재보험	환하화재	2025-07-01	2026-06-30	3,000,000	1,487,671	1,800,000	-312,329
합 계					7,200,000	2,467,396	2,300,000	167,396

(2) 세무조정

〈손금산입〉 선급비용(전기분)   1,300,000원   (유보감소)
〈손금불산입〉건물화재보험   387,945원   (유보발생)
〈손금불산입〉자동차보험   91,780원   (유보발생)
〈손금산입〉 공장화재보험   312,329원   (유보발생)

7회 실전모의시험 해답

 문제 **1**

(1) 세무조정

〈익금산입〉 상품매출   20,000,000원   (유보발생)
〈손금산입〉 상품매출원가   14,000,000원   (유보발생)

(2) 수입금액조정명세서와 조정후수입금액명세서

(3) 조정후수입금액명세서

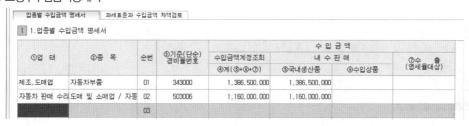

업종별 수입금액 명세서	과세표준과 수입금액 차액검토				

2 2.부가가치세 과세표준과 수입금액 차액 검토 　　　　　　　　　　　　　　　　[부가가치세 신고 내역보기]

(1) 부가가치세 과세표준과 수입금액 차액

⑨과세(일반)	⑩과세(영세율)	⑩면세수입금액	⑪합계(⑨+⑨+⑩)	⑫조정후수입금액	⑬차액(⑪-⑫)
2,562,000,000			2,562,000,000	2,546,500,000	15,500,000

(2) 수입금액과의 차액내역(부가세과표에 포함되어 있으면 +금액, 포함되지 않았으면 -금액 처리)

⑭구 분		코드	(16)금 액	비 고	⑭구 분	코드	(16)금 액	비 고
자가공급(면세전용등)		21			거래(공급)시기차이감액	30		
사업상증여(접대제공)		22			주세·개별소비세	31		
개인적공급(개인적사용)		23	500,000		매출누락	32		
간주임대료		24				33		
자산	유형자산 및 무형자산 매각	25	5,000,000			34		
매각	그밖의자산매각액(부산물)	26				35		
폐업시 잔존재고재화		27				36		
작업진행률 차이		28				37		
거래(공급)시기차이가산		29	10,000,000		(17)차 액 계	50	15,500,000	
					(13)차액과(17)차액계의차이금액			

(1) 기업업무추진비조정명세서(을)

1.기업업무추진비 입력 (을)	2.기업업무추진비 조정 (갑)		

1 1. 수입금액명세

구 분	① 일반수입금액	② 특수관계인간 거래금액	③ 합 계(①+②)
금 액	2,426,500,000	100,000,000	2,526,500,000

2 2. 기업업무추진비 해당금액

	④ 계정과목		합계	광고선전비		
	⑤ 계정금액		52,700,000	7,700,000		
	⑥ 기업업무추진비계상액 중 사적사용경비					
	⑦ 기업업무추진비해당금액(⑤-⑥)		52,700,000	7,700,000		
	경조사비 중 기준금액 초과액	⑧신용카드 등 미사용금액	1,000,000			
		⑨총 초과금액	1,000,000			
⑨ 신용 카드 등 미사용	국외지역 지출액 (법인세법 시행령 제41조제2항제1호)	⑩신용카드 등 미사용금액				
		⑪총 지출액				
	농어민 지출액 (법인세법 시행령 제41조제2항제2호)	⑫송금명세서 미제출금액				
		⑬총 지출액				
	기업업무추진비 중 기준금액 초과액	⑭신용카드 등 미사용금액	5,000,000			
		(16)총 초과금액	44,000,000			
	(17) 신용카드 등 미사용 부인액		6,000,000			
(18) 기업업무추진비 부인액(⑥+(17))			6,000,000			

(2) 소득금액조정합계표

〈손금불산입〉 기업업무추진비 중 신용카드미사용　6,000,000원　　　（기타사외유출）
〈손금불산입〉 기업업무추진비 한도초과액　　　　3,390,500원　　　（기타사외유출）

자본금과적립금조정명세서(을)

자본금과적립금조정명세서(을)	자본금과적립금조정명세서(갑)	이월결손금	

□➡ Ⅰ.세무조정유보소득계산

①과목 또는 사항	②기초잔액	당 기 중 증 감		⑤기말잔액(=②-③+④)
		③감 소	④증 가	
대손충당금한도초과	5,000,000	5,000,000	7,000,000	7,000,000
선급비용(보험료)과소계상	1,800,000	1,800,000		
기계장치감가상각비한도초과	1,500,000	1,500,000		
단기매매증권평가이익	-2,800,000	-1,400,000		-1,400,000
어음지급기부금			4,000,000	4,000,000
합 계	5,500,000	6,900,000	11,000,000	9,600,000

문제 **4**

(1) 주식등변동상황명세서(①자본금 변동상황 옆에 있는 ②실행)

⑧일자	주식종류	⑨원인코드	증가(감소)한 주식의 내용			⑬증가(감소) 자본금(⑪×⑫)
			⑪주식수	⑫주당액면가	주당발행(인수)가액	
기초	보통주 우선주		10,000	5,000		50,000,000
2025-04-18	1 보통주	1 유상증자(증)	10,000	5,000		50,000,000
----:--:--						
----:--:--						
----:--:--						
기말	보통주 우선주		20,000			

자본금(출자금)변동상황 (단위: 주,원)

<주식종류> 1: 보통주, 2: 우선주
<원인코드>
1:유상증자(증), 2:무상증자(증), 3:출자전환(증), 4:주식배당(증),
5:주식수감소 유상감자(감), 15:액면가액감소 유상감자(감), 6:주식수감소 무상감자(감), 16:액면가액감소 무상감자(감),
7:액면분할, 8:주식병합, 9:기타(자사주 소각등)(감), 10:이익소각(자본금변동없음)

[재계산] [삭제(F5)] [종료(Esc)]

(2) 주식등변동상황명세서(③주식및출자지분에대한사항 : 장재억)

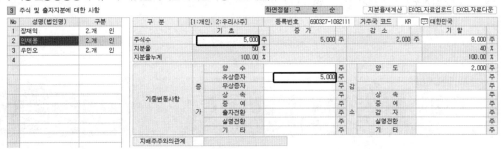

3	주식 및 출자지분에 대한 사항							화면정렬: 구 분 순	지분율재계산 EXCEL자료업로드 EXCEL자료다운

No	성명(법인명)	구분
1	장재억	2.개 인
2	인재용	2.개 인
3	우민오	2.개 인
4		

구 분 [1:개인, 2:우리사주] 등록번호 660813-1953116 거주국 코드 KR 🖽대한민국

	기 초	증 가	감 소	기 말
주식수	5,000 주	5,000 주	주	10,000 주
지분율	50 %			50 %
지분율누계	100.00 %			100.00 %

기중변동사항	증 가	양 수		주		양 도		주
		유상증자	5,000	주	감 소	유상감자		주
		무상증자		주				
		상 속		주		상 속		주
		증 여		주		증 여		주
		출자전환		주		감 자		주
		실명전환		주		실명전환		주
		기 타		주		기 타		주

지배주주와의관계 00 본인

(3) 주식등변동상황명세서(③주식및출자지분에대한사항 : 인재율)

3	주식 및 출자지분에 대한 사항							화면정렬: 구 분 순	지분율재계산 EXCEL자료업로드 EXCEL자료다운

No	성명(법인명)	구분
1	장재억	2.개 인
2	인재용	2.개 인
3	우민오	2.개 인
4		

구 분 [1:개인, 2:우리사주] 등록번호 690327-1082111 거주국 코드 KR 🖽대한민국

	기 초	증 가	감 소	기 말
주식수	5,000 주	5,000 주	2,000 주	8,000 주
지분율	50 %			40 %
지분율누계	100.00 %			100.00 %

기중변동사항	증 가	양 수		주		양 도	2,000	주
		유상증자	5,000	주	감 소	유상감자		주
		무상증자		주				
		상 속		주		상 속		주
		증 여		주		증 여		주
		출자전환		주		감 자		주
		실명전환		주		실명전환		주
		기 타		주		기 타		주

지배주주와의관계

(4) 주식등변동상황명세서(③주식및출자지분에대한사항 : 우민오)

3	주식 및 출자지분에 대한 사항							화면정렬: 구 분 순	지분율재계산 EXCEL자료업로드 EXCEL자료다운

No	성명(법인명)	구분
1	장재억	2.개 인
2	인재용	2.개 인
3	우민오	2.개 인
4		

구 분 [1:개인, 2:우리사주] 등록번호 691115-1173526 거주국 코드 KR 🖽대한민국

	기 초	증 가	감 소	기 말
주식수	주	2,000 주	주	2,000 주
지분율	%			10 %
지분율누계	100.00 %			100.00 %

기중변동사항	증 가	양 수	2,000	주		양 도		주
		유상증자		주	감 소	유상감자		주
		무상증자		주				
		상 속		주		상 속		주
		증 여		주		증 여		주
		출자전환		주		감 자		주
		실명전환		주		실명전환		주
		기 타		주		기 타		주

지배주주와의관계

가산세액계산서

신고납부가산세	미제출가산세	토지등양도소득가산세	미환류소득

구분		계산기준	기준금액	가산세율	코드	가산세액
지출증명서류		미(허위)수취금액	5,180,000	2/100	8	103,600
지급 명세서	미(누락)제출	미(누락)제출금액		10/1,000	9	
	불분명	불분명금액		1/100	10	
	상증법 82조 1 6	미(누락)제출금액		2/1,000	61	
		불분명금액		2/1,000	62	
	상증법 82조 3 4	미(누락)제출금액		2/10,000	67	
		불분명금액		2/10,000	68	
	법인세법 제75의7①(일용근로)	미제출금액		25/10,000	96	
		불분명등		25/10,000	97	
	법인세법 제75의7①(간이지급명세서)	미제출금액		25/10,000	102	
		불분명등		25/10,000	103	
	소 계				11	
주식등변동 상황명세서	미제출	액면(출자)금액	50,000,000	5/1,000	12	250,000
	누락제출	액면(출자)금액		10/1,000	13	
	불분명	액면(출자)금액		1/100	14	
	소 계				15	250,000

- 주식등변동상황명세서 제출불성실가산세는 액면가액 또는 출자가액의 1%이다. 단, 제출기한 경과 후 1개월 이내 제출하는 경우 가산세를 50% 경감하여 0.5%이다.

소득금액조정합계표

〈익금불산입〉 잡이익(법인세환급액)　　　　　750,000원　　　(기타)
〈익금불산입〉 이자수익　　　　　　　　　　100,000원　　　(기타)
〈익금산입〉　자기주식처분이익　　　　　　500,000원　　　(기타)

* 감가상각자산인 트럭의 취득세는 즉시상각의제에 해당하므로 직접 손금불산입하지 아니하고 감가상각비 세무조정에서 회사계상액에 반영하여 감가상각 시부인에 반영하여야 한다.

8회　실전모의시험 해답

(1) 세무조정

〈손금불산입〉 대표이사 개인적 사용　　　　2,310,000원　　　(상여)
〈손금불산입〉 신용카드등 미사용기업업무추진비　　890,000원　　(기타사외유출)
〈손금불산입〉 기업업무추진비 한도초과액　　10,980,400원　　(기타사외유출)

(2) 기업업무추진비조정명세서

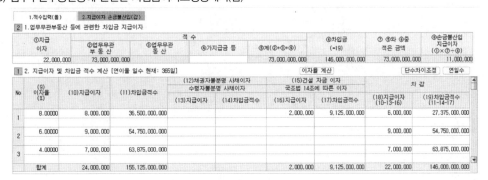

| 1.기업업무추진비 입력 (을) | 2.기업업무추진비 조정 (갑) |

1. 수입금액명세

구 분	① 일반수입금액	② 특수관계인간 거래금액	③ 합 계(①+②)
금 액	2,168,000,000	52,000,000	2,220,000,000

2. 2. 기업업무추진비 해당금액

④ 계정과목		합계	기업업무추진비(제조)	기업업무추진비(판관)	복리후생비	
⑤ 계정금액		56,700,000	20,120,000	34,600,000	1,980,000	
⑥ 기업업무추진비계상액 중 사적사용경비		2,310,000		2,310,000		
⑦ 기업업무추진비해당금액(⑤-⑥)		54,390,000	20,120,000	32,290,000	1,980,000	
⑧신용카드 등 미사용금액	경조사비 중 기준금액 초과액	⑨신용카드 등 미사용금액				
		⑩총 초과금액				
	국외지역 지출액 (법인세법 시행령 제41조제2항제1호)	⑪신용카드 등 미사용금액				
		⑫총 지출액				
	농어민 지출액 (법인세법 시행령 제41조제2항제2호)	⑬송금명세서 미제출금액				
		⑭총 지출액				
	기업업무추진비 중 기준금액 초과액	⑮신용카드 등 미사용금액	890,000		890,000	
		(16)총 초과금액	56,700,000	20,120,000	34,600,000	1,980,000
(17) 신용카드 등 미사용 부인액		890,000		890,000	
(18) 기업업무추진비 부인액(⑥+(17))		3,200,000		3,200,000	

문제 2

(1) 세무조정
〈손금불산입〉 건설자금이자　　　　　　　　2,000,000원　　　(유보)
〈손금불산입〉 업무무관 지급이자　　　　　11,000,000원　　　(기타사외유출)

(2) 업무무관부동산등에 관련한 차입금이자조정명세서(을)

| 1.적수입력(을) | 2.지급이자 손금불산입(갑) | | | | | 불러오기 | 적요수정 |
| 1.업무무관부동산 | 2.업무무관동산 | 3.가지급금 | 4.가수금 | 5.그밖의 | | | |

No	①월일		②적요	③차변	④대변	⑤잔액	⑥일수	⑦적수
1	1	1	전기이월	200,000,000		200,000,000	365	73,000,000,000
2								

(3) 업무무관부동산등에 관련한 차입금이자조정명세서(갑)

| 1.적수입력(을) | 2.지급이자 손금불산입(갑) |

2. 1.업무무관부동산 등에 관련한 차입금 지급이자

①지급 이자	적 수				⑥차입금 (=19)	⑦ ⑤와 ⑥중 적은 금액	⑧손금불산입 지급이자 (①×⑦÷⑥)
	②업무무관 부 동 산	③업무무관 동 산	④가지급금 등	⑤계(②+③+④)			
22,000,000	73,000,000,000			73,000,000,000	146,000,000,000	73,000,000,000	11,000,000

2. 지급이자 및 차입금 적수 계산 [연이율 일수 현재: 365일]　　　　　이자율 계산　　　　단수차이조정　연일수

No	(9) 이자율 (%)	(10)지급이자	(11)차입금적수	(12)채권자불분명 사채이자 수령자불분명 사채이자		(15)건설 자금 이자 국조법 14조에 따른 이자		차 감	
				(13)지급이자	(14)차입금적수	(16)지급이자	(17)차입금적수	(18)지급이자 (10-13-16)	(19)차입금적수 (11-14-17)
1	8.00000	8,000,000	36,500,000,000			2,000,000	9,125,000,000	6,000,000	27,375,000,000
2	6.00000	9,000,000	54,750,000,000					9,000,000	54,750,000,000
3	4.00000	7,000,000	63,875,000,000					7,000,000	63,875,000,000
	합계	24,000,000	155,125,000,000			2,000,000	9,125,000,000	22,000,000	146,000,000,000

문제 3

(1) 세무조정
〈손금불산입〉 감가상각비(제네시스)　　　　2,800,000원　　　(유보)
〈손금불산입〉 감가상각비(말리부)　　　　　　400,000원　　　(기타사외유출)
〈손금불산입〉 업무용승용차업무미사용　　1,928,000원　　　(대표자상여)

(2) 업무용승용차관련비용명세서

업무용승용차등록 메뉴에서 문제에서 주어진 기본적인 사항을 입력한 후 업무용승용차관련비용명세서 메뉴에서 Ctrl F12 새로불러오기를 실행하고 다음과 같이 입력한다.

① 제네시스(12구2588, 자가, 보험 : 여, 운행기록 : 여, 번호판 : 부(대상 아님))

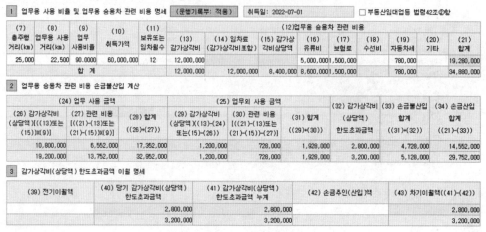

② 말리부(35허1566, 렌트, 보험 : 여, 운행기록 : 여, 번호판 : 부(대상 아님))

소득금액조정합계표(세무조정)

〈익금불산입〉 잡이익	8,000,0000원	(기타)
〈손금불산입〉 수수료비용	4,000,000원	(상여)
〈손금불산입〉 임원퇴직금한도초과액	5,000,000원	(상여)
〈익금산입〉 자기주식처분이익	700,000원	(기타)
〈익금산입〉 매도가능증권평가이익	3,500,000원	(기타)
〈익금불산입〉 매도가능증권	3,500,000원	(유보발생)
〈손금불산입〉 법인세비용	20,000,000원	(기타사외유출)

– 법인세납부액의 환급액은 익금산입 항목이고, 법인세비용은 손금불산입항목이다.

– 소액주주(1% 미만 보유주주)가 아닌 출자임원의 사택유지비와 임원퇴직금한도초과액은 손금불산입 항목이다.

- 자본잉여금으로 계상되어 있는 자기주식처분이익은 익금산입 항목이다.
- 잉여금으로 계상되어 있는 매도가능증권평가이익은 익금산입(기타)하고 법인세법상 매도가능증권평가이익은 인정되지 아니하므로 익금불산입(유보)한다(법인세법의 유가증권평가는 원가법만 적용되므로 평가손익은 계상될 수가 없다).

문제 5

(1) 자본금과적립금조정명세서(을)

구분	기초잔액	감소	증가	기말잔액
대손충당금한도초과액	6,000,000원	6,000,000원	5,000,000원	5,000,000원
재고자산평가감	1,000,000원	1,000,000원		
세금과공과			700,000원	700,000원
합 계	7,000,000원	7,000,000원	5,700,000원	5,700,000원

(2) 자본금과적립금조정명세서(갑)

자본금과적립금조정명세서(을) | 자본금과적립금조정명세서(갑) | 이월결손금

□➡ Ⅰ.자본금과 적립금 계산서

	①과목 또는 사항	코드	②기초잔액	당 기 중 증 감 ③감 소	당 기 중 증 감 ④증 가	⑤기 말 잔 액 (=②-③+④)	비 고
자본금및 잉여금의 계산	1.자 본 금	01	200,000,000		100,000,000	300,000,000	
	2.자 본 잉 여 금	02	2,520,000		700,000	3,220,000	
	3.자 본 조 정	15					
	4.기타포괄손익누계액	18					
	5.이 익 잉 여 금	14	219,600,450		83,112,135	302,712,585	
		17					
	6.계	20	422,120,450		183,812,135	605,932,585	
손익미계상 법인세 등	7.자본금과 적립금명세서(을)계	21	7,000,000	7,000,000	5,700,000	5,700,000	
	8.법 인 세	22					
	9.지 방 소 득 세	23					
	10. 계 (8+9)	30					
	11.차 가 감 계 (6+7-10)	31	429,120,450	7,000,000	189,512,135	611,632,585	

 9회 실전모의시험 해답

문제 1

(1) 선급비용명세서

계정구분	거래내용	거래처	대상기간 시작일	대상기간 종료일	지급액	선급비용	회사 계상액	조정대상 금액
선급보험료	자동차보험	BD화재	2025-05-01	2026-04-30	1,800,000	591,780	400,000	191,780
선급보험료	공장화재보험	화나화재	2025-07-01	2026-06-30	5,000,000	2,479,452	2,000,000	479,452
합 계					6,800,000	3,071,232	2,400,000	671,232

(2) 세무조정

〈손금산입〉	전기 선급비용	1,000,000원	(유보감소)
〈손금불산입〉	사적사용경비	3,600,000원	(상여)
〈손금불산입〉	자동차보험	191,780원	(유보발생)
〈손금불산입〉	공장화재보험	479,452원	(유보발생)

문제 2

(1) 업무용승용차등록

① 코드 101. 차량번호 : 462두9636, 차종 : G80(사용) 입력

　취득일자 : 2023-05-20, 경비구분 : 6. 800번대/판관비, 임차여부 : 운용리스, 임차기간 : 2023.05.20.　～ 2027.05.19., 보험가입여부 : 가입, 보험기간 : 2023.05.20.～2027.05.19. 운행기록부작성여부 : 여, 전용번호판 부착여부 : 여, 출퇴근사용여부 : 여

② 코드 102. 차량번호 : 253러6417, 차종 : 싼타페(사용) 입력

　계정과목 : 208.차량운반구, 취득일자 : 2022-12-10, 경비구분 : 6. 800번대/판관비, 임차여부 : 자가, 보험가입여부 : 가입, 보험기간 : 2024.12.10.～2025.12.09. 2025.12.10.～2026.12.09. 운행기록부작성여부 : 부, 전용번호판 부착여부 : 부(대상아님), 출퇴근사용여부 : 여

(2) 업무용승용차관련비용명세서

① G80(462두9636)

1 업무용 사용 비율 및 업무용 승용차 관련 비용 명세 （운행기록부: 적용） 임차기간: 2023-05-20 ～ 2027-05-19 ☐ 부동산임대업등 법령42조②항

(7) 총주행 거리(km)	(8) 업무용 사용 거리(km)	(9) 업무 사용비율	(10) 취득가액	(11) 보유또는 임차월수	(12)업무용 승용차 관련 비용								
					(13) 감가상각비	(14) 임차료 (감가상각비포함)	(15) 감가상 각비상당액	(16) 유류비	(17) 보험료	(18) 수선비	(19) 자동차세	(20) 기타	(21) 합계
10,000	8,000	80.0000		12		12,240,000	11,383,200	4,500,000					16,740,000
	합 계					12,240,000	11,383,200	4,500,000					16,740,000

2 업무용 승용차 관련 비용 손금불산입 계산

(24) 업무 사용 금액		(25) 업무외 사용 금액			(32) 감가상각비(상당액) 한도초과금액	(33) 손금불산입 합계	(34) 손금산입 합계
(26) 감가상각비 (상당액)[((13)또는 (15))X(9)]	(27) 관련 비용 [((21)-(13)또는 (21)-(15))X(9)]	(28) 합계 ((26)+(27))	(29) 감가상각비 (상당액)X(13)-(24) 또는(15)-(26))	(30) 관련 비용 [((21)-(13)또는 (21)-(15))-(27)]	(31) 합계 ((29)+(30))		((31)+(32))	((21)-(33))
9,106,560	4,285,440	13,392,000	2,276,640	1,071,360	3,348,000	1,106,560	4,454,560	12,285,440
9,106,560	4,285,440	13,392,000	2,276,640	1,071,360	3,348,000	1,106,560	4,454,560	12,285,440

3 감가상각비(상당액) 한도초과금액 이월 명세

(39) 전기이월액	(40) 당기 감가상각비(상당액) 한도초과금액	(41) 감가상각비(상당액) 한도초과금액 누계	(42) 손금추인(산입)액	(43) 차기이월액((41)-(42))
5,027,000	1,106,560	6,133,560		6,133,560
5,027,000	1,106,560	6,133,560		6,133,560

② 싼타페(253러6417)

| 1 | 업무용 사용 비율 및 업무용 승용차 관련 비용 명세 | | 〈운행기록부: 미적용〉 | 취득일: 2022-12-10 | | | | | | | | | | | ☐ 부동산임대업등 법령42조②항 |

(7) 총주행 거리(km)	(8) 업무용 사용 거리(km)	(9) 업무 사용비율	(10) 취득가액	(11) 보유또는 임차월수	(12)업무용 승용차 관련 비용									
					(13) 감가상각비	(14) 임차료 (감가상각비포함)	(15) 감가상 각비상당액	(16) 유류비	(17) 보험료	(18) 수선비	(19) 자동차세	(20) 기타	(21) 합계
100.0000			38,000,000	12	7,600,000			800,000	1,200,000		400,000		10,000,000
	합 계				7,600,000		12,240,000	11,383,200	5,300,000	1,200,000		400,000		26,740,000

| 2 | 업무용 승용차 관련 비용 손금불산입 계산 | | | | | | | | |

(24) 업무 사용 금액			(25) 업무외 사용 금액			(32) 감가상각비 (상당액) 한도초과금액	(33) 손금불산입 합계 ((31)+(32))	(34) 손금산입 합계 ((21)-(33))
(26) 감가상각비 (상당액)[((13)또는 (15))X(9)]	(27) 관련 비용 [((21)-(13)또는 (21)-(15))X(9)]	(28) 합계 ((26)+(27))	(29) 감가상각비 (상당액)X(13)-(24) 또는(15)-(26))	(30) 관련 비용 [((21)-(13)또는 (21)-(15))-(27)]	(31) 합계 ((29)+(30))			
7,600,000	2,400,000	10,000,000						10,000,000
16,706,560	6,685,440	23,392,000	2,276,640	1,071,360	3,348,000	1,106,560	4,454,560	22,285,440

| 3 | 감가상각비(상당액) 한도초과금액 이월 명세 | | | |

(39) 전기이월액	(40) 당기 감가상각비(상당액) 한도초과금액	(41) 감가상각비(상당액) 한도초과금액 누계	(42) 손금추인(산입)액	(43) 차기이월액((41)-(42))
5,027,000	1,106,560	6,133,560		6,133,560

(3) 세무조정

〈손금불산입〉 감가상각비한도초과액　　　1,106,560원　　　（기타사외유출）
〈손금불산입〉 업무용승용차 업무미사용분　3,348,000원　　　（상여）

문제 3

원천납부세액명세서(원천납부세액(갑)) 탭

원천납부세액(갑) | 원천납부세액(을)

No	☐	1. 적요 (이자발생사유)	2. 원천징수의무자			3. 원천징수일		4. 이자·배당금액	5. 세율(%)	6. 법인세	지방세 납세지
			구분	사업자(주민)번호	상호(성명)						
1	☐	정기예금 이자	내국인	130-81-01236	(주)두리은행	4	25	8,000,000	14.00	1,120,000	
2	☐	정기적금 이자	내국인	125-81-54217	(주)주민은행	7	18	2,000,000	14.00	280,000	
3	☐										
	☐										

문제 4

(1) 퇴직연금부담금조정명세서

| ▶ | 2. 이미 손금산입한 부담금 등의 계산 |

| 1 | 나. 기말 퇴직연금 예치금 등의 계산 |

19. 기초 퇴직연금예치금 등	20. 기중 퇴직연금예치금 등 수령 및 해약액	21. 당기 퇴직연금예치금 등의 납입액	22. 퇴직연금예치금 등 계 (19 - 20 + 21)
108,000,000	9,000,000	12,000,000	111,000,000

| 2 | 가. 손금산입대상 부담금 등 계산 |

13. 퇴직연금예치금 등 계 (22)	14. 기초퇴직연금충당금등 및 전기말 신고조정에 의한 손금산입액	15. 퇴직연금충당금등 손금부인 누계액	16. 기중퇴직연금등 수령 및 해약액	17. 이미 손금산입한 부담금 등 (14 - 15 - 16)	18. 손금산입대상 부담금 등 (13 - 17)
111,000,000	108,000,000		9,000,000	99,000,000	12,000,000

| ▶ | 1. 퇴직연금 등의 부담금 조정 |

1. 퇴직급여추계액	당기말 현재 퇴직급여충당금				6. 퇴직부담금 등 손금산입 누적한도액 (① - ⑤)
	2. 장부상 기말잔액	3. 확정기여형퇴직연금자의 설정전 기계상된 퇴직급여충당금	4. 당기말 부인 누계액	5. 차감액 (② - ③ - ④)	
140,000,000	20,000,000		6,000,000	14,000,000	126,000,000
7. 이미 손금산입한 부담금 등 (17)	8. 손금산입 한도액 (⑥ - ⑦)	9. 손금산입 대상 부담금 등 (18)	10. 손금산입범위액 (⑧과 ⑨중 적은 금액)	11. 회사 손금 계상액	12. 조정금액 (⑩ - ⑪)
99,000,000	27,000,000	12,000,000	12,000,000		12,000,000

(2) 세무조정

〈익금산입〉	전기 퇴직연금운용자산	9,000,000원	(유보감소)
〈손금산입〉	퇴직연금운용자산	12,000,000원	(유보발생)

- 결산서상 퇴직연금부담금 : 0원
- 손금산입범위액 : Min(①, ②) – ③ = 12,000,000원
  ① 퇴직급여충당금 미설정액 : 140,000,000 – (20,000,000 – 6,000,000) = 126,000,000원
  ② 기말 퇴직연금예치금 : 108,000,000 + 12,000,000 – 9,000,000 = 111,000,000원
  ③ 이미 손금산입한 보험료 : 전기 말까지 신고조정 손금산입된 보험료 – 기중 보험금 수령액
      108,000,000 – 9,000,000 = 99,000,000원
- 세무조정금액 : 111,000,000 – 99,000,000 = 12,000,000원(손금산입, 유보발생)

문제 5

(1) 세무조정

〈손금불산입〉	법인세비용	5,000,000원	(기타사외유출)
〈손금불산입〉	비지정기부금	600,000원	(기타사외유출 또는 상여)

(2) 기부금조정명세서

① 1.기부금 입력 탭

1.기부금 입력	2.기부금 조정

1.기부금명세서   월별로 전환   구분만 별도 입력하기   유형별 정렬

구분		3.과목	4.월일		5.적요	기부처		8.금액	비고
1.유형	2.코드					6.법인명등	7.사업자(주민)번호등		
24조제2항제1호에	10	기부금	3	1	국방헌금	국방부		1,000,000	
24조제3항제1호에	40	기부금	5	5	사회복지시설 기부금	사회복지법인 은혜		500,000	
기타	50	기부금	10	11	지역향우회 행사비	이천시 향우회		600,000	
24조제2항제1호에	10	기부금	12	1	천재지변 구호금품	서울시청		1,200,000	
9.소계		가. 「법인세법」 제24조제2항제1호에 따른 특례기부금				코드 10		2,200,000	
		나. 「법인세법」 제24조제3항제1호에 따른 일반기부금				코드 40		500,000	
		다. [조세특례제한법] 제88조의4제13항의 우리사주조합 기부금				코드 42			
		라. 그 밖의 기부금				코드 50		600,000	
		계						3,300,000	

2.소득금액확정   새로 불러오기   수정

1.결산서상 당기순이익	2.익금산입	3.손금산입	4.기부금합계	5.소득금액계(1+2-3+4)
57,000,000	8,600,000	1,000,000	2,700,000	67,300,000

② 2.기부금 조정 탭

1.기부금 입력	2.기부금 조정

1	1. 「법인세법」 제24조제2항제1호에 따른 특례기부금 손금산입액 한도액 계산			
1.소득금액 계		67,300,000	5. 이월잔액 중 손금산입액 MIN[4,23]	
2. 법인세법 제13조제1항제1호에 따른 이월 결손금 합계액(기준소득금액의 80% 한도)			6.해당연도지출액 손금산입액 MIN[(④-⑤)>0, ③]	2,200,000
3. 「법인세법」 제24조제2항제1호에 따른 특례기부금 해당 금액		2,200,000	7.한도초과액 [(3-6)>0]	
4.한도액 {[(1-2)]0]X50%}		33,650,000	8.소득금액 차감잔액 [(①-②-③-⑥)>0]	65,100,000
2	2. 「조세특례제한법」 제88조의4에 따라 우리사주조합에 지출하는 기부금 손금산입액 한도액 계산			
9. 「조세특례제한법」 제88조의4제13항에 따른 우리사주조합 기부금 해당 금액			11. 손금산입액 MIN(9, 10)	
10. 한도액 (8×30%)		19,530,000	12. 한도초과액 [(9-10)>0]	
3	3. 「법인세법」 제24조제3항제1호에 따른 일반기부금 손금산입 한도액 계산			
13. 「법인세법」 제24조제3항제1호에 따른 일반기부금 해당금액		500,000	16. 해당연도지출액 손금산입액 MIN[(14-15)>0, 13]	500,000
14. 한도액 ((8-11)x10%, 20%)		6,510,000	17. 한도초과액 [(13-16)>0]	
15. 이월잔액 중 손금산입액 MIN(14, 23)		6,000,000		
4	4.기부금 한도초과액 총액			
18. 기부금 합계액 (3+9+13)		19. 손금산입 합계 (6+11+16)	20. 한도초과액 합계 (18-19)=(7+12+17)	
	2,700,000		2,700,000	

5	5.기부금 이월액 명세					
사업연도	기부금 종류	21.한도초과 손금불산입액	22.기공제액	23.공제가능 잔액(21-22)	24.해당연도 손금추인액	25.차기이월액 (23-24)
합계	「법인세법」 제24조제2항제1호에 따른 특례기부금					
	「법인세법」 제24조제3항제1호에 따른 일반기부금	6,000,000		6,000,000	6,000,000	
2024	「법인세법」 제24조제3항제1호에 따른 일반	6,000,000		6,000,000	6,000,000	

6	6. 해당 사업연도 기부금 지출액 명세			
사업연도	기부금 종류	26.지출액 합계금액	27.해당 사업연도 손금산입액	28.차기 이월액(26-27)
합계	「법인세법」 제24조제2항제1호에 따른 특례기부금	2,200,000	2,200,000	
	「법인세법」 제24조제3항제1호에 따른 일반기부금	500,000	500,000	

(3) 법인세과세표준 및 조정계산서

① 각 사 업 연 도 소 득 계 산	101. 결 산 서 상 당 기 순 손 익	01	57,000,000
	소 득 조 정 102.익 금 산 입	02	8,600,000
	금 액 103.손 금 산 입	03	1,000,000
	104. 차 가 감 소 득 금 액 (101+102-103)	04	64,600,000
	105. 기 부 금 한 도 초 과 액	05	
	106. 기 부 금 한 도 초 과 이월액 손금산입	54	6,000,000
	107. 각 사 업 연 도 소 득 금 액(104+105-106)	06	58,600,000

② 과 세 표 준 계 산	108. 각 사 업 연 도 소 득 금 액 (108=107)		58,600,000
	109. 이 월 결 손 금	07	
	110. 비 과 세 소 득	08	
	111. 소 득 공 제	09	
	112. 과 세 표 준 (108-109-110-111)	10	58,600,000
	159. 선 박 표 준 이 익	55	

③ 산 출 세 액 계 산	113. 과 세 표 준 (113=112+159)	56	58,600,000
	114. 세 율	11	9%
	115. 산 출 세 액	12	5,274,000
	116. 지 점 유 보 소 득 (법 제96조)	13	
	117. 세 율	14	
	118. 산 출 세 액	15	
	119. 합 계 (115+118)	16	5,274,000

④ 납 부 할 세 액 계 산	120. 산 출 세 액 (120=119)		5,274,000
	121. 최 저 한 세 적 용 대 상 공 제 감 면 세 액	17	
	122. 차 감 세 액	18	5,274,000
	123. 최 저 한 세 적 용 제 외 공 제 감 면 세 액	19	
	124. 가 산 세 액	20	
	125. 가 감 계 (122-123+124)	21	5,274,000
기한내납부세액	126. 중 간 예 납 세 액	22	3,000,000
	127. 수 시 부 과 세 액	23	
	128. 원 천 납 부 세 액	24	1,400,000
	129. 간접 회사등 외국 납부세액	25	
	130. 소 계(126+127+128+129)	26	4,400,000
	131. 신 고 납 부 전 가 산 세 액	27	
	132. 합 계 (130+131)	28	4,400,000
	133. 감 면 분 추 가 납 부 세 액	29	
	134. 차 가 감 납 부 할 세 액(125-132+133)	30	874,000

⑤토지등 양도소득, ⑥미환류소득 법인세 계산 (TAB로 이동)			
⑦ 세 액 계	151. 차 감 납 부 할 세 액 계 (134+150+166)	46	874,000
	152. 사 실 과 다 른 회 계 처 리 경 정 세 액 공 제	57	
	153. 분 납 세 액 계 산 범 위 액 (151-124-133-145-152+131)	47	874,000
	154. 분 납 할 세 액	48	
	155. 차 감 납 부 세 액 (151-152-154)	49	874,000

문제 1

(1) 수입금액조정명세서

| 수입금액조정계산 | 작업진행률에 의한 수입금액 | 중소기업 등 수입금액 인식기준 적용특례에 의한 수입금액 | 기타수입금액조정 |

1. 수입금액 조정계산

	계정과목		⑤결산서상 수입금액	조 정		⑥조정후 수입금액 (⑤+④-⑤)	비 고
	①항 목	②계정과목		④가 산	⑤차 감		
1	매 출	제품매출	1,387,000,000			1,387,000,000	
2	매 출	상품매출	830,000,000			830,000,000	
3	영업외수익	잡이익	3,000,000			3,000,000	
4							

(2) 조정후수입금액명세서

| 업종별 수입금액 명세서 | 과세표준과 수입금액 차액검토 |

1. 업종별 수입금액명세서

①업 태	②종 목	순번	③기준(단순) 경비율번호	수 입 금 액			
				수입금액계정조회	내 수 판 매		⑦수 출 (영세율대상)
				④계(⑤+⑥+⑦)	⑤국내생산품	⑥수입상품	
제조	전자응용공작기계	01	292203	1,390,000,000	1,263,000,000		127,000,000
도매	컴퓨터및주변장치	02	515050	830,000,000	830,000,000		
		03					

| 업종별 수입금액 명세서 | 과세표준과 수입금액 차액검토 |

2. 부가가치세 과세표준과 수입금액 차액 검토　　　　　　　　　　　　　　　[부가가치세 신고 내역보기]

(1) 부가가치세 과세표준과 수입금액 차액

⑧과세(일반)	⑨과세(영세율)	⑩면세수입금액	⑪합계(⑧+⑨+⑩)	⑫조정후수입금액	⑬차액(⑪-⑫)
2,153,000,000	127,000,000		2,280,000,000	2,220,000,000	60,000,000

(2) 수입금액과의 차액내역(부가세과표에 포함되어 있으면 +금액, 포함되지 않았으면 -금액 처리)

⑭구 분	코드	(16)금 액	비 고	⑭구 분	코드	(16)금 액	비 고
자가공급(면세전용등)	21			거래(공급)시기차이감액	30		
사업상증여(접대제공)	22	10,000,000		주세 · 개별소비세	31		
개인적공급(개인적사용)	23			매출누락	32		
간주임대료	24				33		
자산 고정자산매각액	25	50,000,000			34		
매각 그밖의자산매각액(부산물)	26				35		
폐업시 잔존재고재화	27				36		
작업진행률 차이	28				37		
거래(공급)시기차이가산	29			(17)차 액 계	50	60,000,000	
				(13)차액과(17)차액계의차이금액			

(1) 고정자산등록(202.건물, 101.본사사옥, 취득년월일 2024-01-01, 상각방법 정액법)

* 건물의 전기말 감가상각누계액 10,000,000원과 당기말 감가상각누계액 50,000,000원의 차액 40,000,000원이
13.회사계상액이 되어야 한다.

(2) 고정자산등록(206.기계장치, 102.밀링, 취득년월일 2025-07-01, 상각방법 정률법)

(3) 미상각자산감가상각조정명세서(유형자산, 정액법. 101. 본사사옥, 취득년월일 2024-01-01)

입력내용		금액	총계
업종코드/명			
합계표 자산구분	1. 건축물		
(4)내용연수(기준.신고)		30	
상각 계산 의 기초 가액	재무상태표 자산가액	(5)기말현재액 615,000,000	615,000,000
		(6)감가상각누계액 50,000,000	50,000,000
		(7)미상각잔액(5)-(6) 565,000,000	565,000,000
	회사계산 상각비	(8)전기말누계 10,000,000	10,000,000
		(9)당기상각비 40,000,000	40,000,000
		(10)당기말누계(8)+(9) 50,000,000	50,000,000
	자본적 지출액	(11)전기말누계	
		(12)당기지출액	
		(13)합계(11)+(12)	
(14)취득가액((7)+(10)+(13))		615,000,000	615,000,000
(15)일반상각률.특별상각률		0.034	
상각범위 액계산	당기산출 상각액	(16)일반상각액 20,910,000	20,910,000
		(17)특별상각액	
		(18)계((16)+(17)) 20,910,000	20,910,000
	(19) 당기상각시인범위액	20,910,000	20,910,000
(20)회사계상상각액((9)+(12))		40,000,000	40,000,000
(21)차감액((20)-(19))		19,090,000	19,090,000
(22)최저한세적용에따른특별상각부인액			
조정액	(23) 상각부인액((21)+(22))	19,090,000	19,090,000
	(24) 기왕부인액중당기손금추인액		
부인액 누계	(25) 전기말부인누계액		
	(26) 당기말부인누계액 (25)+(23)-|24|	19,090,000	19,090,000

(4) 미상각자산감가상각조정명세서(유형자산, 정률법, 102. 밀링, 취득년월일 2025-07-01)

입력내용		금액	총계
업종코드/명			
합계표 자산구분	2. 기계장치		
(4)내용연수		3	
상각계산의기초가액	재무상태표 자산가액	(5)기말현재액	30,000,000	30,000,000
		(6)감가상각누계액	10,000,000	10,000,000
		(7)미상각잔액(5)-(6)	20,000,000	20,000,000
	(8)회사계산감가상각비	10,000,000	10,000,000
	(9)자본적지출액		
	(10)전기말의제상각누계액		
	(11)전기말부인누계액		
	(12)가감계((7)+(8)+(9)-(10)+(11))	30,000,000	30,000,000
(13)일반상각률.특별상각률		0.632	
상각범위액계산	당기산출상각액	(14)일반상각액	9,480,000	9,480,000
		(15)특별상각액		
		(16)계((14)+(15))	9,480,000	9,480,000
	취득가액	(17)전기말현재취득가액		
		(18)당기회사계산증가액	30,000,000	30,000,000
		(19)당기자본적지출액		
		(20)계((17)+(18)+(19))	30,000,000	30,000,000
	(21) 잔존가액		1,500,000	1,500,000
	(22) 당기상각시인범위액		9,480,000	9,480,000
(23)회사계상상각액((8)+(9))		10,000,000	10,000,000
(24)차감액 ((23)-(22))		520,000	520,000
(25)최저한세적용에따른특별상각부인액			
조정액 (26) 상각부인액 ((24)+(25))		520,000	520,000

(5) 세무조정

〈손금산입〉	전기오류수정손실	10,000,000원	(기타)
〈손금불산입〉	감가상각비(건물)	19,090,000원	(유보발생)
〈손금불산입〉	감가상각비(기계장치)	520,000원	(유보발생)

문제 3

(1) 세금과공과금조정명세서

	0817	세금과공과금	2	10	산재보험료		2,500,000	
	0817	세금과공과금	2	10	국민연금회사부담분		2,000,000	
	0817	세금과공과금	4	25	부가가치세 신고불성실 가산세		300,000	손금불산입
	0817	세금과공과금	4	30	환경개선부담금		30,000	
	0817	세금과공과금	4	30	대표이사 주택 종합부동산세		3,000,000	손금불산입
	0817	세금과공과금	6	25	토지에 대한 개발부담금		1,000,000	손금불산입
	0817	세금과공과금	8	1	주차위반과태료		500,000	손금불산입
	0817	세금과공과금	9	15	건강보험료 연체료		50,000	
	0817	세금과공과금	10	31	대주주주식양도분에대한증권거래세		100,000	손금불산입
	0817	세금과공과금	12	15	적십자회비		100,000	

(2) 조정등록

익금산입 및 손금불산입		
과 목	금 액	소득처분
부가가치세신고불성실가산세	300,000	기타사외유출
대표이사 주택 종합부동산세	3,000,000	상여
토지에 대한 개발부담금	1,000,000	유보발생
주차위반 과태료	500,000	기타사외유출
대주주 주식양도분에 대한 증권거	100,000	배당

문제 4

(1) 기부금조정명세서(기부금입력)

1.기부금 입력	2.기부금 조정

1.기부금명세서 〔월별로 전환〕〔구분만 별도 입력하기〕〔유형별 정렬〕

구분		3.과목	4.월일	5.적요	기부처		8.금액	비고
1.유형	2.코드				6.법인명등	7.사업자(주민)번호등		
24조제2항제1호에	10	기부금	5 10	이재민구호금품			15,000,000	
24조제2항제1호에	40	기부금	7 30	불우이웃돕기			30,000,000	
기타	50	기부금	11 30	마을발전기금			5,000,000	

9.소계	가. 『법인세법』 제24조제2항제1호에 따른 특례기부금	코드 10	15,000,000
	나. 『법인세법』 제24조제2항제1호에 따른 일반기부금	코드 40	30,000,000
	다. 〔조세특례제한법〕 제88조의4제13항의 우리사주조합 기부금	코드 42	
	라. 그 밖의 기부금	코드 50	5,000,000
	계		50,000,000

2.소득금액확정 〔새로 불러오기〕〔수정 해제〕

1.결산서상 당기순이익	2.익금산입	3.손금산입	4.기부금합계	5.소득금액계(1+2-3+4)
250,000,000	130,000,000	55,000,000	45,000,000	370,000,000

〈손금불산입〉 비지정기부금　　　　　　5,000,000원　　　　(기타사외유출)

＊ 기부금 입력 및 소득금액 확정 : 수정 실행 후 입력

　당기순이익 : 250,000,000원

　익금산입 : 125,000,000원＋5,000,000원＝130,000,000원

　손금산입 : 55,000,000원

(2) 기부금조정명세서(기부금조정)

1.기부금 입력	2.기부금 조정

1　1. 『법인세법』 제24조제2항제1호에 따른 특례기부금 손금산입액 한도액 계산

1.소득금액 계	370,000,000	5.이월잔액 중 손금산입액 MIN[4,23]	
2. 법인세법 제13조제1항제1호에 따른 이월 결손금 합계액(기준소득금액의 80% 한도)		6.해당연도지출액 손금산입액 MIN[(④-⑤)>0, ③]	15,000,000
3. 『법인세법』 제24조제2항제1호에 따른 특례기부금 해당 금액	15,000,000	7.한도초과액 [(3-6)>0]	
4.한도액 {[(1-2) 0]X50%}	185,000,000	8.소득금액 차감잔액 [(①-②-⑤-⑥)>0]	355,000,000

2　2. 『조세특례제한법』 제88조의4에 따라 우리사주조합에 지출하는 기부금 손금산입액 한도액 계산

9.『조세특례제한법』 제88조의4제13항에 따른 우리사주조합 기부금 해당 금액		11. 손금산입액 MIN(9, 10)	
10. 한도액 (8×30%)	106,500,000	12. 한도초과액 [(9-10)>0]	

3　3. 『법인세법』 제24조제3항제1호에 따른 일반기부금 손금산입 한도액 계산

13.『법인세법』 제24조제3항제1호에 따른 일반기부금 해당금액	30,000,000	16.해당연도지출액 손금산입액 MIN[(14-15)>0, 13]	25,500,000
14. 한도액 ((8-11)x10%, 20%)	35,500,000	17.한도초과액 [(13-16)>0]	4,500,000
15. 이월잔액 중 손금산입액 MIN(14, 23)	10,000,000		

4　4.기부금 한도초과액 총액

18. 기부금 합계액 (3+9+13)	19. 손금산입 합계 (6+11+16)	20. 한도초과액 합계 (18-19)=(7+12+17)
45,000,000	40,500,000	4,500,000

5　5.기부금 이월액 명세

사업 연도	기부금 종류	21.한도초과 손금불산입액	22.기공제액	23.공제가능 잔액(21-22)	24.해당연도 손금추인액	25.차기이월액 (23-24)
합계	『법인세법』 제24조제2항제1호에 따른 특례기부금					
	『법인세법』 제24조제3항제1호에 따른 일반기부금	10,000,000		10,000,000	10,000,000	
2024	『법인세법』 제24조제3항제1호에 따른 일반	10,000,000		10,000,000	10,000,000	

6　6. 해당 사업연도 기부금 지출액 명세

사업연도	기부금 종류	26.지출액 합계금액	27.해당 사업연도 손금산입액	28.차기 이월액(26-27)
합계	『법인세법』 제24조제2항제1호에 따른 특례기부금	15,000,000	15,000,000	
	『법인세법』 제24조제3항제1호에 따른 일반기부금	30,000,000	25,500,000	4,500,000

(1) 가산세액 계산서

신고납부가산세	미제출가산세	토지등양도소득가산세	미환류소득

구분		계산기준	기준금액	가산세율	코드	가산세액
지출증명서류		미(허위)수취금액	20,000,000	2/100	8	400,000
지급명세서	미(누락)제출	미(누락)제출금액		10/1,000	9	
	불분명	불분명금액		1/100	10	
	상증법 82조 1 6	미(누락)제출금액		2/1,000	61	
		불분명금액		2/1,000	62	
	상증법 82조 3 4	미(누락)제출금액		2/10,000	67	
		불분명금액		2/10,000	68	
	법인세법 제75의7①(일용근로)	미제출금액	40,000,000	12.5/10,000	96	50,000
		불분명등		25/10,000	97	
	법인세법 제75의7①(간이지급명세서)	미제출금액		25/10,000	102	
		불분명등		25/10,000	103	
소 계					11	50,000

일용근로소득에 대한 지급명세서는 지급일이 속하는 달의 다음달 말일까지 제출하여야 하며 미제출 시에는 0.25%의 가산세가 적용되고 1개월 이내에 제출하면 50%를 경감한 0.125% 가산세를 부과한다.

(2) 법인세과세표준 및 세액조정계산서

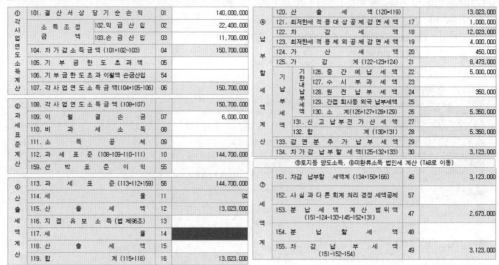

가산조정 [익금산입 및 손금불산입]
900,000 + 1,500,000 + 7,000,000 + 3,000,000 + 10,000,000(법인세비용) = 22,400,000원
차감조정 [손금산입 및 익금불산입] 700,000 + 5,000,000 + 6,000,000 = 11,700,000원

1

[1] 1월 25일 일반전표입력

(차) 무형자산손상차손	20,000,000	(대) 개발비	20,000,000

[2] 6월 20일 매입매출전표입력

유형 : 57.카과, 공급가액 : 70,000, 부가세 : 7,000, 거래처 : 남대문주유소, 분개 : 신용카드사 : 비씨카드

(차) 차량유지비(제)	70,000	(대) 미지급금(비씨카드)	77,000
부가세대급금	7,000	또는 미지급비용	

[3] 9월 8일 매입매출전표입력

유형 : 16.수출(영세율구분 : 1.직접수출), 공급가액 : 140,000,000, 거래처 : XYZ.Co, 분개 : 혼합

(차) 보통예금	70,000,000	(대) 제품매출	140,000,000
외상매출금	70,000,000		

[4] 9월 30일 일반전표입력

(차) 보통예금	1,700,000	(대) 자기주식	1,800,000
자기주식처분이익	100,000		

문제 2

[1] (1) 3월 15일 매입매출전표입력

유형 : 12.영세, 공급가액 : 94,638,000, 부가세 : 0, 거래처 : ㈜두인테크, 전자 : 여, 분개 : 외상 또는 혼합, 영세율구분 : 3.내국신용장·구매확인서에 의해 공급하는 재화

(차) 외상매출금(㈜두인테크)	94,638,000	(대) 제품매출	94,638,000
		(또는 상품매출)	

(2) 내국신용장·구매확인서전자발급명세서(조회기간 2025년 1월~3월)

	2. 내국신용장·구매확인서에 의한 공급실적 합계				
	구분	건수	금액(원)	비고	
	(9)합계(10+11)	1	94,638,000		
	(10)내국신용장				
	(11)구매확인서	1	94,638,000		

[참고] 내국신용장 또는 구매확인서에 의한 영세율 첨부서류 방법 변경 (영 제64조 제3항 제1의3호)
▶ 전자무역기반시설을 통하여 개설되거나 발급된 경우 내국신용장·구매확인서 전자발급명세서를 제출하고 이 외의 경우 내국신용장 사본을 제출함
⇒ 2011.7.1 이후 최초로 개설되거나 발급되는 내국신용장 또는 구매확인서부터 적용

	3. 내국신용장·구매확인서에 의한 공급실적 명세서								
	(12)번호	(13)구분	(14)서류번호	(15)발급일	품목	거래처정보 거래처명	(16)공급받는자의 사업자등록번호	(17)금액	전표일자	(18)비고
	1	구매확인서	PKT202503150011	2025-03-28	SMART PHONE	(주)두인테크	130-86-55834	94,638,000	2025-03-15	

매입매출전표에 입력이 되면 F4불러오기를 실행하여 보조창에서 구매확인서 란에 404.제품매출 계정을 입력하고 확인하면 전표입력 내용이 자동으로 반영된다(분개를 상품매출로 한 경우에는 401.상품매출을 입력한다).
매입매출전표입력에서 서류번호(PKT202503150011)을 입력하지 아니한 경우에는 내국신용장·구매확인서전자발급명세서에서 (14)서류번호에 직접 입력하여야 하며, 서류 발급일은 구매확인서 하단의 확인일자(2025.03.28)를 직접 입력하여야 한다.

[2] 부가가치세신고서(조회기간 : 2025년 10월 1일~12월 31일)

구분			정기신고금액		
			금액	세율	세액
과세표준및매출세액	과세	세금계산서발급분	1	5,000,000	10/100	500,000
		매입자발행세금계산서	2		10/100	
		신용카드·현금영수증발행분	3			
		기타(정규영수증외매출분)	4	3,000,000	10/100	300,000
	영세	세금계산서발급분	5	50,000,000	0/100	
		기타	6	500,000,000	0/100	
	예정신고누락분		7			
	대손세액가감		8			
	합계		9	558,000,000	㉮	800,000
매입세액	세금계산서수취분	일반매입	10			
		수출기업수입분납부유예	10-1			
		고정자산매입	11			
	예정신고누락분		12			
	매입자발행세금계산서		13			
	그 밖의 공제매입세액		14			
	합계(10)-(10-1)+(11)+(12)+(13)+(14)		15			
	공제받지못할매입세액		16			
	차감계 (15-16)		17		㉰	
납부(환급)세액(매출세액㉮-매입세액㉰)					㉱	800,000
경감공제세액	그 밖의 경감·공제세액		18			
	신용카드매출전표등 발행공제등		19			
	합계		20		㉣	
소규모 개인사업자 부가가치세 감면세액			20		㉤	
예정신고미환급세액			21		㉥	
예정고지세액			22		㉦	
사업양수자의 대리납부 기납부세액			23		㉧	
매입자 납부특례 기납부세액			24		㉨	
신용카드업자의 대리납부 기납부세액			25		㉩	
가산세액계			26		㉪	
차가감하여 납부할세액(환급받을세액)㉰-㉣-㉤-㉥-㉦-㉧-㉨-㉩+㉪			27			800,000
총괄납부사업자가 납부할 세액(환급받을 세액)						

구분			금액	세율	세액
7.매출(예정신고누락분)					
예정누락분	과세	세금계산서	33		10/100	
		기타	34		10/100	
	영세	세금계산서	35		0/100	
		기타	36		0/100	
	합계		37			
12.매입(예정신고누락분)					
예정누락분	세금계산서		38			
	그 밖의 공제매입세액		39			
	합계		40			
	신용카드매출	일반매입				
	수령금액합계	고정매입				
	의제매입세액					
	재활용폐자원등매입세액					
	과세사업전환매입세액					
	재고매입세액					
	변제대손세액					
	외국인관광객에대한환급/					
	합계					
14.그 밖의 공제매입세액					
신용카드매출	일반매입		41			
수령금액계표	고정매입		42			
의제매입세액			43		뒤쪽	
재활용폐자원등매입세액			44		뒤쪽	
과세사업전환매입세액			45			
재고매입세액			46			
변제대손세액			47			
외국인관광객에대한환급세액			48			
합계			49			

- 과세기간 종료 후 25일 이내에 구매확인서가 발급되는 경우 영세율 적용대상이 된다.
- 장기할부판매의 경우 대가의 각 부분을 받기로 한 때가 그 공급시기가 된다.
- 사업을 위하여 대가를 받지 아니하고 다른 사업자에 인도하는 견본품은 사업상 증여로 보지 아니하므로 기타(정규영수증외매출분)에 입력하지 아니한다.
- 특수관계인에게 사업용 부동산의 임대용역을 무상으로 공급하는 것은 용역의 공급으로 본다.
  기타(정규영수증외매출분) : 1,000,000×3개월＝3,000,000원

문제 3

[1] 12월 31일 일반전표입력

(차) 보험료(제)	1,600,000	(대) 선급비용	1,600,000

[2] 12월 31일 일반전표입력

(차) 외상매입금(Biden)	1,500,000	(대) 외화환산이익	1,500,000

[3] 12월 31일 일반전표입력

(차) 감가상각비(판)	4,000,000	(대) 감가상각누계액(196)	4,000,000
국고보조금(197)	2,000,000	감가상각비(판)	2,000,000

차변의 감가상각비와 대변의 감가상각비를 상계하여 차변에 2,000,000원을 입력하여도 된다.
- 감가상각비 : 40,000,000÷5×6/12＝4,000,000원
- 국고보조금 상각액 : 20,000,000÷5×6/12＝2,000,000원

[4] 결산자료입력에서 기원재료 3,000,000원, 재공품 5,000,000원, 제품 6,300,000원 입력 후 F3전표추가
- 기말제품 재고액 : 창고 보관 재고액 4,800,000원＋적송품 1,500,000원＝6,300,000원

[1] (1) 사업소득자등록

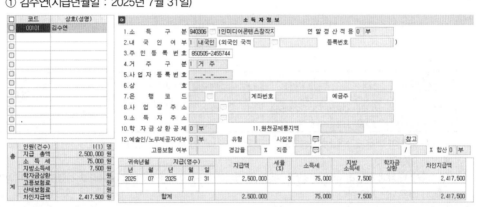

(2) 사업소득자료입력

① 김수연(지급년월일 : 2025년 7월 31일)

② 한소희(지급년월일 : 2025년 7월 25일)

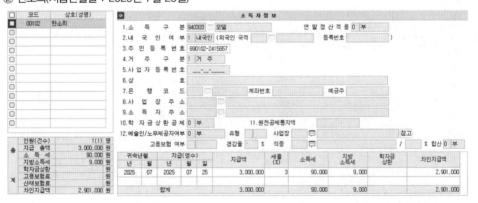

[2] (1) 사원등록(기본사항)

- 12.국민연금보수월액, 13.건강보험보수월액, 14.고용보험보수월액에 비과세소득을 제외한 2,100,000원을 입력하여야 한다.

(2) 부양가족명세

연말정산관계	성명	주민등록번호	나이	기본공제	부녀자	한부모	경로우대	장애인	자녀	출산입양	위탁관계
0.본인	금나라	930223-2234564	32	본인	○						
4.직계비속(자녀)	김나철	240104-3511111	1	20세이하							

- 거주자 본인이 배우자가 있는 여성으로, 해당 과세기간에 합산하는 종합소득금액이 3천만원 이하이므로 부녀자공제 대상이다.
- 인적공제 대상에 해당하지 않는 경우, 부양가족명세에 입력 자체를 하지 말 것이라고 하였으므로 부양가족명세에서 배우자는 제외한다.

(3) 사원등록(추가사항)

(4) 수당공제등록

- 식대는 현물식사를 무상으로 제공받으므로 비과세 대상에 해당하지 않는다.
- 종업원 소유의 차량을 업무에 사용하면서 시내 출장 등에 소요된 경비를 정산하지 않고 지급하는 자가운전보조금은 월 20만원까지 비과세한다.
- 6세 미만 자녀에 대한 보육수당은 월 20만원까지 비과세한다.

(5) 급여자료입력(귀속년월 : 2025년 3월, 지급년월일 : 2025년 3월 31일)

□	사번	사원명	감면율	급여항목	금액	공제항목	금액
■	102	금나라		기본급	2,000,000	국민연금	94,500
□				자가운전보조금	200,000	건강보험	74,440
□				식대	100,000	장기요양보험	9,640
□				육아수당	100,000	고용보험	16,800
□						소득세(100%)	16,810
□						지방소득세	1,680
□						농특세	
□							
□				과　　세	2,100,000		
□				비 과 세	300,000	공 제 총 액	213,870
	총인원(퇴사자)	1(0)		지 급 총 액	2,400,000	차 인 지 급 액	2,186,130

 문제 5

[1] (1) 세무조정

〈손금산입〉	소멸시효 완성 외상매출금	3,000,000원	(유보발생)
〈손금산입〉	전기 대손충당금 한도초과금	1,500,000원	(유보감소)
〈손금불산입〉	대손충당금 한도초과	6,060,000원	(유보발생)

(2) 대손충당금및대손금조정명세서

1. 2. 대손금조정

No	22.일자	23.계정과목	24.채권내역	25.대손사유	26.금액	대손충당금상계액			당기 손비계상액		
						27.계	28.시인액	29.부인액	30.계	31.시인액	32.부인액
1	02.10	받을어음	1.매출채권	5.부도(6개월경과)	15,000,000	15,000,000	15,000,000				
2	06.10	미수금	2.미수금	1.파산	8,000,000	8,000,000	8,000,000				
				계	23,000,000	23,000,000	23,000,000				

2. 채권잔액

No	16.계정과목	17.채권잔액의장부가액	18.기말현재대손금부인누계		19.합계(17+18)	20.충당금설정제외채권(할인,배서,특수채권)	21.채 권 잔 액(19-20)
			전기	당기			
1	외상매출금	500,000,000		-3,000,000	497,000,000		497,000,000
2	받을어음	300,000,000			300,000,000	3,000,000	297,000,000
3							
	계	800,000,000		-3,000,000	797,000,000	3,000,000	794,000,000

3. 1.대손충당금조정

손금산입액조정	1.채권잔액(21의금액)	2.설정률(%)			3.한도액(1×2)	회사계상액			7.한도초과액(6-3)
		◉기본율 ○실적율 ○적립기준				4.당기계상액	5.보충액	6.계	
조정	794,000,000	1			7,940,000	2,000,000	12,000,000	14,000,000	6,060,000
익금산입액조정	8.장부상충당금기초잔액	9.기중충당금환입액	10.충당금부인누계액	11.당기대손금상계액(27의금액)	12.충당금보충액(충당금장부잔액)	13.환입할금액(8-9-10-11-12)	14.회사환입액(회사기말환입)	15.과소환입·과다환입(△)(13-14)
조정	35,000,000		1,500,000	23,000,000	12,000,000	-1,500,000		-1,500,000

[2] (1) 세무조정

　　〈손금산입〉　전기 기간미경과 보험료　　　　　560,000원　　　（유보감소）
　　〈손금불산입〉 당기 기간미경과 임차료　　27,692,307원　　（유보발생）
　　〈손금불산입〉 당기 기간미경과 임차료　　94,979,423원　　（유보발생）

(2) 선급비용명세서

계정구분	거래내용	거래처	대상기간		지급액	선급비용	회사 계상액	조정대상 금액
			시작일	종료일				
선급임차료	평택공장	㈜성삼	2025-05-01	2026-04-30	84,000,000	27,692,307		27,692,307
선급임차료	제천공장	이근희	2025-08-01	2027-07-31	120,000,000	94,979,423		94,979,423
합　계					204,000,000	122,671,730		122,671,730

[3] (1) 세무조정

　　〈손금불산입〉 업무용승용차 업무미사용분　　　　10,895,863원　　（상여）
　　〈손금불산입〉 업무용승용차감가상각비 한도초과　 5,366,821원　　（기타사외유출）

　　업무용승용차의 업무미사용분과 감가상각비 한도초과액을 차량별로 각각 세무조정하여도 정답 인정

(2) 업무용승용차등록

• 고정자산계정과목 입력 여부 무관하며 경비구분은 문제에서 제시하지 아니하였으므로 입력하지 아니한다.
• 12.운행기록부사용여부에서 부를 선택하여야 한다.

(3) 업무용승용차관련비용명세서

BMW(리스, 보험 : 여, 운행기록 : 부, 번호판 : 여)

1 업무용 사용 비율 및 업무용 승용차 관련 비용 명세 (운행기록부: 미적용) 임차기간: 2025-06-01 ~ 2028-06-01 ☐ 부동산임대업등 법령42조④항

(7) 총주행 거리(km)	(8) 업무용 사용 거리(km)	(9) 업무 사용비율	(10) 취득가액	(11) 보유또는 임차월수	(12)업무용 승용차 관련 비용								
					(13) 감가상각비	(14) 임차료 (감가상각비포함)	(15) 감가 상각비상당액	(16) 유류비	(17) 보험료	(18) 수선비	(19) 자동차세	(20) 기타	(21) 합계
		76.7532		7		10,106,750	8,000,375	1,293,421					11,400,171
합 계						10,106,750	8,000,375	1,293,421					11,400,171

2 업무용 승용차 관련 비용 손금불산입 계산

(24) 업무 사용 금액			(25) 업무외 사용 금액			(32) 감가상각비 (상당액) 한도초과금액	(33) 손금불산입 합계 ((31)+(32))	(34) 손금산입 합계 ((21)-(33))
(26) 감가상각비 (상당액)[((13)또는 (15))X(9)]	(27) 관련 비용 [((21)-(13)또는 (21)-(15))X(9)]	(28) 합계 ((26)+(27))	(29) 감가상각비 (상당액)X((13)-(24) 또는(15)-(26))	(30) 관련 비용 [((21)-(13)또는 (21)-(15))-(27)]	(31) 합계 ((29)+(30))			
6,140,548	2,609,452	8,750,000	1,859,827	790,344	2,650,171	1,473,881	4,124,052	7,276,119
6,140,548	2,609,452	8,750,000	1,859,827	790,344	2,650,171	1,473,881	4,124,052	7,276,119

3 감가상각비(상당액) 한도초과금액 이월 명세

(39) 전기이월액	(40) 당기 감가상각비(상당액) 한도초과금액	(41) 감가상각비(상당액) 한도초과금액 누계	(42) 손금추인(산입)액	(43) 차기이월액((41)-(42))
	1,473,881	1,473,881		1,473,881
	1,473,881	1,473,881		1,473,881

PORSCHE(리스, 보험 : 여, 운행기록 : 부, 번호판 : 여)

1 업무용 사용 비율 및 업무용 승용차 관련 비용 명세 (운행기록부: 미적용) 임차기간: 2025-05-01 ~ 2027-05-01 ☐ 부동산임대업등 법령42조④항

(7) 총주행 거리(km)	(8) 업무용 사용 거리(km)	(9) 업무 사용비율	(10) 취득가액	(11) 보유또는 임차월수	(12)업무용 승용차 관련 비용								
					(13) 감가상각비	(14) 임차료 (감가상각비포함)	(15) 감가상 각비상당액	(16) 유류비	(17) 보험료	(18) 수선비	(19) 자동차세	(20) 기타	(21) 합계
		54.8075		8		17,204,410	16,833,975	1,041,282					18,245,692
합 계						27,311,160	24,834,350	2,334,703					29,645,863

2 업무용 승용차 관련 비용 손금불산입 계산

(24) 업무 사용 금액			(25) 업무외 사용 금액			(32) 감가상각비 (상당액) 한도초과금액	(33) 손금불산입 합계 ((31)+(32))	(34) 손금산입 합계 ((21)-(33))
(26) 감가상각비 (상당액)[((13)또는 (15))X(9)]	(27) 관련 비용 [((21)-(13)또는 (21)-(15))X(9)]	(28) 합계 ((26)+(27))	(29) 감가상각비 (상당액)X(13)-(24) 또는(15)-(26))	(30) 관련 비용 [((21)-(13)또는 (21)-(15))-(27)]	(31) 합계 ((29)+(30))			
9,226,274	773,726	10,000,000	7,607,701	637,991	8,245,692	3,892,940	12,138,632	6,107,060
15,366,822	3,383,178	18,750,000	9,467,528	1,428,335	10,895,863	5,366,821	16,262,684	13,383,179

3 감가상각비(상당액) 한도초과금액 이월 명세

(39) 전기이월액	(40) 당기 감가상각비(상당액) 한도초과금액	(41) 감가상각비(상당액) 한도초과금액 누계	(42) 손금추인(산입)액	(43) 차기이월액((41)-(42))
	3,892,940	3,892,940		3,892,940
	5,366,821	5,366,821		5,366,821

[4] (1) 자본금과적립금조정명세서(을)

자본금과적립금조정명세서(을) | 자본금과적립금조정명세서(갑) | 이월결손금

➡ I .세무조정유보소득계산

①과목 또는 사항	②기초잔액	당 기 중 증 감		⑤기말잔액 (=②-③+④)	비 고
		③감 소	④증 가		
대손충당금 한도 초과액	12,000,000	12,000,000	11,000,000	11,000,000	
선급비용	2,500,000	2,500,000			
재고자산평가감	1,000,000	1,000,000			
기계장치감가상각비한도초과			4,000,000	4,000,000	

(2) 자본금과적립금조정명세서(갑)

자본금과적립금조정명세서(을) | 자본금과적립금조정명세서(갑) | 이월결손금

➡ I .자본금과 적립금 계산서

①과목 또는 사항		코드	②기초잔액	당 기 중 증 감		⑤기 말 잔 액 (=②-③+④)	비 고
				③감 소	④증 가		
자본금및 잉여금의 계산	1.자 본 금	01	50,000,000		50,000,000	100,000,000	
	2.자 본 잉 여 금	02	4,000,000			4,000,000	
	3.자 본 조 정	15					
	4.기타포괄손익누계액	18					
	5.이 익 잉 여 금	14	65,000,000		72,000,000	137,000,000	
		17					
	6.계	20	119,000,000		122,000,000	241,000,000	
7.자본금과 적립금명세서(을)계		21	15,500,000	15,500,000	15,000,000	15,000,000	
손익미계상 법인세 등	8.법 인 세	22					
	9.지 방 소 득 세	23					
	10. 계 (8+9)	30					
	11.차 가 감 계 (6+7-10)	31	134,500,000	15,500,000	137,000,000	256,000,000	

[5] (1) 법인세과세표준및세액조정계산서

① 각사업연도소득계산		코드	
101. 결산서상 당기순손익		01	162,000,000
소득조정금액	102. 익금산입	02	130,000,000
	103. 손금산입	03	100,000,000
104. 차가감소득금액(101+102-103)		04	192,000,000
105. 기부금한도초과액		05	1,000,000
106. 기부금한도초과 이월액 손금산입		54	3,000,000
107. 각사업연도소득금액(104+105-106)		06	190,000,000
② 과세표준계산			
108. 각사업연도소득금액(108=107)			190,000,000
109. 이월결손금		07	10,000,000
110. 비과세소득		08	
111. 소득공제		09	
112. 과세표준(108-109-110-111)		10	180,000,000
159. 선박표준이익		55	
③ 산출세액계산			
113. 과세표준(113=112+159)		56	180,000,000
114. 세율		11	9%
115. 산출세액		12	16,200,000
116. 지점유보소득(법제96조)		13	
117. 세율		14	
118. 산출세액		15	
119. 합계(115+118)		16	16,200,000

120. 산출세액(120=119)			16,200,000
④ 납부할세액계산			
121. 최저한세 적용대상 공제감면세액		17	3,600,000
122. 차감세액		18	12,600,000
123. 최저한세 적용제외공제감면세액		19	
124. 가산세액		20	
125. 가감계(122-123+124)		21	12,600,000
기납부세액	126. 중간예납세액	22	3,000,000
	127. 수시부과세액	23	
	128. 원천납부세액	24	1,200,000
	129. 간접회사등외국납부세액	25	
	130. 소계(126+127+128+129)	26	4,200,000
131. 신고납부전가산세액		27	
132. 합계(130+131)		28	4,200,000
133. 감면분추가납부세액		29	
134. 차가감납부할세액(125-132+133)		30	8,400,000
⑤토지등 양도소득, ⑥미환류소득 법인세 계산 (TAB로 이동)			
⑦ 세액계			
151. 차감 납부할 세액계(134+150+166)		46	8,400,000
152. 사실과 다른 회계처리 경정 세액공제		57	
153. 분납세액 계산 범위액(151-124-133-145-152+131)		47	8,400,000
154. 분납할세액		48	
155. 차감 납부세액(151-152-154)		49	8,400,000

- 당기 기부금 한도 적용 시 이월기부금을 당기 지출 기부금보다 우선 공제한다.
- 따라서 이월기부금 3,000,000원을 기부금 한도초과 이월액 손금산입하고, 잔여 한도액을 초과하는 당기 지출 기부금 1,000,000원은 기부금한도초과액으로 이월한다.
- 최저한세 적용대상 공제감면세액은 최저한세 조정 후 세액을 적용한다.

(2) 최저한세조정계산서

①구분		코드	②감면후세액	③최저한세	④조정감	⑤조정후세액
(101) 결산서상 당기순이익		01	162,000,000			
소득조정금액	(102)익금산입	02	130,000,000			
	(103)손금산입	03	100,000,000			
(104) 조정후소득금액(101+102-103)		04	192,000,000	192,000,000		192,000,000
최저한세적용대상 특별비용	(105)준비금	05				
	(106)특별상각,특례상각	06				
(107) 특별비용손금산입전소득금액(104+105+106)		07	192,000,000	192,000,000		192,000,000
(108) 기부금한도초과액		08	1,000,000	1,000,000		1,000,000
(109) 기부금 한도초과 이월액 손금산입		09	3,000,000	3,000,000		3,000,000
(110) 각사업년도소득금액(107+108-109)		10	190,000,000	190,000,000		190,000,000
(111) 이월결손금		11	10,000,000	10,000,000		10,000,000
(112) 비과세소득		12				
(113) 최저한세적용대상 비과세소득		13				
(114) 최저한세적용대상 익금불산입·손금산입		14				
(115) 차가감소득금액(110-111-112+113+114)		15	180,000,000	180,000,000		180,000,000
(116) 소득공제		16				
(117) 최저한세적용대상 소득공제		17				
(118) 과세표준금액(115-116+117)		18	180,000,000	180,000,000		180,000,000
(119) 선박표준이익		24				
(120) 과세표준금액(118+119)		25	180,000,000	180,000,000		180,000,000
(121) 세율		19	9 %	7 %		9 %
(122) 산출세액		20	16,200,000	12,600,000		16,200,000
(123) 감면세액		21	9,000,000		5,400,000	3,600,000
(124) 세액공제		22				
(125) 차감세액(122-123-124)		23	7,200,000			12,600,000

문제 1

[1] 2월 15일 매입매출전표입력
　유형 : 51.과세, 공급가액 : 60,000,000, 부가세 : 6,000,000, 공급처명 : ㈜한라기계, 전자 : 여, 분개 : 혼합

(차) 기계장치	60,000,000	(대) 보통예금	66,000,000
부가세대급금	6,000,000	국고보조금(217)(기계장치)	50,000,000
국고보조금(122)(보통예금)	50,000,000		

[2] 7월 5일 매입매출전표입력
　유형 : 22.현과, 공급가액 : 3,000,000, 부가세 : 300,000, 분개 : 혼합 또는 현금

(차) 현 금	3,300,000	(대) 제품매출	3,000,000
		부가세예수금	300,000

[3] 8월 10일 일반전표입력

(차) 보통예금	30,000,000	(대) 자본금	5,000,000
		주식발행초과금	25,000,000

[4] 12월 20일 일반전표입력

(차) 보통예금	17,000,000	(대) 매도가능증권(178)	19,000,000
매도가능증권평가이익	4,000,000	매도가능증권처분이익	2,000,000

문제 2

[1] (1) 신용카드매출전표등수령명세서(갑)(을)(조회기간 : 2025년 4월~6월)

2. 신용카드 등 매입내역 합계			
구분	거래건수	공급가액	세액
합　계	2	450,000	45,000
현금영수증	1	300,000	30,000
화물운전자복지카드			
사업용신용카드	1	150,000	15,000
그 밖의 신용카드			

3. 거래내역입력								
No	월/일	구분	공급자	공급자(가맹점) 사업자등록번호	카드회원번호	그 밖의 신용카드 등 거래내역 합계		
						거래건수	공급가액	세액
1	05-11	사업	(주)착한마트	551-87-33392	1111-2222-3333-4444	1	150,000	15,000
2	06-07	현금	구인천국(주)	516-88-25450		1	300,000	30,000
3								

　• 영수증만을 발급해야 하는 간이과세자로부터 매입한 품목에 대해서는 매입세액 공제를 받을 수 없다.

(2) 공제받지못할매입세액명세서(조회기간 : 2025년 4월~6월)

공제받지못할매입세액내역	공통매입세액안분계산내역	공통매입세액의정산내역	납부세액또는환급세액재계산

매입세액 불공제 사유	세금계산서		
	매수	공급가액	매입세액
①필요적 기재사항 누락 등			
②사업과 직접 관련 없는 지출			
③비영업용 소형승용자동차 구입 · 유지 및 임차			
④접대비 및 이와 유사한 비용 관련	1	500,000	50,000
⑤면세사업등 관련			
⑥토지의 자본적 지출 관련			
⑦사업자등록 전 매입세액			
⑧금 · 구리 스크랩 거래계좌 미사용 관련 매입세액			

[2] (1) 11월 30일 매입매출전표입력

유형 : 51.과세, 공급가액 : 10,000,000, 부가세 : 1,000,000, 거래처 : ㈜하나물산, 전자 : 여, 분개 : 없음

(2) 12월 15일 매입매출전표입력

유형 : 11.과세, 공급가액 : 15,000,000, 부가세 : 1,500,000, 거래처 : ㈜삼일전자, 전자 : 여, 분개 : 없음

(3) 부가가치세신고서(조회기간 : 2025년 10월 1일~12월 31일)

구분				금액	세율	세액
과세표준및매출세액	과세	세금계산서발급분	1	15,000,000	10/100	1,500,000
		매입자발행세금계산서	2		10/100	
		신용카드·현금영수증발행분	3		10/100	
		기타(정규영수증외매출분)	4		10/100	
	영세	세금계산서발급분	5		0/100	
		기타	6		0/100	
	예정신고누락분		7			
	대손세액가감		8			
	합계		9	15,000,000	㉮	1,500,000
매입세액	세금계산서	일반매입	10	10,000,000		1,000,000
	수취분	수출기업수입분납부유예	10			
		고정자산매입	11			
	예정신고누락분		12			
	매입자발행세금계산서		13			
	그 밖의 공제매입세액		14			
	합계(10)+(10-1)+(11)+(12)+(13)+(14)		15	10,000,000		1,000,000
	공제받지못할매입세액		16			
	차감계 (15-16)		17	10,000,000	㉯	1,000,000
납부(환급)세액(매출세액㉮-매입세액㉯)					㉰	500,000
경감공제세액	그 밖의 경감·공제세액		18			
	신용카드매출전표등 발행공제등		19			
	합계		20		㉱	
소규모 개인사업자 부가가치세 감면세액			20		㉲	
예정신고미환급세액			21		㉳	
예정고지세액			22		㉴	
사업양수자의 대리납부 기납부세액			23		㉵	
매입자 납부특례 기납부세액			24		㉶	
신용카드업자의 대리납부 기납부세액			25		㉷	
가산세액계			26		㉸	51,760
차가감하여 납부할세액(환급받을세액)㉮-㉱-㉲-㉳-㉴-㉵-㉶-㉷+㉸			27			551,760
총괄납부사업자가 납부할 세액(환급받을 세액)						

25.가산세명세				
사업자미등록등		61	1/100	
세금계산서	지연발급 등	62	1/100	
	지연수취	63	5/1,000	
	미발급 등	64	뒤쪽참조	
전자세금 발급명세	지연전송	65	3/1,000	
	미전송	66	5/1,000	
세금계산서 합계표	제출불성실	67	5/1,000	
	지연제출	68	3/1,000	
신고 불성실	무신고(일반)	69	500,000 뒤쪽	50,000
	무신고(부당)	70	뒤쪽	
	과소·초과환급(일반)	71	뒤쪽	
	과소·초과환급(부당)	72	뒤쪽	
납부지연		73	500,000 뒤쪽	1,760
영세율과세표준신고불성실		74	5/1,000	
현금매출명세서불성실		75	1/100	
부동산임대공급가액명세서		76	1/100	
매입자 납부특례	거래계좌 미사용	77	뒤쪽	
	거래계좌 지연입금	78	뒤쪽	
합계		79		51,760

• 무신고가산세 : 500,000×20%×0.5 = 50,000원

• 납부지연가산세 : 500,000×22/100,000×16일 = 1,760원

• 가산세 총액 : 50,000 + 1,760 = 51,760원

 문제 3

[1] 12월 31일 일반전표입력

(차) 부가세예수금	48,000,000	(대) 부가세대급금	63,500,000
미수금	15,510,000	잡이익	10,000

[2] 12월 31일 일반전표입력

(차) 현 금	140,000	(대) 이자수익	185,078
만기보유증권(181)	45,078	또는 만기보유증권이자(902)	

• 이자수익 : 만기보유증권 장부가액 ×유효이자율(1,850,787×10% = 185,078원)

• 표시이자 : 만기보유증권 액면금액 ×표시이자율(2,000,000×7% = 140,000원)

[3] 12월 31일 일반전표입력

(차) 미수수익	736,000	(대) 이자수익	736,000

• 이자수익 : 가지급금×당좌대출이자율(24,000,000×4.6%×8/12 = 736,000원)

[4] 12월 31일 일반전표입력

(차) 무형자산상각비	10,000,000	(대) 영업권	10,000,000

• 영업권 취득가액 : 2024년 기말 장부금액 45,000,000×60개월/54개월 = 50,000,000원

• 무형자산상각비 : 50,000,000×12개월/60개월 = 10,000,000원

또는 결산자료입력에서 840. 6)무형자산상각비 영업권에 10,000,000원 입력 후 F3 전표추가

[1] (1) 소득명세 탭에서 종전 근무지에 입력

근무처명 : ㈜재무(106 – 87 – 42541), 근무기간 : 2025.01.01.~2025.03.31.,

소득명세 : 급여 20,000,000원, 상여 2,000,000원,

공제명세 : 건강보험료 768,900원, 장기요양보험료 53,740원, 고용보험료 198,000원, 국민연금보험료 707,400원

세액명세 : 기납부세액 소득세 630,530원, 지방소득세63,050원 입력

(2) 부양가족 탭에서 입력

① 인적공제 수정

연말관계	성명	주민등록번호	소득기준 초과여부	기본공제	부녀자	한부모	경로 우대	장애인	자녀	출산 입양
0.	조지욱	800428 – 1072224		본인						
1.	조유성	540802 – 1028222		60세이상			○	1.		
1.	우유순	550114 – 2033212		60세이상			○			
2.	이기진	550730 – 1052110	○	부						
2.	유이자	561212 – 2033102		60세이상						
3.	이미지	850901 – 2245302	○	부						
4.	조지예	140331 – 4274317		20세이하					○	
4.	조지근	250315 – 3044211		20세이하						둘째

• 조유성의 기본공제 유형은 4.60세이상 또는 5.장애인 모두 가능하다.

② 보험료세액공제

보험료공제 대상가족에 커서를 두고 하단의 보험료 란을 클릭하여 나타나는 보조창의 국세청 간소화 열의
보장성보험 – 일반 란에 조지욱 1,200,000원, 조지예 500,000원 입력

(3) 의료비 탭에서 조지근 국세청 3,600,000원 입력

(4) 기부금 탭에서 F2코드도움에서 조지예를 선택하고 유형에서 F2코드도움을 실행하여 40.일반기부금(종교단체
외)를 선택하고 (사)세프 102 – 82 – 07606 800,000원 자료구분 국세청 입력하고 상단의 기부금조정을 클릭한
후 공제금액계산을 실행한다. 보조창에서 하단의 불러오기를 하고 저장한다.

(5) 연말정산입력 탭

모든 입력이 완료되면 연말정산입력 탭에서 F8부양가족탭불러오기를 실행한다.

[2] (1) 원천징수이행상황신고서 메뉴를 열고 귀속기간 : 5월 ~ 5월, 지급기간 : 5월 ~ 5월을 입력하고 신고구분 : 1.
정기신고를 선택한다. 원천징수이행상황신고서 화면이 조회되면 상단의 F8마감을 실행한다.

(2) 전자신고 메뉴를 열고 신고인구분 : 2.납세자자진신고, 지급기간 : 2025년 5월~5월을 입력한 다음 상단의 F4
제작을 실행하고 비밀번호 창에 12345678을 입력하면 완성된 전자파일이 바탕화면에 저장된다.

(3) F6홈택스바로가기를 실행하면 국세청 홈택스 전자신고변환(교육용) 화면이 열린다. 화면 중간 우측에 있는 찾아
보기를 실행하여 바탕화면의 전자파일을 검색하여 선택하면 전자파일명이 선택한 파일내역에 표시된다.

(4) 전자파일을 찾은 후 하단의 형식검증하기를 실행하고 나타나는 비밀번호 입력화면에서 비밀번호 12345678을
입력한다. 이어서 형식검증결과확인과 내용검증하기 및 내용검증결과확인을 클릭한다.

(5) 내용검증에서 오류가 나타나지 않으면 전자파일제출을 클릭한다. 최종적으로 전자파일제출하기를 클릭하면 전
자신고가 완료되었다는 접수증이 나타난다.

문제 5

[1] (1) 수입금액조정명세서

수입금액조정계산	작업진행률에 의한 수입금액	중소기업 등 수입금액 인식기준 적용특례에 의한 수입금액	기타수입금액조정

1. 수입금액 조정계산

No	계정과목 ①항 목	계정과목 ②계정과목	③결산서상 수입금액	조 정 ④가 산	조 정 ⑤차 감	⑥조정후 수입금액 (③+④-⑤)	비 고
1	매 출	제품매출	3,730,810,900	28,000,000		3,758,810,900	
2							

수입금액조정계산	작업진행률에 의한 수입금액	중소기업 등 수입금액 인식기준 적용특례에 의한 수입금액	기타수입금액조정

2. 수입금액 조정명세
다. 기타 수입금액

No	(23)구 분	(24)근 거 법 령	(25)수 입 금 액	(26)대 응 원 가	비 고
1	제품매출(시송품매출)		18,000,000	15,200,000	
2	제품매출(위탁매출)		10,000,000	8,500,000	
3					

(2) 세무조정

〈익금산입〉	제품매출(시송품매출)	18,000,000원	(유보발생)
〈손금산입〉	제품매출원가	15,200,000원	(유보발생)
〈익금산입〉	제품매출(위탁매출)	10,000,000원	(유보발생)
〈손금산입〉	제품매출원가	8,500,000원	(유보발생)

(3) 조정후수입금액명세서

업종별 수입금액 명세서	과세표준과 수입금액 차액검토

1. 업종별 수입금액 명세서

①업 태	②종 목	순번	③기준(단순) 경비율번호	수입 금액 수입금액계정조회 ④계(⑤+⑥+⑦)	수입 금액 내 수 판 매 ⑤국내생산품	수입 금액 내 수 판 매 ⑥수입상품	⑦수 출 (영세율대상)
제조	전자부품	01	321001	3,758,810,900	3,176,001,500		582,809,400
		02					
		03					

업종별 수입금액 명세서	과세표준과 수입금액 차액검토

2. 부가가치세 과세표준과 수입금액 차액 검토

부가가치세 신고 내역보기

(1) 부가가치세 과세표준과 수입금액 차액

⑧과세(일반)	⑨과세(영세율)	⑩면세수입금액	⑪합계(⑧+⑨+⑩)	⑫조정후수입금액	⑬차액(⑪-⑫)
3,160,001,500	582,809,400		3,742,810,900	3,758,810,900	-16,000,000

(2) 수입금액과의 차액내역(부가세과표에 포함되어 있으면 +금액, 포함되지 않았으면 -금액 처리)

⑭구 분	코드	(16)금 액	비 고	⑭구 분	코드	(16)금 액	비 고
자가공급 (면세전용등)	21			거래(공급)시기차이감액	30		
사업상증여(접대제공)	22			주세 · 개별소비세	31		
개인적공급(개인적사용)	23			매출누락	32	-28,000,000	
간주임대료	24				33		
자산 유형자산 및 무형자산 매각 매각 그밖의자산매각액(부산물)	25	12,000,000			34		
	26				35		
폐업시 잔존재고재화	27				36		
작업진행률 차이	28				37		
거래(공급)시기차이가산	29			(17)차 액 계	50	-16,000,000	
				(13)차액과(17)차액계의차이금액			

[2] (1) 세금과공과금명세서

□	코드	계정과목	월	일	거래내용	코드	지급처	금 액	손금불산입표시
□	0817	세금과공과금	1	12	주민세(종업원분)			1,700,000	
□	0817	세금과공과금	2	15	산재보험료 연체금			300,000	
□	0817	세금과공과금	3	12	국민연금회사부담금		국민연금관리공단	3,200,000	
□	0817	세금과공과금	3	24	사업과 관련없는 불공제매입세액	00120	신세상백화점	1,200,000	손금불산입
□	0817	세금과공과금	4	30	법인세분 법인지방소득세			3,500,000	손금불산입
□	0817	세금과공과금	5	8	대표자 개인의 양도소득세 납부		강남구청	5,000,000	손금불산입
□	0517	세금과공과금	6	25	폐수 초과배출부담금		진주시청	750,000	손금불산입
□	0817	세금과공과금	7	3	지급명세서미제출가산세		진주세무서	1,500,000	손금불산입
□	0817	세금과공과금	9	15	간주임대료에대한부가세		진주세무서	650,000	
□	0817	세금과공과금	10	5	업무상 교통위반과태료		진주경찰서	100,000	손금불산입
□	0817	세금과공과금	12	9	법인분 종합부동산세			5,700,000	
□									
□									
□									
□									
□									
□									
□									
					손 금 불 산 입 계			12,050,000	
					합 계			23,600,000	

(2) 세무조정

〈손금불산입〉 사업과 관련 없는 불공제매입세액   1,200,000원   (기타사외유출)
〈손금불산입〉 법인지방소득세(법인세분)   3,500,000원   (기타사외유출)
〈손금불산입〉 대표자 개인 양도소득세   5,000,000원   (상여)
〈손금불산입〉 폐수 초과배출부담금   750,000원   (기타사외유출)
〈손금불산입〉 지급명세서 미제출가산세   1,500,000원   (기타사외유출)
〈손금불산입〉 업무상 교통위반 과태료   100,000원   (기타사외유출)

[3] (1) 외화자산등평가차손익조정명세서

① 외화자산,부채의평가(을지)] 탭

외화자산,부채의평가(을지)		통화선도,스왑,환변동보험의평가(을지)		환율조정차,대등(갑지)	

No	②외화종류(자산)	③외화금액	④장부가액		⑦평가금액		⑩평가손익 자 산(⑨-⑥)
			⑤적용환율	⑥원화금액	⑧적용환율	⑨원화금액	
1	USD	20,000.00	1,150.0000	23,000,000	1,250.0000	25,000,000	2,000,000
2							
	합 계			23,000,000		25,000,000	2,000,000

No	②외화종류(부채)	③외화금액	④장부가액		⑦평가금액		⑩평가손익 부 채(⑥-⑨)
			⑤적용환율	⑥원화금액	⑧적용환율	⑨원화금액	
1	USD	12,000.00	1,200.0000	14,400,000	1,250.0000	15,000,000	-600,000
2							
	합 계			14,400,000		15,000,000	-600,000

② 환율조정차,대등(갑지) 하단

①구분		②당기손익금 해당액	③회사손익금 계상액	조정		⑥손익조정금액 (②-③)
				④차익조정(③-②)	⑤차손조정(②-③)	
가. 화폐성 외화자산,부채 평가손익		1,400,000	1,000,000			400,000
나. 통화선도,통화스왑,환변동보험 평가손익						
다. 환율조정 계정손익	차익					
	차손					
계		1,400,000	1,000,000			400,000

• 회사손익금계상액 : $20,000 × (1,200원 − 1,150원) = 1,000,000원

(2) 세무조정

〈익금산입〉 외상매출금	1,000,000원	(유보발생)
〈손금산입〉 외상매입금	600,000원	(유보발생)

- 외상매출금 : $20,000×(1,250원－1,200원)＝1,000,000원(익금산입)
- 외상매입금 : $12,000×(1,250원－1,200원)＝600,000원(손금산입)

[4] 소득금액조정합계표및명세서

〈손금불산입〉 임원상여금 한도초과액	5,000,000원	(상여)
〈익금불산입〉 자동차세 과오납금 환부이자	10,000원	(기타)
〈손금불산입〉 법인세등	12,000,000원	(기타사외유출)
〈손금산입〉 전기 감가상각비 손금부인액 추인	5,000,000원	(유보감소)
〈손금불산입〉 채권자불분명사채이자	1,450,000원	(상여)
〈손금불산입〉 채권자불분명사채이자 원천징수세액	550,000원	(기타사외유출)

[5] (1) 세무조정

〈손금불산입〉 비지정기부금	10,000,000원	(기타사외유출)

- 간주기부금 : (100,000,000원 × 70%)－60,000,000원＝10,000,000원

(2) 기부금조정명세서

1.기부금 입력 / 2.기부금 조정

1.기부금명세서 〔월별로 전환〕 〔구분만 별도 입력하기〕 〔유형별 정렬〕

구분		3.과목	4.월일	5.적요	기부처		8.금액	비고
1.유형	2.코드				6.법인명등	7.사업자(주민)번호등		
24조제3항제1호에	40	기부금	3 11	종교단체기부금	종교단체		5,000,000	
24조제2항제1호에	10	기부금	5 23	연구비기부	국립대학병원		20,000,000	
24조제3항제1호에	40	기부금	7 21	이재구호물품	이재민단체		5,000,000	
기타	50	기부금	9 10	간주기부금	비지정기부금단체		10,000,000	
9.소계		가. 「법인세법」 제24조제2항제1호에 따른 특례기부금				코드 10	20,000,000	
		나. 「법인세법」 제24조제3항제1호에 따른 일반기부금				코드 40	10,000,000	
		다. 〔조세특례제한법〕 제88조의4제13항의 우리사주조합 기부금				코드 42		
		라.그 밖의 기부금				코드 50	10,000,000	
		계					40,000,000	

2.소득금액확정 〔새로 불러오기〕 〔수정 해제〕

1. 결산서상 당기순이익	2.익금산입	3.손금산입	4.기부금합계	5.소득금액계(1+2-3+4)
270,000,000	35,000,000	10,000,000	30,000,000	325,000,000

1.기부금 입력 / 2.기부금 조정

1 1. 「법인세법」 제24조제2항제1호에 따른 특례기부금 손금산입액 한도액 계산			
1.소득금액 계	325,000,000	5.이월잔액 중 손금산입액 MIN[4.23]	
2.법인세법 제13조제1항제1호에 따른 이월 결손금 합계액(기준소득금액의 80% 한도)	15,000,000	6.해당연도지출액 손금산입액 MIN[(④-⑤)>0, ③]	20,000,000
3. 「법인세법」 제24조제2항제1호에 따른 특례기부금 해당 금액	20,000,000	7.한도초과액 [(3-6)>0]	
4.한도액 {[(1-2) 0]×50%}	155,000,000	8.소득금액 차감잔액 [((①-②-⑤-⑥)>0]	290,000,000
2 2. 「조세특례제한법」 제88조의4에 따라 우리사주조합에 지출하는 기부금 손금산입액 한도액 계산			
9. 「조세특례제한법」 제88조의4제13항에 따른 우리사주조합 기부금 해당 금액		11. 손금산입액 MIN(9, 10)	
10. 한도액 (8×30%)	87,000,000	12. 한도초과액 [(9-10)>0]	
3 3. 「법인세법」 제24조제3항제1호에 따른 일반기부금 손금산입 한도액 계산			
13.「법인세법」 제24조제3항제1호에 따른 일반기부금 해당금액	10,000,000	16.해당연도지출액 손금산입액 MIN[(14-15)>0, 13]	10,000,000
14.한도액 ((8-11)×10%, 20%)	29,000,000	17.한도초과액 [(13-16)>0]	
15.이월잔액 중 손금산입액 MIN(14, 23)	3,000,000		
4 4.기부금 한도초과액 총액			
18. 기부금 합계액 (3+9+13)		19. 손금산입 합계 (6+11+16)	20. 한도초과액 합계 (18-19)=(7+12+17)
30,000,000		30,000,000	

5 5.기부금 이월 명세						
사업연도	기부금 종류		21.한도초과 손금불산입액	22.기공제액	23.공제가능 잔액(21-22)	24.해당연도 손금추인액	25.차기이월액 (23-24)
합계	「법인세법」 제24조제2항제1호에 따른 특례기부금						
	「법인세법」 제24조제3항제1호에 따른 일반기부금		3,000,000		3,000,000	3,000,000	
2024	「법인세법」 제24조제3항제1호에 따른 일반		3,000,000		3,000,000	3,000,000	

6 6. 해당 사업연도 기부금 지출액 명세				
사업연도	기부금 종류		26.지출액 합계금액	27.해당 사업연도 손금산입액	28.차기 이월액(26-27)
합계	「법인세법」 제24조제2항제1호에 따른 특례기부금		20,000,000	20,000,000	
	「법인세법」 제24조제3항제1호에 따른 일반기부금		10,000,000	10,000,000	

[1] 9월 20일 일반전표입력

(차) 급 여(판)	14,000,000	(대) 보통예금	24,100,000
임 금(제)(또는 급여(제))	11,000,000	예수금	900,000

[2] 9월 24일 매입매출전표

유형 : 51.과세, 공급가액 : 3,500,000, 부가세 : 350,000, 거래처 : 세영식당, 전자 : 부, 분개 : 혼합

SF5 → 예정누락분 → 확정신고 개시연월 2024년 10월 입력 → 확인(Tab)

(차) 복리후생비(제)	3,500,000	(대) 현 금	1,500,000
부가세대급금	350,000	미지급금	2,350,000
		또는 미지급비용	

[3] 12월21일 매입매출전표입력

유형 : 51.과세, 공급가액 : 120,000,000, 부가세 : 12,000,000, 거래처 : (주)제대로, 전자 : 여, 분개 : 혼합

차) 선급금((주)제대로)	120,000,000	(대) 보통예금	132,000,000
부가세대급금	12,000,000		

[4] 12월 31일 일반전표입력

(차) 현 금	10,000	(대) 이자수익	13,288
만기보유증권(181)	3,288	(또는 만기보유증권이자)	

유효이자 : 88,584×15% = 13,288원 → 이자수익

표시이자 : 100,000×10% = 10,000원 → 현금 수령액

문제 2

[1] 재활용폐자원세액공제 신고서(조회기간 : 2024년 10월-12월)

※ 중고자동차 업종은 501103, 501202, 519111 만 허용됩니다.(홈택스검증사항)

No	(24)공급자 설명 또는 상호(기관명)	주민등록번호또는 사업자등록번호	거래 구분	(25)구분코드	(26)건수	(27)품명	(28)수량	(29)차량번호	(30)차대번호	(31)취득금액	(32)공제율	(33)공제액((31)×(32))	취득일자
1	장고물상	120-04-78964	1.영수증	2.기타재활용자원	1	고철	400			7,800,000	3/103	227,184	2025-10-06
2													
	영수증수취분		1		1					7,800,000		227,184	
	계산서수취분												
	합계		1		1					7,800,000		227,184	

재활용폐자원 매입세액공제 관련 신고내용(이 란은 확정신고시 작성하며, 중고자동차(10/110)의 경우에는 작성하지 않습니다.) 불러오기

매출액			대상액한도계산			당기매입액			(16)공제가능한 금액(=(12)-(14))
(8)합계	(9)예정분	(10)확정분	(11)한도율	(12)한도액	(13)합계	(14)세금계산서	(15)영수증 등		
132,000,000	62,000,000	70,000,000	80%	105,600,000	111,800,000	104,000,000	7,800,000		1,600,000

(17)공제대상금액(=(15)과 (16)의 금액중 적은 금액)	공제대상세액		이미 공제받은 세액			(23)공제(납부)할세액 (=(19)-(20))	《참고》10/110 공제액합계
	(18)공제율	(19)공제대상세액	(20)합계	(21)예정신고분	(22)월별조기분		
1,600,000	3/103	46,601				46,601	

[2] (1) 부동산임대공급가액명세서(조회기간 : 2025년 4월~6월, 적용이자율 3.5%)

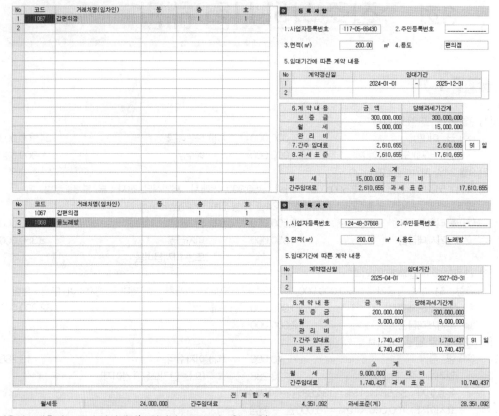

[3] 신용카드매출전표 등 수령명세서(조회기간 : 2025년 4월-6월)

* 4월 20일 여객운송용역에 해당하는 항공권구입대금, 6월5일 직전연도 공급대가 4,800만원 미만의 간이과세자인 114병원의 수리비는 매입세액불공제대상이므로 신용카드등수취명세서에 반영하지 아니한다.
* 2021.7.1 이후 공급받는분부터 간이과세자가 발급한 신용카드 매출전표등도 매입세액공제가 가능하다(간이과세자 중 신규사업자와 직전연도 공급대가 합계액이 4,800만원 미만인 사업자는 제외).

[1] 12월31일 일반전표입력

(차) 잡손실	1,200,000	(대) 현금과부족	1,200,000

[2] 12월 31일 일반전표입력

(차) 외화외상매출금	2,000,000	(대) 외화환산이익	2,000,000
(차) 외화환산손실	1,500,000	(대) 외화장기차입금	1,500,000

기업회계기준에서는 화폐성 외화 자산 및 부채에 대하여 기말 적정한 환율로 평가하도록 규정하고 있다. 외상매출금과 장기차입금은 화폐성외화자산 및 부채에 해당하나 선수금은 비화폐성 부채에 해당되어 평가대상에서 제외된다.

외화외상매출금의 외화환산이익 : $20,000×(1,200−1,100)=2,000,000원

외화장기차입금의 외화환산손실 : $30,000×(1,200−1,150)=1,500,000원

[3] 12월31일 일반전표입력

(차) 감가상각비(제 또는 판)	25,911,596	(대) 감가상각누계액(기계장치)	25,911,596
감가상각비(판)	1,200,449	감가상각누계액(비품)	1,200,449

[4] 12월 31일 일반전표입력

(차) 대손상각비	1,380,817	(대) 대손충당금(109)	397,425
		대손충당금(111)	983,392

외상매출금에 대한 대손충당금(109) : 332,742,500 × 1%−2,930,000=397,425원

받을어음에 대한 대손충당금(111) : 148,339,200 × 1%−500,000=983,392원

문제 4

[1] (1) 기타소득자 등록

배당소득의 경우 개인 김솔지는 원천징수대상이다.

(2) 이자배당소득자료입력(지급년월 : 2025년 3월 30일, 코드 : 100. 김솔지)

채권이자구분	이자지급대상기간	이자율	금액	세율(%)	세액	지방소득세	농특세
			3,000,000	14	420,000	42,000	

(3) 원천징수이행상황신고서(귀속기간 : 2025년 3월–3월, 지급기간 : 2025년 3월–3월)

[2] (1) 2월분 급여자료입력(귀속년월 : 2025년 2월, 지급년월일 : 2025년 2월 28일)

	사번	사원명	감면율
	101	정중화	
	총인원(퇴사자)	1(0)	

급여항목	금액
기본급	3,000,000
상여	
직책수당	
월차수당	120,000
식대	200,000
자가운전보조금	300,000
야간근로수당	400,000
가족수당	500,000
과　세	4,120,000
비 과 세	400,000
지 급 총 액	4,520,000

공제항목	금액
국민연금	200,000
건강보험	300,000
장기요양보험	38,850
고용보험	37,080
소득세(100%)	183,880
지방소득세	18,380
농특세	
연말정산소득세	118,070
연말정산지방소득세	11,800
연말정산농특세	
공 제 총 액	908,060
차 인 지 급 액	3,611,940

① 수당공제에서 가족수당을 과세로 등록한다.

② F7 중도퇴사자정산▽를 클릭하여 F11분납적용을 선택한다.

③ 분납적용 창에서 101.정중화를 선택한 후 하단의 연말정산불러오기, 분납(환급)계산을 차례로 실행하여 분납 액을 계산한 후 분납적용(Tab)을 실행한다.

(2) 2월분 원천징수이행상황신고서 작성(귀속기간 : 2025년 2월～2월, 지급기간 2025년 2월～2월)

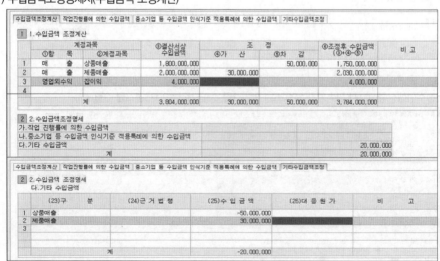

| 원천징수명세및납부세액 | 원천징수이행상황신고서 부표 | 원천징수세액환급신청서 | 기납부세액명세서 | 전월미환급세액 조정명세서 | 차월이월환급세액 승계명세 |

소득자 소득구분		코드	소득지급		징수세액			당월조정 환급세액	납부세액	
			인원	총지급액	소득세 등	농어촌특별세	가산세		소득세 등	농어촌특별세
근로 소득	간이세액	A01	1	4,320,000	183,880					
	중도퇴사	A02								
	일용근로	A03								
	연말정산	A04	1	60,000,000	354,230					
	(분납신청)	A05	1		236,160					
	(납부금액)	A06			118,070					
	가 감 계	A10	2	64,320,000	301,950				301,950	
개인 퇴직 소득	연금계좌	A21								
	그 외	A22								
	가 감 계	A20								

문제 5

[1] (1) 수입금액조정명세서(수입금액 조정계산)

| 수입금액조정계산 | 작업진행률에 의한 수입금액 | 중소기업 등 수입금액 인식기준 적용특례에 의한 수입금액 | 기타수입금액조정 |

1. 수입금액 조정계산

	계정과목		③결산서상 수입금액	조 정		⑥조정후 수입금액 (③+④-⑤)	비 고
	①항 목	②계정과목		④가 산	⑤차 감		
1	매 출	상품매출	1,800,000,000		50,000,000	1,750,000,000	
2	매 출	제품매출	2,000,000,000	30,000,000		2,030,000,000	
3	영업외수익	잡이익	4,000,000			4,000,000	
4							
		계	3,804,000,000	30,000,000	50,000,000	3,784,000,000	

2. 수입금액조정명세
가. 작업 진행률에 의한 수입금액
나. 중소기업 등 수입금액 인식기준 적용특례에 의한 수입금액
다. 기타 수입금액 20,000,000
계 20,000,000

| 수입금액조정계산 | 작업진행률에 의한 수입금액 | 중소기업 등 수입금액 인식기준 적용특례에 의한 수입금액 | 기타수입금액조정 |

2. 수입금액 조정명세서
다. 기타 수입금액

	(23)구 분	(24)근 거 법 령	(25)수 입 금 액	(26)대 응 원 가	비 고
1	상품매출		-50,000,000		
2	제품매출		30,000,000		
3					
		계	-20,000,000		

(2) 세무조정
〈익금불산입〉 상품권매출　　　　　　　　50,000,000원　　　(유보발생)
〈익금산입〉　 시용매출　　　　　　　　　30,000,000원　　　(유보발생)

[2] (1) 대손금및대손충당금조정명세서

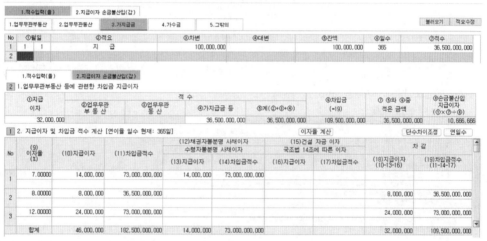

2. 대손금조정

	22.일자	23.계정과목	24.채권내역	25.대손사유	26.금액	대손충당금상계액 27.계	28.시인액	29.부인액	당기손금계상액 30.계	31.시인액	32.부인액
1	01.23	외상매출금	1.매출채권	6.소멸시효성	1,000,000	1,000,000	1,000,000				
2	06.12	외상매출금	1.매출채권	5.부도(6개월	4,000,000	2,000,000	2,000,000		2,000,000	1,999,000	1,000
3											
		계			5,000,000	3,000,000	3,000,000		2,000,000	1,999,000	1,000

2 채권잔액

	16.계정과목	17.채권잔액의 장부가액	18.기말현재대손금부인누계 전기	당기	19.합계 (17+18)	20.충당금설정제외채권 (할인,배서,특수채권)	21.채권잔액 (19-20)
1	외상매출금	804,100,000		1,000	804,101,000		804,101,000
2							
	계	804,100,000		1,000	804,101,000		804,101,000

3 1.대손충당금조정

손금산입조정	1.채권잔액(21의금액)	2.설정률(%) ●기본율 ○실적율 ○적립기준	3.한도액(1×2)	4.당기계상액	회사계상액 5.보충액	6.계	7.한도초과액(6-3)
	804,101,000	1	8,041,010	8,500,000		8,500,000	458,990

익금산입액조정	8.장부상 충당금기초잔액	9.기중 충당금환입액	10.충당금부인누계액	11.당기대손금상계액(27의금액)	12.충당금보충액(충당금장부잔액)	13.환입할금액(8-9-10-11-12)	14.회사환입액(회사기말환입)	15.과소환입·과다환입(△)(13-14)
	3,000,000		1,200,000	3,000,000		-1,200,000		-1,200,000

(2) 세무조정

〈손금불산입〉 대손금부인액   1,000원   (유보발생)
〈손금불산입〉 대손충당금한도초과   458,990원   (유보발생)
〈손금산입〉   전기분 대손충당금 부인액 1,200,000원   (유보감소)

[3] (1) 업무무관부동산등에 관련한 차입금이자조정명세서(갑)(을)

(2) 세무조정

〈손금불산입〉 채권자불분명사채이자   14,000,000원   (상여)
〈손금불산입〉 업무무관자산지급이자   10,666,666원   (기타사외유출)

[4] (1) 선급비용명세서

계정구분	거래내용	거래처	대상기간 시작일	종료일	지급액	선급비용	회사계상액	조정대상금액
선급보험료	공장화재보험료		2025-01-31	2026-06-30	1,200,000	420,930		420,930
선급보험료	손해보상보험료		2025-07-01	2028-06-30	3,000,000	2,496,350		2,496,350
선급보험료	이행보증보험료		2025-08-08	2025-09-22	250,000			
선급보험료	생산부자동차보험료		2025-10-25	2026-10-25	1,300,000	1,058,469		1,058,469
합 계					5,750,000	3,975,749		3,975,749

(2) 세무조정

〈손금불산입〉 공장 화재보험료   420,930원   (유보발생)
〈손금불산입〉 손해보상보험금   2,496,350원   (유보발생)
〈손금불산입〉 생산부 자동차보험료 1,058,469원   (유보발생)

[5] (1) 기부금 조정

기부일	적요	금액(원)	비고
5월 10일	이재민구호를 위한 성금	5,000,000	특례기부금
12월 30일	불우이웃돕기성금	30,000,000	일반기부금. 만기 미도래어음 기부금은 손금불산입 유보
12월 31일	한국기술협회의 일반회비	7,000,000	세금과공과로서 세무조정 없음

〈손금불산입〉 어음기부금　　　　　　　10,000,000원　　　（유보발생）

(2) 소득금액확정 계산내역(수정 입력)

　1. 결산서상 당기순이익 : 400,000,000원

　2. 익금산입 : 80,000,000 + 10,000,000 = 90,000,000원(어음기부금손금불산입액 포함)

　3. 손금산입 : 30,000,000원

(3) 기부금조정명세서(기부금 입력)

1.기부금 입력	2.기부금 조정

1.기부금명세서　　　　　　　　　　　　　　　　　　　월별로 전환　구분만 별도 입력하기　유형별 정렬

구분		3.과목	4.월일	5.적요	기부처		8.금액	비고
1.유형	2.코드				6.법인명등	7.사업자(주민)번호등		
24조제2항제1호에	10	기부금	5	10	이재민구호성금	경기도청	124-83-00269	5,000,000	
24조제2항제1호에	40	기부금	12	30	불우이웃돕기	사랑의열매	124-82-09394	20,000,000	

9.소계	가. 「법인세법」 제24조제2항제1호에 따른 특례기부금	코드 10	5,000,000
	나. 「법인세법」 제24조제2항제1호에 따른 일반기부금	코드 40	20,000,000
	다. 〔조세특례제한법〕 제88조의4제13항의 우리사주조합 기부금	코드 42	
	라. 그 밖의 기부금	코드 50	
	계		25,000,000

2.소득금액확정　　　　　　　　　　　　　　　　　　　새로 불러오기　수정 해제

1.결산서상 당기순이익	2.익금산입	3.손금산입	4.기부금합계	5.소득금액계(1+2-3+4)
400,000,000	90,000,000	30,000,000	25,000,000	485,000,000

(4) 기부금조정명세서(기부금 조정)

1.기부금 입력	2.기부금 조정

1	1. 「법인세법」 제24조제2항제1호에 따른 특례기부금 손금산입액 한도액 계산		
1.소득금액 계	485,000,000	5.이월잔액 중 손금산입액 MIN[4,23]	
2.법인세법 제13조제1항제1호에 따른 이월 결손금 합계액(기준소득금액의 80% 한도)		6.해당연도지출액 손금산입액 MIN[(④-⑤)>0, ③]	5,000,000
3. 「법인세법」 제24조제2항제1호에 따른 특례기부금 해당 금액	5,000,000	7.한도초과액 [(3-6)>0]	
4.한도액 {[(1-2)>0]×50%}	242,500,000	8.소득금액 차감잔액 [(①-②-⑤-⑥)>0]	480,000,000
2	2. 「조세특례제한법」 제88조의4에 따라 우리사주조합에 지출하는 기부금 손금산입액 한도액 계산		
9.「조세특례제한법」 제88조의4제13항에 따른 우리사주조합 기부금 해당 금액		11. 손금산입액 MIN(9, 10)	
10. 한도액 (8×30%)	144,000,000	12. 한도초과액 [(9-10)>0]	
3	3. 「법인세법」 제24조제2항제1호에 따른 일반기부금 손금산입 한도액 계산		
13.「법인세법」 제24조제2항제1호에 따른 일반기부금 해당금액	20,000,000	16. 해당연도지출액 손금산입액 MIN[(14-15)>0, 13]	20,000,000
14. 한도액 ((8-11)×10%, 20%)	48,000,000	17. 한도초과액 [(13-16)>0]	
15. 이월잔액 중 손금산입액 MIN(14, 23)	7,000,000		
4	4.기부금 한도초과액 총액		
18. 기부금 합계액 (3+9+13)		19. 손금산입 합계 (6+11+16)		20. 한도초과액 합계 (18-19)=(7+12+17)
	25,000,000		25,000,000	

5	5.기부금 이월액 명세

사업 연도	기부금 종류	21.한도초과 손금불산입액	22.기공제액	23.공제가능 잔액(21-22)	24.해당연도 손금추인액	25.차기이월액 (23-24)
합계	「법인세법」 제24조제2항제1호에 따른 특례기부금					
	「법인세법」 제24조제2항제1호에 따른 일반기부금	7,000,000		7,000,000	7,000,000	
2024	「법인세법」 제24조제2항제1호에 따른 일반	7,000,000		7,000,000	7,000,000	

2024년 일반기부금 한도초과액 이월액 7,000,000원을 5.기부금이월액명세에 2024 법인세법 제24조 제3항 제1호에 따른 일반기부금을 선택하고 한도초과 손금불산입액과 해당년도 손금추인액란에 7,000,000원 입력

4회 집중심화시험 해답

문제 1

[1] 1월 30일 일반전표입력

(차) 미수금(용산구청)	870,000	(대) 전기오류수정이익(912)	870,000

[2] 7월 6일 일반전표입력

(차) 토 지	45,000,000	(대) 자본금	35,000,000
		주식발행초과금	7,000,000
		보통예금	3,000,000

- 일괄취득가액 : 보통주 7,000주 × 시가 6,000원 = 42,000,000원
- 토지 취득가액 : 일괄취득가액 42,000,000 + 토지 취득부대비용 3,000,000 = 45,000,000원

[3] 8월 1일 매입매출전표입력

유형 : 54.불공(사유 ④), 공급가액 : 2,000,000, 부가세 : 200,000, 거래처 : 소희마트, 전자 : 부, 분개 : 혼합

(차) 기업업무추진비(판)	2,200,000	(대) 미지급금	2,200,000
		또는 미지급비용	

[4] 8월 6일 매입매출전표입력

유형 : 11.과세, 공급가액 : 110,000,000, 부가세 : 11,000,000, 거래처 : ㈜안정, 전자 : 여, 분개 : 혼합

(차) 보통예금	121,000,000	(대) 부가세예수금	11,000,000
선수금	190,000,000	제품매출	300,000,000

문제 2

[1] (1) 부동산임대공급가액명세서(조회기간 : 2025년 4월~6월, 1기확정, 적용 이자율 3.5%)

(2) 부가가치세신고서(조회기간 : 2025년 4월 1일~6월 30일)

구분			정기신고금액		
			금액	세율	세액
과세표준및매출세액	과세	세금계산서발급분	1	4,400,000	10/100	440,000
		매입자발행세금계산서	2		10/100	
		신용카드 · 현금영수증발행분	3		10/100	
		기타(정규영수증외매출분)	4	583,333		58,333
	영세	세금계산서발급분	5		0/100	
		기타	6		0/100	
	예정신고누락분		7			
	대손세액가감		8			
	합계		9	4,983,333	㉮	498,333

[2] (1) 10월 10일 매입매출전표입력

유형 : 12.영세(영세율구분 : 3.), 공급가액 : 48,000,000, 거래처 : ㈜신우무역, 전자 : 여, 분개 : 없음

(2) 11월 13일 매입매출전표입력

유형 : 12.영세(영세율구분 : 3.), 공급가액 : 16,000,000, 거래처 : ㈜주철기업, 전자 : 여, 분개 : 없음

(3) 내국신용장 · 구매확인서전자발급명세서(조회기간 : 2025년 10월~12월)

2. 내국신용장 · 구매확인서에 의한 공급실적 합계

구분	건수	금액(원)	비고
(9)합계(10+11)	2	64,000,000	
(10)내국신용장	1	16,000,000	
(11)구매확인서	1	48,000,000	

[참고] 내국신용장 또는 구매확인서에 의한 영세율 첨부서류 방법 변경(영 제64조 제3항 제1의3호)
▶ 전자무역기반시설을 통하여 개설되거나 발급된 경우 내국신용장 · 구매확인서 전자발급명세서를 제출하고 이 외의 경우 내국신용장 사본을 제출함
⇒ 2011.7.1 이후 최초로 개설되거나 발급되는 내국신용장 또는 구매확인서부터 적용

3. 내국신용장 · 구매확인서에 의한 공급실적 명세서

(12)번호	(13)구분	(14)서류번호	(15)발급일	품목	거래처정보		(17)금액	전표일자	(18)비고
					거래처명	(16)공급받는자의 사업자등록번호			
1	구매확인서	1111111	2025-10-15	제품	㈜신우무역	621-85-05380	48,000,000		
2	내국신용장	2222222	2025-11-10	제품	㈜주철기업	617-85-11831	16,000,000		

(4) 영세율매출명세서(조회기간 : 2025년 10월~12월)

부가가치세법	조세특례제한법			
(7)구분	(8)조문	(9)내용		(10)금액(원)
부가가치세법	제21조	직접수출(대행수출 포함)		
		중계무역 · 위탁판매 · 외국인도 또는 위탁가공무역 방식의 수출		
		내국신용장 · 구매확인서에 의하여 공급하는 재화		64,000,000
		한국국제협력단 및 한국국제보건의료재단에 공급하는 해외반출용 재화		
		수탁가공무역 수출용으로 공급하는 재화		
	제22조	국외에서 제공하는 용역		
	제23조	선박 · 항공기에 의한 외국항행용역		
		국제복합운송계약에 의한 외국항행용역		
	제24조	국내에서 비거주자 · 외국법인에게 공급되는 재화 또는 용역		
		수출재화임가공용역		
		외국항행 선박 · 항공기 등에 공급하는 재화 또는 용역		
		국내 주재 외교공관, 영사기관, 국제연합과 이에 준하는 국제기구, 국제연합군 또는 미국군에게 공급하는 재화 또는 용역		
		「관광진흥법 시행령」에 따른 일반여행업자가 외국인관광객에게 공급하는 관광알선용역		
		외국인전용판매장 또는 주한외국군인 등의 전용 유흥음식점에서 공급하는 재화 또는 용역		
		외교관 등에게 공급하는 재화 또는 용역		
		외국인환자 유치용역		
(11) 부가가치세법에 따른 영세율 적용 공급실적 합계				64,000,000
(12) 조세특례제한법 및 그 밖의 법률에 따른 영세율 적용 공급실적 합계				
(13) 영세율 적용 공급실적 총 합계(11)+(12)				64,000,000

문제 3

[1] 12월 31일 일반전표입력

(차) 단기매매증권 　　　　　300,000 　　(대) 단기매매증권평가이익 　　　　300,000
• 단기매매증권평가이익 : 150주×(12,000 - 10,000) = 300,000원

[2] 12월 31일 일반전표입력

(차) 이자비용 　　　　　1,960,000 　　(대) 보통예금 　　　　　1,500,000
　　　　　　　　　　　　　　　　　　　　　사채할인발행차금 　　　　460,000

[3] 12월 31일 일반전표입력

(차) 퇴직급여(판)	25,000,000	(대) 퇴직급여충당부채(295)	41,000,000
퇴직급여(제)	16,000,000		

- 퇴직급여(판매비와관리비) : 40,000,000 − (30,000,000 − 15,000,000) = 25,000,000원
- 퇴직급여(제조원가) : 65,000,000 − (64,000,000 − 15,000,000) = 16,000,000원

또는 결산자료입력 메뉴에 입력(자동결산)

2. 매출원가 > 3)노무비 > 2). 퇴직급여(전입액) 란에 16,000,000원

4. 판매비와 일반관리비 > 2). 퇴직급여(전입액) 란에 25,000,000원을 입력한 후 전표추가

[4] 12월 31일 일반전표입력

(차) 법인세등	36,453,120	(대) 선납세금	10,512,000
		미지급세금	25,941,120

- 법인세 산출세액 : 200,000,000×9% + 79,680,000×19% = 33,139,200원
- 법인세 지방소득세액 : 200,000,000×0.9% + 79,680,000×1.9% = 3,313,920원
- 법인세비용 : 33,139,200 + 3,313,920 = 36,453,120원

또는 결산자료입력 메뉴에서 입력(자동결산)

[9. 법인세 등 > 1) 선납세금] 란에 10,512,000원

[9. 법인세 등 > 2) 추가계상액] 란에 25,941,120원을 입력한 후 F3 전표추가

[1] (1) 수당공제등록

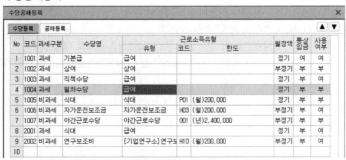

No	코드	과세구분	수당명	근로소득유형 유형	코드	한도	월정액	통상임금	사용여부
1	1001	과세	기본급	급여			정기	여	여
2	1002	과세	상여	상여			부정기	부	부
3	1003	과세	직책수당	급여			정기	부	부
4	1004	과세	월차수당	급여			정기	부	부
5	1005	비과세	식대	식대	P01	(월)200,000	정기	부	부
6	1006	비과세	자가운전보조금	자가운전보조금	H03	(월)200,000	부정기	부	여
7	1007	비과세	야간근로수당	야간근로수당	001	(년)2,400,000	부정기	부	여
8	2001	과세	식대	급여			정기	부	여
9	2002	비과세	연구보조비	[기업연구소]연구노	H10	(월)200,000	부정기	부	여
10									

- 식대 : 비과세 식대는 사용여부를 '부'로 변경
  과세구분 – 1(과세), 수당명 – 식대 추가등록
  별도의 현물식사를 제공받으므로 식대는 과세 대상이다.
- 자가운전보조금 : 월 20만원을 한도로 비과세하는 요건을 충족한다. 따라서 수정 없음
- 연구보조비 : 과세구분 – 2(비과세), 수당명 – 연구보조비, 유형코드 – H10([기업연구소]연구보조비) 추가등록
- 사용하지 않는 위 외의 수당과 공제항목은 사용 여부를 모두 '부'로 변경한다.

(2) 급여자료입력(귀속년월 : 2025년 6월, 지급년월일 : 2025년 6월 30일)

사번	사원명	감면율	급여항목	금액	공제항목	금액
104	이창현		기본급	2,600,000	국민연금	110,000
121	김정훈		직책수당	200,000	건강보험	89,000
			자가운전보조금	200,000	장기요양보험	11,400
			식대	100,000	고용보험	26,100
			연구보조비	100,000	소득세(100%)	65,360
					지방소득세	6,530
					농특세	
			과 세	2,900,000		
			비 과 세	300,000	공 제 총 액	308,390
총인원(회사자)	2(0)		지 급 총 액	3,200,000	차 인 지 급 액	2,891,610

- 자료에서 제시된 항목과 금액을 입력하고 급여항목 하단의 비과세 금액이 300,000원인지 확인할 것
- 프로그램 버전에 따라 소득세와 지방소득세는 다르게 나타날 수 있다.

[2] (1) 부양가족명세

연말관계	성명	주민등록번호	소득기준 초과여부	기본공제	세대주 구분	부녀자	한부모	경로 우대	장애인	자녀 세액	출산 입양	결혼 세액
0.	김정훈	740614-1052369		본인	세대주							
2.	이정자	500213-2231649		60세이상				○	3.			
3.	신혜미	771125-2078451	○	부								
4.	김이슬	081220-4052134		20세이하						○		

- 총급여액이 500만원을 초과하는 부양가족에 대해서는 기본공제를 적용받을 수 없다.
- 모친 이정자의 경우 기본공제 – 장애인으로 입력한 때도 정답으로 인정한다.

(2) 연말정산추가자료입력
① 신용카드 등 소득공제 : 신용카드탭에서 부양가족별로 입력
  김정훈 신용카드 6,500,000원, 김이슬 현금영수증 240,000원 입력
  - 본인 및 기본공제대상인 직계존비속의 신용카드등 사용금액이 공제 대상이다.
  - 의료비와 중·고등학생의 교복구입비는 신용카드등 사용에 대한 소득공제가 중복으로 적용된다.
② 보험료 세액공제 : 부양가족탭에서 부양가족별로 보조창에서 입력
  김이슬 보장성–일반 900,000원 입력
  - 배우자는 기본공제대상자가 아니므로 배우자를 피보험자로 하는 보장성 보험료 납부액은 보험료공제를 적용할 수 없다.
③ 의료비 세액공제 : 의료비탭에서 의료비 공제대상자별로 입력(증빙은 국세청)
  김정훈 2,200,000원, 이정자 2,400,000원, 김이슬 400,000원(실손보험금수령액 160,000원) 입력
  - 안경 구입비는 1명당 연 50만원을 한도로 의료비공제가 적용된다.
  - 의료비공제는 소득요건의 제한이 없으므로 배우자의 의료비도 의료비공제를 적용받을 수 있다.
  - 의료비공제 대상 의료비와 실손보험금은 각각 총액을 입력한다.
④ 교육비 세액공제 : 부양가족탭에서 부양가족별로 하단의 보조창에서 입력
  김정훈 5,000,000원(4.본인), 김이슬 2,700,000원(2.초중고) 입력
  - 교복구입비는 1명당 연간 50만원, 현장체험학습비는 1명당 연간 30만원을 한도로 적용된다.
⑤ 입력을 마치면 연말정산입력 탭을 열고 반드시 F8부양가족불러오기를 실행하여야 연말정산에 반영된다.

[1] (1) 기업업무추진비조정명세서

1.기업업무추진비 입력 (을)	2.기업업무추진비 조정 (갑)

1 1. 수입금액명세

구 분	① 일반수입금액	② 특수관계인간 거래금액	③ 합 계(①+②)
금 액	3,290,000,000	200,000,000	3,490,000,000

2 2. 기업업무추진비 해당금액

④ 계정과목		합계	기업업무추진비(판관)	복리후생비		
⑤ 계정금액		59,850,000	56,550,000	3,300,000		
⑥ 기업업무추진비계상액 중 사적사용경비		5,000,000	5,000,000			
⑦ 기업업무추진비해당금액(⑤-⑥)		54,850,000	51,550,000	3,300,000		
⑧ 기준금액 초과 기업업무추진비 중 신용카드 등 미사용금액	결 경조사비 중 기준금액 초과액	⑨신용카드 등 미사용금액				
		⑩총 초과금액				
	국외지역 지출액 (법인세법 시행령 제41조제2항제1호)	⑪신용카드 등 미사용금액				
		⑫총 지출액				
	농어민 지출액 (법인세법 시행령 제41조제2항제2호)	⑬송금명세서 미제출금액				
		⑭총 지출액				
	기업업무추진비 중 기준금액 초과액	⑮신용카드 등 미사용금액	4,000,000	4,000,000		
		(16)총 초과금액	50,900,000	50,900,000		
(17) 신용카드 등 미사용 부인액		4,000,000	4,000,000			
(18) 기업업무추진비 부인액(⑥+(17))		9,000,000	9,000,000			

(2) 세무조정

〈손금불산입〉 대표이사 개인경비　　　　5,000,000원　　　(상여)

〈손금불산입〉 적격증빙불비 기업업무추진비　4,000,000원　(기타사외유출)
　　　　　　　(건당 3만원 초과 간이영수증 수취분)

〈손금불산입〉 기업업무추진비 한도초과액　4,920,000원　(기타사외유출)

[2] (1) 고정자산등록(206.기계장치, 001.기계, 취득년월일 2023-09-18, 상각방법 정률법)

기본등록사항	추가등록사항	
1.기초가액		41,000,000
2.전기말상각누계액(-)		12,000,000
3.전기말장부가액		29,000,000
4.당기중 취득 및 당기증가(+)		
5.당기감소(일부양도 · 매각 · 폐기)(-)		
전기말상각누계액(당기감소분)(+)		
6.전기말자본적지출액누계(+)(정액법만)		
7.당기자본적지출액(즉시상각분)(+)		
8.전기말부인누계액(+) (정률만 상각대상에 가산)		1,477,493
9.전기말의제상각누계액(-)		
10.상각대상금액		30,477,493
11.내용연수/상각률(월수)	5 ⊡ 0.451 (12)	연수별상각율
12.상각범위액(한도액)(10X상각율)		13,745,349
13.회사계상액(12)-(7)		12,000,000　사용자수정
14.경비구분	1.500번대/제조	
15.당기말감가상각누계액		24,000,000
16.당기말장부가액		17,000,000
17.당기의제상각비		
18.전체양도일자	_____ - _ - _	
19.전체폐기일자	_____ - _ - _	
20.업종	13 ⊡ 제조업	

(2) 미상각자산감가상각조정명세서(유형자산(정률법), 계정 206. 자산코드 001.기계)

입력내용			금액	총계
업종코드/명	13	제조업		
합계표 자산구분	2. 기계장치			
(4)내용연수			5	
상각 계산 의 기초 가액	재무상태표 자산가액	(5)기말현재액	41,000,000	41,000,000
		(6)감가상각누계액	24,000,000	24,000,000
		(7)미상각잔액(5)-(6)	17,000,000	17,000,000
	(8)회사계산감가상각비		12,000,000	12,000,000
	(9)자본적지출액			
	(10)전기말의제상각누계액			
	(11)전기말부인누계액		1,477,493	1,477,493
	(12)가감계((7)+(8)+(9)-(10)+(11))		30,477,493	30,477,493
(13)일반상각률.특별상각률			0.451	
상각범위 액계산	당기산출 상각액	(14)일반상각액	13,745,349	13,745,349
		(15)특별상각액		
		(16)계((14)+(15))	13,745,349	13,745,349
	취득가액	(17)전기말현재취득가액	41,000,000	41,000,000
		(18)당기회사계산증가액		
		(19)당기자본적지출액		
		(20)계((17)+(18)+(19))	41,000,000	41,000,000
	(21) 잔존가액		2,050,000	2,050,000
	(22) 당기상각시인범위액		13,745,349	13,745,349
(23)회사계상상각액((8)+(9))			12,000,000	12,000,000
(24)차감액 ((23)-(22))			-1,745,349	-1,745,349
(25)최저한세적용에따른특별상각부인액				
조정액	(26) 상각부인액 ((24)+(25))			
	(27) 기왕부인액중당기손금추인액		1,477,493	1,477,493
(28) 당기말부인누계액 ((11)+(26)-|(27)|)				

(3) 감가상각비조정명세서합계표

	1.자산구분	코드	2.합계액	유형자산			6.무형자산
				3.건축물	4.기계장치	5.기타자산	
재무 상태표 상가액	101.기말현재액	01	41,000,000		41,000,000		
	102.감가상각누계액	02	24,000,000		24,000,000		
	103.미상각잔액	03	17,000,000		17,000,000		
	104.상각범위액	04	13,745,349		13,745,349		
	105.회사손금계상액	05	12,000,000		12,000,000		
조정 금액	106.상각부인액 (105-104)	06					
	107.시인부족액 (104-105)	07	1,745,349		1,745,349		
	108.기왕부인액 중 당기손금추인액	08	1,477,493		1,477,493		
	109.신고조정손금계상액	09					

(4) 세무조정

〈손금산입〉 감가상각비 시인부족액 추인　　　　1,477,493원　　（유보감소）

[3] (1) 가지급금등의 인정이자 조정명세서(적용이자율 선택 : (2)가중평균차입이자율로 계산)

1. 가지급금가수금 입력 탭 – 가지급금가수금 선택 : 1.가지급금

	직책	성명		적요	년월일	차변	대변	잔액	일수	적수
1	대표이사	유현진	1	2.대여	2025 03 02	85,000,000		85,000,000	305	25,925,000,000
2			2							

	직책	성명		적요	년월일	차변	대변	잔액	일수	적수
1	사내이사	김강현	1	2.대여	2025 05 17	17,000,000		17,000,000	229	3,893,000,000
2			2							

2. 차입금입력 탭

	거래처명		적요	년월일	차변	대변	이자대상금액	이자율%	이자
1	새마을은행	1	1.전기이월	2025 01 01		40,000,000	40,000,000	2.90000	1,160,000

	거래처명		적요	년월일	차변	대변	이자대상금액	이자율%	이자
1		1	2.차입	2025 03 01		25,000,000	25,000,000	2.10000	525,000
2	시민은행	2							

4. 인정이자 조정(갑) 탭

1.가지급금.가수금 입력	2.차입금 입력	3.인정이자계산 : (을)지	4.인정이자조정 : (갑)지				이자율선택 : [2] 가중평균차입이자를 계산	

◎ 　2.가중평균차입이자율에 따른 가지급금 등의 인정이자 조정 (연일수 : 365일)

No	1.성명	2.가지급금적수	3.가수금적수	4.차감적수(2-3)	5.인정이자	6.회사계상액	시가인정범위		9.조정액(=7) 7>=3억,8>=5%
							7.차액(5-6)	8.비율(%)	
1	유현진	25,925,000,000		25,925,000,000	1,841,243	630,000	1,211,243	65.78398	1,211,243
2	김강현	3,893,000,000		3,893,000,000	276,488	265,000	11,488	4.15497	

(2) 세무조정

〈익금산입〉 가지급금 인정이자　　　　1,211,243원　　（상여）

[4] (1) 퇴직연금부담금조정명세서

2.이미 손금산입한 부담금 등의 계산

나.기말 퇴직연금 예치금 등의 계산

19.기초 퇴직연금예치금 등	20.기중 퇴직연금예치금 등 수령 및 해약액	21.당기 퇴직연금예치금 등의 납입액	22.퇴직연금예치금 등 계 (19 - 20 + 21)
200,000,000	3,000,000	40,000,000	237,000,000

가.손금산입대상 부담금 등 계산

13.퇴직연금예치금 등 계 (22)	14.기초퇴직연금충당금등 및 전기말 신고조정에 의한 손금산입액	15.퇴직연금충당금등 손금부인 누계액	16.기중퇴직연금등 수령 및 해약액	17.이미 손금산입한 부담금등 (14 - 15 - 16)	18.손금산입대상 부담금등 (13 - 17)
237,000,000	200,000,000		3,000,000	197,000,000	40,000,000

1.퇴직연금 등의 부담금 조정

1.퇴직급여추계액	당기말 현재 퇴직급여충당금				6.퇴직부담금 등 손금산입 누적한도액 (① - ⑤)
	2.장부상 기말잔액	3.확정기여형퇴직연금자의 설정전 기계상된 퇴직급여충당금	4.당기말 부인 누계액	5.차감액 (② - ③ - ④)	
280,000,000	9,000,000		1,000,000	8,000,000	272,000,000
7.이미 손금산입한 부담금 등 (17)	8.손금산입액 한도액 (⑥ - ⑦)	9.손금산입 대상 부담금 등 (18)	10.손금산입범위액 (⑧과 ⑨중 적은 금액)	11.회사 손금 계상액	12.조정금액 (⑩ - ⑪)
197,000,000	75,000,000	40,000,000	40,000,000		40,000,000

(2) 세무조정

〈손금불산입〉	전기퇴직연금운용자산	3,000,000원	(유보감소)
〈손금산입〉	전기퇴직급여충당금	3,000,000원	(유보감소)
〈손금산입〉	퇴직연금운용자산	40,000,000원	(유보발생)

[5] (1) 기부금조정명세서(1.기부금 입력)

1.기부금 입력　2.기부금 조정

1.기부금명세서　　　　　　　　　　　　　　월별로 전환　구분만 별도 입력하기　유형별 정렬

구분		3.과목	4.월일		5.적요	기부처		8.금액	비고
1.유형	2.코드					6.법인명등	7.사업자(주민)번호등		
24조제2항제1호에	10	기부금	2	20	의료용품 기부			50,000,000	
24조제2항제1호에	10	기부금	8	10	이재민 구호물품			20,000,000	
24조제2항제1호에	10	기부금	9	25	장학금			100,000,000	
기타	50	기부금	12	25	정치자금			3,000,000	
9.소계		가. 「법인세법」 제24조제2항제1호에 따른 특례기부금				코드 10		170,000,000	
		나. 「법인세법」 제24조제2항제1호에 따른 일반기부금				코드 40			
		다. 〔조세특례제한법〕 제88조의4제13항의 우리사주조합 기부금				코드 42			
		라. 그 밖의 기부금				코드 50		3,000,000	
		계						173,000,000	

2.소득금액확정　　　　　　　　　　　　　　　　　　　　　　새로 불러오기　수정 해제

1.결산서상 당기순이익	2.익금산입	3.손금산입	4.기부금합계	5.소득금액계(1+2-3+4)
300,000,000	33,000,000	4,500,000	170,000,000	498,500,000

• 정당 기부금(정치자금)은 손금불산입 항목이고 정당기부금을 제외한 나머지는 특례기부금이다.

(2) 기부금조정명세서(2.기부금 조정)

1.기부금 입력　2.기부금 조정

1	1. 「법인세법」 제24조제2항제1호에 따른 특례기부금 손금산입액 한도액 계산			
1.소득금액 계		498,500,000	5.이월잔액 중 손금산입액 MIN[4, 23]	10,000,000
2.법인세법 제13조제1항제1호에 따른 이월 결손금 합계액(기준소득금액의 80% 한도)		150,000,000	6.해당연도지출액 손금산입액 MIN[(④-⑤)>0, ③]	164,250,000
3. 「법인세법」 제24조제2항제1호에 따른 특례기부금 해당 금액		170,000,000	7.한도초과액 [(3-6)>0]	5,750,000
4.한도액 {[(1-2)] 이]X50%}		174,250,000	8.소득금액 차감잔액 [(①-②-⑤-⑥)>0]	174,250,000
2	2. 「조세특례제한법」 제88조의4에 따라 우리사주조합에 지출하는 기부금 손금산입액 한도액 계산			
9.「조세특례제한법」 제88조의4제13항에 따른 우리사주조합 기부금 해당 금액			11. 손금산입액 MIN(9, 10)	
10. 한도액 (8×30%)		52,275,000	12. 한도초과액 [(9-10)>0]	
3	3. 「법인세법」 제24조제2항제1호에 따른 일반기부금 손금산입액 한도액 계산			
13.「법인세법」 제24조제2항제1호에 따른 일반기부금 해당금액			16. 해당연도지출액 손금산입액 MIN[(14-15)>0, 13]	
14. 한도액 ((8-11)x10%, 20%)		17,425,000	17. 한도초과액 [(13-16)>0]	
15. 이월잔액 중 손금산입액 MIN(14, 23)				
4	4.기부금 한도초과액 총액			
18. 기부금 합계액 (3+9+13)		20. 한도초과액 합계 (18-19)=(7+12+17)		
	170,000,000	19. 손금산입 합계 (6+11+16)	164,250,000	5,750,000
5	5.기부금 이월액 명세			
사업 연도	기부금 종류	21.한도초과 손금불산입액	22.기공제액	23.공제가능 잔액(21-22)	24.해당연도 손금추인액	25.차기이월액 (23-24)
합계	「법인세법」 제24조제2항제1호에 따른 특례기부금	10,000,000		10,000,000	10,000,000	
	「법인세법」 제24조제2항제1호에 따른 일반기부금					
2024	「법인세법」 제24조제2항제1호에 따른 특례	10,000,000		10,000,000	10,000,000	

(3) 세무조정

〈손금불산입〉	정치자금	3,000,000원	(기타사외유출)

문제 1

[1] 4월 20일 일반전표입력

(차) 보통예금	2,700,000	(대) 자기주식	3,600,000
자기주식처분이익	800,000		
자기주식처분손실	100,000		

[2] 7월 11일 매입매출전표입력

유형 : 57.카과, 공급가액 : 320,000, 부가세 : 32,000, 거래처 : ㈜생전주비빔밥, 분개 : 카드 또는 혼합, 신용카드사 : 농협카드

| (차) 부가세대급금 | 32,000 | (대) 미지급금(농협카드) | 352,000 |
| 복리후생비(판) | 320,000 | (또는 미지급비용) | |

[3] 7월 26일 매입매출전표입력

유형 : 11.과세, 공급가액 : 100,000,000, 부가세 : 10,000,000, 거래처 : ㈜성동기업, 전자 : 여, 분개 : 혼합

| (차) 보통예금 | 11,000,000 | (대) 부가세예수금 | 10,000,000 |
| 외상매출금 | 99,000,000 | 제품매출 | 100,000,000 |

[4] 8월 21일 매입매출전표입력

유형 : 52.영세, 공급가액 : 6,000,000, 거래처 : ㈜대수무역, 전자 : 여, 분개 : 혼합

| (차) 상 품 | 6,000,000 | (대) 보통예금 | 6,000,000 |

문제 2

[1] (1) 과세표준명세

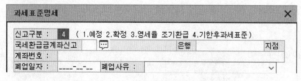

(2) 부가가치세신고서(조회기간 : 2025년 1월 1일~ 3월 31일, 기한후)

정기신고금액

구분			금액	세율	세액
과세표준및매출세액	과세	세금계산서발급분	1	300,000,000	10/100	30,000,000
		매입자발행세금계산서	2		10/100	
		신용카드·현금영수증발행분	3	7,000,000	10/100	700,000
		기타(정규영수증외매출분)	4		10/100	
	영세율	세금계산서발급분	5		0/100	
		기타	6	100,000,000	0/100	
	예정신고누락분		7			
	대손세액가감		8			
	합계		9	407,000,000	㉮	30,700,000
매입세액	세금계산서수취분	일반매입	10	203,000,000		20,300,000
		수출기업수입분납부유예	10-1			
		고정자산매입	11	50,000,000		5,000,000
	예정신고누락분		12			
	매입자발행세금계산서		13			
	그 밖의 공제매입세액		14	10,000,000		1,000,000
	합계(10)-(10-1)+(11)+(12)+(13)+(14)		15	263,000,000		26,300,000
	공제받지못할매입세액		16	3,000,000		300,000
	차감계 (15-16)		17	260,000,000	㉯	26,000,000
납부(환급)세액(매출세액㉮-매입세액㉯)					㉰	4,700,000
경감공제세액	그 밖의 경감·공제세액		18			
	신용카드매출전표등 발행공제등		19			
	합계		20		㉱	
소규모 개인사업자 부가가치세 감면세액			20-1		㉲	
예정신고미환급세액			21		㉳	
예정고지세액			22		㉴	
사업양수자의 대리납부 기납부세액			23		㉵	
매입자 납부특례 기납부세액			24		㉶	
신용카드업자의 대리납부 기납부세액			25		㉷	
가산세액계			26		㉸	729,306
차가감하여 납부할세액(환급받을세액)㉰-㉱-㉲-㉳-㉴-㉵-㉶-㉷+㉸			27			5,429,306
총괄납부사업자가 납부할 세액(환급받을 세액)						

구분			금액	세율	세액
7.매출(예정신고누락분)					
예정누락분	과세	세금계산서	33		10/100	
		기타	34		10/100	
	영세	세금계산서	35		0/100	
		기타	36		0/100	
합계			37			
12.매입(예정신고누락분)					
예정누락분	세금계산서		38			
	그 밖의 공제매입세액		39			
	합계		40			
	신용카드매출	일반매입	41			
	수령금액합계	고정매입	42			
	의제매입세액		43			
	재활용폐자원등매입세액		44			
	과세사업전환매입세액		45			
	재고매입세액		46			
	변제대손세액		47			
	외국인관광객에대한환급세액		48			
	합계		49			
14.그 밖의 공제매입세액					
	신용카드매출	일반매입	41	10,000,000		1,000,000
	수령금액합계표	고정매입	42			
	의제매입세액		43		뒤쪽	
	재활용폐자원등매입세액		44		뒤쪽	
	과세사업전환매입세액		45			
	재고매입세액		46			
	변제대손세액		47			
	외국인관광객에대한환급세액		48			
	합계		49	10,000,000		1,000,000

구분		금액	세율	세액
16.공제받지못할매입세액				
공제받지못할 매입세액	50	3,000,000		300,000
공통매입세액면세등사업분	51			
대손처분받은세액	52			
합계	53	3,000,000		300,000
18.그 밖의 경감·공제세액				
전자신고 및 전자고지 세액공제	54			
전자세금계산서발급세액공제	55			
택시운송사업자경감세액	56			
대리납부세액공제	57			
현금영수증사업자세액공제	58			
기타	59			
합계	60			

25.가산세명세				
사업자미등록등	61		1/100	
세금계산서	지연발급 등	62		1/100	
	지연수취	63		5/1,000	
	미발급 등	64		뒤쪽참조	
전자세금 발급명세	지연전송	65		3/1,000	
	미전송	66		5/1,000	
세금계산서 합계표	제출불성실	67		5/1,000	
	지연제출	68		3/1,000	
신고 불성실	무신고(일반)	69	4,700,000	뒤쪽	470,000
	무신고(부당)	70		뒤쪽	
	과소·초과환급(일반)	71		뒤쪽	
	과소·초과환급(부당)	72		뒤쪽	
납부지연		73	4,700,000	뒤쪽	9,306
영세율과세표준신고불성실		74	100,000,000	5/1,000	250,000
현금매출명세서불성실		75		1/100	
부동산임대공급가액명세서		76		1/100	
매입자 납부특례	거래계좌 미사용	77		뒤쪽	
	거래계좌 지연입금	78		뒤쪽	
신용카드매출전표등수령명세서미제출·과다기재		79		5/1,000	
합계		80			729,306

- 신고불성실가산세(일반무신고) : 4,700,000원×20%×(1 - 50%) = 470,000원
- 영세율과세표준신고불성실가산세 : 100,000,000원×0.5%×(1 - 50%) = 250,000원
  * 신고기한 경과 후 1개월 이내에 기한 후 신고 시 신고불성실가산세(영세율과세표준신고불성실가산세 포함)의 50% 감면 적용
- 납부지연가산세 : 4,700,000×9일×22/100,000 = 9,306원

[2] 의제매입세액공제신고서(조회기간 : 2025년 4월~ 6월)

공급자	사업자/주민등록번호		취득일자	구분	물품명	수량	매입가액	공제율	의제매입세액	건수
인천농원	123-91-41544	⇒	2025-04-06	계산서	복숭아	180	16,000,000	4/104	615,384	1
푸른과일	123-91-10167	⇒	2025-05-13	신용카드등	토마토	90	7,000,000	4/104	269,230	1
우영우(농민)	830630-2054517	⇒	2025-06-08	농어민매입	사과	40	1,400,000	4/104	53,846	1

	매입가액 계	의제매입세액 계	건수 계
계산서 합계	16,000,000	615,384	1
신용카드등 합계	7,000,000	269,230	1
농·어민등 합계	1,400,000	53,846	1
총계	24,400,000	938,460	3

면세농산물등 제조업 면세농산물등

가. 과세기간 과세표준 및 공제가능한 금액등
[불러오기]

과세표준		대상액 한도계산			B. 당기매입액	공제대상금액 [MIN (A,B)]
합계	예정분	확정분	한도율	A.한도액		
90,000,000		90,000,000	50/100	45,000,000	24,400,000	24,400,000

나. 과세기간 공제할 세액

공제대상세액			이미 공제받은 금액		공제(납부)할세액 (C-D)
공제율	C.공제대상금액	D.합계	예정신고분	월별조기분	
4/104	938,461				938,461

※ 김포쌀상사는 사업자이므로 간이영수증을 수령하면 의제매입세액공제 대상이 아니다.

[3] (1) 부가가치세신고서 조회(조회기간 : 2025년 10월 1일~ 12월 31일) 및 마감
　　부가가치세신고서 및 부속서류(매출처별세금계산서합계표)를 조회하여 상단의 F3마감을 확인하고 마감이 되어
　　있지 아니하면 마감한다.
　　※ 전자신고세액공제 10,000원 적용 시에도 정답으로 인정함
(2) 전자신고 메뉴를 실행한 후 신고년월(2025년 10월~12월)과 신고인구분(2.납세자 자진신고)를 입력한다.
(3) 상단의 F4제작을 실행하고 비밀번호 입력창에서 비밀번호 12341234를 두 번 입력하고 확인하면 전자신고 데
　　이터 제작이 완료되었다는 문구가 나오고 C드라이브에 전자신고용 파일이 생성된다.
(4) 상단의 F6홈택스바로가기를 실행하고 첫 화면은 닫기를 하면 국세청 홈택스 전자파일변환으로 들어간다.
(5) 홈택스 전자파일변환에서 찾아보기 기능으로 전자파일을 선택하고 열기를 실행하여 불러온다.
(6) 전자신고변환 하단의 형식검증하기를 실행하여 비밀번호 창에 비밀번호 12341234를 입력한다.
(7) 이어서 형식검증결과확인, 내용검증하기, 내용검증결과확인을 클릭하고 마지막으로 전자파일제출을 클릭한다.
(8) 검증결과 오류가 없으면 하단의 전자파일제출하기를 실행하면 나타나는 "정상변환된 신고서를 제출합니다."는
　　보조창에서 확인을 실행하면 부가가치세신고서 접수증(파일변환)이 나타난다.

[1] 12월 31일 일반전표입력
　　(차) 장기차입금(대구은행)　　　300,000,000　　　(대) 유동성장기부채(대구은행)　　　300,000,000
[2] 12월 31일 일반전표입력
　　(차) 미수수익　　　13,610,958　　　(대) 이자수익　　　13,610,958
[3] 12월 31일 일반전표입력
　　(차) 매도가능증권(178)　　　500,000　　　(대) 매도가능증권평가손실　　　300,000
　　　　　　　　　　　　　　　　　　　　　　　　매도가능증권평가이익　　　200,000
[4] 12월 31일 일반전표입력
　　(차) 선급비용　　　900,000　　　(대) 보험료(판)　　　900,000
　• 선급비용 : 보험료 납입액 1,200,000원×9/12 = 900,000원

[1] (1) 부양가족명세

연말관계	성명	주민등록번호	나이	기본공제	부녀자	한부모	경로우대	장애인	자녀세액	출산입양	위탁관계
0.	홍길산	771121-1111115	48	본인				1.			
3.	김옥순	800921-2111112	45	배우자							
1.	홍준호	470218-1111111	78	부							
1.	정영자	490815-2111110	76	60세이상			○				
4.	홍영수	080128-3111110	17	20세이하					○		
6.	홍대산	750721-1111117	50	장애인				1.			
2.	마순영	550108-2111117	70	60세이상			○				

[2] (1) 기타소득자등록

- 배당소득의 경우 개인 김영태는 원천징수 대상이다.

(2) 이자배당소득자료입력(코드 100 김영태, 지급년월일 2025년 3월 31일)

[3] (1) 사업소득자료입력(코드 101 정성호, 지급년월일 2025년 5월 31일)

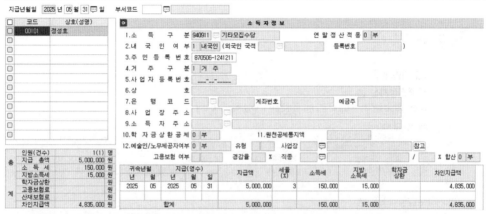

(2) 기타소득자료입력(코드 101 정도원, 지급년월일 2025년 5월 31일)

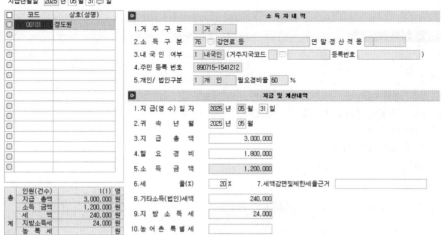

(3) 원천징수이행상황신고서(귀속기간 2025년 5월~5월, 지급기간 2025년 5월~5월)

소득자 소득구분		코드	소득지급		징수세액			당월조정 환급세액	납부세액	
			인원	총지급액	소득세 등	농어촌특별세	가산세		소득세 등	농어촌특별세
개인 거주자 비거주자	근로소득 그 외	A22								
	가 감 계	A20								
	사업소득 매월징수	A25	1	5,000,000	150,000					
	연말정산	A26								
	가 감 계	A30	1	5,000,000	150,000			150,000		
	기타소득 연금계좌	A41								
	종교인매월	A43								
	종교인연말	A44								
	가상자산	A49								
	그 외	A42	1	3,000,000	240,000					
	가 감 계	A40	1	3,000,000	240,000			50,000	190,000	
	이 자 소 득	A50								
	배 당 소 득	A60								
	그 외 소 득 ▶									
법인 내/외국법인원천		A80								
수정신고(세액)		A90								
총 합 계		A99	2	8,000,000	390,000			200,000	190,000	

전월 미환급 세액의 계산				당월 발생 환급세액				18.조정대상환급(14+15+16+17)	19.당월조정 환급세액계	20.차월이월 환급세액	21.환급신청액
12.전월미환급	13.기납급	14.차감(12-13)	15.일반환급	16.신탁재산	금융회사 등	합병 등					
200,000		200,000						200,000	200,000		

[1] (1) 수입금액조정명세서

① 수입금액조정계산 탭

수입금액조정계산	작업진행률에 의한 수입금액	중소기업 등 수입금액 인식기준 적용특례에 의한 수입금액	기타수입금액조정

1.수입금액 조정계산

No	계정과목		③결산서상 수입금액	조 정		⑥조정후 수입금액 (③+④-⑤)	비 고
	①항 목	②계정과목		④가 산	⑤차 감		
1	매 출	상품매출	2,300,000,000	100,000,000		2,400,000,000	
2	매 출	제품매출	858,000,000			858,000,000	
3							

② 기타수입금액조정 탭

수입금액조정계산	작업진행률에 의한 수입금액	중소기업 등 수입금액 인식기준 적용특례에 의한 수입금액	기타수입금액조정

2.수입금액 조정명세
다.기타 수입금액

No	(23)구 분	(24)근 거 법 령	(25)수 입 금 액	(26)대 응 원 가	비 고
1	상품매출		100,000,000	70,000,000	
2					

(2) 세무조정

〈익금산입〉 상품매출누락 100,000,000원 (유보발생)
〈손금산입〉 상품매출원가누락 70,000,000원 (유보발생)

(3) 조정후수입금액명세서

① 업종별 수입금액 명세서 탭

업종별 수입금액 명세서	과세표준과 수입금액 차액검토

1.업종별 수입금액 명세서

①업 태	④종 목	순번	⑦기준(단순)경비율번호	수 입 금 액			
				수입금액계정조회 ④계(⑤+⑥+⑦)	내 수 판 매 ⑤국내생산품	⑥수입상품	⑦수 출 (영세율대상)
제조,도매업	자동차부품	01	503013	3,258,000,000	2,958,000,000		300,000,000
		02					
		03					

② 과세표준과 수입금액 차액검토 탭

업종별 수입금액 명세서	과세표준과 수입금액 차액검토

2 2.부가가치세 과세표준과 수입금액 차액 검토   부가가치세 신고 내역보기

(1) 부가가치세 과세표준과 수입금액 차액

⑧과세(일반)	⑨과세(영세율)	⑩면세수입금액	⑪합계(⑧+⑨+⑩)	⑫조정후수입금액	⑬차액(⑪-⑫)
2,978,000,000	300,000,000		3,278,000,000	3,258,000,000	20,000,000

(2) 수입금액과의 차액내역(부가세과표에 포함되어 있으면 +금액, 포함되지 않았으면 -금액 처리)

⑭구 분	코드	(16)금 액	비 고	⑭구 분	코드	(16)금 액	비 고
자가공급(면세전용등)	21			거래(공급)시기차이감액	30		
사업상증여(접대제공)	22			주세·개별소비세	31		
개인적공급(개인적사용)	23			매출누락	32		
간주임대료	24				33		
자산 유형자산 및 무형자산 매각액	25				34		
매각 그밖의자산매각액(부산물)	26				35		
폐업시 잔존재고재화	27				36		
작업진행률 차이	28				37		
거래(공급)시기차이가산	29	20,000,000		(17)차 액 계	50	20,000,000	
				(13)차액과 (17)차액계의차이금액			

[2] (1) 선급비용명세서

계정구분	거래내용	거래처	대상기간 시작일	대상기간 종료일	지급액	선급비용	회사 계상액	조정대상 금액
선급보험료	본사 화재보험	㈜흥해보험	2025-07-01	2026-06-30	4,000,000	1,983,561		1,983,561
선급보험료	공장 화재보험	㈜경상보험	2025-02-01	2026-01-31	2,400,000	203,835	200,000	3,835
합 계					6,400,000	2,187,396	200,000	1,987,396

(2) 세무조정

〈손금산입〉　전기 선급비용　　　　　　　　350,000원 (유보감소)
〈손금불산입〉본사 당기 선급보험료　　 1,983,561원 (유보발생)
〈손금불산입〉공장 당기 선급보험료　　　　　3,835원 (유보발생)
〈손금불산입〉대표자 보험료 대납분　　 4,800,000원 (상여 또는 기타소득)

[3] (1) 업무무관부동산등에관련한차입금이자조정명세서

1.적수입력(을)	2.지급이자 손금불산입(갑)

| 1.업무무관부동산 | 2.업무무관동산 | 3.가지급금 | 4.가수금 | 5.그밖의 | 불러오기 적요수정

No	①월일		②적요	③차변	④대변	⑤잔액	⑥일수	⑦적수
1	5	1	지 급	100,000,000		100,000,000	213	21,300,000,000
2	11	30	회 수		100,000,000		32	
3								

1.적수입력(을)	2.지급이자 손금불산입(갑)

2 1.업무무관부동산 등에 관련한 차입금 지급이자

①지급 이자	적 수 ②업무무관 부동산	적 수 ③업무무관 동산	적 수 ④가지급금 등	적 수 ⑤계(②+③+④)	⑥차입금 (=19)	⑦ ⑤와 ⑥중 적은 금액	⑧손금불산입 지급이자 (①×⑦÷⑥)
15,000,000			21,300,000,000	21,300,000,000	54,750,000,000	21,300,000,000	5,835,616

1 2. 지급이자 및 차입금 적수 계산 [연이율 일수 현재: 365일]   이자율 계산   단수차이조정 연일수

No	(9) 이자율 (%)	(10)지급이자	(11)차입금적수	(12)채권자불분명 사채이자 수령자불분명 사채이자 (13)지급이자	(12)채권자불분명 사채이자 수령자불분명 사채이자 (14)차입금적수	(15)건설 자금 이자 국조법 14조에 따른 이자 (16)지급이자	(15)건설 자금 이자 국조법 14조에 따른 이자 (17)차입금적수	차 감 (18)지급이자 (10-13-16)	차 감 (19)차입금적수 (11-14-17)
1	10.00000	15,000,000	54,750,000,000					15,000,000	54,750,000,000
2	7.00000	14,000,000	73,000,000,000			14,000,000	73,000,000,000		
3									
합계		29,000,000	127,750,000,000			14,000,000	73,000,000,000	15,000,000	54,750,000,000

(2) 세무조정

　〈손금불산입〉 건설자금이자　　　　　　　　　　14,000,000원 (유보발생)

　〈손금불산입〉 업무무관지급이자　　　　　　　　5,835,616원 (기타사외유출)

[4] (1) 퇴직연금부담금등조정명세서

2.이미 손금산입한 부담금 등의 계산

① 나.기말 퇴직연금 예치금 등의 계산

19.기초 퇴직연금예치금 등	20.기중 퇴직연금예치금 등 수령 및 해약액	21.당기 퇴직연금예치금 등의 납입액	22.퇴직연금예치금 등 계 (19 - 20 + 21)
105,000,000	37,500,000	50,000,000	117,500,000

② 가.손금산입대상 부담금 등 계산

13.퇴직연금예치금 등 계 (22)	14.기초퇴직연금충당금등 및 전기말 신고조정에 의한 손금산입액	15.퇴직연금충당금등 손금부인 누계액	16.기중퇴직연금등 수령 및 해약액	17.이미 손금산입한 부담금등 (14 - 15 - 16)	18.손금산입대상 부담금 등 (13 - 17)
117,500,000	105,000,000		37,500,000	67,500,000	50,000,000

1.퇴직연금 등의 부담금 조정

1.퇴직급여추계액	당기말 현재 퇴직급여충당금					6.퇴직부담금 등 손금산입 누적한도액 (① - ⑤)
	2.장부상 기말잔액	3.확정기여형퇴직연금자의 설정전 기계상된 퇴직급여충당금	4.당기말 부인 누계액	5.차감액 (② - ③ - ④)		
275,000,000						275,000,000
7.이미 손금산입한 부담금 등 (17)	8.손금산입액 한도액 (⑥ - ⑦)	9.손금산입 대상 부담금 등 (18)	10.손금산입범위액 (⑧과 ⑨중 적은 금액)	11.회사 손금 계상액		12.조정금액 (⑩ - ⑪)
67,500,000	207,500,000	50,000,000	50,000,000			50,000,000

(2) 세무조정

　〈손금불산입〉 전기퇴직연금운용자산　　37,500,000원　(유보감소)

　〈손금산입〉　퇴직연금운용자산　　　　50,000,000원　(유보발생)

[5] (1) 자본금과적립금조정명세서(을)

| 자본금과적립금조정명세서(을) | 자본금과적립금조정명세서(병) | 자본금과적립금조정명세서(갑) | 이월결손금 |

Ⅰ.세무조정유보소득계산

①과목 또는 사항	②기초잔액	당 기 중 증 감		⑤기말잔액 (=②-③+④)	비 고
		③감 소	④증 가		
대손충당금한도초과	4,000,000	4,000,000	7,000,000	7,000,000	
단기매매증권평가손실	2,000,000		1,000,000	3,000,000	
재고자산평가감	3,000,000	3,000,000			

(2) 자본금과적립금조정명세서(갑)

| 자본금과적립금조정명세서(을) | 자본금과적립금조정명세서(병) | 자본금과적립금조정명세서(갑) | 이월결손금 |

Ⅰ.자본금과 적립금 계산서

	①과목 또는 사항	코드	②기초잔액	당 기 중 증 감		⑤기 말 잔 액 (=②-③+④)	비 고
				③감 소	④증 가		
자본금및 잉여금의 계산	1.자 본 금	01	100,000,000		200,000,000	300,000,000	
	2.자 본 잉 여 금	02					
	3.자 본 조 정	15					
	4.기타포괄손익누계액	18					
	5.이 익 잉 여 금	14	320,000,000		100,000,000	420,000,000	
		17					
	6.계	20	420,000,000		300,000,000	720,000,000	
7.자본금과 적립금명세서(을)계 + (병)계		21	9,000,000	7,000,000	8,000,000	10,000,000	
손익미계상 법인세 등	8.법 인 세	22					
	9.지 방 소 득 세	23					
	10. 계 (8+9)	30					
11.차 가 감 계 (6+7-10)		31	429,000,000	7,000,000	308,000,000	730,000,000	

[1] 3월 15일 일반전표입력

(차) 이월이익잉여금	130,000,000	(대) 미지급배당금	100,000,000
(또는 미처분이익잉여금)		미교부주식배당금	20,000,000
		이익준비금	10,000,000

[2] 4월 3일 일반전표입력

(차) 복리후생비(제)	1,000,000	(대) 미지급금(비씨카드)	1,000,000
(또는 미지급비용)			

[3] 7월 12일 매입매출전표

유형 : 14.건별, 공급가액 : 15,000,000, 부가세 : 1,500,000, 거래처 : ㈜최고, 분개 : 혼합

(차) 판매촉진비(834)	11,500,000	(대) 부가세예수금	1,500,000
		제 품(적요 : 8타계정대체)	10,000,000

[4] 8월 4일 일반전표입력

(차) 사 채	10,000,000	(대) 보통예금	9,200,000
사채상환손실	100,000	사채할인발행차금	900,000

문제 2

[1] (1) 매입매출전표 입력

5월 3일 11.과세, 공급가액 : 32,000,000, 부가세 : 3,200,000, 거래처 : ㈜화인상사, 전자 : 여, 분개 : 없음
5월 10일 11.과세, 공급가액 : 20,000,000, 부가세 : 2,000,000, 거래처 : 금아유통, 전자 : 부, 분개 : 없음
6월 21일 14.건별, 공급가액 : 17,000,000, 부가세 : 1,700,000, 거래처 : ㈜아이테크, 분개 : 없음

(2) 부가가치세신고서(조회기간 : 2025년 4월~6월, 2.수정신고 – 신고차수 : 1)

	구분		정기신고금액				수정신고금액		
			금액	세율	세액		금액	세율	세액
과세표준및매출세액	과세	세금계산서발급분	1	100,000,000	10/100	10,000,000	1	152,000,000	10/100	15,200,000
		매입자발행세금계산서	2		10/100		2		10/100	
		신용카드·현금영수증발행분	3		10/100		3		10/100	
		기타(정규영수증외매출분)	4		10/100		4	17,000,000		1,700,000
	영세	세금계산서발급분	5		0/100		5		0/100	
		기타	6		0/100		6		0/100	
	예정신고누락분		7				7			
	대손세액가감		8				8			
	합계		9	100,000,000	㉮	10,000,000	9	169,000,000	㉮	16,900,000
매입세액	세금계산서수취분	일반매입	10	50,000,000		5,000,000	10	50,000,000		5,000,000
		수출기업수입분납부유예	10				10			
		고정자산매입	11				11			
	예정신고누락분		12				12			
	매입자발행세금계산서		13				13			
	그 밖의 공제매입세액		14				14			
	합계(10)-(10-1)+(11)+(12)+(13)+(14)		15	50,000,000		5,000,000	15	50,000,000		5,000,000
	공제받지못할매입세액		16				16			
	차감계 (15-16)		17	50,000,000	㉯	5,000,000	17	50,000,000	㉯	5,000,000
납부(환급)세액(매출세액㉮-매입세액㉯)					㉰	5,000,000			㉰	11,900,000
경감공제세액	그 밖의 경감·공제세액		18				18			
	신용카드매출전표등 발행공제등		19				19			
	합계		20		㉱		20		㉱	
소규모 개인사업자 부가가치세 감면세액			21		㉲		21		㉲	
예정신고미환급세액			21		㉳		21		㉳	
예정고지세액			22		㉴		22		㉴	
사업양수자의 대리납부 기납부세액			23		㉵		23		㉵	
매입자 납부특례 기납부세액			24		㉶		24		㉶	
신용카드업자의 대리납부 기납부세액			25		㉷		25		㉷	
가산세액계			26		㉸		26		㉸	770,184
차가감하여 납부할세액(환급받을세액)㉰-㉱-㉲-㉳-㉴-㉵-㉶-㉷+㉸			27	5,000,000					27	12,670,184
총괄납부사업자가 납부할 세액(환급받을 세액)										

(3) 가산세명세서

25.가산세명세					25.가산세명세				
사업자미등록등		61		1/100	사업자미등록등		61		1/100
세 금 계산서	지연발급 등	62		1/100	세 금 계산서	지연발급 등	62	20,000,000	1/100	200,000
	지연수취	63		5/1,000		지연수취	63		5/1,000
	미발급 등	64		뒤쪽참조		미발급 등	64	17,000,000	뒤쪽참조	340,000
전자세금 발급명세	지연전송	65		5/1,000	전자세금 발급명세	지연전송	65		5/1,000
	미전송	66		5/1,000		미전송	66		5/1,000
세금계산서 합계표	제출불성실	67		5/1,000	세금계산서 합계표	제출불성실	67		5/1,000
	지연제출	68		3/1,000		지연제출	68		3/1,000
신고 불성실	무신고(일반)	69		뒤쪽	신고 불성실	무신고(일반)	69		뒤쪽
	무신고(부당)	70		뒤쪽		무신고(부당)	70		뒤쪽
	과소·초과환급(일반)	71		뒤쪽		과소·초과환급(일반)	71	6,900,000	뒤쪽	172,500
	과소·초과환급(부당)	72		뒤쪽		과소·초과환급(부당)	72		뒤쪽
납부지연		73		뒤쪽	납부지연		73	6,900,000	뒤쪽	57,684
영세율과세표준신고불성실		74		5/1,000	영세율과세표준신고불성실		74		5/1,000
현금매출명세서불성실		75		1/100	현금매출명세서불성실		75		1/100
부동산임대공급가액명세서		76		1/100	부동산임대공급가액명세서		76		1/100
매입자 납부특례	거래계좌 미사용	77		뒤쪽	매입자 납부특례	거래계좌 미사용	77		뒤쪽
	거래계좌 지연입금	78		뒤쪽		거래계좌 지연입금	78		뒤쪽
합계		79			합계		79			770,184

세금계산서 미발급 가산세 : 17,000,000×2%=340,000원(미발급 2%)

자연발급등 : 20,000,000×1%=200,000원(종이 발급 1%)

신고불성실 가산세(일반) : 6,900,000×10%×25%=172,500원

1개월 이내 수정신고는 90% 감면, 3개월 이내 수정신고는 75% 감면

납부지연 가산세 : 6,900,000×2.2/10,000×38일=57,684원

[2] (1) 전표입력

10월 20일 매입매출전표입력(상단 의제류매입 탭 선택)

유형 : 58.카면, 품목 : 과일, 수량 : 7,000, 공급가액 : 70,500,000, 의제구분 : 1., 세율 : 4/104, 공제세액 : 2,711,538,

거래처 : 1024.우리과일, 분개 : 카드

(차) 원재료　　　　　　　　　　67,788,462　　　(대) 미지급금(99600.비씨카드)　　　70,500,000

　　부가세대급금　　　　　　　 2,711,538

11월 10일 매입매출전표입력(상단 의제류매입 탭 선택)

유형 : 60.면건, 품목 : 과일, 수량 : 150, 공급가액 : 1,500,000, 의제구분 : 1., 세율 : 4/104, 공제세액 : 57,692,

거래처 : 1061.김만복, 분개 : 현금(혼합)

(차) 원재료　　　　　　　　　　 1,442,308　　　(대) 현 금　　　　　　　　　　　 1,500,000

　　부가세대급금　　　　　　　　 57,692

(2) 의제매입세액공제신고서(조회기간 : 2025년 10월-12월)

| 면세농산물등 | 제조업 면세농산물등 |

가. 1역년 과세표준 및 제2기 과세기간 공제 가능한 금액등　　　　　　　　　　　　　　　　　　불러오기

과세표준			대상액 한도계산		1역년 매입액			공제대상금액
합계	제1기	제2기	한도율	A.한도액	B.합계	제1기	제2기	[MIN (A,B)]
220,000,000	100,000,000	120,000,000	50/100	110,000,000	113,600,000	41,600,000	72,000,000	110,000,000

나. 과세기간 공제할 세액

공제대상세액			이미 공제받은 금액					공제(납부)할
공제율	C.공제대상 금액	D.총 합계	제1기	제2기				세액 (C-D)
				합계	예정신고분	월별조기분		
4/104	4,230,769	1,600,000	1,600,000					2,630,769

(3) 12월 31일 일반전표입력

(차) 원재료　　　　　　　　　　　 138,461　　　(대) 부가세 대급금　　　　　　　　 138,461

한도초과액 : 2,769,230-2,630,769=138,461원

문제 ③

[1] 12월31일 일반전표입력

(차) 단기매매증권평가손실　　　　 60,000　　　(대) 단기매매증권　　　　　　　　 60,000

(10,000-9,000)×60=60,000원

[2] 12월 31일 일반전표입력
　(차) 무형자산손상차손　　　　　　　　20,000,000　　　(대) 특허권　　　　　　　　　　20,000,000
　특허권 잔액(합계잔액시산표 1월~12월 조회) : 30,000,000 - 10,000,000 = 20,000,000원
[3] 12월 31일 일반전표입력
　(차) 퇴직급여(판)　　　　　　　　　　23,000,000　　　(대) 퇴직급여충당부채(295)　　33,000,000
　　퇴직급여(제)　　　　　　　　　　　10,000,000
[4] 12월 31일 일반전표입력
　(차) 가수금　　　　　　　　　　　　　　　1,000　　　(대) 가지급금　　　　　　　　　　200,000
　　여비교통비(판)　　　　　　　　　　199,000

[1] (1) 부양가족탭

연말관계	성명	나이	소득기준 초과여부	기본공제	부녀자	한부모	경로 우대	장애인	자녀 세액	출산 입양	결혼 세액
0.	이미란	931010-2141580		본인							
1.	이관수	550811-1234564		60세이상	.		○				
1.	허복순	560415-2118622		60세이상				1.			
3.	최영민	920220-1811113		배우자							
4.	최연준	220312-3058813	○	부							
4.	최지영	250519-4132111		20세이하						둘째	

　허복순씨의 기본공제를 장애인으로 하여도 정답으로 인정
(2) 연말정산추가자료입력(소득명세)
　주(현)근무지 ㈜세진기업의 13-3.과세대상추가(인정상여추가)에서 더블 클릭하여 나타나는 보조창의 인정상여
　추가분에 3,000,000원 입력
(3) 부양가족 탭
　부양가족 탭에서 보험료는 보조창에서 입력하고, 교육비는 하단에 입력한다.
　① 보험료 : 이미란 보장성-일반 1,000,000원, 최지영 보장성-일반 140,000원
　② 교육비 : 최영민 4,000,000원(3.대학교) 직계존속의 교육비는 공제대상이 아님
(4) 의료비 탭
　의료비 탭에서 공제대상가족별 의료비와 실손보험금 입력
　이미란 1,500,000원, 이관수 3,000,000원, 최연준 900,000원 입력
　배우자의 성형수술비는 미용목적이므로 의료비 공제 대상에서 제외
(5) 기부금 탭
　기부금 탭에서 F2코드도움으로 부양가족을 선택하고 F2코드도움으로 유형을 선택하여 입력하고 기부금조정 탭
　을 열어 해당연도공제금액을 직접 입력한다. 이어서 공제금액계산 탭을 열고 불러오기 및 공제금액반영을 실행
　한다.
　최영민 41.일반기부금(종교단체) 1,200,000원 입력
(6) 연말정산입력 탭
　연말정산입력 탭을 열고 F8부양가족불러오기를 실행하여 입력한 내용을 연말정산 계산에 반영하여야 한다.
[2] (1) 사업소득자등록

코드	성명
☐ 00101	권노아
☑ 00102	윤지현
☐	
☐	
☐	

등 록 사 항

1.소 득 구 분	940911 ⊡ 기타모집수당 연말정산적용 0 부
2.내 국 인 여 부	1 내국인 (외국인 국적 ⊡) 등록번호 [ ]
3.주 민 등 록 번 호	791220-2345123
4.거 주 구 분	1 거 주 ※ 비거주자는 기타소득에서 입력하십시오.

(2) 사업소득자료입력(지급년월일 : 2025년 4월 22일, 101.권노아)

귀속년월		지급(영수)			지급액	세율 (%)	소득세	지방 소득세	학자금 상환	차인 지급액
년	월	년	월	일						
2025	04	2025	04	22	12,000,000	3	360,000	36,000		11,604,000
합계					12,000,000		360,000	36,000		11,604,000

(3) 사업소득자료입력(지급년월일 : 2025년 4월 22일, 102.윤지현)

귀속년월		지급(영수)			지급액	세율 (%)	소득세	지방 소득세	학자금 상환	차인 지급액
년	월	년	월	일						
2025	04	2025	04	22	7,000,000	3	210,000	21,000		6,769,000
합계					7,000,000		210,000	21,000		6,769,000

문제 5

[1] (1) 고정자산등록(206.기계장치, 001.기계장치, 취득년월일 : 2024-04-25, 상각방법 : 정률법)

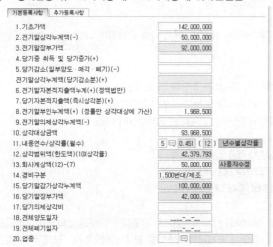

기본등록사항   추가등록사항

1.기초가액	142,000,000
2.전기말상각누계액(-)	50,000,000
3.전기말장부가액	92,000,000
4.당기중 취득 및 당기증가(+)	
5.당기감소(일부양도·매각·폐기)(-)	
전기말상각누계액(당기감소분)(+)	
6.전기말자본적지출액누계(+)(정액법만)	
7.당기자본적지출액(즉시상각분)(+)	
8.전기말부인누계액(+) (정률만 상각대상에 가산)	1,968,500
9.전기말의제상각누계액(-)	
10.상각대상금액	93,968,500
11.내용연수/상각률(월수)	5 ⊡ 0.451 (12) 년수별상각율
12.상각범위액(한도액)(10X상각율)	42,379,793
13.회사계상액(12)-(7)	50,000,000 사용자수정
14.경비구분	1.500번대/제조
15.당기말감가상각누계액	100,000,000
16.당기말장부가액	42,000,000
17.당기의제상각비	
18.전체양도일자	----,--,--
19.전체폐기일자	----,--,--
20.업종	[ ] ⊡

(2) 미상각분감가상각조정명세서(유형자산 정률법 선택)

입력내용			금액	총계
업종코드/명				
합계표 자산구분	2. 기계장치			
(4)내용연수			5	
상각 계산 의 기초 가액	재무상태표 자산가액	(5)기말현재액	142,000,000	142,000,000
		(6)감가상각누계액	100,000,000	100,000,000
		(7)미상각잔액(5)-(6)	42,000,000	42,000,000
	(8)회사계산감가상각비		50,000,000	50,000,000
	(9)자본적지출액			
	(10)전기말의제상각누계액			
	(11)전기말부인누계액		1,968,500	1,968,500
	(12)가감계((7)+(8)+(9)-(10)+(11))		93,968,500	93,968,500
(13)일반상각률.특별상각률			0.451	
상각범위 액계산	당기산출 상각액	(14)일반상각액	42,379,793	42,379,793
		(15)특별상각액		
		(16)계((14)+(15))	42,379,793	42,379,793
	취득가액	(17)전기말현재취득가액	142,000,000	142,000,000
		(18)당기회사계산증가액		
		(19)당기자본적지출액		
		(20)계((17)+(18)+(19))	142,000,000	142,000,000
	(21) 잔존가액		7,100,000	7,100,000
	(22) 당기상각시인범위액		42,379,793	42,379,793
(23)회사계상상각액((8)+(9))			50,000,000	50,000,000
(24)차감액 ((23)-(22))			7,620,207	7,620,207
(25)최저한세적용에따른특별상각부인액				
조정액	(26) 상각부인액 ((24)+(25))		7,620,207	7,620,207
	(27) 기왕부인액중당기손금추인액			
(28) 당기말부인누계액 ((11)+(26)-[(27)])			9,588,707	9,588,707

〈손금불산입〉 감가상각비 상각부인액   7,620,207원   (유보)

(3) 감가상각비조정명세서합계표

1.자 산 구 분		코드	2.합 계 액	유 형 자 산			6.무형자산
				3.건 축 물	4.기계장치	5.기타자산	
재무 상태표 상가액	101.기말현재액	01	142,000,000		142,000,000		
	102.감가상각누계액	02	100,000,000		100,000,000		
	103.미상각잔액	03	42,000,000		42,000,000		
	104.상각범위액	04	42,379,793		42,379,793		
	105.회사손금계상액	05	50,000,000		50,000,000		
조정 금액	106.상각부인액 (105-104)	06	7,620,207		7,620,207		
	107.시인부족액 (104-105)	07					
	108.기왕부인액 중 당기손금추인액	08					

[2] (1) 세금과공과금명세서

월 일	적 요	금 액	손금불산입
3월 26일	본사건물 정착 토지 취득세(판)	4,500,000원	손금불산입
3월 31일	법인 지방소득세	890,000원	손금불산입
7월 10일	국민연금 회사부담분	930,000원	
7월 27일	제조부서 사용 화물차 자동차세	260,000원	
8월 10일	재산분 주민세	670,000원	
8월 31일	증권거래세	480,000원	
9월 30일	산업재해보상보험료의 연체료	130,000원	
10월 27일	마케팅부서 승용차 속도위반 과태료	60,000원	손금불산입

(2) 세무조정

〈손금불산입〉 토지 취득세   4,500,000원   (유보발생)
〈손금불산입〉 법인 지방소득세   890,000원   (기타사외유출)
〈손금불산입〉 속도위반 과태료   60,000원   (기타사외유출)

[3] (1) 외화자산등 평가차손익조정명세서를(외화자산,부채의평가 을지)

	외화자산,부채의평가(을지)		통화선도,스왑,환변동보험의평가(을지)		환율조정차,대등(갑지)		

	②외화종류(자산)	③외화금액	④장부가액		⑦평가금액		⑩평가손익
			⑤적용환율	⑥원화금액	⑧적용환율	⑨원화금액	자 산 ⑨-⑥
1	USD	600,000.00	1,000.0000	600,000,000	1,200.0000	720,000,000	120,000,000
2							
	합 계			600,000,000		720,000,000	120,000,000

	②외화종류(부채)	③외화금액	④장부가액		⑦평가금액		⑩평가손익
			⑤적용환율	⑥원화금액	⑧적용환율	⑨원화금액	부 채 ⑥-⑨
1	JPY	20,000,000.00	8.0000	160,000,000	10.0000	200,000,000	-40,000,000
2	JPY	30,000,000.00	9.0000	270,000,000	10.0000	300,000,000	-30,000,000
	합 계			430,000,000		500,000,000	-70,000,000

(2) 세무조정

〈손금산입〉 장기차입금	40,000,000원	(유보발생)
〈손금산입〉 단기차입금	30,000,000원	(유보발생)
〈익금산입〉 보통예금	120,000,000원	(유보발생)

[4] (1) 기부금조정명세서(기부금 입력)

1.기부금 입력	2.기부금 조정

1.기부금명세서   월별로 전환 | 구분만 별도 입력하기 | 유형별 정렬

구분		3.과목	4.월일		5.적요	기부처		8.금액	비고
1.유형	2.코드					6.법인명등	7.사업자(주민)번호등		
4조제2항제1호에	10	기부금	5	1	이재민구호금품			8,000,000	
4조제2항제1호에	40	기부금	6	15	불우이웃돕기성금			15,000,000	
24조제2항제1호에	10	기부금	9	21	사립대학교 장학금			5,000,000	

9.소계	가. 「법인세법」 제24조제2항제1호에 따른 특례기부금	코드 10	13,000,000
	나. 「법인세법」 제24조제2항제1호에 따른 일반기부금	코드 40	15,000,000
	다. 〔조세특례제한법〕 제88조의4제13항의 우리사주조합 기부금	코드 42	
	라.그 밖의 기부금	코드 50	
	계		28,000,000

2.소득금액확정   새로 불러오기 | 수정 해제

1.결산서상 당기순이익	2.익금산입	3.손금산입	4.기부금합계	5.소득금액계(1+2-3+4)
200,000,000	12,000,000	12,000,000	28,000,000	228,000,000

〈손금불산입〉 어음기부금	2,000,000원	(유보,발생)

(2) 기부금조정명세서(기부금 조정)

1.기부금 입력	2.기부금 조정

1	1. 「법인세법」 제24조제2항제1호에 따른 특례기부금 손금산입액 한도액 계산				
1.소득금액 계	228,000,000	5.이월잔액 중 손금산입액 MIN[4,23]			
2.법인세법 제13조제1항제1호에 따른 이월 결손금 합계액(기준소득금액의 80% 한도)	25,000,000	6.해당연도지출액 손금산입액 MIN[(④-⑤)>0, ①]			13,000,000
3.「법인세법」 제24조제2항제1호에 따른 특례기부금 해당 금액	13,000,000	7.한도초과액 [(3-6)>0]			
4.한도액 {[(1-2)] ×50%}	101,500,000	8.소득금액 차감잔액 [(①-②-⑤-⑥)>0]			190,000,000
2	2. 「조세특례제한법」 제88조의4에 따라 우리사주조합에 지출하는 기부금 손금산입액 한도액 계산				
9.「조세특례제한법」 제88조의4제13항에 따른 우리사주조합 기부금 해당 금액		11. 손금산입액 MIN(9, 10)			
10. 한도액 (8×30%)	57,000,000	12. 한도초과액 [(9-10)>0]			
3	3.「법인세법」 제24조제3항제1호에 따른 일반기부금 손금산입 한도액 계산				
13.「법인세법」 제24조제3항제1호에 따른 일반기부금 해당금액	15,000,000	16. 해당연도지출액 손금산입액 MIN[(14-15)>0, 13]			15,000,000
14. 한도액 ((8-11)×10%, 20%)	19,000,000	17. 한도초과액 [(13-16)>0]			
15. 이월잔액 중 손금산입액 MIN(14, 23)	1,000,000				
4	4.기부금 한도초과액 총액				
18. 기부금 합계액 (3+9+13)	28,000,000	19. 손금산입 합계 (6+11+16)	28,000,000	20. 한도초과액 합계 (18-19)=(7+12+17)	

5. 5.기부금 이월액 명세

사업연도	기부금 종류	21.한도초과 손금불산입액	22.기공제액	23.공제가능 잔액(21-22)	24.해당연도 손금추인액	25.차기이월액 (23-24)
합계	「법인세법」 제24조제2항제1호에 따른 특례기부금					
	「법인세법」 제24조제3항에 따른 일반기부금	1,000,000		1,000,000	1,000,000	
2024	「법인세법」 제24조제3항제1호에 따른 일반	1,000,000		1,000,000	1,000,000	

* 2013년 이후 기부금 한도초과로 손금에 산입하지 아니한 기부금은 2019년부터 10년 이월공제된다.
  (이전분은 5년)

[5] (1) 세액공제조정명세서(3) – 1. 세액공제(1) 탭 F4

| 1.세액공제(1) | 2.세액공제(2) | 3.당기공제 및 이월액계산 |

구분	계산기준	계산명세 투자액	공제율	공제대상 세액
육아휴직 후 고용유지 기업에 대한 인건비 세액공제	육아휴직 복귀자 인건비 × 중소10(중견5)/100			
근로소득증대시킨기업에대한세액공제	평균 초과 임금증가분 × 5(중견10,중소20)/100 정규직 전환 근로자의 임금 증가분 × 5(10,20)/100	F4-계산내역		
청년고용을증대시킨기업에대한세액공제	청년정규직근로자 증가인원수×3백만원(7백만원,1천만원)	인원수입력		
고용을 증대시킨 기업에 대한 세액공제	직전연도 대비 상시근로자 증가수 × 4백만원(1천2백만원) '21.12.31~' 22.12.31 : 직전연도 대비 상시근로자 증가수 × 5백만원(1천3백만원)	F4-계산내역		
통합고용세액공제		F4-계산내역		70,250,000
통합고용세액공제(정규직전환)	직전연도 대비 상시근로자 증가수 × 4백만원(1천4백5십만원)	F4-계산내역		
통합고용세액공제(육아휴직복귀)		F4-계산내역		
정규직 근로자 전환 세액공제	전환인원수×1인당 일정금액	인원수입력		
고용유지중소기업에 대한 세액공제	연간 임금감소 총액 × 10/100 + 시간당 립보상승에 따른 보전액 15/100	F4-계산내역		
고용증대 세액공제	상시근로자 증가분 × 300만원		×300만원	
중소기업 고용증가 인원에 대한 사회 보험료 세액공제	청년(만15~29세)근로자를 순증인원의 사회보험료(증가분 의 100%)청년 및 경력단절 여성 외 근로자 순증인원의 사회보험료의 50%, 75%)	F4-계산내역		
중소기업 사회보험 신규가입에 대한 사회보험료 세액공제	'20.12.31.까지 사회보험 신규가입에 따른 사용자 부담액 × 50%			

| 계정 | 전자 |

통합고용세액공제

법인구분		구분		직전 과세연도 대비 상시근로자 증가인원	1인당 공제금액	세액공제액
1차년도	중소 기업	수도권 내	청년 등	2.5	1천4백5십만원	36,250,000
			청년 등 외	4	8백5십만원	34,000,000
		수도권 밖	청년 등		1천5백5십만원	
			청년 등 외		9백5십만원	
			계	6.5		70,250,000
	중견 기업		청년 등		8백만원	
			청년 등 외		4백5십만원	
			계			
	일반 기업		청년 등		4백만원	
			청년 등 외			
			계			
추가공제	중소 기업	정규직 전환자			1천3백만원	
		육아휴직 전환자				
	중견 기업	정규직 전환자			9백만원	
		육아휴직 전환자				

1차년도 세액공제액	70,250,000
2차년도 세액공제액	
3차년도 세액공제액	
추가공제 세액공제액	
합 계	70,250,000

확인(Tab)　취소(Esc)

통합고용 세액공제에 커서를 놓고 상단의 F4계산내역을 눌러서 나타나는 보조창에 입력한다.
중소기업→수도권 내 →청년 등 근로자 증가인원 : 2.5명, 청년등 외 근로자 증가인원 : 4명
* 수도권(서울특별시, 경기도, 인천광역시)은 회사등록에서 확인

(2) 세액공제조정명세서(3) – 3.당기공제 및 이월액 계산 탭

| 1.세액공제(1) | 2.세액공제(2) | 3.당기공제 및 이월액계산 |

(105)구분	(106)사업연도	요공제액 (107)당기분	(108)이월분	(109)당기분	(110)1차연도	(111)2차연도	(112)3차연도	(113)4차연도	당기공제대상세액 (114)5차연도	(115)6
통합고용세액공제	2025-12	70,250,000		70,250,000						

112회 기출문제연습 해답

문제 1

[1] 07월 31일 일반전표입력

| (차) 보통예금 | 17,000,000 | (대) 매도가능증권(178) | 15,000,000 |
| 매도가능증권처분손실 | 3,000,000 | 매도가능증권평가손실 | 5,000,000 |

[2] 08월 15일 매입매출전표입력

유형 : 54.불공(불공사유 : ⑤), 공급가액 : 8,700,000, 부가세 : 870,000, 거래처 : ㈜정우, 전자 : 여, 분개 : 혼합

| (차) 비품 | 9,570,000 | (대) 선급금 | 1,000,000 |
| | | 보통예금 | 8,570,000 |

• 비품 8,800,000원과 설치비용 770,000원을 각각 입력하여도 된다.

[3] 11월 10일 매입매출전표입력

유형 : 57.카과, 공급가액 : 1,350,000, 부가세 : 135,000, 거래처 : 미래공인중개사사무소, 분개 : 카드 또는 혼합,
신용카드사 : 현대카드

| (차) 부가세대급금 | 135,000 | (대) 미지급금(현대카드) | 1,485,000 |
| 수수료비용(판) | 1,350,000 | (또는 미지급비용) | |

[4] 11월 22일 일반전표입력

| (차) 퇴직연금운용자산 | 4,850,000 | (대) 이자수익 | 5,000,000 |
| 수수료비용(판) | 150,000 | | |

• 차변의 퇴직연금운용자산 4,850,000원을 차변 퇴직연금운용자산 5,000,000원과 대변 퇴직연금운용자산 150,000원으로 입력하여도 된다.

문제 2

[1] (1) 수출실적명세서

조회기간	2025 년 07 ∨ 월 - 2025 년 09 ∨ 월	구분 : 2기 예정	과세기간별입력			
구분	건수	외화금액	원화금액		비고
⑨합계	1	200,000.00	272,000,000		
⑩수출재화[=⑫합계]	1	200,000.00	272,000,000		
⑪기타영세율적용					

No □	(13)수출신고번호	(14)선(기) 적일자	(15) 통화코드	(16)환율	금액		전표정보	
					(17)외화	(18)원화	거래처코드	거래처명
1 □	13528-22-0003162	2025-08-22	USD	1,360.0000	200,000.00	272,000,000	00147	산비디아
2 □								

• [F4]전표처리 > 확인(Tab) > [F3]일괄분개 > 2.외상 > [F4]전표처리

(2) 8월 22일 매입매출전표입력

유형 : 16.수출, 공급가액 : 272,000,000, 거래처 : 산비디아, 분개 : 외상 또는 혼합,
영세율구분 : ①직접수출(대행수출 포함), 수출신고번호 : 13528 – 22 – 0003162

| (차) 외상매출금 | 272,000,000 | (대) 제품매출 | 272,000,000 |
| | | (또는 상품매출) | |

[2] 대손세액공제신고서(조회기간 : 2025년 10월~12월, 확정)

당초공급일	대손확정일	대손금액	공제율	대손세액	거래처		대손사유
2022 – 11 – 03	2025 – 11 – 03	6,600,000	10/110	600,000	세정상사	6.	소멸시효완성
2022 – 12 – 31	2025 – 12 – 01	4,950,000	10/110	450,000	한뜻전자	7.	회수기일 2년 이상 경과
2024 – 03 – 02	2025 – 10 – 01	11,000,000	10/110	1,000,000	용산전자	1.	파산
2023 – 10 – 15	2025 – 10 – 05	–9,350,000	10/110	–850,000	하나무역	7.	대손채권 회수

- 우주무역의 받을어음은 부도발생일로부터 6개월이 경과하지 아니하여 대손세액공제를 적용받을 수 없다.

[3] (1) 부가가치세신고서 및 부속서류(세금계산서합계표, 계산서합계표, 신용카드매출전표등수령명세서, 신용카드매출전표등발행금액집계표)를 조회하여 상단의 F3마감을 확인하고 마감이 되어 있지 아니하면 마감한다.

(2) 전자신고 메뉴를 실행한 후 신고년월(2025년 1월~3월)과 신고인구분(2.납세자 자진신고)를 입력한다.

(3) 상단의 F4제작을 실행하고 비밀번호 입력창에서 비밀번호 12345678을 두 번 입력하고 확인하면 전자신고 데이터 제작이 완료되었다는 문구가 나오고 C드라이브에 전자신고용 파일이 생성된다.

(4) 상단의 F6홈택스바로가기를 실행하고 첫 화면은 닫기를 하면 국세청 홈택스 전자파일변환으로 들어간다.

(5) 홈택스 전자파일변환에서 찾아보기 기능으로 전자파일을 선택하고 열기를 실행하여 불러온다.

(6) 전자신고변환 하단의 형식검증하기를 실행하여 비밀번호 창에 비밀번호 12345678을 입력한다.

(7) 이어서 형식검증결과확인, 내용검증하기, 내용검증결과확인을 순차로 클릭하고 마지막으로 전자파일제출을 클릭한다.

(8) 검증결과 오류가 없으면 하단의 전자파일제출하기를 실행하면 나타나는 "정상변환된 신고서를 제출합니다."는 보조창에서 확인을 실행하면 부가가치세신고서 접수증(파일변환)이 나타난다.

문제 3

[1] 12월 31일 일반전표입력

(차) 외화예금　　　　　　　　390,000　　　(대) 외화환산이익　　　　　　390,000

[2] 12월 31일 일반전표입력

(차) 정기예금　　　　　100,000,000　　　(대) 장기성예금　　　　100,000,000

[3] 12월 31일 일반전표입력

(차) 광고선전비(판)　　　8,000,000　　　(대) 제 품　　　　　　　8,000,000
　　　　　　　　　　　　　　　　　　　　　　(적요 8. 타계정으로 대체)

　　재고자산감모손실　　2,000,000　　　상 품　　　　　　　2,000,000
　　　　　　　　　　　　　　　　　　　　　　(적요 8. 타계정으로 대체)

[4] 12월 31일 일반전표입력

(차) 무형자산상각비(개발비)　10,000,000　　　(대) 개발비　　　　　　10,000,000
　　무형자산손상차손　　　10,000,000　　　개발비　　　　　　10,000,000

- 개발비 취득가액 : 20,000,000×5년/2년＝50,000,000원
- 개발비 상각비 : 50,000,000÷5년＝10,000,000원

[1] 사원등록(부양가족명세)

연말 관계	성명	주민등록번호	기본공제	부녀자	한부모	경로 우대	장애인	자녀	출산 입양	위탁 관계
0.	정상수	861025-1234568	본인				1.			
1.	정학수	590218-1233345	60세이상							
1.	박순자	630815-2123456	60세이상							
3.	황효림	870424-2112343	부							
4.	정은란	100410-4134566	20세이하					○		
4.	정은수	140301-3789501	부							
4.	정은우	150420-3115981	20세이하					○		

- 정상수의 총급여가 배우자의 총급여보다 많기 때문에 부양가족공제는 정상수 쪽으로 공제하는 것이 세부담 측면에서 유리하다.
- 정상수 : 당해연도에 장애가 치유되었더라도 치유일 전일 기준으로 장애인공제 여부를 판단하므로 장애인 추가공제를 적용받을 수 있다.
- 정학수(부친) : 연금소득금액이 960,000원이므로 기본공제 대상이다.
  ※ 5,100,000원−[3,500,000원+(5,100,000원−3,500,000원)×40%]=960,000원
- 박순자(모친) : 보유 주택을 양도하였으나 양도차손 500,000원(=100,000,000원−100,500,000원)이 발생하였으므로 기본공제를 받을 수 있다.
- 자녀 정은란 : 기타소득금액(12,000,000×(1−80%)=2,400,000원)이 3,000,000원 이하로 선택적 분리과세가 가능하므로 분리과세를 선택하고 기본공제대상자로 하는 것이 세부담 최소화 측면에서 유리하다.
- 자녀 정은수 : 소득금액이 1,000,000원을 초과하므로 공제 대상이 아니다.
- 자녀 정은우 : 총수입금액 1,000,000원으로, 소득금액이 1,000,000원 이하이므로 기본공제 대상이다.

[2] (1) 기타소득자료입력(001.박서준, 지급년월일 2025년 8월 5일)

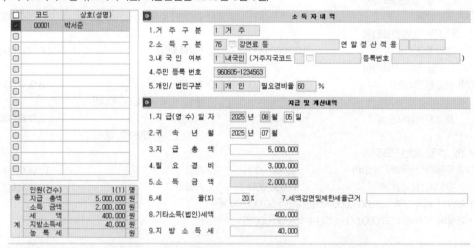

※ 고용관계 없는 일시적 강연료로 기타소득에 해당하며 필요경비 60%가 인정된다.

(2) 사업소득자료입력(003.강태주, 지급년월일 2025년 8월 5일)

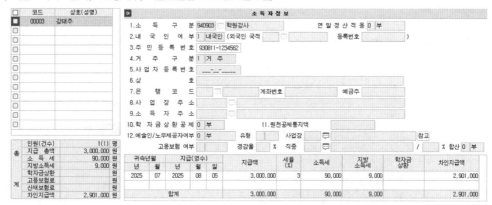

(3) 원천징수이행상황신고서(귀속 2025년 7월–7월, 지급 2025년 8월–8월) 작성하고 마감 실행

(4) 전자신고 메뉴에서 2.납세자자진신고, 지급기간 2025년 6월–6월 입력하고 F4 제작을 실행하고 비밀번호 20250204를 입력하고 확인한다.

(5) 국세청 홈택스 전자신고변환(교육용)을 실행하고 찾아보기에서 C : ₩에 생성된 파일을 선택한다. 전자파일을 찾은 후 하단의 형식검증하기부터 형식검증결과확인, 내용검증하기, 내용검증결과확인을 순차로 실행하고 비밀번호 창이 나오면 비밀번호 20250204를 입력한다.

(6) 최종적으로 전자파일제출을 실행하면 전자신고 완료되었다는 접수증이 나타난다.

문제 5

[1] (1) 기업업무추진비조정명세서(을)

| 1.기업업무추진비 입력 (을) | 2.기업업무추진비 조정 (갑) |

1. 수입금액명세

구 분	① 일반수입금액	② 특수관계인간 거래금액	③ 합 계(①+②)
금 액	2,525,000,000		2,525,000,000

2. 기업업무추진비 해당금액

④ 계정과목		합계	기업업무추진비(도급)	기업업무추진비(판)	
⑤ 계정금액		22,000,000	3,000,000	19,000,000	
⑥ 기업업무추진비계상액 중 사적사용경비		500,000		500,000	
⑦ 기업업무추진비해당금액(⑤-⑥)		21,500,000	2,500,000	19,000,000	
⑧ 신용카드 등 미사용금액	경조사비 중 기준금액 초과액	⑨신용카드 등 미사용금액			
		⑩총 초과금액			
	국외지역 지출액 (법인세법 시행령 제41조제2항제1호)	⑪신용카드 등 미사용금액			
		⑫총 지출액			
	농어민 지출액 (법인세법 시행령 제41조제2항제2호)	⑬송금명세서 미제출금액			
		⑭총 지출액			
	기업업무추진비 중 기준금액 초과액	⑮신용카드 등 미사용금액			
		(16) 초과금액	23,000,000	3,000,000	20,000,000
(17) 신용카드 등 미사용 부인액					
(18) 기업업무추진비 부인액(⑥+(17))		500,000		500,000	

- 기업업무추진비(판) 20,000,000원에서 전기 기업업무추진비 1,000,000원을 차감한 19,000,000원을 계정금액에 수정하여 입력한다.

(2) 세무조정

〈손금불산입〉 전기 기업업무추진비 　　　　　　　　1,000,000원　　　(유보감소)
〈손금산입〉 　건설중인자산 　　　　　　　　　　　　500,000원　　　(유보발생)
〈손금불산입〉 대표이사 개인적 사용 기업업무추진비　500,000원　　　(상여)

- 전기 이전의 세무조정은 적법하게 이루어졌다고 하였으므로 전기의 세무조정은 〈손금산입〉 기업업무추진비 (유보발생)으로 처리된 것으로 본다.
- 건설중인자산이 회계상 500,000원 과다계상 되었으므로 건설중인자산은 〈손금산입〉하고, 동 금액은 대표이사의 개인적 사용분으로서 법인의 손금에 해당하지 않기 때문에 〈손금불산입〉하고 대표자 상여로 소득처분한다.

[2] (1) 고정자산등록(206.기계장치, 001.기계장치, 취득년월일 2022-06-01, 상각방법 정액법)

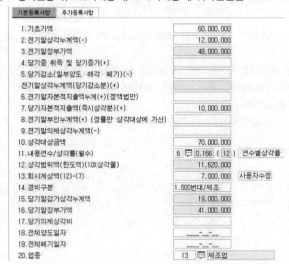

| 기본등록사항 | 추가등록사항 |

1.기초가액	60,000,000
2.전기말상각누계액(-)	12,000,000
3.전기말장부가액	48,000,000
4.당기중 취득 및 당기증가(+)	
5.당기감소(일부양도·매각·폐기)(-)	
전기말상각누계액(당기감소분)(+)	
6.전기말자본적지출액누계(+)(정액법만)	
7.당기자본적지출액(즉시상각분)(+)	10,000,000
8.전기말부인누계액(+) (정률만 상각대상에 가산)	
9.전기말의제상각누계액(-)	
10.상각대상금액	70,000,000
11.내용연수/상각률(월수)	6 □ 0.166 (12) 연수별상각률
12.상각범위액(한도액)(10X상각율)	11,620,000
13.회사계상액(12)-(7)	7,000,000 　사용자수정
14.경비구분	1.500번대/제조
15.당기말감가상각누계액	19,000,000
16.당기말장부가액	41,000,000
17.당기의제상각비	
18.전체양도일자	
19.전체폐기일자	
20.업종	13 □ 제조업

(2) 미상각자산감가상각조정명세서(유형자산(정액법), 206.기계장치)

입력내용		금액	총계
업종코드/명 13	제조업		
합계표 자산구분	2. 기계장치		
(4)내용연수(기준.신고)		6	
상각 계산 의 기초 가액	재무상태표 자산가액	(5)기말현재액	60,000,000	60,000,000
		(6)감가상각누계액	19,000,000	19,000,000
		(7)미상각잔액(5)-(6)	41,000,000	41,000,000
	회사계산 상각비	(8)전기말누계	12,000,000	12,000,000
		(9)당기상각비	7,000,000	7,000,000
		(10)당기말누계(8)+(9)	19,000,000	19,000,000
	자본적 지출액	(11)전기말누계		
		(12)당기지출액	10,000,000	10,000,000
		(13)합계(11)+(12)	10,000,000	10,000,000
(14)취득가액((7)+(10)+(13))		70,000,000	70,000,000
(15)일반상각률,특별상각률		0.166	
상각범위 액계산	당기산출 상각액	(16)일반상각액	11,620,000	11,620,000
		(17)특별상각액		
		(18)계((16)+(17))	11,620,000	11,620,000
	(19) 당기상각시인범위액		11,620,000	11,620,000
(20)회사계상상각액((9)+(12))		17,000,000	17,000,000
(21)차감액((20)-(19))		5,380,000	5,380,000
(22)최저한세적용에따른특별상각부인액			
조정액	(23) 상각부인액((21)+(22))		5,380,000	5,380,000
	(24) 기왕부인액중당기손금추인액			
부인액 누계	(25) 전기말부인누계액			
	(26) 당기말부인누계액 (25)+(23)-|24|		5,380,000	5,380,000

(3) 세무조정

〈손금불산입〉 기계장치감가상각부인액 5,380,000원 (유보발생)

〈손금산입〉 전기오류수정손실 3,000,000원 (기타)

• 감가상각방법은 정상적으로 신고하였으므로 신고한 정액법을 적용하고, 내용연수는 무신고하였으므로 기준내용연수 6년을 적용하여 세무조정한다.

• 전기오류수정손실(이익잉여금)으로 계상한 감가상각비는 손금산입(기타)하고 회사가 계상한 감가상각비에 가산하고 감가상각비 시부인액을 계산하여야 한다.

• 회사계상 감가상각비 = 제조원가명세서 반영 상각비 + 전기오류수정손실 + 즉시상각의제
4,000,000 + 3,000,000 + 10,000,000 = 17,000,000원

• 수선비로 처리한 자본적 지출액은 회사가 계상한 감가상각비로 보는 즉시상각의제에 해당한다.

• 상각범위액 = (취득가액 + 자본적지출액) × 상각률 : (60,000,000 + 10,000,000) × 0.166 = 11,620,000원

• 상각부인액 = 회사계상 상각비 − 상각범위액 : (17,000,000 − 11,620,000 = 5,380,000원)

[3] (1) 가지급금등의인정이자조정명세서(1.가지급금.가수금 입력 탭)

• 대표이사에게 미지급한 소득에 대한 소득세 대납액은 가지급금으로 보지 않는다.

• 당좌대출이자율을 한번 선택하면 3년간 계속 적용하여야 하며, 차입금과 무관하므로 2.차입금 입력 탭은 작성하지 않는다.

(2) 가지급금등의인정이자조정명세서(4.인정이자조정 : (갑)지 탭)

1.가지급금.가수금 입력	2.차입금 입력	3.인정이자계산 : (을)지	4.인정이자조정 : (갑)지				이자율선택 : [1] 당좌대출이자율로 계산

◎ 3.당좌대출이자율에 따른 가지급금 등의 인정이자 조정 (연일수 : 365일)

No	10.성명	11.가지급금적수	12.가수금적수	13.차감적수(11-12)	14.이자율(%)	15.인정이자(13X14)	16.회사계상액	시가인정범위		19.조정액(=17) 17>=3억,18>=5%
								17.차액(15-16)	18.비율(%)	
1	장경석	24,980,000,000		24,980,000,000	4.60	3,148,164		3,148,164	100.00000	3,148,164

(3) 세무조정

〈익금불산입〉 미수이자　　　　　　　　2,000,000원　　　(유보발생)
〈익금산입〉　가지급금인정이자　　　　3,148,164원　　　(상여)

[4] 법인세과세표준 및 세액조정계산서

① 각사업연도소득계산	101.결 산 서 상 당 기 순 손 익	01	400,000,000
	소득조정금액　102.익 금 산 입	02	83,000,000
	103.손 금 산 입	03	3,000,000
	104.차 가 감 소 득 금 액 (101+102-103)	04	480,000,000
	105.기 부 금 한 도 초 과 액	05	
	106.기 부 금 한 도 초 과 이월액 손금산입	54	
	107.각 사 업 연 도 소 득 금 액(104+105-106)	06	480,000,000

② 과세표준계산	108.각 사 업 연 도 소 득 금 액 (108=107)		480,000,000
	109.이 월 결 손 금	07	
	110.비 과 세 소 득	08	
	111.소 득 공 제	09	
	112.과 세 표 준 (108-109-110-111)	10	480,000,000
	159.선 박 표 준 이 익	55	

③ 산출세액계산	113.과 세 표 준 (113=112+159)	56	480,000,000
	114.세 율	11	19%
	115.산 출 세 액	12	71,200,000
	116.지 점 유 보 소 득 (법 제96조)	13	
	117.세 율	14	
	118.산 출 세 액	15	
	119.합 계 (115+118)	16	71,200,000

④ 납부할세액계산	120.산 출 세 액 (120=119)		71,200,000
	121.최저한세 적용 대상 공제 감면 세액	17	8,900,000
	122.차 감 세 액	18	62,300,000
	123.최저한세 적용제외 공제 감면 세액	19	
	124.가 산 세 액	20	500,000
	125.가 감 계 (122-123+124)	21	62,800,000
⑤ 기납부세액	기한내납부세액 126.중 간 예 납 세 액	22	20,000,000
	127.수 시 부 과 세 액	23	
	128.원 천 납 부 세 액	24	
	129.간접 회사등 외국 납부세액	25	
	130.소 계(126+127+128+129)	26	20,000,000
	131.신 고 납부전 가 산 세 액	27	
	132.합 계 (130+131)	28	20,000,000
	133.감 면 분 추 가 납 부 세 액	29	
	134.차 가 감 납 부 할 세 액(125-132+133)	30	42,800,000

⑥토지등 양도소득, ⑥미환류소득 법인세 계산 (TAB로 이동)

⑦ 세액계	151.차감 납부할 세액계 (134+150+166)	46	42,800,000
	152.사 실 과 다 른 회계 처리 경정 세액공제	57	
	153.분 납 세 액 계 산 범 위 액 (151-124-133-145-152+131)	47	42,300,000
	154.분 납 할 세 액	48	21,150,000
	155.차 감 납 부 세 액 (151-152-154)	49	21,650,000

• 최저한세적용대상공제감면세액 : 산출세액 × $\dfrac{감면소득금액}{과세표준}$ × 감면율

$$71,200,000 \times \dfrac{300,000,000}{480,000,000} \times 0.2 = 8,900,000원$$

[5] (1) 자본금과적립금조정명세서(을)

자본금과적립금조정명세서(을)	자본금과적립금조정명세서(병)	자본금과적립금조정명세서(갑)	이월결손금

◎ I.세무조정유보소득계산

①과목 또는 사항	②기초잔액	당 기 중 증 감		⑤기말잔액 (=②-③+④)	비 고
		③감 소	④증 가		
업무용승용차	5,200,000	5,200,000			
단기매매증권	12,000,000	5,000,000		7,000,000	

(2) 자본금과적립금조정명세서(갑)

자본금과적립금조정명세서(을)	자본금과적립금조정명세서(병)	자본금과적립금조정명세서(갑)	이월결손금

◎ I.자본금과 적립금 계산서

①과목 또는 사항		코드	②기초잔액	당 기 중 증 감		⑤기 말 잔 액 (=②-③+④)	비 고
				③감 소	④증 가		
자본금및 잉여금의 계산	1.자 본 금	01	200,000,000		50,000,000	250,000,000	
	2.자 본 잉 여 금	02	50,000,000	20,000,000		30,000,000	
	3.자 본 조 정	15	20,000,000			20,000,000	
	4.기타포괄손익누계액	18	50,000,000			50,000,000	
	5.이 익 잉 여 금	14	52,000,000		55,000,000	107,000,000	
	12.기타	17					
	6.계	20	372,000,000	20,000,000	105,000,000	457,000,000	
7.자본금과 적립금명세서(을)계 + (병)계		21	17,200,000	10,200,000		7,000,000	
손익미계상 법인세 등	8.법 인 세	22			1,200,000	1,200,000	
	9.지 방 소 득 세	23			150,000	150,000	
	10. 계 (8+9)	30			1,350,000	1,350,000	
11.차 가 감 계 (6+7-10)		31	389,200,000	30,200,000	103,650,000	462,650,000	

113회 기출문제연습 해답

[1] 10월 04일 매입매출전표 입력

유형 : 11.과세, 공급가액 : 30,000,000, 부가세 : 3,000,000, 공급처 : ㈜상곡전자, 전자 : 여, 분개 : 혼합

(차) 외상매출금	23,000,000	(대) 부가세예수금	3,000,000
보통예금	10,000,000	제품매출	30,000,000

[2] 10월 11일 매입매출전표입력

유형 : 61.현과, 공급가액 : 300,000, 부가세 : 30,000, 공급처 : 대박식당, 분개 : 현금 또는 혼합

(차) 부가세대급금	30,000	(대) 현 금	330,000
복리후생비(제)	300,000		

[3] 11월 03일 일반전표입력

(차) 단기매매증권	2,650,000	(대) 보통예금	2,800,000
토 지	150,000		

[4] 12월 03일 일반전표입력

(차) 부가세예수금	2,000,000	(대) 외상매출금(㈜가나)	22,000,000
대손충당금(109)	9,000,000		
대손상각비	11,000,000		

문제 2

[1] (1) 과표명세

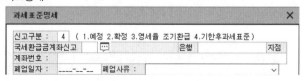

(2) 부가가치세신고서(2025년 7월 1일~9월 30일, 기한후)

	구분		정기신고금액		
			금액	세율	세액
과세표준및매출세액	과세	세금계산서발급분	1	500,000,000	10/100	50,000,000
		매입자발행세금계산서	2		10/100	
		신용카드·현금영수증발행분	3	10,000,000	10/100	1,000,000
		기타(정규영수증외매출분)	4			
	영세	세금계산서발급분	5		0/100	
		기타	6	250,000,000	0/100	
	예정신고누락분		7			
	대손세액가감		8			
	합계		9	760,000,000	㉮	51,000,000
매입세액	세금계산서수취분	일반매입	10	305,000,000		30,500,000
		수출기업수입분납부유예	10-1			
		고정자산매입	11	100,000,000		10,000,000
	예정신고누락분		12			
	매입자발행세금계산서		13			
	그 밖의 공제매입세액		14	7,000,000		700,000
	합계(10)-(10-1)+(11)+(12)+(13)+(14)		15	412,000,000		41,200,000
	공제받지못할매입세액		16	5,000,000		500,000
	차감계 (15-16)		17	407,000,000	㉯	40,700,000
납부(환급)세액(매출세액㉮-매입세액㉯)					㉰	10,300,000
경감공제세액	그 밖의 경감·공제세액		18			
	신용카드매출전표등 발행공제등		19			
	합계		20		㉱	
소규모 개인사업자 부가가치세 감면세액			20-1		㉲	
예정신고미환급세액			21		㉳	
예정고지세액			22		㉴	
사업양수자의 대리납부 기납부세액			23		㉵	
매입자 납부특례 기납부세액			24		㉶	
신용카드업자의 대리납부 기납부세액			25		㉷	
가산세액계			26		㉸	1,677,660
차가감하여 납부할세액(환급받을세액)㉮-㉯-㉱-㉲-㉳-㉴-㉵-㉶-㉷+㉸			27			11,977,660
총괄납부사업자가 납부할 세액(환급받을 세액)						

	구분		금액	세율	세액
7.매출(예정신고누락분)	예정누락분	과 세금계산서	33		10/100	
		세 기타	34		10/100	
		영 세금계산서	35		0/100	
		세 기타	36		0/100	
	합계		37			
12.매입(예정신고누락분)	예정누락분	세금계산서	38			
		그 밖의 공제매입세액	39			
		합계	40			
	신용카드매출	일반매입				
	수령금액합계	고정매입				
	의제매입세액					
	재활용폐자원등매입세액					
	과세사업전환매입세액					
	재고매입세액					
	변제대손세액					
	외국인관광객에대한환급세액					
	합계					
14.그 밖의 공제매입세액	신용카드매출	일반매입	41	7,000,000		700,000
	수령금액합계표	고정매입	42			
	의제매입세액		43		뒤쪽	
	재활용폐자원등매입세액		44		뒤쪽	
	과세사업전환매입세액		45			
	재고매입세액		46			
	변제대손세액		47			
	외국인관광객에대한환급세액		48			
	합계		49	7,000,000		700,000

	구분		금액	세율	세액
16.공제받지못할매입세액	공제받지못할 매입세액		50	5,000,000		500,000
	공통매입세액면세등사업분		51			
	대손처분받은세액		52			
	합계		53	5,000,000		500,000
18.그 밖의 경감·공제세액	전자신고 및 전자고지 세액공제		54			
	전자세금계산서발급세액공제		55			
	택시운송사업자경감세액		56			
	대리납부세액공제		57			
	현금영수증사업자세액공제		58			
	기타		59			
	합계		60			

25.가산세명세			금액	세율	세액
사업자미등록등		61		1/100	
세금계산서	지연발급 등	62		1/100	
	지연수취	63		5/1,000	
	미발급 등	64		뒤쪽참조	
전자세금 발급명세	지연전송	65		3/1,000	
	미전송	66		5/1,000	
세금계산서 합계표	제출불성실	67		5/1,000	
	지연제출	68		3/1,000	
신고 불성실	무신고(일반)	69	10,300,000	뒤쪽	1,030,000
	무신고(부당)	70		뒤쪽	
	과소·초과환급(일반)	71		뒤쪽	
	과소·초과환급(부당)	72		뒤쪽	
납부지연		73	10,300,000	뒤쪽	22,660
영세율과세표준신고불성실		74	250,000,000	5/1,000	625,000
현금매출명세서불성실		75		1/100	
부동산임대공급가액명세서		76		1/100	
매입자 납부특례	거래계좌 미사용	77		뒤쪽	
	거래계좌 지연입금	78		뒤쪽	
신용카드매출전표등수령명세서미제출·과다기재		79		5/1,000	
합계		80			1,677,660

[2] 신용카드매출전표등수령명세서(조회기간 2025년 4월~6월)

□ 2. 신용카드 등 매입내역 합계

구분	거래건수	공급가액	세액
합 계	1	30,000	3,000
현금영수증	1	30,000	3,000
화물운전자복지카드			
사업용신용카드			
그 밖의 신용카드			

□ 3. 거래내역입력

No	월/일	구분	공급자	공급자(가맹점)사업자등록번호	카드회원번호	그 밖의 신용카드 등 거래내역 합계		
						거래건수	공급가액	세액
1	05-03	현금	손 칼국수	104-27-86122		1	30,000	3,000
2								
	합계					1	30,000	3,000

• 4월 2일 기업업무추진비로 매입세액불공제 대상
• 5월 3일 세금계산서 발급 대상 간이과세자로부터 발급받은 현금영수증은 매입세액 공제 대상이다.
• 6월 18일 전자세금계산서를 수취하였으므로 신용카드매출전표등수령명세서에는 작성하지 않는다.
• 6월 24일 여객운송업자로부터 매입한 것은 매입세액공제 대상이 아니다.

[3] (1) 수출실적명세서(조회기간 : 2025년 10월~12월, 2기확정, 과세기간별입력)

(12)번호	(13) 수출신고번호	(14)선(기)적일자	(15)통화코드	(16) 환율	금 액		전표정보	
					(17) 외화	(18) 원화	코드	거래처명
1	71234-56-789001X	2025.10.20.	USD	1,300.0000	20,000.00	26,000,000		
2								

(2) 내국신용장 · 구매확인서전자발급명세서(조회기간 : 2025년 10월~12월, 2기확정)

(12)번호	(13)구분	(14)서류번호	(15)발급일	품목	거래처정보		(17)금액	전표일자	비고
					거래처명	(16)공급받는자의 사업자번호			
1	구매확인서	PKT20251211888	2025-12-10	가전	㈜인생테크	155-87-11813	50,000,000		
2									

 문제 **3**

[1] 12월 31일 일반전표입력

 (차) 무형자산손상차손   25,000,000   (대) 특허권   25,000,000

 • 무형자산손상차손 = 특허권 잔액(합계잔액시산표 조회) − 회수가능액

  30,000,000 − 5,000,000 = 25,000,000원

[2] 12월 31일 일반전표입력

 (차) 이자비용   1,800,000   (대) 미지급비용   1,800,000

 • 이자비용 : 40,000,000 × 6% × 9/12 = 1,800,000원

[3] 12월 31일 일반전표입력

 (차) 매도가능증권   5,000,000   (대) 매도가능증권평가손실 1,000,000

                 매도가능증권평가이익 4,000,000

[4] 결산자료입력에서 입력 후 F3 전표추가

 • 기말 원재료 : 5,000,000원, • 기말 재공품 : 6,100,000원, • 기말 제품 : 7,800,000원

 문제 **4**

[1] (1) 기타소득자등록

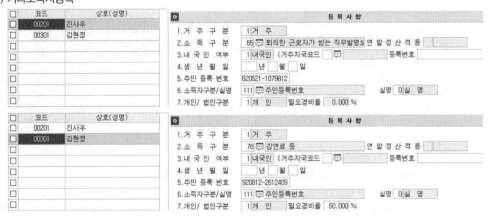

(2) 기타소득자료입력(지급년월일 : 2025년 8월 9일)

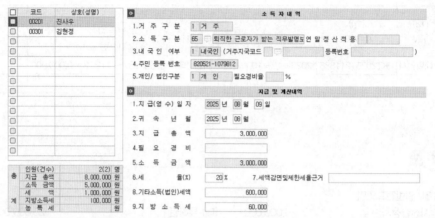

- 직무발명보상금은 7,000,000원까지 비과세이므로 비과세를 초과하는 3,000,000원만 기타소득으로 입력한다.

(3) 원천징수이행상황신고서(귀속기간 20025년 8월 – 8월, 지급기간 2025년 8월 – 8월)

(4) 원천징수이행상황신고서 화면이 조회되면 상단의 F8마감을 실행한다.

(5) 전자신고 메뉴를 열고 신고인구분 : 2.납세자자진신고, 지급기간 : 2025년 8월~8월을 입력한 다음 상단의 F4제작을 실행하고 비밀번호 창에 임의번호(12345678)을 입력하면 완성된 전자파일이 바탕화면에 저장된다.

(3) F6홈택스바로가기를 실행하면 국세청 홈택스 전자신고변환(교육용) 화면이 열린다. 화면 중간 우측에 있는 찾아보기를 실행하여 바탕화면의 전자파일을 검색하여 선택하면 전자파일명이 선택한 파일내역에 표시된다.

(4) 전자파일을 찾은 후 하단의 형식검증하기를 실행하고 나타나는 비밀번호 입력화면에서 비밀번호로 임의번호(12345678)을 입력한다. 이어서 형식검증결과확인과 내용검증하기 및 내용검증결과확인을 클릭한다.

(5) 내용검증에서 오류가 나타나지 않으면 전자파일제출을 클릭한다. 최종적으로 전자파일제출하기를 클릭하면 전자신고가 완료되었다는 접수증이 나타난다.

[2] (1) 급여자료입력(귀속기간 2025년 2월, 지급년월일 2025년 2월 28일)

사번	사원명	감면율
100	오민수	

급여항목	금액
기본급	4,500,000
상여	
직책수당	300,000
월차수당	
식대	200,000
자가운전보조금	200,000
야간근로수당	500,000
과 세	5,300,000
비 과 세	400,000
지 급 총 액	5,700,000

공제항목	금액
국민연금	220,000
건강보험	170,000
장기요양보험	22,010
고용보험	42,400
소득세(100%)	377,540
지방소득세	37,750
농특세	
연말정산소득세	418,500
연말정산지방소득세	41,850
연말정산농특세	
공 제 총 액	1,330,050
차 인 지 급 액	4,369,950

총인원(퇴사자) 1(0)

• [F7]중도퇴사자정산▼]>[F11]분납적용]>[연말정산불러오기]>[분납(환급)계산]>[분납적용(Tab)]

(2) 원천징수이행상황신고서(귀속기간 2025년 2월~2월, 지급기간 2025년 2월~2월)

소득자 소득구분		코드	소득지급		징수세액			당월조정환급세액	납부세액	
			인원	총지급액	소득세 등	농어촌특별세	가산세		소득세 등	농어촌특별세
근로소득	간이세액	A01	1	5,500,000	377,540					
	중도퇴사	A02								
	일용근로	A03								
	연말정산	A04	1	58,800,000	1,255,500					
	(분납신청)	A05	1		837,000					
	(납부금액)	A06			418,500					
	가 감 계	A10	2	64,300,000	796,040				796,040	
퇴직소득	연금계좌	A21								
	그 외	A22								
	가 감 계	A20								
사업소득	매월징수	A25								
	연말정산	A26								
	가 감 계	A30								
기타소득	연금계좌	A41								
	종교인매월	A43								
	종교인연말	A44								
	가상자산	A49								

전월 미환급 세액의 계산				당월 발생 환급세액				18.조정대상환급(14+15+16+17)	19.당월조정환급세액계	20.차월이월환급세액	21.환급신청액
12.전월미환급	13.기환급	14.차감(12-13)	15.일반환급	16.신탁재산	금융회사 등	합병 등					

문제 5

[1] (1) 가산세액계산서

신고납부가산세	미제출가산세	토지등양도소득가산세	미환류소득

구분		계산기준	기준금액	가산세율	코드	가산세액
지급 명세서	지출증명서류	미(허위)수취금액	3,200,000	2/100	8	64,000
		미(누락)제출금액		10/1,000	9	
		불분명금액		1/100	10	
	상증법 82조 1 6	미(누락)제출금액		2/1,000	61	
		불분명금액		2/1,000	62	
	상증법 82조 3 4	미(누락)제출금액		2/10,000	67	
		불분명금액		2/10,000	68	
	법인세법 제75의7①(일용근로)	미제출금액		25/10,000	96	
		불분명등		25/10,000	97	
	법인세법 제75의7①(간이지급명세서)	미제출금액		25/10,000	102	
		불분명등		25/10,000	103	
	소 계				11	
주식등변동 상황명세서	미제출	액면(출자)금액	100,000,000	10/1,000	12	1,000,000
	누락제출	액면(출자)금액		10/1,000	13	
	불분명	액면(출자)금액		1/100	14	
	소 계				15	1,000,000
주주등명세서	미(누락)제출	액면(출자)금액		5/1,000	69	
	불분명	액면(출자)금액		5/1,000	73	
	소 계				74	

• 건당 3만원 초과인 소모품비는 손금으로 인정되나, 증명서류수취불성실가산세 대상이다.

• 기업업무추진비는 한 차례 3만원을 초과하는 경우, 적격 증명서류 미수령 시 전액 손금불산입되므로 가산세는 발생하지 않는다.

- 간이과세자로부터 제공받는 부동산임대용역의 경우, 적격증명서류가 없더라도 경비등송금명세서를 제출하는 경우 가산세 제외 대상이다.
- 사업연도 중 주식 등의 변동사항이 있는 법인은 각사업연도소득에 대한 법인세 과세표준과 세액의 신고기한까지 주식등변동상황명세서를 제출해야 한다.

(2) 법인세과세표준및세액조정계산서

	120. 산 출 세 액 (120+119)			
④	121. 최저한세 적 용 대 상 공 제 감 면 세 액	17		
납	122. 차 감 세 액	18		
	123. 최저한세 적 용 제 외 공 제 감 면 세 액	19		
부	124. 가 산 세 액	20	1,064,000	
	125. 가 감 계 (122-123+124)	21	1,064,000	
할	기 납 126. 중 간 예 납 세 액	22		
	기 한 내 127. 수 시 부 과 세 액	23		
세	납 부 납 부 128. 원 천 납 부 세 액	24		
	부 세 액 129. 간접 회사등 외국 납부세액	25		
액	액 130. 소 계 (126+127+128+129)	26		
계	131. 신 고 납 부 전 가 산 세 액	27		
	132. 합 계 (130+131)	28		

[2] (1) 외화자산등평가차손익조정명세서(외화자산,부채의 평가(을지) 탭)

외화자산,부채의평가(을지) / 통화선도,스왑,환변동보험의평가(을지) / 환율조정차,대등(갑지)

No	②외화종류(자산)	③외화금액	④장부가액 ⑤적용환율	④장부가액 ⑥원화금액	⑦평가금액 ⑧적용환율	⑦평가금액 ⑨원화금액	⑩평가손익 자 산(⑨-⑥)
1	USD	50,000.00	1,300.0000	65,000,000	1,250.0000	62,500,000	-2,500,000
2							
	합 계			65,000,000		62,500,000	-2,500,000

No	②외화종류(부채)	③외화금액	④장부가액 ⑤적용환율	④장부가액 ⑥원화금액	⑦평가금액 ⑧적용환율	⑦평가금액 ⑨원화금액	⑩평가손익 부 채(⑥-⑨)
1	USD	30,000.00	1,300.0000	39,000,000	1,250.0000	37,500,000	1,500,000
2							
	합 계			39,000,000		37,500,000	1,500,000

(2) 세무조정

〈손금산입〉 외상매출금 2,500,000원 (유보발생)
〈익금산입〉 외상매입금 1,500,000원 (유보발생)

[3] (1) 가지급금등의 인정이자 조정명세서(적용이자율 선택 : (2)가중평균차입이자율로 계산)

① 가지급금가수금 입력 탭(가지급금가수금 선택 : 1.가지급금)

	직 책	성 명		적요	년월일	차 변	대 변	잔 액	일수	적수
1	대표이사	김초월	1	1.전기이월	2025-01-01	100,000,000		100,000,000	33	3,300,000,000
2			2	2.대여	2025-02-03	50,000,000		150,000,000	328	49,200,000,000
			3	3.회수	2025-12-28		70,000,000	80,000,000	4	320,000,000
			4							

② 가지급금가수금 입력 탭(가지급금가수금 선택 : 2.가수금)

	직 책	성 명		적요	년월일	차 변	대 변	잔 액	일수	적수
1	대표이사	김초월	1	2.가수	2025-05-10		30,000,000	30,000,000	236	7,080,000,000
2			2							

※ 가지급금과 가수금 발생 시에 이자율, 상환기간에 대한 약정이 각각 체결된 경우가 아니라면, 동일인에 대한 가지급금, 가수금은 서로 상계하여 인정이자를 계산한다.

③ 차입금입력 탭(차입금이자 불러오기)

	거래처명		적요	년월일	차 변	대 변	이자대상금액	이자율%	이자
1	푸른은행	1	1.전기이월	2025-01-01		200,000,000	200,000,000	4.5000	9,000,000

	거래처명		적요	년월일	차 변	대 변	이자대상금액	이자율%	이자
1	초록은행	1	1.전기이월	2025-01-01		500,000,000	500,000,000	4.5000	16,000,000

④ 인정이자 조정(갑) 탭

1. 성명	2. 가지급금적수	3. 가수금적수	4.차감적수 (2−3)	5.인정이자	6.회사 계상액	시가인정범위		9.조정액(=7) 7>=3억, 8>=5%
						7.차액(5−6)	8.비율(%)	
김초월	52,820,000,000	7,080,000,000	45,740,000,000	5,012,601	2,000,000	3,012,601	60.10055	3,012,601

(2) 세무조정

〈익금산입〉　가지급금 인정이자　　　　3,012,601원　　　(상여)

[4] (1) 선급비용명세서

계정구분	거래내용	거래처	대상기간		지급액	선급비용	회사 계상액	조정대상 금액
			시작일	종료일				
선급임차료	임차료 지급	㈜다대여	2025−06−01	2026−05−31	12,000,000	4,964,383	12,000,000	−7,035,617
선급보험료	보험료 지급	㈜다보호화재	2025−06−01	2026−05−31	2,400,000	992,876		992,876
합 계					14,400,000	5,957,259	12,000,000	−6,042,741

(2) 세무조정

〈손금산입〉　　선급임차료　　　　7,035,617원　　(유보발생)
〈손금불산입〉　선급보험료　　　　　992,876원　　(유보발생)
〈손금산입〉　　전기 선급보험료　　1,000,000원　　(유보감소)

※ F4계정구분등록을 실행하여 보조창에서 선급임차료를 양편산입으로 수정하고 입력하여야 한다.

[5] 자본금과적립금조정명세서

자본금과적립금조정명세서(을)	자본금과적립금조정명세서(병)	자본금과적립금조정명세서(갑)	이월결손금

○ Ⅱ.이월결손금 계산서

1. 이월결손금 발생 및 증감내역

(6) 사업연도	이월결손금			감 소 내 역						잔 액		
	발 생 액		(9)배 분 한도초과 결손금{(9)=(25)}	(10) 소급공제	(11) 차감계	(12) 기공제액	(13) 당기 공제액	(14) 보 전	(15) 계	(16) 기한 내	(17) 기한 경과	(18) 계
	(7) 계	(8)일반 결손금										
2010-12-31	150,000,000	150,000,000		50,000,000	100,000,000	40,000,000		40,000,000	80,000,000		20,000,000	20,000,000
2021-12-31	70,000,000	70,000,000			70,000,000	20,000,000	50,000,000		70,000,000			
2023-12-31	100,000,000	100,000,000			100,000,000		100,000,000		100,000,000			
계	320,000,000	320,000,000		50,000,000	270,000,000	60,000,000	150,000,000	40,000,000	250,000,000		20,000,000	20,000,000

• 자산수증익을 결손보전에 사용하는 경우 결손금 발생연도와 관계없이 보전되므로 2010년 발생분부터 순차적으로 보전하며, 결손금 잔액은 기한 경과 금액이다.

[1] 07월 06일 매입매출전표입력

유형 : 54.불공(불공사유 : ④), 공급가액 : 1,500,000, 부가세 : 150,000, 공급처 : 만물상사, 전자 : 여, 분개 : 혼합

(차) 기업업무추진비(판)	1,650,000	(대) 보통예금	1,650,000

[2] 07월 20일 일반전표입력

(차) 외상매입금(㈜대성)	55,000,000	(대) 보통예금	54,000,000
		채무면제이익	1,000,000

[3] 08월 20일 일반전표입력

(차) 보통예금	40,000,000	(대) 자본금	50,000,000
주식발행초과금	5,000,000		
주식할인발행차금	5,000,000		

[4] 09월 01일 매입매출입력

유형 : 11.과세, 공급가액 : 40,000,000, 부가세 : 4,000,000, 공급처 : ㈜미누전자, 전자 : 여, 분개 : 혼합

(차) 감가상각누계액(207.)	21,000,000	(대) 부가세예수금	4,000,000
국고보조금(217.)	24,000,000	기계장치	75,000,000
미수금	44,000,000	유형자산처분이익	10,000,000

[1] 부동산임대공급가액명세서

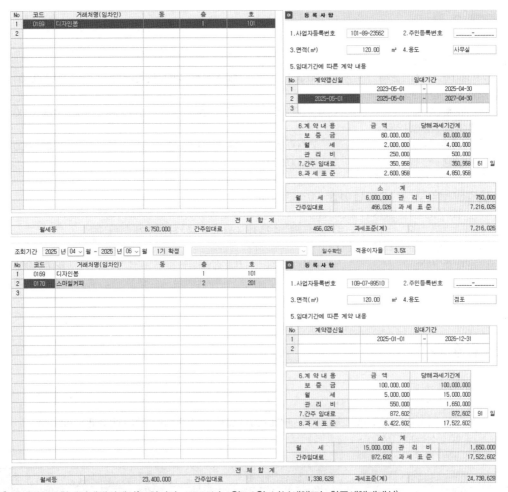

[2] 공제받지못할매입세액명세서(조회기간 : 2025년 4월~6월, 납부세액또는환급세액재계산)

자산	(20)해당재화의 매입세액	(21)경감률[1-(체감률★경과된과세기간의수)]			(22)증가 또는 감소된 면세공급가액(사용면적)비율					(23)가산또는 공제되는 매입세액 (20)*(21)*(22)
		취득년월	체감률	경과 과세기간	경감률	당기		직전		
						총공급	면세공급	총공급	면세공급	증가율	
1.건물,구축물	10,000,000	2024-02	5	2	90	750,000,000.00	307,500,000.00	700,000,000.00	224,000,000.00	9.000000	810,000
2.기타자산	5,000,000	2024-07	25	1	75	750,000,000.00	307,500,000.00	700,000,000.00	224,000,000.00	9.000000	337,500

[3] 대손세액공제신고서(대손발생, 조회기간 : 2025년 4월~6월, 1기 확정)

당초공급일	대손확정일	대손금액	공제율	대손세액	거래처	대손사유	
2022-05-01	2025-05-02	3,300,000	10/110	300,000	㈜일월산업	6.	소멸시효완성
2024-05-08	2025-05-21	11,000,000	10/110	1,000,000	세월무역	5.	부도(6개월 경과)
2024-06-20	2025-04-09	6,600,000	10/110	600,000	㈜오월상사	1.	파산
2024-11-05	2025-06-11	5,500,000	10/110	500,000	㈜유월물산	5.	부도(6개월 경과)

[1] 12월 31일 일반전표입력
   (차) 장기차입금(삼일은행)　　　30,000,000　　　(대) 유동성장기부채(삼일은행)　　　30,000,000
[2] 12월 31일 일반전표입력
   (차) 외화환산손실　　　6,000,000　　　(대) 외상매출금(미국 Z사)　　　6,000,000
[3] 12월 31일 일반전표입력
   (차) 부가세예수금　　　50,000,000　　　(대) 부가세대급금　　　62,000,000
   　　　미수금　　　12,000,000
[4] ① 또는 ②를 선택하여 입력
   ① 결산자료입력(기간 : 2025년 01월~2025년 12월)
      9. 법인세등>1). 선납세금 결산반영금액 12,750,000원 입력
                  2). 추가계상액 결산반영금액 14,250,000원 입력 후 F3전표추가
   ② 12월 31일 일반전표입력
      (차) 법인세등　　　27,000,000　　　(대) 선납세금　　　12,750,000
      　　　　　　　　　　　　　　　　　　　　　미지급세금　　　14,250,000

문제 **4**

[1] (1) 사원등록
   ① 기본사항 입력
      사번 101, 김서울, 주민번호 801003-1450756, 1.입사년월일 2025년 2월 1일, 7.국외근로 0.부,
      10.생산직여부 0.부
   ② 부양가족명세

연말관계	성명	주민등록번호	기본공제	세대주구분	부녀자	한부모	경로우대	장애인	자녀	출산입양	위탁관계
0.	김서울	801003-1450756	본인	세대주							
1.	김청주	520812-1450871	60세이상				○				
1.	최영주	570705-2450851	60세이상								
3.	이진주	840725-2450714	배우자								
4.	김대전	030708-3450716	장애인					1.	○		
4.	김대구	080815-4450852	20세이하						○		
6.	김부산	760205-1450711	장애인					1.			

(2) 급여자료입력
   ① 수당공제등록

② 급여자료입력(귀속년월 2025년 2월, 지급년월일 2025년 2월 25일)

☐	사번	사원명	감면율
☑	101	김서울	
☐			
☐			
☐			
☐			
☐			
☐			
☐			

총인원(퇴사자)   1(0)

급여항목	금액
기본급	4,800,000
상여	2,400,000
직책수당	400,000
월차수당	150,000
식대	300,000
자가운전보조금	300,000
과 세	7,950,000
비 과 세	400,000
지 급 총 액	8,350,000

공제항목	금액
국민연금	375,750
건강보험	141,950
장기요양보험	18,380
고용보험	71,550
소득세(100%)	605,880
지방소득세	60,580
농특세	
공 제 총 액	1,274,090
차 인 지 급 액	7,075,910

(3) 원천징수이행상황신고서(귀속기간 2025년 2월 – 2월, 지급기간 2025년 2월 – 2월)

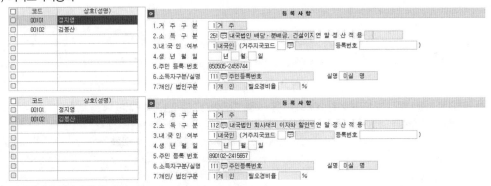

	소득자 소득구분		코드	소득지급		징수세액			당월조정 환급세액	납부세액	
				인원	총지급액	소득세 등	농어촌특별세	가산세		소득세 등	농어촌특별세
개인	근로소득	간이세액	A01	1	8,150,000	605,880					
		중도퇴사	A02								
		일용근로	A03								
		연말정산	A04								
		(분납신청)	A05								
		(납부금액)	A06								
		가 감 계	A10	1	8,150,000	605,880				605,880	
	퇴직소득	연금계좌	A21								
		그 외	A22								
		가 감 계	A20								

[2] (1) 기타소득자등록

☐	코드	상호(성명)
☐	00101	정지영
☐	00102	김봉산
☐		
☐		
☐		
☐		
☐		
☐		

등록사항
1. 거 주 구 분   1 거 주
2. 소 득 구 분   251 내국법인 배당·분배금, 건설이자 연 말 정 산 적 용
3. 내 국 인 여 부   1 내국인 (거주지국코드   등록번호   )
4. 생 년 월 일   년   월   일
5. 주민 등록 번호   850505-2455744
6. 소득자구분/실명   111 주민등록번호   실명 0 실 명
7. 개인/ 법인구분   1 개 인   필요경비율   %

☐	코드	상호(성명)
☐	00101	정지영
☑	00102	김봉산
☐		
☐		
☐		
☐		
☐		
☐		

등록사항
1. 거 주 구 분   1 거 주
2. 소 득 구 분   112 내국법인 회사채의 이자와 할인액 연 말 정 산 적 용
3. 내 국 인 여 부   1 내국인 (거주지국코드   등록번호   )
4. 생 년 월 일   년   월   일
5. 주민 등록 번호   890102-2415657
6. 소득자구분/실명   111 주민등록번호   실명 0 실 명
7. 개인/ 법인구분   1 개 인   필요경비율   %

(2) 이자배당소득자료입력

① 101. 정지영(지급년월일 2025년 6월 1일, 귀속년월 2025년 3월)

채권이자 구분	이자지급대상기간	이자율	금액	세율 (%)	세액	지방소득세	농특세	차인지급액
	____-__-__~____-__-__		6,000,000	14	840,000	84,000		5,076,000
	____-__-__~____-__-__							

※ 잉여금 처분에 의한 이익배당의 수입시기는 잉여금 처분결의일(3월 28일)이므로 귀속년월에 3월을 입력하여야 하고, 처분결의일부터 3개월 되는 날(6월 28일)까지 지급하지 아니한 경우에는 3개월 되는 날(6월 28일)에 원천징수를 하여야 한다.

② 102. 김봉산(지급년월일 2025년 7월 1일, 귀속년월 2025년 7월)

채권이자 구분	이자지급대상기간	이자율	금액	세율 (%)	세액	지방소득세	농특세	차인지급액
	----·-·-~----·-·-~--		12,000,000	14	1,680,000	168,000		10,152,000
	----·-·-~----·-·-~--							

(3) 원천징수이행상황신고서(귀속기간 2025년 3월 – 3월, 지급기간 2025년 6월 – 6월)

(4) 원천징수이행상황신고서(귀속기간 2025년 7월 – 7월, 지급기간 2025년 7월 – 7월)

[3] (1) 원천징수이행상황신고서(귀속기간 2025년 9월 – 9월, 지급기간 2025년 9월 – 9월) 작성하고 상단의 마감을 실행한다.

(2) 전자신고 메뉴에서 2.납세자자진신고, 지급기간 2025년 9월 – 9월 입력하고 F4 제작을 실행하고 비밀번호 12341234를 입력하고 확인한다.

(3) 국세청 홈택스 전자신고변환(교육용)을 실행하고 찾아보기에서 C : ₩에 생성된 파일을 선택한다. 전자파일을 찾은 후 하단의 형식검증하기부터 형식검증결과확인, 내용검증하기, 내용검증결과확인을 순차로 실행한고 비밀번호 창이 나오면 당초에 입력한 비밀번호 12341234를 입력한다.

(4) 최종적으로 전자파일제출을 실행하면 전자신고 완료되었다는 접수증이 나타난다.

[1] (1) 수입금액조정명세서

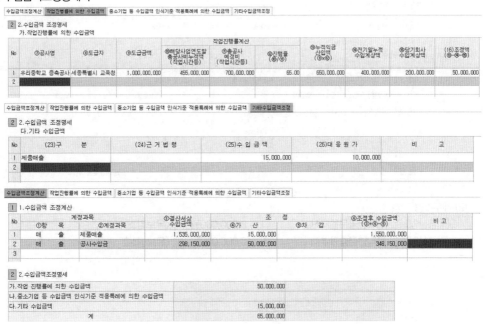

(2) 조정후수입금액명세서]

업종별 수입금액 명세서　과세표준과 수입금액 차액검토

1.업종별 수입금액 명세서

①업 태	④종 목	순번	②기준(단순) 경비율번호	수입금액			⑦수 출 (영세율대상)
				수입금액계정조회	내 수 판 매		
				④계(⑤+⑥+⑦)	⑤국내생산품	⑥수입상품	
제조업	전자부품	01	321012	1,550,000,000	1,550,000,000		
건설업	일반 통신 공사업	02	452127	348,150,000	348,150,000		
		03					

업종별 수입금액 명세서　과세표준과 수입금액 차액검토

2.부가가치세 과세표준과 수입금액 차액 검토　　　부가가치세 신고 내역보기

(1) 부가가치세 과세표준과 수입금액 차액

⑧과세(일반)	⑨과세(영세율)	⑩면세수입금액	⑪합계(⑧+⑨+⑩)	⑫조정후수입금액	⑬차액(⑪-⑫)
1,848,150,000			1,848,150,000	1,898,150,000	-50,000,000

(2) 수입금액과의 차액내역(부가세과표에 포함되어 있으면 +금액, 포함되지 않았으면 -금액 처리)

⑭구 분	코드	(16)금 액	비 고	⑭구 분	코드	(16)금 액	비 고
자가공급(면세전용등)	21			거래(공급)시기차이감액	30		
사업상증여(접대제공)	22			주세·개별소비세	31		
개인적공급(개인적사용)	23			매출누락	32	-15,000,000	
간주임대료	24				33		
자산 매각 유형자산 및 무형자산 매각액	25	15,000,000			34		
그밖의자산매각액(부산물)	26				35		
폐업시 잔존재고재화	27				36		
작업진행률 차이	28	-50,000,000			37		
거래(공급)시기차이가산	29			(17)차 액 계	50	-50,000,000	
				(13)차액과(17)차액계의차이금액			

(3) 세무조정

　　〈익금산입〉　공사수입금액 누락　　　　　50,000,000원　　　(유보발생)
　　〈익금산입〉　위탁매출 누락　　　　　　　15,000,000원　　　유보발생
　　〈손금산입〉　위탁매출원가 누락　　　　　10,000,000원　　　(유보발생)

[2] (1) 퇴직연금부담금등조정명세서

2.이미 손금산입한 부담금 등의 계산

나.기말 퇴직연금 예치금 등의 계산

19.기초 퇴직연금예치금 등	20.기중 퇴직연금예치금 등 수령 및 해약액	21.당기 퇴직연금예치금 등의 납입액	22.퇴직연금예치금 등 계 (19 - 20 + 21)
210,000,000	3,000,000	40,000,000	247,000,000

가. 손금산입대상 부담금 등 계산

13.퇴직연금예치금 등 계 (22)	14.기초퇴직연금충당금등 및 전기말 신고조정에 의한 손금산입액	15.퇴직연금충당금등 손금부인 누계액	16.기중퇴직연금등 수령 및 해약액	17.이미 손금산입한 부담금등 (14 - 15 - 16)	18.손금산입대상 부담금 등 (13 - 17)
247,000,000	210,000,000		3,000,000	207,000,000	40,000,000

1.퇴직연금 등의 부담금 조정

1.퇴직급여추계액	당기말 현재 퇴직급여충당금				6.퇴직부담금 등 손금산입 누적한도액 (① - ⑤)
	2.장부상 기말잔액	3.확정기여형퇴직연금자의 설정전 기계상된 퇴직급여충당금	4.당기말 부인 누계액	5.차감액 (② - ③ - ④)	
280,000,000	25,000,000		25,000,000		280,000,000
7.이미 손금산입한 부담금 등 (17)	8.손금산입액 한도액 (⑥ - ⑦)	9.손금산입 대상 부담금 등 (18)	10.손금산입범위액 (⑧과 ⑨중 적은 금액)	11.회사 손금 계상액	12.조정금액 (⑩ - ⑪)
207,000,000	73,000,000	40,000,000	40,000,000		40,000,000

(2) 세무조정

　　〈익금산입〉　퇴직연금운용자산　　　　　3,000,000원　　　(유보감소)
　　〈손금산입〉　퇴직연금충당부채　　　　40,000,000원　　　(유보발생)

[3] (1) 고정자산등록

① 기계장치 A(취득년월일 2023-08-17, 상각방법 정률법)

항목	금액	비고
1.기초가액	300,000,000	
2.전기말상각누계액(-)	160,000,000	
3.전기말장부가액	140,000,000	
4.당기중 취득 및 당기증가(+)		
5.당기감소(일부양도·매각·폐기)(-)		
전기말상각누계액(당기감소분)(+)		
6.전기말자본적지출액누계(+)(정액법만)		
7.당기자본적지출액(즉시상각분)(+)	20,000,000	
8.전기말부인누계액(+)(정률만 상각대상에 가산)	8,000,000	
9.전기말의제상각누계액(-)		
10.상각대상금액	168,000,000	
11.내용연수/상각률(월수)	5 🖭 0.451 (12)	연수별상각율
12.상각범위액(한도액)(10X상각율)	75,768,000	
13.회사계상액(12)-(7)	60,000,000	사용자수정
14.경비구분	1.500번대/제조	
15.당기말감가상각누계액	220,000,000	
16.당기말장부가액	80,000,000	
17.당기의제상각비		
18.전체양도일자	----'--'--	
19.전체폐기일자	----'--'--	
20.업종	13 🖭 제조업	

② 기계장치 B(취득년월일 2024-07-21, 상각방법 정률법)

항목	금액	비고
1.기초가액	200,000,000	
2.전기말상각누계액(-)	40,000,000	
3.전기말장부가액	160,000,000	
4.당기중 취득 및 당기증가(+)	15,000,000	
5.당기감소(일부양도·매각·폐기)(-)		
전기말상각누계액(당기감소분)(+)		
6.전기말자본적지출액누계(+)(정액법만)		
7.당기자본적지출액(즉시상각분)(+)		
8.전기말부인누계액(+)(정률만 상각대상에 가산)	4,000,000	
9.전기말의제상각누계액(-)		
10.상각대상금액	179,000,000	
11.내용연수/상각률(월수)	5 🖭 0.451 (12)	연수별상각율
12.상각범위액(한도액)(10X상각율)	80,729,000	
13.회사계상액(12)-(7)	80,000,000	사용자수정
14.경비구분	1,500번대/제조	
15.당기말감가상각누계액	120,000,000	
16.당기말장부가액	95,000,000	
17.당기의제상각비		
18.전체양도일자	----'--'--	
19.전체폐기일자	----'--'--	
20.업종	13 🖭 제조업	

(2) 미상각자산감가상각조정명세서(정률법)

① 기계장치 A(취득년월일 2023-08-17)

	입력내용		금액	총계
업종코드/명	13	제조업		
합계표 자산구분		2. 기계장치		
(4)내용연수			5	
상각 계산 의 기초 가액	재무상태표 자산가액	(5)기말현재액	300,000,000	515,000,000
		(6)감가상각누계액	220,000,000	340,000,000
		(7)미상각잔액(5)-(6)	80,000,000	175,000,000
	(8)회사계산감가상각비		60,000,000	140,000,000
	(9)자본적지출액		20,000,000	20,000,000
	(10)전기말의제상각누계액			
	(11)전기말부인누계액		8,000,000	12,000,000
	(12)가감계((7)+(8)+(9)-(10)+(11))		168,000,000	347,000,000
(13)일반상각률.특별상각률			0.451	
상각범위 액계산	당기산출 상각액	(14)일반상각액	75,768,000	156,497,000
		(15)특별상각액		
		(16)계((14)+(15))	75,768,000	156,497,000
	취득가액	(17)전기말현재취득가액	300,000,000	500,000,000
		(18)당기회사계산증가액		15,000,000
		(19)당기자본적지출액	20,000,000	20,000,000
		(20)계((17)+(18)+(19))	320,000,000	535,000,000
	(21) 잔존가액		16,000,000	26,750,000
	(22) 당기상각시인범위액		75,768,000	156,497,000
(23)회사계상상각액((8)+(9))			80,000,000	160,000,000
(24)차감액 ((23)-(22))			4,232,000	3,503,000
(25)최저한세적용에따른특별상각부인액				
조정액	(26) 상각부인액 ((24)+(25))		4,232,000	4,232,000
	(27) 기왕부인액중당기손금추인액			729,000
(28) 당기말부인누계액 ((11)+(26)-|(27)|)			12,232,000	15,503,000

② 기계장치 B(취득년월일 2024 - 07 - 21)

	입력내용		금액	총계
업종코드/명	13	제조업		
합계표 자산구분		2. 기계장치		
(4)내용연수			5	
상각 계산 의 기초 가액	재무상태표 자산가액	(5)기말현재액	215,000,000	515,000,000
		(6)감가상각누계액	120,000,000	340,000,000
		(7)미상각잔액(5)-(6)	95,000,000	175,000,000
	(8)회사계산감가상각비		80,000,000	140,000,000
	(9)자본적지출액			20,000,000
	(10)전기말의제상각누계액			
	(11)전기말부인누계액		4,000,000	12,000,000
	(12)가감계((7)+(8)+(9)-(10)+(11))		179,000,000	347,000,000
(13)일반상각률.특별상각률			0.451	
상각범위 액계산	당기산출 상각액	(14)일반상각액	80,729,000	156,497,000
		(15)특별상각액		
		(16)계((14)+(15))	80,729,000	156,497,000
	취득가액	(17)전기말현재취득가액	200,000,000	500,000,000
		(18)당기회사계산증가액	15,000,000	15,000,000
		(19)당기자본적지출액		20,000,000
		(20)계((17)+(18)+(19))	215,000,000	535,000,000
	(21) 잔존가액		10,750,000	26,750,000
	(22) 당기상각시인범위액		80,729,000	156,497,000
(23)회사계상상각((8)+(9))			80,000,000	160,000,000
(24)차감액 ((23)-(22))			-729,000	3,503,000
(25)최저한세적용에따른특별상각부인액				
조정액	(26) 상각부인액 ((24)+(25))			4,232,000
	(27) 기왕부인액중당기손금추인액		729,000	729,000
(28) 당기말부인누계액 ((11)+(26)-[(27)])			3,271,000	15,503,000

(3) 감가상각비조정명세서합계표

	1.자 산 구 분	코드	2.합 계 액	유형 자산			6.무형자산
				3.건 축 물	4.기계장치	5.기타자산	
재무 상태표 상가액	101.기말현재액	01	515,000,000		515,000,000		
	102.감가상각누계액	02	340,000,000		340,000,000		
	103.미상각잔액	03	175,000,000		175,000,000		
104.상각범위액		04	156,497,000		156,497,000		
105.회사손금계상액		05	160,000,000		160,000,000		
조정 금액	106.상각부인액 (105-104)	06	4,232,000		4,232,000		
	107.시인부족액 (104-105)	07	729,000		729,000		
	108.기왕부인액 중 당기손금추인액	08	729,000		729,000		
109.신고조정손금계상액		09					

(4) 세무조정

〈손금불산입〉 기계장치 A 감가상각비 한도초과액   4,232,000원   (유보발생)

〈손금산입〉   기계장치 B 감가상각비 시인부족액   729,000원   (유보감소)

[4] (1) 기부금조정명세서(기부금 입력)

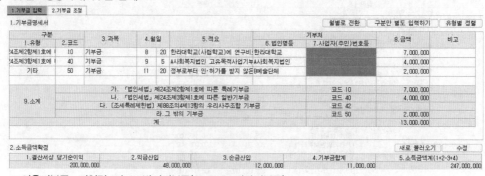

※ 어음기부금 : 미입력 또는 그밖의기부금(코드 50, 기타기부금)

(2) 기부금조정명세서(기부금 조정)

1.기부금 입력	2.기부금 조정		
1 1. 「법인세법」 제24조제2항제1호에 따른 특례기부금 손금산입액 한도액 계산			
1.소득금액 계		247,000,000	5.이월잔액 중 손금산입액 MIN[4,23]	
2. 법인세법」 제13조제1항제1호에 따른 이월 결손금 합계액(기준소득금액의 80% 한도)	25,000,000	6.해당연도지출액 손금산입액 MIN[(④-⑤)>0, ③]	7,000,000
3. 「법인세법」 제24조제2항제1호에 따른 특례기부금 해당 금액	7,000,000	7.한도초과액 [(3-6)>0]	
4. 한도액 {[(1-2) 0]X50%}	111,000,000	8.소득금액 차감잔액 [(①-②-⑤-⑥)>0]	215,000,000
2 2. 「조세특례제한법」 제88조의4에 따라 우리사주조합에 지출하는 기부금 손금산입액 한도액 계산			
9. 「조세특례제한법」 제88조의4제13항에 따른 우리사주조합 기부금 해당 금액		11. 손금산입액 MIN(9, 10)	
10. 한도액 (8×30%)	64,500,000	12. 한도초과액 [(9-10)>0]	
3 3. 「법인세법」 제24조제3항제1호에 따른 일반기부금 손금산입 한도액 계산			
13. 「법인세법」 제24조제3항제1호에 따른 일반기부금 해당금액	4,000,000	16. 해당연도지출액 손금산입액 MIN[(14-15)>0, 13]	4,000,000
14. 한도액 ((8-11)x10%, 20%)	21,500,000	17. 한도초과액 [(13-16)>0]	
15. 이월잔액 중 손금산입액 MIN(14, 23)	7,000,000		
4 4.기부금 한도초과액 총액			
18. 기부금 합계액 (3+9+13)		19. 손금산입 합계 (6+11+16)	20. 한도초과액 합계 (18-19)=(7+12+17)
11,000,000		11,000,000	

5 5.기부금 이월액 명세						
사업 연도	기부금 종류	21.한도초과 손금불산입액	22.기공제액	23.공제가능 잔액(21-22)	24.해당연도 손금추인액	25.차기이월액 (23-24)
합계	「법인세법」 제24조제2항제1호에 따른 특례기부금					
	「법인세법」 제24조제3항제1호에 따른 일반기부금	7,000,000		7,000,000	7,000,000	
2023	「법인세법」 제24조제3항제1호에 따른 일반	7,000,000		7,000,000	7,000,000	

(3) 세무조정

〈손금불산입〉 인·허가 받지 않은 B예술단체 기부금　　　2,000,000원　　　(기타사외유출)
〈손금불산입〉 C종교단체 어음 기부금　　　6,000,000원　　　(유보발생)

[5] 원천납부세액명세서(갑)

No	1.적요 (이자발생사유)		2.원천징수의무자		3.원천 징수일	4.이자·배당금액	5.세율(%)	6.법인세	지방세 납세지
		구분	사업자(주민)번호	상호(성명)					
1	정기예금 이자	내국인	103-81-05259	(주)부전은행	6　30	8,000,000	14.00	1,120,000	
2	비영업대금 이자	내국인	210-81-23588	(주)삼송테크	10　31	10,000,000	25.00	2,500,000	
3	정기적금 이자	내국인	105-81-85337	(주)서울은행	12　31	5,000,000	14.00	700,000	
4									

115회 기출문제연습 해답

문제 **1**

[1] 03월 20일 일반전표입력

(차) 보통예금　　　　　5,000,000　　　(대) 배당금수익　　　　　5,000,000

- 기업회계기준상 회사가 수령한 현금배당은 배당금수익으로 인식하지만, 주식배당은 배당금수익으로 계상하지 아니하며 회사가 보유한 주식의 수량 및 단가를 수정하여 주석으로 공시한다. 또한 법인에게 귀속되는 배당금은 원천징수대상 소득이 아니므로 원천징수세액은 고려할 필요가 없다.
- 주식배당을 받는 것이 개인이면 의제배당으로 보아 액면금액에 대하여 소득세 14% 지방소득세 1.4%를 원천징수하여야 한다.

[2] 07월 08일 매입매출전표입력

(차) 보통예금　　　　　62,500,000　　　(대) 외상매출금(AAA)　　　65,000,000
　　외환차손　　　　　　2,500,000

[3] 07월 09일 일반전표입력

유형 : 11.과세, 공급가액 : 100,000,000, 부가세 : 10,000,000, 공급처 : ㈜지수산업, 전자 : 여, 분개 : 혼합

| (차) 선수금(㈜지수산업) | 10,000,000 | (대) 제품매출 | 100,000,000 |
| 받을어음(㈜지수산업) | 100,000,000 | 부가세예수금 | 10,000,000 |

[4] 08월 24일 매입매출전표입력

유형 : 54.불공(불공사유 : ⑥), 공급가액 : 2,500,000, 부가세 : 250,000, 공급처 : 국토정보공사, 전자 : 여, 분개 : 혼합

| (차) 토 지 | 2,750,000 | (대) 보통예금 | 2,750,000 |

문제 2

[1] (1) 04월 05일 매입매출전표입력(누락분 추가 입력)

유형 : 17.카과, 공급가액 : 2,000,000, 부가세 : 200,000, 공급처 : ㈜성림, 분개 : 카드 또는 혼합, 신용카드사 : 현대카드

| (차) 외상매출금(현대카드) | 2,200,000 | (대) 부가세예수금 | 200,000 |
| | | 제품매출 | 2,000,000 |

(2) 06월 09일 매입매출전표입력(과다공제분 수정)

• 수정전

유형 : 51.과세, 공급가액 : 25,000,000, 부가세 : 2,500,000, 공급처 : ㈜한국자동차, 전자 : 여, 분개 : 혼합

| (차) 부가세대급금 | 2,500,000 | (대) 보통예금 | 27,500,000 |
| | | 차량운반구 | 25,000,000 |

• 수정후

유형 : 54.불공, 공급가액 : 25,000,000원, 부가세 : 2,500,000원, 공급처 : ㈜한국자동차, 전자 : 여, 분개 : 혼합, 불공제사유 : ③개별소비세법 제1조 제2항 제3호에 따른 자동차 구입ㆍ유지 및 임차

| (차) 차량운반구 | 27,500,000 | (대) 보통예금 | 27,500,000 |

(3) 부가가치세수정신고서(조회기간 : 2025년 4월 1일~6월 30일, 2.수정신고, 신고차수 1)

		구분		정기신고금액 금액	세율	세액			구분		수정신고금액 금액	세율	세액
과세표준및매출세액	과세	세금계산서발급분	1	600,000,000	10/100	60,000,000	과세표준및매출세액	과세	세금계산서발급분	1	600,000,000	10/100	60,000,000
		매입자발행세금계산서	2		10/100				매입자발행세금계산서	2		10/100	
		신용카드ㆍ현금영수증발행분	3		10/100				신용카드ㆍ현금영수증발행분	3	2,000,000	10/100	200,000
		기타(정규영수증외매출분)	4						기타(정규영수증외매출분)	4			
	영세	세금계산서발급분	5		0/100			영세	세금계산서발급분	5		0/100	
		기타	6		0/100				기타	6		0/100	
	예정신고누락분		7					예정신고누락분		7			
	대손세액가감		8					대손세액가감		8			
	합계		9	600,000,000	㉮	60,000,000		합계		9	602,000,000	㉮	60,200,000
매입세액	세금계산서수취분	일반매입	10	275,000,000		27,500,000	매입세액	세금계산서수취분	일반매입	10	275,000,000		27,500,000
		수출기업수입분납부유예	10-1						수출기업수입분납부유예	10-1			
		고정자산매입	11	25,000,000		2,500,000			고정자산매입	11	25,000,000		2,500,000
	예정신고누락분		12					예정신고누락분		12			
	매입자발행세금계산서		13					매입자발행세금계산서		13			
	그 밖의 공제매입세액		14					그 밖의 공제매입세액		14			
	합계(10)-(10-1)+(11)+(12)+(13)+(14)		15	300,000,000		30,000,000		합계(10)-(10-1)+(11)+(12)+(13)+(14)		15	300,000,000		30,000,000
	공제받지못할매입세액		16					공제받지못할매입세액		16	25,000,000		2,500,000
	차감계 (15-16)		17	300,000,000	㉯	30,000,000		차감계 (15-16)		17	275,000,000	㉯	27,500,000
납부(환급)세액(매출세액㉮-매입세액㉯)					㉰	30,000,000	납부(환급)세액(매출세액㉮-매입세액㉯)					㉰	32,700,000
경감공제세액	그 밖의 경감ㆍ공제세액		18				경감공제세액	그 밖의 경감ㆍ공제세액		18			
	신용카드매출전표등 발행공제등		19					신용카드매출전표등 발행공제등		19	2,200,000		
	합계		20		㉲			합계		20		㉲	
소규모 개인사업자 부가가치세 감면세액			20-1		㉳		소규모 개인사업자 부가가치세 감면세액			20-1		㉳	
예정신고미환급세액			21		㉴		예정신고미환급세액			21		㉴	
예정고지세액			22		㉵		예정고지세액			22		㉵	
사업양수자의 대리납부 기납부세액			23		㉶		사업양수자의 대리납부 기납부세액			23		㉶	
매입자 납부특례 기납부세액			24		㉷		매입자 납부특례 기납부세액			24		㉷	
신용카드업자의 대리납부 기납부세액			25		㉸		신용카드업자의 대리납부 기납부세액			25		㉸	
가산세액계			26		㉹		가산세액계			26		㉹	39,474
차가감하여 납부할세액(환급받을세액)㉰-㉲-㉳-㉴-㉵-㉶-㉷-㉸+㉹			27			30,000,000	차가감하여 납부할세액(환급받을세액)㉰-㉲-㉳-㉴-㉵-㉶-㉷-㉸+㉹			27			32,739,474
총괄납부사업자가 납부할 세액(환급받을 세액)							총괄납부사업자가 납부할 세액(환급받을 세액)						

25.가산세명세

구분		코드	기준금액	세율	세액
사업자미등록등		61		1/100	
세금 계산서	지연발급 등	62		1/100	
	지연수취	63		5/1,000	
	미발급 등	64		뒤쪽참조	
전자세금 발급명세	지연전송	65		5/1,000	
	미전송	66		5/1,000	
세금계산서제출불성실		67		5/1,000	
합계표	지연제출	68		3/1,000	
신고 불성실	무신고(일반)	69		뒤쪽	
	무신고(부당)	70		뒤쪽	
	과소·초과환급(일반)	71		뒤쪽	
	과소·초과환급(부당)	72		뒤쪽	
납부지연		73		뒤쪽	
영세율과세표준신고불성실		74		5/1,000	
현금매출명세서불성실		75		1/100	
부동산임대공급가액명세서		76		1/100	
매입자 납부특례	거래계좌 미사용	77		뒤쪽	
	거래계좌 지연입금	78		뒤쪽	
신용카드매출전표등수령 명세서미제출 · 과다기재		79		5/1,000	
합계		80			

구분		코드	기준금액	세율	세액
사업자미등록등		61		1/100	
세금 계산서	지연발급 등	62		1/100	
	지연수취	63		5/1,000	
	미발급 등	64		뒤쪽참조	
전자세금 발급명세	지연전송	65		5/1,000	
	미전송	66		5/1,000	
세금계산서제출불성실		67		5/1,000	
합계표	지연제출	68		3/1,000	
신고 불성실	무신고(일반)	69		뒤쪽	
	무신고(부당)	70		뒤쪽	
	과소·초과환급(일반)	71	2,700,000	뒤쪽	27,000
	과소·초과환급(부당)	72		뒤쪽	
납부지연		73	2,700,000	뒤쪽	12,474
영세율과세표준신고불성실		74		5/1,000	
현금매출명세서불성실		75		1/100	
부동산임대공급가액명세서		76		1/100	
매입자 납부특례	거래계좌 미사용	77		뒤쪽	
	거래계좌 지연입금	78		뒤쪽	
신용카드매출전표등수령 명세서미제출 · 과다기재		79		5/1,000	
합계		80			39,474

확인 [Tab]

① 추가납부할 부가가치세액 : 200,000 + 2,500,000 = 2,700,000원
② 가산세 : 27,000 + 12,474 = 39,474원
  • 신고불성실가산세 : 2,700,000 × 0.1 × 0.1 = 27,000원
  • 납부지연가산세 : 2,700,000 × 2.2/10,000 × 21 = 12,474원

[2] (1) 공제받지못할매입세액명세서(조회기간 2025년 7월~9월, 공통매입세액안분계산내역 탭)

산식	구분	과세·면세사업 공통매입		⑫총공급가액등	⑬면세공급가액	면세비율 (⑬÷⑫)	⑭불공제매입세액 [⑩×(⑬÷⑫)]
		⑩공급가액	⑪세액				
1.당해과세기간의 공급가액기준		100,000,000	10,000,000	800,000,000.00	400,000,000.00	50.000000	5,000,000

(2) 공제받지못할매입세액명세서(조회기간 2025년 7월~9월, 공통매입세액의정산내역 탭)

산식	구분	(15)총공통 매입세액	(16)면세 사업확정 비율			(17)불공제매입 세액총액 ((15)×(16))	(18)기불공제 매입세액	(19)가산또는 공제되는매입 세액((17)-(18))
			총공급가액	면세공급가액	면세비율			
1.당해과세기간의 공급가액기준		30,000,000	1,500,000,000.00	500,000,000.00	33.333333	9,999,999	5,000,000	4,999,999

문제 3

[1] 12월 31일 일반전표입력

(차) 미수수익	4,500,000	(대) 이자수익	4,500,000

  • 이자수익 : 120,000,000 × 5% × 9/12 = 4,500,000원

[2] 12월 31일 일반전표입력

(차) 선급비용	9,000,000	(대) 임차료(제)	9,000,000

  • 12,000,000 × 9/12 = 9,000,000원

[3] (1) 12월 31일 일반전표입력

(차) 감가상각비(제)	25,000,000	(대) 감가상각누계액(203)	25,000,000
감가상각비(판)	10,000,000	감가상각누계액(209)	10,000,000

(2) 또는 결산자료입력(2025년 01월~12월) 입력 후 F3 전표추가

  2.매출원가   7).경비   2).일반감가상각비   건물 25,000,000원
  4.판매비와 일반관리비   4).감가상각비   차량운반구 10,000,000원

[4] (1) 12월 31일 일반전표입력

(차) 법인세등	36,520,000	(대) 선납세금	10,000,000
		미지급세금	26,520,000

- 법인세 : 200,000,000×9%＋80,000,000×19%＝33,200,000원
- 지방소득세 : 200,000,000×0.9%＋80,000,000×1.9%＝3,320,000원

(2) 또는 결산자료입력(2025년 01월~12월) 입력 후 F3 전표추가

    9.법인세등   1). 선납세금 결산반영금액 10,000,000원 입력
                       2). 추가계상액 결산반영금액 26,520,000원 입력

[1] (1) 사원등록(102.김태자) 기본사항에서 퇴사에 관련된 사항 입력
      16.퇴사년월일 2025년 6월 12일(이월여부 0.부) 사유 1.개인사정으로 인한 자진사퇴
(2) 퇴직소득자료입력(귀속년월 2025년 6월, 영수일자 2025－06－30)

(3) 퇴직소득원천징수영수증(지급년원 : 2025년 6월－6월)
    퇴직소득자료입력(귀속년월 2025년 6월, 영수일자 2025－06－30)이 정확하면 원천징수영수증은 자동으로 완성된다. (신고대상세액 208,000원, 이연소득세 83,200원, 차감원천징수세액 124,800원)

[2] (1) 원천징수이행상황신고서(귀속기간 2025년 6월-6월, 지급기간 2025년 7월-7월) 작성하고 상단의 마감을 실행한다.

(2) 전자신고 메뉴에서 2.납세자자진신고, 지급기간 2025년 7월-7월 입력하고 F4 제작을 실행하고 비밀번호 12341234(수험생이 임의로 정한 비밀번호)를 입력하고 확인한다.

(3) 국세청 홈택스 전자신고변환(교육용)을 실행하고 찾아보기에서 C : ₩에 생성된 파일을 선택한다. 전자파일을 찾은 후 하단의 형식검증하기부터 형식검증결과확인, 내용검증하기, 내용검증결과확인을 순차로 실행하고 비밀번호 창이 나오면 당초에 입력한 비밀번호 12341234를 입력한다.

(4) 최종적으로 전자파일제출을 실행하면 전자신고 완료되었다는 접수증이 나타난다.

[3] (1) 사원등록(300.정선달) 기본사항에 입력

1.입사년월일 2025년 5월 1일, 2.내/외국인 1.내국인, 4.주민구분 1.주민등록번호 711105-1032876,

12.국민연금보수월액 2,800,000원, 13.건강보험보수월액 2,800,000원, 14.고용보험보수월액 2,800,000원

(2) 사원등록(300.정선달) 부양가족명세 입력

연말관계	성명	주민등록번호	기본공제	부녀자	한부모	경로우대	장애인	자녀	출산입양	위탁관계
0.	정선달	711105-1032876	본인							
1.	김여사	440402-2023346	부							
3.	이부인	710902-2045672	배우자				3.			
4.	정장남	061001-3013455	20세이하					○		
4.	정차남	130701-3013453	20세이하					○		

(3) 연말정산추가자료입력(300.정선달) 소득명세에서 전근무지에 입력

9.근무처명 : ㈜스마트, 9-1.종교관련종사자 : 부, 10.사업자등록번호 : 120-81-34671,

11.근무기간 : 2025-01-01~2025-03-31, 15-1.급여 : 10,500,000원, 14.상여 : 10,000,000원,

18-40.비과세식대 : 600,000원, 건강보험료 : 723,180원, 장기요양보험료 : 92,610원, 고용보험료 : 184,000원,

국민연금보험료 : 796,500원, 기납부세액 소득세 : 1,000,000원, 지방소득세 : 100,000원

[1] (1) 업무용승용차등록(101. 55하4033, 제네시스, 사용)

	코드	차량번호	차종	사용
	0101	55하4033	제네시스	사용

차량 상세 등록 내용

1. 고정자산계정과목
2. 고정자산코드/명
3. 취득일자 　2023-05-03
4. 경비구분 　6.800번대/판관비
5. 사용자 부서
6. 사용자 직책
7. 사용자 성명
8. 임차여부 　운용리스
9. 임차기간 　2023-05-03 ~ 2026-05-03
10. 보험가입여부 　가입
11. 보험기간 　____-__-__ ~ ____-__-__
　　　　　　 ____-__-__ ~ ____-__-__
12. 운행기록부사용여부 　여 　　전기이월누적거리　21,000 km
13. 전용번호판 부착여부 　여
14. 출퇴근사용여부 　여 　　출퇴근거리　6.4 km

(2) 업무용승용차관련비용명세서

상단의 Ctrl F12 새로불러오기를 실행하고 코드 101.(55하4033, 제네시스, 리스, 보험 여, 운행기록 여 번호판 여)에 입력한다.

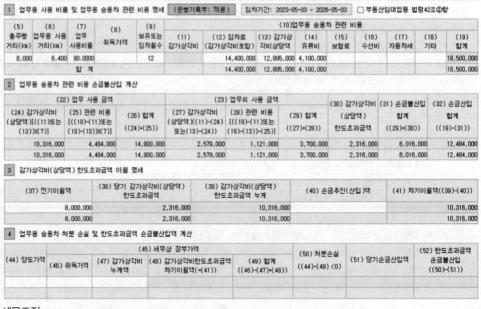

(3) 세무조정

〈손금불산입〉　업무용승용차 업무미사용분　3,700,000원　（상여）
〈손금불산입〉　감가상각비상당액 한도초과액　2,316,000원　（기타사외유출）

[2] (1) 기업업무추진비조정명세서(을)

| 1.기업업무추진비 입력 (을) | 2.기업업무추진비 조정 (갑) |

1 1. 수입금액명세

구 분	① 일반수입금액	② 특수관계인간 거래금액	③ 합 계(①+②)
금 액	1,800,000,000	200,000,000	2,000,000,000

2 2. 기업업무추진비 해당금액

④ 계정과목		합계	기업업무추진비(제조)	기업업무추진비(판관)	소모품비		
⑤ 계정금액		62,200,000	26,200,000	34,500,000	1,500,000		
⑥ 기업업무추진비계상액 중 사적사용경비							
⑦ 기업업무추진비해당금액(⑤-⑥)		62,200,000	26,200,000	34,500,000	1,500,000		
⑧신용카드등미사용금액	경조사비 중 기준금액 초과액	⑨신용카드 등 미사용금액					
		⑩총 초과금액					
	국외지역 지출액 (법인세법 시행령 제41조제2항제1호)	⑪신용카드 등 미사용금액					
		⑫총 지출액					
	농어민 지출액 (법인세법 시행령 제41조제2항제2호)	⑬송금명세서 미제출금액					
		⑭총 지출액					
	기업업무추진비 중 기준금액 초과액	⑮신용카드 등 미사용금액	7,000,000	2,000,000	5,000,000		
		(16)총 초과금액	55,400,000	23,000,000	30,900,000	1,500,000	
(17) 신용카드 등 미사용 부인액		7,000,000	2,000,000	5,000,000			
(18) 기업업무추진비 부인액(⑥+(17))		7,000,000	2,000,000	5,000,000			

- 기업업무추진비조정명세서 작성시 수입금액은 기업회계기준상 매출액을 입력한다.

(2) 기업업무추진비조정명세서(갑)

| 1.기업업무추진비 입력 (을) | 2.기업업무추진비 조정 (갑) |

3 기업업무추진비 한도초과액 조정

중소기업	☐ 정부출자법인
	☐ 부동산임대업등(법.령제42조제2항)

구분			금액
① 기업업무추진비 해당 금액			62,200,000
② 기준금액 초과 기업업무추진비 중 신용카드 등 미사용으로 인한 손금불산입액			7,000,000
③ 차감 기업업무추진비 해당금액(①-②)			55,200,000
일반 기업업무추진비 한도	④ 12,000,000 (중소기업 36,000,000) X 월수(12) / 12		36,000,000
	총수입금액 기준	100억원 이하의 금액 X 30/10,000	6,000,000
		100억원 초과 500억원 이하의 금액 X 20/10,000	
		500억원 초과 금액 X 3/10,000	
		⑤ 소계	6,000,000
	일반수입금액 기준	100억원 이하의 금액 X 30/10,000	5,400,000
		100억원 초과 500억원 이하의 금액 X 20/10,000	
		500억원 초과 금액 X 3/10,000	
		⑥ 소계	5,400,000
	⑦ 수입금액기준	(⑤-⑥) X 10/100	60,000
	⑧ 일반기업업무추진비 한도액 (④+⑥+⑦)		41,460,000
문화기업업무추진비 (「조특법」 제136조제3항)	⑨ 문화기업업무추진비 지출액		2,000,000
	⑩ 문화기업업무추진비 한도액(⑨와 (⑧ X 20/100) 중 작은 금액)		2,000,000
⑪ 기업업무추진비 한도액 합계(⑧+⑩)			43,460,000
⑫ 한도초과액(⑨-⑪)			11,740,000
⑬ 손금산입한도 내 기업업무추진비 지출액(③과⑪ 중 작은 금액)			43,460,000

- 문화비로 지출한 기업업무추진비 2,000,000원은 기업업무추진비조정명세서(갑)의 ⑨문화기업업무추진비 지출액에 입력한다.

(3) 세무조정

〈손금불산입〉 신용카드미사용액   7,000,000원   (기타사외유출)

〈손금불산입〉 기업업무추진비 한도초과액   11,740,000원   (기타사외유출)

[3] (1) 법인세과세표준및세액조정계산서

① 각 사 업 연 도 소 득 계 산				
	101. 결 산 서 상 당 기 순 손 익	01		535,000,000
소득조정금액	102. 익 금 산 입	02		34,500,000
	103. 손 금 산 입	03		2,900,000
104. 차 가 감 소 득 금 액 (101+102-103)		04		566,600,000
105. 기 부 금 한 도 초 과 액		05		1,800,000
106. 기 부 금 한 도 초 과 이 월 액 손 금 산 입		54		
107. 각 사 업 연 도 소 득 금 액 (104+105-106)		06		568,400,000

② 과 세 표 준 계 산			
108. 각 사 업 연 도 소 득 금 액 (108=107)			568,400,000
109. 이 월 결 손 금	07		3,522,000
110. 비 과 세 소 득	08		
111. 소 득 공 제	09		
112. 과 세 표 준 (108-109-110-111)	10		564,878,000
159. 선 박 표 준 이 익	55		

⑤ 산 출 세 액 계 산			
113. 과 세 표 준 (113=112+159)	56		564,878,000
114. 세 율	11		19%
115. 산 출 세 액	12		87,326,820
116. 지 점 유 보 소 득 (법 제96조)	13		
117. 세 율	14		
118. 산 출 세 액	15		
119. 합 계 (115+118)	16		87,326,820

④ 납 부 할 세 액 계 산				
	120. 산 출 세 액 (120=119)			87,326,820
	121. 최 저 한 세 적 용 대 상 공 제 감 면 세 액	17		47,785,360
	122. 차 감 세 액	18		39,541,460
	123. 최 저 한 세 적 용 제 외 공 제 감 면 세 액	19		
	124. 가 산 세 액	20		190,000
	125. 가 감 계 (122-123+124)	21		39,731,460
기한내납부세액	126. 중 간 예 납 세 액	22		5,000,000
	127. 수 시 부 과 세 액	23		
	128. 원 천 납 부 세 액	24		7,000,000
	129. 간접회사등외국납부세액	25		
	130. 소 계 (126+127+128+129)	26		12,000,000
	131. 신 고 납 부 전 가 산 세 액	27		
	132. 합 계 (130+131)	28		12,000,000
	133. 감 면 분 추 가 납 부 세 액	29		
	134. 차 가 감 납 부 할 세 액 (125-132+133)	30		27,731,460

⑥토지등 양도소득, ⑩미환류소득 법인세 계산 (TAB로 이동)			
⑦세액계	151. 차 감 납 부 할 세 액 계 (134+150+166)	46	27,731,460
	152. 사 실 과 다 른 회 계 처 리 경 정 세 액 공 제	57	
	153. 분 납 세 액 계 산 범 위 액 (151-124-133-145-152+131)	47	27,541,460
	154. 분 납 할 세 액	48	13,770,730
	155. 차 감 납 부 세 액 (151-152-154)	49	13,960,730

(2) 최저한세조정계산서

①구분	코드	②감면후세액	③최저한세	④조정감	⑤조정후세액
(101) 결 산 서 상 당 기 순 이 익	01	535,000,000			
소득조정금액 (102) 익 금 산 입	02	34,500,000			
(103) 손 금 산 입	03	2,900,000			
(104) 조 정 후 소 득 금 액 (101+102-103)	04	566,600,000	566,600,000		566,600,000
최저한세적용대상 특별비용 (105) 준 비 금	05				
(106) 특별상각, 특례상각	06				
(107) 특별비용손금산입전소득금액(104+105+106)	07	566,600,000	566,600,000		566,600,000
(108) 기 부 금 한 도 초 과 액	08	1,800,000	1,800,000		1,800,000
(109) 기부금 한도초과 이월액 손 금 산 입	09				
(110) 각 사 업 년 도 소 득 금 액 (107+108-109)	10	568,400,000	568,400,000		568,400,000
(111) 이 월 결 손 금	11	3,522,000	3,522,000		3,522,000
(112) 비 과 세 소 득	12				
(113) 최저한세적용대상 비 과 세 소 득	13				
(114) 최저한세적용대상 익금불산입 손금산입	14				
(115) 차가감 소 득 금 액 (110-111-112+113+114)	15	564,878,000	564,878,000		564,878,000
(116) 소 득 공 제	16				
(117) 최저한세적용대상 소 득 공 제	17				
(118) 과 세 표 준 금 액 (115-116+117)	18	564,878,000	564,878,000		564,878,000
(119) 선 박 표 준 이 익	24				
(120) 과 세 표 준 금 액 (118+119)	25	564,878,000	564,878,000		564,878,000
(121) 세 율	19	19 %	7 %		19 %
(122) 산 출 세 액	20	87,326,820	39,541,460		87,326,820
(123) 감 면 세 액	21	13,000,000			13,000,000
(124) 세 액 공 제	22	36,200,000		1,414,640	34,785,360
(125) 차 감 세 액 (122-123-124)	23	38,126,820			39,541,460

[4] (1) 대손충당금및대손금조정명세서

① 2. 대손조정

No	22.일자	23.계정과목	24.채권내역	25.대손사유	26.금액	대손충당금상계액 27.계	28.시인액	29.부인액	당기 손비계상액 30.계	31.시인액	32.부인액
1	03.31	외상매출금	1.매출채권	6.소멸시효완성	10,000,000	10,000,000	10,000,000				
2	06.30	외상매출금	1.매출채권	1.파산	5,000,000	5,000,000	5,000,000				
3	09.01	받을어음	1.매출채권	5.부도(6개월경과)	20,000,000	20,000,000		20,000,000			
4	11.02	받을어음	1.매출채권	5.부도(6개월경과)	15,000,000	15,000,000	14,999,000	1,000			
5	06.25	미수금	2.미수금	2.강제집행	15,000,000	15,000,000	15,000,000				
				계	65,000,000	65,000,000	44,999,000	20,001,000			

② 채권잔액

No	16.계정과목	17.채권잔액의장부가액	18.기말현재대손금부인누계 전기	당기	19.합계(17+18)	20.충당금설정제외채권(할인,배서,특수채권)	21.채권잔액(19-20)
1	외상매출금	1,570,000,000			1,570,000,000		1,570,000,000
2	받을어음	100,000,000		20,001,000	120,001,000		120,001,000
3							
	계	1,670,000,000		20,001,000	1,690,001,000		1,690,001,000

③ 1.대손충당금조정

손금산입액조정 1.채권잔액(21의금액)	2.설정률(%) ●기본율 ○실적율 ○적립기준	3.한도액(1×2)	회사계상액 4.당기계상액	5.보충액	6.계	7.한도초과액(6-3)
1,690,001,000	1	16,900,010	6,000,000	15,000,000	21,000,000	4,099,990

익금산입액조정 8.장부상충당금기초잔액	9.기중충당금환입액	10.충당금부인누계액	11.당기대손금상계액(27의금액)	12.충당금보충액(충당금장부잔액)	13.환입할금액(8-9-10-11-12)	14.회사환입액(회사기말환입)	15.과소환입·과다환입(△)(13-14)
80,000,000		8,795,000	65,000,000	15,000,000	-8,795,000		-8,795,000

④ 3.한국채택국제회계기준 등 적용 내국법인에 대한 대손충당금 환입액의 익금불산입액의 조정

33.대손충당금 환입액의 익금불산입 금액	34.손금에 산입하여야 할 금액 Min(3,6)	35.익금에 산입하여야 할 금액 Max[0, (8-10-11)]	36.차액 Min[33, Max(0,34-35)]	37.상계후 대손충당금환입액의 익금불산입금액(33-36)

(2) 세무조정
　　〈손금불산입〉　받을어음　　　　　　　20,001,000원　　　(유보발생)
　　〈손금불산입〉　대손충당금한도초과액　4,099,990원　　　(유보발생)
　　〈손금산입〉　　전기대손충당금한도초과액 8,795,000원　　(유보감소)
[5] 소득금액조정합계표(세무조정)
　　〈손금불산입〉　법인세등　　　　　　　18,000,000원　　　(기타사외유출)
　　〈손금불산입〉　업무무관가지급금　　　35,000,000원　　　(유보발생)
　　〈손금불산입〉　토지개발부담금　　　　3,000,000원　　　(유보발생)
　　〈손금산입〉　　업무용승용차감가상각비 2,000,000원　　(유보발생)
　　〈손금불산입〉　출자임원사택유지비　　5,000,000원　　　(상여)
　　〈익금불산입〉　자동차세환급금이자　　100,000원　　　(기타)

116회 기출문제연습 해답

문제 1

[1] 05월 04일 일반전표입력
　　(차) 외상매입금(미국TSL)　　26,000,000　　(대) 보통예금　　　　　24,000,000
　　　　　　　　　　　　　　　　　　　　　　　　　　外환차익　　　　　2,000,000

[2] 07월 02일 매입매출전표입력
　　유형 : 11.과세, 공급가액 : 10,000,000, 부가세 : 1,000,000, 공급처 : ㈜유정, 전자 : 여, 분개 : 혼합 또는 카드
　　(차) 외상매출금(삼성카드)　　11,000,000　　(대) 제품매출　　　　　10,000,000
　　　　　　　　　　　　　　　　　　　　　　　　　　부가세예수금　　　1,000,000

[3] 07월 14일 일반전표입력
　　(차) 보통예금　　　　　　　　2,760,000　　(대) 받을어음(㈜교보상사)　3,000,000
　　　　매출채권처분손실　　　　240,000

[4] 08월 26일 매입매출전표입력
　　유형 : 22.현과, 공급가액 : 5,000,000, 부가세 : 500,000, 공급처 : 자진발급, 전자 : 부, 분개 : 혼합
　　(차) 현 금　　　　　　　　　5,500,000　　(대) 차량운반구　　　　12,000,000
　　　　감가상각누계액(209)　　7,200,000　　　　부가세예수금　　　　500,000
　　　　　　　　　　　　　　　　　　　　　　　　　　유형자산처분이익　200,000

문제 2

[1] (1) 오류사항 수정
　　① 11월 30일 매입매출전표입력
　　　• 수정전
　　　유형 : 22.현과, 공급가액 : 3,000,000, 부가세 : 300,000, 공급처 : ㈜아림, 분개 : 현금
　　　(차) 현 금　　　　　　　　3,300,000　　(대) 부가세예수금　　　300,000
　　　　　　　　　　　　　　　　　　　　　　　　　　제품매출　　　　3,000,000
　　　• 수정후 : 전표 삭제

② 9월 30일 매입매출전표입력
- 수정전 : 전표 없음
- 수정후

유형 : 51.과세, 공급가액 : 500,000, 부가세 : 50,000, 공급처 : 하나상사, 전자 : 부, 분개 :

(차) 수선비(제)　　　　　　　500,000　　　(대) 보통예금　　　　　　　　　550,000
　　　부가세대급금　　　　　　 50,000

F11 간편집계.. ▼ → 예정누락분(SF5) → 확정신고 개시년월에 2025년 10월 입력(또는 11월, 12월 입력)

③ 12월 5일 매입매출전표입력
- 수정전 : 전표 없음
- 수정후

유형 : 51.과세, 공급가액 : 300,000, 부가세 : 30,000, 공급처 : 운송나라, 전자 : 부, 분개 : 혼합

(차) 운반비(판)　　　　　　　300,000　　　(대) 보통예금　　　　　　　　　330,000
　　　부가세대급금　　　　　　 30,000

(2) 부가가치세신고서(조회기간 2025년 10월 1일~12월 31일, 1차 수정신고)

		정기신고금액				구분		수정신고금액		
	구분		금액	세율	세액			금액	세율	세액
과세표준및매출세액	과세 세금계산서발급분	1	45,000,000	10/100	4,500,000	과세 세금계산서발급분	1	45,000,000	10/100	4,500,000
	매입자발행세금계산서	2		10/100		매입자발행세금계산서	2		10/100	
	신용카드·현금영수증발행분	3	3,000,000	10/100	300,000	신용카드·현금영수증발행분	3		10/100	
	기타(정규영수증외매출분)	4		10/100		기타(정규영수증외매출분)	4		10/100	
	영세 세금계산서발급분	5		0/100		영세 세금계산서발급분	5		0/100	
	기타	6		0/100		기타	6		0/100	
	예정신고누락분	7				예정신고누락분	7			
	대손세액가감	8				대손세액가감	8			
	합계	9	48,000,000	㉮	4,800,000	합계	9	45,000,000	㉮	4,500,000
매입세액	세금계산서수취분 일반매입	10	25,000,000		2,500,000	세금계산서수취분 일반매입	10	25,300,000		2,530,000
	수출기업수입분납부유예	10-1				수출기업수입분납부유예	10-1			
	고정자산매입	11				고정자산매입	11			
	예정신고누락분	12				예정신고누락분	12	500,000		50,000
	매입자발행세금계산서	13				매입자발행세금계산서	13			
	그 밖의 공제매입세액	14	2,000,000		200,000	그 밖의 공제매입세액	14	2,000,000		200,000
	합계(10)-(10-1)+(11)+(12)+(13)+(14)	15	27,000,000		2,700,000	합계(10)-(10-1)+(11)+(12)+(13)+(14)	15	27,800,000		2,780,000
	공제받지못할매입세액	16				공제받지못할매입세액	16			
	차감계 (15-16)	17	27,000,000	㉯	2,700,000	차감계 (15-16)	17	27,800,000	㉯	2,780,000
납부(환급)세액(매출세액㉮-매입세액㉯)				㉰	2,100,000	납부(환급)세액(매출세액㉮-매입세액㉯)			㉰	1,720,000
경감공제세액	그 밖의 경감·공제세액	18				그 밖의 경감·공제세액	18			
	신용카드매출전표등 발행공제등	19	3,300,000			신용카드매출전표등 발행공제등	19			
	합계	20		㉱		합계	20		㉱	
소규모 개인사업자 부가가치세 감면세액		20-1		㉲		소규모 개인사업자 부가가치세 감면세액	20-1		㉲	
예정신고미환급세액		21		㉳		예정신고미환급세액	21		㉳	
예정고지세액		22		㉴		예정고지세액	22		㉴	
사업양수자의 대리납부 기납부세액		23		㉵		사업양수자의 대리납부 기납부세액	23		㉵	
매입자 납부특례 기납부세액		24		㉶		매입자 납부특례 기납부세액	24		㉶	
신용카드업자의 대리납부 기납부세액		25		㉷		신용카드업자의 대리납부 기납부세액	25		㉷	
가산세액계		26		㉸		가산세액계	26		㉸	
차가감하여 납부할세액(환급받을세액)㉮-㉯-㉱-㉲-㉳-㉴-㉵-㉶-㉷+㉸		27			2,100,000	차가감하여 납부할세액(환급받을세액)㉮-㉯-㉱-㉲-㉳-㉴-㉵-㉶-㉷+㉸	27			1,720,000
총괄납부사업자가 납부할 세액(환급받을 세액)						총괄납부사업자가 납부할 세액(환급받을 세액)				

(3) 과세표준및세액결정(경정)청구서(조회기간 2025년 10월~12월)

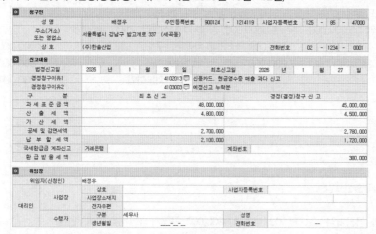

청구인											
성 명	배정우		주민등록번호	900124	-	1214119	사업자등록번호	125	-	85	-	47000
주소(거소) 또는 영업소	서울특별시 강남구 밝고개로 337 (세곡동)										
상 호	(주)한솔산업				전화번호	02	-	1234	-	0001	

신고내용

법정신고기일	2026 년 1 월 26 일	최초신고일	2025 년 1 월 27 일
경정청구이유1	4102013 신용카드, 현금영수증 매출 과다 신고		
경정청구이유2	4103003 예정신고 누락분		
구 분	최 초 신 고		경정(결정)청구 신 고
과 세 표 준 금 액	48,000,000		45,000,000
산 출 세 액	4,800,000		4,500,000
가 산 세 액			
공제 및 감면세액	2,700,000		2,780,000
납 부 할 세 액	2,100,000		1,720,000
국세환급금 계좌신고	거래은행	계좌번호	
환 급 받 을 세 액			380,000

위임장

위임자(신청인)		배정우		
대리인	사업장	상호		사업자등록번호
		사업장소재지		
		전자우편		
	수행자	구분	세무사	성명
		생년월일	__-_-_	전화번호 --

[2] 공제받지못할매입세액명세서(조회기간 2025년 4월 – 6월, 공제받지못할매입세액내역)

매입세액 불공제 사유	세금계산서		
	매수	공급가액	매입세액
①필요적 기재사항 누락 등			
②사업과 직접 관련 없는 지출	1	30,000,000	3,000,000
③개별소비세법 제1조제2항제3호에 따른 자동차 구입·유지 및 임차			
④기업업무추진비 및 이와 유사한 비용 관련	1	3,500,000	350,000
⑤면세사업등 관련			
⑥토지의 자본적 지출 관련			
⑦사업자등록 전 매입세액			
⑧금·구리 스크랩 거래계좌 미사용 관련 매입세액			

※ 인테리어 공사 : 4월 10일 세금계산서 선발급+동일 과세기간 내에 공급시기가 도래하므로 적법한 세금계산서
  에 해당함 → 매입세액 공제 가능

[1] 12월 31일 일반전표입력

(차) 보험료(제)	4,500,000	(대) 선급비용	4,500,000

• 6,000,000×9/12=4,500,000원

[2] 12월 31일 일반전표입력

(차) 매도가능증권	15,300,000	(대) 매도가능증권평가손실	8,500,000
		매도가능증권평가이익	6,800,000

[3] 12월 31일 일반전표입력

(차) 부가세예수금	40,500,000	(대) 부가세대급금	36,800,000
세금과공과(판)	15,000	미수금	1,700,000
		잡이익	10,000
		미지급세금	2,005,000

[4] 12월 31일 일반전표입력

(차) 퇴직연금운용자산	1,800,000	(대) 퇴직연금운용수익	1,800,000

• 60,000,000×4%×9/12=1,800,000원

[1] (1) 사원등록(부양가족명세)

연말관계	성명	주민등록번호	기본공제	부녀자	한부모	경로우대	장애인	자녀세액	출산입양
0.	최이현	860331 – 2026883	본인		O				
1.	김희숙	541021 – 2021340	60세이상			O			
4.	임희연	161031 – 4123541	20세이하					O	
4.	임유한	200531 – 3021477	20세이하						

(2) 연말정산추가자료입력

  1) 소득명세

    종(전)근무지에 입력

    • 근무처명 : ㈜선재기획, • 사업자등록번호 : 507 – 81 – 55567, • 근무기간 : 2025.01.01.~2025.06.30.

    • 총급여액 : 2,400만원, • 건강보험료 : 850,800원, • 장기요양보험료 : 110,160원

    • 고용보험료 : 216,000원, • 국민연금보험료 : 1,080,000원

    • 기납부세액 : 소득세 182,390원, 지방소득세 18,230원

2) 부양가족 탭
  ① 보험료
    부양가족 탭에서 해당하는 부양가족에 커서를 두고 하단의 보험료를 클릭한 후 나타나는 보조창에서 국세청간소화 보장성보험-일반에 각각 입력한다.
    • 최이현(본인) 200,000원, • 김희숙 500,000원, • 임희연 150,000원, • 임유한 150,000원
  ② 교육비
    부양가족 탭에서 해당하는 부양가족에 커서를 두고 부양가족별로 하단의 교육비 란에 입력한다.
    • 임희연 : 일반-900,000원(2.초중고), • 임유한 : 일반-3,280,000원 또는 3,000,000원(1.취학전)
    *직계존속 김희숙의 교육비는 공제대상이 아니다.
    *취학전 아동의 유치원비, 학원비는 공제대상이지만 초등학생의 학원비는 공제대상이 아니다.

3) 신용카드 등 탭
  신용카드등 탭을 열고 부양가족별로 해당하는 신용카드 및 현금영수증 등에 입력한다.
  • 최이현(본인)-신용카드 35,000,000원, 현금영수증 3,000,000원, 전통시장 2,000,000원
4) 의료비 탭
  의료비 탭을 열고 의료비 지급명세서에 해당하는 부양가족별로 입력한다.
  • 최이현 : 증빙코드 1. 금액 1,600,000원
  • 김희숙 : 증빙코드 1. 금액 7,500,000원, 실손보험금수령액 2,300,000원
  • 임희연 : 증빙코드 1. 금액 500,000원
  • 임유한 : 증빙코드 1. 금액 1,600,000원
  *건강증진목적 한약 구입액은 의료비공제 대상이 아니다.
  *안경구입비용은 한도가 500,000원이므로 실제 지급액이 500,000원을 초과하면 500,000원만 입력한다.
5) 연말정산입력 탭
  모든 입력이 종료하면 연말정산입력 탭에서 F8 부양가족탭불러오기를 반드시 실행한다.
[2] (1) 원천징수이행상황신고서(귀속기간 2025년 9월-9월, 지급기간 9월-9월) 작성 후 마감

			코드	소득지급		징수세액			당월조정환급세액	납부세액	
소득자 소득구분				인원	총지급액	소득세 등	농어촌특별세	가산세		소득세 등	농어촌특별세
거주자 비거주자	사업소득	매월징수	A25	1	3,000,000	90,000					
		연말정산	A26								
		가 감 계	A30	1	3,000,000	90,000				90,000	
	기타소득	연금계좌	A41								
		종교인매월	A43								
		종교인연말	A44								
		가상자산	A49								
		인적용역	A59								
		그 외	A42								
		가 감 계	A40								
	이 자 소 득		A50								
	배 당 소 득		A60								
	그 외 소 득		▶								
법인 내/외국법인원천			A80								
수정신고(세액)			A90								
총 합 계			A99	1	3,000,000	90,000				90,000	

전월 미환급 세액의 계산				당월 발생 환급세액				18.조정대상환급(14+15+16+17)	19.당월조정환급세액계	20.차월이월환급세액	21.환급신청액
12.전월미환급	13.기환급	14.차감(12-13)	15.일반환급	16.신탁재산	금융회사 등	합병 등					

(2) 전자신고 메뉴를 열어서 신고인은 2.납세자자진신고로 지급기간은 2025년 9월~9월을 입력한 후 상단의 F4제작을 실행한다.
(3) 비밀번호 입력 화면에서 비밀번호(123456789로 가정)을 입력하고 확인하면 C : 드라이브에 전자신고 파일이 만들어진다.
(4) F6홈택스바로가기를 실행하여 홈택스전자신고변환 화면에서 찾아보기로 파일을 확인한 후 비밀번호(123456789)를 입력하고 형식검증하기, 형식검증결과확인, 내용검증하기, 내용검증결과확인까지 차례로 실행한 후 전자파일제출을 실행하면 전자신고가 완료되어 접수증이 나오게 된다.

[1] (1) 수입금액조정명세서

① 수입금액조정명세서 메뉴 → 수입금액조정계산 탭

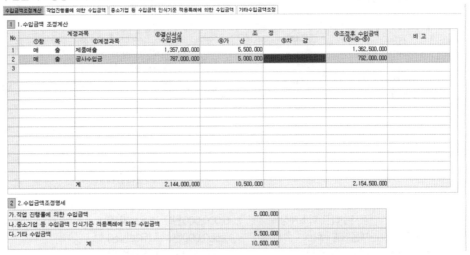

| 수입금액조정계산 | 작업진행률에 의한 수입금액 | 중소기업 등 수입금액 인식기준 적용특례에 의한 수입금액 | 기타수입금액조정 |

1. 수입금액 조정계산

No	계정과목 ①항 목	계정과목 ②계정과목	③결산서상 수입금액	조정 ④가 산	조정 ⑤차 감	⑥조정후 수입금액 (③+④-⑤)	비 고
1	매 출	제품매출	1,357,000,000	5,500,000		1,362,500,000	
2	매 출	공사수입금	787,000,000	5,000,000		792,000,000	
3							
		계	2,144,000,000	10,500,000		2,154,500,000	

2. 수입금액조정명세

가. 작업 진행률에 의한 수입금액	5,000,000
나. 중소기업 등 수입금액 인식기준 적용특례에 의한 수입금액	
다. 기타 수입금액	5,500,000
계	10,500,000

② 수입금액조정명세서 메뉴 → 작업진행률에 의한 수입금액 탭

| 수입금액조정계산 | 작업진행률에 의한 수입금액 | 중소기업 등 수입금액 인식기준 적용특례에 의한 수입금액 | 기타수입금액조정 |

2. 수입금액 조정명세
가. 작업진행률에 의한 수입금액

No	⑦공사명	⑧도급자	⑨도급금액	작업진행률계산 ⑩해당사업연도말 총공사비누적액 (작업시간등)	작업진행률계산 ⑪총공사 예정비 (작업시간등)	작업진행률계산 ⑫진행률 (⑩/⑪)	⑬누적익금 산입액 (⑨×⑫)	⑭전기말누적 수입계상액	⑮당기회사 수입계상액	(16)조정액 (⑬-⑭-⑮)
1	아름건물공사	주식회사 아름	300,000,000	150,000,000	200,000,000	75.00	225,000,000	150,000,000	70,000,000	5,000,000
2										

③ 수입금액조정명세서 메뉴 → 기타수입금액조정 탭

| 수입금액조정계산 | 작업진행률에 의한 수입금액 | 중소기업 등 수입금액 인식기준 적용특례에 의한 수입금액 | 기타수입금액조정 |

2. 수입금액 조정명세
다. 기타 수입금액

No	(23)구 분	(24)근 거 법 령	(25)수 입 금 액	(26)대 응 원 가	비 고
1	제품매출		5,500,000	3,000,000	

(2) 조정후수입금액명세서

① 업종별 수입금액 명세서

| 업종별 수입금액 명세서 | 과세표준과 수입금액 차액검토 |

1. 업종별 수입금액 명세서

①업 태	②종 목	순번	③기준(단순)경비율번호	수입 금 액 수입금액계정조회 ④계(⑤+⑥+⑦)	수입 금 액 내 수 판 매 ⑤국내생산품	수입 금 액 내 수 판 매 ⑥수입상품	⑦수 출 (영세율대상)
제조, 도매업, 건설업	전자부품	01	321012	1,362,500,000	1,362,500,000		
건설업	기타 비주거용 건물 건설업	02	451104	792,000,000	792,000,000		
		03					
		04					

② 과세표준과 수입금액 차액검토

업품별 수입금액 명세서	과세표준과 수입금액 차액검토	

2 2.부가가치세 과세표준과 수입금액 차액 검토　　　　　　　　　　　　　　　　　　　부가가치세 신고 내역보기

(1) 부가가치세 과세표준과 수입금액 차액

⑧과세(일반)	⑨과세(영세율)	⑩면세수입금액	⑪합계(⑧+⑨+⑩)	⑫조정후수입금액	⑬차액(⑪-⑫)
1,799,500,000		380,000,000	2,179,500,000	2,154,500,000	25,000,000

(2) 수입금액과의 차액내역(부가세과표에 포함되어 있으면 +금액, 포함되지 않았으면 -금액 처리)

⑭구 분	코드	(16)금 액	비 고	⑭구 분	코드	(16)금액	비 고
자가공급(면세전용등)	21			거래(공급)시기차이감액	30		
사업상증여(접대제공)	22			주세·개별소비세	31		
개인적공급(개인적사용)	23			매출누락	32		
간주임대료	24				33		
자산 유형자산 및 무형자산 매각액	25	30,000,000			34		
매각 그밖의자산매각액(부산물)	26				35		
폐업시 잔존재고재화	27				36		
작업진행률 차이	28	-5,000,000			37		
거래(공급)시기차이가산	29			(17)차 액 계	50	25,000,000	
				(13)차액과(17)차액계의차이금액			

(3) 세무조정

〈익금산입〉　공사수입금 과소계상　　5,000,000원　　(유보발생)
〈익금산입〉　제품매출누락　　　　　5,500,000원　　(유보발생)
〈손금산입〉　제품매출원가 누락　　3,000,000원　　(유보발생)

[2] (1) 세금과공과금명세서

	코드	계정과목	월	일	거래내용	코드	지급처	금 액	손금불산입표시
☐	0817	세금과공과금	1	20	업무용 승용차 자동차세			387,000	
☐	0817	세금과공과금	1	21	본사 토지 취득세			8,910,000	손금불산입
☐	0817	세금과공과금	3	16	법인지방소득세			1,054,000	손금불산입
☐	0817	세금과공과금	9	5	주민세 사업소분			55,000	
☐	0817	세금과공과금	9	7	본사 건물 재산세			3,420,000	
☐	0817	세금과공과금	10	9	국민연금 회사부담액			789,000	
☐	0817	세금과공과금	11	15	원천징수 등 납부지연가산세			87,000	손금불산입
☐	0817	세금과공과금	12	22	폐기물처리부담금			566,000	
☐	0817	세금과공과금	12	26	업무용 승용차 자동차세			420,000	
☐									
					합　　계			15,688,000	

(2) 세무조정

〈손금불산입〉　본사 토지 취득세　　　　　8,910,000원　　(유보발생)
〈손금불산입〉　법인지방소득세　　　　　1,054,000원　　(기타사외유출)
〈손금불산입〉　원천징수 등 납부지연가산세　　87,000원　　(기타사외유출)

[3] 소득금액조정합계표및명세서(세무조정)

〈손금산입〉　매도가능증권　　　　　　2,000,000원　　(유보발생)
〈익금산입〉　매도가능증권평가이익　　2,000,000원　　(기타)
〈익금산입〉　자기주식처분이익　　　　5,000,000원　　(기타)
〈손금불산입〉　대손상각비　　　　　20,000,000원　　(기타사외유출)
〈손금불산입〉　건물관리비(사택관리비)　5,600,000원　　(상여)
〈손금불산입〉　법인세비용　　　　　　9,540,600원　　(기타사외유출)

※ 단, 주주 등이 아닌 임원(주식 보유비율 1% 미만의 소액주주인 임원 포함)의 사택유지비 및 관리비는 업무와 관련 없는 지출에 해당하지 않는다.
※ 문제의 조건에서 대표이사의 주식 보유비율이 1%를 초과하므로 소액주주인 임원에 해당하지 않으므로 사택관리비는 손금으로 인정하지 아니한다(법인세법 시행령 제50조).

[4] 원천납부세액명세서(원천납부세액(갑) 탭)

원천납부세액(갑) | 원천납부세액(을)

No	1.적요(이자발생사유)	구분	사업자(주민)번호	상호(설명)	3.원천징수일	4.이자·배당금액	5.세율(%)	6.법인세	지방세납세지
1	정기예금이자	내국인	113-81-02128	국민은행	6	30	3,000,000	14.00	420,000	종로구
2	정기적금이자	내국인	210-81-87525	신한은행	9	30	12,000,000	14.00	1,680,000	강남구
3	비영업대금이익	내국인	603-81-02354	(주)신흥산업	11	30	2,500,000	25.00	625,000	해운대구
4									

[5] (1) 업무용승용차관련비용명세서

① 산타페(157고1111)

[1] 업무용 사용 비율 및 업무용 승용차 관련 비용 명세 (운행기록부: 적용) 취득일: 2025-07-01 □부동산임대업등 법령42조②항

(7)총주행거리(km)	(8)업무사용거리(km)	(9)업무사용비율	(10)취득가액	(11)보유또는임차월수	(13)감가상각비	(14)임차료(감가상각비포함)	(15)감가상각비상당액	(16)유류비	(17)보험료	(18)수선비	(19)자동차세	(20)기타	(21)합계
12,000	12,000	100.0000	44,000,000	6	4,400,000			2,200,000	500,000		420,000		7,520,000
합계					4,400,000	15,600,000	12,741,000	6,700,000	500,000		420,000		27,620,000

[2] 업무용 승용차 관련 비용 손금불산입 계산

(26)감가상각비(상당액)((13)또는(15))X(9)	(27)관련비용[((21)-(13)또는(21)-(15))X(9)]	(28)합계((26)+(27))	(29)감가상각비(상당액)X(13)-(24)또는(15)-(26))	(30)관련비용[((21)-(13)또는(21)-(15))-(27)]	(31)합계((29)+(30))	(32)감가상각비(상당액)한도초과금액	(33)손금불산입합계((31)+(32))	(34)손금산입합계((21)-(33))
4,400,000	3,120,000	7,520,000				400,000	400,000	7,120,000
14,592,800	9,007,200	23,600,000	2,548,200	1,471,800	4,020,000	2,592,800	6,612,800	21,007,200

[3] 감가상각비(상당액) 한도초과금액 이월 명세

(39)전기이월액	(40)당기감가상각비(상당액)한도초과금액	(41)감가상각비(상당액)한도초과금액 누계	(42)손금추인(산입)액	(43)차기이월액((41)-(42))
	400,000	400,000		400,000
2,000,000	2,592,800	4,592,800		4,592,800

[4] 업무용 승용차 처분 손실 및 한도초과금액 손금불산입액 계산

(46)양도가액	(48)취득가액	(49)감가상각비누계액	(50)감가상각비한도초과금액차기이월액(=(43))	(51)합계((48)-(49)+(50))	(52)처분손실((46)-(51)<0)	(53)당기손금산입액	(54)한도초과금액손금불산입((52)-(53))

② K9(248거3333)

[1] 업무용 사용 비율 및 업무용 승용차 관련 비용 명세 (운행기록부: 적용) 임차기간: 2024-01-01 ~ 2027-12-31 □부동산임대업등 법령42조②항

(7)총주행거리(km)	(8)업무사용거리(km)	(9)업무사용비율	(10)취득가액	(11)보유또는임차월수	(13)감가상각비	(14)임차료(감가상각비포함)	(15)감가상각비상당액	(16)유류비	(17)보험료	(18)수선비	(19)자동차세	(20)기타	(21)합계
8,000	6,400	80.0000		12		15,600,000	12,741,000	4,500,000					20,100,000
합계					4,400,000	15,600,000	12,741,000	6,700,000	500,000		420,000		27,620,000

[2] 업무용 승용차 관련 비용 손금불산입 계산

(26)감가상각비(상당액)((13)또는(15))X(9)	(27)관련비용[((21)-(13)또는(21)-(15))X(9)]	(28)합계((26)+(27))	(29)감가상각비(상당액)X(13)-(24)또는(15)-(26))	(30)관련비용[((21)-(13)또는(21)-(15))-(27)]	(31)합계((29)+(30))	(32)감가상각비(상당액)한도초과금액	(33)손금불산입합계((31)+(32))	(34)손금산입합계((21)-(33))
10,192,800	5,887,200	16,080,000	2,548,200	1,471,800	4,020,000	2,192,800	6,212,800	13,887,200
14,592,800	9,007,200	23,600,000	2,548,200	1,471,800	4,020,000	2,592,800	6,612,800	21,007,200

[3] 감가상각비(상당액) 한도초과금액 이월 명세

(39)전기이월액	(40)당기감가상각비(상당액)한도초과금액	(41)감가상각비(상당액)한도초과금액 누계	(42)손금추인(산입)액	(43)차기이월액((41)-(42))
2,000,000	2,192,800	4,192,800		4,192,800
2,000,000	2,592,800	4,592,800		4,592,800

[4] 업무용 승용차 처분 손실 및 한도초과금액 손금불산입액 계산

(46)양도가액	(48)취득가액	(49)감가상각비누계액	(50)감가상각비한도초과금액차기이월액(=(43))	(51)합계((48)-(49)+(50))	(52)처분손실((46)-(51)<0)	(53)당기손금산입액	(54)한도초과금액손금불산입((52)-(53))

(2) 세무조정

〈손금불산입〉 감가상각비 한도초과액(산타페)　400,000원　　(유보발생)
〈손금불산입〉 감가상각비 한도초과액(K9)　2,192,800원　　(기타사외유출)
〈손금불산입〉 업무용승용차 업무미사용분　4,020,000원　　(상여)

117회 기출문제연습 해답

[1] 03월 10일 일반전표입력
　(차) 외상매입금(㈜세명전기)　50,000,000　(대) 당좌예금　50,000,000

[2] 04월 06일 매입매출전표 입력
　유형 : 54.불공, 공급가액 : 2,300,000, 부가세 : 230,000, 공급처명 : ㈜상희, 전자 : 여, 분개 : 혼합,
　불공제사유 : ⑤면세사업 관련
　(차) 비 품　2,530,000　(대) 미지급금　2,200,000
　　　　　　　　　　　　　　　　현 금　330,000

[3] 05월 30일 매입매출전표입력
　유형 : 53.면세, 공급가액 : 17,000,000, 공급처명 : ㈜라임파이낸셜, 전자 : 여, 분개 : 혼합
　(차) 기계장치　17,000,000　(대) 기타보증금　20,000,000
　　　보통예금　3,000,000

[4] 08월 20일 일반전표입력
　(차) 보통예금　12,000,000　(대) 배당금수익　12,000,000

문제 **2**

[1] 재활용폐자원세액공제신고서(조회기간 : 2025년 10월–12월)

• 재활용폐자원세액공제 한도액 계산 시 차감하는 세금계산서 매입액은 세금계산서를 발급받고 매입한 재활용폐자원 매입가액만을 차감한다.

[2] 신용카드매출전표등수령명세서(조회기간 : 2025년 7월 ~ 2025년 09월)

2. 신용카드 등 매입내역 합계

구분	거래건수	공급가액	세액
합 계	3	1,070,000	107,000
현금영수증	1	550,000	55,000
화물운전자복지카드			
사업용신용카드	1	220,000	22,000
그 밖의 신용카드	1	300,000	30,000

3. 거래내역입력

No		월/일	구분	공급자	공급자(가맹점) 사업자등록번호	카드회원번호	그 밖의 신용카드 등 거래내역 합계		
							거래건수	공급가액	세액
1	☐	07-20	현금	아트문구	120-11-12349		1	550,000	55,000
2	☐	08-10	신용	(주)현대자동차	621-81-96414	1230-4578-9852-1234	1	300,000	30,000
3	☐	08-31	사업	(주)하나식당	321-81-02753	5678-8989-7878-5654	1	220,000	22,000
4	☐								
	☐								

- 8월 10일 : 업무용승합차 관련 경비는 신용카드매입세액공제 대상이다.
- 8월 31일 : 매입처가 간이과세자(세금계산서 발급 가능)이면 신용카드매입세액공제 대상이다.
- 9월 10일 : 세금계산서 수취분 법인카드 결제 건은 매입세금계산서 공제를 받으므로 신용카드매출전표등수령명세서에는 작성하지 않는다.

[3] (1) 부가가치세신고서 및 부속서류(세금계산서합계표, 계산서합계표, 신용카드매출전표등수령명세서, 신용카드매출전표등발행금액집계표 등)을 조회하여 상단의 F3마감을 확인하고 마감이 되어 있지 아니하면 마감한다.

(2) 전자신고 메뉴를 실행한 후 신고년월(2025년 1월~3월)과 신고인구분(2.납세자 자진신고)를 입력한다.

(3) 상단의 F4제작을 실행하고 비밀번호 입력창에서 비밀번호 12345678을 두 번 입력하고 확인하면 전자신고 데이터 제작이 완료되었다는 문구가 나오고 C드라이브에 전자신고용 파일이 생성된다.

(4) 상단의 F6홈택스바로가기를 실행하고 첫 화면은 닫기를 하면 국세청 홈택스 전자파일변환으로 들어간다.

(5) 홈택스 전자파일변환에서 찾아보기 기능으로 전자파일을 선택하고 열기를 실행하여 불러온다.

(6) 전자신고변환 하단의 형식검증하기를 실행하여 비밀번호 창에 비밀번호 12345678을 입력한다.

(7) 이어서 형식검증결과확인, 내용검증하기, 내용검증결과확인을 순차로 클릭하고 마지막으로 전자파일제출을 클릭한다.

(8) 검증결과 오류가 없으면 하단의 전자파일제출하기를 실행하면 나타나는 "정상변환된 신고서를 제출합니다." 는 보조창에서 확인을 실행하면 부가가치세신고서 접수증(파일변환)이 나타난다.

문제 3

[1] 12월 31일 일반전표입력

(차) 단기매매증권	90,000	(대) 단기매매증권평가이익	90,000

- 45주×(12,000 - 10,000) = 90,000원

[2] 12월 31일 일반전표입력

(차) 감가상각비(제)	4,000,000	(대) 감가상각누계액(207)	4,000,000
국고보조금(217)	2,000,000	감가상각비(제)	2,000,000

또는,

(차) 감가상각비(제)	2,000,000	(대) 감가상각누계액(207)	4,000,000
국고보조금(217)	2,000,000		

[3] 결산자료입력(기간 : 2025년 1월~12월)에서 입력한 후 F3 전표추가

기말원재료 재고액 7,000,000원, 기말재공품 재고액 10,000,000원, 기말제품 재고액 25,000,000원

[4] 12월 31일 일반전표입력

(차) 법인세등	52,278,600	(대) 선납세금	26,537,000
		미지급세금	25,741,600

- 법인세 산출세액 : (355,400,000 − 2억)×19%＋2억×9%＝47,526,000원
- 법인지방소득세 : 47,526,000×10%＝4,752,600원

또는 결산자료입력에서 입력 후 F3 전표추가

9.법인세등 1).선납세금 26,537,000원, 2).추가계상액 25,741,600원 입력

[1] (1) 사업소득자등록

　　　1) 김태민

　　　2) 소준섭

- 박지원의 강연료는 일시 우발적 소득이라 하였으므로 기타소득자에 해당한다.

(2) 사업소득자료입력

　　　1) 김태민

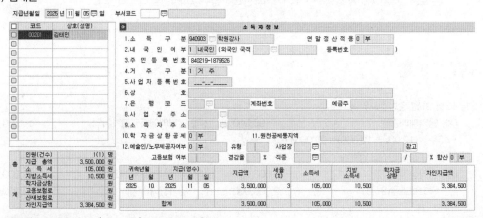

- 지급액 : 3,384,500÷(1 − 3.3%)＝3,500,000원
- 차인지급액은 지급액에서 소득세 3%와 지방소득세 0.3%를 공제한 금액이므로 (1 − 3.3%)로 나누어 지급액을 계산하여야 한다.

2) 소준섭

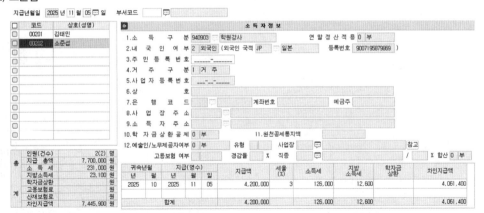

지급년월일 2025 년 11 월 05 일 부서코드

코드	상호(성명)
00201	김태민
00202	소준섭

소득자정보

1.소 득 구 분 940903 학원강사   연말정산적용 0 부
2.내 국 인 여 부 2 외국인 (외국인 국적 JP 일본) 등록번호 9007195879869)
3.주 민 등 록 번 호 --------
4.거 주 구 분 1 거 주
5.사 업 자 등 록 번 호 --- -- -----
6.상   호
7.은 행 코 드   계좌번호   예금주
8.사 업 장 주 소
9.소 득 자 주 소
10.학 자 금 상 환 공 제 0 부   11.원천공제통지액
12.예술인/노무제공자여부 0 부 유형   사업장   참고
   고용보험 여부   경감율 % 직종 / % 합산 0 부

		인원(건수)	2(2) 명
총		지급 총액	7,700,000 원
		소 득 세	231,000 원
		지방소득세	23,100 원
계		학자금상환	원
		고용보험료	원
		산재보험료	원
		차인지급액	7,445,900 원

귀속년월		지급(영수)								
년	월	년	월	일	지급액	세율(%)	소득세	지방소득세	학자금상환	차인지급액
2025	10	2025	11	05	4,200,000	3	126,000	12,600		4,061,400
		합계			4,200,000		126,000	12,600		4,061,400

- 지급액 : 4,061,400÷(1-3.3%)=4,200,000원

[2] (1) 급여자료입력(귀속년월 2025년 8월, 지급년월일 2025년 9월 15일, 중도정산적용함)

귀속년월 2025 년 08 월 지급년월일 2025 년 09 월 15 일 급상여   중도정산적용함

	사번	사원명	감면율
	101	김해리(퇴사자)	
총인원(퇴사자)		1(1)	

급여항목	금액
기본급	3,400,000
상여	800,000
자가운전보조금	200,000
보육수당(육아수당)	200,000
과 세	4,200,000
비 과 세	400,000
지 급 총 액	4,600,000

공제항목	금액
국민연금	153,000
건강보험	128,930
장기요양보험	16,690
고용보험	33,600
소득세(100%)	
지방소득세	
농특세	
중도정산소득세	-425,440
중도정산지방소득세	-42,500
공 제 총 액	-135,720
차 인 지 급 액	4,735,720

- 출산·보육수당(육아수당)에 대해서 월 20만원 비과세 수당등록을 한다.
- 중도퇴사자 퇴직정산을 반영한다.

(2) 퇴직소득자료입력(지급년월 2025년 9월, 귀속년월 2025년 8월, 영수일자 2025-09-15)

지급년월 2025 년 09 월
소득자구분 1.근로

	사번	성명	구분
	101	김해리	퇴직

1. 귀속년월(신고서) 2025 년 8 월   2. 영수일자 2025-09-15

	중 간 지 급 등	최 종	정 산
근 무 처 명		(주)한울상사	
등록번호/퇴직사유	--- -- -----	308-81-27431 자발적 퇴직	
기 산 일/입 사 일	--/--/--	2021/06/11 2021/06/11	
퇴 사 일/지 급 일	--/--/--	2025/08/31 2025/09/15	
근 속 월 수		51	
제 외 월 수			
가 산 월 수			
과 세 퇴 직 급 여		13,000,000	13,000,000
비 과 세 퇴직급여			
세 액 공 제			
소 득 세		25,840	
지 방 소 득 세		2,580	
학 자 금 상 환 액			

과세이연계좌명세

No		연금계좌취급자	사업자등록번호	계좌번호	입금일	38.계좌입금액
1		미래투자증권	208-81-06731	291132716377	2025-09-15	10,000,000
2						
		43.합 계				10,000,000

37.신고대상세액 112,000
39.퇴직급여(최종) 13,000,000
40.이연퇴직소득세
   (37×38/39) 86,154

인 원 수(총건수)	1(1) 명
과 세 퇴 직 급 여 액	13,000,000 원
비 과 세 금 액	원
소 득 세	112,000 원
지 방 소 득 세	11,200 원

[3] (1) 원천징수이행상황신고서(귀속기간 2025년 6월–6월, 지급기간 2025년 6월–6월) 작성 후 마감

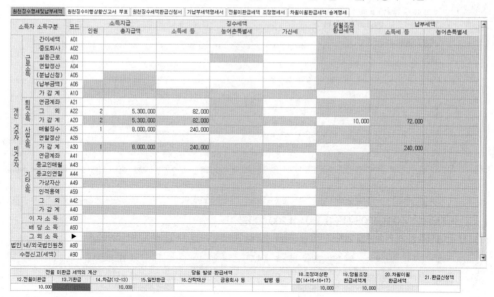

소득자 소득구분		코드	소득지급		징수세액			당월조정환급세액	납부세액	
			인원	총지급액	소득세 등	농어촌특별세	가산세		소득세 등	농어촌특별세
개인 거주자 비거주자	근로소득	간이세액	A01								
		중도퇴사	A02								
		일용근로	A03								
		연말정산	A04								
		(분납신청)	A05								
		(납부금액)	A06								
		가 감 계	A10								
	퇴직소득	연금계좌	A21								
		그 외	A22	2	5,300,000	82,000					
		가 감 계	A20	2	5,300,000	82,000			10,000	72,000	
	사업소득	매월징수	A25	1	8,000,000	240,000					
		연말정산	A26								
		가 감 계	A30	1	8,000,000	240,000				240,000	
	기타소득	연금계좌	A41								
		종교인매월	A43								
		종교인연말	A44								
		가상자산	A49								
		인적용역	A59								
		그 외	A42								
		가 감 계	A40								
	이 자 소 득		A50								
	배 당 소 득		A60								
	그 외 소 득		▶								
법인	내/외국법인원천		A80								
수정신고(세액)			A90								

전월 미환급 세액의 계산				당월 발생 환급세액				18.조정대상환급(14+15+16+17)	19.당월조정환급세액계	20.차월이월환급세액	21.환급신청액
12.전월미환급	13.기환급	14.차감(12-13)	15.일반환급	16.신탁재산	금융회사 등	합병 등					
10,000		10,000							10,000	10,000	

(2) 전자신고 메뉴를 열어서 신고인은 2.납세자자진신고로 지급기간은 2025년 6월~6월을 입력한 후 상단의 F4제
작을 실행한다.

(3) 비밀번호 입력 화면에서 비밀번호(12345678로 가정)을 입력하고 확인하면 C : 드라이브에 전자신고 파일이 만
들어진다.

(4) F6홈택스바로가기를 실행하여 홈택스전자신고변환 화면에서 찾아보기로 파일을 확인한 후 비밀번호(12345678)
을 입력하고 형식검증하기, 형식검증결과확인, 내용검증하기, 내용검증결과확인까지 차례로 실행한 후 전자파
일제출을 실행하면 전자신고가 완료되어 접수증이 나오게 된다.

 문제 5

[1] (1) 재고자산(유가증권)평가조정명세서

1. 재고자산 평가방법 검토

1.자산별	2.신고일	3.신고방법	4.평가방법	5.적부	6.비고
제 품 및 상 품	2025-09-15	02:선입선출법	04:총평균법	×	
반제품및재공품	2016-01-05	04:총평균법	04:총평균법	○	
원 재 료	2016-01-05	04:총평균법	03:후입선출법	×	
저 장 품					
유가증권(채권)					
유가증권(기타)					

2. 평가조정 계산

No	7.과목		8.품명	9.규격	10.단위	11.수량	회사계산(장부가)		조정계산금액				18.조정액
	코드	과목명					12.단가	13.금액	세법상신고방법		FIFO(무신고,임의변경시)		
									14.단가	15.금액	16.단가	17.금액	
1	0150	제품	제품A			20,000.0000	3,000.0000	60,000,000	2,200.0000	44,000,000	2,200.0000	44,000,000	-16,000,000
2	0169	재공품	재공품B			20,000.0000	1,500.0000	30,000,000	1,500.0000	30,000,000			
3	0153	원재료	원재료C			25,000.0000	2,300.0000	57,500,000	1,000.0000	25,000,000	1,100.0000	27,500,000	-30,000,000
4													
		계						147,500,000		99,000,000		71,500,000	-46,000,000

(2) 세무조정
　　〈손금산입〉　　재고자산평가증(제품 A)　　16,000,000원　　(유보발생)
　　〈손금산입〉　　재고자산평가증(원재료 C)　　30,000,000원　　(유보발생)

[2] (1) 선급비용명세서

계정구분	거래내용	거래처	대상기간 시작일	대상기간 종료일	지급액	선급비용	회사계상액	조정대상금액
선급보험료	공장화재보험	KC화재	2025 - 02 - 16	2026 - 02 - 16	1,374,000	176,442	110,000	66,442
선급보험료	자동차보험	DG손해보험	2025 - 05 - 27	2026 - 05 - 27	798,420	320,676		320,676
선급보험료	보증서보험	서울보증보험	2025 - 10 - 11	2028 - 10 - 10	78,040	72,201		72,201
합 계					2,250,460	569,319	110,000	459,319

(2) 세무조정

〈손금산입〉전기 선급비용(또는 선급보험료)   324,165원   (유보감소)
〈손금불산입〉선급비용(공장화재보험)   66,442원   (유보발생)
〈손금불산입〉선급비용(자동차보험)   320,676원   (유보발생)
〈손금불산입〉선급비용(보증서보험)   72,201원   (유보발생)

[3] (1) 고정자산등록(206.기계장치, 201. 과자분류기, 취득년월일 2024 - 11 - 11, 정률법)

기본등록사항	추가등록사항

항목	금액
1.기초가액	300,000,000
2.전기말상각누계액(-)	22,550,000
3.전기말장부가액	277,450,000
4.당기중 취득 및 당기증가(+)	
5.당기감소(일부양도·매각·폐기)(-)	
전기말상각누계액(당기감소분)(+)	
6.전기말자본적지출액누계(+)(정액법만)	
7.당기자본적지출액(즉시상각분)(+)	14,735,000
8.전기말부인누계액(+)(정률만 상각대상에 가산)	11,275,000
9.전기말의제상각누계액(-)	
10.상각대상금액	303,460,000
11.내용연수/상각률(월수)	5 0.451 (12) 연수별상각률
12.상각범위액(한도액)(10X상각률)	136,860,460
13.회사계상액(12)-(7)	135,300,000 사용자수정
14.경비구분	1.500번대/제조
15.당기말감가상각누계액	157,850,000
16.당기말장부가액	142,150,000
17.당기의제상각비	
18.전체양도일자	--
19.전체폐기일자	--
20.업종	

(2) 미상각자산감가상각조정명세서 : 유형자산(정률법)

입력내용			금액	총계
업종코드/명				
합계표 자산구분		2. 기계장치		
(4)내용연수			5	
상각계산의기초가액	재무상태표자산가액	(5)기말현재액	300,000,000	300,000,000
		(6)감가상각누계액	157,850,000	157,850,000
		(7)미상각잔액(5)-(6)	142,150,000	142,150,000
	(8)회사계산감가상각비		135,300,000	135,300,000
	(9)자본적지출액		14,735,000	14,735,000
	(10)전기말의제상각누계액			
	(11)전기말부인누계액		11,275,000	11,275,000
	(12)가감계((7)+(8)+(9)-(10)+(11))		303,460,000	303,460,000
(13)일반상각률.특별상각률			0.451	
상각범위액계산	당기산출상각액	(14)일반상각액	136,860,460	136,860,460
		(15)특별상각액		
		(16)계((14)+(15))	136,860,460	136,860,460
	취득가액	(17)전기말현재취득가액	300,000,000	300,000,000
		(18)당기회사계산증가액		
		(19)당기자본적지출액	14,735,000	14,735,000
		(20)계((17)+(18)+(19))	314,735,000	314,735,000
	(21) 잔존가액		15,736,750	15,736,750
	(22) 당기상각시인범위액		136,860,460	136,860,460
(23)회사계상상각액((8)+(9))			150,035,000	150,035,000
(24)차감액 ((23)-(22))			13,174,540	13,174,540
(25)최저한세적용에따른특별상각부인액				
조정액	(26) 상각부인액 ((24)+(25))		13,174,540	13,174,540
	(27) 기왕부인액중당기손금추인액			
(28) 당기말부인누계액 ((11)+(26)-|(27)|)			24,449,540	24,449,540
당기말의제상각액	(29) 당기의제상각액 |△(24)|-|(27)|			
	(30) 의제상각누계액 ((10)+(29))			
	(31) 기준상각률			

(3) 감가상각비조정명세서합계표

1.자 산 구 분		코드	2.합 계 액	유 형 자 산			6.무형자산
				3.건 축 물	4.기계장치	5.기타자산	
재무상태표상가액	101.기말현재액	01	300,000,000		300,000,000		
	102.감가상각누계액	02	157,850,000		157,850,000		
	103.미상각잔액	03	142,150,000		142,150,000		
104.상각범위액		04	136,860,460		136,860,460		
105.회사손금계상액		05	150,035,000		150,035,000		
조정금액	106.상각부인액 (105-104)	06	13,174,540		13,174,540		
	107.시인부족액 (104-105)	07					
	108.기왕부인액 중 당기손금추인액	08					
109.신고조정손금계상액		09					

(4) 세무조정

〈손금불산입〉　기계장치 감가상각비 한도초과　　　　13,174,540원　　　(유보발생)

① 감가상각비 : 135,300,000 + 14,735,000 = 150,035,000원

② 상각범위액 : (300,000,000 − 22,550,000 + 11,275,000 + 14,735,000) × 0.451 = 136,860,460원

　　∴ 상각부인액 : 150,035,000 − 136,860,460 = 13,174,540원

[4] (1) 기부금조정명세서(기부금입력)

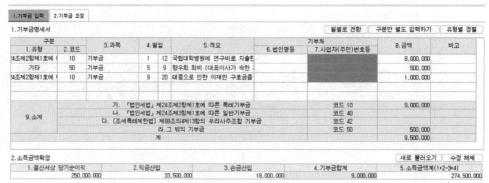

※ 당기 기부금이 아닌 경우 기부금 명세서에 입력하지 않아야한다고 하였으므로 어음의 만기일이 속하는 2026년 귀속인 S종교단체 어음기부금은 입력하지 아니한다.

※ 향우회 회비 500,000원과 S종교단체 어음기부금 3,000,000원은 익금산입(손금불산입)의 세무조정을 하여야 하므로 하단의 소득금액확정의 익금산입란에 이를 가산하여 33,500,000원으로 입력하여야 한다.

(2) 기부금조정명세서(기부금조정)

1.기부금 입력	2.기부금 조정

1 1. 「법인세법」 제24조제2항제1호에 따른 특례기부금 손금산입액 한도액 계산

1.소득금액 계	274,500,000	5.이월잔액 중 손금산입액 MIN[4,23]	
2.법인세법 제13조제1항제1호에 따른 이월 결손금 합계액(기준소득금액의 80% 한도)	20,000,000	6.해당연도지출액 손금산입액 MIN[(④-⑤)>0, ⑥]	9,000,000
3. 「법인세법」 제24조제2항제1호에 따른 특례기부금 해당 금액	9,000,000	7.한도초과액 [(3-6)>0]	
4.한도액 {[(1-2)) 이]X50%}	127,250,000	8.소득금액 차감잔액 [(①-②-⑤-⑥)>0]	245,500,000

2 2. 「조세특례제한법」 제88조의4에 따라 우리사주조합에 지출하는 기부금 손금산입액 한도액 계산

9.「조세특례제한법」 제88조의4제13항에 따른 우리사주조합 기부금 해당 금액		11. 손금산입액 MIN(9, 10)	
10. 한도액 (8×30%)	73,650,000	12. 한도초과액 [(9-10)>0]	

3 3. 「법인세법」 제24조제3항제1호에 따른 일반기부금 손금산입 한도액 계산

13.「법인세법」 제24조제3항제1호에 따른 일반기부금 해당금액		16. 해당연도지출액 손금산입액 MIN[(14-15)>0, 13]	
14. 한도액 ((8-11)x10%, 20%)	24,550,000	17. 한도초과액 [(13-16)>0]	
15. 이월잔액 중 손금산입액 MIN(14, 23)			

4 4.기부금 한도초과액 총액

18. 기부금 합계액 (3+9+13)	19. 손금산입 합계 (6+11+16)	20. 한도초과액 합계 (18-19)=(7+12+17)
9,000,000	9,000,000	

5 5.기부금 이월액 명세

사업연도	기부금 종류	21.한도초과 손금불산입액	22.기공제액	23.공제가능 잔액(21-22)	24.해당연도 손금추인액	25.차기이월액 (23-24)
합계	「법인세법」 제24조제2항제1호에 따른 특례기부금					
	「법인세법」 제24조제3항제1호에 따른 일반기부금					

6 6. 해당 사업연도 기부금 지출액 명세

사업연도	기부금 종류	26.지출액 합계금액	27.해당 사업연도 손금산입액	28.차기 이월액(26-27)
합계	「법인세법」 제24조제2항제1호에 따른 특례기부금	9,000,000	9,000,000	
	「법인세법」 제24조제3항제1호에 따른 일반기부금			

(3) 세무조정

〈손금불산입〉 향우회 회비	500,000원	(상여)
〈손금불산입〉 S종교단체 어음	3,000,000원	(유보발생)

[5] (1) 법인세과세표준및세액조정계산서

① 각사업연도소득계산	101. 결산서상 당기순손익	01	600,000,000
	소득조정 금액	102.익금산입	02	243,000,000
		103.손금산입	03	5,000,000
	104. 차가감소득금액 (101+102-103)	04	838,000,000
	105. 기부금한도초과액	05	20,000,000
	106. 기부금한도초과이월액 손금산입	54	8,000,000
	107. 각사업연도소득금액(104+105-106)	06	850,000,000

② 과세표준계산	108. 각사업연도소득금액 (108+107)		850,000,000
	109. 이월결손금	07	
	110. 비과세소득	08	
	111. 소득공제	09	
	112. 과세표준 (108-109-110-111)	10	850,000,000
	159. 선박표준이익	55	

③ 산출세액계산	113. 과세표준 (113+112+159)	56	850,000,000
	114. 세율	11	19%
	115. 산출세액	12	141,500,000
	116. 지점유보소득 (법 제96조)	13	
	117. 세율	14	
	118. 산출세액	15	
	119. 합계 (115+118)	16	141,500,000

④ 납부할세액계산	120. 산출세액 (120=119)		141,500,000
	121. 최저한세 적용대상 공제감면세액	17	82,000,000
	122. 차감세액	18	59,500,000
	123. 최저한세 적용제외 공제감면세액	19	
	124. 가산세액	20	850,000
	125. 가감계 (122-123+124)	21	60,350,000
	기한내납부세액 126. 중간예납세액	22	21,000,000
	127. 수시부과세액	23	
	128. 원천납부세액	24	3,800,000
	129. 간접회사등 외국 납부세액	25	
	130. 소계(126+127+128+129)	26	24,800,000
	131. 신고납부전 가산세액	27	
	132. 합계 (130+131)	28	24,800,000
	133. 감면분추가납부세액	29	
	134. 차가감납부할세액(125-132+133)	30	35,550,000

⑤토지등 양도소득, ⑥미환류소득 법인세 계산 (TAB로 이동)

⑦ 세액계	151. 차감납부할세액계 (134+150+166)	46	35,550,000
	152. 사실과 다른 회계처리 경정 세액공제	57	
	153. 분납세액 계산 범위액 (151-124-133-145-152+131)	47	34,700,000
	154. 분납할세액	48	17,350,000
	155. 차감납부세액 (151-152-154)	49	18,200,000

(2) 최저한세조정계산서

①구분		코드	②감면후세액	③최저한세	④조정감	⑤조정후세액
(101) 결 산 서 상 당 기 순 이 익		01	600,000,000			
소득조정금액	(102) 익 금 산 입	02	243,000,000			
	(103) 손 금 산 입	03	5,000,000			
(104) 조 정 후 소 득 금 액 (101+102-103)		04	838,000,000	838,000,000		838,000,000
최저한세적용대상 특 별 비 용	(105) 준 비 금	05				
	(106) 특별상각, 특례상각	06				
(107) 특별비용손금산입전소득금액(104+105+106)		07	838,000,000	838,000,000		838,000,000
(108) 기 부 금 한 도 초 과 액		08	20,000,000	20,000,000		20,000,000
(109) 기부금 한도초과 이월액 손 금 산 입		09	8,000,000	8,000,000		8,000,000
(110) 각 사 업 년 도 소 득 금 액 (107+108-109)		10	850,000,000	850,000,000		850,000,000
(111) 이 월 결 손 금		11				
(112) 비 과 세 소 득		12				
(113) 최저한세적용대상 비 과 세 소 득		13				
(114) 최저한세적용대상 익금불산입·손금산입		14				
(115) 차가감 소 득 금 액(110-111-112+113+114)		15	850,000,000	850,000,000		850,000,000
(116) 소 득 공 제		16				
(117) 최저한세적용대상 소 득 공 제		17				
(118) 과 세 표 준 금 액 (115-116+117)		18	850,000,000	850,000,000		850,000,000
(119) 선 박 표 준 이 익		24				
(120) 과 세 표 준 금 액 (118+119)		25	850,000,000	850,000,000		850,000,000
(121) 세 율		19	19 %	7 %		19 %
(122) 산 출 세 액		20	141,500,000	59,500,000		141,500,000
(123) 감 면 세 액		21				
(124) 세 액 공 제		22	91,500,000		9,500,000	82,000,000
(125) 차 감 세 액 (122-123-124)		23	50,000,000			59,500,000

이 성 노

약 력
· 인천대학교 경제학과
· 서강대학교 경제대학원 경제학 석사
· 인천대학교 대학원 경제학 박사과정 수료
· 세무사
· 인천시 및 부평구 결산검사위원
  남인천세무서 과세적부심사위원 및 공평과세위원
  재능대학 세무회계과 겸임교수
  한국음식업중앙회 인천지회 교육원 세무강사
  중부지방세무사회 연수이사
  중앙세무법인 대표세무사
  인터넷신문 인천 in 감사
  한국세무사회 세무연수원 교수
  인천지방세무사회 연수교육위원
  세무법인 세방 대표이사

저 서
· 조세법개론, 도서출판 명우
· 부가가치세법개론, 경영과회계
· 알기쉬운 회계원리, 경영과회계
· 알기쉬운 원가회계, 경영과회계
· 알기쉬운 재무회계, 경영과회계
· 알기쉬운 세무회계, 경영과회계
· 비젼 재무 · 원가관리회계, 경영과회계
· 비젼 세무회계, 경영과회계
· 포인트 전산회계2급, 경영과회계
· 포인트 전산세무1급, 경영과회계
· 포인트 전산세무2급, 경영과회계

2025 POINT

전산세무 1급

발　　행 | 2021년 5월 3일
　　　　 | 2025년 4월 21일 (개정4판1쇄)

저　　자 | 이성노
발 행 인 | 최영민
발 행 처 | ◐ 피앤피북
주　　소 | 경기도 파주시 신촌로 16
전　　화 | 031-8071-0088
팩　　스 | 031-942-8688
전자우편 | pnpbook@naver.com
출판등록 | 2015년 3월 27일
등록번호 | 제406-2015-31호

정가 : 37,000원

ISBN 979-11-94085-46-1 (13320)